AUGUSTINUS

OPERA · WERKE

AUGUSTINUS
OPERA · WERKE

Herausgegeben von
Johannes Brachtendorf und Volker Henning Drecoll

In Verbindung mit
Therese Fuhrer und Christoph Horn

Begründet von
Wilhelm Geerlings

K. Exegetische Werke

Siebenundfünfzigster Band

FERDINAND SCHÖNINGH

AUGUSTINUS

QUAESTIONES IN HEPTATEUCHUM
FRAGEN ZUM HEPTATEUCH

Zweisprachige Ausgabe

Eingeleitet, übersetzt und kommentiert
von
Walter Groß

Teil 1

Genesis – Exodus

2018

FERDINAND SCHÖNINGH

Titelbild:
Aurelius Augustinus, Holzschnitt 1489

© für den lateinischen Text: 1958 Brepols Publishers (Turnhout-Belgien)

Bibliografische Information der Deutschen Nationalbibliothek

Die Deutsche Nationalbibliothek verzeichnet diese Publikation in der Deutschen Nationalbibliografie; detaillierte bibliografische Daten sind im Internet über http://dnb.d-nb.de abrufbar.

Alle Rechte vorbehalten. Dieses Werk sowie einzelne Teile desselben sind urheberrechtlich geschützt. Jede Verwertung in anderen als den gesetzlich zugelassenen Fällen ist ohne vorherige schriftliche Zustimmung des Verlags nicht zulässig.

© 2018 Verlag Ferdinand Schöningh, ein Imprint der Brill-Gruppe
(Koninklijke Brill NV, Leiden, Niederlande; Brill USA Inc., Boston MA, USA;
Brill Asia Pte Ltd, Singapore; Brill Deutschland GmbH, Paderborn, Deutschland)

Internet: www.schoeningh.de

Einbandgestaltung: Anna Braungart, Tübingen
Herstellung: Brill Deutschland GmbH, Paderborn

ISBN 978-3-506-78678-4

VORWORT DER HAUPTHERAUSGEBER

Mit den *Quaestiones in heptateuchum* erscheint das erste exegetische Werk Augustins innerhalb der Reihe „Augustinus – Opera/Werke". Es gibt einen tiefen Einblick in die Arbeit des späteren Augustinus an der Bibel. Abgesehen von den eher spirituell ausgerichteten *Enarrationes in Psalmos* handelt es sich um das umfangreichste Werk Augustins zum Alten Testament, umfangreicher selbst als die große Auslegung von Gen. 1-3 in *De Genesi ad litteram*. Die allegorische Auslegungsweise seiner frühen Jahre hat er weitgehend hinter sich gelassen. Stattdessen richtet er seine Aufmerksamkeit vor allem auf den Literalsinn der ersten sieben Bücher der heiligen Schrift. Augustinus nimmt detaillierte Analysen des Textes vor und zieht daraus weitreichende Konsequenzen für Fragen der systematischen Theologie. Einige seiner Thesen wirken sich bis in kirchliche Dokumente der jüngsten Zeit aus. Wie die *Quaestiones in heptateuchum* zeigen, ist Augustins Exegese bestimmt von dem Gedanken der Kohärenz und der Widerspruchslosigkeit des Wortes Gottes.

Der vorliegende Doppelband soll das Denken Augustins in seiner gesamten Spannweite sichtbar machen. Außerdem möge er dazu beitragen, ein sachgerechtes Bild patristischer Bibelinterpretation zu gewinnen und das cliché von der Alleinherrschaft der allegorischen Auslegungsweise in dieser Epoche zu überwinden.

Der lateinische Text ist übernommen aus Band 33 des Corpus Christianorum Series Latina, herausgegeben von Julien Fraipont. Der textkritische Apparat wurde leicht überarbeitet.

Unser Dank gilt vor allem dem Herausgeber dieses Doppelbandes, Herrn Prof. Dr. Walter Groß, der als Alttestamentler in mehrjähriger Arbeit Augustins *Quaestiones in heptateuchum* erstmals ins Deutsche übersetzt, kommentiert und mit Einleitungen versehen hat. Wir danken auch Frau Doris Kalka sehr herzlich für die Kontrolle der Apparate, für die Arbeit an den Registern und vor allem für die elektronische Bearbeitung von der Erfassung des Typoskriptes bis zur Erstellung der druckfertigen pdf-Dateien. Frau Elisabeth Bausenhart und Frau Prof. Dr. Annemarie C. Mayer sei gedankt für die philologische Überprüfung der Übersetzung. Frau Patricia Staffa, Herr Andreas Ruiner und Herr Julian Müller haben bei der Beschaffung und Erfassung der Literatur sowie bei der Erstellung der Register wertvolle Hilfe geleistet. Herrn Dipl. theol. Jakob Kempendorf sei herzlich gedankt für die zeichnerischen Darstellungen des Heiligen Zeltes nach dem masoretischen Text der Biblia Hebraica und Augustinus.

Tübingen, Juli 2017

Johannes Brachtendorf   Volker Drecoll

QUAESTIONES IN HEPTATEUCHUM
INHALTSVERZEICHNIS
Teil 1

Generelle Einleitung 9

    Die Gattung der *quaestiones* und *quaestiones* anderer Autoren
    als Quellen Augustins... 9
    Augustins *Quaestiones in heptateuchum* 12
    Textgrundlage 21
    Exegetische Problemlösungen 34
    Zur Rezeption der *Quaestiones in heptateuchum* 49
    Zu diesem Buch 66

Quaestiones Genesis – Fragen zum Buch Genesis 69

    Einleitung 69
    Textgrundlage 69
    Exkurs: Der geistliche Sinn 71
    Exkurs: Exegetische Vorgehensweisen bei Störungen im Handlungsablauf,
        Spannungen und irritierenden sprachlichen Wendungen 74
    Exkurs: Gottesbild und einschlägige hermeneutische Probleme 87
    Exkurs: Patriarchen und deren Frauen und Verwandte 88

    Text und Übersetzung 95

Quaestiones Exodi – Fragen zum Buch Exodus 266

    Einleitung 266
    Textgrundlage und Analyseinstrumente 266
    Geistlicher Sinn 267
    Exkurs: Gottesbild 268
    Exkurs: Mose 269
    Exkurs: Die Herzensverhärtung Pharaos 271
    Exkurs: Dekalog 274
    Exkurs: Inwieweit sind außer dem Dekalog auch die übrigen Gebote
        Gottes im Bundesbuch etc. für Christen verbindlich? 275
    Exkurs: Ist ein nicht voll ausgeformter menschlicher Embryo ein Mensch? ... 277
    Exkurs: Ethisch-moralische Prinzipien: Gehorsam ohne
        Eigenverantwortung und Lüge 286
    Exkurs: Ex 33 und die Wesensschau Gottes 288
    Exkurs: Das Zeltheiligtum 293

    Text und Übersetzung 303

QUAESTIONES IN HEPTATEUCHUM
Fragen zum Heptateuch

GENERELLE EINLEITUNG

Die Gattung der *quaestiones* und *quaestiones* anderer Autoren als Quellen Augustins

Die christliche *quaestiones*-Literatur hat antik-nichtchristliche Wurzeln.[1] Neben unsystematischen Erörterungen einzelner Probleme in Frage und Antwort entwickelte sich in der Antike eine literarische Form, die, vor allem zur Verwendung in der Schule, größere Sachzusammenhänge aus den Bereichen Texterklärung (in der Homerexegese der Alexandriner und der Vergilexegese), Philosophie (seit Aristoteles, vor allem in der Plato- und Aristotelesexegese) und Orakelwesen sowie Jurisprudenz nach Fragen und Antworten gliederte. Eine strenge Gattungsdefinition ist bislang nicht gelungen, es handelt sich eher um eine formal wie inhaltlich variantenreiche Schriftengruppe.[2] Die Kirchenväter holten sich Anregungen vor allem bei derjenigen antiken *quaestiones*-Literatur, die philologische und hermeneutische Textanalysen in Frage-und Antwortform darbot, und entwickelten[3] seit dem 4.Jh., beginnend mit περὶ τῶν ἐν εὐαγγελίοις ζητημάτων καὶ λύσεων des Eusebius von Cäsarea,[4] eine reiche Literatur mit Erörterungen zum AT und NT.[5] Zuvor hatte im 1. Jh. n.Chr. bereits Philo von Alexandrien diese literarische Form für seine alttestamentlichen Analysen ver-

---

[1] Vgl. DÖRRIE, *Eratopokriseis. A. Nichtchristlich*; C. JACOB, *Questions* 37-53.

[2] Vgl. ZAMAGNI, *Introduction* 9-13; DÖRRIES, *Eratopokriseis. B. Christlich* 368f.

[3] Zu frühen Vorläufern seit dem 2. Jh. vgl. BARDY, *littérature* 1932,217-228; PERRONE, *preistoria* 498-505.

[4] Vgl. ZAMAGNI, *Introduction* 13-24; ders., *Terminologie;* PERRONE, *Quaestiones*. Das Werk ist nur in Fragmenten und einem Auszug (PG 22,879-1016) erhalten. Augustinus kannte und benutzte zwar die Kirchengeschichte des Eusebius, die Rufinus in das Lateinische übersetzt hatte, und dessen Chronik „in der Form, die sie durch die Bearbeitung des Hieronymus erhalten hat [...] An drei Stellen nennt Augustinus Eusebios und Hieronymus als Verfasser der Chronik", sowie dessen „Onomasticon der biblischen Ortsnamen [...], das Hieronymus um 390 übersetzt und teilweise neu bearbeitet hatte" (ALTANER, *Eusebios* 256f.), nicht dagegen die Schrift Eusebs περὶ τῶν ἐν εὐαγγελίοις ζητημάτων καὶ λύσεων, da diese „niemals ins Lateinische übersetzt wurde" (ALTANER, *Julius* 218).

[5] Vgl. DÖRRIES, *Eratopokriseis, B. Christlich;* BARDY, *littérature*.

wendet.⁶ Sein Einfluß auf die christlichen Verfasser von *quaestiones* zur Bibel wird unterschiedlich bewertet.⁷

Augustinus schreibt seine *quaestiones* auf dem Hintergrund einer bereits breit entwickelten Diskussion unter Christen sowie von Christen mit Juden, Heiden, Manichäern um schwierige Texte der Bibel und anstößige Belege aus dem Alten Testament. Diese Diskussion wurde von Augustinus und seinen Zeitgenossen in ganz verschiedenen *genera litteraria* geführt. Speziell zum *genus litterarium* der *quaestiones* zählt NBA⁸ mit G. Bardy⁹ nach Ausweis ihrer Titel folgende, untereinander sehr unterschiedliche Werke Augustins:[10]

Expositio quarundam propositionum ex epistola apostoli ad Romanos (394)
De diversis quaestionibus octoginta tribus (vor 388 begonnen, vor 395 gesammelt)
De diversis quaestionibus ad Simplicianum (396/398)
Quaestiones evangeliorum (um 400)
Quaestiones XVI in Matthaeum (Authentizität umstritten)
De octo quaestionibus ex veteri testamento (Authentizität umstritten)
Quaestiones in heptateuchum (QH) (419/421)
De octo Dulcitii quaestionibus (424).

Roland J. Teske[11], der die ohnehin flexiblen formalen Kriterien für wenig hilfreich erachtet und stattdessen auf Inhalt und Funktion – Antwort auf Fragen,

---

⁶ Seine *quaestiones et solutiones in Genesim* und *quaestiones et solutiones in Exodum* sind nur fragmentarisch in lateinischer und armenischer Übersetzung erhalten. Vgl. BARDY, *littérature* 1932, 212-217; VAN DER HORST, *Philo,* der vor allem Philos Beziehung zur rabbinischen Exegese untersucht..

⁷ VIAN, *Quaestiones* 384-386 behauptet weitreichenden, DÖRRIES, *Eratopokriseis*, B. Christlich 347f. geringen Einfluß. Vgl. das differenzierende und ausgeglichene Urteil von PERRONE, *preistoria* 492-498. ALTANER, *Philo* weist nach, daß Augustinus Philos *quaestiones et solutiones in Genesim* kannte. Er konnte sie kennen, da sie in einer lateinischen Übersetzung zugänglich waren. „Es darf nämlich als sicher gelten, daß Augustinus, abgesehen von ganz bestimmten scharf umgrenzten Ausnahmefällen, für die sich jedesmal besondere Gründe anführen lassen, Schriften des griechischen Ostens nur dann gelesen und für seine literarischen Arbeiten benützt hat, wenn sie ihm in lateinischer Übersetzung zugänglich waren" (191). POLLASTRI streitet allerdings in NBA 306 eine Benutzung der *quaestiones et solutiones in Genesim* durch Augustinus speziell in seinen *QH* ab.

⁸ NBA 301.

⁹ BARDY, *littérature* 1932, 515.

[10] Die beigegebenen Publikationsdaten sind DRECOLL, *Augustin Handbuch* 253-261 entnommen.

[11] TESKE, *Augustine*.

selbst wenn diese im Werk selbst nicht genannt sind – achtet, schlägt vor, zusätzlich folgende Werke Augustins in die obige Liste aufzunehmen:

Inquisitiones Ianuarii (= *ep.* 54; 55)
Quaestiones expositae contra paganos (= *ep.* 102)
De gratia Novi Testamenti (= *ep.* 140)
Epistulae 135, 136, 137, 198, 199
Contra Faustum
De cura pro mortuis gerenda
De peccatorum meritis et remissione et de baptismo parvulorum
Contra Priscillianistas et Origenistas ad Orosium.

Im Gegensatz zu seinen sonstigen *quaestiones*, durch die Augustinus auf Fragen antwortet, die an ihn herangetragen wurden, behandelt er in den *QH* Fragen, die er sich anläßlich seiner Bibellektüre selbst gestellt hat. Vgl. Prooemium: „Sooft wir die heiligen Schriften, die man kanonisch nennt, lesend und mit anderen Codices nach der Übersetzung der Septuaginta vergleichend durchgingen, hielten wir es für angebracht, die Fragen, die uns jeweils in den Sinn kamen, damit sie nicht dem Gedächtnis entschwänden, aufzuzeichnen, [...] Unser Ziel war nicht, sie hinreichend zu klären, sondern sie nach Bedarf nachlesen zu können, sei es um uns an das erinnern zu lassen, was noch untersucht werden sollte, sei es um durch das, was wir schon herausgefunden zu haben meinten, nach Möglichkeit sowohl zum Durchdenken gerüstet als auch zum Antworten vorbereitet zu sein." Diese Formulierung zeigt: Hauptadressat, wenn nicht ursprünglich sogar einziger Adressat seiner *QH* war Augustinus selbst, es waren Notizen zum persönlichen Gebrauch, wenn er sie auch später veröffentlichte, wie ebenfalls das Prooemium erkennen läßt: Der Leser möge, „soweit er auf Fragen stieß, die nur gestellt, aber nicht gelöst wurden, deswegen nicht meinen, ihm sei gar kein Nutzen zuteil geworden; ein beträchtlicher Teil der Fähigkeit, eine Lösung zu finden, besteht nämlich darin zu erkennen, was man fragen soll. Wenn ihm aber die Lösung mancher Fragen gefallen hat, verschmähe er dort nicht die Ausdrucksweise als zu nachlässig, sondern freue sich lieber darüber, daß ihm etwas Belehrung zuteil wurde."

Hat Augustinus sich bei der bereits vorliegenden *quaestiones*-Literatur Anregungen und Antworten geholt? Bezüglich der nur auf Griechisch greifbaren Werke ist dies zu verneinen. Hinsichtlich der *Hebraicae quaestiones in libro Geneseos*, die Hieronymus nach längeren Vorarbeiten zwischen Ende 391 und Anfang 392 fertigstellte,[12] steht es fest, da Augustinus sich in den *quaestiones in Genesim* mehrfach darauf bezieht, allerdings nur einmal unter Nennung des Namens Hieronymus (*qu.* 1,26). Hinsichtlich der *Quaestiones Veteris et Novi Testamenti* des

---

[12] Vgl. HAYWARD, *Questions* 23-27; FÜRST, *Hieronymus* 138-144.323-327.

Anonymus, genannt Ambrosiaster, die zunächst Ambrosius, dann seit dem 8. Jh. bis Erasmus von Rotterdam Augustinus zugeschrieben wurden und wohl zwischen 366 und kurz nach 386 in Rom verfaßt wurden,[13] ist dies umstritten. W. Rüting und G. Bardy nehmen an, Augustinus habe ihn benutzt.[14] Dagegen wendet sich Alessandra Pollastri:[15] Sie identifiziert zwar elf Ähnlichkeiten zwischen Fragen des Amrosiaster und Augustins und neun Ähnlichkeiten in ihren Antworten, darunter einige, die nur diesen beiden eigen sind. Aber sie argumentiert, diese Übereinstimmung könne auch durch je unabhängigen Bezug auf die bereits vorliegende breite einschlägige Debatte unter den Christen zustande gekommen sein. Daß es schon zu Zeiten Augustins eine solche gegeben hat, zeigten die zahlreichen ebenfalls exklusiven Gemeinsamkeiten zwischen Augustinus und den *quaestiones et responsiones* zum Oktateuch des antiochenischen Theologen Theodoret von Cyrus um 460;[16] da Theodoret nach dem Tod Augustins schrieb und keine Kenntnis der Werke Augustins hatte, sei diese Übereinstimmung nur durch einen vorgegebenen Vorrat an Fragen und Antworten zu biblischen Problemen in der mündlichen Diskussionskultur der Christen zu erklären.

Augustins *Quaestiones in heptateuchum (QH)*

Nachdem er in *retr.* 2,54 seine *locutionum libri septem* zu den Büchern Genesis bis Richter charakterisiert hat, in denen er Semitismen und sonstige idiomatische Wendungen der LXX und der ihm bekannten Versionen der Vetus Latina erklärt, schreibt Augustinus in *retr.* 2,55: *Eodem tempore scripsi etiam libros quaestionum de libris eisdem divinis septem* „Zur gleichen Zeit schrieb ich auch die Bücher der Fragen zu denselben sieben göttlichen Büchern". Sie umfassen 625 *quaestiones*. Beide Werke dienten ihm zur Vorbereitung der Bücher 15 und 16 von *De civitate dei*.

Im Mai 419 wurde in Karthago ein Generalkonzil eröffnet. Augustinus nahm teil und blieb dort anschließend mindestens bis zum Herbst bei seinem Freund Aurelius. Nach allgemeinem Konsens nutzte er diesen von den Amtsgeschäften in seiner Diözese freien Aufenthalt und die hervorragenden Bibliotheken der Hauptstadt, um die *Locutiones* sowie die *QH* weitgehend oder vollständig zu erarbeiten. Schon im Prooemium betont er Hast und Eile bei dieser Arbeit und entschuldigt sich für den daraus resultierenden ungepflegten Stil: *sive breviter commemorando vel etiam pertractando tantummodo proponerentur sive etiam qualitercumque*

---

[13] Vgl. BUSSIÈRES, *Ambrosiaster* 30-42. BARDY, *littérature* 1932,343-352.

[14] RÜTING, *Untersuchungen* 155f.; BARDY, *littérature* 1932, 516.520.

[15] POLLASTRI, NBA 306-309.320-324.

[16] Vgl. PETRUCCIONE/HILL, *Theodoret* XIX-XXXVII.

tamquam a festinantibus solverentur [...] si quis igitur haec legere propter incultum in nostra festinatione sermonem non fastidierit, [...] non ibi vile contemnat eloquium. „Sei es, daß wir sie [die Fragen] in kurzer Notierung oder auch in ausführlicher Behandlung nur vorstellten, sei es auch, daß wir sie auf irgendeine Weise gleichsam im Vorübereilen lösten [...] Falls also ihre Lektüre nicht wegen unserer aus der Hast erwachsenen ungepflegten Ausdrucksweise jemandes Widerwillen erregt hat, [...] verschmähe er dort nicht die Ausdrucksweise als zu nachlässig". Diese Einschätzungen sind nicht nur dem Stil eines Prooemiums geschuldet. Augustinus kommt mehrfach darauf zurück: *qu.* 1,145 (*quam modo exequi exponendo non suscepimus, sed admonere tantum voluimus quid hic oporteat inquiri*); 2,1 (*sed diligentius de hac quaestione disserendum est propter alia exempla quae in scripturis reperiuntur*); 2,21 (*res breviter dicta est: quae si exemplis et copiosa disputatione explicetur, ut facilius intellegatur, longo sermone opus est, a quo se ratio nostrae festinationis excusat*); 2,71,6 (*nec a festinantibus commode explicari potest*); 4,25 (zur Frage, ob es nur drei Sündenarten gibt: *unde nunc longum est disputare*); 4,33,1 (über die rote Kuh: *nec satis digne festinantes dicere de tanto sacramento valemus*); 5,15,2 (weil er in der *qu.* 2 die Frage, wer die zweiten Gesetzestafeln beschrieben hat, nur oberflächlich behandelte – *cum transeunter tractaremus* –, hat er im Gegensatz zur zweiten Behandlung in *qu.* 5 das Problem noch nicht richtig eingeschätzt); 5,55 (*dicam ergo interim quid mihi in praesentia videatur. intellegent fortasse aliquid melius, qui melius haec sapiunt, aut etiam nos alio tempore, quantum adiuverit dominus*); 7,49,23 (*verba [...] omnia pertractare nimis longum est festinantibus nobis*).[17]

Augustinus behandelt die Fragen zum biblischen Text in der Reihenfolge, in der sie bei *lectio continua* auftauchen. Er beginnt in Genesis erst mit Kap. 4 und begründet dies bereits im Prooemium damit, daß er die Kapitel Gen 1-3 bereits ausführlich behandelt habe.[18] Ohne Begründung bricht er dagegen in *qu.* 7 mitten in den Erzählungen von Simson bei Ri 15,12 ab.[19] Einerseits könnte dies

---

[17] Als weiteren Hinweis für diese Hast verweist BARDY, *littérature* 1932, 519 darauf, daß Augustinus sich gelegentlich widerspricht, ohne es zu merken. Vgl. die gegensätzlichen Aussagen darüber, ob die zusammen mit den Israeliten in Goschen wohnenden Ägypter auch von den Plagen betroffen waren oder nicht, in den unmittelbar aufeinander folgenden *qu.* 2,44 und 2,45.

[18] Vgl. *De Genesi adversus Manichaeos; De Genesi ad litteram liber imperfectus; De Genesi ad litteram*. Vgl. auch *Confessiones* 11-13 zu Gen 1. Die einschlägigen Bücher 11-14 von *De civitate dei* wurden wohl etwa gleichzeitig oder erst kurz nach den *quaestiones in Genesim* verfaßt (vgl. RÜTING, *Untersuchungen* 4-12).

[19] In *retr.* 2,55 sagt er hingegen: *Regnorum quoque libros eodem modo iam considerare coeperamus; sed non multum progressi in alia, quae magis urgebant, animum intendimus* „Wir hatten schon damit begonnen, auch die Bücher der Könige in gleicher Weise durchzugehen, aber

in der Wiederaufnahme der Diözesanleitung nach der Rückkehr aus Karthago begründet sein, da auch die *Locutiones* abrupt, wenn auch etwas später in Ri 16,26 enden. Andererseits könnte das vorzeitige Ende der *qu.* 7 im Zusammenhang mit dem verspäteten Beginn in *qu.* 3 bei Lev 5,1 stehen. Dort machen drei Verweise Augustins in späteren Fragen der *qu.* 3 auf Äußerungen zu Lev 3 und 4 wahrscheinlich, daß Augustinus mit seinen Erklärungen ursprünglich in Lev 1 begonnen hat und der Text bis einschließlich Lev 4 verloren gegangen ist. Es könnte, wie Clemens Weidmann plausibel zu machen versucht,[20] sehr früher mechanischer Textausfall am Anfang und am Ende des zweiten Bandes der *QH* vorliegen.[21]

Wie im Prooemium ausgeführt, notiert Augustinus auch Fragen, zu denen er keine klare Lösung anbieten kann. Vgl. z.B. *qu.* 1,34 (Gen 18,4-5; wie konnte Abraham die drei Männer zum Essen einladen, wenn er sie für Engel hielt?); 1,157 (ist das Land Ramses identisch mit dem Land Goschen?); 2,123 (Ex 29,8-9; was ist mit *cidarim/cidaras* gemeint?[22]); 3,74 (Lev 20,16; wieso kann ein vernunftloses Vieh schuldig werden und die Todesstrafe verdienen?); 5,24 (wieso sollen am Paschafest auch Rinder geopfert werden?); 7,34 (Ri 6,15; bedeutet *mille mei*, daß Gideon Anführer einer Tausendschaft war?).[23]

Auch gibt es *quaestiones*, in denen Augustinus sich zwischen Alternativlösungen nicht entscheidet. Vgl. z.B. *qu.* 1,107 (Gen 34,2-3; wieso konnte Dina nach der Vergewaltigung durch Sichem [in der LXX] ‚Jungfrau' genannt werden: ist das im Hebräischen lediglich eine Altersangabe, oder ist es durch Rekapitulation nachträglich erwähnt?); 2,11 (Ex 4,24-26; wollte der Engel Mose oder dessen Sohn töten?); 3,30 (Lev 9,24; bedeutet die Wendung, das Feuer gehe *a domino* aus, daß es auf Wunsch Gottes oder vom Ort der Lade ausging?); 4,60 (was bedeutet Num 31,6 *cum virtute eorum?*); 5,25 (Dtn 16,9-11; sollen alle gemeinsam das Pfingstfest am selben Termin feiern oder jeder für sich nach seinem je eigenen Ernterhythmus?); 6,9,2 (wollte Gott Achan nur mit zeitlichen Strafen oder auch mit Höllenstrafen züchtigen?); 6,27 (Jos 24,12: was ist mit den Wespen gemeint?); 7,38 (Ri 7,11; bedeutet die Formulierung, Gideon und sein Knappe seien *in partem quinquaginta qui erant in castris* hinabgestiegen, daß sie in den Teil

---

nach nur geringen Fortschritten haben wir unsere Aufmerksamkeit anderem zugewandt, das stärker drängte."

[20] WEIDMANN, *Lücken*.

[21] Vgl. die Einleitungen zu *qu.* 3 und 7.

[22] In den später erarbeiteten *qu.* 3,32 zu Lev 10,6 und *qu.* 3,81 zu Lev 21,10 kann Augustinus die Bedeutung dieses Wortes aus dem Kontext erschließen: ein Turban.

[23] Vgl. die lange Liste „unentschiedener Quästionen" bei RÜTING, *Untersuchungen* 212-227.

des Lagers der Midianiter hinabstiegen, in dem fünfzig Wachsoldaten Dienst taten, oder in einen Bereich von vielen, in denen je fünfzig dienten?).

Er suspendiert u.U. sein Urteil: *qu.* 1,122: *Nolo enim dicere, non posse inveniri, ne forte me fugiat quod alium non fugit,* oder er gibt die Lösung frei: *qu.* 1,25,2: *commodius autem plures exitus inveniuntur, quibus quaestiones difficiles dissolvantur,* 1,136: *credat quisque quod placet [...] quodlibet enim horum quisque existimet, non est fidei periculosum nec contrarium veritati scripturarum dei.* Nicht selten formuliert er seine Lösung vorsichtig in Frageform. Vgl. z.B. *qu.* 1,15: „Ist hier vielleicht die Nachsicht des Neuen Bundes vorausgebildet und gehört die zurückliegende Strafe zum Alten Bund, d.h. jenes zur Strenge des Gesetzes, dieses zur Güte der Gnade?"; 1,18: „Man fragt, warum über Nimrod gesagt ist: Dieser war der erste Gigant auf der Erde, da die Schrift doch auch zuvor geborene Giganten erwähnt. Vielleicht, weil nach der Sintflut die Neuheit des wiederherzustellenden Menschengeschlechts noch einmal erwähnt wird und in diesem neuen Geschlecht dieser der erste Gigant auf der Erde war?"

In der Regel erklärt Augustinus jeweils kurze Bibelstellen, nur selten legt er kontinuierlich längere Passagen aus. So z.B. den Dekalog in *qu.* 2,71,1-6; den Abschnitt Ex 33 in *qu.* 2,149 bis 2,154,1-8; das Gesetz über den Aussatz Lev 13 in *qu.* 3,41 – 3,51; die Gesetze über Unzuchtsvergehen Lev 18,6-21 in *qu.* 3,58 – 3,66; das Gesetz über das aus der Asche der roten Kuh gewonnene Reinigungswasser Num 19 in *qu.* 4,33,1-11; die Bileamerzählung Num 22,4-23,6 in *qu.* 4,46-51; die Erzählung von Jiftach und seinem Tochteropfer in *qu.* 7,49,1-28.

Augustinus behandelt auch dann jede Bibelstelle der Reihenfolge im Text nach für sich, wenn sie ein Thema anspricht, das auch an anderen Stellen vorkommt; so äußert er sich z.B. zur Herzensverhärtung Pharaos in acht *quaestiones*: *qu.* 2,18 (zu Ex 3,7); 2,22 (zu Ex 7,22); 2,24 (zu Ex 8,15); 2,25 (zu Ex 8,19); 2,29 (zu Ex 8,32); 2,30 (zu Ex 9,7); 2,36 (zu Ex 10,1); 2,37 (zu Ex 10,19-20). Nur selten handelt er ausführlich ein Thema ab, zu dem er verstreute Bibelstellen heranzieht. So in *qu.* 2,177,1-23 zur Gestaltung des Hl. Zeltes und seines Vorhofs und in *qu.* 5,15,1-4 zur Frage, wer die zweiten Gesetzestafeln beschrieben hat.

Augustinus beabsichtigt, ohne allerdings den geistlichen Sinn zu verachten, vornehmlich den Wortsinn einer jeden Stelle aufzuzeigen. Dafür gebraucht er folgende Wendungen: *qu.* 1,78 (*secundum litteram*); 1,152 (*ad litteram*); 2,90 (*ad proprietatem verborum*); 2,93 (*ad proprietatem*); 2,177,1 (*ad proprietatem narrationis* vs. *figurata significatio*); 5,24 (*proprie* vs. *mystice*) 7,28 (*proprie dictum*); 7,49,27 (*historiae proprietas*). Um den Wortsinn zu erfassen, erläutert er u.a. seltene Bedeutungen lateinischer Wörter in der VL, grenzt Bedeutungen ähnlicher Wörter gegeneinander ab[24] und diskutiert syntaktische und stilistische Probleme; mehrfach erläutert er die Eigenheit der VL, die hierin der LXX folgt, ein „überflüssiges" *et* zwischen Protasis und Apodosis oder zwischen Nebensatz und Hauptsatz in sklavischer Wiedergabe des hebräischen *w apodoseos* zu setzen.[25] Auch bemüht er sich, durch Umstellung von Wörtern, Satzteilen oder Sätzen (Stichworte: *ordo,*

---

[24] *qu.* 1,35 (*senior* vs. *senex*; *corpus mortuum*); 1,61 (*adorare* vs. *servire*); 1,69 (*exerceri*); 1,70 (*maior, iunior*); 1,90 (*uxor* vs. *concubin*a); 1,91 (*fortuna*); 1,132 (*stare super flumen*); 1,144 (*ebrietas = saturitas*); 2,42 (*agnus masculus* möglich, aber überdeutlich; *ovis masculus/mascula* unmöglich); 2,47,1 (*instructus* umfaßt auch Menschen); 2,50 (*progenies = generationes*); 2,71,4 (*moechia = adulterium*; Verhältnis zu *fornicatio*); 2,95.99 (*iustificationes* = Gesetze des Bundesbuches); 2,173 (*sanctum sancti = sanctum sanctorum*); 2,177,9 (*aula* vs. *atrium*); 2,177,19 (*adductorium*); 3,20,1-5 (*peccatum* vs. *delictum*); 3,35 (*sacrificia salutarium, sacrificia salutaris, sacrificia sanitatum, sacrificium salutis, sacrificia salutaria*); 3,41 (*cicatrix; cicatrix signi; tactus*); 3,42 (*inquinabit*); 3,43 (*significatio = signum*); 3,55 (*exorabit*); 4,31 (*peccata sanctorum; peccata = sacrificia pro peccatis*); 4,40 (*anathemabo* im Sinn von *maledictum, devotatio*); 4,49 (*differre*); 4,51 (*factus est = factum est, ut esset*); 4,45 (*aenigmatistae = poetae*); 4,57 (*mulieres quippe etiam virgines in scriptura appellari*); 4,58 (*emundabit = absolvet*); 4,60,62 (*virtus*); 5,4 (*similitudo* vs. *imago*); 5,10,2 (*dicens*); 5,13 (*ut sciat = ut scriri faciat*); 5,23 (*parere* vs. *gignere*); 5,36 (*depositum* vs. *adpositum*); 5,55 (*peccare deo* vs. *peccare in deum*); 6,9,1.2 (*ignis* = Strafe, Steinigung); 6,23 (*salutares* vs. *salutaria*); 6,24 (*recurro* vs. *percurro* vs. *excurro*); 7,26 (*prosperat angelum mecum*); 7,45 (*misit* vs. *emisit* vs. *immisit*); 7,46 (*maturabis* vs. *manicabis*).

[25] Vgl. *qu.* 2,11 (*eius* steht für alle drei Genera); 2,78,2 (*sprevit in ea = sprevit eam*); 2,129,2 (Bezug von *in ipsis*); 3,1 (zur Nachahmung des hebräischen *w apodoseos* in [LXX und] VL); 3,5 (Bezug von *eum* auf *anima*); 3,8 (wie die Schrift die Ausnahme von einer Gesamtheit ausdrückt); 3,10 (ein sinnstörendes *et*); 3,40,2 (überschüssiges *et* in Nachahmung des hebräischen *w apodoseos*); 3,45 (zusätzliches *et*); 3,47 (zusätzliches *et*); 4,8 (Konstruktion von *adoperient*); 4,9 (Konstruktion von *ad ipsum*); 4,14 (Infinitiv anstelle eines finiten Verbs); 4,16,2 (überschüssiges *et* in Nachahmung des hebräischen *w apodoseos*); 4,16,3 (*verba praeteriti temporis* sind in der Bibel üblich für Voraussagen, nicht aber *verba temporis futuri* für Erzählung vergangener Taten); 4,16,5 (überschüssiges *et* in Nachahmung des hebräischen *w* nach temporalem Vordersatz, vor zugehörigem Hauptsatz; weiteres *et* an ungewöhnlicher Position); 4,22 (Gen. subj. vs. Gen. obj.: *pavorem terrae dixit, non quo pavebat eadem terra, sed quem ex ea terra conceperant*. 5,19 (Subjekt eines Infinitivs); 5,45 (Identifizierung eines nur durch das *verbum finitum* ausgedrückten Subjekts); 6,23 (*sacrificiis salutarium*: „Weil die Opfer im Plural genannt wurden, [wurde] auch [das Wort] Heil/Rettung im Plural genannt"); 7,18 (Eigenname *Gothoniel* steht im Akkusativ, *tamquam diceretur Gothonielem*); 7,47 (*filius patris fratris eius:* „ist [...] nicht vom Nominativ ‚Vater des Bruders', sondern vom [Nominativ] ‚Bruder des Vaters' dekliniert; dies ist nämlich der Onkel väterlicherseits").

distinguere, iungere) den Sinn einer biblischen Aussage zu erfassen.[26] Dies ist das in der kaiserzeitlichen Philologie geübte Verfahren „der Lemmatisierung [...], mit deren Hilfe der Kommentator den Leser einlädt, die Sätze neu, d.h. anders, zusammenzusetzen, als der Autor dies ursprünglich tat."[27]

Er sucht in erster Linie nach der theologischen Bedeutung.[28] In zweiter Linie versucht er, die Wahrheit der von Gott eingegebenen biblischen Aussagen[29] zu erweisen, indem er jede Art von Widersprüchen zwischen zwei Bibelstellen aufzulösen unternimmt.[30] Vor allem die Zeit- und Altersangaben in Gen, die Doppelüberlieferungen in Gen sowie zwischen Ex und Num, Ex und Dtn und zwischen Jos und Ri bieten dafür reichlichen Anlaß. Zahlenkombinationen und symbolische Bedeutungen von Zahlen faszinieren ihn, und er führt auch nicht selten einschlägige neutestamentliche Probleme ausführlich herbei. So hat er es in vielen *quaestiones* mit Zahlen zu tun.[31] In dritter Linie verteidigt er die alttestamentlichen Texte gegen heidnische und manichäische Vorwürfe, den Patriarchen werde eine unmoralische Lebensweise nachgesagt und es werde ein von Unwissen und Gewalttätigkeit entstelltes Gottesbild gelehrt. Darauf antwortet Augustinus u.a. mit geistlich-allegorischer Exegese. Schließlich behandelt Augustinus ausführlich die fortwirkende Verpflichtungskraft alttestamentlicher Gesetze und Vorschriften, mit besonderer Berücksichtigung der Lügenverbote und der sexuellen Verbote. Entsprechend den Charakteristika der *quaestiones*-Litera-

---

[26] Vgl. dazu die jeweiligen Einleitungen zu den einzelnen *quaestiones*.
[27] FLADERER, *Augustinus* 11.
[28] Die bedeutenderen theologischen Themen sind in den Exkursen in den Einleitungen zu den einzelnen *quaestiones* zusammengestellt.
[29] Vgl. *qu.* 1,72: *mentiri scriptura non potest*.
[30] Vgl. *qu.* 1,119: *ut scriptura falli vel fallere non credatur*. Diese Irrtumslosigkeit bezieht sich jeweils auf den ursprünglichen biblischen Wortlaut (in TM wie LXX), schließt aber Fehler in der Bezeugung durch jüngere, verderbte Codices nicht aus.
[31] Vgl. *qu.* 1,2; 1,4; 1,6; 1,8; 1,12; 1,23; 1,25,1-3; 1,53; 1,75; 1,89; 1,95; 1,117,1-4; 1,121; 1,122; 1,128; 1,137; 1,151; 1,152; 1,169; 1,173; 2,25; 2,47,2-6; 2,50; 2,70; 2,104; 2,107 (*numerus perfectus*, vollkommene Zahlen); 2,108; 2,111; 2,177,4-7.10-19.21.22; 3,26,1; 3,36,3; 3,40,1; 4,2; 5,35; 5,42 (*numerus perfectus*); 5,46,2; 7,37; 7,49,26.28.

tur geht er aber auch auf Namensetymologien,[32] geographische,[33] landwirtschaftliche und meteorologische Details[34] ein und gibt Sacherklärungen.[35]

Während Augustinus seine lateinischen Kodices am Maßstab der Septuaginta mißt, kritisiert und verbessert, setzt er sich, wenn er die Septuaginta nicht heranzieht, häufig unpolemisch mit lateinischen Autoren auseinander, soweit diese abweichend übersetzen oder abweichende exegetische Lösungen vertreten.[36] Es fällt nirgends ein Eigenname, er spricht sie als *quidam, nonnulli Latini, alii codices, plerique nostrorum, nostri interpretes etc.* an.[37]

Diesbezüglich charakterisiert Rebekka Schirner im Blick auf sein gesamtes exegetisches Werk die exegetische Arbeitsweise Augustins folgendermaßen:

---

[32] Vgl. *qu.* 1,135 (Zafenat-Paneach = *occulta revelavit; salvator mundi*); 2,56 (Mara = Bitterkeit); 2,107 (*Cherubin* = Wissensfülle); 3,20,2 (*delictum* = *derelictum*; *cadaver* von *cadendo; lex* von *legere id est eligere*); 3,25 (*senatus* von *senium*); 4,33,5 (*cremare* „verbrennen" stammt aus dem Griechischen [Augustinus denkt wohl an κρεμάσις „Aufhängen"]); 5,56 (Israel = *videns deum;* Sinai = *tentatio;* Seïr = *pilosus;* Gebirge Paran = *mons fructiferus*; Kadesch = *mutata* und *sanctitudo*); 7,49,16 (Jiftach = *aperiens*); 7,49,25 (Gilead = *abiciens*; Manasse = *necessitas*).

[33] Vgl. Ulammaus = Lus = Betel (*qu.* 1,113); Lage von Heliopolis (*qu.* 1,136); Entfernung zwischen Abrahamium und Kreuzigungsort (*qu.* 1,161); Entfernung zwischen Atad und Mamre/Abrahamium (*qu.* 1,171); *Phoenice* hieß damals das bewohnte Land jenseits des Jordan, heute die Gegend von Tyrus und Sidon (*qu.* 2,63); Libyen bezeichnet sowohl ganz Afrika als auch *proprie* einen Teil Afrikas; Asien bezeichnet sowohl die Hälfte oder ein Drittel des Erdkreises als auch *proprie* einen Teilbereich; als Kanaanäer wird eines der sieben Völker genannt, *originaliter* aber hieß das ganze Land Kanaan (*qu.* 6,15). *A flumine* = *ab Euphrate*; der *flumen Aegypti* ist ein kleiner Fluß (*fluvius*), der durch die Stadt Rhinocorura fließt (*qu.* 6,21,3); Jebus = Jerusalem (*qu.* 7,7); Bet-Schean = Skythopolis (*qu.* 7,8); Land Tob = *terra optima* (*qu.* 7,49,17).

[34] Vgl. *qu.* 1,10 (Auf dem Gipfel des Olymp gibt es weder Wolken noch Winde); 1,95 (jährlich doppelter Wurf der Schafe in Italien); 1,160 (die ägyptischen Sümpfe bringen bei geringerem Anstieg des Nilwassers umso mehr fruchtbares Futter hervor); 6,3 (in Palästina findet die Weizenernte am Frühlingsanfang statt).

[35] Vgl. *qu.* 1,4 (geometrische Elle); 3,15 (Bedeutung von *fresa*); 4,20 (die Midianiter nennt man heute Sarazenen); 7,23 (Schlösser, die *veruclata* genannt werden, werden ohne Schlüssel geschlossen, aber nur mit Schlüssel geöffnet).

[36] Vgl. SCHIRNER, *Inspice*, 79 - 81. 585 - 587. In 582 - 584 bespricht sie *qu.* 2,28 und 4,12 als Beispiele für die Ablehnung einer innerlateinischen Variante. Vgl. auch 208 - 211.

[37] Vgl. *qu.* 1,3; 1,9; 1,69; 1,117,1; 1,127; 2,12; 2,28; 2,47,3; 2,69; 2,78,2; 2,117; 2,131; 2,132; 2,151; 2,177,2; 2,177,9; 3,11; 3,20,2; 3,25; 3,40,4; 3,50; 3,70; 3,91; 4,4; 4,18; 4,55; 5,4; 5,18; 6,12; 7,38; 7,45; 7,46; 7,48. Unter diesen kennt er freilich auch *multo inperitiores, qu.* 2,77,9.

„Augustin [folgt] bei der Beurteilung von Übersetzungen nicht unbedingt einem streng philologischen Vorgehen [...]; seine primäre Intention ist es nicht, die eine oder andere Übertragung auf den Wortlaut des Ausgangstextes zurückzuführen, sondern eine möglichst umfassende, mit dem Glauben vereinbare Interpretation zu erarbeiten, die sich gegebenfalls aus der interpretativen Zusammenstellung unterschiedlicher Übersetzungsvarianten ergibt."[38]

Speziell in den *QH* bietet Augustinus allerdings häufig streng philologische Argumentationen: Vgl. z.B. *qu.* 1,53; 1,70; 1,103; 1,117,4; 1,62; 2,11; 2,28; 2,42; 2,72; 2,116; 2,129,2; 2,131; 2,154,2; 2,177,11; 3,2; 3,5; 3,10; 3,25; 3,33; 3,35; 3,38; 3,40,4; 3,47; 3,52; 3,53,3; 3,54; 3,55; 4,8; 4,14; 4,16,5; 4,32; 4,50; 5,10,2; 5,23; 7,18; 7,44; 7,47.

Konfrontativ formuliert er dagegen, wenn er Auslegungen von Nichtchristen oder Häretikern aufgreift. Dreimal zitiert er seine antimanichäische Schrift *Contra Faustum*: *qu.* 1,26 (zu Gen 12,12.14; hat Abraham aus Glaubensschwäche in Ägypten verheimlicht, daß Sara seine Frau war?); 2,2 (zu Ex 2,12; wie ist der Totschlag zu beurteilen, den Mose an dem Ägypter verübt?); 2,144 (zu Ex 32,19; Symbolik der Vernichtung des Goldenen Kalbs). Einmal erwähnt er die *Apollinaristae* (*qu.* 3,93 zu Lev 26,11; gegen deren These, Jesus habe keine menschliche Seele gehabt). Wo er namentlich nicht Identifizierte mit Schimpfwörtern bedenkt, handelt es sich um Manichäer:[39] *inperiti* (*qu.* 1,62; sie verkennen eine Prophetie über Christus); *homines stulti et indocti* (*qu.* 1,64; sie verunglimpfen die Evangelisten, weil diese bei Wiederholungen nicht Wort für Wort mit dem Bezugstext übereinstimmen); *insipiens* (*qu.* 2,8; er meint, ein Mensch könne körperliche Gebrechen haben, ohne daß Gott dies wollte); *nescientes* (*qu.* 6,16; sie meinen, der wahre Gott sei nicht Autor des AT); *inperiti et calumniosi* (*qu.* 5,10,3; angebliche Widersprüche zwischen den Evangelisten); *idiotae* (*qu.* 7,46; das Licht bei der Auferstehung Jesu sei das am Anfang, vor den Gestirnen erschaffene Licht nach Gen 1,3.14-19); *calumniae, inperita inpietas* (*qu.* 7,49,1; Gott erfreue sich an Menschenopfern). Alessandra Pollastri stellt in NBA 355-373 alle Belege zusammen, die ihrer Ansicht nach implizit gegen Manichäer, Donatisten, Pelagianer, Arianer, judaisierende Christen und Heiden argumentieren.

Augustinus bringt zahlreiche Zitate aus AT und NT und paraphrasiert häufig Bibelstellen oder spielt nur auf sie an. Angesichts der Tatsache, daß die Kapiteleinteilung erst zu Beginn des 13. Jh.s[40] durch den Pariser Magister und späteren

---

[38] SCHIRNER, *Inspice*, 80f.
[39] Vgl. die Anmerkungen zu diesen Belegen.
[40] Sie wurde zunächst nur für die Vulg eingeführt und erst später auf LXX- und TM-Ausgaben übertragen. Schon die Masoreten hatten durch den Silluq-Akzent die Vers-

Erzbischof von Canterbury Stephan Langton, gestorben 1228, eingeführt wurde, waren präzise Stellenangaben in der Antike unmöglich; selbst bei wörtlichen Zitaten war oft nur, wer die Bibel weitgehend auswendig kannte, in der Lage, den jeweiligen Kontext zu erraten. Augustinus gebraucht, soweit er nicht ohne jeden Hinweis zitiert (z.B. *qu.* 2,102), überwiegend folgende Zitiertechniken:[41]

- Mit Angabe des Subjekts: *dominus dicit* (*qu.* 1,15), *inquit* (*qu.* 5,10,1), *respondit* (*qu.* 1,72), *mandavit* (*qu.* 2,6); *alio loco promittit* (*qu.* 2,102); *significavit* (*qu.* 2,108); *lex dicit* (*qu.* 3,82); *scriptura posteaquam narravit, deinde commemoravit et contexuit commemorationem, post haec narrationem sic intulit* (*qu.* 1,122); *quod intuens ait scriptura* (*qu.* 1,168); *scriptura commemorat* (*qu.* 2,47,3); *scriptura testatur* (*qu.* 3,83); *scriptura per Moysen praeceperat* (*qu.* 7,52); *alio loco in quadam scriptura prohibet angelus* (*qu.* 1,61); *uno evangelista ita narrante verba dimini, ut diceret [...] alius evangelista id ipsum narrans exponere voluit* (*qu.* 2,25); *apostolus Petrus dicit* (*qu.* 7,17,1, bezogen auf 1Petr); *propheta*, gemeint ist Maleachi in *qu.* 1,25,2, Jesaja in *qu.* 1,59, Mose in *qu.* 2,90, Ezechiel in *qu.* 5,11. Eine Sonderrolle spielt Paulus, der weitaus am häufigsten zitierte biblische Autor; er ist für Augustinus „der Apostel": nie wird ein Brief von ihm, sehr selten wird sein Name genannt: *apostolus Paulus* in *qu.* 3,57,1 (bezogen auf eine Rede Pauli in Apg), 4,29 und 4,35; fast durchgehend bezieht sich Augustinus auf ihn schlicht als *apostolus* (*qu.* 1,35), einmal durch *apostolica auctoritas* (*qu.* 2,77).

- Ohne Angabe des Subjekts: *de homine Iohanne scriptum est* (*qu.* 1,3); *alio loco scriptum est* (*qu.* 1,172); *dicitur* (*qu.* 2,108); *alibi dicitur* (*qu.* 5,42); *de quibus dictum est* (*qu.* 2,1); *illud* (*qu.* 1,117,5); *illud a domino dictum* (*qu.* 1,117,4); *illud propheticum* (*qu.* 5,42); *illa sententia* (*qu.* 1,161).

- Durch die Buchnamen: *in evangelio* (*qu.* 2,50); *evangelium dicit* (*qu.* 2,154,1); *evangelium indicat* (*qu.* 7,49,16); *evangelium loquitur* (*qu.* 7,49,17); *in actibus apostolorum* (*qu.* 2,2); den Hebräerbrief hatte Augustinus in früheren Schriften Paulus zugeschrieben,[42] in *QH* wiederholt er diese These nicht und zitiert stets: *ad Hebraeos* (*qu.* 1,168), *epistula ad Hebraeos* (*qu.* 2,74); *epistula quae est ad Hebraeos* (*qu.* 1,41); *epistula quae inscribitur ad Hebraeos* (*qu.* 7,49,5);[43] *in Genesi* (*qu.* 5,4); *in Exodo* (*qu.* 2,47,3); *scriptura Exodi* (*qu.* 2,47,4); *liber Exodi* (*qu.* 5,15,3); *istum in Levitico locum* (*qu.* 3,40,4); *in scriptura Levitici* (*qu.*

---

enden markiert, aber die Verszählung, die erst bei Kapiteleinteilung sinnvoll und auf diese bezogen ist, wurde auch zunächst nur in die Vulg-Handschriften eingesetzt.

[41] Es wird jeweils nur ein Beleg genannt.
[42] Vgl. *en. Ps.* 8,6; LA BONNARDIÈRE, *l'épître* 137.141-146.
[43] Vgl. *civ.* 16,22.

3,20,5); *in libro Numerorum* (*qu.* 2,103); *in Deuteronomio* (*qu.* 5,15,3); *in libro Iesu Nave* (*qu.* 7,11); *liber Iudicum ostendit* (*qu.* 1,89); *Regnorum ostendit historia* (*qu.* 6,13); *in Regnorum libro* (*qu.* 3,50); *scriptura Regnorum* (*qu.* 6,21,3); *per Esaiam ipse testatur* (*qu.* 3,93); *in Hieremia* (*qu.* 5,55); *illud in Psalmo* (*qu.* 1,59); *alibi in Psalmo* (*qu.* 2,9); *in illo Psalmo* (*qu.* 3,35); *in alio Psalmo* (*qu.* 5,16); *in Psalmis* (*qu.* 2,32; Bezug auf Ps 59,11); *Psalmus commendat* (*qu.* 2,98); *Psalmus dicit* (*qu.* 6,30,1); nur einmal wird ein Psalm numeriert: *in Psalmo septuagesimo secundo* (*qu.* 2,92); *in Proverbiis* (*qu.* 5,23); *in Ecclesiaste* (*qu.* 6,24); *in Paralipomenon* (*qu.* 1,25,2); *liber Sapientiae* (*qu.* 2,93). Augustinus zitiert auch mehrfach Jesus Sirach, nennt aber nicht den Namen dieses Buches.

Textgrundlage

Augustinus arbeitet mit der Vetus Latina (VL), die in seiner Kirchenprovinz auch im Gottesdienst verwendet wurde und die er in seinen Predigten auslegte.[44] Während und vor allem gegen Ende des 2. Jh.s waren, weil den Gemeinden des Westens das Griechische nicht mehr hinreichend geläufig war, in Rom und in Africa die ersten lateinischen Bibelübersetzungen, zunächst nur zu ausgewählten Passagen, aus der LXX erstellt worden. Man übersetzte den griechischen Wortlaut geradezu sklavisch und bildete viele Gräzismen, verwendete aber, um den Neubekehrten verständlich zu sein, und in bewußter Absetzung vom klassischen Stil die Umgangssprache, die so im biblischen Latein zum ersten Mal literarisch wurde.[45]

Neben Hieronymus[46] beklagt auch Augustinus die Vielfalt und Fehlerhaftigkeit der zu seiner Zeit kursierenden Exemplare der VL: „Diejenigen, die die Schriften aus der hebräischen Sprache in die griechische übersetzt haben, kann

---

[44] Eine reichhaltige Übersicht über Augustins vielfältige Auseinandersetzung mit der Bibel bietet POLLASTRI, *Agostino*.

[45] Vgl. STUMMER, *Einführung* 57-74; VINEIS, *Studio* 29-31.209-211. Zur Sprachform der Vetus Latina vgl. RÖNSCH, *Itala*. Kritisch zum Konzept der „christlichen Sondersprache": BURTON, *Gospels* 153f.

[46] Hieronymus, *Praefatio in Evangelio: Si enim latinis exemplaribus fides est adhibenda, respondeant quibus; tot sunt paene quot codices [...] cur non ad graecam originem revertentes ea quae vel a vitiosis interpretibus male edita vel a praesumptoribus imperitis emendata perversius vel a librariis dormitantibus aut addita sunt aut mutata corrigimus?* „Wenn man nämlich den lateinischen Ausgaben Vertrauen schenken soll, sollen sie angeben, welchen; es sind fast ebenso viele wie Kodizes [...] Warum werden wir uns nicht zum griechischen Original zurückwenden und das korrigieren, was von mangelhaften Übersetzern fehlerhaft verbreitet bzw. von vermessenen Unerfahrenen noch verkehrter ‚verbessert' bzw. von schlafenden Kopisten entweder hinzugefügt oder verändert worden ist?"

man zählen, die lateinischen Übersetzer aber überhaupt nicht. Jeder beliebige nämlich wagte sich in den Anfangszeiten des Glaubens an die Übersetzung, wenn ihm ein griechischer Codex in die Hände fiel und er sich einbildete, beide Sprachen einigermaßen zu beherrschen."[47]

Es hat somit wohl niemals eine einzige, aus der LXX übersetzte altlateinische normative Urfassung gegeben. Lateinische Bibelcodices wurden in unkoordiniertem Verfahren immer wieder an die LXX angeglichen, die aber ihrerseits in unterschiedlichen Rezensionen vorlag und in manchen Codices um Übersetzungsvarianten von Aquila und Symmachus, Übersetzern des 2. Jh.n.Chr., angereichert worden war. Zwei Großgruppen altlateinischer Bibelübersetzungen, charakterisiert durch Gemeinsamkeiten in Grammatik und Wortwahl, lassen sich unterscheiden, die als die afrikanische und als die europäische bezeichnet werden, ohne daß eine der beiden in einem ‚reinen' Exemplar erhalten wäre. „Afrikanisch heißt einfach der Bibeltext, dem Cyprian und die ihm nahestehenden Zeugen folgen; also ein im prokonsularischen Afrika in der Mitte des 3. Jh. gebrauchter Text. Die andere Textform heißt europäisch, was aber nicht besagt, daß sie auf Europa beschränkt war [...] Biblische Afrikanismen sind [...] solche Ausdrücke, die mit einer ausgeprägten Vorliebe von den Zeugen des afrikanischen Bibeltextes gebraucht werden [...] Die Geschichte der altlateinischen Bibel ist in ihrer Grundrichtung nichts anderes als die fortschreitende ‚Europäisierung' des afrikanischen Textes [...] genauere Wiedergabe des als maßgebend angesehenen griechischen Textes und besserer sprachlicher Ausdruck sind die gleichbleibenden Ziele derer, die am lateinischen Bibeltext geändert haben."[48] „In allen europäischen Zeugen scheinen Lv und Nm afrikanischer zu sein als die übrigen Bücher des Heptateuchs; die übrigen Bücher sind je nach den einzelnen Zeugen verschieden weit in der Europäisierung fortgeschritten."[49]

Augustinus lobt besonders die Itala: *In ipsis autem interpretationibus Itala caeteris praeferatur, nam est verborum tenacior cum perspicuitate sententiae.* „Unter den Übersetzungen ist die Itala den übrigen vorzuziehen, denn sie hält sich bei Klarheit des

---

[47] *Doctr. chr.* 2,36. Weitere ähnliche Äußerungen Augustins bei VINEIS, *Studio* 4-5. Eine Zusammenfassung der Äußerungen Augustins zum philologioschen Umgang mit den vielfältigen lateinischen Bibelübersetzungen im zweiten Buch der *doctr. Chr.* bietet SCHIRNER, *Inspice* 20-45.
[48] FISCHER, *Genesis* 15*.
[49] FISCHER, *Genesis* 16*.

Sinns mehr an den Wortlaut."⁵⁰ Deren Wortlaut ist nicht mehr in großem Umfang eruierbar.⁵¹

Augustinus verwendete im Lauf seines Lebens unterschiedliche Versionen der VL, die Bibelzitate in seinen früheren Werken weichen deutlich ab von denen in seinen späteren.⁵² In *QH* und *Locutiones* arbeitet Augustinus mit einem Exemplar der VL, dessen Bücher des Heptateuchs, wohl erst zu seiner Zeit, Revisionen unterschiedlichen Ausmaßes in Anlehnung an ein LXX-Manuskript unterzogen worden waren, das dem durch die Manuskripte AFM vertretenen Typ zugehörte,⁵³ und vergleicht dessen Wortlaut gelegentlich mit abweichenden VL-Kodizes, die ihm zur Hand sind.⁵⁴ Soweit aus diesen Differenzen kein relevanter Sinnunterschied resultiert, läßt Augustinus sie auf sich beruhen.⁵⁵

Als autoritativen Referenztext, an dem er seine VL und weitere VL-Versionen mißt, anerkennt Augustinus die LXX.⁵⁶ Er will allerdings nicht als Wissenschaftler einen autoritativen Urtext rekonstruieren, sondern Einzelprobleme besprechen, die sich seiner Gemeinde und seinen Gesprächspartnern bei der Benutzung der ihnen vertrauten Codices der VL stellen.⁵⁷ Wo sich die Text-

---

⁵⁰ *Doctr. Chr.* 2,53.
⁵¹ SCHIRNER, *Inspice* 46-53, faßt die wissenschaftliche Diskussion darüber zusammen, was Augustinus selbst, der als einziger diesen Namen/Terminus *Itala* gebraucht, darunter verstanden hat. Er bezeichnet damit entweder einen altlateinischen Übersetzungstypus oder eine einzelne lateinische Übersetzung.
⁵² BILLEN, *Texts* 16.
⁵³ In seinen früheren Werken arbeitet Augustinus dagegen mit Versionen der VL, die noch keine Anzeichen dieser Revision zeigen. So BILLEN, *Texts* 87.
⁵⁴ Vgl. in *quaestiones in Genesim*: *qu.* 9 (*spiritus uitae/ flatus uitae*); 69 (*exercitatio/garrulitas/ verbositas*); 74 (*simplex/ sine dolo*); 117 (*nati/facti*); 131 (*alicae/panes cibarii*); 156 (*ago/habeo*); 162 (*super caput virgae eius/ super caput virgae suae/ in capite virgae suae/ in cacumen/ super cacumen*). Weitere Nachweise in den Einführungen zu den einzelnen *quaestiones*.
⁵⁵ Im Codex Lugdunensis, herausgegeben von ULYSSE ROBERT 1881 und 1900, ist eine VL-Version afrikanischen Typs zum Heptateuch großenteils erhalten, die häufig stark von der VL des Augustinus abweicht. Sie wird in den Anmerkungen zur Übersetzung der *QH* als Vergleichstext herangezogen. Vgl. zu diesem Text und seinem Verhältnis zur VL des Augustinus BILLEN, *Texts* 7-16.29-30.65-70.
⁵⁶ Vgl. *doctr. chr.* 2,53: *Latinis quibuslibet emendandis graeci adhibeantur, in quibus septuaginta interpretum, quod ad Vetus Testamentum attinet, excellit auctoritas* „Zur Verbesserung beliebiger lateinischer Codices sollen die griechischen herangezogen werden, unter denen, soweit das Alte Testament betroffen ist, die Autorität der Siebzig Übersetzer hervorragt."
⁵⁷ In *qu.* 1,11 und 4,52 zitiert Augustinus Aquila und Symmachus mit Namensnennung, in *qu.* 6,30,1 unter der Bezeichnung *alii interpretes*. Deren griechische Übersetzungen

typen LXXA und LXXB unterscheiden, folgt die VL des Augustinus fast überall LXXA.[58]

Daß er den ihm vorliegenden lateinischen Wortlaut kontinuierlich mit dem der LXX vergleicht, belegt folgende Liste griechischer Wörter und Redewendungen, die er in *QH* zitiert bzw. diskutiert:[59]

qu. 1,31 (αἰών; αἰώνιον); 1,43 (ἀορασίᾳ); 1,61 (λατρεύσεις); 1,65 (ὅρκος vs. ἀρά; κατάρατος, ἐπικατάρατος); 1,69 (ἀδολεσχεῖν); 1,70 (πρεσβύτης, πρεσβύτεροι, νεώτεροι); 1,74 (ἄπλαστος); 1,80 (ἐξέστη ἔκστασιν μεγάλην σφόδρα); 1,82 (ἀπόδραθι); 1,91 (ευτυχη, τάχα, τύχη); 1,105 (πρόσωπον τοῦ θεοῦ vs. πρόσωπον θεοῦ); 108 (παιδία); 1,117,1 (ἐγένοντο vs *nati sunt*); 1,127 (ἀρχιμάγειρος); 1,131 (χονδριτῶν); 1,132 (ἐπὶ τῆς πηγῆς, ἐπὶ τοῦ ποταμοῦ); 1,136 (ἀρχιμάγειρος); 1,162 (αὐτοῦ vs. ἑαυτοῦ); 2,11 (αὐτῆς, αὐτοῦ vs. *eius*); 2,42 (πρόβατον); 2,43 (αἰώνιον); 2,47,1 (ἀποσκευήν); 2,50 (γενεὰς = *progenies*); 2,62 (ὀρτυγομήτρα); 2,66 (ἐναντίον τοῦ θεοῦ); 2,69 (γραμματοεισαγωγους); 2,71,4 (μοιχός); 2,78,2 (οἰκέτις; ἀπολυτρώσει; ἠθέτησεν); 2,78,3 (ὁμιλίαν für Geschlechtsverkehr; ὡμιλοῦσαν ὑμῖν); 2,80 (ἀξίωμα); 2,86 (λατρεία = *servitus*); 2,94 (δουλεία vs. λατρεία); 2,95 (δικαιώματα); 2,104 (στρεπτά); 2,109 (ἀγκῶνες); 2,114,1 (αἴσθησις); 2,115 (ἀσπίς); 2,116 (λόγιον vs. λογικόν; λόγος); 2,117 (λόγιον); 2,118 (περιστόμιον); 2,120 (Ἁγίασμα); 2,129,2 (λογίῳ); 2,131 (εἰς τὰ δύο κλίτη ποιήσεις ἐν τοῖς δυσὶ πλευροῖς; μέρη vs. κλίτη); 2,132 (ψαλίδες); 2,133 (ἐξιλασμός); 2,150 (ἀποστροφή); 2,151 (γνωστῶς vs. φανερῶς);

---

lagen ihm aber wohl nicht vor, denn durch Vertauschung der Namen ordnet er ihnen in *qu.* 1,11 die Zitate falsch zu. Einmal, in *qu.* 1,155 zeigt er sich vertraut mit dem Echo der Hexapla des Origenes (zwischen 215 und 245 n.Chr.) in LXX-Handschriften, indem er von Obelus und Asteriskus spricht; vielleicht hat er jedoch nur lateinische Codices eingesehen, in die diese diakritischen Zeichen übertragen waren. Er erwähnt dort Wörter in Gen 47,5-6, *quorum omnium in codicibus Graecis, qui a diligentioribus conscripti sunt, quaedam obeliscos habent et significant ea quae in Hebraeo non inveniuntur et in septuaginta inveniuntur, quaedam asteriscos, quibus ea significantur quae habent Hebraei nec habent septuaginta* „Von all diesen Wörtern haben in griechischen Codices, die sorgfältigere Schreiber erstellt haben, einige einen Obelos und zeigen so die Wörter an, die sich im Hebräischen nicht, jedoch in der LXX finden, andere einen Asteriskus, durch den diejenigen Wörter bezeichnet werden, die zwar die hebräischen Codices, nicht aber die LXX haben."

[58] Ausnahmen, in denen seine VL LXXB folgt, und zwar auch da, wo VL:Cod.Lugd LXXA entspricht: Ex 15,23 (*qu.* 2,56); Ps 72,17 LXX (*qu.* 2,92); Ex 34,15 (*qu.* 2,157 (Anm.); Lev 6,12 LXX (*qu.* 3,12); 7,19 LXX (*qu.* 3,26,2); Ri 1,10 (*qu.* 7,3); 1,19 (*qu.* 7,5); 1,20 (*qu.* 7,6); 3,23 (*qu.* 7,22); 11,9 (*qu.* 7,49,22).

[59] Zur Diskussion um die Griechischkenntnisse Augustins vgl. SCHIRNER, *Inspice* 600-605.

2,154,4 (ἐλεήσω, οἰκτιρήσω); 2,154,6 (ὀπὴν vs. *specula*), 2,168 (ἀφαίρεμα = *demtio*); 2,177,2 (αὐλαίας vs. αὐλάς); 2,177,9 (αὐλὴν vs. αὐλαίαν); 2,177,17 (πλάγια); 3,2 (κτήνη nicht deckungsgleich mit *iumenta*, κτηνῶν τῶν ἀκαθάρτων, πλεονασμῷ); 3,11 (κατακάρπωσις); 3,15 (δειλινόν, ἐρικτά); 3,17 (ἐπιτελεσθήσεται); 3,20,2 (παράπτωμα, πλημμέλεια; πτῶμα ἀπὸ τοῦ πίπτειν; ἀμέλεια, οὐ μέλει μοι; πλὴν; ἁμαρτία); 3,25 (γερουσίαν); 3,29 (ἐξέστη, ἔκστασις); 3,34 (ἀφαίρεμα); 3,35 (σωτηρίων vs. τῶν σωτηριῶν; σωτηρία vs. σωτήριον); 3,38 (ζωογονοῦντα); 3,40,4 (ἐφ᾽ υἱῷ ἢ ἐπὶ θυγατρί); 3,41 (ἀφήν, μῶμον, ἄμωμον, σπίλον); 3,43 (σημασίαν); 3,50 (ἐργασμένῳ δέρματι, ἐργασίμῳ); 3,51 (σκεῦος vs. ἀγγεῖον); 3,53,2 (ἱλαστήριον, ἐξιλάσεται); 3,53,3 (τὸ ἅγιον, τὸ πνεῦμα τὸ ἅγιον, ἐξιλάσεται τὸ ἅγιον); 3,54 (τὸ ἅγιον, τὸ πνεῦμα τὸ ἅγιον); 3,55 (ἀποπομπαῖον; τὸ ἅγιον τοῦ ἁγίου, τὸ ἅγιον πνεῦμα τοῦ ἁγίου θεοῦ); 3,66 (δουλεύειν vs. λατρεύειν; λατρεία); 3,74 (μεταφορά); 3,90 (βεβήλωσις vs. βεβαίωσις); 4,1 (χιλίαρχοι, ἑκατοντάρχους, πεντηκοντάρχους, δεκαδάρχους); 4,3 (ἀλλογενής vs. ἀλλόφυλος); 4,4 (φυλακάς); 4,11 (ἐνόρκιον); 4,28 (χάσματι vs. φάσματι); 4,32 (πρωτότοκα vs. πρωτογενήματα; ἀπαρχαί); 4,39 (ἀντιλογίας vs. λοιδορίας); 4,41 (ἀπὸ τοῦ ἄνω τιθέναι); 4,49 (διαβαλεῖν, διαβολήν); 4,52 (παραδειγμάτισον, παράδειγμα, ἀνάπηξον); 4,55 (ἀπὸ τῆς δόξης); 5,23 (πρωτότοκον, τίκτειν vs. γεννᾶν, μονότοκος vs. μονογενής; πρωτότοκος vs. πρωτογενής); 5,39 (τὸν πονηρόν vs. τὸ πονηρόν); 5,52 (ἀναμάρτητον); 5,55 (τέκνα μωμητά); 6,4 (ἕως τοῦ αἰῶνος); 6,12 (ὤμων vs. ὄνων); 6,24 (ἀποτρέχω); 7,12 (κλαυθμός); 7,34 (χιλιάρχους); 7,41,1 (ἐπένδυμα, ἐπωμίς); 7,45 (ἐξαπέστειλεν); 7,46 (ὄρθρος); 7,49, 17 (ἀγαθόν = *optimum*).

Augustins Verhältnis zum hebräischen Wortlaut der Bibel ist kompliziert. Er konnte kein Hebräisch; vgl. *conf.* 11,5: *si [Moyses] hebraea voce loqueretur, frustra pulsaret sensum meum nec inde mentem meam quidquam tangeret; si autem latine, scirem quid diceret* „Wenn Mose in hebräischer Sprache spräche, würde er vergeblich an meinen (Gehör)Sinn klopfen und folglich meinen Verstand nicht im geringsten berühren; wenn er aber lateinisch spräche, würde ich verstehen, was er sagte." Der hebräische Urtext, die *hebraica veritas*, ist ihm somit nur durch die Arbeiten des Hieronymus in Gestalt von dessen lateinischen Wiedergaben zugänglich, und er bezieht sich nur punktuell auf diese. In *doctr. chr.* und in *civ.* legt er sich eine Theorie zurecht, die es ihm erlaubt, dennoch lediglich auf der Basis der LXX die Bibel zutreffend auszulegen.

Der Aristeas-Brief (2. Hälfte 2. Jh. v.Chr.?) berichtet, auf Veranlassung von König Ptolemaios II. Philadelphos (282-246 v.Chr.) hätten 72 jüdische Gelehrte aus Palästina in 72 Tagen den Pentateuch in das Griechische übersetzt; durch Vergleiche hätten sie einen einheitlichen Wortlaut erstellt, und dieser sei dann durch die jüdische Gemeinde von Alexandrien autorisiert worden. Diese Sicht verleiht der LXX zwar Autorität, hebt sie aber nicht grundsätzlich über andere Übersetzungen hinaus. Schon Philon von Alexandrien überliefert jedoch in

*Leben des Mose*s 2,37.40 die äußerst einflußreiche Legende, die 72 hätten den Pentateuch kraft göttlicher Inspiration und daher nach Art von Propheten alle je einzeln und eigenständig und doch jeweils genau identisch übersetzt. Diese Legende, die, nun ausgedehnt auf das ganze AT, zunächst im Judentum, dann seit Justin im 2. Jh. von den Christen, bei diesen auf die durch Zusätze verchristlichte LXX bezogen, rezipiert und bei den Kirchenvätern seit Irenaeus dahin gehend weiter ausgeschmückt wurde, die Siebzig hätten identisch übersetzt, obgleich Ptolemaios sie je einzeln in Hütten voneinander isoliert und so jede Kommunikation unterbunden habe,[60] begründete zusammen mit der Behauptung, die Apostel hätten im NT nicht den hebräischen Wortlaut des AT, sondern die LXX approbiert, die hohe Wertschätzung der LXX durch die Christen und die Überzeugung, sie sei inspiriert.[61]

Zunächst teilte auch Hieronymus diese Überzeugungen. In der *praefatio in evangelio* nennt er die LXX *illa vera interpretatio quam Apostoli probaverunt*, und in einer seiner Einleitungen in seine Übersetzung der Chronikbücher ließ er seine Überzeugung, die siebzig Übersetzer seien inspiriert, erkennen und schrieb daher, wie auch Augustinus, Fehler in den LXX-Codices nicht diesen inspirierten Übersetzern, sondern den späteren nicht inspirierten Kopisten zu: *Nec hoc Septuaginta interpretibus, qui Spiritu Sancto pleni ea quae vera fuerunt transtulerunt, sed scriptorum culpae adscribendum*[62] „Das ist jedoch nicht den Siebzig Übersetzern anzurechnen, die voll des Heiligen Geistes das, wie es wahr war, übersetzt haben, sondern der Schuld der Schreiber". Später, nachdem er sich gründlicher mit dem hebräischen Text befaßt hatte, geißelt er mit scharfer Zunge Fehlübersetzungen der LXX sowie, in Anlehnung an die Hexapla des Origenes, Zusätze und Auslassungen der LXX im Vergleich mit dem hebräischen Text, macht sich über die LXX-Legende lustig und leugnet die Inspiration der Siebzig; vgl. ca. 400 im *Prologus in Pentateucho*: *nescio quis primus auctor septuaginta cellulas Alexandriae mendacio suo exstruxerit, quibus divisi eadem scriptitarint [...] Aliud est enim vatem, aliud esse interpretem* „Ich weiß nicht, welcher Autor als erster mit seiner Lüge die siebzig Hütten von Alexandria errichtet hat, in denen voneinander abgesondert sie angeblich dasselbe geschrieben haben [...] Prophet zu sein ist nämlich etwas anderes, als Übersetzer zu sein."

---

[60] Vgl. Irenaeus, *AdvHaer* 3,21,2 = Eusebius, *HistEccl* 5,8,11-14.
[61] Vgl. HENGEL, *Septuaginta* 187-216; MÜLLER, *Septuaginta*. Zu katholischen Theologen, die noch im 20. Jh. die Inspiration der LXX, und zwar gerade auch in ihren Abweichungen von Wortlaut und Sinn des hebräischen Textes, behaupten, vgl. ALONSO SCHÖKEL, *Word* 286f.
[62] Hieronymus, *Biblia Sacra, alia praefatio* VII, 8.

Zwar führt Eva Schulz-Flügel zu der Rolle, die Hieronymus selbst seiner Übersetzung aus dem Hebräischen (Vulg) beimißt, aus: „Hieronymus betont, er habe, dem Beispiel des Origenes folgend, die neue Version als wissenschaftliches Instrument und nicht als Normtext für den gottesdienstlichen Gebrauch geschaffen und wolle den gewohnten Septuagintatext nicht verdrängen (er betont das in fast allen Prologen zu den biblischen Büchern) [...] In den Werken des Hieronymus selbst bestätigen sich [...] seine eigenen Aussagen: Die *hebraica veritas* benutzt er, abgesehen von ganz wenigen Ausnahmen, nur in den wissenschaftlichen Arbeiten und zwar neben und als Ergänzung der *Septuaginta*."[63] Das bewahrte ihn jedoch nicht vor heftigen Auseinandersetzungen und Anfeindungen, auf die er wiederum in dem für ihn charakteristischen polemischen Stil antwortete.[64]

Augustinus kennt diese für die westliche Kirche neue und schockierende These des Hieronymus, daß die LXX an vielen Stellen fehlerhaft vom hebräischen Text abweicht und in diesen Fällen dem TM zu folgen ist, zunächst aus dessen *Hebraicae quaestiones in libro Geneseos* (391/92), später aus Teilen der Vulgata und aus seinem Briefwechsel mit ihm.[65] Er steht der Position des Hieronymus zunächst äußerst kritisch gegenüber. Hatte er noch in *ep.* 82,35 gegen Hieronymus als Alleinstellungsmerkmal der LXX ins Feld geführt, die Vulgata solle in den Kirchen nicht gelesen werden, da die Gemeinden *illam interpretationem audire consueverunt, quae etiam ab apostolis adprobata est* „jene Übersetzung zu hören gewohnt sind, die auch von den Aposteln approbiert ist", so findet er in *De civitate dei* eine vermittelnde Position: *Unde etiam ego pro meo modulo vestigia sequens apostolorum, quia et ipsi ex utrisque, id est ex Hebraeis et ex Septuaginta, testimonia prophetica posuerunt, utraque auctoritate utendum putavi, quoniam utraque una atque divina est* „Daher habe auch ich es für angebracht gehalten, nach meinen Kräften den Spuren der Apostel folgend, da auch sie aus beiden Textsträngen, d.h. aus den hebräischen und aus der LXX, prophetische Zeugnisse angeführt haben, beide Autoritäten zu benutzen, weil beide eine einzige, und zwar gött-

---

[63] SCHULZ-FLÜGEL, *Bibeltext* 113f. Sie wendet sich in *Hieronymus* 746 Anm. 1 gegen die These von MARKSCHIES, *Hieronymus* 177-179, der Hieronymus einen „Schlingerkurs" gegenüber der LXX unterstellt. Differnziert: FÜRST, *Hieronymus* 109-121.

[64] FABRY, *Kanongeschichte* 695 mit Anm. 38 wirft Augustinus in seiner Polemik gegen Hieronymus „persönliche Verunglimpfung" und „infame Impertinenz" vor. Die Äußerungen des Hieronymus zur LXX stellen MARKSCHIES, *Hieronymus* 137-181 und SCHULZ-FLÜGEL, *Hieronymus* 747-753 in chronologischer Reihenfolge dar. Vgl. auch die ausführliche Darstellung in SCHIRNER, *Inspice* 288-318 und FÜRST, *Hieronymus* 107-121.

[65] Zum Briefwechsel zwischen Augustinus und Hieronymus vgl. MARKSCHIES, *Hieronymus* 163-169.

liche, sind."⁶⁶ Unbeirrt – und das ist der Angelpunkt seiner Konzeption – beharrt er aber auf der LXX-Legende und der daraus folgenden Inspiration der Siebzig; vgl. *qu.* 1,169: *maiore quippe auctoritate praediti quam interpretum officium est prophetico spiritu, quo etiam ore uno in suis interpretationibus, quod magnum miraculum fuit, consonuisse firmantur [...] posuerunt* „Sie waren ja mit höherer Autorität ausgestattet, als es dem Beruf von Übersetzern zukommt, und haben so in prophetischem Geist übersetzt, kraft dessen sie ja, wie bestätigt wird, einmütig, was ein großes Wunder war, in ihren Übersetzungen übereingestimmt haben."⁶⁷ Die LXX bleibt ihm die von den Aposteln zumindest auch approbierte schützenswerte gemeinsame Grundlage der universalen christlichen Kirche und ein den lateinischen Codices nicht vergleichbares, weil inspiriertes prophetisches Übersetzungswerk mit eigenständiger Autorität. Daher kritisiert er die Codices der VL durch Vergleich mit der LXX als autoritativem Maßstab.

Augustinus sieht die Kirche somit im Besitz zweier vielfach voneinander abweichender, aber jeweils inspirierter Fassungen des AT: *Spiritus enim, qui in prophetis erat, quando illa dixerunt, idem ipse erat etiam in septuaginta viris, quando illa interpretati sunt; qui profecto auctoritate divina et aliud dicere potuit, tamquam propheta ille utrumque dixisset, quia utrumque idem Spiritus diceret, et hoc ipsum aliter, ut, si non eadem uerba, idem tamen sensus bene intelligentibus dilucesceret, et aliquid praetermittere et aliquid addere* „Derselbe Geist nämlich, der in den Propheten war, als sie sprachen, war auch in den siebzig Männern, als sie diese Worte übersetzten; er konnte selbstverständlich mit seiner göttlichen Autorität auch etwas anderes sagen; es wäre so, wie wenn ein Prophet beides gesagt hätte, da beides derselbe Geist sagte; und dasselbe konnte er auf andere Weise sagen, so daß verständnisvollen Leuten, wenn schon nicht dieselben Wörter, doch derselbe Sinn aufleuchtete, und anderes konnte er auslassen und anderes hinzufügen."⁶⁸ *Quidquid vero est apud Septuaginta, in Hebraeis autem codicibus non est, per istos ea maluit quam per illos idem Spiritus dicere, sic ostendens utrosque fuisse prophetas* „Soweit aber etwas in der LXX vorhanden, in den hebräischen Codices aber nicht bezeugt ist, wollte derselbe Geist es lieber durch jene statt durch diese sagen und zeigte auf diese Weise, daß beides Propheten waren."⁶⁹ So immunisiert sich Augustinus gegen die Kritik des Hieronymus an der LXX, ohne diese, was ihm mangels hebräischer Sprachkenntnisse auch unmöglich war, zu bestreiten; die Notwendigkeit, von der *hebraica veritas* auszugehen, wehrt er so ab. Problematisch wird es freilich

---

⁶⁶ *Civ.* 18,44 *l.* 39-43.

⁶⁷ Vgl. auch *qu.* 6,19: *septuaginta interpretes, qui auctoritate prophetica ex ipsa mirabili consensione interpretati esse perhibentur; doctr. chr.* 2,53; *civ.* 18,42-43.

⁶⁸ *Civ.* 18,43 *l.* 26-33.

⁶⁹ *Civ.* 18,43 *l.* 55-57.

dennoch, wenn es nicht um Plus oder Minus der LXX bezüglich des TM geht,[70] sondern wenn TM und LXX zwei unvereinbare Aussagen zu derselben Sache machen.

Auch dann verbietet sich unter Voraussetzung der doppelten Inspiration von TM und LXX – anders verhält es sich u.U., wenn spätere Schreibergenerationen Fehler in LXX-Codices eindringen ließen – wechselseitige textkritisch begründete Emendation. Dafür gibt er auch kein Beispiel.[71] Einmal[72] wäre Augustinus fast nicht um die Emendation der LXX nach TM herumgekommen: nach den LXX-Zahlen des Stammbaums Adams Gen 5,1-32 hätte Metuschelach die Sintflut um vierzehn Jahre überlebt, was Gen 7,7.21-22; 1Petr 3,20; 2Petr 2,5 widerspricht. In *qu.* 1,2 verweist Augustinus zwar, belehrt durch Hieronymus *Qu. Hebr. Gen.*, auf TM, übernimmt aber nicht dessen abweichende hebräische Zahlen, denen zufolge Metuschelach in der Flut umgekommen ist. TM ist ihm lediglich ein Zeuge dafür, daß Metuschelach die Sintflut nicht überlebt hat. Wie es sich tatsächlich verhielt, daß nämlich Metuschelach schon sechs Jahre vor der Flut starb, entnimmt er griechischen Zeugen, *codicibus paucioribus sed veracioribus*. Augustinus votiert somit nicht mit TM gegen LXX, sondern mit drei Codices der LXX (und einem lateinischen und einem syrischen), die für ihn die genuine LXX repräsentieren, gegen alle anderen LXX-Codices, die er für fehlerhaft erklärt. Daß diese drei einen Mischtext bieten, der bereits geschaffen wurde, um zwischen TM und LXX zu vermitteln, entgeht ihm. In *civ.* 15,10-13 diskutiert Augustinus den Sachverhalt ausführlicher, allerdings nicht klarer. Die Opposition ‚TM vs. LXX' ersetzt er, um einen Irrtum der Siebzig Übersetzer zu vermeiden, durch ‚ursprüngliche Übersetzung der LXX vs. verfälschende Kopisten'. Die Debatte ist komplizierter, weil Augustinus hier über den Einzelfall Metuschelach hinaus den Umstand berücksichtigt, daß die LXX bei den Patri-

---

[70] In *qu.* 6,19 bespricht Augustinus z.B. Jos. 16,10 und 6,26. In beiden Fällen fügten die LXX s.E. dem TM Informationen hinzu, die sie zu ihrer Zeit besaßen, aber noch nicht bekannt waren, als der hebräische Wortlaut formuliert wurde. Diese Fälle sind unproblematisch, weil sich die beiden Versionen nicht widersprechen. So können beide als autoritative Bibelpassagen auf sich beruhen.

[71] Einer textkritischen Argumentation nahe kommt die eigenartig gewundene Vermutung Augustins *qu.* 6,19, die Siebzig hätten – zwar kraft prophetischer Autorität: *auctoritate prophetica*, aber ohne Inanspruchnahme ihrer prophetischen Fähigkeiten: *non tamquam futura praenuntiantes* – in Jos 16,10 zum Wortlaut des TM, ihm bekannt aus der Vulg, Informationen hinzugefügt, die ihnen aus dem jüngeren Text 1Kön 9,16 vertraut gewesen seien.

[72] Siehe *qu.* 1,2 und Einleitung in die *quaestiones in Genesim*, Exkurs „Exegetische Vorgehensweisen" (6) Datierungsprobleme. In *qu.* 6,30,1 verbirgt sich die Vulg vielleicht unter der Bezeichnung *secundum alios interpretes*.

archen vor der Sintflut generell die Zeugungsalter gegenüber TM um 100 erhöht. Metuschelach ist im Jahr der Sintflut gestorben, *si verum est quod de numero annorum in Hebraeis codicibus invenitur* „wenn das wahr ist, was über die Zahlen der Lebensjahre in den hebräischen Codices zu finden ist" (*civ.* 15,11 *l.* 38-39). Um die abweichenden Zahlen der LXX zu erklären, scheint es nicht absurd anzunehmen, daß bereits derjenige Kopist, der als erster die originale LXX aus der alexandrinischen Bibliothek des ägyptischen Königs erhielt und von dessen Kopie alle weiteren Exemplare der LXX abhängen, in die richtige Übersetzung der Siebzig durch Nachlässigkeit und unabsichtlichen Irrtum falsche Zahlen eingeführt hat (*civ.* 15,13 *l.* 17-23). Augustinus stellt anschließend das Prinzip auf, im Fall eines unauflösbaren Widerspruchs zwischen zwei Codices *ei linguae potius credatur, unde est in aliam per interpretes facta translatio* „man soll eher [dem Kodex] jener Sprache vertrauen, aus der die Übersetzer in eine andere Sprache übersetzt haben" (*civ.* 15,13 *l.* 92-94, variiert wiederholt in 15,14 *l.* 51-52). Das führt aber keineswegs zur Übernahme der TM-Version, sondern, durch *nam* fügt Augustinus nun, wie in *qu.* 1,2, den Hinweis auf die drei griechischen, den einen lateinischen und den syrischen Kodex an, denen zufolge Metuschelach nicht im Jahr der Sintflut, sondern sechs Jahre früher gestorben ist.[73]

---

[73] Entgegen dem Eindruck, den SCHIRNERS *Inspice* 263-271 Darstellung erweckt, liegt hier kaum eine grundsätzliche textkritische These Augustins vor, die TM als Ausgangstext besondere Autorität zuspräche, sondern eine *ad-hoc*-Erklärung (vgl. auch Einleitung in die *qu.* 1, S. 81f.). Hier weichen nämlich nicht nur TM und LXX voneinander ab, sondern unabhängig vom handschriftlichen Befund beweisen nach Meinung Augustins Gen 7,7,1 Petr 3,20; 2 Petr 2,5, daß die Zahlen der LXX sachlich falsch sind. Hier muß er somit nicht erklären, inwiefern aufgrund des Vergleichs der ihm vorliegenden Versionen eine Zeugengruppe den Vorrang verdient, sondern, wie es zu diesem gravierenden Fehler der LXX gekommen ist. Weil die Zahlen der LXX eindeutig falsch sind, versucht Augustinus in diesem Fall auch nicht, für sie wenigstens eine geistliche Bedeutung zu finden. Indem er sich auf drei abweichende griechische, einen lateinischen und einen syrischen Kodex beruft, die freilich in sachlich unklarer Beziehung zu den ihm aus Hieronymus *Qu. Hebr. Gen.* bekannten Zahlen des TM stehen, votiert er nicht generell für die Autorität der Version, aus der übersetzt wurde, also TM, sondern rettet in diesem Einzelfall die Autorität der LXX, indem er diese drei Kodizes gegen alle anderen Kodizes der LXX für zutreffend erklärt.
Vgl. auch folgende textkritische Entscheidungen, in denen Augustinus niemals gegen die LXX votiert, sondern höchstens, wo unvermeidbar, innerhalb der LXX differenziert: *qu.* 2,27 (zu Ex 8,25; *Graecus* vs. *Latini*); 2,157 (zu Ex 34,12; *Graecus* vs.VL); 3,9 (zu Lev 6,10LXX/6,3TM; *in quodam Graeco* vs. seine übrigen Textzeugen); 3,40,1 (zu Lev 12,4; *aliqui codices Graeci* vs. seine übrigen Textzeugen); 3,53,3 (zu Lev 16,16; *in quodam*

In den Fällen, in denen TM und LXX zur selben Sache widersprüchliche Aussagen machen, sieht Augustinus auf Grund der doppelten Inspiration seine Aufgabe darin, die wechselseitigen Differenzen als jeweils sinnvoll und aussagekräftig zu erweisen; freilich muß er dann für beide Textversionen[74] oder zumindest für die LXX auf eine andere, die geistliche Sinnebene ausweichen. In seiner Praxis als Exeget und Prediger kümmert sich Augustinus in der Regel auch dann nur um die LXX (und die Übereinstimmung mit ihr oder etwaige Abweichungen von ihr in seiner VL), da die LXX in der Kirche größere Autorität besitzt als der TM.

In seinen *qu.* 2-4 zu Ex-Num kann Augustinus unbehelligt von Publikationen des Hieronymus auslegen. Ab seiner Arbeit an den *quaestiones in Deuteronomium* kennt Augustinus die Vulg. Vgl. *qu.* 5,20 (zu Dtn 14,27LXX=14,28 TM);[75] 6,7 (zu Jos 5,13); 6,15 (zu Jos 10,5-6); 6,19 (zu Jos 16,10; 6,26); 6,24 (zu Jos 23,14); 6,25 (zu Jos 24,3); 7,16 (zu Ri 2,13); 7,21 (zu Ri 3,17); 7,25 (zu Ri 3,31); 7,37 (zu Ri 7,6); 7,41,3 (zu Ri 8,27); 7,47 (zu Ri 10,1); 7,55 (zu Ri 15,8). Er konsultiert sie jedoch nur punktuell und zur Klärung philologischer oder Sachprobleme, er zieht sie nicht heran, wenn theologische Fragen anstehen; er kriti-

---

Graeco [...] si tamen ille codex verior est, qui emendatior videbatur vs. seine VL + *in uno Graeco et duobus Latinis*; vgl. die Einleitung in *qu.* 3 Exkurs „Fürbitte statt Sühne"); *qu.* 6,12 (zu Jos 9,4; *nonnulli codices et Graeci et Latini* vs. *alii, qui veraciores videntur*); 7,25 (zu Ri 3,31; Vulg vs. LXX; selbst hier entscheidet sich Augustinus nicht zugunsten der etwas leichter verständlichen Vulg gegen die LXX, obgleich er dem Wortlaut der LXX keinen überzeugenden Sinn abgewinnen kann).

[74] So verfährt er z.B. in *qu.* 1,169 bezüglich Jona 3,4. Die Siebzig Übersetzer wußten zwar, daß Jona 3,4 laut TM Ninive das Gericht Gottes nach vierzig Tagen androht, sie haben stattdessen drei Tage gesetzt, weil sie in Ausübung ihrer prophetischen Vollmacht etwas anderes sagen wollten. Augustinus kann hier die historische Frage, was Jona tatsächlich gesagt hat, auf sich beruhen lassen, weil er in beiden Varianten einen geistlichen, christologischen Sinn entdeckt (Jesus hat vierzig Tage gefastet und nach seiner Auferstehung vierzig Tage mit seinen Jüngern verbracht; er ist nach drei Tagen auferstanden) und das Gericht ohnehin nicht eingetreten ist. „Wir wollen daher nicht sagen, daß eines der beiden falsch ist, noch wollen wir für die einen Übersetzer gegen die anderen streiten." In *civ.* 18,44 betont Augustinus ausdrücklich, daß Jona, historisch gesehen, nur entweder von 3 oder von 40 Tagen gesprochen haben kann; er erklärt dennoch beide Versionen für inspiriert, weil auf der Ebene des geistlichen Sinnes beide auf Christus verweisen.

[75] Zu der diesbezüglich umstrittenen Stelle *qu.* 5,54 (zu Dtn 30,14) und zu *qu.* 5,3 (zu Dtn 3,11) vgl. die Einleitung in *qu.* 1.

siert sie an keiner Stelle.[76] Den Namen Hieronymus nennt er nicht, sondern spricht stets von der *interpretatio [quae est] ex Hebraeo*. Vulg bringt, so Augustinus, den Sinn klarer zum Ausdruck als die VL: *qu.* 5,20 (in VL *obscure positum est*), *qu.* 6,24 (Augustinus macht dann aber eigene abweichende Übersetzungsvorschläge), *qu.* 7,37, 7,41,3, 7,47 (VL hat eine ungebräuchliche und daher unklare Wortfolge), 7,55 (für VL gilt: *inusitata locutio facit obscuritatem*); sie formuliert grammatisch präziser: *qu.* 6,7; sie hat die einsichtigere Bezeichnung: *qu.* 6,15; sie bringt den wörtlichen Sinn, während LXX eine Prophetie auf Christus und die Kirche intendiert: *qu.* 6,25; sie entspricht wörtlich TM, während LXX denselben Sinn durch diejenige *locutio* ausdrückt, *quae solet a contrario intellegi*: *qu.* 7,21; sie hat in Jos 6 zweifaches Textminus, die Zusätze hat LXX aus ihrer späteren Kenntnis von 1Kön hinzugefügt: *qu.* 6,19; sie bezeugt eine Namensvariante: *qu.* 7,16; Vulg und VL+LXX divergieren vollständig; Augustinus entscheidet sich nicht, tendiert aber eher dazu, dem ihm unverständlich bleibenden Ausdruck von VL+LXX einen Sinn abzugewinnen: *qu.* 7,25.

Die *quaestiones in Genesim* erarbeitet Augustinus unter anderen Umständen: er kennt die Vulg noch nicht, aber ihm liegen die *Hebraicae quaestiones in libro Geneseos* des Hieronymus vor, in denen dieser für die *veritas hebraica* gegen die fehlerhafte LXX kämpft.[77] Augustins Umgang mit diesem Werk ist vielschichtig.

In *qu.* 1,2 hilft Hieronymus Augustinus, sich von den Lebensdaten Metuschelachs in der LXX zu lösen, aus denen folgt, daß Metuschelach die Sintflut um vierzehn Jahre überlebt hat; dennoch folgt er nicht den von Hieronymus genannten hebräischen Daten, denen zufolge Metuschelach im Jahr der Flut stirbt, sondern drei griechischen Kodizes, die er in *gr. et pecc. or.* 2,27 *l.* 15-20 als *paucioribus, qui rarissimi inveniuntur* charakterisiert, und folgert, obwohl er sich

---

[76] Vgl. LA BONNARDIÈRE, *Augustin* 305-307; GARCIA DE LA FUENTE, *Itala* 543-549 mit dem abschließenden Urteil S. 550. Er erwähnt nicht den Beleg *qu.* 7,37.

[77] Vgl. CAVALLERA, *Quaestiones*. Die unterschiedliche Ausrichtung dieser beiden *quaestiones*-Werke zeigt sich, wie CAVALLERA 362f. betont, auch darin, daß Hieronymus 220, Augustinus 173 *quaestiones* zur Genesis behandeln, aber nur 30 gemeinsam haben. Er vergleicht die Lösungen des Hieronymus und des Augustinus zum selben Problem auch in den Fällen, in denen Augustinus sich nicht explizit auf Hieronymus bzw. hebräische Kodizes bezieht. In den Fällen, in denen beide die gleiche Lösung vorschlagen, ein Verweis auf Vulg aber fehlt (z.B. zu Gen 12,4 die jüdische Legende; in Gen 21,14 die Einfügung des Verbs „und er gab"), hat Augustinus sich vielleicht stillschweigend bei Hieronymus bedient. Andererseits ignoriert Augustinus Argumente des Hieronymus, wenn sie ihn nicht interessieren oder ihm nicht gefallen. So bleibt er in *qu.* 1,85 beim Stadtnamen Ulammaus, obgleich sich Hieronymus über diesen plumpen Übersetzungsfehler mokiert hatte.

zugleich auf die hebräischen Kodizes beruft, Metuschelach sei sechs Jahre vor der Flut gestorben. In *qu.* 1,26 legt Augustinus unter Verweis auf Hieronymus, diesmal ausnahmsweise unter Namensnennung (*diligentius a presbytero Hieronymo expositum est*), dar, daß aus Gen 12,15-16 nicht folgt, Pharao habe sich Sara sexuell genaht. Die Altersangabe Abrahams in Gen 12,4 können weder Hieronymus, den Augustinus in *qu.* 1,25,2 wohl zu den *quibusdam* zählt, noch Augustinus befriedigend lösen; beide berufen sich auf eine jüdische Legende; Augustinus läßt die Frage schließlich offen: *commodius autem plures exitus inveniuntur, quibus quaestiones difficiles dissolvantur.* Hieronymus (angesprochen durch *alii interpretes*) und Augustinus in *qu.* 1,78 erklären zwar beide die Formulierung der LXX Gen 26,32-33, Isaak habe den von seinen Söhnen gegrabenen Brunnen ‚Schwur' genannt, weil sie kein Wasser gefunden hätten, für unverständlich; dennoch kann sich Augustinus nicht entschließen, die LXX trotz seines Urteils: *nihil habet convenientiae secundum litteram* zugunsten des hebräischen Textes, der die Negation nicht hat, zu emendieren, vielmehr behauptet er eine geistliche Bedeutung des LXX-Satzes, allerdings ohne sie mitzuteilen. In *qu.* 1,97 (zu Gen 31,47-48) schließt sich Augustinus der Erklärung der beiden Namen des Steinhügels durch Hieronymus (*traditur ab eis qui et Syram et Hebraeam linguam noverunt*) an. In *qu.* 1,127 (zu Gen 37,36) neigt Augustinus der These des Hieronymus (und anderer? *Nolunt quidam*) zu, der Titel ἀρχιμάγειρος bezeichne einen hohen militärischen Rang. In *qu.* 1,162 (zu Gen 47,31) anerkennt Augustinus zwar, daß der von Hieronymus angeführte hebräische Wortlaut „zum Kopfende des Bettes" eine einleuchtende Erklärung biete (*in Hebraeo facillima huius quaestionis absolutio esse dicatur*), dennoch wendet er sich nicht zu dessen Gunsten von der LXX-Formulierung ab: „über die Spitze seines Stabes": *nec ideo tamen quod septuaginta interpretati sunt nullum vel levem sensum habere putandum est.*

Einmal, in *qu.* 1,152 (zu Gen 46,8-27),[78] läßt Augustinus seinem Unmut über Hieronymus und dessen ständige Kritik an der LXX freien Lauf. Zu den komplizierten Details der Nachkommen Jakobs divergieren die Zahlen von TM und LXX erheblich. Bezüglich der Nachkommen Benjamins resigniert Augustinus: *haec omnia, quae indissolubilia videntur, magnam continent sine dubitatione rationem; sed nescio utrum possint cuncta ad litteram convenire praecipue in numeris, quos in scripturis esse sacratissimos et mysteriorum plenissimos, ex quibusdam, quos inde nosse potuimus, dignissime credimus* „Für all diese Widersprüche, die unlösbar erscheinen, gibt es ohne Zweifel einen bedeutenden Grund; aber ich weiß nicht, ob alles nach dem buchstäblichen Sinn übereinstimmen kann, vor allem bei den Zahlen, von denen wir wissen, daß sie in den Schriften höchst heilig und übervoll von Ge-

---

[78] Zur Analyse dieser *quaestio* vgl. die Einleitung in *quaestiones in Genesim*, Exkurs „Exegetische Vorgehensweisen" (6) Datierungsprobleme und CAVALLERA, *Quaestiones* 364f.

heimnissen sind. Darunter sind einige, die wir verstehen konnten und aus höchst angemessenen Gründen glauben." Nach Gen 46,20LXX wurden Josef in Ägypten Manasse und Ephraim und von diesen jeweils Söhne und Enkel geboren, und zwar nach dem hebräischen Wortlaut Ephraim und Manasse noch vor der Ankunft Jakobs in Ägypten: *quod non solum hoc loco Hebraei codices habere dicuntur*. Dennoch rechnet LXX sie in Gen 46,27 nach Ausweis der Summe fünfundsiebzig unter die Nachkommen Jakobs ein, „die nach Ägypten eingetreten waren". Augustinus versucht, diese Spannung durch prophetische Freiheit der Siebzig Übersetzer und eine mystische Bedeutung, die er jedoch nicht mitteilt, zu glätten: „Aber mir scheinen auch die Siebzig Übersetzer, die zum Zweck irgendeiner mystischen Bedeutung mit einer gewissen, gleichsam prophetischen Freiheit diese Zahl auffüllen wollten, diesbezüglich nicht geirrt zu haben, wenn noch zu Lebzeiten Jakobs die beiden Söhne Manasse und Efraim jene gezeugt haben, die ihrem Urteil zufolge der Zahl des Haushalts Jakobs hinzugefügt werden sollten." Freilich erzeugt er damit, wie er selbst eingesteht, ein neues Problem, da Jakob nur noch siebzehn Jahre in Ägypten gelebt hat: „Aber da man findet, daß Jakob siebzehn Jahre in Ägypten gelebt hat, versteht man nicht, wie die Söhne Josefs zu dessen Lebzeiten bereits Enkel haben konnten." Nach Gen 41,50 waren Efraim und Manasse vor den sieben Hungerjahren geboren worden, Jakob aber nach Gen 45,6LXX im zweiten Hungerjahr nach Ägypten gekommen, bestenfalls waren Efraim und Manasse damals neun Jahre alt und hatten beim Tod Jakobs ein Alter von sechsundzwanzig Jahren erreicht. Das provoziert Augustins Vorwurf gegen Hieronymus: *quomodo ergo minus quam viginti et sex annorum iuvenes etiam nepotes habere potuerunt sed neque ulla Hebraica veritate ista solvitur quaestio* „Aber wie daher junge Männer von weniger als sechsundzwanzig Jahren bereits Enkel haben konnten, diese Frage löst auch nicht irgendein hebräischer Urtext." Freilich zeigt Augustinus mit dieser völlig unangebrachten Invektive nur, daß er die auf den hebräischen Text gestützte Argumentation des Hieronymus nicht verstanden hatte; dieser bleibt nämlich in Gen 46,27 mit TM bei der Zahl siebzig und erklärt die Söhne und Enkel Efraims und Manasses in Gen 46,20 für einen Zusatz der LXX in *anticipatio*. Augustinus erhebt somit, ohne es zu wissen, den absurden Vorwurf, Hieronymus erkläre mit seinem hebräischen Urtext nicht die viel jüngeren Zusätze der LXX!

Exegetische Problemlösungen[79]

Augustinus hat keinen Blick für ästhetische Aspekte der biblischen Texte, humorvollen Details der Erzählungen begegnet er seinerseits ohne jeden An-

---

[79] Die Einzelnachweise für die folgenden Thesen finden sich in den Einleitungen in die einzelnen *quaestiones*.

flug von Humor. Er liest sie einzig unter dem doktrinalen Aspekt, welche theologischen und moralischen Lehren er ihnen entnehmen kann. Außerdem legt er um der Irrtumslosigkeit der Schrift willen großen Wert auf den Nachweis, daß die Erzählungen historisch zutreffen und daß sich die Ereignisse tatsächlich so abgespielt haben, wie sie berichtet sind. Allerdings gilt: v*eritas narrationis exigitur nisi ut rerum sententiarumque sit, quibus voluntas, propter quam intimandam uerba fiunt, satis adpareat* „für die Wahrheit einer Erzählung genügt es, daß sie sich auf die Sachverhalte und den Sinn erstreckt; durch sie kann die Aussageabsicht hinreichend deutlich hervortreten, zu deren Mitteilung die Worte gewählt werden."[80] Das ermöglicht dem Ausleger eine gewisse Beweglichkeit; freilich nimmt Augustinus sie nur sehr selten in Anspruch; häufiger zieht er aus geringen Unterschieden im sprachlichen Ausdruck weitreichende inhaltliche Konsequenzen. Die menschlichen Autoren, für den Pentateuch einzig Mose, interessieren ihn nicht; sie sind Sprachrohre Gottes; zwischen Gottes Lehre und den Worten, mit denen diese Autoren sie wiedergeben, gibt es keine relevanten Unterschiede oder Quellen des Irrtums.[81] Irrtümer können höchstens und selten namenlose Kopisten in die biblischen Kodizes eingeführt haben.[82]

---

[80] *Qu.* 1,64. Vgl. 1,170: *ad sententiam verba referre debemus [...] voluntati enim enuntiandae et in notitiam perferendae oportet verba servire* „wir müssen die Worte auf ihren Sinn beziehen [...] Denn die Worte müssen dazu dienen, den Willen des Sprechers auszudrücken und bekannt zu machen." qu. 5,10,3: *unde intellegamus [...] non esse in mendacio deputandum, si aliis quibuslibet verbis eadem voluntas manifestatur [...] neque enim magnum erat Moysi adtendere quae in Exodo scripserat et eisdem omnino verbis illa repetere, nisi pertineret ad sanctos doctores nostros hoc ipsum insinuare discentibus, ut nihil aliud in verbis loquentium quaerant nisi voluntatem propter quam enuntiandam verba instituta sunt.* „Daraus sollen wir entnehmen, [...] daß man nicht für Lüge halten darf, wenn derselbe Wille in irgendwelchen abweichenden Worten mitgeteilt wird [...] Es war nämlich in der Tat für Mose nicht schwierig, darauf zu achten, was er im [Buch] Exodus geschrieben hatte, und jene [Ausführungen] mit ganz denselben Worten [im Buch Dtn] zu wiederholen, wenn es nicht Aufgabe unserer heiligen Lehrer wäre, genau dies den Lernenden beizubringen, daß sie in den Worten der Redenden nichts anderes suchen sollten als die (Aussage-)Absicht, zu deren Ausdruck die Worte gewählt worden sind."
[81] Der menschliche Autor hat vielleicht erst später bzw. erst zu seiner Zeit übliche geographische Bezeichnungen und Volksnamen eingeführt; vgl. *qu.* 1,55; 1,60; 1,120; 2,56.
[82] Gelegentlich mag ein Schreiber auch eine zutreffende Erklärung eingefügt haben; vgl. *qu.* 1,103 (hier verrät sich der Zusatz durch unrichtige Personaldeixis). Die Bezeichnung *scriptor* läßt nicht immer klar erkennen, ob der ursprüngliche biblische Autor oder ein späterer Kopist gemeint ist.

Rekapitulation

Augustinus versucht, aus den biblischen Erzählungen eine exakte Abfolge der Ereignisse zu rekonstruieren. Er geht zunächst davon aus, daß Ereignisse, die nacheinander erzählt werden, sich auch entsprechend der Erzählabfolge nacheinander ereignet haben. In den biblischen Erzählungen, die in vielfältigen, z.T. ganz anderen Ordnungsprinzipien verpflichteten Redaktionsprozessen herangewachsen sind, bereitet das häufig Probleme. Um ihnen zu entgehen, bezieht sich Augustinus auf den *Liber Regularum* des zeitgenössischen griechischen Afrikaners und Donatisten-Dissidenten Tyconius. Dieser hatte „die erste (christliche) Hermeneutik geschrieben, d.h. sich in seiner Schrift *Liber Regularum* darum bemüht, im Gegensatz zur oft willkürlichen und unkontrolliert praktizierten Allegorese der Homileten und christlichen Schriftsteller eine systematische, rational argumentierende Auslegungsanleitung nach festgesetzten und vernunftmäßig nachvollziehbaren Kriterien zu erstellen [...] Die dort formulierte Theorie besteht aus sieben *Regulae*, von denen jede eines oder mehrere hermeneutische Prinzipien zum Gegenstand hat."[83] Tyconius fragt in seinen *regulae mysticae*[84] vor allem nach dem typologischen Sinn. Regel VI befaßt sich mit der *recapitulatio*, einer auch in der heidnischen Rhetorik bekannten Redefigur; Tyconius deutet sie so, daß er sie seiner Bibelauslegung dienstbar machen kann. Seine Darstellung der *recapitulatio* gliedert sich in drei Teile: (1) Biblische Zeitangaben wie *tunc, illa hora, illo die, eo tempore* (damals, in jener Stunde, an jenem Tag, zu jener Zeit) scheinen zwar einen Zeitpunkt zu bezeichnen, beziehen sich aber in Wirklichkeit auf die ganze Zeit der Kirche. (2) Es gibt typologische Entsprechungen zwischen vergangenen Ereignissen und der Endzeit. (3) Das Verständnis des dritten und längsten Teils über Rekapitulationen *sine mysteriis vel allegoria* („ohne Geheimnisse oder Allegorie")[85], in dem sich Tyconius durch Auslegung von Passagen von 1Joh mit dem Verhältnis von Worten und Taten und dem Antichrist befaßt und gegen das gewalttätige Vorgehen der Katholiken gegen die Donatisten und wohl auch der Donatisten gegen die Katholiken wendet, ist umstritten und muß hier nicht behandelt werden, da Augustinus sich nicht auf ihn bezieht.[86]

Um Unklarheiten zu vermeiden, definiert Augustinus bei seiner Darstellung der sechsten Regel des Tyconius in *De doctrina Christiana* zunächst die Rekapitulation und verschiebt zugleich deren Funktion entsprechend seinen exegeti-

---

[83] POLLMANN, *Doctrina* 32.

[84] Tyconius, *Liber Regularum,* Prooemium.

[85] Tyconius, *Liber Regularum* VI,4.1.

[86] Vgl. dazu VERCRUYSSE, *Tyconius* 61-63; DULAEY, *Récapitulation* 83-89; CAMASTRA, *Liber* 284-287.

schen, stark auf den Literalsinn zielenden Interessen:[87] *Sextam regulam Tichonius Recapitulationem vocat, in obscuritate scripturarum satis vigilanter inventam. Sic enim dicuntur quaedam, quasi sequantur in ordine temporis vel rerum continuatione narrentur, cum ad priora quae praetermissa fuerant latenter narratio revocetur. Quod nisi ex hac regula intellegatur, erratur.* „Die sechste Regel nennt Tyconius *recapitulatio*. Er hat sie mit hinreichender Aufmerksamkeit in dunklen Stellen der Schriften gefunden. Manche Vorgänge werden nämlich so formuliert, als ob sie chronologisch aufeinander folgten oder in realer kontinuierlicher Abfolge erzählt würden, obgleich die Erzählung verhüllt auf frühere Ereignisse, die übergangen worden waren, zurückkommt. Wenn man dies nicht nach dieser Regel versteht, irrt man."[88] In den Händen des Augustinus wird die *recapitulatio* zu einem sehr beweglichen Instrument, durch das er Inkonsistenzen der Darstellung beseitigt, ohne den Literalsinn zu verlassen. Vgl. *qu.* 1,14: Das Problem der zeitlichen Abfolge kann durch Rekapitulation gelöst werden, *ut ea posterius narrata intellegantur quae prius facta sunt* „daß man erkennt, daß Ereignisse, die früher geschehen sind, später erzählt wurden"; *qu.* 1,25,1: *recapitulatio itaque ista, si advertatur in scripturis, multas quaestiones solvit, quae indissolubiles possunt videri* „Diese Rekapitulation löst daher, wenn man nur in den Schriften darauf achtet, viele Probleme, die sonst unlösbar erscheinen können". In *QH* gebraucht er die Rekapitulation niemals, um einen geistlichen Sinn zu begründen, sondern nur, um Handlungsabläufe zu klären.[89]

Locutio

Den Terminus *locutio* gebraucht Augustinus in weiterem und engerem Sinn. Im engeren Sinn sind die *locutiones* bzw. *locutiones propriae* ein Auslegungsinstrument, dem er, zeitlich parallel zu den *QH*, in den *Locutionum in Heptateuchum libri VII* ein eigenes Werk gewidmet hat. Zu dessen Beginn definiert er sie so: *Locutiones*

---

[87] POLLASTRI, *Quaestiones* 73 nennt diese Definition des von Tyconius übernommenen Terminus zu Recht „una interpretazione personale" des Augustinus. BORI, *ricezione* 136: Während ein biblischer Autor nach der Konzeption des Tyconius in der *recapitulatio* zugleich vom Typ und vom Antityp spricht, führt diese Redefigur nach Augustinus dazu, daß ein biblischer Autor zwar den Anschein erweckt, er schildere in chronologischer Abfolge, de facto aber kommt er zu einem späteren Zeitpunkt auf Ereignisse zurück, die er an ihrem richtigen chronologischen Ort übergangen hatte.
[88] *Doctr. chr.* 3,52.
[89] FLADERER, *Augustinus* 219 unterscheidet die heidnisch-rhetorische und die „christliche *recapitulatio*-Lehre" und schließt aus Details der Argumentation des Augustinus in *Gn. litt.*, „daß es vor Tyconius ein exegetisches Konzept gegeben haben muß, das freilich ohne Fixierung auf den Terminus *recapitulatio* dessen wesentlichen Gehalt vorwegnahm."

Scripturarum, quae videntur secundum proprietates, quae idiomata graece vocantur, linguae hebraicae vel graecae „Ausdrucksweisen der Schriften,[90] die den idiomatischen Redewendungen der hebräischen oder der griechischen Sprache, die auf Griechisch *idiomata* genannt werden, zu entsprechen scheinen."

Augustinus behandelt darunter in *QH* vornehmlich wirkliche oder vermeintliche lexikalisch-semantische oder syntaktische Hebraismen und Gräzismen, die den Wortlaut der VL für seine Adressaten verdunkeln. Vgl. z.B. *qu.* 1,31: die Schrift nennt eine Sache „ewig" *aeternum*, obgleich es sich um eine zeitliche, endliche handelt und sie von ihr lediglich aussagen will, daß es sich um eine Sache handelt, „deren Ende man nicht festlegt oder die man nicht derart ausführt, daß man sie nicht anschließend weiterhin ausführen müßte, soweit es nach dem Willen und der Fähigkeit des Ausführenden geht"; *qu.* 2,11: eine *mira et inusitata locutio*: Ein Personalpronomen bezieht sich nicht auf eine zuvor genannte, sondern auf eine erst im folgenden genannte Größe; *qu.* 2,78,3: *quod autem nos diximus: conversationem non fraudabit, Graecus habet homilian, id est locutionem, quo nomine intellegitur scriptura honestius appellare concubitum*. „Für unseren Ausdruck aber: ‚er wird Beischlaf nicht vorenthalten', hat der Grieche: ὁμιλίαν, d.h. ‚Unterhaltung'; mit diesem Wort bezeichnet die Schrift, wie man versteht, schicklicher den Geschlechtsverkehr"; *qu.* 2,163: *locutio fecit obscuritatem; dormiet enim dixit pro manebit* „Aber die Ausdrucksweise hat Unverständlichkeit erzeugt; er hat nämlich ‚es soll schlafen' für ‚es soll übrig bleiben' gesagt."; *qu.* 3,1: das hebräische *w apodoseos*, durch LXX und VL in ungrammatischer Weise „wörtlich" wiedergegeben, *locutionis est usitatae in scripturis*; *qu.* 3,2 (zu Lev 5,2): *sunt quaedam propter locutionum modos subobscure posita, sicuti est quod ait: ‚morticinum iumentorum'*; κτήνη bezeichnet reines wie unreines Vieh, dafür setzt VL *iumenta*. „Und deswegen ist in einer neuartigen Ausdrucksweise (*novo genere locutionis*), gleichsam einem πλεονασμῷ im Griechischen ‚unreiner' (κτηνῶν τῶν ἀκαθάρτων) hinzugefügt worden, als von den *iumenta* die Rede war, weil es auch reine Haustiere gibt, die κτήνη genannt werden. Dagegen sind die Tiere, die nach lateinischem Sprachgebrauch *iumenta* (Lasttiere) genannt werden, nach der Unterscheidung, die das Gesetz [des AT] trifft, ausschließlich unrein"; *qu.* 3,3: Der Ausdruck *agnam feminam* ist eine *locutio*; *fortassis ergo aliquo genere locutionis deliquerit dictum est delictum esse didicerit. an potius converso ordine dictum est – quia et talia genera locutionis habet scriptura – quod per alia loca similia recto ordine dicebatur?* „Vielleicht ist daher in irgendeiner idiomatischen Ausdrucksweise ‚(wenn) er sich vergangen hat' für ‚(wenn) er erfahren, hat daß es ein Vergehen war' gesagt worden. Oder ist hier eher in umgekehrter Reihenfolge ausgesagt worden – weil die Schrift auch derartige idiomatische Ausdrucksweisen besitzt –, was an anderen ähnlichen

---

[90] D.h. der VL.

Stellen in der richtigen Reihenfolge formuliert wurde?"; *qu.* 3,81: *anima mortua: ea tamen scripturarum est usitata locutio, quae nobis inusitatissima est* „dies ist jedoch eine übliche Ausdrucksweise der Schriften, die bei uns ganz und gar ungebräuchlich ist"; *qu.* 4,8: *sed mihi videtur non tam genus locutionis esse quam subobscurus sensus* „Aber mir scheint sie [die Wendung Num 4,11] nicht so sehr eine Art idiomatischer Ausdrucksweise zu sein, als vielmehr einen etwas dunklen Sinn zu enthalten"; *qu.* 4,14: *solet enim usitate etiam in Latinis locutionibus infinitum verbum poni pro finito* „Es ist nämlich auch in lateinischen Wendungen üblich, ein Verb im Infinitiv anstelle eines finiten Verbs zu setzen"; 4,16,6: *quod vero in fine posuit: in manu Moysi, usitatissima in scripturis locutio est* „Die Formulierung aber, die sie am Ende gewählt hat: ‚durch die Hand des Mose' ist eine äußerst gebräuchliche idiomatische Ausdrucksweise der Schrift, da Gott dies durch Mose vorschrieb"; *qu.* 7,25: *an Graecae locutionis consuetudo est etiam vitulos eos appellare, qui grandes sunt?* „Ob es in griechischer Ausdrucksweise üblich ist, auch diejenigen ‚Kälber' zu nennen, die schon herangewachsen sind?"

Nur selten entschärft Augustinus mit Hilfe dieses *terminus technicus* Wendungen, die ihm in der Rede von Gott als unangebrachte Anthropomorphismen erscheinen. Vgl. z.B. *qu.* 1,39 (Gen 18,21): Gott spricht, als zweifle er bzw. drohe er im Affekt des Zornes: „Es ist jedoch die herkömmliche und übliche menschliche Ausdrucksweise (*locutio*), und sie entspricht der menschlichen Schwachheit. Ihr paßt Gott seine Redeweise (*locutio*) an"; *qu.* 5,13: *tentat vos dominus deus vester, ut sciat* ist eine *locutio, intellegitur enim positum esse ut sciat pro eo quod est ut sciri faciat* „Man versteht nämlich, daß [die Schrift] ‚um zu erfahren' als Äquivalent für ‚um erkennen zu lassen' gesetzt hat."

Augustins Behandlung der *locutiones* zeigt besonders eindrücklich sein Ringen um den Wortsinn der Bibel. Die Bedeutung und Schwierigkeiten idiomatischer Wendungen verdeutlicht er in der letzten *quaestio* der *QH* an zwei Beispielen aus dem Militärjargon und aus der Umgangssprache seiner Heimat: *sic enim quod militares potestates dicunt: vade, alleva illum, et significat occide illum, quis intellegat, nisi qui illius locutionis consuetudinem novit? solet et vulgo apud nos dici: conpendiavit illi, quod est occidit illum; et hoc nemo intellegit, nisi qui audire consuevit. haec est enim vis generalis omnium locutionum, ut quemadmodum ipsae linguae non intellegantur, nisi audiendo uel legendo discantur* „Wer könnte nämlich entsprechend verstehen, was die militärischen Befehlshaber sagen: ‚Geh, beseitige jenen' – und das bedeutet: ‚Töte jenen' –, außer wer die übliche Verwendung jener Ausdrucksweise kennt? Es pflegt auch jedermann bei uns zu sagen: ‚er hat jenem abgekürzt', was bedeutet: ‚er hat jenen getötet'; und das versteht niemand außer dem, der [diese Wendung] zu hören gewohnt ist. Das ist nämlich die allgemeine Charakteristik aller idiomatischen Redewendungen, daß man sie wie die Sprachen selbst nicht versteht, außer man lernt sie durch Hören oder Lesen."

Synekdoche

Für den Tropus Synekdoche[91] bezieht sich Augustinus auf die fünfte Regel des Tyconius. In Anlehnung an ihn definiert er: *Tropus sinecdoche aut a parte totum aut a toto partem facit intellegi* „Der Tropus Synekdoche bewirkt, daß man entweder von einem Teil her das Ganze oder vom Ganzen her einen Teil erkennt".[92] Da auf diese Weise die Bedeutung eines Wortes sowohl ausgeweitet als auch eingeschränkt werden kann, öffnet die Synekdoche dem Interpreten einen weiten Spielraum.

Augustinus bezieht Synekdoche auf Zahlen- und Zeitenverhältnisse. Vgl. z.B. *qu.* 1,117,4 (Gen 35,26): Unter den „in Mesopotamien geborenen Söhnen Jakobs" wird auch Benjamin aufgezählt, der erst später andernorts geboren wurde, „weil die Anzahl der elf Söhne Jakobs, die in Mesopotamien geboren waren, wichtiger war". In Joh 6,70 und 1Kor 15,5 ist von „den Zwölf" die Rede, obgleich Judas nicht (mehr) dazu gehört: „so daß die Bezeichnung des größeren und besseren Teils auch jenes umfaßt, worauf diese Bezeichnung sich nicht bezieht." *qu.* 1,149 (Gen 46,6-7); 1,151: Es wird von den „Töchtern" Jakobs gesprochen, obgleich er nur eine, Dina, hatte: Hier „ist der Plural für den Singular gesetzt, wie man auch statt des Plurals den Singular zu benutzen pflegt."

Auch problematische Sachbezeichnungen können so geklärt werden. Vgl. z.B. *qu.* 1,150 (Gen 46,15): „Es bezweifelt nämlich niemand, daß ‚Seelen' für ‚Menschen' gesagt wird auf Grund einer Ausdrucksweise, die durch einen Teil das Ganze bezeichnet." *qu.* 2,71,4: Das Verbot des Diebstahls schließt auch Raub, das Verbot des Ehebruchs auch jeden unerlaubten Geschlechtsverkehr ein, denn *a parte totum intellegi voluit. qu.* 2,81: *quod de tauro positum est, a parte totum intellegendum est, quidquid in pecoribus usui humano subditis infestum est hominibus* „Und was bezüglich des Stieres vorgeschrieben ist, ist vom Teil auf das Ganze zu interpretieren, welches dem Gebrauch durch den Menschen unterworfene Stück Vieh auch immer für Menschen bedrohlich ist." *qu.* 7,41,3: *quamquam per ephud vel ephod ea locutione, quae significat a parte totum, omnia possint intellegi quae constituit Gedeon in sua civitate veluti ad colendum deum similia tabernaculo dei* „Dennoch könnten nach derjenigen Redefigur, die durch einen Teil das Ganze bezeichnet, unter *ephud* oder *ephod* alle dem Zelt Gottes ähnlichen [Gegenstände] verstanden werden, die Gideon in seiner Stadt gleichsam zur Verehrung Gottes aufstellte. *Et fecit illud Gedeon in ephud, videtur ita dictum, tamquam ex toto illo quod commemoratum est hoc factum esse credatur, cum possit etiam illic intellegi locutio quae significat a toto partem, ut quod dictum est: fecit illud in ephud, intellegatur fecit inde ephud uel fecit ex eo*

---

[91] Vgl. die Einleitung in die *quaestiones in Genesim*, Exkurs „Exegetische Vorgehensweisen".

[92] *Doctr. chr.* 2,50.

ephud, non scilicet illud totum consumens in ephud, sed ex illo quantum sufficiebat inpendens „‚Und Gideon machte jenes zu einem Efod', scheint so gesagt worden zu sein, damit man meine, daß dieses gleichsam aus allem jenem [Beutegut], das aufgezählt worden ist, hergestellt worden ist, obgleich man hier auch die Redefigur, die durch das Ganze einen Teil bezeichnet, annehmen könnte, so daß der Satz: ‚er machte jenes zu einem Efod' auch dahingehend verstanden werden kann, daß er davon ein Efod machte oder daraus ein Efod machte, indem er, versteht sich, nicht jenes insgesamt für das Efod verbrauchte, sondern nur so viel davon verwendete, wie [dazu] ausreichte."

Weitere Termini der rhetorischen Analyse

Augustinus verwendet in *QH* gelegentlich folgende weiteren Termini der rhetorischen Analyse: *anticipatio, antistrophe, ellipsis, hyperbaton, hyperbole, hysterologia, metaphora, pleonasmus, praeoccupatio, prolepsis, tropica locutio.*

Der übertragene, geistliche Sinn

Augustinus hat die allegorische Schriftauslegung bei Ambrosius in Mailand kennen und schätzen gelernt. Für ihn ist es selbstverständlich, daß die Texte des AT neben ihrem Wortsinn auch einen geistlichen Sinn, auf Christus, die Kirche oder die Endzeit bezogen, besitzen, der erst vom Neuen Testament bzw. von Christus her erkannt wird.[93] Augustinus beherrscht diese Auslegung, wie z.B. seine *Enarrationes in Psalmos* oder in *QH* die ausführliche allegorische Deutung des Gesetzes über die rote Kuh Num 19 in *qu.* 33,1-11 und des Lebens Jiftachs Ri 11,2 – 12,7 in *qu.* 7,49,16-28 zeigen. Um präzise Terminologie oder Methode bemüht er sich nicht. Er spricht in *QH* terminologisch äußerst vielgestaltig davon: *adumbrare, allegorica significatio, allegorice significare, commendare, demonstrare, figura magnae rei, figuram gerere, figuram gestare, figurare, figurate dictum, inplere, insinuare, intimare, mysterium, profundum mysterium, mysterium rei, magno mysterio figurare, alto secretoque mysterio significare, mystice accipere, mystice commendare, mystice prophetare, mystice significare, mysticum aliquid, ex alicuius persona dicere, ex persona Christi dicere, ex dei patris persona dicere, personam figurare, personam gerere, personam portare, portendere, praedicatio, praedicere, praefiguratio, praefigurare, praenuntiare, praesignare, prophetia, magna prophetia, evidentissima prophetia, actio prophetica, prophetice fieri, sacramenta, sacramentum significationis, magnum sacramentum, in sacramento dicere, aliquid sacramenti insinuere, altitudo sacramenti, signum sacramenti, significare, magnum aliquid et spiritale*

---

[93] Vgl. *qu.* 2,42 (zu Ex 12,5): „Nachdem die Dinge in Christus erfüllt worden sind, zeigt sich jedoch ganz deutlich, was durch dieses Gesetz vorausbezeichnet *(figuratum fuerit)* wurde."

significare, s*ignificative dicere, significatio, significatio spiritalis, significatio spiritalium,* s*ignificativa, signum, aliquid spiritale interpretari, spiritaliter intellegere, spiritaliter significare, spiritalis promissio, spiritualiter accipere, testimonium, typus, typum gerere, umbra futurorum, umbra significationum.*

Allerdings setzt Augustinus sich in *QH* das Ziel, vornehmlich den Wortsinn der Texte zu klären. Daher ist es im Blick auf seine exegetischen Methoden besonders aufschlußreich, aus welchen Gründen er sich veranlaßt, nach eigenem Bekunden auch genötigt sieht, den Wortsinn zu verlassen und auf die Ebene des geistlichen Sinns zu wechseln. Er begründet dies offen und gelegentlich in drastischen Wendungen. Vgl. im folgenden die Formulierungen: „gerade an dieser Stelle sind wir am meisten gezwungen, geistliche Bedeutungen *(spiritualia)* anzunehmen"; „wenn man das nicht auf irgendeine geistliche Bedeutung *(spiritalem significationem)* bezieht, gibt es keine Lösung des Problems"; „selbst dann, wenn es nicht gelingen würde, für diese Dinge eine geistliche Bedeutung herauszupressen *(exculpi)*"; „obgleich einem nicht leicht eine Idee einfällt"; um zu vermeiden, den Wortsinn *violenter quidem sed certa necessitate [...] violento intellectu* umzubiegen. Er ist sich dieser Lösungsmethode so sicher, daß er sich gelegentlich damit begnügt, eine das Textproblem lösende oder überspielende übertragene Deutung nur zu postulieren, ohne sie mitzuteilen. Folgende Konstellationen benennt er:

- Im Wortsinn ist eine Bibelstelle sachlich unverständlich oder unsinnig und ein göttliches Gebot ist rätselhaft oder praktisch unausführbar.

    qu. 1,74 (zu Gen 25,27: positive Beurteilung Jakobs): „gerade an dieser Stelle sind wir am meisten gezwungen, geistliche Bedeutungen *(spiritalia)* anzunehmen, weil derjenige [nach diesem Urteil der Schrift] ohne Arglist war, der Betrug übte."; qu. 1,123 (zu Gen 37,10): „Wie kann man das Wort Jakobs zu Josef: Was ist das für ein Traum, den du geträumt hast? Werden wir etwa, ich und deine Mutter und deine Brüder hingehen, dich, indem wir uns vor dir auf den Boden werfen, zu verehren? bezüglich Josefs Mutter, die ja schon tot war, verstehen, außer man nimmt einen geheimnisvollen Sinn an?"; qu. 1,138 (zu Gen 37,9-10: Josefs Träume): „Aber man muß in diesen Träumen eine höhere Bedeutung suchen. Das kann sich nämlich weder bezüglich seines Vaters noch bezüglich seiner Mutter – die bereits tot war – so verwirklichen, wie er es von der Sonne und dem Mond gesehen hatte, worauf er von seinem Vater Tadel zu hören bekommen hatte."; qu. 1,171 (zu Gen 50,10: Jakobs Leichenzug macht einen großen Umweg): „Aber wie auch immer es geschehen ist, daß man so weit über jene Orte hinaus in Richtung Osten zog und von dort über den Jordan dahin kam, man muß glauben, daß es um eines Vorzeichens willen *(significa-*

tionis causa) geschehen ist, weil später Israel in seinen Kindern durch den Jordan zu diesen Ländern kommen sollte."; *qu.* 2,83 (zu Ex 22,1LXX = 21,37TM: Ersatz bei Diebstahl): „Welche Rechtfertigung gibt es für die Bestimmung, daß für ein Kalb fünf gegeben werden sollen, für ein Schaf aber nur vier, wenn nicht irgendeine symbolische Bedeutung mitverstanden wird?"; *qu.* 2,89 (zu Ex 23,10-11: im Sabbatjahr sollen die Reste der unkultiviert gewachsenen Pflanzen, die die Armen nicht benötigen, den wilden Tieren überlassen bleiben): *quod tamen non diceretur nisi alicuius significationis gratia* (da Gott sich nach 1Kor 9,9 nicht einmal um Ochsen kümmert); *qu.* 2,90 (zu Ex 23,19: Böckchen in der Milch der Mutter): eine geistliche Bedeutung muß angenommen werden, denn *hoc vero quomodo observetur ad proprietatem verborum, aut non est aut non elucet* „Das aber dem Wortsinn nach zu beobachten, ist entweder nicht möglich oder es ist unklar, wie man es tun könnte."; *qu.* 2,164 (zu Ex 34,26: Lamm in der Milch der Mutter): „Es ist jedenfalls eine große Weissagung über Christus, auch schon, wenn das dem buchstäblichen Sinn nach ausgeführt werden könnte, umso mehr, wenn das nicht möglich ist."; *qu.* 2,177,5 (zu Ex 26,17 LXX: je zwei kleine Haken an jeder Säule des Zeltheiligtums): *nisi forte in his anconiscis non aliquis usus, sed sola significatio sit* „Falls diese kleinen Haken nicht vielleicht keinerlei Gebrauchswert, sondern nur eine vorausweisende Bedeutung besitzen [...] Denn eine Säule, die zwei kleine Haken wie Arme von der einen und der anderen Seite ausstreckt, ergibt die Gestalt eines Kreuzes."; *qu.* 3,9 (zu Lev 6,6LXX = 5,23TM: die Schrift spricht, nach Augustins Deutung, von einem Preis für den Ersatzwidder, legt diesen aber nicht fest): „Die Schrift wollte nämlich, so scheint es, daß auch dies auf eine geheime Vorausbedeutung *(sacramentum alicuius significationis)* abzielt, weil sie den Preis selbst nicht festgelegt hat."; *qu.* 5,24 (zu Dtn 16,2: *ovis ex ovibus et haedis vel ex capris*): weil „Schafsbock auch aus Ziegen" *proprie non possit intellegi*, wird dieser Satz mystisch verstanden: *mystice accipitur propter Christum, cuius ex iustis et peccatoribus est origo carnalis.*

- Der Wortsinn enthält eine unangemessene Aussage über Gott oder eine moralisch fragwürdige Anordnung Gottes.

qu. 2,127 (zu Ex 29,18): Die Wendung ‚Wohlgeruch für den Herrn' = Darbringung von Opfertieren muß geistlich verstanden werden. *non utique deus odore fumi illius delectatur; sed tantum illud quod his significatur spiritaliter deum delectat cum spiritaliter exhibetur, quoniam ipse odor dei spiritaliter intellegitur. non enim sicut nos odorem corporeis naribus ducit*; *qu.* 6,11 (zu Jos 8,4-8: der von Gott befohlene Hinterhalt gegen Ai): „Man muß fragen, ob jede Täuschungsabsicht als Lüge zu beurteilen ist und, falls das zutrifft, ob eine

Lüge gerecht sein kann, durch die jener getäuscht wird, der es verdient hat, getäuscht zu werden; und wenn nicht einmal diese Lüge als gerecht erfunden wird, bleibt nur, daß nach irgendeiner zeichenhaften Bedeutung *(secundum aliquam significationem)* das, was bezüglich des Hinterhalts geschehen ist, auf die Wahrheit bezogen wird."

- Im Wortsinn ist eine Zusage Gottes nicht eingetroffen.

  qu. 2,154,8 (zu Ex 33,23: Verheißung, Mose werde Gottes Rücken sehen): „Daß dies aber eher eine Prophetie war, die der Herr zu Mose gesprochen hat, zeigt der Vorgang selbst zur Genüge an, da man ja zwar von seinem Felsen oder seiner Höhle und von der Auflegung seiner Hand liest, nichts aber von der Wahrnehmung seines Rückens, daß sie danach auf sichtbare Weise gefolgt wäre."

- Der Wortsinn schreibt einem Patriarchen (oder in Fall Josefs einem von Josef beauftragten Diener) oder Josua eine unverständliche oder moralisch fragwürdige Handlung oder eine törichte Meinung zu.

  qu. 1,50 (zu Gen 21,8; Abraham gibt erst am Tag der Entwöhnung Isaaks ein Festmahl): „Wenn man das nicht auf irgendeine geistliche Bedeutung *(spiritalem significationem)* bezieht, gibt es keine Lösung des Problems."; *qu.* 1,62 (zu Gen 24,3): „Daß Abraham seinem Knecht befiehlt, seine Hand unter seine Hüfte zu legen, und ihn auf diese Weise ‚beim Herrn, dem Gott des Himmels und der Erde,‘ schwören läßt, pflegt Unerfahrene zu beunruhigen, da sie nicht beachten, daß dies eine bedeutende Prophetie über Christus war, der Herr, Gott des Himmels und Herr der Erde, werde selbst in dem Fleisch kommen, das aus dieser Hüfte hervorgegangen ist."; *qu.* 1,70 (zu Gen 25,1: Abraham zeugt auch nach Saras Tod noch Söhne mit Ketura): „Alles mögliche mag man nämlich hier eher vermuten als Unenthaltsamkeit eines so bedeutenden Mannes, vor allem in jenem vorgerückten Alter [...] Daher muß man auch in jenem Verhalten Abrahams etwas derartiges [nämlich eine *ad futurorum praenuntiationem allegorica significatio*] suchen. Obgleich einem nicht leicht eine Idee einfällt."; *qu.* 1,76 (zu Gen 26,12-13: Reichtümer Isaaks): *unde non parum aedificat sanam fidem pie intellegentibus ista narratio, etiamsi de his rebus allegorica significatio nulla posset exculpi* „Daher erbaut diese Erzählung denjenigen, die sie fromm verstehen, nicht wenig den rechten Glauben, selbst dann, wenn es nicht gelingen würde, für diese Dinge eine geistliche Bedeutung herauszupressen."; *qu.* 1,78 (zu Gen 26,32-33LXX: der Brunnen wird ‚Schwur‘ genannt, weil man dort kein Wasser gefunden hat): *quamvis factum sit, in aliquam significatio-*

nem sine dubio ducendum est spiritalem, quoniam nihil habet convenientiae secundum litteram? „Obgleich dies ein Faktum ist, muß man doch wohl zweifellos irgendeine geistliche Bedeutung veranschlagen, denn dem Wortlaut nach ist es ganz unpassend."; *qu.* 1,84 (zu Gen 28,18): „Insofern Jakob den Stein, den er sich zu Häupten gelegt hatte, aufrichtete ‚und als Steinmal aufstellte' und mit Öl übergoß, tat er nichts, was Götzendienst ähnelte. Denn weder damals noch später suchte er den Stein regelmäßig auf, um ihn zu verehren oder ihm Opfer darzubringen, sondern er war ein Zeichen, errichtet als offenkundige Prophezeiung auf die Salbung, derenthalben Christus seinen Namen vom Chrisma hat."; *qu.* 1,93 (zu Gen 30,37.42 Hirtentrick Jakobs): *ac per hoc cogit inquiri prophetiam et aliquam figuratam significationem res ista, quam sine dubio ut propheta fecit Iacob; et ideo nec fraudis arguendus est. non enim tale aliquid nisi revelatione spiritali eum fecisse credendum est* „Und deswegen zwingt diese Angelegenheit dazu, eine Prophetie und eine vorausdeutende Bedeutung zu suchen. Eine solche vollführte Jakob als Prophet zweifellos; und deswegen darf man ihn nicht des Betruges anklagen. Man kann nämlich nicht glauben, daß er etwas derartiges ohne geistliche Offenbarung gemacht hat."; *qu.* 1,143 (zu Gen 43,23: Josefs Hausverwalter hat nicht gelogen): *mendacium videtur, sed aliquid significare credendum est*; *qu.* 1,145 (zu Gen 44,15 Josef foppt seine Brüder): „Dieses Verhalten mag zwar für den Leser umso reizvoller sein, je unerwarteter es denen widerfährt, die es trifft, dennoch würde angesichts seiner würdevollen Weisheit, wenn dieser gleichsam neckische Streich nicht etwas Bedeutsames bezeichnete *(magnum aliquid significaretur)*, weder jener so handeln noch die Schrift es berichten, die so große heilige Autorität besitzt und so große Mühe darauf verwendet, zukünftige Ereignisse zu prophezeien. Wir haben nicht unternommen, das jetzt auslegend auszuführen, sondern wollten nur darauf hinweisen, was hier untersucht werden müßte."; *qu.* 1,161 (zu Gen 47,29: Jakob sorgt sich um den Ort seines Begräbnisses): *quid sibi autem velit a tanto viro tam sollicita corporis commendatio, ut non in Aegypto sepeliatur, sed in terra Chanaan iuxta patres suos, mirum videtur et quasi absurdum nec conveniens tantae excellentiae mentis propheticae, si hoc ex hominum consuetudine metiamur. si autem in his omnibus sacramenta quaerantur, maioris admirationis gaudium ipsi qui invenerit orietur* „Was das aber soll, daß sich ein so großer Mann derartig um seinen Körper sorgt und anordnet, daß er nicht in Ägypten beigesetzt werde, sondern im Land Kanaan bei seinen Vätern, – das erscheint seltsam und gleichsam unvernünftig und für einen Mann mit derart überragendem prophetischen Geist unziemlich, wenn wir es nach dem üblichen Verhalten der Menschen beurteilen. Wenn man hingegen in all diesem symbolische Bedeutungen sucht, wird dem, der eine gefunden haben wird, die Freude größerer Bewunderung zuteil werden."; *qu.* 6,30,1 (zu Jos 24,25-27): Weil Josua nicht so töricht gewesen sein kann anzunehmen, der von ihm errichtete Stein habe die Worte Gottes gehört, gilt: „er hat durch diesen Stein zweifellos jenen vorausbezeichnet, der der Stein des Anstoßes und der Fels des Strauchelns für die ungläubigen Juden war, der, obgleich er von den Bauleuten verworfen wurde, zum Eckstein gemacht worden ist."

- Dem Wortsinn nach widersprechen sich zwei Darstellungen der Bibel.[94]

qu. 2,176 (zu Ex 40,28-29LXX = 40,34-35TM: hier kann Mose wegen der Wolke das Zeltheiligtum nicht betreten, nach Ex 20,21 aber geht er auf dem Sinai in die Wolke hinein): „Ohne Zweifel also spielte er damals eine andere Rolle als jetzt *(personam figurabat)*: und zwar damals die Rolle derer, die der geheimsten Wahrheit Gottes teilhaftig werden, jetzt aber die Rolle der Juden, denen sich die Herrlichkeit des Herrn, die im Zelt ist – das ist die Gnade Christi – wie eine Wolke entgegenstellt, ohne daß sie sie verstehen."; *qu.* 5,15,3.4 (zu Ex 34,1.28[95]: In der Frage, wer was auf die zweiten steinernen Tafeln geschrieben hat, widersprechen sich Ex 34,1.28 nach der Deutung Augustins: es gehe in beiden Versen um den Dekalog, aber nach Ex 34,1 sei Gott, nach Ex 34,28 Mose der Schreiber): Wenn Augustinus auf der Ebene des Wortsinns verbliebe, müsse er *violenter quidem sed certa necessitate* und *violento intellectu* gegen das, was der Wortlaut *satis manifestat*, behaupten, auch in 34,28 sei Gott der Schreiber. Statt dessen wechselt er auf die Ebene des geistlichen Sinns, auf der angesichts der Tatsache, daß die zweiten Tafeln für das Neue Testament stehen, sich beide Aussagen ergänzen, *quia et deus facit per gratiam suam opus legis in homine et homo per fidem suam suscipiens gratiam dei pertinens ad testamentum novum cooperator est adiuvantis dei* „weil einerseits Gott durch seine Gnade die Verwirklichung des Gesetzes im Menschen bewirkt, andererseits der Mensch, der durch seinen Glauben die Gnade Gottes empfängt und zum Neuen Bund gehört, mit dem ihm helfenden Gott mitarbeitet."

---

[94] Für den Fall, daß ein solcher Widerspruch zwischen einem Satz der LXX und seinem Äquivalent in TM auftritt, formuliert Augustinus in *civ.* 18,43: *si non congruere videtur, altitudo ibi prophetica esse credenda est* „wo keine Übereinstimmung gegeben zu sein scheint, muß eine tiefe Prophetie angenommen werden".

[95] Vgl. Einleitung in *quaestiones in Deuteronomium*, Exkurs: „Wer schrieb den Dekalog auf die Steintafeln?"

Was folgt daraus, wenn ein Satz des AT zugleich einen wörtlichen und einen übertragenen Sinn hat? Wie verhalten sich die beiden Sinne zueinander? Die wenigen verstreuten Aussagen Augustins dazu in *QH* ergeben kein klares Bild.

Bezüglich Behauptungen über vergangene Ereignisse gilt: *plane de fide narratoris hoc exigendum est, ut quae dicit facta esse vere facta sint et quae dicit dicta esse vere dicta sint* „Man muß entschieden von der Zuverlässigkeit des Erzählers dies fordern, daß die Ereignisse, die seiner Aussage zufolge geschehen sind, tatsächlich geschehen sind, und daß die Worte, die seiner Aussage zufolge gesprochen worden sind, tatsächlich gesprochen worden sind" (*qu.* 2,164). Das trifft auch dann zu, wenn das berichtete Ereignis einen anderen, übertragenen Sinn hat: „Bezüglich des Schriftwortes über Isaak: ‚Es segnete ihn aber der Herr, und der Mann nahm zu an Würde und wurde immer größer, bis er sehr groß geworden war', lehrt das folgende, daß es irdisches Glück meint […] *quamquam ergo aliquid spiritale ista significent, tamen secundum id quod contigerunt, ideo praemissum est: benedixit eum dominus* „Deswegen wurde, wiewohl diese Vorgänge etwas Geistliches bezeichnen, dennoch im Hinblick darauf, daß sie sich tatsächlich zugetragen haben, vorausgeschickt: ‚der Herr segnete ihn'" (*qu.* 1,76). Ein Grenzfall ist *qu.* 1,78 (zu Gen 26,32-33): Hier ist der Text dem Wortlaut nach unsinnig,[96] daher ist nur der übertragene Sinn relevant, den Augustinus allerdings nur postuliert, nicht mitteilt: „Was soll das Schriftwort bedeuten, daß, als die Söhne Isaaks kamen und sagten: ‚Wir haben einen Brunnen gegraben und kein Wasser gefunden', Isaak eben diesen Brunnen ‚Schwur' nannte? Obgleich dies ein Faktum ist, muß man doch wohl zweifellos irgendeine geistliche Bedeutung veranschlagen, denn dem Wortlaut nach ist es ganz unpassend, daß er einen Brunnen deswegen ‚Schwur' genannt haben soll, weil man dort kein Wasser gefunden hat."

Mehr Möglichkeiten eröffnen sich, wenn es sich um Vorschriften oder Verheißungen handelt. Zu Beginn seiner langen Erörterung der Vorschriften zum Bau des Zeltheiligtums führt Augustinus aus: *visum est mihi de toto ipso tabernaculo separatim dicere, quo intellegatur, si fieri potest, quale illud et quid fuerit interim ad proprietatem narrationis excepta et in aliud tempus dilata figurata significatione; neque enim aliquid ibi fuisse putandum est, quod iubente deo constitueretur sine alicuius magnae rei sacramento, cuius cognitio fidem formamque pietatis aedificet* „Ich hielt es für richtig, über eben dieses Zelt im ganzen für sich zu sprechen, damit man dadurch, soweit möglich, verstehen kann, und zwar vorerst, wie jenes beschaffen und was es nach dem Wortsinn der Erzählung gewesen war, während seine symbolische Bedeutung einstweilen beiseite gelassen und auf eine spätere Gelegenheit verschoben ist;

---

[96] Wie das nach Augustins Inspirationsthese überhaupt sein kann, erläutert er nicht. Es ist die Folge seiner hartnäckigen Weigerung, eine Emendation nach dem ihm durch Hieronymus bekannten TM zuzulassen.

man soll daher gleichwohl nicht meinen, daß hier irgendetwas auf Befehl Gottes ohne geheime Bedeutung des Gegenstands von großer Wichtigkeit festgesetzt wurde, deren Kenntnis den Glauben und die Gestalt der Frömmigkeit auferbaut" (*qu.* 2,177,1). Nach diesem Modell bleiben beide Sinnebenen unabhängig voneinander gültig. Sie gelten nach *qu.* 2,92 (zu Ex 23,25-27) für unterschiedliche Offenbarungsperioden, d.h. nach dieser Verhältnisbestimmung hat der Wortsinn seine Bedeutung für die Christen eingebüßt: „Wenngleich diese Verheißungen auch geistlich *(spiritaliter)* verstanden werden können, sind sie doch, wenn man sie gemäß dem zeitlichen Glück der Menschen deutet, charakteristisch für das Alte Testament: obgleich die Gebote, mit Ausnahme derjenigen, die etwas in allegorischem Sinn bezeichnen *(in sacramento aliquid significant)*, sich dort offensichtlich auf die guten Sitten beziehen, sind die Verheißungen dennoch fleischlich und irdisch *(carnales atque terrenae)*." Bezüglich der Bestimmung über zwei raufende Männer, die eine schwangere Frau verletzen (Ex 21,22-25), bemerkt Augustinus: „Wie mir scheint, sagt die Schrift dies mehr wegen einer symbolischen Bedeutung *(significationis alicuius causa)*, als daß sie besonders an derartigen Vorfällen *(huius modi facta)* interessiert wäre" (*qu.* 2,80). Hier schwächt die geistliche Sinnebene die wörtliche.

Wie steht es mit den Bewertungen? Augustinus leugnet nicht, daß Jakob sich den Erstgeburtssegen erschlichen hat, indem er seinen Vater betrog, wie ja Isaak auch ausdrücklich in Gen 27,35 sagt. Jakobs positive Bewertung in Gen 25,27 versucht Augustinus durch die übertragene Deutung seiner Taten zu rechtfertigen: „Gerade an dieser Stelle sind wir am meisten gezwungen, geistliche Bedeutungen anzunehmen, weil derjenige ohne Arglist war, der Betrug übte" *quia sine dolo erat qui dolum fecit* (*qu.* 1,74). Hier scheint die geistliche Bedeutung der Tat Jakobs deren moralische Qualität, die sie dem Wortsinn nach hat, aufzuheben.[97] Noch deutlicher formuliert Augustinus dieses Prinzip angesichts des Hirtentricks Jakobs, durch den er Laban schädigt; *qu.* 1,93 (zu Gen 30,37. 42): *ac per hoc cogit inquiri prophetiam et aliquam figuratam significationem res ista, quam sine dubio ut propheta fecit Iacob; et ideo nec fraudis arguendus est. non enim tale aliquid nisi revelatione spiritali eum fecisse credendum est.* Von einer solchen *revelatio spiritalis* ist allerdings in der Bibel nicht die Rede. Entgegengesetzt urteilt Augustinus in *qu.* 7,49,13, aber da handelt es sich auch nicht um den heiligen Patriarchen Jakob, sondern um den seine Tochter opfernden Jiftach: *seu ergo per scientes seu per nescientes praefigurationem praedicationemque futurorum spiritus domini propheticis temporibus operatus est, nec ideo peccata eorum dicendum est non fuisse peccata, quia et deus, qui et malis nostris bene uti novit, etiam ipsis eorum peccatis usus est ad significanda quae voluit. proinde si propterea peccatum non fuit sive cuiuslibet necis humanae sive etiam parricidale*

---

[97] Vgl. LA BONNARDIÈRE, *Dol* 878-881 und *qu.* 1,74 mit Anm. 108.

sacrificium vel vovere vel reddere, quia magnum aliquid et spiritale significavit, frustra deus talia prohibuit et se odisse testatus est „Der Geist des Herrn hat folglich in den Zeiten der Propheten die Vorausbezeichnung und Voraussage zukünftiger Dinge sei es durch Wissende, sei es durch Unwissende bewirkt; aber man darf nicht sagen, daß ihre Sünden deswegen keine Sünden gewesen sind, weil Gott, der auch unsere bösen Taten gut zu gebrauchen weiß, auch eben diese ihre Sünden benutzt hat, um vorauszubezeichnen, was er wollte. Wenn das Gelübde oder der Vollzug der Opferschlachtung eines beliebigen Menschen oder gar eines nahen Verwandten deswegen, weil sie etwas Bedeutendes und Geistliches vorausbezeichnet hat, keine Sünde war, hat Gott folglich nutzlos derartiges verboten und bezeugt, daß er es haßt."

Der übertragene Sinn ist ein allzu bewegliches Instrument in der Hand des Exegeten Augustinus.

Zur Rezeption der *Quaestiones in heptateuchum*

Übersichten zur Rezeption der Werke Augustins insgesamt bieten in Kooperation zahlreicher Autoren das *Augustin Handbuch*[98], allerdings nur bis zum 17. Jh., und die drei Bände: *The Oxford Guide to the Historical Reception of Augustine*;[99] im ersten Band widmet Mark W. Elliott den *QH* einen eigenen Beitrag, der deren Rezeption bis in das 20. Jh. verfolgt.[100]

Besonders einflußreich für die Rezeption der *QH* im Hochmittelalter und der frühen Neuzeit sind zwei Werke: die *glossa ordinaria* und die *Sentenzen* des Petrus Lombardus.

Im frühen 12. Jh. wurde die *glossa ordinaria* in Nordfrankreich kompiliert. Für jedes Buch des AT wurden die wichtigsten Kommentare - z.B. von Origenes, Augustinus, Hieronymus, Beda Venerabilis,[101] Hrabanus Maurus - ausgewertet und teils interlinear, teils am Rand der Bibelkodizes in Auszügen zitiert. Allerdings wurden erst seit der Mitte des 13. Jh.s die jeweiligen Autoren der Exzerpte identifiziert.[102] Zu diesen ausgewerteten Autoritäten zählen auch die *QH*. In der *editio princeps* von Adolph Rush 1480/81 werden z.B. regelmäßig nach der Abkürzung für Augustinus die Nummern der *quaestiones* der *QH*, oft eingeführt durch *quaeritur*, genannt. Das Werk selbst, die *QH*, wird im Gegensatz zu nur selten ausgewerteten Werken wie gewissen Briefen Augustins nicht benannt, da

---

[98] DRECOLL, *Augustin* 558-645.
[99] POLLMANN, *Reception*.
[100] ELLIOTT, *Quaestiones*.
[101] Beda stützt sich seinerseits vor allem auf Augustinus.
[102] Vgl. ANDRÉE, *Glossa* 1055f.

die *QH* gleichsam der übliche Exzerptspender aus dem Werk Augustins sind.[103] Bei jüngeren Autoren, die sich auf Augustinus beziehen, ist daher nicht leicht zu entscheiden, ob sie ihre Informationen der *glossa* entnommen oder die Werke Augustins nachgeschlagen haben. Die *glossa* war – im Gegensatz zu den *Sentenzen* des Petrus Lombardus – kein Lehrbuch im Schulbetrieb, aber Standardbestandteil der monastischen und weltlichen Bibliotheken, infolge der Säkularisierung wurden viele Kopien der *glossa* in öffentliche Bibliotheken übernommen.[104]

Eine Überprüfung der Zitate aus und Hinweise auf *QH* in den als Beispiel ausgewählten Büchern Gen und Ex der *Glossa ordinaria* von 1480/81 ergibt folgendes Bild:

Qu. 1,1 (zu Gen 4,17); 1,5 (zu Gen 6,15); 1,6 (zu Gen 6,16); 1,12 (zu Gen 8,1-2); 1,13 (zu Gen 8,6-8); 1,14 (zu Gen 8,9); 1,20 (zu Gen 11,1); 1,25,2 (zu Gen 11,26); 1,25,1 (zu Gen 11,26.32); 1,25,3 (zu Gen 26,32); 1,26 (zu Gen 12,12-13); 1,26 (zu Gen 12,18-19); 1,30 (zu Gen 15,12); 1,31 (zu Gen 17,8); 1,36 (zu Gen 18,13); 1,37 (zu Gen 18,15); 1,38 (zu Gen 18,21); 1,42 (zu Gen 19,8); 1,43 (zu Gen 19,11); 1,48 (zu Gen 20,2); 1,49 (zu Gen 20,6); 1,50 (zu Gen 21,8); 1,51 (zu Gen 21,10); 1,52 (zu Gen 21,13); 1,53 (zu Gen 21,14); 1,54 (zu Gen 21,15-18); 1,55 (zu Gen 21,31); 1,56 (zu Gen 21,33); 1,57 (zu Gen 22,1); 1,59 (zu Gen 22,12); 1,61 (zu Gen 23,7); 1,63 (zu Gen 24,14); 1,64 (zu Gen 24,37-38); 1,67 (zu Gen 24,51); 1,72 (zu Gen 25,22); 1,75 (zu Gen 26,1); 1,82 (zu Gen 28,2); 1,84 (zu Gen 28,18); 1,87 (zu Gen 29,11-12); 1,102 (zu Gen 32,7-8); 1,105 (zu Gen 33,10); 1,106 (zu Gen 33,14); 1,107 (zu Gen 34,2-3); 1,108 (zu Ex 33,5.18-34,1); 1,109 (zu Gen 34,30); 1,111 (zu Gen 35,2.4); 1,113 (zu Gen 35,6); 1,114 (zu Gen 35,10); 1,116 (zu Gen 35,14-15); 1,117,1.3-4 (zu Gen 35,26); 1,121 (zu Gen 36,31-39); 1,122 (zu Gen 37,2); 1,124 (zu Gen 37,28); 1,128 (zu Gen 38,1-3); 1,130 (zu Gen 39,1); 1,131 (zu Gen 40,16); 1,132 (zu Gen 41,1); 1,134 (zu Gen 41,38); 1,136 (zu Gen 41,45); 1,139 (zu Gen 42,15); 1,140 (zu Gen 42,23); 1,142 (zu Gen 42,38); 1,143 (zu Gen 43,23); 1,144 (zu

---

[103] Dennoch erwähnt GIBSON in ihrer Einleitung zu Band 1 der Ausgabe der *Glossa* von 1992, VIII unter den Quellen der *Glossa* nur Augustins *Gn. litt.*, nicht aber die *QH*, obgleich diese in der *glossa* zu Genesis viel häufiger exzerpiert werden. Es ist eines der zahlreichen Beispiele für die Unterbewertung der *QH*. Auch die Bemerkung von ANDRÉE, *Glossa* 1056: „For Gen., the major part of the marginal glosses, including the prefatory material, was culled from Aug.'s *De Genesi ad litteram*. In addition, and to a lesser degree, his *Quaestionum* and *De Genesi adversus Manichaeos* were used", führt schon deswegen offensichtlich in die Irre, da *Gn. litt.* nur die Kapitel Gen 1-3 behandelt.

[104] Vgl. GIBSON in ihrer Einleitung zu Band 1 der Ausgabe der *Glossa* von 1992, VII und XVI.

Gen 43,34); 1,145 (zu Gen 44,15); 1,147 (zu Gen 44,18-34); 1,148 (zu Gen 45,7); 1,153 (zu Ex 46,32-34); 1,156 (zu Gen 47,9); 1,160 (zu Gen 47,16); 1,161 (zu Gen 47,29); 1,162 (zu Gen 47,31); 1,167 (zu Gen 48,22); 1,169 (zu Gen 50,3); 1,170 (zu Gen 50,4-5); 1,173 (zu Gen 50,22Vulg = 50,22-23TM+LXX).

Qu. 2,1 (zu Ex 1,19-20); 2,2 (Zu Ex 2,12); 2,4 (zu Ex 3,8); 2,6 (zu Ex 3,21-22); 2,7 (zu Ex 4,10); 2,8 (zu Ex 4,11); 2,9 (zu Ex 4,12); 2,10 (zu Ex 4,14); 2,12 (zu Ex 4,20); 2,11 (zu Ex 4,24-26); 2,13 (zu Ex 5,1-3); 2,14 (zu Ex 5,22-23); 2,16 (zu Ex 6,13.30); 2,15 (zu Ex 6,14-28); 2,17 (zu Ex 4,16; 7,1); 2,18 (zu Ex 7,3); 2,19 (zu Ex 7,9); 2,20 (zu Ex 7,10); 2,21 (zu Ex 7,12); 2,22 (zu Ex 7,22); 2,23 (zu Ex 8,7LXX = 8,3TM); 2,24 (zu Ex 8,15LXX = 8,11TM); 2,25 (zu Ex 8,19LXX = 8,15TM); 2,28 (zu Ex 8,26-27LXX = 8,22-23TM); 2,29 (zu Ex 8,32LXX = 8,28TM); 2,30 (zu Ex 9,7); 2,31 (zu Ex 9,8-9); 2,32 (zu Ex 9,16); 2,33 (zu Ex 9,19); 2,35 (zu Ex 9,27); 2,36 (zu Ex 10,1); 2,37 (zu Ex 10,19-20); 2,38 (zu Ex 10); 2,44 (zu Ex 12,30); 2,45 (zu Ex 12,35); 2,47,2-6 (zu Ex 12,37); 2,48 (zu Ex 13,9); 2,49 (zu Ex 13,17); 2,50 (zu Ex 13,18); 2,51 (zu Ex 14,13); 2,55 (zu Ex 15,10); 2,57 (zu Ex 15,25); 2,59 (zu Ex 16,8); 2,61 (zu Ex 16,33-34); 2,62 (zu Ex 16,35); 2,63 (zu Ex 16,35); 2,64 (zu Ex 17,5); 2,65 (zu Ex 17,9); 2,66 (zu Ex 18,12); 2,68 (zu Ex 18,18-19); 2,69 (zu Ex 18,19-21); 2,71,1.2 (zu Ex 20,1-17); 2,71,5 (zu Ex 20,14LXX = 20,13TM+Vulg); 2,71,3.4 (zu Ex 20,13LXX = 20,14TM+Vulg); 2,71,6 (zu Ex 20,16); 2,72 (zu Ex 20,18); 2,74 (zu Ex 20,20); 2,77 (zu Ex 21,2); 2,78,2-4 (zu Ex 21,7-11); 2,79 (zu Ex 21,12-13); 2,80 (zu Ex 21,22-23); 2,84 (zu Ex 22,2-3LXX = 22,1-2TM); 2,86 (zu Ex 22,28LXX = 22,27TM); 2,89 (zu Ex 23,10-11); 2,90 (zu Ex 23,19); 2,92 (zu Ex 23,25-27); 2,93 (zu Ex 23,28); 2,95 (zu Ex 24,1-3); 2,96 (zu Ex 24,3); 2,99 (zu Ex 24,6-7); 2,108 (zu Ex 26,7); 2,117 (zu Ex 28,26LXX = 28,30TM+Vulg); 2,125 (zu Ex 29,9); 2,126 (zu Ex 29,10); 2,127 (zu Ex 29,18); 2,129 (zu Ex 29,30); 2,136 (zu Ex 30,34); 2,138 (zu Ex 31,2-3); 2,141 (zu Ex 32,2); 2,142 (zu Ex 32,9LXX = 32,8TM+Vulg); 2,143 (zu Ex 32,14); 2,144 (zu Ex 32,19); 2,145 (zu Ex 32,24); 2,146 (zu Ex 32,25); 2,147 (zu Ex 32,31-32); 2,148 (zu Ex 32,26-28.35); 2,149 (zu Ex 33,1); 2,150 (zu Ex 33,2); 2,151 (zu Ex 33,12-13); 2,152 (zu Ex 33,12-17); 2,154,1-3.6.7.8 (zu Ex 33,18-19.21.22.23); 2,158 (zu Ex 34,14); 2,160 (zu Ex 34,21); 2,161 (zu Ex 34,24); 2,162 (zu Ex 34,25); 2,164 (zu Ex 34,26); 2,166,1-2 (zu Ex 34,28); 2,172 (zu Ex 35,11ff.); 2,170 (zu Ex 36,2-3); 2,171 (zu Ex 36,4-5); 2,176 (zu Ex 40,29LXX = 40,35TM = 40,33Vulg).

Wie die Übersicht zeigt, zitiert die *Glossa* aus *QH* 76 der 173 *quaestiones* zur Genesis und 100 der 177 *quaestiones* zu Exodus. Sie wertet *QH* in kontinuierlicher Lektüre aus und vermittelt so – neben Origenes, Hieronymus, Beda u.a. – eine Fülle exegetischer Details aus *QH*.

In seinen *Sentenzen*[105] nähert sich *Petrus Lombardus* (1095/1100 – 1160) den *QH* nicht aus exegetischen, sondern aus systematischen Interessen. Er ist stark beeinflußt von Petrus Abälard und Hugo von St. Victor. Nach akademischer Lehrtätigkeit wurde er 1159 zum Bischof von Paris geweiht. Seine Sentenzensammlung ist „ein rein theologisches Werk, eine geordnete Sammlung der von den Vätern überlieferten Glaubenssätze unter Berücksichtigung der theologischen Schulfragen".[106] Weitaus am häufigsten zitiert er Augustinus; ca 1000 echte Zitate wurden eruiert.[107] Die geringe Zahl von 22 Zitaten aus *QH* zeigt, daß dieses Werk nicht gerade im Zentrum seiner Aufmerksamkeit steht. Andererseits gingen so diese Zitate aus *QH* in die Sentenzenkommentare ein und wurden weiterhin beachtet, denn die *Sentenzen* „wurden als maßgebliches Lehrbuch der Dogmatik seit dem zweiten Viertel des 13. Jahrhunderts zuerst an der Universität Paris, dann bis ins 16. Jahrhundert hinein auch an den anderen Universitäten obligatorischer Gegenstand theologischer Vorlesungen und dementsprechend häufig kommentiert".[108]

Petrus Lombardus zitiert folgende *quaestiones* aus den *QH* in seinem Sentenzenwerk:
Lib I Dist III cap 1 Nr. 9: *QH qu.* 2,25 (zu Ex 8,19LXX: *antiqui philosophi quasi per umbram et de longinquo viderunt veritatem, deficientes in contuitu Trinitatis*).
Lib II Dist XXXI cap 7 Nr. 3: *QH qu.* 2,80 (zu Ex 21,22f.: *puerperium formatum propria anima animatum – puerperium informe quod nondum habet animam*).
Lib II, Dist XLII cap 1 Nr. 4: *QH qu.* 2,71,3 (zu Ex 20,14.17LXX: *diversa mandata*).
Lib II Dist XLII cap 5: *QH qu.* 3,20,2.4 (zu Lev 6,37LXX: *peccatum – delictum*).
Lib III Dist IX cap unicum Nr. 2: *QH qu.* 1,61 (zu Gen 23,7: *adorare deum – servire deo*).
Lib III Dist IX cap unicum Nr. 2: *QH qu.* 2,94 (zu Ex 23,33; δουλεία – λατρεία).
Lib III Dist XXXVII cap 1 Nr. 2: *QH qu.* 2,71,2 (zu Ex 20,3-5; Alleinverehrungsgebot und Bilderverbot des Dekalogs bilden ein einziges Gebot, weil das zweite das erste genauer auslegt).
Lib III Dist XXXVII cap 4 Nr. 5: *QH qu.* 2,71,4 (zu Ex 20,13LXX: *nomine igitur moechiae omnis concubitus illicitus illorumque membrorum non legitimus usus prohibitus debet intelligi*).

---

[105] Petrus Lombardus, *Sent.*
[106] BALTZER, *Sentenzen* 7.
[107] Vgl. DEN BOK, *Peter* 1527.
[108] RIEGER, *Sentenzenwerk* 587.

Lib III Dist XXXVII cap 5 Nr. 1: *QH qu.* 2,71,5 (zu Ex 20,15: *non enim rapinam permisit, qui furtum prohibuit*).

Lib III Dist XXXVII cap 5 Nr. 4: *QH qu.* 2,39 (zu Ex 11,2: *Israelitae non furtum fecerunt*).

Lib III Dist XXXVII cap 6 Nr. 2: *QH qu.* 2,71,6 (zu Ex 20,16 *utrum prohibitum sit omne mendacium*).

Lib III Dist XVIII cap 1 Nr. 3: *QH qu.* 3,68 (zu Lev 19,11: Die Lügen der Hebammen und Rahabs sind nur *veniale peccatum, non tamen nullum*).

Lib III Dist XVIII cap 5 Nr. 4: *QH qu.* 3,68 (zu Lev 19,11: *non tantum tunc mendacium est quando laedit*).

Lib III Dist XL cap 1 Nr. 1: *QH qu.* 2,71,3 (zu Ex 20,13.14.17LXX: In den V. 13.14 werden *opera*, in V 17 *concupiscentia* verboten).

Lib IV Dist I cap 2: *QH qu.* 3,84 (zu Lev 21,15: *sacramentum est invisibilis gratiae visibilis forma*).

Lib IV Dist I cap 4 Nr. 3: *QH qu.* 4,33,10 (zu Num 19,11-12: das Gesetz reinigt nur von Verunreinigung durch Berührung einer Leiche).

Lib IV Dist IV cap 4 Nr. 11: *QH qu.* 3,84 (zu Lev 21,15: *invisibilis sanctificatio – visibilia sacramenta*).

Lib IV Dist V cap 3 Nr. 4: *QH qu.* 3,84 (zu Lev 21,15: *Moyses sanctificat visibilibus sacramentis, Dominus invisibili gratia*).

Lib IV Dist XIX cap 1 Nr. 6: *QH qu.* 2,120 (zu Ex 28,34LXX: *lamina aurea significat fiduciam vitae bonae*).

Lib IV Dist XXXI cap 4 Nr. 2: *QH qu.* 2,80 (zu Ex 21,22-23LXX: *informe autem puerperium, ubi non est anima viva, Lex ad homicidium pertinere noluit*).

Lib IV Dist XXXII cap 2 Nr. 4: *QH qu.* 4,59,3 (zu Num 30,7-19: *manifestum est ita voluisse Legem feminam sub viro esse, ut nulla eius vota, quae abstinentiae causa voverit, reddantur ab ea, nisi auctor fuerit vir permittendo*).

Lib IV Dist XXXIII cap 4 Nr. 1: *QH qu.* 5,27 (zu Dtn 17,17: *multiplicatio uxorum generaliter prohibita est; permissum est autem regi plures habere, sed non multiplicare*).

Als Beispiel einer wirkkräftigen Rezeption in der franziskanischen Universitätstheologie des 13. Jahrhunderts[109] sei der Sentenzenkommentar Bonaventuras

---

[109] Vgl. KÖPF, *Augustin* 594-597. Bonaventuras sachliches Verhältnis zu den von ihm zitierten Aussagen Augustins generell ist zur Zeit umstritten. SCHUMACHER, *Bonaventure* 698 z.B. unterstellt ihm einen manipulativen und polemischen Umgang: Er habe seine neuartigen Einsichten lediglich in augustinisches Vokabular gekleidet, um sie akzeptabel erscheinen zu lassen. Das scheint mir zumindest für Bonaventuras Verwendung der Zitate aus *QH* nicht zu gelten, auch wenn er diese in größere systematische Zusammenhänge einreiht..

(1217 – 1274) beigefügt samt weiteren Bezugnahmen auf *QH* in seinen sonstigen Werken.

Bonaventura, Sentenzenkommentar:[110]
Lib I Dist XLI art 2 qu 2: *QH qu.* 2,147 (zu Ex 32,31-32: *[Moyses] securus hoc dicit, quia non delebitur*).
Lib II Dist VII pars 2 art 2 qu 2: *QH qu.* 2,21 (zu Ex 7,12: *daemon formam inducit: non virtute propria*).
Lib II Dist XLII cap 1: *QH qu.* 2,71,3 (zu Ex 20,14LXX.17:*diversa mandata*).
Lib II Dist XLII cap. 5: *QH qu.* 3,20,2.4 (zu Lev 6,37LXX: *peccatum – delictum*).
Lib II Dist XLIV art 2 qu 2 Nr. 5: *QH qu.* 1,153 (zu Gen 46,32-34: *servum autem hominem homini vel iniquitas vel adversitas fecit*).
Lib III Dist XXXVII cap 1: *QH qu.* 2,71,2 (zu Ex 20,3-5: Alleinverehrungsgebot und Bilderverbot des Dekalogs bilden ein einziges Gebot, weil das zweite das erste genauer auslegt).
Lib III Dist XXXVII cap 4: *QH qu.* 2,71,4 (zu Ex 20,13LXX: *nomine igitur moechiae omnis concubitus illicitus illorumque membrorum non legitimus usus prohibitus debet intelligi*).
Lib III Dist XXXVII cap 5: *QH qu.* 2,39 (zu Ex 11,2: *Israelitae non furtum fecerunt, sed Deo iubenti ministerium praebuerunt*).
Lib III Dist XXXVII art 2 qu 3: *QH qu.* 2,71,2 (Einteilung des Dekalogs: 3 und 7).
Lib III Dist XXXVII art 2 qu 3 *conclusio*: (Einteilung des Dekalogs: 3 und 7).
Lib III Dist XXXVIII cap 1: *QH qu.* 3,68 (zu Lev 19,11: Die Lügen der Hebammen und Rahabs sind nur *veniale peccatum, non tamen nullum*).
Lib III Dist XXXVIII cap 5: *QH qu.* 3,68 (zu Lev 19,11: *mendacium quoque non tunc tantum esse, possumus dicere, quado aliquis laeditur*).
Lib III Dist XL cap 1: *QH qu.* 2,71,3 (zu Ex 20,13.14.17LXX: In den V. 13.14 werden *opera*, in V 17 *concupiscentia* verboten)
Lib IV Dist I cap 2: *QH qu.* 3,84 (zu Lev 21,15: *sacramentum est invisibilis gratiae visibilis forma*).
Lib IV Dist I cap 4: *QH qu.* 4,33,10 (zu Num 19,11-12: das Gesetz reinigt nur von Verunreinigung durch Berührung einer Leiche).
Lib IV Dist IV pars 2 cap 4: *QH qu.* 3,84 (zu Lev 21,15: *invisibilis sanctificatio – visibilia sacramenta*).
Lib IV Dist V cap 3: *QH qu.* 3,84 (zu Lev 21,15: *invisibilis sanctificatio – visibilia sacramenta*).

---
[110] Bonaventura, *sent.*

Lib IV Dis XIX cap 1: *QH qu.* 2,120 (zu Ex 28,34LXX: *lamina aurea significat fiduciam vitae bonae*).
Lib IV Dist XIX art 2 qu 1: *QH qu.* 3,84 (zu Lev 21,15: *sacramentum est invisibilis gratiae visibilis forma*).
Lib IV Dist XXXI cap 4: *QH qu.* 2,80 (zu Ex 21,22-23LXX: *informe autem puerperium, ubi non est anima viva, Lex ad homicidium pertinere noluit*).
Lib IV Dist XXXII cap 2: *QH qu.* 4,59,3 (zu Num 30,7-19: *manifestum est ita voluisse Legem feminam sub viro esse, ut nulla eius vota, quae abstinentiae causa voverit, reddantur ab ea, nisi auctor fuerit vir permittendo*).
Lib IV Dist XXXII art 3 qu 1 *conclusio*: *QH qu.* 3,64 (zu Lev 18,19).
Lib IV Dist XXXIII cap 4: *QH qu.* 5,27 (zu Dtn 17,17: *multiplicatio uxorum generaliter prohibita est; permissum est autem regi plures habere, sed non multiplicare*).
Lib IV Dist XXXVIII art 1 qu 2 *conclusio*: *QH qu.* 7,49 (zu Ri 11,29-35: allgemeine Anspielung auf Augustins Urteil über Jiftachs Gelübde).

Bonaventura, *De decem praeceptis collatio*:[111]
VI Nr. 12 und 14: *QH qu.* 2,71,4 (zu Ex 20,13LXX: Im Dekalog *prohibitur omnis illicitus usus membrorum generationis*).

Bonaventura, *Commentarius in librum Ecclesiastes*:[112]
Cap 5 quaestiones I zu Eccl 5,3: *QH qu.* 7,49 (zu Ri 11,29-35: allgemeine Anspielung auf Augustins Urteil über Jiftachs Gelübde).

Bonaventura, *Commentarius in Evangelium S. Lucae*:[113]
Zu Lk 24,16: *QH qu.* 1,43 (zu Gen 19,11: ἀορασία = *avidentia, quae facit non videri non omnia, sed quod non opus est*. So auch die Jünger von Emmaus).

Bonaventura: *opusculum* XVI: *Expositio super regulam FF Minorum*[114]
Cap 2 Nr 23: *QH qu.* 2,136 (zu Ex 30,34: Erkärung zu θυμίαμα).

Auch *Thomas von Aquin* (1224/25 – 1274) bezieht sich in seiner *summa theologiae* mehrfach auf Augustinszitate aus den *QH* und befördert so deren Kenntnis bis in die Neuscholastik. Nicht alle Belege stammen aus den *Sentenzen* des Petrus Lombardus. Wo Thomas anderer Meinung ist, zitiert er Augustinus auch dann nicht, wenn der entsprechende Ausspruch Augustins wohl bekannt und einflußreich ist; so erwähnt Thomas z.B. *QH qu.* 2,80 zur Frage, wie die Tötung der Erstgeburt in den ersten Monaten zu bewerten sei, nicht, obgleich sie

---

[111] Bonaventura, *coll.* | [112] Bonaventura, *in lib. Eccl.* | [113] Bonaventura, *in Ev. Lucae.* | [114] Bonaventura, *Exp.*

sowohl in den *Sentenzen* als auch im Sentenzenkommentar Bonaventuras behandelt wird.

II/II *qu.* 70 a. 1 *utrum homo teneatur ad testimonium ferendum*
Arg. 1 und ad 1: *QH qu.* 1,26 (zu Gen 12,12.14: *Augustinus dicit, quod Abraham [...] veritatem celari voluit, non mendacium dici*).
II/II *qu.* 110,a. 3: *utrum omne mendacium sit peccatum*
Ad 3: selber Bezug wie *qu.* 70 a. 1.
III *qu.* 80 a 6: *utrum sacerdos debeat denegare corpus Christi peccatori petenti*
Ad 2: *QH qu.* 1,42 (zu Gen 19,8: *periculosissime admittitur haec compensatio ut nos faciamus aliquid mali, ne alius gravius malum faciat*).
II/II *qu.* 60 a. 6: *utrum iudicium per usurpationem reddatur perversum*
Ad 6: *QH qu.* 2,2 (zu Ex 2,12: Mose tötet den Ägypter, ohne Herrschaftsgewalt zu besitzen).
I/II *qu.* 100 a. 4: *utrum praecepta decalogi convenienter distinguantur*
Arg. 2; in corpore; ad 3: *QH qu.* 2,71,1.2 (zu Ex 20,1-17: 3 und 7: Alleinverehrungsgebot und Bilderverbot bilden ein einziges Gebot; Die Verbote, die Frau eines anderen und den Besitz eines anderen zu begehren, bilden zwei Verbote: *differunt enim specie concupiscentiae*).
II/II *qu.* 98 a. 4: *utrum peccet ille qui iniungit iuramentum ei qui periurat*
Ad 3: *QH qu.* 3,1 (zu Lev 5,1: Der Meineid eines anderen muß angezeigt werden, aber nur *talibus qui magis possunt prodesse quam obesse periuro*).
III *qu.* 68 a. 2: *utrum sine baptismo aliquis possit salvari*
Sed contra: *QH qu.* 3,84 (zu Lev 21,15: *invisibilem sanctificationem quibusdam affuisse et profuisse sine visibilibus sacramentis: visibilem vero sanctificationem quae fit sacramento visibili, sine invisibili posse adesse, sed non prodesse*).
II/II *qu.* 154 a 6: *utrum stuprum debeat poni una species luxuriae*
Ad 3: *QH qu.* 5,34 (zu Dtn 22,28-29: Dieses Gesetz wurde gegen den Vergewaltiger erlassen, *ne videatur ludibrium fecisse*).
III *qu.* 70 a 4: *utrum circumcisio conferret gratiam iustificantem*
Ad 3: *QH* 6,6 (zu Jos 5,2-7: *inoboedientiam incurrebant qui ex contemptu [circumcisionem] praetermittebant*).
II/II *qu.* 108 a 4: *utrum vindicta sit exercenda in eos qui involuntarie peccaverunt*
Ad 1 und ad 2: *QH qu.* 6,8 (zu Jos 7,1ff.: *poena unius redundat in omnes, quasi omnes essent unum corpus. Occulta Dei iudicia, quibus temporaliter aliquos punit absque culpa, non potest humanum iudicium imitari*).
II/II *qu.* 40 a 1: *utrum bellare semper sit peccatum*

In corpore, secundo: *QH qu.* 6,10 (zu Jos 8,2: *iusta bella solent definiri quae ulciscuntur iniurias*).[115]

Im 16. Jh. kommt Martin Luther besondere Bedeutung für die Augustinus-Rezeption zu. Luthers Wertschätzung Augustins als „oberste nichtbiblische Autorität" ist „im Zusammenhang mit der allgemeinen, durch den Humanismus ausgelösten oder doch nachhaltig verstärkten Kirchenväter-Renaissance zu sehen". Vor allem aber galt ihm „Augustin als der beste Ausleger der heiligen Schrift".[116] Bezüglich des AT sind gegenüber der Augustinusrezeption im Mittelalter aber auch Einschränkungen zu verzeichnen: Das Interesse am sog. geistlichen Sinn tritt gegenüber der Frage nach dem historischen Sinn zurück, und dieser wird nicht mehr in der Vulgata, sondern im hebräischen Text gesucht. Stärker als Ausleger der Vulgata trifft das erst recht Augustinus, soweit er, wie in *QH* fast ausschließlich, einen von der Vulgata abweichenden, mit der LXX übereinstimmenden Wortlaut der VL auslegt.

In seiner Genesis-Vorlesung (1535-1545) benutzt Luther die *QH qu.* 1 regelmäßig. Gelegentlich kritisiert er Augustinus, wenn dieser den abweichenden Wortlaut der LXX zu rechtfertigen sucht oder den historischen Sinn gegenüber dem geistlichen Sinn unterbelichtet. Ausführliche, überwiegend wörtliche, z.T. auch stark komprimierte Auszüge aus *QH qu.* 7 finden sich in der Vorlesung zum Richterbuch; doch ist deren Authentizität umstritten.[117]

---

[115] Dazu kommt noch ein Beleg, in dem Thomas Augustinus nicht namentlich erwähnt: II/II *qu.* 79, a 4: *utrum peccatum omissionis sit gravius quam peccatum transgressionis*, Arg. 1: *QH qu.* 3,20,2 (zu Lev 6,37^{LXX}: *delictum videtur idem esse quod derelictum*) Zu der Weise, wie Thomas Augustinus zitiert, und zu seinem Umgang mit diesen Zitaten (allerdings ohne expliziten Bezug auf die *QH*), vgl. DRECOLL, *Augustinus* 69-75.
[116] BEUTEL, *Luther* 620f.
[117] G. KAWERAU hat sie in LW 4 aufgenommen, für authentisch erklärt und auf 1516-1517 datiert. Es handle sich um „eine sauber, aber mit wenig Verständniß nach einem Collegienhefte angefertigte Reinschrift" fragmentarischen Charakters mit vielen Fehlern, die vermuten ließen, „daß der Schreiber (G. Rörer?) nicht selbst Hörer der Vorlesung gewesen war, sondern sich nur auf die fehlerhafte Nachschrift eines Anderen für seine Arbeit angewiesen sah" (LW 4, 527). LOHSE, *Mönchtum* 317-325 hat die in diese Vorlesung eingestreuten Aussagen über Askese und Möchtum durchmustert und aus ihnen S. 325 geschlossen, „daß entweder ein Freund oder Schüler Luthers hier in einer sehr weitgehenden Freiheit eine Vorlesung von Luther selbst überarbeitet hat, oder daß ein Freund oder Schüler Luthers unter Verwendung von zahlreichen Äußerungen Luthers eine eigene Vorlesung gehalten hat".

Bezugnahmen *Luthers* auf *QH*:[118]

Vorlesung über Genesis[119], zu Gen 11,27-28: *QH qu.* 1,25,2 (der jüngere Abraham wird unter den Söhnen Terachs als erster genannt *merito excellentiae*).

Supputatio annorum mundi[120]: *QH qu.* 1,25,3 zu Gen 11,26 (Differenzen zwischen Gen und der Erzählung des Stephanus Apg 7 bezüglich der Wanderungen Abrahams).

Vorlesung über Genesis (Fortsetzung)[121]: zu Gen 19,9: *QH qu.* 1,42 (Augustinus läßt den Leser im Zweifel, wie Lots Angebot, seine Töchter den Sodomiten auszuliefern, zu beurteilen sei).

Vorlesung über Genesis (Fortsetzung)[122]: *QH qu.* 1,50 zu Gen 21,8 (die große Festfreude Abrahams ist nur verständlich, wenn man sie geistlich interpretiert). Luther kritisiert, daß Augustinus hier keinen historischen Sinn zuläßt.

Vorlesung über Genesis (Fortsetzung)[123]: *QH qu.* 1,51 (zu Gen 21,10: Sara hat prophetisch gesprochen, als sie forderte, Hagar und Ismael zu vertreiben).

Psalmus quintus:[124]: *QH qu.* 1,58 zu Gen 22,12: *(nunc cognovi significat nunc te feci cognoscere).*

Predigten Luthers 1519-1521[125]: *QH qu.* 1,71 zu Gen 25,12-13 (*nomina filiorum Ismael secundum nomina generationum eorum* ist eine *locutio: cum illi soli nominentur quos ille genuit, non etiam qui ab ipsis geniti sunt.* Sie bedeutet: *nationes ex illis propagatae eorum nominibus appellantur*).

Vorlesung über Genesis (Fortsetzung)[126]: *QH qu.* 1, 88 zu Gen 29,20 (*dictum est propter laborem servitutis, quem facilem et levem amor faciebat*).

Vorlesung über Genesis (Fortsetzung und Schluß)[127]: zu Gen 32,13-15LXX: *QH qu.* 1,102 zu Gen 6-12LXX (*et admonendi fuimus hoc exemplo, ut quamvis credamus in Deum, faciamus tamen quae facienda sunt ab hominibus in praesidium salutis [...] ne praetermittentes ea, Deum tentare videamur*).

Vorlesung über Genesis (Fortsetzung und Schluß)[128]: *QH qu.* 1,104 zu Gen 32,26LXX (*quod ab illo angelo desiderat Jacob benedici, cui luctando praevaluit, magna est de Christo prophetia.* Luther stimmt der *allegoria* Augustins teils zu, teils kritisiert er sie).

Vorlesung über Genesis (Fortsetzung und Schluß)[129]: *QH qu.* 1,105 zu Gen 33,10 *(utrum verba [Iacob] usque in hanc adulationem proruperunt? An secundum aliquem intellectum sine peccato dicta accipi possunt?).*

---

[118] Vgl. DELIUS, *Augustin* 82-89.
[119] LW 42, Weimar 1911, 431. | [120] LW 53, Weimar 1920, 1-184, 179. | [121] LW 43, Weimar 1912, 59. | [122] LW 43, Weimar 1912, 145. | [123] LW 43, Weimar 1912, 149. | [124] *Operationes in Psalmos* (LW 5), Weimar 1892, 125-199, 165. | [125] LW 9,314-676, 372 (zu Gen 25,12-13). | [126] LW 43, Weimar 1912, 630. | [127] LW 44, Weimar 1915, 87. | [128] LW 44, Weimar 1915, 114-115. | [129] LW 44, Weimar 1915, 128.

Vorlesung über Genesis (Fortsetzung und Schluß)[130]: *QH qu.* 1,122 (zur Chronologie anläßlich Gen 35,29; 37,2).

Vorlesung über Genesis (Fortsetzung und Schluß)[131] (zu Gen 35,28-29): *QH qu.* 1,122 (zur Chronologie anläßlich Gen 35,29; 37,2).

Vorlesung über Genesis (Fortsetzung und Schluß)[132]: *QH qu.* 1,123 zu Gen 37,10 (*In Christi ergo persona facile intellegi potest etiam de mortuis*. Luther lehnt Augustins christologische Deutung ab und bevorzugt *solutionem per synechdochen*).

Vorlesung über Genesis (Fortsetzung und Schluß)[133]: *QH qu.* 1,124 zu Gen 37,27-28 (Ismaeliter und Midianiter *unam gentem fecisse intellegendi sunt*. Luther akzeptiert die These Augustins, aber nicht dessen Erklärung).

Vorlesung über Genesis (Fortsetzung und Schluß)[134]: *QH qu.* 1,136 zu Gen 41,45 (*sive unus fuerit Petephres, sive duo*).

Vorlesung über Genesis (Fortsetzung und Schluß)[135]: *QH qu.* 1,139 zu Gen 42,15-16 (ob Josef bei der Gesundheit Pharaos schwören durfte).

Vorlesung über Genesis (Fortsetzung und Schluß)[136]: *QH qu.* 1,143.145 zu Gen 43,23;44,15 (hat Josef gelogen?).

Vorlesung über Genesis (Fortsetzung und Schluß)[137]: *QH qu.* 1,149 zu Gen 46,6-7 (zu den Töchtern Jakobs: *nisi nurus eius quisque asserat filias eius potuisse appellari*. Luther lehnt die These Augustins ab).

Vorlesung über Genesis (Fortsetzung und Schluß)[138]: zu Gen 46,19-27: *QH qu.* 1,145 zu Gen 46,26-27LXX (*Septuaginta interpretes [...] propter aliquam mysticam significationem quadam velut prophetica libertate hunc numerum complere voluerunt*. Luther lehnt diese Rechtfertigung der abweichenden Zahl in LXX ab: *non enim dissimulandus hic error est*).

Vorlesung über Genesis (Fortsetzung und Schluß)[139]: *QH qu.* 1,162 zu Gen 47,31LXX (zur Differenz TM – LXX in Gen 47,31 *nec ideo tamen quod Septuaginta interpretati sunt, nullum vel levem sensum habere putandum est*. Luther bleibt bei der masoretischen Punktation, der auch Vulg folgt).

Predigten über das zweite Buch Mose[140]: zu Ex 15, 22-25: *QH qu.* 2,57 zu Ex 15,25 (*per lignum aquas dulces fecit, praefigurans gloriam et gratiam crucis*. Luther weist die christologische Auslegung Augustins zurück).

De baptismo sermo 3:[141] *QH qu.* 4,33,11 zu Num 19,17-19 (*qui sacramento Baptismi recte abluitur [...], mundatur et spiritaliter, id est invisibiliter, et in carne et in anima, ut sit mundus et corpore et spiritu*).

---

[130] LW 44, Weimar 1915, 256-257. | [131] LW 44, Weimar 1915, 234. | [132] LW 44, Weimar 1915, 256. | [133] LW 44, Weimar 1915, 289-290. | [134] LW 44, Weimar 1915, 446. | [135] LW 44, Weimar 1915, 483. | [136] LW 44, Weimar 1915, 472 und 479. | [137] LW 44, Weimar 1915, 641. | [138] LW 44, Weimar 1915, 643-644. | [139] LW 44, Weimar 1915, 683. | [140] LW 16, Weimar 1904, 283. | [141] Texte (LW 46), Weimar 1912, 167-173, 168.

Praelectio Doctoris Martini Luteri in librum Iudicum[142]: *QH qu.* 7,2 zu Ri 1,1-3 (*hic quaeritur utrum aliquis homo Iudas vocabatur, an ipsum tribum [...] sic appellavit*).

Praelectio Doctoris Martini Luteri in librum Iudicum[143]: *QH qu.* 7,12 zu Ri 2,1 (Etymologie von *Clauthmons*).

Praelectio Doctoris Martini Luteri in librum Iudicum[144] (zu Ri 2,2-3): *QH qu.* 7,13 (zu Ri 2,3: *nonnulla etiam de ira Dei venire peccata*)

Praelectio Doctoris Martini Luteri in librum Iudicum[145]: *QH qu.* 7,16 zu Ri 2,13 (Erklärung der Gottesnamen Baal und Astarte).

Praelectio Doctoris Martini Luteri in librum Iudicum[146]: *QH qu.* 7,17,1 zu Ri 2,14 Vulg *(quare dixerit vendidit, tamquam aliquod pretium intellegatur datum)*.

Praelectio Doctoris Martini Luteri in librum Iudicum[147]: *QH qu.* 7,36 zu Ri 6,20 *(quare Gedeon ausus fuerit sacrificium offerre Deo praeter locum ubi iusserat Deus)*.

Praelectio Doctoris Martini Luteri in librum Iudicum[148]: *QH qu.* 7,37 zu Ri 7,6 (wie haben die 300 Erwählten das Wasser geleckt?).

Praelectio Doctoris Martini Luteri in librum Iudicum[149]: *QH qu.* 7,41,1-3 zu Ri 8,26-27 (das von Gideon gefertigte Efod).

Praelectio Doctoris Martini Luteri in librum Iudicum[150] (zu Ri 11,34): *QH qu.* 7,49,6 zu Ri 11,31 *(hominem cogitavit; non tamen fortasse unicam filiam: quamquam illam in tanta paterna gloria quis posset anteire, nisi forte uxor?)*.

Praelectio Doctoris Martini Luteri in librum Iudicum[151]: *QH qu.* 7,49,4 zu Ri 11,34 (*distat itaque hoc quod Iephte fecit a facto Abrahae*).

Zur Benutzung der Werke Augustins durch *Johannes Calvin* hat Anthony N.S. Lane eine sorgfältige Untersuchung vorgelegt.[152] Sein Ergebnis bezüglich der *QH*: In seinem Genesis-Kommentar[153] bezieht sich Calvin 22 mal auf Augustinus,[154] darunter 5 mal auf *QH*: *qu.* 1,4; 1,50; 1,58; 1,35; 1,114,[155] davon 3 mal

---

[142] LW 4, Weimar 1886, 527-586, 529f. | [143] LW 4, Weimar 1886, 527-586, 543f. | [144] LW 4, Weimar 1886, 527-586, 544. | [145] LW 4, Weimar 1886, 527-586, 544. | [146] LW 4, Weimar 1886, 527-586, 544. | [147] LW 4, Weimar 1886, 527-586, 558. | [148] LW 4, Weimar 1886, 527-586, 560-561. | [149] LW 4, Weimar 1886, 527-586, 569. | [150] LW 4, Weimar 1886, 527-586, 575. | [151] LW 4, Weimar 1886, 527-586, 575.
[152] LANE, *Calvin*.
[153] Erschienen 1554. Nochmals gedruckt in seinem Pentateuchkommentar 1563.
[154] Für die Mehrzahl der Bezugnahmen auf Augustinus gilt nach LANE in *Historical Reception of Augustine* 741: „Aug.s exegessis is serverely criticized. He was too subtle, passing over the plain sense of Scripture and indulging in vain speculations. He was too free with the letter of Scripture, indulging in allegory, of which C. did non approve."
[155] LANE, *Calvin* 246f. Weitere Belege in anderen Werken Calvins zählt ELLIOTT, *Quaestiones* 458 auf.

ablehnend.¹⁵⁶ Als vage Anspielungen ohne Nennung von Autor und Quelle identifiziert Lane Bezugnahmen auf *QH* 1,1 und 1,3.¹⁵⁷ Er erschließt, daß Calvin das Werk *QH* vor sich hatte.¹⁵⁸

Zu Beginn des 17. Jh. hat der Jesuit Cornelius a Lapide (1567-1637) in seinen Kommentaren zur gesamten Bibel, Psalmen und Ijob ausgenommen, noch einmal die Väterexegese für seine Auslegung konsequent und umfangreich herangezogen. Augustinus gab er den Vorrang. Cornelius erarbeitet jeweils zuerst den historischen Sinn und fügt dann die drei übertragenen Sinne durch Väterzitate hinzu. „Seine bis in das 20. Jh. hinein edierten Kommentare hatten einen großen Einfluß auf die nachtridentin. Predigt und zeigen beispielhaft die jesuit. Vorherrschaft in der kath. Exegese der Barockzeit."¹⁵⁹ So hat Cornelius für die wissenschaftliche Exegese gleichsam ein Väterkompendium zu den einzelnen Schriftversen zur Verfügung gestellt und dadurch auch die *QH* des von ihm bevorzugten Augustinus bekannt gehalten. Allerdings hat er damit dennoch Augustinus nur eine Nische gesichert, da er Augustinus überwiegend für den von den jüngeren Exegeten abgelehnten geistlichen Sinn heranzieht und dessen exegetische Erklärungen nicht selten kritisiert und ablehnt (die einschlägigen Belege sind in der folgenden Tabelle durch „contra" gekennzeichnet). Zu Genesis zieht er die *QH* regelmäßig, aber nicht sehr oft heran, da er hier, soweit möglich, die einschlägigen Bücher von *De civitate* auswertet; besonders oft bedient er sich für Exodus bei *QH*, von Levitikus an gehen die Bezugnahmen zurück.¹⁶⁰ Im Deuteronomiumskommentar greift er u.a. auf *qu.* 2,71 zurück, weil er die Auslegung des Dekalogs im Exoduskommentar ausgelassen und auf die Erklärung des Deuteronomiums aufgeschoben hat.

Bezugnahmen des Cornelius a Lapide in seinem Pentateuchkommentar auf *QH*:

Qu. 1,31 (zu can. 4: *aeternum*); 1,2 (zu Gen 5,27; contra); 1,23 (zu Gen 11,12; contra); 1,27 (zu Gen 13,10); 1,29 (zu Gen 14,13); 6,21 (zu Gen 15,19); 1,36 (zu Gen 18,12); 1,41 (zu Gen 19,1); 1,43 (zu Gen 19,11); 1,49 (zu Gen 21,8); 1,56 (zu Gen 21,31); 1,58 (zu Gen 22,12); 1,69 (zu Gen 24,63); 1,72 (zu Gen 25,22); 1,75 (zu Gen 26,1; contra); 1,80 (zu Gen 27,33); 1,93 (zu Gen 30,37); 1,95 (zu Gen 31,7; contra); 1,102 (zu Gen 32,7); 1,111 (zu Gen 35,4); 1,114 (zu Gen 35,10); 1,117,1 (zu Gen 35,26); 1,119 (zu Gen 36,6); 1,128 (zu Gen 38,1; contra); 1,136 (zu Gen 41,45); 1,143 (zu Gen 43,34); 1,145 (zu Gen 44,15);

---

[156] LANE, *Calvin* 4. | [157] LANE, *Calvin* 257f. | [158] LANE, *Calvin* 194.220.233.
[159] DOMINGUEZ, *Cornelius*. Vgl. auch SMOLINSKI, *Cornelius*.
[160] Die Behauptung von ELLIOTT, *Quaestiones* 459, „On Num. and Deut. *qu.* is all but missing" allerdings ist überzogen.

Qu. 2,11 (zu Ex 4,24; contra); 2,16 (zu Ex 4,10); 2,14 (zu Ex 5,22); 2,21 (zu Ex 7,12); 2,23 (zu Ex 7,22); 2,25 (zu Ex 8,18LXX = 8,14TM); 2,35 (zu Ex 9,30); 2,36 (zu Ex 10,1); 2,39 (zu Ex 11,2); 2,43 (zu Ex 12,14); 2,44 (zu Ex 12,30; contra); 2,47,1 (zu Ex 12,37); 2,47,3-5 (zu Ex 12,40); 5,23 (zu Ex 13,2); 2,50 (zu Ex 13,18); 2,52 (zu Ex 14,15); 2,54 (zu Ex 15,12); 2,55 (zu Ex 15,10); 2,60 (zu Ex 16,12); 2,66 (zu Ex 18,12); 2,68 (zu Ex 18,18); 2,70 (zu Ex 19,11); 2,72 (zu Ex 20,18); 2,88 (zu Ex 23,3); 2,89 (zu Ex 23,10-11); 3,92 (Cornelius: 3,83; zu Ex 23,10-11); 2,90 (zu Ex 23,19); 2,92 (zu Ex 23,25); 3,23,2 (Cornelius: 3,20; zu Ex 24,5; contra); 2,102 (zu Ex 24,10); 2,104 (zu Ex 25,11LXX = 25,12TM); 2,105 (zu Ex 25,17-19LXX = 25,18-20TM); 2,114 (zu Ex 28,4); 2,116 (zu Ex 28,15); 2,117 (zu Ex 28,26LXX = 28,30TM); 2,118 (zu Ex 28,28LXX = 28,32TM); 2,120 (zu Ex 28,32LXX = 28,36TM); 2,125 (zu Ex 29,9); 2,177,20 (zu Ex 30,6; contra); 2,139 (zu Ex 31,16-17; contra); 2,144 (zu Ex 32,19); 2,147 (zu Ex 32,32); 2,154 (zu Ex 33,21-23.1+5.7-8 contra); 2,165 (zu Ex 34,28); 2,166,1 (Cornelius: 116; zu Ex 34,28; contra); 2,173 (zu Ex 40,24LXX = 40,26TM; contra); 2,176 (zu Ex 40,29LXX = 40,35TM).

Qu. 3,2 (zu Lev 3,17); 3,1 (zu Lev 5,2); 3,2 (Cornelius: 3,1; zu Lev 5,3); 3,20,2.3 (zu Lev 6,31LXX = 7,1TM); 3,33 (Cornelius: 3,31; zu Lev 10,9; contra); 3,40,3-4 (zu Lev 12,6; contra); 4,33,11 (zu Lev 14,6-7); 3,56 (Cornelius: 3,16; zu Lev 17,3-4); 3,57,1 (zu Lev 17,11); 3,75 (Cornelius: 3,72; zu Lev 20,17); 3,76 (zu Lev 20,20); 3,81 (Cornelius: 3,78; zu Lev 21,1); 3,92 (Cornelius: 3,89; zu Lev 25,2).

Qu. 4,15 (zu Num 9,10-11); 4,19 (zu Num 11,22); 4,20 (zu Num 12,1); 4,33,2 (zu Num 19,4); 4,35 (zu Num 20,11); 4,19 (zu Num 20,12); 4,53 (zu Num 20,12); 4,42 (zu Num 21,14); 4,63 (Cornelius: 4,60; zu Num 24,14); 4,59,1.2 (zu Num 30,7+11); 4,59,4 (zu Num 30,14; contra).

Qu. 5,49 (zu *Argumentum*); 2,71,2 (zu Dtn 5,7); 2,71,4 (zu Dtn 5,17LXX = 5,18TM); 5,24 (zu Dtn 16,2); 5,31 (Cornelius: 5,30; zu Dtn 20,5); 5,54 (Cornelius: 5,53; zu Dtn 30,14); 5,55 (zu Dtn 32,5); 5,56 (zu Dtn 33,2; contra).

Seit dem 18. Jh. wird Augustinus in exegetischen Werken immer seltener und nur noch sporadisch erwähnt. LXX und Vulg treten, außer in der Textkritik, ganz zurück, nur TM wird bearbeitet. Geistlicher Sinn ist als willkürliche Allegorese verpönt. Die sich relativ schnell durchsetzende historisch-kritische Methode und religionsgeschichtliche Fragestellungen stehen im Zentrum der Auseinandersetzungen; infolgedessen richtet sich das Interesse auf literarische oder mündliche Vorstufen des TM.

Eine Ausnahme bildet der von Jesuiten erarbeitete und in Latein geschriebene vielbändige *Cursus Scripturae Sacrae*, Paris 1886 ff. Hier werden die Väter breit herangezogen, und so werden auch die *QH* häufiger zitiert.¹⁶¹ Auch Brevard S. Childs greift in seinem Exodus-Kommentar von 1974 häufiger auf die Väter, darunter mehrfach auf Augustinus, zurück.

Ansonsten erwähnt man *QH* – annehmend oder ablehnend – lediglich für einige isolierte Bibelstellen. Es sind vor allem zwei: (1) *QH qu.* 2,71 zur Einteilung des Dekalogs; vgl. z.B. Carl Friedrich Keil, *Exodus* 505f.; Fr. W. Schultz, *Deuteronomium* 254f.; August Dillmann, *Exodus* 222; H. Holzinger, *Exodus* 76; Himbaza, *Décalogue* 113-115.283.¹⁶² (2) John L. Thompson urteilt über Augustins ausführliche Erörterung des Gelübdes Jiftachs und seines Tochteropfers in *QH qu.* 7,49: „Augustine's lengthy essay would prove immensely influential for more than a thousand years."¹⁶³ So verwundert es nicht, daß zu diesem Text Ri 11,30-40 auch in der Moderne viele Kommentatoren und Autoren von Spezialuntersuchungen Augustins Darstellung zitieren, diskutieren oder zumindest auf sie hinweisen.¹⁶⁴ Vgl. z.B. Carl Friedrich Keil,¹⁶⁵ De Hummelauer,¹⁶⁶ Angelo Penna,¹⁶⁷ Cornelis Houtman/ Klaas Spronk,¹⁶⁸ Dieter Böhler,¹⁶⁹ Walter Groß,¹⁷⁰ Michaela Bauks.¹⁷¹ Zusätzlich ist mit Weiterwirken augustinischer Überlegungen bei Autoren zu rechnen, die sich deren Herkunft von Augustinus nicht mehr bewußt waren. So weist. z.B. K. Lawson Younger Jr., wenn er spekuliert, wen Jiftach außer seiner Tochter in seinem Gelübde mit dem „Herausgehenden aus der Tür meines Hauses" gemeint haben könnte: „for whom else does he expect? His wife (assuming she is alive)?"¹⁷², zumindest nicht darauf hin, daß als erster

---

¹⁶¹ Das gilt vor allem für das Buch Exodus. Vgl. die Erläuterung von HUMMELAUER, *Exodum* 25 zu seinem Literaturverzeichnis: *S. Augustini Quaestiones in Heptateuchum … Intelliguntur hae Quaestiones, quoties non adscribitur alterius libri ab eodem S. D. conscripti titulus.*
¹⁶² Zusätzlich können solche Autoren genannt werden, die sich zu dieser Frage auf Augustinus beziehen, ohne *QH* als Quelle zu nennen (vgl. z.B. ROSENMÜLLER, *Scholia*; CHILDS, *Theology*), oder die ein anderes Werk Augustins benennen (vgl. z.B. STROHM, *Dekalog. Kirchengeschichtlich* 631).
¹⁶³ THOMPSON, *Daughter* 130.
¹⁶⁴ Zur Rekonstruktion der Argumentation Augustins in *QH qu.* 7,49 vgl. Einleitung in *qu.* 7, Exkurs: „Jiftachs Gelübde und Tochteropfer".
¹⁶⁵ KEIL, *Richter* 312.
¹⁶⁶ HUMMELAUER, *Iudicum* 222-224 (224: „*Qua de re fuse et dubitanter tractat Aug., eandem nobis suo exemplo mandans cautionem.*").
¹⁶⁷ PENNA, *Giudici*.
¹⁶⁸ HOUTMAN/SPRONK, *Jefta* 39f.
¹⁶⁹ BÖHLER, *Jiftach* 272 Anm. 736.
¹⁷⁰ GROSS, *Richter* 628f; *Rolle* 24-27.
¹⁷¹ BAUKS, *Tochter* 131f.
¹⁷² YOUNGER JR., *Judges* 263.

Augustinus diese eigenartige, mit der alttestamentlichen Rechtsstellung der Ehefrau unvereinbare Erwägung in *QH qu.* 7,49,6 angestellt hat.

In theologisch-systematischem oder kirchenrechtlichem Kontext werden in der Moderne die *QH* vor allem in drei Zusammenhängen zitiert und diskutiert.

(1) In *QH qu.* 6,10 zu Jos 8,2 findet man Augustins Definition des gerechten Krieges: *iusta autem bella ea definiri solent quae ulciscuntur iniurias, si qua gens vel civitas, quae bello petenda est, vel vindicare neglexerit quod a suis inprobe factum est vel reddere quod per iniurias ablatum est* und in *qu.* 4,44 zu Num 21,21-25 einen gerechten Grund für einen gerechten Krieg. Es besteht allerdings die Gefahr, daß diese Sätze von ihrem Kontext isoliert interpretiert werden.[173]

(2) *QH qu.* 2,80 zu Ex 21,22-25 spielt bis in die Gegenwart in der Diskussion um das kirchliche Strafrecht bezüglich Abtreibung und über den Zeitpunkt der Beseelung des Embryos mit einer rationalen und unsterblichen Seele eine Rolle. Augustinus hatte in dieser *quaestio* aus der alttestamentlichen Behandlung dieses ausgefallenen Rechtsfalls und seiner Straffolgen geschlossen, daß die noch ungeformte Leibesfrucht noch kein Mensch und deren Tötung folglich kein Mord sei. Diese *quaestio* 2,80 wurde im Mittelalter viel diskutiert,[174] sie führte zu geringerer Buße für den Fall der Abtreibung einer noch ungeformten Leibesfrucht (bis zum 40. Tag nach der Empfängnis) in den mittelalterlichen Bußbüchern, und die entsprechende Strafnorm ging mit begründendem Zitat aus *qu.* 2,80 in das *Corpus Iuris Canonici* C. 32, qu. 1, c. 8 ein.[175]

Augustinus hatte sich zu Ex 21,22-25 allerdings auf den Wortlaut der LXX=VL gestützt. TM, gefolgt von Vulg, erlaubt derartige Folgerungen nicht. Daher galt Ex 21,22-25 im Protestantismus nicht mehr als biblisches Argument, und die Exodus-Kommentare, evangelisch wie katholisch, verzeichnen in ihrer Mehrheit nicht einmal die abweichende LXX-Version. Im Katholizismus blieb Ex 21,22-25LXX hingegen eine biblische Autorität, von nicht wenigen wurde, ohne daß dies jemals verbindliche kirchliche Lehre geworden wäre, die LXX sogar – wie von Augustinus – für inspiriert gehalten, so daß Abweichungen von TM

---

[173] Vgl. Einleitung in *qu.* 6, Exkurs: „Der gerechte Krieg. Gottes Gerechtigkeit und die Ausrottungskriege Israels" Mit Literatur.

[174] Vgl. die *glossa ordinaria* zu Ex 21,22-23; die *Sentenzen* des Petrus Lombardus, Lib II Dist XXXI cap 7 Nr. 3 und Lib IV Dist XXXI cap 4 Nr. 2; den Sentenzenkommentar Bonaventuras, Lib IV Dist XXXI cap 4.

[175] Vgl. die Einleitung in *qu.* 2, Exkurs: „Ex 21,22-25: Ist ein nicht voll ausgeformter menschlicher Embryo ein Mensch? *Qu.* 2,80".

ihren Wert behielten.[176] So blieben die auf Ex 21,22-25LXX gestützten, nach Zeitpunkt der Abtreibung differenzierten kirchlichen Strafnormen bis 1869 erhalten.[177]

(3) In *QH qu.* 2,73 bestimmt Augustinus das Verhältnis von *Novum* und *Vetus Testamentum* folgendermaßen: *quamquam et in vetere novum lateat et in novo vetus pateat*[178] „obgleich sowohl im Alten Testament das Neue verborgen als auch im Neuen das Alte offenbar ist".[179] Diese Formel Augustins ist bei Exegeten der Gegenwart zu Recht unbeliebt, weil sie das AT einseitig auf das NT und die Christologie hin funktionalisiert und Tür und Tor für frei erfundene weitere Schriftsinne öffnet.

Überraschend hat das II. Vatikanische Konzil sie in seiner Dogmatischen Konstitution über die göttliche Offenbarung *„Dei verbum"* vom 18.11.1965 caput IV Nr. 16 zitiert: *Deus igitur librorum utriusque Testamenti inspirator et auctor, ita sapienter disposuit, ut Novum in Vetere lateret et in Novo Vetus pateret.*[180]

1993 verwendet die Päpstliche Bibelkommission in ihrer ausführlichen Darlegung „Die Interpretation der Bibel in der Kirche", die als Verlautbarung des Apostolischen Stuhls 115 erschien, dasselbe Augustinuszitat.[181] 1997 schließlich kam der *Catechismus Catholicae Ecclesiae,* korrigierte deutsche Übersetzung München 1997, heraus. Nr. 129: „Einem alten Sinnspruch zufolge ist das Neue Testament im Alten

---

[176] Vgl. ALONSO SCHÖKEL, *Word* 284-287 (er benennt mit Benoit und Auvray zwei Vertreter der Inspiration der LXX noch im 20. Jh.).

[177] Vgl. die Einleitung in *qu.* 2, Exkurs: „Ex 21,22-25: Ist ein nicht voll ausgeformter menschlicher Embryo ein Mensch? *Qu.* 2,80".

[178] Vgl. ähnliche Wendungen Augustins: *qu.* 4,33,1: *eadem quippe sunt in vetere et in novo: ibi obumbrata, hic revelata, ibi praefigurata, hic manifestata; c. adv. leg.* 1,35: *et Novum in Vetere est figuratum, et Vetus in Novo est revelatum*; dazu: STRAUSS, *Schriftgebrauch* 68-70. HOPING, *Verbum* 781 zu *qu.* 2,73: „Augustin spricht an der zitierten Stelle vom Verhältnis der beiden Heilsökonomien. Erst die spätere Tradition hat Augustins Formel auf das Verhältnis der Schriften des Alten und Neuen Testaments bezogen." Vgl. DOHMEN, *Exodus* 136.

[179] Zu Augustins Verwendung des Terminus *testamentum* vgl. Einleitung in *qu.* 5 S. 290 Anm. 14.

[180] Das Konzil spricht hier von den beiden Teilen der christlichen Bibel, nicht von den zwei Heilsordnungen. Für den Neuen Bund gebraucht das Konzil im nächsten Satz den Terminus *Novum Foedus*. In der offiziellen Textausgabe ist *QH: qu.* 2,73 als Fundort genannt.

[181] Päpstliche Bibelkommission: Die Interpretation der Bibel in der Kirche (Verlautbarungen des Apostolischen Stuhls 115), III C 1., Rom 1993. Deutsche Übersetzung in *Die Interpretation der Bibel in der Kirche* (SBS 161), Stuttgart 1995, 91-168.

verhüllt, das Alte im Neuen enthüllt [...] (hl. Augustinus, Hept. 2,73)."[182] Allerdings formuliert der Katechismus, durch manche Kritiken an den einschlägigen Passagen des Konzils belehrt, unmittelbar davor: „Sie [die typologische christologische Lesart] darf nicht vergessen lassen, daß dieses [das Alte Testament] einen eigenen Offenbarungswert behält, den unser Herr selbst ihm zuerkannt hat." Dem Register zum Katechismus der Katholischen Kirche zufolge[183] ist dies das einzige Zitat aus *QH*.

Zu diesem Buch

Nach den Prinzipien der Reihe „Augustinus. Opera. Werke" wird der Text der kritischen Ausgabe der *QH* durch Julien Fraipont, CCL 33, Turnholti 1958, zugrundegelegt.[184] Der textkritische Apparat dieser Ausgabe wurde von den Herausgebern zur Verfügung gestellt. Diese haben auch bestimmt, daß im Übersetzungsteil die biblischen Orts- und Personennamen nach den Loccumer Richtlinien wiedergegeben werden.

Es gibt noch keine deutsche Übersetzung der *QH*. Folgende Übersetzungen liegen vor:

M. Pognon, *Questions sur l'Heptateuque, Ouevres complètes de Saint Augustin*, tom. 4, Bar-Le-Duc 1866. Eine relativ freie Übersetzung.

Garcia de la Fuente, Olegario, *Cuestiones sobre el Heptateuco, introduction, version, notas e indices, Obras completas de San Agustín 28*. Escritos biblicos (4.°), BAC 504, Madrid 1989. Eine sehr textnahe Übersetzung.

Sant' Agostino, *Locuzioni e questioni sull'Ettateuco, introduzioni generali di L. Carrozzi e A. Pollastri, introduzioni particolari di A. Pollastri, note di L. Carrozzi e A. Pollastri, traduzione di L. Carrozzi*, NBA Parte 1: Opere esegetiche vol. XI/1, Roma 1997, vol. XI,2, Roma 1998. Dieses Werk ist besonders hilfreich durch seine umfangreichen patristischen Erläuterungen.

Von der vielfältigen Sekundärliteratur ist als umfassende Analyse hervorzuheben: W. Rüting, *Untersuchungen über Augustins Quaestiones und Locutiones in Heptateuchum* (FChLDG, 13. Bd, 3.+4. Heft), Paderborn 1916.

---

[182] ELLIOTT, *Quaestiones* weist S. 459 darauf hin.
[183] *Katechismus der Katholischen Kirche,* Register der zitierten Stellen 764.
[184] Weitere Textausgaben: J.P. MIGNE, *Patrologiae cursus completus*. Series latina, tomus 34. Augustini Opera Omnia, tomus tertius, Paris 1887. Iosephus ZYCHA, *Sancti Aureli Augustini quaestionum in heptateuchum libri* VII, CSEL vol. 28, Pragae – Vindobonae – Lipsiae 1895.

Für die LXX wurde die Göttinger Ausgabe zugrunde gelegt: *Septuaginta. Vetus Testamentum Graecum. Auctoritate Academiae Scientiarum Gottingensis editum*, Göttingen 1931ff. Das gilt auch für die Verszählung, die mehrfach von derjenigen der Handausgabe der LXX von A. Rahlfs abweicht. Soweit die LXX die Verse anders benennt als TM nach der Ausgabe der *Biblia Hebraica Stuttgartensia,* wurden beide Zählweisen vermerkt. Die VL erhält üblicherweise die Verszählung der LXX. In den wenigen einschlägigen Fällen, in denen Vulg in der Ausgabe von Weber/Gryson *Biblia Sacra Vulgata,* Stuttgart [5]2007 eine nochmals abweichende Verszählung bietet, wurde auch dies vermerkt.

Zur Vetus Latina wurde neben den Zitaten Augustins in den *QH* der Codex Lugdunensis herangezogen: Ulysse Robert, *Pentateuchi versio latina antiquissima e codice Lugdunensi*, Paris 1881 und *Heptateuchi partis posterioris versio latina antiquissima e codice Lugdunensi. Version latine du Deutéronome, de Josué et des Juges antérieure a saint Jérôme*, Lyon 1900. Grundlegend für die VL-Version der Genesis ist die textkritische Edition von Bonifatius Fischer, Genesis (Vetus Latina 2), Freiburg 1951.

Da die Vetus Latina sehr eng der LXX folgt, waren sowohl für die Erläuterungen zur VL als auch für die Übersetzung der VL die Übersetzungen der LXX hilfreich: Albert Pietersma/Benjamin G. Wright, (ed.s), *A New English Translation of the Septuagint and the other Greek translations traditionally included under that title*, New York – Oxford 2007, und vor allem Martin Karrer/Wolfgang Kraus (Hrsg), *Septuaginta Deutsch. Das griechische Alte Testament in deutscher Übersetzung,* Stuttgart 2009 zusammen mit dies. (Hrsg.), *Septuaginta Deutsch. Erläuterungen und Kommentare zum griechischen Alten Testament Bd I: Genesis bis Makkabäer,* Stuttgart 2011; darin die Erläuterungen und Kommentare von P. Prestel, S. Schorch zu Genesis, zu Exodus von J. Scharper unter Mitarbeit von E. Weber, zu Levitikus von M. Vahrenhorst, zu Numeri von M. Rösel, Chr. Schlund, zu Deuteronomium von C. den Hertog, A. Labahn, Th. Pola, zu Josua von C. den Hertog unter Mitarbeit von S. Kreuzer und zu Richter von J. Kabiersch, S. Kreuzer, Th. Schmeller.

Vielfältig wurden auch die sprachlichen und patristischen Erläuterungen der sieben Bände der *Bible d'Alexandrie, Traduction du texte grec de la Septante, Introduction et Notes* herangezogen: Marguerite Harl, *La Genèse*, Paris [2]1994; Alain le Boulluec/Pierre Sandevoir, *L'Exode*, Paris 1989; Paul Harlé/Didier Pralon, *Le Lévitique*, Paris 1988; Gilles Dorival, *Les Nombres*, Paris 1994; Cécile Dogniez/Marguerite Harl, *Le Deutéronome*, Paris 1992; Jacqueline Moatti-Fine, *Jésus (Josué)*, Paris 1996; Paul Harlé, *Les Juges*, Paris 1999.

Ziel meiner Kommentierung ist es, die exegetischen Techniken Augustins zu verdeutlichen. Obwohl Augustinus mangels Sprachkenntnissen nicht am hebräischen Text gearbeitet hat, erschien es sinnvoll, nicht nur die Beziehungen seiner Vetus Latina zur LXX anzuzeigen, sondern auch deren Abweichungen von TM zu benennen. Das war ohnehin notwendig für die *quaestiones* zur Genesis sowie zu Deuteronomium bis Richter, weil Augustinus während seiner Arbeit an diesen Büchern durch Hieronymus einige Informationen über den hebräischen Wortlaut erhalten hatte. Es sollte aber auch heutigen Lesern, die gewohnt sind, den *textus masoreticus* (TM) auszulegen, oder mit modernen Bibelübersetzungen vertraut sind, die – in unterschiedlicher Konsequenz – TM wiedergeben, den Zugang zu den spezifischen Problemen Augustins und seinen Lösungen erleichtern. Zur Analyse dieses Dreiecksverhältnisses waren neben NBA und BdA vor allem die Werke John William Wevers zum Pentateuch eine unersetzliche Hilfe: *Notes on the Greek Text of Genesis* (SCSt 35), Atlanta, Georgia 1993; *Notes on the Greek Text of Exodus* (SCSt 30), Atlanta, Georgia 1990; *Notes on the Greek Text of Leviticus*, (SCSt 44), Atlanta, Georgia 1997; *Notes on the Greek Text of Numbers* (SCSt 46), Atlanta, Georgia 1998; *Notes on the Greek Text of Deuteronomy* (SCSt 39), Atlanta, Georgia 1995.

Die *QH* Augustins haben in der wissenschaftlichen Diskussion nur begrenzte Aufmerksamkeit gefunden. Daher schien es mir angebracht, in den Einleitungen zu den einzelnen Büchern in Exkursen komplizierte exegetische Argumentationen Augustins detailliert nachzuzeichnen und wichtige theologische Themen gesondert darzustellen. Diese Exkurse beschränken sich auf die *QH*, sie sollen somit Augustinus im Arbeitsprozeß weniger Jahre sichtbar machen. Die Einordnung dieser seiner Positionen in das Gesamtwerk Augustins ist weder im Rahmen dieser Kommentierung noch mir als Exegeten möglich. Diese Aufgabe bleibt Patristikern vorbehalten.

QUAESTIONES GENESIS
FRAGEN ZUM BUCH GENESIS

EINLEITUNG

Textgrundlage

Augustinus arbeitet mit der LXX und der Vetus Latina, die ihrerseits die LXX übersetzt. „Das Buch Gen ist höchstwahrscheinlich das erste biblische Buch, das ins Griechische übersetzt wurde, und zwar im 3. Jh. v. Chr. innerhalb der hellenistisch-jüdischen Gemeinde Alexandriens in Ägypten."[1] Es hat die Übersetzer anderer Bücher des AT beeinflußt. Wahrscheinlich wurde es zu Lesungen im Synagogengottesdienst verwendet.[2] Wie stark sich die hebräische Vorlage von TM unterschied, wird kontrovers beurteilt. SDE betont eine „Ungleichmäßigkeit der Übersetzungstechnik": Einerseits variiert LXX in Lexemen, wenn im Nahkontext der hebräischen Vorlage dasselbe Lexem mehrfach auftaucht. Andererseits folgt sie in einigen Passagen „sehr eng und manchmal geradezu sklavisch ihrer hebr. Vorlage".[3] Wie schon die hebräische Vorlage verfolgt der griechische Übersetzer die Tendenz, „erzählerische Brüche und abrupte Szenenübergänge zu glätten und vermeintliche Widersprüche zu beseitigen".[4]

Die VL gibt die LXX oft sklavisch genau bis hin zu lateinischen Barbarismen wieder. Augustinus notiert bzw. diskutiert häufiger Varianten innerhalb der VL.[5] Er vergleicht regelmäßig den ihm vorliegenden VL-Wortlaut mit dem der LXX.[6] Einmal, in *qu.* 1,162, erläutert er die Spiriti des griechischen Textes. Einmal, in *qu.* 1,11 (Gen 7,24), bezieht er sich auf Aquila und Symmachus; er hatte deren Übersetzungen jedoch kaum vorliegen, denn er hat, wie schon

---

[1] SDE 150. Zu lexikalischen und zu syntaktisch-stilistischen Eigentümlichkeiten der GenLXX vgl. die Listen bei BdA 49-70 und 72-80. Zur Schreibung der Eigennamen weist WEVERS, *Genesis* Xf., auf folgendes hin: Die Griechen hörten noch unterschiedliche Pharyngale und Velare, denen im Hebräischen nur je ein Graphem entsprach, und gaben daher dasselbe hebräische Graphem durch unterschiedliche griechische Grapheme wieder. Umgekehrt verhält es sich bei den Sibilanten, bezüglich derer das Hebräische mehr unterschiedliche Grapheme besitzt als das Griechische.
[2] Vgl. WEVERS, *Genesis* XIIf.
[3] SDE 148. [4] SDE 149.
[5] Vgl. *qu.* 1,9; 1,69; 1,74; 1,91; 1,117,1; 1,156; 1,162.
[6] RÜTING, *Untersuchungen* 31: „Ist sein Schrifttext theologisch klar, so hat er keine Neigung, sich um andere Lesarten zu kümmern. Historische oder grammatische Interessen als solche hat unser Autor nicht."

FIELD, *quae supersunt,* bemerkt,[7] die beiden Namen vertauscht. Einmal, in *qu.* 1,155 (Gen 47,5-6), berichtet er von griechischen Codices mit Obelos und Asteriskus und erklärt die Funktion dieser diakritischen Zeichen, die ursprünglich der Hexapla des Origenes entstammen. Da er aber nicht angibt, an welchen Wörtern sie sich finden, bleibt offen, ob er derartige Manuskripte oder lateinische Manuskripte, in die sie übertragen waren, vor Augen hatte. Einmal, in *qu.* 1,2 (Gen 5,25-27), beruft er sich gegen die Mehrheit der LXX-Codices auf „weniger zahlreiche, aber zuverlässigere" Codices; es sind de facto drei. Einmal, in *qu.* 1,91 (Gen 30,11), zitiert er einen LXX-Wortlaut, der nur durch ein einziges Manuskript bezeugt ist. Im Vergleich des Wortlautes der LXX und der VL wertet er die LXX als maßgebend,[8] da er diese im Gegensatz zur VL für inspiriert (*qu.* 1,169) und infolgedessen prophetisch (*qu.* 1,152) ansieht. Einmal, in *qu.* 1,23 (Gen 11,12-13), läßt er eine Differenz in einer Zahlenangabe auf sich beruhen, da ihn ein anderer Aspekt des Textes beschäftigt.

Als Augustinus die *quaestiones* zur Genesis verfaßte, kannte er die Vulgata noch nicht, kam aber nicht umhin, sich gelegentlich mit den *Qu. Hebr. Gen.* des Hieronymus, den er allerdings nur einmal namentlich erwähnt,[9] auseinanderzusetzen, der den Vorrang des TM vertrat. Augustinus hingegen weigert sich, den LXX-Wortlaut nach dem hebräischen Wortlaut zu korrigieren. Wenn sie divergieren, behält auch die LXX-Variante ihre Bedeutung.[10] Einmal, in *qu.* 1,152, konstatiert er, wenn auch unter Verkennung des hebräischen Textes, daß dieser ein besonders schwieriges Problem auch nicht zu lösen hilft. Dreimal beruft er sich auf den hebräischen Text *(Hebraei codices, in Hebraeo)*,[11] von dem er allerdings nur durch Hieronymus, *Qu. Hebr. Gen.* erfahren hat.

Augustinus beginnt seine *quaestiones in Genesim* mit Kap. 4. In seinem Vorwort zum Gesamtwerk begründet er dies: „Was vom Anfang an, wo erzählt wird, daß Gott Himmel und Erde gemacht hat, bis zur Vetreibung der ersten beiden Menschen aus dem Paradies vielfältig erörtert werden kann - dazu haben wir uns andernsorts so gut als möglich ausführlich geäußert". Er bezieht sich damit auf *De Genesi contra Manichaeos; De Genesi ad litteram liber imperfectus; De Genesi ad litteram;* vgl. auch *Confessiones* 11-13 (zu Gen 1).[12]

---

[7] FIELD, *quae supersunt* 25 Anm. 24.
[8] Vgl. *qu.* 1,43; 1,65; 1,80; 1,82; 1,117,4; 1,127; 1,156.
[9] Vgl. *qu.* 1,26: *diligentius a presbytero Hieronymo expositum est.*
[10] Vgl. *qu.* 1,162; 1,169.
[11] Vgl. *qu.* 1,2, wo Augustinus nur drei Manuskripte der LXX auf seiner Seite hat; 1,152; 1,162. Vgl. auch 1,97 *(qui et Syram et Hebraeam linguam noverunt)*; 1,107 *(Hebraeum eloquium).*
[12] Die einschlägigen Bücher 11-14 von *civ.* wurden etwa gleichzeitig, vielleicht kurz nach den *quaestiones in Genesim* um 419 verfaßt (vgl. RÜTING, *Untersuchungen* 4-12).

Exkurs: Der geistliche Sinn

Augustinus sucht zunächst den buchstäblichen Sinn, den Literalsinn von Handlungen und Aussprüchen, vor allem der Patriarchen. Wo der biblische Text im wörtlichen Verständnis jedoch moralisch anstößig[13] oder unverständlich[14] zu sein scheint oder eine Verheißung (scheinbar) nicht eingetreten ist,[15] nimmt er unter der Voraussetzung, daß der göttliche Autor nur über Wahres und moralisch Nützliches belehren wollte und die Schrift irrtumslos ist,[16] einen geistlichen Sinn (*spiritalis intelligentia, qu.* 1,73) an, den er in typologischer bzw. allegorischer Auslegung ausarbeitet. Auch ohne solche Anlässe bietet er, z.B. aus pastoralen Gründen,[17] eine geistliche Interpretation, doch hält er sich damit in

---

[13] Vgl. *qu.* 1,62; 1,74 (Gen 25,27: Jakob erlangt durch Betrug Isaaks Segen): „Gerade an dieser Stelle sind wir am meisten gezwungen, geistliche Bedeutungen anzunehmen, weil derjenige ohne Arglist war, der Betrug übte." *Qu.* 1,93 (Gen 30,37.42: Jakobs Bereicherung durch den Hirtentrick mit den geschälten Ruten): „Deswegen zwingt diese Angelegenheit dazu, eine Prophetie und eine vorausdeutende Bedeutung zu suchen. Eine solche vollführte Jakob als Prophet zweifellos; und deswegen darf man ihn nicht des Betruges anklagen. Man kann nämlich nicht glauben, daß er etwas Derartiges ohne geistliche Offenbarung gemacht hat." Vgl. auch *qu.* 1,123; 1,138; 1,143: „Was sie vom Hausverwalter zu hören bekommen, scheint eine Lüge zu sein. Aber man muß annehmen, daß es eine symbolische Bedeutung hat."

[14] Vgl. *qu.* 1,50: „Wenn man das nicht auf irgendeine geistliche Bedeutung bezieht, gibt es keine Lösung des Problems." Vgl. auch 1,115: Da das eine Volk Israel nicht ,Völker' genannt werden kann, muß die Verheißung Gen 35,11, Jakob werde zu Völkern werden, wohl von den zum Glauben (an Christus) kommenden Heiden verstanden werden.

[15] Vgl. die Frage *qu.* 1,32: „Ob man es, da es bezüglich irdischer Reiche nicht eingetroffen ist, von der Kirche verstehen soll."

[16] Vgl. *qu.* 1,72: „Jedenfalls kann die Schrift nicht lügen." 1,119: „Um daher den Eindruck zu vermeiden, die Schrift irre sich oder führe in die Irre, kann man sich leicht auf folgende Weise zurecht legen, was geschehen sein kann." 1,170: „Aber wenn es nicht geschehen wäre, als sie sich in eben diesen Gebieten aufhielten, würde es jetzt nicht gesagt werden.

[17] Vgl. *qu.* 1,144: Aus Josefs Gastmahl kann keine Rechtfertigung von Besäufnissen abgeleitet werden, da *inebriati sunt* sich lediglich auf Sättigung bezieht. 1,161: Die große Sorge Jakobs um seine Beerdigung im ,Abrahamium' muß geistlich ausgelegt werden, um falsche Folgerungen zu vermeiden, „da doch die Gläubigen in folgendem sicher sind und sein sollen, daß, wo immer ihre Körper beigesetzt werden oder auch wegen der Wut ihrer Feinde unbeerdigt bleiben oder nach deren Willkür zerfleischt und vernichtet werden sollten, ihnen deswegen nicht eine weniger vollständige oder weniger herrliche Auferstehung zuteil werden wird."

der Genesis stark zurück. Gelegentlich behauptet er einen geistlichen Sinn, teilt ihn aber nicht mit.[18]

Sehr auffällig ist die vielgestaltige und weitgehend synonym gebrauchte Terminologie.

Sehr häufig verwendet er *significare* bzw. *significatio*. Die *significatio* ist *spiritalis* (*qu.* 1,50; 1,78), *allegorica* (*qu.* 1,70; 1,76), *prophetica* (*qu.* 1,79), *figurata* (*qu.* 1,93), *mystica* (*qu.* 1,152), kann aber auch ohne weitere Qualifikation genannt sein (*qu.* 1,171). Objekte von *significare* sind: *carnales in populo dei per maiorem filium et spiritales per minorem* (*qu.* 1,73), *magnum aliquid* (*qu.* 1,74), *aliquid spiritale* (*qu.* 1,76), *aliquid* (*qu.* 1,143), *magnum* (*qu.* 1,145), *alto secretoque mysterio*, Bezug auf *Röm 11,5* (*qu.* 1,148), *peccata* (*qu.* 1,161), *remissionem peccatorum* (*qu.* 1,161), *eum [= Christus]* (*qu.* 1,161), *aliquid prophetice* (*qu.* 1,166), *aliquid paenitentiae* (*qu.* 1,169).

Häufig begegnen auch *prophetia* und *prophetare*. Das Wort *prophetia* steht entweder allein (*qu.* 1,51; 1,83; 1,93) oder mit den Qualifikationen *huius rei futurae* (*qu.* 1,59), *magna de Christo* (*qu.* 1,62), *evidentissima* (*qu.* 1,84), *domus dei* (*qu.* 1,85), *magna* (*qu.* 1,104), *maioris rei* (*qu.* 1,158). Objekte zu *prophetare* sind: daß die Israeliten = Nachkommen Sems Kanaan erhalten sollten, nachdem sie die Kanaanäer vertrieben hätten (*qu.* 1,17); *magnum sacramentum* (*qu.* 1,80).

Weiterhin sind bezeugt: *spiritalis promissio* (*qu.* 1,31), *facta prophetice* (*qu.* 1,70), *figurare* (*qu.* 1,73), *magnum mysterium* (*qu.* 1,81), *mysticum aliquid* (*qu.* 1,104), *aliquo mysterio dictum* (*qu.* 1,123), *aliquid excelsius* (*qu.* 1,138), *sacramenta* (*qu.* 1,161), *figurare peccata hominum* (*qu.* 1,161), *praesignare magnae rei futurae figuram* (*qu.* 1,162), *propheticum sacramentum* (*qu.* 1,167), *commemorare prophetiae auctoritate* (*qu.* 1,169), *certum mysterium* (*qu.* 1,173).

Der geistliche Sinn bezieht sich überwiegend auf Gott und seine Gnadengaben im Neuen Bund, auf Christus, auf die Kirche und ihr Verhältnis zum Judentum, einmal auch auf die Häretiker (*qu.* 1,70), einige Male schließlich auf zukünftige inneralttestamentliche Sachverhalte.[19]

---

[18] Vgl. *qu.* 1,51; 1,78; 1,79; 1,81; 1,93; 1,145; 1,152; 1,162; 1,173.

[19] *qu.* 1,17: Noas Fluch über Kanaan wegen des Vergehens seines Vaters Ham bezeichnet im voraus den Sieg der von Sem abstammenden Israeliten über die Kanaanäer. 1,83: Indem Jakob den Ort seines Traums ‚Haus Gottes' nannte, bezeichnete er im voraus, daß hier in Betel einmal das von Mose errichtete Heilige Zelt stehen sollte (von einem Hl. Zelt in Betel ist allerdings nirgends im AT die Rede). 1,85: Jakobs Gelübde in Betel war eine Vorhersage des dortigen zukünftigen Gotteshauses. 1,171: Daß der Leichenzug Jakobs von Ägypten aus nach Machpela einen großen Umweg östlich des Jordans macht, bezeichnet im voraus den Exodusweg der Israeliten (EBACH behauptet in *Genesis* 644, die „entscheidenden Beobachtungen" zur Erhellung der merkwürdigen Topographie dieses Leichenzuges als „Vor-Bild des Exoduswegs" seien BARTELMUS *Topographie* 47-49 zuzuschreiben. Das hatte aber bereits Augustinus erkannt. Solche

EXKURS: DER GEISTLICHE SINN

Daß der geistliche Sinn einer Stelle deren Literalsinn nicht notwendig suspendiert, zeigt z.B. *qu.* 1,76:[20] Die Segensgaben Gottes für Isaak in Gen 26,12-14 sind dem Literalsinn nach irdische Güter, dem ‚herausgepreßten' geistlichen Sinn nach ewige Güter. Doch sollen auch zeitliche Güter, wie sie Schwächere *(infirmiores)* begehren, als Gaben Gottes anerkannt werden. „Daher erbaut diese Erzählung denjenigen, die sie fromm verstehen, nicht wenig den rechten Glauben, selbst dann, wenn es nicht gelingen würde, für diese Dinge eine geistliche Bedeutung herauszupressen" *(exculpi)*.

Wenn die LXX mit TM unvereinbar ist, aber in geistlichem Sinn eine bedeutende zukünftige Sache vorausbezeichnet, während TM zwar einen einleuchtenden, jedoch nicht geistlich ausdeutbaren Sinn hat, muß man auf den geistlichen Sinn nicht verzichten, sondern es gilt: „Dennoch darf man deswegen nicht meinen, daß das, was die LXX übersetzt haben, keinen oder nur einen unbedeutenden Sinn hat" *(qu.* 1,162). Am Beispiel von Jona 3,4 (TM: nach vierzig Tagen wird Ninive zerstört werden; LXX: nach drei Tagen) diskutiert Augustinus in *qu.* 1,169 (anläßlich der vierzigtägigen Einbalsamierung Jakobs Gen 50,3) die Tatsache, daß bei inhaltlichem Widerspruch TM und LXX beide einen je verschiedenen typologischen Sinn haben und beide anerkannt werden. Im Literalsinn wäre das ein Widerspruch, der die Entscheidung für eine der beiden Versionen erzwingen würde, auf der Ebene des geistlichen Sinns ergänzen sie sich: „Aber man soll auch nicht annehmen, die siebzig Übersetzer hätten sich darin geirrt, daß sie nicht ‚vierzig Tage', sondern ‚noch drei Tage und Ninive wird zerstört werden' sagen. Sie waren ja mit höherer Autorität ausgestattet, als es dem Beruf von Übersetzern zukommt, und haben so in prophetischem Geist, kraft dessen sie ja, wie bestätigt wird, einmütig, was ein großes Wunder war, in ihren Übersetzungen übereingestimmt haben, übersetzt: ‚drei Tage', obgleich sie keineswegs verkannten, daß man in den hebräischen Codices ‚vierzig Tage' las [...] Und weil er nach drei Tagen auferstand, nach vierzig Tagen aber auffuhr, bezeichnen die hebräischen Codices durch die Zahl an Tagen das eine dieser Ereignisse, das später eingetreten ist; das andere der drei Tage aber, die zum selben Komplex gehören, wollten die LXX nicht in sklavischer Übersetzung, sondern kraft prophetischer Autorität erwähnen. Wir wollen daher nicht sagen, daß eines der beiden falsch ist, noch wollen wir für die einen Übersetzer gegen die anderen streiten, da einerseits diejenigen, die aus dem Hebräischen übersetzen, uns beweisen, daß das, was sie übersetzen, so geschrieben steht, andererseits die Autorität der siebzig Übersetzer, die auch

---

‚Neuentdeckungen' bereits von Kirchenvätern erkannter biblischer Zusammenhänge werden sich mit Ausbreitung der Endtextexegese wohl häufiger ereignen).
[20] Vgl. auch *qu.* 1,73.

durch ein so großes von Gott gewirktes Wunder bestätigt wird, auf Grund ihres so hohen Alters in den Kirchen bekräftigt wird."[21]

Exkurs: Exegetische Vorgehensweisen im Fall von Störungen im Handlungsablauf, Spannungen und irritierenden sprachlichen Wendungen

Die neuzeitliche Literar- und Quellenkritik hat zuerst im Buch Genesis angesetzt. Aus unterschiedlichen Gottesnamen, Doppelungen von Szenen, Störungen im Handlungsablauf, widersprüchlichen Details und Stilunterschieden hat man auf Differenzen zwischen ehemals mündlich weitergegebenen Sagen und deren Verschriftlichung, auf unterschiedliche Autoren von Erzählfäden und Einzeltexten und auf Redaktoren, die sich mühten, Spannungen zwischen unterschiedlichen Texten auszugleichen, geschlossen und Abhängigkeiten von altorientalischen Texten und Traditionen gefunden. Speziell dem gesunden Menschenverstand zuwiderlaufende Zahlenangaben in Genesis hat man früh damit erklärt, daß einem vorgegebenen Erzählzusammenhang das priesterschriftliche Datierungssystem übergestülpt wurde.

Viele der einschlägigen Beobachtungen macht auch Augustinus, aber solche Erklärungsmodelle standen ihm nicht zur Verfügung. Auch beschäftigen ihn die menschlichen Autoren der biblischen Bücher in der Regel nicht. Er interessiert sich für den göttlichen Autor, der in seiner Irrtumslosigkeit und Wahrhaftigkeit die Ereignisse so dargestellt hat, wie sie sich historisch tatsächlich abgespielt haben, und der durch sie die Menschen moralisch und religiös belehren wollte. Es kann und darf aber keine echten Widersprüche geben. Das gilt auch für Widersprüche zwischen dem Wortlaut der LXX, der seine Exemplare der Vetus Latina folgen, und des hebräischen Textes, die ihm – teils zu seinem Leidwesen – durch die *Hebraicae quaestiones in libro Geneseos* des scharfzüngigen Hieronymus bekannt waren, während er dessen Bibelübersetzung (Vulgata) bei der Bearbeitung der Genesis noch nicht kannte. Die Siebzig konnten zwar auf Grund ihrer Inspiration Neues hinzufügen, aber dieses darf dem Gotteswort in TM nicht widersprechen. Die Widerspruchlosigkeit der Bibel gegen Bestreitungen zu zeigen, fordert angesichts der Eigenarten der Texte der Genesis seine ganze hermeneutische Kunst und dialektische Argumentationsfähigkeit heraus. Vor

---

[21] Vgl. *civ.* 18,44, *l.* 39-43: *Unde etiam ego pro meo modulo vestigia sequens apostolorum, quia et ipsi ex utrisque, id est ex Hebraeis et ex Septuaginta, testimonia prophetica posuerunt, utraque auctoritate utendum putavi, quoniam utraque una atque divina est.* „Darum habe auch ich es für richtig erachtet, meinen Kräften entsprechend den Spuren der Apostel zu folgen, da sie ihrerseits aus beiden [Zeugnissen], d.h. aus den hebräischen und aus der LXX, prophetische Zeichen angeführt haben, und beide Autoritäten zu nutzen, da beide ein und dieselbe und göttliche [Autorität] besitzen."

allem rechnet er gern und spielt er gern mit Zahlen und findet dazu in Genesis vielfältigen Anlaß. Da er keine Frage offen lassen kann, muß er gelegentlich zu gewaltsamen Lösungen greifen, bezüglich deren man sich fragt, ob er selbst tatsächlich von ihnen überzeugt war oder ob er nur Ausflüchte wortreich verbrämte.[22] Augustinus greift zu folgenden Analyseinstrumenten:

(1) Rekapitulation

Augustinus ist überzeugt, daß sich die Ereignisse grundsätzlich in der zeitlichen Abfolge abgespielt haben, wie sie in Genesis erzählt werden. Wo das Probleme bereitet oder sonstige sachliche Unvereinbarkeiten auftreten, zieht er häufig eine Kategorie herbei, die er im *Liber Regularum* des zeitgenössischen griechischen Afrikaners und Donatisten-Dissidenten Tyconius gefunden hatte, die *recapitulatio*. Tyconius hatte „die erste (christliche) Hermeneutik geschrieben, d.h. sich in seiner Schrift *Liber Regularum* darum bemüht, im Gegensatz zur oft willkürlichen und unkontrolliert praktizierten Allegorese der Homileten und christlichen Schriftsteller eine systematische, rational argumentierende Auslegungsanleitung nach festgesetzten und vernunftmäßig nachvollziehbaren Kriterien zu erstellen [...] Die dort formulierte Theorie besteht aus sieben *Regulae*, von denen jede eines oder mehrere hermeneutische Prinzipien zum Gegenstand hat."[23] [24]

In den Händen des Augustinus wird die *recapitulatio* zu einem sehr beweglichen Instrument, durch das er Inkonsistenzen der Darstellung beseitigt, ohne den Literalsinn zu verlassen. Vgl. *qu.* 1,14: Das Problem der zeitlichen Abfolge kann durch Rekapitulation dahingehend gelöst werden, „daß man erkennt, daß Ereignisse, die früher geschehen sind, später erzählt wurden"; *qu.* 1,25,1: „Diese Rekapitulation löst daher, wenn man nur in den Schriften darauf achtet, viele Probleme, die sonst unlösbar erscheinen können." In seinen *quaestiones* zur Genesis gebraucht er die Rekapitulation niemals, um einen geistlichen Sinn zu begründen, sondern nur, um Handlungsabläufe zu klären:

---

[22] Einmal, angesichts der (seines Erachtens und zumindest dem ersten Anschein nach) widersprüchlichen Angaben, wer die zweiten Gesetzestafeln beschrieben habe: Gott oder Mose, spricht Augustinus offen von der Möglichkeit, *violenter quidem sed certa necessitate* (*qu.* 5,15,3) und infolgedessen *violento intellectu* (*qu.* 5,15,4) einen bestimmten Wortsinn postulieren zu müssen, um die Widerspruchsfreiheit der Schrift zu wahren; er zieht es allerdings vor, zum geistlichen Sinn zu wechseln (vgl. Einleitung in *qu.* 5: *quaestiones in Deuteronomium*, Exkurs: „Wer schrieb den Dekalog auf die Steintafeln? Ein charakteristisches Beispiel augustinischer Exegese").
[23] POLLMANN, *Doctrina* 32.
[24] Vgl. Generelle Einleitung, Exegetische Problemlösungen.

(a) Unvereinbare Zeitangaben oder Handlungsabfolgen innerhalb derselben Erzählung werden miteinander ausgeglichen: *qu.* 1,12 (Sintfluterzählung; die Erklärung bleibt angesichts der zahlreichen Zeitangaben undurchsichtig); *qu.* 1,14 (Sintflut; Rekapitulation ist nur eine von zwei Lösungsmöglichkeiten); *qu.* 1,25,1.3 (Auszug Abrahams aus Haran; Rekapitulation ist einzige Lösungsmöglichkeit); *qu.* 1,87 (Jakob stellt sich Rebekka vor; Gott legt das Paradies an); *qu.* 1,107 (Sichem verliebt sich in Dina).

(b) Der Ausgleich wird zwischen sachlich unvereinbaren Angaben getrennter Erzählungen bzw. Texte hergestellt: *qu.* 1,20 (Turmbau zu Babel); *qu.* 1,53 (Ismael spielt mit Isaak; hier gelingt der Ausgleich nicht); *qu.* 1,55 (Hagar am Schwurbrunnen); *qu.* 1,75 (Isaak in Gerar); *qu.* 1,118 (Esau nimmt sich Frauen); *qu.* 1,128 (Juda nimmt Schua zur Frau); *qu.* 1,155 (Josefs Brüder kommen zu Pharao. Hier ist die Annahme von Rekapitulation unnötig; es ist eine Wiederholung).

(2) Lücken in der Darstellung

„Eher, als irgendeine Frage zu stellen, muß man anmerken, daß die Schrift manches übergeht, das wir mitverstehen sollen" (*qu.* 1,86). Nach diesem Prinzip kann Augustinus ergänzen, was s.E. in der biblischen Erzählung fehlt.

Qu. 1,8: Nach Gen 7,8-9 wird mitverstanden, daß es sich bei den genannten Tierarten jeweils um reine und unreine handelt.

Qu. 1,54 (Gen 21,15-18): Um zu verstehen, warum der mehr als fünfzehnjährige Ismael geweint hat, ist mitzuverstehen, daß Hagar sich in der Wüste von ihm getrennt und im Gebüsch versteckt hat.

Qu. 1,86: In Gen 29,10 wird mitverstanden, daß Jakob die Hirten gefragt hatte, wer das herankommende Mädchen sei, und daß diese ihm gesagt hatten, es sei die Tochter Labans.

(3) Wiederholungen und Rückbezüge

Wenn eine Person zurückliegende und bereits mitgeteilte Worte einer anderen Person wiedergibt, dabei aber in der Formulierung abweicht, etwas wegläßt oder hinzufügt, verweist Augustinus auf die Differenz von Sinn und sprachlichem Ausdruck: „Für die Wahrheit einer Erzählung genügt es, daß sie sich auf die Sachverhalte und den Sinn erstreckt; durch sie kann die Aussageabsicht hinreichend deutlich hervortreten, zu deren Mitteilung die Worte gewählt werden" (*qu.* 1,64).

So in *qu.* 1,64 (Abrahams Knecht gibt Abrahams Auftrag wieder); *qu.* 1,170 (Josef gibt Aufträge seines Vaters wieder). Im Fall Judas dagegen erklärt Augustinus die Tatsache, daß Juda in seiner Rede zu Josef vieles anders darstellt, als es geschehen war: „Dennoch konnte er, wenn auch einiges in ihr falsch ist, sich eher durch Vergessen täuschen, als daß er zu lügen wagte, besonders dem gegenüber, dem er nicht als einem Unwissenden begegnete, sondern für den er auch diejenigen Fakten, von denen er wußte, daß er sie kannte, seiner Erzählung einfügte, um seine Barmherzigkeit zu erregen" (*qu.* 1,147 zu Gen 44,18-34).

(4) Synekdoche

Die in der griechischen und lateinischen Rhetorik prominente Synekdoche gehört zu den Schmuckformen der Rede, genauerhin zu den ‚Tropen', den verfremdenden Wendungen. Synekdoche bezeichnet den „Austausch einer Vorstellung durch einen Begriff weiterer oder engerer Bedeutung." Es „besteht bei der Synekdoche zwischen den beiden Begriffen kein kausaler, räumlicher oder zeitlicher Zusammenhang, sondern eine Teil-Ganzes-Beziehung. Die Synekdoche stellt durch den Verfremdungseffekt einen intellektuellen Anspruch an das Publikum dar, das den eigentlich gemeinten Begriff erst decodieren muss."[25] „Die *synecdoche (conceptio, intellectio,* συνεκδοχη) besteht in einer Verschiebung [...] der Benennung der gemeinten Sache innerhalb der Ebene des Begriffsinhalts [...], wobei die Grenze des Begriffsinhalts von der tropischen Benennung überschritten *(locus a maiore ad minus)* oder unterschritten *(locus a minore ad maius)* werden kann [...] Die Ebene des Begriffsinhalts enthält mehrere Grenzen, die von der Synekdoche betroffen sein können: die Grenze zwischen Art und Gattung [...], die zwischen Teil und Ganzem [...], die zwischen Fertigfabrikat und Rohstoff."[26] In der *synecdoche per numeros* kann der Singular durch den Plural oder der Plural durch den Singular bezeichnet werden.[27]

Augustinus verweist für diese Auslegungsmethode, die es ihm erlaubt, ihn irritierende biblische Wendungen und scheinbar unvereinbare Zeitangaben dem Literalsinn nach als jeweils passend und richtig zu erweisen, in *doctr. chr.* 3,50 auf Tyconius, der in der fünften Regel *de temporibus* „von den [biblischen] Zeitangaben" definiert: *synecdoche vero est aut a parte totum, aut a toto pars* „Synekdoche aber bedeutet: entweder wird von einem Teil her das Ganze oder vom Ganzen her ein Teil verstanden";[28] Augustinus entsprechend: *Tropus sinecdoche aut a parte totum aut a toto partem facit intellegi* „Der Tropus Synekdoche bewirkt, daß man entweder von einem Teil her das Ganze oder vom Ganzen her einen Teil erkennt".[29]

Augustinus nutzt diese Stilfigur in den *quaestiones* zur Genesis mehrfach, gebraucht aber den *terminus technicus* nur in *qu.* 1,117,4.5; dort erläutert er die Synekdoche so: „Wo nämlich ein Teil größer oder wichtiger ist, pflegt man

---

[25] KOLMER/ROB-SANTER, *Rhetorik* 130.   [26] LAUSBERG, *Elemente* 69.   [27] LAUSBERG, *Elemente* 70.   [28] Tyconius, *Liber regularum* V,1.   [29] Augustinus, *doctr. chr.* 2,50.

unter seiner Bezeichnung auch das mitzuverstehen, auf das sich die Bezeichnung eigentlich nicht bezieht."

Qu. 1,117,4 (Gen 35,26): Unter den „in Mesopotamien geborenen Söhnen Jakobs" wird auch Benjamin aufgezählt, der erst später andernorts geboren wurde, „weil die Anzahl der elf Söhne Jakobs, die in Mesopotamien geboren waren, wichtiger war". In Joh 6,70 und 1Kor 15,5 ist von „den Zwölf" die Rede, obgleich Judas nicht (mehr) dazu gehört: „so daß die Bezeichnung des größeren und besseren Teils auch jenes umfaßt, worauf diese Bezeichnung sich nicht bezieht."

Qu. 1,117,5 (Gen 34,8): Hamor spricht gegenüber Jakob von „eurer Tochter": „Da der Vater die bedeutendere Person war, bezog er durch Synekdoche, indem er ‚eure Tochter' sagte, auch die Brüder in diesen Ausdruck mit ein, obgleich sie nicht deren Tochter war." Der Ausdruck Gen 27,9: „Laufe zu den Schafen und hole mir von dort zwei Ziegenböcke" erklärt sich so: „Man weidete nämlich Schafe und Ziegenböcke zusammen; und da die Schafe wichtiger sind, hat er in deren Bezeichnung auch die Ziegen eingeschlossen."

Qu. 1,149 (Gen 46,6-7); 1,151: Es wird von den ‚Töchtern Jakobs' gesprochen, obgleich er nur eine, Dina, hatte: Hier „ist der Plural für den Singular gesetzt, wie man auch statt des Plurals den Singular zu benutzen pflegt."

Qu. 1,150 (Gen 46,15): „Es bezweifelt nämlich niemand, daß ‚Seelen' für ‚Menschen' gesagt wird auf Grund einer Ausdrucksweise, die durch einen Teil das Ganze bezeichnet."

(5) Locutio

Ein Auslegungsinstrument sind die *locutiones* bzw. *locutiones propriae*, denen Augustinus auch ein eigenes Werk gewidmet hat.[30] Darunter versteht Augustinus wirkliche oder angebliche Hebraismen, Gräzismen und sonstige idiomatische Ausdrucksweisen *(idiomata)* der Bibel und der eigenen Sprache.[31] Er gibt unter diesem Stichwort nicht nur lexikalisch-semantische Erläuterungen,[32] sondern er entschärft mit Hilfe dieses *terminus technicus* Wendungen, die ihm als unange-

---

[30] *Loc.*

[31] Vgl. *qu.* 1,31: „Wenn man aber die Schriften hinsichtlich ihrer spezifischen Ausdrucksweisen verteidigt, die man *Idiomata* nennt, wieviel mehr hinsichtlich derjenigen Ausdrucksweisen, die sie mit anderen Sprachen gemeinsam haben." In 1,117,4 bezeichnet er auch Synekdoche als eine Art von *locutio*.

[32] Vgl. *qu.* 1,31 *(aeternum)*; 1,71 *(secundum nomina generationum eorum)*; 1,117,3 (die Schrift sagt vielleicht, eine Person sei an einem Ort geboren, wenn er nur dort von seinen Eltern gezeugt wurde); 1,132 („über dem Fluß stehen" bedeutet ‚am Fluß stehen'); 1,139 („ihr seid" steht für ‚ihr werdet gehalten für'); 1,151 (die Schrift sagt, eine Person sei an einem Ort geboren, auch wenn dort nur ihre Eltern entstanden sind).

brachte Anthropomorphismen oder, von Gott oder einem Patriarchen ausgesagt, als anderweitig theologisch bedenklich erscheinen:

Qu. 1,39 (Gen 18,21): Gott spricht, als zweifle er bzw. drohe er im Affekt des Zornes: „Es ist jedoch die herkömmliche und übliche menschliche Ausdrucksweise *(locutio)*, und sie entspricht der menschlichen Schwachheit. Ihr paßt Gott seine Redeweise *(locutio)* an."

Qu. 1,57 (Gen 22,1): *tentare*, von Gott gesagt, bedeutet nicht nur ‚versuchen', sondern auch ‚auf die Probe stellen'; *scire* bedeutet bei Gott: nicht ‚wissen/erkennen', sondern ‚andere wissen lassen'.

Qu. 1,58 (Gen 22,12): *cognoscere* bedeutet bei Gott: nicht ‚erkennen', sondern: ‚andere erkennen lassen'; ‚er hat gesehen' bedeutet: ‚er hat sehen lassen, ist erschienen'. Diese *locutio* bezeichnet durch die Ursache deren Effekt *(significans per efficientem id quod efficitur)*.

Qu. 1,110 (Gen 35,11): Ist es eine biblische *locutio*, daß Gott von sich in 3.pers. spricht? Bedeutet daher „für den Gott, der dir erschienen ist" *in aliquo genere locutionis* „für mich", oder spricht Gott Vater von seinem Sohn?

Qu. 1,145 (Gen 44,15): Zur Abwendung des Verdachts, Josef betreibe Wahrsagerei: „ein Mann wie ich" bedeutet vielleicht nicht ‚ich'. „Wenn das eine idiomatische Ausdrucksweise ist, muß etwas dieser Art im Gesamt der Schrift ausfindig gemacht werden."

Qu. 1,150 (Gen 46,15): ‚Seelen' können ‚Menschen' bedeuten; aber können ‚Seelen' auch Körper in ihrer Unterschiedenheit von ihren Seelen bezeichnen? „Dafür müssen die den Schriften eigentümlichen Ausdrucksweisen untersucht werden."[33]

Qu. 1,151 (Gen 46,15): Nach einer biblischen *locutio* sind „alle dort entstanden, wo ihre Eltern entstanden sind". Vgl. 1,173 (Gen 50,22-23).

(6) Datierungsprobleme

Den zahlreichen Inkonsistenzen und Spannungen in den Datierungen und Altersangaben der Genesis, die von der neuzeitlichen Exegese textentstehungsgeschichtlich und quellenkritisch erklärt werden, geht Augustinus ausführlich und penibel rechnend nach. Er will zeigen, daß alles seine Richtigkeit hat und, soweit nicht bestimmte Zahlen ihrer geistlich-symbolischen Bedeutung wegen gewählt wurden, alles sich historisch so abgespielt hat, wie der göttliche Autor es mit Hilfe dieser Zahlen als Ereignisfolge dargestellt hat.

---

[33] Hierher ist wohl, auch wenn der *terminus technicus* nicht fällt, die Behauptung *qu.* 1,144 zu rechnen, *inebriari* (‚sich betrinken') stehe im AT auch für (moralisch unbedenkliche) Sättigung.

In einigen Fällen stellt Augustinus die richtige Abfolge der Ereignisse durch Rekapitulation her:

Qu. 1,25,1-3 (Gen 11,26-28.31-32; 12,1-4): Obwohl es nacheinander berichtet wird, erhielt Abraham nicht nach dem Tod seines Vaters Terach den Befehl, nach Kanaan zu ziehen, und hat dies als 75jähriger ausgeführt, sondern er zog bereits in Terachs 145sten Lebensjahr aus Haran nach Kanaan, hatte den Auftrag dazu allerdings bereits auf dem Weg nach Haran erhalten. Daß er nach Apg 7,4 erst nach Terachs Tod im Land Kanaan wohnhaft wurde, bezieht sich auf die Geburt des Verheißungsträgers Jakob, die Abraham noch erlebte.[34]

Qu. 1,118 (Gen 36,1-5): Esau nahm sich nicht nach, sondern vor Isaaks Tod Frauen.

Qu. 1,128 (Gen 38,1-3): Judas Söhne können in den 22 Jahren zwischen dem Verkauf Josefs und dem Zug der Familie Jakobs nach Ägypten nicht alle bis zur Heiratsfähigkeit herangewachsen sein. Daher hat sich der sehr junge Juda entgegen der biblischen Darstellung schon vor Josefs Verkauf verheiratet.

Einmal dreht Augustinus die Abfolge nur auf Grund eigener Berechnungen um, ohne sich auf Rekapitulation zu berufen:

Qu. 1,122 (Gen 35,28-29; 37,2): Die Schrift berichtet erst nach Isaaks Tod davon, was Josef als 17jähriger erlebte. Das ereignete sich aber zwölf Jahre vor Isaaks Tod.

Einmal löst Augustinus das Problem durch Synekdoche:

Qu. 1,117,4-5 (Gen 35,26): Wieso wird Benjamin unter den Söhnen Jakobs, die in Syrien geboren wurden, aufgezählt, obgleich er erst später andernorts geboren wurde? „Wo [...] ein Teil größer oder wichtiger ist, pflegt man unter seiner Bezeichnung auch das mitzuverstehen, auf das sich die Bezeichnung eigentlich nicht bezieht [...] So hat die Schrift, weil die Anzahl der elf Söhne Jakobs, die in Mesopotamien geboren waren, wichtiger war, bei ihrer Erwähnung auch Benjamin einbezogen, der dort noch nicht geboren war."

Zweimal bereinigt Augustinus das Problem durch freie Erfindung:

Qu. 1,119 (Gen 36,6-8): Wieso kann die Schrift behaupten, Esau habe sich nach Isaaks Tod in Seïr niedergelassen? Das erste Mal tat Esau dies aus Zorn darüber, daß ihm der Erstgeborenensegen vorenthalten wurde. Nach der Versöhnung mit Jakob kehrte er zu Isaak zurück und zog nach dessen Tod zum zweiten Mal nach Seïr.

Qu. 1,121 (Gen 36,31-39): Die Schrift zählt bei den Königen Edoms von Abraham bis zum letzten Edomiterkönig, den Mose noch erlebte, 12 Generationen, von Abraham bis Mose aber nur 7, vielleicht weil die Edomiter schneller

---

[34] In *civ.* 16,15 identifiziert Augustinus die *collocatio* Abrahams im Land dagegen mit dessen Landkauf Gen 23,16-18.

starben. Dasselbe Argument erklärt die beiden unterschiedlichen Stammbäume Jesu.

Einige Texte haben Augustinus größere Probleme bereitet und zu andersartigen Argumenten provoziert:

Qu. 1,2 (Gen 5,25-27): Hier verfährt Augustinus textkritisch, allerdings nicht zwischen TM und LXX, sondern innerhalb der LXX. Aus den Lebensdaten der LXX zu Metuschelach läßt sich errechnen, daß er um 14 Jahre die Sintflut überlebt hat,[35] obgleich nach Gen 7,7 nur Noach, seine Frau, seine drei Söhne und deren Frauen die Arche betreten haben,[36] nach 7,21-22 aber alle Menschen außerhalb der Arche in der Flut umgekommen sind. Das war ein unter den alten jüdischen wie christlichen Exegeten berühmtes Problem. Es wurde unter den lateinischen Vätern besonders zwischen der Mitte des 4. und des 5. Jh.s im Hinblick auf die Irrtumslosigkeit der Bibel traktiert.[37] Hieronymus erklärt in *Qu. Hebr. Gen.* die Zahlen der LXX für fehlerhaft, die des TM für zutreffend und schafft so das Problem aus der Welt. Augustinus erwähnt zwar, belehrt durch Hieronymus, aber ohne ihn zu nennen, hebräische Codices, folgt ihnen allein aber nicht, denn er ist nicht bereit, die LXX insgesamt gegenüber TM für fehlerhaft zu erklären, sondern er beruft sich auf einige wenige Codices der LXX (de facto drei, gefolgt von je einem lateinischen und einem syrischen), die, wie schon Flavius Josephus, *Ant. Jud.* 1,3,4, darin übereinstimmen, daß Metuschelach seinen Sohn nicht mit 167 (so LXX), sondern erst mit 187 Jahren (so TM) zeugt.[38] Das ist allerdings, was Augustinus nicht bewußt war, ein hybrider Wortlaut; durch die punktuelle Einführung der Zahl des TM in das Zahlen-

---

[35] Die Zahlen des Stammbaums Adams Gen 5,1-32, der bis zu Noach und seinen Söhnen reicht, weichen für das Zeugungsalter und die anschließende Lebenszeit der Patriarchen in TM, Sam und LXX voneinander ab. TM, Sam und LXX entwickeln je eigene, in sich stimmige Systeme, vgl. RÖSEL, *Übersetzung* 129-144. LXX aber enthält einen ‚Fehler'. Nach Gen 5,25-27 TM lebt Metuschelach 187 + 782 = 969 Jahre; nach Sam 67 + 653 = 720 Jahre, nach LXX 167 + 802 = 969 Jahre. Die Flut kam nach TM im Jahr 1656, nach Sam 1307, nach LXX 2242. Metuschelach wurde nach TM im Jahr 687 gezeugt/geboren, starb somit im Jahr 1656, d.h. er kam in der Flut um. Nach Sam wurde er 587 geboren/gezeugt, starb daher 1307, ebenfalls im Jahr der Flut. Nach LXX dagegen wäre er 1287 geboren/gezeugt und 2256, d.h. 14 Jahre nach der Flut, gestorben

[36] Vgl. auch Gen 6,18; 8,18; in 1Petr 3,20; 2Petr 2,5 wird die Zahl der Geretteten entsprechend mit 8 angegeben.

[37] Vgl. O'LOUGHLIN, *Controversy*.

[38] In *gr. et pecc. or.* 2,27 *l.* 15-20 läßt Augustinus offen, ob man den „sehr seltenen Codices der LXX" *(paucioribus, qui rarissimi inveniuntur)* vertrauen soll, hier und in *civ.* 15,11 *l.* 93-96 folgt er ihnen, wohl beeinflußt durch Hieronymus, *Qu. Hebr. Gen.* Zur Frage, wie Augustinus von diesen Codices erfahren haben mag, vgl. POLLASTRI, *Quaestiones* 69f.

system der LXX verschiebt sich das Jahr der Flut in der LXX um 20 Jahre auf das Jahr 2262, so daß Metuschelach 6 Jahre vor der Flut stirbt.[39]

In *qu.* 1,53 (Gen 21,14) und 1,54 (Gen 21,15-18) behandelt Augustinus das in der Neuzeit zu den Standardargumenten der Literarkritik zählende typische Endtextproblem,[40] daß nach dem Zusammenhang in Genesis Abraham, als er Hagar verstieß, ihr ihren etwa 17jährigen Sohn Ismael auf die Schulter legte und diese ihn in der Wüste unter ein Gebüsch warf. Hier argumentiert Augustinus philologisch.

Das Problem mit dem Knaben auf der Schulter der Mutter, das sich in der LXX gegenüber TM eher verschärft, löst Augustinus in einer Weise, wie sie ähnlich für TM gegenwärtig auch als philologisch korrekt vertreten wird:[41]

---

[39] In *civ.* 15,11 *l.* 21-24 erwähnt Augustinus ohne Zustimmung die Ausflucht der LXX-Anhänger, Metuschelach habe die Flut überlebt, indem er einige Jahre bei seinem entrückten Vater Henoch geweilt habe, und so habe er nach seiner Rückkehr auf die Erde 14 Jahre nach der Flut sterben können. In diesem Werk erwägt er auch eine Lösung zu Lasten der LXX, die er in den *quaestiones* nicht aufnimmt. In 15,11 *l.* 28 nennt er die Möglichkeit eines *error interpretum*, und in 15,13 *l.* 89-93 stellt er überraschend das Prinzip auf, falls unvereinbare Widersprüche zwischen den (hebräischen und griechischen) Handschriften auftauchten, sei eher (den Manuskripten) jener Sprache zu vertrauen, aus der die Übersetzer in die andere Sprache übersetzt haben; *ei linguae potius credatur, unde est in aliam per interpretes facta translatio.* Er sympathisiert aber in 15,13 *l.* 17-20 mit der Möglichkeit eines Versehens nicht der Übersetzer, sondern des Schreibers, der die erste Abschrift vom Original in der Bibliothek des Ptolemäus anfertigte: *tunc aliquid tale fieri potuisse in codice uno, sed primitus inde descripto, unde iam latius emanaret.*

[40] Die Episode Gen 21,9-21 rechnet ursprünglich mit einem kleinen Kind Ismael (in der Parallelerzählung Gen 16 ist er noch gar nicht geboren, die schwangere Hagar wird vertrieben), wie V 15 (Hagar wirft das Kind unter einen Strauch) und V 19 (der Knabe trinkt nicht selbst, sondern Hagar gibt ihm zu trinken) zeigen. Erst durch die Kombination mit den priesterschriftlichen Texten und ihren Zahlenangaben entsteht das von Augustinus präzise beschriebene Problem.

[41] וַיִּקַּח־לֶחֶם וְחֵמַת מַיִם וַיִּתֵּן אֶל־הָגָר שָׂם עַל־שִׁכְמָהּ וְאֶת־הַיֶּלֶד: Im Hebräischen ist (im Gegensatz zum Deutschen) häufig bezeugt, „dass das zu mehreren Verben gehörende Objekt [...] nur einmal gesetzt und nicht durch ein Pronomen wiederholt wurde" (KÖNIG, *Stilistik* 192); insbesondere geschieht dies, wie hier, bei den Verben נתן ‚geben' und שים ‚setzen, legen' (G-K, 380 § 117e); auffällig ist die Asyndese von שָׂם; sie bezeichnet Explikation (KÖNIG, *Syntax* 530 § 370m). Der hebräische Wortlaut ist, falls er überhaupt grammatisch ist, zumindest uneindeutig. MICHEL, *Theologie* 303f., bevorzugt nach eingehender Diskussion folgende Deutung: „ואת הילד [„und den Knaben" W.G.] ist ein weiteres Objekt von ויתן [„und er gab" W.G.] [...] Dann wäre שם על שכמה [„er legte auf ihre Schulter" W.G.] als eingeschobener asyndetischer Satz zu verstehen, der sich nur auf die vorausgenannten beiden direkten Objekte Brot und Wasser bezieht, nicht auf ‚das Kind.'" Der Vers ist somit zu übersetzen: „und er nahm Brote und einen Schlauch

Abraham nimmt Brot und Wasserschlauch und legt sie ihr auf die Schulter, und außerdem gibt er ihr den Knaben.[42] Augustinus versucht allerdings, seine Lösung dadurch weiter zu untermauern, daß er einen höchst gezwungenen Subjektswechsel annimmt: nicht Abraham lege ihr, sondern Hagar lege sich Brote und Schlauch auf die Schulter (und anschließend gebe Abraham ihr den Knaben). Dieser Trick ist nur im Griechischen und Lateinischen möglich, da dort das Verbum finitum in der 3.pers.sgl.act. die Genera nicht differenziert, im Hebräischen dagegen, das auch in der 3.pers. die Genera unterscheidet, ausgeschlossen, da das Verb dort masculini generis ist („er hat gelegt").

Die Aussage, die Mutter habe Ismael unter ein Gebüsch geworfen, beseitigt Augustinus auf haarsträubende Weise, indem er unmotiviert einen weiteren Subjektswechsel postuliert, obwohl das von ihm angenommene neue Subjekt *animus* („Gemüt') im Text gar nicht vorkommt: „Hingegen muß man es so verstehen: Nicht die, die ihn trug, sondern, wie es vorkommt, sein Gemüt warf ihn, als wenn er sterben müßte, umher."

In *qu.* 1,152 (Gen 46,26-27) diskutiert Augustinus Details der komplizierten Zahlen der Nachkommen Jakobs in Gen 46,8-27.[43] Er sieht sich mit drei nahezu unlösbaren Problemen konfrontiert. Sie hat sämtlich LXX mit Zusätzen zu und Veränderungen gegenüber TM verursacht. Außerdem kann er Hieronymus nicht ganz übergehen, der in längeren Ausführungen in *Qu. Hebr. Gen.* auf der Basis der Zahlen des TM die Zahlen der LXX auf eine Weise, die Augustinus nicht voll durchschaut, zurückweist. Augustinus findet keine Lösung für den Literalsinn, verweist auf mystische Bedeutungen, teilt diese aber nicht mit.

---

mit Wasser und gab sie Hagar, d.h. er legte sie auf ihre Schulter, und das Kind." LXX, gefolgt von VL, bringt ebenfalls bei ‚geben' und ‚legen' kein pronominales Objekt, löst aber die explikative Asyndese in Syndese auf und unterschlägt das Personalpronomen bei ‚Schulter': καὶ ἔλαβεν ἄρτους καὶ ἀσκὸν ὕδατος καὶ ἔδωκεν Αγαρ καὶ ἐπέθηκεν ἐπὶ τὸν ὦμον καὶ τὸ παιδίον. Infolge dieser Veränderungen kann der Wortlaut von LXX und VL so verstanden werden: „und nahm Brote und einen Schlauch mit Wasser und gab es Hagar und er setzte ihr auch das Kind auf die Schulter" (WEVERS, *Genesis*; SD; BdA entsprechend). Aber man kann wohl auch LXX entsprechend TM verstehen; vgl. *A New English Translation oft the Septuagint*: „and took bread loaves and a skin of water and gave them on her shoulder, along with the child".

[42] So verfahren bereits Hieronymus in der Vulg *(et tollens panem et utrem aquae inposuit scapulae eius traditique puerum)* und die modernen Übersetzungen, wobei auch diese aus stilistischen Gründen das Verb für ‚geben' vor dem Objekt ‚den Knaben' wiederholen. Hieronymus, *Qu. Hebr. Gen.* verdeutlicht: *Posuit ergo Abraham panes et utrem super umerum Agar: et hoc facto dedit puerum matri, hoc est in manu eius tradidit, commendavit* „Abraham legte somit Agar Brot und Schlauch auf die Schulter; und nachdem das geschehen war, gab er der Mutter den Sohn, d.h. er übergab ihn in ihre Hand, vertraute ihn ihr an".

[43] Vgl. dazu HIEKE, *Genealogien* 191-213.

(1) Nach Gen 46,20 hatte Josef, als Jakob nach Ägypten kam, bereits die beiden Söhne Efraim und Manasse. LXX aber fügt hier 5 Enkel und Urenkel hinzu, so daß Josef auf 7 Nachkommen kommt, behauptet jedoch in 46,27, wo TM nach wie vor bei 2 Söhnen bleibt, Josef seien in Ägypten 9 Nachkommen geboren worden. Die Söhne Efraim und Manasse können beim Eintritt Jakobs in Ägypten höchstens 9 Jahre alt sein, da sie nach 41,50 in den Jahren des Überflusses geboren wurden, Jakob aber im zweiten Jahr der Hungersnot nach Ägypten kam. Wie kann, da Jakob nach Gen 47,28 nur noch 17 Jahre in Ägypten gelebt hat und diese Nachkommen Josefs vor Jakobs Tod aufgezählt werden, Josef in so kurzer Zeit Urenkel bekommen haben? „Aber wie daher junge Männer von weniger als sechsundzwanzig Jahren bereits Enkel haben konnten, diese Frage löst auch nicht irgendein hebräischer Urtext."[44]

(2) Eher noch größer sind die Probleme bezüglich Benjamin. Nach Gen 46,21 TM kommt Benjamin mit 10 Söhnen nach Ägypten. Das ist bereits schwer verständlich, da Benjamin in Gen 42,4.13; 43,8.29; 44,20.22.30-34 als Jugendlicher erscheint. LXX jedoch differenziert diese 10 Nachkommen in Söhne, Enkel und einen Urenkel und verrätselt damit endgültig das Alter Benjamins. „Wie konnte es nämlich geschehen, daß Jakob, bevor er Ägypten betrat, so viele Enkel auch von Benjamin erhielt, der in jener Zeit zu seinem Bruder kam? [...] Für all diese Widersprüche, die unlösbar erscheinen, gibt es ohne Zweifel einen bedeutenden Grund; aber ich weiß nicht, ob alles nach dem buchstäblichen Sinn übereinstimmen kann, vor allem bei den Zahlen, von denen wir wissen, daß sie in den Schriften höchst heilig und übervoll von Geheimnissen sind. Darunter sind einige, die wir verstehen konnten und aus höchst angemessenen Gründen glauben."

(3) Nach Gen 46,26 TM+LXX kam Jakob, er selbst also nicht mitgerechnet, mit 66 Personen nach Ägypten, und nach 46,27 TM beläuft sich der Jakobsklan in Ägypten, einschließlich Jakob, Josef, Efraim und Manasse, auf 70 Männer.[45] Nach LXX dagegen sind es 75. Sie hat wohl weder Jakob noch Josef, sondern die Josefssöhne hinzugerechnet, diese aber, einschließlich Manasse und Efraim, nicht entsprechend Gen 46,20 LXX als sieben, sondern in 46,27 LXX als 9 gezählt.[46] Augustinus stößt sich zunächst daran, daß die Nachkommen Efraims

---

[44] Diese Spitze gegen Hieronymus und seine Bevorzugung der *veritas hebraica* trifft diesen nicht, denn TM hat in Gen 46,20 keine Söhne und Enkel der Josefssöhne.
[45] So rechnet auch Hieronymus in *Qu. Hebr. Gen.*
[46] Die Zahl 75 hat LXX (gegen TM: 70) auch in Ex 1,5. Bezieht sich darauf der Verweis des Augustinus (von Efraim und Manasse ist ja dort nicht die Rede)? In Dtn 10,22 hat LXX dagegen in Übereinstimmung mit TM die Zahl 70. Aber das erwähnt Augustinus nicht, obgleich Hieronymus in *Qu. Hebr. Gen.* ausdrücklich darauf hinweist. Augustinus geht auch in den *quaestiones* zum Deuteronomium nicht darauf ein.

und Manasses, die später in Ägypten geboren wurden, unter denen mitgerechnet werden, die mit Jakob nach Ägypten kamen. Das begründet er durch eine *mystica significatio*, die er allerdings nicht mitteilt:[47] „Mir scheinen auch die siebzig Übersetzer, die zum Zweck irgendeiner mystischen Bedeutung mit einer gewissen, gleichsam prophetischen Freiheit diese Zahl auffüllen wollten, diesbezüglich nicht geirrt zu haben, wenn noch zu Lebzeiten Jakobs die beiden Söhne Manasse und Efraim jene gezeugt haben, die ihrem Urteil zufolge der Zahl des Haushalts Jakobs hinzugefügt werden sollten."

Mit dieser Beschränkung auf die restlichen siebzehn Lebensjahre Jakobs verschärft Augustinus freilich das unter (1) genannte Problem. Deswegen kommt er in *qu.* 1,173 noch einmal darauf zurück und dehnt den relevanten Zeitraum auf die gesamte Lebenszeit Josefs aus.

Qu. 1,173 (Gen 50,22-23): Wie vereinbart sich die Zahl 75 der mit Jakob nach Ägypten Gekommenen, zu denen auch die Urenkel Josefs gehören, mit der Tatsache, daß Josef erst nach Jakobs Tod und als alter Mann deren Geburt miterlebte? Obgleich Augustinus noch einmal auf das durch die Zahl 75 symbolisierte *mysterium* verweist, fragt er auch nach der historischen Glaubwürdigkeit und und gibt folgende weit hergeholte Antwort: „Weil Jakob die Ursache seines Eintritts in Ägypten in Josef hatte, gilt die gesamte Zeit, die Josef in Ägypten lebte, als Eintritt Jakobs nach Ägypten durch seine Nachkommen, die zu Lebzeiten desjenigen gezeugt wurden, durch den sein Eintritt ermöglicht wurde."[48]

---

[47] Hieronymus, *Qu. Hebr. Gen.*, erklärt das Verfahren der LXX nüchterner durch Prolepse. Er geht darauf ein, daß auch Stephanus in Apg 7,14 nicht die Zahl des TM, sondern die der LXX: 75 nennt, und entschuldigt Lukas: *Non enim debuit sanctus Lucas, qui ipsius historiae scriptor est, in gentes actuum apostolorum volumen emittens contrarium aliquid scribere adversus eam scripturam, quae iam fuerat gentilibus divulgata. Et utique maior opinionis illo dumtaxat tempore LXX interpretum habebatur auctoritas quam Lucas, qui ignotus et vilis et non magnae fidei in nationibus ducebatur[...] licet plerique tradant Lucam evangelistam ut proselytum hebraeas literas ignorasse.* „Lukas, der der Verfasser dieser Erzählung ist, durfte, da er das Werk der Apostelgeschichte unter den Heiden verbreiten wollte, nicht irgendeine Antithese gegen diejenige Schrift schreiben, die unter den Heiden bereits verbreitet war. Und jedenfalls besaß, freilich nur in jener Zeit, die Autorität der Siebzig Übersetzer höheres Ansehen als Lukas, der unter den Heiden als unbekannt und unbedeutend und wenig vertrauenserweckend galt [...] wenngleich die meisten überliefern, daß der Evangelist Lukas als Proselyt die hebräischen Schriften nicht gekannt hat."

[48] Die gleiche Argumentation legt Augustinus in *civ.* 16,40 vor.

(7) Aktivitäten des menschlichen Verfassers bzw. eines Schreibers

Nur selten verweist Augustinus auf Verfahrensweisen des menschlichen Verfassers.[49] Als Mose wird er nur in einer *quaestio* zur Genesis identifiziert.[50]

Qu. 1,55 (Gen 21,22): Der Autor hat aus seiner noch späteren Perspektive in der Erzählung von Hagars Umherirren in der Wüste den Brunnen, den sie fand, mit dem Namen bezeichnet, den Abraham ihm erst später gegeben hat.[51]

Qu. 1,60 (Gen 22,21): Der Autor hat Kemuël „Vater der Syrer" genannt, obgleich der „Stamm der Syrer" erst viel später von ihm abstammte. „Dies hat der Schreiber aus seiner Perspektive formuliert. Er hat dies nach all jenen Zeiten geschrieben und erzählt."

Qu. 1,97 (Gen 31,47-48): Entsprechend ihrer jeweiligen Muttersprache nennt Laban den Steinhügel „Hügel des Zeugnisses", Jakob aber „Hügel Zeuge", am Ende wird sein Name als „der Hügel bezeugt" wiedergegeben: „Diese Wendung ist nämlich vermittelnd eingesetzt, weil sie zu beiden paßt, sowohl zu dem, der ‚Hügel des Zeugnisses' gesagt hatte, als auch zu dem, der gesagt hatte ‚Hügel Zeuge'."

Qu. 1,103 (Gen 32,21): Der Autor hat in die Worte Jakobs in eigenen Worten eine Erklärung eingefügt.

---

[49] Vgl. *qu.* 1,55; 1,103 (2x); 1,120: *scriptor*; 1,60: *scribens*. Ohne Bezeichnung des Subjekts: 1,97: es wurde eine Wendung ‚eingesetzt' *(positum)*; 164: ‚er hat gesagt' *(dixit)*.

[50] Vgl. *qu.* 1,121 (Liste der Könige Moabs): „Es gab nämlich viele [Könige] in Edom bis zur Zeit Sauls, einschließlich auch des Zeitalters der Richter, deren Zeitalter den Königen vorausging; von diesen vielen konnte Mose freilich nur die erwähnen, die regierten, bevor er selbst starb."

[51] Das Problem entsteht in Gen 21 auf folgende Weise: Auf die Erzählung von der Vertreibung Hagars 21,9-21 folgt in 21,22-34 die Episode des Brunnenstreits und des Vertrags zwischen dem Philisterkönig Abimelech und Abraham. Infolge des Vertrags erhält der umstrittene, von Abraham gegrabene Brunnen den Namen Beerscheba = Sieben-/Schwurbrunnen (21,25.30-31). In der Vertreibungserzählung läßt Gott Hagar einen Brunnen sehen, der in TM namenlos bleibt (21,19); dies geschieht aber, als Hagar in der „Wüste von Beerscheba" umherirrt (21,14). Daher hat schon LXX, obgleich sie die Namenlosigkeit und Indeterminiertheit des Brunnens in 21,19 beibehält (καὶ εἶδεν φρέαρ ὕδατος ζῶντος „und sie sah einen Brunnen mit lebendem Wasser"), die beiden Brunnen indirekt identifiziert, indem sie in 21,14 בְּמִדְבַּר בְּאֵר שָׁבַע „in der Wüste von Beerscheba" durch τὴν ἔρημον κατὰ τὸ φρέαρ τοῦ ὅρκου „[sie irrte durch] die Wüste bis zum Schwurbrunnen" wiedergibt. Zu der Verwirrung, die LXX auf diese Weise anrichtet, vgl. BRAYFORD, *Genesis* 328. Hieronymus, *Qu. Hebr. Gen.* erklärt die Verwendung des Toponyms Beerscheba in 21,14, bevor der Name in 21,31 vergeben wird, durch Prolepse und läßt in Vulg im Gegensatz zu LXX den Namen in 21,14.31.32 unübersetzt: „Bersabee".

Qu. 1,120 (Gen 36,21): Der Autor spricht in einer Zeit vom Land Edom, zu der Esau=Edom, von dem das Land seinen Namen hat, noch gar nicht dorthin gekommen war. Das „ist eine Bemerkung des Schreibers entsprechend den Umständen seiner Gegenwart."

Qu. 1,164 (Gen 48,5-6): Der Autor hat durch die eingeschobene Bemerkung über eventuell zukünftig von Josef zu zeugende Söhne ein Mißverständnis erzeugt.[52]

Exkurs: Gottesbild und einschlägige hermeneutische Probleme

Augustinus läßt sich in seinem neuplatonisch geprägten Gottesbegriff durch biblische Wendungen nicht beirren. „Gott spricht ja in den Schriften auf menschliche Weise zu den Menschen" (*qu.* 1,39). Das tut zwar eigentlich auch Augustinus, aber er spricht philosophischer. „Es ist jedoch die herkömmliche und übliche menschliche Ausdrucksweise, und sie entspricht der menschlichen Schwachheit. Ihr paßt Gott seine Redeweise an."[53] So ist Augustinus gezwungen, einige biblische Ausdrücke umzudeuten bzw. als *locutiones* (idiomatische Wendungen) zu erklären. Daß er damit die biblischen Erzählungen um ihre literarische Wirkung, u.U. um ihren springenden Punkt bringt, scheint ihm nicht bewußt zu sein.

(1) Daß Gott etwas erkunden will oder zweifelt oder in einer Situation etwas wahrgenommen oder erkannt hat, was er somit zuvor so nicht wußte, schließt Augustinus aus. *Qu.* 1,39. „Auch dies: ‚um zu erkennen' ist entsprechend einer idiomatischen Ausdrucksweise gesagt, als sollte gesagt werden: ‚um euch erkennen zu lassen'" (*qu.* 1,57).[54] „‚Jetzt habe ich erkannt' bedeutet nämlich: ‚Nun habe ich dich erkennen lassen'" (*qu.* 1,58).[55] „‚Er hat gesehen' steht für ‚er hat sehen lassen' und bezeichnet durch die Ursache ihren Effekt" (*qu.* 1,58).

(2) Gott versucht nicht, sondern stellt auf die Probe, entsprechend ist das Verb *tentare* zu verstehen (*qu.* 1,57).

(3) Von Gott müssen alle Leidenschaften *(perturbationes)* ferngehalten werden.[56] *Perturbatio non cadit in deum.* Seine Drohung geschieht ohne „Affekt

---

[52] Auch anderweitig präzisiert bzw. ändert Augustinus die Reihenfolge von biblischen Sätzen, um deren Sinn im Zusammenhang zu erhellen: vgl. *qu.* 1,25,3; 1,98.

[53] Vgl. *qu.* 6,29: „Wer nämlich Gott so denkt, wie Gott nicht ist, der trägt freilich einen fremden und falschen Gott *(alienum deum utique et falsum)* in seinem Denken.

[54] Vgl. auch *qu.* 2,58; 5,13; 5,19; 7,17,3.

[55] Dieser erstmalig in der jüdischen Auslegung durch Jub 18,16 bezeugten Exegese von Gen 22,12 hat Augustinus (vgl. auch *civ.* 16,32) in der westlichen Kirche zu nachhaltigem Erfolg verholfen. Vgl. die auslegungsgeschichtliche Untersuchung von SKA, *I know*.

eines Zornigen" *(irati adfectus)*, sein „Zorn [ist] ohne Leidenschaft" *(ira sine perturbatione) (qu.* 1,39).[57]

(4) Gott kündigt „das, was er zur Ermahnung sagt, als in Zukunft geradezu zweifelsfrei eintreffend an [...], damit man sich der Sünde enthalte und sich so vor ihr in acht nehme" *(qu.* 1,49).

Positiv behauptet Augustinus von Gott: Gott kennt die Herzen der Menschen *(qu.* 1,36); Gott wirkt im Bewußtsein der Menschen *(qu.* 1,112); Gott erwählt nur gute Menschen *(qu.* 1,117,4).

Exkurs: Patriarchen und deren Frauen und Verwandte

Augustinus stilisiert die *Patriarchen* zu Vorbildern und zu Heiligen ohne moralische oder religiöse Makel. Dabei bereiten ihm nicht wenige Erzählungen des AT – z.T. bereits nach den inneralttestamentlichen Kriterien, vor allem aber hinsichtlich seiner eigenen moralischen Prinzipien – Probleme. Außerdem will er einschlägigen Vorwürfen der Manichäer entgegentreten.[58] So sieht er sich veranlaßt, diese Patriarchen in nicht wenigen *quaestiones* zu verteidigen. Speziell hält er einerseits polytheistische Praktiken, andererseits Lüge und Betrug von ihnen fern, wobei seine Argumente im Fall von Lüge und Betrug nicht selten gewunden ausfallen. Vor allem Jakob fordert Augustins Einfallsreichtum und Dialektik heraus. In manchen Fällen deutet Augustinus das Verhalten der Patriarchen allegorisch oder typologisch; dann erübrigt sich eine moralische Bewertung, denn eine solche vorausdeutende Handlung geschieht auf Grund göttlicher Offenbarung *(non nisi revelatione spiritali, qu.* 1,93), und Gottes Anordnungen sind *per se* gerecht. Gelegentlich erfindet er Umstände oder Handlungen, unter deren Voraussetzung keine Verfehlung vorliegt.

Abraham: Gen 12,10-20 *(qu.* 1,26): Abraham hat nicht gelogen, als er Sara Pharao gegenüber als seine Schwester ausgab, dies ist auch kein Zeichen seiner Glaubensschwäche, vielmehr hat er, indem er lediglich verschwieg, daß sie seine Frau war,[59] Sara Gott selbst anvertraut, zugleich aber durch ihre Bezeichnung als seine Schwester, um Gott nicht zu versuchen, das ihm Mögliche zu ihrer Bewahrung getan. Im übrigen hat Pharao an den wenigen Tagen nicht mit ihr

---

[56] Zu Augustins Lehre über *perturbationes/passiones*, aber ohne Bezug auf dessen Gotteslehre vgl. BRACHTENDORF, *Cicero* 295-307.

[57] Vgl. *qu.* 2,10.

[58] Vgl. *conf.* 3,12-18.

[59] Vgl. *c. mend.* 23: *Non est ergo mendacium, cum silendo absconditur verum, sed cum loquendo promitur falsum* „Es ist daher keine Lüge, wenn man die Wahrheit durch Verschweigen verbirgt, sondern nur, wenn man durch Reden Unrichtiges äußert."

den Beischlaf vollzogen, weil nach damaligem Brauch Frauen dafür lange kosmetisch vorbereitet werden mußten.

Gen 15,12 (*qu.* 1,30): Der große Schrecken Abrahams war keine ihm als Weisen unangemessene Leidenschaft *(perturbatio)*, weil er ihr nicht nachgegeben hat.

Gen 17,17 (*qu.* 1,36): Als Abraham angesichts der Verheißung der Geburt Isaaks lachte, war dies ein Lachen des Staunens und der Freude – im Gegensatz zu Sara, die aus Zweifel an der Verheißung lachte.[60]

Gen 21,10-11 (*qu.* 1,51): Abraham ist nicht aus väterlicher Zuneigung traurig über Saras Verlangen, Hagar und Ismael zu vertreiben, obgleich dies eine Prophezeiung war, sondern Gott hat ihn erst später über diesen Verweis auf Zukünftiges informiert.

Gen 23,7 (*qu.* 1,61): Als Abraham sich vor den Hetitern niederwarf *(adoravit)*, vollzog er keinen Kultakt.

Gen 24,2-3 (*qu.* 1,62): Indem Abraham seinen Knecht auffordert, beim Schwur sein Zeugungsglied zu berühren, verlangt er nichts Anstößiges, denn dies ist eine Prophetie auf Christus.

Gen 25,1 (*qu.* 1,70): Daß Abraham nach Isaaks wunderbarer Geburt noch mit Ketura Kinder zeugte, zeigt nicht einen Mangel an Enthaltsamkeit, sondern ist ein prophetisches Zeichen, insofern die Konkubinenkinder für das fleischliche Volk der Juden und die Häretiker stehen.

---

[60] Vgl. Augustinus, *civ.* 16,31. Das Motiv des Lachens ist aus namensetymologischen Gründen seit ältester Zeit mit Isaak (,er [ein Gott oder der Vater] hat gelacht') verbunden. Der priesterschriftliche Autor hat das Lachen Saras hinter der Zeltwand aus der älteren Erzählung Gen 18,12-15 in das Lachen Abrahams im Akt der Anbetung vor dem Gott, der sich ihm vorgestellt hatte (Gen 17,1), verwandelt (Gen 17,17). Dieses Lachen Abrahams blieb bis in jüngste Zeit umstritten, Augustins Auslegung dominierte aber bis in den Beginn des 20. Jh.s. Die Abraham entlastende Deutung des Augustinus: Staunen und Freude vertritt in der Formulierung Calvins noch STRACK, *Genesis*. Nur Jubel nennt JACOB, *Genesis*, nur Verwunderung DILLMANN, *Genesis;* KÖNIG, *Genesis*, 512 versteht es als „ein doppelsinniges Lachen, das der Freude und das des Zweifels". Da Abraham an der Realisierbarkeit der Verheißung zweifelt (17,17), deswegen um Segen für den bereits vorhandenen Ismael bittet (17,18), Gott dem aber zunächst ein energisches „Nein!" entgegensetzt (17,19), wird seit GUNKEL, *Genesis* 271 zu Recht überwiegend die Auslegung vertreten, daß Abraham „vor Gott niederfällt und dabei über seine Verheißung lacht"; seit VON RAD, *Genesis* 159 („ein geradezu schauerliches Lachen, todernst und jenseits jeden Spaßes, Glaube und Unglaube hart aneinanderstellend"), WESTERMANN, *Genesis* (Abrahams Lachen „hat etwas Bizarres im unmittelbaren Gegenüber zu dem ihm Wunderbares verheißenden Gott"), SEEBASS, *Vätergeschichte I* („die psychologische Unmöglichkeit dieses Verses [ungläubiges Lachen mit Anbetung verbunden]") bemüht man sich um eine vertiefte theologische Deutung.

Gen 27,1-17 *(qu.* 1,79): Daß *Isaak* Esau für ein Wildbret den Segen verspricht, hat prophetische Bedeutung. Augustinus teilt sie aber nicht mit.

Jakob: Gen 25,27 *(qu.* 1,74): Die Schrift hat zu Recht Jakob, der arglistig und betrügerisch sich den Segen Isaaks erschlich (vgl. Gen 27,35: *cum dolo*), dennoch als „einfach" *(simplex)* bzw. „ohne Arglist" *(sine dolo)* bezeichnet, weil Jakobs Betrug in seinem Ergebnis und Isaaks Reaktion darauf von hoher geistlicher Bedeutung waren.[61] Augustinus verweist dazu auf seinen *s. IV de Vetere Testamento* 3-24, in dem er hemmungslos allegorisiert.[62]

Gen 28,18; 31,45; 35,13-15 *(qu.* 1,84; 1,96; 1,116): Jakob stellt die Masseben nicht als Objekte kultischer Verehrung, sondern als Zeichen, im Fall der Massebe von Betel, die er salbt, als prophetischen Verweis auf die Salbung Christi auf. Er spendet das Trankopfer nicht dem Stein, sondern über dem Stein.

---

[61] Zu dieser These des Augustinus und seiner Definition von *dolus* vgl. LA BONNARDIÈRE, *Dol* 878-881.

[62] Augustinus entwickelt dort u.a. folgende allegorische Argumentation:

Esau, der Ältere, will fleischliches Leben und hofft auf fleischliche Güter. Er ist haarig, seine Haare bedeuten Sünden; er trägt seine eigenen Sünden. Das Linsengericht bedeutet die Speise Ägyptens = alle Sünden der Heiden; Jakob kocht es nur, Esau ißt es, verwandelt sich so im Herzen in einen Exponenten Ägyptens und büßt so sein Erstgeburtsrecht ein. Esau = die götzendienerischen Juden; die Juden, die Christus ablehnen.

Jakob ist Exponent des geistlichen Lebens und des geistlichen Glaubens; er hat glatte Haut = er ist rein von Sünden; Jakob trägt geduldig die härenen Tierfelle = er trägt nicht seine eigenen, sondern die Sünden anderer und ist insofern Typus Christi. Zu Jakob gehören daher die Christen, genauer die geistlich lebenden Christen.

Isaak war damals schon alt und verkörpert insofern das Alte Testament. Er will den älteren Sohn segnen, weil das AT die Verheißungen dem „ersten Volk" gibt.

Rebekka ist Typus der Kirche und aller Heiligen. Sie liebt daher den jüngeren Sohn.

List, Betrug: es gab keinen Betrug im eigentlichen Sinn; Isaak konnte nicht betrogen werden, weil er, von prophetischem Geist erfüllt, durchschaute, was vorging. Jakob hat nicht gelogen, als er sich dem Vater als Erstgeborener vorstellte, denn er hatte von Esau das Erstgeburtsrecht um das Linsengericht abgekauft. Der Segen gebührte ihm als dem geistlichen, sündenlosen Menschen, der die Sünden anderer trug. Betrug gab es nur in dem übertragenen Sinn, wie eine allegorische Deutung metaphorisch Betrug genannt werden kann, weil sie anders lautet als der Wortsinn eines Schriftwortes. Daß der Jüngere unter der vermeintlichen Gestalt des Älteren gesegnet wurde, bedeutet: Unter den Zeichen des dem jüdischen Volk verheißenen Alten Bundes kam der geistliche Segen zum christlichen Volk.

In *c. mend.* 24 urteilt Augustinus: *Jacob autem quod matre fecit auctore, ut patrem fallere videretur, [...] non est mendacium sed mysterium* „Daß aber Jakob auf Veranlassung seiner Mutter so handelte, daß es scheinen könnte, er habe seinen Vater getäuscht, ist keine Lüge, sondern ein Geheimnis." Zur Entfaltung dieses Arguments vgl. STÄDELE, *De mendacio* 34-38.

Gen 29,11-12 (*qu.* 1,87): Jakob hat sich nicht unangemessen verhalten, als er beim ersten Zusammentreffen mit Rahel am Brunnen diese küßte, vielmehr hatte er entweder schon erfahren, daß sie seine Verwandte war, oder er hatte sich ihr vorgestellt.

Gen 30,37.42 (*qu.* 1,93): Durch den Hirtentrick mit den geschälten Zweigen, für den er unnötigerweise Zweige von drei Baumarten verwendete, vollzog Jakob, der Prophet, ein prophetisches Zeichen. Allerdings erläutert Augustinus es nicht. Außerdem hat Jakob nicht ungerecht gehandelt, weil er Laban nicht um seinen gesamten Viehbestand brachte.

Gen 32,6-12 (*qu.* 1,102): Daß Jakob aus Angst vor dem nahenden Esau leidenschaftlich erregt *(perturbatus)* wurde und sein Lager in zwei Hälften teilte, scheint sein Vertrauen auf die Verheißungen Gottes infrage zu stellen, sein Gebet 32,10-13 zeigt indes neben seiner Schwäche genügend Vertrauen. Außerdem gibt Jakob so ein Beispiel, daß wir, um Gott nicht zu versuchen, unerachtet unseres Gottvertrauens selbst zu unserem Schutz tun müssen, was wir können.

Gen 33,10 (*qu.* 1,105): „Hat sich ein entsetztes und erregtes Gemüt bis zu Worten derartiger Speichelleckerei verstiegen? Oder erlaubt irgendeine Auslegung die Annahme, daß sie ohne Verfehlung ausgesprochen wurden?" Vielleicht ist dieser Ausspruch Jakobs nicht zu verurteilen, weil er nicht gesagt hat: ‚Ich habe dein Gesicht gesehen, wie ich das Gesicht Gottes sehen würde', sondern, ohne das Subjekt zu präzisieren, „wie irgendeiner das Gesicht Gottes sieht". Außerdem hat er das Wort ‚Gott' ohne Artikel gebraucht, weswegen er nicht vom wahren Gott sprach, sondern auch einen Dämon gemeint haben könnte.

Gen 33,14 (*qu.* 1,106): Als Jakob Esau versicherte, er werde zu ihm nachkommen, hat er nicht gelogen; er hat sich lediglich später anders entschieden.

Josef: Gen 42,15-16 (*qu.* 1,139): Josef hat keine Meineide geleistet, weil er nicht das meinte, was er zu sagen schien. Wenn nicht einige der Brüder losgekommen wären, um nach Hause zurückzukehren, hätte Benjamin nicht geholt werden können. Der konditionierte zweite Eid besagt nicht, sie seien Spione, sondern sie würden dafür gehalten.

Gen 43,23 (*qu.* 1,143): Der Hausverwalter hat nicht gelogen, denn das Silber, von dem er spricht, symbolisiert die Worte Gottes.

Gen 43,34 (*qu.* 1,144): Josef hat sich nicht betrunken und kann daher von Säufern nicht als Vorbild genannt werden, denn *inebriati sunt* bezeichnet hier lediglich Sättigung.[63]

---

[63] Hier liegt ein interessantes Übersetzungsproblem vor. VL+Vulg: *inebriati sunt* und LXX: ἐμεθύσθησαν geben wörtlich TM wieder. Das hebräische Verb שׁכר bedeutet ‚betrunken sein/werden' und wird andernorts mehrfach metaphorisch gebraucht. Hier allerdings, in Verbindung mit ‚sie tranken', besteht kein Grund, von der Bedeutung ‚sich

Gen 44,15 (*qu.* 1,145): Josefs Behauptung, er wahrsage *(auguratur)*,⁶⁴ ist keine Lüge, weil er das nur im Scherz sagte: „Lügen werden nämlich von Lügnern ernsthaft, nicht im Scherz vorgetragen; wenn aber Dinge, die es gar nicht gibt, gleichsam im Scherz behauptet werden, wird das nicht als Lügen angerechnet." Daß er seine Brüder so oft foppte, muß bedeutsame zukünftige Ereignisse symbolisieren. Augustinus teilt sie aber nicht mit.

Gen 44 (*qu.* 1,146): Josef verstellte sich gegenüber seinen Brüdern nicht aus Bosheit so lange, sondern „er tat all das, was er anstellte, um ihre Freude hinauszuschieben, zu dem Zweck, daß sie gerade durch diese Verzögerung gesteigert würde."

Gen 47,29 (*qu.* 1,161): Daß Josef so energisch seine Beerdigung im „Abrahamium" zu sichern suchte, zeigt nicht unvernünftige Sorge um seinen Leib, sondern die Leichen der Patriarchen symbolisieren die Sünden der Menschen, ihre Beerdigung die Sündenvergebung, und diese mußte im Land der Kreuzigung Christi geschehen.

Im Unterschied zu den Patriarchen verteidigt Augustinus die *Frauen der Patriarchen* nur selten,⁶⁵ vielmehr traut er ihnen wenig zu, beschuldigt sie und setzt sie darin ausdrücklich in Gegensatz zu ihren Männern.⁶⁶

---

berauschen, betrinken' abzugehen. Dennoch hat Augustinus mit seinem pastoralen Anliegen langfristig Einfluß in wissenschaftlichen und Gebrauchsübersetzungen ausgeübt. Selbst das Lexikon von GESENIUS-BUHL gibt neben ‚sich berauschen' für Gen 43,34 die Bedeutung ‚bis zur Fröhlichkeit trinken'. Entsprechend die Kommentare von GUNKEL, VON RAD, WESTERMANN: „und wurden guter Dinge"; Einheitsübersetzung und Zürcher Bibel 2007: „und waren guter Dinge"; Luther-Revision 1984: „und wurden fröhlich mit ihm" (obgleich Luther selbst 1545 übersetzt hatte: „und wurden truncken mit jm"). Noch ganz auf der Linie des Augustinus STRACK, *KK:* „und wurden satt" mit Erklärung: „שׁכר bezeichnet hier nur die Reichlichkeit des Genusses, nicht das Trunkenwerden". Eine mittlere Lösung bietet die Wiedergabe durch JACOB und SEEBASS: sie „zechten". Dagegen unverblümt KÖNIG und Elberfelder Bibel: „berauschten sich", HAL: nur: „betrunken sein, werden". OEMING, שׁכר 1 bemerkt vorsichtig: Das Wort „hat bisweilen pejorativen Beiklang und betont die Konsequenzen des (unmäßigen) Alkoholtrinkens, meint dann also ‚sich betrinken, berauschen, besaufen'."

⁶⁴ DE BOEFT, *Divinatio* 517: Ohne zu leugnen, daß man durch *divinatio* zutreffende Voraussagen über die Zukunft erlangen kann, hält Augustinus sie für eine gefährliche Praxis, da sie Domäne der Dämonen ist, die *curiositas* der Menschen befriedigen soll und täuschen kann.

⁶⁵ *Qu.* 1,87 (Gen 29,11-12): Rahel ließ sich nicht unbedacht von Jakob küssen, sondern entweder hat er sie mit seinem Kuß überrascht, oder er hat sich zuvor als ihr Verwandter vorgestellt.

⁶⁶ Vgl. *qu.* 5,33: *subditas feminas viris et paene famulas lex esse voluerit uxores.* Zwar behauptet MÜLLER, *Femina* 1271f.: „Die Frau ist für A. wie für den Großteil der antiken Denker

Gen 18,13.15 (*qu.* 1,36; 1,37): Sara lachte, weil sie im Gegensatz zu Abraham an der Realisierung der Zusage eines leiblichen Sohnes zweifelte.[67] Sie leugnete ihr Lachen, weil sie, vielleicht im Gegensatz zu Abraham, der den Verheißenden als Gott erkannte, diesen für einen Menschen hielt.

Gen 21,10-11 (*qu.* 1,51): Als Sara die Vertreibung Hagars und Ismaels forderte, hat sie vielleicht die darin enthaltene Prophetie gar nicht verstanden, sondern aus weiblichem Zorn über die Überheblichkeit Hagars gesprochen.

Gen 30,11 (*qu.* 1,91; 1,94): Lea hat vielleicht deswegen von *bona fortuna* gesprochen und darunter die Göttin Fortuna verstanden, weil sie noch heidnische Gewohnheit beibehielt. Jakob hat diese Formulierung nicht verwendet.

---

das schwache Geschlecht, doch bezieht A. entgegen der Lehre anderer Kirchenväter diese Einschätzung im allgemeinen auf die körperliche, nicht auf die geistige oder moralische Konstitution der Frau", und verstärkt SEELBACH, *Geschlecht* 124 dies noch: „Geistig, nicht körperlich, stehen Mann und Frau auf der gleichen Ebene." Jedoch steht dem in den *quaestiones* zur Genesis 1,153 entgegen: „Es waltet auch unter den Menschen die Naturordnung, daß die Frauen den Männern und die Kinder den Eltern dienen, weil es auch in jenem Fall gerecht ist, daß der schwächere Verstand dem stärkeren dient." Diese prinzipielle Feststellung unter Berufung auf den *ordo naturalis in hominibus* läßt sich auch nicht durch die Beobachtung abweisen, daß dies Augustins einzige explizite Behauptung der intellektuellen Inferiorität der Frauen sei (124 Anm. 783). Vgl. *qu.* 2,71,4: *honoratior [...] id es masculinus [sexus]*.

[67] Etwas positiver beurteilt Augustinus das Lachen Saras in *civ.* 16,31.

TEXT UND ÜBERSETZUNG

LIBER PRIMUS. QUAESTIONES GENESIS

praef. Cum scripturas sanctas quae appellantur canonicae legendo et cum aliis codicibus secundum septuaginta interpretationem conferendo percurreremus, placuit eas quaestiones, quae in mentem venirent, sive breviter commemorando vel etiam pertractando tantummodo proponerentur sive etiam qualitercumque tamquam a festinantibus solverentur, stilo alligare, ne de memoria fugerent: Non ut eas satis explicaremus, sed ut, cum opus esset, possemus inspicere, sive ut admoneremur quid adhuc esset requirendum, sive ut ex eo quod iam videbatur inventum, ut poteramus, essemus et ad cogitandum instructi et ad respondendum parati. Si quis igitur haec legere propter incultum in nostra festinatione sermonem non fastidierit, quas quaestiones propositas invenerit nec solutas, non ideo sibi nihil conlatum putet; nonnulla enim pars inventionis est nosse quid quaeras. Quarum autem solutio placuerit, non ibi vile contemnat eloquium, sed de aliqua participatione doctrinae potius gratuletur; non enim disputatio veritate sed veritas disputatione requiritur. Exceptis ergo his quae a principio, ubi deus caelum et terram fecisse narratur, usque ad dimissionem duorum primorum hominum de paradiso tractari multipliciter possunt, de quibus alias, quantum potuimus, disseruimus, haec sunt quae legentibus nobis occurrentia voluimus litteris adtinere.

1 Quomodo Cain potuerit condere civitatem, cum civitas alicui utique constituatur hominum multitudini, illi autem duo parentes et duo filii fuisse referantur, quorum filiorum ab altero alter occisus est, in cuius occisi locum alius natus

---

1,2 illi…4 esse] cf. Gn 4,1-2.8; 5,3

Incipiunt quaestiones libri geneseos P *(fol. 7ᵛ)*, Incipit liber quaestionum sci aug epi in genesim S *(pag. 14)*, Incipiunt questiones in libro geneseos V *(fol. 6)*, Incip liber I de questionibus libri geneseos T *(fol. 36)*, Incipiunt questiones libri genesis U *(fol. 38)* **praef,2** interpretationem] interpretationes C ζ *(at cf. qu. 2 l. 5)*2,5   **3** mentem] mente P S U T   **6** satis *om.* C   **10** fastidierit] fastidiverit N | quas] si *praem.* μ   **11** solutas] solatas n   **12** autem *om.* P autem solutio] solutio autem V T   **14** disputatio] disputio C¹ | veritate] veritatis n   **15** his] iis μ   **16** primorum] priorum P V U | primorum hominum] hominum primorum *Bad. Am.* tractari] quę *praem.* C   **18** adtinere] attineri V *Bad.* μ, attingere *Am.*   **1,1** cum] cur C¹   **2** referantur] referuntur N   **3** alter] altero n

---

[1] Augustinus, *civ.* 18,38 *l.* 23-30: Zum Kanon gehören Schriften, die Männer *inspiratione divina* geschrieben haben, *ut [...] ista [...] tamquam Deo per ipsos loquenti iudicarentur esse*

ERSTES BUCH. FRAGEN ZUM BUCH GENESIS

Vorrede

Sooft wir die heiligen Schriften, die man kanonisch[1] nennt, lesend und mit anderen Codices nach der Übersetzung der Septuaginta vergleichend durchgingen, hielten wir es für angebracht, die Fragen, die uns jeweils in den Sinn kamen, damit sie nicht dem Gedächtnis entschwänden, aufzuzeichnen, sei es, daß wir sie in kurzer Notierung oder auch in ausführlicher Behandlung nur vorstellten, sei es auch, daß wir sie auf irgendeine Weise gleichsam im Vorübereilen lösten. Unser Ziel war nicht, sie hinreichend zu klären, sondern sie nach Bedarf nachlesen zu können, sei es um uns an das erinnern zu lassen, was noch untersucht werden sollte, sei es um durch das, was wir schon herausgefunden zu haben meinten, nach Möglichkeit sowohl zum Durchdenken gerüstet als auch zum Antworten vorbereitet zu sein. Falls also ihre Lektüre nicht wegen unserer aus der Hast[2] erwachsenen ungepflegten Ausdrucksweise jemandes Widerwillen erregt hat, das folgende zu lesen, möge er, soweit er auf Fragen stieß, die nur gestellt, aber nicht gelöst wurden, deswegen nicht meinen, ihm sei gar kein Nutzen zuteil geworden; ein beträchtlicher Teil der Fähigkeit, eine Lösung zu finden, besteht nämlich darin zu erkennen, was man fragen soll. Wenn ihm aber die Lösung mancher Fragen gefallen hat, verschmähe er dort nicht die Ausdrucksweise als zu nachlässig, sondern freue sich lieber darüber, daß ihm etwas Belehrung zuteil wurde; nicht die Wahrheit nämlich erfordert Erörterung, sondern die Erörterung erfordert Wahrheit. Mit Ausnahme dessen, was man vom Anfang an, wo erzählt wird, daß Gott Himmel und Erde gemacht hat, bis zur Vertreibung der ersten beiden Menschen aus dem Paradies vielfältig erörtern kann – dazu haben wir uns andernorts so gut als möglich ausführlich geäußert[3] –, wollten wir daher die folgenden Fragen, auf die wir beim Lesen gestoßen sind, schriftlich festhalten.

qu. 1,1 (zu Gen 4,17)

1 Wie konnte Kain wohl eine Stadt gründen, da doch eine Stadt offenkundig für eine gewisse Menge von Menschen gegründet wird, jene aber, wie berichtet wird, nur zwei Eltern und zwei Söhne gewesen sind? Es wird erzählt, einer der beiden Söhne sei vom anderen getötet und an dessen Stelle ein anderer geboren

---

tribuenda (so daß man urteilt, daß diese gleichsam Gott als durch sie sprechend zuzurechnen sind).

[2] Auf seine Hast bei der Abfassung der *quaestiones* verweist Augustinus auch in *qu.* 2,21; 2,71; 3,33; 7,49.

[3] In chronologischer Reihenfolge: *Gn. adv. Man.*; *Gn. litt. inp.*; *Gn. litt.*; vgl. auch *conf.* 11-13 (zu Gen 1). Zum Verhältnis der einschlägigen Bücher *civ.* 11-14 zu den *quaestiones* vgl. die generelle Einleitung.

esse narratur. An ideo quaestio est, quoniam qui legunt putant solos tunc fuisse homines quos divina scriptura commemorat nec advertunt eos qui prius sunt conditi duos vel eos etiam quos genuerunt tam diu vixisse, ut multos gignerent? Non enim et Adam ipse eos solos genuit, quorum nomina leguntur, cum de illo scriptura loquens ita concludat, quod genuerit filios et filias. Proinde cum multo pluribus illi vixerint annis quam Israhelitae in Aegypto fuerunt, quis non videat quam multi homines nasci potuerunt, unde illa civitas inpleretur, si Hebraei multo minore tempore ita multiplicari potuerunt?

2 Quaeri solet quomodo Mathusalam secundum annorum conputationem vivere post diluvium potuerit, cum omnes praeter eos qui in arcam ingressi sunt perisse dicantur. Sed hanc quaestionem plurium codicum mendositas peperit. Non solum quippe in Hebraeis aliter invenitur verum etiam in septuaginta interpretatione Mathusalam in codicibus paucioribus sed veracioribus sex annos ante diluvium reperitur fuisse defunctus.

3 Item quaeritur quemadmodum potuerint angeli cum filiabus hominum concumbere, unde gigantes nati esse perhibentur; quamvis nonnulli et Latini et Graeci codices non angelos habeant sed filios dei. Quos quidam ad solvendam istam quaestionem iustos homines fuisse crediderunt, qui potuerunt etiam angelorum nomine nuncupari. Nam de homine Iohanne scriptum est: *Ecce mitto angelum meum ante faciem tuam, qui praeparabit viam tuam.* Sed hoc movet, quomodo vel ex hominum concubitu nati sint gigantes vel feminis misceri potuerint, si non homines sed angeli fuerunt. Sed de gigantibus, id est nimium grandibus atque fortibus, puto non esse mirandum, quod ex hominibus nasci potuerunt, quia et post diluvium quidam tales fuisse reperiuntur et quaedam corpora

---

8 genuerit...filias] cf. Gn 5,4   2,2 omnes...3 perisse] cf. Gn 7,21-23   3,5 Mt 11, 10

5 sunt] sint *P U T Am.*   6 eos etiam] etiam eos *S*   7 et] ad *n* | solos] solus *V* | illo] illa *n*   8 concludat] concludit *C¹*   9 fuerunt] fuerint *n*   10 potuerunt] potuerint *N*   2,1 conputationem] conputatione *n*   2 arcam] arca *p*   3 plurium] plurimi *P¹ S¹*, plurima *V*   3,5 Iohanne] Iohannes *n* | mitto] ego *praem. Am. μ*   6 praeparabit] praeparavit *C P S¹ T (Eug. codd. D P¹)*   7 sint] sunt *P n T μ (Eug. codd. P v)* | misceri potuerint] *p Eug. Claud. (cf. civ. 15,23, l. 25):* „ut ... feminis misceantur", *et ibid. l. 51:* „filii dei ... filiabus hominum ... miscerentur"), miscere potuerunt *C T*, miscere potuerint *n*, miscere se potuerunt *P Bad. Am. μ*, misceri se potuerint *S*, miscere se potuerint *V z*, miscere potuerunt se *Rab.*   9 potuerunt] potuerint *N*

---

⁴ Vgl. *civ.* 15,1.8.17.20.
⁵ Die Israeliten hielten sich 430 Jahre (Ex 12,40) bzw. 400 Jahre (Gen 15,13) lang in

worden (vgl. Gen 4,1-2.8; 5,3).⁴ Oder entsteht die Frage deshalb, weil die Leser meinen, damals hätten nur die Menschen gelebt, die die Heilige Schrift erwähnt, und nicht bedenken, daß die zwei, die zuerst erschaffen wurden, oder auch diejenigen, die sie erzeugten, so lange gelebt haben, dass sie viele erzeugten? Auch Adam selbst nämlich erzeugte nicht allein die, deren Namen man liest, da die Schrift, wo sie von ihm spricht, zum Schluß berichtet, daß er Söhne und Töchter zeugte (vgl. Gen 5,4). Da jene ferner bedeutend mehr Jahre lebten, als die Israeliten in Ägypten waren, kann doch folglich niemand übersehen, wieviele Menschen geboren werden konnten, mit denen sich jene Stadt anfüllte, wenn die Hebräer in viel kürzerer Zeit sich derartig vermehren konnten!⁵

qu. 1,2 (zu Gen 5,25-27)

2 Man fragt oft, wie Metuschelach der Berechnung der Jahre zufolge die Sintflut überleben konnte, da doch alle außer denen, die in die Arche eingetreten sind, zugrunde gegangen sein sollen (vgl. Gen 7,21-23). Doch diese Frage hat die Fehlerhaftigkeit der meisten Codices hervorgerufen. Man findet es ja nicht nur in den hebräischen Codices anders, sondern auch in der Übersetzung der LXX erfährt man in weniger zahlreichen, aber zuverlässigeren Codices, daß Metuschelach sechs Jahre vor der Sintflut gestorben ist.⁶

qu. 1,3 (zu Gen 6,4)

3 Ebenso fragt man, wie Engel Menschentöchter beschlafen konnten, woraus angeblich Giganten geboren wurden; allerdings haben einige lateinische wie griechische Codices nicht ‚Engel' sondern „Gottessöhne". Einige lösten diese Frage durch die Meinung, jene seien gerechte Menschen gewesen, die auch als Engel bezeichnet werden konnten. Denn über den Menschen Johannes steht geschrieben: „Siehe, ich schicke meinen Engel vor deinem Angesicht, der dir den Weg bereiten wird" (Mt 11,10).⁷ Aber folgendes bereitet Schwierigkeiten: sowohl, wie aus dem Beischlaf von Menschen Giganten geboren sein, als auch, wie sich Wesen mit Frauen vermischt haben könnten, wenn sie nicht Menschen, sondern Engel waren. Aber bezüglich der Giganten, das heißt unmäßig großer und starker Wesen, braucht man sich meines Erachtens nicht zu wundern, daß sie von Menschen geboren werden konnten, da wir berichtet finden, daß auch nach der Sintflut einige dieser Art gelebt haben und da auch in unserer Zeit

---

Ägypten auf, bzw. die vierte Generation zog aus Ägypten aus (Gen 15,16); Adam lebte 930 Jahre (Gen 5,5), sein Sohn Set 912 Jahre (Gen 5,8). Die Lebenszeit Kains wird nicht berichtet, da die Adamitengenealogie in Gen 5 über Adams dritten Sohn Set läuft. Für Kain nahm Augustinus ein den Patriarchen vor der Sintflut ähnlich langes Leben an. Vgl. *civ.* 15,8.

⁶ Vgl. Generelle Einleitung S. 29f; Einleitung zu *qu.* 1, S. 81f.

⁷ Vgl. Mal 3,1; Ex 23,20.

hominum in incredibilem modum ingentia nostris quoque temporibus extiterunt non solum virorum verum etiam feminarum. Unde credibilius est homines iustos appellatos vel angelos vel filios dei concupiscentia lapsos peccasse cum feminis quam angelos carnem non habentes usque ad illud peccatum descendere potuisse; quamvis de quibusdam daemonibus, qui sint inprobi mulieribus, a multis tam multa dicantur, ut non facile sit de hac re definienda sententia.

4 De arca Noe quaeri solet, utrum tanta capacitate quanta describitur animalia omnia quae in eam ingressa dicuntur et escas eorum ferre potuerit. Quam quaestionem cubito geometrico solvit Origenes adserens non frustra scripturam dixisse, quod *Moyses omni sapientia Aegyptiorum fuerit eruditus*, qui geometricam dilexerunt. Cubitum autem geometricum dicit tantum valere quantum nostra cubita sex valent. Si ergo tam magna cubita intellegamus, nulla quaestio est tantae capacitatis arcam fuisse, ut posset illa omnia continere.

5 Item quaeritur utrum arca tam magna centum annis potuerit fabricari a quattuor hominibus, id est Noe et tribus filiis eius. Sed si non potuit, non erat magnum fabros alios adhibere, quamvis operis sui mercede accepta non curaverint utrum eam Noe sapienter an vero inaniter fabricaretur et ideo non in eam intraverint, quia non crediderunt quod ille crediderat.

---

13 filios…14 feminis] cf. Gn 6,2   4,4   Act 7,22   5 cubitum…6 valent] cf. Origenes, *Hom. Gen* 2,2

---

11 in] ad *Bad. Am.* | quoque *om.* C   14 quam] cum *n* | carnem] carnes *Bad.* | illud] illum *n*
15 de *om. Bad.* | sint] sunt *T Bad. Am.*   16 dicantur] dicentur C^1 4,2 eam] ea *P T*   3 scripturam] scriptura *n*   5 dilexerunt] dilexerit *S*, dilexerint *n* | autem *om. T*   7 tantae] tanta *S* posset] possit *C (Eug. codd. D v)*   5,2 non erat *om. n*   4 fabricaretur] fabricaret *S V T Bad. Am.*   5 eam] ea *C* | intraverint] intraverūt *Bad. Am.* | quia] qui∗ *P*, qui *T* | crediderunt] crediderint *μ*

---

⁸ Ausführlicher äußert sich Augustinus dazu in *civ.* 15,23. Die griechischen Versuche, den rätselhaften Passus Gen 6,1-4 zu übersetzen, sind terminologisch vielfältig (vgl. Anm. 23 zu *qu.* 1,18). Zu den jüdischen Vorstellungen, auf Grund deren, nachdem die LXX ursprünglich 6,2 בְּנֵי־הָאֱלֹהִים durch υἱοὶ τοῦ θεοῦ (Artikel!) übersetzt hatte, die Korrektur ἄγγελοι (im NT aufgenommen in Jud 6) eingeführt wurde, vgl. RÖSEL, *Übersetzung* 146-153. Zu den griechischen Mythen, die die LXX bewegten, in 6,4 den Terminus γίγαντες sowohl für הַנְּפִלִים als auch für הַגִּבֹּרִים zu wählen, sowie zur frühjüdischen und

einige Menschen, nicht nur Männer, sondern auch Frauen, mit unglaublich großen Körpern existiert haben. Daher ist glaubhafter, daß gerechte Menschen, die Engel bzw. Gottessöhne genannt wurden, durch Begierde gefallen sind und mit Frauen gesündigt haben (vgl. Gen 6,2), als daß körperlose Engel bis zu dieser Sünde herabsinken konnten; allerdings wird über gewisse Dämonen, die sich angeblich Frauen gegenüber schamlos verhalten, von vielen so vieles behauptet, daß ein abschließendes Urteil über diese Sache nicht leicht fällt.[8]

qu. 1,4 (zu Gen 6,15)

4 Hinsichtlich der Arche Noachs pflegt man zu fragen, ob sie mit so großer Fassungskraft, wie sie beschrieben wird, alle Tiere, die in sie hineingegangen sein sollen, und deren Futtermittel transportieren konnte. Das Problem hat Origenes durch die geometrische Elle gelöst. Er behauptet, die Schrift habe nicht ohne Grund gesagt: "Mose war in aller Weisheit der Ägypter ausgebildet" (Apg 7,22), die die Geometrie liebten. Die geometrische Elle aber, sagt er, entspricht sechs unserer Ellen (vgl. Origenes, *Homilia in Genesim* 2,2).[9] Wenn wir daher so große Ellen annehmen, bereitet die Annahme, die Arche habe eine so große Fassungskraft besessen, dass sie all dies fassen konnte, keine Probleme.

qu. 1,5 (zu Gen 6,15)

5 Ebenso fragt man, ob eine derartig große Arche in hundert Jahren[10] von vier Männern, d.h. von Noach und seinen drei Söhnen, hergestellt werden konnte. Aber wenn das nicht möglich war, war es keine große Sache, weitere Handwerker hinzuzuziehen, wenn es ihnen auch nach Empfang ihres Arbeitslohnes gleichgültig gewesen sein wird, ob Noach sie in kluger Voraussicht oder unnütz herstellte, und sie deshalb nicht hineingegangen sein werden, weil sie nicht glaubten, was jener geglaubt hatte.

---

patristischen Auslegung und zu Versuchen von Augustinus u.a., griechische mythische Vorstellungen von diesem Text nach Möglichkeit fernzuhalten, vgl. DEXINGER, *Sturz*.

[9] Origenes, *Hom. Gen.* 2,2 setzt sich mit dem Markion-Schüler Apelles auseinander. ALTANER, *Origenes* 232: „Augustinus lehnt sich zum Teil wörtlich an die Rufinsche Übersetzung der Origenes-Homilie an." FÜRST, *Origenes* 492: „Origenes berechnete mit Hilfe mathematischer Axiome riesige Maße der seiner Auslegung nach pyramidenförmigen Arche." Vgl. *civ.* 15,27 *l.* 37-43.

[10] Augustinus rechnet in *c. Faust.* 12,18 folgendermaßen: Noach war 500 Jahre alt, als er Sem, Ham und Jafet zeugte (Gen 5,32; 6,10). Damals befahl Gott ihm, die Arche zu bauen (6,14). Noach war 600 Jahre alt, als die Flut kam und er in die Arche ging (7,6-7.11.13). Folglich wurde die Arche in 100 Jahren erbaut. Allerdings wird in Gen 6,9-14 nicht behauptet, Gott habe den Befehl zum Archebau im Jahr der Zeugung der Söhne gegeben. Das erschließt Augustinus lediglich daraus, daß diese Ereignisse im Nahkontext zueinander berichtet werden.

6 Quid ait, cum de arcae fabricatione loqueretur: *Inferiora bicamerata et tricamerata facies eam*? Non enim inferiora futura erant bicamerata et tricamerata. Sed in hac distinctione totam structuram eius intellegi voluit, ut haberet inferiora, haberet et superiora inferiorum, quae appellavit bicamerata, haberet et superiora superiorum, quae appellavit tricamerata. In prima quippe habitatione, id est in inferioribus semel camerata erat arca; in secunda vero habitatione supra inferiorem iam bicamerata erat ac per hoc in tertia supra secundam sine dubio tricamerata erat.

7 Quoniam non solum vivere sed etiam pasci in arca animalia deus dixit et iussit, ut Noe ab omnibus escis sumeret sibi et illis, quae ad illum fuerant ingressura, quaeritur quomodo ibi leones vel aquilae, quae consuerunt carnibus vivere, pasci potuerint, utrum et animalia praeter illum numerum propter aliorum escam fuerint intromissa an aliqua praeter carnes - quod magis credendum est - a viro sapiente vel deo demonstrante provisa sint, quae talium quoque animantium escis convenirent.

8 Quod scriptum est: *Et a volatilibus mundis et a volatilibus inmundis et a pecoribus mundis et a pecoribus inmundis et ab omnibus serpentibus in terra* - quod deinde non additur, subauditur mundis et inmundis - et adiungitur: *Duo duo intraverunt ad Noe in arcam, masculus et femina*, quaeritur quomodo superius distinxerit duo duo ab inmundis, nunc autem sive a mundis sive ab inmundis duo duo dicat intras-

---

8,4 distinxerit…5 inmundis¹] cf. Gn 7,2

6,1 quid] quod *V Bad. Am.*, quid est quod *μ* | loqueretur] loquerentur *n* **2** eam non enim] ea non enim *S*, ea non *V*, ea: quaeri solet num *Bad. Am.* **3** structuram] instructuram *P S Am. μ* („omni nostri mss."), **structuram *V* | haberet] media *add. Bad. Am.* **4** inferiorum… superiora² *om. P¹* (inferiorum … haberet *add. in marg. inf. P²*) *S V* | inferiorum…5 superiorum *om. Bad. Am.* | appellavit] appellantur *μ* | haberet²…5 tricamerata *om. T* | et² *om. P* **5** in² *om. P¹ S¹ V* **6** erat *om. C* **7** hoc] hac *N* **8** erat *om. n* **7,1** et…2 iussit *om. N* **3** consuerunt] consueverunt *S Am. μ* **8,1** et¹ *om. Bad. Am. Eug.* | a² *om. α* **2** pecoribus] peccatoribus *n* **3** additur] auditur *n* | subauditur] sed *praem. T* | duo duo] duo et duo *C T Bad. Am. Eug. (cod. v)* | intraverunt] intraverint *n* | ad] et *praem. n* **4** masculus] masculina *P T* | femina] feminina *P* | duo duo] duo et duo *Bad. Am. Eug. (cod. v)* **5** duo duo] duo et duo *Bad. Am.* | dicat] dicunt *C¹*

---

¹¹ TM sagt nur: תַּחְתִּיִּם שְׁנִיִּם וּשְׁלִשִׁים תַּעֲשֶׂהָ „Zu Unteren, Zweiten und Dritten sollst du sie [die Arche] machen." Gemeint sind wohl Decks oder Stockwerke (die Arche von

qu. 1,6 (zu Gen 6,16)

6 Was bedeutet es, wenn die Schrift von der Herstellung der Arche sagt: „Du sollst sie mit Untergeschoß, zweitem und drittem Geschoß machen."?[11] Das zukünftige Untergeschoß war nämlich nicht zwei- und dreistöckig. Sondern die Schrift wollte, daß durch diese Bestimmung ihr gesamter Bau dahingehend verstanden werde, daß sie ein Untergeschoß habe, aber auch ein Geschoß über dem Untergeschoß habe, das man zweites Geschoß nannte, und ein Obergeschoß über dem Geschoß, das man drittes Geschoß nannte. Im ersten Wohnbereich, d.i. im Untergeschoß, war die Arche freilich eingeschossig; im zweiten Wohnbereich über dem unteren war sie bereits zweigeschossig, und somit war sie im dritten Wohnbereich über dem zweiten zweifellos dreigeschossig.

qu. 1,7 (zu Gen 6,21)

7 Da Gott sagte, die Tiere sollten in der Arche nicht nur leben, sondern auch fressen, und er Noach befahl, von allen Speisen für sich und für jene, die zu ihm eintreten sollten, mitzunehmen, fragt man, wie dort Löwen oder Adler, die von Fleisch zu leben gewohnt waren, sich ernähren konnten: ob auch Tiere über jene Zahl hinaus zur Nahrung der anderen hineingelassen worden seien oder ob – was glaubwürdiger ist – von dem weisen Mann oder auf Hinweis Gottes hin für etwas anderes als Fleisch gesorgt worden ist, das der Nahrung auch solcher Wesen entsprach.[12]

qu. 1,8 (zu Gen 7,8-9)

8 Bezüglich der Schriftstelle: „und von den reinen Vögeln und von den unreinen Vögeln und vom reinen Vieh und vom unreinen Vieh und von allen Kriechtieren auf dem Erdboden"[13] – im folgenden wird nicht weiterhin hinzugefügt, aber mitverstanden: reinen und unreinen – und bezüglich der Tatsache, daß der Text fortfährt: „traten je zwei zu Noe in die Arche ein, ein Männchen und ein Weibchen", fragt man, wieso oben je zwei nur von den unreinen abgesondert wurden (vgl. Gen 7,2), es nun aber heißt, daß von den reinen wie den

---

Uta-Napischti, Gilgamesch, Tafel 11, Z. 60-61 hatte sieben Decks bzw. Stockwerke zu je neun Räumen). LXX übersetzt sinngemäß: κατάγαια, διώροφα καὶ τριώροφα ποιήσεις αὐτήν. „Du sollst sie mit Erdgeschoß, zweitem und drittem Stock machen." Augustinus lehnt die syntaktische Interpretation ab, daß man die Wörter *bicamerata et tricamerata* nicht als Substantive deutet, sondern als Adjektive auf *inferiora* bezieht: ‚Du sollst sie mit zweistöckigem und dreistöckigem Untergeschoß machen.' Vgl. c. *Faust.* 12,14; *civ.* 15,26.
[12] Vgl. *civ.* 15,27.
[13] TM: „von den reinen und unreinen Tieren und von den Vögeln". LXX ändert die Reihenfolge entsprechend Gen 6,20: „von den Vögeln und von den reinen und unreinen Haustieren". VL ergänzt die Unterscheidung von rein und unrein auch bei den Vögeln.

se. Sed hoc refertur non ad numerum mundorum vel inmundorum animalium sed ad masculum et feminam, quia in omnibus sive mundis sive inmundis duo sunt, masculus et femina.

9 Notandum, quod scriptum est: *in quo est spiritus vitae*, non solum de hominibus sed etiam de pecoribus dictum propter illud, quod quidam de spiritu sancto volunt intellegere, ubi scriptum est: *Et insufflavit deus in faciem eius spiritum vitae*, quod melius quidam codices habent: *Flatum vitae*.

10 De montium altitudine, quam omnem scriptum est transcendisse aquam cubitis quindecim propter Olympi montis historiam. Si enim terra invadere potuit spatium tranquilli illius aeris, ubi dicitur nec nubes videri nec ventos sentiri, cur non et aqua crescendo?

11 Quod scriptum est: *Et exaltata est aqua super terram centum quinquaginta dies*, quaeritur utrum usque ad hunc diem creverit an per tot dies in altitudine qua creverat manserit, quoniam alii interpretes planius videntur hoc dicere. Nam Aquila dixit *obtinuit*, Symmachus *praevaluerunt*, id est aquae.

9,3 Gn 2,7

---

6 vel] et *C T* 7 quia] quae *P S V Bad. Am.* **9,1** notandum] est add. *N* | in...est²] om. *n* | de om. *T* 2 spiritu sancto] sps̄ *n* **10,1** omnem] omne *C¹*, ✱om✱nem *V* 2 quindecim] quaeritur add. μ, quidam non recte dubitant add. *Bad. Am.* | montis] montes *C¹* | terra *P¹ S* 3 ventos] ventus *C P S¹ V N T* **11,1** quod] quomodo *C* | et om. *C* | terram] aquam *T* 2 qua] quae *P S T* 3 hoc] haec *P T* 4 id est om. *Bad. Am.*

---

[14] Augustinus stößt hier auf die Ungereimtheit, daß nach Gen 6,19-20; 7,8-9.15-16 von allen Tieren je ein Paar, nach 7,2-3 dagegen von den reinen Tieren und den Vögeln je sieben, von den unreinen nur je ein Paar in die Arche kommen. Die moderne Exegese erklärt dies durch redaktionelle Zusammenarbeitung zweier unterschiedlicher Sintflutberichte, deren einer im Gegensatz zum anderen ein Dankopfer nach dem Ausstieg aus der Arche vorsah (8,20) und daher von den reinen, opferfähigen Tieren mehr als ein Paar in der Arche benötigte, wenn diese Arten das Opfer nach der Sintflut überleben und sich neu ausbreiten sollten. Dieses Erklärungsmodell stand Augustinus nicht zu Gebote, so sucht er einen anderen Ausweg.

[15] Diesen Wortlaut hat Augustinus in *Gn. litt.* Entsprechend Gen 2,7 TM: נִשְׁמַת חַיִּים; LXX: πνοὴν ζωῆς. In *civ.* 13,24 *l.* 75ff. diskutiert Augustinus die beiden Übersetzungsalternativen.

[16] Vgl. Lucan, *Phars.* 2,271-273.

unreinen je zwei hineingegangen sind.¹⁴ Aber das bezieht sich nicht auf die Zahl der reinen oder unreinen Tiere, sondern auf das männliche und weibliche Geschlecht, denn unter allen, reinen wie unreinen, gibt es je zwei: das männliche und das weibliche Tier.

qu. 1,9 (zu Gen 7,15)

9 Daß der Ausdruck der Schrift: „in dem Lebensgeist ist", nicht nur von Menschen, sondern auch vom Vieh gesagt ist, ist deswegen bemerkenswert, weil einige den Satz der Schrift „und Gott hauchte in sein Gesicht Lebensgeist" (Gen 2,7) vom Hl. Geist verstehen wollen. Einige Codices haben die bessere Lesung: „Lebenshauch".¹⁵

qu. 1,10 (zu Gen 7,20)

10 Wegen der Erzählungen über den Berg Olymp¹⁶ [stellt man Fragen]¹⁷ über die Höhe der Berge, über die allesamt nach der Schrift das Wasser 15 Ellen hoch gestiegen ist. Wenn nämlich die Erde in den Bereich jener ruhigen Luft eindringen konnte, wo, wie man sagt, weder Wolken gesehen noch Winde gespürt werden, warum konnte das nicht auch das Wasser, als es wuchs?¹⁸

qu. 1,11 (zu Gen 7,24)

11 Bezüglich der Schriftstelle: „Und das Wasser stieg an über die Erde hundertfünfzig Tage lang", fragt man, ob es bis zu diesem Tag angestiegen ist oder ob es so viele Tage hindurch in der Höhe blieb, zu der es angestiegen war, da andere Übersetzer das sehr deutlich zu sagen scheinen. Aquila hat nämlich gesagt: „es hat bedeckt", Symmachus: „sie waren mächtig", sc. die Wasser.¹⁹

---

¹⁷ Ergänzt mit μ.

¹⁸ Der Olymp, der höchste Berg Griechenlands, hat wegen seiner Höhe einen stets von Wolken oder Nebel verhüllten Gipfel. Über diesen Wolken hatte nach den Sagen Zeus den Sitz der Götter errichtet. Die Begründung, warum dennoch die Wasser der Sintflut auch über den Gipfel des Olymp gestiegen sein können, bringt Augustinus ausführlicher und klarer in *civ.* 15,27: Der Gipfel des Olymp besteht seinerseits aus Erde. Wenn also die Erde diese Höhe erreichen konnte, dann erst recht das Wasser der Sintflut. Vgl. auch *Gn. litt.* 3,2,3.

¹⁹ TM: וַיִּגְבְּרוּ „sie wurden stark"; LXX: ὑψώϑη „wurde erhöht/erhob sich"; Aquila: εδυαμωϑησαν „wurden mächtig"; Symmachus: επεκρατησεν „hat geherrscht". Schon FIELD, *Origenis*, 25 Anm. 24 bemerkt, Augustinus habe die Namen Aquila und Symmachus wohl vertauscht. Hieronymus übernimmt in der Vulgata: *obtinuerunt*. SCHIRNER, *Inspice* 126f.: Augustinus berufe sich wohl deswegen nicht auf die LXX, weil deren Wortlaut relativ genau mit seinem lateinischen Text übereinstimme. Er verweise stattdessen auf Aquila und Symmachus, weil deren Übersetzung TM genauer wiedergebe als LXX, „so dass die hier lateinisch angeführten griechischen Aquila- und Symmachusübersetzungen im Grunde näher am hebräischen Originaltext sind als die zunächst

12 Quod scriptum est post centum quinquaginta dies adductum esse spiritum super terram et desisse aquam et conclusos fontes abyssi et cataractas caeli et detentam pluviam de caelo, quaeritur utrum post centum quinquaginta dies haec facta sint an per recapitulationem omnia commemorata sunt, quae post quadraginta dies pluviae fieri coeperunt, ut hoc solum ad centum et quinquaginta dies pertineat, quod usque ad ipsos aqua exaltata est aut de fontibus abyssi cessante iam pluvia aut quia mansit in altitudine sua, dum nullo spiritu siccaretur; cetera vero, quae dicta sunt, non post centum quinquaginta dies omnia facta sunt sed commemorata sunt omnia, quae ex fine quadraginta dierum fieri coeperunt.

13 Quod scriptum est dimissum esse corvum nec redisse et dimissam post eum columbam et ipsam redisse, quod non invenisset requiem pedibus suis, quaestio solet oboriri, utrum corvus mortuus sit an aliquo modo vivere potuerit. Quia utique, si fuit terra ubi requiesceret, etiam columba requiem potuit invenire pedibus suis. Unde conicitur a multis, quod cadaveri potuit corvus insidere, quod columba naturaliter refugit.

12,1 est] exaltata est aqua *add. V²*, exaltatam esse aquam *add. Bad.*   **2** desisse] desiisse *P (corr. pr. m. ex dedisse) Bad. Am. µ*   **4** sint] sunt *T* | sunt] sint *V² Bad. Am. µ* | post] per *V*   **5** centum et] *C P S² V N, om. cett.*   **6** quod usque] quousque *S*   **7** quia] quae *P S T* | nullo] in illo *Am.*   **8** post] per *V*, potest *µ*   **9** sunt¹] sint *S V² Bad. Am. µ* | sunt²] sint *V² Bad. µ*
13,4 quia utique] quiutique *P S N T* | columba] columbam *n*   **5** potuit] potuerit *N Bad. Am. µ*

---

angegebene lateinische Version." Aber legt Augustinus etwa besonderen Wert auf Nähe zu TM, soweit er diesen indirekt erschließen kann, wenn dieser von LXX abweicht?
[20] Zu Rekapitulation vgl. Einleitung zu *qu.* 1, S. 75f.
[21] Auf diese Weise sollen die konkurrierenden Zeitangaben der beiden ineinander gearbeiteten Berichte miteinander vereinbart werden. I: Es regnet 40 Tage lang 7,4.12.17; drei Wochen nach Regenende ist die Erde trocken 8,6-12. II: Die Flut beginnt am 17. Tag des zweiten Monats 7,11; das Wasser steigt 150 Tage lang 7,24; 8,3; am nächsten Neujahr haben sich die Wasser verlaufen 8,13; am 27. Tag des 2. Monats ist die Erde trocken 8,14.
[22] Die Frage, ob der Rabe verendet sei, stellt sich in TM nicht, denn Gen 8,7 sagt ausdrücklich: וַיֵּצֵא יָצוֹא וָשׁוֹב „Er flog hin und her, bis das Wasser von der Erde weggetrocknet war", und die beiden inf. abs. sind wohl so zu verstehen, daß er immer wieder von der Arche wegflog und immer wieder zu ihr zurückkehrte. LXX fügt dagegen eine Negation ein, um den Zusammenhang mit der Aussendung der Taube logischer zu gestal-

qu. 1,12 (zu Gen 8,1-3)

12 Bezüglich der Schriftstelle, die besagt, nach 150 Tagen sei ein Wind über die Erde losgelassen worden und das Wasser sei zurückgegangen und die Quellen des Abgrundes und die Schleusen des Himmels seien verschlossen und der Regen sei vom Himmel zurückgehalten worden, fragt man, ob dies nach 150 Tagen geschehen sei oder ob alles, was nach den 40 Regentagen zu geschehen begann, durch Rekapitulation[20] berichtet wurde,[21] so daß die 150 Tage sich nur darauf beziehen, daß bis zu diesem Termin das Wasser angestiegen ist, entweder aus den Quellen des Abgrundes, während der Regen bereits ausblieb, oder weil es gleich hoch blieb, solange es durch keinen Wind ausgetrocknet wurde. Was dagegen sonst noch erwähnt ist, geschah nicht alles nach den 150 Tagen, sondern es ist alles angeführt, was vom Ende der 40 Tage an zu geschehen begann.

qu. 1,13 (zu Gen 8,6-9)

13 Bezüglich der Schriftstelle, die besagt, der Rabe sei ausgesandt worden und nicht zurückgekehrt, und nach ihm sei die Taube ausgesandt worden und sie sei zurückgekommen, weil sie keinen Ruheplatz für ihre Füße gefunden habe, pflegt sich die Frage zu erheben, ob der Rabe verendet ist oder ob er auf irgend eine Weise überleben konnte.[22] Zumal weil, falls es Boden gab, wo er ausruhen konnte, auch die Taube einen Ruheplatz für ihre Füße finden konnte. Daher vermuten viele, daß der Rabe sich auf einen Kadaver setzen konnte. Davor schreckte die Taube instinktmäßig zurück.

---

ten: ἐξελθὼν οὐχ ὑπέστρεψεν „nachdem er hinausgeflogen war, kehrte er nicht zurück". Dem folgt auch die VL, wie die Paraphrase des Augustinus und das Zitat des Hieronymus in *Qu. Hebr. Gen. (et egressus non rediit ad eum)* zeigen. Hieronymus übersetzt in *Qu. Hebr. Gen.* wörtlich TM: *et egressus est exiens et revertens* (eleganter und in direktem Gegensatz zur LXX in Vulg: *qui egrediebatur et revertebatur* [der ständig hinausflog und zurückkehrte]). Augustinus ignoriert den Hinweis des Hieronymus *Qu. Hebr. Gen.*, daß TM die Negation nicht hat, und sucht statt dessen eine Lösung für den Wortlaut der VL = LXX. Angeregt durch eine seit Philo bezeugte Auslegungstradition, derzufolge der Rabe ebenfalls nicht zurückkehrt (vgl. BdA), und antike Berichte über aasfressende Raben, lehren die lateinischen Kirchenväter, der unreine Rabe, Symbol des Sünders, später auch antijudaistisch gewendet, sei wegen seiner Gefräßigkeit nicht zurückgekehrt, sondern habe sich von den in den Fluten treibenden Kadavern ernährt (andeutungsweise auch in Augustinus, *c. Faust.* 12,20: Der Rabe kehrte nicht zurück, *aliquo supernatante cadavere illectus* „durch einen schwimmenden Kadaver verlockt"). Hier gibt Augustinus eine zurückhaltende Version, ohne symbolisierende Auslegungen anzudeuten, wie er sie in *c. Faust.* 12,20 und in *en. Ps.* 102,16 liefert. Nachweise aus Literatur und Ikonographie bei HECQUET-NOTI, *Corbeau*.

14 Item quaestio est quomodo columba non invenerit ubi resideret, si iam, sicut narrationis ordo contexitur, nudata fuerant cacumina montium. Quae videtur quaestio aut per recapitulationem posse dissolvi, ut ea posterius narrata intellegantur quae prius facta sunt, aut potius, quia nondum siccata fuerant.

15 Quid sibi vult quod dominus dicit: *Non adiciam adhuc maledicere super terram propter opera hominum, quia adposita est mens hominis ad maligna a iuventute. Non adiciam ergo adhuc percutere omnem carnem vivam, quemadmodum feci*, et deinde adiungit quae secundum largitatem bonitatis suae donat hominibus indignis? Utrum hic testamenti novi indulgentia figurata sit et praeterita ultio ad vetus pertineat testamentum, hoc est, illud ad legis severitatem, hoc ad gratiae bonitatem.

16 Quid est: *Et de manu hominis fratris exquiram animam hominis*? An omnem hominem fratrem omnis hominis intellegi voluit secundum cognationem ex uno ductam?

17 Quaeritur quare peccans Cham in patris offensa non in se ipso sed in filio suo Chanaan maledicitur. Nisi quia prophetatum est quodam modo terram Chanaan eiectis inde Chananaeis et debellatis accepturos fuisse filios Israhel, qui venirent de semine Sem.

18 Quaeritur, quomodo dictum sit de Nebroth: *Hic coepit esse gigans super terram*, cum gigantes et antea natos scriptura commemoret. An forte quia post

---

14,2 nudata…montium] cf. Gn 8,5   **15,4** quae…indignis] cf. Gn 8,22   5 testamenti…6 testamentum] cf. Mt 5,38-39   **17,1** peccans…offensa] cf. Gn 9,22   **18,2** gigantes…natos] cf. Gn 6,4

14,1 invenerit] inveniret *P V T Bad. Am.*   3 videtur quaestio] quaestio videtur *Bad. Am.* | aut *om. Bad. Am.*   4 aut] an *Bad. Am.* | quia] quae *P¹ S*, aquae *V Bad. Am.* | siccata] siccatae *V² Bad. Am.* | fuerant *om. T*   **15,2** maligna] malitiā *P S V T Bad. Am.* | a¹] ab *P S T Bad. Am.*   3 adiungit] iungit *Bad. Am.*   4 bonitatis] bonitati *n* | hominibus] omnibus *n*   6 hoc²] ē *add. P* gratiae] gratiam *P corr.* | bonitatem] veritatem *C (sed cf. l. 44)*   **16,1** hominis fratris] fratris hominis *Bad. Am.*   2 omnis] eius *Bad. Am.* | hominis] nomine *add. V Bad. Am.*, homine *add. P¹*   **17,1** quaeritur *om. μ*   2 quodam modo] quē admodum *V (exp.), om. Bad.*   3 inde Chananaeis] Chananaeis inde *P V T Bad. Rab.*   **18,2** commemoret] commemorat *C V T*

---

²³ Das Problem hat in dieser Form die LXX verursacht. TM spricht in 6,4 zunächst von הַנְּפִלִים, was durch die LXX, Theodotion und Vulg und infolgedessen auch durch die

qu. 1,14 (zu Gen 8,9)

14 Ebenso stellt sich die Frage, wieso die Taube keinen Ort zum Verweilen finden konnte, wenn doch entsprechend der Abfolge, in der die Erzählung die Ereignisse verknüpft, die Gipfel der Berge schon frei waren (vgl. Gen 8,5). Diese Frage kann, wie es scheint, gelöst werden: entweder durch Rekapitulation, nämlich daß man erkennt, daß Ereignisse, die früher geschehen sind, später erzählt wurden, oder eher, weil sie [die Gipfel] noch nicht getrocknet waren.

qu. 1,15 (zu Gen 8,21)

15 Was bedeutet der folgende Ausspruch des Herrn: „Ich werde nicht noch einmal die Erde verfluchen wegen der Taten der Menschen, weil der Sinn des Menschen von Jugend an zu bösenTaten geneigt ist; ich werde daher nicht noch einmal alles lebendige Fleisch vernichten, wie ich getan habe." Und daß er anschließend hinzufügt, was er den unwürdigen Menschen nach seiner freigebigen Güte gibt (vgl. Gen 8,22)? Ist hier vielleicht die Nachsicht des Neuen Bundes vorausgebildet und gehört die zurückliegende Strafe zum Alten Bund (vgl. Mt 5,38-39), d.h. jenes zur Strenge des Gesetzes, dieses zur Güte der Gnade?

qu. 1,16 (zu Gen 9,5)

16 Was bedeutet: „Und aus der Hand des Menschen, des Bruders, werde ich das Leben des Menschen fordern"? Wollte er zu verstehen geben, jeder Mensch sei Bruder jedes Menschen kraft der Verwandtschaft durch Abstammung von einem einzigen?

qu. 1,17 (zu Gen 9,25-27)

17 Man fragt, warum Ham für sein Vergehen der Kränkung seines Vaters (vgl. Gen 9,22) nicht in eigener Person, sondern in seinem Sohn Kanaan verflucht wird. Einzig, weil gleichsam eine Prophezeiung vorliegt, daß die Söhne Israels, die von Sem abstammen würden, die Kanaanäer aus dem Land Kanaan vertreiben und völlig bezwingen und daraufhin das Land erhalten sollten.

qu. 1,18 (zu Gen 10,8)

18 Man fragt, warum über Nimrod gesagt ist: „Dieser war der erste Gigant auf der Erde", da die Schrift doch auch zuvor geborene Giganten erwähnt (vgl. Gen 6,4).[23] Vielleicht, weil nach der Sintflut die Neuheit des wiederherzustellen-

---

modernen Bibelübersetzungen wegen Num 13,33 durch γίγαντες „Riesen" (die riesenhaften Urbewohner Kanaans) wiedergegeben wird (Aquila dagegen entsprechend נפל fallen: οι επιπιπτοντες „die Fallenden", Targum Jonatan: „die vom Himmel Gefallenen"; Symmachos: βιαιοι „die Gewalttätigen"). Anschließend nennt Gen 6,4 sie הַגִּבֹּרִים „die Gewaltigen/Helden" (Vulg: *potentes* „die Mächtigen"). LXX aber sagt auch dafür γίγαντες. Nach Gen 10,8 war Nimrod der erste גִּבֹּר auf der Erde. Da LXX auch hier, gefolgt von VL (Vulg dagegen: *potens*), γίγας übersetzt, ergibt sich für Augustinus eine Spannung zu Gen 6,4. Vgl. *qu.* 1,3; *civ.* 15,23.

180 diluvium novitas generis humani reparandi denuo commemoratur, in qua novitate hic coepit esse gigans super terram?

19 Quaeritur quid sit: *Et Heber nati sunt filii duo; nomen unius Phalec, quia in diebus eius divisa est terra*, nisi forte in diebus eius linguarum illa diversitas extiterit, per quam factum est, ut gentes dividerentur.

20 *Et erat omnis terra labium unum.* Quomodo hoc potest intellegi, quando superius dictum est, quod filii Noe vel filiorum eius distributi essent per terram secundum tribus et secundum gentes et secundum linguas suas, nisi quia per recapitulationem postea commemorat quod prius erat? Sed obscuritatem facit, quod eo genere locutionis ista contexit, quasi narratio de his quae postea facta sunt consequatur.

21 *Venite aedificemus nobis civitatem et turrem cuius caput erit usque in caelum.* Si hoc se posse crediderunt, nimium stulta audacia et inpietas deprehenditur. Et quia ob hoc dei vindicta secuta est, ut eorum linguae dividerentur, non absurde hoc cogitasse creduntur.

22 *Venite descendamus et confundamus ibi linguam eorum, ne audiat unusquisque vocem* 200 *proximi.* Utrum ad angelos dominus hoc dixisse intellegitur? An secundum illud accipiendum est quod in exordio libri legitur: *Faciamus hominem ad imaginem et similitudinem nostram*? Nam et quomodo postea dicitur singulari numero: *Quia ibi confudit dominus labia terrae*, sic et illic cum dictum esset: *Faciamus ad imaginem nostram*, in consequentibus tamen non dictum est fecerunt sed: *Fecit deus*.

20,2 filii...3 suas] cf. Gn 10   22,3 Gn 1,26   4 Gn 11,9   6 Gn 1,27

3 denuo] de novo *P S V Bad. Am.*   19,1 quia] qui *C¹ P¹*   2 extiterit] existiterit *C¹*   3 quam] quem *P*   20,1 et *om. S Eug. (cod. P)* | hoc *om. Eug.*   3 quia] quod *S*   4 commemorat] commorat *C¹* | facit] hic *praem. Am.*   5 contexit] contexerit *Eug. (codd. Pv)*   21,1 cuius] cui *S* hoc...2 se] se hoc *Bad. Am.*   2 quia] quod *S, om.* n   22,1 et *om. P¹ V¹* | ibi *om. V T Bad. Am.* linguam] linguas *P Bad. Am.*   2 hoc *om. C* | intellegitur] intelligatur *Bad. Am.*   4 quomodo postea] *legi cum* μ, propterea quam *V*, propterea *Bad.*, quod postea *cett. codd., Fraipont* | quia] quod *S* | ibi...5 confudit] confudit ibi *T*   5 labia] labium *V Bad. Am.* | sic] sicut *V Bad. Am.* et] ut *Bad.* | faciamus] *C P S¹ N T Bad. Am.* μ, hominem *add. V S² z*   6 est *om. C* | deus] dominus *Bad. Am.*

den Menschengeschlechts noch einmal erwähnt wird und in diesem neuen Geschlecht dieser der erste Gigant auf der Erde war?

qu. 1,19 (zu Gen 10,25)

19 Man fragt, was das bedeutet: „Und dem Eber wurden zwei Söhne geboren; einer hieß Peleg, weil in seinen Tagen die Erde unterteilt wurde", falls nicht vielleicht in dessen Tagen jene Sprachenvielfalt entstanden ist, die die Trennung der Völker verursachte.[24]

qu. 1,20 (zu Gen 11,1)

20 „Und die ganze Erde war eine Lippe." Wie kann man das verstehen, zumal weiter oben gesagt wurde, daß die Söhne des Noach oder seiner Söhne sich nach ihren Stämmen und Völkern und Sprachen über die Erde verteilt haben (vgl. Gen 10), außer daß der Autor durch Rekapitulation nachträglich erwähnt, was früher geschah?[25] Undurchsichtigkeit resultiert jedoch daraus, daß er jene Fakten in einer solchen Ausdrucksweise aneinander gereiht hat, als ob die späteren Ereignisse jeweils anschließend erzählt würden.

qu. 1,21 (zu Gen 11,4)

21 „Kommt, wir wollen uns eine Stadt und einen Turm bauen, dessen Spitze bis in den Himmel reichen wird!" Wenn sie sich dessen für fähig gehalten haben, sind allzu törichte Vermessenheit und Gottlosigkeit zu bemerken. Und weil deswegen die göttliche Strafe erfolgt ist, daß ihre Sprachen getrennt wurden, hält man es nicht für absurd, daß sie derartiges gedacht haben.

qu. 1,22 (zu Gen 11,7)

22 „Kommt, wir wollen hinabsteigen und dort ihre Sprache verwirren, damit keiner die Stimme des anderen hört". Ist das so zu verstehen, daß der Herr dies zu den Engeln gesagt hat?[26] Oder soll man es sich der Formulierung entsprechend erklären, die zu Beginn des Buches zu lesen ist: „Laßt uns den Menschen machen nach unserem Bild und uns ähnlich" (Gen 1,26)? Denn wie[27] auch anschließend der Text im Singular formuliert: „Denn der Herr verwirrte dort die Lippen der Erde" (Gen 11,9), so wird auch dort, obgleich gesagt worden war: „laßt uns nach unserem Bild machen", anschließend dennoch nicht formuliert ‚sie machten', sondern „Gott machte" (Gen 1,27).[28]

---

[24] Vgl. Augustinus, *civ.* 16,10 *l.* 11-14. In *civ.* 16,11 *l.* 24-25 erklärt Augustinus den Namen: *Phalech, quod interpretatur divisio* „Peleg, das man übersetzt: Trennung", wohl in Anlehnung an Hieronymus, *Qu. Hebr. Gen.* 10,24.25.

[25] In *doctr. chr.* 3,53 behandelt Augustinus diesen Fall ausführlich als Beispiel für die sechste Regel des Tyconius: *recapitulatio*.

[26] Vgl. *civ.* 16,5.

[27] Entsprechend der Lesart von μ.

[28] Augustinus deutet den Plural somit als Pluralis Majestatis.

23 Quod scriptum est: *Et erat Arphaxat annorum centum triginta quinque, cum genuit Cainan. Et vixit Arphaxat postquam genuit Cainan annos quadringentos*, vel, sicut in Graeco invenimus, *annos trecentos*, quaeritur quomodo dixerit deus ad Noe: *Erunt anni vitae eorum centum viginti*; nondum enim natus erat Arphaxat, quando dixit hoc deus, nec fuit in arca cum parentibus suis. Quomodo ergo intellegun- 5
tur deinceps anni vitae humanae praedicti centum viginti, cum inveniatur homo vixisse amplius quadringentis annis? Nisi quia intellegitur ante viginti annos quam inciperet arca fieri, quae centum annis facta reperitur, hoc deum dixisse ad Noe, cum iam praenuntiaret facturum se esse diluvium, nec vitae humanae deinceps futurae in his qui post diluvium nascerentur spatium praedixisse sed 10
vitae hominum quos fuerat diluvio deleturus.

24 Quaeritur, quare scriptum sit: *Sem erat pater omnium filiorum Heber*, cum inveniatur Heber quintus a Sem filio Noe. Utrum quia ex illo Hebraei dicuntur appellati? Per illum enim generatio transit ad Abraham. Quid ergo probabilius

---

23,4 Gn 6,3 **24,2** Heber…Noe] cf. Gn 10,22.24; 11,10.12-14

23,2 et…Cainan² *om. C per homoiot.* **3** in Graeco *om. C¹* | dixerit] dixerat *C* **4** erunt] *C P S V T Bad. Am. μ, et praem. N z* | enim *om. S V Bad. Am.* **6** praedicti] praedictae *C* **7** quia] quod *S* **9** facturum se] se facturum *V Bad. Am.* | se *om. T* | esse] esset *n* **11** vitae] ubitae *C¹* **24,1** sit] *P S V N T Bad. Am. μ*, est *C z (cf.* qu. 18 l. 1; 19 l. 118,1 cett.) **2** dicuntur] dicantur *V* **3** transit] transiit *P S T Am. μ* | Abraham] *Abraham *p*, Habraam *n*

---

[29] VL weicht für die Lebenszeit Arpachschads nach der Zeugung Kainans (400 Jahre) von LXX ab, die allerdings nicht 300 Jahre, wie Augustinus angibt, sondern 430 Jahre hat. Augustinus geht darauf nicht ein, weil er hier ein anderes Problem diskutiert. Die Jahreszahlen der Stammbäume vor der Flut Gen 5,1-32 (Adam bis Noach mit Sem, Ham und Jafet) und nach der Flut Gen 11,10-26 (Sem bis Terach mit Abram, Nahor und Haran) bereiten bis heute ungelöste Probleme, zumal sowohl Sam als auch LXX von TM und untereinander abweichen. Rechnet man die Zahlen beider Stammbäume in TM zusammen, ergibt sich, daß Noach noch Abraham und Sem noch Jakob erlebte. LXX und Sam versuchen, das zu vermeiden, indem sie ab Arpachschad die Zeugungsalter um je 100 Jahre erhöhen, gehen aber bei den Lebensjahren nach der jeweiligen

qu. 1,23 (zu Gen 11,12-13)

23 Bezüglich der Schriftstelle: „Arpachschad war 135 Jahre alt, als er Kainan zeugte, und nachdem er Kainan gezeugt hatte, lebte er noch 400 Jahre" oder, wie wir im Griechischen finden: „300 Jahre", fragt man, wie es kommt, daß Gott zu Noach sagte: „Ihre Lebensjahre werden 120 sein" (Gen 6,3); denn Arpachschad war noch nicht geboren, als Gott das sagte, und er war auch nicht zusammen mit seinen Eltern in der Arche.[29] Wie sind daher alsdann die festgesetzten 120 menschlichen Lebensjahre zu verstehen, da man doch feststellt, daß der Mann länger als 400 Jahre gelebt hat? Man muß es sich wohl so zurecht legen: 20 Jahre, bevor Noach begann, die Arche zu bauen, die, wie berichtet wird, in 100 Jahren hergestellt wurde, hat Gott das zu ihm gesagt, als er bereits ankündigte, er werde die Sintflut herbeiführen. Er hat aber nicht die zukünftige Lebenszeit für diejenigen, die nach der Flut geboren würden, vorhergesagt, sondern nur die Lebenszeit der Menschen, die er durch die Flut vernichten wollte.[30]

qu. 1,24 (zu Gen 10,21)

24 Man fragt, warum geschrieben sei: „Sem war der Vater aller Söhne Ebers", obgleich man findet, daß Eber als fünfter vom Noach-Sohn Sem abstammt (vgl. Gen 10,22.24; 11,10.12-14).[31] Vielleicht, weil nach ihm die Hebräer benannt sein sollen? Durch ihn geht nämlich die Abstammungslinie auf Abra-

---

Zeugung der nächsten Generation auseinander. Arpachschad, der als Sohn Sems zwei Jahre nach der Flut geboren wird, bereitet ein zusätzliches Problem, da LXX allein hier besonders stark abweicht. Nach TM zeugt Arpachschad Schelach mit 35 Jahren und lebt danach noch 403 Jahre, nach Sam zeugt er Schelach mit 135 Jahren und lebt danach noch 303 Jahre, nach beiden lebt Arpachschad insgesamt 438 Jahre. Nur LXX führt eine Zwischengeneration ein: Arpachschad zeugt mit 135 Jahren Kainan (übernommen aus 5,9?) und lebt danach noch 430 Jahre; und der in TM und Sam nicht genannte Kainan zeugt mit 130 Jahren Schelach und lebt danach noch 330 Jahre. Zu Kainan und den Zahlen der LXX vgl. WEVERS, *Genesis* 153f; BRAYFORD, *Genesis* 287f., RÖSEL, *Übersetzung* 252 zu LXX in Gen 5 und 11: „Im Einklang mit dem chronographischen Interesse der wissenschaftlichen Umwelt wurden offenkundig die Zahlen der Vorlage so modifiziert, daß sie auf das Jahr 5000 *anno mundi* als erstes Jahr des zweiten Tempels in Jerusalem hinweisen, zugleich aber einen Konflikt mit ägyptischen Traditionen über die Dauer der Herrschaft der Pharaonen vermeiden."

[30] Vgl. Augustinus, civ. 15,24. Hieronymus, *Qu. Hebr. Gen.* 6,3 übernimmt eine bei jüdischen wie christlichen Autoren beliebte Erklärung und deutet die 120 Jahre als von Gott gewährte Zeit der Umkehr. Vgl. GRYPEOU/SPURLING, *Book* 152-156.175-179.189-192.

[31] Gemeint ist: in fünfter Generation. Während TM jeweils nur vier Generationen nennt: Sem – Arpachschad – Schelach – Eber, hat LXX jeweils eine Fünferreihe: Sem – Arphaxad – Kainan – Sala – Eber.

sit Hebraeos tamquam Heberaeos dictos an tamquam Abrahaeos merito quaeritur.

25,1 Quomodo accipiendum sit, quod, cum esset Thara pater Abrahae annorum septuaginta, genuit Abraham et postea cum suis omnibus mansit in Charran et vixit annos ducentos quinque in Charran et mortuus est, et dixit dominus ad Abraham, ut exiret de Charran, et exiit inde, cum esset idem Abraham septuaginta quinque annorum? Nisi quia per recapitulationem ostenditur vivo Thara locutum esse dominum et Abraham vivo patre suo secundum praeceptum domini exisse de Charran, cum esset septuaginta quinque annorum, centesimo et quadragesimo quinto anno vitae patris sui, si dies vitae patris eius anni ducenti quinque fuerunt, ut ideo scriptum sit: *Fuerunt anni vitae Tharae ducenti quinque in Charran*, quia ibi complevit omnes annos totius vitae suae. Solvitur ergo quaestio per recapitulationem, quae indissolubilis remaneret, si post mortem Tharae acciperemus locutum esse dominum ad Abraham, ut exiret de Charran, quia non poterat esse adhuc annorum septuaginta quinque, cum pater eius iam mortuus esset, qui eum septuagesimo aetatis suae anno genuerat, ut Abraham post mortem patris sui annorum esset centum triginta quinque, si omnes anni patris eius ducenti quinque fuerunt. Recapitulatio itaque ista, si advertatur in scripturis, multas quaestiones solvit, quae indissolubiles possunt videri secundum etiam superiorum quaestionum expositionem per eandem recapitulationem factam.

25,2 Quamquam et aliter ista quaestio a quibusdam solvatur: Ex illo conputari annos aetatis Abrahae, ex quo liberatus est de igne Chaldaeorum, in quem missus ut arderet, quia eundem ignem superstitione Chaldaeorum colere noluit, liberatus inde etsi in scripturis non legitur, Iudaica tamen narratione traditur.

---

4   Hebraeos] Heber *P S*, Braeos *n*, ab Heber *Bad.*, ab Heber *praem. T (?) z* | Heberaeos] Hebraeos *C¹*, Eberaeos *n*, Hebreos *P V¹ S Bad.* | an] ab Abraham *add. T (?) z* | tamquam² *om. Bad.* | Abrahaeos] Abraheos *C Bad.*, Abrahae *S V,* Abraeos *N*   **25,1** Thara] Tarra *C*, Tara *S*, Thare *Bad. Am.*, Tharra *z* | Abrahae] Abrae *N Am. z (qui praetulit hanc formam propter Gen. 17,5)*   4   ut...5 Abraham *om. C¹ homoiot., add. C²* | et *del. C², om. V¹*   5   quia] quod *S*   6   Thara] Tarrea *C,* Tara *S*   8   quinto] et *praem. P S V N T Am.* | si] sic *C¹* | eius] sui *P S V T Bad. Am. μ Rab.*   9   Tharae] Tarra *C P,* Tara *S,* Thare *N Bad.*   12   Tharae] Turrae *C,* Tare *P T,* Tarae *p S,* Thare *n Bad.*   13   esse adhuc] adhuc esse *C¹ z*   16   fuerunt] fuerint *S*   17   advertatur] avertatur *C¹ P S¹ T¹* | solvit] solvet *C¹*   18   superiorum] superiorem *C¹ S N Rab.*   22   missus] est *add. V Bad. Rab.* | ignem *om. N*

ham über. Zu Recht fragt man daher, was wahrscheinlicher ist: daß die Hebräer gleichsam Heberäer oder gleichsam Abrahäer heißen.[32]

qu. 1,25,1 (zu Gen 11,26-28.31-32; 12,1.4)

25,1 Wie soll man folgendes verstehen: Terach, Abrahams Vater, zeugte Abraham im Alter von 70 Jahren, und danach wohnte er mit all seinen Angehörigen in Haran und lebte in Haran 205 Jahre lang, und dann starb er; und der Herr sagte zu Abraham, er solle aus Haran wegziehen, und eben dieser Abraham ging von dort weg, als er 75 Jahre alt war?[33] Wohl nur so: Durch Rekapitulation wird gezeigt: Der Herr hat zu Lebzeiten Terachs gesprochen, und Abraham ist zu Lebzeiten seines Vaters nach dem Gebot des Herrn aus Haran weggegangen, als er 75 Jahre alt war, und zwar im 145sten Lebensjahr seines Vaters,[34] wenn die Lebenstage seines Vaters 205 Jahre waren. Folglich ist so geschrieben: „Die Lebensjahre von Terach in Haran waren 205", weil er dort alle Jahre seines ganzen Lebens vollendete.[35] Die Lösung der Frage liegt somit in der Rekapitulation. Sie bliebe unlösbar, wenn wir annähmen, der Herr habe erst nach dem Tod des Terach zu Abraham gesprochen, er solle Haran verlassen, denn er konnte nicht mehr nur 75 Jahre alt sein, als sein Vater bereits gestorben war; der hatte ihn in seinem 70sten Lebensjahr gezeugt, so daß Abraham nach dem Tod seines Vaters 135 Jahre alt sein mußte, falls die Jahre seines Vaters insgesamt 205 waren. Diese Rekapitulation löst daher, wenn man nur in den Schriften darauf achtet, viele Probleme, die sonst unlösbar erscheinen können. Dies gilt auch für die durch dieselbe Rekapitulation bereits oben erklärten Fragen.

qu. 1,25,2

25,2 Freilich wird diese Frage von manchen auch anders gelöst: man solle das Lebensalter Abrahams von jenem Zeitpunkt an berechnen, an dem er aus dem Feuer der Chaldäer befreit wurde. In dieses wurde er geworfen, damit er verbrenne, da er sich weigerte, eben dieses Feuer nach dem abergläubischen Kult der Chaldäer zu verehren. Obgleich man in den Schriften nicht liest, daß er

---

[32] In *civ.* 16,3 *l.* 62-71 entscheidet sich Augustinus für die Herleitung des Namens Hebräer von Heber. Er stimmt darin mit Hieronymus, *Qu. Hebr. Gen.* 10,24-25 überein. Vgl. auch *retr.* 2,16.
[33] Vgl. *civ.* 16,14-15.
[34] So rechnet auch Sam. Da er aber noch nicht die Erklärung mit der *recapitulatio* kannte, hat er in 11,32 die Zahl verändert: Terach starb 145 Jahre alt.
[35] Dieses letzte Problem hat erst die LXX erzeugt. Während Gen 11,32 nach TM lautet: „Die Tage Terachs betrugen 205 Jahre, dann starb Terach in Haran", bringt LXX die Ortsangabe auch im ersten Satz: „Und die Tage Tharas beliefen sich in Charran auf 205 Jahre, und Thara starb in Charran."

Potest et sic solvi, quoniam scriptura, quae dixit: *Cum esset Thara annorum septuaginta, genuit Abraham et Nachor et Arran,* non utique hoc intellegi voluit, quia eodem anno septuagesimo aetatis suae omnes tres genuit, sed ex quo anno generare coepit, eum annum commemoravit scriptura. Fieri autem potest, ut posterior sit generatus Abraham, sed merito excellentiae, qua in scripturis valde commendatur, prior fuerit nominatus, sicut propheta priorem nominavit minorem: *Iacob dilexi, Esau autem odio habui,* et in Paralipomenon cum sit quartus nascendi ordine Iudas, prior est commemoratus, a quo Iudaicae genti nomen est, propter tribum regiam. Commodius autem plures exitus inveniuntur, quibus quaestiones difficiles dissolvantur.

25,3 Consideranda est sane narratio Stephani de hac re, cui magis harum expositionum non repugnet. Et illud quidem cogit, ut non, sicut narrari videtur in Genesi, post mortem Tharae locutus sit deus Abrahae, ut exiret de cognatione sua et de domo patris sui; sed cum esset in Mesopotamia priusquam habitaret in Charran iam utique egressus de terra Chaldaeorum, ut in illo itinere intellegatur ei locutus deus. Sed quod Stephanus postea sic narrat: *Tunc Abraham egressus de terra Chaldaeorum habitavit in Charran. Et inde postquam mortuus est pater eius conlocavit eum in terra hac,* non parvas adfert angustias huic expositioni, quae fit per recapitulationem. Videtur enim habuisse imperium domini, quod ei fuerat locutus in itinere Mesopotamiae egresso de terra Chaldaeorum et eunti in

---

25,24 Gn 11,26   **30** Mal. 1,2-3   **31** prior…commemoratus] cf. 1 Par 4,1   **35** non²…37 sui] cf. Gn 11,32; 12,1   **37** cum…38 Charran] cf. Act 7,2   **39** Act 7,4

25 quia] qua μ, quod *Rab.*   **27** autem *om. n*   **31** commemoratus] nominatus *P S V T Bad. Am. Rab.*   **35** expositionum] expositione *P S¹ T¹*, expositioni *S² V T²*   **36** Tharae] Tarrae *C*, Tharae *p*, Tarae *S*, Thare, *n T Bad.* | sit] est *P S V¹ Rab.* | Abrahae] ad Abrahe *V*, ad Abraham *Bad. Am.* μ   **39** locutus] ē *add. V¹* | Abraham…40 egressus] egressus Abraham *P S V T Bad. Am. Rab.*   **42** quod] quo μ   **43** et *om. V, del. T*

---

³⁶ Diese Legende berichtet bereits Hieronymus in *Qu. Hebr. Gen.* zu Gen 11,28: *Tradunt autem Hebraei ex hac occasione istius modi fabulam, quod Abraham in ignem missus sit, quia ignem adorare noluerit, quem Chaldaei colunt, et dei auxilio liberatus de idololatriae igne profugerit.* „Die Hebräer überliefern aber aus diesem Anlaß eine Sage folgenden Inhalts: Abraham sei in das Feuer geworfen worden, weil er das Feuer nicht anbeten wollte, das die Chaldäer verehren, und er sei, durch Gottes Hilfe befreit, vor dem götzendienerisch verehrten Feuer geflohen." Den verfrühten Tod Harans erklärt Hieronymus damit, daß auch dieser sich weigerte, das Feuer zu verehren, daraufhin aber den Feuertod erlitt. Zu Gen 12,4 angesichts des ‚unlösbaren Problems' des Alters Abrahams bei seinem Auszug aus

daraus befreit wurde, überliefert dies gleichwohl eine jüdische Erzählung.[36] Die Frage kann auch wie folgt gelöst werden, denn die Schrift, die gesagt hat: „Als Terach 70 Jahre alt war, zeugte er Abraham und Nahor und Haran" (Gen 11,26), wollte das keinesfalls dahingehend verstanden wissen, daß er in seinem selben 70. Lebensjahr alle drei zeugte, sondern die Schrift hat dasjenige Jahr erwähnt, von dem an er zu zeugen begann. Vielleicht hingegen wurde Abraham zwar später geboren, mit vollem Recht aber wegen der Vortrefflichkeit, durch die er in den Schriften nachdrücklich ausgezeichnet wird, früher genannt, wie der Prophet den früher Geborenen später genannt hat: „Jakob habe ich geliebt, Esau aber gehaßt" (Mal 1,2-3) und wie in Chronik Juda, von dem das jüdische Volk seinen Namen hat, obgleich vierter nach der Geburtsfolge, wegen des Königsstamms zuerst genannt ist (vgl. 1Chr 4,1). Vorteilhafter ist es jedoch, mehrere Lösungswege für schwierige Fragen ausfindig zu machen.

qu. 1,25,3

25,3 Allerdings muß auch in die Überlegung einbezogen werden, welcher dieser obigen Erklärungen die Darstellung, die Stephanus hiervon gibt, am wenigsten widerspricht. Und das erzwingt freilich die Einsicht, daß Gott nicht, wie die Genesis zu erzählen scheint, Abraham erst nach dem Tod des Terach aufgetragen hat, aus seiner Verwandtschaft und aus dem Haus seines Vaters wegzuziehen (vgl. Gen 11,32; 12,1), sondern daß Gott auf jener Reise zu ihm gesprochen hat, als er sich noch in Mesopotamien aufhielt, bevor er sich in Haran niederließ (vgl. Apg 7,2), allerdings das Land der Chaldäer bereits verlassen hatte. Stephanus erzählt aber folgendermaßen weiter: „Darauf zog Abraham aus dem Land der Chaldäer weg und wohnte in Haran; und von dort ließ er ihn, nachdem sein Vater gestorben war, in diesem Land wohnen (Apg. 7,4)." Das bereitet der obigen Erklärung mittels Rekapitualtion keine geringe Verlegenheit. Er scheint nämlich den Befehl des Herrn erhalten zu haben, den dieser ihm auf seiner Reise durch Mesopotamien erteilt hatte, als er schon aus dem

---

Haran kommt Hieronymus, wenn auch mit Reserven, nochmals darauf zurück: *Vera est igitur illa Hebraeorum traditio, quam supra diximus, quod egressus sit Thare cum filiis suis de igne Chaldaeorum et quod Abraham babylonio uallatus incendio, quia illud adorare nolebat, dei sit auxilio liberatus et ex illo tempore ei dies uitae et tempus reputetur aetatis, ex quo confessus est dominum, spernens idola Chaldaeorum.* „Jene Überlieferung der Hebräer trifft daher zu, die wir oben erwähnt haben, daß nämlich Terach mit seinen Söhnen vom Feuer der Chaldäer ausgewandert ist und daß Abraham, nachdem er vom babylonischen Feuer umschlossen worden war, weil er dieses nicht anbeten wollte, durch Gottes Hilfe befreit wurde und daß ihm von jenem Zeitpunkt an die Tage seines Lebens und sein Lebensalter berechnet werden, an dem er in Verachtung der Götzen der Chaldäer sich zum Herrn bekannt hat."

Charran, et hoc imperium post mortem patris sui oboedienter inplesse, cum dicitur: *Et habitavit in Charran. Et inde postquam mortuus est pater eius conlocavit illum in terra hac.* Ac per hoc manet quaestio, si septuaginta quinque annorum - sicut evidenter scriptura Geneseos loquitur - fuit, quando egressus est de Charran, quomodo esse possit hoc verum; nisi forte quod ait Stephanus: *Tunc Abraham egressus est de terra Chaldaeorum et habitavit in Charran,* non sic accipiatur: Tunc egressus est, posteaquam ei locutus est dominus - iam enim erat in Mesopotamia, sicut supra dictum est, quando illud audivit a domino - sed ipsa regula recapitulationis contexere voluit Stephanus et simul dicere, unde egressus ubi habitaverit, cum ait: *Tunc Abraham egressus est de terra Chaldaeorum et habitavit in Charran.* In medio autem, id est inter egressum de terra Chaldaeorum et habitationem in Charran, ei locutus est deus. Postea vero quod adiungit Stephanus: *Et inde postquam mortuus est pater eius, conlocavit illum in terra hac,* intuendum est, quia non dixit: Et postquam mortuus est pater eius, egressus est de Charran, sed: *Inde conlocavit eum deus in terra hac,* ut post habitationem in Charran conlocaretur in terra Chanaan, non post mortem patris egressus, sed post mortem patris conlocatus in terra Chanaan, ut ordo verborum sit: Habitavit in Charran; et inde conlocavit illum in terra hac, postquam mortuus est pater eius, ut tunc intellegamus conlocatum vel constitutum Abraham in terra Chanaan, quando illic eum nepotem suscepit, cuius universum semen illic fuerat regnaturum ex promisso dei hereditate donata. Nam ex ipso Abraham natus est Ismahel de Agar, nati et alii ex Cettura, ad quos illius terrae non pertineret hereditas. Et ex Isaac natus est Esau, qui similiter ab illa hereditate alienatus est. Ex Iacob autem filio Isaac quotquot filii nati sunt, id est universum semen eius ad illam hereditatem pertinuit. Sic ergo conlocatus et constitutus in illa terra Abraham, quoniam vixit usque ad nativitatem Iacob, si recte intellegitur, soluta quaestio est secundum recapitulationem, quamvis et aliae solutiones non sint contemnendae.

---

46 septuaginta…47 Charran] cf. Gn 12,4   **48** Act 7,4   **64** ex…Agar] cf. Gn 16,5 | nati…65 Cettura] cf. Gn 25,1-2   **65** et…66 Esau] cf. Gn 25,25-26   **66** ex…68 pertinuit] cf. Gn 35,12

---

44 et…45 Charran *om. C¹ per homoiot.*   **48** esse possit] possit esse C^1 z **49** est *om. C P V¹ T* accipiatur] ut *add. T*   **50** est¹] sit *T* | ei…est²] locutus est ei *T*   **51** ipsa] ipsam *C V* (ipsam *del. et* per *superscr.*), *Rab.,* per *Bad.* | regula] regulam *C V Bad. Rab.*   **52** unde…53 Abraham *om. V¹* | ubi…53 egressus *om. P¹ per homoiot.*   **55** ei *om. T* | ei…est] locutus est ei *V Bad. Am. μ*   **58** conlocaretur] collocare *n*   **60** ut] et *C*   **67** quotquot] quoque *n*   **68** constitutus] est *add. V¹ T Rab.*   **69** intellegitur] intellegatur V^1 T^2 **70** sint] sunt *V*

Land der Chaldäer weggezogen und dabei war, nach Haran zu gehen, und er scheint diesen Befehl erst nach dem Tod seines Vaters gehorsam ausgeführt zu haben, denn es heißt: „Und er wohnte in Haran; und von dort ließ er ihn, nachdem sein Vater gestorben war, in diesem Land wohnen." Und deswegen bleibt die Frage, wenn er – wie die Schrift Genesis deutlich sagt – 75 Jahre alt war, als er aus Haran wegzog (vgl. Gen 12,4), wie das zutreffen kann, außer man versteht die Aussage des Stephanus: „Darauf zog Abraham aus dem Land der Chaldäer weg und wohnte in Haran" (Apg 7,4), nicht so: ‚Dann ist er weggezogen, nachdem der Herr zu ihm gesprochen hatte' – denn er war, wie oben ausgeführt, ja schon in Mesopotamien, als er dieses vom Herrn hörte –, sondern: Stephanus wollte lediglich nach dem Prinzip der Rekapitulation miteinander verflechten und gleichzeitig sagen, von wo er weggezogen sei und wo er gewohnt habe, wenn er sagt: „Darauf zog Abraham aus dem Land der Chaldäer weg und wohnte in Haran." In der Zwischenzeit aber, d.h. zwischen dem Auszug aus dem Land der Chaldäer und dem Aufenthalt in Haran, hat Gott zu ihm gesprochen. Soweit Stephanus aber anschließend hinzufügt: „Und von dort ließ er ihn, nachdem sein Vater gestorben war, in diesem Land wohnen", ist zu berücksichtigen, daß er nicht gesagt hat: ‚Und nachdem sein Vater gestorben ist, ist er aus Haran weggezogen', sondern: „Von dort ließ Gott ihn in diesem Land wohnen." Folglich erhielt er nach seinem Aufenthalt in Haran Wohnung im Land Kanaan; er ist nicht nach dem Tod seines Vaters weggezogen, sondern erhielt nach dem Tod seines Vaters im Land Kanaan Wohnung. Folglich ist die Reihenfolge der Aussagen: ‚Er wohnte in Haran; und von dort ließ er ihn in diesem Land wohnen, nachdem sein Vater gestorben war.' So daß wir verstehen: Abraham wurde zu jenem Zeitpunkt in das Land Kanaan versetzt bzw. dort angesiedelt, als er dort jenen Enkel erhielt, dessen gesamte Nachkommenschaft auf Grund des Erbes, das ihm durch Verheißung Gottes geschenkt war, dort herrschen sollte. Denn von demselben Abraham entstammt Ismaël, und zwar aus Hagar (vgl. Gen 16,15), entstammen auch weitere aus Ketura (vgl. Gen 25,1-2); diesen sollte das Erbe jenes Landes nicht zustehen. Und von Isaak stammt Esau (vgl. Gen 25,25-26), der gleichermaßen von jenem Erbe ausgeschlossen ist. So viele Söhne aber vom Isaak-Sohn Jakob abstammen, d.h. seine gesamte Nachkommenschaft, erhielten Anteil an jenem Erbe (vgl. Gen 35,12). Da Abraham, nachdem er in jenes Land versetzt und dort angesiedelt worden war, bis zu Jakobs Geburt lebte, ist also, recht verstanden, die Frage nach dem Prinzip der Rekapitulation gelöst,[37] wenngleich auch andere Lösungen nicht zu verachten sind.

---

[37] In *civ.* 16,15 identifiziert Augustinus die *collocatio* Abrahams im Land mit seinem Landkauf Gen 23,16-18.

320   26 *Erit ergo cum te viderint Aegyptii, dicent quia uxor illius haec. Factum est autem, statim ut intravit Abraham in Aegyptum, videntes Aegyptii mulierem quia speciosa erat valde*, quomodo accipiatur quod Abraham veniens in Aegyptum celare voluit uxorem suam esse Sarram secundum omnia, quae de hac re scripta sunt? Utrum hoc convenerit tam sancto viro an subdefectio fidei eius intellegatur, sicut nonnulli arbitrati sunt? Iam quidem et contra Faustum de hac re disputavi et diligentius a presbytero Hieronymo expositum est, quare non sit consequens, ut, cum aliquot dies apud regem Aegypti Sarra fecerit, etiam eius concubitu credatur esse polluta, quoniam mos erat regius vicibus ad se admittere mulieres suas et nisi lomentis et unguentis diu prius accurato corpore nulla intrabat ad regem. Quae dum fierent, adflictus est Pharao manu dei, ut viro redhiberet intactam, quam ipsi deo maritus commiserat tacens quod uxor esset, sed non mentiens quod soror esset, ut caveret quod poterat, quantum homo poterat, et deo commendaret quod cavere non poterat, ne, si et illa quae cavere poterat deo tantum dimitteret, non in deum credere sed deum tentare potius inveniretur.

340   27 Quod terra Sodomorum et Gomorrhae, antequam deleretur, comparatur paradiso dei, eo quod erat inrigua, et terrae Aegypti, quam Nilus inrigat, satis, ut opinor, ostenditur quomodo debeat intellegi ille paradisus, quem plantavit deus, ubi constituit Adam. Quis enim alius intellegatur paradisus dei, non video. Et

---

26,9 mos…11 regem] cf. Hieronymus, *Qu. Hebr. Gen.* 12,15-16 **11** adflictus…12 esset] cf. Gn 12,17-19 **27,3** ille…4 Adam] cf. Gn 2,8

26,1 haec] *del. et* es *superscr. V,* est *Bad.* **5** subdefectio] sub defectione *Bad.* **6** et¹ *om. Bad. Am.* **8** fecerit] fuerit *S* **9** regius] regibus *C Bad. Eug (cod. P)* **10** lomentis] fomentis *Bad.* **11** redhiberet] redideret *C*, rehiberet *N*, redderet *T*, redhiberet (aliter redderet *s. l.*) *V*, reddi iuberet *Bad.* **12** sed] et *Bad. Am.* **13** poterat²] cavere *Bad. Am.* **14** deo] ideo *T* | ne] ni (i *in ras.*) *n* | illa] ille *Bad.* | quae] quod *Bad. Am.* **27,1** Gomorrhae] Gomorrae *C P S V*, Gommorrae *p (pr. m exp.*), Gomorre *N T*, Gomorreorum *Bad. Am.* **2** et] ut *Am.* **3** debeat intellegi] intellegi debeat *C μ z*

---

[38] Diesen Vorwurf erhoben die Manichäer. Augustinus erwähnt ihn und widerlegt ihn mit den gleichen Argumenten wie hier in *c. Faust.* 22,36 und *c. Sec.* 23. Vgl. auch *civ.* 16,19.

[39] Hieronymus argumentiert mit Est 2,12-13: *quod iuxta librum Esther, quaecumque mulierum placuisset regi apud veteres, sex mensibus unguebatur oleo myrteo et sex mensibus in pigmentis uariis erat et curationibus feminarum, et tunc demum ingrediebatur ad regem.* „Weil nach dem Buch Ester jede Frau, die dem König bei den Alten gefallen hatte, sechs Monate mit

qu. 1,26 (zu Gen 12,12.14)

26 „Es wird daher geschehen: Wenn die Ägypter dich gesehen haben, werden sie sagen: Diese ist seine Frau! Es geschah aber: Sobald Abraham nach Ägypten hineingekommen war, sahen die Ägypter, daß die Frau sehr schön war." Wie kann man – entsprechend allem, was über diese Sache geschrieben steht – verstehen, daß Abraham, als er nach Ägypten kam, verheimlichen wollte, daß Sara seine Frau war? Ziemte sich das wohl für eine so heiligen Mann, oder soll man es als Glaubensschwäche deuten, wie einige gemeint haben?[38] Ich habe mich ja darüber schon mit Faustus auseinandergesetzt, und der Presbyter Hieronymus hat eingehender dargelegt, warum keineswegs notwendig folgt, daß man Sara, weil sie einige Tage beim König Ägyptens verbracht hat, für durch seinen Beischlaf entehrt halten muß, weil es üblich war, daß der König seine Frauen abwechselnd zu sich vorließ und keine Frau zum König eintreten durfte, ohne daß ihr Körper schon lange zuvor mit Waschmitteln und Salben sorgfältig gepflegt worden war (vgl. *Qu. Hebr. Gen.* 12,15-16).[39] Während man das durchführte, wurde Pharao von Gottes Hand geschlagen, damit er sie dem Mann unberührt zurückgebe. Ihr Ehemann hatte sie Gott selbst anvertraut, indem er zwar verschwieg, daß sie seine Frau war, aber nicht log mit der Behauptung, sie sei seine Schwester (vgl. Gen 12,17-19),[40] um nach Kräften Vorsichtsmaßregeln zu treffen, soweit er als Mensch dazu in der Lage war, und um sie Gott anzuvertrauen, soweit er nicht selbst dafür sorgen konnte. So wollte er vermeiden, daß er, wenn er auch das Gott allein überließe, wofür er selbst sorgen konnte, als einer erschiene, der nicht an Gott glaubt, sondern vielmehr Gott versucht.[41]

qu. 1,27 (zu Gen 13,10)

27 Weil das Land von Sodom und Gomorra vor seiner Vernichtung mit dem Paradies Gottes, insofern es bewässert war, und mit dem Land Ägypten, das der Nil bewässert, verglichen wird, zeigt sich, wie ich meine, genügend deutlich, wie man jenes Paradies verstehen soll, das Gott pflanzte, wohin er Adam versetzte (vgl. Gen 2,8). Welches andere Paradies man darunter verstehen könnte, sehe ich nämlich nicht. Und wenn, wie einige meinen, die Obstbäume im Paradies als

---

Myrthenöl gesalbt wurde und sechs Monate in verschiedenen Duftölen und kosmetischen Frauenanwendungen war und dann erst zum König eintrat."

[40] Augustinus bezieht sich hier indirekt auf die zur Ägyptenepisode Gen 12,10-20 parallele Erzählung von Sara im Harem Abimelechs, des Königs von Gerar, Gen 20,1-18. Dort stellt ein jüngerer Autor im Gegensatz zu Gen 12 ausdrücklich klar, daß (1) Abimelech Sara nicht angerührt hat (20,6) und (2) Abraham nicht gelogen hat, weil Sara tatsächlich eine Halbschwester Abrahams war (20,12).

[41] Ähnlich argumentiert Augustinus bezüglich Jakob in *qu.* 1,102.

utique si arbores fructiferae in paradiso virtutes animi accipiendae essent, sicut
nonnulli existimant, nullo corporali in terra paradiso veris lignorum generibus
instituto, non diceretur de ista terra: *Sicut paradisus dei.*

28 *Respiciens oculis tuis vide a loco in quo nunc tu es ad aquilonem et africum et orientem
et mare, quia omnem terram quam tu vides tibi dabo eam et semini tuo usque in saeculum.*
Quaeritur hic quomodo intellegatur tantum terrae promissum esse Abrahae et
semini eius, quantum poterat oculis circumspicere per quattuor cardines mundi.
Quantum est enim, quod ad terram conspiciendam acies corporalis visus possit
adtingere? Sed nulla est quaestio, si advertamus non hoc solum esse promissum;
non enim dictum est: Tantum terrae tibi dabo quantum vides, sed: Tibi dabo
terram quam vides. Cum enim et ulterior undique dabatur, profecto haec praecipue quae videbatur dabatur. Deinde adtendendum est quod sequitur,
quoniam, ne putaret etiam ipse Abraham hoc solum promitti terrae quod
aspicere vel circumspicere posset, *surge,* inquit, *et perambula terram in longitudine
eius et latitudine, quia tibi dabo eam,* ut perambulando perveniret ad eam, quam
oculis uno loco stans videre non posset. Significatur autem ea terra, quam
primus populus accepit Israhel semen Abrahae secundum carnem, non illud
latius semen secundum fidem, quod ne taceretur dictum est ei futurum sicut
arenam maris secundum hyperbolen quidem, sed tamen tantum quod numerare
nullus posset.

29 *Nuntiavit Abraham transfluviali.* Transfluvialem Abraham appellatum etiam
Graeca exemplaria satis indicant; sed cur ita appellatus sit, haec videtur causa,

---

5   si…essent] cf. Philo, *De opif. mundi* 54,135; Ambrosius, *Parad.* 1,3-6   **28,11** Gn 13,17
16 futurum…16 maris] ; cf. Gn 22,17; 28,14; 32,13

---

5 animi] animae *C*   **28,3** Abrahae] Habrae *n*   **4** circumspicere] circumsinpicere *V*   **5** quod
om. *C* | visus] *ex* suis *corr.* *P V*   **7** tibi dabo¹] dabo tibi *(1° loco) P V T Am. n*   **10** etiam] et
add. *T* | promitti] promittit *C¹ T¹*, promitti* *V* | terrae] terrarum *Am.*   **11** aspicere] conspi-
cere *N* | inquit] *V² Am. μ z,* om. *C P S V¹ N T* | longitudine] longitudinem *N*   **12** perveni-
ret] pervenire *n* | eam²] ea *N* | quam] que *C¹ N*   **14** primus] prius *P S V T Am. μ*   **15** se-

---

⁴² Vgl. *civ.* 13,21; *Gn. litt.* 8,1,1.
⁴³ Ähnlich, mit abweichendem Vergleich Gen 13,16; 15,5.
⁴⁴ Vgl. *civ.* 16,21.
⁴⁵ Dies ist ein spezielles LXX-Problem. TM sagt: לְאַבְרָם הָעִבְרִי „Abram, dem Hebräer"
(Vulg entsprechend: *Abram Hebraeo*). In Jos 24,2-3 wird erzählt, Abraham habe samt
seiner Familie בְּעֵבֶר הַנָּהָר Πέραν τοῦ ποταμοῦ „jenseits des Flusses = des Eufrat", d.h. in

Tugenden der Seele zu deuten wären (vgl. Philo, *De opif. mundi* 54,135; Ambrosius, *Parad.* 1,3.6.),[42] während auf Erden kein reales Paradies mit echten Baumarten gegründet worden wäre, würde doch unter keinen Umständen von diesem Land gesagt werden „wie das Paradies Gottes".

qu. 1,28 (zu Gen 13,14-15)

28 „Blicke umher mit deinen Augen und schau von dem Ort, an dem du jetzt stehst, nach Norden und nach Afrika, und nach Osten und zum Meer, denn das ganze Land, das du siehst, – dir werde ich es geben und deinem Samen für immer." Hier fragt man, wie zu verstehen sei, daß Abraham und seinem Samen so viel Land verheißen worden ist, wie er mit seinen Augen in Richtung auf die vier Weltpole ringsum überblicken konnte. Denn wie groß ist der Bereich, den körperliche Augen beim Versuch, die Erde zu überschauen, erfassen können? Das Problem entfällt jedoch, wenn wir beachten, daß nicht nur dies allein verheißen wurde; es heißt nämlich nicht: ‚ich werde dir so viel vom Land geben, wie du siehst', sondern „ich werde dir das Land geben, das du siehst." Da ihm nämlich überall auch entferteres Land gegeben wurde, wurde ihm erst recht vor allem dasjenige geben, das er sehen konnte. Ferner ist zu beachten, was folgt, denn damit nicht sogar Abraham selbst meinte, nur der Teil des Landes werde ihm verheißen, den er sehen oder überblicken könne, heißt es: „Mach dich auf und durchziehe das Land in seiner Länge und Breite, denn dir werde ich es geben (Gen 13,17)!" So sollte er, indem er es durchzog, zu dem Teil des Landes kommen, den er mit eigenen Augen von einem einzigen Standpunkt aus nicht sehen konnte. Es wird übrigens dasjenige Land bezeichnet, welches das erste Volk Israel, die Nachkommenschaft Abrahams dem Fleische nach, erhielt, nicht jene umfangreichere Nachkommenschaft dem Glauben nach; damit diese nicht unerwähnt bliebe, ist ihm zugesagt worden, sie werde wie der Sand am Meer werden – das ist zwar eine Hyperbel, aber doch so umfangreich, daß niemand sie zählen könnte (vgl. Gen 22,17; 28,14; 32,13[43]).[44]

qu. 1,29 (zu Gen 14,13)

29 „Er meldete Abraham, dem von jenseits des Flusses."[45] Daß Abraham ‚von jenseits des Flusses' genannt wird, bezeugen auch die griechischen Exem-

---

Mesopotamien gewohnt. Vielleicht in Anspielung auf diesen Text (da der Eingenname des Eufrat פְּרָת Perat lautet und obgleich der Flußname פְּרָת dort gar nicht steht) übergeht LXX in Gen 14,13 die Apposition ‚Hebräer' und bildet statt dessen den nur hier bezeugten Neologismus Αβραμ τῷ περάτῃ „Abraham, dem Migranten/dem Wanderer/dem von jenseits/vom jenseitigen Ufer" (entsprechend VL: *Abraham transfluuiali*; Hieronymus, *Qu. Hebr. Gen.*: *Abram transitori*). Zur Bedeutung dieses allegorisch gedeuteten Titels bei Philo und den griechischen Vätern und der Wiederentdeckung seiner geographischen Bedeutung bei den Antiochenern vgl. BdA z. St.

quod ex Mesopotamia veniens transito flumine Euphrate sedes constituit in terra Chanaan et transfluvialis appellatus est ex ea regione unde venerat. Unde Iesus Nave dicit Israhelitis: *Quid? Vultis servire diis patrum vestrorum qui sunt trans flumen?*

30 De eo quod scriptum est: *Circa solis autem occasum pavor inruit super Abraham, et ecce timor magnus incidit ei.* Tractanda est ista quaestio propter eos, qui contendunt perturbationes istas non cadere in animum sapientis: Utrum tale aliquid sit, quale A. Gellius commemorat in libris noctium Atticarum, quendam philosophum in magna maris tempestate turbatum, cum esset in navi, animadversum a quodam luxurioso adulescente. Qui cum ei post transactum periculum insultaret, quod philosophus cito perturbatus esset, respondit ideo illum non perturbatum, quia nequissimae animae suae nihil timere deberet, quod nec digna esset pro qua aliquid timeretur. Ceteris autem studiosis, qui in navi fuerant, expectantibus protulit librum quendam Epicteti Stoici, ubi legebatur non ita placuisse Stoicis nullam talem perturbationem cadere in animum sapientis, quasi nihil tale in eorum adpareret adfectibus, sed perturbationem ab eis definiri, cum ratio talibus motibus cederet; cum autem non cederet, non dicendam perturbationem. Sed considerandum est quemadmodum hoc dicat A. Gellius et diligenter inserendum.

29,5 Ios 24,15   **30,4** A...14 perturbationem] cf. A. Gellius, *Noctes Atticae* 19,1

---

men *om.* N   **16** arenam] arena *C P S n Am.*   **29,1** nuntiavit] et *praem. C p µ* | Abraham¹] Abrahae *C p T P²*, Habraae *n*
3 Euphrate] Eufraten *C*, Eufrate *P S V N T*   **5** Iesus] et *praem.* N | dicit Israhelitis] dixit ad Israhelitas *Am.* | quid] qui *C* | diis] dis *n*   **30,2** tractanda] et tractanda *P¹ S V¹*, pertractanda *Am.*   **4** A Gellius] agellius *C P S V N T,* Aulus Gellius *Am.*, Agellius *µ*   **5** turbatum] perturbatum *Am.* | navi] nave *C ζ* | animadversum] et *praem. C p* | a *om. V*   **7** esset] cum ipse neque timuerit neque palluerit *add. Bad. Am. µ ζ*   **9** expectantibus] et *praem. p*   **12** adpareret] apparere *N*   **13** motibus *om. Bad. Am.*

---

[46] TM gebraucht das Wort תַּרְדֵּמָה „tiefer Schlaf" (entsprechend Vulgata: *sopor*); LXX setzt dagegen ein: ἔκστασις. Philo und die griechischen Leser deuteten dies als Herausgehen aus der sichtbaren Welt zum Zweck der Kontemplation des Unsichtbaren bzw.

plare zur Genüge. Grund dieser Bezeichnung scheint zu sein, daß er, aus Mesopotamien kommend, nach Überschreitung des Flusses Eufrat seine Wohnsitze im Land Kanaan gründete und ‚von jenseits des Flusses' wegen jener Gegend, aus der er gekommen war, genannt wurde. Daher sagt Josua ben Nun zu den Israeliten: „Was nun? Wollt ihr den Göttern eurer Väter jenseits des Flusses dienen?" (Jos 24,15)

qu. 1,30 (zu Gen 15,12)

30 Zum Schriftwort: „Gegen Sonnenuntergang aber überfiel Abraham Schrecken[46], und siehe, große Furcht überkam ihn." Diese Frage muß um derentwillen behandelt werden, die behaupten, derartige Leidenschaften befielen die Seele eines Weisen nicht. Ob es wohl etwas der Art ist, wie A. Gellius in den Büchern der Attischen Nächte erwähnt? Ein Philosoph, der, während er sich auf einem Schiff befand, in einem gewaltigen Seesturm in leidenschaftliche Erregung geriet, sei von einem mutwilligen jungen Mann getadelt worden. Als er ihn nach überstandener Gefahr verspottete, weil er, ein Philosoph, schnell leidenschaftlich erregt gewesen sei, [während er selbst sich weder gefürchtet habe noch bleich geworden sei,][47] entgegnete er, dieser sei deswegen nicht leidenschaftlich erregt gewesen, weil er für seine überaus nichtsnutzige Seele nichts zu fürchten habe, da sie es nicht einmal verdiene, daß man ihrbezüglich irgendetwas befürchte. Den übrigen, erwartungsvollen Wißbegierigen aber, die im Schiff gewesen waren, holte er ein gewisses Buch des Stoikers Epiktet hervor, in dem zu lesen stand, daß die Stoiker nicht die Meinung vertraten, keine derartige Leidenschaft befalle die Seele eines Weisen, als ob sich nichts dergleichen in ihren Affekten zeige, sondern daß nach ihrer Definition ‚Leidenschaft' nur vorliegt, wenn der Verstand derartigen Gemütsbewegungen nachgibt; falls er hingegen nicht nachgebe, dürfe man das nicht Leidenschaft nennen (vgl. A. Gellius, *Noctes Atticae* 19,1).[48] Aber es muß geprüft werden, wie A. Gellius das formuliert, und dann muß man es umsichtig einfügen.

---

als göttlich inspirierte Ekstase (BdA z. St.). Daher übersetzt Septuaginta Deutsch: „eine Entrückung". Augustinus bezeugt hingegen mit *pavor*, daß VL für ἔκστασις eine Bedeutung fand, die ein Synonym zum folgenden *timor magnus* bildet.

[47] Wortlaut ergänzt entsprechend *Bad. Am.* μ ζ.

[48] Aulus Gellius (im Mittelalter fälschlich: Agellius) verfaßte während eines Aufenthalts in Athen 165 n. Chr. die *Noctes Atticae* (20 Bücher, die bis auf das achte erhalten sind), in denen er unterschiedliche Probleme z.B. der Textkritik, Philosophie, Rechtswissenschaft und Sakrallehre behandelte. Augustinus, der die hier referierte Szene aus Buch 19,1 in *civ.* 9,4 ausführlicher und differenzierter heranzieht, nennt ihn dort *vir elegantissimi eloquii et facundae scientiae* „Mann feinster Beredsamkeit und gefälliger Bildung". Zu diesem Argument des Gellius und Augustins Stellung dazu vgl. BRACHTENDORF, *Cicero* 297-99.

31 *Dabo tibi et semini tuo post te terram, in qua habitas, omnem terram cultam in possessionem aeternam.* Quaestio est quomodo dixerit aeternam, cum Israhelitis temporaliter data sit: Utrum secundum hoc saeculum dicta sit aeterna, ut ab eo quod est αἰών Graece, quod et saeculum significat, dictum sit αἰώνιον tamquam si Latine dici posset saeculare, an ex hoc aliquid secundum spiritalem promissionem hic intellegere cogamur, ut aeternum ideo dictum sit, quia hinc aeternum aliquid significatur. An potius locutionis est scripturarum? Ut aeternum appellent, cuius rei finis non constituitur aut non ita fit, ut deinceps non sit faciendum, quantum pertinet ad curam vel potestatem facientis. Sicut ait Horatius: „Serviet aeternum qui parvo nesciet uti."

Non enim potest in aeternum servire, cuius ipsa vita, qua servit, aeterna esse non potest. Quod testimonium non adhiberem, nisi locutionis esset; verborum quippe illi sunt nobis auctores, non rerum vel sententiarum. Si autem defenduntur scripturae secundum locutiones proprias, quae idiomata vocantur, quanto magis secundum eas quas cum aliis linguis communes habent.

32 Quaeritur, quomodo dictum sit ad Abraham de filio eius, *et reges gentium ex illo erunt*, utrum quia non provenit secundum regna terrena, secundum ecclesiam accipi debeat, an propter Esau etiam ad litteram contigit.

33 *Et videns procucurrit in obviam illis ab ostio tabernaculi sui et adoravit super terram et dixit: Domine, si inveni gratiam ante te, ne praetereas servum tuum.* Quaeritur, cum tres viri essent qui ei adparuerant, quomodo singulariter dominum appellet dicens: *Domine, si inveni gratiam ante te.* An intellegebat unum ex eis dominum et

---

31,10 Horaz, *Ep.* 1,10,41

31,1 dabo] et *praem.* ʐ | te *om.* S¹ | cultam] incultam C **2** quaestio…aeternam² *om.* P¹ *per homoiotel.* **3** sit²] sunt *Bad.* **4** αἰών] aeon *C P S V N Eug.* aenon *T* | et] *C N Eug.* (*codd. Pv*: est) ʐ *om. P S V T Bad. Am. μ* | αἰώνιον] aeonion *C p P S V Eug.* (*codd. T V,* aeon iustū *Pv*), aeonon *n*, ennion *T¹,* αιωνον *Am.* **5** dici posset] posset dici *C* | posset] possit *C p Eug.* (*codd. P v*) **6** ideo…sit] dictum sit. ideo *Bad. Am. μ* | quia] quod *S* **7** significatur] significat *Am.* **8** appellent] appellant *V* | cuius] cui *S* **10** serviet] servet *n* **12** non² *om. n* **13** quippe] autem *Bad.* **14** idiomata] et idomata *n* **15** quas] quae *P n T* | cum] scm̄ *N* **32,3** etiam *om. N* **33,1** procucurrit] procurrit *P S V N T Am.* **3** appellet] appellat *Am.*

---

[49] *Terra culta* „Kulturland, bebautes Land" ist wohl eine Eigenheit des Augustinus hier vorliegenden Exemplars der VL; sowohl TM als auch LXX sprechen von „Land Kana-

qu. 1,31 (zu Gen 17,8)

31 „Ich werde dir und deinem Samen nach dir das ganze Land, in dem du wohnst, das ganze Kulturland zu ewigem Besitz geben."[49] Die Frage lautet, in welchem Sinn der Besitz ‚ewig' genannt wurde, obgleich er den Israeliten doch auf Zeit gegeben ist: Ob er gemäß dieser Weltzeit ewig genannt wurde, so daß, abgeleitet von dem griechischen Wort αἰών, das auch ‚Weltzeit' bedeutet, das Adjektiv αἰώνιον gewählt wurde, wie wenn man auf Lateinisch *saeculare* (weltzeitlich) sagen könnte, oder ob wir etwas wie eine geistliche Verheißung heraushören müssen, so daß deswegen ‚ewig' gesagt wurde, weil dadurch etwas tatsächlich Ewiges bezeichnet wird. Oder ist es eher eine idiomatische Ausdrucksweise der Schriften, daß sie eine Sache ‚ewig' nennen, deren Ende man nicht festlegt oder die man nicht derart ausführt, daß man sie nicht anschließend weiterhin ausführen müßte, soweit es nach dem Willen und der Fähigkeit des Ausführenden geht?[50] Wie Horaz sagt: „Es wird auf ewig als Sklave dienen, der Geringes nicht zu gebrauchen weiß" (Horaz, *Ep.* 1,10,41).

Niemand kann nämlich auf ewig dienen, dessen Leben, in dem er dient, nicht ewig sein kann. Dieses Zeugnis würde ich nicht anführen, wenn es nicht Zeugnis einer idiomatischen Ausdrucksweise wäre; sind doch jene Schriftsteller uns Urheber von Worten, nicht von Sachen oder Urteilen. Wenn man aber die Schriften hinsichtlich ihrer spezifischen Ausdrucksweisen verteidigt, die man Idiomata nennt, wieviel mehr hinsichtlich derjenigen Ausdrucksweisen, die sie mit anderen Sprachen gemeinsam haben.

qu. 1,32 (zu Gen 17,16)

32 Man fragt, in welchem Sinn zu Abraham über seinen Sohn gesagt wurde: „Und Könige über Völker werden aus ihm hervorgehen."[51] Ob man es, da es bezüglich irdischer Reiche nicht eingetroffen ist, von der Kirche verstehen soll oder ob es wegen Esau auch dem Buchstaben nach eingetroffen ist.

qu. 1,33 (zu Gen 18,2-3)

33 „Als er sie sah, lief er ihnen vom Eingang seines Zeltes aus entgegen und warf sich zur Erde nieder und sagte: Herr, wenn ich Gnade vor dir gefunden habe, gehe nicht an deinem Knecht vorüber." Man fragt, wieso er, da es doch drei Männer waren, die ihm erschienen waren, den Herrn im Singular anspricht mit den Worten: „Herr, wenn ich Gnade vor dir gefunden habe." Ob er einen von ihnen für den Herrn und die anderen für Engel hielt? Oder ob er eher in den Engeln den Herrn sah und deshalb beschloß, lieber zum Herrn als zu den

---

an"; so auch Augustinus in *loc.* 1,54 und *civ.* 16,26 (eigene Korrektur nach LXX oder Einfluß der Vulg?).
[50] Vgl. *civ.* 16,26 *l.* 67-79.
[51] Nach TM ist das von Sara, nach LXX von Isaak gesagt.

alios angelos? An potius in angelis dominum sentiens domino potius quam 5
angelis loqui elegit, quia uno ex tribus cum ipso Abraham postea remanente
duo mittuntur in Sodomam et illis sic loquitur Lot tamquam domino?

34 *Sumatur aqua et lavem pedes vestros et refrigerate sub arbore. Et sumam panem et
manducate.* Quaeritur, si angelos intellegebat, quomodo potuerit ad hanc humani-
tatem invitare, quae refectioni mortalis carnis necessaria est, non inmortalitati
angelorum.

35 *Abraham autem et Sarra seniores progressi in diebus; defecerunt autem Sarrae fieri
muliebria.* Seniorum aetas minor est quam senum, quamvis et senes appellentur
seniores. Unde, si vera sunt quae a nonnullis medicis adseruntur, quoniam
senior vir cum muliere seniore filios facere non potest, etiamsi adhuc feminae
muliebria veniant, secundum hoc admiratum Abraham de promissione filii et 5
miraculum posuisse apostolum accipere possumus. *Emortuum* quippe *corpus* non
ita intellegendum est, ac si omnino nullam vim generandi habere posset, si
mulier iuvenalis aetatis esset, sed secundum hoc *emortuum*, ut etiam de provectioris aetatis muliere non posset. Nam ideo de Cettura potuit, quia iuvenalem

---

33,6 uno…7 Sodomam] cf. Gn 18,22   **7** illis…domino] cf. Gn 19,18-19   **35,5** secundum…
filii] cf. Gn 17,17   **6** miraculum…apostolum] cf. Rm 4,19-20 | Rm 4,19   **9** de…potuit] cf.
Gn 25,1-2

---

5 domino] d̄n̄m̄ *C* | quam] quē *C*   **6** angelis] *C¹, corr. in* angelo *C²* | loqui *om. C* | quia] *om.
V*, qui *n* | uno *om. n*   **7** illis] illi *N*   **34,1** lavem] lavent *N ʐ*   **2** potuerit] potuit *C ʐ*   **3** invita-
re] invitate *C¹* | quae] aetate sic enim medici tradunt q̄ūō cuiusque (cuique *P*) refectioni *P
(sed del.) S (signo in marg. apposito)*, quae *C¹*, cui *C²*, quoniam *V Bad. Am. µ* | refectioni] refec-
tione *corr. C² in* refectio, refectio *V Bad. Am. µ* | mortalis carnis] mortali carni *C² V Bad.
Am. µ*   **35,1** defecerunt] defecerant *Bad. Am. µ*   **4** non *om. C¹* | si adhuc *om. n*   **6** posuisse]
potuisse *V* | possumus] *codd. Bad.*, ubi dixit emortuum corpus Abrahae *add. Am. µ*, emor-
tuum [quippe] corpus Abrahae *add. ʐ* | emortuum] emortuus *Bad.*   **8** iuvenalis] iuvenilis *T
V² Bad. Am. µ* | etiam] *C P S V T Bad. Am. µ*, iam *N ʐ*   **9** quia] et *add. Bad. Am. µ* |
iuvenalem] iuvenem *Bad. Am.*, iuvenilis *µ*

---

[52] Vgl. *civ.* 16,29 *l.* 30-34: *Unde multo est credibilius, quod et Abraham in tribus et Loth in duobus
viris Dominum agnoscebant, cui per singularem numerum loquebantur, etiam cum eos homines esse
abitrarentur* „Darum ist es viel glaubhafter, daß sowohl Abraham in den drei als auch Lot
in den zwei Männern den Herrn erkannten, zu dem sie im Singular sprachen, obgleich
sie sie zugleich für Menschen hielten." Augustinus verweist auf die Analogie der Propheten, durch die auch JHWH direkt sprach. Augustinus, der das Problem nicht aus der

Engeln zu sprechen, denn, während einer von den Dreien anschließend bei Abraham bleibt, werden zwei nach Sodom geschickt (vgl. Gen 18,22), und Lot spricht sie so an, als spräche er zum Herrn (vgl. Gen 19,18-19)?[52]

qu. 1,34 (zu Gen 18,4-5)

34 „Man hole Wasser, und ich will euch die Füße waschen, und erfrischt euch unter dem Baum. Und ich will Brot holen, und eßt!" Man fragt, wie er sie, wenn er sie für Engel hielt, zu dieser menschlichen Nahrung einladen konnte, die für die Erholung des sterblichen Fleisches notwendig ist, nicht aber für unsterbliche Engel.[53]

qu. 1,35 (zu Gen 18,11)

35 „Abraham und Sara aber waren älter, vorgerückt an Tagen; es hörte aber auf, Sara zu geschehen, was Frauen regelmäßig geschieht." Das Alter ‚Älterer' ist geringer als das von ‚Greisen', wenngleich auch Greise ‚Ältere' genannt werden mögen. Wenn zutrifft, was einige Ärzte behaupten, daß ein älterer Mann mit einer älteren Frau keine Kinder zeugen kann, selbst wenn es der Frau noch nach Frauenweise ergeht, können wir daher verstehen, daß Abraham wegen dieses Umstands über die Verheißung eines Sohnes verwundert war (vgl. Gen 17,17) und daß der Apostel von einem Wunder gesprochen hat (vgl. Röm 4,19-20).[54] Daß der „Körper erstorben" (Röm 4,19) sei, ist allerdings nicht so zu verstehen, als ob er überhaupt keine Kraft zum Zeugen haben könnte, wenn seine Frau in jugendlichem Alter wäre, sondern er ist insofern als „erstorben" aufzufassen, als er es mit einer Frau ebenfalls vorgerückteren Alters nicht könnte. Denn mit Ketura konnte er es (vgl. Gen 25,1-2) deswegen, weil er sie in jugendlichem Alter antraf.[55] Die Ärzte lehren nämlich folgendes: Ein Mann,

---

Perspektive des Lesers, sondern Abrahams und Lots diskutiert, berücksichtigt nicht alle einschlägigen sgl.-pl.-Variationen. In Gen 18 wird raffiniert mit Singular und Plural gespielt, so daß in dieser sehr anthropomorphen, vielleicht Elemente einer vorisraelitischen polytheistischen Lokalsage verarbeitenden Szene einerseits JHWH unter den Dreien verborgen bleibt (drei Männer kommen 18,2; Bewirtung 18,4.8 und Aufbruch 18,12 werden im Plural geschildert), die entscheidende Verheißung Isaaks dagegen eindeutig im Singular auf JHWH zurückgeführt wird (18,3; im Singular spricht Abraham JHWH nur in der Eröffnung 18,3 an, auch die Auseinandersetzung um Saras verfehlte Reaktion auf die Verheißung wird im Singular geführt 18,13-15). Dieselbe Differenz begegnet in Gen 19: Lot begrüßt die beiden Männer im Plural 19,2, aber die Verhandlung um den geeigneten Zufluchtsort geschieht im Singular 19,18-19.

[53] Vgl. *qu.* 1,37 und 41.

[54] Als νενεκρωμένον, *emortuum* „erstorben" bezeichnet Paulus Röm 4,19 sowohl den Leib Abrahams als auch den Mutterschoß Saras.

[55] Von jugendlichem Alter Keturas ist in Gen 25,1-2 freilich keine Rede.

illam invenit aetate. Sic enim medici tradunt, quoniam cuius corpus viri secun- 10
dum hoc iam defecit, ut cum femina provectioris aetatis, quamvis menstrua
adhuc patiatur, generare non possit, de iuvencula potest; et rursus mulier, quae
iam provectae aetatis est, quamvis adhuc menstrua fluant, ut de seniore parere
non possit, de iuvene potest. Illud itaque ideo miraculum fuit, quia secundum id
quod diximus emortuo corpore viri femina quoque tam provectae aetatis fuit, ut 15
ei destitissent fieri muliebria. Nam si quod ait apostolus corpus emortuum
460   verbo quis premat, quia dixit emortuum, iam ergo nec animam habuisse, sed
cadaver fuisse intellegi debet: Quod absurdissimae falsitatis est. Sic itaque
solvitur ista quaestio. Alioquin merito movet quomodo, cum esset Abraham
prope mediae aetatis, secundum quam homines tunc vivebant, et postea filios 20
de Cettura fecerit, dicatur ab apostolo corpore emortuo et pro miraculo, quia
genuit, praedicetur.

36 *Et dixit dominus ad Abraham: Quare risit Sarra in semet ipsa dicens: Ergo vere
pariam? Ego autem senui.* Quaeritur quare istam redarguat dominus, cum et
Abraham riserit. Nisi quia illius risus admirationis et laetitiae fuit, Sarrae autem
dubitationis, et ab illo hoc diiudicari potuit, qui corda hominum novit.

37 *Negavit Sarra dicens: Non risi; timuit enim.* Quomodo intellegebant deum esse
qui loquebatur, cum etiam negare ausa sit Sarra quod riserit, tamquam ille hoc
posset ignorare? Nisi forte Sarra homines eos putabat, Abraham vero deum
intellegebat. Sed etiam ipse illa humanitatis officia praebendo, de quibus supra

---

36,2 cum…3 riserit] cf. Gn 17,17   **4** qui…novit] cf. 3 Rg 8,39; Prv 24,12

10 illam] in illa *N* | invenit] quando possint senes filios procreare vel parere *add. S P, sed m. 2
del.* | aetate] aetatem *N, om. Bad. μ,* aetatis *Am.* | aetate…cuius] *om. S V (*aetate *om. etiam
Bad., sed habet cetera*)   **11** hoc] haec *V T* | menstrua…12 adhuc] adhuc menstrua *C p*   **12** et
om. N   **13** iam] tam *C N* | parere] dicere *n*   **14** ideo miraculum] miraculum ideo *T*   **15** femi-
na] feminam *n* | quoque] quam *n* | tam] iam *p, om. S V n T Bad. Am. μ* | fuit…16 ei] intus ei
p, om. n   **16** si *om. Am.* | ait *om. P¹* | apostolus *om. n*   **17** verbo…emortuum] *add. in marg. inf.
S* | premat] promat *S V Am.,* piam at *n* | quia] quare *S*   **18** falsitatis est] *om. p,* levitatis *n*
20 vivebant] videbunt *C¹*   **21** ab *om. P¹*   **36**,1 ad *om. n* | ergo] ego *V n Am.* | vere] vero *Am.*
2 quaeritur *om. n* | istam] ista *V* | redarguat] redarguit *Am.*   **4** hoc] haec *P¹, om. V Am.*
37,1 timuit] timuit *C*   **2** ille hoc] hoc ille *Am. μ*   **4** officia] officio *C¹,* offocia *n* | supra] ut
praem. *Am.*

---

[56] Vgl. zur gesamten Argumentation *civ.* 16,28.
[57] Vgl. Einleitung in *qu.* 1, S. 92f.

dessen Körper schon derartig geschwächt ist, daß er mit einer Frau fortgeschrittenen Alters, obgleich sie noch Menstruation erleidet, nicht zeugen kann, kann es dennoch mit einer jungen Frau; und eine Frau andererseits, die schon fortgeschrittenen Alters ist, so daß sie, obgleich ihre Menstruation noch eintritt, von einem älteren Mann kein Kind empfangen kann, kann es von einem jungen. Daher war das deswegen ein Wunder, weil gemäß dem, was wir ausgeführt haben, während der Körper des Mannes ‚erstorben' war, zugleich die Frau so vorgerückten Alters war, daß es ihr nicht mehr nach Frauen Weise erging. Denn wenn man die Formulierung des Apostels: „erstorbener Körper" dem buchstäblichen Sinn nach pressen wollte, muß man sie, weil er „erstorben" gesagt hat, so verstehen, er habe also auch keine Seele mehr gehabt, sondern sei ein Leichnam gewesen: das ist ein in höchstem Maß absurder Irrtum.[56] So also löst sich dieses Problem. Andernfalls bewegt zu Recht die Frage, in welchem Sinn Abraham, da er, obgleich er im Verhältnis zur damaligen Lebenszeit der Menschen mittleren Alters war und danach noch Söhne mit Ketura zeugte, vom Apostel ‚erstorbenen Körpers' genannt und es als Wunder bezeichnet wird, daß er zeugte.

qu. 1,36 (zu Gen 18,13)

36 „Und der Herr sagte zu Abraham: Warum hat Sara gelacht, indem sie bei sich sagte: Soll ich also wirklich gebären? Ich bin doch alt." Man fragt, warum der Herr sie tadelt, da doch auch Abraham gelacht hat (vgl. Gen 17,17). Einzig, weil sein Lachen ein Lachen des Staunens und der Freude war,[57] Saras Lachen aber ein Lachen des Zweifels und derjenige dies unterscheiden konnte, der die Herzen der Menschen kennt (vgl. 1Kön 8,39; Spr 24,12).

qu. 1,37 (zu Gen 18,15)

37 „Sara leugnete und sagte: Ich habe nicht gelacht. Sie fürchtete sich nämlich." Wie faßten sie auf, daß es Gott war, der sprach, da doch Sara sogar zu leugnen wagte, daß sie gelacht hatte, als könnte jener das nicht bemerkt haben? Falls nicht vielleicht Sara sie für Menschen hielt, Abraham aber ihn als Gott erkannte.[58] Aber es sollte mich wundern, wenn nicht auch er seinerseits sie zunächst für Menschen gehalten hat, als er jene für Menschen angemessene

---

[58] Augustinus diskutiert hier nicht, wie die Notlüge Saras unter ethischen Gesichtspunkten zu beurteilen sei, sondern er fragt nach den Voraussetzungen, unter denen Sara eine Notlüge erfolgversprechend erscheinen konnte. In *mend.* 5 setzt er voraus, Sara habe Engeln gegenüber gelogen, und führt ihr Verhalten unter den biblischen Belegen auf, die viele zur Frage anregen, *utrum aliquando sit utile falsum aliquid enuntiare cum uoluntate fallendi* „ob es manchmal nützlich sei, etwas Unrichtiges zu sagen in der Absicht zu täuschen"; sie gelten ihnen als Beispiele für *eorum hominum mendacia [...], quos culpare non audeas* „Lügen jener Menschen, die man kaum zu tadeln wagt".

dixi, quae necessaria nisi infirmae carni esse non possent, mirum nisi homines
prius esse arbitratus est. Sed fortassis in quibus deum loqui intellexit quibusdam
divinae maiestatis existentibus et adparentibus signis, sicut in hominibus dei
saepe adparuisse scriptura testatur. Sed rursus quaeritur, si ita est, unde angelos
postea fuisse cognoverint, nisi forte cum eis videntibus in caelum issent.

38 *Sciebam enim quia constituet filiis suis et domui suae post se, et custodient vias domini
facere iustitiam et iudicium, ut adducat dominus in Abraham omnia quae locutus est ad
illum.* Ecce ubi promittit dominus Abrahae non solum praemia, sed etiam
oboedientiam iustitiae filiorum eius, ut circa eos etiam praemia promissa compleantur.

39 *Descendens ergo videbo, si secundum clamorem ipsorum venientem ad me consummantur; si autem non, ut sciam.* Verba haec si non dubitantis, quid duorum potius
eventurum sit, sed irascentis et minantis accipiamus, nulla quaestio est. More
quippe humano deus in scripturis ad homines loquitur et eius iram noverunt
sine perturbatione eius intellegere qui noverunt. Solemus autem etiam sic
minanter loqui: Videamus, si non tibi facio aut: Videamus, si non illi fecero, et:
Si non potuero tibi facere, vel sciam, id est: Hoc ipsum experibor, utrum non
possim. Quod cum minando, non ignorando dicitur, irati adparet adfectus; sed
perturbatio non cadit in deum. Mos autem humanae locutionis et usitatus est et
humanae infirmitati congruit, cui deus coaptat locutionem suam.

40 Quaeri solet utrum quod de Sodomis dixit deus non se perdere locum, si
invenirentur illic vel decem iusti, speciali quadam sententia de illa civitate an de

---

5 dixi] dixit *n* | carni] carne C^1 **6** quibus] in aliquibus V^2 *Am.*, inquies z **7** dei] deum *Am.*
9 postea fuisse] fuisse postea *P S V T Am.* | cognoverint] cognoverit *n*, cognoverunt *Am.*
caelum] caelis *C* | issent] essent *n*, iissent *Am.* μ **38,1** sciebam] sciebat *P*, scio *T V Bad. Am.*
μ | quia] quod *S* | constituet] constituit *C Eug. (praeter cod. T)* | domui] domus *n* | et²] ut C^2
Am. | custodient] custodiant $C^2 S^2$ *Bad. Am.* **2** facere] et faciant *Bad. Am.*, et facere μ
39,1 consummantur] consummuntur *V* **2** ut *om. C* | dubitantis] dubitantes *C* **3** irascentis]
irascenti fiet C^1 **6** minanter] minaciter *P S V T Bad. Am.* μ | loqui] loquentes S^1 *(s. l.)*
fecero] facio P^1 *S V N Bad. Am. Eug., fort. recte* **8** cum minando] comminando *P T Bad.
Am.*, cuminando *n* | adfectus] effectus *n Bad. Am.* **9** usitatus] usitatu C^1 | et²] ut $P^1 S^1 V$
Bad. Am. μ **10** infirmitati] infirmitate C^1 | congruit] congruat *V Bad. Am.* μ

---

⁵⁹ Vgl. *qu.* 1,34
⁶⁰ TM und LXX=VL=Vulg gehen hier auseinander. TM spricht von Erwählung:יְדַעְתִּ֗יו
לְמַ֡עַן „ich habe ihn dazu ausersehen, daß"; in Verbindung mit לְמַ֡עַן nimmt das Verb ידע

Ehrenbezeigungen darbot, von denen ich oben gesprochen habe[59], die nur für das schwache Fleisch notwendig sein konnte. Aber vielleicht erkannte er, daß Gott in ihnen spreche, aus gewissen sich ereignenden und erscheinenden Zeichen der göttlichen Majestät, wie sie sich nach dem Zeugnis der Schrift an Gottesmännern oft kundgetan haben. Aber wenn es sich so verhält, erhebt sich die Frage von neuem, woran sie später erkannt haben, daß es Engel waren, außer vielleicht, weil sie vor ihren Augen in den Himmel aufgestiegen sind.

qu. 1,38 (zu Gen 18,19)

38 „Ich wußte nämlich, daß[60] er seinen Söhnen und seinem Haus nach ihm Anordnungen erteilen wird und daß sie die Wege des Herrn einhalten werden, indem sie Gerechtigkeit und Recht üben, damit der Herr alles über Abraham kommen lasse, was er zu ihm gesprochen hat." Siehe, hier verspricht der Herr Abraham nicht nur Auszeichnungen, sondern auch, daß seine Söhne gehorsam Gerechtigkeit üben werden, damit sich auch für sie die verheißenen Auszeichnungen erfüllen.

qu. 1,39 (zu Gen 18,21)

39 „Ich werde daher hinabsteigen und sehen, ob sie vollkommen dem Geschrei über sie, das zu mir dringt, entsprechen; wenn aber nicht, damit ich es weiß." Wenn wir diese Worte so auffassen, daß der Herr nicht zweifelt, welches von zwei Ereignissen eintreten wird, sondern zürnt und droht, gibt es kein Problem. Gott spricht ja in den Schriften auf menschliche Weise zu den Menschen, und die Verständigen sind einsichtig genug zu verstehen, daß sein Zorn ohne Leidenschaft ist. Wir sprechen aber, wenn wir drohen, üblicherweise auch so: Mal sehen, ob ich dir nicht antue; oder: Sehen wir mal, ob ich jenem nicht angetan haben werde und: ob es mir nicht gelungen sein wird, dir anzutun, oder: Ich will herausfinden, das heißt: Genau das will ich erproben, ob ich es nicht schaffe. Wenn man das als Drohung, nicht als Ausdruck des Nichtwissens sagt, erscheint es als Affekt eines Zornigen; aber Gott überfällt keine Leidenschaft. Es ist jedoch die herkömmliche und übliche menschliche Ausdrucksweise, und sie entspricht der menschlichen Schwachheit. Ihr paßt Gott seine Redeweise an.

qu. 1,40 (zu Gen 18,32)

40 Man pflegt zu fragen, ob man das, was Gott über Sodom gesagt hat, daß er nämlich den Ort nicht vernichten werde, falls sich dort zumindest zehn Ge-

---

die Bedeutungsnuance ‚ausersehen, erwählen' an. LXX, die diese Spezialbedeutung nicht (er)kannte (vgl. WEVERS, *Genesis*) sieht dagegen das göttliche Vorherwissen ausgesagt. LXX hat das pronominale Objekt beim Verb ידע entweder nicht gelesen oder übergangen, bleibt daher bei der Verbbedeutung ‚erkennen' und versteht unter Verstoß gegen die hebräische Syntax den davon abhängigen Konjunktionalsatz nicht als Zweck-, sondern als Objektsatz: ᾔδειν γὰρ ὅτι.

omnibus intellegendum sit generaliter, parcere deum loco, in quocumque vel decem iusti fuerint. In qua quaestione non est quidem necesse ut hoc de omni loco accipere conpellamur; verum tamen de Sodomis potuit et sic dici, quia sciebat deus ibi non esse vel decem. Et ideo sic respondebatur Abrahae, ut significaretur nec tot ibi posse inveniri, ad exaggerationem iniquitatis illorum. Non enim necesse erat deo tam sceleratis hominibus parcere, ne cum illis perderet iustos, cum posset iustis inde liberatis reddere inpiis digna supplicia. Sed, ut dixi, ad ostendendam malignitatem multitudinis illius dixit: *Si decem ibi invenero, parcam universae civitati.* Tamquam si diceret: Certe possum nec pios cum inpiis perdere nec tamen propterea inpiis parcere, quia liberatis et separatis inde piis possum inpiis digna rependere; et tamen, si ibi inveniantur, parco, hoc est, quia nec tot ibi possent inveniri. Tale aliquid est apud Hieremiam, ubi ait: *Circuite vias Hierusalem et videte et quaerite in plateis eius et cognoscite: Si invenietis hominem facientem iustitiam et quaerentem fidem, et propitius ero peccatis eorum*, id est: Invenite vel unum, et parco ceteris, ad exaggerandum et demonstrandum, quod nec unus ibi posset inveniri.

41 Quod occurrit Lot angelis *et adoravit in faciem,* videtur intellexisse quod angeli essent, sed rursus cum eos ad refectionem corporis invitat, quae mortalibus necessaria est, videtur putasse quod homines essent. Ergo quaestio similiter solvitur, ut soluta est in tribus qui venerunt ad Abraham, ut aliquibus signis adpareret eos divinitus missos, qui tamen homines crederentur. Nam hoc et in epistula quae est ad Hebraeos, cum de hospitalitatis bono scriptura loqueretur, ait: *Per hanc enim quidam nescientes hospitio receperunt angelos.*

42 Quod ait Sodomitis Lot: *Sunt mihi duae filiae quae nondum noverunt viros; producam illas ad vos, utimini illis quomodo placuerit vobis; tantum in viros istos ne faciatis iniquum.* Quoniam prostituere volebat filias suas hac conpensatione, ut viri

---

40,14 Ier 5,1   41,7 Hbr 13,2

40,3 deum] dominum *Bad.* | in *om. P T*   4 hoc *om. C*   5 et] *haud dubie delendum esse censuit* z   7 exaggerationem] exsegrationem *C¹*, execrationem *C²*   9 posset] possit *C¹ P S*   11 si *om. N Eug.* | possum nec] nec possum *T*   13 ibi *om. n*   15 vias *om. T*   17 exaggerandum] exhacgerandum *n*, exaggerendum *Am.*   41,4 in] de *Am.*   5 divinitus] divinitos *C* | hoc et] et hoc *Am.*

---

[61] Vgl. *qu.* 1,37.

rechte fänden, im Sinn eines besonderen Urteils nur bezüglich jener Stadt oder allgemein bezüglich aller verstehen soll, daß Gott jeden Ort verschone, in dem wenigstens zehn Gerechte wären. In dieser Frage zwingt uns gewiß nichts, dies von jedem Ort anzunehmen; gleichwohl konnte Gott auch so über Sodom sprechen, da er wußte, daß es dort nicht einmal zehn gab. Und daher erhielt Abraham diese Antwort, damit zur Steigerung der Ungerechtigkeit jener Menschen angezeigt werde, daß nicht einmal so viele dort gefunden werden konnten. Gott mußte nämlich nicht die dermaßen verbrecherischen Menschen verschonen, um mit ihnen nicht auch Gerechte zu vernichten, da er über die Gottlosen gebührende Strafen verhängen konnte, nachdem die Gerechten von dort befreit waren. Wie ich ausgeführt habe, hat er aber, um die Schlechtigkeit dieser Menge zu zeigen, gesagt: „Sollte ich dort zehn gefunden haben, werde ich die ganze Stadt verschonen." Als ob er sagen würde: Zweifelsohne bin ich in der Lage, weder die Rechtschaffenen mit den Gottlosen zu verderben noch gleichwohl deswegen die Gottlosen zu verschonen, denn ich vermag den Gottlosen zu vergelten, was sie verdient haben, nachdem ich von dort die Rechtschaffenen befreit und abgesondert habe; und dennoch: sollten sich dort welche finden, verschone ich; will sagen, weil nicht einmal so viele dort gefunden werden könnten. Entsprechendes findet sich bei Jeremia, wo er sagt: „Geht umher auf den Straßen Jerusalems und schaut und sucht auf ihren Plätzen und erkennt: Wenn ihr einen Mann findet, der Gerechtigkeit übt und Treue sucht, dann werde ich ihre Sünden vergeben" (Jer 5,1), das bedeutet: findet wenigstens einen einzigen, dann verschone ich die übrigen; das sagt er, um stärker hervorzuheben und nachzuweisen, daß nicht einmal ein einziger dort gefunden werden könnte.

qu. 1,41 (zu Gen 19,1)

41 Insofern Lot den Engeln entgegen ging „und sich auf sein Angesicht niederwarf", scheint er verstanden zu haben, daß es Engel waren. Weil er aber andererseits sie zur leiblichen Erfrischung einlädt, die Sterbliche nötig haben, scheint er gemeint zu haben, daß sie Menschen wären. Daher löst sich das Problem ähnlich, wie es bezüglich der Drei, die zu Abraham gekommen sind, gelöst wurde,[61] dergestalt daß deren göttliche Sendung durch einige Zeichen offenkundig wurde, sie gleichwohl für Menschen gehalten wurden. Denn das sagt die Schrift auch im Brief an die Hebräer, als sie über die Tugend der Gastfreundschaft spricht: „Durch sie haben nämlich einige, ohne es zu wissen, Engel gastfreundlich aufgenommen" (Hebr 13,2).

qu. 1,42 (zu Gen 19,8)

42 Bezüglich Lots Wort zu den Sodomiten: „Ich habe zwei Töchter, die noch keine Männer erkannt haben; sie will ich zu euch herausführen, tut mit ihnen, wie es euch gefällt; nur begeht gegen diese Männer kein Unrecht!" Weil er seine Töchter so zum Ausgleich dafür prostituieren wollte, daß die Männer, seine Gastfreunde, von den Sodomiten nichts derartiges erleiden müßten, wird zu

hospites eius nihil a Sodomitis tale paterentur, utrum admittenda sit conpensatio flagitiorum vel quorumque peccatorum, ut nos faciamus mali aliquid, ne alius gravius malum faciat, an potius perturbationi Lot, non consilio tribuendum sit quia hoc dixerit, merito quaeritur. Et nimirum periculosissime admittitur haec conpensatio. Si autem perturbationi humanae tribuitur et menti tanto malo permotae, nullo modo imitanda est.

43 *Viros vero qui erant ad ostium domus percusserunt caecitate.* Graeci habent ἀορασία, quod magis significat, si dici posset, avidentia, quae faciat non videri non omnia, sed quod non opus est. Nam merito movet quomodo potuerunt deficere quaerendo ostium, si tali erant caecitate percussi, ut omnino nihil viderent; hoc enim modo sua calamitate turbati ulterius ostium non requirerent. Hac ἀορασία et illi percussi sunt, qui quaerebant Helisaeum. Hanc et illi habuerunt, qui dominum post resurrectionem cum illo ambulantes in via non cognoverunt, quamvis ibi non sit hoc verbum positum, sed res ipsa intellegatur.

44 *Dixit autem Lot ad illos: Oro, domine, quia invenit puer tuus misericordiam ante te et magnificasti iustitiam tuam, quam facis in me, ut vivat anima mea; ego autem non possum salvus fieri in monte, ne forte conprehendant me mala et moriar.* Hac perturbatione timoris non credebat ipsi domino, quem in angelis cognoscebat, qua etiam illud

---

43,6 hac...Helisaeum] cf. 4 Rg 6,18 | hanc...8 cognoverunt] cf. Lc 24,16

42,4 a] ad *n*   **5** quorumque] quorumcunque *Am. Bad.*   **6** consilio] consilium *P¹ S¹ V* consilio tribuendum] consilium tribuendo *p*   **7** nimirum] nimium *Am.*   **43,2** ἀορασία] AORASIA *C P S V N T*, αορασια *Am.* | posset] possit *p*, potest *Am.*   **3** non opus] opus non *T*   **4** caecitate] caecita *n*   **5** sua] suae *n* | ulterius] hac *praem. Am.*   **6** ἀορασία] AORASIA *C P S V N T*, αορασια *Am.*   **8** ibi...sit] non sit ibi *P V T Am.*   **44,2** vivat] vivit *P*   **3** hac] Haec *S T z (item C iuxta z, sed errore)* | perturbatione] perturbationem *C*   **4** cognoscebat] agnoscebat *p*

---

⁶² Vgl. *qu.* 1,44. In *c. mend.* 20-22 diskutiert Augustinus ausführlich an den Beispielen Lot und David *peccata conpensativa*.

⁶³ LXX übersetzt durch ἀορασία das hebräische Wort סנורים, „Blindheit, Verblendung", dessen Etymologie umstritten ist. Es ist nur hier und in 2Kön 6,18 und jeweils in der Wendung ‚mit Blindheit schlagen' bezeugt. WESTERMANN, *Genesis* 2 369 schließt daraus, es handle sich um einen „alten Erzähltopos", zu dem dieses später nicht mehr gebrauchte Wort gehörte. „Diese Redewendung meint auch in unserer Sprache nicht Blindheit im eigentlichen Sinn, sondern ein zeitlich begrenztes Versagen der Sehfähigkeit." Genau dies erklärt Augustinus. Vgl. *civ.* 22,19 *l.* 57-65.

Recht gefragt, ob ein Ersatz für Schandtaten oder Sünden aller Art zugelassen werden kann derart, daß wir irgend etwas Schlechtes tun, damit ein anderer nicht eine noch größere Schandtat begehe, oder ob man es eher der Leidenschaft Lots als seiner besonnenen Überlegung zuschreiben soll, daß er dies gesagt hat.[62] Und zweifellos wäre es höchst gefährlich, einen derartigen Ersatz zuzulassen. Falls man dieses Verhalten aber menschlicher Leidenschaft und einem durch ein so großes Übel stark in Aufregung versetzten Gemüt zuschreibt, darf es unter keinen Umständen nachgeahmt werden.

qu. 1,43 (zu Gen 19,11)

43 „Die Männer aber, die an der Haustür standen, schlugen sie mit Blindheit." Die Griechen haben ἀορασία.[63] Das bedeutet eher, wenn man so sagen könnte, *avidentia*[64] (Nicht-Sehen); es entzieht dem Sehvermögen nicht alles, sondern nur das, was zu sehen nicht nötig ist. Denn zu Recht bewegt die Frage: Wie konnten sie lediglich darin erlahmen,[65] die Tür zu suchen, wenn sie von einer derartigen Blindheit geschlagen waren, daß sie überhaupt nichts sehen konnten; in diesem Fall hätte ihr Unglück sie derart leidenschaftlich erregt, daß sie nicht weiter nach der Tür suchen würden. Mit dieser ἀορασίᾳ wurden auch jene geschlagen, die nach Elischa suchten (vgl. 2Kön 6,18). Diese hatten auch jene, die den Herrn nach seiner Auferstehung, als sie mit ihm auf dem Weg gingen, nicht erkannten (vgl. Luk 24,16); zwar wird dort nicht dieses Wort gebraucht, aber die Sache selbst so verstanden.

qu. 1,44 (zu Gen 19,18-19)

44 „Lot sagte aber zu ihnen: Ich bitte, Herr, da dein Knecht Barmherzigkeit vor dir gefunden hat und du deine Gerechtigkeit groß gemacht hast, die du mir erweist, so daß meine Seele am Leben bleibt: ich kann aber im Gebirge nicht Rettung finden; womöglich packen mich Übel, und ich sterbe." So von Furcht leidenschaftlich erregt, vertraute er selbst dem Herrn nicht, den er doch in den Engeln erkannte; aus dieser Verwirrung heraus hatte er auch jenes Angebot,

---

[64] SCHIRNER, *Inspice* 372: Dieser Neologismus Augustins *avidentia* „ergibt sich aus der Übernahme der griechischen Wortbestandteile ins Lateinische, so dass hier eine ganz wörtliche, aber unlateinische Wendung vorliegt." Vgl. den ebenfalls „unlateinischen" Neologismus Augustins: *vivigignentia* in *qu.* 3,38.

[65] TM gebraucht das Verb לאה „müde werden, sich abmühen"; ohne daß dies lexikalisch bezeichnet wäre, erhält das Verb im N-Stamm durch den Kontext gelegentlich den Sinn: „sich vergeblich abmühen" (Jer 20,9), „nicht können" (Ex 7,18 vgl. 7,21). Entsprechend hier Vulg für den G-Stamm: *ut invenire non possent*. LXX bleibt näher bei der lexikalischen Bedeutung: παρελύθησαν ζητοῦντες: „sie erlahmten/ erschöpften sich im Suchen"; das entsprechende Verb der VL *deficere* verursacht das von Augustinus diskutierte Verständnisproblem.

de filiabus suis prostituendis dixerat, ut intellegamus non pro auctoritate haben- 5
dum quod dixit de turpitudine filiarum; non enim et hoc pro auctoritate habendum est deo non esse credendum.

45 *Et recordatus est deus Abraham et eximit Lot de medio eversionis.* Commendat
scriptura meritis magis Abrahae liberatum esse Lot, ut intellegamus iustum Lot
dictum secundum quendam modum, maxime quod unum verum deum colebat
et propter comparationem scelerum Sodomorum, inter quos vivens ad vitam
similem non potuit inclinari. 5

46 *Ascendit autem Lot de Segor et sedebat in monte.* Mirum nisi ipse mons est, in
quem sponte ascendit, quo admonente domino ascendere noluit; aut enim
nullus est alius aut non adparet.

47 *Timuit enim habitare in Segor.* Infirmitati eius dominus et timori concesserat
civitatem quam Lot ipse delegerat et in ea promiserat ei securitatem, quod
propter illum parceret civitati. Tamen etiam ibi esse timuit; ita fides eius non
magni roboris fuit.

48 *Dixit autem Abraham de Sarra uxore sua: Soror mea est; timuit enim dicere: Uxor
mea est, ne forte occiderent eum viri civitatis propter illam.* Quaeri solet quomodo adhuc
in illa aetate pro Sarrae pulchritudine Abraham periclitari metuebat. Sed magis
formae illius vis miranda est, quae adhuc amari poterat, quam quaestio difficilis
putanda. 5

46,1 nisi…2 noluit] cf. Gn 19,17-18   **47,1** infirmitati…3 civitati] cf. Gn 19,19-21

45,1   eximit] exemit *p*, emisit *ζ* (*cf. Capitula*)   2   Abrahae] Abrae *n*   4   ad vitam] avitam *n*
5   similem] simile *n*   **46,1** nisi] ubi *Am.*   2   quo] q̅m̅ *C* | admonente] monente *C*, animo
monente *P T¹*   **47,1** timori] timore *P*   2   delegerat] dilegerat *C*   3   etiam ibi] ibi etiam *Am.*
ita] ista *C* | ita fides] fides ita *Am.*   **48,3** pro] propt *C*   4   amari] adomari *Am.*

---

[66] Die beiden Episoden der Gefährdung Saras durch Aufnahme in einen königlichen
Harem, Gen 12, 11-20 (Pharao) und Gen 20,1-18 (König Abimelech von Gerar), die
den gesamten auf Israel zielenden Plan Gottes mit Abraham und Sara zu vereiteln drohen, sind unterschiedlich alte Varianten. Die Redaktion hat sie äußerst wirkungsvoll
plaziert: die erste unmittelbar nach dem Auszugsbefehl an Abraham samt Verheißung

seine Töchter zu prostituieren, gemacht. Daraus erkennen wir, daß man dem keine Geltung beimessen soll, was er über die schmachvolle Behandlung seiner Töchter gesagt hat; denn auch dem ist keine Geltung beizumessen, daß man Gott nicht vertrauen solle.

qu. 1,45 (zu Gen 19,29)

45 „Und Gott gedachte des Abraham, und er führt Lot mitten aus der Zerstörung." Die Schrift bekräftigt, daß Lot mehr auf Grund der Verdienste Abrahams gerettet worden ist, damit wir verstehen, daß Lot nur in gewissem Grad gerecht genannt ist, vor allem, weil er den einen wahren Gott verehrte und im Vergleich mit den Verbrechen der Sodomiten, unter denen er zwar lebte, ohne sich aber einem ähnlichen Leben zuneigen zu können.

qu. 1,46 (zu Gen 19,30)

46 „Lot aber zog von Zoar hinauf und ließ sich im Gebirge nieder." Es sollte mich wundern, wenn das Gebirge, in das er aus eigenem Antrieb hinaufstieg, nicht eben jenes ist, in das er, als der Herr ihn dazu aufforderte, nicht hinaufsteigen wollte (vgl. Gen 19,17-18). Entweder nämlich gibt es kein anderes, oder es ist nicht ersichtlich, welches es sein könnte.

qu. 1,47 (zu Gen 19,30)

47 „Er fürchtete sich nämlich, in Zoar zu wohnen." Weil Lot schwach war und Angst hatte, hatte der Herr ihm diejenige Stadt zugestanden, auf die Lot selbst verwiesen hatte, und er hatte ihm versprochen, daß er in ihr in Sicherheit wohnen könne, weil er seinetwegen die Stadt verschonen werde (vgl. Gen 19,19-21). Dennoch fürchtete er sich auch davor, dort zu bleiben; demnach war sein Vertrauen nicht besonders stark.

qu. 1,48 (zu Gen 20,2)

48 „Abraham behauptete aber von seiner Frau Sara: Sie ist meine Schwester. Er fürchtete sich nämlich zu sagen: Sie ist meine Frau, aus Angst, die Männer der Stadt könnten ihn ihretwegen töten." Man pflegt zu fragen, wieso Abraham angesichts des damaligen Alters Saras noch befürchten konnte, wegen ihrer Schönheit in Gefahr zu geraten.[66] Aber man sollte eher die überwältigende Schönheit Saras, die immer noch geliebt werden konnte, bewundern als die Frage für schwierig zu halten.[67]

---

zahlreicher Nachkommenschaft Gen 12,1-3 und Abrahams Ankunft in Kanaan Gen 12,4-9, die zweite zwischen den beiden Verheißungen der Geburt Isaaks an das bis dahin kinderlose und bereits alte Ehepaar Abraham und Sara Gen 17,18; 18,10-12 und der Geburt Isaaks Gen 21,1-7. So ergibt sich freilich auf der Ebene des redaktionellen Endtextes angesichts der präzisen Zahlenangaben in Gen 17,1.17 (Priesterschrift), daß Sara zur Zeit der oben geäußerten Besorgnis Abrahams 89 Jahre alt und schwanger ist.
[67] Vgl. *civ.* 16,30 *l.* 19-20.

49 Quod ait deus ad Abimelech propter Sarram: *Et peperci tibi, ut non peccares in me*, quando eum admonuit uxorem Abraham esse quam putabat sororem, advertendum est et notandum in deum peccari, quando talia committuntur quae putant homines leviter habenda tamquam in carne peccata. Quod autem dixit ei: *Ecce tu morieris*, etiam hoc notandum est quomodo dicat deus tamquam praedicens sine dubio futurum quod admonendo dicit, ut a peccato abstinendo caveatur.

50 Merito quaeritur cur Abraham nec die quo natus est ei filius nec die quo circumcisus est, sed die quo ablactatus est epulum fecerit. Quod nisi ad aliquam spiritalem significationem referatur, nulla solutio quaestionis est; tunc scilicet esse debere magnum gaudium spiritalis aetatis, quando fuerit factus homo novus spiritalis, id est non talis qualibus dicit apostolus: *Lac vobis potum dedi, non escam; nondum enim poteratis. Sed nec adhuc potestis; estis enim adhuc carnales*.

51 Quaeritur Sarra dicente: *Eice ancillam et filium eius; non enim erit heres filius ancillae cum filio meo Isaac*, quare contristatus sit Abraham, cum ista fuerit prophetia, quam utique magis debuit nosse ipse quam Sarra. Sed intellegendum est vel ex revelatione hoc dixisse Sarram, quia prius illi fuerat revelatum, illum vero, quem de hac postea dominus instruit, paterno adfectu pro filio fuisse commotum, vel ambos prius nescisse quidnam illud esset et per Sarram nescientem hoc prophetice dictum esse, cum illa mota esset muliebri animo propter ancillae superbiam.

52 Notandum quod et Ismahel dictus sit a deo semen Abrahae propter illud quod sic accipiendum docet apostolus quod dictum est: *In Isaac vocabitur tibi*

49,5 Gn 20,3   **50,5** 1 Cor 3,2-3   **51,2** contristatus...Abraham] cf. Gn 21,11   **52,2** Rm 9,7-8

49,1 ad *om. C T* | et] ẹt *S V, om. Bad. Am.* | peperci] pepercit *n*   **2** Abraham] Abrahae *Bad. Am. μ*   **3** advertendum] avertendum *n* | peccari] peccati *P S T*   **50,1** quo¹] qua *S*   **2** fecerit] fecit *C¹* | ad *om. C¹*   **6** estis...adhuc²] adhuc enim estis *Bad. Am. μ*   **51,1** erit heres] heres erit *P V Bad.*   **2** ista *om. Bad. Am.*   **4** revelatione] revelationem *C¹ n*   **5** hac] re *add. N*   **52,1** dictus] dictum *C¹ P¹ n*   **2** Isaac] Esau *C¹*

---

[68] TM hat die Negation לא + Präfixkonjugation Langform. *x-yiqtol* Langform bezeichnet nicht nur zukünftige und generelle Sachverhalte, sondern auch starke Gebote (Injunktiv) und Verbote (Prohibitiv). Entsprechend geben moderne Übersetzungen den Ausspruch Saras als Willensbekundung wieder: ‚soll nicht'. Da die LXX und entsprechend VL auch die Gebots-Fälle durch Futur übersetzen, konnte Augustinus hier die Gebotsnuance

qu. 1,49 (zu Gen 20,6)

49 Was das Wort Gottes zu Abimelech wegen Sara betrifft: „Und ich habe dich davor bewahrt, gegen mich zu sündigen", als er ihn belehrte, diejenige, die er für Abrahams Schwester hielt, sei Abrahams Frau, ist bedenkens- und erwähnenswert, daß die Menschen gegen Gott sündigen, wenn sie derartiges begehen, was sie gleichsam als Sünden nur im Fleisch auf die leichte Schulter nehmen zu können meinen. Was das aber anbelangt, daß er zu ihm gesagt hat: „Siehe, du wirst sterben!" (Gen 20,3), so ist auch dies zu beachten, wie Gott das, was er zur Ermahnung sagt, als in Zukunft geradezu zweifelsfrei eintreffend ankündigt, damit man sich der Sünde enthalte und sich so vor ihr in acht nehme.

qu. 1,50 (zu Gen 21,8)

50 Zu Recht fragt man, warum Abraham weder am Tag der Geburt noch am Tag der Beschneidung, sondern erst am Tag der Entwöhnung seines Sohnes ein Festmahl gegeben hat. Wenn man das nicht auf irgendeine geistliche Bedeutung bezieht, gibt es keine Lösung des Problems; in diesem Fall muß es natürlich die große Freude über das geistliche Alter sein, wenn ein neuer geistlicher Mensch erschaffen worden ist, d.h. nicht der Art, wie sie der Apostel beschreibt: „Milch habe ich euch zu trinken gegeben, keine feste Speise; ihr konntet diese nämlich noch nicht ertragen, und ihr könnt es auch jetzt noch nicht; ihr seid nämlich noch fleischlich" (1 Kor 3,2-3).

qu. 1,51 (zu Gen 21,10)

51 Sara sagte: „Verstoße die Magd und ihren Sohn; der Sohn der Magd wird nämlich nicht Erbe sein mit meinem Sohn Isaak." Man fragt, warum Abraham darüber traurig war (vgl. Gen 21,11), da dies doch eine Prophezeihung war,[68] die er selbst gewiß besser kennen mußte als Sara. Aber man sollte das folgendermaßen verstehen: Entweder hat Sara das auf Grund einer Offenbarung gesagt, weil es ihr zuerst geoffenbart worden war, ihn aber, den der Herr erst später darüber informierte, hat die väterliche Zuneigung zu seinem Sohn bewegt; oder beide haben zunächst nicht gewußt, was es bedeuten sollte, und Sara hat dies, ohne es zu verstehen, prophetisch gesprochen, da sie weiblicher Zorn wegen der Überheblichkeit ihrer Magd bewegte.

qu. 1,52 (zu Gen 21,13)

52 Es ist festzuhalten, daß Gott auch Ismael als Samen Abrahams bezeichnet, und zwar wegen jenes Ausspruchs, den der Apostel folgendermaßen zu verstehen lehrt: „In Isaak wird dir Same genannt werden; das bedeutet: Nicht die Kinder des Fleisches, sondern die Kinder der Verheißung werden als Same

---

übergehen und die Aussage Saras als futurische Aussage = Prophetie deuten. Im Hintergrund steht Gal 4,22-31, wo in V 30 die Forderung Saras als Wort der Schrift bezeichnet und typologisch gedeutet wird.

semen; id est: Non filii carnis, sed filii promissionis deputantur in semine. Ut hoc proprie pertineat ad Isaac, qui non fuit filius carnis, sed filius promissionis, ubi promissio fit de omnibus gentibus.

53 *Surrexit autem Abraham mane et sumsit panes et utrem aquae et dedit Agar; et inposuit in humeros, et puerum; et dimisit illam.* Fieri quaestio solet quomodo inposuerit in humeros et puerum tam grandem. Nam qui fuerat antea quam natus esset Isaac tredecim annorum circumcisus, cum esset Abraham nonaginta novem, et natus sit Isaac centenario patre, ludebat autem Ismahel cum Isaac quando Sarra commota est, utique cum grandiusculo, qui iam fuerat ablactatus, profecto annorum fuit Ismahel, quando cum matre sua de domo patris expulsus est, amplius sedecim. Sed ut hoc quod cum parvulo lusit per recapitulationem dictum accipiamus, antequam ablactaretur Isaac, profecto etiam sic amplius quam tredecim annorum puer in humeros matris cum utre et panibus nimis absurdum est, ut inpositus esse credatur. Facile autem solvitur quaestio, si non subaudiamus inposuit, sed dedit. Dedit enim Abraham, sicut scriptum est, matri eius panes et utrem, quae illa inposuit in humeros suos. Cum autem adiunctum et dictum est et puerum, subaudimus dedit qui panes et utrem dederat, non in humeros inposuit.

54 *Defecit autem aqua de utre et proiecit puerum sub unam abietem; et discessit et sedere coepit contra illum longe quantum arcus mittit; dixit enim: Non videbo mortem filii mei. Et sedit contra eum. Exclamans autem puer ploravit. Et exaudivit deus vocem pueri de loco ubi erat. Et vocavit angelus dei Agar de caelo et dixit ei: Quid est, Agar? Noli timere; exaudivit enim deus vocem filii tui de loco in quo est. Surge et accipe puerum et tene illum manu tua; in*

---

4 promissio…5 gentibus] cf. Gn 22,18   **53,3** qui…5 novem] cf. Gn 17,24-25   **5** natus…patre] cf. Gn 21,5 | ludebat…6 ablactatus] cf. Gn 21,8-10

3 id est *om. P S V N T Bad. Am.* | deputantur] deputentur *N*   **4** promissionis] fuit *add. P S V N T Bad. Am.*   **5** fit *om. P¹ S V¹*   **53,1** panes] panem *N* (*cf. l. 13 et 14*)   **2** quaestio solet] solet quaestio *V Bad. Am.*   **3** et eras. *C, exp. P V* | nam *om. p* | antea quam] antequam *p*   **9** dictum accipiamus] accipiamus dictum *Bad. Am.* | antequam] tamquam *Bad. Am.* ablactaretur] ablacteretur *P*   **10** humeros] umero *V*   **11** facile] quam *praem. P (sed exp.) S V Bad. Am. μ χ (item C iuxta χ, sed errore)*   **13** panes] panem *N T (cf. l. 1 et 14)*   **14** est et] esset *C P¹ S V T Bad. Am.* | subaudimus] subaudiamus *n T Bad. Am.* | panes] panem *n*   **54,1** autem] enim *N* | de] in *S* | unam] unum *V*   **3** deus] dominus *n*   **4** dei] domini *Am.*   **5** et¹ *om. N* manu] in *praem. P S V T Am. μ*

anerkannt" (Röm 9,7-8[69]). Folglich bezieht sich diese Bezeichnung [dein Same] dort, wo die Verheißung alle Völker einbezieht (vgl. Gen 22,18), ausschließlich auf Isaak, der nicht Sohn des Fleisches, sondern „Sohn der Verheißung" war.[70]

qu. 1,53 (zu Gen 21,14)

53 „Abraham nun stand früh am Morgen auf und nahm Brot und einen Schlauch mit Wasser und gab Hagar und legte auf die Schultern, und den Knaben; und er schickte sie fort." Üblicherweise stellt man die Frage, wie er ihr auch einen so großen Knaben auf die Schultern legen konnte. Denn dieser war vor Isaaks Geburt im Alter von 13 Jahren beschnitten worden, als Abraham 99 Jahre alt war (vgl. Gen 17,24-25); und Isaak wurde seinem Vater in dessen 100. Lebensjahr geboren (vgl. Gen 21,5); Sara nun erregte sich, als Ismael mit Isaak spielte, mit einem zumal ziemlich großen Isaak, er war ja schon entwöhnt (vgl. Gen 21,8-10). Folglich war Ismael, als er mit seiner Mutter aus dem väterlichen Haus vertrieben wurde, mehr als 16 Jahre alt. Aber selbst wenn wir die Aussage, daß er mit dem Kleinen spielte, als Rekapitulation so auffassen, daß er mit ihm spielte, bevor er entwöhnt wurde, bleibt es wahrhaftig allzu absurd zu glauben, daß der auch unter dieser Voraussetzung mehr als dreizehnjährige Knabe zusammen mit dem Schlauch und den Broten seiner Mutter auf die Schultern gelegt worden sei. Das Problem löst sich jedoch leicht, wenn wir als Verb nicht ‚auferlegte', sondern ‚gab' ergänzen. Abraham gab nämlich – so ist geschrieben – seiner Mutter Brote und den Schlauch, und sie legte sie sich auf die Schultern. Weil aber hinzugefügt ist: „und den Knaben", ergänzen wir: ‚er gab', wie er auch die Brote und den Schlauch gegeben hatte, nicht aber ‚sie legte auf die Schultern'.[71]

qu. 1,54 (zu Gen 21,15-18)

54 „Das Wasser aus dem Schlauch ging aber zu Ende, und sie warf den Knaben unter eine Tanne; und sie ging weg und setzte sich einen Bogenschuß weit entfernt ihm gegenüber; sie sagte nämlich: Ich werde den Tod meines Sohnes nicht mit ansehen; und sie setzte sich ihm gegenüber. Der Knabe aber schrie laut und weinte.[72] Und Gott hörte auf die Stimme des Knaben von dem Ort, wo er war. Und der Engel Gottes rief Hagar vom Himmel her zu und sagte zu ihr: ‚Was ist, Hagar? Fürchte dich nicht, denn Gott hat die Stimme deines Sohnes gehört von dem Ort, wo er ist. Steh auf und nimm den Knaben und fasse ihn mit deiner Hand; denn ich will ihn zu einem großen Volk machen.'"

---

[69] Der erste Satz ist ein Zitat aus Gen 21,12. Gen 21,13 aber nennt auch Ismael „deinen [Abrahams] Samen".
[70] Vgl. *civ.* 16,32 *l.* 14-25.
[71] Vgl. Einleitung in *qu.* 1, S. 82f.
[72] Nach TM weint Hagar, nach LXX=VL das Kind (SDE: Angleich mit V. 17).

magnam enim gentem faciam illum. Solet quaeri quomodo, cum puer esset annorum amplius quindecim, proiecerit eum mater sub arborem et ierit longe quantum arcus mittit, ne videret eum morientem. Quasi enim quem portabat proiecerit, ita videtur sonare quod dicitur, maxime quia sequitur: *Flevit puer.* Sed intellegendum est proiectum esse non a portante, sed, ut fit, ab animo tamquam moriturum. Neque enim quod scriptum est: *Proiectus sum a facie oculorum tuorum*, portabatur qui hoc dixit. Et est in cotidiano loquendi usu, cum proici dicitur aliquis ab aliquo cum quo erat, ne ab illo videatur aut cum illo maneat. Intellegendum est autem, quod scriptura tacuit, ita discessisse matrem a filio, ut puer ignoraret quo mater abierit et eam in silvestribus stirpibus latuisse, ne filium siti deficientem videret. Ille autem etiam illa aetate quid mirum, si matre diutius non visa et tamquam perdita eo loco, ubi solus remanserat, flevit? Quod ergo postea dicitur: *Accipe puerum*, non ut eum de terra velut iacentem tolleret, dictum est, sed ut ei coniungeretur et eum manu teneret deinceps comitem, sicut erat: Quod plerumque faciunt simul ambulantes cuiuslibet aetatis.

55 *Factum est autem in tempore illo et dixit Abimelech* et cetera. Quaeri potest, quando cum isto Abimelech pactum fecit Abraham et appellatus est puteus quem fodit *puteus iurationis*, quomodo congruat veritati. Agar enim de Abrahae domo expulsa cum filio iuxta puteum, sicut dictum est, iurationis errabat, qui valde postea dicitur factus ab Abraham; ibi enim Abimelech et Abraham iuraverunt, quod nondum utique factum erat, cum de domo Abrahae Agar cum filio fuisset expulsa. Quomodo ergo errabat iuxta puteum iurationis? An factum iam fuisse intellegendum est et per recapitulationem postea commemoratum quod egit Abraham cum Abimelech? Nisi forte qui longe postea librum scripsit ex nomine putei iurationis appellavit regionem, in qua cum filio mater errabat,

---

54,11 Ps 30,23   **55,2** cum…Abraham] cf. Gn 21,27.32   **3** Gn 21,31 | Agar…4 errabat] cf. Gn 21,14

---

6 magnam] magna *V* | gentem] gente *V* | esset] Ismahel *add. N*   **7** proiecerit] proiecit *C P S V¹* | arborem] arbore *P S N T* | ierit] sederit *T*   **8** eum] enim *C¹*   **11** tuorum *om. n*   **12** proici dicitur] proicitur *P¹ S V Am.*   **13** quo erat] querat *n*   **18** ut¹ *om. C¹*   **55,1** autem] *s. l. P, om. S N*   **2** cum *om. S* | fecit] facit *P¹ S* | et] ut *Am.*   **3** congruat] congruant *S*   **4** filio] fili *n* | sicut] sicuti *P S V T Am. μ*   **5** ab *om. S T*   **6** nondum] non *n* | erat] fuerat *Bad. Am.*   **7** filio] suo *add. V Bad.*   **9** nisi] si *P¹ V*, sed (d *s. l. m. 1*) *S, Am.*   **10** nomine] *ex* omini *P, ex* omni *S*

---

⁷³ Diese absurde Deutung kann nur LXX/VL abgepreßt werden, ist in TM hingegen unmöglich, da dort die 3.pers. des Verbs als *generis feminini* kenntlich ist.

Man pflegt zu fragen, wie wohl die Mutter den Knaben, obgleich er mehr als 15 Jahre alt war, unter einen Baum geworfen haben könnte und einen Pfeilschuß weit weggegangen sei, um ihn nicht sterben sehen zu müssen. Denn vor allem, weil folgt: „der Knabe weinte", scheint der Text den Eindruck zu erwecken, als wenn sie ihn trug und dann auf den Boden warf. Hingegen muß man es so verstehen: Nicht die, die ihn trug, sondern, wie es vorkommt, sein Gemüt warf ihn, als wenn er sterben müßte, umher.[73] Denn auch derjenige, der das Schriftwort sprach: „Ich bin verworfen vom Angesicht deiner Augen" (Ps 31,23), wurde nicht getragen. Und es ist alltagssprachlich üblich zu sagen, daß jemand von jemandem, mit dem er zusammen war, ‚verworfen' wird, damit er nicht von ihm besucht wird oder jener bei ihm bleibt. Mitzuverstehen ist aber, was die Schrift schweigend übergeht, daß die Mutter sich so von ihrem Sohn entfernt hat, daß der Knabe nicht wußte, wohin die Mutter weggegangen war, und daß sie sich im Gebüsch des Waldes versteckt hat, um nicht mit ansehen zu müssen, wie ihr Sohn vor Durst zugrunde ginge. Wen wundert es nun, daß er trotz seines Alters geweint hat, wenn er seine Mutter längere Zeit nicht sah und sie gleichsam von dem Ort verloren gegangen war, wo er allein zurückgeblieben war? Wenn es später heißt: „Nimm den Knaben!", so ist das nicht gesagt, damit sie ihn, als ob er am Boden liege, aufheben solle, sondern damit sie sich wieder mit ihm vereine und ihn daraufhin wieder wie vorher als Begleiter an der Hand fasse. So verhalten sich ja meistens Leute jeglichen Alters, wenn sie zusammen gehen.

qu. 1,55 (zu Gen 21,22)

55 „Es geschah aber in jener Zeit, und Abimelech sagte" usw. Man kann fragen, wann Abraham mit diesem Abimelech einen Vertrag geschlossen hat (vgl. Gen 21,27.32) und wann der Brunnen, den er grub, „Schwurbrunnen" (Gen 21,31)[74] genannt wurde und wie es sich in Wahrheit verhält. Denn, wie gesagt worden ist, irrte Hagar, nachdem sie aus dem Haus Abrahams verstoßen worden war, mit ihrem Sohn in der Gegend des sogenannten „Brunnens des Schwures" umher (vgl. Gen 21,14LXX)[75], der angeblich viel später erst von Abraham angelegt worden ist;[76] dort nämlich leisteten Abimelech und Abraham einen Eid; das war selbstverständlich noch nicht geschehen, als Hagar aus dem Haus Abrahams verstoßen worden war. Wieso also irrte sie um den Schwurbrunnen herum? Soll man annehmen, daß der Brunnen schon konstruiert war und daß später durch Rekapitulation erwähnt wurde, was Abraham mit Abimelech unternommen hat? Oder hat vielleicht eher derjenige, der viel später das

---

[74] In TM ist es die Namensätiologie des Ortes Beerscheba; der Name bedeutete wohl: ‚Siebenbrunnen'.
[75] „Bis zum Schwurbrunnen" ist ein Zusatz der LXX.
[76] Vgl. Einleitung in *qu.* 1, S. 86.

tamquam diceret: Errabat in illa regione, ubi puteus iurationis factus est, quamvis puteus postea sit factus, sed longe ante aetatem scriptoris, sic autem appellabatur puteus cum liber scriberetur nomen tenens antiquum, quod inposuerat Abraham. Si autem ipse est puteus, quem apertis oculis vidit Agar, nihil restat, nisi ut per recapitulationem quaestio dissolvatur. Nec movere debet quomodo puteum, quem foderat Abraham, nesciebat Agar, si ante est ille fossus quam illa expulsa. Valde enim fieri potuit, ut pecorum suorum causa longe a domo, in qua cum suis habitabat, puteum foderet, quem illa nesciret.

56 Quaeri potest quomodo ad puteum iuramenti agrum plantaverat Abraham, si in terra illa, quemadmodum Stephanus dicit, *non* acceperat *hereditatem nec spatium pedis*. Sed ea est intellegenda *hereditas*, quam deus munere suo fuerat daturus, non empta pretio. Intellegitur autem spatium circa puteum ad illud emptionis pactum pertinere, in quo fuerant agnae septem datae, quando Abimelech et Abraham sibi etiam iuraverunt.

57 *Et tentavit deus Abraham*. Quaeri solet quomodo hoc verum sit, cum dicat in epistula sua Iacobus quod deus neminem tentat. Nisi quia locutione scripturarum solet dici tentat pro eo quod est probat. Tentatio vero illa, de qua Iacobus dicit, non intellegitur nisi qua quisque peccato inplicatur. Unde apostolus dicit: *Ne forte tentaverit vos is qui tentat*. Nam et alibi scriptum est: *Tentat vos dominus*

---

14 puteus…Agar] cf. Gn 21,19   56,2 Act 7,5   5 pactum…6 iuraverunt] cf. Gn 21,27-32
57,2 deus…tentat] cf. Iac 1,13   5 1 Th 3,5 | Dt 13,3

11   diceret] dicere *n* | errabat…12 ante] *add. in marg. inf. m. 1 V*   12   sit] si *n, om. T*
13   inposuerat…14 Abraham] Abraham inposuerat *C µ ʒ*   14   est] *s. l. m. 1 P, om. S N Am.*
puteus] erat *add. N*   15   nisi] *s. l. m. 1 P, om. S V Bad.*   56,1 ad puteum] apudeum *P, corr.*
plantaverat] plantaverit *P S N T Am.*   2 non] nec *Am.*   3 quam *C¹*   5 quo] qua *C¹*
57,2   tentat] temptet *S V N Bad. Am.*, tempet *Eug. (praeter cod. v)* | quia] quod *V Bad.*
locutione] locutiones *n P¹*   4 qua *om. P¹*   5 is] his *C¹ T* | alibi] ab illo *p*

---

⁷⁷ Nach TM pflanzte Abraham lediglich eine Tamariske: אֶשֶׁל. LXX gebraucht dafür das Wort ἄρουρα. Es bedeutet zwar üblicherweise ‚Feld, Acker', und diese Bedeutung nimmt bereits das Targum an: „Garten"; entsprechend VL: *ager* und Vulg: *nemus* ‚Wald, Gehölz, Hain'. BdA weist aber darauf hin, daß ἄρουρα in I Reg. (TM: 1Sam) 22,6; 31,13 in der Wendung „unter einer Tamariske sitzen" bzw. „unter einer Tamariske begraben" ebenfalls אֶשֶׁל übersetzt, von den Übersetzern der LXX daher für eine Baumbezeichnung gehalten worden sein könnte.
⁷⁸ Das Verbum *tento/tempto* kann sowohl ‚auf die Probe stellen' als auch ‚zum Bösen in

Buch schrieb, nach diesem Schwurbrunnen die ganze Gegend benannt, in der die Mutter mit ihrem Sohn umherirrte, als wollte er sagen: ‚Sie irrte in jener Gegend umher, wo der Schwurbrunnen angelegt worden ist', – obgleich der Brunnen erst später konstruiert worden ist, allerdings lange vor der Zeit des Schreibers. So wurde der Brunnen aber genannt, als das Buch geschrieben wurde, da er den alten Namen behielt, den Abraham ihm gegeben hatte. Wenn es aber genau der Brunnen ist, den Hagar gesehen hat, nachdem ihr die Augen geöffnet worden waren (vgl. Gen 21,19), bleibt nur die Lösung mit Hilfe der Rekapitulation. Man soll sich auch nicht darüber beunruhigen, wieso Hagar den Brunnen, den Abraham gegraben hatte, nicht kannte, wenn jener doch vor ihrer Verstoßung gegraben wurde. Es kann nämlich sehr gut sein, daß er den Brunnen seiner Schafe wegen weit entfernt von dem Haus, in dem er mit den Seinen wohnte, grub und jene ihn daher nicht kannte.

qu. 1,56 (zu Gen 21,33)

56 Man kann fragen, wieso Abraham beim Schwurbrunnen ein Feld anpflanzen konnte,[77] wenn er doch, wie Stephanus sagt, in jenem Land „weder ein Erbteil noch einen Fußbreit" (Apg 7,5) empfangen hatte. Unter dem „Erbteil" ist aber freilich dasjenige zu verstehen, das Gott durch seine Gnade und nicht um Geld gekauft zu geben gewillt war. Das Gebiet um den Brunnen aber wird als zu jenem Kaufvertrag gehörig verstanden, kraft dessen sieben Lämmer gegeben worden waren, als Abimelech und Abraham sich auch Eide leisteten (vgl. Gen 21,27-32).

qu. 1,57 (zu Gen 22,1)

57 „Und Gott stellte Abraham auf die Probe."[78] Man[79] pflegt zu fragen, inwiefern das zutrifft, da doch Jakobus in seinem Brief sagt, daß Gott niemanden versucht (vgl. Jak 1,13). Wohl nur, da nach Ausdrucksweise der Schriften üblicherweise *tentat* für ‚er stellt auf die Probe' gesagt wird.[80] Das richtige Verständnis jener ‚Versuchung' hingegen, von der Jakobus spricht, schließt notwendig ein, daß durch sie jedermann in Sünde verwickelt wird. Daher sagt der Apostel: „ob der Versucher euch nicht womöglich in Versuchung geführt hat" (1Thess 3,5). Denn es ist zudem andernorts geschrieben: „Denn der Herr, euer Gott, stellt auch auf die Probe, um zu erkennen, ob ihr ihn liebt" (Dtn 13,4). Auch dies: „um zu erkennen" ist entsprechend einer idiomatischen Ausdrucks-

---

Versuchung führen' bedeuten. Da es kein deutsches Verb mit ähnlichen Bedeutungsvarianten gibt, muß es je nach Kontext unterschiedlich übersetzt werden mit der Folge, daß das von Augustinus in der Zusammenschau von *tento* in Gen 22,1 und in Jak 1,13 diskutierte Problem nicht deutlich herauskommt.

[79] RÜTING, *Untersuchungen*, mit Verweis auf *s.* 2,2: Gemeint sind die Manichäer.
[80] Vgl. *qu.* 2,25; 2,74.

deus vester, ut sciat si diligitis eum. Etiam hoc genere locutionis *ut sciat* dictum est, ac si diceretur: Ut scire vos faciat, quoniam vires dilectionis suae hominem latent, nisi divino experimento etiam eidem innotescant.

58 Vox angeli de caelo ad Abraham: *Ne inicias manum in puerum neque facias ei quidquam; modo enim cognovi quoniam times deum tu.* Etiam ista quaestio simili locutione solvitur; hoc est enim: *Nunc cognovi, quoniam times deum tu,* quod significat: Nunc te feci cognoscere. In consequentibus autem hoc genus locutionis evidenter adparet, ubi dicitur: *Et vocavit Abraham nomen loci illius dominus vidit, ut dicant hodie: In monte dominus adparuit. Vidit* pro eo quod est adparuit, hoc est *vidit* pro eo quod est videri fecit, significans per efficientem id quod efficitur, sicut frigus pigrum quod pigros facit.

59 *Et non pepercisti filio tuo dilecto propter me.* Numquid Abraham propter angelum non pepercit filio suo et non propter deum? Aut ergo angeli nomine dominus Christus significatus est, qui sine dubio deus est et manifeste a propheta dictus *magni consilii angelus,* aut quod deus erat in angelo et ex persona dei angelus loquebatur, sicut in prophetis etiam solet. Nam in consequentibus hoc magis videtur adparere ubi legitur: *Et vocavit angelus domini Abraham iterum de caelo: Per me ipsum iuravi, dicit dominus.* Non facile enim invenitur dominus Christus patrem dominum dicere tamquam suum dominum illo praesertim tempore, antequam sumeret carnem. Nam secundum id, quod formam servi accepit, non incongruenter hoc dici videtur. Nam secundum huius rei futurae prophetiam illud est in Psalmo: *Dominus dixit ad me: Filius meus es tu.* Nam neque in ipso evangelio facile invenimus a Christo deum patrem dominum appellatum, quod dominus eius esset; quamvis deum inveniamus illo loco, ubi ait: *Vado ad patrem meum et patrem vestrum, deum meum et deum vestrum.* Quod autem scriptum est: *Dixit dominus domino meo,* ad ipsum qui loquebatur refertur, id est: *Dixit dominus domino*

58,5 Gn 22,14 **59,4** Is 9,6 **6** Gn 22,15-16 **11** Ps 2,7 **13** Io 20,17 **14** Ps 109,1 **15** Gn 19,24

---

6 vester] noster *Bad.* | hoc] ergo *Add. N eug.* **8** nisi] nimio *(corr.) P S, V* | divino experimento] *n T Am. μ ᵶ,* experimento *C p P S V Bad. Eug. Rab. Claud. Fraipont* **58,1** manum] manus *Eug. (codd. P T v)* **2** times] timeas *C μ* | tu] um *add. m. 2 s. l. C,* tum *Eug. (codd. Pv) (cf. l. 3)* **3** times] timeas *C μ* | tu] tuum *v (cf. l. 2)* **4** evidenter] evidentius *P Eug.* **5** Abraham nomen] nomen Abraam *Bad. Am.* | dicant] dicatur *Bad. Am.* **6** monte] montem *Eug. (codd. V M)* **7** est *om. Bad.* **59,1** et non] aut *Am.* **4** dictus] est *add. V² μ* **6** caelo] dicens *add. T μ ᵶ* **7** me] memet *S V T Am. μ* **13** dominus] d̄n̄m *P,* d̄*m̄ *S* | dominus eius] eius dominus *P V T Am. Rab.* | illo] in *praem. S V Am. μ* **14** deum meum] *add. in marg. S* | et²...vestrum² *om. S* **15** meo *om. T* | dominus²] meus *add. Am.*

weise gesagt, als sollte gesagt werden: ‚um euch erkennen zu lassen', weil dem Menschen die Kraft seiner Liebe verborgen bleibt, so sie nicht auch ihm durch eine von Gott verhängte Prüfung bekannt wird.[81]

qu. 1,58 (zu Gen 22,12)

58 Die Stimme des Engels vom Himmel zu Abraham: „Streck die Hand nicht gegen den Knaben aus und tu ihm nichts! Denn jetzt habe ich erkannt, daß du Gott fürchtest." Auch dieses Problem löst sich durch eine ähnliche idiomatische Ausdrucksweise: „Jetzt habe ich erkannt, daß du Gott fürchtest" bedeutet nämlich: ‚Nun habe ich dich erkennen lassen.'[82] Im folgenden tritt diese Ausdrucksweise dagegen deutlich zutage, wo gesagt wird: „und Abraham nannte jenen Ort ‚der Herr hat gesehen', damit man heute sagt: ‚auf dem Berg ist der Herr erschienen'" (Gen 22,14). „Er hat gesehen" steht für ‚er ist erschienen', das heißt: „er hat gesehen" steht für ‚er hat sehen lassen' und bezeichnet durch die Ursache ihren Effekt, wie ‚träge Kälte', weil Kälte träge macht.

qu. 1,59 (zu Gen 22,12)

59 „Und du hast deinen geliebten Sohn um meinetwillen nicht verschont." Hat Abraham etwa wegen des Engels und nicht Gottes wegen seinen Sohn nicht verschont? Entweder also bezeichnet das Wort ‚Engel'[83] den Herrn Christus, der ohne Zweifel Gott ist und den der Prophet eindeutig „Engel des großen Ratschlusses" (Jes 9,5) genannt hat; oder [die Schrift formuliert so,] weil Gott im Engel war und der Engel in der Rolle Gottes sprach, wie es bei den Propheten gebräuchlich ist. Denn im folgenden scheint sich dies deutlicher zu zeigen, wo man liest: „Und der Engel des Herrn rief Abraham zum zweiten Mal vom Himmel her: Ich habe bei mir selbst geschworen, sagt der Herr" (Gen 22,15-16). Nicht leicht nämlich findet man eine Stelle, wo der Herr Christus seinen Vater ‚Herr' nennt, gleichsam seinen Herrn, vor allem noch zu jener Zeit, bevor er Fleisch angenommen hat. Denn bezüglich des Umstands, daß er die Knechtsgestalt annahm, scheint das sehr passend gesagt zu werden. Denn als Prophetie dieses zukünftigen Ereignisses findet sich folgendes im Psalm: „Der Herr sagte zu mir: Mein Sohn bist du" (Ps 2,7). Denn sogar im Evangelium selbst finden wir nur schwer, daß Christus Gott Vater ‚Herr' nennt, weil er sein Herr wäre; obgleich wir die Bezeichnung ‚Gott' an jener Stelle finden, wo er sagt: „Ich gehe zu meinem Vater und zu eurem Vater, meinem Gott und eurem Gott" (Joh 20,17). Das Schriftwort: „Es sagte der Herr zu meinem Herrn" (Ps 110,1) bezieht sich hingegen auf den Sprecher, d.h. „Es sagte der Herr zu meinem Herrn", nämlich der Vater zum Sohn; und derjenige, der

---

[81] Vgl. *qu.* 2,58.
[82] Vgl. *Gn. litt.* 4,9,17; *en. Ps.* 36,1,1
[83] In Gen 22,11.

meo, pater scilicet filio, et *pluit dominus a domino*; qui scribebat dixit, ut dominus eius a domino eius, id est dominus noster a domino nostro pluisse intellegatur, filius a patre.

60 Quod in his, quos nuntiaverunt Abrahae natos esse filios fratri eius, nominatur et Camuel pater Syrorum, non utique illi, qui nuntiaverunt, nuntiare patrem Syrorum potuerunt; ex origine quippe illius Syrorum genus longe postea propagatum est. Sed dictum est a persona scribentis, qui post omnia illa tempora haec scribendo narravit, quemadmodum supra diximus de puteo iurationis.

61 *Exsurgens autem Abraham adoravit populum terrae*. Quaeritur quomodo scriptum est: *Dominum deum tuum adorabis et illi soli servies*, cum Abraham sic honoraverit populum quendam gentium, ut etiam adoraret. Sed animadvertendum est in eodem praecepto non dictum: Dominum deum tuum solum adorabis, sicut dictum est: *Et illi soli servies*, quod est Graece λατρεύσεις. Talis enim servitus nonnisi deo debetur. Unde damnantur idolatrae, id est eius modi servitutem exhibentes idolis, quae debetur deo. Nec moveat quod alio loco in quadam scriptura prohibet angelus hominem adorare se et admonet, ut dominus potius adoretur; talis enim adparuerat angelus, ut pro deo posset adorari. Et ideo fuerat corrigendus adorator.

61,2 Dt 6,13; 10,20   **8** prohibet...9 adoretur] cf. Apc 19,10; 22,9

60,1 quos] qui *V* Rab. | fratri eius] eius *C P S T*, melchae *V* Am. μ Rab.   **2** Camuel] Cam *P*, Camuel (vel *s. l. m.* 2) *T* | illi *om. P S V T* Am. Rab.   **3** illius] siri *add. p*, viri *add. n*   **4** a] ex *N*   **5** haec] ex *n*   **61,2** est] sit *p* | adorabis] adoravis *C¹* | Abraham] et *praem. N* | honoraverit] honoravit *P V T*   **4** dictum] esse *N* | tuum *om. V*   **5** λατρεύσεις] ΛΑΤΡΥCIC *C*; ΛΑΤΡΕΥΣΙΣ *S*, latreisis *P V*; ααtρεισις (*s. l.* latreusis) *T*, aaipeutis *N*   **6** idolatrae] idolatres *P*, idolatriae *n*, idololatrae *Am.* μ   **7** debetur] debentur *P S¹*   **8** adorare] *cf. z in apparatu*   **9** posset] possit *C¹*

---

[84] Die umständliche Formulierung des TM hat vielfache Erklärungen provoziert (z.B. entweder ‚von JHWH her' oder ‚vom Himmel her' ist erläuternder Zusatz). In Gen 19 treten zwei JHWH-Boten (19,1.15; LXX: „Engel"), sonst im Kapitel „Männer" genannt, auf. In 19,13 kündigen sie an, Sodom vernichten zu wollen. Entsprechendes sagt in 19,21.22 ein JHWH-Bote. 19,24 betont, daß JHWH selbst Sodom und Gomorra zerstört. Die Aufteilung der beiden Nennungen des „Herrn" in Gen 19,24 auf zwei Herren (Augustinus: Gott und Christus) ist lexikalisch erst seit LXX (2x κυριος) möglich, in TM schon deswegen ausgeschlossen, weil beidemale JHWH steht.

schrieb: „Der Herr ließ regnen vom Herrn her" (Gen 19,24)[84], formulierte so, damit man verstehe: sein Herr habe von seinem Herrn her, d.h. unser Herr habe von unserem Herrn her regnen lassen, der Sohn vom Vater.

qu. 1,60 (zu Gen 22,21)

60 Bezüglich der Tatsache, daß unter diesen Söhnen seines Bruders, deren Geburt man Abraham meldete, auch Kemuël, der Vater der Syrer, genannt wird: natürlich konnten jene, die es meldeten, nicht den Vater der Syrer melden; aus dessen Geschlecht ist der Stamm der Syrer ja viel später hervorgegangen. Sondern dies hat der Schreiber aus seiner Perspektive formuliert. Er hat dies nach all jenen Zeiten geschrieben und erzählt, genau wie wir oben zum Schwurbrunnen ausgeführt haben.[85]

qu. 1,61 (zu Gen 23,7)

61 „Abraham aber erhob sich und warf sich nieder vor dem Volk des Landes."[86] Man fragt, wieso geschrieben steht: „Vor dem Herrn, deinem Gott, sollst du dich niederwerfen und ihm allein dienen" (Dtn 6,13; 10,20)[87], wenn doch Abraham irgendein Heidenvolk derartig geehrt hat, daß er sich auch vor ihm niederwarf. Aber es ist zu beachten: In dem oben genannten Gebot heißt es nicht gleichermaßen: „Vor dem Herrn, deinem Gott, allein sollst du dich niederwerfen", wie es heißt: „und ihm allein sollst du dienen", was auf Griechisch λατρεύσεις heißt. Ein derartiger Kultakt gebührt nämlich ausschließlich Gott. Daher werden Götzendiener verurteilt, d.h. Menschen, die einen derartigen Kultakt Götzenbildern erweisen, der allein Gott gebührt. Dagegen sollte man sich nicht darüber aufhalten, daß an anderer Stelle in einer gewissen Schrift ein Engel einem Menschen verbietet, sich vor ihm niederzuwerfen, und ihn ermahnt, sich vielmehr vor dem Herrn niederzuwerfen (vgl. Vgl. Offb 19,10; 22,9); der Engel war nämlich auf eine solche Weise erschienen, daß man sich vor ihm, als wäre er Gott, niederwerfen konnte. Und deshalb mußte der Anbeter berichtigt werden.

---

[85] Vgl. *qu.* 1,55 und Einleitung in *qu.* 1, S. 86f.

[86] TM und LXX sprechen von Proskynese; VL und Vulg gebrauchen dafür üblicherweise das Verb *adoro*.

[87] Proskynese bzw. *adoratio* haben in beiden Belegen LXX, jeweils in der Fassung des Alexandrinus (wörtlich zitiert in Mt 4,10//Lk 4,8), und die VL des Augustinus; die anderen LXX-Zeugen und, ihnen folgend Vulg, haben an beiden Stellen, entsprechend TM, statt dessen φοβηθήσῃ „du wirst/sollst fürchten", und es fehlt im Gegensatz zur VL das ‚allein' (in TM wird die Emphase ‚ihm allein, nur ihm' nicht lexikalisch, sondern syntaktisch ausgedrückt: durch die Voraustellung des pronominalen direkten Objekts vor das Verbum finitum). VL:Cod.Lugd. hat jeweils „fürchten", aber „allein": *Dominum Deum tuum timebis, et illi soli seruies*.

62 Quod Abraham iubet puero suo, ut manum suam ponat sub eius femore, et sic eum adiurat *per dominum deum caeli et dominum terrae*, solet inperitos movere non adtendentes magnam istam de Christo extitisse prophetiam, quod ipse dominus deus caeli et dominus terrae in ea carne venturus esset, quae de illo femore propagata est.

63 Quaerendum quo differant augurationes inlicitae ab illa petitione signi, qua petivit servus Abrahae, ut ei deus ostenderet ipsam esse futuram uxorem domini sui Isaac, a qua cum petivisset, ut biberet, diceretur illi: *Bibe et tu, et adaquabo et camelos tuos quoadusque bibere desinent*. Aliud est enim mirum aliquid petere, quod ipso miraculo signum sit, aliud ea observare, quae ita fiunt, ut mira non sint, sed a coniectoribus superstitiosa vanitate interpretentur. Sed hoc ipsum etiam quod mirum aliquid postulatur, quo significetur quod quisque vult nosse, utrum audendum sit non parva quaestio est. Eo namque pertinet, quod dicuntur qui hoc non recte faciunt tentare dominum. Nam ipse dominus, cum a diabolo tentaretur, testimonium de scripturis adhibuit: *Non tentabis dominum deum tuum*. Suggerebatur enim tamquam homini, ut signo aliquo exploraret ipse quantus esset id est quam multum apud deum posset: Quod vitiose fit, cum fit. Ab hoc autem discernitur quod Gedeon fecit pugnae imminente periculo; consultatio quippe illa magis quam tentatio dei fuit. Unde et Achaz apud Esaiam timet signum petere, ne deum tentare videatur, cum hoc eum dominus

---

63,10 Dt 6,16; Mt 4,7//Lc 4,12   **13** quod...periculo] cf. Idc 6,36-40   **14** Achaz...16 prophetam] cf. Is 7,10-12

62,1 sub] super *Eug.*   **3** non *om. n* | istam] *om. V Bad. Am.*, ipsam *Eug. (cod. T)* | extitisse] exstetisse *C P¹*   **4** deus *om. P V Bad. Am.*   **63,1** quo] quod *N*, et quid *Bad.*   **3** petivisset] petisset *C z* | et¹ *includit z*   **4** et *om. C z Eug. (codd. V M)*, *del. P V* | desinent] desinerent *C p P S V Bad. Eug. (praeter codd. V M)*, desinirent *N Eug. (codd. V M)*   **5** ea] haec *P V T Bad. Am.*, de *N (in ras.)* | ut] quod *P S T V (supra* quod *add.* ut)   **6** interpretentur] interpretantur *C P V N T Eug. (praeter T v)*   **7** quod¹] quo *V* | quo] quod *P* (d *exp.*), quo∗ *S*   **8** audendum] audiendum *Am.*   **12** quantus] (s *ex* m) *T V* | quod] cum *n*   **14** tentatio] temptio *n*   **15** deum] dominum *p*

qu. 1,62 (zu Gen 24,2-3)

62 Daß Abraham seinem Knecht befiehlt, seine Hand unter seine Hüfte zu legen, und ihn auf diese Weise „beim Herrn, dem Gott des Himmels und der Erde," schwören läßt, pflegt Unerfahrene zu beunruhigen,[88] da sie nicht beachten, daß dies eine bedeutende Prophetie über Christus war, der Herr, Gott des Himmels und Herr der Erde, werde selbst in dem Fleisch kommen, das aus dieser Hüfte hervorgegangen ist.[89]

qu. 1,63 (zu Gen 24,12-14)

63 Es ist zu fragen, worin unerlaubte Vorzeichensuche sich von jener Zeichenbitte unterscheidet, durch die Abrahams Knecht Gott bat, er möge ihm zeigen, daß diejenige die künftige Frau seines Herrn Isaak sei, die auf seine Bitte um einen Trunk hin zu ihm sage: „Trinke auch du, und ich werde auch deine Kamele tränken, bis sie zu trinken aufhören". Eines ist es nämlich, etwas Außergewöhnliches zu erbitten, das durch ein echtes Wunder als Zeichen dienen soll, etwas anderes ist es zweifellos, solche Ereignisse zu beachten, die auf eine nicht wunderhafte Weise geschehen, von Zeichendeutern aber in haltlosem Aberglauben ausgelegt werden. Aber allein schon, ob jeder Beliebige wagen darf, irgendein Wunder zu verlangen, das anzeigen soll, was er wissen will, stellt ein nicht geringes Problem dar. Darauf bezieht sich nämlich das Urteil, daß diejenigen, die das nicht auf rechte Weise tun, den Herrn versuchen. Denn der Herr selbst hat, als der Teufel ihn versuchte, folgendes Schriftzeugnis angeführt: „Du sollst den Herrn, deinen Gott, nicht versuchen" (Dtn 6,16; Mt 4,7//Lk 4,12). Ihm wurde nämlich, als sei er ein normaler Mensch, eingeflüstert, er solle seinerseits durch irgendein Zeichen erforschen, wie bedeutend er sei, d.h. wie viel er bei Gott vermöge; das geschieht schuldhaft, wenn es geschieht. Davon unterscheidet sich aber, was Gideon tat, als unmittelbar die gefährliche Schlacht drohte (vgl. Ri 6,36-40); das war ja eher eine Befragung Gottes als eine Versuchung Gottes. Daher fürchtet sich auch Ahas bei Jesaja, ein Zeichen zu erbitten, um nicht den Eindruck zu erwecken, er versuche Gott, obgleich ihn der Herr durch den Propheten dazu ermahnt (vgl. Jes 7,10-12). Ich bin überzeugt,

---

[88] In *Io. ev. tr.* 43,16 erklärt Augustinus diejenigen für *stulti* „töricht", die an der Berührung dieses Körperteils Anstoß nehmen.

[89] Vgl. *en. Ps.* 72,1. Hieronymus, *Qu. Hebr. Gen.* zu Gen 24,9 beruft sich auf Mt 1,1: *nos autem dicimus, iurasse eum in semine Abrahae, hoc est in Christo, qui ex illo nasciturus erat iuxta euangelistam Matthaeum loquentem liber generationis Iesu Christi filii Dauid filii Abraham* „Wir aber sagen, er habe beim Samen Abrahams geschworen, d.h. bei Christus, der von ihm abstammen sollte nach dem Wort des Evangelisten Matthäus: „Stammbaum Jesu Christi, des Sohnes Davids, des Sohnes Abrahams". Entsprechend schon Ambrosius, *Abr.* 1,9,83.

admoneat per prophetam, credo, existimans quod ab ipso propheta exploraretur utrum praecepti memor esset, quo tentare deum prohibemur.

64 *Servus Abrahae narrans quae sibi mandata fuerant a domino suo dicit eum sibi dixisse: Non sumes uxorem filio meo in filiabus Chananaeorum, inter quos ego habito in terra eorum, sed in domum patris mei ibis et in tribum meam et sumes uxorem filio meo inde* et cetera. Si legantur quemadmodum illi mandata sint, sententia eadem reperitur, verba vero non omnia vel ipsa vel ita dicta sunt. Quod admonendum putavi propter stultos et indoctos homines, qui evangelistis hinc calumniantur, quod in aliquibus verbis non omni modo conveniunt, quamvis rebus atque sententiis omnino non discrepent. Certe enim istum librum unus homo scripsit, quia ea quae supra dixit cum mandaret Abraham vel relecta sic ponere potuit, si ad rem pertinere iudicaret, cum veritas narrationis exigitur nisi ut rerum sententiarumque sit, quibus voluntas, propter quam intimandam verba fiunt, satis adpareat.

65 Quod habent Latini codices narrante servo Abrahae quae sibi mandaverat dominus eius: *Tunc innocens eris a iuramento meo*, vel: *Iuratione mea*, Graeci habent: *A maledicto meo*; ὅρκος enim dicitur iuratio, ἀρά maledictum: Unde et κατάρατος maledictus vel ἐπικατάρατος dicitur. Proinde oritur quaestio, quomodo illa iuratio maledictum possit intellegi, nisi quia maledictus est qui contra iurationem fecerit.

64,4 quemadmodum…sint] cf. Gn 23,3-4

---

16 prophetam] propheta *C*   **17** praecepti] precepi *C*   **64,1** a] de *Am.*   **3** tribum] tribuum *C T* meam] (a *ex* u) *P*   **4** quemadmodum] quomodo *Am.*   **5** quod] quem *S* | admonendum] ammonendo *n*   **6** evangelistis] evangelistas *Am. Rab.*   **7** omni modo] omnino *Am.*   **8** discrepent] discrepant *P T* | quia] qui *C p μ Rab.*   **9** dixit] dixi *C P S V N μ Rab.* | vel] vel *S* (*supra scr.* que) | relecta] reliqua *C P¹ V¹ T¹*, neglecta *V²*   **10** exigitur] non praem. *Am.*   **11** intimandam] intimendam *C*, intimanda *P S* | fiunt] fiant *n*   **65,1** habent] habeant *C P* narrante] narrantes *n* | mandaverat] mandaverit *p*   **2** a *om. N*   **3** ὅρκος] orcos *C P S V N T* ἀρά] ara *V N*, catara *C P* (cat, *s. l.*), cathara *T*, κατara *Am.* | κατάρατος] cataros *C P S V*, cataratos *n T*, καταρακτος *Am.*   **4** vel…70,13 est] *deest in p (uno fol. exciso)* | ἐπικατάρατος] επικαταρακτος *Am.*   **5** possit] posset *Am.* | est *om. n*

---

[90] Weil Augustinus ein biblisches Beispiel für verdienstvolle, durch Frömmigkeit motivierte Ablehnung der Zeichensuche sucht, interpretiert er das Verhalten des Ahas gegen den Kontext. Jesajas Reaktion 7,13 bewertet des Königs Ablehnung einer ihm angebote-

er handelte so, weil er argwöhnte, daß der Prophet ihn nur prüfen wollte, ob er des Gebotes eingedenk sei, das uns verbietet, Gott zu versuchen.[90]

qu. 1,64 (zu Gen 24,37-38)

64 Abrahams Knecht sagt, als er erzählt, was sein Herr ihm aufgetragen hatte, dieser habe ihm befohlen: „Du sollst für meinen Sohn keine Frau unter den Töchtern der Kanaanäer nehmen, unter denen ich in ihrem Land wohne, sondern du sollst in das Haus meines Vaters und zu meinem Stamm gehen und von dort für meinen Sohn eine Frau nehmen" usw. Wenn man dagegen nachliest, wie genau jenem die Aufträge zuteil wurden (vgl. Gen 23,3-4), findet sich zwar dieselbe Aussage, aber die Worte sind nicht alle identisch oder so gesagt. Darauf hinzuweisen hielt ich wegen törichter und ungebildeter Menschen für angezeigt, die die Evangelisten deswegen verleumden, weil sie in einigen Worten nicht gänzlich übereinstimmen, obgleich sie in den Sachverhalten und im Sinn überhaupt nicht voneinander abweichen. Sicherlich nämlich hat ein einziger Mann dieses Buch verfaßt, denn er hätte die Formulierung, die er oben für Abrahams Auftragserteilung benutzte, auch nachlesen und wörtlich so wiederholen können, wenn er das für sachgerecht gehalten hätte; denn für die Wahrheit einer Erzählung genügt es, daß sie sich auf die Sachverhalte und den Sinn erstreckt; durch sie kann die Aussageabsicht hinreichend deutlich hervortreten, zu deren Mitteilung die Worte gewählt werden.[91]

qu. 1,65 (zu Gen 24,41)

65 Die lateinischen Codices haben in der Erzählung des Knechtes Abrahams vom Auftrag, den ihm sein Herr erteilt hatte, folgenden Wortlaut: „Dann wirst du frei sein von meinem Eid" bzw. „von meinem Schwur"; die Griechen haben dagegen: „von meinem Fluch".[92] Ὅρκος bedeutet nämlich ‚Eid', ἀρά ‚Fluch'; daher bedeutet auch κατάρατος bzw. ἐπικατάρατος ‚verflucht'. Daher erhebt sich die Frage, wie dieser Eid als Verwünschung verstanden werden kann. Wohl, weil einer verflucht ist, falls er gegen seinen Eid gehandelt hat.[93]

qu. 1,66 (zu Gen 24,49)

66 „Wenn ihr also Barmherzigkeit und Gerechtigkeit an meinem Herrn übt, so teilt es mir mit." „Barmherzigkeit und Gerechtigkeit", diese beiden Termini,

---

nen Zeichenbitte als gegen JHWHs Willen verstoßende Ausflucht; der König will sich nicht durch ein evtl. eintreffendes Wunderzeichen politisch die Hände binden lassen.

[91] Vgl. *qu.* 1,170.

[92] TM gebraucht hier das stärkere Wort für Eid: אָלָה, das einen mit bedingter Selbstverfluchung verbundenen Eid bezeichnet; entsprechend LXX: ἀρά (vgl. BRAYFORD, *Genesis* 339f.), Vulg: *maledictio*. In Gen 26,28 (vgl. *qu.* 1,77) sagt VL dafür *execratio* (Vulg dagegen: *iuramentum*).

[93] Diese Erklärung gibt Augustinus auch in *qu.* 1,77.

66 *Si ergo facitis misericordiam et iustitiam ad dominum meum, renuntiate mihi.* Duo illa quae assidue ponuntur in aliis sanctis scripturis, et maxime in Psalmis, misericordia et iustitia - tantundem enim valet misericordia et veritas - hinc iam adparere coeperunt.

67 *Ecce Rebecca in conspectu tuo, accipiens recurre; et sit uxor filii domini tui, quemadmodum locutus est dominus.* Quaeritur quando locutus sit dominus. Nisi quia vel prophetam esse Abraham noverant et prophetice a domino dictum quod per illum dictum fuerat agnoscebant; aut signum illud quod sibi datum servus eius narravit, locutionem domini appellaverunt; hoc enim magis de Rebecca expressum est. Nam quod Abraham dixerat, non de Rebecca dixerat, sed de aliqua femina ex tribu vel cognatione sua; et hoc ad utrumque, ut immunis esset a iuramento servus, si non impetrasset. Quod utique non dicitur, cum aliquid prophetatur. Certam enim decet esse prophetiam.

68 Quod Rebeccae dixerunt fratres eius proficiscenti: *Soror nostra es; esto in milia milium et hereditate obtineat semen tuum civitates adversariorum,* non prophetae fuerunt aut vanitate tam magna optaverunt; sed eos quae promiserat deus Abrahae latere non potuit.

67,3 quod…4 fuerat] cf. Gn 24,7.40 **4** signum…5 narravit] cf. Gn 24,43-46 **6** quod…7 sua] cf. Gn 24,3-4

66,2 maxime *om. n* **67,1** accipiens] eam *add. Am.* **2** sit] *om.* P, est *add. S (s. l.) Rab.* **3** Abraham noverant] noverant Abraham *T* **7** cognatione] de *praem. S* | ut] *(s. l.) P S, om. Rab.* **8** impetrasset] *(pr.* t *s. l.) P S* **9** esse *om. C¹* **68,2** hereditate] hereditatem *P S V Rab.,* hereditatem tuam *T* | adversariorum] tuorum *add. P S V T Am. Rab.* **3** quae] quod *Am.*

---

[94] LXX gibt das Paar חֶ֫סֶד וֶאֱמֶת nur hier durch ἔλεος καὶ δικαιοσύνην, sonst, abgesehen von Spr 3,3: ἐλεημοσύναι καὶ πίστεις, stets (Gen 47,29; Jos 2,14; 2Sam 2,6; Ps 25,10; 40,12; 61,8; 85,11; 89,15; 98,3; 115,1; 138,2; Spr 14,22) durch ἔλεος καὶ ἀλήθειαν bzw. ἐλεημοσύνη καὶ ἀλήθεια (Spr 20,28) wieder.

[95] Vgl. dazu ausführlicher unten *qu.* 1,161 (zu Gen 47,29), wo VL *misericordiam et veritatem* hat.

[96] TM gebraucht das Verb ירשׁ, das eine große Bedeutungsbandbreite besitzt: ‚in Besitz nehmen, erobern, besitzen, erben, beerben, vertreiben' (Ges[18]), und hier ‚in Besitz nehmen, erobern' bedeutet. LXX sagt hier dafür κληρονομεῖν ‚erben, zum Besitz erhalten,

die häufig in anderen heiligen Schriften und vor allem in den Psalmen genannt werden – dasselbe bedeutet nämlich ‚Barmherzigkeit und Wahrheit'[94] –, tauchen hier schon zum ersten Mal auf.[95]

qu. 1,67 (zu Gen 24,51)

67 „Siehe, Rebekka steht vor dir; nimm sie und kehre zurück; und sie werde die Frau des Sohnes deines Herrn, wie der Herr gesagt hat." Man fragt, wann der Herr das gesagt hat. Wohl nur entweder, weil sie wußten, daß Abraham ein Prophet war und als prophetisch vom Herrn gesagt anerkannten, was durch jenen gesagt worden war (vgl. Gen 24,7.40), oder weil sie jenes Zeichen, das nach der Erzählung des Knechtes diesem zuteil geworden war (vgl. Gen 24,43-46), Ausspruch des Herrn nannten; dieses Zeichen bezog sich nämlich eher auf Rebekka. Abraham hatte nämlich nicht direkt von Rebekka, sondern von irgendeiner Frau aus seinem Stamm oder seiner Verwandtschaft gesprochen (vgl. Gen 24,3-4); und das hatte er für beide Fälle so gesagt, daß der Knecht des Eides ledig wäre, wenn er es nicht erreicht haben sollte. So formuliert man keinesfalls, wenn man etwas prophezeit. Denn eine Prophetie sollte schon sicher sein.

qu. 1,68 (zu Gen 24,60)

68 Bezüglich dessen, was Rebekkas Brüder ihr, als sie sich auf den Weg machte, sagten: „Du bist unsere Schwester; du sollst zu tausendmal Tausend werden, und deine Nachkommen mögen die Städte ihrer Feinde durch Erbschaft erhalten"[96], haben sie nicht als Propheten gesprochen oder ihr aus Prahlerei derartig große Dinge gewünscht; sondern die Verheißungen Gottes an Abraham konnten ihnen nicht verborgen sein.

qu. 1,69 (zu Gen 24,63)

69 Bezüglich des Schriftwortes: „Und Isaak ging am Mittag hinaus, um sich auf dem Feld zu beschäftigen", denken diejenigen, die das griechische Wort

---

in Besitz nehmen' („einen privatrechtlich geprägten Begriff [...] das Verbum benennt im Griechischen eine rechtlich einwandfreie Besitzübertragung durch Erbe oder Verfügung", RÖSEL, *Übersetzung* 244f.), Vulg: *possideo*, VL: *heredito* ‚erben, zum Erben einsetzen' (GEORGES, *Handwörterbuch*). Hat das Verb *heredito* im biblischen Kontext und für damalige Leser verständlich auch die gewalttätigen Nuancen des hebräischen Äquivalents übernommen? Schon κληρονομέω für gewaltsames In-Besitznehmen in der LXX „überschreitet" „den griechischen Bedeutungsumfang". [...] „Das Gesagte läßt es zunächst unklar, warum überhaupt diese Wortgruppe gewählt ist, wenn das für das Griechische wesentliche Moment des Erbens in dem Maße zurücktritt, wie es der Fall ist. Der Grund mag einmal im Anschluß an das Hebräische liegen [...] Doch wird noch ein anderer Gesichtspunkt herausgehoben werden müssen [...] Diese Art des Erwerbes schafft dauerndes Besitzrecht" (FOERSTER, κληρονόμος etc.: ThWNT III, 776-779). Das mag *mutatis mutandis* auch für *heredito* der VL gelten.

69 Quod scriptum est: *Et exiit Isaac exerceri in campo meridie*, qui verbum de hac re Graecum nesciunt, exercitationem corporis putant. Scriptum est autem Graece ἀδολεσχῆσαι; ἀδολεσχεῖν vero ad animi exercitationem pertinet et saepe vitio deputatur, more tamen scripturarum plerumque in bono ponitur. Pro isto verbo quidam interpretes nostri exercitationem, quidam garrulitatem 5 quasi verbositatem, quae in bono, quantum ad Latinum eloquium pertinet, vix aut numquam invenitur. Sed, ut dixi, in scripturis plerumque in bono dicitur et videtur mihi significare animi adfectum studiosissime aliquid cogitantis cum delectatione cogitationis; nisi aliud sentiunt qui haec verba Graeca melius intellegunt. 10

70 *Adiciens autem Abraham sumsit uxorem nomine Cetturam*. Quaestio haec esset, si peccatum esset maxime in antiquis dantibus operam propagandae proli.

69,1 et *om. P V T Am.*   **3** ἀδολεσχῆσαι ἀδολεσχεῖν] adolesces. adolesci C, adoleschese adolesci *P S*, adolescesse adolescia *n*, adolesche adolesci *V T*, αδολεσχεισυαι · αδολεσχειν *Am.*   **4** tamen] autem *Am.*   **5** quidam¹] quidem *P¹ S V* | interpretes nostri] interpretati sunt   **6** bono] bonum *Am.*   **9** qui] quia *n*   **70,1** haec] et hic *Am.* | esset] esse *n*   **2** esset] est *Am.* operam] opera *n*

---

[97] Augustinus diskutiert hier eine alte und bis heute ungelöste exegetische Crux. Zu welchem Zweck ging Isaak gegen Abend auf das Feld? Die Etymologie des hebräischen hapax legomenon שׂוּחַ ist unbekannt, seine Bedeutung unsicher; so Ges[18] *ad vocem*. Ausführlich diskutiert die vorgeschlagenen Bedeutungen VALL, *Isaac*. Läßt man von ihm gesammelte ausgefallene bzw. unzureichend begründete Deutungsvorschläge beiseite (Böttcher: „Reisig sammeln"; Wernberg-Møller: „sich niederlegen"; Driver; van Selms: „Darmentleerung; urinieren"; erneuert von Rendsburg, *Genesis*), so gehen (I) zahlreiche Vorschläge von der Voraussetzung aus, daß שׂוּחַ entweder ein Fehler für oder eine Beiform von שִׂיחַ ist. שִׂיחַ bedeutet ‚Gotteslob oder Klage oder Spott in emotionsgeladener Weise äußern, weisheitlich unterweisen' und (exilisch-nachexilisch) ‚meditieren'. Daraus ergaben sich für שׂוּחַ in Gen 24,63 folgende Vorschläge: (1) (a) LXX: ἀδολεσχῆσαι: ‚schwatzen, schwadronieren, sprechen', nur in LXX und danach bedeutet es auch: ‚meditieren'. (b) Aquila: ομιλησαι: ‚mit jemandem reden, verhandeln, zusammensein'; (c) Symmachus: λαλησαι: ‚sprechen'. Entsprechend Hieronymus, *Qu. Hebr. Gen.*: *ut loqueretur*. (2) Vulg: *ad meditandum*. So noch Elberfelder Bibel: ‚zu sinnen'. (3) Unter Voraussetzung der Bedeutungen 1a-c fehlt die Angabe des Partners. Im Sinn der

dafür nicht kennen, an körperliche Betätigung.⁹⁷ Im Griechischen ist aber ἀδολεσχῆσαι geschrieben; unter ἀδολεσχεῖν versteht man jedoch eine geistige Betätigung, und es wird oft zu den Lastern gerechnet; im Sprachgebrauch der Schriften jedoch bezeichnet es meistens etwas Gutes. Für dieses Wort [setzen] einige unserer Übersetzer ‚Betätigung', andere ‚Schwatzhaftigkeit', eine Art von ‚Weitläufigkeit'; das findet sich in der lateinischen Sprache kaum oder niemals in positiver Bedeutung. In den Schriften aber wird es, wie ich sagte, meist in positiver Bedeutung gebraucht und scheint mir den Geisteszustand eines Menschen zu bezeichnen, der sehr eifrig über etwas nachdenkt und an diesem Nachdenken seine Freude hat. Falls nicht diejenigen, die diese griechischen Wörter besser verstehen, anders urteilen.

qu. 1,70 (zu Gen 25,1)

70 „Abraham aber nahm sich noch eine weitere Frau mit Namen Ketura." Das wäre nur dann ein Problem, wenn es eine Sünde wäre, vor allem bei den Altvorderen, die sich große Mühe gaben, ihre Nachkommenschaft zu vergrößern. Alles mögliche mag man nämlich hier eher vermuten als Unenthalt-

---

Bedeutung 2 wurde häufig ‚Gott' hinzugedacht. Philo, *Leg.* III,43 und *det. Pot. Ins.* § 29: Isaak ging auf das Feld, um meditierend mit Gott allein zu sein; Hieronymus, *Qu. Hebr. Gen.*: er wollte wie Jesus auf dem Berg einsam beten; So auch die Targumim: er ging hinaus, um zu beten. Daraus und aus der Gleichsetzung meditieren = beten leitet Mischna-Traktat Ber Fol. 26b ab, Isaak habe die Mincha, das Vespergebet, eingeführt. Entsprechend noch Luther-Revision 1984: ‚um zu beten'. (4) Moderne Lexikographen und VALL selbst: ‚klagen'. Isaak beklage den Tod seines Vaters oder seiner Mutter. VALL zieht ein Argument daraus, daß im Kontext Gen 24,67 Isaak sich über den Tod seiner Mutter tröstet נחם und daß diese beiden Wörter ‚klagen' und ‚trösten' auch in Ps 77,3-4; Ijob 7,11-13 nebeneinander stehen. (II) Sehr beliebt ist die wohl aus dem Kontext geratene, in der Moderne auf arabische Parallelen gestützte Deutung: ‚sich ergehen, umherschweifen'. Vgl. NÖLDEKE, *Beiträge* 306-7; BLAU, *Untersuchungen* 343-44; entsprechend Gen 24,65. So schon Peschitta und noch SEEBASS, *Genesis* z.St. Falls man *exerceri* als ‚sich Bewegung verschaffen' verstehen kann, ist auch VL hier einzuordnen. ‚Körperliche Betätigung', eigenartigerweise von Einheitsübersetzung („um sich auf dem Felde zu beschäftigen") aufgegriffen, wäre dann eine innerlateinisch weiterentwickelte Bedeutung ohne Grundlage. Augustinus schließt sich der LXX in der erst in und seit der LXX gebräuchlichen positiv-religiösen Deutung des Wortes ἀδολεσχῆσαι und der Auslegung des Ambrosius an (Hinweis von Allessandra POLLASTRI in NBA 461 Anm. 87), der in Ps. 118, IV,14 die lateinischen Wiedergaben durch *deambulare uel exerceri* nennt und ausführt: *diuersis utique cogitationibus exercebat animum, et in mirabilibus mysteriis delectabatur* „in vielfältigen Gedanken übte er seinen Geist und erfreute sich an wunderbaren Geheimnissen".

860 Quodlibet enim hic quam incontinentia suspicanda est tanti viri in illa praesertim iam aetate. Cur autem de hac filios fecerit, qui cum miraculo de Sarra fecerat, supra dictum est; quamquam nonnulli donum quod accepit Abraham velut reviviscentis corporis ad filios procreandos diu permansisse adserant, ita ut posset et alios procreare. Sed multo est absolutius de adulescentula potuisse seniorem, quod senior de seniore non posset, nisi deus illic miraculum praestitisset maxime propter Sarrae non solum aetatem verum etiam sterilitatem. Sane etiam grandioris aetatis et, sicut scriptura loquitur, plenum dierum posse dici seniorem, hoc est πρεσβύτην hinc intellegi potest, quia hoc Abraham appellatus est quando mortuus est. Proinde omnis senex etiam πρεσβύτης, non omnis πρεσβύτης etiam senex, quia plerumque est hoc nomen aetatis quae infra senectutem senectuti vicina est et ex hoc etiam ipsa a senectute nomen accepit in Latina lingua, ut πρεσβύτης senior appelletur. Apud Graecos autem, maxime sicut scriptura loquitur, πρεσβύτεροι et νεώτεροι dicuntur, etiam si aetates iuvenum comparentur, quod dicimus nos maiorem atque iuniorem. Verum
880 tamen hoc factum Abrahae, quod post mortem Sarrae de Cettura filios procreavit, non sic accipiendum est, quasi humana consuetudine et cogitatione tantummodo substituendae numerosioris prolis hoc factum sit. Sic enim possent accipere homines etiam quod de Agar factum est, nisi apostolus admoneret illa fuisse facta prophetice, ut in utrisque personis mulierum earumque filiorum duo testamenta ad futurorum praenuntiationem allegorica significatio figuraret. Unde in isto quoque Abrahae facto aliquid tale quaerendum est. Etsi non facile occurrat, ego interim quod occurrit. Munera quae acceperunt filii concubinarum

---

70,21 illa...23 figuraret] cf. Gal 4,22-24   **25** munera...concubinarum] cf. Gn 25,6

3 quodlibet] quodli (*in fine vers.*) om. *C*, quidlibet *Am.*   **4** de¹] in *P S V T Am.* | fecerit] fecerint *n*   **6** adserant] asperant *n*   **8** illic] illi *n*   **9** etiam *om. T*   **11** πρεσβύτην] presbytem *C*, presbiterum *P S T Am. μ*, presbyter *V n*   **12** πρεσβύτης] presbytes *C*, presbites *n*, presbiter *P S V T Am. μ*   **13** πρεσβύτης] presbiter *P S V*, presbyter *T Am. μ* | infra] intra *P V N T*   **14** senectuti] senectutis *n*   **15** Latina] autem *add. Am.* | ut] aut *V (s. l.* q̄m), *om. Am.* πρεσβύτης] presbites *p*, presbiter *P S¹*, presbyter *V T Am. μ* | appelletur] appellatur *T* autem] aut *S V*   **16** πρεσβύτεροι...νεώτεροι] presbyteroi et neuteroi *C¹ (corr. a. m. u in o)*, presbyteroy et neoteroy *P S T*, p̄biteron et neoteron *V*, presbiteros et neuteros *N*   **17** comparentur] comparantur *T*   **19** humana] humanę *S*   **20** substituendae] substituenda et *n* | possent] possunt *S*   **22** utrisque] utriusque *C*   **24** isto] ipso *C* | etsi] si *P (et s. l.), S V Am.*, etiamsi *N*   **25** occurrat] occurreat *n* | ego] ergo (r *s. l.*) *n V*

---

[98] Augustinus geht davon aus, daß Erzählungen, die nacheinander in Genesis gefunden werden, in der Regel Ereignisse berichten, die auch nacheinander eingetreten sind. Isaak

samkeit eines so bedeutenden Mannes, vor allem in jenem vorgerückten Alter.[98] Warum er aber mit dieser Frau Söhne zeugen konnte, obgleich er mit Sara nur durch ein Wunder einen Sohn gezeugt hatte, wurde bereits oben ausgeführt.[99] Einige behaupten allerdings, Abraham habe die Gabe eines zur Fähigkeit der Kinderzeugung gleichsam wiederauflebenden Körpers empfangen und diese habe so lange angehalten, daß er auch noch andere Kinder zeugen konnte. Aber viel überzeugender ist das Argument, daß er als Älterer mit einer ganz jungen Frau vermochte, wozu er als Älterer mit einer Älteren nicht in der Lage gewesen wäre, außer in dem Fall, daß Gott hier ein Wunder gewirkt hatte, vor allem nicht nur wegen Saras Alter, sondern auch wegen ihrer Unfruchtbarkeit. Sicherlich kann man aus der Tatsache, daß Abraham, als er starb, πρεσβύτης genannt wurde (vgl. Gen 25,8),[100] entnehmen, daß auch ein Mann, der höheren Alters und, wie die Schrift sich ausdrückt, ‚satt an Tagen' ist, *senior* d.h. πρεσβύτης genannt werden kann. Folglich ist jeder Greis auch ein πρεσβύτης, nicht aber jeder πρεσβύτης auch ein Greis, weil πρεσβύτης meistens eine Altersstufe unterhalb des Greisenalters, die diesem aber nahe ist, benennt; und deswegen hat diese Altersstufe in der Lateinischen Sprache ihre Bezeichnung vom Greisenalter erhalten, so daß ein *senior* πρεσβύτης genannt wird. Bei den Griechen aber, vor allem im Sprachgebrauch der Schrift, gebraucht man πρεσβύτεροι und νεώτεροι auch dann, wenn junge Leute nach ihrem Alter verglichen werden; wir sagen dazu *maior* und *iunior*. Gleichwohl ist dieses Verhalten Abrahams, daß er nach Saras Tod mit Ketura Söhne zeugte, nicht so zu verstehen, als habe er das nur aus menschlicher Gewohnheit und auf Grund des Vorhabens getan, für zahlreichere Nachkommenschaft zu sorgen. So könnten nämlich die Menschen auch sein Verhalten gegenüber Hagar verstehen, wenn nicht der Apostel darauf hinwiese, daß dies prophetisch geschehen ist, damit so in beiden Rollen der Frauen und ihrer Söhne die beiden Testamente zur Verheißung zukünftiger Ereignisse allegorisch präfiguriert würden (vgl. Gal 4,22-24). Daher muß man auch in jenem Verhalten Abrahams etwas derartiges suchen. Obgleich einem nicht leicht eine Idee einfällt, [will] ich einstweilen [sagen], was mir in den Sinn kommt. Die Geschenke, die die Söhne der Konkubinen erhalten haben (vgl.

---

wurde Abraham als Hundertjährigem geboren: Gen 17,17. Seine Verbindung mit Ketura steht in Gen 25,1. Dazwischen wird u.a. in Gen 24 Isaak als heiratsfähig geschildert. Außerdem stirbt Sara, die Isaak mit 90 Jahren geboren hat, mit 127 Jahren (Gen 23,1). Abraham stirbt mit 175 Jahren (Gen 25,7-8). Abrahams Verbindung mit Ketura ist somit etwa zwischen dem 137. und dem 175. Lebensjahr Abrahams anzusetzen.

[99] *Qu.* 1,35. Augustinus begründet es mit dem jugendlichen Alter Keturas im Gegensatz zum vorgerückten Alter Saras. Davon verlautet freilich in Gen 25,1-2 nichts.

[100] Mit πρεσβύτης übersetzt LXX in Gen 25,8 זקן „alt".

videntur mihi significare quaedam dei dona vel in sacramentis vel in quibusque signis etiam carnali populo Iudaeorum et haereticis data velut filiis concubinarum, cum hereditatis munus, quod est caritas et vita aeterna, nonnisi ad Isaac pertineat, hoc est ad filios promissionis.

71 Quid sibi vult quod scriptum est: *Haec sunt nomina filiorum Ismahel secundum nomina generationum eorum*? Non enim satis elucet, cur additum sit: *Secundum nomina generationum eorum*, cum hi soli nominentur quos ille genuit, non etiam qui ab ipsis geniti sunt. Nisi forte quia nationes ex illis propagatae eorum nominibus appellantur hoc significatum sit, cum dictum est: *Secundum nomina generationum eorum*. Quamvis hoc modo illae nationes sint potius secundum nomina istorum, non ista nomina secundum illas nationes, quia illae posterius extiterunt. Unde notanda locutio est, quia et postea de illis dicitur: *Duodecim principes secundum gentes eorum*.

72 Quod de Rebecca scriptum est, quia venit interrogare dominum, cum gestirent puerperia in utero eius, quaeritur quo ierit. Non enim erant tunc prophetae aut sacerdotes secundum ordinem tabernaculi vel templi domini. Quo ergo ierit, merito movet, nisi forte ad locum, ubi aram constituerat Abraham. Sed illic quomodo responsa ederentur omnino tacet scriptura: Utrum per aliquem sacerdotem quod incredibile est, si erat, non fuisse nominatum et nullam ibi omnino sacerdotum aliquorum factam esse mentionem - an forte ibi cum orando allegassent desideria sua, dormiebant in loco, ut per somnium monerentur? An adhuc vivebat Melchisedech, cuius tanta fuit excellentia, ut a

---

28 cum...29 promissionis] cf. Rm 9,7-8   **71,8** Gn 25,16   **72,4** locum...Abraham] cf. Gn 12,7.8; 13,8; 22,9

---

26 dei dona] dona dei *Am.* | quibusque] quibuslibet *N*   28 caritas] caritatis *N*   **71,1** sunt *om. n* | Ismahel] Israhel *C*   2 nomina] filiorum *add. T* | cur] *S (r s. l.)*, cum *V*   3 hi] hii *P* | qui] que *n*   5 hoc] praem. *Am.*   6 illae nationes] nationes illae *T*   8 locutio] illocutio *n (pr.* o *in ras.)*   **72,5** ederentur] dentur *C P S V Am.*, darentur *T (in ras.)*, audierit *μ*   7 factam...mentionem] facta esse mentione *S*

---

[101] Genauer führt Augustinus dies in *civ.* 16,34 *l.* 7-10.22-24 aus: *Si Agar et Ismael, doctore apostolo, significauerunt carnales ueteris testamenti, cur non etiam Cettura et filii eius significent carnales, qui se ad testamentum nouum existimant pertinere? [...] Habent ergo nonnulla munera filii concubinarum, sed non perueniunt ad regnum promissum, nec haeretici, nec Iudaei carnales* „Wenn nach der Lehre des Apostels Hagar und Ismaël die Fleischlichen des Alten Bundes

Gen 25,6), bezeichnen meines Erachtens gewisse Gaben, die Gott sei es in Riten, sei es in gewissen Zeichen auch dem fleischlichen Volk der Juden und den Häretikern gleichsam als Konkubinensöhnen gegeben hat,[101] während die Gabe des Erbes, die Liebe und ewiges Leben ist, ausschließlich Isaak, d.h. den Söhnen der Verheißung, zukommt (vgl. Röm 9,7-8).

qu. 1,71 (zu Gen 25,13)

71 Was soll das Schriftwort bedeuten: „Dies sind die Namen der Söhne Ismaëls nach den Namen ihrer Geschlechter"? Es wird nämlich nicht recht deutlich, warum hinzugesetzt ist: „nach den Namen ihrer Geschlechter", obgleich allein die genannt werden, die jener zeugte, nicht aber auch die Namen derer, die von ihnen gezeugt wurden. Falls nicht vielleicht, weil die jenen entstammenden Völker so wie sie genannt werden und eben dies bezeichnet ist durch die Wendung „nach den Namen ihrer Geschlechter".[102] Allerdings sind in diesem Fall jene Völker eher nach den Namen dieser Ismaël-Söhne, nicht diese nach jenen Völkern benannt, weil jene Völker später entstanden sind. Man muß daher diese Ausdrucksweise festhalten, da auch danach von ihnen gesagt ist: „Zwölf Fürsten nach ihren Völkern" (Gen 25,16).

qu. 1,72 (zu Gen 25,22)

72 Bezüglich des Schriftwortes über Rebekka, daß sie hinging, den Herrn zu befragen, als die Kinder sich im Mutterleib stießen, fragt man, wohin sie gegangen sei. Es gab damals nämlich weder Propheten noch Priester nach der Ordnung des Zeltes oder des Tempels des Herrn. Wohin sie gegangen ist, beschäftigt daher zu Recht. Vielleicht zu einem Ort, wo Abraham einen Altar gebaut hatte (vgl. Gen 12,7.8; 13,18; 22,9). Aber über die Weise, wie dort Antworten gegeben wurden, schweigt die Schrift gänzlich: durch irgendeinen Priester? Es ist jedoch unglaublich, daß, wenn es denn einen Priester gab, dieser nicht genannt worden ist und dort überhaupt keine Priester erwähnt worden sind. Oder vielleicht schlief man an dem Ort, nachdem man im Gebet seine Anliegen vorgebracht hatte, um durch einen Traum einen Hinweis zu erhalten? Oder lebte Melchisedech noch, der von derartiger Vortrefflichkeit war, daß manche zwei-

---

bezeichnet haben, warum sollten nicht auch Ketura und ihre Söhne die Fleischlichen bezeichnen, die meinen, sie gehörten zum Neuen Bund? [...] Also haben auch die Konkubinensöhne einige Geschenke, sie gelangen aber nicht in das verheißene Reich, weder die Häretiker noch die fleischlichen Juden." Hieronymus, *Qu. Hebr. Gen.* führt dagegen, ohne sie zu akzeptieren, die jüdische Überlieferung an, die, um Abraham vor dem Vorwurf ungezügelter Sinnlichkeit zu schützen, vermutet, Ketura und Hagar seien identisch und Hagar sei nach Saras Tod vom Status der Konkubine zu dem der Ehefrau Abrahams aufgestiegen.

[102] Vgl. *loc.* 1,91.

nonnullis dubitetur, utrum homo an angelus fuerit? An erant aliqui tales etiam 10
illo tempore homines dei, in quibus posset deus interrogari? Quidquid horum est et si quid aliud quod me forte, ne commemorarem, praeterierit, mentiri tamen scriptura non potest, quae dixit Rebeccam isse ad interrogandum dominum eique dominum respondisse.

73 In eo quod dominus respondit Rebeccae: *Duae gentes in utero tuo sunt et duo populi de ventre tuo separabuntur; et populus populum superabit et maior serviet minori*, spirituali intellegentia carnales in populo dei significantur per maiorem filium et spiritales per minorem, quia, sicut dicit apostolus, *non prius quod spiritale sed quod animale, postea spiritale.* Solet et sic intellegi hoc quod dictum est, ut in Esau 5 figuratus sit maior populus dei, hoc est Israheliticus secundum carnem, per Iacob autem figuratus sit ipse Iacob secundum spiritalem progeniem. Sed etiam historica proprietate hoc responsum invenitur esse completum, ubi populus Israhel, hoc est Iacob minor filius, superavit Idumaeos, hoc est gentem, quam propagavit Esau, eosque fecerunt tributarios per David: Quod diu fuerunt 10 usque ad regem, sub quo Idumaei rebellaverunt et iugum Israhelitarum Idumaei a cervice sua deposuerunt secundum prophetiam ipsius Isaac, quando minorem pro maiore benedixit. Hoc enim dixit eidem maiori, cum et ipsum postea benediceret.

74 *Iacob autem erat homo simplex habitans domum.* Quod Graece dicitur ἄπλαστος, hoc Latini simplicem interpretati sunt; proprie autem ἄπλαστος non

---

73,4 1 Cor 15,46   **8** populus…10 David] cf. 2 Rg 8,13-14; 3 Rg 11,15   **11** Idumaei[1]…12 deposuerunt] cf. 4 Rg 8,22   **12** quando…13 benedixit] cf. Gn 27,27   **13** hoc…14 benediceret] cf. Gn 27,37-40

---

10 nonnullis *P* (non *s. l.*) | an[1] *om. C¹, add. s. l. P S* | erant…tales] aliqui tales erant *n*   **12** ne] *om. C,* nec *n*   **13** isse] iisse *Am. μ*   **73,1** duae] duo *S*, dua *n*   **8** historica proprietate] historicam proprietatem *p* | ubi] ibi *P*   **9** quam] qua *P*   **10** fecerunt] fecerit *Am.*, fecit *μ* | fuerunt] *supra pr.* u *posuit* ce *T*   **11** ad *om. n* | regem] scilicet Ioram *add. Am.*   **13** eidem] et de *Am.* | et *om. n*   **74,1** dicitur] dicetur *n*

---

[103] Der Name des vorisraelitischen Jerusalemer Priesterkönigs Melchisedech (Gen 14,18-20; Ps 110,4) מַלְכִּי־צֶדֶק = „König ist [der Gott] Ṣädäq" wurde in Hebr 7,2 als „König der Gerechtigkeit" gedeutet. In 11QMelch 1,9-14 ist Melchisedech ein Elohim; er bekämpft Belial und seine Scharen. Gnostische Spekulationen sehen in ihm eine Christus übergeordnete Erlösergestalt. In die lange Reihe von Christen tradierter Engelnamen scheint er nicht aufgenommen worden zu sein.

feln, ob er ein Mensch oder ein Engel gewesen ist?[103] Oder gab es auch in jener Zeit einige Gottesmänner von der Art, daß man durch sie Gott befragen konnte? Was immer davon zutrifft oder falls es eine weitere Erklärungsmöglichkeit gibt, die mir vielleicht entgangen ist, so daß ich sie nicht erwähne, jedenfalls kann die Schrift nicht lügen, die gesagt hat, daß Rebekka hingegangen ist, den Herrn zu befragen, und daß der Herr ihr geantwortet hat.

qu. 1,73 (zu Gen 25,23)

73 In der Antwort des Herrn an Rebekka: „Zwei Völker sind in deinem Leib, und zwei Nationen werden sich von deinem Schoß trennen; und das eine Volk wird das andere Volk überwinden, und der Ältere wird dem Jüngeren dienen" werden nach geistlicher Auslegung die fleischlichen Mitglieder im Gottesvolk durch den älteren Sohn und die geistlichen Mitglieder durch den jüngeren Sohn bezeichnet, denn, wie der Apostel sagt: „Zuerst kommt nicht das Geistliche, sondern das Natürliche, danach das Geistliche" (1Kor 15,46). Das hier Gesagte pflegt man auch dahingehend zu verstehen, daß in Esau das ältere Gottesvolk, d.h. das israelitische dem Fleische nach, in Jakob aber Jakob selbst nach seiner geistlichen Nachkommenschaft vorgebildet ist. Aber man findet diese Antwort auch historisch damals genau erfüllt, als das Volk Israel, d.i. der jüngere Sohn Jakob, die Edomiter, d.i. das Volk, das von Esau abstammt[104], überwand und sie durch David tributpflichtig machte (vgl. 2Sam 8,13-14; 1Kön 11,15); das blieben sie lange, bis zu dem König, unter dem die Edomiter rebellierten und ihren Nacken vom Joch der Israeliten befreiten (vgl. 2Kön 8,22)[105] entsprechend der Prophetie, die Isaak selbst aussprach, als er den Jüngeren an Stelle des Älteren segnete (vgl. Gen 27,27). Das nämlich sagte er zu diesem Älteren, als er auch ihn danach segnete (vgl. Gen 27,37-40).

qu. 1,74 (zu Gen 25,27)

74 „Jakob dagegen war ein einfacher Mann; er bewohnte ein Haus." Das griechische Wort[106] ἄπλαστος haben lateinische Autoren durch *simplex* ‚einfach'

---

[104] In *civ.* 16,35 entscheidet sich Augustinus gegen diese Gleichung: Esau = Idumäer, Jakob = Israeliten zugunsten der obigen: Esau = Juden, Jakob = Christen.

[105] Das geschah unter König Joram von Juda.

[106] TM charakterisiert Jakob als תָּם „untadelig, rechtschaffen" (so auch Symmachus: αμωμος); LXX sagt statt dessen: ἄπλαστος, das „nicht formbar, nicht geformt" bedeutet und im Koine-Griechisch im moralischen Sinn: ‚unverstellt, aufrichtig' gebraucht wird (BdA); es ist in der LXX hapax. Welche Nuance LXX ausdrücken wollte, ist daher schwierig zu bestimmen. BdA und NETS übersetzen in Übereinstimmung mit VL und Vulg, aber auch mit Aquila und Theodotion (απλους): „simple", Septuaginta Deutsch: „ohne Einbildung".

fictus. Unde aliqui Latini interpretes sine dolo interpretati sunt dicentes: *Erat Iacob sine dolo habitans in domo*, ut magna sit quaestio, quomodo per dolum acceperit benedictionem qui erat sine dolo. Sed ad significandum magnum aliquid hoc scriptura praemisit. Hinc enim maxime cogimur ad intellegenda illo loco spiritalia, quia sine dolo erat qui dolum fecit. Unde quid sentiremus, in sermone quodam in populo habito satis diximus.

75 In eo quod scriptum est: *Facta est autem fames super terram praeter famem quae ante facta est in tempore Abraham; abiit autem Isaac ad Abimelech regem Phylistinorum in Gerara*, quaeritur hoc quando sit factum: Utrum posteaquam Esau vendidit primogenita sua cibo lenticulae - post illam quippe narrationem hoc narrari incipit - an, ut fieri solet, per recapitulationem narrator ad ea reversus sit, cum progressus de filiis eius ad eum locum pervenisset, qui de lenticula commemoratus est. Movet autem - quia ipse invenitur Abimelech, qui etiam Sarram concupiverat; ipsius enim *paranymphus et princeps militiae*, qui ibi commemorati sunt, etiam hic commemorantur - utrum vel vivere potuerint. Quando enim factus est amicus Abrahae, nondum natus erat Isaac, sed iam promissus. Ponamus ante annum quam nasceretur Isaac illud fuisse factum - deinde Isaac suscepit filios, cum esset annorum sexaginta; illi autem iuvenes erant quando vendidit Esau primogenita sua - ponamus etiam ipsos circa viginti annos fuisse, fiunt anni aetatis Isaac usque ad illud factum filiorum eius circiter octoginta; adulescentem accipiamus fuisse Abimelech, quando matrem ipsius concupivit et Abrahae amicus est factus: Potuit ergo iam esse quasi centenarius, si post illud factum filiorum suorum perrexit in illam terram famis necessitate Isaac. Non ergo ex hoc cogit ulla necessitas per recapitulationem putare narratam profectionem Isaac in Gerara. Sed quia ibi diuturno tempore fuisse Isaac scribitur et

---

74,4 per...5 benedictionem] cf. Gn 27,35   **7** in...8 quodam] cf. *Sermo IV de Vetere Testamento* 3-24   **75,3** Esau...4 lenticulae] cf. Gn 25,29-34   **8** ipsius...9 sunt] cf. Gn 21,22.32; 26,26   **11** Isaac²...12 sexaginta] cf. Gn 25,26   **19** ibi...20 pecunia] cf. Gn 26,12-21

4 domo] domum *C p P T*, domom *corr. n*   **6** hoc] quod *P¹ S V Am*. | praemisit] praetermisit *Am*. | cogimur] cogemur *p*   **8** quodam] quod *C¹*, quod iam *P* | in] *exp. V*, ad *μ* | populo] populum *μ*   **75,1** autem *om. p*   **5** fieri] fierit *n* | narrator] narratur *C*   **6** commemoratus...7 est] commemoratur *V μ*   **8** princeps] principes *P* | ibi *om. T*   **9** hic] hinc *C* | potuerint] potuerunt *C*   **10** nondum] enim *add. P S (exp. S)* | natus erat] erat natus *C p*   **11** annum *om. Am*.   **13** vendidit] vendedit *C¹*   **14** illud] illum *C* | circiter] circa *P S V N*   **15** ipsius] illius *N*   **16** post] potest *n* | illud] illū *C*   **17** illam] eam *p P V Am*.   **18** ulla] ut *praem. N*   **19** fuisse] esse *P S V*

übersetzt; eigentlich aber bedeutet ἄπλαστος ‚nicht verstellt'.[107] Daher haben einige lateinische Übersetzer ‚ohne Arglist' übersetzt: „Jakob war ohne Arglist; er bewohnte ein Haus." Folglich ist die Frage sehr schwierig, wie derjenige durch Arglist den Segen erlangt hat (vgl. Gen 27,35),[108] der ohne Arglist war. Die Schrift hat das aber vorausgeschickt, um etwas Bedeutendes zu bezeichnen. Denn gerade an dieser Stelle sind wir am meisten gezwungen, geistliche Bedeutungen anzunehmen, weil derjenige ohne Arglist war, der Betrug übte. Wie wir daher darüber denken, haben wir in einer Predigt vor dem Volk hinreichend dargelegt (vgl. *Sermo IV de Vetere Testamento* 3-24).[109]

qu. 1,75 (zu Gen 26,1)

75 Man fragt, wann das geschehen ist, was die Schrift berichtet: „Es entstand aber eine Hungersnot im Land, eine andere als die Hungersnot, die sich zuvor zu Zeiten Abrahams ereignet hat; Isaak ging aber zu Abimelech, dem König der Philister in Gerar." Geschah es, nachdem Esau sein Erstgeburtsrecht für ein Linsengericht verkauft hatte (vgl. Gen 25,29-34) – nach jener Erzählung beginnt ja der obige Bericht –, oder ist der Erzähler wie üblich durch Rekapitulation darauf zurückgekommen, weil er im fortschreitenden Erzählen von seinen Söhnen an dem Ort angelangt war, der in der Episode vom Linsengericht erwähnt ist? Weil hier derselbe Abimelech auftritt, der auch Sara begehrt hatte – dessen „Brautführer und Feldherr", die dort erwähnt sind (vgl. Gen 21,22.32; 26,26), werden nämlich auch hier erwähnt –, beschäftigt aber die Frage, ob sie wohl noch am Leben sein konnten. Als er nämlich Freundschaft mit Abraham schloß, war Isaak zwar noch nicht geboren, aber bereits verheißen. Angenommen, dies sei im Jahr vor der Geburt Isaaks geschehen – als Isaak darauf die Söhne bekam, war er sechzig Jahre alt (vgl. Gen 25,26); jene waren aber noch jung, als Esau sein Erstgeburtsrecht verkaufte –; angenommen auch, sie waren etwa zwanzig Jahre alt, so beliefen sich Isaaks Jahre bis zu dieser Tat seiner Söhne etwa auf achtzig Jahre; vorausgesetzt, Abimelech war, als er dessen Mutter begehrte und mit Abraham Freundschaft schloß, noch ein junger Mann, dann konnte er folglich schon nahezu hundert Jahre alt sein, wenn Isaak nach dieser Tat seiner Söhne, durch Hungersnot gezwungen, in jenes Land weiterzog. Nichts davon zwingt folglich zur Annahme, Isaaks Zug nach Gerara sei durch Rekapitulation erzählt. Aber weil die Schrift sagt, Isaak habe sich lange Zeit hindurch dort aufgehalten und Brunnen gegraben und derentwegen gestritten

---

[107] So auch Augustinus in *civ.* 16,37: *potius sine fictione*, „eher ‚ohne Verstellung'".
[108] Augustinus versucht, Gen 25,27 (Jakob ist *sine dolo*) mit dem Urteil Isaaks Gen 27,35 zu vereinbaren, Jakob habe den Segen erschlichen בְּמִרְמָה, μετὰ δόλου, Augustinus: *per dolum*, Cod.Lugd.: *cum dolo*, Vulg: *fraudulenter*. Vgl. dazu LA BONNARDIÈRE, *Dol* 878-881.
[109] Vgl. Einleitung *qu.* 1, S. 90.

980 puteos fodisse et de his contendisse et ditatum fuisse pecunia, mirum nisi 20
recapitulando ista commemorantur, quae ideo fuerant praetermissa, ut primum
de filiis eius usque ad illum locum de lenticula narratio perveniret.

76 In eo quod scriptum est de Isaac: *Benedixit autem eum dominus. Et exaltatus
est homo et procedens maior fiebat, quoadusque magnus factus est valde*, secundum terrenam felicitatem dictum sequentia docent. Exsequitur enim narrator easdem eius
divitias, quibus magnus factus est: Et hinc motus Abimelech timuit illum ibi
esse, ne potentia eius sibi esset infesta. Quamquam ergo aliquid spiritale ista 5
significent, tamen secundum id quod contigerunt, ideo praemissum est: *Benedixit eum dominus,* ut sana fide intellegamus etiam ista temporalia dona nec dari
posse nec sperari debere etiam cum ab infirmioribus adpetuntur nisi ab uno
deo: Ut *qui in minimis fidelis est etiam in magnis fidelis sit,* et qui *in mammona iniquo*
fidelis inventus est, etiam verum accipere mereatur, sicut dominus in evangelio 10
loquitur. Talia etiam de Abraham dicta sunt, quod ei munera dei provenerint.
Unde non parum aedificat sanam fidem pie intellegentibus ista narratio, etiamsi
1000 de his rebus allegorica significatio nulla posset exculpi.

77 *Fiat execratio inter nos et inter te*, id est iuratio quae maledictis obstringit, quae
accidant ei qui peieraverit. Secundum quam considerandum est quod et servus
Abrahae commemoravit narrans eis a quibus accepit uxorem domino suo Isaac.

78 Quid est quod scriptum est, quod cum venissent filii Isaac et dixissent:
Fodimus puteum et non invenimus aquam, appellavit eundem puteum Isaac *iuramen-*

76,4 hinc…5 infesta] cf. Gn 26,14.16   **9** Lc 16,10-11   **77,2** quod…3 Isaac] cf. Gn 24,37.41

---

20 his] is *n*   **76,1** autem *om. C* | autem eum] eum autem *Am.*   **2** quoadusque] quousque *N*
3 exsequitur] sequitur *C* | eius] eiusdem *N*   **4** motus] est *add. C P V¹ N*   **5** aliquid spiritale]
spiritale aliquid *Am.*   **6** significent] significant *C z* | contigerunt] ita *praem. Am.*   **8** infirmioribus] infimioribus *P V¹*   **9** etiam] et *add. C N*   **11** munera] munere *p μ*   **12** parum] parvum
n   **13** posset] possit *C z* | exculpi] excludi *C*   **77,1** quae¹] quem *P* | maledictis] maledic∗tis *P*

---

[110] NBA weist in ihrer Anmerkung z.St. auf die Parallele in Augustinus *en. Ps.* 34,1,7 hin;
Augustinus widerlegt anläßlich Ps 34 (TM:35),3 die These, im Gegensatz zu den ewigen
und zukünftigen Gütern kämen die irdischen und zeitlichen Güter nicht von Gott,
sondern von den Dämonen und den Mächten der Finsternis.
[111] Vgl. *qu.* 1,65.
[112] Entgegen TM (und ihm folgend Vulg) hat LXX (und ihr folgend VL) infolge abwei-

und ein großes Vermögen aufgehäuft (vgl. Gen 26,12-21), wäre es schon sehr erstaunlich, wenn diese Vorgänge nicht durch Rekapitulation dargestellt wären: sie waren in der Absicht übergangen worden, daß die Erzählung von seinen Söhnen zunächst bis zu jener Episode vom Linsengericht gelange.

qu. 1,76 (zu Gen 26,12-13)

76 Bezüglich des Schriftwortes über Isaak: „Es segnete ihn aber der Herr, und der Mann nahm zu an Würde und wurde immer größer, bis er sehr groß geworden war", lehrt das folgende, daß es irdisches Glück meint. Der Erzähler berichtet nämlich anschließend ausführlich eben diese Reichtümer, durch die er groß geworden ist; und das erregte in Abimelech Furcht vor seiner Anwesenheit, daß seine Macht für ihn bedrohlich werden könnte (vgl. Gen 26,14.16). Deswegen wurde, wiewohl diese Vorgänge etwas Geistliches bezeichnen, dennoch im Hinblick darauf, daß sie sich tatsächlich zugetragen haben, vorausgeschickt: „der Herr segnete ihn". Wir sollen folglich in rechtem Glauben einsehen, daß selbst solche zeitlichen Gaben, wenn auch nur Schwächere sie begehren, einzig von Gott allein gegeben werden können und erhofft werden sollen,[110] so daß „wer in den kleinsten Dingen zuverlässig ist, auch in den großen Dingen zuverlässig sein soll" und sogar derjenige, „der im Umgang mit dem ungerechten Mammon" zuverlässig erfunden ist, ebenfalls verdient, das wahre Gut zu erhalten, wie der Herr im Evangelium sagt (Lk 16,10-11). Auch von Abraham ist gesagt worden, daß ihm derartige Gaben von Gott zuteil geworden sind. Daher erbaut diese Erzählung denjenigen, die sie fromm verstehen, nicht wenig den rechten Glauben, selbst dann, wenn es nicht gelingen würde, für diese Dinge eine geistliche Bedeutung herauszupressen.

qu. 1,77 (zu Gen 26,28)

77 „Es soll ein verwünschender Schwur zwischen uns und dir stehen", d.h. ein Eid, der durch Verwünschungen bekräftigt, was dem geschehen soll, der eidbrüchig geworden sein sollte. Dem entsprechend ist auch das zu verstehen, was der Knecht Abrahams in seiner Erzählung denen berichtet hat, von denen er die Ehefrau für seinen Herrn Isaak erhalten hat (vgl. Gen 24,37.41).[111]

qu. 1,78 (zu Gen 26,32-33)

78 Was soll das Schriftwort bedeuten, daß, als die Söhne Isaaks kamen und sagten: „Wir haben einen Brunnen gegraben und kein Wasser gefunden",[112]

---

chender Satzabgrenzung durch Verlesung des לו (‚Sie sagten *zu ihm*: Wir haben gefunden') in לא (‚Sie sagten: *Nicht* haben wir gefunden') hier eine kontextwidrige Verneinung. Zwar zählt KLEIN, *Translation* 516-529 neun Fälle im Pentateuch auf, in denen auch Targumim durch Hinzusetzung einer Negation einen Sinn erzeugen, der TM direkt widerspricht. Aber die Targumim haben dafür jeweils theologische Gründe, und sie tragen die Negation neu ein. Im Fall Gen 26,32 LXX ist dagegen ein theologischer

tum? An quamvis factum sit, in aliquam significationem sine dubio ducendum est spiritalem, quoniam nihil habet convenientiae secundum litteram, ut ideo iuramentum appellaverit puteum, quod ibi aqua non sit inventa? Quamquam alii interpretes pueros Isaac inventam potius aquam nuntiasse dixerunt; sed etiam sic quare iuramentum appellatum est, ubi nulla fuerat facta iuratio?

79 Quoniam tantus patriarcha Isaac antequam moriatur, quaerit a filio suo venationem et escam, qualem amat, pro magno beneficio et promittit benedictionem, nullo modo vacare arbitramur a significatione prophetica: Maxime quoniam festinat uxor eius, ut illam benedictionem minor accipiat, quem ipsa diligebat, et cetera in eadem narratione multum movent ad maiora intellegenda vel requirenda.

80 Quod habent Latini codices: *Expavit autem Isaac pavore magno valde*, Graeci habent ἐξέστη ἔκστασιν μεγάλην σφόδρα, ubi tanta commotio intellegitur, ut quaedam mentis alienatio sequeretur. Ipsa enim proprie dicitur extasis. Et quia solet in magnarum rerum revelationibus fieri, in hac intellegendum est factam

---

78,5 quamquam...6 dixerunt] cf. Hieronymus *Qu. Hebr. Gen.*

S **2** accidant] accedant *C¹* | peieraverit] periuraverit *C* **3** accepit] acceperit *C* **78,1** filii] *C P V N T Bad.*, pueri *S Am.* μ ᴢ *(item C iuxta ᴢ, sed errore)* **6** inventam] inventum *C¹ T* **7** quare] qua (re *s. l.*) *P n*, quoque *V* | appellatum] appellatus *N* est] puteum *add. C*, puteus *add. N* | fuerat] fuerant *n* | fuerat facta] facta fuerat *T*, *facta fuerunt Am.* | iuratio] iuramenta *Am.* **79,3** arbitramur] arbitremur *T* | a *om. P S V Am.* **5** narratione] narrationem *V* **80,2** ἐξέστη] δέ Ἰσαὰκ *add.* μ ᴢ | ἐξέστη...σφόδρα] exeste ecytasin mecalens phodra *C*, exeste extasi megales podra *P T*, exeste exstasi megale spodra *S V*, exeste extasim egales fodra (phodra *p*) *N*, εξεστη εχστασει μεγαλη σφοδρα *Am.* | commotio] commutatio *C¹ P*, comutatio *V T* **4** hac] hoc *C* | factam] facta *P n*

Grund nicht ersichtlich, und die Negation entsteht durch Verlesung/abweichende Deutung eines in TM vorhandenen Wortes. Eigenartigerweise reflektiert aber auch der Midrasch BerR zu Gen 26,32 die Unsicherheit, ob die Knechte nach Gen 26,32 Wasser gefunden haben oder nicht (vgl. SEELIGMAN, *Indications* 466); durch Verweis auf Gen 26,19 fällt im Midrasch die Entscheidung zugunsten TM.
Augustinus paraphrasiert zunächst einen VL-Wortlaut, der LXX: παῖδες (Übersetzungsäquivalent für עַבְדֵי ‚Knechte') mißverstanden und ‚Söhne Isaaks' statt ‚Knechte Isaaks' daraus gemacht hat (vgl. allerdings die Zeugen für *pueri*). Das korrigiert Augustinus stillschweigend, wo er einen Wortlaut entsprechend TM wiedergibt.
[113] Außer TM haben auch Aquila und Symmachus nach dem Zeugnis des Hieronymus,

Isaak eben diesen Brunnen „Schwur" nannte? Obgleich dies ein Faktum ist, muß man doch wohl zweifellos irgendeine geistliche Bedeutung veranschlagen, denn dem Wortlaut nach ist es ganz unpassend, daß er einen Brunnen deswegen ‚Schwur' genannt haben soll, weil man dort kein Wasser gefunden hat. Allerdings haben andere Übersetzer gesagt, daß die Knechte Isaaks vielmehr gemeldet haben, sie hätten Wasser gefunden (vgl. Hieronymus, *Qu. Hebr. Gen.*).[113] Aber auch dann: warum wurde er ‚Schwur' genannt, wo doch kein Schwur geleistet worden war?[114]

qu. 1,79 (zu Gen 27,1-17)

79 Daß ein so bedeutender Patriarch, Isaak, vor seinem Tod von seinem Sohn als große Gunstbezeigung ein Wildbret und seine Lieblingsspeise erbittet und ihm dafür seinen Segen verspricht, entbehrt unseres Erachtens keinesfalls einer prophetischen Bedeutung, vor allem weil seine Frau sich darum bemüht, daß der jüngere Sohn, den sie liebte, diesen Segen empfange, und weil die übrigen Einzelheiten in der Erzählung stark dazu anspornen, höhere Bedeutungen zu erkennen und zu suchen.

qu. 1,80 (zu Gen 27,33)

80 Wo die lateinischen Codices haben: „Isaak aber erschrak in großem Schrecken", haben die griechischen: ἐξέστη ἔκστασιν μεγάλην σφόδρα; darunter versteht man eine derartig starke Gemütsbewegung, daß daraus eine gewisse Geistesabwesenheit folgt. Genau das nämlich bedeutet ἔκστασις. Und weil sie bei der Offenbarung großer Dinge einzutreten pflegt, muß man erkennen, daß Isaak in dieser Ekstase eine geistliche Ermahnung zuteil wurde, er solle seinen Segen über den jüngeren Sohn bekräftigen, dem er eigentlich eher hätte zürnen sollen, weil er seinen Vater getäuscht hatte. So wird auch bezüglich Adam das große Geheimnis prophezeit, das nach den Worten des Apostels in Christus

---

Qu. Hebr. Gen. zu Gen 26,32-33 die Negation nicht; Hieronymus qualifiziert sie als unerklärbar.

[114] Die ursprüngliche Bedeutung des von den alten Versionen unterschiedlich gedeuteten Brunnennamens שִׁבְעָה ist ungeklärt; dem Kontext (vgl. 26,31; diesen Vers berücksichtigt Augustinus nicht) entspricht die Bedeutung ‚Schwur, Eid'; vgl. LXX: Ὅρκος, VL: *iuramentum*; während der Name der Stadt Beerscheba hier somit als ‚Eidbrunnen' erklärt wird und auch die redaktionelle Notiz Gen 21,31b darauf zielt, läuft die kurze Episode Gen 21,28-31a mit dreifachem שֶׁבַע „sieben" auf die Deutung ‚Siebenbrunnen' hinaus. Freilich kann שִׁבְעָה seinerseits als fem-Form des Zahlwortes ‚sieben' verstanden werden. Hieronymus, *Qu. Hebr. Gen.* zu Gen 26,32-33, folgt unter Berufung auf Aquila und Symmachus einer anderen Etymologie, indem er Sin für Schin liest: ‚Sättigung, Überfülle'; er übersetzt שִׁבְעָה daher mit *saturitas*, in Vulg mit *abundantia*. Zu Varianten innerhalb der LXX-Überlieferung vgl. WEVERS, *Genesis*.

esse spiritalem admonitionem, ut confirmaret benedictionem suam in filio
minore, cui potius irascendum fuit quod fefellerit patrem. Sic et de Adam
prophetatur hoc sacramentum magnum, quod dicit apostolus in Christo et in
ecclesia: *Erunt duo in carne una*, dicitur quod extasis praecesserit.

81 Quomodo adnuntiata vel renuntiata sunt verba Esau Rebeccae, quibus
comminatus est occidere fratrem suum, cum scriptura dicat hoc eum in sua
cogitatione dixisse? Nisi quia hinc nobis datur intellegere, quod divinitus eis
revelabantur omnia. Unde ad magnum mysterium pertinet, quod filium suum
minorem pro maiore voluit benedici.

82 Quod habent Latini codices Isaac dicente filio suo: *Vade in Mesopotamiam
in domum Bathuel patris matris tuae et sume tibi inde uxorem*, Graeci codices non
habent *vade* sed *fuge*, hoc est ἀπόδραϑι. Unde intellegitur etiam Isaac cognovisse
quid filius eius Esau de fratre suo in cogitatione sua dixerit.

83 *Et surrexit Iacob de somno suo et dixit quia est dominus in loco hoc, ego autem
nesciebam. Et timuit et dixit: Quam terribilis locus hic! Hoc non est nisi domus dei; et haec
porta est caeli*. Haec verba ad prophetiam pertinent, quia ibi futurum erat tabernaculum, quod constituit dominus in hominibus in primo populo suo. Portam
caeli autem sic intellegere debemus, tamquam inde fiat aditus credentibus ad
capessendum regnum caelorum.

84 Quod statuit lapidem Iacob, quem sibi ad caput posuerat, *et constituit eum
titulum* et perfudit illum oleo, non aliquid idolatriae simile fecit. Non enim vel
tunc vel postea frequentavit lapidem adorando vel ei sacrificando; sed signum

---

80,8 Gn 2, 24; Eph 5,31-32 | extasis praecesserit] cf. Gn 2,21   **82,4** quid…dixerit] cf. Gn 27,41

---

5 in *om. P S V T Am. μ* | filio] suo *add. T*   **6** minore] minori *S² V T² Am. μ* | fefellerit] fefellit *V* | Adam] quando *add. s. l. S,* cum *add. Am. μ ʒ (item C iuxta ʒ, sed errore)*   **7** hoc] hoc *T*   **8** dicitur] dicit *V*   **81,1** adnuntiata] sunt *add. T*   **3** eis] *C Am. μ ʒ (sc. Rebeccae et Iacob, cf. Gen. 27,24)*, ei *P S V N T Bad.*   **5** maiore] maiori *C*   **82,1** Mesopotamiam] Mesopotamio *C (s. l. m 1 ?)*   **2** domum] domo *C* | tibi inde] inde tibi *P S V T Am. μ*   **3** ἀπόδραϑι] apodramet *C*, apodrameti *P S V T*, apodrati *p*, opodrati *n*   **4** quid] quod *P V¹ N T Am. μ*   **83,2** hoc] hic *Bad. Am.*   **3** porta est] est porta *Bad. Am.* | tabernaculum…4 dominus *om. P¹ S V*   **4** dominus] deus *p*   **5** caeli autem] autem caeli *T Bad. Am.* | credentibus *om. N* | ad] in *P et S corr., V*   **6** capessendum] capescindum *C¹*, capescendum *n T*   **84,1** lapidem Iacob] Iacob lapidem *C¹ T*   **2** idolatriae] idotriae *n*, idololatriae *μ*   **3** vel²] aut *p Eug.*

und der Kirche realisiert ist: „die zwei werden zu einem Fleisch werden" (Gen 2,24; Eph 5,31-32). Auch in diesem Fall wird gesagt, daß eine ἔκστασις vorausging (vgl. Gen 2,21).[115]

qu. 1,81 (zu Gen 27,41-42)

81 Wie sind der Rebekka die Drohungen Esaus, seinen Bruder zu töten, gemeldet und hinterbracht worden, da doch die Schrift sagt, er habe sie nur in seinen Gedanken formuliert? Wenn nicht deswegen, weil uns die Schrift dadurch zu erkennen gibt, daß ihnen alles von Gott geoffenbart wurde. Daher liegt ein großes Geheimnis darin, daß sie wollte, daß ihr jüngerer Sohn anstelle des älteren gesegnet werde.

qu. 1,82 (zu Gen 28,2)

82 Was die Lesart der lateinischen Codices bezüglich der Rede Isaaks zu seinem Sohn betrifft: „Geh nach Mesopotamien in das Haus Betuëls, des Vaters deiner Mutter, und nimm dir von dort eine Ehefrau", so haben die griechischen Codices nicht ‚geh', sondern „flieh": ἀπόδραθι.[116] Das läßt erkennen, daß auch Isaak wußte, was sein Sohn Esau über seinen Bruder in Gedanken gesagt hat (vgl. Gen 27,41).

qu. 1,83 (zu Gen 28,16-17)

83 „Jakob erhob sich aus seinem Schlaf und sagte: Der Herr ist an diesem Ort, ich aber wußte es nicht. Und er fürchtete sich und sagte: Wie furchterregend ist dieser Ort! Das ist nichts anderes als das Haus Gottes; und dies ist das Tor des Himmels." Diese Worte gehören zu einer Prophetie, denn dort sollte das Zelt stehen, das der Herr unter den Menschen in seinem ersten Volk errichtete.[117] ‚Tor des Himmels' aber sollen wir dahingehend verstehen, daß dort die Gläubigen Zugang finden, daß sie das Himmelreich erlangen.

qu. 1,84 (zu Gen 28,18)

84 Insofern Jakob den Stein, den er sich zu Häupten gelegt hatte, aufrichtete „und als Steinmal aufstellte" und mit Öl übergoß, tat er nichts, was Götzendienst ähnelte. Denn weder damals noch später suchte er den Stein regelmäßig auf, um ihn zu verehren oder ihm Opfer darzubringen, sondern er war ein Zei-

---

[115] LXX sagt ἔκστασις für TM תַּרְדֵּמָה „Tiefschlaf" (entsprechend Vulg: *soporem*).

[116] TM hat in Gen 28,2 unspezifisches קוּם לָךְ (mach dich auf, geh!); dem entspricht in VL:Cod.Lugd.: surge et uade (entsprechend Vulg: *uade et proficiscere*); LXX dagegen: ἀναστὰς ἀπόδραθι „mach dich auf und flieh!" Augustinus zitiert gemäß LXX in *civ.* 16,38 *l.* 3 *surgens fuge*.

[117] Von einem Hl. Zelt in Bet-El ist nirgends im AT die Rede. Augustinus hat auch nur hier *futurum tabernaculum*, dagegen in *qu.* 1,85: *futura domus dei*.

fuit in prophetia evidentissima constitutum, quae pertinet ad unctionem: Unde Christi nomen a chrismate est.

85 *Et vocavit Iacob nomen loci illius domus dei; et Ulammaus erat nomen civitati ante.* Iuxta civitatem dormisse si intellegatur, nulla quaestio est; si autem in civitate, mirum videtur quomodo potuerit illum titulum constituere. Quod autem vovit votum, si prosperaretur eundo et redeundo, et decimas promisit domui dei futurae in loco illo, prophetia est domus dei, ubi et ipse rediens deo sacrificavit non illum lapidem deum appellans, sed domum dei, id est quia in eo loco futura erat domus dei.

86 Quod venit Rachel cum ovibus patris sui et dicit scriptura quod, *cum vidisset Iacob Rachel filiam Laban fratris matris suae, accessit et revolvit lapidem ab ore putei* magis notandum est aliquid scripturam praetermittere quod intellegere debemus quam ulla quaestio commovenda. Intellegitur enim quod illi, cum quibus primo loquebatur Iacob, interrogati, quae esset quae veniebat cum ovibus, ipsi dixerunt filiam esse Laban, quam utique Iacob non noverat; sed illius interrogationem responsionemque illorum scriptura praetermittens intellegi voluit.

87 Quod scriptum est: *Et osculatus est Iacob Rachel et exclamans voce sua flevit. Et indicavit ei quia frater est eius et quia filius Rebeccae est,* consuetudinis quidem fuit maxime in illa simplicitate antiquorum, ut propinqui propinquas oscularentur, et hoc hodie fit in multis locis. Sed quaeri potest, quomodo ab incognito illa osculum acceperit, si postea indicavit Iacob propinquitatem suam. Ergo intellegendum est aut illum, qui iam audierat quae illa esset, fidenter in eius osculum

---

85,2 iuxta…dormisse] cf. Gn 28,11   **3** vovit…5 illo] cf. Gn 28,29-22   **5** ubi…7 dei] cf. Gn 35,6-7

---

4 fuit] fuerit *P S*, fuerat *V Bad. Am.* | prophetia] prophetię *C¹* | evidentissima] evidentissime *C*   **85**,4 decimas] decimasque *V Am. μ*   **5** est] nam postea ibi (ibi *om. p*) constituta est *add. N* sacrificavit] sacravit *P¹ S V Am.*   **6** eo] illo *P S V T Am. μ*   **86**,4 ulla…commovenda] ullam quaestionem esse movendam *Am.*   **87**,1 et¹ *om. C P S V T Am. μ*   **2** frater] patris *add. z*   **3** propinquas] propinquos *Am.*   **4** et *om. N* | hodie] que *add. N* | illa] illo *C*   **6** qui] *add. m. 2 a s. l. C* | eius *om. N*

---

[118] Vgl. *qu.* 1,96 und 1,116 sowie *civ.* 16,38 und *en. Ps.* 44,20.
[119] Die Stadt hieß laut TM Lus. LXX verkennt die Satzeröffnung mit וְאוּלָם „und dann" und zieht diese mit Lus zusammen zu dem Ortsnamen Ουλαμλους. Hieronymus mo-

chen, errichtet als offenkundige Prophezeiung auf die Salbung, derenthalben Christus seinen Namen vom Chrisma hat.[118]

qu. 1,85 (zu Gen 28,19)

85 „Und Jakob nannte jenen Ort Haus Gottes; vorher hieß die Stadt Ulammaus."[119] Wenn man es so versteht, er habe ‚bei der Stadt' geschlafen (vgl. Gen 28,11), ergibt sich kein Problem, wenn aber ‚in der Stadt', erscheint es merkwürdig, wie er jenes Steinmal hätte errichten können. Daß er aber ein Gelübde ablegte für den Fall, daß er glücklich gehe und zurückkehre, und dem zukünftigen Haus Gottes an jenem Ort den Zehnten versprach (vgl. Gen 28,20-22), ist eine Prophetie auf das Haus Gottes. Dort hat er auch bei seiner Rückkehr Gott geopfert, wobei er jenen Stein nicht ‚Gott' nannte, sondern „Haus Gottes" (vgl. Gen 35,6-7)[120], und zwar weil an diesem Ort ein Haus Gottes in Zukunft erstehen sollte

qu. 1,86 (zu Gen 29,10)

86 Betreffs dessen, daß Rachel mit den Schafen ihres Vaters kam und die Schrift sagt: „Als Jakob Rahel, die Tochter Labans, des Bruders seiner Mutter, erblickt hatte, trat er hinzu und wälzte den Stein von der Brunnenöffnung", muß man eher, als irgendeine Frage zu stellen, anmerken, daß die Schrift manches übergeht, das wir mitverstehen sollen. Mitverstanden wird nämlich, daß diejenigen, mit denen Jakob zuerst sprach, auf seine Frage hin, wer die denn sei, die mit ihren Schafen herankam, ihm antworteten, es sei die Tochter Labans. Jakob hatte sie ja noch nicht kennengelernt; aber die Schrift wollte, indem sie seine Frage und deren Antwort überging, daß diese mitverstanden würden.

qu. 1,87 (zu Gen 29,11-12)

87 Bezüglich des Schriftwortes: „Und Jakob küßte Rahel und weinte laut und teilte ihr mit, daß er ihr Bruder[121] und der Sohn Rebekkas ist": Es war zwar vor allem in jener Unbefangenheit der Alten Brauch, daß männliche Verwandte ihre weiblichen Verwandten küßten, und so geschieht es noch heute an vielen Orten. Dennoch kann man fragen, wieso jene sich von einem Unbekannten küssen ließ, wenn doch Jakob seine Verwandtschaft erst anschließend anzeigte. Daher muß man es entweder so verstehen, daß jener, da er schon gehört hatte, wer sie sei, sie beherzt überstürzt geküßt hat, oder so, daß die Schrift später durch Rekapitulation erzählt hat, was früher geschehen war, nämlich daß Jakob

---

kiert sich in *Qu. Hebr. Gen.* über diesen Übersetzungsfehler. Zu den innergriechischen Varianten dieses Namens vgl. WEVERS, *Genesis*.

[120] Nach TM nennt Jakob den Ort in Gen 35,7 *El Bet-El*, das erste *El* fehlt jedoch in LXX, VL und Vulg.

[121] Fehler der VL des Augustinus: TM, LXX, Vulg und auch VL:Cod.Lugd. haben: „ein Bruder ihres Vaters".

inruisse aut postea scripturam narrasse per recapitulationem quod primo factum erat, id est ut indicaverit Iacob quis esset. Sicut de paradiso postea dicitur, quomodo deus eum instituerit, cum iam dictum esset quod plantaverit deus paradisum et posuerit illic hominem quem finxerat, et multa quae per recapitulationem dicta intelleguntur.

88 Quod scriptum est: *Et servivit Iacob pro Rachel annis septem; et erant in conspectu eius velut pauci dies eo quod diligebat illam*, quaerendum quomodo dictum sit, cum magis etiam breve tempus longum esse soleat amantibus. Dictum est ergo propter laborem servitutis, quem facilem et levem amor faciebat.

89 Si parum advertatur rei huius narratio, putabitur, quod posteaquam Liam Iacob duxit uxorem deinde servivit alios septem annos pro Rachel et tunc eam duxit. Verum autem non ita est, sed Laban ei dixit: *Consumma itaque septima istius, et dabo tibi et hanc pro opere quod operaberis apud me adhuc septem annos alios*. Quod itaque ait: *Consumma septima istius*, ad nuptiarum celebrationem pertinet, quae septem diebus celebrari solent. Hoc itaque ait: Inple dies nuptiarum septem

---

87,8 de…10 finxerat] cf. Gn 2,8-9

8 ut] quod *S μ*, et *V Am.* | indicaverit] indicaverat *S* | dicitur] dicetur *N*   **9** eum *om. T* plantaverit] plantavit *C P S V¹ N Am. μ*   **10**   quae] *N z*, alia *P S V Bad. Am μ, om. C T*   **88,1** et¹ *om. Am.*   **2** quaerendum *om. n*   **89,2** Iacob duxit] duxit Iacob *T*   **3** verum autem] verumtamen *Bad. Am.* | septima] septimanam *S² V² μ*   **5** septima] septimanam *S² V² μ* ad] et *praem. n* | nuptiarum] nuptia *n*

---

[122] Dieses Beispiel für Rekapitulation bringt Augustinus auch in *doctr. chr.* 3,52.
[123] Augustinus tritt für die bis heute überwiegend vertretene Auslegung ein, die besagt: Jakob vollzieht nach Ablauf der ersten sieben Dienstjahre die Ehe mit der vermeintlichen Rahel, in Wirklichkeit jedoch mit Lea, und zwar bereits während der einwöchentlichen Hochzeitsfeierlichkeiten (29,23). Als der Betrug aufgeflogen ist, verlangt Laban in 29,27, Jakob solle die Feierwoche nicht abbrechen, sondern mit Lea zu Ende führen, dann erhalte er auch Rahel, könne sogleich mit ihr die Ehe vollziehen, müsse aber auch um sie noch einmal sieben Jahre dienen (vgl. 29,30). Der entscheidende V 27 ist jedoch nicht eindeutig. TM hat eine st.cs.-Verbindung: שְׁבֻעַ זֹאת „die Siebenheit dieser". Der Bezug des Demonstrativpronomens auf Lea ist nahezu zwingend. שָׁבוּעַ kann zwar auch den Zeitraum von sieben Jahren bezeichnen, ist aber das übliche Wort für ‚Woche'. Da Ri 14,12 (Simson) und Tob 11,18 (Tobias) den Brauch einer siebentägigen Hochzeitsfeier bezeugen (Tob 8,19 als Steigerung: zweiwöchiges Hochzeitsfest), ergibt sich die Auslegung: ‚Siebenheit dieser' = siebentägige Feier der Hochzeit Jakobs mit Lea. Aller-

sich selbst vorgestellt hatte. In gleicher Weise wird erst später erzählt, wie Gott das Paradies anlegte, nachdem schon gesagt worden war, daß Gott das Paradies gepflanzt und den Menschen, den er gebildet hatte, dort hinein gestellt hatte (vgl. Gen 2,8-9)[122], und es gibt noch vieles, von dem man versteht, daß es durch Rekapitulation gesagt wurde.

qu. 1,88 (zu Gen 29,20)

88 Bezüglich des Schriftwortes: „Und Jakob diente um Rahel sieben Jahre; und sie waren in seinen Augen wie wenige Tage, weil er sie liebte", ist zu fragen, wie das gemeint ist, pflegt doch schon ein kurzer Zeitraum Liebenden eher lang zu sein. Es ist also bezüglich der Strapazen seines Knechtsdienstes gesagt, die die Liebe mühelos und leicht machte.

qu. 1,89 (zu Gen 29,27-30)

89 Wenn man auf die Darstellung dieses Vorgangs zu wenig achtet, wird man meinen, Jakob habe, nachdem er Lea zur Frau genommen habe, anschließend weitere sieben Jahre um Rahel gedient und sie dann erst geheiratet. So ist es aber nicht, sondern Laban sagte zu ihm: „Vollende daher die Siebenheit jener, und ich werde dir auch diese geben für die Arbeit, die du bei mir noch weitere sieben Jahre verrichten wirst." Seine Worte: „Vollende die Siebenheit jener" beziehen sich somit auf die Hochzeitsfeier, die sieben Tage lang gefeiert zu werden pflegt.[123] Er sagt also folgendes: Vollende die sieben Tage der Hochzeits-

---

dings vollzieht Simson im Gegensatz zu Jakob die Ehe erst am Abend des siebten Festtages. Hieronymus vereindeutigt in diesem Sinn: in *Qu. Hebr. Gen.*: *comple ergo hebdomadem istius* „führe also deren (Fest)Woche zu Ende" und in Vulg: *imple ebdomadem dierum huius copulae* „erfülle die Siebenzahl der Tage dieser Braut". Ebenso die Targumim; Targum Neofiti: „die sieben Tage dieses Festes"; Targum Ps.-Jonathan: „die sieben Tage des Festes dieser". Der mittelalterliche Exeget Nachmanides (Ramban), gefolgt von JACOB, *Genesis*, bezieht V 27 dagegen auf die ersten sieben Dienstjahre Jakobs. Jakob habe Lea bereits vor deren Abschluß geheiratet, und angesichts des aufgeflogenen Betrugs fordere Laban: Vollende zuerst die sieben Dienstjahre für diese = Lea, dann erhältst du schon zu Beginn der zweiten sieben Dienstjahre auch Rachel. Augustinus und Hieronymus, *Qu. Hebr. Gen.* wenden sich statt dessen gegen die Auslegung ‚einiger', denen zufolge die zweiten sieben Dienstjahre Jakobs gemeint sind und ‚diese' sich auf Rahel bezieht, d.h. Jakob mußte erst die zweiten sieben Dienstjahre erbringen, bevor er Rahel heiraten konnte. Tatsächlich ist LXX nicht eindeutig. Sie gebraucht nämlich in 29,27 nicht das übliche Wort für Woche, sondern: τὰ ἕβδομα ταύτης. Wahrscheinlich beabsichtigt zwar auch LXX die Deutung: ‚siebentägiges Fest- = Hochzeitsfest', so BdA („la septaine de celle-ci"), die sich in analoger Ausweitung auf das Supplement 1968 zu LSL beruft, wo zu εβδομος „festival celebrated on the seventh day after birth" angegeben ist; ebenso MURAOKA, *Lexicon*: „seven-day marriage feast"; daher auch WEVERS, *Genesis*,

pertinentes ad istam quam duxisti, et dabo tibi et hanc pro eo quod operaberis apud me adhuc septem annos alios. Deinde sequitur: *Fecit autem Iacob sic, et inplevit septima eius* - id est septem dies nuptiarum Liae - *et dedit illi Laban Rachel filiam suam ipsi uxorem. Dedit autem Laban Rachel filiae suae Ballam ancillam suam ei ancillam. Et intravit ad Rachel; dilexit autem Rachel magis quam Liam; et servivit illi septem annos alios.* Utique adparet quia, posteaquam duxit Rachel, tunc servivit pro ea septem annos alios. Nimis enim durum et valde iniquum fuit, ut deceptum adhuc differret alios annos septem et tunc eam traderet quam primo debuit. Septem autem diebus solere nuptias celebrari etiam liber Iudicum ostendit in Samson, quando fecit potum septem diebus. Et addidit scriptura, quod sic solerent facere iuvenes; fecit autem hoc propter nuptias suas.

90 Non facile dinoscitur, quas concubinas appellet scriptura, quas uxores, quandoquidem et Agar dicta est uxor, quae postea dicitur concubina, et Cettura et ancillae quas dederunt Rachel et Lia viro suo. Nisi forte omnis concubina uxor, non autem omnis uxor concubina more loquendi scripturarum appellatur; id est, ut Sarra et Rebecca et Lia et Rachel concubinae dici non possint, Agar vero et Cettura et Balla et Zelfa et uxores et concubinae.

91 Quod Latini habent, nato filio Liae de Zelfa quod dixerit: Beata vel felix facta sum, Graeci habent: Εὐτύχη quod magis bonam fortunam significat. Unde videtur occasio non bene intellegentibus dari, tamquam illi homines fortunam

---

89,16 Samson...17 iuvenes] cf. Idc 14,10   **90,2** Agar...3 suo] cf. Gn 16,3; 25,1.6; 30,4.9; 35,22

---

8 sequitur] requiritur P^1 *S V*   **10** ipsi] sibi *P T*, ipsius *n* (us *exp.*)   **12** posteaquam] posteacon *n* (con *in ras.*) | tunc] dum *S*   **15** autem] *P* (*s. l. m. 1*), om. *V Am.*   **17** solerent] *P* (re *s. l.*) *S* (nt *s. l.*), solent *C T* | propter] per *P S V N T*   **90,1** appellet] appellat *P T*   **2** dicitur] *super exp.* est *C*   **4** appellatur] appelletur *P V N T Am.*   **91,1** dixerit] dixerat P^1 *S V*, dixerint *N* beata] facta *add. P S V T*

---

und SD: „Bringe also deren Woche zu Ende". LSL selbst hatte zu τα ἕβδομα mit einziger Belegstelle Gen 29,27 LXX angegeben: „seven year's work"; das übernehmen LUST/EYNIKEL/HAUSPIE, *Lexicon*. VL bezeugt diese Unsicherheiten. Cod.Lugd. spiegelt die von Augustinus und Hieronymus bekämpfte Auslegung: *consumma ergo et huius septem annos*, während der von Augustinus zitierte Wortlaut: *consumma itaque septima istius* zwar LXX ad litteram übersetzt, aber äußerst interpretationsbedürftig ist (vgl. aber die textkritische Variante: *septimanam istius*: „deren Woche"; bei Vorlage dieses Wortlauts wäre die Argumentation des Augustinus entbehrlich gewesen).

feier, die jener gelten, die du geheiratet hast, und ich werde dir auch diese andere dafür geben, daß du bei mir noch sieben weitere Jahre arbeiten wirst. Darauf folgt: „Jakob aber tat so und vollendete ihre Siebenheit" – d.h. die sieben Tage der Hochzeitsfeier Leas –, „und Laban gab ihm seine Tochter Rahel, ihm zur Frau. Laban gab aber seiner Tochter Rahel seine Magd Bilha als ihre Magd. Und er ging zu Rahel ein; er liebte aber Rahel mehr als Lea; und er diente jenem weitere sieben Jahre." Es ist ganz deutlich, daß er, nachdem er Rahel geheiratet hatte, anschließend weitere sieben Jahre um sie diente. Es wäre nämlich zu hart und sehr ungerecht gewesen, wenn er den, den er getäuscht hatte, noch weitere sieben Jahre hingehalten und ihm erst dann die übergeben hätte, die er zuerst hätte übergeben müssen. Den Brauch aber, sieben Tage lang Hochzeit zu feiern, bezeugt auch das Buch der Richter im Fall von Simson, als dieser ein siebentägiges Trinkgelage veranstaltete. Und die Schrift hat dort hinzugefügt, die jungen Leute pflegten so zu handeln (vgl. Ri 14,10); er veranstaltete es aber wegen seiner Hochzeit.

qu. 1,90 (zu Gen 30,3.9)

90 Es ist nicht leicht zu unterscheiden, welche Frauen die Schrift Konkubinen und welche Ehefrauen nennt, da ja sowohl Hagar zunächst Ehefrau genannt wurde, die später Konkubine genannt wird, als auch entsprechend Ketura und die Mägde, die Rahel und Lea ihrem Mann gaben (vgl. Gen 16,3; 25,1.6; 30,4.9; 35,22). Vielleicht nur so: Nach der Ausdrucksweise der Schrift wird jede Konkubine Ehefrau, nicht aber jede Ehefrau Konkubine genannt; d.h., Sara und Rebekka, Lea und Rachel können folglich nicht Konkubinen, Hagar aber und Ketura und Bilha und Silpa können sowohl Ehefrauen als auch Konkubinen genannt werden.

qu. 1,91 (zu Gen 30,11)

91 Während nach den lateinischen Codices Lea nach der Geburt eines Sohnes von Silpa gesagt hat: Ich bin ‚selig' oder ‚glücklich geworden', haben die griechischen Manuskripte ευτυχη[124], was eher 'glückliches Schicksal', bedeutet. Daraus ergibt sich für wenig verständige Leute der vermeintliche Anlaß zur Vorstellung, als ob jene Menschen Fortuna verehrt hätten oder die göttlichen Schriften mit ihrer Autorität den Gebrauch dieses Wortes zugelassen hätten. Vielmehr ist das Wort *fortuna* (Schicksal) entweder als auf solche Ereignisse

---

[124] LXX sagt vielmehr: Ἐν τύχῃ (daher der von Hieronymus, *Qu. Hebr. Gen.* zitierte Wortlaut der VL: *in fortuna*); die von Augustinus genannte Lesart ευτυχη wird nur durch MS *r* bezeugt. Auch für die lateinischen Formulierungsvarianten *beata/felix facta sum* ist Augustinus der einzige Zeuge. Vgl. BILLEN, *Texts* 114. Diese Varianten entsprechen dem von Theodoretus Cyrensis, *Quaestiones in Octateuchum: Quaestiones in Genesim LXXXVIII* zitierten Wortlaut: εὐτύχηκα (NBA, 477 Anm. 106).

coluerint aut hoc verbum divinarum scripturarum auctoritas in usu receperit. Sed aut fortuna intellegenda est pro his rebus, quae fortuito videntur accidere, non quia numen aliquod sit, cum haec ipsa tamen, quae fortuita videntur, causis occultis divinitus dentur unde etiam verba, quae nemo potest auferre a consuetudine loquendi, parata sunt, id est forte et fortasse et forsitan et fortuito; unde videtur et in Graeca lingua resonare, quod dicunt τάχα, velut ab eo quod est τύχη - aut certe Lia propterea sic locuta est, quod adhuc gentilitatis consuetudinem retinebat. Non enim hoc Iacob dixit, ut ex hoc data huic verbo putetur auctoritas.

92 Quod Iacob dicit: *Et benedixit te dominus in pede meo*, satis advertendus est et notandus scripturarum sensus, ne, cum ita quisque locutus fuerit, quasi augurari videatur. Multum enim interest quod adiecit: *Benedixit te dominus in pede meo*; in ingressu enim meo voluit intellegi gratias hinc agens deo.

93 In facto Iacob cum virgas excorticavit detrahens viride, ut album varie adpareret et sic in conceptu fetus pecorum variarentur, cum matres in alveis aquarum biberent et visis virgis illam varietatem conciperent, multa dicuntur similiter fieri in animalium fetibus. Sed et mulieri accidisse traditur et scriptum reperitur in libris antiquissimi et peritissimi medici Hippocratis, quod suspicione adulterii fuerat punienda, cum <puerum> pulcherrimum peperisset utrique parenti generique dissimilem, nisi memoratus medicus solvisset quaestionem illis admonitis quaerere, ne forte aliqua talis pictura esset in cubiculo: Qua inventa mulier a suspicione liberata est. Sed ad hanc rem quam fecit Iacob virgarum ex diversis arboribus trium copulatio quid contulerit utilitatis, quod

---

4 usu] usum *N*   5 aut] ut *P¹ S V Am.* | fortuito] fortuitu *p*, -ta *P S V T Am.* | videntur] videtur *C¹ N*   6 numen] nomen *C N* | fortuita] fortuna *corr. P V*, fortunata *S* (ta *s. l. a. m.*)   8 parata] parcita *P*, partita *S*, parta *N* | fortuito] fortuitu *P S V T Am.*   9 et *om. Am.*
92,1 advertendus] advertendum *P S V N T Am.*   3 enim *om. T* | te *om. S*   4 hinc] *om. C¹ Am.*, hic *C²*   93,2 et *om. C* | conceptu] conspectu *C¹ P V T Am.*, conceptum *n* | variarentur] varierentur *P*   3 conciperent] conspicerent *P¹ V S Am. μ*   4 accidisse] accedisse *C¹*   5 et peritissimi *om. V*   6 puerum pulcherrimum] *Am. μ z*, pulcherrimum *codd.* (pulchermum *P*), puerum *Bad., fort. recte*   8 illis *om. n* | ne forte *om. n*   9 suspicione] spicione *P*

---

[125] Vgl. *qu.* 94.
[126] Der Sinn der hebräischen Redewendung: וַיְבָרֶךְ לְרַגְלִי wird von Kommentaren und Lexika sehr unterschiedlich bestimmt; vgl. STENDEBACH, רגל, 338, der folgende Übersetzungen zitiert: „JHWH hat dich gesegnet nach meiner Zeit", „weil ich hier bin", „entsprechend dem von mir bewirkten Fortschritt". Ihre wortwörtliche Wiedergabe in

bezogen zu verstehen, die zufällig zu geschehen scheinen, und zwar nicht deswegen, weil *fortuna* (Schicksal) ein göttliches Wesen wäre, wenngleich eben diese scheinbar zufälligen Ereignisse von Gott durch verborgene Ursachen gegeben werden. Von diesem Wort sind auch Ausdrücke abgeleitet, die niemand aus dem Sprachgebrauch entfernen kann, nämlich ‚vielleicht' und ‚womöglich' und ‚eventuell' und ‚zufällig'. Danach scheint auch in der griechischen Sprache τάχα zu klingen, als ob es von τύχη abgeleitet wäre. – Oder aber Lea hat gewiß deswegen so gesprochen, weil sie noch heidnische Gewohnheit beibehielt.[125] Jakob hat das nämlich nicht gesagt, so daß man meinen könnte, dieses Wort habe dadurch Autorität erlangt.

qu. 1,92 (zu Gen 30,30)

92 Bezüglich Jakobs Ausspruch: „und der Herr segnete dich in meinem Fuß"[126] muß man den Sinn, den er in den Schriften hat, gründlich bedenken und darlegen, damit einer, wenn er so geredet haben sollte, nicht als Zeichendeuter erschiene.[127] Was er hinzufügte, bedeutet nämlich etwas ganz anderes: „der Herr segnete dich in meinem Fuß"; er wollte nämlich, indem er Gott dafür dankte, so verstanden werden: ‚bei meiner Ankunft'.

qu. 1,93 (zu Gen 30,37.42)

93 Bezüglich Jakobs Handlungsweise, als er Zweige schälte und dabei das Grüne entfernte, damit das Weiße scheckig erschiene und so bei der Empfängnis der Wurf des Kleinviehs scheckig würde, wenn die Mütter Wasser aus den Trögen tränken und auf grund des Anblicks der Zweige jenen scheckigen Nachwuchs empfingen, sagt man, viel Ähnliches geschehe beim Wurf von Tieren. Es wird aber überliefert und findet sich in Büchern des altehrwürdigen und höchst erfahrenen Arztes Hippocrates geschrieben, es sei auch einer Frau widerfahren, daß sie auf Grund des Verdachtes auf Ehebruch hatte bestraft werden sollen, weil sie einen wunderschönen Knaben geboren hatte, der beiden Eltern und der Verwandtschaft unähnlich war, hätte nicht der erwähnte Arzt das Problem gelöst, indem er jene veranlaßte nachzuforschen, ob nicht vielleicht ein Bild dieser Art im Schlafzimmer vorhanden sei. Dieses wurde gefunden, und dadurch wurde die Frau von dem Verdacht befreit. Aber was das Vorgehen Jakobs, daß er nämlich drei Zweige von drei verschiedenen Bäumen miteinander verband, für die Vermehrung des scheckigen Viehs genützt haben

---

LXX (ἐπὶ τῷ ποδί μου), VL des Augustinus *in pede meo* und VL:Cod.Lugd.: *ad pedem meum* war sehr interpretationsbedürftig. Vulg paraphrasiert die Redewendung dagegen so, wie auch Augustinus sie versteht: *benedixitque tibi Dominus ad introitum meum* „und der Herr segnete dich bei meiner Ankunft".

[127] NBA weist darauf hin, daß man in der Antike dem linken Fuß negative, dem rechten positive Vorzeichenfunktion zuwies.

adtinet ad varias pecudes multiplicandas, non adparet omnino. Nec aliquid ad hoc commodum interest, utrum ex unius generis ligno varientur virgae an plura sint lignorum genera, cum sola quaeratur lignorum varietas. Ac per hoc cogit inquiri prophetiam et aliquam figuratam significationem res ista, quam sine dubio ut propheta fecit Iacob; et ideo nec fraudis arguendus est. Non enim tale aliquid nisi revelatione spiritali eum fecisse credendum est. Quod autem ad iustitiam pertinebat, sicut alii interpretes apertius hoc narrant, non ponebat virgas in secundo conceptu ovium. Quod tanto obscurius quanto brevius a septuaginta dictum est: *Quia cum peperissent, non ponebat.* Quod intellegitur cum primum peperissent, ut iam non solere ponere intellegatur, cum secundo pariturae essent, ne ipse auferret omnes fetus, quod iniquum fuit.

93,17 sicut…narrant] cf. Hieronymus, *Qu. Hebr. Gen.*   **19** Gn 30,42

12   commodum] commendandum *p*, commdandum *n*   **16**   revelatione] revelationem *P* spiritali eum] spiritalium *p*, spiritalū *n*   **18** conceptu] concepto *P¹*   **20** non *om. S* | pariturae] paritura *C¹ P S n*

---

[128] Allegorische Deutungen Philos und von griechischen Kirchenvätern zu Gen 30,37 und 30,42 nennt BdA.

[129] Hieronymus, *Qu. Hebr. Gen.*: *Iacob prudens et callidus, iustitiam et aequitatem etiam in nova arte servabat [...] ita omnia temperavit, ut et ipse fructum sui laboris acciperet et Laban non penitus spoliaretur* „Der kluge und verschlagene Jakob bewahrte Gerechtigkeit und Billigkeit [...] er hielt so in allem das rechte Maß ein, so daß sowohl er selbst den Lohn für seine Arbeit erhielt als auch Laban nicht gänzlich ausgeplündert wurde."

[130] TM besagt etwas ganz anderes als LXX: וּבְהַעֲטִיף הַצֹּאן לֹא יָשִׂים „Und immer wenn das Kleinvieh schwächlich war, legte er sie nicht hin." TM unterscheidet zwischen den ‚kräftigen/starken' Schafen 30,41 (ihnen legte Jakob zu seinen Gunsten die geschälten Zweige aus) und den ‚schwachen/kraftlosen' Schafen (ihnen legte er sie nicht aus) 30,42: „So wurden die schwächlichen dem Laban zuteil und die kräftigen dem Jakob." Hieronymus unterscheidet dagegen in der Vulg (in *Qu. Hebr. Gen.* ähnlich) die Schafe, die *primo tempore ascendebantur* (die zum ersten Zeitpunkt besprungen wurden) V 41, von denen, die er *serotina* „spät(gebärend)" mit „spätester Empfängnis" nennt; V 42: *factaque sunt ea quae erant serotina Laban et quae erant primi temporis Jacob* „so wurden die spät Geborenen Eigentum Labans und die des ersten Zeitpunktes Eigentum Jakobs". In *Qu. Hebr. Gen.* führt er aus: *melior uernus est foetus* „Der Wurf im Frühling ist kräftiger" und rechtfertigt so seine Übersetzung: *temporanea* „zur rechten Zeit Geborene" in *Qu. Hebr. Gen.*

könnte, wird überhaupt nicht deutlich. Auch macht es für diesen Zweck keinen Unterschied, ob Zweige von einer einzigen Baumart scheckig gemacht würden oder ob es mehrere Baumarten wären, da allein die Scheckigkeit der Hölzer erfordert ist. Und deswegen zwingt diese Angelegenheit dazu, eine Prophetie und eine vorausdeutende Bedeutung zu suchen.[128] Eine solche vollführte Jakob als Prophet zweifellos; und deswegen darf man ihn nicht des Betruges anklagen. Man kann nämlich nicht glauben, daß er etwas derartiges ohne geistliche Offenbarung gemacht hat. Was aber die Gerechtigkeit betraf, so hat er, wie andere Ausleger deutlicher darlegen (vgl. Hieronymus, *Qu. Hebr. Gen.*),[129] die Zweige nicht auch bei der zweiten Empfängnis der Schafe ausgelegt. Das hat die LXX je kürzer desto unklarer formuliert: „Denn wenn sie geboren hatten, legte er nicht vor" (Gen 30,42).[130] Das bedeutet: ‚sobald sie zum ersten Mal geboren hatten', so daß man versteht, daß er sie nicht mehr vorzulegen pflegte, wenn sie zum zweiten Mal am Gebären waren, um nicht allen Nachwuchs wegzunehmen, was ungerecht gewesen wäre.[131]

V 42. Im Ergebnis stimmt er somit mit TM überein. LXX hat absichtlich geändert (WEVERS, *Genesis*) und bringt einen abweichenden und ausweitenden Wortlaut, von dem Hieronymus sagt: *sed [...] aliud nescio quid, quod ad sensum non pertinet, transtulerunt* „Sie haben etwas anderes, ich weiß nicht was, übersetzt, das zum Sinn nichts beiträgt." Er verkennt, daß LXX eine andere Konzeption hat, derzufolge Jakob seinen Trick nur bei kopulationsbereiten Schafen anwendete, nicht aber später, da dieser seine Wirkung dann nicht hätte entfalten können. 30,41-42 nach SD: „Es geschah aber zu der Zeit, da die Schafe trächtig wurden, weil sie im Bauch empfingen, dass Jakob die Ruten vor die Schafe setzte in den Wannen, damit sie entsprechend der Ruten trächtig würden. Immer wenn aber die Schafe geboren hatten, setzte er sie nicht vor." Augustinus interpretiert die wörtlich LXX entsprechenden Sätze 30,42 im Sinn des Hieronymus, ohne aber dessen Abqualifikation der spätgezeugten Lämmer zu übernehmen; so erscheint bei ihm Jakobs Handlungsweise weniger ungerecht. Zu den Divergenzen TM – LXX und allegorischen Deutungen der Kirchenväter vgl. BdA.

[131] In *retr.* 2,55,1 korrigiert sich Augustinus unter Verweis auf *qu.* 1,95: *non bene a nobis exposita est causa, cur iterum concipientibus non ponebat, id est cum alios fetus conciperent, sed in priore conceptu. Nam quaestionis alterius expositio ubi quaeritur cur dixerit socero suo Jacob: Et decepisti mercedem meam decem agnabus, satis ueraciter enodata demonstrat istam, sicut solui debuit, non solutam* „Wir haben den Grund nicht gut dargelegt, warum er den Schafen, wenn sie zum zweiten Mal empfingen, d.h. wenn sie weitere Jungen empfingen, (sc. die Stäbe) nicht vorlegte, sondern nur bei der früheren Empfängnis. Denn die Erörterung der anderen Quaestio, wo gefragt wird, warum Jakob zu seinem Schwiegervater sagte: Du hast mich in meinem Lohn um sieben Schafe betrogen, zeigt bei genügend wahrhaftiger Erklärung, dass die Frage nicht so gelöst wurde, wie sie hätte gelöst werden sollen."

94 Quod Laban dicit: *Quare furatus es deos meos?* hinc est illud fortasse, quod et augurari se dixerat et eius filia bonam fortunam nominaverat. Et notandum est, quod a principio libri nunc primum invenimus deos gentium; superioribus quippe scripturae locis deum nominabant.

95 Quid est quod dicit Iacob socero suo: *Et decepisti mercedem meam decem agnabus?* Hoc enim quando et quomodo factum sit, scriptura non narrat; sed utique factum est quod iste commemorat. Nam dixit hoc et uxoribus suis, quando eas vocavit in campum. Conquerens enim de patre illarum ait inter cetera: *Et mutavit mercedem meam decem agnorum.* Intellegitur ergo per singula tempora partus ovium, cum videret Laban tales fetus esse natos, quales placuerat ut ad Iacob pertinerent, pactum fraude mutasse et dixisse, ut futuro fetu alios pecudum colores haberet in mercede Iacob. Tunc autem ille virgas varias non subponebat et non nascebantur varii, sed unius coloris, quae Iacob ex novo pacto auferebat. Quod cum vidisset Laban, rursus pactum fraude mutabat, ut ad Iacob varia pertinerent; tunc illarum subpositione virgarum varia nascebantur. Ergo quod ait Iacob uxoribus suis: *Mutavit mercedem meam decem agnorum,* et

---

94,2 augurari…dixerat] cf. Gn 30,27 | eius…nominaverat] cf. Gn 30,11   **95,5** Gn 31,7
8 tunc…**9** subponebat] cf. Gn 30,42

94,2 filia] filiam *P S¹*   **3** primum] prius *C P S¹ V Am.*   **95,1** et *om. C*   **2** quando…quomodo] quomodo et quando *Am.*   **3** iste *om. S*   **5** mutavit] mutabit *n*   **6** videret Laban] Laban videret *P V T Am.*   **7** ut²] et *n*   **11** subpositione virgarum *om. n*

---

¹³² TM: נִחַ֫שְׁתִּי „ich habe durch Wahrsagung herausgefunden". LXX: οἰωνισάμην ἄν „ich hätte es durch Wahrsagung herausgefunden" (zum Sinnunterschied zwischen TM und LXX wegen unterschiedlicher Satzkonstruktionen vgl. WEVERS, *Genesis*); VL:Cod.Lugd.: *auspicatus sum*.
¹³³ Es handelt sich in Gen 31,19.30.32.34-35 um die Terafim (die anthropomorph gestalteten vergöttlichten Ahnen oder Hausgötter Labans?): 31,19.34.35: TM: Terafim, LXX: εἴδωλα; VL:Cod.Lugd. und Vulg: *idola*; 31,30.32: TM, LXX, VL, Vulg: „Götter". Sie sind hier klein gedacht, da sie in Rahels Kameltaschen passen. Der Terafim im Haushalt Michals, der Tochter Sauls und Frau Davids, 1Sam 19,13.16 ist dagegen so groß, daß er einen Menschen vortäuschen kann. Die Bezeichnung ‚Heidengötter' entspricht nicht dem differenzierten Sprachgebrauch des AT, denn die Terafim Rahels und der Terafim im Haushalt Michals werden ohne negative Bewertung erwähnt, und nach Hos 3,4 bedeutet es Unglück für Israel, daß die Terafim Israel entzogen werden. Negativ bewertet werden sie dagegen in 1Sam 15,23; 2Kön 23,24; Sach 10,2; vgl. auch Ez

qu. 1,94 (zu Gen 31,30)

94 Bezüglich des Ausspruchs Labans: „Warum hast du meine Götter gestohlen?" Daher kommt es vielleicht, daß einerseits er behauptet hatte, er weissage (vgl. Gen 30,27[132]), und daß andererseits seine Tochter von dem ‚glücklichen Schicksal' gesprochen hatte (vgl. Gen 30,11). Auch ist zu bemerken, daß vom Anfang des Buches an wir hier zum ersten Mal auf die Götter der Heiden[133] treffen. An den vorausgehenden Stellen sprachen die Schriften nur von Gott.

qu. 1,95 (zu Gen 31,41)

95 Was bedeuten die Worte Jakobs zu seinem Schwiegervater: „Du hast mich in meinem Lohn um zehn Schafe betrogen"?[134] Die Schrift erzählt nämlich nicht, wann und wie das geschehen ist; aber das, was jener vorbringt, ist jedenfalls geschehen. Er hat dasselbe nämlich auch seinen Frauen gesagt, als er sie zu sich auf das Feld rief. Er beschwerte sich nämlich über deren Vater und sagte dabei unter anderem: „und er hat meinen Lohn von zehn Lämmern verändert" (Gen 31,7). Das versteht man folglich so: Als Laban sah, daß jedesmal, wenn die Schafe gebaren, jeweils Junge von der Art geboren wurden, die auf seinen Beschluß hin Jakob gehören sollten (vgl. Gen 30,31-40), änderte er den Vertrag betrügerisch und legte fest, daß Jakob vom nächsten Wurf anders Gefärbte zum Lohn erhalten solle. Daraufhin legte dieser aber die gescheckten Stäbe nicht aus (vgl. Gen 30,42), und es wurden keine Gescheckten geboren, sondern Einfarbige; sie nahm Jakob auf Grund des neuen Vertrags weg. Als Laban das gemerkt hatte, änderte er wiederum betrügerisch den Vertrag dahingehend, daß die Gescheckten Jakob gehören sollten; daraufhin legte er jene gescheckten Zweige aus, und infolgedessen wurden Gescheckte geboren. Insofern Jakob daher seinen Frauen sagte: „Er hat meinen Lohn von zehn Lämmern verändert" und später zu Laban selbst: „Du hast mich in meinem Lohn um zehn Lämmer betrogen", meinte er damit nicht, dieser Betrug sei seinem Schwiegervater zugute

---

21,26. Außerhalb des familiären Bereichs dient/dienen Terafim der Divination; vgl. Ez 21,26; Sach 10,2.

[134] Im TM sagt Jakob 31,41: „Du hast meinen Lohn zehnmal geändert" (31,7 entsprechend). So auch Hieronymus in Vulg beidemale und in *Qu. Hebr. Gen.*: *decem vicibus*. LXX statt dessen in 31,41: παρελογίσω τὸν μισθόν μου δέκα ἀμνάσιν: „Du hast mich in meinem Lohn um zehn Lämmer betrogen" (entsprechend die VL des Augustinus; Cod.Lugd. leicht abweichend: *aestimasti mercedem meam X agnis*), in 31,7 dagegen: ἤλλαξεν τὸν μισθόν μου τῶν δέκα ἀμνῶν. Dieser Satz kann zweifach verstanden werden: ‚Er hat meinen Lohn von zehn Lämmern geändert' (so auch VL nach Augustinus: *mutauit mercedem meam decem agnorum*). Oder: ‚Er hat mir anstelle meines Lohnes zehn Lämmer gegeben' (entsprechend VL:Cod.Lugd.: *mutauit mercedem meam in decem agnas ouium*). Augustinus müht sich um die Bedeutung der ‚zehn Lämmer'.

postea ipsi Laban: *Decepisti mercedem meam decem agnabus*, non ita dixit, quasi provenerit socero eius ipsa fraus; ut enim non ei proveniret, deum sibi dixit adversus illum adfuisse; decem vero agnos vel decem agnas pro decem temporibus posuit, quibus oves quas pascebat per sexennium pepererunt. Bis quippe pariebant in anno. Contigerat autem, ut primo anno, quo inter se pacti sunt et ad eas pascendas placito huius mercedis accessit, semel parerent in fine anni, quia cum accessit, iam semel pepererant, rursusque sexto anno, id est ultimo, cum semel peperissent, exorta necessitate profectionis prius recederet quam iterum parerent. Ac per hoc cum primus annus atque ultimus duos ovium partus sub illo haberent, hoc est singulos, medii vero quattuor anni binos, fiunt omnes decem. Nec mirum quod haec decem tempora nomine agnorum appellavit, qui eisdem temporibus nascebantur, velut si quisquam dicat: Per tot vindemias aut tot messes, quibus numerus intellegatur annorum. Unde ait quidam: Post aliquot aristas, per aristas videlicet messes et per messes annos significans. Pecudum autem illius regionis fecunditas sicut Italarum tanta fertur, ut bis anno pariant.

96 *Sumsit autem Iacob lapidem et constituit eum titulum.* Diligenter animadvertendum est, quomodo istos titulos in rei cuiusque testimonio constituebant, non ut eos pro diis colerent, sed ut eis aliquid significarent.

---

14 deum...15 adfuisse] cf. Gn,7.9   **26** Verg. *ecl.* 1,69

---

13 ipsi] ipse P^1 V **15** adfuisse] fuisse *Am.*   **17** quo] quod C P V **19** rursusque] rursumque μ **20** recederet] recederent C^1 p P V^1, recedere n **23** nomine] nomina C **25** aut] per add. S *Am.* μ **26** messes¹] menses P^1 S | messes²] menses P^1 S **28** anno] in Praem. P S V T *Am.* μ **96,2** testimonio] testimonium n | constituebant] constituebat *Am.*   **3** pro diis] prodi∗∗ is P, prodigiis V | diis] dis C^1 N (*cf. 105 l. 4*)

---

[135] Jakob hatte nach sieben Jahren Arbeit für Laban gegen seinen Willen nur Lea zur Frau erhalten und um den Preis weiterer sieben Jahre Rahel, Gen 29,20-28. Erst nach der Geburt seiner Kinder vermehrt Jakob durch seine Hirtentricks zu Lasten Labans seine Herden, Gen 30,25-43. Nach Gen 31,38 hat Jakob insgesamt zwanzig Jahre Labans Herden gehütet. Aus dieser Differenz zwischen den zwanzig und den zweimal sieben Jahren ergeben sich die sechs Jahre, von denen Augustinus in dieser *quaestio* handelt.

gekommen; er sagte nämlich, Gott habe, damit es jenem nicht zugute komme, ihm gegen jenen beigestanden (vgl. Gen 31,7.9); mit den ‚zehn Böckchen' oder ‚zehn Lämmern' bezeichnete er vielmehr die zehn Jahreszeiten, in denen die Schafe, die er sechs Jahre lang hütete,[135] gebaren. Sie gebaren ja jeweils zweimal im Jahr. Es ergab sich jedoch, daß sie im ersten Jahr, in dem sie den Vertrag miteinander schlossen und er sich bereit erklärte, sie für den von jenem gewährten Lohn zu weiden, nur einmal gebaren, und zwar am Ende dieses Jahres, da sie, als er diese Verpflichtung übernahm, bereits einmal geboren hatten, und daß andererseits im sechsten, d.h. im letzten Jahr, nachdem sie bereits einmal geboren hatten, er, weil es sich als nötig herausgestellt hatte, daß er aufbreche, wegzog, bevor sie zum zweiten Mal gebären konnten. Und aus diesem Grund ergeben sich insgesamt zehn Würfe, weil im ersten und im letzten Jahr unter seiner Hut nur zwei Würfe anfielen, d.h. pro Jahr nur einer, in den mittleren vier Jahren aber jeweils zwei. Auch verwundert es nicht, daß er diese zehn Jahreszeiten nach den Lämmern benannte, die in eben diesen Jahreszeiten geboren wurden, wie wenn jemand sagte: ‚soviel Weinlesen lang' oder ‚soviel Ernten lang' und man darunter die Zahl der Jahre versteht. Daher sagt ein gewisser Autor: „nach einigen Ähren"[136] und bezeichnet offensichtlich mit Ähren Ernten und mit Ernten Jahre. Man sagt aber, die Fruchtbarkeit des Viehs jener Gegend sei wie beim Vieh Italiens so groß, daß sie zweimal im Jahr gebären.[137]

qu. 1,96 (zu Gen 31,45)

96 „Jakob nahm aber einen Stein und stellte ihn als Denkmal auf." Man muß sorgfältig beachten, daß man diese Denkmäler jeweils als Zeugen für irgendeine Sache aufstellte, nicht, um sie als Götter zu verehren, sondern um durch sie etwas anzuzeigen.[138]

---

[136] Verg. *Ecl.* 1,69. Kontext: 1,67-69: *En umquam patrios longo post tempore finis, pauperis et tuguri congestum caespite culmen, post aliquot, mea regna, videns mirabor aristas?* Die von Augustinus vertretene Deutung der *aristae* auf Ernten = Jahre findet sich schon im Vergilkommentar des Servius (geb. um 370 n.Chr.).

[137] Hieronymus, *Qu. Hebr. Gen.* 31,7-8 und 31,41, bezeichnet zwar die Wiedergabe der LXX: „zehn Lämmer" für TM: „zehn mal" als unerklärlichen Irrtum. Das kümmert Augustinus jedoch nicht. Aber die inhaltliche Erläuterung des zehnfachen Betrugs kann er von ihm übernehmen. Beide beziehen sich auch auf Vergil, allerdings zu unterschiedlichen Zwecken: Augustinus für eine Analogie zur Bezeichnung von zehn Jahreszeiten als zehn Lämmer, Hieronymus für den doppelten Wurf der Schafe pro Jahr: *bis gravidae pecudes* „zweimal trächtiges Vieh" (Verg. *Georg.* 2,150). Zu *retr.* 2,55 vgl. oben Anm. 131 zu *qu.* 1,93.

[138] Vgl. *qu.* 1,84 und 1,116.

97 Quod acervum lapidum, quem inter se constituerant Laban et Iacob, cum aliquanta diversitate appellaverunt, ut eum vocaret Laban acervum testimonii, Iacob acervum testem, traditur ab eis qui et Syram et Hebraeam linguam noverunt propter proprietates suae cuiusque linguae factum. Fieri enim solet, ut alia lingua non dicatur uno verbo, quod alia dicitur, et vicinitate significationis quidque appelletur. Nam postea dicitur: *Propter hoc appellatum est nomen acervus testatur.* Hoc enim medie positum est, quod utrique conveniret, et ei qui dixerat *acervus testimonii* et ei qui dixerat *acervus testis*.

98 Quid est quod loquendo Laban ad Iacob dicit: *Testatur acervus hic et testatur titulus hic; propter hoc appellatur nomen acervus testatur, et visio quam dixit respiciat deus inter me et te?* Nisi forte ordo est: Et visio, quam dixit deus, respiciat inter me et te; deus quippe illi dixerat in visione, ne laederet Iacob.

98,4 deus...Iacob] cf. Gn 31,29

97,1 constituerant] constituerunt *p* | cum *om. V Am.* **4** proprietates] proprietatis *C*, proprietatem *S Am. μ*, proprietate *n* | suae] sua haec *n* | cuiusque] huiusque *n* **5** dicitur] dicatur *T* **7** testatur] *add. m. 2 o super* u *C* **8** acervus¹...dixerat *om. S per homoiotel.* **98,2** testatur] *add. m. 2 o super* u *C* | respiciat] testatur *C* **3** nisi] ne *T*

---

[139] Bezug auf Hieronymus, *Qu. Hebr. Gen.* Mit ‚Syrisch' ist das Aramäische gemeint.
[140] TM nennt in 31,47 lediglich die, allerdings sprechenden, Eigennamen, den aramäischen יְגַר שָׂהֲדוּתָא und den hebräischen גַּלְעֵד und erklärt in 31,48 („der Steinhaufen ist Zeuge") nur den hebräischen; er ist zugleich eine Anspielung auf die Landschaft Gilead. LXX dagegen, gefolgt von VL und Vulg, transkribiert ausnahmsweise die Eigennamen nicht, sondern ersetzt sie bereits in 31,47 durch ihre Deutung: „Und Laban nannte ihn ‚Hügel des Zeugnisses', Jakob aber nannte ihn ‚Hügel Zeuge'." Die aramäischen (nach damaliger Terminologie: syrischen) und die hebräischen Details konnte Augustinus aus Hieronymus, *Qu. Hebr. Gen.* entnehmen.
[141] Gen 31,48. Dieser Satz steht so nur in LXX, die hier einen stark expansiven Wortlaut hat. TM dagegen: „Deshalb nannte man ihn Gal-Ed." Gal-Ed = Zeugenhügel.
[142] Der schwierige, literarkritisch sekundäre Übergang von V 48 zu 49 lautet nach TM: „Deswegen nannte man ihn [den Steinhaufen] Gal-Ed und Mizpa, denn er [Jakob]

qu. 1,97 (zu Gen 31,47-48)

97 Der Umstand, daß Laban und Jakob dem Steinhügel, den sie zwischen sich errichtet hatten, etwas unterschiedliche Namen gaben, dergestalt daß Laban ihn „Hügel des Zeugnisses", Jakob aber „Hügel Zeuge" nannte, geht nach Erläuterung der Kenner sowohl des Syrischen als auch des Hebräischen[139] auf die Besonderheiten der Muttersprache jedes der beiden zurück.[140] Das, was in einer Sprache mit einem einzigen Wort ausgesagt wird, wird nämlich üblicherweise in einer anderen Sprache nicht so formuliert, sondern jeweils durch einen Ausdruck ähnlicher Bedeutung bezeichnet. Anschließend heißt es nämlich: „Deswegen wurde er genannt: ‚der Hügel bezeugt.'"[141] Diese Wendung ist nämlich vermittelnd eingesetzt, weil sie zu beiden paßt, sowohl zu dem, der „Hügel des Zeugnisses" gesagt hatte, als auch zu dem, der gesagt hatte „Hügel Zeuge".

qu. 1,98 (zu Gen 31,48-49)

98 Was bedeuten die Worte, die Laban in der Unterredung mit Jakob spricht: „Es bezeugt dieser Hügel, und es bezeugt dieses Denkmal; deswegen wird er genannt: ‚der Hügel bezeugt' und ‚die Vision', von der er sagte: Gott wache zwischen mir und dir"?[142] Die Wortfolge muß wohl lauten: ‚Und die Vision, die Gott gesagt hat, wache zwischen mir und dir!', da Gott jenem ja in einer Vision untersagt hatte, Jakob etwas anzutun (vgl. Gen 31,29).

qu. 1,99 (zu Gen 31,50)

99 Was bedeuten die Worte Labans im folgenden: „Siehe, niemand ist bei uns"?[143] Wenn nicht vielleicht: ‚kein Fremder', oder er hat es in Rücksicht auf die Bezeugung durch Gott gesagt, dem gegenüber sie sich so verhalten müßten,

---

sagte: JHWH möge wachen zwischen mir und dir." Der Ortsname Mizpa, abzuleiten von צפה ‚spähen', bedeutet wohl ‚Beobachtungsstelle, Warte'. LXX, die wiederum den Ortsnamen Mizpa nicht transkribiert, sondern sogleich übersetzt, erkennt zwar die etymologische Ableitung, deutet aber die Nominalform *miqtal/miqtil* für den Ort, an dem gespäht wird, falsch und übersetzt ἡ ὅρασις „die Vision". Im Lateinischen, das keinen Artikel hat, muß der Zusammenhang noch dunkler erscheinen. Kaum verständlich ist z.B. die Version der VL des Cod.Lugd.: *Et uisus quem uidit: Respiciat Deus inter me et te*.

[143] Die Textsituation in Gen 31,44-53, speziell in 31,50 ist schwierig. Der seinerseits überlieferungsgeschichtlich und/oder literarkritisch problematische TM lautet: „Wenn du meine Töchter bedrücken oder dir zu meinen Töchtern weitere Frauen hinzunehmen solltest, niemand ist bei uns; siehe, Gott ist Zeuge zwischen mir und dir." Der Satz ‚Gott ist Zeuge zwischen mir und dir' fehlt hier in LXX, sie bringt ihn dagegen im längeren Zusatz zu TM in 31,44: „Er aber sagte zu ihm: Siehe, niemand ist bei uns; siehe, Gott ist Zeuge zwischen mir und Dir." Vgl. SEEBASS, *LXX*, der zu beweisen sucht, daß hier die Rezension der LXX den Ausgangspunkt für die Rezension des TM gebildet hat.

99 Quid est quod dicit in consequentibus Laban: *Vide, nemo nobiscum est?* Nisi forte nemo extraneorum, aut propter testificationem dei, quem ita habere deberent, tamquam nemo cum eis esset, quem testimonio eius adiungerent.

100 *Et iuravit Iacob per timorem patris sui Isaac.* Per timorem utique, quo timebat deum, quem timorem etiam superius commendavit, cum diceret: *Deus patris mei Abrahae et timor patris mei Isaac.*

101 *Castra dei* quae vidit Iacob in itinere nulla dubitatio est quod angelorum fuerat multitudo; ea quippe in scripturis militia caeli nominatur.

102 Nuntiato sibi fratre suo Iacob veniente obviam ei cum quadringentis \<viris\> turbatus est quidem et mente confusus quoniam timuit valde; et ut visum est homini perturbato, divisam multitudinem suam in duo castra disposuit. Ubi quaeri potest, quomodo habuerit fidem promissis dei, quandoquidem dixit: *Si venerit ad castra prima frater meus et exciderit ea, erunt secunda in salutem.* Sed etiam hoc fieri potuit, ut everteret castra eius Esau et tamen deus post illam adflictionem adesset et liberaret eum et quae promisit inpleret. Et admonendi fuimus hoc exemplo, ut, quamvis credamus in deum, faciamus tamen quae facienda sunt ab hominibus in praesidium salutis, ne praetermittentes ea deum tentare videamur. Denique post haec quae verba dicat idem Iacob considerandum est. *Deus,* inquit, *patris mei Abraham et deus patris mei Isaac, domine, qui dixisti mihi: Recurre in terram generationis tuae, et bene tibi faciam; idoneus es mihi ab omni iustitia et ab omni veritate quae fecisti puero tuo. In virga enim mea ista transii Iordanen hunc, nunc autem factus sum in duo castra. Erue me de manu fratris mei, de manu Esau, quia ego timeo illum, ne cum venerit feriat me et matres super filios. Tu autem dixisti: Benefaciam tibi et ponam semen tuum tanquam arenam maris, quae non dinumerabitur prae multitudine.* Satis in his verbis et humana infirmitas et fides pietatis adparet.

100,2 Gn 31,42   **102,1** nuntiato…4 disposuit] cf. Gn 32,6-7   **5** Gn 32,8   **11** Gn 32,9-12

99,2 quem] quam *Am.*   **3** deberent] non *praem.* N   **100,3** Isaac] est *add. Am.*   **101,1** vidit] videt *C P V T*   **2** fuerat] fuerit *S V² Am. μ*   **102,1** veniente] venientem *P*   **2** viris] *Am. μ ʑ om. codd. Bad.* | ut *om. P V Am.*   **3** perturbato] perturbat∗o *P* | disposuit] disponere *T V² Am.*   **5** et *om. n* | ea] eam *p* | erunt] erit *p* | salutem] salute *N*   **9** ab] ad *n*   **12** tibi faciam] faciam tibi *P V T Am.*   **13** ista *om. Am.* | transii] transivi *S V N Am.*   **16** arenam] arena *C P* dinumerabitur] *V* (bi *exp.*)

---

[144] Zur anhaltenden Diskussion, ob der nur in Gen 31,42.53 bezeugte Ausdruck פַּחַד

als ob niemand bei ihnen wäre, den sie seiner Zeugenschaft hinzufügen könnten.

qu. 1,100 (zu Gen 31,53)

100 „Und Jakob schwor beim Schrecken seines Vaters Isaak." „Beim Schrecken": Offenkundig bei dem Schrecken, in dem er Gott fürchtete. Diesen Schrecken hat er auch weiter oben gepriesen, als er sagte: „der Gott meines Vaters Abraham und der Schrecken meines Vaters Isaak" (Gen 31,42).[144]

qu. 1,101 (zu Gen 32,2-3)

101 Das „Lager Gottes", das Jakob auf seinem Weg sah, war zweifellos eine Schar von Engeln; sie wird ja in den Schriften ‚Heer des Himmels' genannt.

qu. 1,102 (zu Gen 32,6-12)

102 Als Jakob gemeldet worden war, sein Bruder ziehe ihm mit vierhundert Männern entgegen, geriet er tatsächlich in leidenschaftliche Erregung und wurde im Gemüt verstört, denn er fürchtete sich sehr; und wie es dem Mann in seiner leidenschaftlichen Erregung angebracht schien, teilte er seine Leute auf zwei Lager auf (vgl. Gen 32,7-8). Hier kann man fragen, wie es um sein Vertrauen auf die Verheißungen Gottes bestellt war; sagte er doch: „Falls mein Bruder zum ersten Lager gekommen sein und es niedergemacht haben sollte, wird das zweite in Sicherheit sein" (Gen 32,9). Es konnte doch auch geschehen, daß Esau sein Lager zugrunde richten und dennoch Gott ihm nach diesem Schlag beistehen und ihn befreien und seine Verheißung erfüllen würde. Wir sollten durch dieses Beispiel auch ermahnt werden, unbeschadet unseres Vertrauens auf Gott dennoch das zu tun, was Menschen zum Schutz ihres Lebens tun müssen, damit wir nicht, indem wir das unterlassen, den Anschein erwecken, wir versuchten Gott. Schließlich ist zu beachten, welche Worte derselbe Jakob danach sagte. „Gott meines Vaters Abraham und Gott meines Vaters Isaak", sagte er, „Herr, der du zu mir gesagt hast: ‚Kehre zurück in das Land deines Geschlechts, und ich werde es dir gut gehen lassen', du hast mir genügend erwiesen von aller Gerechtigkeit und aller Wahrheit, die du an deinem Knecht getan hast; denn nur mit diesem Stab hier habe ich diesen Jordan überschritten, jetzt aber bin ich zu zwei Lagern geworden. Entreiße mich der Hand meines Bruders, der Hand Esaus, denn ich fürchte, daß er, wenn er angekommen ist, mich und die Mütter über den Kindern schlägt. Du hast doch gesagt: Ich werde dir Gutes erweisen und deinen Samen wie den Sand des Meeres machen, der so zahlreich ist, daß man ihn nicht zählen kann." (Gen 32,10-13). In diesen Worten zeigen sich genügend sowohl menschliche Schwäche als auch frommes Vertrauen.

יִצְחָק ein Gottesname, womöglich aus nomadischer Vorzeit (ALT, *Vätergott* 24-26), sei und wie der Ausdruck gedeutet werden sollte, vgl. KÖCKERT, *Vätergott* 63-65.302.

103 Quod Latini codices habent de Iacob: *Dixit enim: Placabo vultum eius in muneribus praecedentibus eum*, scriptor libri qui narrans ait de Iacob: *Dixit enim: Placabo vultum eius*, huc usque verba Iacob dixisse intellegitur, cetera vero sua intulisse quod ait: *In muneribus praecedentibus eum*, tamquam diceret: In muneribus, quae praecedebant Iacob, placabo vultum fratris mei. Ordo est ergo verborum Iacob: *Placabo vultum eius et post hoc videbo faciem eius; forsitan enim suscipiet faciem meam*. Interposita autem sunt verba scriptoris: *In muneribus praecedentibus eum*.

104 Quod ab illo angelo desiderat benedici Iacob, cui luctando praevaluit, magna est de Christo prophetia. Nam eo ipso admonet mysticum aliquid sapere, quia omnis homo a maiore vult benedici. Quomodo ergo ab eo iste voluit, quem luctando superavit? Praevaluit enim Iacob Christo vel potius praevalere visus est per eos Israhelitas, a quibus crucifixus est Christus; et ab eo tamen benedicitur in eis Israhelitis, qui crediderunt in Christum, ex quibus erat qui dicebat: *Nam et ego Israhelita sum ex genere Abraham tribu Beniamin*. Unus ergo atque idem Iacob et claudus et benedictus: Claudus in latitudine femoris tamquam in multitudine generis, de quibus dictum est: *Et claudicaverunt a semitis suis*; benedictus autem in eis, de quibus dictum est: *Reliquiae per electionem gratiae salvae factae sunt*.

105 Quid sibi vult quod Iacob ait fratri suo: *Propter hoc vidi faciem tuam, quemadmodum cum videt aliquis faciem dei?* Utrum paventis et perturbati animi verba usque in hanc adulationem proruperunt? An secundum aliquem intellectum sine peccato dicta accipi possunt? Fortassis enim quia dicti sunt et gentium dii, quae sunt daemonia, non praeiudicetur ex his verbis homini dei. Non enim dixit:

104,7 Rm 11,1   **9** Ps 17,46   **10** Rm 11,5   **105,4** dicti...5 daemonia] cf. Ps 95,5

103,1 placabo] placebo *n*   **2** praecedentibus] praecidentibus *c¹* | qui] quia *n* | narrans] narrat *C*   **3** placabo] placebo *n*   **5** placabo] placebo *n*   **6** suscipiet] excipiet *p*   **104,1** benedici Iacob] Iacob benedici *P V Bad. Am. μ* | Iacob *om. T*   **3** ab eo] benedici *add. P V Bad. Am. μ*   **6** Christum] Christo *n*   **7** genere] semine *n* | tribu] de *praem. P S T Am. μ*, de *add. s. l. V*, ex *praem. Bad.*   **105,3** proruperunt] proruperint *V* (t *ex* u)   **4** possunt] possint *C S V* (i *ex* u) *N* dicti] dicta *P*

---

[145] Gen 32,20 LXX=32,21 TM.
[146] Die LXX hat dieses Problem verursacht, indem sie die Personaldeixis änderte; TM: „durch das Geschenk, das mir [= Jakob] vorausgeht"; LXX: „durch die Gaben, die ihm [= Esau] vorangehen."
[147] Gen 32,26 LXX=32,27 TM.

qu. 1,103 (zu Gen 32,20)[145]

103 Bezüglich des Wortlauts der lateinischen Codices über Jakob: „Er sagte nämlich: Ich werde sein Gesicht besänftigen durch die Gaben, die ihm vorausgehen"[146]: Man versteht, daß der Schreiber des Buches, der in seiner Erzählung von Jakob sagt: „Er sagte nämlich: Ich werde sein Gesicht besänftigen", bis hierhin die Worte Jakobs zitiert, im folgenden aber seine eigenen Worte eingefügt hat, nämlich: „durch die Gaben, die ihm vorausgehen", als wollte er sagen: ‚Durch die Gaben, die Jakob vorausgingen, werde ich das Gesicht meines Bruders besänftigen.' Die Reihenfolge der Worte Jakobs ist daher: „Ich werde sein Gesicht besänftigen und erst danach werde ich sein Gesicht sehen; vielleicht wird er ja mein Gesicht empfangen." Aber dazwischen eingeschoben sind die Worte des Schreibers: „durch die Gaben, die ihm vorausgehen."

qu. 1,104 (zu Gen 32,26)[147]

104 Daß Jakob von jenem Engel, den er im Kampf besiegt hat, begehrt, er solle ihn segnen, ist eine große Prophetie über Christus. Denn eben dadurch hält er dazu an, etwas Mystisches wahrzunehmen, da jeder Mensch vom Höherstehenden gesegnet werden will. Wieso also wollte er von dem gesegnet werden, den er im Kampf überwunden hat? Jakob hat nämlich Christus besiegt, oder vielmehr hat er durch diejenigen Israeliten, die Christus gekreuzigt haben, scheinbar gesiegt; und dennoch wird er von ihm in denjenigen Israeliten gesegnet, die an Christus glaubten; zu denen gehörte derjenige, der sagte: „Denn auch ich bin ein Israelit aus dem Geschlecht Abrahams, aus dem Stamm Benjamin" (Röm 11,1). Ein und derselbe Jakob war daher sowohl lahm als auch gesegnet: lahm bezüglich des Umfangs seines Oberschenkels, gleichsam bezüglich der großen Zahl seiner Nachkommen, von denen es heißt: „und sie hinkten weg von ihren Pfaden" (Ps 18,46)[148], gesegnet dagegen in denen, von denen es heißt: „Ein Rest ist durch Gnadenwahl gerettet worden" (Röm 11,5).

qu. 1,105 (zu Gen 33,10)

105 Was bedeuten die Worte Jakobs zu seinem Bruder: „Deswegen habe ich dein Gesicht gesehen, wie wenn einer das Gesicht Gottes sieht"? Hat sich ein entsetztes und erregtes Gemüt bis zu Worten derartiger Speichelleckerei verstiegen? Oder erlaubt irgendeine Auslegung die Annahme, daß sie ohne Verfehlung ausgesprochen wurden? Vielleicht nämlich sollte man den Gottesmann wegen dieser Worte nicht vorschnell verurteilen, da man auch solche Wesen, die Dämonen sind, Götter der Heiden genannt hat (vgl. Ps 95,5LXX). Er hat nämlich

---

[148] Augustinus stellt die abseitige Verbindung her, weil sowohl Gen. 32,31 „er hinkte an seiner Hüfte" als auch Ps. 17,46 das Verb *claudicare* gebrauchen; diese Brücke funktioniert weder in TM noch in LXX, da dort die Verben jeweils keine etymologische Gemeinsamkeit aufweisen.

Quemadmodum si viderem faciem dei, sed: *Cum videt aliquis*; ipse autem aliquis quem significare possit incertum est. Atque ita fortasse temperata sunt verba, ut et ipse Esau sibi delatum tantum honorem grate acciperet et qui haec etiam aliter intellegere possunt, eum a quo dicta sunt nullo crimine inpietatis arguerent. Quod etsi benigno animo dicta haec verba fraterna sunt, quoniam et post bonam susceptionem metus ipse transierat, potuit sic dici, quemadmodum et Moyses Pharaoni deus dictus est, secundum quod dicit apostolus: *Etsi sunt qui dicuntur dii sive in caelo sive in terra, quemadmodum sunt dii multi et domini multi*, maxime quia sine articulo in Graeco dictum est: Quo articulo evidentissime solet dei veri unius fieri significatio. Non enim dixit: Πρόσωπον τοῦ θεοῦ, sed dixit: πρόσωπον θεοῦ; facile autem hoc intellegunt qua distantia dicatur, qui Graecum eloquium audire atque intellegere solent.

106 Quaeritur, utrum mendaciter promiserit Iacob fratri suo, quod sequens pedes suorum in itinere propter quos inmoraretur, venturus esset ad eum in Seir; hoc enim, sicut scriptura deinde narrat, non fecit, sed eo perrexit itinere quod dirigebat ad suos. An forte veraci animo promiserat, sed aliud postea cogitando delegit?

107 Quomodo scriptura dicit quod *vidit Sychem filius Emmor Chorraeus, princeps terrae*, Dinam filiam Iacob, *et accepit eam et dormivit cum ea et humiliavit eam. Et intendit animo Dinae filiae Iacob et adamavit virginem et locutus est secundum sensum virginis ipsi*? Quomodo virgo appellatur, si iam cum illa dormierat eamque humiliaverat? Nisi forte virgo nomen aetatis est secundum Hebraeum eloquium. An potius per recapitulationem postea commemoratur quod primo factum est?

---

12 Moyses...est] cf. Ex 7,1 | I Cor 8,5   106,3 sed...4 suos] cf. Gn 33,17-18

---

6 autem] enim *Am.*   9 a *om. nT* | quo] quod *n* | sunt] sit *n*   12 Pharaoni] *C P N T*, Faraoni *S*, Pharaonis *V Bad. Am. μ z*   15 dei veri] veri dei *C μ z*   17 Graecum] Graecorum *S Am. μ*   106,2 in¹ *om. N* | quos inmoraretur] *C N T Rab.*, quo simuraretur *P*, quos si moraretur *S Am. μ*, quos moraretur *V Bad.*, quos si inmoraretur *z*   3 Seir] eis *S* | scriptura] di *add. P V N T* | itinere] in *praem. C P T*, ex *praem. Am.*   4 quod] quo *C P V N Am.* | ad *exp. V*
107,1   Chorraeus] Correus *C P n*, Choreus *p*, Correius *V¹*, Evei *V²* (*cf. Vulg.*), Evei *Am. μ*   3 adamavit] amavit *p S V T Bad. Am.*, ammavit *n*   4 ipsi] ipsius *Am.* | illa] illo *S N*   5 nisi] *P* (*sed* ni *s. l.*), si *Si* | est] et *n*

---

[149] Wegen der Parallele *intendere animo Dinae* (*l.* 3) // *intendere animae ipsius* (*l.* 7) und wegen LXX: τῇ ψυχῇ Δινας wird angenommen, daß *animus* sich wie *anima* auf Dina bezieht.
[150] TM hat: וַיְדַבֵּר עַל־לֵב הַנַּעֲרָ (und er sprach zum Herzen der jungen Frau) = freundlich,

nicht gesagt: ‚wie wenn ich das Gesicht Gottes sehen würde', sondern: „wie wenn irgendeiner sieht"; wen dieses „irgendeiner" aber bezeichnen könnte, ist unklar. Und im übrigen hat er seine Worte vielleicht so gesetzt, damit einerseits Esau selbst einen ihm erwiesenen so großen Ehrerweis dankbar annehme und damit andererseits die, die diese Worte auch anders verstehen können, denjenigen, der sie gesprochen hat, keines Vergehens der Gottlosigkeit beschuldigten. Wenngleich diese brüderlichen Worte mit freundlichem Sinn gesprochen wurden, da ja auf ihre günstige Aufnahme hin auch die Angst selbst gewichen war, konnte das auch so gemeint sein, wie auch Mose ‚Gott für Pharao' genannt wurde (vgl. Ex 7,1), gemäß dem Wort des Apostels: „Auch wenn es viele sogenannte Götter im Himmel und auf der Erde gibt, wie es ja viele Götter und viele Herren gibt" (1Kor 8,5), vor allem, weil das im Griechischen ohne Artikel formuliert ist: Mit dem Artikel pflegt man völlig eindeutig den wahren und einzigen Gott zu bezeichnen. Er hat nämlich nicht gesagt: πρόσωπον τοῦ θεοῦ, sondern er hat gesagt: πρόσωπον θεοῦ. Diejenigen, die die griechische Sprache zu hören und zu verstehen pflegen, sehen leicht ein, welchen Bedeutungsunterschied das ausmacht.

qu. 1,106 (zu Gen 33,14)

106 Man fragt, ob Jakob gelogen hat, als er seinem Bruder versprach, daß er zwar zu ihm nach Seïr kommen werde, unterwegs aber den Seinen auf dem Fuß folge und derentwegen sich aufhalten müsse; das tat er nämlich, wie die Schrift anschließend erzählt, nicht, sondern er zog fort auf dem Weg, der ihn zu den Seinen führte (vgl. Gen 33,17-18). Hatte er das vielleicht aufrichtig versprochen, es aber anschließend noch einmal überdacht und anders entschieden?

qu. 1,107 (zu Gen 34,2-3)

107 In welchem Sinn sagt die Schrift: „Sichem, der Sohn Hamors, der Horiter, der Landesfürst sah" Dina, die Tochter Jakobs, „und er nahm sie und schlief mit ihr und erniedrigte sie. Und er faßte Zuneigung zur Seele Dinas[149], der Tochter Jakobs, und verliebte sich in die Jungfrau und redete zu ihr entsprechend dem Sinn[150] der Jungfrau"? Wieso wird sie ‚Jungfrau' genannt, wenn er schon mit ihr geschlafen und sie erniedrigt hatte?[151] Wahrscheinlich ist wohl ‚Jungfrau' in der hebräischen Ausdrucksweise eine Altersangabe. Oder wird eher durch Rekapitulation das, was zuvor geschehen ist, nachträglich erwähnt?

---

liebevoll, tröstend zureden. LXX hat diese Redewendung verkannt, wählt eine andere Bedeutung von לְ und übersetzt: ἐλάλησεν κατὰ τὴν διάνοιαν τῆς παρθένου (und sprach nach dem Denken/Sinn der Jungfrau). Das versucht VL wörtlich wiederzugeben.
[151] Das Problem schuf erst die LXX, indem sie הַנַּעֲרָ „junge Frau" (Bezeichnung junger Mädchen, verheirateter junger Frauen, junger Witwen, von Nebenfrauen und Mägden), wie auch sonst, mit παρθένος übersetzte.

Prius enim potuit intendere animae ipsius et amare virginem et loqui secundum
1340 sensum virginis et deinde cum illa dormire eamque humiliare.

108 Cum paulo ante loquens Iacob cum fratre suo Esau infantes filios suos
esse significet, quae Graece dicuntur παιδία, quaeri potest quomodo potuerunt
facere tantam stragem direptionemque civitatis interfectis quamvis in dolore
circumcisionis constitutis pro sorore sua Dina. Sed intellegendum est diu illic
habitasse Iacob, donec et filia eius virgo fieret et filii iuvenes. Nam ita scriptum 5
est: *Et venit Iacob in Salem in civitatem Sicimorum, quae est in terra Chanaan, cum advenit
de Mesopotamia Syriae; et applicvit ad faciem civitatis. Et emit partem agri, in quo statuit
illic tabernaculum suum, ab Emmor patre Sychem centum agnis; et statuit ibi aram, et
invocavit deum Israhel. Exiit autem Dina filia Liae, quam peperit ipsi Iacob, ut condisceret
filias regionis eius* et cetera. Adparet ergo his verbis non transeunter sicut viator 10
solet, illic mansisse Iacob, sed agrum emisse, tabernaculum constituisse, aram
instruxisse ac per hoc diutius habitasse; filiam vero eius cum ad eam venisset
aetatem, ut amicas habere iam posset, condiscere voluisse filias civium loci;
atque ita factam esse pro illa cruentissimam caedem et depraedationem, quae
1360 iam, ut puto, quaestionem non habet. Multitudo enim non parva erat cum 15
Iacob, qui plurimum ditatus fuit; sed filii eius in hoc facto nominantur, quia
eiusdem facti principes atque auctores fuerunt.

109 Quod ait Iacob timens bella finitimorum apud civitatem Salem, quam
expugnaverunt filii eius: *Ego autem exiguus sum numero et convenientes super me occident
me*. Propter bella plurium, quae consurgere poterant, se dixit numero exiguum,

---

8 et *om. P S V Am.* **108,1** Esau *om. V*   2 significet] significat *C* | quae] qui *S T Am. μ*
παιδία] pedia *C P S V N T*, παιδες *Am.*   6 in²] *inclusit ℨ* | civitatem] civitate *V*   7 de] in *V*
Mesopotamia] Mesopotamiam *V* | Syriae] Syria *C¹* | partem] patrem *C¹ P*   8 ibi aram]
abiram *corr. in* ibi aram   9 condisceret] condiscederet *p V*   11 tabernaculum] et *praem. T Am.*
12 filiam] filia *C p S Am.*   13 habere iam] iam habere *P V Am.* | condiscere] condiscendere
p, condiscedere *V n*   14 factam] factum *V N* | quae] quod *T (in ras.)*   16 quia] qui *n*
109,2 numero] in *praem. ℨ* | occident] occiderunt *C¹*, occiderent *P*, occodent** *S* (nt *in
ras.*),occidert *T (corr.)*   3 me *om. n* | quae] qui *Am.*

---

¹⁵² 33,18 TM: וַיָּבֹא יַעֲקֹב שָׁלֵם עִיר שְׁכֶם Schon LXX, gefolgt von VL und Vulg, deutet שָׁלֵם
als Ortsnamen: „Und Jakob kam nach Salem, der Stadt der Sichemiten." Dieses auch
von älteren Kommentatoren bevorzugte Verständnis vertritt noch WESTERMANN,
Genesis 2, 643f. (so auch Zürcher Bibel 2007 im Gegensatz zur Fassung von 1931). Infolge von Kommentatoren wie DILLMANN, STRACK, GUNKEL, KÖNIG, VON RAD

Zuvor konnte er nämlich Zuneigung zu ihrer Seele fassen und sich in die Jungfrau verlieben und entsprechend dem Sinn der Jungfrau reden und anschließend mit ihr schlafen und sie erniedrigen.

qu. 1,108 (zu Gen 33,5; 34,25)

108 Da Jakob kurz zuvor im Gespräch mit seinem Bruder Esau seine Söhne als ‚Kinder' bezeichnet – auf Griechisch werden sie παιδία genannt –, kann man fragen, wie sie in der Lage waren, die Stadt derart zu verwüsten und auszuplündern, nachdem sie die Einwohner umgebracht hatten, wenn diese auch noch an den Schmerzen der Beschneidung litten, die sie ihrer Schwester Dina wegen auf sich genommen hatten. Aber man muß annehmen, daß Jakob dort lange gewohnt hat, bis sowohl seine Tochter zur Jungfrau als auch seine Söhne zu jungen Männern herangewachsen waren. Denn es steht folgendermaßen geschrieben: „Jakob gelangte, als er vom syrischen Mesopotamien kam, nach Salem,[152] in die Stadt der Sichemiten im Land Kanaan; und er lagerte im Angesicht der Stadt. Und er kaufte von Hamor, dem Vater Sichems, für hundert Lämmer ein Grundstück, auf dem er sein Zelt aufschlug; und er errichtete dort einen Altar und rief den Gott Israels an. Dina aber, die Tochter Leas, die diese dem Jakob geboren hatte, ging aus, um die Töchter ihrer Umgebung kennenzulernen" (Gen 33,18-34,1). Offenkundig also blieb Jakob dort nicht nur vorübergehend, wie es ein Reisender zu tun pflegt, sondern er kaufte einen Acker, schlug das Zelt auf, errichtete einen Altar und wohnte dort infolge dessen längerfristig; als seine Tochter aber in das Alter gekommen war, daß sie schon Freundinnen haben konnte, wollte sie die Töchter der Bürger des Ortes kennenlernen; und so wurde ihretwegen ein äußerst grausames Blutbad und eine Plünderung angerichtet, zu der sich meines Erachtens keine Frage mehr stellt. Es war nämlich eine nicht geringe Schar bei Jakob, der sehr reich geworden war; aber seine Söhne werden bei dieser Tat genannt, weil sie die Anführer und Anstifter zu eben dieser Tat waren.

qu. 1,109 (zu Gen 34,30)

109 Bezüglich dessen, was Jakob aus Furcht vor Kämpfen mit den Nachbarn der Stadt Salem, die seine Söhne erobert hatten, sagte: „Ich aber bin gering an Zahl, und sie werden sich zusammentun und mich töten." Im Hinblick auf Kämpfe mit zahlreicheren Gegnern, die sich erheben konnten, nannte er sich ‚gering an Zahl', nicht aber deswegen, weil er zu wenig Leute gehabt hätte, als

---

UND SEEBASS sowie nach G-K hat sich bis hinein in die meisten Gebrauchsübersetzungen die Auffassung durchgesetzt, שָׁלֵם sei prädikatives Adjektiv: ‚Und Jakob kam wohlbehalten bis in die Stadt Sichem/Sichems'. Damit verschwindet die Stadt Salem aus der Jakobsgeschichte (allerdings kennt Jub 30,1 ein Salem bei Sichem; dieser Vers ist eine frühe Interpretation von Gen 33,18; vgl. auch Jdt 4,4).

non quod minus multos haberet quam possent sufficere expugnationi illius civitatis, cum suos in itinere in bina castra diviserit.

110 *Dixit autem deus ad Iacob: Surge et ascende in locum Bethel et habita ibi; et fac ibi aram deo qui adparuit tibi, cum fugeres a facie Esau fratris tui.* Quid est quod non dixit: Et fac ibi aram mihi, qui adparui tibi, sed deus dicit: *Fac ibi aram deo qui adparuit tibi*? Utrum filius ibi adparuit et deus pater hoc dicit? An in aliquo genere locutionis adnumerandum?

111 Quod Iacob ascensurus Bethel, ubi iussus est aram facere, dicit domui suae et omnibus qui cum illo erant: *Tollite deos alienos qui vobiscum sunt de medio vestrum* et cetera; deinde dicitur: *Et dederunt Iacob deos alienos, qui erant in manibus eorum, et inaures quae erant in auribus eorum.* Quaeritur quare et inaures - quae si ornamenta erant, ad idolatriam non pertinebant - nisi quia intellegendum est phylacteria fuisse deorum alienorum. Nam Rebeccam a servo Abrahae inaures accepisse scriptura testatur; quod non fieret, si eis inaures habere ornamenti gratia non liceret. Ergo illae inaures quae cum idolis datae sunt, ut dictum est, idolorum phylacteria fuerunt.

112 *Et factus est timor dei in civitatibus quae circa illos erant et non sunt consecuti post filios Israhel.* Incipiamus animadvertere quemadmodum deus operetur in hominum mentibus. A quo enim timor dei factus est in illis civitatibus nisi ab illo, qui sua promissa in Iacob filiisque tuebatur?

113 *Venit autem Iacob in Luza, quae est in terra Chanaan, quae est Bethel.* Animadvertendum est tria iam nomina huius civitatis commemorata: Ulammaus, quod dictum est eam prius vocatam, cum illuc prius pergens in Mesopotamiam venisset Iacob, et Bethel, quod nomen ipse inposuit et interpretatur domus dei, et Luza, quod modo commemoratum est. Nec mirum debet videri; multis enim locis hoc accidit et in civitatibus et in fluminibus et in quibusque terrarum, ut ex

---

109,5 cum…diviserit] cf. Gn 32,8 (LXX; Vulg: 32,7)   **111,2** Gn 35,2   **3** Gn 35,4   **6** Rebeccam…7 testatur] cf. Gn 24,22.30   **113,2** Ulammaus…4 Iacob] cf. Gn 28,19   **4** Bethel…inposuit] cf. Gn 35,15

110,3 adparui] apparui∗ *P*, apparuit *p*   **5** adnumerandum] annumerandum sit *Am*.   **111,3** vestrum] vestri *Am*. | deos alienos] alienos deos *S*   **4** quae¹] qui *C²* | quae²] qui *C²*   **5** idolatriam] idolatria *C*, idolatriam *μ*   **7** habere *om. C P S (add. post* gratia *s. l.)*   **8** gratia] gratiam *S*   **112,1** dei] domini *T* | consecuti] secuti *V Am*.   **2** animadvertere] enim advertere *C P S V Am*.   **113,1** Luza] Luzam *Am*. | Bethel] in *praem. C P S (exp.) V T*   **2** iam *om. N*   **3** prius¹] primum *N*   **6** et¹ *om. S V Am*.

ausgereicht hätten, jene Stadt zu erobern, da er sich doch auf der Wanderung in zwei Lager geteilt hatte (vgl. Gen 32,8).

qu. 1,110 (zu Gen 35,1)

110 „Gott sagte aber zu Jakob: Mach dich auf und zieh hinauf zu dem Ort Bet-El und wohne dort; und mach dort einen Altar für den Gott, der dir erschienen ist, als du vor dem Gesicht deines Bruders Esau flohst." Wieso hat Gott nicht gesagt: ,und mach dort einen Altar für mich, der ich dir dort erschienen bin', sondern hat gesagt: „mach dort einen Altar für den Gott, der dir erschienen ist"? Ist dort der Sohn erschienen, und sagt das Gott Vater? Oder ist das irgendeiner idiomatischen Ausdrucksweise zuzurechnen?

qu. 1,111 (zu Gen 35,2)

111 Als Jakob im Begriff war, nach Bet-El hinaufzuziehen, wo ihm einen Altar zu bauen befohlen worden war, sagte er zu seinem Haus und allen in seiner Begleitung: „Schafft die fremden Götter, die ihr bei euch habt, weg aus eurer Mitte" usw; anschließend heißt es: „und sie gaben Jakob die fremden Götter, die in ihrer Hand waren, und die Ohrringe, die an ihren Ohren hingen" (Gen 35,4). Diesbezüglich fragt man: warum auch die Ohrringe, die doch, wenn sie Schmuckstücke waren, nichts mit Götzendienst zu tun hatten, außer falls anzunehmen ist, daß es Amulette der fremden Götter waren. Denn nach dem Zeugnis der Schrift erhielt Rebekka vom Knecht Abrahams Ohrringe (vgl. Gen 24,22.30); das wäre nicht geschehen, wenn ihnen nicht erlaubt wäre, Ohrringe als Schmuck zu besitzen. Also waren jene Ohrringe, die sie, wie gesagt, mit den Götzenbildern abgaben, Amulette von Götzenbildern.

qu. 1,112 (zu Gen 35,5)

112 „Und es entstand ein Gottesschrecken in den Städten ihrer Umgebung, und sie verfolgten die Söhne Israels nicht." Wir sollten darauf zu achten beginnen, wie Gott in den Seelen der Menschen wirkt. Denn wer hat denn den Gottesschrecken in diesen Städten gewirkt, wenn nicht jener, der in Jakob und seinen Söhnen seine Verheißungen schützte?

qu. 1,113 (zu Gen 35,6)

113 „Jakob kam aber nach Lus im Land Kanaan, das ist Bet-El." Es verdient Beachtung, daß bereits drei Namen dieser Stadt erwähnt wurden: Ulammaus – so wurde sie, wie gesagt, zuvor genannt, als Jakob früher auf seiner Reise nach Mesopotamien dorthin gekommen war (vgl. Gen 28,19LXX)[153] – und Bet-El – diesen Namen gab er selbst (vgl. Gen 35,15); er wird übersetzt: ,Haus Gottes' – und Lus, wie soeben erwähnt wurde. Das muß nicht seltsam erscheinen; denn dies widerfuhr vielen Örtlichkeiten, sowohl bei Städten als auch bei Flüssen als auch bei beliebigen anderen Orten in der Welt, daß aus den einen oder anderen

---

[153] Zum Namen Ulammaus vgl. *qu.* 1,85.

aliis atque aliis causis vel adderentur vel mutarentur vocabula sicut etiam ipsis hominibus.

114 Iterum in Luza adparuit deus Iacob et dixit ei: *Nomen tuum iam non vocabitur Iacob, sed Israhel erit nomen tuum*. Hoc ei dicit ecce iterum deus in benedictione, quae repetitio confirmat magnum promissum in hoc nomine. Nam hoc mirum est, quibus enim semel dictum est, amplius eos non vocari quod vocabantur, sed quod eis novum nomen inponebatur, omnino amplius aliquid non vocatos nisi quod eis inpositum sit, istum autem per totam vitam suam et deinceps post vitam suam appellatum esse Iacob, cui semel deus dixerat: *Non iam vocaberis Iacob, sed Israhel erit nomen tuum*. Nimirum ergo nomen hoc ad illam recte intellegitur pertinere promissionem, ubi sic videbitur deus quomodo non est antea patribus visus. Ibi enim non erit nomen vetus, quia nihil remanebit vel in ipso corpore vetustatis et dei visio summum erit praemium.

115 In promissis Iacob dicitur: *Gentes et congregationes gentium erunt ex te*. Utrum gentes secundum carnem, congregationes autem gentium secundum fidem an utrumque propter fidem gentium dictum est, si gentes appellari non possunt una gens Israhel secundum carnem?

114,7 Gn 32,28

114,3 in *om. P S V T Am.* **4** enim] *exp. V T*, etiam *Am. μ*, nomen *z* **5** quod *om. S* | eis] ei *C*, eis *sed* s *in ras. n* | eis...nomen] nomen eis novum *S* | novum nomen] nomen novum *Am.* aliquid] aliud *dubitanter z* **6** sit] est *N* | totam *om. Am.* **7** deus dixerat] dixerat deus *S* **8** recte] rectam *P* **9** ubi *P¹ V Am.* **10** enim *om. P S V T Am. μ* **115,1** utrum] quaeritur *praem. Am. μ* **2** autem *om. S*

---

[154] Zum ersten Mal in Gen 32,29 (LXX: 32,28).

[155] Das bezieht sich auf Abram/Abraham und Sarai/Sara.

[156] Zwar wird weiterhin der Name Jakob verwendet; aber immerhin wird dieser Patriarch nach 35,10 in Genesis an folgenden Stellen Israel genannt: 35,21-22; 45,21.28; 46,1-2.5.8.29-30; 47,27.29.31; 48,8.10-11.13-14.21; 49,2; 50,2.25.

[157] Augustinus setzt die traditionelle Deutung des Namens Israel voraus; vgl. *en. Ps.* 49,14; *s.* 122,3 zu Gen 32,29 (LXX: 32,28): *erit nomen tuum Israel quod interpretatur Videns Deum*' („Dein Name soll ‚Israel' sein, das heißt übersetzt: ‚Gott Sehender'"). Hieronymus bezeugt sie zwar noch in *Nom. Hebr.* 20: *Israel, est videre Deum, sive vir, aut mens videns Deum* („Israel, d.h. Gott sehen, ein Gott sehender Mensch oder Verstand"), aber er weist sie in *Qu. Hebr. Gen.* zurück und folgt statt dessen dem Wortlaut von Gen 32,29 (LXX: Gn 32,28): *Vocabitur nomen tuum princeps cum Deo, hoc est Israel. Quomodo enim*

Gründen Namen hinzugefügt oder geändert wurden, wie es ja auch sogar Menschen geschah.

qu. 1,114 (zu Gen 35,9-10)

114 Gott erschien Jakob in Lus ein weiteres Mal und sagte zu ihm: „Du wirst nicht mehr Jakob heißen, sondern Israel wird dein Name sein." Siehe, dies sagt Gott ihm zum zweiten Mal in einem Segen;[154] diese Wiederholung bekräftigt die große Verheißung, die in diesem Namen enthalten ist. Folgendes ist nämlich erstaunlich: Die Menschen, denen nur einmal gesagt wurde, sie sollten nicht mehr heißen, wie sie hießen, sondern die einen neuen Namen erhielten, sind von da an nur noch mit dem ihnen verliehenen Namen genannt worden,[155] dieser da aber, dem Gott schon einmal gesagt hatte: „Du wirst nicht mehr Jakob heißen, sondern Israel wird dein Name sein" (Gen 32,29), wurde sein ganzes Leben lang und weiterhin nach seinem Tod Jakob genannt.[156] Selbstverständlich wird dieser Name daher zu Recht auf den verheißenen Zustand bezogen, in dem Gott so geschaut werden wird, wie er zuvor von den Vätern nicht gesehen worden ist.[157] Dort wird es nämlich den alten Namen nicht geben, weil dort selbst im Körper nichts Altes zurückbleiben und die Gottesschau der höchste Lohn sein wird.

qu. 1,115 (zu Gen 35,11)

115 In Verheißungen, die Jakob zuteil wurden, heißt es: „Völker und Scharen von Völkern werden aus dir hervorgehen." Sind ‚Völker' dem Fleische nach, ‚Scharen von Völkern' aber dem Glauben nach gemeint, oder ist beides hinsichtlich des Glaubens der Völker gesagt, wenn anders das eine Volk Israel dem Fleische nach nicht ‚Völker' genannt werden kann?[158]

---

princeps ego sum: sic et tu, qui mecum luctari potuisti, princeps vocaberis („Dein Name soll sein: ‚Fürst mit Gott', d.h. ‚Israel'. Wie ich nämlich Fürst bin, so wirst auch du, der mit mir kämpfen konnte, Fürst genannt werden"). Von der Auslegung *videns deum* sagt er dagegen: *non tam vere quam violenter mihi interpretatum videtur* („das scheint mir nicht so sehr richtig als vielmehr gewaltsam übersetzt").

[158] Gen 35,11 gehört zum System der priesterschriftlichen Patriarchenverheißungen. Gen 17,4: Abraham wird zu einer „Menge von Völkern" הֲמוֹן גּוֹיִם; 17,16: Sara (so TM; LXX: Isaak) wird „zu Völkern" גּוֹיִם. Das kann verstanden werden von Israel und Edom als Isaak-Nachkommen und von den Arabern als Ismael-Nachkommen. Gen 28,3; 48,4: Jakob wird zu einer „Schar von Völkern" קְהַל עַמִּים werden; das kann man auf die zwölf Stämme Israels auslegen. Nur in 35,11 TM soll Jakob zu „einem Volk und einer Schar von Völkern" גּוֹי וּקְהַל גּוֹיִם werden. Die Auslegung ist unsicher und umstritten: vielleicht ist gemeint: ‚zu dem einen Volk Israel, das sogar aus einer Schar von Stämmen besteht'. LXX hat das Problem verschärft, indem sie statt des Singulars ‚Volk' den Plural „Völker", statt des Singulars ‚Menge' den Plural „Scharen" wählte.

116 *Ascendit autem deus ab eo loco ubi locutus est cum eo. Et statuit Iacob titulum in loco in quo locutus est cum eo, titulum lapideum; et libavit super eum libamen et infudit super eum oleum. Et vocavit Iacob nomen loci in quo locutus est cum eo illic deus Bethel.* Iterum factum est hoc loco, quod factum fuerat? An iterum commemoratum est? Sed quodlibet horum sit, super lapidem libavit Iacob, non lapidi libavit. Non ergo sicut idolatrae solent aras ante lapides constituere et tamquam diis libare lapidibus.

117,1 Quod duodecim filii Israhel, qui nati sunt ei, conputantur et dicitur: *Hi sunt filii Israhel, qui nati sunt ei in Mesopotamia*, cum Beniamin longe postea natus sit, cum iam transissent Bethel et adpropinquarent Bethleem, frustra quidam conantes istam solvere quaestionem dixerunt non legendum *nati sunt*, sicut Latini plerique codices habent, sed *facti sunt* - Graece enim scriptum est ἐγένοντο - ita volentes intellegi etiam Beniamin, quamvis ibi natus non fuerit, ibi factum tamen, quia iam fuerat in utero seminatus, ut praegnans inde Rachel exisse credatur. Hoc autem modo, etiam si *nati sunt* legeretur, possent dicere: Iam in utero natus erat, quia conceptus erat; sicut de sancta Maria dictum est ad Ioseph: *Quod enim in ea natum est, de spiritu sancto est.*

117,2 Sed aliud est quod inpedit hanc solutionem quaestionis huius. Quia, si iam ibi Beniamin conceptus erat, qui filii Iacob grandes inde exierunt, vix annorum duodecim esse potuerunt. Viginti namque annos illic explevit, quorum primis septem sine coniugio fuit, donec serviendo id adipisceretur. Ut ergo primo anno, quo duxit uxorem, ei filius nasceretur, duodecim annorum esse potuit primitivus, cum inde profectus est. Proinde si iam conceptus fuerat

---

116,4 quod...fuerat] cf. Gn 28,18-19   117,3 cum...Bethleem] cf. Gn 35, 16-18   10 Mt 1,20
13 viginti...explevit] cf. Gn 31,41

116,1 deus] dominus *S* | loco] de *praem. z*   3 eum] illum *p*   6 idolatrae] idolatriae *P* constituere] *mut. in* constituit *V* | diis] dis *C N* | libare] *mut. in* libavit *V*   117,1 filii...conputantur] *C*, filii computantur Israel que nati sunt *P S V T Bad. Am. μ*, filii computantur Israel *N Eug., fort. recte* | et] ei *C¹, om. V n Eug.*, ut *Bad.* | hi] hii *N T Bad.*   2 ei *om. Bad. Eug.*   3 sit] est *V¹ T* | transissent] transisset *P S V T*, transiisset *Am. μ* | et *om. C* | adpropinquarent] appropinquaretur *S* (ur *exp.*), appropinquaret *Am. μ* | quidam] quidem *n*   4 conantes] cum conantur *N* (cum *om. n*)   9 natus erat] natum *Bad. Am.* | est *om. P¹*   11 aliud] illud *Bad.* hanc *om. P¹*   14 id *om. V Bad.* | id adipisceretur] id *om. Bad.*, lia depōsaretur *Am.*   16 conceptus] concepit *P*, conceptus *ex* concepit *V*

---

[159] Vgl. *qu.* 1,84; 1,96.

qu. 1,116 (zu Gen 35,13-15)

116 „Gott aber fuhr von dem Ort auf, an dem er mit ihm geredet hatte. Und Jakob stellte ein Denkmal auf an dem Ort, an dem er mit ihm geredet hatte, ein Denkmal aus Stein; und er schüttete ein Trankopfer über ihm aus und begoß es mit Öl. Und Jakob nannte den Ort, an dem Gott mit ihm dort gesprochen hatte, Bet-El." Ist an diesem Ort ein zweites Mal geschehen, was dort schon einmal geschehen war (vgl. Gen 28,18-19)? Oder ist es hier nur noch einmal erwähnt? Aber wie immer es sich damit verhalten mag, Jakob spendete das Trankopfer über den Stein, er spendete es nicht dem Stein, somit nicht, wie die Götzendiener Altäre vor den Steinen zu errichten und den Steinen als Göttern Trankopfer zu spenden pflegen.[159]

qu. 1,117,1 (zu Gen 35,26)

117,1 Das Problem, daß die zwölf Söhne, die Israel geboren wurden, aufgezählt werden und es heißt: „Das sind die Söhne Israels, die ihm in Mesopotamien geboren wurden", obgleich Benjamin viel später geboren wurde, als sie bereits an Bet-El vorübergezogen waren und sich Betlehem näherten (vgl. Gen 35,16-18), versuchten manche vergeblich zu lösen durch die Behauptung, man solle nicht „geboren wurden" lesen, wie die meisten lateinischen Codices haben, sondern „geworden sind"[160] – im Griechischen steht nämlich geschrieben ἐγένοντο. So strebten sie das Verständnis an, auch Benjamin sei, obgleich er dort nicht geboren worden sei, doch dort geworden, da er schon im Mutterleib gesät war; folglich nimmt man an, daß Rahel als Schwangere von dort ausgezogen sei. Auf diese Weise könnte man auch bei der Lesart „geboren wurden" sagen: Er war im Mutterleib bereits geboren, da er empfangen war; wie über die heilige Maria zu Josef gesagt wurde: „Denn was in ihr geboren wurde, ist vom Hl. Geist" (Mt 1,20).

qu. 1,117,2

117,2 Aber etwas anderes verhindert diese Lösung dieses Problems. Denn wenn Benjamin bereits dort empfangen war, konnten die Söhne Jakobs, die doch als Herangewachsene auszogen, kaum zwölf Jahre alt sein. Denn er lebte dort volle zwanzig Jahre (vgl. Gen 31,41). In deren ersten sieben war er unverheiratet, erst dann erreichte er dies durch seinen Dienst. Falls ihm also im ersten Jahr, in dem er heiratete, ein Sohn geboren wurde, konnte der Erstgeborene nur zwölf Jahre alt sein, als er von dort aufbrach. Folglich hat sich, falls Benjamin bereits empfangen war, diese ganze Reise und alles, was über die Er-

---

[160] RÜTING, *Untersuchungen* 135: „,Facti sunt' ist die Sprache des Volkes; mit dem verfeinerten literarischen Geschmacke verschwand sie aus der Schriftsprache." Die hier diskutierte und auch in *qu.* 1,151 sowie in *loc.* 1,167 erwähnte Lesart *facti sunt* bezeugt Augustinus allein.

Beniamin, intra decem menses illa omnis via peracta est et quidquid in itinere scriptum est de Iacob. Unde sequitur, ut filii eius tam parvuli pro sorore sua Dina tantam stragem fecerint, tot homines trucidaverint, ita expugnaverint civitatem: In quibus Symeon et Levi, qui primi gladiis accincti intraverunt ad illos homines eosque peremerunt, undecim unus, alius autem decem annorum fuisse reperiatur, etiamsi per singulos annos sine intermissione illa pepererat. Quod utique incredibile est ab illius aetatis pueris illa omnia fieri potuisse, quando et ipsa Dina vix adhuc sex annorum fuit.

117,3 Proinde aliter solvenda quaestio est, ut ideo intellegatur dictum commemoratis duodecim filiis: *Hi sunt filii Iacob, qui facti sunt ei in Mesopotamia Syriae*, quia inter omnes, qui tam multi erant, unus tantum erat non ibi natus, qui tamen inde habuit nascendi causam, quod ibi mater eius patri copulata est. Sed solutio ista quaestionis aliquo exemplo similis locutionis firmanda est.

117,4 Nulla tamen est facilior solutio quaestionis huius, quam ut per synecdochen accipiatur. Ubi enim pars maior est aut potior, solet eius nomine etiam illud conprehendi quod ad ipsum nomen non pertinet. Sicut ad duodecim apostolos iam non pertinebat Iudas, qui etiam mortuus fuit cum dominus resurrexit a mortuis, et tamen ipsius duodenarii numeri nomen apostolus in epistula sua tenuit, ubi ait eum adparuisse *illis duodecim*. Cum articulo enim hoc Graeci codices habent, ut non possint intellegi quicumque duodecim, sed illi in eo numero insignes. Eo modo locutionis puto et illud a domino dictum: *Nonne ego vos duodecim elegi? Et unus ex vobis diabolus est*, ut non ad electionem etiam ipse pertinere videatur. Non enim facile invenitur electorum nomen in malo, nisi quando mali eliguntur a malis. Quodsi putaverimus et illum electum, ut per eius

---

18 filii…20 civitatem] cf. Gn 34,25-29   **35** I Cor 15,5   **37** Io 6,70

17 in itinere] inter ea *N*   **18** scriptum] ascriptum *C P*   **20** intraverunt] intraverint *Bad. Am.*   **21** peremerunt] perimerunt *N*, peremerint *Bad.* | alius] alter *N Am. μ, om. Bad.* | autem *om. Am.*   **22** pepererat] peperat *n*   **25** ut] quam *praem. N*   **26** hi] hii *P N Bad.* | ei] *om. T*, et *n*   **29** est] abhinc scribendum *add. C (et hic incipit excerptum in Eug.)*   **30** tamen *om. Eug.* | synecdochen] dictum *ass. Am. μ*   **31** accipiatur] accipitur *C P S¹*   **32** ad¹] ab *n* | non *om. C P S V¹ T*   **34** resurrexit] resurrexerit *P S¹ Am.*   **35** illis] eis *T*   **36** possint] possent *C P S Bad. Am.*   **37** eo¹] illo *Bad. Am.* | et] ut *n* | nonne *om. S*   **38** vos…elegi] elegi vos duodecim *T*   **39** pertinere videatur] videatur pertinere *S*

---

[161] Vgl. Einleitung in *qu.* 1, S. 80. | [162] Der griechische Wortlaut: τοῖς δώδεκα. In *cons. ev.* 3,71 verweist Augustinus auf einige Manuskripte der VL, die statt dessen in 1Kor 15,5

eignisse mit Jakob während dieser Reise geschrieben ist, innerhalb von zehn Monaten abgespielt. Daraus folgt, daß seine Söhne als derartig kleine Jungen für ihre Schwester Dina eine so große Verwüstung anrichteten, so viele Menschen ermordeten, so die Stadt eroberten (vgl. Gen 34,25-29): Unter ihnen, müßte man feststellen, waren Simeon und Levi, die als erste mit dem Schwert bewaffnet auf diese Menschen eindrangen und sie töteten, der eine elf, der andere zehn Jahre alt, selbst wenn jene Jahr für Jahr ohne Unterbrechung geboren hatte. Es ist ganz und gar unglaublich, daß Knaben dieses Alters all dies hätten vollbringen können, zumal auch Dina ihrerseits noch kaum sechs Jahre alt war.

qu. 1,117,3

117,3 Daher muß die Frage anders gelöst werden, damit man den Ausspruch über die erwähnten zwölf Söhne „dies sind die Söhne Jakobs, die ihm im syrischen Mesopotamien geworden sind" richtig versteht. Denn unter allen, die so viele waren, war nur ein einziger nicht dort geboren. Dieser hatte aber dennoch von dort eine Ursache seiner Geburt, weil seine Mutter sich dort mit seinem Vater vereinigt hat. Allerdings muß diese Problemlösung durch ein Beispiel ähnlicher Ausdrucksweise verstärkt werden.

qu. 1,117,4

117,4 Am einfachsten läßt sich die Frage jedoch lösen, wenn man die Erklärung durch Synekdoche[161] annimmt. Wo nämlich ein Teil größer oder wichtiger ist, pflegt man unter seiner Bezeichnung auch das mitzuverstehen, auf das sich die Bezeichnung eigentlich nicht bezieht. So gehörte Judas schon nicht mehr zu den zwölf Aposteln, da er schon tot war, als der Herr von den Toten auferstand, und dennoch behielt der Apostel in seinem Brief die Bezeichnung ‚die Zwölf' bei, wo er sagt, er sei „jenen Zwölf" (1Kor 15,5)[162] erschienen. Die griechischen Codices haben hier nämlich den Artikel, so daß nicht beliebige zwölf Männer gemeint sein können, sondern die durch diese Zahl Ausgezeichneten. In dieser Ausdrucksweise hat meiner Meinung nach auch der Herr folgendes gesagt: „Habe ich nicht euch, die Zwölf, erwählt? Und einer von euch ist ein Teufel" (Joh 6,70), damit nicht der Eindruck entstünde, auch er gehöre zu den Erwählten. Nicht leicht nämlich findet man die Bezeichnung ‚Erwählte' in negativem Sinn, außer wenn Nichtsnutzige von Nichtsnutzigen erwählt werden. Wenn wir also auf die Idee verfallen sein sollten, daß auch er erwählt worden ist, damit

---

„den Elf" haben (Hinweis in NBA). Augustinus erwägt mehrere Möglichkeiten: (1) Die Zahl 11 ist die richtige Überlieferung, sie wurde von *perturbati homines* in 12 geändert, die meinten, es sei von den zwölf Aposteln die Rede, die nach Auslöschung des Judas nur mehr 11 waren. (2) Die Zahl 12 ist die richtige Überlieferung, und Paulus meinte *alios quosdam duodecim*. (3) Paulus wollte die heilige und mystische Zwölfzahl erhalten, derentwegen ja auch Matthias nachgewählt wurde. Der Terminus ‚Synekdoche' fällt hier nicht.

traditionem domini passio conpleretur, id est malitiam eius ad aliquid electam bene utente deo etiam malis, illud adtendamus, ubi ait: *Non de omnibus vobis dico; ego scio quos elegi*: Ubi declarat ad electionem non pertinere nisi bonos. Ac per hoc illud quod dictum est: *Ego vos duodecim elegi*, per synecdochen dictum est, ut nomine maioris meliorisque partis etiam illud conplecteretur, quod ad ipsum nomen non pertinet.

117,5 Hic modus est in hoc eodem libro, ubi Emmor pro filio suo Sychem, ut acciperet Dinam filiam Iacob, exiit loqui cum eodem Iacob et venerunt etiam filii eius qui absentes erant, et ad omnes dicit Emmor: *Sychem filius meus elegit animo filiam vestram; date ergo illi eam uxorem*. Quia enim potior erat patris persona, per synecdochen *filiam vestram* dicens etiam fratres tenuit hoc nomine, quorum non erat filia. Hinc est et illud: *Curre ad oves et accipe inde mihi duos haedos*. Simul enim pascebantur oves et haedi; et quia potiores sunt oves, earum nomine etiam caprarum pecus conplexus est. Sic quia potior erat numerus undecim filiorum Iacob, qui nati fuerant in Mesopotamia, ipsorum commemoratione scriptura conplexa est etiam Beniamin, qui non erat ibi natus, et dictum est: *Hi sunt filii Iacob, qui facti sunt ei in Mesopotamia Syriae*.

118 Quod post narrationem mortis Isaac narratur quas uxores Esau acceperit et quos creaverit, recapitulatio intellegenda est; neque enim post mortem Isaac fieri coepit, cum iam essent Esau et Iacob centum viginti annorum. Nam eos sexagenarius suscepit et vixit omnes annos vitae suae centum octoginta.

119 Quaestio est, quomodo scriptura dicat post mortem Isaac patris sui Esau abscessisse de terra Chanaan et habitasse in monte Seir, cum veniente de Mesopotamia Iacob fratre eius legatur, quod iam illic habitabat. Proinde quid fieri potuerit, ut scriptura falli vel fallere non credatur, in promptu est cogitare. Quod

---

42 Io 13,18   49 Gn 34,8   52 Gn 27,9   **118**,3 eos...4 suscepit] cf. Gn 225,26   4 vixit...octoginta] cf. Gn 35,28   **119**,2 cum...3 habitabat] cf. Gn 32,3

---

42   illud] *P V N Bad. Am. Eug.*, aliud *C S T µ ꭓ*   43   elegi] elegerim *P*   45   conplecteretur] compleretur *C*   47   est *om. Bad.* | hoc eodem] eodem hoc *T* | libro] loco *V Bad.* | Emmor] Emor *C P S V T Am.* | Sychem] sichem *P S V N Am. µ*   52 inde *om. S* | inde mihi] mihi inde *Bad. ꭓ* | mihi *om. V*   54 caprarum] caprinum *Bad. Am. µ*   56 hi] hii *P Bad.*   57 Mesopotamia] Mesopotamiam *P V¹ N*   **118**,2 creaverit] procreaverit *p*   4 sexagenarius] sexenarius *P¹*   **119**,2 Mesopotamia] Mesopotamiam *n*   4 falli...fallere] fallere vel falli *Am.* | in promtu] impromptu *S*

durch seinen Verrat das Leiden des Herrn vollendet würde, d.h. daß seine Schlechtigkeit zu etwas erwählt worden ist, da Gott auch Schlechte zu guten Zwecken gebraucht, sollten wir jenes Wort beachten, wo er sagt: „Nicht von euch allen sage ich das; ich weiß, wen ich erwählt habe" (Joh 13,18). Dadurch erklärt er, daß sich die Erwählung nur auf Gute bezieht. Und aus diesem Grund ist auch der Ausspruch: „Ich habe euch zwölf erwählt", durch Synekdoche gesagt, so daß die Bezeichnung des größeren und besseren Teils auch jenes umfaßt, worauf diese Bezeichnung sich nicht bezieht.

qu. 1,117,5

117,5 Diese Ausdrucksweise begegnet in diesem selben Buch, wo Hamor hinausging, um mit Jakob selbst für seinen Sohn Sichem zu sprechen, damit er Dina, die Tochter Jakobs, erhielte. Und es kamen auch seine Söhne, die abwesend gewesen waren, und Hamor sagt zu allen: „Mein Sohn Sichem hat sich in eure Tochter verliebt; gebt sie ihm also zur Frau" (Gen 34,8). Da der Vater die bedeutendere Person war, bezog er durch Synekdoche, indem er „eure Tochter" sagte, auch die Brüder in diesen Ausdruck mit ein, obgleich sie nicht deren Tochter war. Daher kommt auch folgender Ausspruch: „Laufe zu den Schafen und hole mir von dort zwei Ziegenböcke!" (Gen 27,9).[163] Man weidete nämlich Schafe und Ziegenböcke zusammen; und da die Schafe wichtiger sind, hat er in deren Bezeichnung auch die Ziegen eingeschlossen. So hat die Schrift, weil die Anzahl der elf Söhne Jakobs, die in Mesopotamien geboren waren, wichtiger war, bei ihrer Erwähnung auch Benjamin einbezogen, der dort noch nicht geboren war, und so heißt es: „Das sind die Söhne Jakobs, die ihm im syrischen Mesopotamien geworden sind."

qu. 1,118 (zu Gen 36,1-5)

118 Daß erst nach dem Bericht von Isaaks Tod erzählt wird, welche Frauen Esau nahm und welche Söhne er zeugte, ist als Rekapitulation zu verstehen; es geschah nämlich nicht erst nach Isaaks Tod, da Esau und Jakob damals schon hundertzwanzig Jahre alt waren. Denn er erhielt sie als Sechzigjähriger (vgl. Gen 25,26) und lebte insgesamt hundertundachtzig Jahre (vgl. Gen 35,28).

qu. 1,119 (zu Gen 36,6-8)

119 Man fragt sich, wie die Schrift sagen kann, daß Esau nach dem Tod seines Vaters Isaak aus dem Land Kanaan weggezogen ist und sich auf dem Gebirge Seïr niedergelassen hat, obgleich man liest, daß er dort bereits wohnte, als sein Bruder Jakob von Mesopotamien kam (vgl. Gen 32,4). Um daher den Eindruck zu vermeiden, die Schrift irre sich oder führe in die Irre, kann man sich leicht auf folgende Weise zurecht legen, was geschehen sein kann: Nachdem

---

[163] TM spricht von צֹאן, Kleinvieh(herde), LXX von πρόβατα, (Klein)Vieh(herde), Vulgata daher von *grex*. Nur die Wiedergabe der VL: *oves*, ermöglicht Augustins Erwägung.

scilicet Esau, posteaquam in Mesopotamiam frater eius abscessit, noluit habitare cum parentibus suis sive ex illa commotione, qua dolebat se benedictione
fraudatum, sive aliqua causa vel uxorum suarum, quas odiosas videbat esse
parentibus, vel qualibet alia, et coeperat habitare in monte Seir. Deinde post
reditum Iacob fratris sui facta inter eos concordia reversus est et ipse ad parentes et, cum mortuum patrem simul sepelissent, quia eos in plurimum ditatos
terra illa, sicut scriptum est, minime capiebat, abscessit rursus in Seir et ibi
propagavit gentem Idumaeorum.

120 Quod scriptum est: *Hi principes Chorraei filii Seir in terra Edom*, secundum
tempus quo vivebat scriptor commemorat. Cum autem Seir habitaret qui istos
genuit nondum veniente in illam terram Esau, nondum utique appellabatur
terra Edom. Non enim nomen nisi ab ipso Esau inditum est terrae, quoniam
idem ipse et Esau et Edom vocabatur, de quo propagati sunt Idumaei, hoc est
gens Edom.

121 Quod scriptum est: *Et hi reges qui regnaverunt in Edom, antequam regnaret rex
in Israhel*, non sic accipiendum est, tamquam omnes reges nominati sint usque
ad ea tempora, quibus coeperunt reges Israhel, quorum primus fuit Saul. Multi
enim fuerunt in Edom usque ad tempora Saul cum temporibus etiam iudicum,
quorum tempora fuerunt ante reges; sed ex his multis eos solos potuit commemorare Moyses, qui fuerunt antequam ipse moreretur. Nec mirum est quod
numerantibus ab Abraham per Esau patrem gentis Edom atque per Raguel

---

7 vel...8 parentibus] cf. Gn 27,46; 28,2   8 cf, Gn 33,4   10 cum...sepelissent] cf. Gn 35, 29

6 commotione] commemoratione *T* (mme *exp.*) | qua dolebat] quandolebat *n*   8 coeperat]
N T, ceperat *P S V*, ceperit *Bad.*, coeperit *Am.*, coepit *C μ ℨ* | Seir] Seyr *S n*   9 fratris] patris
C¹   10 in *om. V N Am.* | in plurimum] implurimum *S*   11 Seir] Seyr *V n*   120,1 hi] hii *p P*
principes] principis *ℨ* | Chorraei] Correi *C P T*, Chorrei *S V N*, Horrei *Am.*   3 veniente]
venientem *P* | appellabatur] appellatur *S*   4 inditum] indictum *C P*   5 et¹] est *P n, om. V
Am., exp. T* | hoc] haec *S* | est] sunt *C P*   121,3 Israhel] in *praem. V* | fuit Saul] Saul fuit *T*
4 cum *om. S Am. μ, exp. V*   5 potuit] putavit *p*   7 ab *om. P* | atque] ad quem *p P S V¹*
Raguel] Raguhel *p V*, Rahudem *Am.*

---

¹⁶⁴ אֵ֛לֶּה אַלּוּפֵ֥י הַחֹרִ֖י בְּנֵ֣י שֵׂעִ֑יר „Die Söhne Seïrs" sind Apposition zu „die Fürsten". LXX
hat statt des Plurals ‚Söhne' den Singular ‚Sohn'. Dieser kann nur als Apposition zu
‚Horiter' verstanden werden: ‚Das sind die Fürsten der Horiter [Sgl. Horiter als Kollektiv aufgefaßt], die Söhne Seïrs.' LXX: οὗτοι ἡγεμόνες τοῦ Χορραίου τοῦ υἱοῦ Σηιρ (Das
sind Fürsten des Horiters, des Sohnes Seïrs). Die Version der VL (wie auch der Vulg)

sein Bruder nach Mesopotamien weggezogen war, wollte Esau verständlicherweise nicht weiterhin bei seinen Eltern wohnen, sei es weil es ihn schmerzlich erregte, daß er um den Segen betrogen worden war, sei es vielleicht wegen seiner Frauen, die, wie er sah, seinen Eltern zuwider waren (vgl. Gen 27,46; 28,8), sei es aus irgend einem anderen Grund; und so hatte er sich im Gebirge Seïr niedergelassen. Später, als nach der Rückkehr seines Bruders Jakob die Eintracht zwischen ihnen wiederhergestellt war (vgl. Gen 33,4), ist auch er seinerseits zu seinen Eltern zurückgekehrt, und nachdem sie ihren toten Vater gemeinsam beerdigt hatten (vgl. Gen 35,29), ist er wieder nach Seïr ausgewandert, weil jenes Land, wie geschrieben steht, keinesfalls sie beide, die sehr reich geworden waren, ertragen konnte, und er hat dort das Volk der Edomiter gezeugt.

qu. 1,120 (zu Gen 36,21)

120 Das Schriftwort: „Das sind die Fürsten des Horiters, des Sohnes Seïrs, im Land Edom"[164] ist eine Bemerkung des Schreibers entsprechend den Umständen seiner Gegenwart. Als aber Seïr, der jene erzeugte, bevor Esau dorthin kam, in jenem Land wohnte, hieß das Land natürlich noch nicht Edom. Diesen Namen hat erst Esau dem Land beigelegt, da dieser selbe Mann sowohl Esau als auch Edom genannt wurde. Von ihm stammen die Edomiter, das ist das Volk Edom, ab.

qu. 1,121 (zu Gen 36,31-39)

121 Das Schriftwort „Und dies sind die Könige, die in Edom regierten, bevor ein König in Israel regierte", ist nicht so zu verstehen, als ob alle Könige bis zu den Zeiten genannt seien, in denen Könige in Israel aufkamen, deren erster Saul war. Es gab nämlich viele in Edom bis zur Zeit Sauls, einschließlich auch des Zeitalters der Richter, deren Zeitalter den Königen vorausging; von diesen vielen konnte Mose freilich nur die erwähnen, die regierten, bevor er selbst starb. Auch erstaunt nicht, daß, wenn man von Abraham an nachzählt über Esau, den Vater des Volkes Edom, und über Reguël, den Sohn Esaus, und Serach, den Sohn Reguëls, und Jobab, den Sohn Serachs, dem Balak in der Herrschaft folgte,[165] der als erster König im Land Edom erwähnt wird, bis zum letz-

---

läßt beide Deutungen zu, da *filii* sowohl als nom.pl. als auch als gen.sgl. verstanden werden kann.

[165] Gen 36 kombiniert sehr unterschiedliche Listen. Namensähnlichkeiten führen bei LXX, gefolgt von VL, und darüber hinaus bei Augustinus zu sekundären Kombinationen. Der erste König Edoms heißt 36,32 nach TM: בֶּלַע בֶּן־בְּעוֹר (Vulg: *Bale filius Beor*). Dies ähnelt sehr dem in Num 22-24 erwähnten Propheten בִּלְעָם בֶּן־בְּעוֹר, der vom moabitischen König Balak gerufen wird, Israel zu verfluchen. LXX, gefolgt von VL, kombiniert dies in Gen 36,32 zum Namen des ersten edomitischen Königs: Βαλακ υἱὸς τοῦ Βεωρ (vgl. dazu Augustinus unten *l.* 6-9). Augustinus entnimmt aus Gen 36,13.17 die

filium Esau et Zara filium Raguel et Iobab filium Zara, cui Iobab successit in regno Balac, qui primus in terra Edom rex fuisse commemoratur, usque ad ultimum regem, quem potuit nominare Moyses, plures generationes inveniuntur quam numerantur ab Abraham per Iacob usque ad Moysen. Nam illic inveniuntur fere duodecim, hic autem usque ad Moysen ferme septem. Fieri enim potuit, ut ideo ibi plures nominarentur, quia citius moriendo plures alter alteri successerunt. Sic etiam contigit, ut alium ordinem sequens Matthaeus ab Abraham usque ad Ioseph quadraginta duas generationes numeraret, Lucas autem in ordine alio numerans generationes non per Salomonem sicut ille, sed per Natham ab Abraham usque ad Ioseph quinquaginta quinque commemoret. In illo quippe ordine, ubi plures numerantur, citius mortui sunt quam hic ubi pauciores. Ne forte autem moveat aliquem, quod inter reges Edom commemoratur Balac filius Beor et de similitudine nominis existimet illum esse Balac, qui restitit Moysi ducenti populum Israhel, sciat illum Balac Moabitam fuisse, non Idumaeum, eumque fuisse filium Sephor, non filium Beor, sed fuisse etiam ibi tunc filium Beor Balaam, non Balac, quem Balaam conduxerat idem Balac ad maledicendum populum Israhel.

122 Quomodo potuerit mors Isaac decem et septem annorum invenire Ioseph eius nepotem, sicut videtur tamquam ex ordine scriptura narrare, quocumque se quisque convertat, invenire difficile est. Nolo enim dicere non posse

---

121,14 Matthaeus…15 numeraret] cf. Mt 1,1-17   **15** Lucas…17 commemoret] cf. Lc 3,23-38   **21** illum…24 Israhel] cf. Nm 22,4-6

8 Zara¹] Zaram *Am.* | Raguel] Raguhel *V N*, Rahulis *Am.*   **11** numerantur] numerentur *Am.* ab *om. P*   **12** ferme] fere *T*   **14** sic] sicut *N* | ut] ad *P (sed exp.)*, et *V*   **15** numeraret] numeret *V* | in…16 alio] alio in ordine *P T*   **16** sed *om. V*   **17** Natham] Nathan *P S T Am.* µ commemoret] commemorat *P¹ T* | in *om. p*   **18** numerantur] nominantur *V Am.* | hic *om. Am.*   **20** nominis] hominis *C¹ P V¹ T¹*   **21** restitit] resistit *V*

---

genealogische Abfolge: Esau – Reguël – Serach (זֶרַח, Ζαρε, Zara). In Gen 36,33 heißt der Nachfolger König Belas/Balaks יוֹבָב בֶּן־זֶרַח מִבָּצְרָה, Ιωβαβ υἱὸς Ζαρα ἐκ Βοσορρας. Wegen dieser Filiation scheint Augustinus (*l.* 8), indem er die differenzierende Ortsangabe übergeht, Jobab zum Sohn des Esau-Enkels Serach und infolgedessen zum Ur-

ten König, den Mose aufzählen konnte, mehr Generationen erscheinen, als von Abraham über Jakob bis Mose gezählt werden. Hier finden sich nämlich etwa zwölf, dort aber bis Mose ungefähr sieben. Vielleicht wurden deswegen dort mehr aufgezählt, weil die Menschen schneller starben und deswegen mehr Generationen aufeinander folgten. So geschah es auch, daß Matthäus, einem anderen Stammbaum entsprechend, von Abraham bis Josef zweiundvierzig Generationen aufzählt (vgl. Mt 1,1-17), Lukas aber, der die Generationen nach einem abweichenden Stammbaum, nämlich nicht wie jener über Salomo, sondern über Natan, aufzählt, von Abraham bis Josef fünfundfünfzig aufführt (vgl. Lk 3,23-38). In jenem Stammbaum, in dem mehr Generationen aufgezählt werden, starben die Menschen folglich schneller als in diesem, in dem weniger aufgeführt werden.[166] Damit aber nicht etwa jemand dadurch befremdet ist, daß unter den Königen Edoms ein Balak, Sohn des Beor, erwähnt wird, und er aus der Namensähnlichkeit[167] schließt, das sei derjenige Balak, der sich Mose, dem Führer des Volkes Israel, widersetzte, soll er wissen: Dieser Balak war Moabiter, nicht Edomiter, und er war der Sohn des Zippor, nicht des Beor; allerdings gab es damals dort auch einen Sohn Beors, nämlich Bileam, nicht Balak, den ebendieser Balak herbeigeholt hatte, damit er das Volk Israel verfluche (vgl. Num 22,2-6).

qu. 1,122 (zu Gen 35,28-29; 37,2)

122 Wie auch immer man sich dreht und wendet, es ist schwierig herauszufinden, wie wohl der Tod Isaaks in das siebzehnte Lebensjahr seines Enkels Josef fallen konnte, wie aus der Abfolge der Erzählung der Schrift hervorzu-

---

enkel Esaus zu machen. Daraus ergibt sich eine Unklarheit für die Übersetzung dieses Passus: (1) entweder: „über Esau [...] und Reguël [...] und Serach [...] und Jobab, den Sohn Serachs, welchem (nämlich Jobab) in der Herrschaft Balak folgte, der als erster König im Land Edom erwähnt wird" (so BAC), oder (2) „über Esau [...] und Reguël [...] und Serach [...] und Jobab, den Sohn Serachs, welchem Jobab in der Herrschaft Balaks folgte, der als erster König im Land Edom erwähnt wird". Die erste Alternative ist syntaktisch problematisch, die zweite Alternative ergibt kaum einen Sinn. Ausgeschlossen aber ist wohl die Übersetzung in NBA: „über Esau [...] und Reguël [...] und Serach [...] und Jobab, den Sohn Serachs, welchem Jobab in der Herrschaft folgte. Balak, der als erster König im Land Edom erwähnt wird [...]."". Weder ergibt die Abfolge der beiden regierenden Jobabs einen Sinn noch ist unter dieser Voraussetzung verständlich, warum vor Balak kein ‚und' steht.

[166] Vgl. zum Problem des Stammbaums Jesu auch *qu.* 2,108; 5,46,1.2; 7,47.
[167] Dieses Problem taucht erst in LXX = VL auf, die beide Personen „Balak" nennen. TM nennt dagegen den edomitischen König in Gen 36,32 בֶּלַע (Vulg: Bale), nur den moabitischen König von Num 22-24 בָּלָק.

inveniri, ne forte me fugiat quod alium non fugit. Si enim post mortem avi sui Isaac decem et septem annorum fuit Ioseph, quando eum fratres in Aegyptum vendiderunt, procul dubio et pater eius Iacob septimo decimo anno filii sui Ioseph centum viginti annorum fuit. Genuit enim eos Isaac, cum esset annorum sexaginta, sicut scriptum est. Vixit ergo Isaac postea centum viginti, quia centesimo octogesimo mortuus est. Idcirco dimisit filios centum viginti annos habentes et Ioseph decem et septem. Ioseph autem quoniam triginta annorum fuit, quando adparuit in conspectu Pharaonis, secuti sunt autem septem anni ubertatis et duo famis, donec ad eum pater cum fratribus venit, triginta novem profecto annos agebat Ioseph, quando Iacob intravit in Aegyptum. Tunc autem idem Iacob, quod ore suo Pharaoni dicit, centesimum et tricesimum annum agebat aetatis, centum autem et viginti Iacob, quando erat decem et septem Ioseph: Quod verum esse nullo modo potest. Si enim septimo decimo anno vitae Ioseph Iacob centum viginti ageret, procul dubio tricesimo et nono anno Ioseph non centum triginta, sed centum quadraginta et duos annos agere inveniretur Iacob. Si autem die mortis Isaac nondum erat annorum decem et septem Ioseph, sed aliquantulo tempore post mortem avi sui ad septimum decimum pervenit annum, quo anno scriptura testante in Aegyptum est a fratribus venditus, plurium etiam quam centum quadraginta duum annorum esse debuit pater eius, quando est filium in Aegyptum consecutus. Scriptura quippe posteaquam narravit annum vitae ultimum Isaac centesimum et octogesimum et eius mortem ac sepulturam, deinde commemoravit, quemadmodum digressus esset Esau a fratre suo de terra Chanaan in montem Seir, et contexuit commemorationem regum et principum gentis ipsius, in qua se constituit vel quam propagavit Esau; post haec, narrationem de Ioseph sic intulit: *Habitabat autem Iacob in terra Chanaan. Hae autem procreaturae Iacob. Ioseph autem decem et septem annorum erat pascens cum fratribus oves.* Deinde narratur causa somniorum quemad-

---

122,7 genuit...8 est] cf. Gn 25,26   **8** vixit...9 est] cf. Gn 35,28   **10** ioseph...11 Pharaonis] cf. Gn 41,46   **11** secuti...12 venit] cf. Gn 41,47.54; 45,6.9; 46,1   **13** tunc...15 aetatis] cf. Gn 47,9   **25** deinde...26 Seir] cf. Gn 36,6-8   **26** contexuit...27 ipsius] cf. Gn 36,9-43   **29** Gn 37,1-2   **30** deinde...31 venditus] cf. Gn 37,5-28

122,5 Aegyptum] Aegypto $P V T Am$.   **6** septimo decimo] decimo septimo Am.   **7** enim eos] eum autem Am.   **8** viginti] annis *add.* $S Am$. | quia...9 octogesimo *om.* N **9** centesimo octogesimo] centum octoginta $C p P S T$ **13** Iacob intravit] intravit Iacob T **14** ore] ori C **16** septimo decimo] decimo septimo Am. | anno *om.* C **18** agere inveniretur] inveniretur agere S **19** Isaac] suae N **20** sed aliquantulo *om.* N | aliquantulo] aliquanto T | tempore] illo *praem.* n **22** plurium] plurimum $S V$ | duum] duorum $T V^2$ **23** Aegyptum] Aegypto V **26** a *om.* p **29** hae $C^2 V T Am. \mu$ | autem² *om.* $C S N T$ *(cf. Vulg)*

gehen scheint.[168] Ich will freilich nicht behaupten, man könne keine Lösung finden, aus Sorge, daß mir womöglich etwas entgeht, das einem anderen nicht entgeht. Wenn nämlich Josef nach dem Tod seines Großvaters Isaak siebzehn Jahre alt war, als seine Brüder ihn nach Ägypten verkauften, war sein Vater Jakob seinerseits zweifellos im siebzehnten Jahr seines Sohnes Josef hundertzwanzig Jahre alt. Nach der Schrift erzeugte Isaak sie[169] nämlich im Alter von sechzig Jahren (vgl. Gen 25,26). Danach lebte Isaak folglich noch hundertzwanzig Jahre, da er im Alter von hundertachtzig Jahren gestorben ist (vgl. Gen 35,28). Er hinterließ daher seine Söhne als Hundertzwanzigjährige und Josef als Siebzehnjährigen. Da Josef aber dreißig Jahre alt war, als er vor dem Angesicht Pharaos erschien (vgl. Gen 41,46), und da sieben Jahre Überfluß und zwei Jahre Hunger folgten, bis sein Vater mit seinen Brüdern zu ihm kam (vgl. Gen 41,47.54; 45,6.9; 46,1), war Josef offensichtlich neununddreißig Jahre alt, als Jakob Ägypten betrat. Damals war derselbe Jakob aber, wie er persönlich dem Pharao sagte, im hundertdreißigsten Lebensjahr (vgl. Gen 47,9), jedoch hundertzwanzig Jahre alt, als Josef siebzehn Jahre alt war: das kann auf keinen Fall stimmen. Wenn nämlich Jakob im siebzehnten Lebensjahr Josefs hundertzwanzig Jahre alt wäre, ergäbe sich zweifellos, daß Jakob im neununddreißigsten Lebensjahr Josefs nicht hundertunddreißig, sondern hundertzweiundvierzig Jahre zählen würde. Wenn Josef dagegen am Todestag Isaaks noch nicht siebzehn Jahre alt war, sondern erst kurze Zeit nach dem Tod seines Großvaters das siebzehnte Lebensjahr erreichte, in dem ihn seine Brüder nach dem Zeugnis der Schrift nach Ägypten verkauften, mußte sein Vater sogar älter als hundertzweiundvierzig Jahre gewesen sein, als er seinem Sohn nach Ägypten gefolgt ist. Allerdings hat die Schrift, nachdem sie vom letzten Lebensjahr Isaaks, seinem hundertundachtzigsten, und von seinem Tod und Begräbnis erzählt hatte, anschließend berichtet, wie Esau von seinem Bruder aus dem Land Kanaan in das Gebirge Seïr wegzog (vgl. Gen 36,6-8), und die Aufzählung der Könige und Fürsten seines Volkes angefügt (vgl. Gen 36,9-43), in dem sich Esau niederließ oder das er erzeugte; anschließend hat sie die Erzählung von Josef folgendermaßen eingeführt: „Jakob wohnte aber im Land Kanaan. Folgendes aber sind die Zeugungen Jakobs. Josef aber weidete im Alter von siebzehn Jahren mit den Brüdern die Schafe" (Gen 37,1-2). Anschließend wird erzählt, wie er sich durch

---

[168] Wie Augustinus deutlich zu erkennen gibt, resultiert dieses Problem nicht aus dem Bibeltext selbst, der an keiner Stelle das Todesjahr Isaaks mit dem Alter Josefs verknüpft, sondern aus seinem Prinzip, daß, was nacheinander erzählt wird (in diesem Fall: Gen 35,28-29: Isaak stirbt im Alter von 180 Jahren und Gen 37,2: Josef ist siebzehn Jahre alt), sich auch nacheinander ereignet hat.
[169] ‚Sie': die Zwillinge Esau und Jakob.

modum odiosus fratribus sit factus et venditus. Aut ergo eodem anno septimo decimo aut etiam aliquanto maior venit in Aegyptum. Ac per hoc utrolibet modo permanet quaestio. Si enim decem et septem annorum fuit post mortem avi sui, quando pater eius centum viginti fuit, profecto anno eius trigesimo et nono, quando Iacob venit in Aegyptum, centum quadraginta duos annos idem Iacob agere debuit; fuit autem tunc Iacob centum triginta. Ac per hoc, si decem et septem annorum Ioseph in Aegyptum est venditus, ante duodecim annos quam moreretur avus eius venditus invenitur. Decem enim et septem annorum esse non potuit nisi ante duodecim annos mortis Isaac centesimo et octavo anno vitae patris sui Iacob. His enim cum adiecerimus viginti duos annos, quibus Ioseph usque ad adventum patris sui fuit in Aegypto, fient aetatis anni Ioseph triginta novem et Iacob centum triginta et nulla erit quaestio. Sed quoniam scriptura post mortem Isaac ista narravit, putatur Ioseph post eiusdem avi sui mortem decem et septem annorum fuisse. Quapropter intellegamus de vita Isaac tamquam multum decrepiti senis tacuisse scripturam, cum iam de Iacob et eius filiis loqueretur; vivo tamen Isaac decem et septem annorum esse coepit Ioseph.

123 Quod dicit Iacob ad Ioseph: *Quod est somnium hoc quod somniasti? Numquid venientes veniemus ego et mater tua et fratres tui adorare te super terram?* Nisi in aliquo mysterio dictum accipiatur, quomodo intellegitur de matre Ioseph, quae iam erat mortua? Unde nec in Aegypto, cum sublimaretur, putandum est hoc esse completum, quia nec pater eum adoravit, quando ad eum venit in Aegyptum, nec mater olim defuncta potuit. In Christi ergo persona facile intellegi potest etiam de mortuis secundum illud, quod dicit apostolus, quia *donavit ei nomen quod est super omne nomen, ut in nomine Iesu omne genu flectatur caelestium, terrestrium et infernorum.*

123,3 quae...4 mortua] cf. Gn 35,19   **7** Phil 2,9-10

31 fratribus] suis *add. z* | septimo...32 decimo] decimo septimo *Am.*   **32** etiam] iam *N*   **33** annorum *om. n* | fuit *om. S n*   **38** moreretur] moraretur *P*   **41** ad *om. C¹* | Aegypto] Aegyptum *C*   **42** erit] erat *C¹*   **46** coepit] coepisse *N*   **123,1** dicit] dixit *Am.*   **2** venientes *om. C¹* | fratres] fratris *V*   **4** nec] non *n z (item C iuxta z, sed errore)* | Aegypto] Egyptum *C*   **6** persona] personam *C*   **8** genu] genus *C* | terrestrium] et *praem. V*

---

[170] EBACH, *Genesis* 672 stellt folgende Berechnung an: „Isaak stirbt (35,28) im Alter von 180 Jahren. Nach Gen 25,26 war Isaak sechzig Jahre alt, als ihm Esau und Jakob geboren wurden. Jakob war danach beim Tode Isaaks 120 Jahre alt. Nach 47,9 war Jakob 130

seine Träume den Brüdern verhaßt machte und verkauft wurde (vgl. Gen 37,5-28). Entweder kam er somit im siebzehnten Lebensjahr oder auch ein wenig älter nach Ägypten. Und deswegen bleibt unter beiden Voraussetzungen das Problem bestehen. Wenn er nämlich nach dem Tod seines Großvaters siebzehn Jahre alt war, als sein Vater einhundertundzwanzig Jahre alt war, mußte in seinem neununddreißigsten Jahr, als Jakob nach Ägypten kam, dieser Jakob eindeutig einhundertundzweiundvierzig Jahre zählen; Jakob war aber damals nur hundertunddreißig Jahre alt. Und daraus ergibt sich, daß Josef, wenn er mit siebzehn Jahren nach Ägypten verkauft wurde, er zwölf Jahre vor dem Tod seines Großvaters verkauft wurde. Siebzehn Jahre alt konnte er nämlich nur zwölf Jahre vor dem Tod Isaaks im hundertundachten Jahr seines Vaters Jakob sein. Denn wenn wir diesen Jahren die zweiundzwanzig Jahre hinzugefügt haben, die Josef bis zur Ankunft seines Vaters in Ägypten lebte, wird sich Josefs Alter auf neununddreißig und Jakobs Alter auf hundertunddreißig Jahre belaufen, und es wird kein Problem geben. Da die Schrift dies aber nach dem Tod Isaaks erzählt hat, schließt man, Josef sei nach dem Tod dieses seines Großvaters siebzehn Jahre alt gewesen. Daher sollten wir es so verstehen: Die Schrift hat, als sie bereits von Jakob und seinen Söhnen sprach, über das Leben Isaaks als eines sehr altersschwachen Greises geschwiegen; dennoch begann Josef sein siebzehntes Jahr noch zu Lebzeiten Isaaks.[170]

qu. 1,123 (zu Gen 37,10)

123 Wie kann man das Wort Jakobs zu Josef: „Was ist das für ein Traum, den du geträumt hast? Werden wir etwa, ich und deine Mutter und deine Brüder hingehen, dich, indem wir uns vor dir auf den Boden werfen, zu verehren?" bezüglich Josefs Mutter, die ja schon tot war (vgl. Gen 35,19), verstehen, außer man nimmt einen symbolischen Sinn an? Daher soll man auch nicht meinen, dies sei in Ägypten, als er erhöht wurde, erfüllt worden, da weder der Vater ihn verehrte, als er zu ihm nach Ägypten kam, noch seine Mutter, die längst verstorben war, ihn verehren konnte. Man kann deswegen leicht verstehen, daß dies in der Person Christi auch bezüglich der Toten erfüllt worden ist, entsprechend dem folgenden Ausspruch des Apostels: „Er gab ihm einen Namen, der über alle Namen ist, damit im Namen Jesu jedes Knie sich beuge der Himmlischen, der Irdischen und der Unterirdischen" (Phil 2,9-10).

Jahre alt, als er vor Pharao stand. Da zwischen den Ereignissen von Gen 37 und denen von Gen 47 deutlich mehr als zehn Jahre vergangen sind (nämlich nach den Angaben in Gen 37-50 insgesamt zweiundzwanzig), muss Isaaks Tod bereits in die Zeit der Josefsgeschichte fallen und zwölf Jahre nach Josefs Verkauf nach Ägypten erfolgt sein." Auf 22 Jahre für die Zeitspanne zwischen dem Verkauf Josefs und dem Eintreffen Jakobs in Ägypten kommt auch Augustinus in *qu.* 1,128.

124 Quaeritur quare Ismahelitas scriptura, quibus a fratribus venditus est Ioseph, etiam Madianitas vocet, cum Ismahel sit de Agar filius Abrahae, Madianitae vero de Cettura. An quia scriptura dixerat de Abraham, quod munera dederit filiis concubinarum suarum, Agar scilicet et Cetturae, et dimiserit eos ab Isaac filio suo in terram orientis, unam gentem fecisse intellegendi sunt?

125 De Iacob scriptum est, cum lugeret Ioseph: *Congregati sunt autem omnes filii eius et filiae et venerunt consolari eum.* Quae filiae praeter Dinam? An filios et filias dicit connumeratis nepotibus et neptibus? Iam enim maiores filii eius filios habere potuerunt.

126 *Et noluit consolari dicens quoniam descendam ad filium meum lugens in infernum.* Solet esse magna quaestio, quomodo intellegatur infernus: Utrum illuc mali tantum an etiam boni mortui descendere soleant. Si ergo tantum mali, quomodo iste ad filium suum se dicit lugentem velle descendere? Non enim in poenis inferni eum esse credit. An perturbati et dolentis verba sunt mala sua etiam hinc exaggerantis?

127 *Et vendiderunt Ioseph in Aegyptum Petephrae spadoni praeposito coquorum.* Nolunt quidam praepositum coquorum interpretari, qui Graece ἀρχιμάγειρος dicitur, sed praepositum militiae, cui esset potestas occidendi. Nam sic appellatus est etiam ille quem Nabuchodonosor misit, penes quem potius invenitur primatus fuisse militiae.

124,3 munera...5 orientis] cf. Gn 25,6   **127,3** sic...4 misit] cf. 4 Rg 25,8-9

124,4 dederit] dederat *S N T*, dedit *V* (er *s. l.*) | dimiserit] dimisit *cott. m. 2 in* diviserit *C*
125,3 filios] et *praem. p*   **127,1** Petephrae] Petefares *C (corr. m. 1)*, Petefrae *P S*, Petefre *T* praeposito] proposito *P* **2** praepositum] propositum *P* | ἀρχιμάγειρος] Archimagiros *C P S V N T*

---

[171] Vgl. *qu.* 1,149.
[172] Vgl. *qu.* 1,136. TM hat den Titel שַׂר הַטַּבָּחִים, er bedeutet wörtlich: „Oberster der Schlachter/der Köche" und bezeichnet in Gen 37,36; 39,1; 40,3.4; 41,10.12 ein hohes Amt am Hof des Pharao. In 2Kön 25,8.10-12.15.18.20; Jer 39,9-11.13; 40,1-2.5; 41,10; 43,6; 52,12.14-16 begegnet רַב־טַבָּחִים als hoher militärischer Rang im Heer Nebukadnezzars II (vgl. auch Dan 2,14). Beide Titel werden in vielen Bibelübersetzungen versuchsweise mit „Oberster der Leibwache" deutend wiedergegeben. Die Herleitung des Titels in der Josefsgeschichte (innerisraelitisch – mesopotamisch – ägyptisch) ist

qu. 1,124(zu Gen 37,27-28)

124 Man fragt, warum die Schrift die Ismaëliter, denen Josef von den Brüdern verkauft wurde, auch Midianiter nennt, obgleich Ismaël durch Hagar ein Sohn Abrahams ist, die Midianiter aber durch Ketura. Soll man annehmen, daß Abrahams Konkubinen, nämlich Hagar und Ketura, ein einziges Volk gebildet haben, weil die Schrift von Abraham gesagt hatte, er habe ihren Söhnen Geschenke gegeben und sie von seinem Sohn Isaak weg in das Land des Ostens geschickt (vgl. Gen 25,6)?

qu. 1,125 (zu Gen 37,35)

125 Über Jakob ist, als er Josef betrauerte, geschrieben: „Es versammelten sich aber alle seine Söhne und Töchter und kamen, ihn zu trösten." Welche Töchter außer Dina? Heißt es ‚Söhne und Töchter', weil die Enkel und Enkelinnen dazu gezählt sind? Seine älteren Söhne konnten nämlich schon Kinder haben.[171]

qu. 1,126 (zu Gen 37,35)

126 „Und er wollte sich nicht trösten lassen und sagte: Ich werde in Trauer zu meinem Sohn in die Unterwelt hinabsteigen." Üblicherweise ist es eine schwierige Frage, wie man die ‚Unterwelt' verstehen soll: ob nur die bösen oder auch die guten Verstorbenen dorthin hinabzusteigen pflegen. Wenn also nur die bösen, wie kann dieser dann sagen, er wolle in Trauer zu seinem Sohn hinabsteigen? Er glaubte nämlich nicht, daß dieser in den Höllenqualen existiere. Oder sind dies die Worte eines leidenschaftlich Erregten, der sein Unglück auch deswegen übertreibt?

qu. 1,127 (zu Gen 37,36)

127 Einige wollen den Titel, der griechisch ἀρχιμάγειρος heißt, nicht durch ‚Oberkoch' übersetzen, sondern durch ‚Chef des Militärs', der auch die Vollmacht zu töten habe.[172] Denn so wurde auch derjenige genannt, den Nabukadnezzar entsandte (vgl. 2Kön 25,8-9); man stellt fest, daß dieser eher den obersten militärischen Rang innehatte.

---

umstritten; vgl. RÜTERSWÖRDEN, *Beamten* 48-50; GÖRG, *Amtstitel*. Die LXX übersetzt den Titel in Gen 37,36; 39,1; 41,10.12 wörtlich: ἀρχιμάγειρος „Oberkoch" (in 40,10.12 abweichend); entsprechend VL: *praepositus cocorum*; Hieronymus in Vulg dagegen: 37,36: *magister militiae*; 39,1: *princeps exercitus*; 41,10: *princeps militum*; 41,12: *dux militum*. Augustinus bezieht sich auf Hieronymus, *Qu. Hebr. Gen.*, der zu Gen 37,36 ausführt: *In plerisque locis archimagiros (id est cocorum princeps) pro magistris exercitus scriptura commemorat:* μαγειρεύειν *quippe graece interpretatur occidere. Venditus est ergo Ioseph principi exercitus et bellatorum* „An den meisten Stellen gebraucht die Schrift archimagiros (d.h. Oberster der Köche) für ‚Heerführer'; μαγειρεύειν bedeutet ja auf Griechisch ‚töten'. Josef wurde daher dem Obersten des Heeres und der Krieger verkauft."

128 *Factum est autem in tempore illo descendit Iudas a fratribus suis ad hominem quendam Odollamitam, cui nomen Iras. Et vidit illic Iudas filiam hominis Chananaei nomine Sauam; et accepit eam et introivit ad eam. Et concepit et peperit filium* et cetera. Quaeritur quando ista fieri potuerunt. Si enim posteaquam Ioseph devenit in Aegyptum, quomodo intra viginti ferme et duos annos - nam post tantum temporis colligitur eos venisse ad eundem Ioseph fratrem suum in Aegyptum cum patre suo - fieri potuerit, ut Iudae filii eius aetatis omnes possent ducere uxores? Nam Thamar nurum suam mortuo primogenito suo alteri filio dedit: Quo etiam mortuo expectavit, ut cresceret tertius; et cum crevisset, nec illi eam dedit timens, ne et ipse moreretur. Unde factum est, ut eidem socero suo se illa subponeret. Quomodo ergo haec omnia intra tam paucos annos fieri potuerint, merito movet, nisi, ut forte solet, scriptura per recapitulationem aliquot annos ante venditum Ioseph hoc fieri coepisse intellegi velit, quoniam sic positum est, ut diceretur: *Factum est autem in illo tempore*. Ubi tamen quaeritur, si decem et septem annorum erat Ioseph, quando venditus est, quot annorum esse Iudas potuerit quartus filius Iacob, quandoquidem ipse primogenitus Ruben ut plurimum fratrem suum Ioseph quinque aut sex annos potuerit aetate praecedere. Evidenter autem scriptura dicit triginta annorum fuisse Ioseph, quando innotuit Pharaoni. Cum ergo ipse anno septimo decimo aetatis suae venditus fuisse credatur, tredecim annos peregerat in Aegypto ignotus Pharaoni; ad hos autem tredecim annos accesserunt septem anni ubertatis et facti sunt anni viginti; his adduntur duo, quia secundo anno famis intravit Iacob in Aegyptum cum filiis suis, et inveniuntur viginti duo anni, quibus afuit Ioseph a patre et a fratribus suis. Quo medio tempore quomodo fieri potuerunt de uxore et filiis et nuru Iudae omnia quae narrantur, indagare difficile est; nisi forte ut credamus -

---

128,8 Thamar...10 moreretur] cf. Gn 38,6-18   **10** ut...11 subponeret] cf. Gn 38,14-18   **18** triginta...19 Pharaoni] cf. 41,46   **20** ad...21 ubertatis] cf. Gn 41,47   **22** quia...23 suis] cf. Gn 45,6; 46,1

128,1 autem...tempore *om. n* | suis] *post* suis *lacunam coni.* ᴢ : „*verbum ex quo pendeat* : ad hominem, *intercidisse certum est*; *codd. Graeci*: καί ἀφίκετο ἕως"   **2** Odollamitam] Idollamitam *C*, odolamitam *P V T*   **3** Sauam] fatiam *S*, sue *Am*.   **4** potuerunt] potuerint *N*   **6** venisse] invenisse *C*   **7** potuerit] potuit *N* | aetatis] fuerint *add. T* | omnes] ut *add. T*   **8** filio] suo *add. V Am*.   **12** nisi *om. n* | forte *om. n* | aliquot] aliquod *n*, aliquos *T*   **13** sic *om. S*   **14** factum...tempore *om. n*   **15** quot] quod *C¹ N* | esse Iudas] Iudas esse *S*   **16** quandoquidem] quando idem *P S Am*.   **17** aetate] aetatem *n*   **19** septimo decimo] decimo septimo *Am*.   **20** Aegypto] Aegyptum *C*   **21** autem *om. T*   **23** afuit] abfuit *C² S T Am*. μ a² *om. p*   **24** potuerunt] potuerint *P S V n Am*. μ   **25** indagare] indicare *C¹* (*corr. in* iudicare *vel* iudagare *m. 2*), indagari *S V Am*.

qu. 1,128 (zu Gen 38,1-3)

128 „Es geschah aber in jener Zeit: Juda stieg von seinen Brüdern herab zu einem gewissen Adullamiter mit Namen Hira. Und Juda sah dort die Tochter eines Kanaanäers namens Schua; und er nahm sie zur Frau und ging zu ihr ein. Und sie empfing und gebar einen Sohn" usw. Man fragt, wann diese Dinge geschehen sein können. Falls nämlich, nachdem Josef nach Ägypten gekommen war, fragt sich, wie es sein kann, daß Judas Söhne innerhalb ungefähr zweiundzwanzig Jahren – denn nach diesem Zeitraum, so ergibt sich, kamen sie zusammen mit ihrem Vater zu eben diesem Josef, ihrem Bruder, nach Ägypten – alle schon in heiratsfähigem Alter waren? Denn er gab seine Schwiegertochter Tamar nach dem Tod seines Erstgeborenen einem anderen Sohn; nachdem auch der gestorben war, wartete er ab, daß der dritte heranwachse; und als er herangewachsen war, gab er sie jenem dennoch nicht zur Frau aus Furcht, daß auch dieser sterben könnte (vgl. Gen 38,6-18). Aus diesem Grund ist geschehen, daß jene sich ihrem eigenen Schwiegervater hingegeben hat (vgl. Gen 38,14-18). Daher beschäftigt zu Recht die Frage, wie dies alles innerhalb so weniger Jahre geschehen konnte; außer wenn die Schrift, wie vielleicht üblich, durch Rekapitulation erkennen lassen wollte, daß dies einige Jahre vor dem Verkauf Josefs geschehen ist, denn die Formulierung lautet folgendermaßen: „Es geschah aber in jener Zeit." Trotzdem fragt man weiter: Falls Josef, als er verkauft wurde, siebzehn Jahre alt war, wieviel Jahre konnte dann Jakobs vierter Sohn Juda zählen, da doch der Erstgeborene Ruben höchstens fünf oder sechs Jahre älter sein konnte als sein Bruder Josef. Eindeutig stellt aber die Schrift fest, daß Josef dreißig Jahre alt war, als er Pharao bekannt wurde (vgl. Gen 41,46). Wenn er also anerkanntermaßen in seinem siebzehnten Lebensjahr verkauft worden war, hatte er anschließend dreizehn Jahre in Ägypten gelebt, ohne daß Pharao ihn kannte; auf diese dreizehn Jahre aber folgten die sieben Jahre der Fruchtbarkeit (vgl. Gen 41,47), und das macht zwanzig Jahre; ihnen werden zwei hinzugerechnet, da Jakob im zweiten Hungerjahr mit seinen Söhnen nach Ägypten kam (vgl. Gen 45,6; 46,1); so kommt man auf zweiundzwanzig Jahre der Abwesenheit Josefs von seinem Vater und seinen Brüdern. Es fällt schwer, ausfindig zu machen, wie alle über die Ehefrau und die Söhne und Judas Schwiegertochter erzählten Einzelheiten sich in dieser Zwischenzeit ereignen konnten; außer vielleicht wir nehmen an, daß – und dies ist auch durchaus mög-

1700 et hoc enim fieri potuit - mox ut adulescere Iudas coepit eum incidisse in amorem eius quam duxit uxorem nondum vendito Ioseph in Aegyptum.

129 *Et depositis vestimentis viduitatis suae a se.* Hinc insinuatur et temporibus patriarcharum certa et sua fuisse vestimenta viduarum, non utique talia qualia coniugatarum.

130 Quod iterum dicitur: *Ioseph autem depositus est in Aegyptum; et possedit eum Petephres spado Pharaonis,* ad ordinem redit scriptura unde recesserat, ut illa narraret quae supra digesta sunt.

131 Quod aliqui codices Latini habent: *Tria canistra alicae,* cum Graeci habeant χονδριτῶν, quod interpretantur qui usum eiusdem linguae habent panes esse cibarios. Sed illud movet, quomodo panem cibarium potuerit Pharao habere in escis. Dicit enim *in superiore canistro* fuisse omnia ex quibus edebat Pharao opus pistorium. Sed intellegendum est etiam ipsum canistrum habuisse panes cibarios, quia dictum est: Tria canistra χονδριτῶν, et desuper fuisse illa ex omni genere operis pistorii in eodem canistro superiore.

1720 132 Quod *putabat se stare* Pharao *super flumen,* quemadmodum servus Abrahae dixit: *Ecce ego sto super fontem aquae;* nam et ibi Graecus ἐπὶ τῆς πηγῆς dixit quemadmodum hic ἐπὶ τοῦ ποταμοῦ. Haec locutio si intellegatur in Psalmo, ubi scriptum est: *Qui fundavit terram super aquam,* non coguntur homines putare sicut

---

131,4 Gn 40,17   **132,2** Gn 24,43   **4** Ps 23,2

---

26 Iudas coepit] coepit Iudas *T*   **129,1** a se *om. p* | hinc] hic *V, om. T* | et²] etiam *Am.* **130,1**   dicitur] dicetur *N*   2   Petephres] Petefar *C¹*, Paetrefes *P*, Patrefes *S*, Petrefres *N*, Phutifar *Am.*   **131,1** alicae] aliae *P*, alice *Am.*   2 χονδριτῶν] condriton *C P S V N T*, κονδριτον *Am.* | interpretantur] interpretatur *Am.*   3 potuerit *om. S*   5 pistorium] *C p (tuetur Fischer),* pistorum *Bad.* μ χ   6 χονδριτῶν] κονδριτον *Am.*   7 pistorii] *C N (tuetur Fischer),* pistoris *Bad.* μ χ   **132,2** ἐπὶ...πηγῆς] epi te ypeges *C,* epi tes peges *p S,* epites peges *P N,* epites peges *V T*   3 ἐπὶ...ποταμοῦ] epitu tutamu *C,* epitu potamu *P V N T,* epi tu potamu *S*

---

[173] Moderne Kommentare stellen ganz ähnliche Berechnungen wie Augustinus an, schließen aber daraus zumeist redaktionsgeschichtlich, daß einerseits Gen 38 (Juda und Tamar) sekundär in die Josefsgeschichte eingesetzt wurde, andererseits Gen 41,46 darauf Rücksicht nimmt. Vgl. z.B. EBACH, *Genesis* 357f.: „Aus all dem ergibt sich die Frage, was den Verfasser von 41,46 bewegt haben mag, Josef dreißig Jahre alt und damit

lich – Juda, kaum zum jungen Mann herangewachsen, sich in die Frau verliebte, die er dann, noch bevor Josef nach Ägypten verkauft worden war, heiratete.[173]

qu. 1,129 (zu Gen 38,14)

129 „Und nachdem sie ihre Witwenkleider abgelegt hatte". Der Text gibt zu verstehen, daß auch zur Zeit der Patriarchen gewisse besondere, natürlich von den Kleidern der Verheirateten unterschiedene Witwenkleider üblich waren.

qu. 1,130 (zu Gen 39,1)

130 Durch die Wiederholung: „Josef aber wurde nach Ägypten hinabgebracht, und Potifar, der Eunuch des Pharao, erwarb ihn" kehrt die Schrift wieder zu der geordneten Reihenfolge der Ereignisse zurück, von der sie abgewichen war, um jene Ereignisse zu erzählen, die oben gründlich behandelt worden sind.

qu. 1,131 (zu Gen 40,16)

131 Einige lateinische Codices haben: „drei Körbe mit [Broten aus] Speltgraupen", während die griechischen χονδριτῶν haben; das sind, wie diejenigen erklären, die mit dieser Sprache vertraut sind, Brote aus grobem Gerstenmehl.[174] Aber das läßt fragen, wieso Pharao unter seinen Speisen Brot aus grobem Gerstenmehl haben konnte. Es heißt nämlich, „im obersten Korb" (Gen 40,17) seien alle Arten von Backwerk, das Pharao zu essen pflegte, enthalten gewesen. Aber man soll verstehen, daß dieser Korb auch Brote aus grobem Gerstenmehl enthielt, weil es heißt: „drei Körbe χονδριτῶν", und darüber seien im selben obersten Korb alle Arten von Backwerk gelegen.

qu. 1,132 (zu Gen 41,1)

132 Pharao „meinte, über dem Fluß zu stehen", wie der Knecht Abrahams sagte: „Siehe ich stehe über der Wasserquelle" (Gen 24,43); denn auch dort hat der Grieche gesagt: ἐπὶ τῆς πηγῆς wie hier: ἐπὶ τοῦ ποταμοῦ. Wenn diese Ausdrucksweise im Psalm so verstanden wird, wo geschrieben ist: „der die Erde über dem Wasser gegründet hat" (Ps 24,2), werden die Menschen nicht gezwungen zu glauben, die Erde schwimme wie ein Schiff auf dem Wasser. Ent-

---

eine so lange (fast zu lange) Frist vergangen sein zu lassen, um das folgende Geschehen um den jungen Benjamin verständlich zu machen. Die Erklärung dafür ist m.E. die folgende: Diese dreizehn Jahre schaffen den Raum, der (bei knappster Berechnung) erforderlich ist, um die Ereignisse von Gen 38 zeitlich unterzubringen [...] Daraus ergibt sich, dass die Notiz über Josefs Alter in Gen 41,46 eine Josefsgeschichte voraussetzt, deren Bestandteil Gen 38 (geworden) ist. Eben das ist der Grund für die gedehnte Zeit für Josef in Ägypten vor seinem Auftreten vor Pharao."

[174] Der hebräische Ausdruck סַלֵּי חֹרִי ist nicht sicher gedeutet: ‚Körbe mit [Broten aus] Weißmehl' oder ‚Weidenkörbe'. Hieronymus weist in *Qu. Hebr. Gen.* darauf hin, der hebräische Text habe *tres cophinos farinae* ‚drei Körbe mit (Weiß)Mehl'.

navem natare terram super aquam. Secundum hanc enim locutionem recte 5
intellegitur quod altior sit terra quam aqua; altius quippe ab aquis sustollitur, ubi
habitent terrena animalia.

133 Quod scriptum est: *Obliviscentur ubertatis futurae in tota terra Aegypti*, non
futurae illis qui famem patientur, tamquam postea veniat illis ubertas; sed futura
erat tunc quando loquebatur. Tamquam diceret: Ubertatis huius, quam futuram
significaverunt boves bonae et spicae bonae, obliviscentur homines in ea fame,
quam significaverunt boves et spicae malae. 5

134 *Numquid inveniemus hominem talem, qui habeat spiritum dei in se?* Ecce iam,
nisi fallor, tertio insinuatur nobis in hoc libro spiritus sanctus, id est spiritus dei.
Primo ubi dictum est: *Et spiritus dei super aquam*; secundo ubi dixit deus: *Non
permanebit spiritus meus in hominibus istis, propter quod carnes sunt*; et tertio nunc,
quod Pharao dicit de Ioseph esse in illo spiritum dei. Nondum tamen legimus, 5
spiritum sanctum.

135 *Et inposuit Pharao nomen Ioseph Psonthomphanech.* Hoc nomen interpretari
dicitur occulta revelavit, ex illo utique quod somnia regi aperuit; Aegyptia vero
lingua salvatorem mundi perhibent appellatum isto nomine.

134,3 Gn 1,2 | Gn 6,3

---

5 hanc enim] enim hanc *Am.*   **7** habitent] habitant *T*   **133,1** obliviscentur] et *praem. p ʒ (cf. Capitula)*   **2** patientur] patiantur *S*   **4** significaverunt] significarunt *T μ ʒ (C iuxta ʒ, sed errore)*   **134,1** inveniemus] invenimus *C¹ P S V¹ N T Eug.* | habeat] habet *ʒ (cf. Capitula)* | iam...2 nisi] omnis *p (exp.)*, oms *n*   **2** spiritus¹...dei] spiritus dei id est spriritus sanctus *ʒ*   **3** primo...dei *om. p* | ubi¹] enim *Bad. Am.* | et *om. N Bad. Am. Eug.* | dei] *C P S V N T Eug.,* ferebatur *add. Bad. Am. μ*, superferebatur *add. ʒ* | aquam] aquas *Eug. (codd. P T v)* | dixit] dicit *P Bad. Am. μ*   **4** carnes] carnis *C¹*, caro *P S V T Bad. Am.* | sunt] sint *P S V*   **135,1** inposuit] posuit *p*   **2** occulta revelavit] occultare velavit *N*

---

[175] Augustinus erklärt zwar zu Gen 24,43; 41,1 zutreffend die hebräische Verwendung der Präposition עַל ‚über': Wenn ein Mensch einen Menschen (z.B. die ehrfurchtsvoll um den Thron stehenden Diener den thronenden König) oder einen Gegenstand überragt, gebraucht das Hebräische auch in Kombination mit dem Verb ‚stehen' עַל, während im Deutschen z.B. zwingend eine andere Präposition erforderst ist: ‚stehen um, stehen bei, am Rand von' etc. Daher ist *stare super flumen* eine nur scheinbar wörtliche, in Wirklichkeit jedoch zielsprachlich irreführende Übersetzung der VL. So übersetzt Hieronymus in der Vulg Gen 24,43 auch: *iuxta fontem*. Anders verhält es sich freilich entgegen

sprechend dieser Ausdrucksweise besagt das richtige Verständnis, daß die Erde höher ist als das Wasser; sie erhebt sich ja höher über die Wasser hinauf, damit auf ihr die Landtiere leben können.[175]

qu. 1,133 (zu Gen 41,30)

133 Bezüglich des Schriftwortes: „Sie werden den zukünftigen Überfluß im ganzen Land Ägypten vergessen": zukünftig nicht für jene, die Hunger leiden werden, gleichsam als ob ihnen danach dieser Überfluß zuteil würde; sondern er war damals zukünftig, als er redete[176]. Wie wenn er sagen würde: diesen Überfluß, den die guten Kühe und die guten Ähren als zukünftig bezeichnet haben, werden die Menschen in jener Hungersnot vergessen, die die schlechten Kühe und die schlechten Ähren bezeichnet haben.

qu. 1,134 (zu Gen 41,38)

134 „Werden wir etwa einen Mann wie diesen finden, der den Geist Gottes in sich hat?" Siehe, wenn ich mich nicht täusche, wird uns in diesem Buch schon zum dritten Mal vom Heiligen Geist, d.h. vom Geist Gottes, gesprochen Zum ersten Mal, wo es heißt: „und der Geist Gottes über dem Wasser" (Gen 1,2); zum zweiten Mal, wo Gott gesagt hat: „Mein Geist wird nicht in diesen Menschen bleiben, weil sie Fleisch sind" (Gen 6,3); und zum dritten Mal jetzt, da Pharao von Josef sagt, in ihm sei der Geist Gottes. Wir haben jedoch noch nicht gelesen: ‚der Heilige Geist'.

qu. 1,135 (zu Gen 41,45)

135 „Und Pharao gab Josef den Namen Zafenat-Paneach." Man sagt, dieser Name bedeute ‚er hat Verborgenes offenbart', gewiß deswegen, weil er dem König seine Träume erschloß; in der ägyptischen Sprache aber, gibt man an, bedeute dieser Name: ‚Retter der Welt'.[177]

Augustinus mit Ps 24,2: Dort wird entsprechend einer Variante des altorientalischen Weltbilds gesagt, daß JHWH die Erde über dem Meer, den Chaoswassern verankert hat; und zwar ist, wie Ps 104,5; Ijob 38,4-6 zeigen, an eine Verankerung mittels Pfeilern gedacht.

[176] Dieses Problem hat die VL des Augustinus durch die Hinzusetzung des Adjektivs *futurae* selbst erzeugt; ihm entspricht nichts in TM oder LXX. Auch VL ist hier nicht einstimmig (vgl. FISCHER, *Genesis* z.St). Hieronymus hat in der Vulg sogar verdeutlicht: *cuncta retro abundantia* „der ganze zurückliegende Überfluß".

[177] Der Name wird von TM und LXX bezüglich der ersten Hälfte abweichend wiedergegeben. צָפְנַת פַּעְנֵחַ; LXX: Ψονθομφανηχ: Hieronymus, *Nom. Hebr.* erklärt die LXX-Form für korrupt und gibt zunächst in Übereinstimmung mit jüdischen Autoren, die, von der Wurzel צפן ‚verbergen' ausgehend, eine hebräische Ableitung versuchen, die Deutung: *absconditorum repertor* „Entdecker verborgener Dinge"; vgl. Luther 1545: „Und nennet jn den heimlichen Rat". Der Erzähler intendiert freilich in Gen 41,45 einen

136 *Et dedit ei Aseneth, filiam Petephrae sacerdotis solis civitatis, ipsi uxorem.* Quaeri solet cuius Petephrae, utrum illius, cuius servus fuit, an alterius; sed credibilius existimatur alterius. Nam de illo quomodo credatur, multa sunt quae moveant. Primum, quia scriptura non commemoravit, cum videatur hoc non potuisse praeterire, quod ad illius iuvenis non parvam gloriam pertinebat, ut eius filiam duceret, cuius famulus fuit. Deinde quomodo spado filiam habere potuerit? Sed respondetur: Quomodo uxorem? Postea quippe creditur abscisus vel casu vulneris vel propria voluntate. Et, quod honor eius non ipse commemoratur qui solet, id est quod ἀρχιμάγειρος fuerit, quem principem coquorum Latini interpretes posuerunt, principem autem militiae quidam intellegi volunt. Sed etiam hic respondetur duos illum honores habuisse, et sacerdotium Solis et militiae principatum; congruenter autem alibi ille honor eius commemoratus est, qui talibus actibus congruebat; hic vero, posteaquam in Ioseph adparuit non parva divinitas, ipse honor debuit nominari soceri eius, qui pertineret ad divinitatem non parvam secundum opinionem Aegyptiorum in sacerdotio Solis. Verum in his omnibus, quia et praepositus fuit custodiarum carceris, nimis incredibile est huic praepositum officio sacerdotem. Deinde non simpliciter dictum est, quod sacerdos Solis esset, sed Civitatis Solis, quae vocatur Heliopolis; abesse autem dicitur amplius quam viginti milibus a civitate Memphi, ubi Pharaones, id est reges maxime commanebant. Quomodo ergo deserto officio sacerdotii sui

---

136,1 Petephrae] Petefarh C^1, Petefre $P S V N$, Petefres T, Phutifaris *Bad. Am.* | ipsi] ipsius p 2 Petephrae] Petefarh C^1, Petefre $P S V N$, Petefres T, Phutifaris *Bad. Am.* 3 existimatur] aestimatur *Am.* μ | quomodo] cur non μ 5 ad illius] alius C 7 abscisus] abscissus μ 9 ἀρχιμάγειρος] archimagiros $C P S V T$, arcimagiros $p T$ 11 sacerdotium] sacerdotum *Am.* 15 sacerdotio] sacerdotium v, sacerdote *Am.* 17 huic] hunc fuisse *Am.* | sacerdotem] sacerdorum *Am.* 18 civitatis] de civitate *Am.*

ägyptischen Namen, durch den Pharao Josef als ‚richtigen' Ägypter anerkennt (EBACH, *Genesis* z.St.). Daher faßt man den hebr. Wortlaut als Transkription eines genuin ägyptischen Namens auf, dessen präzise Herleitung (z.B. ‚Der Gott spricht: Er möge leben!') aber umstritten bleibt. Hieronymus kennt und bevorzugt ebenfalls ägyptischen Ursprung und deutet den Namen als *saluator mundi* (in Vulg unterdrückt er den Namen selbst und trägt paraphrasierend diese Deutung ein: *et vocavit eum lingua aegyptiaca Salvatorem mundi,* „und er nannte ihn in ägyptischer Sprache ‚Retter der Welt'". Noch problematischer ist die Erklärung der griechischen Namensform, die VL mit LXX gemeinsam hat: Ψονθομφανηχ; es könnte sich um eine Interpretation der LXX handeln, die hier nicht einen Namen, sondern einen ausschließlich ptolemäisch belegten Ehrentitel („Der das Herz angenehm macht, soll leben") einsetzt (vgl. SEEBASS, *Josephsgeschichte* z.St. mit Literatur).

qu. 1,136 (zu Gen 41,45)

136 „Und er gab ihm Asenat, die Tochter Potiferas, des Priesters der Sonnenstadt[178], zur Frau." Man pflegt zu fragen, welchen Potiferas, jenes, dessen Sklave er war, oder eines anderen?[179] Für glaubwürdiger wird aber gehalten: eines anderen. Denn wie man es auf jenen beziehen könnte, stößt auf viele Bedenken. Erstens, weil die Schrift nicht erwähnt hat, daß er die Tochter dessen geheiratet hat, dessen Diener er war, obgleich es scheint, daß sie dieses Faktum nicht hätte übergehen können, das zum nicht geringen Ruhm dieses jungen Mannes beitrug. Zweitens: Wie hätte ein Eunuch eine Tochter haben können? Man entgegnet jedoch: wie aber doch eine Ehefrau?[180] Freilich nimmt man an, er sei später verschnitten worden, sei es infolge einer Verletzung, sei es nach eigenem Beschluß. Weiterhin der Umstand, daß nicht einmal seine Ehrenstellung, wie es doch üblich ist, genannt wird, d.h. daß er ἀρχιμάγειρος war, was die lateinischen Übersetzer mit ‚Oberkoch' wiedergaben, einige aber als ‚Chef des Militärs' deuten wollen.[181] Aber auch hier wird entgegnet, jener habe zwei Ehrenstellungen besessen, sowohl das Amt eines Priesters des Sonnengottes als auch die Militärführung; entsprechend wurde zwar andernorts diejenige Ehrenstellung erwähnt, die mit derartigen Handlungen übereinstimmt; hier hingegen mußte, nachdem sich an Josef eine nicht geringe Gabe der Weissagung gezeigt hatte, auch diejenige Ehrenstellung seines Schwiegervaters angeführt werden, die im Amt des Priesters des Sonnengottes nach Überzeugung der Ägypter eine nicht geringe Gabe der Weissagung mit sich bringt. Trotz alledem ist es jedoch, weil er auch Vorgesetzter der Gefängniswärter war, allzu unglaublich, daß ein Priester diesem Amt vorstand. Ferner ist nicht einfach gesagt, daß er Priester des Sonnengottes war, sondern Priester der Stadt des Sonnengottes, die Heliopolis heißt; sie ist, wie man sagt, mehr als zwanzig Meilen von der Stadt Memphis entfernt, wo die Pharaonen, d.i. die Könige, sich überwiegend aufhielten. Wie

---

[178] TM hat „On", den hebräischen Namen von Heliopolis (so LXX und Vulg), VL übersetzt den Namen.

[179] Dieses Problem hat erst LXX erzeugt. In TM heißt der Ägypter, der Josef als Sklaven kaufte Gen 39,1, פּוֹטִיפַר, Potifar, der Priester von On und Schwiegervater Josefs Gen 41,45 dagegen פּוֹטִי פֶרַע, Potifera. LXX setzt in beiden Fällen Πετεφρης ein; Hieronymus in Vulg entsprechend; in *Qu. Hebr. Gen.* behauptet er ausdrücklich die Identität der beiden. Origenes hatte in *sel. in Gen.* 46-47 darauf hingewiesen, daß die Juden sich für deren Identität auf Apokryphen berufen. Augustinus diskutiert im folgenden unterschiedliche Erklärungsversuche, die von jüdischen wie christlichen Autoren vorgebracht wurden; vgl. GRYPEOU/SPURLING, *Book* 332-336.345-351.

[180] Nur die Frau Potifars wird erwähnt (Gen 39), nicht die Potiferas.

[181] Vgl. o. *qu.* 1,127.

potuit strenue regi servire militiae principatu? Accedit etiam, quod Aegyptii sacerdotes perhibentur non servisse semper nisi templis deorum suorum nec aliud aliquid officii gessisse. Sed si forte tunc aliter fuit, credat quisque quod placet; non est tamen quaestio, cuius exitus clausus sit, sive unus fuerit Petephres sive duo. Quodlibet enim horum quisque existimet, non est fidei periculosum nec contrarium veritati scripturarum dei.

137 *Et congregavit Ioseph triticum sicut arenam maris multum valde, quoadusque non potuit numerare; non enim erat numerus.* Pro eo dictum est: *Non enim erat numerus*, quod nomen numeri omnis usitati excederet illa copia et quomodo appellaretur non inveniebatur. Nam unde fieri potest, ut quamlibet magnae finitae tamen multitudinis numerus non sit? Quamvis hoc potuerit etiam secundum hyperbolen dici.

138 *Et commemoratus est Ioseph somniorum suorum, quae vidit ipse*; adoraverant enim eum fratres sui. Sed aliquid in illis somniis excelsius inquirendum est. Non enim potest eo modo de patre eius ac matre compleri, - quae iam mortua fuerat, - quod, de sole et luna cum vidisset, a patre increpante audierat.

139 Quid est quod Ioseph vir tam sapiens atque ita non solum hominum inter quos vivebat testimonio, sed ipsa etiam scriptura teste laudatus ita iurat per salutem Pharaonis non exituros de Aegypto fratres suos, nisi frater eorum iunior veniret? An etiam bono et fideli vilis fuerat Pharaonis salus, cui fidem sicut primitus domino suo servabat in omnibus? Quanto enim magis ipsi, qui eum in tanto honore locaverat, si illi servavit, qui eum servum emticium possidebat. Quodsi non curabat Pharaonis salutem, numquid et periurium pro cuiuslibet hominis salute vitare non debuit? An non est periurium? Tenuit enim

---

138,1 adoraverant...2 sui] cf. Gn 42,6   4 quod...audierat] cf. Gn 37,10

21   militiae principatu] in *praem. T Am. µ ʒ (item C iuxta ʒ, sed errore)* | accedit] *corr. m. 2 in* acidit *C*   22   templis] templo *S V² Am. µ*   23   aliud aliquid] aliquid aliud *Am.* | officii] officio *Am.* | gessisse] aegisse *Am.*   24   est tamen] tamen est *am.* | Petephres] Petefer *corr. in* Petefres *m. 2 C*, Petefres *P S V N T*, Petefres *Am.*   25   periculosum] periculos *C¹ (add.* um *s. l. m. 2)*   **137,2** numerare] numerari *C² T Am. µ ʒ*   3   usitati] suscitari *n* | excederet] exciderat *p (e add. sup.* a), exciderat *n*   4   quamlibet] quantumlibet *S Am. µ*   **138,1**   vidit] videt *C¹*   2   excelsius...3 potest] *add. in marg. inf. m.1 C*   4   audierat] quos vivebat *add.* sed exp. *P S*, qui vivebat *add. V Bad. Am. µ (app.: „qui audierat* duo Mss"*), ʒ (item C iuxta ʒ, sed errore) Rab. (cf. 139 l. 2, app.)*   **139,1**   hominum] *post* hominum *legitur* testimonio *in T* | hominum...2 testimonio] inter homines *Rab.*   2   inter] inter *V* | inter...testimonio] *del. m. 2 S* | quos

konnte er daher seinen Priesterdienst verlassen und so wirkungsvoll dem König in der Militärführung dienen? Hinzu kommt auch, daß man von den ägyptischen Priestern sagt, sie hätten allezeit ausschließlich ihren Dienst in den Tempeln ihrer Götter verrichtet und keinerlei andersartiges Amt ausgeübt. Aber falls es sich damals vielleicht anders verhielt, mag jeder für wahr halten, was ihm gefällt; jedenfalls ist es kein unlösbares Problem, ob es ein Potifera war oder zwei. Was immer ein jeder darüber denkt, ist weder eine Gefahr für den Glauben noch widerspricht es der Wahrheit der Schriften Gottes.

qu. 1,137 (zu Gen 41,49)

137 „Und Josef sammelte sehr viel Getreide, wie Sand am Meer, bis man es nicht mehr zählen konnte; es gab nämlich keine Zahl." „Es gab nämlich keine Zahl" ist deswegen gesagt, weil diese Menge den Namen jeder gebräuchlichen Zahl übersteigen würde und man keine geeignete Bezeichnung finden konnte. Denn wie kann es sein, daß es keine Zahl für eine beliebig große, aber doch endliche Menge gibt? Wenngleich das auch eine hyperbolische Formulierung sein könnte.

qu. 1,138 (zu Gen 42,9)

138 „Und Josef dachte an seine Träume, die er geträumt hatte"; seine Brüder hatten sich nämlich vor ihm niedergeworfen (vgl. Gen 42,6). Aber man muß in diesen Träumen eine höhere Bedeutung suchen.[182] Das kann sich nämlich weder bezüglich seines Vaters noch bezüglich seiner Mutter – die bereits tot war – so verwirklichen, wie er es von der Sonne und dem Mond gesehen hatte, worauf er von seinem Vater Tadel zu hören bekommen hatte (vgl. Gen 37,10).

qu. 1,139 (zu Gen 42,15-16)

139 Was bedeutet der Umstand, daß Josef, ein so weiser Mann und als solcher nicht nur in der Bekundung der Menschen, unter denen er lebte, sondern sogar auch nach dem Zeugnis der Schrift gelobt, einen derartigen Eid beim Heil Pharaos schwört, seine Brüder dürften Ägypten nicht verlassen, wenn ihr jüngerer Bruder nicht käme? War auch diesem guten und treuen Mann das Heil Pharaos gleichgültig geworden, dem er in allem die Treue bewahrte wie zuvor seinem Herrn? Wieviel mehr nämlich ihm, der ihn zu so hoher Ehrenstellung erhoben hatte, wenn er schon jenem gedient hatte, der ihn als gekauften Sklaven besaß. Selbst wenn er aber keine Rücksicht auf das Heil Pharaos nahm,

---

vivebat] *s. l.* P, *om.* V | testimonio *om.* C P N | ipsa etiam] etiam ipsa T | laudatus] laudatur P¹ S   4 iunior] minor *Am.* | veniret] venerit S V N *Am.* | fideli] viro *add.* S *Am.* μ Pharaonis] Pharaoni S | Pharaonis salus] salus Pharaonis *Am.* μ   5 quanto] quanta T 6 servavit] fidem *Am.*   7 periurium *om.* n

---

[182] Vgl. *qu.* 1,123.

unum eorum, donec veniret Beniamin, et verum factum est quod dixerat: *Non exibitis hinc, nisi venerit frater vester*. Ad omnes enim non potuit pertinere quod dictum est; nam quomodo et ille venturus esset, nisi ad eum adducendum aliqui redissent? Sed quod sequitur magis urget quaestionem, ubi iterum iuravit dicens: *Mittite ex vobis unum et adducite fratrem vestrum; vos autem ducemini, quoadusque manifesta sint verba vestra, si vera dicitis an non; sin autem, per salutem Pharaonis exploratores estis*; id est: Si non vera dicitis, exploratores estis. Huic sententiae interposuit iurationem, quia, si vera non dixissent, exploratores essent, id est exploratorum poena digni essent, quos tamen vera dicere sciebat. Neque enim periurus est quisque, si ei quem castissimum novit dicat: Si hoc adulterium de quo argueris commisisti, damnat te deus, et his verbis adhibeat iurationem, verum omnino iurat. Ibi est enim condicio, qua dixit: Si fecisti, quem tamen non fecisse certum habet. Sed ait aliquis: Verum est, quia, si fecit adulterium, damnat illum deus; hoc autem quomodo verum est: Si non verum dicitis, *exploratores estis*, cum, etiamsi mentiantur, non sint exploratores? Sed hoc est, quod dixi, ita dictum esse *exploratores estis*, tamquam si dictum esset: Exploratorum poena digni estis, hoc est exploratores deputabimini merito mendacii vestri. *Estis* autem potuisse dici pro habebimini et deputabimini innumerae similes locutiones docent. Unde est illa Heliae: *Quicumque exaudierit in igne, ipse erit deus.* Non enim tunc erit, sed tunc habebitur.

140 Quid est quod cum inter se paenitentes filii Israhel loquerentur de fratre suo Ioseph, quod cum illo male egerint et hoc eis divino iudicio redderetur, quod se periclitari videbant, adiungit scriptura et dicit: *Ipsi ignorabant quia audiebat Ioseph; interpres enim inter illos erat.* Hoc scilicet intellegendum est ideo eos putasse quia ille non audiret, quod videbant interpretem, qui inter illos erat, nihil ei dicere eorum quae loquebantur nec ob aliud adhibitum putabant interpretem,

---

139,27 3 Rg 18,24

9 Beniamin] veniaminem *n* (em *exp.*) | et verum *del. S* **10** non *om. C P V N T Rab.* **11** et *om. Am.* | ille…esset] esset ille venturus *Am.* | adducendum] ducendum *Am.* **12** quod *om. T* **13** ducemini] *C p P S V¹ T μ*, ducimini *n*, vinciemini *T (in marg.)*, hinc non egrediemini *V²*, non educemini *Bad. Am.*, vincimini *Rab.*, abducemini *z* **14** dicitis] dicetis *N* **16** si] ex quasi *add. p* | id est] ideo *P¹ S Am.* **17** quos tamen] quotamen *n* | sciebat] nesciebat *p* periurus] peiurus *P* **20** ibi] ubi *p* | qua] quam *C* | fecisti] fecistis *P* **23** sint] sunt *N* | quod] quo *C¹ n* | dixi] dixit *C P n* | ita…24 dictum¹] adictum *n* **24** esse] ē *T* **25** deputabimini] deputamini *S* **26** habebimini] habemini *C¹ P S V Rab.* | et deputabimini *om. N* deputabimini] deputamini *S* **140,1** inter] intra *P S V n T Rab.* **5** audiret] audierat *T*, audierit *Am.* | quod] quid *p*

mußte er nicht auch einen Meineid auf das Heil jedes beliebigen Menschen unterlassen? Oder ist es kein Meineid? Er behielt nämlich nur einen von ihnen zurück, bis Benjamin kam, und so wurde wahr, was er gesagt hatte: „Ihr werdet nicht von hier loskommen, bis euer Bruder gekommen ist." Auf alle konnte sich der Ausspruch nämlich nicht beziehen; denn wie hätte jener kommen können, wenn nicht einige zurückgekehrt wären, um ihn zu holen? Aber das folgende verschärft das Problem noch mehr. Dort schwor er noch einmal: „Schickt einen von euch hin und bringt euren Bruder her; ihr aber werdet verhaftet werden, bis sich eure Worte erwiesen haben, ob ihr die Wahrheit sagt oder nicht; wenn aber nicht, seid ihr Spione – beim Heil Pharaos;" d.h. wenn ihr nicht die Wahrheit sagt, seid ihr Spione. Diesem Urteil fügte er den Eid ein, daß sie, falls sie nicht die Wahrheit gesagt hätten, Spione seien, d.h. die Strafe für Spione verdient hätten; er wußte jedoch, daß sie die Wahrheit sagten. Denn es begeht auch keiner einen Eidbruch, wenn er einem, von dem er weiß, daß er in höchstem Maß keusch ist, sagt: Wenn du den Ehebruch, dessen du beschuldigt wirst, begangen hast, verurteilt dich Gott, und wenn er diesen Worten einen Eid hinzufügt; er schwört vielmehr ganz wahr. Hier hat er nämlich bedingungsweise gesprochen: ‚wenn du es getan hast', obgleich er sicher ist, daß er es nicht getan hat. Es sagt aber einer: Zwar ist wahr, daß, wenn er den Ehebruch begangen hast, Gott ihn verurteilt; aber wieso ist folgendes wahr: Wenn ihr nicht die Wahrheit sagt, „seid ihr Spione", da sie doch, selbst wenn sie lügen, keine Spione sind? Aber genau das habe ich ja gesagt: Es ist gesagt: „Ihr seid Spione", als ob gesagt wäre: Ihr habt die Strafe für Spione verdient, d.h. wegen eurer Lüge werdet ihr zu Recht als Spione gelten. Daß aber „ihr seid" für ‚ihr werdet gehalten werden für' und ‚ihr werdet angesehen werden als' gesagt werden konnte, beweisen zahllose ähnliche Aussprüche. Daher erklärt sich folgender Ausspruch Elijas: „Wer immer mit Feuer erhört haben wird, der wird Gott sein" (1Kön 18,24) Er wird es nämlich dann nicht sein, sondern er wird dann dafür gehalten werden.

qu. 1,140 (zu Gen 42,23)

140 Was bedeutet folgendes: Als die reuigen Söhne Israels miteinander darüber sprachen, daß sie ihren Bruder Josef schlecht behandelt hätten und ihnen dies durch göttliches Urteil dadurch vergolten werde, daß sie sich gefährdet sahen, setzt die Schrift hinzu und sagt: „Sie ahnten nicht, daß Josef zuhörte; es war nämlich ein Dolmetscher zwischen ihnen." Das ist natürlich folgendermaßen zu verstehen: Sie meinten deswegen, daß er nicht höre, weil sie sahen, daß der Dolmetscher, der zwischen ihnen war, ihm nichts von dem sagte, was sie sprachen, und weil sie meinten, der Dolmetscher sei einzig deswegen herangezogen worden, weil jener ihrer Sprache unkundig war. Auch bemühte sich der

nisi quod eorum linguam ille nesciret. Nec cura erat interpretis ea dicere illi, a quo positus fuerat, quae non ad illum, sed inter se loquebantur.

141 *Et iterum accessit ad eos et dixit illis.* Nec adiungit quid illis dixerit. Unde intellegitur haec eadem dixisse quae dixerat.

142 *Et deducetis senectam meam cum tristitia ad infernum.* Utrum ideo *ad infernum*, quia *cum tristitia*? An etiamsi abesset tristitia, tamquam ad infernum moriendo descensurus haec loquitur? De inferno enim magna quaestio est et quid inde scriptura sentiat locis omnibus, ubi forte hoc commemoratum fuerit, observandum est. 5

143 Quod a praeposito domus audiunt: *Deus vester et deus patrum vestrorum dedit vobis thesauros in saccis vestris; argentum autem vestrum probatum habeo,* mendacium videtur, sed aliquid significare credendum est. Argentum enim quod et datur et non minuitur, quia et *probatum* appellatum est, nimirum illud intellegitur de quo alibi legimus: *Eloquia domini eloquia casta, argentum igne examinatum, probatum terrae,* 5
1860 *purgatum septuplum,* id est perfecte.

143,5 Ps 11,7

---

7 linguam] lingua *T*   **141,2** dixerat] dixerant *C N*   **142,1** senectam] senectutem *P*   **143,1** a *om.* *P S*   **2** probatum] *codd. edd. cum Vulg., fort. scribendum* probum, *cf. l.* 4 *in app.; vide etiam Ambros., de Ioseph 50 (p. 107,4sq.); 51 (p. 108,2)* | mendacium] mendatio *p*   **4** probatum] probum *C P V² N Rab., fort. recte, cf. l.* 2 *et* 5   **5** igne] ignem *P¹* | examinatum *om. C P¹ S V N Bad. (alias legit Aug.:* argentum igne exanimatum terrae, purgatum septuplum, *cf. en. Ps.)*   **6** septuplum] septuplo *V N Bad.*

---

[183] Vgl. dazu auch oben *qu.* 1,126. Das Problem, das die obige Übersetzung von *infernus* nicht klar anzeigen kann, entsteht dadurch, daß *infernus* einerseits den Strafort der christlichen Lehre, die Hölle, bezeichnet, andererseits im Alten Testament Übersetzungsäquivalent für die שְׁאוֹל ist, die ‚Unterwelt', zu der alle Verstorbenen hinabsteigen und die daher kein Ort der Strafen und Qualen ist.

Dolmetscher nicht darum, dem, von dem er angestellt war, Dinge mitzuteilen, die sie nicht zu ihm, sondern untereinander sprachen.

qu. 1,141 (zu Gen 42,24)

141 „Und er trat wieder zu ihnen heran und sagte ihnen." Es wird aber nicht angefügt, was er ihnen gesagt hat. Daraus schließt man, daß er dasselbe sagte, was er zuvor gesagt hatte.

qu. 1,142 (zu Gen 42,38)

142 „Und ihr werdet mein Greisenalter mit Trauer in die Unterwelt hinabbringen." Deswegen „in die Unterwelt", weil „mit Trauer"? Oder sagt er dies, auch wenn kein Grund zur Trauer bestünde, gleichsam als einer, der, wenn er stürbe, in die Unterwelt hinabsteigen müßte? Die Unterwelt stellt nämlich ein großes Problem dar, und daher muß man an allen Stellen, wo sie vielleicht erwähnt wurde, darauf acht geben, was die Schrift darunter versteht.[183]

qu. 1,143 (zu Gen 43,23)

143 Was sie vom Hausverwalter zu hören bekommen, scheint eine Lüge zu sein: „Euer Gott und der Gott eurer Väter hat euch Schätze in eure Säcke gelegt; euer Silber aber, das auf Echtheit überprüft wurde, habe ich." Aber man muß annehmen, daß es eine symbolische Bedeutung hat. Das Silber, das einerseits gegeben wird, andererseits nicht abnimmt, wird nämlich, weil es auch „auf Echtheit geprüft" genannt wurde, unzweifelhaft als jenes Silber verstanden, von dem wir andernorts lesen: „Die Worte des Herrn sind reine Worte, Silber, das im Feuer geprüft wurde, geläutert durch Erde, siebenfach gereinigt" (Ps 12,7)[184], d.h. vollkommen gereinigt.

---

[184] Das gemeinsame Element von Gen 43,23 und Ps 11,7 (VL) ist *argentum probatum*. Diese Stichwortverknüpfung funktioniert in TM nicht, da dem *probatum* in Gen 43,23 nichts, in Ps 12,7 etwas anderes entspricht. Während Vulg in Gen 43,23, der Kontextbedeutung des hebräischen Wortes entsprechend, *pecunia*, Geld, übersetzt, bleibt Augustinus mit VL bei dessen Grundbedeutung *argentum* ‚Silber'. Die Qualifikation des Silbers/Geldes in Ps 12,7 als בַּעֲלִיל לָאָרֶץ ist unverständlich, da עֲלִיל hapax unbekannter Bedeutung ist; falls das traditionelle Verständnis nach Targum als „Schmelzofen" zutrifft und diese beiden Wörter dem vorausgehenden צָרוּף zuzuordnen sind, wäre etwa zu übersetzen: „(Silber) geläutert im Schmelztiegel zur Erde hin"; Luther 1545: „Wie durchleuchtert Silber im erdenen tigel". LXX trennt צָרוּף von den folgenden beiden Wörtern und gibt es durch πεπυρωμένον „im Feuer geläutert" wieder; VL entsprechend: *argentum igne examinatum*. Für בַּעֲלִיל לָאָרֶץ sagt LXX δοκίμιον τῇ γῇ, „geprüft durch die Erde" (?), VL+Vulg entsprechend: *probatum terrae* (wie ist der Genitiv zu verstehen?). In *en. Ps.* 11,7 läßt Augustinus das *probatum* aus: *argentum igne examinatum terrae*. Hieronymus übersetzt dagegen im *Psalterium iuxta Hebraeos*: *argentum igne probatum separatum a terra*.

144 *Biberunt autem et inebriati sunt cum eo.* Solent hinc ebriosi adhibere testimonii patrocinium non propter illos filios Israhel sed propter Ioseph, qui valde sapiens commendatur; sed hoc verbum et pro satietate solere poni in scripturis qui diligenter adverterit multis in locis inveniet. Unde est illud: *Visitasti terram et inebriasti eam, multiplicasti ditare eam*; eo quod in laude benedictionis hoc positum est et donum dei commemoratur adparet hac ebrietate saturitatem significari. Nam ita inebriari ut inebriantur ebriosi nec ipsi terrae utile est, quoniam maiore quam satietati sufficit umore corrumpitur sicut vita ebriosorum, qui non satietate se replent, sed mergunt diluvio.

145 Quod ait fratribus suis Ioseph: *Nesciebatis quia augurio auguratur homo qualis ego* - de hoc augurio etiam mandavit eis dicendum per hominem suum - quid sibi velit quaeri solet. An quia non serio sed ioco dictum est, ut exitus docuit, non est habendum mendacium? Mendacia enim a mendacibus serio aguntur, non ioco; cum autem quae non sunt tamquam ioco dicuntur, non deputantur mendacia. Sed magis movet quid sibi velit ista actio Ioseph qua fratres suos, donec eis aperiret quis esset, totiens ludificavit et tanta expectatione suspendit: Quod licet tanto sit suavius cum legitur, quanto illis fit inopinatius cum quibus

---

144,4 Ps 64,10   145,2 de...suum] cf. Gn 44,4-6

144,1 hinc] hic *N*   4 inveniet] invenit *N* | illud] et *praem. N*   6 hac ebrietate] hanc ebrietatem *P S V N* (hac) *T Bad. am. Rab., fort. recte* | saturitatem *om. n* | significari] significare (e *ex* i) *S T, Bad. Am.*   8 satietati] sacietate *C¹ P*   145,1 nesciebatis] nescitis *Z (cf. Capitula)*   2 eis *om. V Bad.* | suum...3 sibi] *om. n* | quid...3 sibi *om. p*   3 ioco] in eo *n*   5 tamquam] sint *add. N*   7 ludificavit] ludificatur *C¹*

---

[185] Hier liegt ein interessantes Übersetzungsproblem vor. VL: *inebriati sunt* und LXX: ἐμεθύσθησαν geben wörtlich TM wieder. Das hebräische Verb שכר bedeutet ‚betrunken sein/werden'. Es wird zwar andernorts mehrfach metaphorisch gebraucht, hier allerdings, in Verbindung mit ‚sie tranken', besteht kein Grund, von der Bedeutung ‚sich berauschen, betrinken' abzugehen. Dennoch hat Augustinus mit seinem pastoralen Anliegen langfristig Einfluß in wissenschaftlichen und Gebrauchsübersetzungen ausgeübt. Selbst das Lexikon von GESENIUS-BUHL gibt neben ‚sich berauschen' für Gen 43,34 die Bedeutung ‚bis zur Fröhlichkeit trinken'. Entsprechend die Kommentare von GUNKEL, VON RAD, WESTERMANN: „und wurden guter Dinge"; Einheitsübersetzung und Zürcher Bibel 2007: „und waren guter Dinge"; Luther-Revision 1984: „und wurden fröhlich mit ihm" (obgleich Luther selbst 1545 übersetzt hatte: „und wurden truncken

qu. 1,144 (zu Gen 43,34)

144 Sie tranken aber und berauschten sich mit ihm."[185] Die Trunksüchtigen pflegen daraus ein Zeugnis zu ihrer Verteidigung abzuleiten, nicht wegen jener Söhne Israels, sondern wegen Josef, der als sehr weise gepriesen wird; aber dieses Wort pflegt in den Schriften, wie ein aufmerksamer Leser an vielen Stellen finden wird, auch für ‚Sättigung' gesetzt zu werden.[186] Entsprechend ist folgende Stelle zu verstehen: „Du hast die Erde heimgesucht und sie trunken gemacht, du hast sie vielfach reich gemacht" (Ps 65,10). Daraus, daß dies im Lobpreis gesagt ist und als Gottesgabe vergegenwärtigt wird, geht hervor, daß durch diese Trunkenheit Sättigung bezeichnet wird. Denn so trunken gemacht zu werden, wie Trunksüchtige sich betrinken, ist auch der Erde unnütz, da sie durch größere Feuchtigkeit, als zur Sättigung genügt, geschädigt wird wie das Leben der Trunksüchtigen, die sich nicht an Sättigung erfreuen, sondern in Überschwemmung versinken.

qu. 1,145 (zu Gen 44,15)

145 Bezüglich des Wortes Josefs zu seinen Brüdern: „Wußtet ihr nicht, daß ein Mann wie ich wahrsagt?" – über diese Wahrsagekunst zu ihnen zu sprechen, beauftragte er auch seinen Mann (vgl. Gen 44,4-6) – pflegt man zu fragen, was es bedeuten solle. Ist es, weil, wie der Ausgang gelehrt hat, dies nicht im Ernst, sondern im Scherz gesagt wurde, nicht als Lüge zu beurteilen? Lügen werden nämlich von Lügnern ernsthaft, nicht im Scherz vorgetragen; wenn aber Dinge, die es gar nicht gibt, gleichsam im Scherz behauptet werden, wird das nicht als Lügen angerechnet. Aber mehr beschäftigt die Frage, was diese Handlungsweise Josefs bedeuten soll, daß er nämlich seine Brüder so oft foppte und derartig auf die Folter spannte, bis er ihnen eröffnete, wer er war. Dieses Verhalten mag zwar für den Leser umso reizvoller sein, je unerwarteter es denen widerfährt,

---

mit jm"). Noch ganz auf der Linie des Augustinus STRACK, KK: „und wurden satt" mit Erklärung: „שכר bezeichnet hier nur die Reichlichkeit des Genusses, nicht das Trunkenwerden". Eine mittlere Lösung bietet die Wiedergabe durch JACOB und SEEBASS: sie „zechten". Dagegen unverblümt KÖNIG und Elberfelder Bibel: „berauschten sich", HAL: nur: „betrunken sein, werden". OEMING, שכר 1 bemerkt vorsichtig: Das Wort „hat bisweilen pejorativen Beiklang und betont die Konsequenzen des (unmäßigen) Alkoholtrinkens, meint dann also ‚sich betrinken, berauschen, besaufen'."

[186] So auch Hieronymus in *Qu. Hebr. Gen.* unter Berufung auf Ps 64 (LXX; TM:65),11: *in stillicidiis eius inebriabitur germinans* „durch seine herabträufelnden Wassergüsse wird sie getränkt werden und aufkeimen". Vulg dagegen: *in stillicidiis eius laetabitur germinans* „an seinen herabträufelnden Wassergüssen wird sie sich erfreuen und aufkeimen". Im *Psalterium iuxta Hebraeos* übersetzt Hieronymus dagegen: *pluviis inriga eam et germini eius benedic* „mit Regengüssen bewässere sie und segne ihr Gewächs".

agitur, tamen sapientiae illius gravitate, nisi magnum aliquid isto quasi ludo significaretur, nec ab illo fieret nec ea scriptura contineretur in qua est tanta sanctitatis auctoritas et prophetandorum tanta intentio futurorum. Quam modo exequi exponendo non suscepimus, sed admonere tantum voluimus quid hic oporteat inquiri. Nam nec illud vacare arbitror, quod non ait: Auguror ego, sed: *Auguratur homo qualis ego.* Quod si locutionis genus est, in scripturae corpore simile aliquid reperiendum est.

146 Non neglegenter considerandum puto, tantam miseriam in hac perturbatione fratrum suorum quomodo Ioseph quamdiu voluit tenuit et quanta voluit mora produxit, non eos utique faciens calamitosos, quando tantae etiam ipsorum futurae laetitiae exitum cogitabat et totum hoc quod agebat, ut eorum gaudium differretur, ad hoc agebat, ut eadem dilatione cumularetur. Tamquam non essent condignae passiones eorum in toto illo tempore quo turbabantur ad futuram gloriam exultationis, quae in eis fuerat revelanda, fratre cognito, quem a se perditum esse arbitrabantur.

147 Multa in narratione Iudae aliter dicta sunt quam cum illis egerat Ioseph, quamvis apud eum loqueretur, ut omnino de illa insimulatione, quod exploratores essent, nihil diceretur. Quod utrum consulto tacitum sit an id fecerit perturbationis oblivio non adparet. Nam et illud quod dixerunt se ab ipso Ioseph interrogatos de patre et fratre suo, se autem illa interroganti indicasse, mirum si vel ad sententiam potest ista pervenire narratio, ut eam constet esse veracem. Quamquam etsi aliqua falsa in ea sunt, falli potius per oblivionem potuit quam auderet mentiri apud eum praesertim, cui non sicut nescienti, sed etiam illa quae noverat eum scire ad flectendam eius misericordiam narrationi inserebat.

148 Quid est quod dicit Ioseph: *Misit enim me deus ante vos remanere vestrum reliquias super terram et enutrire vestrum reliquiarium magnum?* Hoc enim non usque-

---

9 gravitate] gravitati *V* (t *exp. et* s *superpos.*)   10 tanta] tandae *P S N T (μ app.: „septem Mss")* *Rab.*   146,1 non neglegenter *om. N*   2 quanta] quantum *P¹ S V Rab.*   3 produxit] protraxit *Am.*   5 ad] ob *Am.* | dilatione] dilatatione *C*   6 in *om. p*   147,2 loqueretur] loquerentur *N* insimulatione] insiuuatione *Am.*   3 an] et *add. C Am. μ ζ* | id *om. Rab.*   4 et *om. T* 6 sententiam] sentiam *n*   8 auderet] *P¹ S V T Bad. Am. Rab.*, audire *C¹*, audere *p C² μ ζ* nescienti] mentienti *N*   9 narrationi] suae *Am. μ*   148,2 reliquiarium] *(sedi fin. s. l.) S n*, reliquiarum *C p V Bad. Am.*, reliquias *Er. Lov.* | magnum] mirum est *Bad. Am. Er. Lov.* (Quid est quod dicit Ioseph: Praemisit me deus, est reservemini super terram, et escas ad vivendum habere possitis? Quod iuxta alia exemplaria ita legitur: Misit [*eqs.*] ... vestras reliquias ... vestrum reliquiarium, mirum est. *Rab.*)

die es trifft, dennoch würde angesichts seiner würdevollen Weisheit, wenn dieser gleichsam neckische Streich nicht etwas Bedeutsames bezeichnete, weder jener so handeln noch die Schrift es berichten, die so große heilige Autorität besitzt und so große Mühe darauf verwendet, zukünftige Ereignisse zu prophezeien. Wir haben nicht unternommen, das jetzt auslegend auszuführen, sondern wollten nur darauf hinweisen, was hier untersucht werden müßte. Denn meiner Meinung ist es auch nicht ohne Bedeutung, daß er nicht sagt: ‚ich wahrsage‘, sondern: „Ein Mann wie ich wahrsagt." Wenn das eine idiomatische Ausdrucksweise ist, muß etwas dieser Art im Gesamt der Schrift ausfindig gemacht werden.

qu. 1,146 (zu Gen 44)

146 Eine aufmerksame Betrachtung verdient meines Erachtens, wie Josef ein so großes Elend in dieser Erregung seiner Brüder, solange er wollte, aufrecht erhielt und sie über einen so langen Zeitraum, wie er wollte, verlängerte. Er machte sie freilich nicht unglücklich, zumal er zugleich auch als Ziel ihre so große zukünftige Freude im Sinn hatte, und er tat all das, was er anstellte, um ihre Freude hinauszuschieben, zu dem Zweck, daß sie gerade durch diese Verzögerung gesteigert würde. So als würden ihre Leiden während der ganzen Zeit ihrer Erregung nicht ins Gewicht fallen angesichts des zukünftigen herrlichen Jubels, der sich in ihnen zeigen sollte,[187] nachdem sie den Bruder erkannt hatten, von dem sie meinten, sie hätten ihn umgebracht.

qu. 1,147 (zu Gen 44,18-34)

147 Obgleich Juda zu Josef sprach, stellte er in seiner Erzählung vieles so anders dar, als wie Josef mit ihnen verfahren war, daß von jener Beschuldigung, sie seien Spione, nicht das Geringste erwähnt wurde. Ob er das absichtlich verschwiegen hat oder ob er so gehandelt hat, weil er es in seiner Aufregung vergessen hatte, ist unklar. Denn auch bezüglich dessen, was sie nach ihrer Behauptung auf die Frage Josefs nach seinem Vater und seinem Bruder dem Frager geantwortet hatten, ist fraglich, ob diese Erzählung wohl bis zu einem solchen Sinn vorstoßen kann, daß ihre Wahrhaftigkeit feststünde. Dennoch konnte er, wenn auch einiges in ihr falsch ist, sich eher durch Vergessen täuschen, als daß er zu lügen wagte, besonders dem gegenüber, dem er nicht als einem Unwissenden begegnete, sondern für den er auch diejenigen Fakten, von denen er wußte, daß er sie kannte, seiner Erzählung einfügte, um seine Barmherzigkeit zu erregen.

qu. 1,148 (zu Gen 45,7)

148 Was soll der Ausspruch Josefs bedeuten: „Gott hat mich nämlich vor euch vorausgeschickt, damit Reste von euch auf Erden übrig bleiben und um

---

[187] Anklang an Röm 8,18.

quaque consonat, ut reliquias vel reliquiarium accipiamus Iacob et filios eius, cum omnes sint incolumes. An forte illud significat alto secretoque mysterio quod ait apostolus: *Reliquiae per electionem gratiae salvae factae sunt*, quia propheta praedixerat: *Et si fuerit numerus filiorum Israhel sicut arena maris, reliquiae salvae fient?* Ad hoc enim occisus est Christus a Iudaeis et traditus gentibus tamquam Ioseph Aegyptiis a fratribus, ut et reliquiae Israhel salvae fierent. Unde dicit apostolus: *Nam et ego Israhelita sum*, et: *Ut plenitudo gentium intraret et sic omnis Israhel salvus fieret*; id est: Ex reliquiis Israhel secundum carnem et plenitudine gentium quae in fide Christi secundum spiritum sunt Israhel. Aut si et genti illi Israheliticae restat fidei plenitudo, ex qua erant reliquiae, in quibus reliquiis tunc et apostoli salui facti sunt, hoc significatur ea plenitudine liberationis Israhel, qua per Moysen ex Aegypto liberati sunt.

149 *Intrarunt in Aegyptum Iacob et omne semen eius, filii et filii filiorum eius, filiae et filiae filiarum eius cum eo.* Quaerendum quomodo dicat filias et filias filiarum eius cum eo, cum filiam unam legatur habuisse. Superius autem filias eius dixeramus accipi posse neptes eius, sicut filii Israhel omnes dicuntur etiam universus populus ab illo propagatus. Sed nunc cum dicit filias filiarum propter unam Dinam, pluralis numerus pro singulari positus est, sicut etiam pro plurali singularis solet; nisi nurus eius quisque adserat filias eius potuisse appellari.

150 Quod dicit scriptura tot animas peperisse Liam vel tot aut tot animas exisse de femoribus Iacob, videndum est quid hinc respondeatur eis qui hoc testimonio confirmare nituntur a parentibus simul animas cum corporibus propagari. Animas enim dictas pro hominibus a parte totum significante locu-

---

148,5 Rm 11,5   **6** Is 10,22   **9** Rm 11,1 | Rm 11.25

---

3 reliquiarium] *S (sed i fin. s. l.)*, reliquiarum *P V N Bad. Am.*   **8** a *om. p*   **10** plenitudine] plenitudinem *S Am.*, plenitudo *T*   **11** Israheliticae] Israhelitae *Am.*   **149,1** intrarunt] intraverunt *V*, intravit *Am.* | omne] omnes *C* | semen *om. C* | filiae…2 eius¹ *om. C per homoiotel.* **2** filias² *om. C*   **3** cum eo *om. V T Am.*   **4** neptes] nepotes *N* | dicuntur] dicantur *P¹*   **5** propter] praeter *p V*   **7** nurus] numerus *V (exp. et s. l.* neptes) | quisque] *V (que exp.)* adserat] asserit *S*   **150,1** quod] quomodo *p* | vel tot *om. C¹, exp. V* | animas²] animae *C*   **2** exisse] exiisse *Am. μ* | quid] qiod *P*   **3** a…simul *om. N*

---

[188] TM formuliert: „und um (diesen Rest) von euch für eine große Rettung am Leben zu erhalten". VL folgt LXX, die פְּלֵיטָה kollektiv deutet: κατάλειψιν „Entronnene". Vgl. WEVERS, *Genesis:* mit κατάλειμμα (VL: *reliquias*) ist wohl Josef gemeint, mit κατάλειψιν μεγάλην (VL: *reliquiarium magnum*) die umfangreiche Nachkommenschaft Israels.

eure große Hinterlassenschaft zu ernähren"?[188] Das stimmt nämlich nicht allseitig mit der Wirklichkeit überein, so daß wir Jakob und seine Söhne als ‚Reste' oder ‚Hinterlassenschaft' fassen sollten, da sie sämtlich unversehrt sind. Bezeichnet es vielleicht das, was der Apostel in einem tiefen und verborgenen Geheimnis sagt: „Reste sind durch Gnadenwahl gerettet worden" (Röm 11,5), da der Prophet vorhergesagt hatte: „Wenn die Söhne Israels auch so zahlreich wären wie der Sand am Meer, werden nur Reste gerettet werden" (Jes 10,22). Dazu nämlich ist Christus von den Juden getötet und den Heiden ausgeliefert worden – wie Josef den Ägyptern von seinen Brüdern –, damit auch Reste Israels gerettet würden. Daher sagt der Apostel: „denn auch ich bin ein Israelit" (Röm 11,1) und: „damit die Fülle der Heiden eintritt und so ganz Israel gerettet wird" (Röm 11,25); d.h. aus den Resten Israels dem Fleische nach und aus der Fülle der Heiden, die im Glauben an Christus Israel dem Geiste nach sind. Oder wenn auch jenem israelitischen Volk die Fülle des Glaubens verbleibt, aus dem die Reste stammten, unter denen dann auch die Apostel gerettet wurden, wird dies durch diejenigen Fülle der Befreiung Israels bezeichnet, in der sie durch Mose aus Ägypten befreit worden sind.

qu. 1,149 (zu Gen 46,6-7)

149 „Jakob und seine ganze Nachkommenschaft, seine Söhne und die Söhne seiner Söhne, seine Töchter und die Töchter seiner Töchter mit ihm betraten Ägypten." Man muß fragen, wieso es heißt: ‚seine Töchter und die Töchter seiner Töchter mit ihm',[189] obgleich man liest, er habe nur eine einzige Tochter gehabt (vgl. Gen 30,21; 34,1; 46,15). Oben hatten wir zwar gesagt, daß seine ‚Töchter' auch als seine ‚Enkelinnen' verstanden werden können, wie auch mit ‚alle Söhne Israels' das gesamte von ihm abstammende Volk genannt wird.[190] Aber jetzt, wenn es hinsichtlich der einzigen Dina heißt: ‚Töchter der Töchter', ist der Plural für den Singular gesetzt, wie man auch statt des Plurals den Singular zu benutzen pflegt;[191] falls nicht irgend jemand behauptet, seine Schwiegertöchter könnten als seine Töchter bezeichnet werden.

qu. 1,150 (zu Gen 46,15)

150 Hinsichtlich der Ausdrucksweise der Schrift, Lea habe soundsoviel Seelen geboren oder soundsoviele Seelen seien aus den Lenden Jakobs hervorgegangen, muß man zusehen, was man diesbezüglich denjenigen entgegnen kann, die mit diesem Beleg zu beweisen versuchen, daß Eltern zusammen mit den Körpern auch die Seelen fortpflanzen. Es bezweifelt nämlich niemand, daß

---

[189] TM und LXX haben: „die Töchter und die Töchter seiner Söhne"; aber diese Differenz berührt das von Augustinus behandelte Problem nicht.
[190] *Qu.* 1,125.
[191] Vgl. Augustinus *civ.* 16,40.

tione nullus ambigit. Sed quomodo ipsam partem, ex qua totum commemora- 5
tum est, hoc est animam, cuius nomine totus homo significatus est, alienemus
ab eo quod dictum est: *Exierunt de femoribus eius,* ut carnes tantum ex illo natas,
quamvis solae animae nominentur, accipiamus, quaerendi sunt locutionum
modi secundum scripturas.

151 *Hi filii Liae, quos peperit ipsi Iacob in Mesopotamia Syriae, et Dinam filiam eius;
omnes animae, filii et filiae eius, triginta tres.* Numquid istae omnes triginta tres
animae ex Lia in Mesopotamia Syriae natae sunt? Sex utique filii et una filia, ex
quibus nepotes commemorati sunt. Si ergo de uno Beniamin quaestio nata
fuerat, quando numeratis duodecim filiis Iacob et nominatim commemoratis 5
dictum est: *Hi filii Iacob qui facti sunt ei in Mesopotamia Syriae,* quanto maior nunc
quaestio est, quomodo triginta tres animae ex Lia in Mesopotamia Syriae natae
sunt, nisi quia illa locutio confirmatur, tamquam ibi omnes orti sunt, quorum
parentes ibi orti sunt. Deinde et illud iam non dubium est in una filia filias
nominari plurali numero pro singulari posito. 10

152 Quod legitur sexaginta sex animas intrasse cum Iacob in Aegyptum
exceptis videlicet filiis Ioseph et deinde illis adnumeratis infertur: *Septuaginta
quinque animae erant, cum quibus Iacob intravit in Aegyptum,* sic accipiendum est: Qui
erant in domo Iacob, quando intravit in Aegyptum. Nam utique quos ibi inve-

---

150,7 Gn 46,26   **151,6** Gn 35,26

151,1 hi] *corr. m. 1 C* | eius] inclusit *z* (*om. Capitula*)   **3** Mesopotamia] Mesopotamiam *N* | sex] μ („sed *libri omnes, excepto une e Vat. Mss. qui habet* sex") *z,* se *C¹* (d *add. m. 2*), sed *P S V N T Bad. Am.*   **4** nepotes commemorati] neptes commemoratae *Am.*   **6** hi] hii *V N*   **7** est *om. V*   **8** locutio] locuitione *S* (ne *s. l.*), *om. N* | orti] artae *Am.* | sunt²] sint *S N Am.*   **10** nominari] nominare *C*   **152,3** cum...4 Iacob *om. p*

---

[192] Vgl. Augustins Auseinandersetzung mit Tertullian über diese Seelenkonzeption vgl. *Gen. litt.* 10,25,41; 10,26,44.

[193] Vgl. RICKEN, *Seele.* Zu dem Schwanken der Theologen bezüglich des Ursprungs der Seele zwischen Augustinus und Petrus Lombardus vgl. POHLE, *Lehrbuch* Bd. I,558-559.

[194] Unter den ‚Söhnen und Töchtern', sind, wie auch Augustinus (*qu.* 1,125) bemerkt, auch die Enkel subsummiert. V 15 gibt die Zwischensumme der Nachkommen Jakobs durch Lea aus V 8-14. Dina ist – trotz „Söhne und Töchter" – nicht mitgezählt. Zu den arithmetischen Problemen der Liste und der Bedeutung der Geamtsumme 70 (V 27) vgl. HIEKE, *Genealogien* 191-213 und, in Details abweichend, EBACH, *Genesis* 437-445.

‚Seelen' für ‚Menschen' gesagt wird auf Grund einer Ausdrucksweise, die durch einen Teil das Ganze bezeichnet.[192] Aber mit welchem Recht wir gerade den Teil, nach dem das Ganze benannt ist, nämlich die Seele, durch deren Benennung der ganze Mensch bezeichnet wird, aus der Wendung: „Sie gingen aus seinen Lenden hervor" (Gen 46,26), so gründlich entfernen, daß wir behaupten, daß nur die Körper von ihm abstammen, obgleich allein die Seelen genannt werden, dafür müssen die den Schriften eigentümlichen Ausdrucksweisen untersucht werden.[193]

qu. 1,151 (zu Gen 46,15)

151 „Das sind die Söhne der Lea, die sie Jakob im syrischen Mesopotamien geboren hat, dazu ihre Tochter Dina; alle Seelen, ihre Söhne und Töchter insgesamt, dreiunddreißig Personen."[194] Hat Lea etwa alle diese dreiunddreißig Personen im syrischen Mesopotamien geboren? Sicherlich sechs Söhne und eine Tochter; die von diesen abstammenden Enkel sind mit aufgezählt. Wenn daher schon bezüglich des einen Benjamin die Frage aufgekommen war, als bei der Aufzählung der zwölf Söhne Jakobs und ihrer namentlichen Erwähnung gesagt wurde: „Das sind die Söhne Jakobs, die ihm im syrischen Mesopotamien geworden sind" (Gen 35,26)[195], wieviel schwerer wiegt das Problem jetzt, wie Lea dreiunddreißig Personen im syrischen Mesopotamien geboren hat, wenn man nicht jene idiomatische Ausdrucksweise bestätigt, es seien gleichsam alle dort entstanden, wo ihre Eltern entstanden sind.[196] Außerdem steht nachgerade außer Zweifel, daß durch die Setzung des Plurals für den Singular man durch ‚Töchter' die eine einzige Tochter bezeichnet.[197]

qu. 1,152 (zu Gen 46,26-27)

152 Man liest, daß sechsundsechzig Personen mit Jakob Ägypten betraten, außer natürlich den Söhnen Josefs, und anschließend wird unter deren Hinzurechnung gefolgert: „Fünfundsiebzig Personen waren es, mit denen Jakob Ägypten betrat."[198] Das ist so zu verstehen: Diese waren im Haushalt Jakobs, als er Ägypten betrat. Denn mit denen, die er dort antraf, ist er natürlich nicht eingetreten. Aber da man nach sorgfältigerer Erforschung des Sachverhalts

---

TM+LXX: „seine (= Jakobs) Tochter", TM: „seine Söhne und seine Töchter", LXX nur: „Söhne und Töchter". Das *eius* der VL in *filiam eius, filii et filiae eius* ist dagegen doppeldeutig; Augustinus bezieht es naheliegend nicht auf Jakob, sondern auf Lea. Vulg sogar: *filia sua*, aber *filiorum eius et filiarum*.

[195] Vgl. *qu.* 1,117.
[196] Vgl. *qu.* 1,173 und, leicht abweichend, 1,117,3.
[197] Vgl. o. *qu.* 1,149.
[198] Gen 46,27 TM: 70 Personen, LXX: 75 Personen. Vgl. zu den in dieser *quaestio* diskutierten Problemen Einleitung in *qu*. 1, S. 83-85 und WEVERS, *Genesis*.

nit, non cum eis intravit. Sed quoniam diligentius discussa veritate reperiuntur duo nati iam fuisse, cum intravit, Ephraem et Manasses - quod non solum hoc loco Hebraei codices habere dicuntur verum etiam ipsa secundum septuaginta interpretatio in Exodo declarat - nec septuaginta interpretes mihi in hoc videntur errasse, qui propter aliquam mysticam significationem quadam velut prophetica libertate hunc numerum complere voluerunt, si adhuc vivente Iacob illi ex duobus filiis Manasse et Ephraem propagati sunt, quos eidem numero domus Iacob adgregandos iudicaverunt. Sed quia invenitur Iacob decem et septem annos vixisse in Aegypto, quomodo potuerunt filii Ioseph illo vivo etiam nepotes habere, non invenitur. Ingressus est enim Aegyptum Iacob secundo anno famis; nati sunt autem filii Ioseph in annis abundantiae. Quibuslibet annis ubertatis nati existimentur. A primo anno ubertatis usque ad secundum annum famis, quo ingressus est Iacob in Aegyptum, novem anni sunt; huc additis decem et septem quibus ibi vixit Iacob, viginti sex anni reperiuntur. Quomodo ergo minus quam viginti et sex annorum iuvenes etiam nepotes habere potuerunt sed neque ulla Hebraica veritate ista solvitur quaestio. Quemadmodum enim inpleri potuit, ut tot nepotes susciperet Iacob, antequam intraret in Aegyptum, etiam de Beniamin, qui illa aetate venit ad fratrem? Non solum autem scriptura filios eum habuisse commemorat, sed et nepotes et pronepotes, qui omnes adnumerantur sexaginta sex hominibus, cum quibus Iacob in Aegyptum etiam secundum Hebraicam veritatem perhibetur intrasse. Videndum est etiam, quid sibi velit, quod, cum Ioseph et filii eius non amplius quam octo commemorentur, Beniamin vero et eius filii simul undecim reperiantur, non decem et novem omnes sicut sunt octo et undecim, sed decem et octo

---

152,5 reperiuntur...6 Manasses] cf. Gn 41,50   **7** etiam...8 declarat] cf. Ex 1,5   **12** invenitur...13 Aegypto] cf. Gn 47,28   **14** ingressus...15 famis] cf. Gn 45,6; 46,1   **15** nati...abundantiae] cf. Gn 41,50   **22** non...24 pronepotes] cf. Gn 46,21   **26** cum...27 commemorentur] cf. Gn 46,20   **27** Beniamin...reperiantur] cf. Gn 46,21   **28** sed...29 summam] cf. Gn 46,22

---

6   Ephraem] Efrem *p*, et Phrem *n*, Effrē *Am.*, Ephraem μ ζ | quod] quomodo *p*
7 secundum *om. Am.*   **11** et Ephraem *om.* N   **13** potuerunt] potuerint *P V N T*   **20** ista] isto *Am.*   **22** qui] inquid *n*   **23** autem *om. Am.* | filios eum] eum filios *C* μ ζ | eum] eos *p*   **26** et *om.* N   **27** commemorentur] commemorantur *Am.* | eius filii] filii eius *S*

---

[199] Die fünf weiteren dort in LXX genannten Nachkommen wurden Josef erst später in Ägypten geboren.
[200] Wohl Bezug auf Hieronymus, *Qu. Hebr. Gen.*
[201] Die Bemerkung über Ex 1,5 LXX ist rätselhaft, denn dort ist von Efraim und Ma-

findet, daß (nur) zwei bereits geboren waren, als er eintrat, Efraim und Manasse (vgl. Gen 41,50)[199] – das sollen nicht nur die hebräischen Codices an dieser Stelle haben,[200] sondern das erklärt auch die Übersetzung der LXX im Buch Exodus (vgl. Ex 1,5)[201] –, scheinen mir auch die Siebzig Übersetzer, die zum Zweck irgendeiner mystischen Bedeutung mit einer gewissen, gleichsam prophetischen Freiheit diese Zahl auffüllen wollten, diesbezüglich nicht geirrt zu haben, wenn noch zu Lebzeiten Jakobs die beiden Söhne Manasse und Efraim jene gezeugt haben, die ihrem Urteil zufolge der Zahl des Haushalts Jakobs hinzugefügt werden sollten. Aber da man findet, daß Jakob siebzehn Jahre in Ägypten gelebt hat (vgl. Gen 47,28), versteht man nicht, wie die Söhne Josefs zu dessen Lebzeiten bereits Enkel haben konnten. Jakob hat nämlich Ägypten im zweiten Jahr der Hungersnot betreten (vgl. Gen 45,6; 46,1); aber die Söhne Josefs wurden in den Jahren des Überflusses geboren (vgl. Gen 41,50). In welchen Jahren der Fruchtbarkeit auch immer man ihre Geburt ansetzt. Vom ersten Jahr der Fruchtbarkeit bis zum zweiten Jahr der Hungersnot, in dem Jakob Ägypten betreten hat, sind es neun Jahre; hat man diesen die siebzehn Jahre, die Jakob dort lebte, hinzugefügt, kommt man auf sechsundzwanzig Jahre. Aber wie daher junge Männer von weniger als sechsundzwanzig Jahren bereits Enkel haben konnten, diese Frage löst auch nicht irgendein hebräischer Urtext.[202] Wie konnte es nämlich geschehen, daß Jakob, bevor er Ägypten betrat, so viele Enkel auch von Benjamin erhielt, der in jener Zeit zu seinem Bruder kam? Die Schrift bezeugt aber, daß er nicht nur Söhne hatte, sondern auch Enkel und Urenkel (vgl. Gen 46,21 LXX).[203] Sie alle werden unter den sechsundsechzig Menschen aufgezählt, mit denen auch nach dem hebräischen Urtext Jakob Ägypten betreten haben soll. Man muß auch zusehen, was es bedeuten soll, daß, während Josef und seine Söhne als nicht mehr denn acht Personen erwähnt werden (vgl. Gen 46,20, nur LXX), Benjamin hingegen und seine Söhne zugleich als elf angegeben werden (vgl. Gen 46,21), ihre Zahl insgesamt nicht als neunzehn, was acht und elf zusammen ergeben, sondern ihre Summe als achtzehn angegeben wird (vgl. Gen 46,22 LXX) und später behauptet wird, Josef und seine Söhne seien nicht acht, sondern neun gewesen (vgl. Gen 46,27 LXX),[204] obgleich acht

---

nasse nicht die Rede. In Übereinstimmung mit TM (wenn auch in vertauschter Reihenfolge der Sätze) wird lediglich gesagt: „Josef war schon in Ägypten." Bezieht sich Augustinus eher darauf, daß auch Ex 1,5 LXX die Zahl 75 (TM dagegen: 70) nennt?

[202] Diese Spitze gegen Hieronymus und seine Bevorzugung der *veritas hebraica* trifft ihn nicht, denn TM hat in Gen 46,21 keine Enkel und Urenkel Benjamins.

[203] Dieses Problem stellt sich nur in LXX, da TM in Gen 46,21 lediglich von Söhnen, nicht auch von Enkeln und Urenkeln Benjamins spricht.

[204] Vgl. Gen 46,27 LXX (TM dagegen: zwei Personen).

referantur in summam, et postea Ioseph cum filiis suis non animae octo, sed novem fuisse dicantur, cum octo inveniantur. Haec omnia, quae indissolubilia videntur, magnam continent sine dubitatione rationem; sed nescio utrum possint cuncta ad litteram convenire praecipue in numeris, quos in scripturis esse sacratissimos et mysteriorum plenissimos, ex quibusdam, quos inde nosse potuimus, dignissime credimus.

153 Commendatur in patriarchis, quod *pecorum nutritores erant a pueritia sua* et a parentibus suis. Et merito; nam haec est sine ulla dubitatione iusta servitus et iusta dominatio, cum pecora homini serviunt et homo pecoribus dominatur. Sic enim dictum est, cum crearetur: *Faciamus hominem ad imaginem et similitudinem nostram; et habeat potestatem piscium maris et volatilium caeli et omnium pecorum quae sunt super terram.* Ubi insinuatur rationem debere dominari inrationabili vitae. Servum autem hominem homini vel iniquitas vel adversitas fecit: Iniquitas quidem, sicut dictum est: *Maledictus Chanaan; erit servus fratribus suis*; adversitas vero, sicut accidit ipsi Ioseph, ut venditus a fratribus servus alienigenae fieret. Itaque primos servos, quibus hoc nomen in Latina lingua inditum est, bella fecerunt. Qui enim homo ab homine superatus iure belli posset occidi, quia servatus est, servus est appellatus; inde et mancipia, quia manu capta sunt. Est etiam ordo naturalis in hominibus, ut serviant feminae viris et filii parentibus, quia et illic haec iustitia est, ut infirmior ratio serviat fortiori. Haec igitur in dominationibus et servitutibus clara iustitia est, ut qui excellunt ratione, excellant dominatione. Quod cum in hoc saeculo per iniquitatem hominum perturbatur vel per naturarum carnalium diversitatem, ferunt iusti temporalem perversitatem in fine habituri ordinatissimam et sempiternam felicitatem.

---

29 et…**30** dicantur] cf. Gn 46,27   **153,4** Gn 1,26   **8** Gn 9,25   **9** accidit…fieret] cf. Gn 37,28.36   **12** est^2…**13** parentibus] cf. Col. 3,18.20

30 cum *om. p*   **32** numeris] numeros *C* | in^2 *om. C P V*   **33** sacratissimos] sacratissimus *C*   **153,1** a^2 *om. P*   **3** dominatur] dominantur *C¹*   **6** inrationabili] inrationali *N*   **7** hominem homini] homini hominem *p T* | fecit] dominari *Praem. Am.*   **8** sicut] sic *p*   **11** homo *om. p*   **12** est appellatus] appellatur *S V² Am.*   **14** haec¹…est] iusticia est haec *Am.*   **16** quod] aut *praem. n*   **17** fine] finem *P Am.*

---

[205] Etymologische Behauptung: *servus* von *servare*.
[206] Ausführlicher legt Augustinus diese Konzeption über Dienst und Herrschaft in *civ.* 19,15 dar.

angegeben werden. Für all diese Widersprüche, die unlösbar erscheinen, gibt es ohne Zweifel einen bedeutenden Grund; aber ich weiß nicht, ob alles nach dem buchstäblichen Sinn übereinstimmen kann, vor allem bei den Zahlen, von denen wir wissen, daß sie in den Schriften höchst heilig und übervoll von Geheimnissen sind. Darunter sind einige, die wir verstehen konnten und aus höchst angemessenen Gründen glauben.

qu. 1,153 (zu Gen 46,32-34)

153 An den Patriarchen wird gelobt, daß sie „Viehzüchter waren von Jugend an" und von ihren Eltern her. Und das zu Recht; denn dies ist ohne Zweifel ein gerechter Dienst und eine gerechte Herrschaft, wenn das Vieh dem Menschen dient und der Mensch über das Vieh herrscht. So ist es nämlich gesagt worden, als der Mensch erschaffen wurde: „Laßt uns den Menschen machen nach unserem Bild und nach unserer Ähnlichkeit; und er soll die Herrschaft haben über die Fische des Meeres und über die Flugtiere des Himmels und über alles Vieh, das auf der Erde ist" (Gen 1,26) Dort wird verdeutlicht, daß der Verstand über die unvernüftigen Lebewesen herrschen soll. Den Menschen aber für den Menschen zum Sklaven hat entweder Vergehen oder Feindschaft gemacht: und zwar Vergehen, wie gesagt ist: „Verflucht ist Kanaan; er wird seinen Brüdern Sklave sein" (Gen 9,25); Feindschaft hingegen, wie sie Josef widerfahren ist, so daß er, von seinen Brüdern verkauft, Sklave eines Ausländers wurde (vgl. Gen 37,28.36). Daher haben Kriege die ersten Sklaven hervorgebracht, denen diese Bezeichnung in der lateinischen Sprache zugelegt wurde. Denn einen Menschen, der von einem Menschen überwunden wurde und daher nach Kriegsrecht getötet werden konnte, nannte man, weil er am Leben erhalten wurde, *servus* (Sklave);[205] daher kommt auch die Bezeichnung *mancipia* (Kaufsklaven), weil sie mit der Hand gefangen worden sind. Es waltet auch unter den Menschen die Naturordnung, daß die Frauen den Männern und die Kinder den Eltern dienen (vgl. Kol 3,18.20), weil es auch in jenem Fall gerecht ist, daß der schwächere Verstand dem stärkeren dient. Bezüglich der Herrschafts- und Dienstverhältnisse ist es daher eindeutig gerecht, daß die, die durch Verstand hervorragen, auch durch Herrschaft hervorragen. Wenn das in dieser Weltzeit durch die Ungerechtigkeit der Menschen oder durch die Unterschiedlichkeit der fleischlichen Wesen verwirrt wird, ertragen die Gerechten die vorübergehende Verkehrtheit, weil sie am Ende vollkommene Ordnung und die ewige Seligkeit erlangen werden.[206]

qu. 1,154 (zu Gen 46,34)

154 „Jeder Viehhirte ist den Ägyptern nämlich ein Greuel." Zu Recht ist den Ägyptern, die die gegenwärtige Weltzeit repräsentieren, in der die Ungerechtig-

154 *Abominatio est enim Aegyptiis omnis pastor ovium.* Merito Aegyptiis, in quibus figura est praesentis saeculi, in quo abundat iniquitas, abominatio est omnis pastor pecorum; abominatio est enim iniquo vir iustus.

155 *Venerunt autem in Aegyptum ad Ioseph Iacob et filii eius; et audivit Pharao rex Aegypti. Et ait Pharao ad Ioseph dicens: Pater tuus et fratres tui venerunt ad te: Ecce terra Aegypti ante te est. In terra optima conloca patrem tuum et fratres tuos.* Haec repetitio non praetermissae rei, ad quam saepe obscure per recapitulationem reditur, sed omnino aperta est; iam enim dixerat scriptura quomodo venerint ad Pharaonem 5 fratres Ioseph et quid eis dixerit vel ab eis audierit. Sed hoc nunc velut ab initio repetivit, ut inde contexeret narrationem ab his verbis, quae soli Ioseph Pharao dixit. Quorum omnium in codicibus Graecis, qui a diligentioribus conscripti sunt, quaedam obeliscos habent et significant ea quae in Hebraeo non inveniuntur et in septuaginta inveniuntur, quaedam asteriscos, quibus ea significantur 10 quae habent Hebraei nec habent septuaginta.

156 Quid est quod dixit Iacob Pharaoni: *Dies annorum vitae meae, quos incolo?* Sic enim habent Graeci, quod Latini habent *ago* vel *habeo* vel si quid aliud. Utrum ergo ideo dixit: *Quos incolo*, quia in terra natus est, quam nondum populus divina promissione hereditatis acceperat, et ibi vitam ducens utique in aliena terra erat, non solum quando peregrinabatur, sicut in Mesopotamia, verum 5 etiam quando ibi erat ubi natus est? An potius secundum id accipiendum est,

---

155,5 iam...6 audierit] cf. Gn 45,16-20

154,3 iniquo] iniquitatis *C* (ti *s. l. m. 2*)   **155,1** ad *om. C S n*   **4** praetermissae rei] potest misceri *Am.*   **5** dixerat scriptura] scriptura dixerat *P T*   **156,1** incolo] inloco *N*, inloco *T* (colo *add. in marg.*)   **3** incolo] inloco *N*

---

[207] Vgl. *qu.* 2,28.
[208] In Gen 47,5-6 weichen TM (und Vulg) und LXX (und VL) deutlich voneinander ab. Einige Sätze, die TM in 47,6 bringt, stehen in LXX schon in 47,5: „Sie sollen sich in Goschen niederlassen. Wenn du aber weißt, daß unter ihnen tüchtige Leute sind, so setze sie als Aufseher meines Viehs ein!" Anschließend folgen in LXX die Äquivalente der beiden Sätze *uenerunt [...] rex Aegypti*, mit denen das obige Augustinuszitat beginnt, denen in TM nichts entspricht und die kaum als resümierend zu rechtfertigen sind. Während ältere Ausleger häufig den LXX-Wortlaut für ursprünglich hielten, plädieren neuere für TM; so z.B. WESTERMANN, *Genesis* 3, 188 mit der einleuchtenden Erwägung, LXX habe geändert, weil sie 47,5 TM als ungeeignete Antwort auf 47,4 TM angesehen habe, und WEVERS, *Genesis*.

keit über Hand nimmt, jeder Viehhirte ein Greuel;[207] ein Greuel ist nämlich der gerechte Mann für den ungerechten.

qu. 1,155 (zu Gen 47,5-6)

155 „Jakob und seine Söhne kamen aber zu Josef nach Ägypten; und Pharao, der König Ägyptens, hörte davon. Und Pharao sagt zu Josef: ‚Dein Vater und deine Brüder sind zu dir gekommen: Siehe, das Land Ägypten steht dir offen. Im besten Land siedle deinen Vater und deine Brüder an!'"[208] Hier wird nicht eine übergangene Szene wiederholt, zu der man oft dunkel durch Rekapitulation zurückkehrt, sondern die Wiederholung liegt ganz klar zutage; die Schrift hatte nämlich bereits gesagt, wie die Brüder Josefs zu Pharao kamen und was er ihnen sagte und was er von ihnen hörte (vgl. Gen 45,16-20).[209] Das hat sie nun aber gleichsam von Anfang an wiederholt, um die Erzählung von da an mit denjenigen Worten zu verknüpfen, die Pharao dem Jakob allein gesagt hat. Von all diesen Wörtern haben in griechischen Codices, die sorgfältigere Schreiber erstellt haben, einige einen Obeliskus und zeigen so die Wörter an, die sich im Hebräischen nicht, jedoch in der LXX finden, andere einen Asteriskus, durch die diejenigen Wörter bezeichnet werden, die zwar die hebräischen Codices, nicht aber die LXX haben.[210]

qu. 1,156 (zu Gen 47,9)

156 Was bedeuten die Worte Jakobs zu Pharao: „die Tage meiner Lebensjahre, die ich als Fremder wohne"? Diesen Wortlaut bringen nämlich die Griechen[211], wofür die lateinischen Codices „verbringe" oder „habe" oder irgend etwas anderes sagen.[212] Hat er deswegen gesagt: „die ich als Fremder wohne", weil er in einem Land geboren wurde, das das Volk noch nicht durch göttliche Verheißung als Erbschaft empfangen hatte und weil er dort tatsächlich in fremdem Land sein Leben hinbrachte, nicht nur, während er auf Wanderung war, wie in Mesopotamien, sondern auch, als er sich an seinem Geburtsort aufhielt?

---

[209] Augustinus paraphrasiert ungenau. Nur hier 47,2-4 spricht Pharao persönlich mit den Brüdern; in 45,16-20, worauf Augustinus anspielt, verkehrt Pharao lediglich vermittelt durch Josef mit den abwesenden Brüdern.

[210] Augustinus bezieht sich auf Manuskripte der LXX, die mit Obelus und Asteriskus die diakritischen Zeichen der Hexapla des Orignes enthalten, mit Hilfe derer dieser um die Mitte des 3. Jh.n.Chr. in der fünften Kolonne die quantitativen Unterschiede zwischen TM und LXX signalisierte, bzw. er benützt VL-Manuskripte, in die diese diakritischen Zeichen übertragen waren.

[211] Αἱ ἡμέραι τῶν ἐτῶν τῆς ζωῆς μου, ἃς παροικῶ. Gute Entsprechung zu TM: „Tage meiner Fremdlingschaft".

[212] Augustinus nennt hier VL-Lesarten, die auch Ambrosius bezeugt: *Hex.* 4,5,22 *(ago)*; *Bon. Mort.* 2 *(habeo)*: RÜTING, *Untersuchungen* 175.

quod ait apostolus: *Quamdiu sumus in corpore, peregrinamur a domino*? Secundum hoc et illud in Psalmo dictum intellegitur: *Inquilinus ego sum in terra et peregrinus sicut omnes patres mei*. Nam iterum dicit de ipsis diebus vitae suae: *Non pervenerunt in dies annorum vitae patrum meorum, quos dies incoluerunt*. Non enim hic aliud voluit intellegi quam id quod Latini codices habent *vixerunt*; ac per hoc significavit hanc vitam incolatum esse super terram, id est peregrinationis habitationem. Sed credo sanctis hoc convenire, quibus aliam patriam aeternam dominus pollicetur. Unde videndum est quemadmodum dictum est de inpiis: *Incolent et abscondent ipsi, calcaneum meum observabunt*. De his enim convenientius accipitur, qui ut abscondant incolunt, id est: Ut insidientur filiis, non manent in domo in aeternum.

157 *Et dedit eis possessionem in terra optima, in terra Ramessem, sicut praecepit Pharao*. Quaerendum est utrum terra Ramessem ipsa sit Gessem. Ipsam enim petierant et ipsam eis Pharao dari praeceperat.

158 *Et metiebatur triticum patri suo Ioseph*; et tamen eum pater nec quando vidit adoravit nec quando ab illo triticum accipiebat. Quomodo ergo somnium Ioseph modo inpletum putabimus et non potius maioris rei continere prophetiam?

159 *Et intulit Ioseph omnem pecuniam in domum Pharaonis*. Pertinuit ad scripturam in hac etiam re commendare fidem famuli dei.

160 *Dixit autem illis Ioseph: Adducite pecora vestra et dabo vobis panes pro pecoribus vestris, si defecit argentum*. Quaeri potest, cum Ioseph frumenta collegerit unde homines viverent, pecora unde vivebant, cum tanta fames invalesceret, maxime quia fratres Ioseph Pharaoni dixerant: *Non sunt enim pascua pecoribus puerorum tuorum; invaluit enim fames in terra Chanaan*, et propter hanc etiam inopiam pascuo-

---

156,7 II Cor 5,6   8 Ps 38,13   14 Ps 55,7   **157**,2 ipsam...3 praeceperat] cf. Gn 47,4.6   **158**,2 somnium...3 Ioseph] cf. Gn 37,9   **160**,4 Gn 47,4

8   intellegitur] intellegimus *p*   12   hanc] hac *C* | incolatum] incolatus *P S V T Rab*.   13 convenire] venire *p*   15   his] *C² P S V N T Am. μ Rab*., eis *C¹ ʒ*   **157**,1 terra¹] terram *P* terra Ramessem] tera iessem *C¹* (terrā *corr. m. 2*), rasesē *P¹*, ramesem *T* | praecepit] praeceperat *C (m. 2) ʒ*   2 est *om. P V N T Rab*. | terra] terram *P*, terra∗ *V* | sit] et *add. ʒ (ex Capitulis)* | Gessem] Gessen *V Am. μ Rab*.   **158**,1 nec...2 adoravit *om. n per homoiot*.   2 nec quando] nequando *N*   3 modo *om. N* | continere] *P S N T Am. μ Rab*., contineri *C V Bad. ʒ*   **159**,2 famuli] famulis *C*   **160**,2 defecit] deficit *Am*. | Ioseph *om. n*

Oder soll man es eher entsprechend dem Wort des Apostels verstehen: „Solange wir im Leib sind, leben wir fern vom Herrn in der Fremde" (2Kor 5,6)? Dem entsprechend wird auch jenes Psalmwort verstanden: „Ein Beisasse bin ich im Land und ein Fremdling wie alle meine Väter" (Ps 39,13). Denn er sagt weiterhin von seinen eigenen Lebenstagen: „Sie haben nicht die Lebenstage meiner Väter erreicht, die sie als Fremde wohnten." Darunter wollte er nämlich nichts anderes verstanden wissen als das, was die lateinischen Codices haben: „sie lebten"; und dadurch zeigte er an, daß dieses Leben ein Fremdlingsdasein auf der Erde ist, d.h. eine Wohnung in der Fremde. Ich glaube aber, das trifft auf die Heiligen zu, denen der Herr eine andere, die ewige Heimat verheißt. Darum ist zu beachten, in welchem Sinn von den Gottlosen gesagt ist: „Sie werden in der Fremde wohnen und sich verstecken, meine Ferse werden sie bewachen." (Ps 56,7) Angemessener versteht man das nämlich von denjenigen, die, um sich zu verstecken, d.h. um den Söhnen nachzustellen, als Fremde wohnen, sie bleiben niemals zuhaus.

qu. 1,157 (zu Gen 47,11)

157 „Und er gab ihnen Grundbesitz im besten Land, im Land Ramses, wie Pharao verfügt hatte." Man muß untersuchen, ob das Land Ramses mit Goschen identisch ist. Dieses hatten sie nämlich erbeten, und Pharao hatte befohlen, es ihnen zu geben (vgl. Gen 47,4.6).

qu. 1,158 (zu Gen 47,12)

158 „Und Josef teilte seinem Vater Getreide zu"; und dennoch warf sich der Vater nicht vor ihm nieder, weder als er ihn traf noch als er von ihm Getreide empfing. Wie werden wir also auf die Idee verfallen, der Traum Josefs (vgl. Gen 37,9) sei in diesem Moment erfüllt worden und enthalte nicht vielmehr die Vorhersage einer bedeutenderen Sache?[213]

qu. 1,159 (zu Gen 47,14)

159 „Und Josef brachte alles Geld in das Haus Pharaos." Die Schrift legte Wert darauf, auch in dieser Angelegenheit die Zuverlässigkeit des Dieners Gottes hervorzuheben.

qu. 1,160 (zu Gen 47,16)

160 „Josef sagte aber zu ihnen: ‚Bringt euer Vieh herbei, und ich werde euch Nahrungsmittel für euer Vieh geben, wenn das Geld ausgegangen ist.'" Man kann fragen: Wovon lebte, als Josef das Getreide eingesammelt hatte, von dem die Menschen leben sollten, das Vieh, als die Hungersnot sich derartig steigerte, zumal weil die Brüder Josefs zu Pharao gesagt hatten: „Es gibt ja keine Weide für das Vieh deiner Knechte; die Hungersnot ist nämlich schwer geworden im Land Kanaan" (Gen 47,4), und weil sie dargelegt hatten, sie seien auch wegen

---

[213] Vgl. *qu.* 1,123 und 1,138.

rum se venisse commemoraverant. Proinde si ea fame pascua defecerant in terra Chanaan, cur in Aegypto non defecerant eadem tunc fame ubique invalescente? An, sicut perhibetur ab eis qui loca sciunt, in multis Aegypti paludibus poterant pascua non deesse, etiam cum fames esset frumentorum, quae solent Nili fluminis inundatione provenire? Magis enim dicuntur paludes illae feracius pascua gignere, quando aqua Nili minus excrescit.

161 Moriturus Iacob filio suo Ioseph dicit: *Si inveni gratiam in conspectu tuo, subice manum tuam sub femore meo et facies in me misericordiam et veritatem.* Ea filium iuratione constringit, qua servum constrinxerat Abraham: Ille mandans unde uxor ducatur filio suo, iste sepulturam commendans corporis sui. In utraque tamen causa nominata sunt duo illa, quae magni habenda atque pendenda sunt in scripturis omnibus, quacumque dispersim leguntur, misericordia et iustitia vel misericordia et iudicium vel misericordia et veritas, quandoquidem quodam loco scriptum est: *Universae viae domini misericordia et veritas.* Ita haec duo multum commendata multum consideranda sunt. Servus autem Abrahae dixerat: *Si facitis in dominum meum misericordiam et iustitiam,* sicut et iste filio suo dicit: *Ut facias in me misericordiam et veritatem.* Quid sibi autem velit a tanto viro tam sollicita corporis commendatio, ut non in Aegypto sepeliatur, sed in terra Chanaan iuxta patres suos, mirum videtur et quasi absurdum nec conveniens tantae excellentiae mentis propheticae, si hoc ex hominum consuetudine metiamur. Si autem in his omnibus sacramenta quaerantur, maioris admirationis gaudium ipsi qui invenerit orietur. Cadaveribus quippe mortuorum peccata significari in lege non dubium est, cum iubentur homines post eorum contrectationem sive qualemcumque contactum tamquam ab inmunditia purificari. Et hinc illa sententia ducta est: *Qui baptizatur a mortuo et iterum tangit illum, quid profecit lavatio eius? Sic et qui ieiunat super peccata sua et iterum ambulans haec eadem facit.* Sepultura ergo mortu-

---

161,2 ea...3 Abraham] cf. Gn 24,2-4   8 Ps 24,10   9 Gn 24,29   12 commendatio...13 suos] cf. Gn 47,30   17 cum...18 purificari] cf. Nm 19,11-22   19 Sir 34 (VL; LXX: 31), 30-31

---

10   illae] illa *n*, ille *T* | feracius] feracios *C¹*, feratius *T*, feracia *Bad. Am. μ (in app.:* „feracius *Mss. quindecim*")   **161,2**   sub] super *P* | in me] mecum *S*   **3**   constringit] constrixerat *C*, constrixit *p* (n *sup. pr.* i), constrinxerat *P* (erat *ex* it), constrinxit *T* (nx *exp.*), constrinxit *Bad.*   **5**   magni] magna *C P* | atque pendenda *om. p* | pendenda] perpendenda *Bad.*   **6**   in *om. C*   dispersim] dispersa *Bad. Am.* | misericordia *(ter)* misericordie *C¹*   **7**   quodam] in *praem. V Bad. Am. μ*   **9**   si *om. C¹ p P*   **10**   dominum] deum *n* | ut facias] et facies *μ (in marg.) z; cf. l.* 2   **11**   a *om. C p z*   **12**   Aegypto] Egiptum *Bad.*   **14**   metiamur] mentiamur *n*   **16**   significari] significata *Bad.*   **17**   contrectationem] contractationem *P T*, contractionem *V Bad. Am.*   qualemcumque] qualecumque *P*   **18**   contactum] contractum *Am.*   **19**   profecit] proficit *C² p Bad. Am. μ Eug. (praeter cod. P)*

dieses Futtermangels gekommen. Wenn folglich wegen dieser Hungersnot das Futter im Land Kanaan ausgegangen war, warum war es nicht auch in Ägypten ausgegangen, als damals überall dieselbe Hungersnot zunahm? Ist möglicherweise, wie Ortskundige anführen, in den vielen ägyptischen Sümpfen das Futter nicht ausgegangen, auch als Mangel an Getreide herrschte, das üblicherweise infolge der Nilüberschwemmung hervorwächst? Jene Sümpfe bringen nämlich, so sagt man, umso mehr fruchtbareres Futter hervor, als der Anstieg des Nilwassers geringer ausfällt.

qu. 1,161 (zu Gen 47,29)

161 Als Jakob im Sterben lag, sagte er zu seinem Sohn Josef: „Wenn ich Gunst in deinen Augen gefunden habe, leg doch deine Hand unter meine Hüfte, und du sollst Barmherzigkeit und Wahrheit an mir erweisen."[214] Er bindet seinen Sohn mit demselben Eid, mit dem Abraham seinen Knecht gebunden hatte (vgl. Gen 24,2-4): dieser, als er den Auftrag erteilte, woher für seinen Sohn eine Ehefrau geholt werden sollte, jener, als er die Beisetzung seines eigenen Körpers auftrug. In beiden Fällen sind jedoch die beiden Verhaltensweisen genannt, die in allen Schriften, wo überall verstreut sie gelesen werden, hoch zu achten und wertzuschätzen sind: ‚Barmherzigkeit und Gerechtigkeit' bzw. ‚Barmherzigkeit und Urteil' bzw. ‚Barmherzigkeit und Wahrheit', da ja an einer Stelle geschrieben ist: „Alle Wege des Herrn sind Barmherzigkeit und Wahrheit" (Ps 25,10). Darum verdienen diese vielfach gepriesenen Verhaltensweisen vielfache Beachtung. Der Knecht Abrahams hatte aber gesagt: „Wenn ihr meinem Herrn Barmherzigkeit und Gerechtigkeit erweist" (Gen 24,49), wie auch dieser da zu seinem Sohn sagt: „damit du mir Barmherzigkeit und Wahrheit erweist". Was das aber soll, daß sich ein so großer Mann derartig um seinen Körper sorgt und anordnet, daß er nicht in Ägypten beigesetzt werde, sondern im Land Kanaan bei seinen Vätern (vgl. Gen 47,30), – das erscheint seltsam und gleichsam unvernünftig und für einen Mann mit derart überragendem prophetischen Geist unziemlich, wenn wir es nach dem üblichen Verhalten der Menschen beurteilen. Wenn man hingegen in all diesem Geheimnisse sucht, wird dem, der eines gefunden haben wird, die Freude größerer Bewunderung zuteil werden. Unzweifelhaft bezeichnen ja Leichen der Verstorbenen im Gesetz die Sünden, da vorgeschrieben wird, daß die Menschen sich nach ihrer Berührung oder nach einem Kontakt welcher Art auch immer davon als einer Verunreinigung reinigen (vgl. Num 19,11-22). Und daher leitet sich jener Satz: „Wer sich von einem Toten wäscht und ihn wieder berührt, was hat ihm seine Waschung genützt? So ist auch der Mensch, der für seine Sünden fastet und erneut hingeht und dieselben Dinge wieder tut (Sir 34,30-31)." Die

---

[214] Vgl. oben *qu.* 1,66.

orum remissionem significat peccatorum eo pertinens quod dictum est: *Beati quorum remissae sunt iniquitates et quorum tecta sunt peccata.* Ubi ergo sepelienda erant hoc significantia cadavera patriarcharum nisi in ea terra ubi ille crucifixus est, cuius sanguine facta est remissio peccatorum? Mortibus enim patriarcharum peccata hominum figurata sunt. Dicitur autem ab eo loco, quod Abrahamium vocatur, ubi sunt ista corpora, abesse locum ubi crucifixus est dominus fere triginta milibus, ut etiam ipse numerus eum significare intellegatur, qui in baptismo adparuit ferme triginta annorum; et si quid aliud de re tanta vel hoc modo vel sublimius intellegi potest, dum tamen non frustra arbitremur tales ac tantos homines dei tantam gessisse curam pro sepeliendis corporibus suis, cum sit atque esse debeat fidelium ista securitas, quod ubicumque corpora eorum sepeliantur vel insepulta etiam per inimicorum rabiem relinquantur aut pro eorum libidine dilacerata absumantur, non ideo vel minus integram vel minus gloriosam eorum resurrectionem futuram.

162 Quod habent Latini codices: *Et adoravit super caput virgae eius,* nonnulli emendantes habent: *Adoravit super caput virgae suae,* vel *in capite virgae suae* sive *in cacumen* vel *super cacumen.* Fallit eos enim Graecum verbum, quod eisdem litteris

---

21 Ps 31,1 **24** cuius…peccatorum] cf. Eph 1,7 **25** eo…26 corpora] cf. Gn 49,30-31; 50,13

23 patriarcharum nisi *om. P¹* **25** dicitur] dicunt *Bad. Am.* | autem] ut *add. C* | quod] qui *S* Abrahamium] Abramium *N Eug.* (Abrahamiam *P*), Abrahaminium *T*, Abrahamum *Bad.*, Abraemium *Am.*, Abrahemium *Rab.* **28** ferme] fere *T Bad. Am. μ* **32** sepeliantur] vel insepeliantur *add. Bad.* | per *om. V Bad.* | rabiem] rabie *V Am. Bad.* **33** absumantur] assumantur *P* | integram] integra *Bad. Am.* **34** gloriosam] gloriosa *Bad. Am.* eorum…futuram] in eorum resurrectione futura *Bad. Am.* **162,2** emendantes] emendantis *C¹ (corr. in* emendatus *m.2)T,* codices emendantes *S,* codices emendacius *Am. μ,* emendatius *Rab.* **3** cacumen¹] cacumine *Am. μ* | eos enim] enim eos *P S T Am.* | Graecum verbum] verbum Graecum *Am. μ*

---

²¹⁵ Die Übersetzung kann die nichtreflexiven und reflexiven Alternativen *eius* (auf Josef bezogen) und *suae* (auf Jakob bezogen) nicht unterscheiden.

²¹⁶ Gen 47,31 TM: וַיִּשְׁתַּחוּ יִשְׂרָאֵל עַל־רֹאשׁ הַמִּטָּה „Da verneigte sich Israel (anbetend) zum Kopfende des Bettes hin". Es bleibt offen, ob seine Proskynese, die der im Bett Liegende seiner Todesschwäche halber nicht zur Erde, sondern nur zum Ende des Bettes hin vollziehen kann, Gott (vgl. 1Kön 1,47-48) oder Josef gilt und ob insofern eine Verwirklichung des Traumes Josefs Gen 37,9-10 angedeutet wird. LXX vokalisiert im Gegensatz zu TM nicht מִטָּה ‚Bett', sondern מַטֶּה ‚Stab' und fügt ein Personalpro-

Beisetzung der Toten bezeichnet daher die Vergebung der Sünden entsprechend dem Wort der Schrift: „Selig, deren Ungerechtigkeiten vergeben und deren Sünden zugedeckt sind" (Ps 32,1). Wo also mußten die Leichen der Patriarchen, die dies bezeichnen, beerdingt werden, wenn nicht in demjenigen Land, wo jener gekreuzigt worden ist, durch dessen Blut die Vergebung der Sünden bewirkt wurde (vgl. Eph 1,7)? Die Leichen der Patriarchen symbolisieren nämlich die Sünden der Menschen. Von dem Ort, der Abrahamium genannt wird, wo diese Leichen liegen (vgl. Gen 49,30-31; 50,13), soll aber der Ort, wo der Herr gekreuzigt wurde, etwa dreißig Meilen entfernt sein, so daß man versteht, daß auch diese Zahl denjenigen bezeichnet, der bei seiner Taufe im Alter von ungefähr dreißig Jahren erschien; gleichwohl kann man diese so bedeutende Sache auch anders verstehen, sei es auf diese, sei es auf eine erhabenere Weise, wofern wir freilich nur nicht meinen, derartige und so bedeutende Gottesmänner hätten ohne Grund so große Mühe auf die Beisetzung ihrer Leiber verwandt, da doch die Gläubigen in folgendem sicher sind und sein sollen, daß, wo immer ihre Körper beigesetzt werden oder auch wegen der Wut ihrer Feinde unbeerdigt bleiben oder nach deren Willkür zerfleischt und vernichtet werden sollten, ihnen deswegen nicht eine weniger vollständige oder weniger herrliche Auferstehung zuteil werden wird.

qu. 1,162 (zu Gen 47,31)

162 Den Wortlaut der lateinischen Codices: „und er verneigte sich anbetend über die Spitze seines[215] Stabes" verbessern einige und haben „er verneigte sich anbetend über die Spitze seines eigenen Stabes" oder „auf die Spitze seines eigenen Stabes" oder „auf das Ende" oder „über das Ende".[216] Das griechische Wort täuscht sie nämlich, weil sowohl ‚dessen' als auch ‚seines' mit den gleichen

---

nomen hinzu: καὶ προσεκύνησεν Ισραηλ ἐπὶ τὸ ἄκρον τῆς ῥάβδου αὐτοῦ „und er verneigte (anbetend) sich über die Spitze seines Stabes". So auch, während Symmachus und Aquila TM folgen, Theodotion und, LXX zitierend, Hebr 11,21. In diesem Fall bleibt offen, ob Jakob sich über das Würdezeichen Josefs oder über sein eigenes neigt. Hieronymus, *Qu. Hebr. Gen.* folgt TM und deutet den Akt als Anbetung Gottes. Augustinus hat (wie Hebr 11,21) einen VL-Wortlaut, der das Personalpronomen auf Josef *(uirgae eius)*, nicht auf Jakob *(uirgae suae)* bezieht und hält diesen für die richtige Wiedergabe der LXX. Daher diskutiert er diejenige Auslegung, die schon Origenes, *Hom. Gen.* 15,4 vertritt und die auch Hieronymus kennt und in *Qu. Hebr. Gen.* verwirft: *Et in hoc loco quidam frustra simulant adorasse Iacob summitatem sceptri Ioseph, quod videlicet honorans filium potestatem eius adoraverit* „An dieser Stelle geben manche vergebens vor, Jakob habe die Spitze des Szepters Josefs angebetet, weil er nämlich, indem er seinen Sohn ehrte, dessen Vollmacht(szeichen) angebetet habe". Augustinus verteidigt gegen Hieronymus, ohne den hebräischen Wortlaut zu leugnen, die Version der LXX.

scribitur sive *eius* sive *suae*; sed accentus dispares sunt et ab eis qui ista noverunt in codicibus non contemnuntur. Valent enim ad magnam discretionem; quamvis et unam plus litteram habere posset, si esset *suae*, ut non esset αὐτοῦ, sed ἑαυτοῦ. Ac per hoc merito quaeritur quid sit quod dictum est. Nam facile intellegeretur senem, qui virgam ferebat eo more, quo illa aetas baculum solet, ut se inclinavit ad deum adorandum, id utique fecerit super cacumen virgae suae, quam sic ferebat, ut super eam caput inclinando adoraret deum. Quid est ergo: *Adoravit super cacumen virgae eius*, id est filii sui Ioseph? An forte tulerat ab eo virgam, quando ei iurabat idem filius, et dum eam tenet, post verba iurantis nondum illa reddita mox adoravit deum? Non enim pudebat eum ferre tantisper insigne potestatis filii sui, ubi figura magnae rei futurae praesignabatur. Quamvis in Hebraeo facillima huius quaestionis absolutio esse dicatur, ubi scriptum perhibet: *Et adoravit Israhel ad caput lecti*, in quo utique senex iacebat et sic positum habebat, ut in eo sine labore, quando vellet, oraret. Nec ideo tamen quod septuaginta interpretati sunt nullum vel levem sensum habere putandum est.

163 Etiam hic cum commemorat Iacob promissiones dei erga se factas dicit sibi dictum: *Faciam te in congregationes gentium*. Quibus verbis magis fidelium vocationem significat quam carnalis generis propagationem.

164 Quod scriptum est dicente Iacob de Ephraem et Manasse: *Nunc ergo filii tui duo qui facti sunt tibi in terra Aegypti, priusquam ad te venirem in Aegyptum, mei sunt, Ephraem et Manasse; tamquam Ruben et Symeon erunt mihi - natos autem si genueris postea, tibi erunt - in nomine fratrum suorum appellabuntur in sortibus eorum*, fallit legen-

---

6 αὐτοῦ] autu *C P S V N*, aauttu *T* 7 ἑαυτοῦ] eautu *C P S V N*, eautoy *T* 8 intellegeretur] intellegitur *C z Rab.* | senem] se∗nem *P* (*ex* semen), sene *N*, quod senem *V* 9 fecerit] *C P S V N T Bad. Am. Rab. (sic Aug. videtur dictasse)*, fecisse μ *z* (*item X iuxta z, sed errore*) 13 illa] illā *P V¹* | reddita] redditam *P* 14 figura] figuram *n* 18 vel levem] *codd. Bad. edd.*, velle *P¹* (*corr. P²*), *V* (*exp.*) 163,1 cum] *om. C P S n T Am.* μ | commemorat] commemorans *Bad. Am.* μ dicit] enim *add. T* 2 sibi] ibi *n* 3 vocationem] generationem *p* (*genera a. m. in lac.*), vocatione *n* | significat] scificat *S* 164,1 de Ephraem] defrem *n* | Manasse] Nanasses *S Am.*

---

[217] Augustinus bezieht sich hier auf Hieronymus, *Qu. Hebr. Gen.*: *ad caput lectuli*; vgl. Vulg: *conversus ad lectuli caput*.
[218] Vgl. oben *qu.* 1,115.
[219] In 48,5-6 werden zwei Aussagen gemacht: (1) Die schon existierenden Josefsöhne Efraim und Manasse rücken eine Generation vor: Sie werden gleichberechtigt mit ihren Onkeln, den Söhnen Jakobs = Israels, in den Jakobsegen Gen 28,11; 35,11-12; 48,4

Buchstaben geschrieben wird; aber die Spiriti sind verschieden und werden in den Codices von denen, die sich darin auskennen, genau beachtet. Sie haben nämlich die Kraft, große Sinnunterschiede anzuzeigen; freilich könnte das Wort auch einen Buchstaben mehr haben, wenn es ‚seines eigenen' bedeutete, so daß es nicht αὐτοῦ, sondern ἑαυτοῦ lautete. Und deswegen fragt man zu Recht, was der Wortlaut bedeutet. Denn man verstünde leicht, daß ein Greis, der einen Stab nach der für sein Alter üblichen Weise hielt, wenn er sich verneigte, um Gott anzubeten, dies natürlich über die Spitze seines eigenen Stabes ausführte; er hielt ihn so, daß er, seinen Kopf darüber neigend, Gott anbetete. Was bedeutet also: „er verneigte sich anbetend über die Spitze seines Stabes", d.h. seines Sohnes Josef? Hatte er den Stab vielleicht von seinem Sohn übernommen, während dieser ihm den Eid leistete, und, solange er ihn noch in der Hand hält, sogleich Gott angebetet, bevor er ihn, nachdem sein Sohn den Eid gesprochen hatte, zurückgegeben hatte? Er schämte sich nämlich nicht, das Symbol der Vollmacht seines Sohnes so lange zu halten; darin wurde eine bedeutende zukünftige Sache vorausbezeichnet. Freilich sagt man, die Lösung dieses Problems sei im Hebräischen ganz einfach; dort überliefern sie den Wortlaut: „Und Israel betete an zum Kopfende des Bettes",[217] in dem der Greis ja lag und eine solche Lage eingenommen hatte, daß er in ihm, wann er wollte, ohne Anstrengung anbeten konnte. Dennoch darf man deswegen nicht meinen, daß das, was die LXX übersetzt haben, keinen oder nur einen unbedeutenden Sinn hat.

qu. 1,163 (zu Gen 48,4)

163 Auch hier, wo Jakob die Verheißungen in Erinnerung ruft, die Gott ihm gegenüber gegeben hat, sagt er, ihm sei gesagt worden: „Ich werde dich zu Versammlungen von Völkern machen." Durch diese Worte bezeichnet er mehr die Berufung der Gläubigen als die Vermehrung des fleischlichen Geschlechtes.[218]

qu. 1,164 (zu Gen 48,5-6)

164 Als Worte Jakobs über Efraim und Manasse steht geschrieben: „Jetzt also sind deine beiden Söhne, die dir in Ägypten geworden sind, bevor ich zu dir nach Ägypten kam, meine Söhne, Efraim und Manasse; wie Ruben und Simeon werden sie mir gehören – falls du aber nach ihnen weitere Nachkommen gezeugt haben wirst, sollen sie dir gehören – unter dem Namen ihrer Brüder werden sie in ihren Erbteilen genannt werden."[219] Dies führt Leser gelegentlich in

---

einbezogen und zu Stämmen Israels werden, während ihr Vater und Jakobsohn Josef kein eigener Stamm werden wird. (2) Zukünftig geborene weitere Josefsöhne werden dagegen ihr Erbteil (als Stammesuntergruppen) innerhalb der Erbteile ihrer Brüder und Stämme Efraim und Manasse erhalten. Das legt bereits Hieronymus *Qu. Hebr. Gen.* in aller Klarheit dar: *Reliquuos autem, ait, filios, quos post mortem meam genueris, ostendens necdum illo tempore procreatos, tui erunt, in nomine fratrum suorum vocabuntur in hereditate sua. Non, inquit,*

tes aliquando, ut existiment ita dictum, tamquam si alios genuisset Ioseph. 5
Istorum nominibus eos Iacob appellari praeciperet: Quod non ita est. Verborum quippe ordo contexitur: *Nunc ergo filii tui duo qui facti sunt tibi in terra Aegypti, priusquam ad te venirem in Aegyptum, mei sunt, Ephraem et Manasse; tamquam Ruben et Symeon erunt mihi, in nomine fratrum suorum appellabuntur in sortibus eorum,* hoc est: Simul hereditatem capient cum fratribus suis, ut simul vocentur filii Israhel. 10
Duae quippe ipsae tribus adiunctae sunt, ut excepta tribu Levi, quae sacerdotalis fuit, duodecim essent quae terram dividerent et decimas praeberent. Illud autem interpositum est, quod de aliis filiis Ioseph si nascerentur dixit.

165 Quod Iacob filio suo Ioseph tamquam nescienti voluit indicare, ubi et quando sepelierit matrem eius, cum et ipse simul fuerit cum fratribus suis. Sed etsi erat tam parvus aetate, ut illud vel curare vel animo retinere non posset, quae res conpulit modo dici? Nisi forte ad rem pertinuit commemorare ibi sepultam matrem Ioseph, ubi Christus fuerat nasciturus. 5

166 Quod ita benedicit nepotes suos Israhel, ut dexteram manum minori inponat, maiori autem sinistram, et hoc filio suo Ioseph volenti corrigere quasi errantem atque nescientem ita respondet: *Scio, fili, scio; et hic erit in populum, et hic exaltabitur. Sed frater eius iunior maior illo erit et semen eius erit in multitudine gentium,*

165,1 nescienti] nescientibus *C* | indicare] indicari *p*   **3** tam] tamquam *p* | animo] omnino *Am.*   **4** conpulit] compellit *p* | modo dici] modicit *C¹*, modo *p*, *om.* n   **166**,3 respondet] respondit *C N*   **4** exaltabitur] exagitabitur *Am.* (aliter exaltabitur *in marg.*) | multitudine] multitudinem *S μ*

---

accipient separatim terram, nec funiculos habebunt proprios, ut reliquae tribus, sed in tribubus Ephraim et Manasse, quasi adpendices populi commiscebuntur „Weitere Söhne aber, sagt er, die du nach meinem Tod gezeugt haben wirst – damit zeigt er, daß sie zu jenem Zeitpunkt noch nicht geboren waren –, werden deine sein, in der Benennung ihrer Brüder werden sie in ihrem Erbteil genannt werden. Sie werden, sagt er, nicht getrennt für sich Land erhalten noch eigene Anteile besitzen, wie die übrigen Stämme, sondern sie werden unter die Stämme Efraim und Manasse als Anhängsel des Volkes untergemischt werden". Augustinus ist in der Hauptsache der gleichen Meinung, versteht aber *in nomine fratrum suorum appellabuntur in sortibus eorum* als Namensgebung, nicht als Erbschaftsbestimmung und bezieht diese Worte daher nicht auf die nachgeborenen Josefsöhne, sondern auf Efraim und Manasse. Was die s. E. zwischen hinein gefügten Worte über die nachgeborenen Söhne bedeuten sollen, läßt er offen.

[220] Gemeint ist: mit den Namen Efraim und Manasse.

die Irre, so daß sie die Formulierung so verstehen, als habe Josef weitere Nachkommen gezeugt. Jakob habe angeordnet, sie mit deren Namen[220] zu bezeichnen. Das trifft nicht zu. Die Worte werden ja in folgender Reihenfolge miteinander verbunden: „Jetzt also sind deine beiden Söhne, die dir in Ägypten geworden sind, bevor ich zu dir nach Ägypten kam, meine Söhne, Efraim und Manasse; wie Ruben und Simeon werden sie mir gehören, unter dem Namen ihrer Brüder werden sie in ihren Erbteilen genannt werden." Das bedeutet: Zugleich mit ihren Brüdern werden sie ihr Erbe empfangen, so daß sie zugleich Söhne Israels genannt werden. Eben diese zwei Stämme wurden ja hinzugefügt, damit es – unter Ausschluß des Stammes Levi, der priesterlich war – zwölf Stämme seien, die sich das Land teilen und die Zehnten entrichten sollten. Was er aber über die anderen Söhne Josefs, falls sie geboren würden, gesagt hat, wurde zwischen hineingefügt.

qu. 1,165 (zu Gen 48,7)

165 Jakob wollte seinem Sohn Josef, als wüßte er das nicht, mitteilen, wo und wann er seine Mutter begraben hatte, obgleich er doch ebenfalls zugleich mit seinen Brüdern dabei war. Aber selbst wenn er so zarten Alters war, daß er entweder nicht darauf achten oder es nicht in Erinnerung behalten konnte, welchen Grund gab es, davon jetzt zu reden? Wenn es nicht vielleicht sachgemäß war zu erwähnen, daß die Mutter Josefs dort begraben lag, wo Christus geboren werden sollte.[221]

qu. 1,166 (zu Gen 48,14-19)

166 Israel segnete seine Enkel in der Weise, daß er seine rechte Hand dem Jüngeren auflegte, dem Älteren aber seine Linke, und als sein Sohn Josef ihn, als ob er irre und nicht begreife, korrigieren wollte, antwortete er folgendermaßen: „Ich weiß, mein Sohn, ich weiß; auch dieser wird zu einem Volk, auch dieser wird erhöht werden. Aber sein jüngerer Bruder wird größer sein als er, und sein Same wird zu einer Menge von Völkern werden." Insoweit ist das von

---

[221] Schon Gen 35,19 gibt wie Gen 48,7 als Begräbnisort Rahels Efrata an und identifiziert es in einer Glosse mit Betlehem; dieselbe Identifikation bringt auch Jos 15,59 LXX. Vgl. Hieronymus *Qu. Hebr. Gen.* 35,19: *Ephrata vero et Bethleem unius urbis vocabulum est sub interpretatione consimili. Si quidem in frugiferam et in domum panis vertitur propter eum panem, qui de caelo descendisse se dicit.* „Ephrata aber und Betlehem sind Bezeichnung ein und derselben Stadt. Insofern sie nämlich als ‚Fruchtbare' und als ‚Haus des Brotes' übersetzt wird wegen desjenigen Brotes, das von sich sagt, es sei vom Himmel herabgestiegen." LXX spricht (zwar nicht in Gen 35,19, aber) in Gen 48,7 in einer schwierigen Wendung statt von Efrata von ἱππόδρομος „Pferderennbahn". Zu den möglichen Gründen für diese Wiedergabe, die Hieronymus *Qu. Hebr. Gen.* 35,16 für unbegreiflich erklärt, vgl. WEVERS, *Genesis*.

hactenus de Christo accipiendum est, quatenus etiam de ipso Iacob et fratre
eius dictum est *quia maior serviet minori*. Secundum hoc enim significavit aliquid
prophetice hoc faciendo Israhel, quod populus posterior per Christum futurus
generatione spiritali superaturus erat populum priorem de carnali patrum generatione gloriantem.

167 Quod dicit Iacob Sicimam se praecipuam dare filio suo Ioseph et addit,
quod eam possederit in gladio suo et arcu, quaeri potest quemadmodum valeat
ad litteram convenire. Emit enim centum agnis possessionem illam, non cepit
iure victoriae bellicae. An quia Salem civitatem Sicimorum filii eius expugnaverunt et iure belli potuit eius fieri, ut iustum bellum cum eis gestum videatur, qui
tantam priores iniuriam fecerunt in eius filia contaminanda? Cur non ergo illis
illam terram dedit, qui hoc perpetraverunt, hoc est maioribus filiis suis? Deinde
si modo ex illa victoria glorians dat eam terram filio suo Ioseph, cur ei displicuerunt tunc filii qui hoc commiserunt? Cur denique etiam nunc, cum eos benediceret, exprobrando id commemoravit in factis eorum? Procul dubio ergo
aliquod hic latet propheticum sacramentum, quia et Ioseph quadam praecipua
significatione Christum praefiguravit et ei datur illa terra, ubi disperdiderat
obruendo deos alienos Iacob, ut Christus intellegatur possessurus gentes diis
patrum suorum renuntiantes et credentes in eum.

168 Videndum quomodo dicant scripturae, quod assidue dicunt de mortuis:
Et adpositus est ad patres suos, vel: *Adpositus est ad populum suum*. Ecce enim de
Iacob dicitur iam quidem mortuo sed nondum sepulto et ad quem populum
adponatur non in promtu est videre. Ex illo enim populus prior nascitur, qui
dictus est populus Israhel; qui vero eum praecesserunt, tam pauci iusti nominantur, ut eos populum appellare cunctemur. Nam si dictum esset adpositus est

---

166,6 Gn 25,23   **167,3** emit...illam] cf. Gn 33,19   **4** Salem...expugnaverunt] cf. Gn 34,25
8 ei...9 commiserunt] cf. Gn 34,30   **9** etiam...10 eorum] cf. Gn 49,5-6   **12** ubi...13 Iacob]
cf. Gn 35,4

8 generatione¹] regeneratione *C p P Am*.   **167,1** dicit...Sicimam] Sichimam (Sicimam *S*,
Sycimam se *N*) dicit Iacob *P S V N T Am*. | se *om. P S V Am*.   **5** et] ut *Am*. | qui...6
tantam] quid tantū *C*   **7** perpetraverunt...est *om. n*   **8** victoria] victoriae *P*
10 commemoravit] commemorabit *n*   **12** significatione Christum prae-] significatione *p, om.
n*   **13** diis] dis *C' N z*   **168,1** mortuis] mortuos *P* (s *exp.*)   **4** promtu] promto *C'*

---

²²² Vgl. *civ.* 16,42.
²²³ LXX und VL deuten (im Gegensatz zu Vulg und wohl auch TM) שְׁכֶם in Gen 48,22

Christus zu verstehen, als auch seinerseits von Jakob und seinem Bruder gesagt ist: „Der Ältere wird dem Jüngeren dienen" (Gen 25,23). Demnach gab Jakob nämlich, indem er so handelte, ein prophetisches Zeichen dafür, daß das spätere Volk, das durch Christus in geistlicher Zeugung entstehen sollte, das frühere Volk, das sich der fleischlichen Abstammung von den Vätern rühmt, übertreffen sollte.[222]

qu. 1,167 (zu Gen 48,22)

167 Man kann fragen, wie man den Ausspruch Jakobs, er gebe seinem Sohn Josef Sichem als vorzüglichste Gabe, und seinen Zusatz, er habe es mit Schwert und Bogen in Besitz genommen, im wörtlichen Sinn verstehen kann. Er kaufte nämlich jenen Besitz um hundert Lämmer (vgl. Gen 33,19), er nahm es nicht ein mit dem Recht des Sieges im Krieg. Vielleicht, weil seine Söhne Salem, die Stadt der Sichemiten, erobert haben (vgl. Gen 34,25)[223] und sie kraft Kriegsrecht ihm zufallen konnte, so daß er einen gerechten Krieg gegen diejenigen geführt zu haben scheint, die zuvor durch Schändung gegen seine Tochter ein so großes Unrecht verübten? Warum also gab er jene Stadt nicht denjenigen, die das vollbracht haben, d.i. seinen älteren Söhnen? Weiterhin: Wenn er jetzt sich jenes Sieges rühmt und dieses Land seinem Sohn Josef gibt, warum mißfielen ihm dann die Söhne, die dies begangen haben (vgl. Gen 34,30)? Schließlich: Warum hat er auch jetzt, als er sie segnete, dies unter ihren Taten tadelnd erwähnt (vgl. Gen 49,5-6)? Ohne Zweifel liegt daher hier ein prophetisches Geheimnis verborgen, da Josef sowohl in wahrhaft hervorragender Symbolisierung Christus voraus dargestellt hat als auch ihm dasjenige Land gegeben wird, wo Jakob die fremden Götter vernichtet hatte (vgl. Gen 35,4), indem er sie vergrub, damit man versteht, daß Christus die Völker besitzen sollte, die den Göttern ihrer Väter abschwören und an ihn glauben.

qu. 1,168 (zu Gen 49,32)[224]

168 Man muß zusehen, in welchem Sinn die Schriften sagen, was sie ständig über die Toten sagen: „und er wurde zu seinen Vätern hinzugefügt" oder: „Er wurde zu seinem Volk hinzugefügt." Siehe, das wird nämlich über den zwar bereits gestorbenen, aber noch nicht begrabenen Jakob gesagt, und zu welchem Volk er hinzugefügt wurde, ist nicht auf den ersten Blick deutlich. Ihm entstammt nämlich das frühere Volk, das ‚Volk Israel' genannt ist; seine Vorfahren werden aber in so geringer Zahl gerecht genannt, daß wir zögern, sie als Volk

---

als Stadtnamen *Sichem*. Zur Eroberung Sichems durch die Jakobssöhne Simeon und Levi vgl. Gen 34,25. Aus dem Zusammenhang mit Gen 33,18, wo LXX, VL und Vulg שָׁלֵם als Ortsnamen *Salem, Stadt der Sichemiten* deuten (vgl. *qu.* 1,108 mit Anm.), schloß man wohl auf Identität von Sichem mit Salem.

[224] Gen 49,32 Vulg = 49,33 TM+LXX.

2240 ad patres suos, nulla quaestio fieret. An forte populus est non solum hominum sanctorum verum et angelorum populus civitatis illius, unde dicitur ad Hebraeos: *Sed accessistis ad montem Sion et ad civitatem dei Hierusalem et ad milia angelorum exultantium*? Huic populo adponuntur qui hanc vitam placentes deo finiunt. Tunc enim dicuntur adponi, quando nulla iam remanet sollicitudo tentationum et periculum peccatorum. Quod intuens ait scriptura: *Ante mortem ne laudes hominem quemquam*.

169 Quadraginta dies sepulturae, quos commemorat scriptura, forte significant aliquid paenitentiae, qua peccata sepeliuntur. Non enim frustra etiam quadraginta dies ieiuniorum sunt constituti, quibus Moyses et Helias et ipse dominus ieiunavit; et ecclesia praecipuam observationem ieiuniorum quadragesimam vocat. Unde et in Hebraeo de Ninevitis apud Ionam prophetam scriptum perhibent: *Quadraginta dies et Nineve evertetur*. Ut per tot dies, accommodatos videlicet humiliationi paenitentium, intellegantur ut ieiuniis sua deflevisse peccata et impetrasse misericordiam dei. Nec tamen putandum est iustum numerum luctui paenitentium tantummodo convenire; alioquin non quadraginta dies
2260 fecisset dominus cum discipulis suis post resurrectionem intrans cum eis et exiens, manducans et bibens: Qui dies utique magnae laetitiae fuerunt. Nec septuaginta interpretes, quos legere consuevit ecclesia, errasse credendi sunt, ut non dicerent: *Quadraginta dies*, sed: *Triduum et Nineve evertetur*. Maiore quippe auctoritate praediti quam interpretum officium est prophetico spiritu, quo etiam ore uno in suis interpretationibus, quod magnum miraculum fuit, consonuisse firmantur, *triduum* posuerunt, quamvis non ignorarent quod dies quadraginta in Hebraeis codicibus legerentur, ut in domini Iesu Christi clarificatione intellegerentur dissolvi abolerique peccata, de quo dictum est: *Qui traditus est propter delicta nostra et resurrexit propter iustificationem nostram*. Clarificatio autem domini in resur-

---

168,9 Hbr 12,22   **12** Eccles 11,30   **169,3** quadraginta…4 ieiunavit] cf. Ex 34,28; Dt 9,9.18; 3 Rg 19,8; Mt 4,2; Lc 4,1-2   **6** Ion 3,4   **9** quadraginta…10 resurrectionem] cf. Act 1,3.-4   **18** Rm 4,25

9 et¹ *om. Bad.* | dei *om. T*   **10** hanc] *post praem. P S V T Bad. Am.* | finiunt] fiunt *P S V T Bad. Am.*   **169,4** praecipuam observationem] praecipua observatione *Am.*   **6** Nineve] Ninive *C T V² Bad. Am. μ*, Nineve∗ *P*   **7** humiliationi] humiliationi *N (cf. CCL 38, p. xiii)*, humiliationis *S*, humiliationi *cett. codd. edd.* | intellegantur] intellegatur *V¹ T* | ieiuniis] ieiunio *C¹*   **9** luctui] luctuum *C¹* | paenitentium] *C¹ (corr. in* paenitentibus *m. 2)* | convenire] conveniret *S*   **14** praediti] praedici *Bad.* | officium] officio *C¹*   **15** ore] ∗ore (m *eras.*) *P S* | in suis *om. C* | quod] *ex* quam *P S*   **17** domini] nostri *add. T Bad. Am.*   **19** resurrectione] resurrectionem *C¹ P S¹*

zu bezeichnen. Denn wenn gesagt wäre: ‚Er ist zu seinen Vätern hinzugefügt worden', entstünde kein Problem. Ist es vielleicht das Volk nicht nur der heiligen Menschen, sondern auch der Engel, das Volk jener Stadt, von der im Brief an die Hebräer gesagt wird: „Aber ihr seid herangetreten zum Berg Zion und zur Stadt Gottes, zu Jerusalem, und zu Tausenden von lobpreisenden Engeln" (Hebr 12,22)? Zu diesem Volk werden diejenigen hinzugefügt, die ihr Leben in Gottes Wohlgefallen beenden. Sie werden nämlich, so sagt man, dann hinzugefügt, wenn keine Beunruhigung durch Versuchungen und keine Gefahr von Sünden mehr zurückbleibt. In Anbetracht dessen sagt die Schrift: „Lobe keinen Menschen vor seinem Tod (Eccles. 11,30)[225]!"

qu. 1,169 (zu Gen 50,3)

169 Die dem Begräbnis gewidmeten vierzig Tage, die die Schrift erwähnt, bezeichnen vielleicht auf eine gewisse Weise die Reue, durch die die Sünden beerdigt werden. Nicht grundlos nämlich finden sich auch vierzig Fasttage, an denen Mose und Elija und selbst der Herr gefastet haben (vgl. Ex 34,28; Dtn 9,9.18; 1Kön 19,8; Mt 4,2; Lk 4,1-2); und die Kirche nennt die wichtigste Fastenobservanz ‚Quadragesima'. Daher besagt auch der hebräische Text im Buch des Propheten Jona bezüglich der Niniviten: „Noch vierzig Tage, und Ninive wird zerstört werden" (Jona 3,4TM).[226] So soll man verstehen, daß sie während so vieler Tage – angepaßt offenbar der Selbsterniedrigung der Büßenden – unter Fasten ihre Sünden beweint und auf diese Weise Gottes Barmherzigkeit erlangt haben. Dennoch soll man nicht meinen, diese Anzahl sei lediglich der Trauer Büßender angemessen; andernfalls hätte der Herr nach seiner Auferstehung mit seinen Jüngern nicht vierzig Tage verbracht (vgl. Apg 1,3), an denen er mit ihnen ein- und ausging, aß und trank: Das waren natürlich Tage großer Freude. Aber man soll auch nicht annehmen, die siebzig Übersetzer, die die Kirche zu lesen pflegt, hätten darin geirrt, daß sie nicht „vierzig Tage", sondern „noch drei Tage, und Ninive wird zerstört werden" sagen. Sie waren ja mit höherer Autorität ausgestattet, als es dem Beruf von Übersetzern zukommt, und haben so in prophetischem Geist, kraft dessen sie ja, wie bestätigt wird, einmütig, was ein großes Wunder war, in ihren Übersetzungen übereingestimmt haben, übersetzt: „drei Tage", obgleich sie keineswegs verkannten, daß man in den hebräischen Codices „vierzig Tage" las. So sollte man verstehen, daß in der Verherrlichung des Herrn Jesus Christus die Sünden vernichtet und vertilgt werden. Von ihm ist gesagt: „der unserer Sünden wegen dahingegeben wurde und unserer Rechtfertigung willen auferstanden ist" (Röm 4,25). Die Verherrlichung des Herrn aber erkennt man aus seiner Auferstehung und seiner Him-

---

[225] Sir. Hebr.: 11,26 = Sir. LXX: 11,28 = Sir.VL/Vulg (=Eccles.) 11,30.
[226] 40 Tage: Jona 3,4 TM, Aquila, Symmachus, Theodotion und Vulg.

rectione et in caelum ascensione cognoscitur. Unde et bis numero quamvis unum et eundem spiritum sanctum dedit: Primo, posteaquam resurrexit, iterum, posteaquam ascendit in caelum. Et quoniam post triduum resurrexit, post quadraginta autem dies ascendit, unum horum, quod posterius factum est, numero dierum codices Hebraei significant; alterum autem de triduo, quod ad eandem etiam rem pertineret, septuaginta commemorare non interpretationis servitute sed prophetiae auctoritate voluerunt. Non ergo dicamus unum horum falsum esse et pro aliis interpretibus adversus alios litigemus, cum et illi, qui ex Hebraeo interpretantur, probent nobis hoc scriptum esse quod interpretantur, et septuaginta interpretum auctoritas, quae tanto etiam divinitus facto miraculo commendatur, tanta in ecclesiis vetustate firmetur.

170 Quod mandavit Ioseph, potentes Aegypti ut dicerent Pharaoni nomine eius: *Pater meus adiuravit me dicens: In monumento quod ego fodi mihi in terra Chanaan, ibi me sepelies*, quaeri potest quomodo verum sit, cum haec verba patris eius, quando de sua sepultura mandavit, non legantur. Sed ad sententiam verba referre debemus, sicut in aliis supra similiter iteratis verbis vel narrationibus admonuimus. Voluntati enim enuntiandae et in notitiam perferendae oportet verba servire. Fodisse autem sibi Iacob sepulcrum nusquam superius in scripturis legitur. Sed nisi fieret, cum in eisdem terris essent, modo non diceretur.

171 Quid sibi vult quod cum pergerent ad sepeliendum Iacob scriptura dicit: *Et advenerunt ad aream Atad, quae est trans Iordanem*? Praetergressi sunt enim locum in quo erat mortuus sepeliendus milia - sicut perhibent qui noverunt - plus quam quinquaginta; tantum quippe spatii est plus minus ab eo loco, ubi sepulti sunt patriarchae, in quibus et Iacob, usque ad hunc locum, quo eos advenisse narratur. Nam post factum ibi luctum et planctum magnum redierunt ad locum

---

21 primo…resurrexit] cf. Io 20,22 | iterum…22 caelum] cf. Act 2,2-4

---

20 ascensione] ascensionem $C^1 P S^1 T^1$ | et² *om.* $S V$ 21 posteaquam] postquam *Bad.* 23 est *om.* $C P V T$ 24 numero] per numerum *Bad.* 25 pertineret] $P S V N T Bad.$ $Am.$ μ *Eug. (cf. civ. 18,44 l. 11)*, pertinet C_z | interpretationis] interpretationes $C P^1$ 26 prophetiae] prophetica T 27 alios] alius C 28 probent…interpretantur² *om.* $P V$ *(habet Bad.)* 30 ecclesiis] ecclesia P | firmetur] firmatur 170,1 potentes] ad *praem.* $V T Am.$ μ 2 quod] quo $P T$ 4 sententiam] sentiam n 6 perferendae] ferendae V 8 -uris legitur *om.* n | essent] esset $Am.$ μ | diceretur] dicerentur n 171,2 Atad] Arta p, Acad n, Achad $Am.$ | Iordanem] Iordanen T 4 spatii] spacium C^1 | ubi…5 hunc lo- *om.* p

melfahrt. Daher auch gab er den Hl. Geist zweimal, obgleich er den einen und selben Hl. Geist gab: das erste Mal, nachdem er auferstanden war (vgl. Joh 20,22), das zweite Mal, nachdem er in den Himmel aufgefahren war (vgl. Apg 2,2-4). Und weil er nach drei Tagen auferstand, nach vierzig Tagen aber auffuhr, bezeichnen die hebräischen Codices durch die Zahl an Tagen das eine dieser Ereignisse, das später eingetreten ist; das andere der drei Tage aber, die zum selben Komplex gehören, wollten die LXX nicht in sklavischer Übersetzung, sondern kraft prophetischer Autorität erwähnen. Wir wollen daher nicht sagen, daß eines der beiden falsch ist, noch wollen wir für die einen Übersetzer gegen die anderen streiten, da einerseits diejenigen, die aus dem Hebräischen übersetzen, uns beweisen, daß das, was sie übersetzen, so geschrieben steht, andererseits die Autorität der siebzig Übersetzer, die auch durch ein so großes von Gott gewirktes Wunder bestätigt wird, auf Grund ihres so hohen Alters in den Kirchen bekräftigt wird.[227]

qu. 1,170 (zu Gen 50,5)

170 Josef beauftragte die Machthaber Ägyptens, in seinem Namen zu Pharao zu sagen: „Mein Vater hat mich schwören lassen und gesagt: In dem Grabmal, das ich für mich im Land Kanaan gegraben habe, dort sollst du mich begraben!" Man kann fragen, inwiefern das wahr ist, da man von diesen Worten seines Vaters, als er Aufträge bezüglich seines Begräbnisses erteilte, nichts liest. Aber wir müssen die Worte auf ihren Sinn beziehen, wie wir oben anläßlich anderer ähnlicher Wiederholungen von Worten oder Erzählungen gefordert haben.[228] Denn die Worte müssen dazu dienen, den Willen des Sprechers auszudrücken und bekannt zu machen. Daß Jakob sich ein Grabmal gegraben hat, liest man zwar weiter oben in den Schriften nirgends. Aber wenn es nicht geschehen wäre, als sie sich in eben diesen Gebieten aufhielten, würde es jetzt nicht gesagt werden.

qu. 1,171 (zu Gen 50,10)

171 Was bedeutet es, daß die Schrift, als sie sich aufmachten, Jakob zu beerdigen, sagt: „Und sie kamen in die Gegend von Atad, das jenseits des Jordans liegt." Sie sind nämlich – wie die Kundigen darlegen – mehr als fünfzig Meilen über den Ort hinaus gezogen, an dem der Tote begraben werden sollte; so groß ist nämlich mehr oder weniger die Entfernung von dem Ort, wo die Patriarchen, unter ihnen auch Jakob, begraben sind, bis zu jenem Ort, wohin sie nach dieser Erzählung gelangt sind. Denn nachdem sie dort große Trauer und Klage vollzogen hatten, kehrten sie, nachdem sie wiederum den Jordan über-

---

[227] Zu Jona 3,4 vgl. Augustinus *civ.* 18,44; zur LXX-Legende und den auslegungsmethodischen Folgerungen des Augustinus daraus vgl. die Generelle Einleitung, 25-31.
[228] Vgl. *qu.* 1,64.

quem praeterierant rursus Iordane transiecto. Nisi forte quis dicat aliquorum hostium vitandorum causa per heremum eos venisse cum corpore, qua etiam populus Israhel ductus est per Moysen ab Aegypto liberatus. Illo quippe itinere et plurimum circuitur et per Iordanem venitur ad Abrahamium, ubi sunt corpora patriarcharum, id est ad terram Chanaan. Sed quoquo modo factum sit, ut trans illa loca ad orientem versus tantum iretur et inde ad ea per Iordanem veniretur, significationis causa factum esse credendum est, quod per Iordanem venturus erat ad eas terras postea Israhel in filiis suis.

172 *Et fecit luctum patri suo septem diebus.* Nescio utrum inveniatur alicui sanctorum in scripturis celebratum esse luctum novem dies, quod apud Latinos novendial appellant. Unde mihi videntur ab hac consuetudine prohibendi, si qui christianorum istum in mortuis suis numerum servant, qui magis est in gentilium consuetudine. Septimus vero dies auctoritatem in scripturis habet. Unde alio loco scriptum est: *Luctus mortui septem dierum, fatui autem omnes dies vitae eius.* Septenarius autem numerus propter sabbati sacramentum praecipue quietis indicium est: Unde merito mortuis tamquam requiescentibus exhibetur. Quem tamen numerum in luctu Iacob decuplaverunt Aegyptii, qui eum septuaginta diebus luxerunt.

173 *Et vixit Ioseph annos centum decem. Et vidit Ioseph Ephraem filios usque ad tertiam generationem; et filii Machir filii Manasse nati sunt super femora Ioseph.* Cum hos filios filiorum vel nepotes filiorum dicat scriptura Ioseph vivendo vidisse,

---

171,10 ad…11 Chanaan] cf. Gn 50,13 **172,6** Sir 22,12 **9** eum…10 luxerunt] cf. Gn 50,3

---

7 Iordane] Iordanem *Am.* | transiecto] traiecto *P S V N T Am.* **8** qua] quia *P*, qu∗a *S*, qua via *Am.* **10** Abrahamium] Abramium *C N*, Brahamium *S*, Mambram *Am.* **11** quoquo] quo *p P S V T Am.* **13** veniretur *om. N* **172,1** diebus] dies *P S V N T Bad. Am. μ Eug. (praeter P)* **3** novendial] novendiale *V*, novemdial *S n T μ* | appellant] appellent *P¹* | videntur] videtur *V* | hac] ac *C* | consuetudine] consuetudinem *C* | qui] quis *p* **9** decuplaverunt] deculpaverunt *P¹ V* **173,1** annos] annis *p* **2** Machir] Machye *Am.* | filii²] et *praem. C¹ N* | femora] femore *C¹*

---

[229] Zum Abrahamium vgl. oben *qu.* 1,161.
[230] Vgl. Einleitung in *qu.* 1, S. 72f. Anm. 19.
[231] Sowohl im klassischen Griechenland als auch in der römischen Republik und in der frühen Kaiserzeit war neben anderen Tagen der 9. Tag ein wichtiger Termin des Totengedenkens; an ihm wurde u.U. ein Totenmahl gehalten. Die Beachtung des 9. Tages durch Christen ist für Griechenland, Syrien, Ägypten und den Westen bezeugt. Die

quert hatten, an den Ort zurück, über den sie hinausgezogen waren. Falls nicht vielleicht einer sagt, sie seien, um irgendwelche Feinde zu vermeiden, mit der Leiche durch die Wüste gezogen, durch die auch Mose das Volk nach seiner Befreiung aus Ägypten geführt hat. Auf jener Route macht man ja einerseits einen ungeheuer großen Umweg, und andererseits gelangt man über den Jordan zum Abrahamium[229], wo die Leichen der Patriarchen ruhen, d.h. in das Land Kanaan (vgl. Gen 50,13). Aber wie auch immer es geschehen ist, daß man so weit über jene Orte hinaus in Richtung Osten zog und von dort über den Jordan dahin kam, man muß glauben, daß es um eines Vorzeichens willen geschehen ist, weil später Israel in seinen Kindern durch den Jordan zu diesen Ländern kommen sollte.[230]

qu. 1,172 (zu Gen 50,10)

172 „Und er hielt für seinen Vater eine siebentägige Totenklage." Ich weiß nicht, ob sich in den Schriften findet, daß man für irgendeinen der Heiligen eine neuntägige Totenklage gehalten hat, die man bei den Lateinern *novendial* nennt. Daher sollten meines Erachtens Christen an diesem Brauch gehindert werden, wenn sie diese Zahl bezüglich ihrer Toten beobachten wollen, die eher ein Brauch der Heiden ist.[231] Der siebte Tag aber ist durch die Autorität der Schriften gestützt. Daher ist anderswo geschrieben: „Die Trauer um den Toten währt sieben Tage, die um einen Toren aber alle Tage seines Lebens" (Sir 22,12). Die Zahl sieben aber symbolisiert vor allem wegen der Sabbatobservanz Ruhe: daher wird sie zu Recht bezüglich der Toten beobachtet, die ja in ihre Ruhe eingegangen sind. Dennoch haben die Ägypter die Zahl bei der Totenklage für Jakob verzehnfacht, indem sie ihn an siebzig Tagen betrauerten (vgl. Gen 50,3).

qu. 1,173 (zu Gen 50,22-23)

173 „Und Josef lebte hundertundzehn Jahre. Und Josef sah noch die Söhne Efraims bis in die dritte Generation; und die Söhne Machirs, des Sohnes Manasses, wurden auf Josefs Schenkeln geboren." Da die Schrift sagt, Josef habe noch zu Lebzeiten die Söhne seiner Söhne oder die Enkel seiner Söhne gesehen: Wie vereinbart sich das mit jenen fünfundsiebzig Menschen, mit denen

---

palästinische und die armenische Kirche haben wohl den 7. statt des 9. Tages eingehalten, und dafür setzen sich im Westen Ambrosius und Augustinus und das Sakramentarium Gelasianum ein. Vgl. ausführlich FREISTEDT, *Totengedächtnistage* und VOLP, *Tod* 60. 80. 225-227, der gegenüber FREISTEDT betont, daß die christlichen Quellen z.T. isoliert und unsicher sind und keine Generalisierungen für ganze Länder zulassen. Der siebte Tag hat bei den Christen schließlich den 9. Tag verdrängt. Vgl. aber den Hinweis FREISTEDTS 149 auf neuzeitliche Regelungen, daß für den verstorbenen Papst neun Tage lang in St. Peter feierliche Seelenämter gehalten werden (Pius IV) und am zehnten Tag nach dem Tod des Papstes die Neuwahl begonnen werden soll (2. Konzil von Lyon).

quomodo eos iungit illis septuaginta quinque hominibus, cum quibus Iacob Aegyptum dicit intrasse, quandoquidem Ioseph senescendo pervenit, ut eos natos videret, Iacob autem cum ingressus est in Aegyptum, iuvenis erat Ioseph et eum pater moriens quinquagesimum et sextum fere aetatis annum agentem reliquit? Unde constat certi mysterii causa illum numerum, id est septuagenarium et quintum scripturam commendare voluisse. Si autem quisquam exigit, quomodo etiam secundum historiae fidem verum sit Iacob cum septuaginta quinque animis in Aegyptum intrasse, non illo uno die quo venit eius ingressum oportet intellegi; sed quia in filiis suis plerumque appellatur Iacob, hoc est in posteris suis, et per Ioseph eum constat in Aegyptum intrasse, introitus eius accipiendus est quamdiu vixit Ioseph, per quem factum est, ut intraret. Toto quippe illo tempore nasci et vivere potuerunt omnes qui commemorantur, ut septuaginta quinque animae compleantur usque ad nepotes Beniamin. Sicut enim dicit: *Hi filii Liae, quos peperit ipsi Iacob in Mesopotamia Syriae*, loquens etiam de his qui non erant nati, quia illic parentes eorum ex quibus nati sunt pepererat, ibi eos perhibens natos, quoniam causa qua nascerentur ibi nata est, id est parentes eorum, quos Lia ibi peperit: Ita, quoniam causam intrandi in Aegyptum Iacob in Ioseph habuit, totum tempus quo in Aegypto vixit Ioseph ingressio erat Iacob in Aegyptum per suam progeniem, quae illo vivo propagabatur, per quem factum est ut ingrederetur.

173,4 septuaginta…5 intrasse] cf. Gn 46,27   **17** Gn 46,15

5 Aegyptum] in *praem.* P T   **9** quintum] quinarium *Am.* μ | scripturam] scriptura P   **11** animis] animabus V² *Am.* μ   **15** commemorantur] commorantur C¹   **17** hi] hii C P T, *om.* n   **18** quia] qualia p, lia *add.* T   **19** qua] qui V   **20** Lia ibi] ibi Lia C μ ζ | peperit] pepererat p, pepererit n | causam] causa V N T
Explicit liber questiones in genesis id est liber primus augustini feliciter C *(fol. 33)*, Expliciunt questiones genesis P *(fol. 43)*, S *(pag. 113)*, V *(fol. 37)*, N *(fol. 43ʳp, fol. 25n)* Explicit liber de questionibus genesis. require capitula in fine T *(fol. 59)*

Jakob nach Ägypten gekommen sein soll (vgl. Gen 46,27LXX), da doch Josef erst in seinem Greisenalter ihre Geburt miterlebte, Josef jedoch noch jung war, als Jakob nach Ägypten kam, und ihn sein Vater bei seinem Tod als etwa Sechsundfünfzigjährigen zurückließ?[232] Daher steht fest, daß die Schrift um eines gewissen Geheimnisses willen diese Zahl, d.h. fünfundsiebzig, erwähnen wollte.[233] Wenn aber jemand untersucht, wie das auch unter der Rücksicht historischer Glaubwürdigkeit zutreffen kann, daß Jakob mit fünfundsiebzig Personen nach Ägypten eintrat, so muß man seine Ankunft nicht auf diesen einen Tag allein beziehen, an dem er eintrat; sondern da man oft auch ‚Jakob' sagt, wenn man seine Söhne, d.h. seine Nachkommen meint, und da feststeht, daß er seine Ankunft in Ägypten Josef verdankt, muß man seinen Eintritt auf die gesamte Lebenszeit Josefs beziehen, durch dessen Hilfe es geschehen ist, daß er eintrat. In dieser ganzen langen Zeit konnten ja alle geboren werden und leben, die erwähnt werden, so daß die volle Zahl der fünfundsiebzig Personen sogar die Enkel Benjamins einschließt. Wie die Schrift nämlich sagt: „Das sind die Söhne Leas, die sie Jakob im mesopotamischen Syrien geboren hat (Gen 46,15)" und dabei auch die einschließt, die noch nicht geboren waren, weil sie dort deren Eltern, von denen sie abstammen, geboren hatte, sie also als dort geboren ausgibt, weil die Ursache ihrer Geburt dort geboren ist, d.h. ihre Eltern, die Lea dort geboren hat:[234] so gilt, weil Jakob die Ursache seines Eintritts in Ägypten in Josef hatte, die gesamte Zeit, die Josef in Ägypten lebte, als Eintritt Jakobs nach Ägypten durch seine Nachkommen, die zu Lebzeiten desjenigen gezeugt wurden, durch den sein Eintritt ermöglicht wurde.[235]

---

[232] Josef war 30 Jahre alt, als er von Pharao erhöht wurde (Gen 41,46). Nach 7 Jahren Überfluß (Gen 41,53) holt Josef im zweiten Jahr der Hungersnot Jakob nach Ägypten (Gen 45,6). Also war Josef 39 Jahre alt bei Ankunft Jakobs. Jakob lebte noch 17 Jahre in Ägypten (Gen 47,24). Also war Josef bei Jakobs Tod 56 Jahre alt.
[233] Vgl. oben *qu.* 1,152 wo allerdings der postulierte symbolische Sinn auch nicht mitgeteilt wird.
[234] Vgl. oben *qu.* 1,151 und, leicht abweichend, 1,117,3.
[235] Die gleiche Argumentation legt Augustinus in *civ.* 16,40 vor. In *qu.* 1,152 hatte Augustinus noch von unlösbaren Problemen gesprochen. Die hier in *qu.* 1,173 gebotene Erklärung wirkt etwas willkürlich.

QUAESTIONES EXODI
FRAGEN ZUM BUCH EXODUS

EINLEITUNG

Textgrundlage und Analyseinstrumente

Da Augustinus auch während seiner Arbeit an Ex die Vulg noch nicht kennt und keine exegetische Ausarbeitung des Hieronymus zum Buch Ex vorliegt, hat Augustinus keinerlei auch nur indirekten Zugang zu TM. Er ist ganz auf die LXX und deren Übersetzung durch VL angewiesen. „Seit den Anfängen der modernen LXX-Forschung ist die Übersetzung des Exodusbuches als eine der kompetentesten Übertragungen anerkannt, die unter dem Dach der griech. Bibel versammelt sind."[1] Sehr umstritten und in ihrem Verhältnis zu TM kontrovers beurteilt sind allerdings die Kap. 35-40, die von der Ausführung des Baus des Zeltheiligtums berichten und sich nach Anordnung und Lexemwahl deutlich von den Vorschriften zum Bau des Zeltheiligtums Kap. 25-31 unterscheiden. Sie wurden Anlaß zur Frage, ob ihnen eine abweichende hebräische Vorlage zugrunde liegt und ob verschiedene Übersetzer am Werk waren.[2] Eine Besonderheit stellt die Übertragung von Ex 21,22f. dar, da sie keine Übersetzung im strengen Sinn des Wortes, sondern eine Neukonstituierung dieser Norm unter dem Vorzeichen zeitgenössischer medizinischer Konzepte darstellt.[3]

Einmal erwähnt Augustinus eine Abweichung der VL vom Wortlaut der LXX: *qu.* 2,27 zu Ex 8,25 LXX (= 8,21 TM), und gelegentlich verweist er auf Varianten innerhalb seiner Exemplare der VL: *qu.* 2,28; 2,47,1; 2,66; 2,78,2; 2,131; 2,132; 2,154,6; 2,177,1.9.17.

Augustinus gebraucht folgende *termini technici* der rhetorischen Analyse:
anticipatio: *qu.* 2,177,14.
ellipsis: *qu.* 2,131.
hyperbaton: *qu.* 2,47,6.
locutio im Sinn von Hebraismen, ungewöhnlicher Ausdrucksweise bzw. idiomatischer Wendung:[4] *qu.* 2,4; 2,11; 2,42; 2,64; 2,71,4 *(a parte totum)*; 2,78,1.3 *(a parte totum; synecdoche)*; 2,81; 2,154,2; 2,156; 2,157; 2,163; 2,177,5; 2,177,6.
metaphora: *qu.* 2,158.

---

[1] SDE 258.
[2] Vgl. dazu unten den Exkurs zum Zeltheiligtum und vor allem Anm. 91.
[3] Vgl. dazu unten den Exkurs zu *qu.* 2,80.
[4] Vgl. Generelle Einleitung S. 37-39.

prolepsis: *qu.* 2,61; 2,62; 2,103.
recapitulatio:[5] *qu.* 2,45; 2,154,7.
Wenn ein Text sich gegen den Sinn sträubt, den Augustinus ihm abgewinnen will, nimmt er sich die Freiheit, den ‚eigentlich gemeinten' *ordo temporis* gegen den Wortlaut wieder herzustellen (*qu.* 2,154,7) oder den zutreffenden *ordo verborum* zu rekonstruieren, indem er einen Einschub ausgrenzt, der inhaltlich nicht ganz in den verbleibenden Kontext integriert ist (*qu.* 2,47,6).

Geistlicher Sinn

Zwar sucht Augustinus, den Literalsinn der biblischen Texte zu ergründen, aber ungehemmt durch scharfzüngige Äußerungen des Hieronymus, greift er, meist als Ergänzung zur Auslegung nach dem Wortsinn, viel häufiger als in seinen *quaestiones* zu Genesis zu übertragenen, typologischen, spirituellen Auslegungen:[6] *qu.* 2,10; 2,25; 2,28; 2,42; 2,48; 2,57; 2,60; 2,70; 2,90; 2,92; 2,97; 2,98; 2,102; 2,103; 2,105; 2,107; 2,108; 2,112; 2,114,1; 2,119; 2,120; 2,122; 2,124; 2,127; 2,129,2; 2,138; 2,139; 2,144; 2,154,1.6.7; 2,164; 2,165; 2,166,1.2; 2,172; 2,176; 2,177,5. Gelegentlich behauptet er nur einen geistlichen Sinn, ohne ihn mitzuteilen: *qu.* 2,11; 2,15; 2,19; 2,31; 2,80; 2,81; 2,83; 2,89; 2,95; 2,159.

Die Terminologie ist vielgestaltig: *significare*[7], *significatio*[8], *significative dicere*[9], *signum*[10], *signum aeternae rei*[11] *spiritaliter significare*[12], *spiritaliter intellegere*[13], *mystice significare*[14], *mystice commendare*[15]; *commendare*[16], *figurare*[17], *praefigurare*[18], *magno mysterio figurare*[19], *figurate dicere*[20], *figura magnae rei*[21], *personam figurare*[22], *personam gerere*[23],

---

[5] Vgl. Generelle Einleitung S. 36f.
[6] In solchen Fällen gilt zwar einerseits: „In den Reden Gottes muß man nämlich nicht alle Dinge dem Wortsinn nach verstehen." Andererseits darf darunter aber die historische Zuverlässigkeit nicht leiden: „Aber man muß entschieden von der Zuverlässigkeit des Erzählers *(de fide narratoris)* dies fordern, daß die Ereignisse, die seiner Aussage zufolge geschehen sind, tatsächlich geschehen sind, und daß die Worte, die seiner Aussage zufolge gesprochen worden sind, tatsächlich gesprochen worden sind" (*qu.* 2,164). Vgl. *qu.* 2,93: „Gott spricht nämlich. Wenn er in seiner Äußerung etwas mit übertragener Bedeutung sagt *(figurate aliquid dicatur)*, das nach dem Wortsinn *(ad proprietatem)* nicht eingetreten ist, so hindert dies nicht die Glaubwürdigkeit der Erzählung *(historiae fidem)*, in der die Wahrhaftigkeit des Erzählers *(veritas narratoris)* deutlich zu erkennen ist."
[7] *Qu.* 2,60; 2,81; 2,95; 2,97; 2,102; 2,103; 2,105; 2,108; 2,112; 2,119; 2,122; 2,124; 2,127; 2,129,2; 2,139; 2,144; 2,154,6.7; 2,165; 2,166,1.2.   [8] *Qu.* 2,80; 2,89; 2,90; 2,177,5.   [9] *Qu.* 2,138.   [10] *Qu.* 2,122.   [11] *Qu.* 2,139.   [12] *Qu.* 2,127.   [13] *Qu.* 2,92; 2,127; 2,159.   [14] *Qu.* 2,28.   [15] *Qu.* 2,107.   [16] *Qu.* 2,25.   [17] *Qu.* 2,42 (Entsprechung: *impleo*); 2,105; 2,172.   [18] *Qu.* 2,57.   [19] *Qu.* 2,144.   [20] *Qu.* 2,172.   [21] *Qu.* 2,19.   [22] *Qu.* 2,176.   [23] *Qu.* 2,102.

figuram gerere[24], *typum gerere*[25], *prophetia*[26], *magna prophetia*[27], *sacramentum*[28], *magnum sacramentum*[29], *umbra futuri*[30], *umbra significationum*[31].

Exkurs: Gottesbild[32]

Augustinus versucht, die biblischen Anthropomorphismen von Gott fernzuhalten. Von dem unveränderlichen Gott kann keine ‚Leidenschaft' *(perturbatio)* ausgesagt werden. Die Aussage, er sei eifersüchtig, ist daher eine abschreckende Metapher dafür, daß sein Volk nicht ungestraft mit fremden Göttern huren darf (*qu.* 2,158). Entsprechend ist auch der Zorn Gottes zu verstehen: er zürnt *non [...] per inrationabilem perturbationem* (*qu.* 2,10). Gott erkennt nicht, sondern verhilft dem Menschen zur Erkenntnis (*qu.* 2,58). Gott nimmt nicht Geruch mit einer ‚körperlichen Nase' *(corporeis naribus)* wahr; er erfreut sich an der geistlichen Darbringung eines geistlichen Opfers (*qu.* 2,127). Gott ist ‚Geist' *(spiritus)*; daher wird er von keinem Ort umfaßt[33] und läßt auch nicht gleichsam seine Glieder körperliche Haltungen wie stehen und sitzen einnehmen. Es liegt aber in seiner Allmacht, sichtbare Gestalten anzunehmen *(adsumptio formarum visibilium)* (*qu.* 2,101). Gott ist überall (*qu.* 2,61; 2,66; 2,75; 2,154,6; 3,30; 5,10,1).

Besonders oft betont Augustinus, daß Gott gerecht ist. Er hebt dies auch in Fällen hervor, in denen man dies anzweifeln könnte, gibt aber über die Behauptung hinaus, Gott sei gerecht, kaum Argumente; vgl.: „Man kann diesen Befehl nicht als ungerecht beurteilen. Es ist nämlich ein Befehl Gottes" (*qu.* 2,6). Körperliche Gebrechen können einem Menschen nur nach Gottes Willen zustoßen, aber er macht stumm und blind auf gerechte Weise (*qu.* 2,8). „Gott ist nicht schlecht, sondern er fügt den Schlechten Übel zu, weil er gerecht ist" (*qu.* 2,143). „In Bezug auf eine und dieselbe Handlung wird sowohl Gott für seine verborgene Gerechtigkeit gelobt als auch der Mensch für seine eigene Ungerechtigkeit bestraft" (*qu.* 2,79). „Gott befiehlt auch dann nicht unaufrichtig, wenn er etwas befiehlt, von dem er weiß, daß derjenige, dem es befohlen wird, es nicht tun wird, so daß er eine gerechte Strafe erhält" (*qu.* 2,13). „So weiß jener, wen er verschont, bis er sich gebessert hat, und wen er für gewisse Zeit

---

[24] *Qu.* 2,10; 2,19. [25] *Qu.* 2,154,2. [26] *Qu.* 2,90. [27] *Qu.* 2,154,1; 2,164. [28] *Qu.* 2,15; 2,95.
[29] *Qu.* 2,11; 2,159. [30] *Qu.* 2,70 (Entsprechung: *veritas novi testamenti*). [31] *Qu.* 2,159.
[32] Hier werden nur Eigenformulierungen Augustins zusammengestellt, nicht die zahlreichen Zitate aus der Bibel.
[33] Vgl. *qu.* 5,10,1. Sein philosophisch geprägtes Gottesbild, dem er alle Aussagen der Bibel unterwirft, tritt in *qu.* 3,93 besonders deutlich hervor: „Jene vollkommene einfache Natur, die man Gott nennt, besteht ja nicht aus Körper und Geist, noch ist er in seinem Geist wandelbar wie eine Seele, sondern Gott ist sowohl Geist als auch immer eben der selbe *(sed et spiritus est deus et semper idem ipse)*.

verschont, obgleich er vorherweiß, daß er sich nicht bessern wird, und wen er nicht verschont, damit er sich bessern kann, und wen er in der Weise nicht verschont, daß er nicht einmal seine Besserung erwartet" (*qu.* 2,148). „Gott gebraucht somit auf gute Weise die Herzen der Bösen zu dem, was er den Guten oder denen, die er gut machen will, zeigen will" (*qu.* 2,18).[34] „Gott versteht es somit, die Bösen auf gute Weise zu gebrauchen: er erschafft in ihnen jedoch die menschliche Natur nicht zur Bosheit, sondern er erträgt sie langmütig, soweit es nach seiner Einsicht von Vorteil ist; er gebraucht sie nicht nutzlos, sondern um die Guten zu ermahnen oder zu prüfen" (*qu.* 2,32). Er erlaubt gerechterweise die Ausplünderung der Ägypter (*qu.* 2,6).

Gott erweist seine unerschütterliche Barmherzigkeit Israel und den Heiden (*qu.* 2,154,4). Das Gesetz Gottes ist ewig (*qu.* 2,67).

Gott allein hat es getan, wenn einer unabsichtlich getötet hat (*qu.* 2,79).

Exkurs: Mose

In der Schilderung des Mose referiert Augustinus überwiegend den biblischen Text, gesteht daher auch Schwächen des Mose zu. Gelegentlich allerdings sieht er sich veranlaßt, Mose zu verteidigen.

(1) Daß Mose den Ägypter erschlug (Ex 2,12), ist zwar ein *peccatum*, weil er dies als Privatmann, ohne Amtsbefugnis tat, er handelte jedoch aus lobenswerter Motivation, weil er, wie Augustinus unter Verweis auf Apg 7,25 zunächst feststellt, die Israeliten auf diese Weise davon überzeugen wollte, daß Gott sie durch ihn befreien werde. In einem weiteren Schritt leitet er aus demselben Zitat ab, „daß es wegen dieses Zeugnisses scheint, daß Mose sogar von Gott dazu aufgefordert war – wovon die Schrift an dieser Stelle schweigt – und deswegen dies wagen konnte" (*qu.* 2,2). In diesem Fall wäre es nach den Prinzipien des Augustinus keine Sünde, sondern ein Akt des Gehorsams gewesen.[35]

(2) Mose hat zwar die von Gott beschriebenen Dekalogtafeln im Zorn zerschmettert (Ex 32,19). Aber dies war zugleich eine symbolische Handlung, die die Aufhebung des Alten und die Errichtung des Neuen Bundes bezeichnete, und er hat seinem Zorn zum Trotz intensiv Fürbitte für sein Volk geübt (*qu.* 2,144).

(3) Die Worte: „Wenn du jenen wirklich ihre Sünden vergibst, so vergib; wenn aber nicht, tilge mich aus deinem Buch, das du geschrieben hast" (Ex 32,32), wurden nicht im Trotz oder Zweifel gesprochen, sondern „als

---

[34] Vgl. *qu.* 7,49,10.11.
[35] Augustinus ringt mehrfach mit diesem Problem. Zu seinen unterschiedlichen Versuchen, die Tötung des Ägypters zu rechtfertigen, vgl. DULAEY, Geste 4f.

Mose dies zu Gott sagt, hat er es allerdings, wie man aus dem, was folgt, schlußfolgern kann, in Zuversicht gesagt, d.i., daß Gott dem Volk jene Sünde vergeben werde, weil er Mose nicht aus seinem Buch tilgen werde" (*qu.* 2,147).

Einmal gleicht Augustinus zwei sich widersprechende Aussagen über Mose durch eine, wie er andeutet, nur erschlossene Annahme aus: „Weiter oben (Ex 4,20) ist gesagt, Mose habe seine Frau und seine Kinder auf Wagen gesetzt, um mit ihnen nach Ägypten fortzuziehen, später aber kam ihm sein Schwiegervater Jitro zusammen mit diesen entgegen, nachdem er das Volk aus Ägypten herausgeführt hatte (vgl. Ex 18,1-5). Man kann fragen, wie beides wahr sein kann. Aber man muß annehmen, daß sie nach diesem Tötungsanschlag auf Mose oder sein Kind (vgl. Ex 4,24), den der Engel ausführen sollte, mit den Kleinen umgekehrt ist" (*qu.* 2,12).[36]

Aus Ex 18 leitet Augustinus ein Lob für Mose ab: „Warum hat Gott zugelassen, daß sein Diener, mit dem er so große und bedeutende Dinge besprach, sich von einem Ausländer ermahnen lassen mußte?" (*qu.* 2,68). „Hier wird auch ein Vorbild der Demut eingeschärft, insofern Mose, zu dem Gott sprach, den Ratschlag seines fremdländischen Schwiegervaters weder zurückwies noch verachtete" (*qu.* 2,69).

Augustinus hebt die Bedeutung und den Vorbildcharakter der Liebe des Mose zu seinem Volk hervor: „Dennoch besaß dieser gleichsam treueste Knecht bei Gott durch dessen Gnade ein so großes Verdienst, daß Gott zu ihm sagte: ‚Laß mich, und ich will, von Zorn entbrannt, sie vertilgen' (Ex 32,10) [...] Durch diese Worte gab Gott zu verstehen, daß bei ihm jenem Volk am meisten zugute kam, daß sie so sehr von jenem Mann geliebt wurden, den der Herr so sehr liebte, damit wir auf diese Weise belehrt würden, daß, wenn unsere Vergehen uns derart belasten, daß wir von Gott nicht geliebt werden, wir bei ihm durch die Verdienste jener, die er liebt, entlastet werden" (*qu.* 2,149).

---

[36] TM gibt allerdings in Ex 18,2 bereits selbst eine Erklärung, die üblicherweise als redaktioneller Ausgleich mit Ex 4,24-26 angesehen wird und als Scheidung mißverstanden werden könnte: „Zippora, die Frau des Mose, nach ihrer Zurückschickung" אַחַר שִׁלּוּחֶיהָ. Ebenso mißverständlich ist LXX, da ἄφεσις auch ‚Entlassung, Scheidung' bedeutet: μετὰ τὴν ἄφεσιν αὐτῆς „nach ihrer Zurückschickung/Entlassung". In Ex 4,26 übersetzt LXX den Satz aus TM: „und er [JHWH] ließ von ihm [Mose] ab" (so VL:Cod.Lugd: *et recessit ab illo angelus Domini*) durch καὶ ἀπῆλθεν ἀπ' αὐτοῦ. Dieser Satz kann, so WEVERS, *Exodus* 55f., auch so verstanden werden: „Und sie [Zippora] ging weg von ihm [Mose]" (SD dagegen höchst eigenartig: „da ging er von ihr fort"). Darauf läuft zwar auch Augustins Erklärung hinaus, aber da er sie als eigene Schlußfolgerung ausgibt, hat er Ex 4,26 wohl so wie Cod.Lugd aufgefaßt und die Wendung in Ex 18,2 entweder übersehen oder nicht verstanden.

Mehrfach spricht die Schrift zwar von Mose, meint aber nicht die damalige historische Gestalt, sondern Mose ist zur Chiffre für zukünftige, neutestamentliche Konstellationen geworden, Mose spielt mehrere Rollen:[37]

(1) In Ex 33,19 (Wort Gottes zu Mose: „ich werde den Namen des Herrn vor deinem Angesicht ausrufen") fungiert Mose als *typus* des Volkes Israel im weltweiten Exil, vor dessen Angesicht Christus in allen Völkern angerufen wird (*qu.* 2,154,2).

(2) In der Zusage, Mose werde nach Gottes Hinübergang Gottes *posteriora* (Rücken/Spätere) sehen, (Ex 33,23) spielt Mose die *persona* (Rolle) bzw. stellt er den *typus* der Israeliten dar, „die, wie die Apostelgeschichte darlegt, danach an den Herrn Jesus geglaubt haben, d.i. sobald seine Herrlichkeit hinübergegangen war", sie „bedeutet daher folgendes: Ich werde aus dieser Welt hinübergehen zum Vater (vgl. Joh 16,28), danach werden diejenigen an mich glauben, deren Typus du darstellst" (*qu.* 2,154,7).

(3) Insofern Mose zuerst auf dem Sinai „in die Wolke hineinging, wo Gott war" (Ex 20,21), später aber das Offenbarungszelt nicht betreten konnte, solange die Wolke darauf ruhte und die Herrlichkeit Gottes sie erfüllte (Ex 40,29 LXX = 40,35 TM), „spielte er damals eine andere Rolle *(persona)* als jetzt: und zwar damals die Rolle derer, die der geheimsten Wahrheit Gottes teilhaftig werden, jetzt aber die Rolle der Juden, denen sich die Herrlichkeit des Herrn, die im Zelt ist – das ist die Gnade Christi – wie eine Wolke entgegenstellt, ohne daß sie sie verstehen" (*qu.* 2,176).

Exkurs: Die Herzensverhärtung Pharaos

Augustinus behandelt dieses für ihn theologisch schwierige Problem, das die gesamte Erzählung von der Befreiung Israels aus Ägypten durchzieht, in acht *quaestiones*: *qu.* 2,18 (zu Ex 3,7); 2,22 (zu Ex 7,22); 2,24 (zu Ex 8,15); 2,25 (zu Ex 8,19); 2,29 (zu Ex 8,32); 2,30 (zu Ex 9,7); 2,36 (zu Ex 10,1); 2,37 (zu Ex 10,19-20). Er besteht auf der Willensfreiheit Pharaos nicht nur vor, sondern auch in seiner Verstockung einerseits und der Gerechtigkeit und Güte Gottes auch gegenüber Pharao andererseits.[38]

Die Aussagen zur Herzensverhärtung in der Erzählung von der Befreiung aus Ägypten, vor allem im Plagenzyklus, sind komplex (und wohl textentste-

---

[37] Vgl. auch *qu.* 4,53. Zu solchen Rollen des Mose in weiteren Schriften des Augustinus vgl. DULAEY, *Geste* 231-236, bei den lateinischen Vätern vgl. LUNEAU, *Moïse* 296-303.

[38] Vgl. in *gr. et lib. arb.* 45 seine These: *ac per hoc et deus induravit per iustum iudicium, et ipse Pharao per liberum arbitrium* „Und verhärtet hat daher sowohl Gott nach gerechtem Urteil als auch Pharao seinerseits durch freie Willensentscheidung."

hungsgeschichtlich zu verstehen). TM spricht einerseits davon, daß Pharao selbst sein Herz verhärtet bzw. daß die Verhärtung seines Herzens andauert, andererseits davon, daß JHWH Pharaos Herz verhärtet (= zum Widerstand kräftigt), und gebraucht dafür drei verschiedene Verben und zwei dieser Verben in unterschiedlichen Stämmen. LXX, gefolgt von VL, und Vulg variieren lexikalisch weniger und folgen nicht überall dem Wechsel der Subjekte bei der Herzensverhärtung. Die Daten für TM, LXX, VL des Augustinus (nicht für alle Belege bezeugt) und Vulg:[39]

(1) Pharao verhärtet sein Herz, Subjekt Pharao: Ex 8,11.28; 9,34: כבד H-Stamm – Ex 8,11: ἐβαρύνθη (Wechsel zu Subjekt Herz) – VL: *ingravatum est* – Vulg: *ingravavit*; Ex 8,28: ἐβάρυνεν – Vulg: *ingravatum est* (Wechsel zu Subjekt Herz); Ex 9,34: ἐβάρυνεν – Vulg: *ingravatum est* (Wechsel zu Subjekt Herz).

(2) Pharaos Herz wird/bleibt hart, Subjekt Herz: (a) Ex 7,13.22; 8,15: חזק G-Stamm – Ex 7,13: κατίσχυσεν – Vulg: *induratum est*; Ex 7,22: ἐσκληρύνθη – VL+Vulg: *induratum est*; Ex 8,15: ἐσκληρύνθη – VL: *ingravatum est* – Vulg: *ingravavit* (Wechsel zu Subjekt Pharao). (b) Ex 7,14; 9,7: כבד G-Stamm – Ex 7,14: Βεβάρηται – Vulg: *ingravatum est*; Ex 9,7: ἐβαρύνθη – VL+Vulg: *ingravatum est*. (c) Ex 9,35: חזק G-Stamm – ἐσκληρύνθη – Vulg: Ausfall.

(3) JHWH verhärtet das Herz Pharaos, Subjekt JHWH: (a) Ex 7,3: קשה H-Stamm – σκληρυνῶ – VL +Vulg: *indurabo*. (b) Ex 10,1: כבד H-Stamm – ἐσκλήρυνα – VL: *gravavi* – Vulg.: *induravi*. (c) Ex 9,12; 10,20.27; 11,10; 14,4.8: חזק D-Stamm – ἐσκλήρυνεν/σκληρυνῶ – VL (nur Ex 10,20): *induravit* – Vulg: *induravit/indurabo*.

Nur nebenbei erwägt Augustinus eine Lösung, die das Problem der Kausalität Gottes bezüglich der Herzensverhärtung beseitigen würde: „ob man den Ausspruch: ‚ich werde verhärten' auch so verstehen kann, als ob er sagte: ‚ich werde zeigen, wie verhärtet es ist'" (*qu.* 2,18). Sonst akzeptiert er die biblischen Formulierungen, Gott habe das Herz Pharaos verhärtet. Er lehnt aber in sorgfältigen Argumentationen die mögliche Folgerung ab, Pharao sei deswegen in seiner Entscheidung nicht frei gewesen oder Gott habe ihm auf ungerechte Weise geschadet. Vielmehr hat Pharao, wie andere Menschen auch, ‚durch eigene Schuld' *(suo vitio)* sein Herz böse gemacht und diese Bosheit ‚aus freier Willensentscheidung' *(ex arbitrio voluntatis*; *qu.* 2,18) vermehrt. Die Aktion Gottes

---

[39] Um Verwirrung zu vermeiden, werden die Belege von LXX, Vulg und VL (soweit vorhanden) der Stellenangabe in TM zugewiesen, auch wenn sie selbst einer anderen Verszählung folgen.

bestand vor allem darin, daß Gott nicht dagegen eingeschritten ist, sondern Pharao gegenüber ‚Geduld' *(patientia)* walten ließ.

Zwar hat Gott in seiner „geheimen in höchstem Grad gerechten und weisen Vorsehung" (*qu.* 2,18) auch Ereignisse geschaffen, die *de facto* Pharao in seiner Tendenz zum Bösen bestärkten, z.B. daß auch die Zauberer Ägyptens Nilwasser zu Blut verwandeln oder eine Froschplage über Ägypten bringen konnten (*qu.* 2,22 zu Ex 7,22; 2,23 zu Ex 8,7): „So bieten sich schlechten Menschen Handlungsursachen dar, die zwar nicht ihrer Verfügung unterliegen, sie aber veranlassen, sich als solche zu erweisen, als welche diese Ursachen sie, durch eigene aus zurückliegenden Willensakten erwachsene Untaten bereits geformt, vorgefunden haben" (*qu.* 2,18). Pharao war allerdings ein besonders schwerer Fall; er war derart böse, daß er nicht einmal durch das von den Zauberern ausdrücklich eingestandene Versagen und ihren Hinweis auf den Finger Gottes zur Umkehr bewegt werden konnte: „Obgleich also die Zauberer, deren Macht Pharao allzu sehr vertraute, eingestanden, in Mose handle der Finger Gottes, durch den sie überwunden und ihre Zaubereien vereitelt wurden, verhärtete sich – nun mit höchst erstaunlicher Härte – das Herz Pharaos dennoch" (*qu.* 2,25 zu Ex 8,19). Und selbst als die Tierseuche nur das Vieh der Ägypter, nicht aber das Vieh der Israeliten befiel, ließ Pharao sich nicht beeindrucken. „Diese Beschwerung [sc. des Herzens des Pharao] ist sogar bis zu diesem Grad fortgeschritten" (*qu.* 2,30). Hier kann daher auch nur noch von der Selbstverstockung Pharaos geredet werden.

Aber selbst Gottes Wohltaten (*qu.* 2,37 zu Ex 10,19-20) und seine Geduld mit Pharao, die sich darin zeigte, daß er auf Bitten des Mose die Plagen jeweils wieder beendete, hatten ja die gleiche Wirkung: „Hier wird deutlich, daß nicht nur die Tatsache, daß Pharaos Zauberer das gleiche vollbrachten, die Verstockung des Herzens des Pharao bewirkte, sondern gerade auch die Geduld Gottes, mit der er verschonte [...] Je entsprechend den Herzen der Menschen ist Gottes Geduld für die einen nützlich, daß sie bereuen, für die anderen verderblich, daß sie Gott widerstehen und im Bösen verharren; sie ist aber ihrerseits nicht aus sich heraus verderblich, sondern entsprechend dem bösen Herzen" (*qu.* 2,24 zu Ex 8,15). So hat Gott schließlich in gerechter Weise sein Urteil über diese Bosheit gefällt: „Daß der Pharao ein derartiges Herz hatte, das durch Gottes Geduld nicht zur Frömmigkeit, sondern eher zur Gottlosigkeit bewegt wurde, war daher seine persönliche Schuld; daß aber die Ereignisse eingetreten sind, auf Grund deren sein durch eigene Schuld so böses Herz sich den Befehlen Gottes widersetzte – das bezeichnet man nämlich als ‚verhärtet', daß er nicht fügsam zustimmte, sondern sich unbeugsam widersetzte –, das ging auf Gottes Anordnung zurück, dergemäß einem so gearteten Herzen eine nicht nur nicht ungerechte, sondern offenkundig gerechte Strafe bereitet wurde, durch die die Gottesfürchtigen gebessert werden sollten" (*qu.* 2,18). Wenn Gottes Geduld auch Pharao nichts nutzte, so erreichte Gott damit folglich doch einen guten Zweck zugunsten anderer: Die Formulierung Ex 10,1: „ich habe nämlich sein Herz und das seiner Diener beschwert, damit diese meine Zeichen eines nach dem anderen über sie kommen" darf aber keinesfalls so verstanden werden, „als habe Gott die Bosheit irgendjemandes nötig." Vielmehr ist es so zu verstehen: „Da nämlich das böse Gemüt durch die Geduld Gottes noch halsstarriger wurde, deswegen wird für ‚ich war ihm gegenüber geduldig' gesagt: ‚ich habe sein Herz beschwert'" (*qu.* 2,36 zu Ex 10,1). „Gott versteht es somit, die Bösen auf gute Weise zu gebrauchen: er erschafft in ihnen jedoch die menschliche Natur nicht zur Bosheit, sondern er erträgt sie langmütig, soweit es nach seiner Einsicht von Vorteil ist; er gebraucht sie nicht nutzlos, sondern um die Guten zu ermahnen oder zu prüfen [...] Folglich hat er Pharao zu deren Nutzen am Leben gelassen, wie auch die Schrift bezeugt und der Ausgang der Geschichte lehrt" (*qu.* 2,32 zu Ex 9,16). Anläßlich Ex 8,32 notiert Augustinus daher nicht nur: „Präzise ist nun nicht gesagt: Das Herz des Pharao wurde beschwert, sondern: ‚Und der Pharao beschwerte sein Herz'", sondern er kann als Extrakt seiner Überlegungen, den unterschiedlichen biblischen Wendungen zum Trotz, hinzufügen: „So [verhält es sich] durchaus bei allen Plagen" (*qu.* 2,29 zu Ex 8,32).

Exkurs: Dekalog

Bei der ausführlichen Besprechung des Dekalogs beachtet Augustinus – mit starkem Einfluß auf dessen theologische Wahrnehmung in der lateinischen Kirche – den Dekalogvorspruch überhaupt nicht. Schon in der LXX und entsprechend in der VL hat ein Ausgleich der beiden Versionen von Ex 20 und Dtn 5 dergestalt stattgefunden, daß auch in Ex 20 die Begehrensverbote in Reihenfolge und Formulierung von Dtn 5 eingetragen sind. In der Reihenfolge der Verbote von Töten, Ehebruch und Diebstahl folgt Augustinus nicht der LXX, sondern TM.[40]

Bezüglich der Gliederung des Dekalogs faßt Augustinus die auf Gott bezogenen Gebote (bis einschließlich Sabbat) und die auf die Menschen bezogenen Gebote (ab dem Elterngebot) als Gruppen zusammen. Er diskutiert die Gliede-

---

[40] TM hat in Ex 20 und in Dtn 5 folgende Reihenfolge der Verbote: Töten – Ehebruch – Stehlen, LXX in Ex 20: Ehebruch –Stehlen – Töten, in Dtn 5: Ehebruch – Töten – Stehlen. SDE 300f. erklärt die unterschiedliche Reihenfolge unter Verweis auf HIMBAZA, *Décalogue* durch verschiedene lokale Text-Traditionen: die palästinensische (TM) und die ägyptische (LXX). Augustinus folgt in *qu.* 2,71,6 der Reihenfolge des TM, die auf Grund der hexaplarischen Rezension in die meisten LXX-Codices eingedrungen ist (WEVERS, *Exodus* 314).

rung in 1-4 (Bilderverbot als eigenes Gebot) und 5-10 (Begehrensverbote als ein einziges Gebot) einerseits, in 1-3 (Alleinverehrungsgebot und Bilderverbot als ein einziges Gebot) und 4-10 (Begehrensverbote als zwei Gebote) und entscheidet sich wegen der Analogie zur Trinität für die zweite Gliederung (*qu. 2,71,1.2*).

Von allen zehn Geboten ist lediglich das Sabbatgebot nur bildlich gemeint (*figurate dictum, mysterio praeceptum, sacramento figurabatur*), „so daß wir es heute nicht einhalten, sondern allein das bedenken, was es bildlich bezeichnete", nämlich aus Gnade gute Werke zu tun. „Bezüglich der dortigen neun übrigen Gebote zweifeln wir ja nicht im mindesten, daß sie auch im Neuen Bund so einzuhalten sind, wie sie vorgeschrieben sind" (*qu. 2,172*). Das Tötungsverbot betrifft nach Augustinus weder die gesetzliche Todesstrafe noch das Töten auf Befehl Gottes (*qu. 2,71,5*). Den Unterschied zwischen den Geboten 6 und 7 (Ehebruch und Diebstahl) und 9 und 10 (Begehren von Frau des Nächsten und Haus des Nächsten) bestimmt er dahingehend, daß 6 und 7 sich auf Tatsünden (evtl. auch ohne Begehren) und 9 und 10 auf Begehren (evtl. auch ohne Ausführung)[41] beziehen (*qu. 2,71,3*). Während aber nach semitisch-atl. Konzeption der Mann nur die fremde Ehe, die Frau nur die eigene Ehe brechen kann, umfaßt für Augustinus der Ehebruch jegliche sexuelle Kontakte, an denen zumindest ein verheirateter Partner beteiligt ist. Augustinus vermißt allerdings zwar im Dekalog eine klare Formulierung, die sexuelle Kontakte auch unter zwei Unverheirateten verbietet, subsumiert jedoch nach dem Prinzip, daß der Teil für das Ganze stehen kann, auch diese unter dem Ehebruchsverbot (*qu. 2,71,4*).

Exkurs: Inwieweit sind außer dem Dekalog auch die übrigen Gebote Gottes im Bundesbuch etc. für Christen verbindlich?

Im Gegensatz zum Dekalog, dessen Gebote – mit Ausnahme des Sabbatgebots – auch im Neuen Bund im wörtlichen Sinn einzuhalten sind (*qu. 2,172*), gilt von den Geboten des Bundesbuches Ex 21-23: „Bezüglich all dieser *iustificationes* (Vorschriften) muß man sorgfältig prüfen, welche geeignet sind, daß man daraus Anleitung zur Lebensführung und zur Bewahrung der guten Sitten ableiten kann. Viele von ihnen sind ja eher Geheimnisse, die symbolische Bedeutung haben, als daß sie uns in der Lebensführung unterrichten" (*qu. 2,95*).

---

[41] Das entspricht LXX, die zweimal das Verb ἐπιϑυμήσεις hat, während Dtn 5,21 TM im Gegensatz zu Ex 20,17 TM zwei verschiedene Verben hat. Die in TM gebrauchten Verben umfassen nicht nur das Begehren, sondern auch die daraus entspringende tatsächliche Aneignung. BdA: Bei Philo von Alexandrien und, vermittelt durch Röm 7,7, wo das Begehrensverbot ohne Objekt zitiert wird, in der frühen Patristik entwickelt sich das Begehren zur umfassenden Wurzelsünde.

Freilich folgt daraus nicht im Umkehrschluß, daß jedes Gebot mit symbolischer Bedeutung nicht im wörtlichen Sinn befolgt werden muß: *sed etiam illa quae possunt observantia factitari non sine causa ita praecepta sunt; significant enim aliquid* „Aber auch jene Vorschriften, die man gewöhnlicherweise beobachten und ausführen kann, sind nicht grundlos so vorgeschrieben worden; sie bezeichnen nämlich irgendetwas voraus" (*qu.* 2,90).

In *qu.* 4,59,5 anläßlich der Gültigkeit von Gelübden kommt Augustinus auf dieses Thema noch einmal zurück: „Wir erinnern uns daran, daß in jenen anderen ‚Vorschriften' *(iustificationes)*, die unter dieser Bezeichnung im [Buch] Exodus aufgeführt werden, vieles vorgeschrieben wird, was nicht in wörtlichem Sinn verstanden werden kann und auch im Neuen Bund nicht eingehalten wird."

Augustinus geht auf folgende Vorschriften ein:
- Ex 21,6: das Ohr des hebräischen Sklaven, der nicht in die Freiheit entlassen werden will, soll zum Zeichen lebenslanger Sklaverei durchbohrt werden: das kann nicht im wörtlichen Sinn verstanden werden und wird auch im Neuen Bund nicht eingehalten (*qu.* 4,59,5).
- Gegen den Wortlaut von Vers Ex 21,2, der die Entlassung des (Schuld)-Sklaven im siebten Jahr vorschreibt, verteidigt Augustinus unter Berufung auf Eph 6,5; 1Tim 6,1 die lebenslange Sklaverei: „Damit die christlichen Sklaven nicht von ihren Herren energisch fordern, was über den hebräischen Sklaven vorgeschrieben ist, nämlich daß er sechs Jahre dienen und dann ohne Entgelt frei gelassen werden soll, fordert der Apostel kraft seiner Autorität von den Sklaven, sich ihren Herren unterzuordnen, damit der Name Gottes und die Lehre nicht gelästert werden" (vgl. Eph 6,5; 1Tim 6,1) (*qu.* 2,77).[42]
- Ex 21,22-25, die Rechtsfolgen für Männer, die miteinander raufen und dabei durch Stoß einer unbeteiligten Frau eine Fehlgeburt verursachen: „Wie mir scheint, sagt die Schrift dies mehr wegen einer symbolischen Bedeutung, als daß sie besonders an derartigen Vorfällen interessiert wäre" (*qu.* 2,80).

---

[42] Augustinus behauptet sogar, das gehe mit genügender Deutlichkeit aus Ex 21,6 hervor *(satis constat)*! Augustinus weigert sich somit, mit Hilfe des göttlichen Gebots Ex 21,6 die Wirtschaftsordnung des Römischen Reiches seiner Zeit in Frage zu stellen, obgleich er in *qu.* 1,153 erkannt hatte, daß die Herrschaft von Menschen über Menschen im Gegensatz zur Herrschaft des Menschen über die Tiere nicht der Schöpfungsordnung entspricht: *servum autem hominem homini vel iniquitas uel adversitas fecit* „Den Menschen aber für den Menschen zum Sklaven hat entweder Vergehen oder Feindschaft gemacht."

- Ex 21,28: Gesetz über den stößigen Stier: Einzelheiten sind nur unter der Voraussetzung verständlich, daß eine symbolische Bedeutung angenommen wird *(nisi omnia ista significent aliquid)* (*qu.* 2,81).
- Ex 22,1LXX = 21,37TM: Die zahlenmäßig unterschiedliche Ersatzleistung für ein gestohlenes Rind und ein gestohlenes Schaf ist nicht zu rechtfertigen, *nisi aliquid significare intellegatur* (*qu.* 2,83).
- Ex 23,19: Verbot, das Böckchen in der Milch seiner Mutter zu kochen: Es ist *rei significandae causa* erlassen. Wörtliches Verstädnis verbietet sich, denn *nullus usus est ita coquendi*; falls aber nur verboten sein sollte, ein Lamm solange nicht zu schlachten, als es noch saugt: „Welcher Jude hat sich jemals an die Regel gehalten, das Böckchen erst dann zu kochen, wenn es aufhörte zu saugen?" *Hoc uero quomodo observetur ad proprietatem verborum, aut non est aut non elucet* (*qu.* 2,90).[43]

Augustinus ist somit weit davon entfernt, den alttestamentlichen Gesetzesvorschriften ihre Geltung für Christen grundsätzlich abzusprechen und nur den Dekalog für verbindlich zu erklären. Vgl. auch *qu.* 3,64: Augustinus sagt zu den Unzuchtsverboten Lev 18,6-21: „Hier liegen solche Verbote vor, die auch zur Zeit des Neuen Bundes, nachdem die Observanz der alten Schatten beseitigt worden ist, ohne Zweifel beachtet werden müssen." Er wendet vielmehr als Unterscheidungskriterium an, ob die Gebote vernünftig sind, so daß man „daraus Anleitung zur Lebensführung und zur Bewahrung der guten Sitten ableiten kann" (*qu.* 2,95). De facto geht es um die Vereinbarkeit mit dem, was Augustinus in seinem römischen Kulturkreis vertraut ist. Unter diesem Kriterium beurteilt er sogar den Dekalog, wie seine Behauptung, das Sabbatgebot verpflichte nur im übertragenen Sinn, deutlich zeigt.

Exkurs: Ist ein nicht voll ausgeformter menschlicher Embryo ein Mensch?

Ex 21,22-23 TM hat folgenden Wortlaut:

²²„Und wenn Männer miteinander raufen und eine schwangere Frau stoßen und ihre Kinder (= ihre Leibesfrucht) herausgehen, aber kein tödlicher Unfall (אָסוֹן) geschieht, soll er mit einer Geldbuße bestraft werden [...] ²³Und wenn ein tödlicher Unfall (אָסוֹן) geschieht, sollst du Leben für Leben geben [...]"

Es geht somit um eine Schlägerei zwischen zwei Männern, in deren Verlauf einer der Männer unbeabsichtigt, also fahrlässig, eine unbeteiligte schwangere Frau so stößt, daß sie eine Fehlgeburt erleidet. Daß hier von einer Fehlgeburt, nicht von einer Frühgeburt die Rede ist, haben Matthias und Heidelore Köckert

---

[43] Vgl. auch *qu.* 2,164.

kürzlich noch einmal begründet.[44] Zwei Fälle werden unterschieden: Hat der unbeabsichtigte Stoß für die Schwangere keine tödlichen Folgen,[45] muß der Schuldige den durch die Fehlgeburt verursachten Schaden finanziell ausgleichen, im Fall des durch die Fehlgeburt verursachten Todes der Frau[46] verfällt er einer schwereren Strafe. Ob die Talionformel Todesstrafe oder entsprechend hohe finanzielle Leistungen fordert, kann für unsere Fragestellung dahingestellt bleiben.[47] Der Rechtsschutz gilt somit der schwangeren Frau, nicht ihrem Fötus. Da beide Unterfälle nur auf das Maß der Schädigung der Frau abheben, kann geschlossen werden, obgleich dies nicht ausgesprochen, sondern nur vorausgesetzt ist: „Die gewaltsame Beendigung vorgeburtlichen Lebens wird nicht als eigenständiger Tatbestand gewürdigt, sondern kann nur als Körperverletzung der Mutter behandelt werden." „Offensichtlich gilt das Leben der Leibesfrucht vor der Geburt nicht als vollwertiges Leben."[48] Ex 21,22-25 TM bleibt unter dieser Rücksicht im Rahmen der altorientalischen Rechtssätze, wie Ralf Rothenbusch in seiner Freiburger Dissertation detailliert nachgewiesen hat.[49]

LXX, gefolgt von Vetus Latina, macht daraus etwas ganz anderes, sie unterscheidet nicht zwei unterschiedlich gravierende Folgen einer Fehlgeburt für die Mutter, sondern zwei unterschiedliche Entwicklungsstadien des durch die Fehlgeburt getöteten Embryos mit entsprechend unterschiedlichen Rechtsfolgen:

Ex 21,22-23 LXX: [22]„Wenn aber zwei Männer (miteinander) kämpfen und eine schwangere Frau stoßen und ihr Kindlein (παιδίον) abgeht, das (noch) nicht ausgebildet (μὴ ἐξεικονισμένον) ist, soll er mit einer Geldstrafe bestraft werden [...] [23]Wenn es aber (schon) ausgebildet war (ἐξεικονισμένον), soll er Leben an stelle von Leben geben [...]"

Wie es zu dieser so stark abweichenden Formulierung kam, ist unklar. Vermutungen, statt אָסוֹן sei ein anderes hebräisches Wort gelesen worden, konnten ebenso wenig überzeugen wie der zuletzt von BdA referierte Vorschlag, man habe אָסוֹן ‚tödlicher Unfall' als *asoma* transliteriert und dies griechisch als ‚körperlos' interpretiert. Leo Prijs verweist hingegen auf die Mechilta zu Ex 21,22-23, wo die Alternative, אָסוֹן nicht auf die Mutter, sondern auf den Em-

---

[44] KÖCKERT/KÖCKERT, *Leben* 52-53. Da Schmerzensgeld in Israel unbekannt war, wäre die Strafzahlung im Fall einer Frühgeburt unverständlich.
[45] Vulg.: *sed ipsa vixerit*.
[46] Vulg explizit: *sin autem mors eius fuerit subsecuta*.
[47] ROTHENBUSCH, *Rechtssammlung* 291 z. B. plädiert für finanzielle Abgeltung, OTTO, *Ethik* 72 hingegen für Todessanktion. Auch textentstehungsgeschichtliche Hypothesen haben für die gegenwärtige Fragestellung keine Bedeutung.
[48] KÖCKERT/KÖCKERT, *Leben* 60.
[49] ROTHENBUSCH, *Rechtssammlung* 302-307.312-317.

bryo zu beziehen, zwar abgelehnt, aber eben doch erwähnt wird; man könne darin eine ältere rabbinische Halacha vermuten.[50] Unter deren Voraussetzung habe die LXX den Rechtsfall im Licht damaliger juristischer und medizinischer Vorstellungen neu gefaßt. Prijs verdeutlicht seine Interpretation durch folgende Paraphrase:

„Wenn Männer sich streiten und eine schwangere Frau stossen, sodass ihr die Kinder (tot) abgehen, wobei aber (in Bezug auf die Kinder) nicht von einem tödlichen Unglücksfall die Rede sein kann (da der Embryo nur eine ungestalte Masse bildet), soll er gestraft werden etc. Ist aber ein tödlicher Unglücksfall erfolgt (da der totgeborene Embryo immerhin bereits eine menschliche Gestalt hatte und somit als Objekt eines Totschlags gelten kann), so sollst du Leben um Leben geben."

Vergleicht man diese Paraphrase mit dem Wortlaut der LXX, wird folgendes deutlich: Die LXX hat das Wort אָסוֹן gar nicht übersetzt, sondern unter der stillschweigenden Voraussetzung, daß es sich auf den Embryo bezieht, sofort die aus den unterschiedlichen Strafen gefolgerten unterschiedlichen Stadien der körperlichen Ausbildung des Embryos ausformuliert. Während aber Philo von Alexandrien, der als einziger jüdischer Autor die Auffassung der LXX teilt, in *de specialibus legibus* III,108 für ‚unausgebildet' (ἄπλαστον καὶ ἀδιατύπωτον) und ‚ausgebildet' (μεμορφωμένον) gebräuchliche griechische Wörter verwendet, bildet die LXX mit ἐξεικονισμένον ein *hapax legomenon* im AT und zugleich einen Neologismus in der griechischen Sprache. Durch ihn will sie, wie z.B. Matthias und Heidelore Köckert sowie J. Scharper mit E. Weber in SDE betonen, die Verbindung zur Gottesbildterminologie in Gen 1,26; 9,6 herstellen und so – im Gegensatz zur jüdischen und zur heidnisch-stoischen Überzeugung – den bereits ausgebildeten Embryo vor der Geburt als Ebenbild Gottes und als vollwertigen Menschen mit eigenen Rechten erweisen. Die Übersetzer der LXX haben somit zwar wohl den Bezug von *'ason* auf die Mutter im TM mißverstanden, sie haben sich aber mit ihren exegetischen Mitteln um eine geschlossene biblische Interpretation bemüht, die de facto auf eine neue Sinngebung hinauslief.

Von diesem theologischen Bezug der LXX auf die Gottesebenbildlichkeit hat die Vetus Latina freilich nichts bewahrt. Sie entspricht eher der Wortwahl Philos und gebraucht die Termini *infans non deformatus* und *formatum*.[51]

---

[50] PRIJS, *Tradition* 10-11. LE DÉAUT, *Septante* 184f. stimmt zu. Weniger überzeugend ist die angeführte sachliche Parallele in *Nidda* 24, die in anderem Kontext eine ganz andere Terminologie gebraucht.
[51] So die VL des Augustinus. VL:Cod.Lugd. unterscheidet dagegen *immaturum* und *deformatum*.

> *si autem litigabunt duo viri et percusserint mulierem in utero habentem, et exierit infans eius non deformatus, detrimentum patietur [...] si autem formatum fuerit, dabit animam pro anima.*

Deformo bedeutet laut Georges, Ausführliches Handwörterbuch (1) „zur Gestalt ausbilden", (2) „verunstalten"; die negative Bedeutung überwiegt; vgl. *deformitas* „Entstellung" und *deformis* „entstellt". VL gebraucht *deformatus* dagegen in der positiven Bedeutung ‚voll ausgestaltet', denn der Tod eines Embryos, der *formatus* ist, wiegt schwerer (V. 22) als der des Embryos, der *non deformatus* ist (V. 23). Diesen Wortlaut zitiert und interpretiert Augustinus in der *quaestio* 80 seiner *quaestiones in Exodum* und initiiert mit seiner Rezeption eine anderthalb jahrtausendjährige juristische und anthropologische Wirkung; er stellt die konsequenzenreiche These auf, ein noch nicht voll ausgebildeter Embryo sei nach der Bibel gar kein Mensch.[52] Er argumentiert unter Zuhilfenahme eines nur im Lateinischen funktionierenden Wortspiels: Die für Mord vorgesehene Todesstrafe erfolgt nur im Fall der voll ausgebildeten Leibesfrucht. Mord heißt *homicidium*. Also ist die noch nicht voll ausgebildete Leibesfrucht kein *homo*, weil ihre Tötung nach Ausweis der Geldstrafe in Ex 21 nicht als *homicidium* gewertet wird.

„Weil die Schrift aber nicht wollte, daß bezüglich einer nicht voll ausgebildeten Leibesfrucht ein Mordfall *(homicidium)* angenommen werde, hat sie sicherlich auch etwas derartiges, das im Mutterleib getragen wird, nicht als Menschen angesehen *(nec hominem deputavit quod tale in utero geritur)*."[53]

Schon die Umgestaltung des Rechtssatzes in Ex 21 durch die LXX erklärt sich aus den zeitgenössischen medizinischen Vorstellungen im hellenistischen

---

[52] JEROUSCHEK, *Lebensschutz* 40 führt zwar aus: „Die Parteinahme zugunsten der Beseelungslehre i.S.d. Septuagintaversion ist umso bemerkenswerter, als Augustinus diese seinen Ausführungen nicht durchwegs zugrunde legt, sondern daneben auch der Vulgataversion folgte." Aber als Augustinus die *quaestiones in Exodum* schrieb, kannte er die Vulg noch nicht. Außerdem ist umstritten, ob das Werk De scriptura sacra speculum. De libro qui exodus nominatur (ad cap. 21), das JEROUSCHEK anführt, von Augustinus stammt (vgl. DRECOLL, *Augustin Handbuch* 260).

[53] Diese Konsequenz hat vor ihm bereits Tertullian, *de anima* 37,2 gezogen. Übersetzung von VOLP, *Würde* 286: „Der Fötus ist also im Mutterleib von dem Zeitpunkt an ein Mensch, von dem an die Form voll ausgebildet ist. Denn auch das Gesetz des Mose bestraft nun den, der eine Abtreibung verschuldet hat, erst dann mit dem Gesetz der vollen Wiedervergeltung, wenn die Sache schon um einen Menschen geht, wenn bei ihm schon von Leben und Tod gesprochen werden kann, wenn er auch schon dem menschlichen Schicksal unterliegt, obwohl er, solange er noch in der Mutter lebt, zumeist das Schicksal mit der Mutter teilt."

Alexandrien.⁵⁴ Ulrich Volp faßt sie so zusammen: „Danach ist die Embryonalentwicklung ein sukzessiver Prozeß, der mit der Einwohnung des Samens beginnt und in der Beseelung durch die ψυχὴ λογική kulminiert. Bei allen Unterschieden im Detail bildet sich im Anschluß an Aristoteles bei Peripatetikern, Platonikern und Stoikern eine recht einheitliche Vorstellung von einer relativ frühen ‚Belebung' des Embryos, aber einem erst sehr späten Hinzutreten menschlicher rationaler beziehungsweise noetischer Fähigkeiten."⁵⁵ Diese Konzepte erschienen nun auf Grund der LXX-Fassung von Ex 21 und deren nahezu wörtlichen Übersetzung in der Vetus Latina, gegen die die dem hebräischen Wortlaut nahe Vulgata-Fassung auch im Mittelalter nicht ankam, als biblisch legitimiert. Augustinus geht deswegen auch in der *qu.* 2,80 auf das Problem der Beseelung des Embryos ein, äußert sich allerdings zurückhaltend und terminologisch unsicher:

> „Hier pflegt man die Frage nach der Seele zu behandeln, ob die noch nicht voll ausgebildete Leibesfrucht nicht einmal als beseelt *(animatum)* zu gelten habe und es deswegen kein Mord sei, weil man etwas, das noch gar keine Seele hatte, auch nicht entseelt *(exanimatum)* nennen könne [...] Wenn daher jene noch ungeformte Leibesfrucht *(informe puerperium)* zwar schon existiert hatte, aber bis dahin irgendwie auf ungeformte Weise beseelt gewesen war *(informiter animatum)* [...], wollte das Gesetz diesen Fall deswegen nicht mit Mord in Verbindung bringen, weil man noch nicht behaupten kann, es sei eine lebendige Seele⁵⁶ *(anima viva)* in einem derartigen Körper, der der Sinneswahrnehmung entbehrt *(sensu caret)*, wenn sie in dieser Beschaffenheit in einem Fleisch existiert, das noch nicht gestaltet *(carne nondum formata)* und daher noch nicht mit Sinneswahrnehmungen *(sensibus)* ausgestattet ist."

Konsequenterweise erschließt Augustinus aus dieser Unterscheidung im *Enchiridion de fide, spe et caritate* als wahrscheinlich, daß bei einer Frühgeburt ein noch

---

⁵⁴ Vgl. KÜGERL, *Zeugung*.
⁵⁵ VOLP, *Würde* 274.
⁵⁶ Der Ausdruck נֶפֶשׁ חַיָּה, LXX: ψυχὴ ζῶσα ist außer in Gen 2,7.19 Charakteristikum priesterlicher Terminologie (Gen 1,20.21.24.30; 9,10.12.15.16; Lev 11,10.46; Ez 47,9); Vulg übersetzt durchgehend mit *anima vivens* (in Lev 11,10 fehlt der einschlägige Passus), die VL des Augustinus hat dagegen *anima viva* (vgl. außer hier: *Gn. litt.* 6,4,6; 7,21,30-31; 9,14,25; *Gn. adv. Man.* 1,43; *conf.* 13,29-31). Nach Gen 2,7 TM gibt Gott bei der Erschaffung Adams nicht eine *anima viva/vivens* in seinen vorgeformten Körper, sondern indem Gott seinem Leib den Lebensatem einhaucht, wird Adam zu einer נֶפֶשׁ חַיָּה; entsprechend bezeichnet dieser Ausdruck in Gen 1 Tiere als individuelle Lebewesen. Eine Dichotomie Seele – Leib liegt gänzlich fern. Augustinus verwendet hier den Ausdruck *anima viva* entsprechend seiner Leib-Seele-Unterscheidung.

nicht ausgeformter Fötus einfach zugrunde geht, während ein bereits ausgebildeter Fötus Anteil an der Auferstehung hat.[57]

Die kirchenrechtliche Rezeption der augustinischen Unterscheidung zwischen der noch nicht voll ausgebildeten Leibesfrucht = *foetus inanimatus* und der voll ausgebildeten = *foetus animatus* zeichnet Sabine Demel in ihrer Habilitationsschrift *Abtreibung zwischen Straffreiheit und Exkommunikation* 1995 nach. Zur Version von Ex 21,22-25 in LXX und VL zitiert sie zustimmend F. J. Dölger, diese sei „‚ein Markstein in der Geschichte der Bewertung der Abtreibung;‘ durch ihren Einfluß auf das Christentum wurde ein ‚Umbruch der antiken Rechtslehre vollzogen und eine Unterlage geschaffen für ein christliches Strafrecht.'"[58] Während aber die kirchlichen Schriftsteller seit Didache 2,2 und die frühen Konzilien undifferenziert jede Abtreibung verurteilten, setzt die Rezeption der augustinischen Unterscheidung erst ab dem 7. Jh. in den mittelalterlichen Bußbüchern, Anleitungen für Priester zur Verwaltung des Bußsakraments, ein. „Es wurde nicht mehr jede Abtreibung mit einer zehnjährigen Buße belegt, sondern nur die einer beseelten Leibesfrucht *(foetus animatus)*, während man sich bei der Abtreibung einer unbeseelten Leibesfrucht *(foetus inanimatus)* mit einer einjährigen Buße begnügte. Und als beseelt galt die Leibesfrucht, die schon zu einer menschlichen Gestalt herangereift war und deshalb auch als geformte, ausgestaltete, ausgebildete Leibesfrucht bezeichnet wurde; dieses Entwicklungsstadium wurde im Anschluß an die griechische Philosophie nach dem 40. Tag der Empfängnis angenommen."[59] Die Unterscheidung zwischen beseelter und unbeseelter Leibesfrucht wurde seit dem 12. Jh. kanonisches Recht. Vgl. *Corpus Iuris Canonici* C. 32, *qu.* 1, *c.* 8:

De his, qui aborsum procurant, queritur, an iudicentur homicidae, vel non? Augustinus in libro quaestionum Exodi ait: Non est homicida, qui aborsum procurat ante, quam anima corpori sit infusa.[60] Es folgt ein Zitat aus Augustins *qu.* 2,80 *(quod vero* bis *sensu caret).*[61] „Bezüglich derer, die eine Abtreibung vornehmen, fragt man, ob sie als

---

[57] *Ench.* 85-86: Eine ausführliche Übersicht über die Beurteilung von Abtreibung, Umgang mit Fehlgeburten und deren Zusammenhang mit Beseelungstheorien in der heidnischen und christlichen Antike, besonders bei Tertullian und Augustinus, bietet DRECOLL, *Umgang*.

[58] DEMEL, *Abtreibung* 79.

[59] DEMEL, *Abtreibung* 87. Vgl. z.B. das Doppel-Poenitential des Beda-Egbert'schen *Excarpus c.* XIV.1 (zitiert nach SCHMITZ, *Bussbücher* II 690): *Si qua mulier partum suum ante XL dies in utero sponte perdiderit, I annum peniteat. Si vero post XL dies eum occiderit, III annos peniteat; si vero postquam animatus fuerit eum perdiderit, quasi homicida peniteat.*

[60] FRIEDBERG, *Corpus* 1122.

[61] Dieses Zitat nimmt auch z.B. Petrus Lombardus in seinen *Sentenzen* auf: Lib II, Dist.

Mörder abzuurteilen sind oder nicht? Augustinus sagt im *liber quaestionum Exodi*: Der ist kein Mörder, der eine Abtreibung vornimmt, bevor die Seele dem Körper eingegossen ist."

Dieses strafunterscheidende Kriterium des Beseelungstermins blieb mit dreijähriger Unterbrechung unter Papst Sixtus V. bis in das 19. Jh. gültig und wurde erst von Pius IX. in der Bulle *Apostolicae sedis* 1869 für die selbsteintretende Exkommunikation wegen Abtreibung endgültig abgeschafft, bezüglich Spezialstrafen für Kleriker sogar erst durch das CIC 1918.[62]

Das trifft aber nicht auf die dogmatische Anthropologie und die Moraltheologie zu. Hier war die Dichotomie in *foetus inanimatus* und *foetus animatus,* insbesondere die Vorstellung einer unbeseelten Entwicklungsstufe des Fötus, nicht erfolgreich, vielmehr setzte sich hier die an Aristoteles orientierte These der dreistufigen Sukzessivbeseelung durch. Auch dafür bildete Ex 21,22-25 mit der Unterscheidung von Zuständen des Embryos die biblische Eingangspforte.[63] Maßgeblich für den Sieg dieser Aristotelesrezeption bis in das 19. Jh. war Thomas von Aquin. Seine vielgestaltige, in zahlreichen Werken entwickelte Lehre, in der er auch auf Ex 21,22-25 bezug nimmt[64] und auch der 40. Tag nach der Empfängnis eine entscheidende Rolle spielt, zeichnet Paul Richter 2008 sorgfältig nach. Hier muß eine holzschnittartige Zusammenfassung genügen: Drei unterschiedliche Seelenteile lösen sich in der vorgeburtlichen Entwicklung ab. „Die vegetative Seele *(anima vegetativa)* belebt pflanzliche Wesen und den frühen Embryo [...] Die sensitive Seele *(anima sensitiva)* findet sich in den Tieren und in den Embryonen, die bereits eine gewisse Entwicklung durchgemacht

---

XXXI, cap. 7 Nr. 3 und Lib IV, Dist. XXXI, cap. 4 Nr. 2. Ebenso Bonaventura in seinem *Sentenzenkommentar* zu Lib IV, Dist. XXXI, cap. 4 Nr. 2.

[62] Vgl. DEMEL, *Abtreibung* 90-92; HACK, *Streit* 24. Canon 985 n. 4 ersetzt den Terminus *foetus animatus* durch *foetus humanus*.

[63] HACK, *Streit* 48f: „Unstrittig ist, dass durch die Septuaginta-Übersetzung von Ex 21,22f die sich in der antiken Welt zusehends durchsetzende aristotelische Theorie der Sukzessivbeseelung vor allem auch im kirchlichen Rechtsbereich etablieren konnte und aufgrund des hohen Ansehens, das die griechische Bibelübersetzung im Vergleich zum hebräischen Original genoss, nahezu unangreifbar war, sodass die aristotelische Lehre in das christliche Gedankengut einzog."

[64] Vgl. *summa theologiae* II-II *qu.* 64 a. 8 *(utrum aliquis casualiter occidens hominem incurrat homicidii reatum) ad secundum: dicendum quod ille qui percutit mulierem praegnantem dat operam rei illicitae. Et ideo si sequatur mors vel mulieris vel puerperii animati non effugiet homicidii crimen: praecipue cum ex tali percussione in promptu sit quod mors sequatur.* Thomas entscheidet sich nicht zwischen dem Wortlaut des TM = der Vulg (es geht um Tod der Mutter) und dem der LXX = VL (es geht um den Tod des Embryos). Er nimmt aber entsprechend der Auslegung des Augustinus für den Todesfall des Embryos an, von *homicidium* könne nur im Fall des *puerperium animatum*, also des geistbeseelten, die Rede sein.

haben [...] Der Mensch ist mit einer intellektiven Seele *(anima intellectiva)* informiert [...] Die sensitive Seele besteht nicht für sich allein, sondern ausschließlich in Verbindung mit der vegetativen Seele und die intellektive Seele besteht ausschließlich gemeinsam mit vegetativer und sensitiver Seele. Thomas wurde nicht müde zu betonen, daß es in einem Wesen immer nur eine einzige Seele geben kann [...] die drei Seelenteile sind in der menschlichen Seele *(anima humana, anima intellectiva)* vereinigt."[65] Thomas hält daran fest, „dass *anima vegetativa* und *anima sensitiva* durch den Samen übertragen werden, hingegen die *anima intellectiva* durch einen Schöpfungsakt Gottes ins Sein komme."[66] „Für Thomas ist die Entstehung einer Seelenstufe immer mit dem Vergehen der vorangegangenen Seelenstufe verbunden, aber in der Weise, dass ‚jene Form, die nachfolgt, all das besitzt, was die frühere hatte, und darüber hinaus noch mehr.'"[67] „Für die Geistbeseelung, die den Zeugungsvorgang abschließt, gilt dabei, dass nur der vollständig gebildete Embryo bereit ist für die Annahme der *anima rationalis*.[68] „Bis der Entwicklungsprozeß soweit abgeschlossen ist und die Leibesfrucht bereit ist für die Aufnahme und Annahme der Geistseele, vergehen 40 (bei Buben) bzw. 90 (bei Mädchen) Tage."[69] Vom Zeitpunkt der Geistbeseelung an nennt Thomas den Embryo *puerperium*.[70] „Vor der Beseelung mit der *anima rationalis (anima humana)* haben wir es laut Thomas mit einem Lebewesen zu tun, das sich von einer pflanzlichen Stufe über eine sinnenhafte Stufe zu einem immer menschenähnlicheren Wesen entwickelt. Mit dem Empfang der von Gott geschaffenen Geistseele begegnen wir dann tatsächlich einem Menschen, dem von diesem Augenblick an alle Rechte eines Menschen zukommen." „Aber der Embryo vor diesem Zeitpunkt war auf die Geistbeseelung hin angelegt und somit ‚Mensch der Möglichkeit nach' *(homo in potentia)*."[71]

Auf Grund zunehmender anatomischer Kenntnisse galt seit dem frühen 18. Jh. unter Naturwissenschaftlern die These der Sukzessivbeseelung als widerlegt. Auch unter Theologen wurde zunehmend die unmittelbare Beseelung im Moment der Empfängnis (Simultanbeseelung) angenommen, die schon von den meisten griechischen Kirchenvätern und von Tertullian,[72] im Mittelalter z.B. von Albertus Magnus und im 17. Jh. z.B. von Paolo Zacchia, dem obersten Amtsarzt des Kirchenstaates,[73] vertreten worden war. Seit der zweiten Hälfte des 19. Jh.s wuchs kontinuierlich ein entsprechender Konsens unter den Moraltheologen, aber gestützt auf das biblische Argument aus Ex 21, obgleich die

---

[65] RICHTER, *Beginn* 92. [66] RICHTER, *Beginn* 179f. [67] RICHTER, *Beginn* 103. [68] RICHTER, *Beginn* 137. [69] RICHTER, *Beginn* 134. [70] RICHTER, *Beginn* 136. [71] RICHTER, *Beginn* 185f.
[72] Zu unterschiedlichen Interpretationen der nicht ganz konsistenten Position Tertullians vgl. HACK, *Streit* 299-302.
[73] Vgl. dazu SPITZER, *Beseelung*.

Abweichung der LXX vom hebräischen Wortlaut allgemein bekannt war, und die Autorität des Thomas hielt sich die These der Sukzessivbeseelung im katholischen Raum zäh, wie Tobias Hack ausführlich nachweist.[74] Die Neuscholastiker, angeführt von dem späteren Kardinal-Erzbischof von Mecheln, Désiré-Joseph Mercier, haben noch einmal für die erste Hälfte des 20. Jh.s erfolgreich, wenn auch nicht unangefochten, die Sukzessivbeseelung als *sentia probabilis* propagiert, wobei stets trotz vorwiegend philosophischer Argumentation Ex 21 eine wichtige Rolle spielte. Sie sahen sich bestärkt durch die römische Studienkongregation, die durch Dekret vom 27. Juli 1914 u.a. folgende These als sichere Leitnorm für die kirchliche Lehre und Theologenausbildung bestätigte:

Contra per se subsistit anima humana, quae, cum subiecto sufficienter disposito potest infundi, a Deo creatur, et sua natura incorruptibilis est atque immortalis.

„An sich selbst besteht dagegen die menschliche Seele, die, wenn sie einem hinreichend veranlagten Zugrundeliegenden eingegossen werden kann, von Gott geschaffen wird und ihrer Natur nach unzerstörbar und unsterblich ist."[75]

Als letzten neothomistischen Vertreter der Sukzessivbeseelung nennt Hack den Dominikaner Methodius Hudeczek mit einem Aufsatz von 1952.[76] In der gegenwärtigen dogmatisch-moraltheologischen Debatte spielt die These der Sukzessivbeseelung keine Rolle mehr.

Die Neugestaltung von Ex 21,22-25 durch die LXX zeigt die Ambivalenz derartiger Rezeptionsvorgänge. Einerseits provozierte sie in der Antike die christliche Verurteilung der Tötung eines körperlich ausgebildeten Embryos als Mord, andererseits verdunkelte sie in der offiziellen kirchlichen Rechtsprechung und Lehre noch lange die Anerkennung auch des noch nicht ausgebildeten Embryos als einer typisch menschlichen Entwicklungsstufe mit entsprechender Würde, als die Naturwissenschaft schon seit mehr als zwei Jahrhunderten dafür die Grundlagen gelegt hatte. Besonders brisant ist dieser Vorgang deswegen, weil er sich in der Neuzeit weiterhin durchsetzte, als längst erkannt war, daß nur die LXX in klarem Gegensatz zum hebräischen Urtext dafür eine biblische Rechtfertigung bot. Die LXX-Fassung hatte die Schleusen geöffnet für die Aufnahme zeitgenössischer antiker Thesen zur Entwicklung des Embryos, und diese blieben geöffnet, als das biblische Argument eigentlich entfallen war, wenn man nicht der LXX Inspiration und gleiche Autorität wie der hebräischen Vorlage zusprach.[77]

---

[74] HACK, *Streit*.
[75] Übersetzung bei HÜNERMANN, *Kompendium* 978 Nr. 3615 (These 15).
[76] HACK, *Streit* 163-171: Hudeczek *in Angelicum* 29 (1952) 162-181. Hudeczek argumentiert u.a. mit der möglichen eineiigen Zwillingsbildung.
[77] ALONSO SCHÖKEL, *Word* 284-287.294 diskutiert kurz (und ablehnend) die Versuche

Exkurs: Ethisch-moralische Prinzipien: Gehorsam ohne Eigenverantwortung und Lüge

Einen Befehl Gottes darf man nicht beurteilen, sondern man muß ihn gehorsam ausführen (*qu.* 2,6).[78] Das bedeutet: Wer einen Befehl Gottes ausführt, ist für seine Tat und deren Folgen nicht verantwortlich, denn *ille enim facit qui iubet, quando ministerium negare non licet* („da es nicht erlaubt ist, den Gehorsam zu verweigern, tut das nämlich derjenige, der befiehlt") (*qu.* 2,71,5).

Mit diesem Grundsatz rechtfertigt Augustinus die Ausplünderung der Ägypter unmittelbar vor dem Auszug, die ihn mehrfach beschäftigt hat (Ex 3,22; 11,2; 12,39): Gott „weiß nämlich, wie gerecht sein Befehl war; dem Knecht aber kommt es zu, gehorsam auszuführen, was er befohlen hat" (*qu.* 2,6). In *qu.* 2,39 vertieft er dieses Argument, leugnet aber zugleich den Vorbildcharakter dieser Ausplünderung: „Man darf nicht meinen, jeder könne sich daraus ein Beispiel ableiten, auf diese Weise seinen Nächsten auszuplündern; das hat nämlich Gott befohlen, der wußte, was jeder hinnehmen muß. Auch haben die Israeliten keinen Diebstahl begangen, sondern sie leisteten Gott, der es befahl, einen Dienst;[79] genauso verhält es sich, wenn der Gerichtsdiener einen tötet, dessen Hinrichtung der Richter angeordnet hat; falls er es eigenmächtig tut, ist er freilich ein Mörder, selbst wenn er einen tötet, von dem er weiß, daß der Richter ihn hätte hinrichten lassen müssen."[80]

---

der französischen Exegeten Auvray, Benoit und Grelot, noch in der zweiten Hälfte des 20. Jh.s die LXX für inspiriert zu erklären.

[78] Vgl. auch die Einleitung zu *qu.* 6, Exkurs: „Der gerechte Krieg, Gottes Gerechtigkeit und die Ausrottungskriege Israels", S. 383 und die Einleitung zu *qu.* 7, Exkurs: „Jiftachs Gelübde und Tochteropfer", S. 451.

[79] Zur symbolischen Deutung Augustins (die Kirche übernimmt Erkenntnisse der Heiden und stellt sie in den Dienst Christi) vgl. DULAEY, *Geste* 22.

[80] In *div. qu.* 53,2 argumentiert Augustinus differenzierter: Die Ägypter wurden betrogen; sie haben diesen Betrug jedoch verdient. So haben sie zu Recht das verloren, was als Lohn für die lange Zwangsarbeit zu geben sie ohnehin verpflichtet waren. Außerdem haben die Israeliten dem damaligen Stand ihrer Sitten entsprechend den Feind nicht unziemlich getäuscht. Dennoch schränkt Augustinus ein: *factum est ut iuberet deus, vel potius pro illorum cupiditate permitteret* „[Deswegen] ist es geschehen, daß Gott befahl bzw. eher im Hinblick auf ihre Begierde erlaubte". Auch wegen der Vorwürfe der Manichäer (zumal die Israeliten später am Sinai mit diesem Gold das Goldene Kalb anfertigten, vgl. Ex 32,1-5) treibt Augustinus dieses Problem um; er behandelt es ausführlich in *c. Faust.* 22,71-73 und beurteilt in 22,72 das Verhalten der Israeliten schließlich so: *quod tamen si Moyses sua sponte iusisset, aut hoc Hebraei sua sponte fecissent, profecto peccassent; quamquam illi non quidem hoc faciendo, quod vel iusserat vel permiserat deus, sed*

Das Problem der Lüge treibt Augustinus mehrfach um. Die Hebammen (Ex 1,19-20) werden von Gott nur dafür gelobt, daß sie aus Barmherzigkeit die Tötung der israelitischen Knaben verhinderten; ihre Lüge, durch die sie sich vor Pharao verteidigten, hat Gott aber nicht gebilligt, sondern er hat nur, seinerseits aus Barmherzigkeit, nachsichtig darüber hinweggesehen (*qu.* 2,1)[81]. Darin, daß Gott den Israeliten ankündigt, er werde sie aus Ägypten herausführen, Mose und Aaron gegenüber Pharao aber auf Gottes Befehl behaupten, sie wollten nur drei Tagemärsche weit zum Fest in die Wüste ziehen (Ex 5,1-3), liegt keine Unaufrichtigkeit: „Man muß sich das so erklären: Obgleich Gott wußte, was er tun werde, da er im Voraus wußte, daß Pharao der Entlassung des Volkes nicht zustimmen werde, ist zuerst das gesagt worden, was auch ursprünglich geschehen sollte, falls dieser entließe. Daran nämlich, daß alles so geschah, wie die Schrift im folgenden bezeugt, war die Widerspenstigkeit Pharaos und der Seinen schuld" (*qu.* 2,13). Aus dem Umstand, daß das Dekalogsverbot Ex 20,16 das falsche Zeugnis „gegen den Nächsten" verbietet, ergibt sich für Augustinus eine schwerwiegende Frage, die er allerdings in *qu.* 2,71,6 nur aufwirft, aber nicht klärt: „Man pflegt auch zu fragen, ob in dem Gebot: ‚du sollst nicht als falscher Zeuge gegen deinen Nächsten aussagen' jede Lüge verboten ist, ob dieses Gebot sich vielleicht nicht gegen jene wendet, die sagen, man solle dann lügen, wenn diese Lüge jemandem nützt und in keiner Weise demjenigen schadet, den man belügt.[82] Eine derartige Lüge richtet sich ja nicht ‚gegen deinen Nächsten', so daß man meinen könnte, die Schrift habe das zu diesem Zweck hinzugesetzt; sie hätte auch kurz formulieren können: ‚du sollst nicht als falscher Zeuge aussagen', wie sie formuliert hat: ‚Du sollst nicht töten, du sollst nicht die Ehe brechen, du sollst nicht stehlen.'" In *qu.* 6,11 geht Augustinus angesichts der Kriegstaktik des Hinterhalts noch einen Schritt weiter, bleibt

---

tamen talia fortasse cupiendo peccaverunt. „Wenn jedoch Mose dies aus eigenem Antrieb befohlen hätte oder die Hebräer dies aus eigenem Antrieb getan hätten, hätten sie unter allen Umständen gesündigt; gleichwohl haben sie vielleicht gesündigt, zwar nicht, indem sie dies ausführten, was Gott ihnen entweder befohlen oder zugestanden hatte, aber dennoch, indem sie solches begehrten."

[81] In *qu.* 3,68 wiederholt Augustinus diese Einschätzung in größerem Kontext und beurteilt in gleicher Weise auch die Lüge Rahabs (Jos 2,4; 6,25). Vgl. *c. mend. 32;* STÄDELE *Lügenschriften* 32f. Von beiden Lügen gilt nach *qu.* 3,68: Vielleicht waren sie nur *peccatum veniale, non tamen existimetur non fuisse peccatum.* Dies wird im Mittelalter zitiert z.B. von Petrus Lombardus in seinen *Sentenzen:* Lib III, Dist. XVIII, cap. 1 Nr. 3 und von Bonaventura in seinem Kommentar zu diesen Sentenzen.

[82] Das ist in der Systematik des Augustinus die sechste Art der Lüge: *quod et nulli obest et prodest alicui* „die einerseits niemandem schadet, andererseits jemandem nützt" (*mend.* 25). Vgl. dazu *mend.* 23.

aber ratlos: „Man muß fragen, ob jede Täuschungsabsicht als Lüge zu beurteilen ist und, falls das zutrifft, ob eine Lüge gerecht sein kann, durch die jener getäuscht wird, der es verdient hat, getäuscht zu werden; und wenn nicht einmal diese Lüge als gerecht erfunden wird, bleibt nur, daß nach irgendeiner zeichenhaften Bedeutung das, was bezüglich des Hinterhalts geschehen ist, auf die Wahrheit bezogen wird." Diesen Ausweg über den geistlichen bzw. typologischen Sinn beschreitet Augustinus besonders bezüglich der Betrügereien Jakobs und der Aussagen Josefs gegenüber seinen Brüdern, soweit er nicht, wie bei Abraham, zeigen kann, daß gar keine Lüge vorliegt; vgl. Einleitung in *qu.* 1, Exkurs: „Patriarchen und deren Frauen und Verwandte". In *qu.* 6,13 (zu Jos 9,6-9.14-19) beurteilt Augustinus eine Lüge zum Zweck des Selbstschutzes überraschend milde, weil er begründen will, warum Gott sie nicht bestraft hat. Die Gibeoniten waren durch die Lüge, sie kämen aus weiter Ferne, der Ausrottung entgangen, die JHWH Josua für alle Völker des späteren Wohnbereichs Israels befohlen hatte. Sie hatten sich auch auf die Befreiung Israels durch JHWH bezogen. Augustinus wägt die Lüge gegen diesen Glauben ab: „Daher kann man freilich mit gutem Grund annehmen, daß, wenngleich sie [die Gibeoniten] Menschen zum Zweck [ihrer] Rettung täuschen wollten, sie dennoch Gott ehrlich in seinem Volk gefürchtet haben. Deswegen zürnte der Herr ihnen [den Israeliten] auch weder, weil sie geschworen hatten, noch, weil sie verschont hatten [...] daß der Eid Leuten gegenüber, obgleich sie gelogen haben, in der Weise eingehalten wurde, daß das Urteil zur Milde hin abgeändert wurde, hat Gott nicht mißfallen" (*qu.* 6,13). „Sie [die Gibeoniten] hatten nämlich an Gott geglaubt, von dem sie gehört hatten, daß er seinem Volk verheißen hatte, daß es jene Völker vernichten und deren Land erhalten werde (vgl. Jos 9,9-10), und diesen ihren Glauben hat er in gewisser Weise dadurch belohnt, daß er sie nicht preisgab" (*qu.* 6,14).

Augustinus betont, „daß man, um Unglück abzuwenden, alles tun muß, was man nach reiflicher Überlegung zurecht tun kann, auch wenn Gott ganz offen zur Seite steht" (*qu.* 2,49). Aus der Tatsache, daß Mose auf Rat seines Schwiegervaters Jitro die Rechtsprechung weitgehend delegiert (Ex 18,13-26), entnimmt Augustinus die Regel, „man dürfe keinen sachdienlichen Ratschlag verachten, durch welchen Menschen auch immer er erteilt werde" (*qu.* 2,68).

Exkurs: Ex 33 und die Wesensschau Gottes

In dem sehr sorgfältig gestalteten und mit Hilfe bildlicher Ausdrücke um eine theologisch differenzierte Aussage bemühten Dialog Moses mit JHWH Ex 33,12-23 TM ringt Mose nach der großen Sünde der Verehrung des goldenen Kalbes Ex 32 auf äußerst höfliche, geschickt und diffizil argumentierende Weise um Vergebung für das Volk, um JHWHs weitere Anwesenheit und Führung auf dem weiteren Wüstenweg und um die Gnade, Gott schauen zu dürfen. Dieses Kapitel war Augustinus besonders wichtig; er hat mehrfach ausführlich über die Schau Gottes gehandelt.[83] LXX, der VL folgt, spitzt das Problem der Gottesschau durch mehrfache Abweichungen von TM zu. Die Ambivalenzen der Ausdrücke für JHWHs weitere Führung gibt Augustinus Anlaß zu christologisch-ekklesiologisch-allegorischer Auslegung.

Die für die Gottesschau entscheidenden Wendungen lauten nach TM:

33,13 Laß mich doch deinen Weg wissen, damit ich dich erkenne.

33,14 Mein Angesicht wird gehen.

33,15 Wenn dein Angesicht nicht geht, dann führ uns nicht von hier hinauf.

33,18 Laß mich deine Herrlichkeit sehen.

33,19 Ich werde meine ganze Güte vor deinem Angesicht vorüberziehen lassen (אַעֲבִיר).

33,20 Du kannst mein Angesicht nicht sehen; denn kein Mensch kann mich sehen und am Leben bleiben

33,22 Wenn meine Herrlichkeit vorüberzieht, werde ich dich in den Felsspalt stellen und meine Hand über dich halten, bis ich vorüberziehe/vorübergezogen bin (עַד־עָבְרִי).

33,23 Du wirst meine Rückseite (אֶת־אֲחֹרָי) sehen. Aber mein Gesicht kann man nicht sehen.

JHWH läßt sich somit von Mose erbitten, nicht nur sein Engel (Ex 32,2), sondern sein Angesicht (er selbst?)[84] wird mit ihm und dem Volk weiterhin ziehen, es führen, und JHWH wird sich persönlich dem Mose offenbaren,[85] aber nicht in unmittelbarer Schau seines Gesichts. „Vorüberziehen" bzw. „Vorüberziehen lassen" עבר G bzw. H ist hier somit Offenbarungsterminologie,

---

[83] Vgl. NAAB, *Schau;* DULAEY, *Geste* 211-222.

[84] HARTENSTEIN, *Angesicht* deutet Ex 33,14 TM sehr umsichtig folgendermaßen: Es liegt eine Tradition voraus, die das Angesicht Gottes als „Mittel der Herausführung aus Ägypten" kennt (266 Anm. 2). Im jetzigen Kontext aber ist JHWHs Angesicht keine „eigenständige Wirkgröße", wie nach punischen Inschriften (die Göttin Tannit trägt das Epitheton „Angesicht Baals") mehrfach vermutet wurde, sondern sie erscheint als JHWHs „verselbständigte zugewandte Seite", die zugleich Verschonung vor der gefährlichen vollen Gottespräsenz bietet (274). LXX, gefolgt von VL, hat unter Voraussetzung dieser Deutung im Gegensatz zu Vulg *(facies mea praecedet te)* diese Ambivalenz beseitigt, das „Angesicht JHWHs" unterdrückt und statt dessen von JHWHs persönlichem Mitgehen (Αὐτὸς προπορεύσομαί σου) gesprochen. MARK, *Angesicht* deutet Ex 34,14 TM dagegen noch radikaler als LXX: JHWH verspricht „personale und quasisichtbare Nähe" (495). „JHWH führt höchst persönlich, ‚sichtbar' und durch keine andere Größe vertretbar" (583).

[85] Nach Ex 34,5-7 ist es die Offenbarung des Gottesnamens.

die den Vollzugscharakter und die Spannung zwischen Enthüllung und Verhüllung im zugesagten Offenbarungsakt andeutet. Augustinus liest etwas ganz anderes heraus.

LXX, gefolgt von VL, weicht mehrfach ab:

33,13 ἐμφάνισόν μοι σεαυτόν· γνωστῶς ἴδω σε
   ostende mihi temetipsum, manifeste videam te
   Zeige *dich* mir, ich möchte dich *deutlich/ erkennend sehen.*

33,14 Αὐτὸς προπορεύσομαί σου
   ipse antecedam te
   Ich selbst werde *vor dir* hergehen.

33,15 Εἰ μὴ αὐτὸς σὺ πορεύῃ, μή με ἀναγάγῃς ἐντεῦθεν
   si non tu ipse simul veneris nobiscum, ne me educas hinc
   Wenn *du* nicht *persönlich mit uns* gehst, führe *mich* nicht von hier weg.

33,19 παρελεύσομαι πρότερός σου τῇ δόξῃ μου
   ego transibo ante te gloria mea
   Ich werde vor dir *vorüberziehen in* meiner Herrlichkeit

LXX hat somit in ihrer Übersetzung schärfer als TM herausgearbeitet, daß Mose JHWH selbst schauen will (33,13) und daß JHWH persönlich vor Mose/ Israel hergehen (33,14.15) und an ihm vorüberziehen wird (33,19).

Mose ist sich, so sieht es Augustinus, klar darüber, daß er in sonstigen Gotteserscheinungen/Visionen Gott nur vermittelt durch eine geschöpfliche Größe, eine angenommene Gestalt *(specie assumpta)* begegnet ist *(qu.* 2,151),[86] und bittet nun in 33,13.18, Gottes Wesen *(divina natura quae invisibilis est) (qu.* 2,151) bzw. Gott *sicuti est (qu.* 2,154,5) unverhüllt schauen zu dürfen. Das ist jedoch nach Ex 33,20 mit den leiblichen Augen unmöglich und wäre auch für Mose tödlich. Inwiefern wurde er dennoch entsprechend 33,17 („auch dieses Wort, das du gesprochen hast, werde ich tun") erhört?

In der Auslegung der Antworten Gottes geht Augustinus in folgenden Schritten vor:

---

[86] Vgl. auch *qu.* 2,101: „Gott aber ist Geist. Insofern er sich daher in leiblicher Gestalt oder durch Zeichen in körperlicher Form zeigt, erscheint nicht seine Wesenheit, kraft deren er selbst ist, was er ist *(substantia eius, qua est ipse quod est)*, sondern es liegt in seiner Allmacht, sichtbare Gestalten anzunehmen *(adsumptio formarum visibilium)*." LXX, gefolgt von VL, hatte Ex 24,10-11 so weit entschärft, daß dieser Text in der Diskussion um Möglichkeit oder Unmöglichkeit der Gottesschau nicht berücksichtigt werden mußte. Während TM in 24,10-11 mit zwei unterschiedlichen Verben ausdrücklich behauptet, Mose und seine Begleiter hätten auf dem Sinai Gott geschaut, wird in VL nach Vorlage der LXX daraus: *viderunt locum ubi steterat ibi deus Israhel [...] adparuerunt in loco dei.* Vgl. *qu.* 2,101; 102.

(1) Er nutzt die Bedeutungsvielfalt von *antecedam* in 33,14 und *transibo* in 33,19: Er deutet unter Berufung auf 33,15 *antecedam* in 33,14 nicht als, wie hier im Kontext gemeint, ‚vorhergehen/an der Spitze gehen', sondern als ‚(getrennt) vorausgehen' und *transibo* in 33,19 nicht als ‚vorüberziehen', sondern als ‚(getrennt) hinüberziehen'. Gott sagt Mose infolgedessen nicht etwa zu, auf dem Wüstenzug vor Israel herzuziehen, sondern er kündigt an, er werde getrennt von Israel vorausgehen und hinüberziehen.
(2) Um zu eruieren, wann Gott „hinübergezogen" ist (33,19), verweist Augustinus zunächst auf die neutestamentliche christologische Verwendung von *transeo* in Joh 13,1; 16,28 und bezieht daher die Ankündigung des *transire* Gottes auf den *transitus* Christi aus dieser Welt zum Vater.
(3) Jesus ist aber auch „vorausgegangen" (33,14), nämlich um allen Heiligen Wohnungen im Himmelreich zu bereiten (Joh 14,2).[87]
(4) Die Spannung zwischen 33,20 (Ablehnung der Gottesschau) und 33,23 (Sehen des Rückens Gottes) löst er durch übertragene Deutung des „Rückens Gottes" und mit dem Argument, daß die Verwirklichung des zugesagten Sehens des Rückens Gottes anschließend nicht erzählt wird, also damals sich nicht ereignet hat und infolgedessen ein weit zukünftiges Ereignis meint.
(5) Es bleibt daher trotz 33,23 bei der Unmöglichkeit der Wesensschau Gottes in diesem Leben: „So zeigt er, daß Gott [einem Menschen in] diesem Leben, das mit den sterblichen Sinnen des vergänglichen Fleisches gelebt wird, nicht so erscheinen kann, wie er ist; d.h. wie er ist, kann er [nur] in jenem Leben gesehen werden, das so geartet ist, daß man diesem Leben hier sterben muß, um dem dortigen zu leben" (*qu.* 2,154,5).[88]

---

[87] Soweit reicht die Argumentation in *qu.* 2,154,1.
[88] Vgl. auch *qu.* 5,9,2. In *ep.* 147 und *Gn. litt.* 12 geht Augustinus einen radikalen Schritt weiter. Er zieht Num 12,8 heran: *Os ad os loquar ad illum in specie, et non per aenigmata, et claritatem Domini vidit* und schließt daraus, daß Mose tatsächlich in diesem Leben die Schau des Wesens Gottes geschenkt wurde (*Gn. litt.* 12,27,55). Er beschreibt die Mose vor allen Propheten auszeichnende Gottesschau in diesem Leben so: *videtur claritas Domini [...] per speciem, non per aenigmata, quantum eam capere mens humana potest, secundum assumentis Dei gratiam, ut os ad os loquatur ei quem dignum tali Deo colloquio fecerit; non os corporis, sed mentis* (*Gn. litt.* 12,26,54). „Hier wird die Klarheit Gottes in ihrer Ungetrübtheit erschaut [...] nicht im Rätsel, sondern in ihrem Wesen, soweit es eben menschlicher Verstand mit Hilfe der Gnade des emporhebenden Gottes zu fassen vermag, der von Mund zu Mund mit dem spricht, den er würdig gemacht hat zu einem solchen Gespräch, das nicht mit dem leiblichen, sondern mit dem Munde des Verstandes geführt wird" (Übersetzung von PERL, *Augustinus* II, 280).

(6) Das Sehen des Rückens Gottes (τὰ ὀπίσω μου, *posteriora mea*) wird zwar in 33,23 Mose zugesagt, aber Mose spielt hier die Rolle der Juden, die erst an Jesus geglaubt haben, als er zum Vater „hinübergegangen" war. Augustinus spielt hier mit *posteriora* (den Rücken/die Späteren in 33,23) und *posterius* ‚später, danach' und infolgedessen mit einem zeitlichen Verständnis der *posteriora*[89] und kommt so zu einer typologischen Deutung: „Die Wendung: ‚Wenn ich hinübergegangen sein werde, dann wirst du meinen Rücken *(posteriora mea)* sehen' bedeutet daher folgendes: Ich werde aus dieser Welt hinübergehen zum Vater (vgl. Joh 16,28), danach *(posterius)* werden diejenigen an mich glauben, deren Typus du darstellst." Ex 33,23 „hat sich nämlich an denen verwirklicht, die die Rolle des Mose damals vorausbezeichnete, d.i. an den Israeliten, die, wie die Apostelgeschichte darlegt, danach *(postea)* an den Herrn Jesus geglaubt haben, d.i. sobald seine Herrlichkeit hinübergegangen war (vgl. Apg 2)" (*qu.* 2,154,7).

(7) In ähnlicher Rolle sieht Augustinus Mose in der Ankündigung, Gott werde, bis er an Mose vorübergezogen ist, seine Hand verdeckend über ihn halten 33,22; gemeint ist die vorübergehende Verstockung der Juden: „Da sie ihn nicht erkannt und den Herrn der Herrlichkeit gekreuzigt hatten (vgl. 1Kor 2,8), ‚ist Verstockung über einen Teil Israels gekommen' (Röm 11,25), wie gesagt worden war: ‚ich werde dich mit meiner Hand abschirmen, solange ich hinübergehe'" (*qu.* 2,154,7).

(8) So kann Augustinus schließlich, nachdem er diese Worte JHWHs auf eine derart ferne Zukunft bezogen hat, den Stabilität verleihenden „Felsen"

Freilich entsteht nun eine Spannung zu dem sehr grundsätzlich ablehnenden Bescheid Gottes in Ex 33,20. Augustinus löst sie durch die These, daß diese außergewöhnliche Wesensschau Gottes eben doch nicht im irdischen Leben geschieht, sondern durch eine momentane Entrückung *(raptus)* aus diesem Leben: *ep.* 147, 31: *Deinde potest movere, quo modo iam ipsa dei substantia videri potuerit a quibusdam in hac vita positis, propter illud, quod dictum est ad Moysen: Nemo potest faciem meam videre et vivere, nisi quia potest humana mens divinitus rapi ex hac vita ad angelicam vitam, antequam per istam communem mortem carne solvatur.* „Hierauf kann man erörtern, wie von einigen schon in diesem Leben die Substanz Gottes selbst gesehen werden konnte, da doch zu Mose gesagt wurde: Niemand vermag mein Angesicht zu sehen und zu leben. Es sei denn, ein menschlicher Geist kann durch göttliche Fügung aus diesem Leben zum Leben der Engel entrückt werden, bevor er durch den allen gemeinen Tod vom Fleisch gelöst wird" (Übersetzung: NAAB, *Schau* 157).
Warum zieht Augustinus in *qu.* 2,154 Num 12,8 nicht heran? Auch in *quaestiones in Numeros* behandelt er aus Num 12 diesen Vers nicht, sondern nur 12,1 (*qu.* 4,20). Wollte er die radikalere These von *ep.* 147 und *Gn. litt.* nicht wiederholen?

[89] Vgl. DULAEY, *Geste* 211.

33,21 auf die Kirche hin auslegen: „Aber freilich bezeichnet er durch diesen Ausspruch: ‚Da, die Stelle bei mir' im voraus die Kirche und preist sie gleichsam als seinen Tempel; ‚und du sollst dich', sagt er, ‚auf den Felsen stellen' – weil der Herr sagt: ‚Auf diesen Felsen werde ich meine Kirche bauen' (Mt 16,18) –, ‚sobald meine Herrlichkeit vorüberzieht' (Ex 33,21-22), d.h. sobald meine Herrlichkeit vorüberzieht, wirst du auf dem Felsen stehen, weil nach dem Hinübergang Christi, d.i. nach dem Leiden und der Auferstehung Christi, das gläubige Volk auf Felsen stand" (*qu.* 2,154,6).

Exkurs: Das Zeltheiligtum[90]

Die exilisch-nachexilischen priesterlichen Texte Ex 25-31.35-40 handeln ausführlich vom Zeltheiligtum, seinen Geräten und der dort amtierenden Priesterschaft. Die Kapitel Ex 25-31 enthalten in JHWH-Rede die Anweisungen zum Bau des Heiligtums, die Mose allein auf dem Sinai empfängt, und die Kapitel 35-40 berichten deren Ausführung. Augustinus widmet sich diesem Thema ausführlich, allerdings fast ausschließlich den Kap. 25-31.[91] Augustinus wählt zwei unterschiedliche Zugänge. Bei seinem Durchgang durch Ex behandelt er in *qu.* 2,105-140.167-176 in gewohnter Weise lexikalische und sachliche Detailfragen und bedient sich häufig der allegorischen Auslegung.[92] In der langen *qu.* 2,177,1-23, in der er im wesentlichen die beiden Kapitel Ex 26+27 diskutiert, bemüht er sich dagegen strikt um den Literalsinn und gibt seinem Interesse an

---

[90] Vgl. GROSS, *Eingang*.
[91] Den Kap. 35-40 wenden sich nur *qu.* 2,167;172;176;177,13 zu. Das Spezialproblem der Kap. 35-40, in denen die LXX nicht nur bedeutende Differenzen zum Anordnungsteil aufweist, sondern auch in so außerordentlicher Weise von TM abweicht, daß eine Zuordnung beider Textformen nur bedingt gelingt, kann hier beiseite bleiben, da Augustinus kaum auf diesen Textbereich eingeht. Zu Ex 35-40 LXX vgl. ALBERTZ, *Exodus*, 342-344, sowie die in der Beschreibung weitgehend übereinstimmenden, in der genetischen Erklärung aber diametral entgegengesetzten Monographien von GOODING, *Account* 1959 und WADE, *Consistency* 2003. Speziell zur Frage, ob die griechischen Übersetzer eine oder zu verschiedenen Zeiten mehrere von TM abweichende hebräische Vorlagen übersetzten, vgl. AEJMELAEUS, *Problem* und SALVESEN, *Accounts*. In Ex 27,9-13 weicht LXX bezüglich der Himmelsrichtungsangaben zum Vorhof dahingehend von TM ab, daß sie den Vorhof um 90 Grad gegenüber TM dreht und so das nach Jerusalem orientierte Zeltheiligtum in einen nach Alexandrien orientierten Vorhof stellt. Vgl. BOGAERT, *Orientation*; WEVERS, *Exodus*. Dieses Problem blieb Augustinus erspart, da seine VL einer an TM sekundär wieder angenäherten Textform der LXX folgt, die auch in Ex 27 den Vorhof so ausrichtet wie TM.
[92] Vgl. *qu.* 2,105; 107; 108; 112; 114,1; 119; 120; 124; 127; 129,2; 138; 172; 176.

Zahlen und Maßen nach. „Ich hielt es für richtig, über eben dieses Zelt im ganzen für sich zu sprechen, damit man dadurch, soweit möglich, verstehen kann, und zwar vorerst, wie jenes beschaffen und was es nach dem Wortsinn der Erzählung gewesen war, während seine symbolische Bedeutung einstweilen beiseitegelassen und auf eine spätere Gelegenheit verschoben ist; man soll daher gleichwohl nicht meinen, daß hier irgendetwas auf Befehl Gottes ohne geheime Bedeutung einer wichtigen Sache hergestellt wurde, deren Kenntnis den Glauben und die Gestalt der Frömmigkeit auferbaut" (*qu.* 2,177,1). Nur ein einziges Mal flüchtet er sich in allegorische Auslegung: *qu.* 2,177,5.[93]

Schon TM bereitet durch undurchsichtige Schilderung erhebliche Probleme. Manche hebräischen architektonischen *termini technici* sind nicht sicher gedeutet. Die karge Syntax läßt mehrere Deutungen zu. Vor allem aber herrscht Konsens, daß zwar Größenangaben, Textilien und Materialien in großer Zahl genannt werden, sich daraus aber kein kohärentes Bild von der Gesamtanlage des Heiligtums einstellt.[94] Alle Rekonstruktionsversuche bleiben daher hypothetisch, man hat sich aber seit der Antike immer wieder daran versucht. Gegenwärtig wird häufig die Skizze von Menahem Haran reproduziert.[95] Die theologischen Intentionen der fiktional bleibenden Anlage des Heiligtums, eventuelle kritische Beziehungen zum Tempelneubau in Jerusalem bleiben umstritten. LXX erschwert das Problem zusätzlich durch nicht nur ungenaue, sondern

---

[93] *Qu.* 2,177,5 zu Ex 26,15-21. LXX spricht dort von zwei kleinen Haken, die an jeder Säule des Heiligtums angebracht werden sollen (nach TM sollten dagegen je zwei Zapfen die Bretter in ihren Basen verankern). Augustinus führt aus, warum er keine sinnvolle Funktion dieser Häkchen finden kann, und vermutet als Grund ihrer Erwähnung: „Falls diese kleinen Haken nicht vielleicht keinerlei Gebrauchswert, sondern nur eine vorausweisende Bedeutung besitzen [...] Denn eine Säule, die zwei kleine Haken wie Arme von der einen und der anderen Seite ausstreckt, ergibt die Gestalt eines Kreuzes."

[94] Das führt zuletzt wieder BARK, *Heiligtum* ausführlich vor; sie gewinnt daraus ihre schon im Titel: „Ein Heiligtum im Kopf der Leser" genannte literaturwissenschaftliche These. Auf S. 11 stellt sie vier Rekonstruktionen vor. Vgl.auch DOHMEN, *Exodus* 241f.: „Beachtet sein will auch, [...] dass Ex 25-31 bei aller Genauigkeit und Detailliertheit der Beschreibung doch keine unmittelbar und eindeutig umsetzbare *Bauanleitung* darstellt. Vielmehr stehen die Funktionsbestimmungen der einzelnen Elemente im Vordergrund des Interesses, woraus man erkennen kann, dass die *wesenhaften Bestimmungen*, also das, was dieses Heiligtum ausmacht, wichtiger sind als sein Aussehen und seine konkrete Gestalt [...] Diese Vorstellungsarbeit, die nicht auf eine Konstruktionszeichnung oder einen Bauplan abzielt, sondern zu einem „Gedankenbild" führt, wird vom Leser erwartet und geradezu gefordert." UTZSCHNEIDER, *Heiligtum* 241: kein „Gesamtbild", nur ein „Rasterbild".

[95] HARAN, *Temples* 152.

auch inkonsistente Übersetzungstechnik. Vgl. die Skizze von Herrn Dipl. theol. Jakob Kempendorf auf Seite 296.

TM beschreibt das Zeltheiligtum als ein zerlegbares, transportfähiges, nach oben hin offenes, räumlich in Heiliges und Allerheiligstes unterteiltes Bretterhaus, genannt ‚Wohnung' מִשְׁכָּן, das nach Art eines Zeltes אֹהֶל mit kostbaren Stoffen überdeckt wird, die ihrerseits durch darüber gebreitete Decken aus Ziegenhaar geschützt werden. Es hat die Form eines Rechtecks und ist auf allen Seiten von einem ebenfalls rechteckigen Vorhof umgeben (Ex 26,15-30; 27,9-19).

Die weitestreichenden Konsequenzen für die Rekonstruktion des Augustinus, durch die er sich von allen auf TM bzw. Vulg basierenden Rekonstruktionen seit der Antike unterscheidet, zeitigen die Übersetzung der LXX für die ‚Bretter', aus denen die ‚Wohnung' errichtet wird, und die Tatsache, daß LXX sowohl den unteren Bauteil ‚Wohnung' als auch das darüber erstellte ‚Zelt' ununterschieden durch σκηνή ‚Zelt' wiedergibt.

TM unterscheidet konsequent zwischen aufrecht stehenden und miteinander verbundenen קְרָשִׁים (‚Bretter'[96] bzw. ‚Bohlen'[97]) bzw. stufenleiterartigen Gittern[98], die die Nord-, Süd- und Westwand des Zeltheiligtums (‚der Wohnung') bilden, und עַמֻּדִים (‚Säulen', VL und Vulg: *columnae*), die auf Abstand gesetzt sind, den Vorhof auf allen vier Seiten begrenzen sowie zwischen Heiligem und Allerheiligstem und am Eingang zum Zeltheiligtum und zum Vorhof stehen. LXX, gefolgt von VL, ignoriert ebenso konsequent diese lexikalische Differenzierung und sagt für beide στῦλοι; während dieses Wort auch ‚Planke, Brett' bedeuten kann,[99] gilt dies nicht für VL: *columnae*.

In Ex wird nirgends explizit gesagt, von welcher Himmelsrichtung man das Zeltheiligtum betrat. Da nach Ex 26,15-25 TM das Zelt im Süden, Norden und Westen ein Gerüst aus miteinander verbundenen Brettern קְרָשִׁים haben soll, während dergleichen im Osten fehlt, ergab sich aus TM zwingend der Schluß, daß man das Zelt im Osten betrat, es somit von Osten nach Westen ausgerichtet war. Für LXX, VL und Augustinus waren es aber nicht Bretter, sondern Säulen, zwischen denen Vorhangbahnen ausgespannt waren. Daraus zog Augustinus die entgegengesetzte Folgerung: „Auf der einen Seite im Westen waren sie [die Vorhangbahnen] über acht Säulen [ausgespannt], auf der anderen im

---

[96] Ges¹⁸ wie schon Vulg.: *tabulae*.
[97] RIGGENBACH, *Stiftshütte* 22.
[98] PROPP, *Exodus* 411.
[99] WEVERS, *Exodus*.

nach dem Masoretischen Text   nach Augustinus

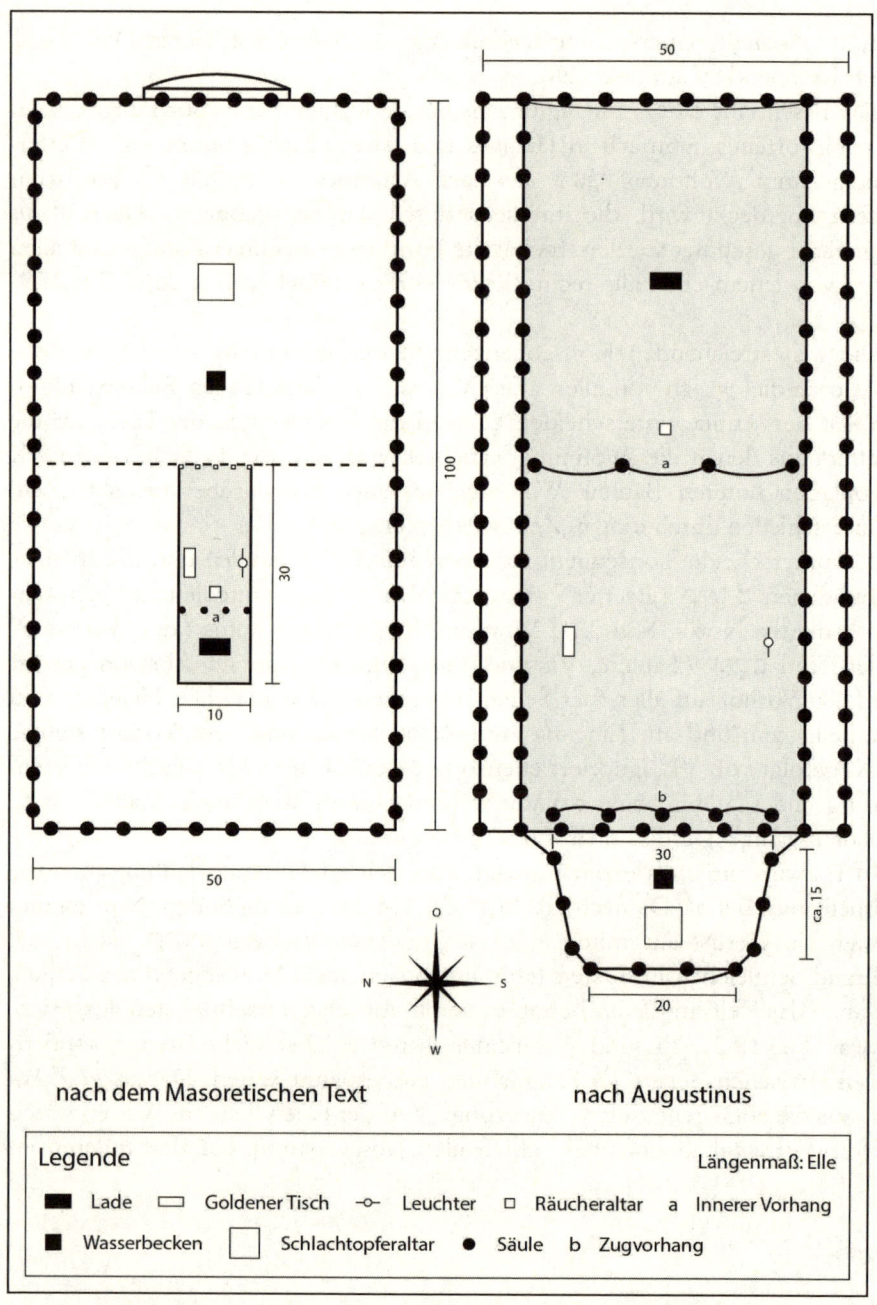

Legende					Längenmaß: Elle
■ Lade	□ Goldener Tisch	–○– Leuchter	▫ Räucheraltar	a Innerer Vorhang	
■ Wasserbecken	☐ Schlachtopferaltar	• Säule	b Zugvorhang		

Jakob Kempendorf: Darstellungen des Heiligen Zeltes nach TM[100] und Augustinus

---

[100] Nach HARAN, *Temples* 152.

Osten, wo keine Säulen standen, waren die Vorhangbahnen hingegen einzig von den beiden Ecksäulen, aber nicht von mittleren Säulen ausgespannt" (*qu.* 2,177, 21). Somit waren, da etwaige mittlere Säulen fehlten, die Vorhangbahnen im Osten an einem Stück zwischen den beiden Ecksäulen ausgespannt und eine Öffnung im Osten unmöglich, man trat im Westen ein, wo das Zeltheiligtum sechs Säulen hatte und zusätzlich die beiden Ecksäulen aus der nördlichen und südlichen Längsseite standen.

TM bezeichnet die Bretterwand, die im Westen das Zeltheiligtums abschloß, als ‚Rückseite' יַרְכְּתֵי הַמִּשְׁכָּן (Ex 26,22). Entsprechend Augustinus: „Ebenso oft zeigte sie nämlich an, daß die Rückseite des Zeltes sich auf der Westseite, d.i. zum Meer zu, befindet. Welchen Teil soll man daher als die Vorderseite des Zeltes verstehen, wenn nicht jenen Teilbereich, der nach Osten ausgerichtet ist?" (*qu.* 2,177,14). Man betrat somit nach Augustinus das Zelt von seiner Rückseite *(posteriora tabernaculi)* im Westen, nicht von seiner Vorderfront *(facies)*; im östlichen Teil des Heiligtums befand sich ihm zufolge das Allerheiligste.

Die gleiche Frage, aus welcher Himmelsrichtung man eintrat, stellt sich für den Vorhof. Hier erhebt sich für Augustinus ein weiteres Problem. Da für ihn die Außenseiten des Zeltheiligtums nicht aus miteinander verbundenen Brettern, sondern, ebenso wie alle vier Seiten des darum herum gelegten Vorhofes, aus auf Abstand stehenden Säulen bestehen und da er für alle Säulen gleiche Abstände annimmt,[101] die Längsseiten des Zeltheiligtums und des Vorhofes aber jeweils zwanzig Säulen, die Schmalseite des Zeltheiligtums im Westen acht Säulen (sechs Säulen + zwei Ecksäulen), die Schmalseiten des Vorhofs jeweils zehn Säulen besitzen, umschließt der Vorhof das Zeltheiligtum an den Längsseiten sehr eng, jeweils nur in einem einzigen Säulenabstand; auf der Schmalseite im Osten fehlt sogar jeder Abstand, die zehn Säulen des Vorhofs umschließen mit ihren Vorhängen das dort säulenlose Zeltheiligtum. Das bereitet an der westlichen Schmalseite des Zeltheiligtums, die eigene acht Säulen hat und wo nach Augustinus der Eingang zum Zeltheiligtum liegt, Probleme. Wo sollen die zehn Säulen der westlichen Schmalseite des Vorhofs stehen? Diese unterteilen sich nach Ex 27,13-16 TM/LXX in je drei Säulen rechts und links und vier Säulen in der Mitte, die die Pforte des Vorhofs bilden. Dann aber bleibt zwischen dem Eingang des Vorhofs und dem Eingang des Zeltheiligtums kein Raum, in dem, wie von der Beschreibung gefordert, der Schlachtopferaltar und das Wasserbecken stehen sollten: „Wenn jene seitlichen Bereiche, die auf der einen und der anderen Seite jeweils fünfzehn Ellen umfassen und je drei

---

[101] Augustinus erwägt zunächst in *qu.* 2,177,10, die Säulen des Vorhofs stünden in größerem Abstand als die des Zeltheiligtums, so daß dieses viel kürzer wäre als der umgebende Vorhof. Doch diese Hypothese bewährt sich ihm nicht.

Säulen haben, so mit der Pforte zum Vorhof verbunden werden, daß sie mit ihr eine gerade Linie bilden, wird es zwischen den zehn Säulen des äußeren Vorhofs und den acht Säulen des inneren Zeltes keinen Platz geben, wo der Altar stehen kann, der Raum für ein Viereck von fünf Ellen [Seitenlänge] einnimmt , und [kein Platz] vor eben diesem Altar, wo der Dienst am Altar verrichtet werden kann, und [kein Platz] zwischen diesem [Altar] und dem Eingang zum inneren Zelt, wo das bronzene Wasserbecken stehen soll" (*qu.* 2,177,11).

Beide Probleme löst Augustinus durch eine raffinierte, komplizierte, mit Textdetails arbeitende, im Ganzen aber nicht durch den Text gedeckte Argumentation. Er verfällt darauf, nur die mittleren vier Säulen der Vorhofschmalseite gerade und somit parallel zur Zeltschmalseite auszurichten, die seitlichen je drei Säulen dagegen schräg zu stellen, so daß ein trapezförmiger Platz geringer, aber genügender Größe zwischen der Pforte des Vorhofs und dem Eingang zum Zeltheiligtum entsteht. Diese genuine Erfindung des Augustinus widerspricht zwar nicht direkt dem Wortlaut von Ex 27,13-16, sie wird aber auch durch nichts angedeutet. Sie ist lediglich logische Folge seiner Voraussetzungen. Er geht im einzelnen folgendermaßen vor.

Die den Vorhof auf der Eingangs(schmal)seite abschließende Säulenreihe von zehn Säulen wird in Ex 27,13-16 so beschrieben: in der Mitte die Pforte mit vier Säulen, rechts und links jeweils drei Säulen. Während man sich diese so unterteilten zehn Säulen nach TM in einer Reihe vorzustellen hat, macht sich Augustinus die Vieldeutigkeit eines Terminus der LXX zunutze. TM bezeichnet die beiden Abschnitte mit je drei Säulen in Ex 27,14-15 als כָּתֵף ‚Schulter, Seite'; Augustinus identifiziert sie mit den צִדֵּי הַמִּשְׁכָּן ‚Seiten/Flanken der Wohnung',[102] von denen Ex 26,13 spricht. LXX gibt diese mit τὰ πλάγια τῆς σκηνῆς wieder. Das Substantiv πλάγια bedeutet ‚Seiten' und wird von LXX in Ex 26,13 auch in dieser Bedeutung eingesetzt. Aber das Adjektiv πλάγιος bedeutet ‚quer, schief, schräg'.[103] So entscheidet sich Augustinus für die Bedeutung *obliqua* ‚Schräge' statt ‚Seiten': „Bei sorgfältiger Überprüfung der Maße findet sich vielleicht bei jenen Seiten mit je drei Säulen, die auf Griechisch πλάγια genannt sind, auch eine gewisse Schräge, so daß einige unserer Übersetzer nicht grundlos das Wort πλάγια, das sie beim Griechen vorfanden, mit *obliqua* (Schrägen) übersetzt haben" (*qu.* 2,177,17). „Auf der westlichen Seite hatte der Vorhof zwar zehn Säulen, aber nicht in gerader Reihe, sondern, wie wir bereits gezeigt haben, als gleichsam dreigeteilten Portikus vier [Säulen] an der Pforte und je drei an den

---

[102] Auf der Basis von TM wäre diese Identifizierung unmöglich, denn die Bezeichnung ‚Wohnung', die sich nicht auf den Vorhof bezieht, schließt dies aus. Da LXX aber dafür ‚Zelt', VL entsprechend *tabernaculum* sagt, kann Augustinus auf Grund des Bedeutungsspektrums von *tabernaculum* diese Identifikation behaupten.
[103] PAPE, *Handwörterbuch*; REHKOPF, *Septuaginta-Vokabular;* BdA zu Lev 26,21.

Seiten" (*qu.* 2,177,21). Wenn somit die beiden seitlichen Bereiche mit je drei Säulen die Pforte des Vorhofs von vier Säulen in notwendig schrägen Linien mit dem sechs Säulen umfassenden Zelteingang verbanden, ergab sich ein trapezförmiger Platz,[104] auf dem der Schlachtopferaltar und das Wasserbecken stehen konnten.

Wie aber gelingt es Augustinus, auch die Pforte des Vorhofs[105] in den Westen zu verlagern, obgleich Ex 27,13-16 LXX (in dem Augustinus vorliegenden Wortlaut entsprechend TM) sie eindeutig im Osten ansetzt? LXX/VL *qu.* 2,177,11: „13 Und die Breite des Vorhofs, die nach Osten ausgerichtet ist: fünfzig Ellen; ihre Säulen [sollen] zehn sein und deren Sockel zehn. 14 Und die Behänge für die Seitenwand (לְכָתֵף, κλίτει, *lateri*) sind fünfzehn Ellen lang; ihre Säulen: drei und deren Sockel: drei, 15 und die zweite Seitenwand (לְכָתֵף הַשֵּׁנִית, τὸ κλίτος τὸ δεύτερον, *latus secundum*): Länge der Behänge: fünfzehn Ellen; ihre Säulen drei und deren Sockel: drei. 16 Und die Bedeckung der Pforte zum Vorhof: zwanzig Ellen hoch [...]; ihre Säulen: vier und deren Sockel: vier."

Dieser Text würde auf den ersten Blick Augustinus zwingen, den Eingang zum Vorhof im Osten anzusetzen. Nun macht er sich eine terminologische Differenz und deren unglückliche Übersetzung in der VL zunutze. Hier, im Ausführungsbefehl Ex 27,14.15 lautet die Bezeichnung der beiden Teilbereiche der Schmalseite des Vorhofs mit ihren je drei Säulen, deren Schrägstellung Augustinus behauptet: TM: כָּתֵף „Schulter, Seite", entsprechend LXX: κλίτος, Vetus Latina: *latus*.

Anders lautet der Ausführungsbericht LXX: Ex 37,10-13 (TM: 38,12-15). TM verwendet zwar den gleichen Terminus כָּתֵף „Schulter, Seite", die LXX dagegen νῶτος, das „Rücken, Schulter, Rückseite, Bergrücken" bedeutet, in der LXX aber auch in der Bedeutung „Flanke, Seite" verwendet wird, die hier anzusetzen ist.[106] VL übersetzt νῶτος entsprechend der Grundbedeutung dieses griechischen Wortes mit *dorsum*. So lautet die Ausführung der beiden Teilbereiche der östlichen Schmalseite des Vorhofs mit ihren je drei Säulen, deren Schrägstellung Augustinus behauptet, in Ex 37,11-13 in seiner VL (*qu.*

---

[104] „Dieser Vorhof war daher breiter als lang. Denn seine Länge betrug von der Pforte desselben bis zum Eingang in das innere Zelt ungefähr fünfzehn Ellen; seine Breite um die Pforte [sc. des Vorhofs] herum hingegen zwanzig Ellen, um den Eingang [sc. in das Zelt] herum aber dreißig Ellen. Daraus entnimmt man, daß jene rechten und linken Seiten, die je drei Säulen und je fünfzehn Ellen hatten, schräg waren" (*qu.* 2,177,18).
[105] Augustinus unterscheidet systematisch *porta* des Vorhofs und *ostium* des Zeltes.
[106] So BdA und MURAOKA, *Lexicon* zur LXX. Auch umfangreiche Griechischlexika, wie z.B. PAPE oder LSL, verzeichnen diese Spezialbedeutung der LXX für diese Stelle jedoch nicht. Sie ist offensichtlich auch denjenigen, die aus der LXX die Vetus Latina übersetzten, und Augustinus entgangen.

2,177,13): [11] *Et latus quod est ad orientem quinquaginta cubitorum tentoria.* [12] *quindecim cubitorum quod est a dorso* [אֶל־הַכָּתֵף; τὸ κατὰ νώτου] *et columnae eorum tres et bases earum tres.* [13] *et a dorso secundo* [לַכָּתֵף הַשֵּׁנִית; ἐπὶ τοῦ νώτου τοῦ δευτέρου] *hinc et hinc secundum portam atrii auleae quindecim cubitorum; columnae eorum tres et bases earum tres.* „[11] Und die Seite nach Osten: Behänge von fünfzig Ellen. [12] [Behänge] von fünfzehn Ellen für das, was an der Rückseite ist, und ihre Säulen: drei und deren Sockel: drei. [13] und auf der zweiten Rückseite: auf der einen und der anderen Seite zur Pforte des Vorhofs zu: Vorhangbahnen von fünfzehn Ellen, ihre Säulen: drei und deren Sockel: drei."

Augustinus kombiniert nun diese Bezeichnung *dorsum* (Rücken, Rückseite) in V 12+13 für die beiden (nach seiner Deutung) schräg gestellten Abschnitte der Schmalseite des Vorhofs mit der Bezeichnung *retro tabernaculum* (Rückseite des Zeltes), die VL in Ex 26,22 entsprechend TM und LXX für dessen westliche Schmalseite gebrauct, und schließt daraus, daß die Verse Ex 37,12-14 – und dann natürlich auch die korrespondierenden Verse Ex 27,14-16 – nicht von der östlichen, sondern von der westlichen Schmalseite des Vorhofs mit der Pforte sprechen und nur Ex 37,11, respektive Ex 27,13, von der östlichen Schmalseite, wenngleich nichts sonst anzeigt, daß der Text zwischen 37,11 und 37,12, respektive zwischen 27,13 und 27,14 vom Osten zum Westen des Vorhofs wechselt. Der entscheidende Satz nach der Behandlung des Ausführungsberichtes Ex 37,11, den er im parallelen Ausführungsauftrag bezüglich des Übergangs von Ex 27,13 zu 27,14-16 nicht hätte plausibilisieren können, da dort von *latus* (Seite), nicht von *dorsum* (Rücken) die Rede war, lautet: „Danach[107] kehrt sie [die Schrift] zu der Rückseite des Zeltes zurück um zu zeigen, wie jene zehn Säulen den Raum des Vorhofs, von dem sie sprach, umschlossen."

Seine Argumentation im Zusammenhang: „Danach[108] kehrt sie [die Schrift] zu der Rückseite des Zeltes *(posteriora tabernaculi)* zurück, um zu zeigen, wie jene zehn Säulen den Raum des Vorhofs, von dem sie sprach, umschlossen. [Behänge] von fünfzehn Ellen, sagt sie, [für die Seite] auf der Rückseite *(quod est a dorso)*. ‚Rückseite' *(dorsum)* nennt sie sie, weil es die hinteren Abschnitte des Zeltes *(posteriora tabernaculi)* waren, d.h. auf der westlichen Seite [...] und auf der zweiten Rückseite auf der einen und der anderen Seite zur Pforte des Vorhofs zu: Vorhangbahnen von fünfzehn Ellen; ihre Säulen: drei und deren Sockel: drei. Es ist offensichtlich, daß sicherlich an dieser Stelle, wo dargestellt wird, wie alles gemacht worden ist, dieselben ‚zwei Rückseiten' *(duo dorsa)* genannt werden, die als ‚Seiten' *(latera)* bezeichnet wurden, als vorgeschrieben wurde, daß sie

---

[107] D.h. nach V 11.
[108] D.h. nach 37,11LXX = 38,13 TM: „für die Seite Richtung Osten: 50 Ellen Behänge [...]"

gemacht werden sollten, ‚Seiten', versteht sich, weil sie, auf der einen und auf der anderen Seite miteinander verbunden, den Raum für die westliche Pforte zum Vorhof einschlossen, ‚Rückseiten' aber, weil dieser Teil des Vorhofs sich auf der Rückseite des Zeltes, d.h. an der westlichen Seite, befand" (*qu.* 2,177,13).

So ist das Zeltheiligtum nach Augustinus als basilikaähnlicher Säulentempel[109] mit doppelter Säulenreihe und Eingang von Westen her erwiesen.

---

[109] Vgl. *qu.* 2,177,5: „Nun wollen wir sogleich die Zahl der Säulen betrachten; durch sie kann man auch den Grundriß des Zeltes wahrnehmen, ob er quadratisch oder rund ist, oder ob er die Form eines länglichen Rechtecks mit längeren Längsseiten und kürzeren Querseiten hat, wie die meisten Basiliken konstruiert werden."

TEXT UND ÜBERSETZUNG

LIBER SECUNDUS. QUAESTIONES EXODI

1 De obstetricum mendacio, quo fefellerunt Pharaonem, ne occiderent masculos Israhelitas quando nascebantur, dicentes non ita parere mulieres Hebraeas sicut pariebant Aegyptiae, quaeri solet, utrum talia mendacia adprobata sint auctoritate divina, quandoquidem scriptum est deum bene fecisse obstetricibus; sed utrum pro misericordia ignoscebat mendacio an et ipsum mendacium dignum praemio iudicabat, incertum est. Aliud enim faciebant obstetrices vivificando infantes parvulos, aliud Pharaoni mentiendo; nam in illis vivificandis opus misericordiae fuit; mendacio vero illo pro se utebantur, ne noceret illis Pharao, quod potuit non ad laudem, sed ad veniam pertinere. Neque hinc auctoritatem ad mentiendum esse propositam mihi videtur eis, de quibus dictum est: *Et non est inventum in ore eorum mendacium*. Quorundam enim vita longe inferior a professione sanctorum si habeat ista mendaciorum peccata, provectu ipso et indole feruntur, praesertim si beneficia divina nondum norunt expectare caelestia, sed circa terrena occupantur. Qui autem ita vivunt, ut eorum conversatio, sicut dicit apostolus, in caelis sit, non eos existimo linguae suae modum, quantum ad veritatem promendam adtinet falsitatemque vitandam, exemplo illo obstetricum debere formare. Sed diligentius de hac quaestione disserendum est propter alia exempla quae in scripturis reperiuntur.

2 De facto Moyse, cum occidit Aegyptium ad defendendos fratres suos, satis disputavimus in illo opere, quod de vita patriarcharum adversus Faustum scripsimus: Utrum indoles in eo laudabilis fuerit, qua hoc peccatum admiserit, sicut solet uber terrae etiam ante utilia semina quadam herbarum quamvis inutilium feracitate laudari, an omnino ipsum factum iustificandum sit. Quod ideo non

---

1,10 Apc 14,5   **14** eorum…15 sit] cf. Phil 3,20   **2,1** de…3 scripsimus] cf. *c. Faust.* 22,70

1,1 Incipiunt questiones exodi P *(fol. 43)*, S *(pag. 113)*, *(V (fol. 37)*, N *(fol. 43ʳ p, (fol. 25 n)*, Incipit liber de questionibus exodi T *(fol. 59)* | de] e T, *spatio relicto pro litt.* D | **3** pariebant Aegyptiae] Aegyptiae *p, om. n* | utrum] utrumque *n* | **6** vivificando] vivi∗ficando *S* | **7** in *om. n* | **10** propositam] propositum *C¹* | eis *om. V* | **11** inventum *om. C* | **13** divina *om. Am.* | **17** quaestione] quaestiones *n* | **2,1** defendendos] defensandos *S* (fen *s. l.*), defendendo *N* | **3** qua] quam *P corr.* | **4** uber] ubertas *Am.* | terrae] terra *P S V* | herbarum] in *praem. N*

---

[1] Vgl. *mend.* 5. Augustinus „dürfte [...] hier Autoren wie Origenes, Johannes Chrysostomus und Hieronymus im Auge haben" (STÄDELE, *De Mendacio* 71 Anm. 12).

ZWEITES BUCH. FRAGEN ZUM BUCH EXODUS

qu. 2,1 (zu Ex 1,19-20)

1 Bezüglich der Lüge der Hebammen, durch die sie den Pharao täuschten, um nicht die männlichen israelitischen Kinder bei der Geburt töten zu müssen, indem sie behaupteten, die israelitische Mütter gebärten nicht so, wie die ägyptischen Mütter zu gebären pflegten, fragt man üblicherweise, ob derartige Lügen durch die Autorität Gottes gebilligt sind, da ja doch geschrieben steht, Gott habe den Hebammen Gutes erwiesen;[1] jedoch ist unklar, ob er aus Barmherzigkeit über ihre Lüge hinwegsah oder ob er die Lüge selbst für belohnenswert hielt. Eines nämlich taten die Hebammen, indem sie die kleinen Kinder am Leben erhielten, etwas anderes dagegen, indem sie den Pharao belogen; denn indem sie diese am Leben erhielten, vollbrachten sie ein Werk der Barmherzigkeit; jene Lüge hingegen gebrauchten sie im eigenen Interesse, damit der Pharao ihnen nichts antue; das konnte ihnen nicht zum Lob, sondern nur zur Nachsicht gereichen. Auch wurde dadurch, wie mir scheint, denen keine Ermächtigung zum Lügen ausgestellt, von denen gesagt ist: „In ihrem Mund fand sich keine Lüge" (Offb 14,5). Wenn nämlich der Lebenswandel gewisser Leute, der weit unter dem Lebenszeugnis der Heiligen steht, derartige Sünden der Lüge enthält, so werden diese durch ihr fortschreitendes Alter und ihren Charakter dazu gebracht, vor allem wenn sie noch nicht gelernt haben, die himmlischen Wohltaten Gottes zu erwarten, sondern sich mit irdischen Gütern beschäftigen. Diejenigen aber, die so leben, daß, wie der Apostel sagt, ihr Lebenswandel im Himmel ist (vgl. Phil 3,20), – die sollten, wie ich meine, sowohl im Aussprechen der Wahrheit als auch im Vermeiden der Falschheit ihre Ausdrucksweise nicht nach diesem Beispiel der Hebammen gestalten.[2] Aber diese Frage muß wegen anderer Beispiele, die sich in den Schriften finden, sorgfältiger erörtert werden.

qu. 2,1 (zu Ex 1,19-20)

2 Die Tat des Mose, als er den Ägypter tötete, um seine Brüder zu verteidigen, haben wir genügend in dem Werk abgehandelt, das wir über das Leben der Väter gegen Faustus geschrieben haben (vgl. *c. Faust.* 22,70): nämlich, ob wenigstens sein Charakter an ihm lobenswert war, infolge dessen er diese Sünde beging, wie man üblicherweise die Fruchtbarkeit der Erde schon, bevor sie nützliche Samen hervorgebracht hat, wegen der Fülle wenngleich unnützer Pflanzen lobt, oder ob man sogar die Tat selbst gänzlich rechtfertigen kann? Das scheint deswegen nicht der Fall zu sein, weil er noch keinerlei rechtmäßige Herrschaftsgewalt besaß, weder eine durch göttliche Verfügung erhaltene noch

---

[2] Vgl. *c. mend.* 32-34.

videtur, quia nullam adhuc legitimam potestatem gerebat nec acceptam divinitus nec humana societate ordinatam. Tamen, sicut Stephanus dicit in actibus apostolorum, putabat intellegere fratres suos, quod per eum deus daret illis salutem, ut per hoc testimonium videatur Moyses iam divinitus admonitus - quod scriptura eo loco tacet - hoc audere potuisse.

3 *Clamavit illum dominus de rubo.* Dominus in angelo? An dominus angelus ille qui dictus est *magni consilii angelus* et intellegitur Christus? Supra enim dixit: *Adparuit illi angelus domini in flamma ignis de rubo.*

4 *Educere illos de terra illa in terram bonam et multam, in terram fluentem lac et mel.* Utrum terram fluentem lac et mel spiritaliter accipere debemus, quia secundum proprietatem non hoc erat illa quae data est populo Israhel? An locutionis est, qua id ad laudem ubertatis et suavitatis referatur?

5 *Et nunc ecce clamor filiorum Israhel venit ad me*, non sicut clamor Sodomorum, quo iniquitas sine timore et sine verecundia significatur.

6 Quod mandavit dominus Hebraeis per Moysen, ut acciperent ab Aegyptiis vasa aurea et argentea et vestem atque addidit: *Et praedabimini eos*, mandati huius non potest iniustum esse iudicium. Mandatum enim dei est, de quo non iudicandum sed ei obtemperandum fuit. Ille enim novit quam iuste mandaverit; ad servum autem pertinet oboedienter facere quod mandavit.

---

8 putabat...9 salutem] cf. Act 7,25 **3,2** Jes 9,6 | Ex 3,2 **5,1** clamor^2...2 significatur] cf. Gn 18,20

---

6 legitimam...gerebat] potestatem gerebat legitimam *C z* | acceptam] acceptum *C*, accepta *N* | **8** putabat] putabant *p* | **10** audere potuisse] audire potuisset *P* | **3,1** illum *om. C^1*, ad *praem. V*, eum *Am.* | angelus] angelis *n* | **2** qui *om. p* | **3** de] in *P S V T Bad. Am., fort. recte, cf. Sabatier, I, p.* 140 | **4,3** non] nostram *C z* | locutionis] genus *praem. S^2*, modus *add. T* | **4** qua] quia *p*, quo *T* | **6,1** dominus] *P^2 (in marg.)* | **3** dei] domini *V* | **4** mandaverit] mandaverat *P^1*

---

^{3} Vgl. Einleitung in *qu.* 2, S. 269.
^{4} Nach Ex 3,2 TM, LXX, VL ist Mose der Engel des Herrn in der Flamme aus dem

eine durch die menschliche Gesellschaft übertragene. Er meinte jedoch, wie Stephanus in der Apostelgeschichte sagt, seine Brüder würden begreifen, daß Gott ihnen durch ihn Rettung bringe (vgl. Apg 7,25), so daß es wegen dieses Zeugnisses scheint, daß Mose sogar von Gott dazu aufgefordert war – wovon die Schrift an dieser Stelle schweigt – und deswegen dies wagen konnte.[3]

qu. 2,3 (zu Ex 3,4)

3 „Der Herr rief ihn aus dem Dornbusch an." Der Herr durch den Engel?[4] Ist ‚der Herr' jener Engel, der „Engel des großen Ratschlusses" (Jes 9,5) genannt ist und mit dem Christus gemeint ist? Oben heißt es nämlich: „Es erschien ihm der Engel des Herrn in der Feuerflamme aus dem Dornbusch" (Ex 3,2).

qu. 2,4 (zu Ex 3,8)

4 „Sie aus diesem Land herauszuführen in ein gutes und weites Land, in ein Land, wo Milch und Honig fließen." Sollen wir das ‚Land, in dem Milch und Honig fließen', in geistlichem Sinn verstehen, weil jenes Land, das dem Volk Israel gegeben wurde, dem Wortsinn nach nicht von dieser Art war? Oder ist das eine Ausdrucksweise, durch die man seine Fruchtbarkeit und Lieblichkeit lobt?

qu. 2,5 (zu Ex 3,9)

5 „Und jetzt, siehe, das Geschrei der Söhne Israels ist vor mich gekommen", nicht wie das Geschrei Sodoms, durch das Ungerechtigkeit ohne Furcht und ohne Scham bezeichnet wird (vgl. Gen 18,20).[5]

qu. 2,6 (zu Ex 3,22)

6 Der Herr befahl den Hebräern durch Mose, sie sollten sich von den Ägyptern goldene und silberne Geräte und Kleidung geben lassen, und fügte hinzu: „und ihr sollt sie ausplündern".[6] Man kann diesen Befehl nicht als ungerecht beurteilen. Es ist nämlich ein Befehl Gottes, den man nicht beurteilen durfte, sondern dem man willfahren mußte. Er weiß nämlich, wie gerecht sein Befehl war; dem Knecht aber kommt es zu, gehorsam auszuführen, was er befohlen hat.[7]

Dornbusch erschienen (nach Vulg dagegen der Herr selbst), aber nach Ex 3,4 ruft JHWH ihn an. Zur Diskussion der Väter und zu unterschiedlichen Thesen Augustins, wer Mose im Dornbusch erschienen ist und was/wen Mose gesehen hat, vgl. DULAEY, Geste 9-13.

[5] Während nach TM in Ex 3,9 gen. subj. (das Geschrei der Israeliten) gemeint ist, spricht Gen 18,20 TM vom Geschrei über Sodom (gen. obj.). Augustinus interpretiert auch die dortige zweideutige Wendung der LXX (vgl. BdA) als gen. subj.

[6] Vgl. *qu.* 2,39; 2,45.

[7] Vgl. Einleitung in *qu.* 2, S. 88.

60   7 Quod ait Moyses ad dominum: *Precor, domine, non sum eloquens ante hesternum neque ante nudustertianum diem neque ex quo coepisti loqui famulo tuo*, intellegitur credere posse se fieri dei voluntate subito eloquentem, cum dicit: *Neque ex quo coepisti loqui famulo tuo*, tamquam ostendens fieri potuisse, ut ante hesternum et nudustertianum diem qui eloquens non fuisset repente fieret, ex quo cum illo dominus loqui coepit.

8 *Quis fecit mutum et audientem, videntem et caecum, nonne ego dominus deus?* Sunt, qui deo calumnientur vel scripturae potius veteris testamenti, quia dixerit deus, quod ipse fecerit caecum et mutum. Quid ergo dicunt de domino Christo aperte in evangelio dicente: *Ego veni, ut qui non vident videant et qui vident caeci fiant?* Quis autem nisi insipiens crediderit aliquid homini secundum vitia corporalia posse accidere, quod deus nolit? Sed eum iuste totum velle nemo ambigit.

9 Quod dominus dicit ad Moysen: *Sed nunc vade tu, et ego aperiam os tuum et instruam te quae locuturus es.* Satis hic adparet non tantum instructionem oris sed
80   ipsam etiam apertionem ad dei voluntatem et gratiam pertinere. Non enim ait: Tu aperi os tuum et ego instruam te, sed utrumque ipse promisit: *Aperiam et instruam*. Alibi autem dicit in Psalmo: *Dilata os tuum et adinplebo illud* - ubi significat in homine voluntatem accipiendi quod deus donat volenti, ut ad voluntatis exordium pertineat, *dilata os tuum*, ad dei autem gratiam *et adinplebo illud* - hic vero: *Et aperiam os tuum et instruam te*.

10 *Et iratus iracundia dominus dixit*. Quemadmodum possit intellegi irascens deus, quia non sicut homo per inrationabilem perturbationem, per omnia tenendum est, ubi tale aliquid scriptura dicit, ne de hoc eadem saepe dicenda sint.

8,4 Io 9,39   **9,5** Ps. 80,11

7,1 hesternum] exterminum P^1, externum V^1 | **2** nudustertianum] nudiustertianum C^2 S T z, dustertianum p^1 | **3** se *om.* P S V T *Am.* | **4** ostendens] extendens P^1 | hesternum] externum P^1 V^1, exhesternum T *corr.* | nudustertianum] nudiustertianum C^2 S V T z
8,1 videntem *om.* C^1 | **2** calumnientur] calumnienter P^1 V, calumniantur *Am.* | dixerit] dixerat V^1 *Am.* | **3** fecerit] fecerat *Am.* | **5** insipiens] inspiciens P^1 V | **6** nemo *om.* C^1
9,1 tu] P S^1 V N T *Bad. Am.*, *om.* C (*sed cf. l.* 4) μ z | **2** satis…adparet *om.* p | hic adparet *om.* p | **4** tu] vade *praem.* C | **10,1** possit] posset P^1 S N

---

[8] „Stumm und hörend" ist keine geeignete Opposition. Der Vers lautet nach TM (LXX und Vulg entsprechend): „Wer hat dem Menschen einen Mund gegeben, oder wer

qu. 2,7 (zu Ex 4,10)

7 Mose sagt zum Herrn: „Bitte, Herr, ich bin nicht redegewandt, weder gestern noch vorgestern, noch seitdem du begonnen hast, zu deinem Diener zu sprechen." Daraus erkennt man, daß Mose glaubt, er könne nach dem Willen Gottes auf der Stelle redegewandt werden, da er sagt: „noch seitdem du begonnen hast, zu deinem Diener zu sprechen". So zeigt er gleichsam, daß es hätte geschehen können, daß er, der gestern und vorgestern nicht redegewandt gewesen war, es von dem Moment an plötzlich hätte werden können, seitdem der Herr begonnen hatte, mit ihm zu reden.

qu. 2,8 (zu Ex 4,11)

8 „Wer hat stumm und hörend, sehend und blind gemacht? Nicht ich, der Herr Gott?" [8] Es gibt Leute, die Gott oder vielmehr die Schrift des Alten Testaments böswillig kritisieren, weil Gott gesagt habe, er selbst habe blind und stumm gemacht. Was sagen sie daher erst über den Herrn Christus, der im Evangelium offen sagt: „Ich bin gekommen, damit die, die nicht sehen, sehen und die, die sehen, blind werden" (Joh 9,39)? Wer aber außer einem Toren hätte angenommen, einem Menschen könne etwas nach Art körperlicher Gebrechen zustoßen, ohne daß Gott es will? Aber daß er das alles auf gerechte Weise will, bestreitet niemand.

qu. 2,9 (zu Ex 4,12)

9 Der Herr sagt zu Mose: „Aber jetzt geh du, und ich werde deinen Mund öffnen und dich unterweisen, was du sagen sollst."[9] Hier wird deutlich genug, daß Gottes Wille und Gnade nicht nur die Belehrung des Mundes, sondern sogar auch seine Öffnung bewirken. Er sagt nämlich nicht: Du, öffne deinen Mund, und ich werde dich belehren, sondern er selbst hat beides verheißen: „Ich werde öffnen und unterweisen." Andernorts aber sagt er im Psalm: „Tu deinen Mund weit auf, und ich werde ihn füllen" (Ps 81,11) – Dort deutet er auf den Willen im Menschen hin, das zu empfangen, was Gott dem, der es begehrt, gibt, so daß „Tu deinen Mund weit auf" sich auf den Willen bezieht, der den Anfang macht, „und ich werde ihn füllen" hingegen auf Gottes Gnade – hier aber heißt es: „Und ich werde deinen Mund öffnen und dich unterweisen."

qu. 2,10 (zu Ex 4,14-16)

10 „Und der Herr entbrannte im Zorn und sagte." Wie man verstehen kann, daß Gott, wenn er zürnt, dies nicht wie ein Mensch durch unvernünftige Leidenschaft tut, muß ein für allemal bezüglich aller Stellen, wo die Schrift etwas

---

macht taub oder stumm oder sehend oder blind?" So auch VL:Cod.Lugd. Vielleicht zitiert Augustinus hier fehlerhaft aus dem Gedächtnis.

[9] LXX, gefolgt von VL, weicht hier (und in 4,15) von TM (und Vulg) ab, der sagt: „Ich werde mit deinem Mund sein."

Sed merito quaeritur cur hic iratus de fratre Moyse dixerit, quod ipse illi loqueretur ad populum; videtur enim tamquam diffidenti non dedisse plenissimam facultatem, quam daturus erat, et per duos agi voluisse, quod et per unum posset, si credidisset. Verum tamen eadem verba omnia diligentius considerata non significant iratum dominum pro vindicta dedisse Aaron. Sic enim dicit: *Nonne ecce Aaron frater tuus levites? Scio quia loquens loquetur ipse.* Quibus verbis ostenditur deus increpasse potius eum qui timeret ire, quod ipse esset minus idoneus, cum haberet fratrem, per quem posset ad populum loqui quod vellet, quoniam erat ipse gracilis vocis et linguae tardioris; quamquam de deo totum sperare deberet. Deinde eadem ipsa quae paulo ante promiserat et posteaquam iratus est dicit. Dixerat enim: *Aperiam os tuum et instruam te*; nunc autem dicit: *Aperiam os tuum et os eius et instruam vos quae faciatis.* Sed quoniam addidit: *Et loquetur ipse tibi ad populum*, videtur oris apertio praestita, propter quod dicit Moyses linguae se esse tardioris. De vocis autem gracilitate nihil ei praestare dominus voluit, sed propter hoc adiutorium fratris adiunxit, qui posset ea uti voce, quae populo docendo sufficeret. Quod ergo ait: *Et dabis verba mea in os eius*, ostendit quod ea loquenda esset daturus; nam si tantummodo audienda sicut populo, in aures diceret. Deinde quod paulo post ait: *Et loquetur ipse tibi ad populum et ipse erit tuum os*, et hic subauditur ad populum. Et cum dicit: *Tibi loquetur ad populum*, satis indicat in Moysen principatum, in Aaron ministerium. Deinde quod ait: *Tu autem illi eris*

10,14 Ex 4,12

---

4 ipse illi] ille ipse *V*, illi ipse *Am.* | loqueretur] loquetur *C N ʐ* | 5 diffidenti] diffendendi *C¹* (*corr. a. m.* defendendi) | 6 et¹] etiam *Am.* | agi] agni *C¹* | 7 credidisset] credisset *C¹* verba omnia *om. p* | omnia dili-]*om. n* | considerata] considerat *n* | 8 sic...9 Aaron *om. p* 9 loquens] eloquens est *P S V Bad. Am. (cf. Vulg.)*, loquens est *T* | 10 qui] quid *C μ ʐ* 11 posset] possit *C¹* | ad] et *praem. n* | erat...12 ipse] ipse erat *S* | 14 aperiam¹] aperi *V* aperiam²] aperio *V¹* | 15 loquetur] loquitur *C¹* | 16 linguae...esse] lingua e∗se *C*, lingua se *P¹*, linguae se *S T Bad. Am. μ* | 17 praestare dominus] dominus praestare *V Am.* 18 posset] possit *C* | 19 ergo] autem *P S V T Bad. Am* | ea loquenda] eloquenda *C¹* (*corr. a. m. in* ea loquenda), loquendo *V* | 20 audienda] audiendo *P¹ S V* | 21 loquetur] loquitur *C¹* | 22 hic] sic *Am.* | et...populum² *om. N per homoiot.* | 23 Moysen] Mosen *P*, Moyse *S Am. μ* | in *om. P¹* | eris] in his *add. Am.*

---

[10] Vgl. *qu.* 1,39.
[11] LXX, gefolgt von VL, weicht in 4,12 und 4,15 von TM (und Vulg) ab, der sagt: „Ich werde mit deinem Mund sein."
[12] Vgl. *qu.* 2,19.
[13] Zum Verhältnis Mose – Aaron bezüglich des Priesteramtes vgl. *qu.* 3,23,2.

derartiges sagt, festgehalten werden, damit wir darüber nicht immer wieder dasselbe sagen müssen.[10] Aber zu Recht fragt man, warum er hier im Zorn vom Bruder des Mose gesagt hat, daß dieser für ihn zum Volk reden solle; anscheinend hat er ihm nämlich, weil dieser nicht vertraute, nicht die volle Vollmacht gegeben, die er eigentlich hatte geben wollen, sondern bestimmt, daß zwei Personen vollbrächten, was auch einer allein hätte vollbringen können, wenn er vertraut hätte. Bei sorgfältigerer Betrachtung besagen alle diese Worte aber dennoch nicht, daß der Herr im Zorn Aaron zur Strafe gegeben hat. Er sagt nämlich folgendes: „Siehe, ist da nicht dein Bruder Aaron, der Levit? Ich weiß, daß er gut reden wird." Nach Ausweis dieser Worte hat Gott vielmehr den gescholten, der, obgleich er alles von Gott erhoffen sollte, sich fürchtete zu gehen, weil er meinte, selbst weniger geeignet zu sein, während er doch einen Bruder hatte, durch den er zum Volk sprechen konnte, was immer er wollte, denn er selbst war von schwacher Stimme und allzu langsamer Zunge. Anschließend und nachdem er in Zorn ausgebrochen war, sagt er genau dasselbe, was er kurz zuvor verheißen hatte. Er hatte nämlich gesagt: „Ich werde deinen Mund öffnen und dich unterweisen" (Ex 4,12); nun aber sagt er: „Ich werde deinen Mund und seinen Mund öffnen und euch unterweisen, was ihr tun sollt."[11] Aber weil er hinzugefügt hat: „Und er soll für dich zum Volk reden", hat er die Öffnung des Mundes anscheinend deswegen gewährt, weil Mose sagt, er sei von allzu langsamer Zunge. Bezüglich der Schwäche seiner Stimme wollte der Herr ihm aber nichts gewähren, sondern aus diesem Grund fügte er die Unterstützung durch seinen Bruder hinzu, da dieser über eine derartige Stimme verfügen konnte, die zur Belehrung des Volkes ausreichte.[12] Insofern er aber sagt: „Und du sollst ihm meine Worte in den Mund legen", zeigt er, daß er sie geben werde, damit sie sie aussprächen; denn wenn er sie ihnen wie dem Volk nur geben wollte, damit sie sie hörten, würde er sagen: ‚in die Ohren'. Weiterhin bezüglich dessen, was er kurz darauf sagt: „Und er soll für dich zum Volk reden, und er wird dein Mund sein", hört man auch hier mit: ‚gegenüber dem Volk'. Und mit den Worten: „für dich soll er zum Volk reden" bezeichnet er hinreichend deutlich, daß Mose die Stellung als Befehlshaber, Aaron aber die Ausführung zukommt.[13] Anschließend sagt er: „Du aber sollst für ihn sein hinsichtlich der Dinge, die in Beziehung zu Gott stehen."[14] – Hier ist vielleicht

---

[14] Gegenüber 4,15 (TM: „Ich werde mit deinem und mit seinem Mund sein) präzisiert V 16 die auch in V 15 schon enthaltene Vorrangstellung des Mose vor Aaron; TM sagt: וְאַתָּה תִּהְיֶה־לּוֹ לֵאלֹהִים, „und du sollst für ihn Gott sein", d.h. Mose soll für Aaron die Funktion Gottes und Aaron, als sein ‚Mund', für Mose die Rolle des Propheten übernehmen. Diese Formulierung war für LXX wohl theologisch zu heikel; sie betont vielmehr Moses Funktion als Mittler (vgl. GURTNER, *Exodus* 224); ihre Version dieses

quae ad deum, magnum hic fortassis perscrutandum est sacramentum, cuius figuram gerat veluti medius Moyses inter deum et Aaron et medius Aaron inter Moysen et populum.

11 In eo quod scriptum est: *Et factum est in via ad refectionem obviavit ei angelus et quaerebat eum occidere. Et adsumto Sepphora calculo circumcidit praeputium filii sui et procidit ad pedes eius et dixit: Stetit sanguis circumcisionis infantis mei. Et recessit ab eo, propter quod dixit: Desiit sanguis circumcisionis*, primum quaeritur, quem volebat angelus occidere, utrum Moysen, quia dictum est: *Occurrit ei angelus et quaerebat eum occidere*. Nam cui putabitur occurrisse nisi illi qui universo suorum comitatui praefuit et a quo ceteri ducebantur? An puerum quaerebat occidere, cui mater circumcidendo subvenit, ut ob hoc intellegatur occidere voluisse infantem, quia non erat circumcisus, atque ita sancire praeceptum circumcisionis severitate vindictae? Quod si ita est, incertum est prius de quo dixerit *quaerebat eum occidere*, quia ignoratur quem, nisi ex consequentibus reperiatur, mira sane locutione et inusitata, ut prius diceret: *Occurrit ei et quaerebat eum occidere*, de quo nihil antea dixerat.

---

25 veluti] velut *P V T* | et Aaron *om. p* | **11,1** est[1] *om. Bad.* | **2** adsumto] asummo *P¹*, assumpta *Bad. Am.* | praeputium…procidit *om. p* | **4** desiit] desit *P¹* | **7** a] a∗ *P* | **8** ob] ab *Bad.* | **10** quod] et quod *C* (et *exp.*) | **11** ignoratur] ignorabatur *P¹ S V¹* | **12** antea] ante *P V Bad. Am.*

Satzes ist nahezu ungrammatisch: σὺ δὲ αὐτῷ ἔσῃ τὰ πρὸς τὸν θεόν; vgl. NETS: „but you shall be to him the things pertaining to God". Mit BdA kann man sie wohl so verstehen wie schon Vulg, die allerdings sprachlich etwas erleichtert *(Tu autem eris ei in his quae ad Deum pertinent)*: „Mais toi, tu seras là pour lui pour les relations avec Dieu." Vgl. WEVERS, *Exodus*. VL hat im Wortlaut des Codex Lugdunensis immerhin auch das Verb im Relativsatz: *Tu autem eris illi quae ad Dominum pertinent.* Die VL des Augustinus folgt dagegen LXX ad verbum; die obige Übersetzung ist tentativ. In *qu.* 2,17 zitiert Augustinus den Satz noch einmal, läßt dort aber das Verb *eris* aus.
[15] Nach TM tritt JHWH persönlich Mose entgegen; LXX sagt statt dessen (wie Targum Neofiti): „der Engel des Herrn"; so auch VL:Cod.Lugd.; die VL des Augustinus spricht nur von einem *angelus*.
[16] Die Szene Ex 4,24-26 ist schwer deutbar, u.a. wegen der mehrdeutigen pronominalen Bezüge (wollte JHWH Mose oder dessen Sohn töten? Berührte die Vorhaut die Füße des Engels, Moses oder des Kindes? Wer ist der Blutbräutigam: Gott, Mose oder das Kind?). Vgl. ROBINSON, *Zipporah*. LXX, gefolgt von VL, weicht in 4,25-26 stark von TM (gefolgt von Vulg) ab, um die Anstößigkeit der Szene zu begrenzen (vgl. GURTNER, *Exodus* 230-232). TM: (1) וַתַּגַּע לְרַגְלָיו. „und sie berührte seine Füße [sc. mit der im Satz zuvor genannten und daher nach den Regeln hebräischer Stilistik nicht mehr, auch

ein großes Geheimnis zu ergründen, das Mose gleichsam vorausbildet als Mittler zwischen Gott und Aaron und Aaron als Mittler zwischen Mose und Volk.

qu. 2,11 (zu Ex 4,24-26)

11 „Und es geschah auf dem Weg zum Rastplatz, da trat ihm ein Engel[15] entgegen und suchte, ihn zu töten. Und Zippora ergriff ein Steinchen und schnitt damit die Vorhaut ihres Sohnes ab und fiel ihm zu Füßen und sagte: Das Beschneidungsblut meines Sohnes stand still.[16] Und er ließ von ihm ab, weil sie sagte: Das Beschneidungsblut hat aufgehört." Bezüglich dieses Abschnitts der Schrift fragt man erstens, wen der Engel töten wollte: Mose, weil es heißt: „Ein Engel trat ihm entgegen und suchte, ihn zu töten"? Denn wem wird er wohl vermutlich entgegengegangen sein, wenn nicht dem, der dem gesamten Gefolge der Seinen voranging und die übrigen führte? Oder suchte er, den Knaben zu töten, dem die Mutter zu Hilfe eilte, indem sie ihn beschnitt? Unter dieser Voraussetzung könnte man verstehen, daß er das Kind töten wollte, weil es noch nicht beschnitten war, und daß er so das Gebot der Beschneidung durch die strenge Strafe bekräftigen wollte. Wenn das zutrifft, bleibt es unklar, von wem zuvor gesagt wurde: „Er suchte, ihn zu töten", weil man nicht weiß, wen, außer man erschließt es aus dem Folgenden, auf Grund einer freilich insofern seltsamen und ungewöhnlichen Ausdrucksweise, als es zwar oben heißt: „er trat ihm entgegen und suchte, ihn zu töten", von diesem zuvor aber nichts gesagt

---

pronominal nicht mehr zu nennenden abgeschnittenen Vorhaut ihres Sohnes]". Da ‚Füße' wohl euphemistisch für ‚Scham' steht, berührt Zippora wohl ihren durch JHWH angegriffenen Mann an der Stelle, an der sie ihren Sohn beschnitten hat. LXX ersetzt diese rätselvolle Handlung durch den Akt der Anbetung vor dem Engel: καὶ προσέπεσεν πρὸς τοὺς πόδας „und sie fiel nieder zu den Füßen [wohl des Engels]." (2) וַתֹּאמֶר כִּי חֲתַן־דָּמִים אַתָּה לִי „und sie sagte [wohl zu Mose]: Ein Blutbräutigam bist du mir." LXX statt dessen: καὶ εἶπεν Ἔστη τὸ αἷμα τῆς περιτομῆς τοῦ παιδίου μου. „Und sie sagte [wohl zum Engel]: Das Beschneidungsblut meines Sohnes steht still." LXX deutet den hebräischen Ausdruck ‚Blutbräutigam' in sehr freier Wiedergabe dahingehend, daß das Leben des Mose durch die sühnende Funktion des Beschneidungsblutes seines Sohnes gerettet wurde. (3) Im Gegensatz zu TM verknüpft LXX in V. 26 den (von TM abweichenden) Ausspruch Zipporas kausal mit dem Ende der Aggression des Engels. Augustinus kompliziert zusätzlich die Diskussion, indem er sich für die im Kontext höchst unwahrscheinliche, aber auch in rabbinischen Quellen vertretene Deutung ausspricht, der Engel des Herrn habe nicht Mose, sondern seinen kleinen Sohn angefallen. Vgl. VERMES, *Circumcision,* der die, sprachlich allerdings abweichende, Deutung auf die sühnende Wirkung des Beschneidungsblutes auch in den Targumim nachweist. LE BOULLUEC, *Moïse* (zu den christlichen Theologen bis zum 4. Jh. in Korrespondenz zu jüdischen Autoren).

Sed talis est in Psalmo: *Fundamenta eius in montibus sanctis; diligit dominus portas Sion*. Inde enim Psalmus incipit nec aliquid de illo vel de illa dixerat, cuius fundamenta intellegi voluit dicens: *Fundamenta eius in montibus sanctis*. Sed quia sequitur: *Diligit dominus portas Sion*, ergo fundamenta vel domini vel Sion - ad faciliorem sensum magis Sion - ut fundamenta civitatis accipiantur. Sed quia in hoc pronomine, quod est *eius*, genus ambiguum est - omnis enim generis est hoc pronomen, id est et masculini et feminini et neutri - in Graeco autem in feminino genere dicatur αὐτῆς, masculino et neutro αὐτοῦ et habet codex Graecus αὐτοῦ, cogit intellegere non fundamenta Sion, sed fundamenta domini, id est quae constituit dominus, de quo dictum est: *Aedificans Hierusalem dominus*. Nec Sion tamen nec dominum antea nominaverat, cum diceret: *Fundamenta eius in montibus sanctis*. Sic et hic nondum nominato infante dictum est: *Occurrit ei et quaerebat eum occidere*, ut de quo dixerit in consequentibus agnoscamus. Quamquam et si de Moyse accipere quisquam voluerit, non est magno opere resistendum. Illud potius quod sequitur, si fieri potest, intellegatur, quid sibi velit ideo recessisse angelum ab interfectione cuiuslibet eorum, quia dixit mulier: *Stetit sanguis circumcisionis infantis*. Non enim ait: *Recessit ab eo*, propter quod circumcidit infantem, sed quia *stetit sanguis circumcisionis*; non quia cucurrit sed quia *stetit*, magno, nisi fallor, sacramento.

12 Quod superius dictum est, quod Moyses uxorem et infantes suos inposuit vehiculis, ut cum eis in Aegyptum pergeret, postea vero Iothor socer eius illi cum eis occurrit, posteaquam eduxit populum ex Aegypto, quaeri potest quomodo utrumque sit verum. Sed intellegendum est post illam, quae ab angelo futura erat, interfectionem Moysi vel infantis reversam fuisse cum parvulis. Nam quidam putaverunt propter hoc angelum terruisse, ne ad inpedimentum

---

11,13 Ps 86,1-2   **22** Ps 146,2   **12,2** Iothor…3 Aegypto] cf. Ex 18,1-5

15 intellegi voluit] voluit intellegi *Bad. Am.* | **16** ergo *om. Am.* | domini] deū *Bad.* | ad] *N Eug.*, et *praem. cett. codd. edd.* | **17** accipiantur] accipiuntur C^1, accipiatur *Bad.* | **18** ambiguum] nam *add. Bad.* | enim *om. Bad.* | **20** dicatur] $C P V^1 N T Eug.$, dicitur $S V^2 Bad. Am.$ μ *z* (*item C iuxta z, sed errore*) | αὐτῆς] autes ΑΥΤΗϹ *p* | masculino] in *praem. z* | masculino … αὐτοῦ *om. Bad. Am.* | αὐτοῦ] ΑΥΤΟΥ autu *p*, autos *P V* | **21** αὐτοῦ] autu *C P S V N T* cogit…non *om. N* | **23** nec *om. p* | **25** dixerit] dixerat *Bad.* | **26** magno opere] magno* pere *V*, magnopere *n T Bad. Am.* μ *Eug.* (*praeter T*) | **27** velit] vellet C^1 | **28** ab] sine *Bad.* interfectione] interfectionem *Bad.* | **29** infantis…30 circumcisionis] *om. n per homoiot.*
12,2 Iothor] Ietor *C*, Iethro $V^2 T Am.$ | **3** quaeri potest] quae locutus est p^1, quaeritur p^2, *om. n* | **4** illam] illa *P* | **5** interfectionem] interfectione *P* | reversam] reversum *P S N*

worden war. Aber genauso verhält es sich im Psalm: „Seine Fundamente sind in den heiligen Bergen; der Herr liebt Zions Tore" (Ps 87,1-2).[17] So beginnt der Psalm nämlich, und nichts hatte der Psalmist über denjenigen oder diejenige gesagt, dessen bzw. deren Fundamente er verstanden wissen wollte, als er sagte: „Seine Fundamente sind in den heiligen Bergen". Aber weil folgt: „Der Herr liebt Zions Tore", sind sie folglich die Fundamente entweder des Herrn oder Zions – leichter verständlich eher: Zions –, so daß man sie als die Fundamente der Stadt versteht. Aber weil das Genus dieses Pronomens *eius* mehrdeutig ist – dieses Pronomen steht nämlich für jedes Genus, d.i. männlich, weiblich und sächlich –, im Griechischen jedoch für das weibliche Genus αὐτῆς, für das männliche und sächliche dagegen αὐτοῦ gesagt wird und der griechische Codex αὐτοῦ hat, erzwingt dies die Deutung: nicht ‚Fundamente Zions', sondern ‚Fundamente des Herrn', d.h. die der Herr gegründet hat, von dem gesagt ist: „Der Herr baut Jerusalem auf" (Ps 147,2). Der Psalmist hatte jedoch weder den Zion noch den Herrn zuvor erwähnt, als er sagte: „Seine Fundamente sind in den heiligen Bergen". So ist auch hier von dem noch ungenannten Kind gesagt: „er trat ihm entgegen und suchte, ihn zu töten", so daß wir erst aus dem folgenden erkennen, von wem er geredet hat. Dennoch verdient es keine große Mühe, sich dem zu widersetzen, wenn jemand es auf Mose beziehen wollte. Eher sollte man möglichst versuchen, das folgende zu verstehen, was es nämlich bedeuten soll, daß der Engel deshalb von der Tötung eines der beiden abließ, weil die Frau sagte: „Das Beschneidungsblut meines Sohnes stand still." Es heißt nämlich nicht: „Er ließ ab von ihm", weil sie den Knaben beschnitt, sondern: weil „das Beschneidungsblut still stand"; nicht, weil es lief, sondern weil es „still stand", auf Grund, wenn ich mich nicht täusche, eines großen Geheimnisses.

qu. 2,12 (zu Ex 4,20)

12 Weiter oben ist gesagt, Mose habe seine Frau und seine Kinder auf Wagen[18] gesetzt, um mit ihnen nach Ägypten fortzuziehen, später aber kam ihm sein Schwiegervater Jitro zusammen mit diesen entgegen, nachdem er das Volk aus Ägypten herausgeführt hatte (vgl. Ex 18,1-5). Man kann fragen, wie beides wahr sein kann. Aber man muß annehmen, daß sie nach diesem Tötungsanschlag auf Mose oder sein Kind, den der Engel ausführen sollte, mit den Kleinen umgekehrt ist. Einige haben nämlich gemeint, der Engel habe zu dem Zweck Schrecken verbreitet, daß nicht eine Frau Mose begleitete und ihn

---

[17] Vgl. *loc.* 2,64.
[18] Augustinus und Cod.Lugd. als Zeuge der VL haben den Ausdruck *vehicula*, der überwiegend Fahrzeuge aller Art bezeichnet, TM und Vulg dagegen: „Esel" im Sgl., LXX: „Esel" im Pl.

ministerii, quod divinitus inpositum Moyses gerebat, femineus sexus comitaretur.

13 Quaeritur quomodo populo dicatur, quod mandavit deus eiecturum se eos de Aegypto in terram Chanaan, Pharaoni autem dicatur, quod trium dierum iter exire vellent in desertum immolare deo suo ex mandato eius. Sed intellegendum est, quamvis deus sciret quid esset facturus, quoniam praesciebat non consensurum Pharaonem ad populum dimittendum, illud primo dictum esse, quod etiam primitus fieret, si ille dimitteret. Ut enim sic fierent omnia, quemadmodum consequens scriptura testatur, Pharaonis contumacia meruit et suorum. Neque enim mendaciter deus iubet quod scit non facturum cui iubetur, ut iustum iudicium consequatur.

14 Verba quae dicit Moyses ad dominum: *Quare adflixisti populum hunc? Et ut quid me misisti? Ex quo enim intravi ad Pharaonem loqui in tuo nomine, in hunc populum insaeviit, et non liberasti populum tuum*, non contumaciae verba sunt vel indignationis, sed inquisitionis et orationis, quod ex his adparet, quae illi dominus respondit. Non enim arguit infidelitatem eius, sed quid sit facturus aperuit.

15 Sacramenti locum esse dubium non est, quod scriptura volens originem Moysi demonstrare, quoniam eius actio iam expetebat, a primogenito Iacob, id est Ruben, progenies coepit, inde ad Symeon, inde ad Levi; ultra progressa non est, quoniam ex Levi Moyses. Hi autem commemorantur, qui iam commemorati fuerant in illis septuaginta quinque, in quibus Israhel intravit in Aegyptum; non enim primam neque secundam sed tertiam tribum, id est Leviticam deus esse voluit sacerdotalem.

16 Quod Moyses dicit: *Ecce ego gracili voce sum, et quomodo exaudiet me Pharao?* Non videtur tantum propter magnitudinem populi excusare de vocis gracilitate verum etiam propter unum hominem. Mirum si tam gracilis vocis fuit, ut nec ab

---

14,5 quid…aperuit] cf. Ex 6,1   15,4 hi…5 Aegyptum] cf. Ex 1,2

---

7 ministerii] mysterii *S T* | 13,5 primo] primom *C* | 6 si *om. C¹* | 14,1 hunc et *om. S* ut] aut *S* | 2 enim *om. S* | *post* nomine *quaedam intercidisse putat z, fort. legendum* nocuit hunc populum | 3 insaeviit] *supplevi, codd. et edd. om., cf. n. 20* | et *om. Am.* | 5 enim] enim ergo (ergo *exp.*) *P S,* ergo *V* | 15,2 expetebat] expectabat *p* | a] ut *praem. S* | 3 Symeon] Simeon *C V μ,* Simeonem *S* | 4 hi] hic *T* | 6 tribum] tribuum *P*

---

[19] NBA weist auf derartige Deutungen bei Diodor und Theodoret hin.

dadurch in der Ausübung seiner ihm von Gott auferlegten Aufgabe behinderte.[19]

qu. 2,13 (zu Ex 5,1-3)

13 Man fragt, wieso dem Volk gesagt wird, Gott habe angekündigt, er werde sie aus Ägypten in das Land Kanaan herausbringen, dem Pharao hingegen gesagt wird, sie wollten drei Tagesmärsche weit in die Wüste hinausziehen, um ihrem Gott seinem Geheiß entsprechend zu opfern. Man muß sich das so erklären: Obgleich Gott wußte, was er tun werde, da er im Voraus wußte, daß Pharao der Entlassung des Volkes nicht zustimmen werde, ist zuerst das gesagt worden, was auch ursprünglich geschehen sollte, falls dieser entließe. Daran nämlich, daß alles so geschah, wie die Schrift im folgenden bezeugt, war die Widerspenstigkeit Pharaos und der Seinen schuld. Denn Gott befiehlt auch dann nicht unaufrichtig, wenn er etwas befiehlt, von dem er weiß, daß derjenige, dem es befohlen wird, es nicht tun wird, so daß er eine gerechte Strafe erhält.

qu. 2,14 (zu Ex 5,22-23)

14 Die Worte, die Mose zum Herrn spricht: „Warum hast du dieses Volk so schlecht behandelt? Und wozu hast du mich gesandt? Seitdem ich nämlich zum Pharao hineingegangen bin, um in deinem Namen zu reden, hat er dieses Volk übel behandelt[20], und du hast dein Volk nicht befreit," sind nicht Worte aufsässiger Gesinnung oder Entrüstung, sondern der Frage und Bitte; das geht aus der Antwort des Herrn hervor. Er hat ihn nämlich nicht des mangelnden Vertrauens bezichtigt, sondern ihm eröffnet, was er tun werde (vgl. Ex 6,1).

qu. 2,15 (zu Ex 6,14-28)

15 Die Stelle enthält zweifellos ein Geheimnis, insofern die Schrift in der Absicht, die Abstammung des Mose darzulegen, weil sein Handeln das nun erforderte, bei dem Erstgeborenen Jakobs, d.i. Ruben, begonnen hat, von da zu Simeon, von da zu Levi, darüber hinaus aber nicht weiter fortgeschritten ist, weil Mose von Levi abstammt. Es werden aber diejenigen genannt, die schon unter jenen fünfundsiebzig genannt worden waren, mit denen Israel Ägypten betreten hat (vgl. Ex 1,2); Gott wollte nämlich, daß nicht der erste und auch nicht der zweite, sondern der dritte Stamm, d.i. der levitische, der Priesterstamm sein sollte.

qu. 2,16 (zu Ex 6,30-7,1)

16 Mose sagt: „Siehe, meine Stimme ist schwach, und wie wird Pharao auf mich hören?" Er scheint sich für die Schwäche seiner Stimme nicht nur wegen der Größe des Volkes, sondern auch wegen eines einzigen Mannes zu entschuldigen. Es wäre verwunderlich, wenn er von so schwacher Stimme gewesen ge-

---

[20] Im Zitat des Augustinus fehlt das Verb TM: הֵרַע; LXX: ἐκάκωσεν; Vulg: *adflixit*. Es ist ergänzt nach VL:Cod. Lug.: *insaeviit*.

uno homine posset audiri. An forte regius fastus non eos permittebat de proximo loqui? Dicitur autem illi: *Ecce dedi te deum Pharaoni et Aaron frater tuus erit tuus propheta.*

17 Notandum quod, cum ad populum mitteretur, non ei dictum est: Ecce dedi te deum populo et frater tuus erit tuus propheta, sed, frater tuus, inquit, *loquetur tibi ad populum.* Dictum est etiam: *Erit os tuum, et tu illi quae ad deum*; non dictum est: Tu illi deus. Pharaoni autem dicitur Moyses datus deus et secundum analogiam propheta Moysi Aaron, sed ad Pharaonem. Hic insinuatur nobis ea loqui prophetas dei quae audiunt ab eo nihilque aliud esse prophetam dei nisi enuntiatorem verborum dei hominibus, qui deum vel non possunt vel non merentur audire.

18 Assidue deus dicit: *Indurabo cor Pharaonis* et velut causam infert cur hoc faciat. *Indurabo*, inquit, *cor Pharaonis et inplebo signa mea et portenta mea in Aegypto*, tamquam necessaria fuerit obduratio cordis Pharaonis, ut signa dei multiplicarentur vel inplerentur in Aegypto. Utitur ergo deus bene cordibus malis ad id quod vult ostendere bonis vel quos facturus est bonos. Et quamvis uniuscuiusque cordis in malitia qualitas, id est quale cor habeat ad malum, suo fiat vitio, quod inolevit ex arbitrio voluntatis, ea tamen qualitate mala, ut huc vel illuc moveatur, cum sive huc sive illuc male moveatur, causis fit quibus animus propellitur. Quae causae ut existant vel non existant, non est in hominis potestate, sed veniunt ex occulta providentia iustissima plane et sapientissima universum

---

17,3 Ex 4,16 | Ex 4,16

17,3 ad populum] ad populum ad populum P^1 S V | est etiam] etiam est $C\mu\,\zeta$ | etiam] et T
5 propheta Moysi *om. S* | **6** loqui] qui *add.* P^1, loqui*** V | audiunt] audierunt V | **7** dei *om. T* | **18,2** indurabo…Pharaonis *om. Bad. Am.* | et^1] etiam N *Eug.* | **3** dei] domini p
multiplicarentur *om. N* | **5** vult *om. Bad.* | vel] vult *Bad.* | quos] quod P S V *Bad. Am.* μ
bonos] bonis V^2 *Bad. Am.* μ | uniuscuiusque] unusquiusque V^1 | **7** ea] et *Bad. Am.*
qualitate] voluntate *Eug.* (*praeter* P^2 T) | **8** cum…moveatur^2] *om. V per homoiot.* (*habet Bad.*)
10 sed] et T | plane] plena P^1

---

[21] Zu diesem sprachlich problematischen Satz vgl. oben *qu.* 2,10 (zu Ex 4,14-16) Anm 14; im Gegensatz zu dort läßt Augustinus hier auch das (von LXX bezeugte) Verb *eris* aus.

[22] Ebendies besagt aber TM. Schon die Targume mildern die Aussage ab.

[23] Zum Thema Herzensverhärtung vgl. Einleitung in *qu.* 2, S. 271-274.

wesen ist, daß er nicht einmal von einem einzigen Menschen vernommen werden konnte. Oder erlaubte der König in seinem Hochmut nicht, daß sie aus nächster Nähe zu ihm sprachen? Er erhält aber die Antwort: „Siehe, ich habe dich dem Pharao zum Gott gegeben, und dein Bruder Aaron wird dein Prophet sein."

qu. 2,17 (zu Ex 7,1)

17 Es ist zu beachten, daß ihm, als er zum Volk gesandt wurde, nicht gesagt worden ist: ‚Siehe, ich habe dich dem Volk zum Gott gegeben, und dein Bruder wird dein Prophet sein', sondern es heißt: Dein Bruder „soll für dich zum Volk reden" (Ex 4,16). Es wurde auch gesagt: „Er soll dein Mund sein und du für ihn hinsichtlich der Dinge, die in Beziehung zu Gott stehen" (Ex 4,16LXX);[21] es wurde nicht gesagt: ‚du für ihn Gott'.[22] Dem Pharao dagegen – heißt es – ist Mose zum Gott gegeben und in Analogie Aaron dem Mose zum Propheten – aber in Beziehung auf den Pharao. Hier werden wir belehrt, daß die Propheten Gottes das sagen, was sie von ihm hören, und daß ein Prophet Gottes nichts anderes ist als ein Verkünder der Gottesworte für die Menschen, die Gott entweder nicht hören können oder es nicht verdienen.

qu. 2,18 (zu Ex 7,3)

18 Wiederholt sagt Gott: „Ich werde das Herz des Pharao verhärten", und er begründet gleichsam, warum er dies tut.[23] „Ich werde", sagt er, „das Herz des Pharao verhärten und meine Zeichen und meine Wunder in Ägypten vollzählig machen", so als ob die Verhärtung des Herzens des Pharao notwendig gewesen wäre, damit die Zeichen Gottes in Ägypten vermehrt und vollzählig gemacht würden. Gott gebraucht somit auf gute Weise die Herzen der Bösen zu dem, was er den Guten oder denen, die er gut machen will, zeigen will.[24] Und obgleich der Grad der Bosheit eines jeden Herzens, d.h. welche Neigung das Herz zum Bösen hat, durch eigene Schuld verursacht wird, die aus freier Willensentscheidung angewachsen ist, so geschieht dies, daß das Herz auf Grund dieser bösen Beschaffenheit sich hierhin oder dorthin bewegt, dennoch, wenn es sich in Bosheit sei es hierhin sei es dorthin bewegt, auf Grund von Ursachen, die den Willen antreiben. Daß diese Ursachen tatsächlich vorhanden sind oder nicht, unterliegt nicht der Verfügungsvollmacht des Menschen, sondern sie entspringen der geheimen in höchstem Grad gerechten und weisen Vorsehung

---

[24] Die Konstruktion ab *quos* ist problematisch, weil dem Relativsatz das explizite Bezugswort fehlt. Es wird in der obigen Übersetzung mit BAC in Parallele zu dem vorausgehenden *bonis* ergänzt. *Bad. Am.* und μ bieten eine unanstößige Konstruktion (*quod* statt *quos* und *bonis* statt *bonos*: ‚was er den Guten zeigen oder was er den Guten erweisen will'), scheinen aber mit der schwerfälligen Wiederholung von *bonis* sekundär syntaktisch zu glätten.

quod creavit disponentis et administrantis dei. Ut ergo tale cor haberet Pharao, quod patientia dei non moveretur ad pietatem, sed potius ad inpietatem, vitii proprii fuit; quod vero ea facta sunt, quibus cor suo vitio tam malignum resisteret iussionibus dei - hoc est enim quod dicitur induratum, quia non flexibiliter consentiebat, sed inflexibiliter resistebat - dispensationis fuit divinae, qua tali cordi non solum non iniusta, sed evidenter iusta poena parabatur, qua timentes deum corrigerentur. Proposito quippe lucro verbi gratia, propter quod homicidium committatur, aliter avarus, aliter pecuniae contemptor movetur: Ille scilicet ad facinus perpetrandum, ille ad cavendum; ipsius tamen lucri propositio in alicuius illorum non fuit potestate. Ita causae veniunt hominibus malis, quae non sunt quidem in eorum potestate, sed hoc de illis faciunt, quales eos invenerint iam factos propriis vitiis ex praeterita voluntate. Videndum sane est, utrum etiam sic accipi possit: *Ego indurabo*, tamquam diceret: Quam durum sit demonstrabo.

19 *Si loquetur vobis Pharao dicens: Date nobis signum aut portentum, et dices Aaron fratri tuo: Sume virgam et proice illam palam Pharaone et palam servis eius, et erit draco.*

---

11 Pharao] et *praem. N Eug. (praeter T)* | **12** quod] quod *S* | moveretur] movetur P^1 S^1 V sed...inpietatem] *om. n per homoiot.* | vitii] vitia C^1 | **13** ea...sunt] facta sunt ea *Bad. Am.* cor] corde V^1 | **14** induratum] est *add. n* | **15** consentiebat] sentiebat T | **16** non iniusta] S N *Eug. (codd. P^2 T)*, iusta C P V T *Bad. Am.* μ *Eug. (codd. M P^1 V o)* | **17** corrigerentur *om. n* | proposito] propositio P^1 | **18** movetur] moventur *Bad. Am.* | **19** ad^2] et *praem. et del. P V* | **21** potestate...80,16 quae^2] *deest in P* | invenerint] invenirent C^1 | **19,1** loquetur] loquitur C^1 | et] ęt V (tu *s. l.*)

---

[25] Das schwierige Verhältnis zwischen in Freiheit begangener Sünde und Herzensverhärtung diskutiert Augustinus auch in *gr. et lib. arb.* 45 und in *exp. prop. Rm.* 62: *quod ergo tunc Pharao non obtemperabat praeceptis dei, iam de supplicio veniebat. Non autem quisquam potest dicere obdurationem illam cordis immerito accidisse Pharaoni, sed iudicio dei retribuentis incredulitati eius debitam poenam. Non ergo hoc illi imputatur, quod tunc non obtemperavit, quandoquidem obdurato corde obtemperare non poterat, sed quia dignum se praebuit, cui cor obduraretur priore infidelitate.* „Daß Pharao daraufhin den Geboten Gottes nicht gehorchte, war daher bereits Folge der Strafe. Niemand aber kann behaupten, jene Herzensverhärtung habe Pharao unverdient getroffen, sondern [sie hat ihn getroffen] auf Grund des Urteils Gottes, der für dessen Unglauben die verdiente Strafe verhängte. Nicht dieser Umstand wird ihm daher angerechnet, daß er damals nicht gehorchte, da er ja auf Grund seiner Herzensverhärtung gar nicht gehorchen konnte, sondern daß er sich als einen erwiesen hat, dem wegen vorausgehenden Unglaubens zu Recht das Herz verhärtet wurde."

Gottes, der das Weltall, das er erschaffen hat, ordnet und leitet. Daß der Pharao ein derartiges Herz hatte, das durch Gottes Geduld nicht zur Frömmigkeit, sondern eher zur Gottlosigkeit bewegt wurde, war daher seine persönliche Schuld; daß aber die Ereignisse eingetreten sind, auf Grund deren sein durch eigene Schuld so böses Herz sich den Befehlen Gottes widersetzte – das bezeichnet man nämlich als ‚verhärtet', daß er nicht fügsam zustimmte, sondern sich unbeugsam widersetzte –, das ging auf Gottes Anordnung zurück, dergemäß einem so gearteten Herzen eine nicht nur nicht ungerechte, sondern offenkundig gerechte Strafe bereitet wurde, durch die die Gottesfürchtigen gebessert werden sollten. Wenn z.B. für die Ermordung eines Menschen ein Preis angeboten wird, reizt das ja einen Habsüchtigen zu einer anderen Reaktion als einen Verächter des Geldes: nämlich jenen, das Verbrechen zu begehen, diesen, sich davor zu hüten; gleichwohl unterlag das Angebot des Preises selbst nicht der Verfügungsgewalt eines der beiden. So bieten sich schlechten Menschen Handlungsursachen dar, die zwar nicht ihrer Verfügung unterliegen, sie aber veranlassen, sich als solche zu erweisen, als welche diese Ursachen sie, durch eigene aus zurückliegenden Willensakten erwachsene Untaten bereits geformt, vorgefunden haben. Allerdings muß man zusehen, ob man den Ausspruch: „ich werde verhärten" auch so verstehen kann, als ob er sagte: ‚ich werde zeigen, wie verhärtet es ist'.[25]

qu. 2,19 (zu Ex 7,9)

19 „Wenn der Pharao zu euch sagt: Gebt uns[26] ein Zeichen oder wirkt ein Wunder![27], so[28] sag zu deinem Bruder[29] Aaron: „Nimm den Stab[30] und wirf ihn[31] hin vor dem Pharao und vor seinen Dienern[32], und er wird zu einem Dra-

---

[26] LXX und VL haben Pron. 1. Pl. = Dat.-Obj., TM dagegen Pron. 2. Pl. (Dat. commodi).

[27] TM, gefolgt von Vulg, hat nur ein Objekt: מוֹפֵת, LXX dagegen, ähnlich dem Samaritanus, in harmonisierender Amplifikation, gefolgt von VL, zwei: σημεῖον ἢ τέρας. Zu den zahlreichen Differenzen zwischen TM und LXX in diesem Vers vgl. WEVERS, *Exodus*.

[28] Wie LXX (καὶ ἐρεῖς) gibt auch VL entgegen eigenem Sprachgebrauch das im Hebräischen häufig die Apodosis eines Bedingungsgefüges oder den Nachsatz eines Temporalsatzes eröffnende *waw* (hier: וְאָמַרְתָּ) sklavisch durch *et* wieder. Der freier übersetzende Stilist Hieronymus verzichtet darauf *(cum dixerit vobis Pharao ostendite signa dices ad Aaron)*.

[29] „Deinem Bruder" ist in LXX und VL Zusatz.

[30] TM, gefolgt von Vulg, hat „deinen Stab", LXX, gefolgt von VL, nur „Stab".

[31] LXX und VL:Cod.Lugd. haben gegenüber TM, Augustinus und Vulg zusätzlich die Richtungsangabe „auf den Boden".

[32] „Und vor seinen Dienern" ist ein Zusatz von LXX und VL gegenüber TM und Vulg.

Hic certe non ministerio vocis opus erat, cui videbatur velut ex necessitate datus Aaron propter gracilitatem vocis Moysi; sed virga erat proicienda, ut draco fieret. Cur hoc ergo Moyses ipse non fecit, nisi quia ista mediatio ipsius Aaron inter Moysen et Pharaonem alicuius magnae rei figuram gerit?

20 Etiam hoc notandum, quod cum id signum palam Pharaone fieret scriptum est: *Et proiecit Aaron virgam suam*, cum forte si dixisset: Proiecit virgam, nulla esset quaestio; quod vero addidit *suam*, cum eam Moyses dederit, non frustra forsitan dictum est. An erat utrique illa virga communis, ut cuiuslibet eorum diceretur, verum diceretur?

21 *Et absorbuit virga Aaron virgas illorum.* Si dictum esset: Absorbuit draco Aaron virgas illorum, intellegeretur verus draco Aaron phantastica illa figmenta non absorbuisse, sed virgas. Hoc enim potuit absorbere quod erant, non quod esse videbantur et non erant. Sed quoniam dixit: *Absorbuit virga Aaron virgas illorum*, draco utique potuit virgas absorbere, non virga. Sed eo nomine appellata res est, unde versa est, non in quod versa est, quia in id etiam reversa est; et ideo hoc vocari debebat quod principaliter erat. Quid ergo dicendum est de virgis magorum? Utrum et ipsae veri dracones factae fuerant, sed ea ratione virgae appellatae sunt qua et virga Aaron? An potius videbantur esse quod non erant ludificatione venefica? Cur ergo ex utraque parte et virgae dicuntur et dracones, ut de figmentis illis nihil differat loquendi modus? Sed demonstrare difficile est quomodo, etiam si veri dracones facti sunt ex virgis magorum, non fuerint tamen creatores draconum nec magi nec angeli mali, quibus ministris illa operabantur. Insunt enim rebus corporeis per omnia elementa mundi quaedam

---

3 opus erat] erat opus *V Am.* | cui] cum *Am.* | datus] datur C^1 | **5** hoc *om. Am.* | hoc ergo] ergo hoc *P S V* | mediatio] medi∗atio *P S*, meditatio *V* | **20,1** notandum] est *add. n Am.* | id] ad P^1 *S*, ẹṭ *V*, *om. n Am.* µ | **2** cum...si] cum si forte *S* (si *s. l.*), si forte (si *supra exp.* cum) *Bad. Am.* | **21,1** virgas] virgam *S V* | **3** absorbuisse] obsorbuisse *T* | **5** virgas] virga C^1 | **6** est^1 *om. Bad. Am.* | quod] quo *P S V T Bad. Am.* | et *om. V Bad. Am.* **8** ipsae] ipsi C^1 *P S V Eug.* (codd. *P T V o*) | veri *om.* C^1 | dracones] draconis C^1 | factae] facti C^1 *P S V n Eug.* (codd. *P T V o*) | **9** et *om.* P^1 *S V T* | videbantur] videbatur *V Bad.* **10** venefica] veneficia *n* | **12** ex] e *Bad. Am.* | **13** fuerint] fuerunt *n Eug.* (*praeter* P^1 *v*) mali] mala P^1 | **14** rebus corporeis] corporeis rebus *Bad. Am.* µ

---

[33] Wie BdA, 36 hervorhebt, gibt LXX in Ex 4,3; 7,15 (verwandelter Stab des Mose) נחש durch ὄφις, in Ex 7,9.10.12 (verwandelter Stab Aarons und verwandelte Stäbe der Zau-

chen³³ werden." Hier bedurfte Mose, dem Aaron, wie es scheint, notwendigerweise wegen der Schwäche der Stimme des Mose beigegeben war, sicherlich nicht der Unterstützung seiner Stimme, sondern der Stab sollte hingeworfen werden, damit er zum Drachen würde. Warum also machte Mose das nicht selbst – es sei denn, weil diese Vermittlung Aarons zwischen Mose und dem Pharao auf eine bedeutende Sache vorausdeutet?

qu. 2,20 (zu Ex 7,10)

20 Auch folgendes ist festzuhalten: Als dieses Zeichen vor dem Pharao geschah, steht geschrieben: „Und Aaron warf seinen Stab hin." Wenn nur gesagt worden wäre: „Er warf den Stab hin", hätte dies vielleicht keine Frage erregt; daß aber, obgleich Mose ihn gegeben hatte, hinzugefügt wurde: „seinen", ist vielleicht nicht grundlos gesagt. Gehörte dieser Stab vielleicht beiden gemeinsam, so daß er jedem der beiden zu Recht zugesprochen wurde?

qu. 2,21 (zu Ex 7,12)

21 „Und Aarons Stab verschlang ihre Stäbe." Wenn formuliert wäre: ‚Aarons Drache verschlang ihre Stäbe', würde man verstehen: Der reale Drache Aarons hat nicht jene Scheingebilde³⁴ verschlungen, sondern die Stäbe. Er konnte nämlich das verschlingen, was sie tatsächlich waren, nicht das, was sie zu sein schienen, aber nicht waren. Da es jedoch heißt: „Aarons Stab verschlang ihre Stäbe": Nur der Drache konnte jedenfalls die Stäbe verschlingen, nicht der Stab. Aber der Gegenstand ist nach demjenigen Objekt benannt worden, aus dem er sich verwandelt hat, nicht nach dem, in das er sich verwandelt hat, weil er auch wieder in jenes zurückverwandelt worden ist; und folglich mußte er als das benannt werden, was er hauptsächlich war. Was ist also von den Stäben der Zauberer zu sagen? Waren auch sie echte Drachen geworden, wurden aber aus demselben Grund Stäbe genannt wie der Stab Aarons? Oder schienen sie vielmehr nur durch einen Zaubertrick zu sein, was sie gar nicht waren? Warum also wird auf beiden Seiten sowohl von Stäben als auch von Drachen gesprochen, so daß die Ausdrucksweise bezüglich dieser Scheingebilde keinen Unterschied macht? Es ist aber schwierig zu zeigen, inwiefern, wenngleich aus den Stäben der Zauberer echte Drachen geworden sind, dennoch weder die Zauberer noch böse Engel, mit deren Unterstützung sie jene machten, sie erschaffen haben. In den körperlichen Dingen sind nämlich durch alle Elemente der Welt gewisse verborgene Ideenkeime vorhanden, die, wenn ihnen geeignete zeitliche und ursächliche Voraussetzungen geboten werden, veranlassen, daß sie sich plötzlich zu den

---

berer) תַּנִּין durch δράκων wieder. VL:Cod.Lugd. hat in 4,3 *serpens*, in 7,9.10.12.15 *draco*, Vulg in 4,3; 7,9 *coluber*, in 7,10.12.15 *draco*.

³⁴ Bezug auf Ex 7,11-12, denen zufolge auch die Stäbe der Weisen und Zauberer Pharaos zu Drachen wurden.

occultae seminariae rationes, quibus cum data fuerit opportunitas temporalis
atque causalis, prorumpunt in species debitas suis modis et finibus. Et sic non
dicuntur angeli, qui ista faciunt, animalium creatores, sicut nec agricolae sege-
tum vel arborum vel quorumque in terra gignentium creatores dicendi sunt,
quamvis noverint praebere quasdam visibiles opportunitates et causas, ut illa
nascantur. Quod autem isti faciunt visibiliter, hoc angeli invisibiliter; deus vero
solus unus creator est, qui causas ipsas et rationes seminarias rebus insevit. Res
breviter dicta est: Quae si exemplis et copiosa disputatione explicetur, ut facilius
intellegatur, longo sermone opus est, a quo se ratio nostrae festinationis excusat.

22 *Fecerunt autem similiter et incantatores Aegyptiorum veneficiis suis; et induratum est cor Pharaonis et non exaudivit eos, sicut dixit dominus.* Cum haec dicuntur, videtur propterea cor Pharaonis induratum fuisse, quia et incantatores Aegyptiorum similia fecerunt; sed consequentia docebunt quanta fuerit illa obduratio, etiam cum incantatores defecerunt.

23 *Fecerunt autem similiter et incantatores Aegyptiorum veneficiis suis et eduxerunt ranas super terram Aegypti.* Quaeritur unde, si iam ubique factum erat. Sed similis quaestio est, unde et aquam in sanguinem verterint, si tota aqua Aegypti in sanguinem conversa iam fuerat. Proinde intellegendum est regionem, ubi filii Israhel habi-
tabant, plagis talibus non fuisse percussam. Et inde potuerunt incantatores vel aquam haurire, quam in sanguinem verterent, vel aliquas ranas educere ad solam demonstrationem magicae potentiae. Quamquam potuerunt etiam, posteaquam

---

22,5 cum…defecerunt] cf. Ex 9,11   23,3 unde…4 fuerat] cf. Ex 7,20-22

18   quorumque] quorumcumque *T Bad. Eug. (cod. V)* | 19   noverint] noverant *V* 21   unus] verus *Bad. Am. μ* | seminarias] seminariis *C²* | insevit] *n Eug.*, inserit *C (in ras.) T Bad.* , inseruit *P* (u *exp.*), inseruit *S V Am. μ* | 23   longo sermone *om. n* | est] esset *Bad. Am.* 22,1   veneficiis] veneficis *C¹* | 3   incantatores] incantores *C¹* | 5   cum *om. C¹* incantatores] incantores *C¹* | defecerunt] defecerint *P S² N*, deficerent *Am.* | 23,1   simili-
ter] similia Aegyptiorum *C* | 2   similis] similes *C¹* | 3   verterint] verterunt *Am.* sanguinem²] sanguine *n* | 4   fuerat] fuerit *C* | proinde] unde *Bad. Am.* | 7   magicae] maicae *C¹* | potuerunt etiam *om. n*

---

[35] Vgl. *Gn. litt.* 6,13; 6,25. Vgl. BOYER, *théorie*; AGAËSSE/SOLIGNAC, *Genèse* 657-668. Augustinus hat sich den aus der Stoa stammenden, neuplatonisch vermittelten Begriff λόγος σπερματικός für seine Schöpfungslehre zueigen gemacht. „Die ‚rationes causales' sind somit die objektiven Korrelate der in die Materie in der Weise der Abschattung [...]

ihnen entsprechenden Spezies mit ihren Charakteristiken und Zwecken entwickeln.[35] Und so werden die Engel, die das vollbringen, nicht Erschaffer der Tiere genannt, wie auch die Bauern nicht Erschaffer der Saaten oder der Bäume oder beliebiger Dinge, die auf der Erde sprossen, zu nennen sind, obgleich sie es verstehen, gewisse zweckmäßige sichtbare Voraussetzungen und Ursachen bereitzustellen, damit diese Dinge entstehen. Was aber jene auf sichtbare Weise tun, das tun die Engel auf unsichtbare;[36] jedoch ist Gott alleiniger einziger Erschaffer; er hat die Ursachen selbst und die Ideenkeime den Dingen als Samen eingepflanzt. Ich habe den Sachverhalt nur kurz angesprochen. Wollte ich ihn mit Beispielen und in reichhaltiger Erörterung so darlegen, daß er leichter verstanden werden kann, bedürfte es eines langen Vortrags, für dessen Unterlassung unsere Eile uns entschuldigt.[37]

qu. 2,22 (zu Ex 7,22)

22 „Aber auch die Zauberer der Ägypter taten mit Hilfe ihrer Zauberkünste das gleiche; und das Herz des Pharao wurde verhärtet, und er hörte nicht auf sie, wie der Herr gesagt hat." Dieser Formulierung zufolge scheint das Herz des Pharao deswegen verhärtet worden zu sein, weil auch die Zauberer der Ägypter das gleiche taten; das folgende aber wird lehren, wie groß diese Verstockung war, damals, als auch die Zauberer ausblieben (vgl. Ex 9,11).

qu. 2,23 (zu Ex 8,7)[38]

23 „Aber auch die Zauberer der Ägypter vollbrachten mit Hilfe ihrer Zauberkünste das gleiche und ließen Frösche über das Land Ägypten kommen". Man fragt: woher, wenn das doch schon überall geschehen war? Aber gleichermaßen erhebt sich die Frage, wie sie auch das Wasser in Blut verwandelten, wenn doch bereits das ganze Wasser Ägyptens in Blut verwandelt worden war (vgl. Ex 7,20-22). Daher ist zu schließen, daß die Gegend, in der die Söhne Israels wohnten, nicht durch solche Plagen getroffen worden war. Und infolgedessen konnten die Zauberer sowohl Wasser schöpfen, um es in Blut zu verwandeln, als auch einige Frösche hervorkommen lassen lediglich zum Erweis ihrer magischen Kraft. Sie konnten das freilich auch vollbringen, nachdem

---

hinein versenkten unveränderlichen Ideen, die dort als erschaffende Kräfte und Energien die Entwicklung der Organismen nach den ihnen innewohnenden Programmen betreiben. [...] Chararakteristisch für sie ist ihre aus ihrer Immaterialität resultierende Verborgenheit und Unsichtbarkeit. [...] Aus A.s Ausführungen zu den ‚rationes causales' läßt sich keine die Artkonstanz aufhebende Entwicklungslehre ableiten" (MAYER, Creatio 87.).

[36] Vgl. *Gn. litt.* 11,37.
[37] Vgl. *trin.* 3,12-14.
[38] Ex. 8,7 LXX = 8,3 TM.

illa compressa sunt, facere. Sed scriptura cito narrando coniunxit quod etiam postea fieri potuit.

24 *Et vidit Pharao quoniam facta est refrigeratio; et ingravatum est cor eius et non exaudivit eos, sicut dixerat dominus.* Hic adparet non illas tantum fuisse causas obdurationis cordis Pharaonis, quod incantatores eius similia faciebant, verum etiam ipsam dei patientiam, qua parcebat. Patientia dei secundum corda hominum quibusdam utilis ad paenitendum, quibusdam inutilis ad resistendum deo et in malo perseverandum; non tamen per se ipsa inutilis est, sed secundum cor malum, sicut iam diximus. Hoc et apostolus dicit: *Ignoras quia patientia dei ad paenitentiam te adducit? Secundum autem duritiam cordis tui et cor inpaenitens thesaurizas tibi iram in diem irae et revelationis iusti iudicii dei, qui reddet unicuique secundum opera eius.* Nam et alibi, cum diceret: *Christi bonus odor sumus in omni loco*, etiam illud adiunxit: *Et in his qui salvi fiunt et in his qui pereunt.* Non dixit Christi bonum se odorem esse his qui salvi fiunt, malum autem his qui pereunt, sed tantum bonum odorem se dixit. Illi vero tales sunt, ut et bono odore pereant secundum sui cordis, ut saepe dictum est, qualitatem, quae mutanda est bona voluntate in dei gratia, ut incipiant ei prodesse iudicia dei, quae malis cordibus nocent. Unde ille mutato in melius corde cantabat: *Vivet anima mea et laudabit te; et iudicia tua adiuvabunt me.* Non dixit: Munera tua vel praemia tua, sed *iudicia tua*. Multum est autem, ut sincera fiducia dici possit: *Proba me, domine, et tenta me; ure renes meos et cor meum.* Et ne sibi aliquid ex suis viribus tribuisse videretur, continuo addidit: *Quoniam misericordia tua ante oculos meos est et conplacui in veritate tua.* Factam erga se commemo-

---

24,7 Rm 2,4-6   **10** 2 Cor 2,15   **16** Ps 118,175   **18** Ps 25,2   **19** Ps 25,3

24,1 quoniam] quod *V Bad.* | **2** illas] illis *V* | causas] causās *V (corr. m. 1)* **4** patientiam] potentiam *V Bad.* | **5** utilis] **utilis *n* | ad¹...inutilis *om. per homoiot.* | deo...6 perseverandum *om. n* | **6** ipsa] ipsam *T Am.* | **7** ignoras] ignorans *ℨ Eug. (cod. P)* **8** cor inpaenitens] inpaenitens cor *Bad. Am. μ Eug. (cod. v)* | **9** diem] die *n Am. μ Eug.* eius] sua *C ℨ* | **10** bonus *om. V* | **11** his¹] hiis *Bad.*, iis *Am. μ* | his²] hiis *Bad.*, iis *Am. μ* bonum se] se bonum *T* | **12** his¹] hiis *Bad.*, iis *Am. μ* | **14** mutanda] mundata *C*, mundanda *V Bad. Am.* | in] et *Bad.* | gratia] gratiam *Am.* | ut] *ut S, aut P¹* | **15** mutato] immutato *Bad. Am.* | **16** vivet] vivit *C n* | post te] eras. d̄s *C* | **20** et] ut *praem. Bad.* | erga] ergo *T* | commemorat...21 misericordiam] misericord iam commemorat *C*

---

[39] Sc. die von Mose und Aaron gewirkte Froschplage.
[40] Ex 8,15 LXX; 8,11 TM.
[41] Allerdings sagt er im unmittelbar anschließenden V 16, er sei den einen „Geruch vom Tod zum Tod", den anderen „Geruch vom Leben zum Leben".

jene³⁹ aufgehört hatten. Die Schrift aber hat in gerraffter Erzählweise Ereignisse zeitlich miteinander verbunden, die auch erst anschließend eintreten konnten.

qu. 2,24 (zu Ex 8,15)⁴⁰

24 „Und der Pharao sah, daß eine Erleichterung eingetreten war; und sein Herz wurde beschwert, und er hörte nicht auf sie, wie der Herr gesagt hatte." Hier wird deutlich, daß nicht nur die Tatsache, daß Pharaos Zauberer das gleiche vollbrachten, die Verstockung des Herzens des Pharao bewirkte, sondern gerade auch die Geduld Gottes, mit der er verschonte. Je entsprechend den Herzen der Menschen ist Gottes Geduld für die einen nützlich, daß sie bereuen, für die anderen verderblich, daß sie Gott widerstehen und im Bösen verharren; sie ist aber ihrerseits nicht aus sich heraus verderblich, sondern entsprechend dem bösen Herzen, wie wir schon ausgeführt haben. Das sagt auch der Apostel: „Weißt du nicht, daß die Geduld Gottes dich zur Reue führt? Aber entsprechend der Härte deines Herzens und und entsprechend deinem unbußfertigen Herzen häufst du dir Zorn auf für den Tag des Zorns und der Offenbarung des gerechten Gerichts Gottes, der einem jeden entsprechend seinen Werken vergelten wird" (Röm 2,4-6). Denn auch an anderer Stelle, wo er sagte: „Wir sind Christi Wohlgeruch an jedem Ort", hat er auch folgendes hinzugefügt: „sowohl unter denen, die gerettet werden, als auch unter denen, die zugrunde gehen" (2Kor 2,15). Er hat nicht gesagt, er sei Christi Wohlgeruch für diejenigen, die gerettet werden, Christi Gestank aber für diejenigen, die zugrunde gehen, sondern er hat gesagt, er sei nur Wohlgeruch.⁴¹ Jene sind in der Tat aber derart, daß sie auch durch einen Wohlgeruch zugrunde gehen entsprechend, wie wir oft gesagt haben, der Beschaffenheit ihres Herzens. Diese müßte durch Gottes Gnade in guten Willen verwandelt werden, damit die Gerichte Gottes, die bösen Herzen schaden, beginnen, ihm zu nützen. Daher sang jener aus einem zum Besseren gewandeltem Herzen: „Meine Seele wird leben und dich loben; und deine Gerichtsentscheide werden mir helfen" (Ps 119,175). Er hat nicht gesagt: ‚deine Gaben oder deine Gunstbezeigungen', sondern: „deine Gerichtsentscheide". Es gehört aber viel dazu, daß man in aufrichtigem Vertrauen sagen kann: „Prüfe mich, Herr, und durchforsche mich; entflamme meine Nieren und mein Herz!" (Ps 26,2)⁴² Und um nicht den Eindruck zu erwecken, er habe sich etwas aus seinen eigenen Kräften zugeschrieben, hat er unmittelbar angefügt: „Denn deine Barmherzigkeit steht mir vor Augen, und ich fand Gefallen an deiner Wahrheit" (Ps 26,3). Er vergegenwärtigt sich die Barmherzigkeit, die ihm

---

⁴² Der dritte Imp. lautet in TM: צְרוֹפָה; das Verb bedeutet: ‚Metalle schmelzen' und wird hier und anderswo metaphorisch gebraucht: ‚prüfen, läutern'; Entsprechendes gilt für LXX: πύρωσον: ‚verbrennen, schmelzen, reinigen'; VL wählt die Grundbedeutung: ‚entflammen'.

rat misericordiam, ut conplacere possit in veritate, quoniam *universae viae domini misericordia et veritas*.

25 Quod dixerunt magi ad Pharaonem: *Digitus dei est hoc*, quoniam non potuerunt educere scinifes, senserunt profecto, cum artium suarum nefariarum scirent potentiam, non talibus artibus, velut potentior in eis esset Moyses, suos conatus fuisse frustratos, ut non possent educere scinifes, sed digito dei, qui utique operabatur per Moysen. *Digitus dei* autem, sicut evangelium manifestissime loquitur, spiritus sanctus intellegitur. Namque uno evangelista ita narrante verba domini, ut diceret: *Si ego in digito dei eicio daemonia*, alius evangelista id ipsum narrans exponere voluit quid sit digitus dei et ait: *Si ego in spiritu dei eicio daemonia*. Cum itaque magi faterentur, quorum Pharao potentia praefidebat, digitum dei esse in Moyse, quo superabantur et eorum veneficia frustrabantur, tamen induratum est cor Pharaonis nunc mirabili omnino duritia. Cur autem in tertia ista plaga magi defecerint – nam plagae coeperunt ex quo aqua in sanguinem versa est – et sentire et explicare difficile est. Poterant enim et in primo signo deficere, ubi in serpentem virga conversa est, et in prima plaga, ubi aqua in sanguinem commutata est, et in secunda de ranis, si hoc voluisset *digitus dei*, id est spiritus dei. Quis enim dementissimus dixerit digitum dei in hoc signo potuisse conatus magorum inpedire et in superioribus nequivisse? Omnino ergo certa causa est quare illa facere huc usque permissi sunt. Commendatur enim fortasse trinitas et, quod verum est, summi philosophi gentium, quantum in eorum litteris indagatur, sine spiritu sancto philosophati sunt, quamvis de patre et filio non tacuerint, quod etiam Didymus in libro suo meminit, quem scripsit de spiritu sancto.

---

21 Ps 24,10   **25,7** Lc 11,20   **8** Mt 12,28

21 possit] posset *S V¹ n Am. μ Eug. (codd. V M)*, possum *Bad.* | **25,1** quod] quoniam *S* hoc] hic *Am.* | **5** operabatur] operatur *P S¹ V¹* | dei autem] autem dei *Am. μ* **6** namque] namquod *P S V T¹ Am.* | **9** potentia] potentiam *P* | **10** quo] *C*, quod *n*, in quo *cett.* | veneficia] beneficia *n* | **12** defecerint] defecerunt *V¹ Am.* | sanguinem] sanguine *n* | **14** virga] conubia *add. n* | conversa...aqua *om. n* | **15** sanguinem] sanguine *n* **16** dei¹] sanctus *Am.* | **18** huc] hoc *C¹* | **19** verum] verbum *P¹ S¹* | **21** filio] de *praem. T*

erwiesen worden war, so daß er Gefallen finden kann an der Wahrheit, denn: „Alle Wege des Herrn sind Barmherzigkeit und Wahrheit" (Ps 25,10).

qu. 2,25 (zu Ex 8,19)[43]

25 Die Magier sagten zum Pharao: „Das ist der Finger Gottes", weil sie keine Stechmücken hervorkommen lassen konnten: Weil sie das Ausmaß ihrer verruchten Künste kannten, sahen sie tatsächlich ein, daß ihre Versuche nicht durch solche Künste, als ob Mose nur darin mächtiger wäre, vereitelt worden waren, so daß sie keine Stechmücken hervorkommen lassen konnten, sondern durch den Finger Gottes, der freilich durch Mose handelte. Unter dem „Finger Gottes" versteht man aber, wie das Evangelium in aller Deutlichkeit sagt, den Heiligen Geist. Denn während ein Evangelist die Worte des Herrn so wiedergab, daß er formulierte: „wenn ich durch den Finger Gottes die Dämonen austreibe" (Lk 11,20), wollte ein anderer Evangelist, als er genau dasselbe erzählte, erklären, was der Finger Gottes ist, und sagte: „wenn ich die Dämonen durch den Geist Gottes austreibe" (Mt 12,28). Obgleich also die Zauberer, deren Macht der Pharao allzu sehr vertraute, eingestanden, in Mose handle der Finger Gottes, durch den sie überwunden und ihre Zaubereien vereitelt wurden, verhärtete sich – nun mit höchst erstaunlicher Härte – das Herz Pharaos dennoch. Warum aber die Zauberer in dieser dritten Plage – denn die Plagen begannen mit der Verwandlung des Wassers in Blut – versagt haben, ist schwierig einzusehen und zu erklären. Sie hätten nämlich sowohl beim ersten Zeichen, als der Stab in eine Schlange verwandelt wurde, als auch in der ersten Plage, als das Wasser in Blut verwandelt wurde, als auch in der zweiten mit den Fröschen versagen können, wenn der „Finger Gottes", d.i. der Geist Gottes, dies gewollt hätte. Denn wer wäre so überaus unvernünftig, daß er gesagt hätte, der Finger Gottes habe bei diesem Zeichen die Versuche der Zauberer behindern können, es aber bei den vorausgegangenen Zeichen nicht vermocht? Es gibt daher einen ganz sicheren Grund dafür, daß sie die Erlaubnis erhielten, jene Taten bis hierher zu vollbringen. Es wird nämlich vielleicht die Dreifaltigkeit angezeigt, und – das ist wahr – tatsächlich haben die bedeutendsten heidnischen Philosophen, soweit man aus ihren Schriften erkennen kann, ohne den Heiligen Geist [zu kennen,] philosophiert, obgleich sie vom Vater und vom Sohn nicht geschwiegen haben,[44] wie auch Didymus in seinem Buch über den Heiligen Geist erwähnt.[45]

---

[43] Ex 8,19 LXX; 8,15 TM.
[44] Vgl. *civ.* 10,23.
[45] Didymus der Blinde, *De spiritu sancto* 20. Augustinus kannte diese Schrift in der von Hieronymus gefertigten Übersetzung (ALTANER, *Didymus* 299f.).

26 *Ecce ego mitto in te et in servos tuos et in populum tuum et in domos tuas cynomian, et implebuntur domus Aegyptiorum cynomia, ut scias, quoniam ego sum dominus deus omnis terrae. Et dabo intervallum inter populum meum et inter populum tuum.* Quod hic scriptura aperuit, ne ubique diceret, intellegere debemus et in posterioribus et in prioribus signis factum esse, ut terra in qua habitabat populus dei nullis plagis talibus vexaretur. Opportunum autem fuit, ut ibi hoc aperte poneretur, unde iam incipiunt signa quibus magi similia nec conati sunt facere; procul dubio enim quia ubique fuerant scinifes in regno Pharaonis, non autem fuerant in terra Gessem, ibi conati sunt magi similiter facere et minime potuerunt. Quousque ergo deficerent, nihil de illius terrae segregatione dictum est, sed ex quo coeperunt ea fieri, ubi iam illi similia facere nec conari auderent.

27 Quod habent Latini: *Euntes immolate domino deo vestro in terra,* Graecus habet: *Venientes immolate domino deo vestro in terra.* Nolebat enim eos ire quo dicebant, sed ut illic in Aegypto immolarent volebat. Hoc ostendunt verba Moysi quae sequuntur, ubi dicit non posse fieri propter abominationes Aegyptiorum.

28 Quod ait Moyses: *Non potest fieri sic; abominationes enim Aegyptiorum immolabimus domino deo nostro.* Id est: Haec immolaturi sumus quae abominantur Aegyptii et propterea in Aegypto non possumus. Hoc manifestant verba quae adiungit et

---

27,4 non…Aegyptiorum] cf. Ex 8,26

26,2 domus] domos *P* | **3** populum tuum] tuum populum *C¹ (sed corr. m. 2)* | **4** ubique] ubicumque *P¹ S Am.* | et¹] sed *praem. P S¹ V* | et²…5 prioribus *om. n* | **5** nullis…6 talibus *om. n* | **8** quia *exp. V* | fuerant¹] fuerunt *C* | terra] terram *P* | **9** ibi] ubi *C* | **27,1** habent Latini] Latini codices habent *Am.*, latini habent *μ* | immolate] immolare *P V¹* | terra] hac *add. Am.* | **2** terra] hac *add. Am.* | **28,1** enim *om. n*

---

⁴⁶ Ex 8,21-23 LXX; 8,17-19 TM.

⁴⁷ פְּדֻת „Erlösung" in Ex 8,19 bereitet inhaltlich große Schwierigkeiten. Es wird daher oft in פלת konjiziert (von פלה entsprechend Ex 9,4; 11,7; vgl. DAVIES, *Text*, der seinerseits Verschreibung aus פרדת vorschlägt) oder auf eine im Hebräischen nicht belegte und auf Grund zweifelhafter Etymologie postulierte Wurzel פדד zurückgeführt (vgl. MACINTOSH, *Exodus*; ALTHANN, פדת), um irgendwie die passendere, LXX: διαστολὴν entsprechende Bedeutung ‚Trennung, Unterschied' (so auch VL: *intervallum*, Vulg: *divisionem*) zu erreichen.

⁴⁸ Ex 8,25 LXX; 8,21 TM.

⁴⁹ „Geht" *euntes* entspricht TM: לְכוּ und ἀπελθόντες, das als Wortlaut der Alten LXX nur in M und zehn Kursiven erhalten ist (so auch Vulg: *ite*). Vgl. BILLEN, *Texts* 100 und

qu. 2,26 (Ex 8,21-23)[46]

26 „Siehe, ich lasse über dich und über deine Diener und über dein Volk und über deine Häuser Schmeißfliegen kommen, und die Häuser der Ägypter werden voll von Schmeißfliegen sein, damit du erkennst, daß ich der Herr, der Gott der ganzen Erde bin. Und ich werde einen räumlichen Abstand[47] einrichten zwischen meinem Volk und deinem Volk." Wir sollen verstehen, daß das, was die Schrift hier offengelegt hat, um es nicht jedesmal wieder sagen zu müssen, sich auch bei den späteren und früheren Zeichen ereignet hat, daß nämlich keine derartigen Plagen das Land heimgesucht haben, in dem das Volk Gottes wohnte. Es war aber angemessen, daß es zu diesem Zeitpunkt offen dargelegt wurde, von dem an schon die Zeichen beginnen, bei denen die Zauberer nicht einmal versucht haben, Gleiches zu bewirken; da nämlich überall im Reich des Pharao Stechmücken waren, nicht aber im Land Goschen, haben die Zauberer dort zweifellos versucht, in gleicher Weise zu wirken, es aber keineswegs vermocht. Bis sie scheiterten, verlautete daher nichts von der Abtrennung jenes Landes, wohl aber von dem Moment an, als jene Ereignisse begannen, bei denen sie nicht einmal mehr den Versuch wagten, Gleiches zu bewirken.

qu. 2,27 (zu Ex 8,25)[48]

27 Während die Lateiner haben: „Geht[49] und opfert dem Herrn, eurem Gott, im Land!", hat der Grieche: „Kommt[50] und opfert dem Herrn, eurem Gott, im Land!" [Pharao] wollte nämlich nicht, daß sie dahin gingen, wohin zu gehen sie sagten, sondern er wollte, daß sie dort in Ägypten opferten. Das zeigen die darauf folgenden Worte des Mose, wo er sagt, es könne wegen der Greuel der Ägypter nicht geschehen (vgl. Ex 8,22).

qu. 2,28 (zu Ex 8,26)[51]

28 Mose sagt: „Das kann so nicht geschehen; denn wir werden dem Herrn, unserem Gott, Greuel der Ägypter opfern." Das bedeutet: Wir werden solche Opfer darbringen, die die Ägypter verabscheuen, und deswegen können wir das nicht in Ägypten tun.[52] Das zeigen deutlich die Worte, die er anfügt: „Wenn wir

---

WEVERS, *Exodus*. Wegen der Ortsangabe ‚im Land = hier im Land' und der auch von Augustinus angeführten Erwiderung des Mose ist aber jedenfalls nicht gemeint, Pharao erlaube, die Opfer in der Wüste darzubringen.

[50] „Kommt" *venientes* entspricht LXXAB ἐλϑόντες.

[51] Ex 8,26 LXX; 8,22 TM.

[52] Durch den Ausdruck *abominationes Aegyptiorum* „Greuel der Ägypter" übersetzen VL und Vulg תּוֹעֲבַת מִצְרַיִם = τὰ βδελύγματα τῶν Αἰγυπτίων Wort für Wort. Augustinus hält diese Formulierung für erklärungsbedürftig: Ist gemeint: Wir opfern, was den Ägyptern ein Greuel ist (so der Sinn des TM), oder: wir opfern die Greuelopfer, die die Ägypter zu opfern pflegen?

dicit: *Si enim immolaverimus abominationes Aegyptiorum palam ipsis, lapidabimur.* Hoc non intellegentes quidam interpretes nostri sic interpretati sunt, ut dicerent: *Non poterit fieri sic; numquid abominationes Aegyptiorum immolabimus domino deo nostro?* Cum magis hoc scriptura dixerit, quia Aegyptiorum abominationes immolaturi sunt. Alii vero Latini sic habent: *Non potest fieri sic, quoniam abominationes Aegyptiorum non immolabimus domino deo nostro.* Contrarium sensum facit addita particula negativa, cum Moyses dixerit: *Non potest fieri sic; abominationes enim Aegyptiorum immolabimus domino deo nostro*; et ideo in heremum dicebant se ire velle, ubi Aegyptii non viderent abominationes suas. Hoc autem intellegendum est mystice significari, quod etiam de pastoribus diximus, qui erant Aegyptiis abominabiles et ideo separatam terram Israhelitae acceperunt, cum venerunt in Aegyptum. Sic enim et sacrificia Israhelitarum abominationes sunt Aegyptiis, sicut iniquis vita iustorum.

29 Cum ablata esset locusta, dictum est de Pharaone: *Et ingravavit Pharao cor suum etiam in hoc tempore et noluit dimittere populum.* Certe nunc non dictum est: Ingravatum est cor Pharaonis, sed: *Ingravavit Pharao cor suum.* Sic utique in omnibus plagis. A voluntate quippe hominis est origo vitiorum; moventur autem causis corda hominum talia sic, talia vero sic etiam non diversis causis saepe diverso modo secundum proprias qualitates, quae ex voluntatibus veniunt.

---

4 hoc] enim *add. Am.* | **6** poterit] *C P S V n*, potest *T Am.* μ ᴢ *(item C iuxta ᴢ, sed errore)* sic *om. P¹* | **10** enim *om. P S V Am.* | **15** abominationes] abominatione *C¹*, abhominationis *P¹*, abominationi *C² n* | sicut] sicuti *n* | **29,1** et *om. V* | **4** a] *om. C*, in *Am.* | **5** talia¹] *alia *P V*, ut alia *n*, alia *T Am.* | talia²] *alia *P V*, alia *n T Am.*

---

[53] Diese Exemplare der VL haben wohl eine Variante mit Negation der LXX wörtlich übersetzt, die von einigen Kursiven bezeugt ist: BILLEN, *Texts* 119.
[54] Vgl. *qu.* 1,154 zu Gen 46,34.
[55] Ex 8,32 LXX; 8,28 TM.
[56] Allerdings wird dies von den Schmeißfliegen gesagt. Die Heuschrecken, die erst in der 8. Plage auftauchen (Ex 10,1-20), gehen wohl auf eine Verwechslung Augustins zurück. Dort ist die entsprechende Wendung (Ex 10,20) abweichend formuliert und wäre für Augustins Argumentation kontraproduktiv, weil sie ausdrücklich JHWH als Verursacher der Herzensverhärtung bezeichnet. In *gr. et lib. arb.* 45 bezieht Augustinus diesen Satz richtig auf die Schmeißfliegen *cynomyia*.

nämlich Greuel der Ägypter in ihrer Öffentlichkeit dargebracht haben, werden sie uns steinigen." Das haben einige unserer Übersetzer nicht verstanden und folgendermaßen übersetzt, daß sie sagten: „Das wird so nicht geschehen können; werden wir etwa dem Herrn, unserem Gott, Greuel der Ägypter opfern?", obgleich die Schrift vielmehr gesagt hat, daß sie Greuel der Ägypter opfern werden. Andere Lateiner wiederum haben folgendes: „Das kann so nicht geschehen, weil wir dem Herrn, unserem Gott, keine Greuel der Ägypter opfern werden." Den gegenteiligen Sinn verursacht die Hinzufügung der Verneinungspartikel,[53] obgleich doch Mose gesagt hat: „Das kann so nicht geschehen; denn wir werden dem Herrn, unserem Gott, Greuel der Ägypter opfern." Und daher, so sagten sie, wollten sie in die Wüste ziehen, wo die Ägypter ihre Greuel nicht sehen könnten. Man muß aber verstehen, daß hier eine mystische Bedeutung vorliegt, wie wir auch bezüglich der Hirten ausgeführt haben,[54] die den Ägyptern ein Greuel waren; und deswegen erhielten die Israeliten einen getrennten Landstrich, als sie nach Ägypten kamen. Die Opfer der Israeliten sind nämlich für die Ägypter ebenso ein Greuel, wie es für die Ungerechten die Lebensweise der Gerechten ist.

qu. 2,29 (zu Ex 8,32)[55]

29 Als die Heuschrecke[56] weggeschafft worden war, heißt es vom Pharao: „Und der Pharao beschwerte sein Herz auch diesmal und wollte das Volk nicht entlassen." Präzise ist nun nicht gesagt: ‚Das Herz des Pharao wurde beschwert', sondern: „Und der Pharao beschwerte sein Herz." So durchaus bei allen Plagen.[57] Die Laster haben ja zwar ihren Ursprung im Willen des Menschen; die Herzen einer Art von Menschen werden aber durch Ursachen so, die Herzen einer anderen Art von Menschen dagegen anders bewegt, oft selbst durch ganz ähnliche Ursachen auf unterschiedliche Weise, je entsprechend den speziellen Neigungen, die aus den Willensentschlüssen entspringen.

---

[57] Augustinus greift hier eine für seine These geeignete Wendung auf (wenn auch mit unter diesen Umständen besonders erstaunlichem falschem Verweis auf die Heuschrecken) und verallgemeinert sie, ohne sich darum zu kümmern, daß parallele Wendungen diese Generalisierung widerlegen. Da er in *qu.* 2,18 zu Ex 7,3 Herzensverhärtung durch Gott ohne zugleich behauptete Selbstverhärtung durch Pharao bereits kommentiert hat und in *qu.* 2,36 zu Ex 10,1 und *qu.* 2,37 zu Ex 10,20 entsprechende Wendungen der VL zitiert, kann obiger Satz nicht bedeuten: ‚So wird es bei allen Plagen berichtet.' Sondern Augustinus formuliert hier seine dogmatische These: „So verhält es sich bei allen Plagen." Zur selben Stelle formuliert er in *gr. et lib. arb.* 45 seine These so: *ac per hoc et deus induravit per iustum iudicium, et ipse Pharao per liberum arbitrium* „Und daher hat sowohl Gott nach gerechtem Urteil verhärtet, als auch Pharao seinerseits durch freie Willensentscheidung."

30 *Videns autem Pharao quia non est mortuum de pecoribus filiorum Israhel nullum, ingravatum est cor Pharaonis.* Quomodo e contrariis causis facta est haec ingravatio cordis Pharaonis? Si enim et pecora Israelitarum morerentur, tunc videretur causa conpetens, qua cor eius ingravaretur ad contemnendum deum tamquam si et magi eius pecora Israelitarum fecissent mori; nunc vero unde debuit ad   5
timendum vel credendum moveri videns nullum pecus mortuum ex pecoribus Hebraeorum, hinc ingravatum est; id est: Illa ingravatio etiam huc usque progressa est.

31 Quid est quod dicit deus ad Aaron et Moysen: *Sumite vobis plenas manus favillae de fornace, et aspergat Moyses in caelum coram Pharaone et coram servis eius, et fiat pulvis in universa terra Aegypto*? Signa enim superiora virga fiebant, quam non Moyses, sed Aaron vel extendebat super aquam vel ea terram percutiebat; nunc vero interpositis duobus signis de cynomia et pecorum mortibus, ubi nec Aaron   5
nec Moyses aliquid manu operati sunt, dicitur, ut Moyses favillam spargat in caelum de fornace, et hanc ambo sumere iubentur, sed ille spargere non in terram, sed in caelum: Tamquam Aaron qui datus erat ad populum terram percutere deberet vel in terram sive in aquam manum extendere; Moyses vero, de quo dictum est: *Erit tibi quae ad deum*, in caelum iubetur favillam spargere. Quid 10
duo illa superiora signa, ubi nec Moyses nec Aaron manu aliquid operantur? Quid sibi vult ista diversitas? Neque enim nihil.

31,3 signa…4 percutiebat] cf. Ex 7,20; 8,16   **10** Ex 4,16

30,1 nullum] nullum *S* (n *del.*), *ullum *V*, ullum *Am. µ* | **2** Pharaonis] *del. et* eius *superscr. V* e] a *S*², ex *Am. µ* | **4** ingravaretur] gravareretur *C V n T* | tamquam…5 et *om. n* | **5** si et] et si *Am.* | ad] vel *n* | **7** huc] hoc *C¹* | **31,**1 quod] quo *C¹* | **2** favillae] favilla* *V* aspergat] aspargat *C¹ P¹ V¹* | coram¹] contra *V¹* | **3** universa] tota *P V T Am.* | Aegypto] Aegypti *P S V T Am. µ z* | fiebant] fiebat *Am.* | **4** ea] ad *P¹ S V¹ Am.* | **6** manu…sunt] operati sunt manu *Am.* | **7** ambo *om. n* | terram] terra *n* | **9** manum] manu *C* | extendere] extenderet *C* | **10** dictum est] die *n* | tibi] in his *add. S Am.*; „*pro* erit tibi *haud dubie* et tu illi *legendum est; cf. Qu. Ex. XVII et LXIIII, Qu. Lev. XXIII*"; ita *z* | quae *om. V* | deum] dominum *T* | favillam] fabillam *n*

---

[58] Durch die Konstruktion mit Partizipium coniunctum folgt VL der LXX. Diese unmittelbare Verknüpfung dieser Wahrnehmung mit Pharaos Selbstverhärtung bereitet logische Probleme. In TM, wo ein Verb für ‚Sehen' fehlt, der Akt des Sehens aber durch

qu. 2,30 (zu Ex 9,7)

30 „Als der Pharao aber sah, daß kein einziges Stück vom Vieh der Söhne Israel verendet war, wurde das Herz des Pharao beschwert".[58] Wie ist diese Beschwernis des Herzens des Pharao durch Ursachen bewirkt worden, die eigentlich eine entgegengesetzte Wirkung erwarten ließen? Wenn nämlich auch das Vieh der Söhne Israels verenden würde, dann schiene das eine passende Ursache zu sein, durch die sein Herz beschwert würde, so daß er Gott verachtete, gleich als ob seine Zauberer auch das Vieh der Israeliten hätten verenden lassen; da er nun hingegen sah, daß kein Stück Vieh aus dem Viehbestand der Hebräer verendet war, hätte es dadurch veranlaßt werden müssen sich zu fürchten oder zu glauben, wurde aber dadurch beschwert; das bedeutet: Diese Beschwerung ist sogar bis zu diesem Grad fortgeschritten.

qu. 2,31 (zu Ex 9,8-9)

31 Was bedeutet das Wort Gottes an Aaron und Mose: „Nehmt euch Hände voll Ofenruß, und Mose soll ihn vor dem Pharao und vor seinen Dienern zum Himmel hin streuen, und er soll im ganzen Land Ägypten zu Staub werden"? Denn die vorausgehende Zeichen wurden mit dem Stab gewirkt, den nicht Mose, sondern Aaron einerseits über das Wasser ausstreckte, mit dem er andererseits auf den Boden schlug (vgl. Ex 7,20; 8,12); jetzt aber, nachdem die zwei Zeichen mit den Schmeißfliegen und dem verendeten Vieh, bei denen weder Aaron noch Mose etwas mit der Hand wirkten, dazwischen geschoben sind, heißt es, Mose solle Ofenruß zum Himmel hin streuen, und beiden wird zwar befohlen, ihn zu nehmen, nur jenem aber, ihn nicht auf die Erde, sondern zum Himmel hin zu streuen; gleichsam als ob Aaron, der für das Volk gegeben war, auf die Erde schlagen oder über die Erde oder das Wasser seine Hand ausstrecken sollte, Mose dagegen, von dem gesagt wurde: „Er soll für dich sein hinsichtlich der Dinge, die in Beziehung zu Gott stehen" (Ex 4,16)[59], den Befehl erhielt, Ruß zum Himmel hin zu streuen.[60] Was symbolisieren jene zwei vorausgehenden Zeichen, bei denen weder Mose noch Aaron etwas mit der Hand tun? Was soll dieser Unterschied bedeuten? Sicherlich nämlich nicht nichts.

qu. 2,32 (zu Ex 9,16)

32 „Und dazu bist du am Leben gelassen worden, daß ich an dir meine Kraft zeige und daß mein Name auf der ganzen Erde verkündigt wird." Diese Worte

---

וְהִנֵּה] angezeigt ist, liegt koordinierende Satzverknüpfung vor, die auch adversativ gedeutet werden kann; vgl. die modernen wissenschaftlichen und Gebrauchsübersetzungen.

[59] Vgl. *qu.* 2,10. Augustinus zitiert dem Sinn nach; in Ex 4,16 sagt Gott das zu Mose, nicht zu Aaron.

[60] Zum Himmel hin: vgl. *qu.* 2,34 (zu Ex 9,22); 2,38 (zu Ex 10,21.12).

32 *Et propter hoc ipsum conservatus es, ut ostendam in te virtutem meam et ut adnuntietur nomen meum in universa terra.* Haec scripturae verba et apostolus posuit, cum in eodem loco perdifficili versaretur, ibi autem et hoc ait; *si autem volens deus ostendere iram et demonstrare potentiam suam adtulit in multa patientia vasa irae* - parcendo utique his quos malos futuros esse praescierat: *Quae vasa dicit perfecta in perditionem - et ut notas,* inquit, *faceret divitias gloriae suae in vasa misericordiae.* Unde vasorum misericordiae vox est in Psalmis: *Deus meus, misericordia eius praeveniet me; deus meus demonstravit mihi in inimicis meis.* Novit ergo deus bene uti malis, in quibus tamen humanam naturam non ad malitiam creat, sed perfert eos patienter, quousque scit oportere; non inaniter, sed utens eis ad admonitionem vel exercitationem bonorum. Ecce enim, ut adnuntiaretur nomen dei in universa terra, vasis misericordiae utique prodest. Ad eorum itaque utilitatem Pharao servatus est, sicut et scriptura testatur et exitus docet.

33 Quid est quod mandavit deus Pharaoni, cum se facturum magnam grandinem minaretur, ut festinet congregare pecora sua et quaecumque illi essent in campo, ne grandine intereant? Hoc enim non tam indignatur quam misericordi-

---

32,5 Rm 9,22-23 **7** Ps 58,11

32,1 ipsum] ipsud *P corr.* | conservatus] conversatus *P¹ S¹ V Bad.* | es] est *n* | meam] me add. m. 2 *P* | **3** versaretur] aversaretur *V* | et *om. Bad.* | **4** potentiam] patientiam *Bad. Am.* | **5** his] iis *Am. µ* | perditionem] perdictionem *n*, perditione *Eug. (praeter cod. T)* **6** ut *om. C* | **8** demonstravit] demonstrabit *ζ* | mihi] me *Bad.* | in¹] *µ ζ Eug. (cod. T), om. C P S¹ V n T Bad. Am.*, de *S²* (*cf. civ. 18,46 l. 37; en. Ps. 58,1,20 l. 1:* in inimicis) | **9** perfert eos] eos perfert *Bad. Am.* | **10** scit oportere] scito portare *P¹* | utens] utentes *P¹ V¹*, utendum *Am.* | **12** itaque] utique *V² n Eug.* | **13** et¹ *om. T* | **33,1** mandavit] mandat *P S V T* | **2** minaretur] miraretur *P¹*

---

[61] Der Vers ist in TM sprachlich schwierig und bis in jüngste Zeit umstritten. Der Konsonantenbestand אלהי חסדו kann nur gedeutet werden, wie LXX, Augustins VL und Vulg (und nicht wenige moderne Kommentatoren, z.B. KÖNIG, *Psalmen*) bezeugen: Vokativ (bzw. eher Pendens) + Subjekt + Verb: „Mein Gott, seine Barmherzigkeit wird mir entgegenkommen." Aber in V 18 begegnet der leicht abweichende Konsonantenbestand, der nur eine Deutung als st.cs.-Gruppe zuläßt: אלהי חסדי „Gott meiner Gnade = mein gnädiger Gott", und diese Lesung schlägt das Qere auch für V 11 vor: „Mein gnädiger Gott wird mir entgegenkommen"; so z.B. neben anderen jüngst ZENGER in HThKAT und in seltsamer Verdrehung schon Hieronymus, *Psalterium iuxta Hebraeos: Dei mei misericordia praeueniet me.* LXX, VL und Vulg *(deus meus voluntas eius praeveniet me)* folgen somit dem Ketib in V 11. Ein spezielles Problem erzeugt VL im zweiten Satz

der Schrift hat auch der Apostel zitiert; als er sich mit demselben äußerst schwierigen Satz abmühte, hat er dort aber auch folgendes gesagt: „Wenn aber Gott, weil er seinen Zorn zeigen und seine Macht beweisen wollte, in großer Langmut die Gefäße des Zorns ertrug" – indem er ja diejenigen schonte, von denen er vorherwußte, daß sie böse sein würden: diese Gefäße nennt er ‚hergestellt zum Verderben' – „und um", sagt er, „den Reichtum seiner Herrlichkeit an den Gefäßen der Barmherzigkeit kundzutun" (Röm 9,22-23). Daher lautet die Stimme der Gefäße der Barmherzigkeit in den Psalmen: „Mein Gott, seine Barmherzigkeit wird mir zuvorkommen; mein Gott hat [sie] mir gezeigt unter meinen Feinden" (Ps 59,11).[61] Gott versteht es somit, die Bösen auf gute Weise zu gebrauchen: er erschafft in ihnen jedoch die menschliche Natur nicht zur Bosheit, sondern er erträgt sie langmütig, soweit es nach seiner Einsicht von Vorteil ist; er gebraucht sie nicht nutzlos, sondern, um die Guten zu ermahnen oder zu prüfen. Denn siehe, es ist den Gefäßen der Barmherzigkeit durchaus zuträglich, daß der Name Gottes auf der ganzen Erde verkündet wird. Folglich hat er Pharao zu deren Nutzen am Leben gelassen, wie auch die Schrift bezeugt und der Ausgang der Geschichte lehrt.

qu. 2,33 (zu Ex 9,19)

33 Was bedeutet es, daß Gott, als er androhte, er werde einen starken Hagel bewirken, den Pharao aufforderte, er solle eilends sein Vieh und alles, was ihm auf dem Feld gehöre, einsammeln, damit sie nicht durch den Hagel zugrunde gingen? Das sagt er nämlich nicht so sehr unwillig, er scheint eher barmherzig

---

von V 11, indem sie statt des Futurs, das LXX entsprechend der Präfixkonjugation in TM bringt, ein Perfekt bezeugt: *demonstravit*. Auch ist der Sinn undeutlich. TM ist wohl zu verstehen: „Er wird mich herabschauen lassen auf meine Feinde." In LXX und VL aber scheint das Objekt zu fehlen: ὁ θεὸς δείξει μοι ἐν τοῖς ἐχθροῖς μου. Es ist wohl aus dem vorhergehenden Satz zu ergänzen: „Gott wird *sie* (= seine Barmherzigkeit) mir zeigen unter meinen Feinden" (so SD). Augustinus legt in *en. Ps.* 58,1,20 aus: *Quantam circa me exhibuerit misericordiam, in inimicis meis mihi demonstrauit [...] quantum circa me habuit misericordiam, in illis mihi demonstrauit circa quos non habuit*. „Welch große Barmherzigkeit er mir erwiesen hat, hat er mir an meinen Feinden gezeigt [...] Welch große Barmherzigkeit er mir erwiesen hat, hat er mir an denen gezeigt, denen gegenüber er sie nicht hatte"; *en. Ps.* 58,2,2: *quantum me diligat, quantumque mihi largiatur de bonitate sua, ex comparatione inimicorum meorum mihi ostendit; quia cum sint ex una massa uasa irae et uasa misericordiae, per uasa irae discunt uasa misericordiae quantum illis Deus largiatur boni*. „Wie sehr er mich liebt und wieviel er mir von seiner Güte schenkt, zeigt er mir aus dem Vergleich mit meinen Feinden; weil aus einer einzigen Masse Gefäße des Zorns und Gefäße der Barmherzigkeit hervorgehen, lernen die Gefäße der Barmherzigkeit durch die Gefäße des Zorns, wieviel Gutes Gott ihnen schenkt."

ter videtur admonere. Sed hoc non facit quaestionem, quando deus etiam irascens temperat poenam. Illud est quod merito movet, quibus nunc pecoribus consulatur, si omnia mortua fuerant plaga superiore, ubi scriptum est quod discrevit deus inter pecora Hebraeorum et Aegyptiorum, ita ut illinc nullum moreretur, omnia vero Aegyptiorum pecora morerentur. An eo solvitur quaestio, quod praedixerat ea moritura quae in campo fuissent, ut haec accipiantur omnia, intellegantur autem evasisse quae in domibus erant, quae potuerunt etiam a dubitantibus colligi et in domo teneri, ne forte verum esset quod Moyses dominum facturum esse praedixerat; et ex his esse in campis iterum poterant, quae modo admonet congregari in domos, ne grandine pereant, maxime quia sequitur scriptura et dicit: *Qui timuit verbum domini servorum Pharaonis congregavit pecora sua in domos; qui autem non intendit mente in verbum domini, dimisit pecora sua in campo?* Hoc ergo fieri potuit, quando etiam mortem pecorum minatus est deus, quamvis id scriptura tacuerit.

34 *Et dixit dominus ad Moysen: Extende manum tuam in caelum, et erit grando in omni terra Aegypti.* Ecce iterum Moyses non in terram, sed in caelum manum iubetur extendere sicut superius de favilla.

35 Cum fragore caeli, qui vehemens erat in grandine, Pharao territus rogaret Moysen, ut oraret pro illo, confitens iniquitatem suam et populi sui, Moyses ei dixit: *Et tu et servi tui scio quod nondum timetis dominum.* Qualem timorem quaerebat, cui timor iste nondum erat domini timor? Facile est enim poenam timere, sed non hoc est deum timere, illo scilicet timore pietatis, quem commemorat Iacob, ubi dicit: *Nisi deus patris mei Abraham et timor Isaac esset mihi, nunc me inanem dimisisses.*

33,7 discrevit...8 morerentur] cf. Ex 9,6   **9** praedixerat...fuissent] cf. Ex 9,3   **14** Ex 9,20-21
34,3 sicut...favilla] cf. Ex 9,8   **35,6** Gn 31,42

4 quando] quod *Am.* | **5** nunc *om.* P¹ | **9** ut] sicut *n* | **17** quamvis] q uamquam *Am.*
35,1 territus ... Moy-]*om. n* | **2** confitens] confitenti *Am.* | **4** domini] ei *praem. Am.* | est enim] enim est *P V T* | **5** timore] domini *praem. Am.* | **6** esset] adesset *V Am. µ*

---

⁶² Das ist die fünfte Plage: Viehseuche. Augustinus diskutiert dies anläßlich der siebten Plage (Hagel) Ex 9,17-35. Freilich tritt dieses Problem bereits bei der sechsten Plage auf, wo trotz Ex 9,6 Geschwüre auch am Vieh auftreten: Ex 9,8-10.

zu ermahnen. Aber das bereitet kein Problem, wenn Gott, auch wenn er zürnt, die Strafe mäßigt. Folgendes wird vielmehr zu Recht als Problem empfunden: Für welches Vieh trägt er Sorge, wenn doch alles Vieh infolge der vorausgegangenen Plage verendet war? Dort ist geschrieben, daß Gott zwischen dem Vieh der Hebräer und dem der Ägypter dergestalt einen Unterschied machte, daß dort kein Vieh verendete, aber alles Vieh der Ägypter verendete (vgl. Ex 9,6).[62] Löst sich das Problem vielleicht auf folgende Weise: Er hatte angekündigt, daß diejenigen verenden würden, die auf dem Feld wären (vgl. Ex 9,3), so daß man ‚alle' auf diese bezieht, aber versteht, daß die entkommen sind, die in den Häusern waren; diese konnten auch von jenen eingesammelt und im Haus gehalten werden, die zweifelten, ob es nicht vielleicht doch zutreffe, was nach der Ankündigung des Mose der Herr bewirken wollte; und von diesen konnten einige von neuem auf den Feldern sein; diese sollten, so ermahnt er jetzt, in die Häuser zusammengetrieben werden, damit sie nicht durch den Hagel zugrunde gingen; vor allem, weil die Schrift fortfährt: „Wer von den Dienern Pharaos das Wort des Herrn fürchtete, trieb sein Vieh zusammen in die Häuser; wer sich aber das Wort des Herrn nicht zu Herzen nahm, ließ sein Vieh auf dem Feld" (Ex 9,20-21). Das konnte daher, auch wenn Gott den Tod des Viehs angedroht hat, so geschehen, wenngleich die Schrift davon geschwiegen hat.

qu. 2,34 (zu Ex 9,22)

34 „Und der Herr sagte zu Mose: Streck deine Hand zum Himmel hin aus, und es wird Hagel im ganzen Land Ägypten geben." Siehe, Mose erhält wieder den Befehl, nicht zur Erde hin, sondern zum Himmel hin seine Hand auszustrecken wie zuvor im Fall des Ofenrußes (vgl. Ex 9,8).[63]

qu. 2,35 (zu Ex 9,27.30)

35 Als der Pharao, eingeschüchtert durch das Himmelsgetöse, das beim Hagel heftig war, Mose bat, für ihn zu beten, und dabei sein Vergehen und das seines Volkes bekannte, sagte Mose zu ihm: „Sowohl du als auch deine Diener, das weiß ich, ihr fürchtet den Herrn noch nicht." Welche Art von Furcht verlangte er, dem diese Furcht noch nicht als Furcht des Herrn galt? Leicht ist es nämlich, Strafe zu fürchten, das heißt aber noch nicht, Gott zu fürchten, nämlich mit jener frommen Furcht, von der Jakob spricht, wo er sagt: „Wenn nicht der Gott meines Vaters Abraham und der Schrecken Isaaks mit mir wäre, hättest du mich jetzt mit leeren Händen weggeschickt" (Gen 31,42).[64]

qu. 2,36 (zu Ex 10,1)

36 „Der Herr sagte zu Mose: Geh hinein zum Pharao; ich habe nämlich sein Herz und das seiner Diener beschwert, damit diese meine Zeichen eines nach

---

[63] Zum Himmel hin: vgl. *qu.* 2,32 (zu Ex 9,16); 2,38 (zu Ex 10,21.12).

[64] Vgl. *qu.* 1,100 mit Anm.

36 *Dixit dominus ad Moysen: Intra ad Pharaonem; ego enim gravavi cor eius et servorum eius, ut ordine superveniant signa mea haec super eos.* Ita dicit *ego enim gravavi cor eius, ut ordine superveniant signa mea haec super eos,* tamquam opus habeat deus cuiusquam malitia. Sed sic intellegendum est, ac si diceret: Ego enim patiens fui super eum et servos eius, ut non eos auferrem, *ut ordine superveniant signa mea super eos.* Quia enim patientia dei obstinatior fiebat malus animus, ideo pro eo quod est patiens in eum fui, dicitur *gravavi cor eius.*

37 *Et non est relicta locusta una in omni terra Aegypti. Et induravit dominus cor Pharaonis.* Beneficium certe dei commemoravit scriptura, quod abstulit locustas, et secuta dixit indurasse dominum cor Pharaonis: Beneficio utique suo et patientia sua, qua illa fiebat obstinatio, dum ei parceretur, sicut omnia mala corda hominum patientia dei male utendo durescunt.

38 Tertio dicitur ad Moysen: *Extende manum in caelum,* ut fieret etiam plaga tenebrarum. Numquam autem dictum est ad fratrem eius Aaron, ut extenderet manum in caelum. Quod ergo dictum est ad Moysen: *Extende manum tuam super terram Aegypti et ascendat locusta super terram,* credo id significatum etiam minus posse qui plus potest, non autem continuo cui minora conceduntur posse maiora.

39 Deus ad Moysen: *Loquere ergo secreto in aures populi, et petat unusquisque a proximo et mulier a proxima vasa argentea et aurea et vestem.* Non hinc quisque sumendum exemplum putare debet ad expoliandum isto modo proximum; hoc enim deus iussit, qui noverat quid quemque pati oporteret. Nec Israhelitae furtum fecerunt, sed deo iubenti ministerium praebuerunt; quemadmodum cum minis-

---

38,3 Ex 10,12

36,1 dixit *om. P¹ S¹ V,* inquit (dominus inquit) *Bad. Am.* | **2** ita…3 eos *om. P V T Bad. Am. μ* | **5** auferrem] auferam *C z* | quia] qui *V¹* | **6** enim] cum *Bad. Am.* | **7** in eum *om. Bad. Am.* | gravavi…eius *om. n* | **37,1** est relicta *om. n* | **2** dei *om. T* | quod] *C n z Eug.,* quo *P S V T Bad. Am. μ* | **3** secuta] secutus *T* | dominum…Pharaonis] cor Pharaonis dominum *n* | **4** qua] quia *P* | illa] ille *C² μ t* | obstinatio] obstinatior *C² T Am. μ Eug. (cod. v)* | **38,1** manum] tuam *add. Am. μ z* | **5** qui…posse² *om. P¹ per homoiot.* | **39,1** deus] dixit *praem. S² T* | **2** argentea…aurea] *C n Eug. z (cf. loc. 2,60 l. 262),* aurea et argentea *P S V T Bad. Am. μ (item Eug. iuxta z, sed errore)* | **3** expoliandum] expoliando *C¹* | **5** iubenti] iubente *C¹*

---

[65] Zum Himmel hin: vgl. *qu.* 2,32 (zu Ex 9,16); 2,34 (zu Ex 9,22).

dem anderen über sie kommen." Er sagt so: „Ich habe nämlich sein Herz und das seiner Diener beschwert, damit diese meine Zeichen eines nach dem anderen über sie kommen", gleichsam als habe Gott die Bosheit irgendjemandes nötig. Aber es ist so zu verstehen, als wenn er sagte: ‚Ich habe nämlich Geduld mit ihm und seinen Dienern gehabt, so daß ich sie nicht vernichtete', „damit meine Zeichen eines nach dem anderen über sie kommen." Da nämlich das böse Gemüt durch die Geduld Gottes noch halsstarriger wurde, deswegen wird für ‚ich war ihm gegenüber geduldig' gesagt: „ich habe sein Herz beschwert."

qu. 2,37 (zu Ex 10,19-20)

37 „Und es blieb keine einzige Heuschrecke im ganzen Land übrig. Und der Herr verhärtete das Herz des Pharao." Die Schrift hat sicherlich als Wohltat Gottes berichtet, daß er die Heuschrecken verschwinden ließ; und anschließend hat sie gesagt, der Herr habe das Herz des Pharao verhärtet: durch seine Wohltat freilich und seine Langmut, infolge deren sich diese Halsstarrigkeit einstellte, während er ihn verschone, wie alle bösen Menschenherzen, indem sie die Langmut Gottes mißbrauchen, sich verhärten.

qu. 2,38 (zu Ex 10,21.12)

38 Zum dritten Mal wird zu Mose gesagt: „Strecke deine Hand zum Himmel hin aus",[65] damit auch die Plage der Finsternis eintrete. Niemals aber ist zu seinem Bruder Aaron gesagt worden, er solle seine Hand zum Himmel hin ausstrecken. Ich meine daher: Was das Wort zu Mose betrifft: „Strecke deine Hand über das Land Ägypten aus, und es sollen die Heuschrecken über das Land kommen" (Ex 10,12), so wurde folgendes zu verstehen gegeben: Wer Größeres kann, kann auch Kleineres, ohne daß doch der, dem kleinere Taten zugebilligt werden, ohne weiteres auch größere zu wirken vermag.

qu. 2,39 (zu Ex 11,2)

39 Gott zu Mose: „Rede daher im Geheimen zu den Ohren des Volkes, und jeder Mann soll von seinem Nachbarn und jede Frau von ihrer Nachbarin silberne und goldene Geräte und Kleidung erbitten."[66] Man darf nicht meinen, jeder könne sich daraus ein Beispiel ableiten, auf diese Weise seinen Nächsten auszuplündern; das hat nämlich Gott befohlen, der wußte, was jeder hinnehmen muß. Auch haben die Israeliten keinen Diebstahl begangen, sondern sie leisteten Gott, der es befahl, einen Dienst;[67] genauso verhält es sich, wenn der Gerichtsdiener einen tötet, dessen Hinrichtung der Richter angeordnet hat; falls

---

[66] LXX und VL setzen zu TM „im Geheimen" und „Gewänder" hinzu. Die Gewänder hat auch TM bei der Ankündigung durch JHWH in 3,22 und in der Ausführung des Befehls in 12,35, LXX ergänzt sie hier harmonisierend.

[67] Zur symbolischen Deutung Augustins (die Kirche übernimmt Erkenntnisse der Heiden und stellt sie in den Dienst Christi) vgl. DULAEY, Geste 22.

ter iudicis occidit eum quem iudex iussit occidi, profecto, si id sponte faciat, homicida est, etiam si eum occidat quem scit occidi a iudice debuisse. Est etiam ista nonnulla quaestio, si seorsum habitabant Hebraei in terra Gessem, ubi nec plagae fiebant quibus regnum Pharaonis adfligebatur, quomodo petit quisque a proximo vel proxima aurum, argentum et vestem, praesertim quia ubi primum hoc mandatur per Moysen, sic positum est: *Et mulier a vicina sua et concellaria* vel *concellanea* - si ita dicendum est - vel *cohabitatrice sua*. Unde intellegendum est etiam in terra Gessem non solos Hebraeos habitasse, sed eis aliquos Aegyptios in illa terra cohabitatores fuisse, ad quod potuerunt merito Hebraeorum etiam illa divina beneficia pervenire, ut hinc eos et diligerent idem Aegyptii cohabitatores et quod petebant facile commodarent; nec tamen deus iudicavit ita illos alienos fuisse ab iniuriis et contritionibus, quas dei populus pertulit, ut nec isto damno ferirentur, qui plagis illis propter quod terrae illi parcebatur percussi non erant.

40 *Dixit autem dominus ad Moysen: Non exaudiet vos Pharao, ut multiplicem signa mea et portenta mea in terra Aegypti*. Tamquam opus fuerit eius inoboedientia, ut signa illa multiplicarentur, quae utiliter fiebant ad terrendum populum dei atque ipsa discretione ad pietatem informandum. Sed hoc dei fuit malitia cordis illius bene utentis, non Pharaonis dei patientia male abutentis.

41 *Quae autem superaverint ab eo in mane, igne concremabitis*. Quaeri potest, quomodo aliquid superabit, cum hoc praemoniti fuerint, ut si domus non habuerit consumendo pecori idoneam multitudinem, vicini adsumantur. Sed intellegitur quoniam dictum est: *Os non conteretis ab eo*, remansura utique fuisse ossa, quae igne cremarentur.

39,11 Ex 3,22   **41,2** hoc...3 adsumantur] cf. Ex 12,4

6 si *om. C¹* | **9** petit quisque] quisque petit *Am.* | **10** proxima] a *praem. P S V T Bad. Am.* µ | **11** a *om. C* | sua] *om. loc. 2,12, l. 51* | **13** terra] terram *T* | **15** idem *om. T* | **16** et] ac *Bad. Am.* | **17** dei populus] populus dei *P S V T Bad. Am.* µ | **18** propter] propterea *Bad. Am.* µ | **40,4** pietatem] pietate *Bad.* | **41,1** superaverint] superaberint *n* | igne] igni *P V n T Am. (cf. ad l. 5)* | **2** superabit] superavit *C² P S V n Bad. Am.*, superaverit *T* | non ... 426 con *om. n* | **4** non] *om. C¹* | **5** igne] igni *Am.*

---

[68] Vgl. *loc.* 2,12.
[69] Das war freilich nicht gemeint. Ex 12,10 will verhindern, daß etwa doch übriggeblie-

er es eigenmächtig tut, ist er freilich ein Mörder, selbst wenn er einen tötet, von dem er weiß, daß der Richter ihn hätte hinrichten lassen müssen. Auch folgendes bereitet ein gewisses Problem: Wenn die Hebräer im Land Goschen getrennt für sich wohnten, wo sich auch die Plagen nicht auswirkten, von denen das Reich des Pharao heimgesucht wurde, wie kann jeder von seinem Nachbarn oder seiner Nachbarin Gold, Silber und Kleidung erbitten, vor allem da doch an der Stelle, wo dieser Auftrag zuerst durch Mose erteilt wird, die Formulierung lautet: „und jede Frau von ihrer Nachbarin und Hausgenossin" bzw. „Zimmergenossin" – wenn man es so ausdrücken soll – bzw. „ihrer Mitbewohnerin" (Ex 3,22).[68] Daraus ist zu schließen, daß auch im Land Goschen nicht nur die Hebräer gewohnt haben, sondern daß sie in jenem Landstrich einige Ägypter als Mitbewohner hatten; diese konnten durch das Verdienst der Hebräer ebenfalls in den Genuß jener göttlichen Wohltaten gelangen, so daß eben diese ägyptischen Mitbewohner sie deswegen sowohl liebten als auch ihnen unbedenklich überließen, worum sie baten; und dennoch waren sie nach dem Urteil Gottes nicht so unbeteiligt an der ungerechten Behandlung und den Beleidigungen, die das Volk Gottes ertragen hat, daß sie nicht doch durch diesen Verlust gestraft werden sollten – sie, die durch die Plagen, weil dieser Landstrich verschont wurde, nicht getroffen worden waren.

qu. 2,40 (zu Ex 11,9)

40 „Der Herr sagte aber zu Mose: Der Pharao wird nicht auf euch hören, damit ich meine Zeichen und meine Wunder im Land Ägypten zahlreich mache." Gleich als ob es seines Ungehorsams bedurft hätte, damit diese Zeichen zahlreich würden, die zu dem nützlichen Zweck gewirkt wurden, dem Volk Gottes Furcht einzuflößen und vor allem, es durch Unterscheidungsfähigkeit selbst zur Frömmigkeit zu erziehen. Aber das war das Werk Gottes, der die Bosheit des Herzens des Pharao gut gebrauchte, nicht des Pharao, der die Langmut Gottes auf schlechte Weise mißbrauchte.

qu. 2,41 (zu Ex 12,10.46)

41 „Was aber davon bis zum Morgen übrig geblieben sein sollte, das sollt ihr im Feuer verbrennen!" Man kann fragen, wie denn etwas übrig bleiben wird, da sie doch zuvor diesbezüglich ermahnt worden waren, Nachbarn hinzuzunehmen, falls eine Hausgemeinschaft nicht zahlreich genug sein sollte, um das Lamm zu verzehren (cf. Ex 12,4). Aber da es heißt: „Ihr sollt keinen Knochen an ihm zerbrechen", versteht man, daß natürlich die Knochen übrig geblieben wären, die im Feuer verbrannt werden sollten.[69]

---

benes Fleisch des Pesachlammes am nächsten Morgen, außerhalb der abgeschlossenen Pesachfeier, profaniert würde. Vgl. Ex 34,25 und vor allem die vergleichbare explizite Vorschrift für das Heilsopfer Lev 7,15.17-18.

42 *Agnus perfectus, masculus, anniculus erit vobis.* Movere potest ista locutio, quasi agnus possit esse non masculus, nescientem qua necessitate ita sit translatum. Ovis enim transferri debuit, quia Graecus πρόβατον habet; sed πρόβατον in Graeca lingua generis neutri est, et potuerunt quae secuntur omnia convenire, tamquam si diceret: Pecus perfectum, masculum, anniculum erit vobis. Potuit enim Latine dici masculum pecus, quomodo dicuntur mascula tura, genere neutro; ovis autem masculus dici non posset, quia feminini generis est ovis. Item ovis mascula si diceretur esset absurdius. Pecus vero si poneretur, etiam aliud intellegeretur nec servaretur sacramentum, quod cum scriptura de ove loquatur, post dicit: *Ab agnis et haedis accipietis illud.* Qua in re Christus significari merito accipitur. Quid enim opus erat ovem vel agnum ab agnis et haedis accipiendum moneri, nisi ille figuraretur, cuius caro non solum ex iustis verum etiam ex peccatoribus propagata est? Quamquam conentur Iudaei etiam haedum intellegere accipiendum ad celebrandum pascha; et hoc esse dictum putant: Ab agnis et haedis accipere, tamquam diceret vel ab agnis agnum vel ab haedis haedum, si illud desit, sumi oportere. Adparet tamen in Christo rebus inpletis quid illo praecepto fuerit figuratum.

43 Quod scriptum est: *Et facietis diem hunc in progenies vestras legitimum aeternum* vel *aeternalem* - quod Graece dicitur αἰώνιον - non sic accipiendum est, tamquam possit istorum praetereuntium dies esse ullus aeternus; sed illud aeternum est, quod iste significat dies. Velut cum dicimus ipsum deum aeternum, non utique istas duas syllabas aeternas dicimus, sed quod significant. Quamquam diligenter

---

42,1 masculus *om. n* | anniculus] agniculus *V* | **3** πρόβατον¹] probaton *C P S V n T* **6** Latine dici] dici Latine *Am.* | dici] dicitur *V¹* | **8** poneretur] diceretur *T* | **13** ex peccatoribus] ex*pectatoribus *P* | **14** et…dictum] hoc etiam dictum esse *Am.* | **15** accipere] acciperet *P¹ V¹*, accipi *V² Am.* | **43,2** αἰώνιον] eonion *C*, aeonion *P S V n T* | **4** velut] vel *P S¹ V Bad.*

---

[70] Vgl. GEORGES, *Handwörterbuch,* sub voce *tus*: „*mascula tura,* männlicher oder Tropfweihrauch, als die beste Sorte zum Opfer".

[71] *Pecus* kann sowohl Schafe wie Ziegen bezeichnen.

[72] Augustinus setzt voraus, daß – wie in der Schilderung des Letzten Gerichts Mt 25,31-46 – die *oves* die Gerechten, die *haedi* dagegen die Sünder versinnbildlichen. Er besteht darauf, daß das „und" in Ex 12,5 nicht eine Alternative bezeichnet, wie in der jüdischen und generell in der Exegese vertretenen wird. So kommt er zu der seltsamen Auffassung, der Vers bedeute, daß ein und dasselbe Lamm zugleich von den Bocklämmern und den Ziegenböckchen genommen werden solle; darauf gründet seine typologische Auslegung.

qu. 2,42 (zu Ex 12,5)

42 „Ein makelloses, männliches, einjähriges Bocklamm soll es für euch sein." Diese Formulierung, als könne ein *agnus* (Bocklamm) auch nicht männlich sein, kann denjenigen verwundern, der den zwingenden Grund für diese Übersetzung nicht kennt. Man hätte nämlich die Übersetzung *ovis* (Schaf) wählen müssen, weil der Grieche πρόβατον hat; πρόβατον aber ist im Griechischen ein Wort neutrischen Genus, und alles, was darauf folgt, konnte im Genus kongruieren, so als hieße es: ‚Ein makelloses, männliches, einjähriges Stück Kleinvieh soll es für euch sein.' Auf Lateinisch konnte man nämlich im neutrischen Genus *masculum pecus* (männliches Stück Kleinvieh) sagen, wie man auch *mascula tura* (männliche Weihrauchkörner)[70] sagt; *ovis masculus* (männliches Schaf) aber könnte man nicht sagen, weil *ovis* ein Wort weiblichen Genus ist. Desgleichen wäre es noch absurder, wenn man *ouis mascula* sagte. Wenn man aber *pecus* (Kleinvieh) einsetzte, würde man auch etwas anderes verstehen,[71] und die mystische Bedeutung bliebe nicht erhalten, welche die Schrift, wo sie vom *ovis* (Schaf) spricht, anschließend ausspricht: „Von den *agni* (Bocklämmern) und den *haedi* (Ziegenböckchen) sollt ihr jenes nehmen." Dadurch wird, wie zu Recht angenommen wird, Christus bezeichnet. Welche Notwendigkeit hätte nämlich bestanden zu ermahnen, daß ein *ouis* (Schaf) bzw. ein *agnus* (Bocklamm) von den *agni* (Bocklämmern) und den *haedi* (Ziegenböckchen) genommen werden sollte, wenn nicht derjenige dadurch vorausbezeichnet würde, dessen Fleisch nicht nur von Gerechten, sondern auch von Sündern abstammt?[72] Die Juden versuchen es indessen so zu deuten, auch ein Ziegenböckchen könne zur Feier des Pascha genommen werden; und sie meinen, die Wendung „von den Bocklämmern und von Ziegenböckchen nehmen" sei gewählt, als ob die Schrift sagte, man solle entweder ein Bocklamm von den Bocklämmern oder, falls sich ein solches nicht finde, ein Ziegenböckchen von den Ziegenböckchen nehmen. Nachdem die Dinge in Christus erfüllt worden sind, zeigt sich jedoch ganz deutlich, was durch dieses Gesetz vorausbezeichnet wurde

qu. 2,43 (zu Ex 12,14)

43 Das Wort der Schrift: „Und ihr sollt diesen Tag für eure Nachkommen zur ewigen" oder: „zur ewig gültigen Ordnung machen" – im Griechischen steht dafür: αἰώνιον –, ist nicht so zu verstehen, als könne irgendeiner dieser vorübergehenden Tage ewig sein; sondern ‚ewig' ist das, was dieser Tag bezeichnet. Gleichwie wir, wenn wir Gott selbst ‚ewig' nennen, natürlich nicht diese beiden Silben des Wortes *deus* als ‚ewig' bezeichnen, sondern das, was sie bezeichnen. Gleichwohl muß sorgfältig untersucht werden, wie die Schrift das Wort ‚ewig' zu gebrauchen pflegt; ob sie nicht vielleicht den Tag so feierlich „ewig" genannt hat, weil sie es als Frevel ansehen sollten, ihn zu übergehen oder auf eigene Verantwortung zu ändern. Das eine ist nämlich eine Vorschrift, die besagt, wie lange etwas geschehen soll – wie die Vorschrift, daß die Lade

scrutandum sit quomodo appellare scriptura soleat aeternum; ne forte ita dixerit sollemniter *aeternum*, quem nefas habeant praetermittere aut sua sponte mutare. Aliud est enim quod praecipitur quousque fiat - sicut praeceptum est, ut septies muros Iericho circumiret arca - aliud, cum praecipitur sic observari aliquid, ut nullus terminus praefiniatur observationis sive cotidie sive per menses sive per annos sollemniter sive per multorum vel aliquorum annorum certa intervalla. Aut ergo sic appellavit aeternum, quod non sua sponte audeant desinere celebrare, aut, sicut dixi, ut non ipsa signa rerum, sed res quae his significantur aeternae intellegantur.

44 *Et factus est clamor magnus in terra Aegypto; non enim erat domus in qua non erat in ea mortuus.* Nonne potuit esse aliqua domus, quae primogenitum non haberet? Cum ergo primogeniti tantummodo morerentur, quomodo nulla erat, quae non haberet mortuum? An et hoc divinitus praescientia dei fuerat procuratum, ut in omnibus omnino essent domibus primogeniti, in quibus percuterentur Aegyptii? Ab hac sane plaga non putandi sunt inmunes fuisse Aegyptii qui habitabant in terra Gessem; hominum quippe erat vel animalium, non terrae; id est: Homines et animalia primogenita moriebantur occulto et angelico percussu, non aliquid in terra vel in caelo factum erat, sicut rana vel locusta vel tenebrae, unde qui habitabant adfligerentur. A talibus enim plagis cum terra Gessem fuisset aliena, procul dubio perveniebat beneficium ad eos Aegyptios, qui in eadem terra cum Hebraeis morabantur; hac vero primogeniti eorum omnes percussi sunt.

45 *Filii autem Israhel fecerunt sicuti praeceperat illis Moyses et petierunt ab Aegyptiis vasa aurea et argentea et vestem. Et dominus dedit gratiam populo suo coram Aegyptiis, et commodaverunt illis; et praedati sunt Aegyptios.* Iam hoc factum fuerat ante mortes primogenitorum Aegyptiorum; sed nunc per recapitulationem repetitur. Nam narratum est quando factum est. Modo enim fieri quomodo posset, ut in tanto luctu ex mortibus suorum adcommodarent ista filiis Israhel? Nisi forte quis

---

43,8 praeceptum...9 arca] cf. Ios 6,4   **45,3** iam...4 Aegyptiorum] cf. Ex 11,3

6 ne...7 aeternum *om. C¹ per homoiot.* | **7** habeant] habeat *V Bad.* | **9** circumiret] circuiret *P S V T Bad. Eug.* | arca *om. Bad.* | **13** his] in *praes. S*, iis *n μ* | **44,1** et *om. P S T* Aegypto] Aegypti *P S V T*, Aegyptiis *Am.* | in³...2 ea *exp. V* | **6** ab...Aegyptii *om. P¹ per homoiot.* | **7** erat] erant *P S V¹ Am.* | terrae] terra *C* | **9** caelo] caelum *C* | **12** hac] hec *C* | vero *exp. V* | primogeniti eorum] *Am. μ z*, primogenitorum *codd. Bad.* | **45,5** ut] et *praem. C* | **6** adcommodarent] adcommodaverunt *C¹*

siebenmal um die Mauern Jerichos ziehen solle (vgl. Jos 6,4) –, etwas anderes dagegen, wenn die Beobachtung einer Verpflichtung in der Weise vorgeschrieben wird, daß kein zeitliches Ende für deren tägliche oder monatliche oder festliche jährliche Begehung oder in bestimmten Abständen vieler oder weniger Jahre erfolgende Durchführung im voraus festgesetzt wird. Entweder also wurde der Tag deswegen ‚ewig' genannt, weil sie nicht eigenmächtig wagen sollten, von seiner Feier abzulassen, oder, wie ich gesagt habe, damit man erkennt, daß nicht die Zeichen für die Dinge, sondern die Dinge, die durch sie bezeichnet werden, ewig sind.

qu. 2,44 (zu Ex 12,50)

44 „Und es erhob sich ein großes Geschrei im Land Ägypten; es gab nämlich kein Haus, in dem nicht ein Toter war." Konnte es nicht irgendein Haus geben, das keinen Erstgeborenen hatte? Da also nur die Erstgeborenen starben, wieso gab es keines, das keinen Toten hatte? Oder hatte Gott in seinem Vorherwissen auch dafür gesorgt, daß in ausnahmslos allen Häusern Erstgeborene waren, weil in ihnen Ägypter getötet werden sollten? Man muß in der Tat annehmen, daß auch die Ägypter von dieser Plage nicht verschont geblieben waren, die im Land Goschen wohnten; die Plage betraf ja Menschen oder Tiere, nicht den Erdboden; das bedeutet: Die erstgeborenen Menschen und Tiere starben durch einen geheimen Schlag des Engels, es hatte sich nichts auf dem Erdboden oder im Himmel ereignet, wie die Frösche oder die Heuschrecken oder die Finsternis, womit die Bewohner geschlagen wurden. Da die Landschaft Goschen von derartigen Plagen verschont geblieben war, wurden zweifelsohne die Ägypter, die sich zusammen mit den Hebräern dort aufhielten, dieser Vergünstigung teilhaftig; durch diese Plage aber wurden alle ihre Erstgeborenen getötet.

qu. 2,45 (zu Ex 12,35-36)

45 „Die Söhne Israel aber taten, wie Mose ihnen vorgeschrieben hatte, und erbaten von den Ägyptern goldene und silberne Geräte und Kleidung. Und Gott verschaffte seinem Volk Gunst bei den Ägyptern, und sie überließen sie ihnen, und sie plünderten die Ägypter aus." Das war schon vor dem Tod der Erstgeborenen der Ägypter geschehen (vgl. Ex 11, 3);[73] aber nun wird es durch Rekapitulation wiederholt.[74] Denn es wurde bereits erzählt, als es geschehen ist. Denn wie hätte es gerade jetzt geschehen können, daß sie während so großer Trauer um ihre Toten diese Dinge den Söhnen Israel überlassen hätten? Falls

---

[73] Vgl. *qu.* 2,39. Vulg glättet gegenüber TM, LXX und VL, indem sie den die Ausführung andeutenden vergangenheitlichen Satz 11,3: „und Gott ließ das Volk in den Augen der Ägypter Gunst finden" futurisch wiedergibt: *dabit autem Dominus gratiam populo coram Aegyptiis,* so daß in Vulg die Ausführung in Ex 12,35-36 erstmalig berichtet wird.
[74] Zu Rekapitulation vgl. die Generelle Einleitung, S. 36f.

dicat etiam ista plaga non fuisse percussos Aegyptios qui cum Hebraeis inhabitabant terram Gessem.

46 Quid est quod ait: *Accipietis autem fasciculum hyssopi et tinguentes ex sanguine qui est iuxta ostium linietis super limen et super ambos postes?* Quaeritur enim quem sanguinem dicat iuxta ostium, cum illius agni utique velit intellegi sanguinem, cuius immolatione fit pascha. An eo modo consequenter praecipit, quamvis hoc tacuerit, ut idem agnus iuxta ostium occidatur? An, quod est credibilius, ideo dixit: *Ex sanguine qui est iuxta ostium*, quia utique ille qui liniturus est super limen et postes vas ipsum, in quo sanguinem excepit, iuxta ostium positurus est, ut ad manum habeat quando tinguit?

47,1 *Sustulerunt autem filii Israhel de Ramesse in Soccot in sescenta milia peditum viri praeter instructum vel censum*. Si isto modo potest recte interpretari quod Graecus ait ἀποσκευήν. Quo verbo non solum mobilia verum etiam moventia significari indicat scriptura, ubi Iudas loquens ad patrem suum dicit: *Mitte puerum mecum et surgentes ibimus, ut vivamus et non moriamur et nos et tu et substantia nostra*. Ibi enim Graecus ἀποσκευήν habet, ubi *substantiam* Latinus interpretatus est, quod aliquando *censum* interpretantur nostri, sicut nunc *instructum* dicere voluimus, dum

---

47,4 Gn 43,8

46,1 *qu. 46 in codd. (et apud Eug. iuxta z, sed errore) ante qu. 55 habetur* | tinguentes] tingentes *T Am. µ* | 2 linietis] linetis *C P S V¹* | sanguinem] sanguine *n* | 4 an] utrum ne *V (in ras.) Am.* | praecipit] praecepit *S V T Am.*, praecoepit *n* | 6 liniturus] leniturus *C* | et] om. *S*, super add. *V T* | 8 tinguit] tingat *Am.*, tingit *µ* | **47,2** isto] *P S V n T Bad. Am. µ*, ipso *C z* | recte om. *C* | 3 ait] uit *C*, habet *P S Bad. Am. µ* | ἀποσκευήν] aposceuen *C P S V T*, aposceue *n* | significari] significare *C* | 4 dicit] dicens *C* | 5 ibi] ubi *V Bad.* | 6 ἀποσκευήν] aposceuen *C P S V n T* | ubi] ibi *Bad.* | substantiam] substantia *C* | quod…7 interpretantur *om. C¹*

---

[75] Dies hat Augustinus in der vorhergehenden *qu.* 2,44 ausdrücklich ausgeschlossen.
[76] Das hier gebrauchte hebräische Wort סף hat zwei Bedeutungen: (1) ‚Becken, Schale, auch zu kultischem Gebrauch' (das ist hier gemeint); (2) ‚Schwelle' (entsprechend Vulg: *sanguine qui est in limine*); LXX, gefolgt von VL, sagt allgemeiner: „Tür": τοῦ αἵματος τοῦ παρὰ τὴν θύραν.
[77] TM hat טף (im obigen Zitat der VL gibt Augustinus Übersetzungsvarianten an: *instructum vel censum*); das Wort dürfte „in seiner allgemeinsten Verwendung [...] etwa ‚Anhang, Familie, Troß' bedeuten und Frauen, Kinder, Alte, Sklaven usw. mitumfassen" (LOCHER, טף 373), gelegentlich bezeichnet es auch nur die „kleinen Kinder"; in 2Chron

nicht einer behauptet, auch diese Plage habe die Ägypter nicht getroffen, die zusammen mit den Hebräern das Land Goschen bewohnten.[75]

qu. 2,46 (zu Ex 12,22)

46 Was bedeutet das Schriftwort: „Ihr sollt aber ein Büschel Ysop nehmen und, indem ihr es mit dem Blut tränkt, das bei der Tür[76] ist, sollt ihr es auf die Türschwelle und auf die beiden Türpfosten streichen"? Man fragt nämlich, von welchem Blut neben der Tür sie spricht, denn die Schrift will darunter selbstverständlich das Blut jenes Lammbocks verstanden wissen, mit dessen Opferung man das Pascha feiert. Schreibt sie demnach auf diese Weise, obgleich sie davon geschwiegen hat, vor, daß eben dieser Lammbock nahe bei der Tür geschlachtet werden soll? Oder, was glaubhafter ist, hat sie deswegen formuliert: „mit Blut, das bei der Tür ist," weil natürlich derjenige, der es auf die Schwelle und Türpfosten streichen will, das Gefäß, in dem er das Blut aufgefangen hat, neben die Tür stellen wird, damit er es zur Hand hat, wenn er bestreicht?

qu. 2,47,1 (zu Ex 12,37.40)

47,1 „Die Söhne Israel brachen aber von Ramses nach Sukkot auf, sechshunderttausend Mann zu Fuß, nicht gerechnet die Ausrüstung bzw. das Besitztum." Wenn man das Wort des Griechen ἀποσκευήν so zutreffend übersetzen kann.[77] Daß dieses Wort nicht nur die bewegliche Habe, sondern auch sich fortbewegende Lebewesen bezeichnet, zeigt die Schrift an der Stelle, wo Juda in seiner Rede zu seinem Vater sagt: „Schicke den Jungen mit mir; und wir werden uns aufmachen und hinziehen, damit wir am Leben bleiben und nicht sterben, sowohl wir als auch du und unser Besitz" (Gen 43,8).[78] Hier hat der Grieche nämlich ἀποσκευήν, wo der Lateiner ‚Besitz' *(substantia)* übersetzt hat, unsere Autoren geben es manchmal durch ‚Besitztum' *(census)* wieder. So haben auch wir uns entschieden, hier ‚Ausrüstung' *(instructus)* zu sagen, wofern nur unter diesem

---

20,13 erklärt eine Glosse das anscheinend bereits schwer verständliche Wort טַף durch: „ihre Frauen und ihre Söhne". Das hiesige LXX-Äquivalent ἀποσκευή kann „Gepäck, Hausrat, bewegliche Habe" bedeuten, aber auch „soldier's *encumbrancess* i.e. family" (LIDELL-SCOTT, *Supplement*); in Gen 46,5 steht es zwischen Vater und Frauen, bezeichnet somit die „kleinen Kinder" (VL:Cod.Lugd. allerdings: *substantiam*); vielleicht Frauen und Kinder, jedenfalls nicht die bewegliche Habe bezeichnet ἀποσκευή in Gen 43,8, wo „wir und du und unsere ἀποσκευή" als vom Tod zu Rettende aufgezählt werden (VL:Cod.Lugd. hat dort *incrementa*, ‚Nachwuchs, Sprößlinge'). Somit steht ἀποσκευή in Ex 12,37 – in Absetzung von den 600 000 Männern – wohl entweder für „Familienmitglieder, abgesehen von den erwachsenen Männern" (so MURAOKA, *Lexicon;* BdA 39: „compagnie") oder für „kleine Kinder" (Vulg: *absque parvulis*), kaum für „Haushalt" (so aber SD), „chattel" (PIETERSMA/WRIGHT, *Septuagint*).

[78] Auch hier übersetzt Vulg zutreffender: *parvuli nostri*.

tamen eo nomine et homines et iumenta vel omnia pecora intellegantur. Ubi etiam utrum et uxores possint intellegi nescio. Sescenta tamen milia peditum cum scriptura commemoret addens et dicens: *Excepto instructu vel censu vel substantia* vel si quo alio verbo melius interpretatur ἀποσκευή, manifestum est et homines significatos sive in servis sive in mulieribus sive in his aetatibus, quae militiae non essent idoneae, ut sescenta milia peditum in eis solis intellegamus, qui possent militari agmine armari.

47,2 Quaeri autem solet, utrum ad tantum numerum Hebraei pervenire potuerint per eos annos in Aegypto, quos ostendere consideratus in scripturis numerus potest. Qui primum anni quot fuerint non parva quaestio est. Dicit enim deus ad Abraham, cum factum esset illud sacrificium de vacca trima et capra et ariete et turture et columba, antequam non solum Isaac sed nec Ismahel quidem natus esset: *Sciendo scies quia peregrinum erit semen tuum in terra non propria, et in servitutem redigent eos et nocebunt illis quadringentis annis.* Si ergo quadringentos annos sic acceperimus, ut in servitute sub Aegyptiis intellegantur, non parvum spatium temporis fuit, quo ita populus multiplicaretur. Sed tot annos non fuisse apertissimo indicio scriptura testatur.

47,3 Quidam enim putant quadringentos triginta annos accipi debere, ex quo Iacob intravit in Aegyptum, donec inde populus per Moysen liberatus est, quoniam in Exodo scriptum est: *Incolatus autem filiorum Israhel quem incoluerunt in terra Aegypto et in terra Chanaan, ipsi et patres eorum, anni quadringenti triginta.* Servitu-

---

18 cum...19 columba] cf. Gn 15,9   20 Gn 15,13   27 Ex 12,40

8 intellegantur] intelleguntur *C¹* | 9 utrum] virum *Bad.*, viri *Am.* | possint] possunt *P V n*, possent *V² Am. Bad.* | 10 commemoret] commemorat *P T* | addens et] et addens *C*
11 ἀποσκευή] aposceuue *C*, aposceue *P S V n T*, αποσκευην *Bad. Am.* | 14 possent] possunt *n* | armari] armati *T* | 17 quot] quod *C n* | est *om. Bad. Am.* | 18 ad *om. T* illud] illuc *P* | 20 scies] scias *C (cf. l. 30) Bad. Am. μ* | servitutem] servitute *P V T*
21 quadringentis annis] quadringentos annos *μ (cf. l. 31)* | ergo] et *add. C* | 22 acceperimus] acciperemus *Bad.* | ut] et *n* | servitute] servitutem *C n* | intellegantur] intelligatur *Bad.*
24 indicio] iudicio *Bad. Am.* | 25 enim *om. Bad.* | 26 populus...Moysen] per Moysen populus *S* | 28 Aegypto] Aegypti *P S V T Am. Bad.* | et¹ *om. P V*

Wort sowohl ‚Menschen' *(homines)* als auch Lasttiere bzw. alles Vieh gefaßt werden. Ob hier auch die Ehefrauen mitverstanden werden können, weiß ich nicht. Da die Schrift jedoch sechshunderttausend Mann zu Fuß erwähnt und hinzufügt: „ausgenommen Ausrüstung bzw. *census* bzw. *substantia*" oder wenn man ἀποσκευή durch irgend ein anderes Wort zutreffender übersetzt, ist offenkundig, daß mit diesem Wort auch ‚Menschen' *(homines)*, sei es Sklaven, sei es Frauen, sei es Männer solcher Altersstufen, die zum Militärdienst ungeeignet wären, bezeichnet sind. Folglich verstehen wir unter den ‚sechshunderttausend Mann zu Fuß' nur solche, die in einem Heer Waffen tragen können.

qu. 2,47,2

47,2 Man pflegt aber zu fragen, ob die Hebräer in Ägypten zu einer so großen Zahl in den Jahren anwachsen konnten, deren Anzahl man bei sorgfältiger Untersuchung in den Schriften zeigen kann. Fürs erste ist es kein kleines Problem, wieviel Jahre es waren. Gott sagt nämlich zu Abraham, als jenes Opfer mit der dreijährigen Kuh und der Ziege und dem Widder und der Turteltaube und der Taube dargebracht war (vgl. Gen 15,9), bevor nicht nur Isaak, sondern sogar Ismaël geboren waren: „Wissend sollst du wissen, daß deine Nachkommen Fremde sein werden in einem Land, das ihnen nicht gehört, und man sie in die Sklaverei zwingen und ihnen vierhundert Jahre lang Leid zufügen wird" (Gen 15,13).[79] Wenn wir daher die vierhundert Jahre so verstehen, daß sie den Zeitraum der Sklaverei unter den Ägyptern bezeichnen, war es kein kurzer Zeitraum, in dem sich das Volk derartig vermehrte. Aber die Schrift bezeugt durch ganz eindeutige Angabe, daß es nicht so viele Jahre waren.

qu. 2,47,3

47,3 Manche meinen nämlich, man müsse vierhundertunddreißig Jahre ansetzen für den Zeitraum vom Eintritt Jakobs in Ägypten bis zur Befreiung des Volkes aus diesem Land durch Mose,[80] da im Buch Exodus geschrieben steht: „Die Zeit des Aufenthalts der Söhne Israel aber, die sie im Land Ägypten und im Land Kanaan zugebracht haben, sie und ihre Väter, umfaßt vierhundertund-

---

[79] Vgl. *civ.* 16,24.
[80] Zu diesen zählt neben Tyconius (s.u.) Hieronymus (vgl. NBA), der in *Ezech.* 1,4.4-6 Z. 1337f. in Übereinstimmung mit Ex 12,40 TM, von dessen Differenz zu LXX+VL (s. nächste Anm.) Augustinus nichts weiß, sagt: *filii Israel quadrigentis triginta annis fuerunt in Aegypto.*

tis autem eorum volunt esse annos quadringentos, propter quod scriptum est in
Genesi: *Sciendo scies quia peregrinum erit semen tuum in terra non sua, et in servitutem
redigent eos et nocebunt illis quadringentis annis.* Sed quoniam servitutis anni post
mortem Ioseph conputantur - illo enim vivo non solum ibi non servierunt verum etiam regnaverunt - non est quemadmodum conputentur quadringenti triginta in Aegypto. Ingressus est enim Iacob anno filii sui tricesimo et nono,
quoniam triginta annorum erat Ioseph, cum adparuit in conspectu Pharaonis et
regnare coepit sub illo; transactis autem septem annis ubertatis secundo anno
famis ingressus est Iacob in Aegyptum cum aliis filiis suis. Ac per hoc tunc
agebat Ioseph XXX et novem annos, qui inpletis vitae suae annis CX mortuus
est. Vixit ergo in Aegypto post ingressum ad se patris sui LXXI annos: Quos si
detraxerimus quadringentis triginta annis, remanebunt servitutis anni, id est
post mortem Ioseph, non CCCC sed CCC et LVIIII anni. Quod si ex illo putabimus nos conputare debere, ex quo Ioseph sub Pharaone regnare coepit, ut
tunc quodam modo intellegatur intrasse Israhel in Aegyptum, quando ibi filius
eius tanta potestate sublimatus est, etiam sic CCCL erunt, quos Tychonius vult
accipi quadringentos, ut a toto pars intellegatur, id est a toto centenario pars

---

35 triginta…Pharaonis] cf. Gn 41,46   **36** transactis…37 famis] cf. Gn 45,6   **38** qui…39 est]
cf. Gn 50,22.25 Vulg.   **44** CCCL…46 scripturam] cf. Tyconius, *Liber Regularum, Regula V de
temporibus*

29 propter] properea *S Bad. Am. μ* | **30** scies] scias *Bad. Am. μ* | **31** quadringentis annis]
quadringentos annos *C¹ μ* | **32** illo…33 conputentur *om. Bad.* | servierunt] servient *C*
35 conspectu] conspectum *C* | **36** sub] cum *n* | **39** ergo] enim *P S V T Bad. Am.*
annos] annus *C,* annos et unum *S* | **40** detraxerimus] retraxerimus *P S V Bad. Am.*
quadringentis] a *praem. Bad. Am. μ* | **41** CCCC] (*a. m. in ras.*) *C* | si *om. P S* | putabimus]
putavimus *C P S T* | **42** ut…43 tunc] utrum *T* | **44** etiam] et *Bad.* | sic] si *C*

---

[81] Ex 12,40 TM (gefolgt von Vulg): der Aufenthalt der Israeliten in Ägypten umfaßt 430
Jahre. Sam und LXX, gefolgt von VL, fügen „und im Land Kanaan" hinzu und setzen
so je 215 Jahre in Kanaan und in Ägypten an (ähnlich schon Targum Ps-Jonatan). Den
weiteren Zusatz „[sie und] ihre Väter" bringt Sam nach „Israel", LXXA, gefolgt von
VL, nach „Kanaan". Verweis auf weitere jüdische Quellen zu diesen chronologischen
Berechnungen bei BdA und GURTNER, *Exodus*. Augustinus verteidigt durch seine Berechnungen die Aufteilung der 430 Jahre in eine kanaanäische und eine ägyptische Hälfte, verkürzt somit – auch im Blick auf Ex 6,16-20, wo nur vier Generationen von Jakob
bis Mose angesetzt werden – die Dauer der ägyptischen Knechtschaft auf 144/145
Jahre (s.u. *qu.* 2,47,5), muß dann aber immer noch begründen, wieso Ex 12,40 von 430,
Gen 15,13 dagegen von 400 Jahren spricht.

dreißig Jahre" (Ex 12,40).⁸¹ Sie wollen aber, daß der Zeitraum ihrer Knechtschaft vierhundert Jahre umfaßt, weil in Genesis geschrieben steht: „Wissend sollst du wissen, daß deine Nachkommen Fremde sein werden in einem Land, das nicht das ihrige ist⁸², und man sie in die Sklaverei zwingen und ihnen vierhundert Jahre lang Leid zufügen wird." Da aber die Jahre der Knechtschaft vom Tod Josefs an gezählt werden – zu seinen Lebzeiten haben sie nämlich dort nicht nur nicht als Sklaven gedient, sondern sogar geherrscht –, ist nicht zu sehen, wie man auf die Zahl vierhundertunddreißig in Ägypten kommen kann. Jakob ist nämlich im neununddreißigsten Jahr seines Sohnes eingewandert, da Josef dreißig Jahre alt war, als er vor dem Angesicht Pharaos erschien (vgl. Gen 41,46) und unter ihm zu herrschen begann; als aber die sieben Jahre der Fruchtbarkeit vorbei waren (vgl. Gen 45,6), ist Jakob im zweiten Jahr der Hungersnot mit seinen anderen Söhnen nach Ägypten gekommen. Deswegen war Josef damals 39 Jahre alt; er starb, nachdem er seine 110 Lebensjahre vollendet hatte (vgl. Gen 50,22.26 TM+LXX). Er lebte daher in Ägypten nach der Ankunft seines Vaters bei ihm noch 71 Jahre; nach deren Abzug von den vierhundertunddreißig Jahren, werden für die Zeit der Knechtschaft, d.h. nach Josefs Tod, nicht 400, sondern 359 Jahre übrig bleiben. Falls wir meinen, von dem Zeitpunkt an zählen zu sollen, an dem Josef unter Pharao zu herrschen begann, so daß wir es irgendwie so auffassen, daß Israel zu dem Zeitpunkt Ägypten betrat, als sein Sohn dort zu solcher Macht erhöht worden war, dann werden es auch nach dieser Berechnung nur 350 Jahre sein. Diese sollen nach dem Willen des Tyconius als vierhundert gelten, so daß man den Teil für das Ganze nimmt, d.h. den Teilbetrag fünfzig für die ganze Summe hundert,⁸³ und er beweist, daß die

---

⁸² Dies ist ein besonders deutliches Beispiel dafür, daß Augustinus variierend aus dem Kopf zitiert; hier sagt er: *in terra non sua*, im gleichen Zitat wenige Sätze zuvor und weiter unten in dieser quaestio: *in terra non propria*.

⁸³ Tyconius *(liber regularum)* behauptet in der *regula quinta: de temporibus* „aufgrund einer Untersuchung biblischer Zeit- und Zahlbegriffe, daß diese in Bezug auf die Kirche eine zeichenhafte und keine wörtliche Bedeutung haben. [...] Bezeichnungen und Unterteilungen der Zeit können in der Schrift im Sinn einer Synekdoche als Bezeichnung für das Ganze verstanden werden" (ALEXANDER, *Tyconius* 205). Seine einschlägige Argumentation mit Hilfe der Ekdoche lautet in V,2.1 (VERCRUYSSE, *Tyconius* 276): *Si autem post mortem Ioseph coepit servire populus, ex CCCC et XXX annis, quibus in Aegypto moratus est, deducimus LXXX annos regni Ioseph – regnavit autem a XXX annis usque in CX – et erunt reliqui servitutis Israhel anni CCCL, quos Deus dixit CCCC. [...] Quo manifestum est centum a toto partem esse, nam post CCC annos pars aliorum centum anni sunt: propterea dixit CCCC annos* „Wenn das Volk aber erst nach dem Tod Josefs zu dienen begann, ziehen wir von den 430 Jahren, die es sich in Ägypten aufgehalten hat (vgl. Ex 12,40), die 80 Jahre der

quinquagenaria, et probat hac loquendi regula solere uti scripturam. Si autem, quod aliquanto probabilius dici potest, tunc habeamus intrasse Israhel in Aegyptum, quando illic Ioseph esse venditus coepit, detracturi sumus adhuc annos XIII, ut CCCXXXVII annos pro quadringentis accipiamus. Sed cum scriptura commemoret Caath filium Levi avum Moysi cum avo suo Iacob intrasse in Aegyptum, dicat eum autem vixisse annos CXXX, filium vero eius patrem Moysi Ambram CXXXVII, Moysen vero dicat LXXX annorum fuisse cum de Aegypto populum liberavit - etiam si tunc genuisset Caath patrem Moysi, quo anno mortuus est, ille quoque Ambram ultimo vitae suae anno genuisset Moysen - conputati anni CXXX et CXXXVII et octoginta trecentos quadraginta septem annos faciunt, non quadringentos triginta. Quodsi quis dicat extremo anno vitae Ioseph natum esse Caath filium Levi, septuaginta ferme anni possunt accedere illi summae, quia septuaginta unum annos vixit in Aegypto Ioseph post ingressum patris sui. Quapropter etiam sic septuaginta anni vitae Ioseph ab ingressu Iacob in Aegyptum usque nativitatem Caath, si tunc natus adseratur, et centum triginta anni ipsius Caath et centum triginta septem filii eius Ambram patris Moysi et octoginta ipsius Moysi, quadringentos decem et septem annos faciunt, non quadringentos triginta.

47,4 Proinde illa nimirum conputatio, quam secutus est Eusebius in historia sua chronica, perspicua veritate subnixa est. Ab illa enim promissione conputat

---

51 eum…CXXX] cf. Ex 6,18 | filium…52 CXXXVII] cf. Ex 6,20 52 Moysen…53 liberavit] cf. Ex 7,7 64 illa…65 chronica] cf. Eusebius/Hieronymus, Chronicon (ed. Helm, p. 23b, 15/18) 65 promissione…67 Chanaan] cf. Gn 12,1

---

46 uti] loqui *Bad.* | 47 habeamus] fabeamus *T* | 49 pro quadringentis] per quadrigentos *P¹* | 50 filium] filius *C* | 51 eum autem] autem eum *Bad. Am. μ* | 52 Ambram] Amram *S T Am. Bad.* | 54 ille] illo *Bad.* | Ambram] Amram *S Bad. Am.*, Abram *N t* | genuisset] genuisse *S Am.* | 55 Moysen] Moyse *T* | conputati anni] computet annos *Bad. Am.* quadraginta] et *praem. V Bad. Am. μ* | 56 quodsi…57 septuaginta *om. V Bad.* | 57 ferme] fere *T* | 58 septuaginta…annos] septuaginta annos et unum *S* | annos] annum *T* | Aegypto] Aegyptum *T* | 59 sic] si *Bad. Am.* | 60 usque] ad *add. P S V Bad. Am. μ (cf. l. 106)* 61 et¹ *om. C T* | 62 Ambram] Amram *S T Bad. Am.* | decem] et *praem. S V Bad. Am.*

Regierung Josefs ab – er regierte aber vom Alter von 30 Jahren an bis zum Alter von 110 Jahren –, und so werden die für die Knechtschaft Israels übrig bleibenden Jahre der Knechtschaft Israels sich auf 350 belaufen. Sie hat Gott als 400 bezeichnet (vgl. Gen 15,13). [...] Daraus ergibt sich: ein Teil gilt als Ganzes, eine Hundertschaft, denn nach den 300 Jahren bilden die [restlichen 50] Jahre nur einen Teil einer weiteren Hundert-

Schrift sich üblicherweise dieser Ausdrucksweise bedient. Falls wir aber, was mit etwas größerer Wahrscheinlichkeit angeführt werden kann, annehmen, Israel habe zu dem Zeitpunkt Ägypten betreten, als Josef, soeben dorthin verkauft, dort zu leben begann, müssen wir noch 13 Jahre abziehen, so daß wir 337 Jahre für 400 gelten lassen. Da aber die Schrift berichtet, daß Kehat, der Sohn Levis und Großvater Moses, mit seinem Großvater Jakob nach Ägypten gekommen ist, jedoch sagt, er sei 130 Jahre alt geworden (vgl. Ex 6,18),[84] Amram aber, sein Sohn und der Vater Moses, 137 (vgl. Ex 6,20),[85] da sie von Mose wiederum behauptet, er sei 80 Jahre alt gewesen, als er das Volk aus Ägypten befreite (vgl. Ex 7,7), – selbst wenn Kehat den Vater Moses in seinem Todesjahr gezeugt und auch jener Amram den Mose in seinem letzten Lebensjahr gezeugt hätte – 130 und 137 und achtzig Jahre ergeben 347, nicht 430 Jahre. Wollte jemand behaupten, Kehat, der Sohn Levis, sei im letzten Lebensjahr Josefs geboren worden, kann diese Summe etwa um siebzig Jahre steigen, weil Josef nach der Ankunft seines Vaters noch einundsiebzig Jahre lebte. Deswegen ergeben auch bei dieser Berechnung die siebzig Lebensjahre Josefs von der Ankunft Jakobs in Ägypten bis zur Geburt Kehats, falls man behauptet, er sei damals geboren worden, und die hundertunddreißig Jahre Kehats selbst und die hundertsiebenunddreißig seines Sohnes Amram, des Vaters des Mose, und die achtzig des Mose selbst vierhundertundsiebzehn Jahre, nicht vierhundertunddreißig.

qu. 2,47,4

47,4 Daher trifft die folgende Berechnungsweise, der Eusebius in seiner Chronik gefolgt ist,[86] zweifellos klar das Richtige. Er berechnet nämlich die

---

schaft: deswegen hat er von 400 Jahren gesprochen." Im Gegensatz zu Augustinus geht Tyconius somit von TM aus (Ex 12,40): 430 Jahre Israels in Ägypten, berücksichtigt aber nicht, daß diese nicht mit dem Regierungsantritt Josefs, sondern erst mit dem Eintritt Jakobs samt seiner Familie in Ägypten beginnen, so daß nicht die gesamte Regierungszeit Josefs abgezogen werden darf.

[84] Ex 6,18: TM: 133 Jahre, LXX+VL+Vulg: 130 Jahre.

[85] Ex 6,20: TM+VL+Vulg: 137 Jahre, LXX: 136 Jahre (zu weiteren abweichenden Zahlen in LXX vgl. WEVERS, *Exodus*).

[86] „Die Originalgestalt der Chronik ist verloren, kann aber aus Exzerpten späterer Chronographen, einer Übersetzung des 6. Jh. und vor allem der lateinischen Übertragung des Hieronymus recht zuverlässig rekonstruiert werden. Dieser lernte sie bei einem Aufenthalt in Konstantinopel 380/81 kennen" (DROBNER, *Lehrbuch* 249). Die entsprechenden beiden griechischen Fragmente des Eusebius, finden sich in HELM, *Eusebius* 1926, 34 und 62, deren Übersetzung durch Hieronymus in HELM, *Eusebius* 1913, 23 und 36. Augustinus kennt sie aus Hieronymus, dessen Übersetzung er seit 396/7 in *doctr. chr.* und *civ.* häufig benutzt (vgl. ALTANER, *Eusebios* 255-257).

quadringentos triginta annos, qua vocavit deus Abraham, ut exiret de terra sua in terram Chanaan, quia et apostolus cum Abrahae laudaret et commendaret fidem, in ea promissione qua Christum vult intellegi prophetatum, id est qua promisit deum Abrahae quod benedicerentur in eo omnes tribus terrae, *hoc autem dico,* inquit, *quia testamentum confirmatum a deo post quadringentos et triginta annos facta lex non infirmat ad evacuandas promissiones.* Ex illa ergo promissione, qua vocatus est Abraham et credidit deo, post quadringentos et triginta annos factam legem dicit apostolus, non ex tempore quo Iacob intravit in Aegyptum. Deinde etiam ipsa scriptura Exodi satis hoc significatur; non enim dixit: *Incolatus filiorum Israhel, quem incoluerunt in terra Aegypto, anni quadringenti triginta,* sed aperte dixit: *Quem incoluerunt in terra Aegypto et in terra Chanaan ipsi et patres eorum.* Ac per hoc manifestum est conputandum esse tempus etiam patriarcharum Abrahae, Isaac et Iacob, ex quo peregrinari coepit Abraham in terra Chanaan id est ex illa promissione, in qua eius fidem laudat apostolus, usque ad illud tempus, quo ingressus est Israhel in Aegyptum. Toto quippe isto tempore peregrinati sunt patres in terra Chanaan et deinde semen Israhel in Aegypto. Ac sic conpleti sunt quadringenti triginta anni a promissione usque ad exitum Israhel ex Aegypto, quando *facta* est *lex* in monte Sina, quae *non infirmat testamentum ad evacuandas promissiones.*

47,5 Septuagesimo ergo et quinto anno vitae suae Abraham, sicut scriptura dicit, egressus est in terram Chanaan et genuit Isaac, cum esset annorum C. Fiunt itaque anni XXV ex promissione usque ad natum Isaac. His adduntur omnes anni vitae Isaac, id est centum octoginta, fiunt ducenti quinque. Tunc

---

68 in…69 terrae] cf. Gn 12,3; 18,18   69 Gal 3,17   85 septuagesimo…86 Chanaan] cf. Gn 12,4   86 genuit…C] cf. Gn 21,5   88 omnes…octoginta] cf. Gn 35,28

69 benedicerentur] benedicentur $C\, z$ | 71 lex] $\bar{e}$ *add. n* | ergo *om. C* | 73 dicit] dicet C 74 significatur] significavit *Bad. Am.* μ | 75 Aegypto] Aegypti $P\, S\, V\, Bad.$ | anni…76 Aegypto *om. S Bad. per homoiot.* | 76 quem] quam P, quae n | Aegypto] Aegypti $C\, P\, V\, n\, Bad.\, Am.$ | 77 est] esset n | 78 peregrinari] perigrinari C, peregrinare $P\, S\, T$ | in] de *Bad. Am.* | 79 fidem] fidei V | 80 est *om. C* | 81 in^2] ex *Bad.* | quadringenti…82 triginta] quadragenta trigenta C^1 | 83 lex *om.* P^1 | 85 ergo *om.* $P\, S\, V\, T\, Am.\, Bad.$ | Abraham *om. n*   86 terram] terra P^1 | 88 Isaac *om.* P^1, suae $S\, V$, suae *praem. Bad. Am.*

---

[87] Augustinus zitiert hier etwas ungenau. Er bezieht sich auf Gen 12,3; 18,18 (in Abraham werden alle Völker gesegnet); dies zitiert Paulus in Gal 3,8. Die Vorhersage Christi sieht Paulus aber in Gal 3,16 durch Gen 22,18 (alle Völker werden in dem – so Paulus: indivduellen einen – *Samen* Abrahams gesegnet); vgl. auch die Verheißungen für Abra-

vierhundertunddreißig Jahre von jener Verheißung an, durch die Gott Abraham dazu aufrief, aus seinem Land in das Land Kanaan zu ziehen (vgl. Gen 12,1), weil auch der Apostel, als er den Glauben Abrahams lobte und pries, anläßlich derjenigen Verheißung, die er als Vorhersage Christi verstanden wissen will, d.h. derjenigen Verheißung, in der Gott Abraham versprach, in ihm würden alle Stämme der Erde gesegnet werden (vgl. Gen 12,3; 18,18),[87] sagt: „Damit meine ich: Das von Gott für gültig erklärte Testament macht das vierhundertunddreißig Jahre später erlassene Gesetz nicht ungültig, so daß die Verheißungen aufgehoben würden" (Gal 3,17). Der Apostel sagt also, daß von jener Verheißung an gerechnet, durch die Abraham berufen wurde und auf Grund deren er Gott glaubte, das Gesetz vierhundertunddreißig Jahre danach erlassen wurde, nicht von dem Zeitpunkt an gerechnet, zu dem Jakob Ägypten betrat. Außerdem zeigt dies auch das Buch Exodus selbst genügend deutlich an; es heißt nämlich nicht: ‚Die Zeit des Aufenthalts der Söhne Israel, die sie im Land Ägypten zugebracht haben, umfaßt vierhundertunddreißig Jahre', sondern es heißt ausdrücklich: „die sie im Land Ägypten und im Land Kanaan zugebracht haben, sie selbst und ihre Väter".[88] Und daraus geht klar hervor: Es muß auch der Zeitraum der Patriarchen Abraham, Isaak und Jakob von dem Moment an, an dem Abraham im Land Kanaan als Fremder zu leben begann, d.h. von jener Verheißung an, bezüglich derer der Apostel seinen Glauben lobt, bis zu dem Termin, zu dem Israel nach Ägypten kam, hinzugerechnet werden. In diesem ganzen Zeitraum haben ja die Väter im Land Kanaan und später die Nachkommenschaft Israels in Ägypten als Fremde gelebt. So ergeben sich volle vierhundertunddreißig Jahre von der Verheißung bis zum Auszug Israels aus Ägypten, als „das Gesetz" auf dem Berg Sinai „erlassen wurde, das das Testament nicht ungültig macht, so daß die Verheißungen aufgehoben würden".

qu. 2,47,5

47,5 Somit ist Abraham, wie die Schrift sagt, in seinem fünfundsiebzigsten Lebensjahr in das Land Kanaan ausgewandert (vgl. Gen 12,4), und er zeugte Isaak im Alter von hundert Jahren (vgl. Gen 21,5). So ergeben sich fünfundzwanzig Jahre von der Verheißung bis zur Geburt Isaaks. Dazu kommen alle Lebensjahre Isaaks, d.h. hundertundachtzig Jahre (vgl. Gen 35,28), das macht zweihundertundfünf. Damals war Jakob hundertundzwanzig Jahre alt; die Zwillinge, er selbst und Esau, wurden nämlich dem Vater im Alter von sechzig Jahren geboren (vgl. Gen 25,26). Zehn Jahre danach aber kam Jakob nach Ägyp-

---

ham und seinen Samen in Gen 13,15-16; 24,7 und die Bundesverheißungen Gen 17,7-8 (allerdings für die aktuelle Argumentation weniger geeignet, weil sich dort pluralische Pronomina auf den daher kollektiv zu verstehenden ‚Samen' beziehen).
[88] Ex 12,40; vgl. oben Anm. 81.

760 erat Iacob annorum CXX; nati sunt enim sexagenario patri gemini ipse et Esau. Post X autem annos intravit Iacob in Aegyptum, cum esset annorum CXXX, Ioseph autem esset XXXVIIII. Fiunt proinde anni a promissione usque ad ingressum Iacob in Aegyptum CCXV. Ioseph autem ab illo tricesimo et nono anno aetatis suae, in quo eum pater in Aegypto invenit, vixit annos septuaginta unum, quia omnes aetatis eius anni C et X fuerunt. Cum itaque ad ducentos quindecim annos accesserint septuaginta unus, fiunt anni CCLXXXVI. Restant CXLIIII vel quinque, quibus intellegitur servisse in Aegypto populus Israhel post mortem Ioseph. His annis quantum multiplicari potuerint, si fecunditas hominis consideretur, adiuvante illo qui eos voluit valde multiplicari, reperitur non esse mirum quod in sescentis milibus peditum egressus est populus ex Aegypto excepto cetero adparatu, ubi et servitia erant et sexus muliebris et inbellis aetas.

47,6 Quod ergo dixit deus ad Abraham: *Sciendo scies quia peregrinum erit semen tuum in terra non propria; et in servitutem redigent eos et nocebunt illis quadringentis annis*,
780 non sic accipiendum est, tamquam in illa durissima servitute quadringentos annos dei populus fuerit; sed quia scriptum est: *In Isaac vocabitur tibi semen*, ex anno nativitatis Isaac usque annum egressionis ex Aegypto conputantur anni quadringenti quinque. Cum ergo de quadringentis triginta detraxeris viginti quinque, qui sunt a promissione usque ad natum Isaac, non mirum est, si quadringentos et quinque annos summa solida quadringentos voluit appellare scriptura, quae solet tempora ita nuncupare, ut quod de summa perfectioris numeri paululum excrescit aut infra est non conputetur. Non itaque quod ait: *In servitutem redigent*

---

89 nati...Esau] cf. Gn 25,26   **90** intravit...CXXX] cf. Gn 47,9   **105** Gn 21,12

---

89 patri] patre *P S V T Bad. Am. μ* | **91** esset] cum *praem. P S T Am.*, *om. V Bad.* | fiunt *om. V Bad.* | a *om. Bad.* | **93** annos *om. n* | annos...94 unum] septuaginta et unum annos *P V T Bad. Am. μ* | **94** omnes] omnis *Bad.* | et *om. P S V n T Bad. Am. μ* | **95** accesserint] accesserunt *P S V Bad.* | unus] unum *C P S n* | **96** quibus intellegitur *om. N* **98** adiuvante] adiuvanto *P¹* | **99** in] a *Bad.* | **102** scies] scias *Bad. Am. μ* **103** quadringentis annis] quadringentos annos *μ* | **105** tibi semen] semen tibi *C Bad.* ex...106 nativitatis] et a nativitate *Bad.* | **106** usque] ad *add. P V T Bad. Am. μ* | anni] anno *C*

---

[89] Vgl. Eusebius, *Chronik*; griechisches Fragment: HELM, *Eusebius* 1926, 62; Übersetzung des Hieronymus: HELM, *Eusebius* 1913, 36.
[90] Vgl. Eusebius, *Chronik*; griechisches Fragment: HELM, *Eusebius* 1926, 62; Übersetzung des Hieronymus: HELM, *Eusebius* 1913, 36; *civ*. 16,43.

ten, als er hundertunddreißig (vgl. Gen 47,9), Josef aber neununddreißig Jahre alt war. Folglich ergeben sich zweihundertundfünfzehn Jahre[89] von der Verheißung bis zur Ankunft Jakobs in Ägypten. Josef aber lebte nach diesem seinem neununddreißigsten Jahr, in dem ihn der Vater in Ägypten antraf, weitere einundsiebzig Jahre, da sich seine Lebensjahre insgesamt auf hundertundzehn beliefen. Weil daher zu den zweihundertundfünfzehn Jahren einundsiebzig hinzugekommen sind, ergeben sich zweihundertsechsunddreißig Jahre. Es bleiben hundertundvierundvierzig[90] oder hundertundfünfundvierzig[91] Jahre, in denen, wie man sieht, das Volk Israel nach Josefs Tod in Ägypten Sklavendienste leistete. Wenn man bedenkt, wie stark sie sich in diesen Jahren in Anbetracht der menschlichen Fruchtbarkeit vermehren konnten, zumal jener half, der wollte, daß sie sich stark vermehrten, empfindet man es nicht als erstaunlich, daß das Volk mit sechshunderttausend Fußsoldaten aus Ägypten ausgezogen ist, abgesehen vom übrigen Troß, wo auch die Sklaven und das weibliche Geschlecht und das kriegsuntüchtige Alter sich befanden.

qu. 2,47,6

47,6 Das Wort Gottes zu Abraham: „Wissend sollst du wissen, daß deine Nachkommen Fremde sein werden in einem Land, das ihnen nicht gehört, und man sie in die Sklaverei zwingen und ihnen vierhundert Jahre lang Leid zufügen wird" ist daher nicht so zu verstehen, als ob das Volk Gottes vierhundert Jahre diese äußerst harte Sklaverei erdulden mußte, sondern weil geschrieben steht: „Nach Isaak sollen deine Nachkommen benannt werden" (Gen 21,12), zählt man vom Geburtsjahr Isaaks bis zum Jahr des Auszugs aus Ägypten vierhundertundfünf Jahre.[92] Wenn man daher von den vierhundertunddreißig die fünfundzwanzig von der Verheißung bis zur Geburt Isaaks abgezogen hat, so kann es nicht verwundern, wenn die Schrift die vierhundertundfünf Jahre auf die Gesamtzahl vierhundert abrunden wollte; sie bezeichnet ja üblicherweise die Zeiträume so, daß sie das, was von einer Summe, die eine vollendetere Zahl ergibt, ein wenig nach oben oder unten abweicht, nicht berechnet. Die Wendung: „man wird sie in die Sklaverei zwingen und ihnen Leid zufügen" ist folglich nicht auf die vierhundert Jahre zu beziehen, als hätte man sie so viele Jahre

---

[91] Vgl. *civ.* 18,7.
[92] Diese Berechnungsweise empfiehlt noch 1934 JACOB, *Genesis* 399: „Für die 400 Jahre unserer Stelle wäre die nächstliegende Erklärung die Raschis: sie beginnen mit der Geburt Isaaks. Dieser zeugt mit 60 Jahren Jakob, der mit 130 Jahren in Ägypten einzieht, wo die Israeliten 210 Jahre wohnen, Summa 400. Sind für 210 vielmehr 215 zu setzen, so ist 400 die abgerundete Zahl, da die genaue in emphatischer Rede eine Pedanterie wäre." Auch dieses Argument mit der abgerundeten Zahl bringt oben bereits Augustinus.

eos et nocebunt illis, ad quadringentos annos referendum est, tamquam per tot annos eos habuerint in servitute; sed referendi sunt quadringenti anni ad id quod dictum est: *Peregrinum erit semen tuum in terra non propria*, quia sive in terra Chanaan sive in Aegypto peregrinum erat illud semen, antequam hereditatem sumerent terram ex promissione dei. Quod factum est posteaquam ex Aegypto liberati sunt, ut hyperbaton hic intellegatur et ordo verborum sit: *Sciendo scies quia peregrinum erit semen tuum in terra non propria quadringentis annis*, illud autem interpositum intellegatur: Et in *servitutem redigent eos et nocebunt illis*, ita ut ad quadringentos annos ista interpositio non pertineat. In extrema enim parte annorum summae huius, hoc est post mortem Ioseph, factum est, ut in Aegypto populus dei duram perageret servitutem.

48 Quid est quod ait, cum de pascha praeciperet: *Erit tibi in signo super manum tuam?* An intellegitur super opera tua, id est quod praeferre debeas operibus tuis? Pertinet enim pascha propter occisionem ovis ad fidem Christi et sanguinem, quo redemti sumus. Haec autem fides operibus praeponenda est, ut sit quodam modo super manum adversus illos, qui in operibus legis gloriabantur. De qua re apostolus loquitur et multum agit, qui fidem operibus sic vult anteponi, ut ex illa pendeant opera bona atque ab ea praeveniantur, non ut ipsa velut meritis bonorum operum retribui videatur. Illa enim ad gratiam pertinet; *si autem gratia, iam non ex operibus; alioquin gratia iam non est gratia.*

49 *Cum autem dimisit Pharao populum, non deduxit eos deus viam terrae Phylistiim, quia prope erat. Dixit enim deus: Ne quando paeniteat populum, cum viderit proelium, et revertatur in Aegyptum.* Hic ostenditur omnia fieri debere, quae consilio recte fieri possunt, ad devitanda quae adversa sunt, etiam cum deus apertissime adiutor est.

48,6 fidem…8 videatur] cf. Gal 3; Hbr 11   **8** Rm 11,6

---

117 sit *om. C* | scies] scias *Am. μ* | **119** servitutem] servitute *n* | redigent] redigunt *C*, redigant *P* | **121** Aegypto] Aegyptum *C* | **48,1** erit] et *praem. ᵹ* | signo] signum *Am. μ* **2** praeferre] p̄erferre *V*, p̄ferre *Bad.* | **4** quo] quod *n* | **5** gloriabantur] gloriabatur *corr. in* gloriantur *T* | **6** multum agit] nullum ait posse deo placere sine fide *Am.* (non *habet Bad.*) agit] ait *C (Am.)*, ait *P (g exp.)* | sic…anteponi] sic vult anteponit *S*, suis anteponit *V*, anteponit suis *Bad.*, anteponit *Am.* | **7** praeveniantur] perveniantur *Am.* | **8** pertinet] pertinent *Am.* | **49,1** dimisit] emisit *Am.* | dimisit Pharao] Pharao dimisit *C* | viam] per *praem. S² T Am.* | terrae Phylistiim *om. n* | **3** revertatur] revertetur *P¹* | **4** devitanda] evitanda *Am.*

lang in Sklaverei gehalten; sondern die vierhundert Jahre sind auf die Wendung: „deine Nachkommen werden Fremde sein in einem Land, das ihnen nicht gehört," zu beziehen, denn diese Nachkommen lebten sowohl im Land Kanaan als auch in Ägypten als Fremde, bevor sie Land als Erbbesitz durch Verheißung Gottes erhielten. Das ist geschehen, nachdem sie aus Ägypten befreit worden sind; folglich ist hier ein Hyperbaton zu erkennen und lautet die Wortfolge folgendermaßen: ‚Wissend sollst du wissen, daß deine Nachkommen vierhundert Jahre lang Fremde sein werden in einem Land, das ihnen nicht gehört', während jene Wendung: „und man wird sie in die Sklaverei zwingen und ihnen Leid zufügen", in der Weise als eingeschoben verstanden wird, daß dieser Einschub sich nicht auf die vierhundert Jahre bezieht. Erst im letzten Abschnitt dieser Gesamtzahl an Jahren, d.h. nach Josefs Tod, hat sich nämlich ereignet, daß das Gottesvolk in Ägypten harte Knechtschaft erlebte.

qu. 2,48 (zu Ex 13,9)

48 Was bedeutet die Wendung in der Vorschrift über das Pascha: „Es soll dir ein Zeichen über deiner Hand sein?[93] Bedeutet es vielleicht: ‚über deinen Taten', d.h. das, was du deinen Taten vorziehen sollst? Das Pascha bezieht sich nämlich wegen der Schlachtung des Lammes auf den Glauben an Christus und auf das Blut, durch das wir erlöst worden sind. Dieser Glaube muß aber den Taten dergestalt übergeordnet werden, daß er irgendwie ‚über der Hand' ist – gegen jene, die sich der Werke des Gesetzes gerühmt haben. Über dieses Thema spricht und handelt der Apostel vielfach. Er besteht darauf, der Glaube werde den Werken derart übergeordnet, daß die guten Werke von ihm abhängen und er ihnen vorausgeht, nicht aber so, daß der Anschein entstehen könnte, er selbst werde gleichsam als Lohn für die Verdienste der guten Werke gegeben (vgl. Gal 3; Hebr 11). Er gehört nämlich zur Gnade; „wenn aber aus Gnade, dann gewiß nicht aufgrund von Werken; sonst wäre die Gnade nicht mehr Gnade" (Röm 11,6).

qu. 2,49 (zu Ex 13,17)

49 Hier zeigt sich, daß man, um Unglück abzuwenden, alles tun muß, was man nach reiflicher Überlegung zurecht tun kann, auch wenn Gott ganz offen zur Seite steht.

---

[93] Ausgangspunkt der folgenden Diskussion ist die Wortwahl der VL. TM: עַל־יָדְךָ bedeutet: „auf/an deiner Hand"; entsprechend LXX: ἐπὶ τῆς χειρός und Vulg: *in manu tua*; VL wählt dagegen eine Nuance, die die hebräische Präposition auch bezeichnen kann: *super* = ‚über'. „Es" ist das erinnernde und JHWH rühmende Erzählen vom Exodus.

50 *Quinta autem progenie ascenderunt filii Israhel de terra Aegypti.* Utrum progeniem in centum annis vult conputari et ideo quinta progenie, quia post quadringentos triginta annos? An per hominum generationes hoc potius intellegendum est ab ipso Iacob qui intravit in Aegyptum usque ad Moysen qui cum populo egressus est? Iacob enim primus, secundus Levi, tertius Caath, quartus Ambram, quintus 5 Moyses invenitur. Has autem dicit progenies Latinus interpres, quas γενεάς Graeci vocant, quae in evangelio *generationes* appellantur nec numerantur nisi per successiones hominum, non per numerum annorum.

51 Dixit autem Moyses: *Confidite et state et videte salutem quae est a domino, quam faciet vobis hodie. Sicut enim vidistis Aegyptios hodie, non adponetis amplius videre eos in aeternum tempus.* Quomodo accipienda sunt haec verba, cum viderint postea Israhelitae Aegyptios? An quia isti qui tunc videbant non eos ulterius viderunt, quia et illi sunt mortui qui consequebantur et isti omnes quisque die mortis suae? 5 Nam posteri eorum viderunt posteros illorum. An non eos videbitis sicut hodie intellegendum est non sicut hodie persequentes et inimicos et tanto post vos agmine venientes, ut omnino nulla sit quaestio nec de aeterno tempore quod hic posuit, quia etsi videbunt se utrique tempore resurrectionis, non sic utique videbunt ut hodie? 10

50,5 iacob...6 invenitur] cf. Gn 46,8.11; Ex 6,16.18.20   **7** generationes] cf. Mt 1,17

50,3 triginta] et *praem. Am.* | hominum] *exp. et* oms *superscr. V* | **5** Ambram] Amram *S Am.*   **6** autem *om. S* | γενεάς] geneas *C P S V n T* | **51,1** confidite] confidete *V¹ n* et²...salutem *om. n* | **4** videbant] vivebant *C* | viderunt] viderint *Am.* | **5** quisque] quisquis *C z* | **9** utique] aliter utrique *in marg. Am.*

---

[94] Hier folgt VL einem Übersetzungsfehler der LXX. TM: חֲמֻשִׁים ist abgeleitet vom Zahlwort ‚fünf' und bedeutet in militärischem Kontext: ‚in fünf Abteilungen = in Kampfordnung gegliedert' (entsprechend Vulg: *armati*, bewaffnet). LXX, gefolgt von VL, vermutet eine andere Herleitung von ‚fünf' und macht daraus (entsprechend der Geschlechterfolge von Jakob über Levi zu Mose in Ex 6,16-20): πέμπτῃ δὲ γενεᾷ = „als fünfte Generation, in der fünften Generation".

[95] Vgl. Tyconius (*Liber Regularum*), *Regula V de temporibus*, 5,2,1: *Generatio aliquoties et C*

qu. 2,50 (zu Ex 13,18)

50 „In der fünften Generation aber zogen die Söhne Israels aus dem Land Ägypten hinauf".[94] Will die Schrift eine Generation als hundert Jahre berechnen[95] und daher: „in der fünften Generation", weil nach vierhundertunddreißig Jahren? Oder soll man das eher entsprechend den menschlichen Generationen verstehen: von Jakob, der nach Ägypten kam, bis zu Mose, der mit dem Volk ausgezogen ist? Man findet nämlich, daß Jakob der erste, der zweite Levi, der dritte Kehat, der vierte Amram, der fünfte Mose ist (vgl. Gen 46,8.11; Ex 6,16.18.20). Der lateinische Übersetzer bezeichnet nämlich diejenigen als *progenies* (Generationen), die die Griechen γενεὰς nennen, die im Evangelium aber *generationes* genannt werden (vgl. Mt 1,17); und sie werden ausschließlich nach den aufeinander folgenden Menschen, nicht nach der Zahl der Jahre berechnet.

qu. 2,51 (zu Ex 14,13)

51 Mose aber sagte: „Vertraut und bleibt stehen und schaut die Rettung, die vom Herrn kommt, die er euch heute bereiten wird; denn wie ihr die Ägypter heute gesehen habt, werdet ihr sie in Ewigkeit nicht mehr sehen." Wie soll man diese Worte verstehen, da die Israeliten doch danach die Ägypter gesehen haben? Etwa, weil jene, die sie damals sahen, sie nicht weiterhin gesehen haben, da sowohl diese, die sie verfolgten, starben als auch alle jene, jeder an seinem jeweiligen Todestag? Denn die Nachkommen dieser sahen die Nachkommen jener. Oder soll man ‚ihr werdet sie nicht sehen wie heute' so verstehen: ‚nicht wie heute als Verfolger und Feinde und euch mit so großem Heer Nachrückende', so daß sich überhaupt keine Frage erhebt, schon gar nicht bezüglich der Ewigkeit, von der der Text hier sprach, weil beide, obgleich sie sich zur Zeit der Auferstehung sehen werden, sich doch wenigstens nicht wie heute sehen werden?

qu. 2,52 (zu Ex 14,15)

52 Was bedeutet das Wort des Herrn zu Mose: „Was schreist du zu mir?" Da die Schrift nichts über Worte des Mose gesagt hat und auch nicht erwähnt hat,

---

anni sunt, sicut Deus dicit Abrahae: ‚Quarta autem generatione revertentur huc.' In Exodo vero non de servitutis sed de totius peregrinationis tempore dictum est: ‚Quinta autem generatione ascendit populus ex Aegypto,' id est CCCC et XXX annos. „Manchmal umfaßt eine Generation auch 100 Jahre, wie Gott zu Abraham sagt: ‚In der vierten Generation werden sie hierher zurückkehren'. Im Exodus ist jedoch nicht von der Zeitspanne der Knechtschaft, sondern der Zeitspanne des gesamten Aufenthalts in der Fremde die Rede: „In der fünften Generation aber zog das Volk aus Ägypten hinauf," d.h. 430 Jahre." Noch ZIMMERLI, 1. Mose 58 fragt 1976: „Hat man sich dann den Ausgleich beim Ergänzer von V. 13 so zu denken, daß er in seiner Abrundung der 430 auf 400 Jahre die Generationen auf 100 Jahre berechnet?"

52 Quid est quod dixit dominus ad Moysen: *Quid tu clamas ad me?* Cum scriptura non dixerit aliquid de Moysi vocibus nec eum orantem commemoraverit? Nisi quia intellegi voluit hoc eum egisse vocis silentio, ut corde clamaret.

53 *Et tu leva virgam tuam et extende manum tuam super mare.* Haec est illa virga, in qua fiebant mirabilia, quae modo dicitur esse Moysi; tunc autem fratris eius fuisse dicebatur, quando per illam ipse operabatur.

54 *Extendisti dexteram tuam, transvoravit eos terra*; terram pro aqua non mirum est positam. Tota quippe pars ista extrema vel infima mundi terrae nomine censetur secundum id quod saepe dicitur: *Deus qui fecit caelum et terram*, et in illius Psalmi distributione commemoratis caelestibus, *laudate*, inquit, *dominum de terra*, et ea exsequitur in laude, quae etiam ad aquas pertineant.

55 *Misisti spiritum tuum et cooperuit eos mare.* Ecce iam quinto commemoratur spiritus dei, ut in hoc numero accipiamus et quod dictum est: *Digitus dei est hoc*. Primo, ubi scriptum est: *Spiritus dei superferebatur super aquas*; secundo, ubi dicitur: *Non permanebit in istis hominibus spiritus meus, quoniam carnes sunt*; tertio, ubi Pharao dicit ad Ioseph: *Quoniam spiritus dei est in te*; quarto, ubi incantatores Aegyptiorum dicunt: *Digitus dei est hoc*; quinto in hoc cantico: *Misisti spiritum tuum et cooperuit eos mare.* Meminerimus autem spiritum dei non solum ad beneficia verum

---

53,2 tunc...3 operabatur] cf. Ex 7,9.10.12.19.20; 8,1.12.13   **54,3** Ps 113,23 etc.   4 Ps 148,7
55,2 Ex 8,19 LXX   3 Gn 1,2   4 Gn 6,3   5 Gn 41,38   6 Ex 8,19 LXX

53,1 leva] eleva *Am.* μ | illa virga] virga illa *Am.* | **54,1** dexteram] manum *V Am.* transvoravit] transforavit P^1 | terra] terram *n* | terram] terram (s. l.) *P V*, terra *Am.* | 2 positam] posita *Am.* | infima] infirma *P S*, Infirma *n* | 3 in om. *C* μ | 5 ea om. *n* pertineant] pertinebant *Am.* | **55,2** et] ut *n* | 3 superferebatur] super me ferebatur *C*, ferebatur *Am.* | 4 carnes] caro *Am.* | Pharao...5 dicit] dicit Pharao *T* | 6 hoc[1]] hic *Am.*

---

[96] Zu Erklärungen der griechischen Väter vgl. BdA.
[97] Ex 4-14: Auch Mose hat einen Stab und wirkt durch ihn Wunder: Ex 4,1-5.17.20 (Gottesstab); 7,15; 9,22.23; 10,13; 14,16. Die unterschiedlichen Stäbe werden zumeist quellenkritisch erklärt. Augustinus identifiziert beide Stäbe.

daß er betete? Es sei denn, sie wollte, daß man verstehe, er habe dies schweigend, ohne Worte getan, so daß er nur im Herzen schrie. [96]

qu. 2,53 (zu Ex 14,16)

53 „Und du, hebe deinen Stab empor und strecke deine Hand über das Meer aus!" Das ist jener Stab, durch den die Wunder geschahen; jetzt wird er Stab des Mose genannt, damals aber hieß es, er sei der Stab seines Bruders gewesen, als dieser seinerseits durch ihn handelte (vgl. Ex 7,9.10.12.19.20; 8,1.12.13).[97]

qu. 2,54 (zu Ex 15,12)

54 „Du hast deine Rechte ausgestreckt, die Erde hat sie verschlungen"; es verwundert nicht, daß die Erde anstelle des Wassers genannt ist. Es wird ja dieser ganze äußerste bzw. unterste Teil der Welt mit dem Terminus ‚Erde' bezeichnet gemäß der häufig wiederholten Wendung: „Gott, der Himmel und Erde gemacht hat" (Ps 115,15 etc.),[98] und nachdem jener Psalm in der Aufzählung die himmlischen Wesen erwähnt hat, heißt es: „Lobt den Herrn von der Erde her" (Ps 148,7), und dann fährt er im Lob fort, indem er auch die Lebewesen nennt, die zum Wasser gehören.[99]

qu. 2,55 (zu Ex 15,10.8)

55 „Du hast deinen Geist gesandt,[100] und das Meer hat sie bedeckt." Siehe, schon zum fünften Mal wird der Geist Gottes erwähnt, falls wir in diese Reihe auch den Ausspruch einschließen: „Das ist der Finger Gottes" (Ex 8,15TM).[101] Das erste Mal, wo geschrieben steht: „Der Geist Gottes schwebte über den Wassern" (Gen 1,2). Das zweite Mal, wo es heißt: „Mein Geist wird in diesen Menschen nicht bleiben, denn sie sind Fleisch" (Gen 6,3). Zum dritten, wo Pharao zu Josef sagt: „weil der Geist Gottes in dir ist" (Gen 41,38).[102] Zum vierten, wo die ägyptischen Zauberer sagen: „Das ist der Finger Gottes" (Ex 8,15TM). Zum fünften in diesem Lied: „Du hast deinen Geist gesandt, und das Meer hat sie bedeckt." Wir sollten aber daran denken, daß der Geist Gottes nicht nur in Zusammenhang mit Wohltaten, sondern auch mit Strafe gebracht wird. Denn was sonst wurde schon oben gesagt: „Durch den Geist deines

---

[98] Ps 120(LXX; TM: 121),2; 123(LXX; TM: 124),8; 133(LXX; TM: 134),3; 145(LXX; TM: 146),6; Apg 14,15.

[99] Daß die Bibel *terra* auch für das Wasser sagt, betont Augustinus zur selben Psalmstelle auch in *en. Ps.* 148,9. Vgl. auch *Gn. litt.* 9,1,3.

[100] LXX mildert den anthropomorphen Ausdruck des TM: בְּרוּחֲךָ נָשַׁפְתָּ „Du hast mit deinem Atem geblasen" zu ἀπέστειλας τὸ πνεῦμά σου „Du hast deinen Windhauch gesandt", Augustinus aber versteht *spiritus* nicht als ‚Windhauch', sondern als ‚Geist'.

[101] Vgl. *qu.* 2,25.

[102] Augustinus zitiert ungenau. TM: „in dem der Geist Gottes ist"; LXX: „der den Geist Gottes in sich hat".

etiam ad vindictam commemorari. Nam quid aliud etiam supra dixit: *Per spiritum irae tuae divisa est aqua?* Iste itaque spiritus dei in Aegyptios spiritus irae eius, quibus nocuit Aquarum divisio, ut intrantes possent aquis redeuntibus obrui, filiis vero Israhel, quibus profuit quod aqua divisa est, non fuit ille spiritus irae dei. Unde significatur propter diversas operationes et effectus spiritum dei dissimiliter appellari, cum sit unus atque idem ille dumtaxat, qui etiam spiritus sanctus in unitate trinitatis accipitur. Proinde non arbitror alium quam eundem significari, ubi dicit apostolus: *Non enim accepistis spiritum servitutis iterum in timorem, sed accepistis spiritum adoptionis in quo clamamus: Abba, pater*, quia eodem spiritu dei, id est digito dei, quo lex in tabulis lapideis conscripta est, timor incussus est eis, qui gratiam nondum intellegebant, ut de sua infirmitate atque peccatis per legem convincerentur et lex illis fieret paedagogus, quo perducerentur ad gratiam quae est in fide Iesu Christi. De hoc autem spiritu adoptionis et gratiae, id est de hoc opere spiritus dei, quo inpertitur gratia et regeneratio in vitam aeternam, dicitur: *Spiritus autem vivificat*, cum supra diceretur: *Littera occidit*, id est lex conscripta tantummodo iubens sine adiutorio gratiae.

56 *Venerunt autem in Merra et non poterant bibere de Merra; amara enim erat.* Si propter hoc appellatum est nomen loci eius amaritudo, quia non potuerunt ibi aquam bibere, quod amara esset - Merra enim interpretatur amaritudo - quomodo venerunt in Merra, nisi quia eo nomine locum scriptura appellavit, in quem venerunt, quo iam appellabatur cum haec scribebantur? Posterius enim utique scripta sunt quam illa contigerunt.

---

15 Rm 8,15   **17** digito...est²] cf. Ex 24,12; 31,18; Dt 4,13; 5,22; 9,10; 10,2.4 | Gal 3,22-26   **22** 2 Cor 3,6   **56,3** Merra...amaritudo] cf. Hieronymus, *Nom. Hebr.*

---

8 ad ... comm *om. n* | per] et *praem.* ʒ | **9** iste] est *add. S* | dei] irae *add. Am.* | spiritus²] nam *praem. C P S V n Bad. Am.* (μ : „plerique MSS") | eius] erat *add. V* fuit *add.* μ, qui tamen adnotat in app. : „Ubi additur nam, et omittitur fuit" | **11** filiis] in filios *V* (in *s. l.*) | **12** spiritum] spiritus *T Am.* | **15** enim *om P¹* | timorem] timore *S V T Am.* μ | **17** quo] quod̦ *P*, quo∗ *V* | incussus] incusus *P (pr. s ex* i), incussus ē *corr. in* inerat *V* | **19** quo] a *praem.* μ **20** quae...Christi *om. n* | id...21 gratia *om. n* | **22** lex *om. V* | **23** iubens *om. C* adiutorio] adiutorium *P¹* | **56,1** Merra¹] Mesra *P V T Am.*, Myrra *n* | bibere] aquam *add. P V* | Merra²] Mesra *P V T Am.*, Mirra *n* | **2** potuerunt] potuerant *P V T Am.* | **3** quod] eo *praem. Am.* | Merra] Merra *C (alt.* r *s. l.*), Mesra *P V T Am.*, | **4** Merra] Merram *C S*, Mesram *P V*, Mesra *T Am.*, Myrra *n* | **5** quo] *ex* quod *P*, quod *Am.* | appellabatur] appellatur *S*

Zornes spaltete sich das Wasser"?[103] Daher war dieser Geist Gottes gegen die Ägypter ein Geist seines Zornes; ihnen schadete die Spaltung der Wasser, so daß sie, als sie hineinzogen, von den zurückkehrenden Wassern verschlungen werden konnten; den Söhnen Israels dagegen war jener kein Geist des Zornes Gottes; ihnen nützte die Spaltung des Wassers. Daraus ergibt sich, daß der Geist Gottes wegen seiner unterschiedlichen Handlungen und Wirkungen unterschiedlich bezeichnet wird, obwohl er doch, genau genommen, ein und derselbe ist; er wird auch als der Heilige Geist in der Dreieinigkeit geglaubt. Daher bin ich überzeugt: Es ist kein anderer, sondern derselbe dort gemeint, wo der Apostel sagt: „Ihr habt nämlich nicht einen Geist der Knechtschaft empfangen, so daß ihr euch wiederum fürchten müßtet, sondern ihr habt den Geist empfangen, der euch zu Kindern macht, in dem wir rufen: Abba, Vater" (Röm 8,15). Denn derselbe Geist Gottes, d.i. der Finger Gottes, der das Gesetz auf steinerne Tafeln geschrieben hat (vgl. Ex 24,12; 31,18; Dtn 4,13; 5,22; 9,10; 10,2.4), hat denen Furcht eingejagt, die die Gnade noch nicht verstanden, damit sie ihrer Schwäche und ihrer Sünden überführt würden und das Gesetz ihr Zuchtmeister würde, der sie zur Gnade führte, die im Glauben an Jesus Christus besteht (vgl. Gal 3,22-26). Von diesem Geist der Annahme an Kindes statt und der Gnade aber, d.i. von diesem Werk, durch das der Geist Gottes die Gnade und die Wiedergeburt zum ewigen Leben verleiht, heißt es: „Der Geist aber macht lebendig", während es davor hieß: „Der Buchstabe tötet" (2Kor 3,6), d.i. das geschriebene Gesetz, das nur befiehlt, aber ohne Unterstützung durch die Gnade.

qu. 2,56 (zu Ex 15,23-24)

56 „Sie kamen aber nach Mara und konnten von Mara[104] nicht trinken; es war nämlich bitter." Wenn der Ort deswegen ‚Bitterkeit' genannt wurde, weil sie dort das Wasser nicht trinken konnten, weil es bitter war – Mara heißt nämlich übersetzt ‚Bitterkeit' (vgl. Hieronymus, *Nom. Hebr.*) –, wieso kamen sie nach Mara, es sei denn, die Schrift nannte den Ort, zu dem sie kamen, so, weil er schon so hieß, als diese Ereignisse aufgeschrieben wurden? Sie wurden ja offenkundig später aufgeschrieben, als sie sich zutrugen.

---

[103] Ex 15,8 TM: נֶעֶרְמוּ das Wasser „staute sich auf"; so auch Vulg: *congregatae sunt*; LXX dagegen in Angleichung an Ex 14,21 (so BdA; WEVERS, *Exodus,* dagegen: an 14,29), wenngleich sie dort ein anderes Verb gebraucht: διέστη „teilte sich/trat auseinander". Entsprechend VL.

[104] TM, LXXA und Vulg haben: „das Wasser von Mara", LXXB, gefolgt von VL, lassen ‚das Wasser' aus. Vgl. dazu WEVERS, *Exodus*.

900   57 *Et ostendit ei dominus lignum et misit illud in aquam, et facta est aqua dulcis.* Genus ligni erat istam habens vim an quolibet ligno id poterat facere deus, qui tanta mirabilia faciebat? Hoc tamen videtur significare, quod dictum est *ostendit ei,* tamquam tale iam lignum esset, quo posset hoc fieri; nisi forte locus erat, ubi ligna omnino non inveniebantur, ut hoc ipsum esset divini adiutorii, quod ei lignum dominus ostendit, ubi nullum erat, et per lignum aquas dulces fecit, praefigurans gloriam et gratiam crucis. Sed in tali etiam natura ligni quis nisi creator et demonstrator laudandus est?

58 *Dixit autem dominus ad Moysen: Ecce ego pluam vobis panes de caelo; et exiet populus et colliget unius diei in diem, ut temtem illos si ambulabunt in lege mea an non.* Temtatio ista probatio est, non ad peccatum seductio; nec ideo probatio, ut deus noverit, sed ut ipsos ipsis hominibus ostendat, quo humiliores fiant ad petendum adiutorium et agnoscendam dei gratiam.

59 Moyses et Aaron dicunt ad populum inter cetera: *Propter quod exaudiuit dominus murmurationem vestram quam vos murmuratis adversum nos. Nos autem quid*
920 *sumus? Non enim adversum nos murmur vestrum est sed adversum deum.* Non ex hoc tantum se valere voluerunt quantum deus - dixerunt enim: *Quid sumus nos?* - ut illi adversum illum se scirent murmurasse, qui istos miserat et qui per istos operabatur. Nec talis est illa sententia, ubi Petrus dicit Ananiae: *Ausus es mentiri spiritui sancto? Non hominibus mentitus es, sed deo.* Non enim ait: Ausus es mentiri mihi? Non mihi mentitus es, sed deo: Quod si dixisset, simile fuisset. Neque ita dixit: Ausus es mentiri spiritui sancto? Non spiritui sancto mentitus es, sed deo; ita enim loquens negaret deum esse spiritum sanctum. Nunc vero cum dixisset: *Ausus es mentiri spiritui sancto?* Cum ille se putaret hominibus fuisse mentitum,

---

59,6 Act 5,3-4

57,1 misit] inmisit *n* | illud] illum *V* | aquam] aqua *n* | **2** vim an] suiman *n* | an quolibet] aquolibet *P¹* | poterat facere] facere poterat (potuerat *P¹ S V Am.) P S V n T Am. μ* **6** lignum dominus] dominus lignum *V Am.* | **7** natura *om. P S V T* | ligni] ligno *S V T* **58,1** autem *om. Am.* | exiet] exibit *n* | **2** ambulabunt] ambulent *Am.* | lege mea] legem meam *C* | **4** ipsos] ipso *V*, ipse *Am.* | quo] quod *P¹ T* | **59,1** inter cetera] in terra cetera *T* | **2** quam] qua *C* | murmuratis] murmorastis *C*, murmurastis *T* | adversum] adversus *C* **3** adversum¹] adversus *n* | est *om. n* | adversum²] adversus *Am. μ* | deum] dominum *Am.* ex hoc] enim *Am.* | **5** adversum] adversus *P S V n T Am. μ* | scirent] scire *P¹* | **6** est illa] illa est *μ* | ausus] cur *praem. Am.* | es] es* *S* | **7** mentitus es *om. S* | non²...8 deo] *om. P¹* non²...9 sancto¹] Quod simile fuisset si dixisset Bad. *Am.* | mihi *om. S* | **8** non...mentitus] mihi non mentitus *C*

qu. 2,57 (zu Ex 15,25)

57 „Und der Herr zeigte ihm ein Stück Holz, und er warf es ins Wasser, und das Wasser wurde süß." War das Holz so beschaffen, daß es diese Kraft hatte, oder konnte Gott, der so große Wundertaten vollbrachte, dies mit jedem beliebigen Holz bewirken? Die Wendung „er zeigte ihm" scheint jedoch anzuzeigen, als sei das Stück Holz tatsächlich von der Art, daß es dies bewirken konnte; falls es nicht vielleicht ein Ort war, wo sich überhaupt keine Holzstücke fanden, so daß die göttliche Hilfe bereits darin bestand, daß der Herr ihm ein Stück Holz zeigte, wo es keines gab, und er durch das Stück Holz die Wasser süß machte, wodurch er die Herrlichkeit und die Gnade des Kreuzes vorausbezeichnete. Aber wer verdient auch in Anbetracht der natürlichen Beschaffenheit des Holzes Lob außer allein der, der es geschaffen und der es gezeigt hat?

qu. 2,58 (zu Ex 16,4)

58 „Der Herr sagte aber zu Mose: Siehe, ich werde euch Brote vom Himmel regnen lassen; und das Volk soll hinausgehen und jeweils nur den Bedarf eines einzigen Tages sammeln; so will ich sie versuchen, ob sie in meinem Gesetz wandeln werden oder nicht." Diese ‚Versuchung' ist eine Prüfung, keine Verführung zur Sünde; aber auch keine Prüfung zu dem Zweck, daß Gott etwas erkennt, sondern daß er den Menschen zur Erkenntnis ihrer selbst verhülfe, so daß sie dadurch demütiger bereit würden, Gottes Hilfe zu erbitten und Gottes Gnade anzuerkennen.[105]

qu. 2,59 (zu Ex 16,8)

59 Mose und Aaron sagen zum Volk u.a. folgendes: „Deshalb, weil der Herr euer Murren gehört hat, mit dem ihr gegen uns murrt – wir aber, was sind wir? Nicht nämlich gegen uns richtet sich euer Murren, sondern gegen Gott." Sie leiteten daraus nicht den Anspruch ab, soviel zu gelten wie Gott – sie sagten nämlich: „was sind wir?" –, damit jene einsähen, daß sie gegen den gemurrt hatten, der sie gesandt hatte und durch sie handelte. Auch jener Ausspruch des Petrus hat keineswegs diesen Sinn, wo er zu Hananias sagt: „Hast du gewagt, den Heiligen Geist zu belügen? Nicht Menschen hast du belogen, sondern Gott" (Apg 5,3-4). Er sagt nämlich nicht: Hast du gewagt, mich zu belügen? Nicht mich hast du belogen, sondern Gott. Wenn er das gesagt hätte, hätte sein Ausspruch eine ähnliche Bedeutung gehabt. Er hat sich auch nicht folgendermaßen ausgedrückt: Hast du gewagt, den Heiligen Geist zu belügen? Du hast nicht den Heiligen Geist belogen, sondern Gott; durch diese Formulierung würde er nämlich abstreiten, daß der Heilige Geist Gott ist. Da er nun jedoch gesagt hatte: „Hast du gewagt, den Heiligen Geist zu belügen?", während jener

---

[105] Vgl. *qu.* 1,57.

ipsum spiritum sanctum deum esse monstravit subiungens: *Non hominibus mentitus es, sed deo.*

60 Deus mandat per Moysen populo: *Ad vesperam edetis carnes et mane replebimini panibus.* Ecce non pro omni alimento panes nominantur. Nam isto nomine et carnes complecterentur, quia et ipsa alimenta sunt; nec tamen panes eos modo dicit, qui fiunt ex frumentis - ipsos enim proprie panes appellare consuevimus - manna autem panum nomine appellat. Non autem vacat quod dicit ad vesperam carnes et mane panes se daturum. Tale quippe aliquid etiam in Helia significatum est, cum ei alimenta corvus adferret. An forte carnibus ad vesperam et mane panibus ille significatur, *qui traditus est propter delicta nostra et resurrexit propter iustificationem nostram*? Ad vesperam quippe mortuus ex infirmitate sepultus est, mane autem adparuit discipulis, qui resurrexerat in virtute.

61 *Et dixit Moyses ad Aaron: Accipe vas aureum unum et mitte illud plenum gomor manna et repones illud ante deum, ut servetur in progenies, quemadmodum praecepit dominus.* Quaeri potest, ubi Aaron poneret ante deum, quando nec ullum simulacrum fuit nec arca testamenti iam fuerat instituta. An forte ideo de futuro dixit *repones*, ut intellegeretur tunc ante deum posse reponi, quando futura erat arca? An potius *ante deum* dictum est quod fit ipsa devotione offerendi, in quocumque loco poneretur? Ubi enim non deus? Sed illud quod adiungit: *Et reposuit Aaron ante testimonium ad reservandum*, priorem magis sensum adserit. Hoc enim modo scriptura dixit per prolepsin quod postea factum est, cum esse coepit tabernaculum testimonii.

62 *Filii autem Israhel ederunt manna annis quadraginta, quoadusque venirent in terram quae inhabitatur; manna ederunt, quoadusque venirent in partem Phoenices.* Significavit

---

60,7 cum...adferret] cf. 3 Rg 17,6   8 Rm 4,25   9 ad...10 est] cf. Mt 27,57-60   10 mane... discipulis] cf. Mc 16,9; Io 20,1.14-17 | qui...virtute] cf. 1 Cor 15,43

---

12 ipsum] ipse $P^1 S V \mu$ | deum *om.* n | 60,1 mandat] mandavit *Am.* | populo] populum C | replebimini] replemini $C n$ | 3 et^1 *om. Am.* | complecterentur] complerentur $S V$ | ipsa] ipsae $T Am. \mu$ | tamen] tam P | panes ... 4 mo *om.* n | 7 adferret] afferit C | 8 est *om.* P^1 | 9 mortuus] est *add.* S | 10 adparuit] aperuit $P^1 V$ | 61,1 et^1 *om.* $V T$ | accipe] accepe P^1 | mitte] in *add.* n z | 2 manna] mannae $P S V Am.$, manne T | repones] repone *Am.* | ut] et *Am.* | progenies] vestras *add.* z (*cf. qu. 43 l. 143,1 et 135 l. 16*) | 5 tunc...deum *om.* n | 7 ubi] ibi *Am.* | deus] est *praem.* $V \mu$ | 8 reservandum] servandum $V n$ | 62,1 venirent] venerint P^1 | in...2 venirent *om.* C^1 (*add. m. 2 in marg., sed* : habitabatur *scripsit et* ederunt *om.*) 2   inhabitatur] habitatur $P S V n$, habitabatur $C^2 T$ (*cf. l. 5*) | quoadusque] quousque n | Phoenices] Foenicis C, Phoenicis $n Am. \mu$

meinte, Menschen belogen zu haben, hat er gezeigt, daß der Heilige Geist Gott ist, indem er hinzufügte: „Nicht Menschen hast du belogen, sondern Gott."

qu. 2,60 (zu Ex 16,12)

60 Gott läßt dem Volk durch Mose sagen: „Gegen Abend werdet ihr Fleischstücke zu essen haben, und am Morgen werdet ihr euch an Broten sättigen." Siehe, ‚Brote' bezeichnet nicht jede Art von Nahrungsmitteln. Denn ein derartiges Wort würde seiner Bedeutung nach auch die Fleischstücke umfassen, da sie ja auch Nahrungsmittel sind; und doch nennt er ‚Brote' nicht nur diejenigen, die aus Getreide hergestellt werden – diese bezeichnen wir nämlich üblicherweise im eigentlichen Sinn als Brote –, sondern er bezeichnet auch das Manna mit dem Wort ‚Brot'. Sein Ausspruch, er werde am Abend Fleischstücke und am Morgen Brote geben, ist aber nicht ohne tiefere Bedeutung. Eine solche Bedeutung liegt ja auch bei Elija vor, als der Rabe ihm Nahrungsmittel brachte (vgl. 1Kön 17,6).[106] Oder symbolisieren vielleicht die Fleischstücke am Abend und die Brote am Morgen denjenigen, der „hingegeben wurde wegen unserer Verfehlungen und auferstand wegen unserer Rechtfertigung" (Röm 4,25)? Am Abend ist ja der aus Schwäche Gestorbene begraben worden (vgl. Mt 27,57-60), am Morgen aber erschien er, der auferstanden war in Kraft (vgl. 1Kor 15,43), den Jüngern (vgl. Mk 16,9; Joh 20,1.14-17).[107]

qu. 2,61 (zu Ex 16,33-34)

61 „Und Mose sagte zu Aaron: Nimm ein goldenes[108] Gefäß und schütte ein volles Gomer Manna hinein, und du wirst es vor Gott hinstellen, damit es für Generationen aufbewahrt wird, wie der Herr geboten hat." Man kann fragen, wo Aaron es vor Gott hinstellen sollte, gab es doch damals dort keine Statue und war auch die Bundeslade noch nicht hergestellt. Hat er vielleicht deswegen im Futur gesagt: „du wirst hinstellen", um verstehen zu lassen, es könne dann vor Gott hingestellt werden, wenn die Lade existieren würde? Oder wurde der Ausdruck „vor Gott" vielmehr für den eigentlichen Akt der frommen Opferdarbringung gebraucht, an welchen Ort auch immer es hingestellt würde? Denn wo ist Gott nicht? Aber der Zusatz: „Und Aaron stellte es hin vor das Zeugnis zur Aufbewahrung" spricht mehr für die zuerst genannte Deutung. So hat die Schrift nämlich jetzt durch Prolepse erzählt, was später geschehen ist, sobald das Zelt des Zeugnisses vorhanden war.

qu. 2,62 (zu Ex 16,35)

62 „Die Söhne Israels aber aßen vierzig Jahre lang Manna, bis sie in bewohntes Land kamen; sie aßen Manna, bis sie in das Gebiet von Phönikien

---

[106] Dort sind es mehrere Raben.
[107] Jeweils am Morgen erscheint der Auferstandene nur vor Maria aus Magdala.
[108] Gegen TM und Vulg hat LXX mit VL das Adjektiv „golden".

scriptura per prolepsin, id est hoc loco memorando quod etiam postea factum est, non edisse filios Israhel in heremo nisi manna. Hoc est enim quod ait: *Usque ad terram quae inhabitatur*, id est quae iam non est heremus, non quia continuo ut venerunt ad terram habitabilem destiterunt vesci manna, sed quia non ante. Traiecto enim Iordane significatur manna cessasse, ubi panes terrae manducaverunt. Quando ergo ingressi sunt habitabilem terram, antequam transirent Iordanem, vel tantum manna vesci vel utroque cibo potuerunt; hoc quippe intellegi potest, quando cessasse manna non dicitur nisi Iordane traiecto. Cur autem in illa heremi inopia etiam carnes desideraverint, quando de Aegypto cum suis valde multis pecoribus exierunt, magna quaestio est. Nisi forte dicatur, cum per heremum pascua tanta non essent et ex eo minor futura videretur fecunditas pecorum, pepercisse illos pecoribus, ne omnibus deficientibus etiam sacrificiis necessaria defuissent, vel si quid aliud dici potest, unde quaestio ista solvatur. Congruentius tamen creditur non eos carnes desiderasse, quas de pecoribus habere poterant, sed eas quae deerant, ex aquis videlicet. Ipsas quippe in illa heremo non inveniebant; unde illis ortygometra data est, id est aves, quas coturnices multi Latine interpretati sunt, cum sit aliud genus avium ortygometra quamvis coturnicibus non usquequaque dissimile. Noverat enim deus quid desiderarent et desiderium eorum quo carnis genere satiaret. Sed quia scriptura concupivisse illos carnes dixerat nec expresserat cuius modi carnes, ideo quaestio facta est.

62,10 cessasse…traiecto] cf. Ios 5,12 | cur…11 desideraverint] cf. Ex 16,3   **18** unde…est¹] cf. Ex 16,13

---

3 memorando] commemorando *S Am*. µ ʑ | **4** heremo] heremum *C* | **5** inhabitatur] inhabita**tur *n* | **6** destiterunt] distiterunt *C* | **8** quando] quod *C P V¹* | transirent] transiret *P¹*, transierunt *Am*. | **11** desideraverint] desideraverunt *Am*. | **13** videretur] videatur *P S V T* | **14** illos] illis *P S* | **16** carnes *om*. *V* | **17** poterant] potuerant *T* | **18** unde] et *add*. µ ʑ *(item C iuxta ʑ, sed errore)* | **19** Latine] Latini *V n T Am*. | **21** carnis] carniū *V* (ū *in ras*.) | **22** nec] ne *V¹*

---

[109] LXX, gefolgt von VL, spricht in aktualisierender Topographie von Phönikien, während TM, gefolgt von Vulg, „Land Kanaan" sagt.
[110] Vgl. Ex 16,13. ὀρτυγομήτρα: LSL Suppl.: vielleicht Riesenwachtel; BdA und MURAOKA, *Lexicon*: Zugvögel, die mit den Wachteln fliegen: vielleicht Ralle.
[111] Das Motiv des Begehrens wird im Zusammenhang mit der Wachtelgabe mehrfach

kamen".[109] Die Schrift hat sich hier durch Prolepse ausgedrückt, d.h. indem sie hier auch von Ereignissen sprach, die erst später eingetreten sind, daß nämlich die Söhne Israels in der Wüste nur Manna gegessen haben. Folgendes bedeutet nämlich die Wendung: „bis in bewohntes Land", d.h. bis in ein Gebiet, das keine Wüste mehr ist: nicht daß sie sofort, sobald sie bewohnbares Land erreichten, damit aufhörten, sich von Manna zu ernähren, sondern daß sie nicht vorher damit aufhörten. Es wird nämlich berichtet, daß das Manna erst aufgehört hat, nachdem sie durch den Jordan gezogen waren, dort, wo sie die Brote des Landes aßen. Sobald sie also bewohnbares Land betreten hatten, aber bevor sie den Jordan überquerten, konnten sie sich entweder nur von Manna oder von beiden Arten von Speisen ernähren; so kann man es jedenfalls verstehen, da, wie es heißt, das Manna erst nach dem Durchzug durch den Jordan aufgehört hat (vgl. Jos 5,12). Warum sie aber bei diesem Mangel in der Wüste auch noch Fleisch begehrt haben (vgl. Ex 16,3), da sie doch mit ihrem sehr zahlreichen Vieh ausgezogen sind, stellt ein großes Problem dar. Falls man nicht vielleicht sagt: Weil in der Wüste Weidegebiete nicht so reichlich vorhanden sind und daher nur geringere Fruchtbarkeit des Viehs zu erwarten war, haben sie das Vieh aufgespart, um zu vermeiden, daß nicht infolge des Mangels an allem auch das für die Opfer notwendige Vieh gefehlt hätte; oder falls man etwas anderes zur Lösung dieser Frage anführen kann. Passender jedoch nimmt man an, daß sie nicht diejenige fleischliche Nahrung begehrten, die sie vom Vieh nehmen konnten, sondern solche, die nicht vorhanden war, nämlich aus dem Wasser. Derartige fanden sie nämlich in dieser Wüste nicht; darum erhielten sie ὀρτυγομήτρα, (vgl. Ex 16,13), d.i. Vögel, die viele auf Lateinisch als ‚Wachteln' übersetzt haben,[110] obgleich ὀρτυγομήτρα eine andere Art Vögel sind, wenngleich den Wachteln nicht gänzlich unähnlich. Gott wußte nämlich, was sie begehrten und durch welche Art von Fleisch er sie sättigen konnte. Da die Schrift jedoch zwar gesagt hatte, sie hätten Fleischstücke begehrt[111], aber nicht präzisiert hatte, welcher Art Fleischstücke, ist daraus das Problem entstanden.

qu. 2,63 (zu Ex 16,35)

63 „Sie aßen Manna, bis sie in das Gebiet von Phönikien kamen." Nun hatte die Schrift bereits gesagt: „bis sie in bewohntes Land kamen"; weil sie aber

---

betont. Vgl. Num 11,4: ἐπεθύμησαν ἐπιθυμίαν [...] καὶ εἶπαν Τίς ἡμᾶς ψωμιεῖ κρέα; VL:Cod.Lugd.: *concupierunt concupiscentiam*: „sie begehrten mit Begierde [...] und sagten: Wer wird uns Fleisch zu essen geben?" Num 11,34: Dort begrub man τὸν λαὸν τὸν ἐπιθυμητήν, VL:Cod.Lugd.: *populum qui concupierant* „das Volk, das begehrt hatte". Ps 77(TM: 78),29.30: καὶ τὴν ἐπιθυμίαν αὐτῶν ἤνεγκεν αὐτοῖς οὐκ ἐστερήθησαν ἀπὸ τῆς ἐπιθυμίας αὐτῶν „und er brachte ihnen, was sie begehrt hatten; sie wurden nicht um ihr Begehren gebracht."

63 *Manna ederunt quoadusque venirent in partem Phoenices*. Iam dixerat: *Quousque venirent ad terram quae inhabitatur*; sed quia non expresserat proprie quam diceret, repetitione videtur quandam proprietatem expressisse dicendo *in partem Phoenices*. Sed tunc illam terram sic credendum est appellatam; modo enim non hoc vocatur. Alia quippe est quae Phoenice appellatur regio Tyri et Sidonis, qua illos transisse non legitur. Quamquam scriptura fortasse potuerit terram Phoenices appellare, ubi palmarum arbores iam esse coeperant post heremi vastitatem, quoniam palma Graece sic appellatur. Initio enim profectionis suae invenerunt locum, ubi septuaginta palmarum arbores fuerant et duodecim fontes; sed postea eos excepit heremi prolixitas, ubi tale aliquid non fuit, quousque venirent ad loca quae colebantur. Verum ille sensus est probabilior, ut credamus sic appellatam tunc fuisse terram. Multarum enim terrarum et locorum sicut fluminum et urbium nomina certis existentibus causis antiquitate mutata sunt.

64 *Et dixit dominus ad Moysen: Antecede populum; sume autem tecum de senioribus populi; et virgam de qua percussisti flumen accipe in manu tua*. Flumen Aaron legitur, non Moyses virga percussisse; nam Moyses eadem virga mare divisit, non flumen. Quid sibi ergo vult: *Accipe virgam in qua percussisti flumen*? An forte mare appellavit flumen? Quaerendum exemplum locutionis huius, si ita est. An quod Aaron fecit, Moysi potius tributum est, quia per Moysen deus iubebat, quid faceret Aaron, et in Moyse auctoritas, in illo autem ministerium fuit? Quando quidem et primis suis verbis deus hoc illi ait de fratre suo: *Erit tibi ad populum, tu illi quae ad deum*.

65 *Et ecce ego sto super cacumen collis, et virga dei in manu mea*, Moyses dicit ad Iesum Nave, cum praeciperet pugnari adversus Amalec. Nunc ergo virga dei

---

63,8   initio...9 fontes] cf. Ex 15,27   **64,2**   flumen²...3 percussisse] cf. Ex 7,19-20
3 Moyses²...flumen] cf. Ex 14,16.21   **8** Ex 4,16

63,1 venirent] venerunt *n* | Phoenices] Phoenicis *n Am. μ*, Phenicis *T* | quousque] quoadusque *Bad. μ z (cf. supra, qu. 62 l. 1-2)* | **3**   quandam proprietatem] et quadam proprietate *C* (et *om.*) *n* | Phoenices] Phenices *P¹ T*, Phoenicis *n Am. μ* | **4** tunc *om. n* non hoc] hoc non *Am. n* | **5** vocatur] nomine *add. Am. μ* | **6** potuerit] potuerat *P¹* Phoenices] Phoenicis *n Am. μ* | **7** appellare *om. P¹* | **8** invenerunt] invenerant *P S V T* invenerunt...9 locum *om. n* | **10** heremi] hemi *Am.* | **64,2**   de] in *Am. μ* accipe...flumen² *om. n* | **4** quid...flumen *om. P¹ per homoiot.* | **6** deus] *legi cum z,* deum *Fraipont* | quid] quae *P S V T Am. μ* | **7** Aaron *om. P* | Moyse] Moysen *P S* **8** et...verbis *om. n* | illi] in his *add. Am.* | **9** deum] dominum *P V T* | **65,1** Moyses dicit] dicit Moyses *Am. μ* | **2** pugnari] pugnare *Am.* | adversus] adversum *S n*

nicht genau angegeben hatte, welches sie meinte, hat sie durch diese Wiederholung anscheinend eine gewisse Präzisierung anbringen wollen, indem sie sagte: „in das Gebiet von Phönikien". Man muß aber annehmen, daß jene Gegend damals so genannt wurde; jetzt nämlich heißt sie nicht so. Jetzt nämlich wird eine andere Gegend Phönikien genannt, die von Tyrus und Sidon; daß sie durch diese gezogen wären, liest man jedoch nicht. Gleichwohl hätte die Schrift die Gegend vielleicht Phönikien nennen können, wo nach der Öde der Wüste schon der Bewuchs mit Palmen begonnen hatte; denn auf Griechisch wird die Palme so genannt. Zu Beginn ihrer Wanderung sind sie nämlich zwar an einen Ort gekommen, wo es siebzig Palmen und zwölf Quellen gegeben hatte (vgl. Ex 15,27); danach aber hat sie die endlose Wüste, wo es etwas derartiges nicht gab, eingeschlossen, bis sie zu landwirtschaftlich bebauten Orten gelangten. Mit größerer Wahrscheinlichkeit trifft jedoch die Meinung den Sinn besser, daß die Gegend damals so genannt worden war. Von alters her haben nämlich die Namen vieler Länder und Gegenden wie auch Flüsse und Städte aus bestimmten Gründen gewechselt.

qu. 2,64 (zu Ex 17,5)

64 „Und der Herr sagte zu Mose: Geh dem Volk voran; nimm aber einige von den Ältesten des Volkes mit, und nimm den Stab in die Hand, mit dem du auf den Fluß geschlagen hast!" Man liest, daß Aaron, nicht Mose mit dem Stab auf den Fluß geschlagen hat (vgl. Ex 7,19-20); denn Mose hat mit demselben Stab das Meer geteilt, nicht den Fluß (Ex 14,16.21).[112] Was soll das also bedeuten: „Nimm den Stab, mit dem du auf den Fluß geschlagen hast"? Ob die Schrift vielleicht das Meer ‚Fluß' genannt hat? Wenn es sich so verhält, muß man ein weiteres Beispiel dieser Ausdrucksweise suchen. Oder wurde die Tat Aarons vielmehr Mose zugeschrieben, weil Gott durch Mose befahl, was Aaron tun solle, und daher Mose die Autorität besaß, Aaron aber die Dienstfunktion zukam? Zumal ja auch Gott mit seinen allerersten Worten ihm folgendes über seinen Bruder sagte: „Er soll für dich hinsichtlich des Volkes sein, du aber für ihn hinsichtlich der Dinge, die in Beziehung zu Gott stehen" (Ex 4,16).[113]

qu. 2,65 (zu Ex 17,9)

65 „Und siehe, ich stelle mich oben auf den Gipfel des Hügels mit dem Gottesstab in der Hand", sagt Mose zu Josua, als er befahl, gegen Amalek zu kämpfen. Jetzt also wird er ‚Gottesstab' genannt, der zuerst ‚Stab Aarons' (vgl. Ex 7,9.10.12.19.20; 8,1.12.13), später ‚Stab Moses' (vgl. Ex 14,16) genannt wurde.[114] Er konnte so genannt werden, wie man vom Geist Elijas spricht, der

---

[112] Der Stab wird nur beim Befehl V 16, nicht bei dessen Ausführung V 21 erwähnt.
[113] Vgl. *qu.* 2,10 mit Anm. 14.
[114] Vgl. *qu.* 2,20 und 2,53 mit Anm. 97.

dicitur, quae primum dicta est virga Aaron, postea virga Moysi. Sicut dicitur spiritus Heliae qui est spiritus dei, cuius particeps factus Helias, illa potuit <dici>. Sic dicitur et dei iustitia, quae nostra est, sed donata a deo: De qua loquens apostolus Iudaeos arguit dicens: *Ignorantes dei iustitiam et suam iustitiam volentes constituere*, id est tamquam a se sibi paratam. Contra quales dicit: *Quid enim habes quod non accepisti?*

66 *Venit autem et Aaron et omnes seniores Israhel manducare panem cum socero Moysi ante deum* vel, sicut alii codices habent, *coram deo*. Quod Graece scriptum est: Ἐναντίον τοῦ θεοῦ. Quaeritur ubi ante deum, quando nec tabernaculum fuit nec arca testamenti quae postea sunt instituta. Neque enim et hic de futuro dictum accipere possumus, sicut dictum est de manna quod positum est in vase aureo. Ergo ante deum id accipere debemus factum, quod in honorem dei factum est; ubi enim non deus?

67 Moyses socero dicit *quia venit ad me populus inquirere iudicium a deo; cum eis contigerit disceptatio et venerint ad me, iudico unumquemque et moneo eos praecepta dei et legem eius*. Quaeri potest quomodo ista Moyses dixerit, cum lex dei adhuc nulla conscripta esset. Nisi quia lex dei sempiterna est, quam consulunt omnes piae mentes, ut quod in ea invenerint, vel faciant vel iubeant vel vetent, secundum quod illa incommutabili veritate praeceperit. Numquid enim Moyses, quamvis cum illo deus loqueretur, per singula credendum est, quod consulere soleret deum, si quid esset in disceptationibus tantae multitudinis, quae illum in hoc iudicandi negotio a mane usque ad vesperam detinebat? Et tamen nisi suae menti praesidentem dominum consuleret legemque eius aeternam sapienter adtenderet, quid iustissimum iudicare inter disceptantes posset, non inveniret.

65,3 quae...Aaron] cf. Ex 7,9.10.12.19.20; 8,1.12.13 | postea...Moysi] cf. Ex 14,16 dicitur²...4 Helias] cf. Lc 1,17 **6** Rm 10,3 **7** 1 Cor 4,7

3 postea] vero *add. P S V T Bad. Am.* μ | **4** factus] est *add. P S V Bad. Am.* μ ᴢ | illa...5 sic] sic illa potuit *P¹ S¹ V Bad. Am.* μ ᴢ | **5** dici] *addidi cum Am.* μ | et] etiam *Bad. Am.* μ **6** arguit dicens] arguens dicit *C* | **7** paratam] partam *C* | contra *om. C* | enim *om. T* **66,1** et¹ *om. Am.* | **3** Ἐναντίον...θεοῦ] enantion to theu *C*, enantion tu theu *P S V n T* **6** honorem] honore *S* | **67,1** socero] suo *add. P S n Am.* | dicit] dixit *V Am.* μ | cum] enim *add.* ᴢ | **2** iudico] iudic∗o *C*, iudicio *T* | **4** consulunt] consolunt *n* | **6** quod] *om. P¹*, que *T* | praeceperit] preceperint *Am.*

der Gottesgeist ist, dessen Elija teilhaftig wurde (vgl. Lk 1,17). So nennt man auch die Gerechtigkeit, die unsere, aber von Gott geschenkt ist, Gerechtigkeit Gottes; von ihr spricht der Apostel, wo er die Juden bezichtigt: „Sie haben Gottes Gerechtigkeit verkannt und wollten ihre eigene Gerechtigkeit aufrichten" (Röm 10,3), d.h. eine Gerechtigkeit, die sie gleichsam aus eigenen Kräften erworben hätten. Gegen solche Leute sagt er: „denn was hast du, das du nicht empfangen hast?" (1Kor 4,7)

qu. 2,66 (zu Ex 18,12)

66 „Es kamen aber sowohl Aaron als auch alle Ältesten Israels, mit dem Schwiegervater des Mose vor Gott ein Mahl zu halten" oder, wie andere Kodices sagen: „vor dem Angesicht Gottes". Der griechische Text lautet: ἐναντίον τοῦ θεοῦ. Man fragt: wo vor Gott, da es doch noch weder ein Zelt noch eine Lade gab, die ja erst später erbaut wurden. Auch können wir nämlich hier nicht ebenso annehmen, es sei von zukünftigen Verhältnissen die Rede, wie die Schrift vom Manna gesprochen hat, das in einem goldenen Gefäß aufbewahrt wurde.[115] Also müssen wir es so verstehen: es ist ‚vor Gott' geschehen, weil es zur Ehre Gottes getan wurde. Denn wo ist Gott nicht?

qu. 2,67 (zu Ex 18,15-16)

67 Mose sagt zu seinem Schwiegervater: „Weil das Volk zu mir kommt, um von Gott einen Gerichtsentscheid zu erfragen; wenn sie in einen Streitfall geraten und zu mir gekommen sind, fälle ich für jeden ein Urteil und rufe ihnen die Gebote Gottes und sein Gesetz in Erinnerung." Man kann fragen, wieso Mose das sagen konnte, da doch noch kein Gesetz Gottes erlassen war. Es sei denn, weil das Gesetz Gottes ewig ist. Alle Menschen frommer Gesinnung befragen es, um das, was sie darin gefunden haben, entweder zu tun oder zu tun zu befehlen oder zu verbieten gemäß dem, was jenes Gesetz in unveränderlicher Wahrheit vorgeschrieben hat. Denn soll man etwa, obgleich Gott regelmäßig mit Mose redete, annehmen, daß Mose Gott jeweils in jedem einzelnen Fall befragte, wenn sich ein Problem ergab in den Streitigkeiten einer Menge, die derartig groß war, daß sie ihn in dieser richterlichen Tätigkeit von morgens bis abends beanspruchte? Und dennoch könnte er keinen umfassend gerechten Gerichtsentscheid zwischen den Streitenden finden, wenn er nicht den Herrn, der seinen Verstand anleitete, befragte und klug auf sein ewiges Gesetz achtete.

qu. 2,68 (zu Ex 18,18-19)

68 Hinsichtlich des Umstands, daß Jitro seinem Schwiegersohn Mose den Rat erteilt, er solle nicht, erschöpft durch die Gerichtshändel des Volkes, sowohl sich als auch das Volk durch unerträgliche Belastung aufreiben, lautet die erste Frage: Warum hat Gott zugelassen, daß sein Diener, mit dem er so große

---

[115] Vgl. oben *qu.* 2,61, wo Augustinus den *terminus technicus* Prolepse anführt.

68 In eo quod Iothor consilium dat genero suo Moysi, ne occupatus iudiciis populi et ipse et populus consumatur consumptione intolerabili, prima quaestio est, cur hoc deus famulum suum, cum quo ipse tanta et talia loquebatur, ab alienigena passus est admoneri. In quo scriptura nos admonet, per quemlibet hominem detur consilium veritatis, non debere contemni. Videndum etiam, ne forte ibi voluerit deus ab alienigena admoneri Moysen, ubi et ipsum posset temtare superbia; sedebat enim iudiciaria sublimitate solus universo populo stante. Nam hunc sensum indicat, cum ipse Iothor eos eligi iussit ad iudicandas causas populi, qui odissent superbiam. Deinde quam sit observandum quod alibi scriptura dicit: *Fili, ne in multis sint actus tui*, satis et hic adparet. Deinde verba Iothor dantis consilium Moysi consideranda sunt; dicit enim: *Nunc itaque audi me, et consilium dabo tibi, et erit deus tecum*. Ubi mihi videtur significari nimis intentum humanis actionibus animum deo quodam modo vacuari, quo fit tanto plenior, quanto in superna atque aeterna liberius extenditur.

69 Quod vero adiungit et dicit: *Esto tu populo quae ad deum et referes verba eorum ad deum; et testaberis illis praecepta dei et legem eius et demonstrabis illis vias in quibus ambulabunt in eis et opera quae facient*, cum populo universo haec agenda esse demonstrat. Non enim ait: Uniuscuiusque verba refer ad deum, sed: *Verba eorum*, cum supra dixisset: *Esto tu populo quae ad deum sunt*. Post haec admonet, ne singulorum negotia, quae inter se habent, deserantur electis videlicet potentibus viris deum colentibus iustis et qui oderint superbiam, quos constitueret super millenos, alios super centenos, alios super quinquagenos, alios super denos. Sic et ab ipso Moyse removit graves et periculosas occupationes nec istos gravavit, quandoquidem ipsi mille haberent unum super se et sub illo haberent alios decem et

---

68,8 ipse…9 superbiam] cf. Ex 18,21   **10** Sir 11,10   **69,5** ne…6 deserantur] cf. Ex 18,22

68,1 Iothor] *sqq*. Iotor *C*, Iethro *P S T Am*., Ietro *V* | **2** consumatur] consummaretur *P V*, consumeretur *S T Am*. μ | consumptione] consummatione *P V T* | **5** videndum] est add. *Am*. | **6** alienigena] aligena *C* | **7** iudiciaria] iudicari *C¹* | solus…stante *om. S V* universo] univer (so *praesectum est*) *P* | **9** quam] qua *C* | **10** deinde…Iothor *om. n*   **11** audi] exaudi *T* | **13** vacuari] vacare *V* | plenior] plenius *C¹* | **14** quanto] quanta *n* **69,1** populo] in his add. Bad. *Am. cum Vulg.* (*cf. l. 5*) | deum] dominum *T* | **2** eius] *om. S*, illius *V Am*. | **3** facient] faciant *C P² S V n T* | haec] hic *T (in ras.)*, hoc *Am* | agenda] agendum *Am*. | **4** refer] referes *Am*. μ | **5** populo] in his add. *C P S V n T Bad. Am. cum Vulg*. (*cf. l. 1*) | **7** constitueret] constituerat *S*, constituat *Am*. μ | **8** sic…9 Moyse *om. n* | **9** removit] removet *C P² T*, movet *n*

und bedeutende Dinge besprach, sich von einem Ausländer ermahnen lassen mußte? Dadurch ermahnt uns die Schrift, man dürfe keinen sachdienlichen Ratschlag verachten, durch welchen Menschen auch immer er erteilt werde. Man sollte auch zusehen, ob Gott nicht vielleicht wollte, daß ein Ausländer Mose in der Situation den Rat erteile, in der selbst er zur Überheblichkeit hätte verführt werden können; er thronte nämlich allein in richterlicher Erhabenheit, während das ganze Volk stand. Dieses Verständnis wird dadurch nahegelegt, daß Jitro seinerseits anordnete, man solle solche Männer dafür auswählen, die Streitfälle des Volkes zu entscheiden, die Überheblichkeit haßten (vgl. Ex 18,21).[116] Weiterhin zeigt sich auch hier recht deutlich, welche Beachtung das verdient, was die Schrift an anderer Stelle sagt: „Mein Sohn, verwickle dich nicht in viele Tätigkeiten!" (Sir 11,10). Weiterhin sind die Worte Jetros, der Mose den Rat erteilt, bedenkenswert; er sagt nämlich: „Nun höre daher auf mich, und ich will dir einen Rat geben, und Gott wird mit dir sein." Meines Erachtens wird da ausgedrückt, daß ein allzu sehr auf menschliche Angelegenheiten ausgerichtetes Gemüt sich gewissermaßen von Gott entleert; es wird desto mehr von ihm erfüllt, je mehr und ungehinderter es sich auf die oberen und ewigen Güter ausrichtet.

qu. 2,69 (zu Ex 18,19-21)

69 Er fügt aber folgende Worte hinzu: „Du sollst für das Volk in den Dingen da sein, die Gott betreffen, und ihre Worte vor Gott bringen; und du sollst ihnen die Gebote Gottes und sein Gesetz bezeugen und ihnen die Wege aufzeigen, auf denen sie in ihnen wandeln sollen, und die Werke, die sie vollbringen sollen." Damit weist er darauf hin, daß diese Gegenstände mit dem ganzen Volk verhandelt werden sollen. Er sagt nämlich nicht: ‚Bringe die Worte eines jeden einzelnen vor Gott', sondern: „ihre Worte", da er zuvor gesagt hat: „Du sollst für das Volk in den Dingen da sein, die Gott betreffen." Anschließend mahnt er, die Rechtssachen, die die einzelnen Israeliten miteinander haben, sollten nicht vernachlässigt werden (vgl. Ex 18,22), nachdem sie nämlich Männer ausgewählt hätten, die tüchtig, gottesfürchtig, gerecht sind und Überheblichkeit hassen. Die solle er über je tausend, andere über je hundert, andere über je fünfzig, andere über je zehn setzen. So befreite er einerseits Mose von schweren und gefährlichen Aufgaben, ohne andererseits jene zu schwer zu belasten, da ja in der Tat Tausend einen über sich und unter diesem andere Zehn und unter ihnen andere Zwanzig und unter ihnen andere Hundert hatten, so daß kaum irgendein Problem zu jedem einzelnen der Vorsteher kam, über das sie urteilen

---

[116] Vgl. Ex 18,21; während TM von בֶּצַע (unrechter Gewinn, Bestechung) spricht, entsprechend Vulg, ins Subjektive gewandt: *avaritia* (Habsucht), wählt LXX als Übersetzungsäquivalent: ὑπερηφανία (Hochmut).

sub eis alios viginti et sub his alios centum, ut vix aliquid ad singulos quosque praepositos perveniret, quod iudicare necesse haberent. Insinuatur hic etiam humilitatis exemplum, quod Moyses, cum quo deus loquebatur, non fastidiuit neque contemsit alienigenae soceri sui consilium. Quamquam et ipse Iothor, cum Israhelita non fuisset, utrum inter viros deum verum colentes religioseque sapientes habendus sit, quemadmodum et Iob, cum ex ipso populo non fuisset, merito quaeritur, immo credibilius habetur. Ambigue quippe posita sunt verba, vel utrum sacrificaverit deo vero in populo eius, quando vidit generum suum, vel utrum eum adoraverit ipse Moyses; quamquam de adoratione etiam si expresse positum esset, honor videretur socero redditus eo modo quo solet hominibus honorificentiae causa exhiberi a patribus; sicut de Abraham scriptum est, quod adoraverit filios Chet. Quos autem dicat γραμματοεισαγωγούς post decuriones, non facile sciri potest, quoniam hoc nomen in nullo usu habemus vel officiorum vel magisteriorum. Nam quidam doctores interpretati sunt, ut intellegantur utique litterarum, qui introducant in litteras, sicut resonat Graecum vocabulum. Hic sane significatur, ante legem datam quod habuerint Hebraei litteras: Quae quando coeperint esse, nescio utrum valeat indagari. Nonnullis enim videtur a primis hominibus eas coepisse et perductas esse ad Noe atque inde ad parentes Abrahae et inde ad populum Israhel; sed unde hoc probari possit, ignoro.

---

18 utrum…suum] cf. Ex 18,12   **19** vel…Moyses] cf. Ex 18,7   **21** Abraham…22 Chet] cf. Gn 23,7

---

11 ut] et *n* | **12** perveniret] pervenirent *V* | **13** deus loquebatur] loquebatur deum *Am. μ*   **14** alienigenae] aligenae *C* | **15** religioseque] religiosaeque *C*, relioseque *n* | **19** eum adoraverit] adoraverit eum *Am.* | quamquam…adoratione] qua de adoratione *S* (de *exp. et* qua *praepon.*) | **20** hominibus *om. S* | **22** Chet] Ceth *C P S n*, Eth *V T* | γραμματοεισαγωγούς] grammatoisagogos *C n*, grammato isagogos *P S V⁷*, grammatoysagogos *T*, γραμματων εισαγωγος *Am.* | **24** doctores] doctiores *Am.* | **26** ante…quod] quod ante legem datam *Am. μ* | **27** quando] aliquando *P S* | **30** possit] posset *Am.*

---

[117] Zur einschlägigen Beurteilung Jitros bei Philo und den frühen Vätern vgl. BdA.

mußten. Hier wird auch ein Vorbild der Demut eingeschärft, insofern Mose, zu dem Gott sprach, den Ratschlag seines fremdländischen Schwiegervaters weder zurückwies noch verachtete. Indessen fragt man zu Recht, ob – vielmehr hält man es für wahrscheinlicher, daß – auch Jitro selbst, obgleich er kein Israelit war, unter die den wahren Gott verehrenden und frommen weisen Männer zu zählen sei, wie auch Ijob einer war, obgleich er nicht aus diesem Volk stammte (vgl. Ijob 1,1).[117] Vieldeutig sind ja die Formulierungen gewählt hinsichtlich der Fragen, sei es, ob er in seinem Volk dem wahren Gott Opfer darbrachte, als er seinen Schwiegersohn sah (vgl. Ex 18,12)[118], sei es ob Mose sich gar vor ihm niederwarf (vgl. Ex 18,7)[119]; würde man ja doch, wenngleich vom Niederwerfen ausdrücklich die Rede gewesen war, annehmen, er habe seinem Schwiegervater in der Weise Ehre erwiesen, wie sie die Patriarchen anderen Männern der Ehrerbietung halber zu erweisen pflegten; wie über Abraham geschrieben steht, daß er sich vor den Söhnen Hets niederwarf (vgl. Gen 23,7)[120]. Wen die Schrift aber, nach den Gruppen zu zehn Männern, γραμματοεισαγωγους[121] nennt, kann man nicht leicht herausfinden, denn diesen Titel gebrauchen wir überhaupt nicht, weder für Gerichtsbeamte noch für das Lehrpersonal. Manche haben es nämlich mit ‚Lehrer' übersetzt, besonders im Sinn: ‚Lehrer der Buchstaben', die in die Schriftzeichen einführen, wie das griechische Wort wörtlich besagt. Hier bedeutet es natürlich, daß die Hebräer schon, bevor das Gesetz gegeben wurde, das Alphabet besaßen; ich weiß nicht, ob man herausbekommen kann, seit wann es das gab. Einige sind nämlich der Meinung, es rühre von den Anfängen der Menschheit her und sei bis Noach weitergegeben worden, und von da bis zu den Eltern Abrahams und von da bis zum Volk Israel; wie man das aber beweisen könnte, weiß ich nicht.

---

[118] In *loc.* 2,82 erklärt Augustinus es für wahrscheinlicher, daß Jitro geopfert und nicht, nachdem Mose geopfert hatte, von diesem nur die Opfergaben entgegennahm, zumal zuvor von keinem Opfer Moses oder Aarons oder eines anderen Israeliten erzählt wird, während Jitro als Priester Midians bezeichnet wird. *Mirum est autem, si eius adventu coepit sacrificare Moyses et non potius ipse Iotor, qui iam sacerdos erat.* „Es wäre verwunderlich, wenn Mose bei seiner Ankunft zu opfern begönne und nicht vielmehr Jitro selbst, der schon Priester war."
[119] TM hat nur: „und er fiel nieder" (entsprechend Vulg: *adoravit*). Sam beseitigt das Bedenken durch den Zusatz: „[er warf sich] vor Mose [nieder]." So auch LXX.
[120] Vgl. dazu *qu.* 1,61.
[121] In Ex 18,21.25 fügt LXXA als letztes Glied der Aufzählung hinzu: και γραμματοεισαγωγεῖς. Das Wort ist aus der Ämteraufzählung Dtn 1,15 (שֹׁטְרִים, Vulg: *decanos*; OTTO, *Deuteronomium* 357: „Gerichtsschreiber") übernommen. Vgl. BdA. Vgl. *civ.* 18,39 *l.* 7ff.

70 *Mensis autem tertii exitus filiorum Israhel de terra Aegypti hac die venerunt in heremum Sina. Et profecti sunt ex Raphidin et venerunt in heremum Sina, et adplicuit ibi Israhel contra montem. Et Moyses ascendit in montem dei. Et vocavit eum dominus de monte dicens: Haec dices domui Iacob et nuntiabis filiis Israhel et cetera.* Deinde paulo post: *Descende et testare populo et purifica illos hodie et cras, et lavent vestimenta et sint parati in diem tertium. Tertia enim die descendet dominus in montem Sina coram omni populo.* Hoc die reperitur dari lex, quae in tabulis lapideis scripta est digito dei, sicut consequentia docent. Dies autem iste tertius adparet tertii mensis ab exitu Israhel ex Aegypto. Ex die ergo quo pascha fecerunt, id est agnum immolaverunt et ederunt, qui fuit quartus decimus primi mensis, usque ad istum, quo lex datur, dies quinquaginta numerantur: Decem et septem scilicet primi mensis, reliqui ab ipso quarto decimo; deinde omnes triginta secundi mensis, qui fiunt quadraginta septem, et tertius tertii mensis, qui est a sollemnitate occisi agni quinquagesimus. Ac per hoc in ista umbra futuri secundum agni immolati diem festum, sicut quinquagesimo die lex data est, quae conscripta est digito dei, ita in ipsa veritate novi testamenti a festivitate agni immaculati Christi Iesu quinquaginta dies numerantur, ut spiritus sanctus de altissimis datus est. Digitum dei autem esse spiritum sanctum et supra iam diximus teste evangelio.

70,7 lex…dei] cf. Ex 24,12; 31,18; Dt 9,10   **9** die…10 mensis] cf. Ex 12,6   **16** a…17 est] cf. Act 2,1-4

70,2 et¹…Sina² *om. C per homoiot.* | ibi Israhel] Israel ibi *Am.* μ | **3** et¹ *om. C* | **4** et cetera] vos ipsi vidistis ... in peculium *iuxta Vulg. (vers. 4-5) ponunt Bad. Am.* | **5** vestimenta] sua *add. Am.* | **6** descendet] descendit *C P n* | hoc…7 die] hodie $P^1 S V^1$ | **7** dari] data *Am.* μ ᴢ *(item C iuxta* ᴢ, *sed errore)* | est] de μ | **8** tertius *om. C* | **13** et…tertii *om. n* | **14** in ista] fit *praem. Am.* | futuri] *corr. in* veteris *S* | **15** in *om. P S V* | **17** ut] quando *Am.* | dei autem] autem dei *P S V T Am.* | **18** et] ut *C*

---

[122] Da 19,1 die Sinaiereignisse genau datieren will, der Ausdruck „im dritten Monat [...], an diesem Tag" dies aber nicht leistet, weil der Bezug des Demonstrativums ‚diesem' offen bleibt, wird, soweit man nicht mit Ausfall oder Tilgung einer genauen Tagesangabe rechnet, im Gefolge der antiken jüdischen Exegese häufig angenommen, daß בְּיוֹם hier unter der Bedeutung ‚Neumondstag' (= erster Tag des Monats) verwendet ist: ‚am dritten Neumondstag seit dem Auszug [...], an diesem Tag' (vgl. NOTH, *Exodus* z.St.). Das ist den griechischen und lateinischen Übersetzungen entgangen. VL folgt genauestens LXX. Deren Genitiv Τοῦ δὲ μηνὸς τοῦ τρίτου kann vielleicht als freier (partitiver) Gen. der Zeit gedeutet werden (BLASS-DEBRUNNER-REHKOPF § 186 S. 140f;

qu. 2,70 (zu Ex 19,1-5.10-11)

70 „Des dritten Monats seit dem Auszug der Söhne Israels aus dem Land Ägypten, an diesem Tag, kamen sie in die Wüste Sinai.[122] Und sie brachen von Refidim auf und kamen in die Wüste Sinai, und Israel lagerte dort dem Berg gegenüber. Und Mose stieg auf den Berg Gottes hinauf. Und der Herr rief ihn vom Berg her mit den Worten: Folgende Worte sollst du dem Haus Jakob sagen und den Söhnen Israels verkünden" usw. Darauf ein wenig später: „Steig hinab und bezeuge [es] dem Volk und reinige sie heute und morgen, und sie sollen ihre Kleider waschen und sich für den dritten Tag bereit halten. Am dritten Tag wird der Herr nämlich vor dem ganzen Volk auf den Berg Sinai herabsteigen." An diesem Tag, so erfährt man, wird das Gesetz gegeben, das vom Finger Gottes auf die steinernen Tafeln geschrieben war, wie das folgende zeigt (vgl. Ex 24,12; 31,18; Dtn 9,10). Dieser dritte Tag ist aber offenbar der dritte Tag des dritten Monats seit dem Auszug Israels aus Ägypten. Daher zählt man von dem Tag, an dem sie das Pascha feierten, d.h. das Lamm opferten und aßen, der der vierzehnte Tag des ersten Monats war (vgl. Ex 12,6), bis zu demjenigen, an dem das Gesetz gegeben wird, fünfzig Tage: nämlich siebzehn des ersten Monats, die vom vierzehnten an übrig sind; dann alle dreißig des zweiten Monats, das ergibt siebenundvierzig, und der dritte Tag des dritten Monats, der vom Fest des geschlachteten Lammes an gerechnet der fünfzigste ist. Und wie deshalb in diesem Schatten des Zukünftigen das Gesetz, das vom Finger Gottes geschrieben worden ist, am fünfzigsten Tag nach dem Festtag des geopferten Lammes gegeben worden ist, so zählt man seinerseits in der Wirklichkeit des Neuen Bundes vom Festtag des unbefleckten Lammes Jesus Christus fünfzig Tage bis zur Gabe des Heiligen Geistes aus den Höhen (vgl. Apg 2,1-4). Daß aber der Finger Gottes der Heilige Geist ist, haben wir auf Grund des Zeugnisses des Evangeliums oben schon ausgeführt.[123]

qu. 2,71,1 (zu Ex 20,1-17)

71,1 Man fragt, wie die Zehn Gebote des Gesetzes zu gliedern sind:[124] Ob es einerseits vier bis zum Sabbatgebot sind, die sich auf Gott beziehen, anderer-

---

SCHWYZER, *Grammatik*, 112f.): „Im dritten Monat aber [...], an diesem Tag". Wurde VL dahingehend verstanden, daß der Gen. zwar voraussteht, aber der Zeitangabe *hac die* zugeordnet ist: ‚an diesem Tag des dritten Monats'? Vulg folgt wörtlich TM, allerdings mit Bedeutung ‚Monat': *mense tertio [...] in die hac*. Da Augustinus im folgenden den ‚dritten Tag' von Ex 19,11 als „dritte[n] Tag des dritten Monats seit dem Auszug Israels aus Ägypten" identifiziert, ist zu erschließen, daß er 19,1 – wie auch immer sprachlich begründet – als „am ersten Tag des dritten Monats [...], an diesem Tag" verstanden hat.
[123] Vgl. *qu.* 2,25.
[124] Augustinus nennt den Dekalog *lex*, seine einzelnen Gebote *mandata* oder *praecepta*.

71,1 Quaeritur decem praecepta legis quemadmodum dividenda sint: Utrum quattuor sint usque ad praeceptum de sabbato, quae ad deum pertinent, sex autem reliqua, quorum primum est: *Honora patrem et matrem,* quae ad hominem pertinent, an potius illa tria sint et ista septem. Qui enim dicunt illa quattuor esse, separant quod dictum est: *Non erunt tibi dii alii praeter me,* ut aliud praeceptum sit: *Non facies tibi idolum* et cetera, ubi figmenta colenda prohibentur; unum autem volunt esse: *Non concupisces uxorem proximi tui, non concupisces domum proximi tui* et omnia usque in finem. Qui vero illa tria esse dicunt et ista septem, unum volunt esse quidquid de uno colendo deo praecipitur, ne aliquid aliud praeter illum pro deo colatur; haec autem extrema in duo dividunt, ut aliud sit: *Non concupisces uxorem proximi tui,* aliud: Non *concupisces domum proximi tui*. Decem tamen esse praecepta neutri ambigunt, quoniam hoc scriptura testatur.

71,2 Mihi tamen videtur congruentius accipi tria illa et ista septem, quia et trinitatem videntur illa quae ad deum pertinent insinuare diligentius intuentibus. Et revera quod dictum est: *Non erunt tibi dii alii praeter me,* hoc ipsum perfectius explicatur, cum prohibentur colenda figmenta. Concupiscentia porro uxoris alienae et concupiscentia domus alienae tantum in peccando differunt, ut illi, quod dictum est: *Non concupisces domum proximi tui,* adiuncta sint et alia dicente scriptura: *Neque agrum eius neque servum eius neque ancillam eius neque boves eius neque subiugalem eius nec omne pecus eius nec quaecumque proximi tui sunt.* Discrevisse autem videtur concupiscentiam uxoris alienae a concupiscentia cuiuslibet rei alienae, quando utrumque sic coepit: *Non concupisces uxorem proximi tui; non concupisces domum proximi tui,* et huic coepit cetera adiungere. Non autem, cum dixisset: *Non concupisces uxorem proximi tui,* huic conexuit alia dicens: Neque domum eius neque agrum eius neque servum eius et cetera; sed omnino adparent haec esse coniuncta quae uno praecepto videntur contineri et discreta ab illo, ubi uxor nomi-

---

71,12 scriptura testatur] cf. Ex 34,28; Dt 4,13; 10,4

71,2 deum] ipsum *praem. Bad. Am.* μ *z (item C iuxta z, sed errore), om. codd.* | **3** est *om. Bad.* patrem] tuum *add. S* | **5** separant] parant *n* | dii] di *n* | **6** unum...7 volunt *om. n* **7** non[1]...tui *om. T per homoiot.* | **9** aliquid aliud] aliud aliquid *S* | **10** extrema] praecepta *add. Bad.* | sit] praeceptum *add. Bad.* | **11** aliud] et *praem. Bad.* | tui[2]] non servum, non ancillam, non bovem, non asinum, nec omnia quaecumque illius sunt *add. Bad.* | **13** quia] quoniam *Bad.* | et[2] *om. Bad.* | **15** dii] di *C n z* | alii] alieni *Bad.* | perfectius] perfectum *n* **19** boves] bovem *T Am.* μ *z, (item C iuxta z, sed errore)* | **20** subiugalem] subiugales *V Bad.*, subiugale *Am.* μ | nec[1]] neque *P V T Bad. Am.* μ | nec[2]] neque *S V Am.* μ | tui] enim *C,* sui *n* | discrevisse] descripsisse *S* (lege discrevisse *in marg.*) | **21** rei *om. C* | **23** huic] hic *P,* hinc *Bad.* | **24** conexuit] contexuit *Bad.* | neque[2]...25 eius[1] *om. n* | **26** videntur] videtur *Bad.*

seits die sechs übrigen, deren erstes lautet: „Ehre Vater und Mutter!", die sich auf den Menschen beziehen, oder ob eher jene drei sind und diese sieben. Diejenigen nämlich, die sagen, jene seien vier, machen eine Trennung nach dem Ausspruch: „Du sollst außer mir keine anderen Götter haben", so daß „du sollst dir kein Götzenbild machen" usw., wo verboten wird, Bilder zu verehren, ein anderes Gebot bildet; sie bestehen aber darauf, daß: „du sollst nicht begehren die Ehefrau deines Nächsten, du sollst nicht begehren das Haus deines Nächsten" und alles Weitere bis zum Schluß ein einziges Gebot darstellen. Diejenigen hingegen, die sagen, jene seien drei und diese sieben, bestehen darauf, daß alles, was über die Verehrung des einen Gottes vorgeschrieben wird, damit nicht irgendetwas anderes außer ihm als Gott verehrt wird, ein einziges Gebot ist; jene letzten Bestimmungen teilen sie dagegen auf zwei Gebote auf, so daß das eine lautet: „du sollst nicht begehren die Ehefrau deines Nächsten", das andere: „du sollst nicht begehren das Haus deines Nächsten". Dennoch zieht keine der beiden Parteien in Zweifel, daß es zehn Gebote sind, da die Schrift das bezeugt (vgl. Ex 34,28; Dtn 4,13; 10,4).

qu. 2,71,2

71,2 Mir scheint es jedoch angemessener, jene drei und diese sieben anzunehmen, da die auf Gott bezogenen Gebote denjenigen, die sorgfältiger hinschauen, auch auf die Dreifaltigkeit hinzuweisen scheinen. Und tatsächlich wird gerade dieses Gebot „du sollst außer mir keine anderen Götter haben" an der Stelle genauer ausgelegt, wo die Bilderverehrung verboten wird. Andererseits unterscheiden sich das Begehren der fremden Ehefrau und das Begehren des fremden Hauses lediglich in der Art der Sünde, insofern diesem Gebot, das lautet: „Du sollst nicht begehren das Haus deines Nächsten" in der Formulierung der Schrift noch weitere Objekte hinzugefügt sind: „weder seinen Acker noch seinen Sklaven noch seine Sklavin noch seine Rinder noch sein Lasttier noch sein ganzes Vieh noch irgendetwas, was deinem Nächsten gehört." Die Schrift scheint aber einen Unterschied gemacht zu haben zwischen dem Begehren nach einer fremden Ehefrau und dem Begehren nach irgendeiner fremden Sache, da sie zwar beides so begonnen hat: „Du sollst nicht begehren die Ehefrau deines Nächsten; du sollst nicht begehren das Haus deines Nächsten, und letzterem Weiteres hinzugefügt hat, dagegen, nachdem sie gesagt hat: „du sollst nicht begehren die Ehefrau deines Nächsten", diesem nichts anderes hinzugefügt hat: weder sein Haus noch seinen Acker noch seinen Sklaven usw.;[125] aber ganz offensichtlich sind nur diejenigen Details miteinander verbunden, die zu dem

---

[125] Die LXX, gefolgt von VL, bringt die letzten beiden Gebote in der Reihenfolge und der Formulierung von Dtn 5,21, nicht in der von Ex 20,17 TM, die die Frau dem Haus nachordnet und auf sie die übrigen Objekte folgen läßt. Vgl. BdA und WEVERS, *Exodus*.

nata est. Illud autem, ubi dictum est: *Non erunt tibi dii alii praeter me*, adparet huius rei diligentiorem exsecutionem esse in his quae subiuncta sunt. Quo enim pertinet: *Non facies tibi idolum neque ullum simulacrum, quaecumque in caelo sunt sursum et quaecumque in terra deorsum et quaecumque in aqua sub terra. Non adorabis eis neque servies illis*, nisi ad id quod dictum est: *Non erunt tibi dii alii praeter me*?

71,3 Sed rursus quaeritur quo differat: *Non furtum facies* ab eo quod paulo post de non concupiscendis proximi rebus praecipitur. Non quidem omnis qui rem proximi sui concupiscit furatur; sed si omnis qui furatur rem proximi concupiscit, poterat in illa generalitate, ubi de non concupiscenda re proximi praecipitur, etiam illud quod ad furtum pertinet contineri. Similiter etiam quaeritur, quo differat quod dictum est: *Non moechaberis*, ab eo quod paulo post dicitur: *Non concupisces uxorem proximi tui*. In eo quippe, quod dictum est: *Non moechaberis*, poterat et illud intellegi. Nisi forte in illis duobus peccatis moechandi et furandi ipsa opera notata sunt, in his vero extremis ipsa concupiscentia: Quae tantum differunt, ut aliquando moechetur qui non concupiscit uxorem proximi, aliqua alia causa cum illi misceatur, aliquando autem concupiscat nec ei misceatur poenam timens. Et hoc fortasse lex ostendere voluit, quod utraque peccata sint.

71,4 Item quaeri solet utrum moechiae nomine etiam fornicatio teneatur. Hoc enim Graecum verbum est, quod iam scriptura utitur pro Latino; moechos tamen Graece nonnisi adulteros dicit. Sed utique ista lex non solis viris in populo verum etiam feminis data est. Neque enim quia dictum est: *Non concupisces uxorem proximi tui*, nihil hic sibi praeceptum debet putare femina et tamquam licite concupiscere virum proximae suae. Si ergo hic ex illo quod viro dictum est intellegitur, quamvis non dictum sit, quod etiam ad feminam pertineat, quanto

einem Gebot zu gehören scheinen, und sind getrennt von jenem, in dem die Ehefrau genannt ist. Was aber jenes Gebot betrifft, wo es heißt: „Du sollst außer mir keine anderen Götter haben", so findet sich offenkundig die sorgfältigere Behandlung dieses Gegenstandes in den Sätzen, die folgen. Denn wohin gehört das folgende: „Du sollst dir kein Götzenbild machen und kein Abbild von irgendwelchen Wesen, die im Himmel droben und die auf der Erde unten und die im Wasser unter der Erde sind, du sollst dich nicht vor ihnen niederwerfen und ihnen nicht dienen", wenn nicht zum Gebot: „Du sollst außer mir keine anderen Götter haben"?

qu. 2,71,3

71,3 Aber wiederum fragt man, worin sich das Gebot: „Du sollst nicht stehlen" von dem kurz darauf folgendem Verbot, die Besitztümer des Nächsten zu begehren, unterscheidet. Zwar begeht nicht jeder einen Diebstahl, der ein Besitztum seines Nächsten begehrt; aber wenn jeder, der ein Besitztum seines Nächsten stiehlt, dieses begehrt, konnte in jener allgemeinen Formulierung, die verbietet, das Besitztum des Nächsten zu begehren, auch jenes auf den Diebstahl bezogene Verbot enthalten sein. Ähnlich fragt man auch, worin das Gebot: „Du sollst nicht die Ehe brechen" sich von dem kurz darauf folgenden unterscheidet: „Du sollst nicht begehren die Ehefrau deines Nächsten". In dem Gebot: „Du sollst nicht die Ehe brechen" konnte ja auch jenes mitverstanden werden. Es sei denn, daß vielleicht mit diesen zwei Sünden des Ehebruchs und des Diebstahls speziell die Taten bezeichnet sind, mit jenen letzten aber speziell das Begehren: sie unterscheiden sich so stark, daß gelegentlich einer Ehebruch begeht, der die Ehefrau seines Nächsten gar nicht begehrt, sondern sich aus irgendeinem anderen Grund mit ihr vereinigt, gelegentlich aber andererseits einer sie begehrt, sich aber aus Furcht vor Strafe nicht mit ihr vereinigt. Und das wollte das Gesetz vielleicht zeigen, daß beides Sünden sind.

qu. 2,71,4

71,4 Desgleichen pflegt man zu fragen, ob der Terminus *moechia* (Ehebruch) auch die Unzucht umfaßt.[126] Das ist nämlich ein griechisches Wort. Schon die Schrift gebraucht es als lateinisches; mit μοιχός bezeichnet man im Griechischen jedoch nur Ehebrecher. Jedenfalls aber ist dieses Gesetz nicht ausschließlich den Männern im Volk, sondern auch den Frauen gegeben. Keinesfalls nämlich darf eine Frau, weil es heißt: „Du sollst nicht begehren die Ehefrau deines Nächsten", sich einbilden, hier sei ihr nichts verboten und als begehre sie gleichsam erlaubterweise den Mann ihrer Nächsten. Wenn man daher hier aus dem, was dem Mann gesagt ist, entnimmt, daß es sich auch auf die Frau bezieht, obgleich das nicht gesagt ist, um wieviel mehr werden durch das Gebot: „Du

---

[126] Vgl. Augustinus, *retr.* 1,19,6.

magis eo quod dictum est: *Non moechaberis*, uterque sexus adstringitur, cum et ipsum praeceptum potest referri ad utrumque, sicut: *Non occides, non furaberis* et quae alia similiter non expresso uno sexu utrique videntur sonare communiter. Tamen ubi unus exprimitur, honoratior utique exprimitur, id est masculinus, ut ex hoc intellegat etiam femina quid sibi praeceptum sit. Ac per hoc si femina moecha est habens virum concumbendo cum eo, qui vir eius non est, etiam si ille non habeat uxorem, profecto moechus est et vir habens uxorem concumbendo cum ea quae uxor eius non est, etiam si illa non habeat virum. Sed utrum, si faciat qui uxorem non habeat vel femina quae virum non habet, praecepti huius transgressione teneantur, merito quaeritur. Si enim non tenentur, non est prohibita in decalogo fornicatio, sed sola moechia, id est adulterium, quamvis omnis moechia etiam fornicatio esse intellegitur, sicut loquuntur scripturae; dominus enim dicit in evangelio: *Quicumque dimiserit uxorem suam excepta causa fornicationis, facit eam moechari.* Hic utique fornicationem appellavit, si cum alio peccet quae virum habet, quod est moechia, id est adulterium. Omnis ergo moechia etiam fornicatio in scripturis dicitur. Sed utrum etiam omnis fornicatio moechia dici possit, in eisdem scripturis non mihi interim occurrit locutionis exemplum. Sed si non omnis fornicatio etiam moechia dici potest, ubi sit in decalogo prohibita illa fornicatio, quam faciunt viri, qui uxores non habent, cum feminis, quae maritos non habent, utrum inveniri possit, ignoro. Sed si furti nomine bene intellegitur omnis inlicita usurpatio rei alienae - non enim rapinam permisit qui furtum prohibuit; sed utique a parte totum intellegi voluit, quidquid inlicite rerum proximi aufertur - profecto et nomine moechiae omnis inlicitus concubitus atque illorum membrorum non legitimus usus prohibitus debet intellegi.

---

63 Mt 5,32

51 eo] ex *praem. Bad.* | adstringitur] constringitur *Bad.* | **52** ad *om. n* | **53** quae alia] alia quae *T Bad.* | uno...utrique] unusexutrique *n* | **54** utique] ubique *V Bad.* | **55** ex] *om. n* quid] quod *P* | **57** ille] illa *n* | non...58 illa] *om. n* | profecto...uxorem² *S V¹ per homoiot.* (et vir mechus est habens uxorem *add. s. l. m. 2 V*) | est *om. Bad.* | **58** est etiam] etiam est *P corr.* | est...si *in ras. V* | **59** habeat] habet *P S V T Bad. Am. μ* | vel] cum *S Bad. Am. μ* habet] ambo *add. Bad. Am. μ* | **60** teneantur] (a *del. a. m.*) *C* | **61** est¹ *om. S* | fornicatio] fornicatione *C* | **62** esse *om. T* | intellegitur] intellegatur *V²* | **63** enim] autem *n* excepta] excepto *P S V* | **64** fornicationis...eam *om. n* | hic] hoc *P¹ V* | **68** non *om. Bad.* potest] non *praem. Bad.* | **70** possit] possint *C* | **71** bene *om. T* | **72** a parte] aperte *C¹*

sollst nicht die Ehe brechen" beide Geschlechter verpflichtet, da auch gerade dieses Gebot auf beide bezogen werden kann, wie auch „du sollst nicht töten, du sollst nicht stehlen" und andere Gebote, die, da sie nicht für ein einziges Geschlecht formuliert sind, gleichermaßen beiden Geschlechtern gemeinsam zu gelten scheinen. Allerdings wird, wo nur ein Geschlecht bezeichnet wird, natürlich das höher in Ehren stehende bezeichnet, d.h. das männliche, so daß daraus auch die Frau entnimmt, was für sie vorgeschrieben ist. Daraus folgt: Wenn eine verheiratete Frau die Ehe bricht, indem sie sich mit einem Mann zum Beischlaf niederlegt, der nicht ihr Ehemann ist, so bricht unzweifelhaft auch dieser, selbst wenn er unverheiratet ist, die Ehe, und ebenso bricht ein verheirateter Mann die Ehe, wenn er sich mit einer Frau zum Beischlaf hinlegt, die nicht seine Ehefrau ist, selbst wenn jene unverheiratet ist. Aber zu Recht fragt man, ob ein Unverheirateter oder eine Unverheiratete der Übertretung dieses Gebotes für schuldig gehalten werden, wenn sie dies miteinander tun. Wenn sie nämlich nicht für schuldig gehalten werden, verbietet der Dekalog nicht die Unzucht, sondern nur die *moechia*, d.h. den Ehebruch, obgleich in der Ausdrucksweise der Schriften jeder Ehebruch auch als Unzucht verstanden wird; der Herr sagt nämlich im Evangelium: „Jeder, der seine Frau entläßt – ausgenommen den Fall der Unzucht – veranlaßt sie, die Ehe zu brechen" (Mt 5,32). Hier ist es offensichtlich als Unzucht bezeichnet, wenn eine Verheiratete mit einem anderen Mann sündigt; das ist *moechia*, d.h. Ehebruch. Also wird in den Schriften jeder Ehebruch auch Unzucht genannt. Aber könnte man auch jede Unzucht Ehebruch nennen? Ein Beleg dieser Ausdrucksweise, ist mir bislang in eben diesen Schriften nicht begegnet. Wenn aber nicht jede Unzucht auch Ehebruch genannt werden kann, weiß ich nicht, wo im Dekalog jene Unzucht verboten worden ist, die unverheiratete Männer mit unverheirateten Frauen begehen. Wenn aber unter der Bezeichnung ‚Diebstahl' sehr wohl jede unerlaubte Aneignung fremden Besitzes mitverstanden wird – denn wer Diebstahl verboten hat, hat nicht Raub erlaubt; sondern unter dem Teil wollte er natürlich das Ganze verstanden wissen: alles, was vom Besitz des Nächsten unerlaubt weggenommen wird –, muß offensichtlich auch unter der Bezeichnung ‚Ehebruch' jeder unerlaubte Geschlechtsverkehr und jeder nicht erlaubte Gebrauch jener Körperteile als verboten mitverstanden werden.[127]

qu. 2,71,5

71,5 Und bezüglich des Gebotes: „Du sollst nicht töten" soll man nicht meinen, es sei ein Verstoß gegen dieses Gebot, wenn das Gesetz tötet oder wenn

---

[127] So erklärt Augustinus auch in *s.* 9,3 kurz und bündig: *Non moechaberis, id est, non eas ad aliquam aliam praeter uxorem tuam.*

71,5 Et quod dictum est: *Non occides*, non putandum est fieri contra hoc praeceptum, quando lex occidit vel occidi aliquem deus iubet. Ille enim facit qui iubet, quando ministerium negare non licet.

71,6 In eo etiam quod dictum est: *Falsum testimonium non dices adversus proximum tuum*, quaeri solet utrum prohibitum sit omne mendacium, ne forte non sit hoc praeceptum adversus eos qui dicunt tunc esse mentiendum, quando id mendacium prodest alicui et nihil obest ei cui mentiris. Tale quippe non est adversus proximum tuum; ut ideo videatur hoc addidisse scriptura, quae posset breviter dicere: *Falsum testimonium non dices*, sicut dixit: *Non occides, non moechaberis, non furaberis*. Sed hinc magna quaestio est nec a festinantibus commode explicari potest, quomodo accipiendum sit: *Perdes omnes qui loquuntur mendacium*, et: *Noli velle mentiri omne mendacium* et cetera huius modi.

72 *Et omnis populus videbat vocem et lampadas et vocem tubae et montem fumantem*. Solet quaeri quomodo populus videbat vocem, cum vox non ad visum, sed potius ad auditum pertinere videatur. Sed sicut modo dixi videatur de omnibus quae a me dicta sunt, sic videre solet pro generali sensu poni non solum corporis verum etiam animi. Unde et illud est: *Cum vidisset Iacob quia sunt escae in Aegypto*, unde utique absens erat. Quamquam nonnulli videre vocem nihil aliud esse arbitrati sunt quam intellegere, qui visus mentis est. Cum vero hic breviter dicendum esset, quod *populus audiebat vocem et lampadas et vocem tubae et montem fumantem*, quaestio maior oreretur, quomodo audiebat lampadas et montem fumantem, quod pertinet ad sensum videndi. Nisi quis dicat nec tam breviter dicendum fuisse, ut totum diceretur: Audiebat vocem et videbat lampadas et audiebat vocem tubae et videbat montem fumantem. Duo quippe genera vocis erant: De nubibus, sicut tonitrua, et de tuba, si tamen ipsam dixit vocem, quae

---

86 Ps 5,7 | Ecli 7,14 **72,5** Gn 42,1

77 facit] fecit *T* | 79 dices *om. C* | adversus] adversum *S* | 81 id] istud *Bad.* | 82 nihil] nil *T* | mentiris] *add. m. 2 in marg. P* | 83 posset] possit *C* | 84 dixit *om. P¹ S V* | 85 furaberis] furaveris *C* | **72,1** lampadas] lampades (*et ita semper*) *S Bad.* | 2 solet quaeri] quaeri solet *T* | videbat vocem] vocem videbat *S* | 3 dixi] dicitur *T* | 4 videre] videri *C* 5 unde…illud] illud unde *P* | et *om. P S V T Bad.* | illud est] est illud *V Bad.* | 6 esse…7 sunt] arbitrati sunt esse *Bad.* | 7 hic breviter] breviter hic *T* | 8 esset] si diceretur *add. T* audiebat] *legi cum T,* videbat *cett. codd.* | et³] ac *V n T Bad. Am. μ* | 9 oreretur] oritur *S,* oriretur *P² V² T Am. μ,* orietur *Bad.* | 11 ut] sed *praem. P S V Am. μ* | totum] non *praem. V* 12 et…montem *om. n* | 13 de¹] et *praem. P S V T Am. μ* | de² *om. P¹ S V Bad.*

Gott jemanden zu töten befiehlt. Denn da es nicht erlaubt ist, den Gehorsam zu verweigern, tut das derjenige, der befiehlt.

qu. 2,71,6

71,6 Man pflegt auch zu fragen, ob in dem Gebot: „Du sollst nicht als falscher Zeuge gegen deinen Nächsten aussagen" jede Lüge verboten ist, ob dieses Gebot sich vielleicht nicht gegen jene wendet, die sagen, man solle dann lügen, wenn diese Lüge jemandem nützt und in keiner Weise demjenigen schadet, den man belügt. Eine derartige Lüge richtet sich ja nicht „gegen deinen Nächsten", so daß man meinen könnte, die Schrift habe das zu diesem Zweck hinzugesetzt; sie hätte auch kurz formulieren können: ‚Du sollst nicht als falscher Zeuge aussagen', wie sie formuliert hat: „Du sollst nicht töten, du sollst nicht die Ehe brechen, du sollst nicht stehlen." Aber aus dieser Interpretation entsteht ein schweres Problem, das Leute, die in Eile sind, nicht angemessen entfalten können, nämlich wie man verstehen soll: „Du wirst alle Lügner vernichten" (Ps 5,7), und: „Rede keinerlei Lüge" (Sir 7,13)[128] und weitere Schriftstellen dieser Art.

qu. 2,72 (zu Ex 20,18)

72 „Und das ganze Volk sah die Stimme und die Fackeln und den Schall der Posaune und den rauchenden Berg." Man pflegt zu fragen, wie das Volk die Stimme ‚sah', da ‚Stimme' sich nicht auf den Gesichtssinn, sondern eher auf den Gehörsinn zu beziehen scheint. Aber wie ich soeben bezüglich all meiner Worte gesagt habe: *videatur* (es scheint), so gebraucht man üblicherweise *videre* (sehen) in einer allgemeinen Bedeutung bezüglich der Wahrnehmung nicht nur des Körpers, sondern auch des Geistes.[129] Von daher erklärt sich auch die folgende Wendung: „Als Jakob gesehen hatte, daß es Nahrungsmittel in Ägypten gab" (Gen 42,1); wo er doch offenkundig weit entfernt von dort lebte. Gleichwohl waren einige der Meinung, das Wort *videre* (sehen) bedeute nichts anderes als *intellegere* (verstehen), das das Sehen des Geistes bezeichnet. Wenn hier aber kurz formuliert werden sollte: ‚Das Volk hörte die Stimme und die Fackeln und den Schall der Posaune und den rauchenden Berg', würde sich die noch schwierigere Frage stellen, wie es die Fackeln und den rauchenden Berg ‚hörte', was sich doch auf den Gesichtssinn bezieht. Falls nicht vielleicht einer sagt, die Schrift hätte sich nicht so kurz ausdrücken dürfen, um den ganzen Vorgang auszusagen: ‚Es hörte die Stimme, und es sah die Fackeln, und es hörte den Schall der Posaune, und es sah den rauchenden Berg.' Es gab freilich zwei Arten von Stimme: aus den Wolken, wie Donnerschläge, und aus der Posaune, sofern die Schrift denn den Laut ‚Stimme' genannt hat, der aus den Wolken ertönte.

---

[128] Sir 7,13 (TM, LXX), 7,14 (Vulg).
[129] Vgl. Ambrosius, *In Luc* 1,5: *non enim corporalibus, sed spiritalibus oculis Iesus videtur.*

de nubibus edebatur. Ac per hoc melius in his, quae ad sensum audiendi pertinebant, generalis sensus est positus, hoc est videndi, cum breviter totum vellet scriptura complecti, quam ut in his, quae pertinent ad videndi sensum, subintellegeretur auditus: Quo more loqui non solemus. Nam vide quid sonet solemus dicere, audi quid luceat non solemus.

73 *Loquere tu nobis, et non loquatur ad nos deus, ne quando moriamur.* Multum et solide significatur ad vetus testamentum timorem potius pertinere sicut ad novum dilectionem, quamquam et in vetere novum lateat et in novo vetus pateat. Quomodo autem tali populo tribuatur videre vocem dei, si hoc accipiendum est intellegere, cum sibi loqui deum timeant ne moriantur, non satis elucet.

74 *Et dicit illis Moyses: Constantes estote; propterea enim venit deus ad vos temtare vos, ut sit timor eius in vobis, ne peccetis.* Sic illi cohibendi fuerant a peccatis utique timendo, ne poenas sensibiles paterentur, quia nondum poterant amare iustitiam. Et in hoc erat illis temtatio a domino, qua probabantur, ut adpareret cuius modi essent, non ut deo noti fierent, quem non latebant qualescumque essent, sed ut inter se ac sibimet. Multum tamen in istis terroribus testamenti veteris differentia commendatur, quod etiam in epistula ad Hebraeos apertissime dictum est.

75 *Moyses autem intravit in nebulam, ubi erat deus,* id est, ubi expressiora fiebant signa, quibus cognosceretur deus. Nam quomodo in nebula erat, cui caeli caelorum non sufficiunt? Nisi quemadmodum nusquam non est, qui in loco nullo est.

76 *Non facietis vobis deos argenteos et deos aureos non facietis vobis ipsis.* Repetitur quod in primo praecepto inculcatum est; et ex diis argenteis et aureis utique

---

74,7 quod...est] cf. Hebr 12,18-24.28   76,2 quod...est] cf. Ex 20,4

14 his] hiis *Bad.*, iis *Am. μ* | 15 totum] toto *P¹* | 16 his] hiis *Bad.*, iis *Am. μ*
subintellegeretur] subintellegitur *S* | 17 auditus] auditis *P* | sonet] sonat *C* | 73,3 in¹ *om.*
P¹ S | vetere] veterem *P¹*, veteri *T* | in²...vetus] vetus in novo *S* | 5 elucet] eluceat *C*
74,1 dicit] dixit *Am. μ* | illis] eis *P S V T Am. μ* | venit deus] deus venit *C P n T* | 4 in *om.*
n | probabantur] probantur *P¹ V¹* | 5 latebant] latebat *P S V* | 6 in *om. P S V T Am. μ*
7 commendatur] commendantur *C* | 75,1 nebulam] nebula *P¹ S V* | 2 quomodo]
quomo *C (in fine lineae)* | 4 est] non *praem. S* | 76,1 deos¹...ipsis *om. C¹* | 2 et¹] inclusit *z*
diis] dis *n*

Und deshalb, weil die Schrift die Sinneswahrnehmungen insgesamt umfassend benennen wollte, ist sogar passender für das, was zum Gehörsinn gehört, die allgemeine Sinneswahrnehmung, d.h. der Gesichtssinn, gesetzt worden, als wenn hinsichtlich der zum Gesichtssinn gehörenden Wahrnehmungen der Gehörsinn mitverstanden würde: auf diese Weise pflegen wir nicht zu sprechen. Denn wir sagen zwar üblicherweise: ‚Schau, was da tönt.' ‚Höre, was da leuchtet' sind wir aber nicht zu sagen gewohnt.

qu. 2,73 (zu Ex 20,19)

73 „Sprich du zu uns, und Gott soll nicht zu uns sprechen, damit wir nicht womöglich sterben müssen." Vielfach und unerschütterlich wird angezeigt, daß die Furcht eher zum Alten Testament gehört wie zum Neuen die Liebe,[130] obgleich sowohl im Alten Testament das Neue verborgen als auch im Neuen das Alte offenbar ist. Es wird aber nicht genügend klar, wie von einem derartigen Volk gesagt werden kann, es ‚sehe' die Stimme Gottes, falls dieses ‚Sehen' als ‚Verstehen' zu deuten ist, da sie fürchteten zu sterben, wenn Gott zu ihnen spräche.

qu. 2,74 (zu Ex 20,20)

74 „Und Mose sagt zu ihnen: Bewahrt die Fassung; Gott ist nämlich zu dem Zweck zu euch gekommen, euch auf die Probe zu stellen, damit die Furcht vor ihm in euch sei, damit ihr nicht sündigt."[131] So hatten sie wenigstens durch Furcht vor körperlichen Strafen vom Sündigen abgehalten werden müssen, da sie noch nicht die Gerechtigkeit lieben konnten. Und darin bestand ihre Prüfung, mit der der Herr sie prüfte, daß sie sich unter einander und jeder für sich selbst darüber klar würden, welcher Art sie seien, nicht darin, daß Gott sie erkenne, dem nicht verborgen war, wie sie waren. Dennoch manifestiert sich in diesen Schreckensäußerungen deutlich die Verschiedenheit des Alten Testaments;[132] davon spricht auch der Brief an die Hebräer sehr deutlich (vgl. Hebr 12,18-24.28).

qu. 2,75 (zu Ex 20,21)

75 „Mose aber trat in die Wolke ein, wo Gott war", d.h. wo sich deutlichere Zeichen ereigneten, an denen man Gott erkennen konnte. Denn auf welche Weise war der in der Wolke, dem die Himmel der Himmel nicht genügen? Wenn nicht, wie der überall ist, der an keinem Ort ist.

qu. 2,76 (zu Ex 20,23)

76 „Ihr sollt euch keine silbernen Götter machen, und ihr sollt für euch selbst keine goldenen Götter machen." Das ist eine Wiederholung dessen, was

---

[130] Zur Zuordnung der Furcht zum Alten Testament vgl. *qu.* 2,74; 2,166,2; 5,10,1.2.
[131] Zur Frage, inwiefern Gott auf die Probe stellt (*tentat*), vgl. *qu.* 1,57; 2,58.
[132] Sc. vom Neuen Testament.

omnia simulacra intelleguntur, sicut in illo etiam Psalmo: *Idola gentium argentum et aurum.*

77 Quae de servo Hebraeo praecipiuntur, ut sex annos serviat et dimittatur liber gratis, ne servi christiani hoc flagitarent a dominis suis, apostolica auctoritas iubet servos dominis suis esse subditos, ne nomen dei et doctrina blasphemetur. Illud enim ex hoc satis constat in ministerio praeceptum, quia et pertundi subula eius aurem ad postem praecepit deus, qui libertatem illam recusasset.

78,1 *Si quis autem vendiderit filiam suam famulam non abibit ita ut recedunt ancillae. Quodsi non placuerit domino suo quam non adnominavit eam, remunerabit eam. Genti autem exterae non est dominus vendere illam, quoniam sprevit in ea. Quodsi filio adnominaverit eam, secundum iustificationem filiarum faciet ei. Quodsi aliam accipiet ei, quae opus sunt et vestem et conversationem eius non fraudabit. Si autem tria haec non fecerit ei, exibit gratis sine pretio.* Obscurissimum istum locum inusitata verba locutionesque fecerunt, ita ut interpretes nostri quemadmodum eum explicarent paene non invenirent.

---

3 Ps 113,21; 134;15   **77,2** apostolica…4 blasphemetur] cf. Eph 6,5; 1 Tm 6,1

77,2 ne] nec *P¹* | 3 esse *om. C P¹* | doctrina] doctrinae *P¹* | **4** enim *om. S* | satis constat] constat satis *P T* | in *om. V* | ministerio] *C V*, mysterio *cett. codd.* Bad. Am. μ ζ | **5** recusasset] recusaret *P V T* | **78,1** famulam] in *praem. P¹ S V* | abibit] abebit *C n,* abit *S* | ita] id *S* **2** quam] quamquam *S V¹* (quamquam ... eam¹ *exp. m. 2*) | adnominavit] adnominabit *C* | remunerabit] remuneravit *n* | **3** exterae] altera *C* | illam *om. T* | **5** exibit] exivit *n* **6** obscurissimum *om. n* | istum *om. P¹ S V* | inusitata] inusitatae *S V* | verba *om. P¹ S V* locutionesque] locutiones *S V* | **7** invenirent] invenissent *S*

---

[133] Augustinus rechnet in Ex 20,3-5 das Verbot, andere Götter zu verehren, und das Verbot, Gottesbilder herzustellen, als ein Verbot: *qu.* 2,71,1.2.

[134] Die folgende Diskussion ist etwas verwirrend, weil in Ex 21,7-11 die lateinischen Übersetzungen mit LXX in Details von TM abweichen und Augustinus zwar den Wortlaut der Bestimmung Ex 21,7 auslegt und die in Schuldsklaverei verkaufte Tochter mit der ‚hebräischen Sklavin' identifiziert, für diese aber nicht die Regelung von Ex 21,7 (die Schuldsklavin wird im Gegensatz zum Schuldsklaven nicht im siebten Jahr frei), sondern die von Dtn 15,12 (der ‚hebräische Sklave' und die ‚hebräische Sklavin' werden gleichermaßen im siebten Jahr frei) unterstellt. So kommt er auf Deutungen, die dem ursprünglichen Sinn durchaus entgegenlaufen. Die VL hat in Ex 21,7 mit LXX und Vulg „Sklavinnen" statt „Sklaven", unterscheidet hier somit im Gegensatz zu TM nicht zwischen weiblichen und männlichen Schuldsklaven, sondern zwischen Haushaltssklavinnen und sonstigen Sklavinnen.

das erste Gebot eingeschärft hat (vgl. Ex 20,4)¹³³; und unter den silbernen und goldenen Göttern werden selbstverständlich alle Götzenbilder verstanden, wie auch in jenem Psalm: „Die Götzenbilder der Heiden sind Silber und Gold" (Ps 115,4; 135,15).

qu. 2,77 (zu Ex 21,2.6)

77 Damit die christlichen Sklaven nicht von ihren Herren energisch forden, was über den hebräischen Sklaven vorgeschrieben ist, nämlich daß er sechs Jahre dienen und dann ohne Entgelt frei gelassen werden soll, fordert der Apostel kraft seiner Autorität von den Sklaven, sich ihren Herren unterzuordnen, damit der Name Gottes und die Lehre nicht gelästert werden (vgl. Eph 6,5; 1Tim 6,1). Daß dies bezüglich des Sklavendienstes vorgeschrieben ist, geht nämlich mit genügender Deutlichkeit daraus hervor, daß Gott auch vorschrieb, daß, falls einer diese Freilassung zurückgewiesen haben sollte, sein Ohr am Türpfosten mit einem Pfriem durchbohrt werden solle.

qu. 2,78,1 (zu Ex 21,7-11)

78,1 „Wenn aber jemand seine Tochter als Haushaltssklavin verkauft hat, wird sie nicht so weggehen, wie Sklavinnen¹³⁴ fortgehen. Wenn sie, der ihr Herr nicht¹³⁵ seinen Namen gegeben hat,¹³⁶ ihm nicht gefallen hat, soll er sie entschädigen. Dem Herrn ist aber nicht erlaubt, sie in ein fremdes Volk zu verkaufen, weil er sie verschmäht hat. Wenn er ihr den Namen seines Sohnes gegeben hat, soll er mit ihr nach dem Töchterrecht verfahren. Wenn er für ihn¹³⁷ eine andere nimmt, wird er ihr das, was sie nötig hat¹³⁸, und Kleidung und Beischlaf mit ihm nicht vorenthalten. Falls er aber diese drei Dinge nicht für sie getan hat, wird sie unentgeltlich, ohne Lösegeld weggehen." Diese Stelle haben ungebräuchliche Wörter und Wendungen so sehr verdunkelt, daß unsere Übersetzer fast nicht herausfanden, wie sie sie erklären könnten. Auch sogar in der griechischen Fas-

---

¹³⁵ Im Unterschied zu den Targumim Jonatan und Onkelos, LXX und Vulg, die in Ex 21,8 dem Qere לוֹ folgen („die er für sich [zur Frau] bestimmt hat"), entspricht VL dem Ketib: אֲשֶׁר־לֹא יְעָדָהּ „die er nicht bestimmt hat", dem auch Targum Neofiti sowie Aquila, Symmachus und Theodotion folgen und das SCHENKER, *Affranchissement* 550f. 555 und SCHWIENHORST-SCHÖNBERGER, *Bundesbuch* 314 Anm. 43 für die ursprüngliche Lesart halten. Die große Mehrheit der Exegeten zieht dagegen das Qere vor. Vgl. WEVERS, *Exodus*.
¹³⁶ D.h. zur Frau bestimmt hat.
¹³⁷ LXXA, VL und Vulg (*quod si alteram ei acceperit*) beziehen das Personalpronomen in לוֹ auf den Sohn (vgl. die Auslegung des Augustinus u.), es ist aber aus sachlichen Gründen in TM und mit LXXB (ἑαυτῷ) reflexiv auf den Vater zu beziehen.
¹³⁸ Statt שְׁאֵרָהּ „die ihr gebührende Fleischnahrung" hat LXX, gefolgt von VL, die allgemeinere Formulierung τὰ δέοντα „die notwendigen Dinge"; Vulg ganz abweichend.

In ipso quoque Graeco eloquio multum obscurum est quod hic dicitur. Tamen quid videatur, ut potero, aperiam.

78,2 *Si quis autem*, inquit *vendiderit filiam suam famulam* - id est, ut sit famula, quam οἰκέτην Graeci vocant - *non abibit ita ut recedunt ancillae*, intellegendum est: Non sic recedet quomodo recedunt ancillae Hebraeae post sex annos. Eam quippe oportet etiam in femina Hebraea legem datam intellegi quae servatur in maribus. Cur ergo ista non ita recedet, nisi quia in illo famulatu intellegitur humiliata, quod ei se dominus miscuerit? Hoc quippe in consequentibus utcumque clarescit. Sequitur enim et dicit: *Quodsi non placuerit domino suo quam non adnominavit eam* - id est non eam fecit uxorem - *remunerabit eam*, hoc est quod supra dixit: *Non abibit ita ut recedunt ancillae*. Iussa est quippe aliquid accipere pro eo, quod humiliata est, quia non ei se ita miscuit, ut faceret uxorem, id est ut adnominaret eam sibi. Hoc autem, quod diximus: *Remunerabit eam*, quidam interpretes dixerunt: *Redimet eam*, quod, si in Graeco dictum esset ἀπολυτρώσεται, scriptum esset, sicut scriptum est: *Et ipse redimet Israhel*. Nam ἀπολυτρώσεται scriptum est. In hoc autem loco ἀπολυτρώσει legitur, ubi intellegitur, quod accipit magis aliquid quam pro ea datur, ut redimatur. Cui enim dabit dominus eius, ut redimat quam ipse famulam possidet? *Genti autem exterae non est dominus vendere illam, quia sprevit in ea*, id est: Non quia sprevit in ea, ideo dominus est vendere illam, id est in tantum ei dominabitur, ut etiam exterae genti eam licite vendat. Hoc est autem *sprevit in ea*, quod est sprevit eam; sprevit eam autem hoc est humiliavit eam, id est concumbendo nec uxorem faciendo. Dixit autem Graece

---

78,22 Ps 129,8

---

8 Graeco eloquio] Graece loqui *n* | 10 suam *om. V* | 11 οἰκέτην] centen *C*, oiketen *P S V T*, yceten *n* | abibit] habebit *C* | 12 recedet] recedat *S* (a *ex* i) | post sex] postex *n* 13 femina] feminam *P¹ S¹ V* | Hebraea] Hebraeam *P¹ S¹ V* | 14 non *om. P¹ V* | recedet] recedit *C T* | 16 quam] quamquam *P corr.*, quia *V* | non²...17 eam¹ *del. P* | 17 eam fecit] fecit eam *n* | 18 abibit] *abebit *C*, habibit *V* | iussa] *C P V n T*, iustum *S Am. μ* („iussa omnes Mss.") *z* | aliquid accipere *om. n* | 19 se ita] ita se *T* | ut²] non *add. T* | 21 redimet] redemit *P¹* | Graeco] Grecum *C*, | ἀπολυτρώσεται] apolytrosete *C*, ΑΠΟΑΥΤΡΩϹΕΤΑΙ *T S V* (apoautrosetai *add. s. l. V*), ἀπολυτρωσεται *P*, ΑΠΟΑΥΤΡΩϹΕΤΗ *n* | 22 redimet] redemit *P¹* | nam] et *add. S V Am. μ* | ἀπολυτρώσεται] apolytrosete *C*, ΑΠΟΑΥΤΑΥΤΡΘϹΕΤΑΙ *S* (ΑΠΟ *exp.*), *tota vox exp. et* apolytrosetae *add. s. l. m. 2 P*, ΑΠΟΑΥΤΡΟϹΕΤΕϹ *n*, ἀποαυτρωσεται *V* (apoautrosetai *s. l.*), apolytrosetae *T* | 23 loco] ubi *add. s. l. V* | ἀπολυτρώσει] apolytrose *C*, apolytrosae *P S*, apoautrosa *n*, apolytrosete *V* | ubi] ibi *P S V* | 24 aliquid quam] ali*quicquam *P*, aliiquicquam *V* | pro...datur] praedatur *S V* | ea *om. P¹* | 26 id... sprevit² *om. Bad.* | id...ea² *om. V per homoiot.* | non quia] quia non *n* | est²] *ex* eius *m. 2 S* 27 illam] illa *P* | 28 eam¹ in *praem. Am.* | sprevit eam²] *om. C*

sung ist vieles, was hier gesagt wird, dunkel. Dennoch will ich, soweit ich vermag, darlegen, was sie meines Erachtens bedeutet.

qu. 2,78,2

78,2 „Wenn aber jemand" – sagt die Schrift – „seine Tochter als Haushaltssklavin verkauft hat" – d.h., damit sie *famula* (Haushaltssklavin) werde, wofür die Griechen οἰκέτις sagen –, „wird sie nicht so weggehen, wie Sklavinnen fortgehen": das bedeutet: sie wird nicht so weggehen, wie die hebräischen Sklavinnen nach sechs Jahren weggehen. Man muß ja mitverstehen, daß dieses Gesetz, das bezüglich der Männer beobachtet wird, auch bezüglich der hebräischen Frau erlassen worden ist.[139] Warum wird daher diese Frau nicht so fortgehen, außer weil man versteht, daß sie während dieses Haushaltsdienstes erniedrigt wurde, weil ihr Herr mit ihr sexuellen Umgang hatte? Das geht jedenfalls aus dem Folgenden so klar wie möglich hervor. Die Schrift fährt nämlich fort und sagt: „Wenn sie ihrem Herrn nicht gefallen hat, der er nicht seinen Namen gegeben hat" – d.h. die er nicht zu seiner Ehefrau gemacht hat –, „soll er sie entschädigen"; das bedeutet das oben Gesagte: „sie wird nicht so fortgehen, wie Sklavinnen weggehen". Es wurde ja befohlen, sie solle etwas dafür erhalten, daß sie erniedrigt wurde, weil er nicht in der Weise mit ihr sexuellen Umgang hatte, daß er sie zur Ehefrau machte, d.h. ihr seinen Namen gab. Das Wort aber, das wir mit „er soll sie entschädigen" wiedergegeben haben, haben einige übersetzt: „er soll sie auslösen"; auf Griechisch wäre in diesem Fall geschrieben: ἀπολυτρώσεται, so wie geschrieben steht: „und er wird Israel erlösen (Ps 130,8); denn dort steht: ἀπολυτρώσεται.[140] An der hiesigen Stelle liest man aber ἀπολυτρώσει,[141] das bedeutet, daß sie eher etwas empfängt, als daß für ihren Loskauf etwas gegeben wird. Denn wem sollte ihr Herr etwas geben, um sie loszukaufen, die er doch selbst als Haushaltssklavin besitzt? „Dem Herrn ist aber nicht erlaubt, sie in ein fremdes Volk zu verkaufen, weil er sie verschmäht hat", das bedeutet: Er hat deswegen, weil er sie verschmäht hat, nicht das Recht, sie zu verkaufen, d.h. seine Verfügungsgewalt über sie wird nicht so weit reichen, daß es ihm erlaubt wäre, sie auch einem fremden Volk zu verkaufen. Der Ausdruck *sprevit in ea* bedeutet aber dasselbe wie *sprevit eam*; *sprevit eam* (er hat sie verschmäht) aber bedeutet: er hat sie erniedrigt, nämlich indem er sie beschlief, aber nicht zu seiner Ehefrau machte. Was wir aber mit *sprevit* (hat verschmäht)

---

[139] Das gilt nicht für Ex 21,7, wohl aber für Dtn 15,12.
[140] LXX hat λυτρώσεται.
[141] TM: וְהֶפְדָּהּ „so soll er sie loskaufen lassen". Entgegen der Behauptung Augustins bedeutet ἀπολυτρώσει der LXX dasselbe.

ἠθέτησεν, quod nos diximus sprevit: Quo verbo scriptura utitur apud Hieremiam: *Sicut spernit mulier eum cui commiscetur.*

78,3 Deinde sequitur et dicit: *Quodsi filio adnominaverit eam, secundum iustificationem filiarum faciet ei.* Hic iam adparere incipit quemadmodum supra dixerit: *Quam non adnominavit.* Nam quid est aliud *si filio adnominaverit eam* nisi filio coniunxerit eam uxorem? Quando quidem dicit: *Secundum iustificationem filiarum faciet ei,* id est, ut sic tradat tamquam filiam, dotem scilicet adponens ei. Deinde adiungit: *Quodsi aliam accipiet ei* - id est non istam deputabit uxorem filio suo, sed ei aliam accipiet - quae opus sunt et vestem et *conversationem eius non fraudabit,* <dabit> ei simili lege quae conpetunt, quoniam non mansit uxor filio eius, quemadmodum ei daret, si eam sibi non adnominasset et tamen concumbendo humiliasset. Quod autem nos diximus: *Conversationem non fraudabit,* Graecus habet ὁμιλίαν, id est locutionem, quo nomine intellegitur scriptura honestius appellare concubitum. Quid est autem concubitum non fraudabit nisi pro concubitu mercedem dabit? Namque apud Danielem contra Susannam falsum testimonium dicentes seniores, venit, inquiunt, *ad eam adulescens, qui erat in latenti absconditus, et concubuit cum ea.* Daniel autem de hoc ipso interrogans ait: *Sub qua arbore vidistis eos conloquentes?* Quod illi dixerant: *Concubuit cum ea.* Deinde alterum arguens atque convincens dixit: *Semen Chanaan et non Iuda, species delectavit te et illa concupiscentia evertit cor tuum; sic enim faciebatis filiabus Israhel, sed illae timentes adquiescebant vobis.* Graecus autem habet ὡμίλουσαν ὑμῖν, quod posset Latine verbum e verbo dici loquebantur vobis, quo significaretur concubitus. Iam ubi dicitur: *Sub qua arbore conprehendistis eos?* Graecus habet: Conprehendistis eos conloquentes invicem? Et illic significatur concubitus.

---

31 Ier 3,20   **45** Dn 13,37   **46** Dn 13,54   **48** Dn 13,56-57   **50** Sus[LXX] 58

30 ἠθέτησεν] thetesen *C,* et ethesen *P S V,* etetesen *n,* ethesen *T* | nos] non *n* | quo] quod *n* **31** spernit] sprevit *n* | **33** quam] quem *S¹* | **34** adnominavit] eam *add. T ʐ* | coniunxerit] confixxerit *P¹,* confixerit *V¹* | **37** accipiet¹] *sup. exp.* adiungit *m. 2 S* | ei¹...accipiet²] *om. C per homoiot.* | deputabit] deputavit *P S V n,* deputaverit *Am. μ* | sed...accipiet²] sed aliam accipiet ei *S* | accipiet²] accipiat *V¹ T Am. μ* | **38** dabit] *Am. μ ʐ, om. codd.* | **40** sibi] ibi *P¹ S¹ V* | **41** nos] non *V et exp.* | ὁμιλίαν] omilian *C P S V n T* | **46** vidistis] vidisti *C V μ* | conloquentes] loquentes *P¹ S V* | **47** dixerant] dixerunt *C P¹ n* | cum ea *om. P¹* **48** dixit *om. C* | delectavit] delectabit *n* | evertit] vertit *C¹ P¹ S¹,* convertit *V* | **49** sed] *mut. in & V* | **50** autem *om. n* | habet] habebat *P¹ S V* | ὡμίλουσαν ὑμῖν] omilosenin *C,* omiloysemin *P V,* omiloiseymin *S,* omilose emin *n,* omiloycesmin *T,* ὡμίλουν ὑμῖν *μ* | posset] possit *n* | **51** quo] quod *n* | significaretur] significare *C* | iam] nam *Am. μ* | dicitur] dicit *ʐ (item C iuxta ʐ, sed errore)* | conprehendistis] conprehendisti *ʐ* | **52** Graecus...eos²] *om. C S per homoiot.* | conprehendistis] comprehendisti *ʐ* | **53** illic] illi *C*

ausgedrückt haben, heißt auf Griechisch: ἠθέτησεν: dieses Wort gebraucht die Schrift bei Jeremia: „wie eine Frau ihren Beischläfer verschmäht (Jer 3,20).

qu. 2,78,3

78,3 Daraufhin fährt die Schrift folgendermaßen fort: „Wenn er ihr den Namen seines Sohnes gegeben hat, soll er mit ihr nach dem Töchterrecht verfahren." Hier beginnt schon klar zu werden, in welchem Sinn die Schrift oben gesagt hat: die, „der er nicht seinen Namen gegeben hat". Denn was bedeutet: „wenn er ihr den Namen seines Sohnes gegeben hat" anderes als ‚wenn er sie seinem Sohn als Ehefrau verbunden hat'? Weil sie nämlich sagt: „so soll er mit ihr nach dem Töchterrecht verfahren", d.h. er soll sie so wie eine eigene Tochter übergeben, nämlich indem er ihr eine Mitgift aussetzt. Darauf fügt die Schrift hinzu: „Wenn er für ihn eine andere nimmt" – d.h. wenn er nicht sie seinem Sohn zur Frau bestimmt, sondern ihm eine andere nimmt –, „wird er ihr das, was sie nötig hat, und Kleidung und Beischlaf mit ihm nicht vorenthalten", er wird ihr also geben, was ihr nach dem gleichen Gesetz zusteht, da sie seinem Sohn nicht Ehefrau geblieben ist, gleich wie er ihr geben würde, wenn er ihr nicht seinen Namen gegeben und sie dennoch durch Geschlechtsverkehr erniedrigt hätte. Für unseren Ausdruck aber: „er wird Beischlaf nicht vorenthalten", hat der Grieche: ὁμιλίαν, d.h. ‚Unterhaltung'; mit diesem Wort bezeichnet die Schrift, wie man versteht, schicklicher den Geschlechtsverkehr. Was bedeutet aber: „er wird Beischlaf nicht vorenthalten", außer: ‚er wird ihr einen Lohn für den Geschlechtsverkehr geben'? Denn bei Daniel sagen die Ältesten, die gegen Susanna falsches Zeugnis ablegen: „Ein junger Mann, der sich heimlich versteckt hatte, kam zu ihr und schlief mit ihr" (Dan 13,37). Daniel aber formuliert in seiner Befragung eben darüber: „Unter welchem Baum habt ihr sie sich unterhalten gesehen?" (Dan 13,54) Dafür hatten sie gesagt: „er schlief mit ihr." Dann beschuldigt und überführt er den anderen und sagt: „Same Kanaans und nicht Judas, du hast dein Vergnügen gefunden an der schönen Gestalt, und diese Begierde hat dein Herz verdreht; so nämlich habt ihr immer die Töchter Israels behandelt, sie aber haben euch aus Angst nachgegeben" (Dan 13,56-57). Der Grieche aber hat: ὡμιλοῦσαν ὑμῖν (Sus[LXX] 57); das könnte lateinisch wortwörtlich übersetzt werden: ‚sie sprachen mit euch'; das würde den Geschlechtsverkehr bezeichnen. Wo es dann schließlich heißt: „Unter welchem Baum habt ihr sie ertappt?" (Dan 13,58), hat der Grieche: „Habt ihr sie ertappt, wie sie sich miteinander unterhielten?" (Sus[LXX] 58) Auch dort ist die Rede vom Geschlechtsverkehr.

qu. 2,78,4

78,4 Das, was die Schrift über die betroffene Frau hinzufügt mit den Worten: „Falls er aber diese drei Dinge nicht getan hat, wird sie unentgeltlich gehen", ist daher so zu verstehen: Falls er sie nicht selbst durch Beschlaf erniedrigt noch seinem Sohn als Ehefrau verbunden hat noch eine andere von seinem Sohn

78,4 Quod ergo de hac de qua agitur adiungit scriptura et dicit: *Si autem tria haec non fecerit ei, exibit gratis,* hoc intellegitur: Si eam ipse concubitu non humiliaverit neque filio suo coniunxerit neque alia a filio suo ducta istam eiecerit, *abibit gratis,* id est sufficiet ei non teneri in servitute; abibit enim nihil accipiens ut servus Hebraeus. Non enim licet domino eius copulare illam viro non Hebraeo, quam non licet exterae genti tradi. Si autem servo Hebraeo eam copulaverit, hoc utique intellegitur, quod cum eo gratis exibit nequaquam a marito separata.

79 *Si quis percusserit aliquem et mortuus fuerit, morte moriatur; qui autem nolens, sed deus tradidit in manus eius, dabo tibi locum in quem fugiat.* Quaeritur hic quomodo dictum sit: *Si autem nolens, sed deus tradidit in manus eius,* quasi etsi volens occiderit, posset occidere, nisi deus traderet in manus eius. Intellegitur ergo tantummodo deum fecisse, cum quisque occiditur a nolente; et pro hoc, quod tantummodo deus id fecit, dictum est: *Sed deus tradidit in manus eius.* Cum vero volens occidit, et ipse occidit et deus tradidit in manus eius. Hoc ergo interest, quod illic deus tantum fecit, hic autem et deus et homo propter voluntatem facientis, sed non sicut deus homo. Deus enim nonnisi iuste, homo autem poena dignus: Non quia illum occidit quem deus nollet occidi, sed quia per iniquitatem. Non enim ministerium deo iubenti praebuit, sed suae malignae cupiditati servivit. In uno igitur eodemque facto et deus de occulta aequitate laudatur et homo de propria iniquitate punitur. Non enim quia deus proprio filio non pepercit, sed pro nobis omnibus tradidit eum, ideo Iudas excusatus est, qui eundem ad mortem tradidit Christum.

80 *Si autem litigabunt duo viri et percusserint mulierem in utero habentem, et exierit infans eius non deformatus, detrimentum patietur; quantum indixerit vir mulieris, et dabit cum postulatione.* Mihi videtur significationis alicuius causa dici haec magis quam

---

79,13 deus…14 eum] cf. Rm 8,32   14 eundem…15 Christum] cf. Mt 26,48

---

55 ipse] ipsi *P* | 56 coniunxerit…suo²] *add. m. 2 in marg. inf. C* (a *om.*) | alia] aliam *P S V¹* a *om. C* (= *C²*) *P S V n* | ducta] ductam *P S* | istam] istum *C* | abibit] abebit *C*
57 servitute] servitutem *P T* | abibit] habebit *C* | 58 Hebraeus] Hebreos *C* | domino] domini *P¹* | copulare] concopulare *C iuxta z, sed errore* | 60 separata] separatam *n*
79,1 morte] mortem *C* | 2 hic] hoc *S Am.* μ | 3 sit] est *P V T* | 4 traderet] traderit *C*
5 hoc *om. T* | quod] *om. P S V¹* (*post* tantummodo *s. l. add. m. 2*) *T* | tantummodo] tamenmodo *P* | 6 sed…tradidit *om. n* | manus] manum *P S T* | eius cum *om. n*
7 manus] manum *P S n T* | deus²…8 tantum] tantum deus *P S V T Am.* μ | 9 sicut] sic *P¹* (ut *add. s. l. m. 2*) | 11 praebuit] p**buit *C* | 13 punitur] ponitur *n* | nobis *om. S*
14 omnibus *om. V* | eum] illum *P S V T Am.* μ | 80,1 percusserint] percusserit *P V T*
2 non deformatus] nondum formatus *Am.* μ | 3 cum *om. C*

geheiratete Frau sie vertrieben hat, „wird sie unentgeltlich gehen", d.h. dann soll es ihr genügen, nicht in Sklaverei gehalten zu werden; sie wird nämlich ohne irgendeinen Lohn fortgehen wie der hebräische Sklave. Es ist ihrem Herrn nämlich nicht erlaubt, sie, die er nicht einem fremden Volk übergeben darf, einem Mann zu verbinden, der kein Hebräer ist. Falls er sie aber einem hebräischen Sklaven verbunden hat, ist das offenkundig so zu verstehen, daß sie mit ihm ohne Entgelt, keinesfalls aber von ihrem Ehemann getrennt fortgehen wird.

qu. 2,79 (zu Ex 21,12-13)

79 „Wenn einer einen anderen geschlagen hat und derjenige gestorben ist, soll er unbedingt sterben; wenn er aber unabsichtlich getötet hat, jedoch Gott es in seine Hände übergeben hat, werde ich dir einen Ort geben, wohin er fliehen kann." Man fragt hier, wie das gemeint sein kann: „wenn er aber unabsichtlich getötet hat, jedoch Gott es in seine Hände übergeben hat", gleichsam als ob er, wenn er absichtlich getötet hätte, auch dann hätte töten können, wenn Gott es nicht in seine Hände übergeben hätte. Man versteht daher: Gott allein hat es getan, wenn einer von jemandem unabsichtlich getötet wird, und für diesen Fall, daß Gott allein es getan hat, heißt es: „jedoch Gott hat es in seine Hände. übergeben." Wenn er aber absichtlich getötet hat, hat sowohl er getötet als auch Gott es in seine Hände übergeben. Darin besteht folglich der Unterschied: Dort hat es Gott allein getan, hier aber Gott und der Mensch je nach eigenem Willen, aber der Mensch nicht so wie Gott. Gott hat nämlich ausschließlich gerecht gehandelt, der Mensch aber strafwürdig, und zwar nicht, weil er einen getötet hat, dessen Tod Gott nicht will, sondern weil er ihn zu Unrecht getötet hat. Er hat nämlich nicht Gott auf seinen Befehl hin einen Dienst erwiesen, sondern seiner eigenen bösen Leidenschaft gedient. In Bezug auf eine und dieselbe Handlung wird daher sowohl Gott für seine verborgene Gerechtigkeit gelobt als auch der Mensch für seine eigene Ungerechtigkeit bestraft. Denn nicht deswegen, weil Gott seinen eigenen Sohn nicht verschont, sondern ihn für uns alle ausgeliefert hat (vgl. Röm 8,32), ist Judas also entschuldigt, der denselben Christus ausgeliefert hat, daß er getötet werde (vgl. Mt 26,48).

qu. 2,80 (zu Ex 21,22-25)

80 „Wenn aber zwei Männer miteinander raufen und dabei eine schwangere Frau gestoßen haben und ihr noch nicht voll ausgestaltetes Kind abgegangen ist,[142] soll er mit einer Geldstrafe belegt werden; so viel, wie der Mann der Frau bestimmt haben wird, und er soll mit Verlangen geben." Wie mir scheint, sagt die Schrift dies mehr wegen einer symbolischen Bedeutung, als daß sie besonders an derartigen Vorfällen interessiert wäre. Denn wenn sie ihre Aufmerk-

---

[142] Vgl. Einleitung in *qu.* 2, Exkurs: Ist ein Embryo ein Mensch? S. 277-285.

scriptura circa huius modi facta occupata. Nam si illud adtenderet, ne praegnans mulier percussa in abortum conpelleretur, non poneret duos litigantes viros, cum possit et ab uno hoc admitti, qui cum ipsa muliere litigaverit vel etiam non litigaverit, sed alienae posteritati nocere volendo id fecerit. Quod vero non formatum puerperium noluit ad homicidium pertinere, profecto nec hominem deputavit quod tale in utero geritur. Hic de anima quaestio solet agitari, utrum quod formatum non est, ne animatum quidem possit intellegi, et ideo non sit homicidium, quia nec exanimatum dici potest, si adhuc animam non habebat. Sequitur enim et dicit: *Si autem formatum fuerit, dabit animam pro anima.* Ubi quid aliud intellegitur nisi et ipse morietur? Nam hoc et in ceteris ex hac occasione iam praecepit: *Oculum pro oculo, dentem pro dente, manum pro manu, pedem pro pede, conbustionem pro conbustione, vulnus pro vulnere, livorem pro livore,* talionis videlicet aequitate. Quae lex ideo constituit, ut demonstraret quae vindicta debeatur. Nisi enim per legem sciretur quid vindictae deberetur, unde sciretur quid venia relaxaret, ut dici posset: *Dimitte nobis debita nostra, sicut et nos dimittimus debitoribus nostris?* Debitores igitur lege monstrantur, ut quando ignoscitur adpareat quid dimittatur. Neque enim debita dimitteremus, nisi quid nobis deberetur lege indice disceremus. Si ergo illud informe puerperium iam quidem fuerat, sed adhuc quodam modo informiter animatum - quoniam magna de anima quaestio non est praecipitanda indiscussae temeritate sententiae - ideo lex noluit ad homicidium pertinere, quia nondum dici potest anima viva in eo corpore quod sensu caret, si talis est in carne nondum formata, et ideo nondum sensibus praedita. Quid autem dixit: *Et dabit cum postulatione,* quod maritus mulieris informi excluso dandum constituerit, non est in promtu intellegere. Ἀξίωμα quippe, quod Graecus habet, pluribus modis intellegitur et tolerabilius *cum postulatione* dictum est

---

80,18 Mt 6,12

---

4 scriptura] scripturam *Am. μ* | occupata] occupatam *Am. μ* | **5** abortum] abortu *S* poneret] poteret *P¹*, poneret *ex* poterat *S* | **7** posteritati] poterit ati *n* | **8** noluit] voluit *P V¹* | **11** exanimatum] examinatum *Am. μ* | habebat] habeat *S* | **13** et¹] ut *S* | morietur] moriatur *S* | **14** praecepit] praecipit *P¹ S V Am. μ z* | dentem] dente *P¹* | **15** livorem] livore *P, corr. m. 2* | talionis] tullionis *C* | **16** quae²...17 deberetur] quid vindicte deberetur *C¹ (om. cetera), haec verba corr. a m. in* quae vindicta debeatur *et add.* nisi ... deberetur *in marg. inf.* **18** dimitte] et *praem. z* | **21** quidem] quidam *C* | fuerat] fuerit *S V Am. μ* **22** animatum] animato *P¹* | **26** quid] quod *P S Am. μ* | excluso...27 dandum *om. N* **27** constituerit] constituerat *C z* | non...promtu] *om. P.* tu *n* | Ἀξίωμα] axioma *C N T,* adanima *P¹,* adanimam *S V*

---

[143] TM: וְאִם־אָסוֹן יִהְיֶה: vgl. Einleitung in *qu.* 2, S. 277f.

samkeit nur auf jenes Verbot richten würde, einer schwangeren Frau durch Stöße eine Fehlgeburt zuzufügen, würde sie nicht von zwei raufenden Männern sprechen, da das auch ein einzelner Mann verüben könnte, der mit der Frau selbst geraufe hätte oder auch nicht geraufe, sondern ihr dies in der Absicht zugefügt hätte, dem Nachwuchs eines anderen zu schaden. Weil die Schrift aber nicht wollte, daß bezüglich einer nicht voll ausgebildeten Leibesfrucht ein Mordfall angenommen werde, hat sie sicherlich auch etwas derartiges, das im Mutterleib getragen wird, nicht als Menschen angesehen. Hier pflegt man die Frage nach der Seele zu behandeln, ob die noch nicht voll ausgebildete Leibesfrucht nicht einmal als beseelt zu gelten habe und es deswegen kein Mord sei, weil man etwas, das noch gar keine Seele hatte, auch nicht entseelt nennen könne. Die Schrift fährt nämlich fort und sagt: „Wenn sie aber ausgebildet war,[143] wird er Leben für Leben geben."[144] Was anderes könnte das bedeuten als: Dann muß auch er selbst sterben? Denn das hat die Schrift bei dieser Gelegenheit auch in den übrigen Gesetzen vorgeschrieben: „Auge für Auge, Zahn für Zahn, Hand für Hand, Fuß für Fuß, Brandmal für Brandmal, Wunde für Wunde, Strieme für Strieme", offensichtlich nach dem Prinzip der Talio. Das Gesetz hat dies deswegen bestimmt, um zu zeigen, welche Strafe verhängt werden soll. Wenn man nämlich nicht aus dem Gesetz wüßte, welches Strafmaß verhängt werden sollte, – woher wüßte man dann, was Vergebung erlassen würde, so daß man sagen könnte: „Erlaß uns unsere Schulden, wie auch wir unseren Schuldnern erlassen" (Mt 6,12)? Das Gesetz verweist daher auf die Schuldner, damit im Fall der Verzeihung deutlich wird, was erlassen wird. Wir würden nämlich nicht Schulden erlassen, wenn wir nicht aus Hinweisen des Gesetzes erfahren würden, was uns geschuldet ist. Wenn daher jene noch ungeformte Leibesfrucht zwar schon existiert hatte, aber bis dahin irgendwie auf ungeformte Weise beseelt gewesen war – denn die wichtige Frage nach der Seele darf nicht überstürzt durch ein aus Unbesonnenheit unerörtertes Urteil entschieden werden –, wollte das Gesetz diesen Fall deswegen nicht mit Mord in Verbindung bringen, weil man noch nicht behaupten kann, es sei eine lebendige Seele[145] in einem derartigen Körper, der der Sinneswahrnehmung entbehrt, wenn sie in dieser Beschaffenheit in einem Fleisch existiert, das noch nicht gestaltet und daher noch nicht mit Sinneswahrnehmungen ausgestattet ist. Nicht leicht zu verstehen ist aber die Formulierung: „Und er soll mit Verlangen geben", was der Ehemann der Frau für den Fall einer nicht gestalteten Fehlgeburt zu geben festgesetzt haben wird. Das Wort ἀξίωμα, das der Grieche hat, besitzt nämlich verschiedene Bedeutungen, und die Wiedergabe „mit Verlangen" trifft eher zu

---

[144] Vgl. Einleitung in *qu.* 2, S. 278 mit Anm. 47.
[145] Vgl. Einleitung in *qu.* 2, S. 281 Anm. 56.

quam si aliud diceretur. Fortassis enim postulabit ut det, ut eo modo satis deo faciat, etiamsi maritus mulierve non expetat.

81 *Si autem cornu percusserit taurus virum aut mulierem et mortuus fuerit, lapidibus lapidabitur taurus et non manducabuntur carnes eius; dominus autem tauri innocens erit.* Ad iustitiam pertinet, ut animal hominibus noxium perimatur. Et quod de tauro positum est, a parte totum intellegendum est, quidquid in pecoribus usui humano subditis infestum est hominibus. Sed si necesse est occidi, numquid lapidari? Quid interest enim animal, quod auferendum est, qua Morte auferatur? Deinde quod addidit carnibus eius non esse vescendum, quo pertinet, nisi omnia ista significent aliquid, quod scriptura maxime solet intueri?

82 *Si autem cornu percusserit alicuius taurus taurum proximi et mortuus fuerit, vendent taurum vivum et partientur pretium eius et taurum qui mortuus fuerit dispertientur.* Numquid in solo tauro haec iustificatio servanda est et non de omnis pecoris tali casu? Proinde a parte totum et hoc intellegendum est; sed hoc de carnibus occisi pecoris fieri non potest, quae non vescuntur.

83 Quae iustificatio est, ut pro vitulo uno quinque reddantur, pro ove autem quattuor, nisi aliquid significare intellegatur?

84 *Si autem perfodiens inventus fuerit fur et percussus mortuus fuerit, non est illi homicidium; si autem orietur sol super eum, reus est; pro morte morietur.* Intellegitur ergo tunc

---

29 postulabit] postulavit *P V* | ut² *om. V* | **30** faciat] *mut. in* faciens *V* | mulierve] muliere *P¹*, mulierem *S*, mulieres *V¹* | **81,1** lapidibus *om. T* | lapidabitur] lapidatur *S* **2** dominus] eius *add. s. l. V* | tauri *om. V T* | **4** a parte] aperte *P¹* | **5** subditis] subditi∗s *P*, subditum *S V* | numquid] numquam *V, corr. m. 2* | lapidari] lapidare *C V¹* | **8** aliquid] aliud *P¹ S V* | **82,1** si…alicuius *om. n* | **2** partientur] partiuntur *V* | qui] qu *V* dispertientur] despergentur *C* | **3** omnis pecoris] omni pecore *P V T μ*, omni pecori *S Am.* tali] in *praem. Am. μ* | **4** a parte] aperte *P¹* | et] *om. P V*, in *S* | **5** quae] qua *ex* quia *m. 2 C*, qua *N* | vescuntur] vescantur *P¹ S V* | **84,1** fuerit¹ *om. S* | **2** orietur] morietur (m *exp. p*) *N* | pro] *exp. V*

---

[146] Schon der hebräische Wortlaut ist unsicher: Die Bedeutung von פְּלִלִים bleibt umstritten: Schiedsrichter? Sachwalter? Für μετὰ ἀξιώματος der LXX wird vorgeschlagen: ‚mit (richterlicher) Entscheidung', ‚nach rechtlicher Festlegung' oder ‚unter Beteiligung eines Würdenträgers' (vgl. BdA; SD z.St.), entsprechend frei Vulg: *et arbitri iudicarint*. VL:Cod.Lugd. hat: *cum dignitate. cum postulatione* des Augustinus ist wohl am ehesten

als andere. Vielleicht wird er nämlich darauf bestehen zu geben, um auf diese Weise Gott zu befriedigen, auch wenn der Ehemann oder die Frau es nicht verlangen.[146]

qu. 2,81 (zu Ex 21,28)

81 „Wenn aber ein Stier einen Mann oder eine Frau mit seinem Horn gestoßen hat und der Mann oder die Frau gestorben ist, wird der Stier mit Steinen gesteinigt, und man wird seine Fleischteile nicht verzehren; der Besitzer des Stieres aber wird straffrei sein." Es gehört zur Gerechtigkeit, daß ein Tier, das Menschen geschädigt hat, getötet wird. Und was bezüglich des Stieres vorgeschrieben ist, ist vom Teil auf das Ganze zu interpretieren, welches dem Gebrauch durch den Menschen unterworfene Stück Vieh auch immer für Menschen bedrohlich ist. Aber wenn es auch notwendig ist, es zu töten, muß man es etwa steinigen? Welchen Unterschied macht es denn, durch welche Todesart ein zu beseitigendes Tier beseitigt wird? Worauf bezieht sich außerdem die anschließende Bestimmung, daß sein Fleisch nicht verzehrt werden dürfe, wenn nicht all diese Dinge irgendeine symbolische Bedeutung haben, die die Schrift besonders wichtig zu nehmen pflegt?

qu. 2,82 (zu Ex 21,35)

82 „Wenn aber ein Stier mit seinem Horn den Stier des Nachbarn gestoßen hat und der verendet ist, werden sie den am Leben gebliebenen Stier verkaufen und den für ihn erzielten Erlös teilen, und den verendeten Stier werden sie aufteilen." Soll diese Rechtsbestimmung etwa nur bezüglich eines Stieres beachtet werden und nicht in einem vergleichbaren Fall bezüglich jedes Viehstücks? Folglich ist auch dies vom Teil auf das Ganze hin auszulegen; aber dies kann nicht auf Fleischteile des getöteten Viehstücks angewendet werden, die man nicht verzehrt.

qu. 2,83 (zu Ex 22,1)[147]

83 Welche Rechtfertigung gibt es für die Bestimmung, daß für ein Kalb fünf gegeben werden sollen, für ein Schaf aber nur vier, wenn nicht irgendeine symbolische Bedeutung mitverstanden wird?

qu. 2,84 (zu Ex 22,2-3)[148]

84 „Wenn aber ein Dieb beim Einbruch ertappt und geschlagen wurde und daran gestorben ist, ist an ihm kein Mord verübt worden; falls aber die Sonne

---

durch ‚mit Verlangen' wiederzugeben, und zwar scheint Augustinus, wie er am Ende dieser *quaestio* darlegt, nicht an das Verlangen des Ehemanns der geschädigten Frau, sondern an das Verlangen des Verursachers der Fehlgeburt zu denken. Allerdings ist an einen Willensakt des Schädigers, wie Augustinus vermutet, ursprünglich nicht gedacht.

[147] Ex 22,1 LXX = 21,37 TM.
[148] Ex 22,2-3 LXX = 22,1-2 TM.

non pertinere ad homicidium, si fur nocturnus occiditur, Si autem diurnus, pertinere; hoc est enim quod ait: *Si orietur sol super eum*. Poterat quippe discerni quod ad furandum, non ad occidendum venisset et ideo non deberet occidi. 5
Hoc et in legibus antiquis saecularibus, quibus tamen ista est antiquior, invenitur inpune occidi nocturnum furem quoquo modo, diurnum autem, si se telo defenderit; iam enim plus est quam fur.

85 Quid est: *Qui convictus fuerit per deum, restituet duplo*? Nisi quia vult deus aliquando signo dato prodere peierantem.

86 *Deos non maledices*. Quaeritur quos dixerit deos: Utrum principes qui iudicant populum, sicut dictum est de Moyse, quod datus fuerit deus Pharaoni, ut per expositionem sit dictum quod sequitur velut ostendendo quos dixerit deos, ubi ait: *Et principem populi tui non maledices*, quod Graecus habet: non dices male. An secundum illud accipiendum est, quod apostolus ait: *Nam etsi sunt qui dicuntur* 5

86,2 sicut…Pharaoni] cf. Ex 7,1   5 1 Cor 8,5

---

3 pertinere²] ad homicidium *add*. T | 4 orietur] oritur P¹ | 5 deberet] deberi p | 7 quoquo] quo P¹ | 85,1 convictus] convinctus C | 2 peierantem] perierantem N | 86,2 de Moyse] Moysi P¹ V N | fuerit] fuerat P¹ S V T Am. µ | 3 ostendendo] ostendendū C dixerit] dixerat S

---

[149] Die Bestimmung Ex 22,1-2 TM ist entstehungsgeschichtlich umstritten, enthält sprachliche Probleme (worauf beziehen sich die Pronomina?) und bleibt daher auch ihrem Sachgehalt nach kontrovers (vgl. SCHWIENHORST-SCHÖNBERGER, *Bundesbuch* 162-187). Daraus resultieren Übersetzungs- und Deutungsprobleme für LXX und VL, während Vulg durch Zusätze einen klaren Sinn erzeugt. Erster Fall: in der Nacht: οὐκ ἔστιν αὐτῷ φόνος: „so ist an ihm [dem nächtlichen Dieb und Einbrecher] kein Mord geschehen" (SD; ähnlich BdA) oder „he [der Eigentümer, der den Dieb nächtens erschlagen hat] is not guilty of murder (or homicide)" (WEVERS, *Exodus*), VL: *non est illi homicidium* läßt wohl beide Deutungen zu. Vulg vereindeutigt im Sinn von WEVERS: *percussor non erit reus sanguinis*. Zweiter Fall: bei Tage: ἔνοχός ἐστιν, ἀνταποδανεῖται: „so ist er schuldig (der, der ihn fing). Er soll Ersatz für den Todesfall leisten" (SD); aber eher: „il paiera de sa mort" „er soll mit seinem Leben bezahlen" (BdA, die das LXX-hapax ἀνταποθνήσκω als Terminus der klassischen juristischen Ausdrucksweise identifiziert). Entsprechend NETS: „He shall die in exchange" und WEVERS, *Exodus*: „The verb [...]with the unusual αντ-element invoking the lex talionis, i.e. life for a life". So auch VL und, wiederum vereindeutigend, Vulg: *homicidium perpetravit et ipse morietur*.
[150] LXX: 22,9; TM: 22,8.

über ihm aufgeht, ist er schuldig; für diesen Tod muß er sterben."¹⁴⁹ Man versteht also, daß dann kein Fall von Mord vorliegt, wenn ein bei Nacht tätiger Dieb getötet wird; daß es dagegen ein Mordfall ist, wenn ein bei Tag tätiger Dieb getötet wird. Das bedeutet nämlich die Klausel: „falls die Sonne über ihm aufgeht". Man konnte ja klar erkennen, daß er zum Stehlen, nicht zum Töten gekommen war und daher nicht getötet werden durfte. Das findet sich auch in den alten weltlichen Gesetzen, im Vergleich zu denen dieses jedoch älter ist, daß nämlich ein nächtlicher Dieb wie auch immer straflos getötet werden darf, ein bei Tage tätiger Dieb aber nur, wenn er sich mit der Waffe verteidigt hat; dann ist er nämlich bereits mehr als ein Dieb.

qu. 2,85 (zu Ex 22,9)¹⁵⁰

85 Was bedeutet: „Wer von Gott überführt wurde, wird doppelt Ersatz leisten"? Was außer, daß Gott bisweilen ein Zeichen geben und dadurch den Meineidigen preisgeben will.

qu. 2,86 (zu Ex 22,28)¹⁵¹

86 „Du sollst Götter nicht lästern."¹⁵² Man fragt, wen das Gesetz als „Götter" bezeichnet hat: Fürsten, die das Volk richten, wie über Mose gesagt ist, daß er für Pharao zum Gott eingesetzt worden war (vgl. Ex 7,1), so daß das folgende zur Erklärung gesagt ist, indem es zeigt, wen Gott als ‚Götter' bezeichnet hat, wo er sagt: „und einen Fürsten deines Volkes sollst du nicht schmähen"? Der Grieche hat dafür: ‚du sollst nicht schlecht reden'. Oder soll man die Wendung entsprechend dem folgenden Ausspruch des Apostels deuten: „denn selbst wenn es im Himmel oder auf der Erde sogenannte Götter gibt, wie es ja viele Götter und Herren gibt" (1Kor 8,5)? Durch den Zusatz „wie es ja sind"

---

¹⁵¹ LXX: 22,28; TM: 22,27.

¹⁵² אֱלֹהִים ist morphologischer Plural und kann sowohl ‚Gott' (auch ohne Artikel determiniert für JHWH) als auch ‚Götter' bedeuten. Schon LXX (gefolgt von VL und Vulg) hat durch die Übersetzung θεούς das Problem geschaffen, mit dem Augustinus hier ringt. TM wird zumeist und wohl zu Recht als Verbot, Gott zu lästern, verstanden (vgl. Lev 24,15; 1Kön 21,10.13: Lästerung von Gott und König, hier mit Euphemismus ‚segnen' für ‚fluchen'). DOHMEN, *Exodus* z.St. erneuert und verallgemeinert dagegen die schon von den Targumim (gemeint seien ‚Richter') vertretene Deutung, אֱלֹהִים bezeichne die „gesellschaftliche Ordnung in ihrer religiösen Dimension" neben dem Fürsten als der „gesellschaftlichen Ordnung in ihrer politischen Dimension". Damit kommt er der ersten Erwägung Augustins nahe. Nach HANHART, *Bedeutung* 77 zeigt sich in dieser Ausweitung des Verbots der Gotteslästerung durch die LXX auf das Verbot, auch fremde Götter nicht zu lästern, ein für das hellenistische Judentum charakteristisches „aktualisierendes Humanum". Augustinus hat dies wahrgenommen und beibehalten. Zur Auslegung im Frühjudentum und der frühen Kirche vgl. THEOBALD, *Götter*.

dii sive in caelo sive in terra, sicuti sunt dii multi et domini multi? Addendo enim *sicuti sunt* eos intellegi voluit, qui digne etiam dicuntur: Ita sane, ut λατρεία quae dicitur Graece et interpretatur Latine servitus, sed ea, quae ad religionem pertinere intellegitur, non debeatur nisi uni deo vero, qui nobis est deus. Illi autem qui dicuntur dii, etiam si qui sunt ubi merito dicuntur, prohibiti sunt maledici, non iussi sunt sacrificiis vel ullis latriae obsequiis honorari.

87 *Non eris cum pluribus in malitia.* Ne se inde quisquam defendat, quia cum pluribus fecit, aut ideo putet non esse peccatum.

88 *Et pauperis non misereberis in iudicio.* Nisi addidisset *in iudicio*, magna esset quaestio. Sed intellegendum esset, etiam si scriptum non esset; supra enim dixerat: *Non adponeris cum multitudine declinare cum pluribus, ut declines iudicium.* Ac per hoc *et pauperis non misereberis* posset intellegi *in iudicio*. Sed cum additum est, nulla quaestio est hoc esse praeceptum, ne forte, cum iudicamus, videamus iustitiam esse pro divite contra pauperem et nobis recte facere videamur, si contra iustitiam pauperi faveamus causa misericordiae. Bona est ergo misericordia, sed non debet esse contra iudicium. Iudicium sane illud appellat scriptura, quod iustum est. Ne quis autem propter istam sententiam deum putaret misericordiam prohibere, quod sequitur, opportunissime sequitur: *Si autem obviaveris bovi inimici tui aut subiugali eius errantibus, reducens reddes ei,* ut scias non te prohibitum facere misericordiam, fac etiam erga inimicos tuos, cum potestas est a iudicando libera. Non enim cum reducis errantem bovem inimici tui et reddis, inter aliquos iudex resides.

89 *Sex annis seminabis terram tuam et colliges fructum eius; septimo autem anno remissionem facies et requiem dabis illi, et edent pauperes gentis tuae; quae autem superabunt edent*

88,3 Ex 23,2   **10** Ex 23,4

---

6 dii¹] di C^1 z | sive¹...dii² *om. C per homoiot.* | sicuti¹] sicut μ | dii²] di N z | sicuti²] sicut n
7 eos] deos $P S V T Am. \mu$ | ita] ista C | λατρεία] latria $C P S V N T$ | dicitur] dicuntur C, dici∗tur P | 8 et *om.* $P^1 S^1 V$ | interpretatur] autem *add. s. l.* V | sed] *exp.* V | 9 uni... vero] universo deo p, univero dei n | 10 ubi] qui $C V^2 Am. \mu$ z | sunt²...11 iussi] non iussi sunt maledici P^1 *(corr. m. 2)* V | 11 sacrificiis] nec tamen *praem.* V | 87,1 pluribus] pecoribus V | 2 fecit] facit V | 88,2 enim] cum *add.* V | 3 declinare *om.* $P^1 S V$ | cum pluribus] *exp.* V | 6 pro...7 iustitiam] *add. in marg.* V | divite] vite C^1 | pauperem] pauperis C | 8 appellat...9 autem *om. n* | scriptura *om. p* | 10 bovi] bovem $P S^1$, etovi n
11 subiugali] subiugale N | 12 iudicando] liber N | 13 reducis] reduces N
89,1 fructum] fructus $C p$ | septimo] septim *corr. m. 2 C* | 2 gentis] gentes C^1

wollte er sie nämlich als solche verstanden wissen, die berechtigter Weise auch Götter genannt werden: freilich aber so, daß λατρεία, wie die Griechen sagen und auf Lateinisch durch *servitus* (Dienst) übersetzt wird, die, wie man weiß, zum religiösen Kult gehört, allein dem einen wahren Gott gebührt, der für uns Gott ist.[153] Es wird zwar verboten, diejenigen, die ‚Götter' genannt werden, auch für den Fall, daß es welche gibt, die zu Recht so genannt werden, zu lästern, es wird aber nicht befohlen, sie mit Opfern oder irgendwelchen kultischen Riten zu ehren.

qu. 2,87 (zu Ex 23,2)

87 „Du sollst nicht mit der Mehrheit an Schlechtigkeit mitwirken." Niemand soll sich damit entschuldigen, daß er in Übereinstimmung mit der Mehrheit gehandelt hat, oder meinen, aus diesem Grund sei es keine Sünde.

qu. 2,88 (zu Ex 23,3)

88 „Und du sollst nicht Mitleid haben[154] mit dem Armen im Prozeß." Wenn die Schrift nicht hinzugefügt hätte: „im Prozeß", wäre das ein großes Problem. Aber man müßte das mitverstehen, selbst wenn es nicht geschrieben wäre; oben hatte die Schrift nämlich gesagt: „Du sollst dich nicht der Menge anschließen, um mit der Mehrheit dazu abzuweichen, daß du den Urteilsspruch verbiegst" (Ex 23,2). Und schon deswegen könnte man: „Du sollst nicht Mitleid haben mit dem Armen" so verstehen: „im Prozeß". Da es aber hinzugefügt ist, ist dies fraglos vorgeschrieben, damit wir, wenn wir ein Urteil sprechen, nicht womöglich zwar erkennen, daß die Gerechtigkeit für den Reichen gegen den Armen spricht, und dennoch meinen recht zu handeln, wenn wir aus Mitleid den Armen gegen die Gerechtigkeit bevorzugen. Mitleid ist infolgedessen zwar etwas Gutes, aber es darf nicht gegen das Gerichtsurteil stehen. Gerichtsurteil nennt die Schrift selbstverständlich dasjenige, das gerecht ist. Damit aber nicht jemand wegen dieses Satzes meint, Gott verbiete Mitleid, schließt sich das, was folgt, höchst passend an: „Wenn du aber auf ein verirrtes Rind deines Feindes oder auf seinen verirrten Esel triffst, sollst du sie zurückbringen und ihm übergeben" (Ex 23,4). Daraus sollst du erkennen, daß dir nicht verboten ist, Mitleid zu üben. Übe es sogar gegen deine Feinde, wenn du die Gelegenheit dazu hast außerhalb eines Gerichtsverfahrens. Wenn du nämlich das verirrte Rind deines Feindes zurückführst und übergibst, übst du nicht unter anderen die Funktion eines Richters aus.

qu. 2,89 (zu Ex 23,10-11)

89 „Sechs Jahre sollst du dein Land besäen und seinen Ertrag einsammeln; im siebten Jahr aber sollst du eine Unterbrechung durchführen und ihm Ruhe

---

[153] Vgl. *qu.* 1,61; 2,94; 3,66.
[154] TM verwendet das Verb הדר „ehren, bevorzugen, begünstigen".

ferae bestiae. Sic facies vineam tuam et olivetum tuum. Quaeri potest quid colligant pauperes, si septimo anno ita parcit terrae, ut nec seminetur quidem - non enim ad vineam et olivetum pertinet quod dictum est: *Edent pauperes gentis tuae* - quia de terra non seminata nihil possunt sumere, ubi segetes nasci non possunt. De vinea autem et oliveto postea dicit similiter esse faciendum; ac per hoc illud de arvis intellegitur, quae frumentis serviunt. An sic accipiendum: *Sex annis seminabis terram tuam et colliges fructum eius,* hoc est: Sex annis seminabis et colliges; septimo vero non colliges, ut intellegatur seminabis, etiamsi dictum non est, ut ad sex annos seminare et colligere pertineat, ad septimum vero dimittere quod fuerit seminatum? Nam quid inde habebunt pauperes, quorum residuum etiam feris bestiis dedit, eis videlicet quae illis frugibus vesci possint, sicut sunt apri et cervi et si quid huius modi? Quod tamen non diceretur nisi alicuius significationis gratia. Nam si, quod adtinet ad praecepta, quae hominibus data sunt, *de bubus cura non est deo* - quod non sic intellegetur, tamquam non ipse pascat ea quae nec *seminant nec metunt neque congregant in horreum,* sed quia ei curae non est praecepto monere hominem, quomodo bovi suo consulat - quanto minus ei cura est de feris bestiis praecipere, quomodo illis ab hominibus consulatur, cum eas ipse pascat divitiis naturae usquequaque fructiferae, qui eas etiam per alios sex annos pascit, cum colliguntur quae seminantur.

90 *Non coques agnum in lacte matris suae* quomodo intellegatur ad verborum proprietatem nescio utrum possit reperiri. Si enim alicuius significationis causa prohibitum acceperimus agnum in lacte coqui, nullus usus est ita coquendi; si autem in diebus, quibus lactatur, quis hoc habuit umquam Iudaeorum in observatione, ut agnum non coqueret, nisi cum desisteret sugere? Quid est autem *in lacte matris suae*? Quasi posset, etiamsi hoc intellegeretur, sine huius praecepti transgressione coqui, si eo nato mortua matre eius ab ove alia lactaretur, cum

---

89,15 1 Cor 9,9   **17** Mt 6,26

3 ferae] f*ere *P* (1 eras.) | **4** nec] ne *C p* | **5** et olivetum *om. V* | et...pertinet] pertinet et olivetum *C z* | **6** segetes] segetis *C¹*, seges *N* | possunt²] potuit *C N* | de...7 esse] de ... oliveto ... similiter *p, om. n* | **7** autem] enim *P S V T Am. μ* | faciendum] hoc *praem. n*
8 an] ac *p* | **9** colliges¹] collegis *C* | fructum] fructus *n T Am. μ* | **12** nam] num *C*
13 quae] qu *C P V N T* | possint] possunt *S V*, possent *N* | **15** si quod] sicut *C P²*
16 bubus] bobus *Am. μ* | intellegetur] intellegitur *C* | **17** metunt] metent *P¹* | curae] cura *C¹* | **18** bovi] vobi *N* | consulat] consulant *N* | **19** bestiis *om. T* | **21** pascit] pascet *C*
90,2 reperiri] reperire *C* | si] nisi *V (in ras.)* | **3** acceperimus] acciperemus *C,* accipiamus *Bad.* | **4** observatione] observacionem *C* | **5** coqueret] coquirem *P¹* | desisteret] desisterit *C* | est autem] autem est *Bad.* | **6** posset] possit *C* | praecepti] precepi *P¹* | **7** ab ove] a bove *C*

lassen, und die Armen in deinem Volk sollen [davon] essen; was aber übrig bleiben wird, sollen die wildenTiere fressen. So sollst du auch mit deinem Weinberg und deinem Ölbaumgarten verfahren." Man kann fragen, was die Armen sammeln können, wenn man das Land derart ruhen läßt, daß man es nicht einmal besät – auf den Weinberg und auf den Ölbaumgarten bezieht sich die Bestimmung nämlich nicht: „die Armen in deinem Volk sollen essen" –, denn von einem nicht besäten Land, wo keine Saaten sprießen können, können sie nichts ernten. Anschließend aber sagt die Schrift, man solle mit dem Weinberg und dem Ölbaumgarten ähnlich verfahren; und darunter versteht man das, was bezüglich des Ackerlandes, das für Getreide taugt, vorgeschrieben wurde. Soll man es so auffassen: „Sechs Jahre sollst du dein Land besäen und seinen Ertrag einsammeln", d.h. sechs Jahre sollst du säen und ernten, im siebten aber sollst du nicht ernten, so daß mitverstanden wird: aber du sollst säen, obgleich das nicht ausdrücklich gesagt ist, so daß sich Säen und Ernten auf die sechs Jahre bezieht, auf das siebte aber, das stehen zu lassen, das gesät wurde? Denn welchen Nutzen werden die Armen davon haben, deren Reste das Gesetz sogar den wilden Tieren gegeben hat, denen nämlich, die sich von jenen Früchten ernähren können, als da sind Wildschweine und Hirsche und was immer dergleichen? Dennoch würde das nicht gesagt werden, außer um irgendeiner symbolischen Bedeutung willen. Denn wenn schon bezüglich der den Menschen gegebenen Gesetze gilt: „Gott sorgt sich nicht um die Ochsen" (1Kor 9,9) – das soll man nicht so verstehen, als ernähre er nicht diejenigen, die weder „säen noch ernten noch in einen Speicher sammeln" (Mt 6,26), sondern dahingehend, daß ihm nicht daran gelegen ist, den Menschen durch ein Gebot zu verpflichten, wie er für seinen Ochsen sorgen solle –, wieviel weniger läßt er es sich angelegen sein, Gebote darüber zu erlassen, wie die Menschen sich um die wilden Tiere kümmern sollten, da er selbst sie mit den jederzeit fruchttragenden Reichtümern der Natur versorgt, er, der sie auch die anderen sechs Jahre hindurch ernährt, wenn das Ausgesäte geerntet wird.

qu. 2,90 (zu Ex 23,19)

90 „Du sollst das Böckchen nicht in der Milch seiner Mutter kochen." Ich weiß nicht, ob man herausbekommen kann, was das dem eigentlichen Wortsinn nach bedeutet. Wenn wir nämlich annähmen, es wäre wegen irgendeiner symbolischen Bedeutung verboten, das Böckchen in Milch zu kochen, so ist diese Kochweise doch unüblich; wenn aber gemeint ist: in den Tagen, in denen es gesäugt wird, welcher Jude hat sich jemals an die Regel gehalten, das Böckchen erst dann zu kochen, wenn es aufhörte zu saugen? Was bedeutet aber: „in der Milch seiner Mutter"? Gleichsam als dürfe man, auch wenn man es so verstünde, das Böckchen, ohne dieses Gebot zu übertreten, kochen, wenn bei seiner Geburt seine Mutter verendet wäre und es von einem anderen Schaf gesäugt würde, wo doch wirklich niemand bestreitet, das Gebot sei um einer symbolisch

alicuius profecto rei significandae causa esse praeceptum nemo ambigit. Sed
etiam illa quae possunt observantia factitari non sine causa ita praecepta sunt;
significant enim aliquid. Hoc vero quomodo observetur ad proprietatem verborum, aut non est aut non elucet. Intellectum tamen de Christo adprobo, quod
hac prophetia praedictus est non occidendus a Iudaeis infans, quando Herodes
quaerens eum, ut occideret, non invenit, ut *coques* quod dictum est pertineat ad
ignem passionis, hoc est tribulationem. Unde dicitur: *Vasa figuli probat fornax et
homines iustos temtatio tribulationis.* Quia ergo non est tunc infans passus, cum
quaerente Herode huius modi periculum imminere videretur, praedictum est his
verbis: *Non coques agnum in lacte matris suae.* Illud quoque forsitan non absurdum
est, quod alii dicunt, id esse praeceptum per prophetam, ne se boni Israhelitae
sociarent malis Iudaeis, a quibus Christus passus est tamquam agnus in lacte
matris suae, id est eo tempore quo conceptus est. Dicuntur enim feminae, ex
quo conceperint, lac colligere; illo autem mense conceptum et passum esse
Christum et paschae observatio et dies ecclesiis notissimus nativitatis eius
ostendit. Qui enim mense nono natus est circa octavo Kalendas Ianuarias profecto mense primo conceptus est circa octavo Kalendas Aprilis, quod tempus
etiam passionis eius fuit in lacte matris suae, hoc est in diebus lactis matris suae.

91 *Ecce ego mitto angelum meum ante faciem tuam, ut servet te in via, ut inducat te in
terram quam paravi tibi. Adtende tibi et exaudi eum, ne non credas illi; nihil enim subtrahet*

90,12 quando...13 invenit] cf. Mt 2,13-15   14 Sir 27,6

8 esse] esset *P¹ S* | ambigit] ambiget *C*, ambigat *P S Bad. Am. μ* | 9 observantia] observanda *Bad.* | sunt *om. P¹ S V* | 10 vero] modo *p* | 16 quaerente Herode] quaerent Erode *C* | imminere] immineret *C* | 17 *post* suae add. *C ᵹ Eug.* quaestionem octavam „ex veteri Testamento" (cf. *qu. vet. t. 8*), attamen in Eugippii codice *T* adnotatur in marg.: hinc iam ex alio opere sancti Augustini quae secuntur adiecta sunt | 18 prophetam] prophetiam *p P S V T* 19 agnus...20 quo *om. n* | 20 quo *om. p* | dicuntur...25 suae² *om. C (fort. om. notarius quia haec verba eandem sententiam proferunt ac fragmentum ex „VIII Quaestionibus" quod errore supra transcipsit)* | 21 conceperint] conceperunt *V¹ n T* | conceptum et] add. *Am. μ ᵹ, om. codd. Bad.* | 22 ecclesiis] ecclesiae *p S* | eius *om. Bad.* | 23 circa] *S V N T Bad. Am. μ* | octavo] octava *P* | 24 octavo] octava *P*, octavos *S¹*, octavum *Bad. Am. μ* | 25 lactis] *N, om. P S V T Bad. Am. μ* | 91,1 meum *om. C* | ut²] et *V T* | 2 credas] tradas *n*

---

[155] Sir 27,6 (Vulg; Hebr+LXX: 27,5). Hebr und LXX weichen ab.
[156] Diese Auslegungen finden sich, teilweise wörtlich, in *qu. vet. t. 8*. Dort wird noch ein

zu bezeichnenden Sache willen erlassen worden. Aber auch jene Vorschriften, die man gewöhnlicherweise beobachten und ausführen kann, sind nicht grundlos so vorgeschrieben worden; sie bedeuten nämlich irgendetwas. Das aber dem Wortsinn nach zu beobachten, ist entweder nicht möglich oder es ist unklar, wie man es tun könnte. Ich stimme bei all dem der Deutung auf Christus zu, daß durch diese Prophetie vorausgesagt wurde, daß er als Kind nicht von den Juden getötet werden sollte, als Herodes nach ihm suchte, um ihn zu töten, ihn aber nicht fand (vgl. Mt 2,13-15); folglich bezieht sich die Wendung: „du sollst kochen" auf das Feuer des Leidens, d.h. auf die Bedrängnis. Daher heißt es: „Die Gefäße des Töpfers prüft der Ofen, und die gerechten Menschen prüft die Versuchung durch Bedrängnisse" (Sir 27,6).[155] Daß er als Kind damals nicht gelitten hat, als ihm durch die Suche des Herodes eine solche Gefahr zu drohen schien, ist daher in folgenden Worten vorhergesagt: „Du sollst das Böckchen nicht in der Milch seiner Mutter kochen." Vielleicht ist auch folgendes nicht abwegig, was andere sagen, nämlich daß der Prophet dies vorgeschrieben habe, damit sich die guten Israeliten nicht mit den schlechten Israeliten zusammentäten, durch die Christus gelitten hat, so wie ein Böckchen in der Milch seiner Mutter, d.h. zu der Zeit, in der er empfangen wurde. Man sagt nämlich, daß Frauen vom Moment der Empfängnis an Milch sammeln; daß aber Christus in jenem Monat empfangen wurde und gelitten hat, zeigt sowohl die Feier des Pascha als auch der den Kirchen genauestens bekannte Tag seiner Geburt. Wer nämlich im neunten Monat etwa am achten Tag der Kalenden des Januar geboren ist, ist natürlich im ersten Monat um den achten Tag der Kalenden des April empfangen worden; das war auch der Zeitpunkt seiner Passion in der Milch seiner Mutter, d.h. in den Tagen der Milch seiner Mutter.[156]

qu. 2,91 (zu Ex 23,20-21)

91 „Siehe, ich sende meinen Engel vor deinem Angesicht, damit er dich auf dem Weg behütet, damit er dich in das Land hineinführt, das ich dir bereitet habe. Nimm dich in acht und höre auf ihn; mißtraue ihm nicht; er wird sich

---

alius sensus facilior vorgeschlagen: *parvulum adhuc et lactantem – qualibus dicit Apostolus: Lac vobis potum dedi, non escam – non mittes in praeproperam passionem; tamquam Christo sit dictum qui talibus adhuc discipulis pepercit, pro quibus se offerens ait: Si ergo me quaeritis, sinite hos abire.* „Ein noch saugendes Kleinkind – zu solchen sagt der Apostel: Milch gab ich euch zu trinken, keine feste Speise (1Kor 3,2) – sollst du nicht in zu frühzeitiges Leiden führen; gleich als sei dies zu Christus gesagt worden, der seine Jünger, als sie noch in solcher Verfassung waren, verschonte, für die er sich opferte und sagte: Wenn ihr also mich sucht, laßt diese gehen" (Joh 18,8). Während NBA 673 Anm. 120 das Werk *qu. vet. t.* Augustinus zuschreibt und kurz vor 419 datiert, erklärt DRECOLL im *Handbuch* 260 diese Zuschreibung für ungesichert.

tibi; nomen enim meum est super eum. Hoc de illo nimirum intellegitur, cui nomen mutatum est, ut Iesus vocaretur; ipse quippe introduxit populum in terram promissionis.

92 *Et servies domino deo tuo; et benedicam panem tuum et vinum tuum et aquam tuam et avertam infirmitatem a vobis. Non erit qui non generet neque sterilis super terram tuam. Numerum dierum tuorum replebo. Et timorem mittam, qui te antecedat, et amentes faciam omnes gentes in quas tu intrabis* et cetera. Quamvis istae promissiones possint et spiritaliter intellegi, tamen cum secundum temporalem hominum felicitatem intelleguntur, ad vetus testamentum pertinent: Ubi quamquam praecepta exceptis his quae in sacramento aliquid significant eadem ad mores bonos pertinentia reperiantur, promissiones tamen carnales atque terrenae sunt. Unde in Psalmo septuagesimo secundo paene lapsos et effusos gressus suos homo dicit, cum zelaret in peccatoribus pacem peccatorum intuens. Ea quippe cernebat abundare inpiis, quae ipse secundum testamentum vetus expectabat a domino deo, cui hac mercede serviebat. Et cum hinc ei subrepere coepisset sensus inpius, quod deum non curare existimaret humana, correctum se dicit, dum auctoritatem sanctorum non est ausus inprobare et suscepit cognoscere et ait: *Hoc labor est*

92,9 paene…10 intuens] cf. Ps 72,2-3   **14** Ps 72,16-17

4 Iesus] Israhel P^1 S V | terram] terra C N | **92,2** erit] enim P^1 | sterilis super *om.* P sterilis…3 numerum *om. n* | **3** dierum] meorum n | et^2 *om.* P S V T | amentes] tamen es C, *corr. m.* 2 | faciam] faciens V | **4** possint] possunt S | **5** felicitatem] infelicitatem P *corr.* | **8** terrenae] terraenes P^1 | in] et *praem. p* | **9** homo] *codd. Bad.*, dei *add. Am.* μ z   **11** cui] cum S | **12** hac] hanc P *corr.* | serviebat] deserviebat n | quod] quo C N **13** curare] cura C | correctum] correptum *Am.* μ | **14** ausus *om.* P | inprobare] improbare V | suscepit] incoepit *Am.* μ

---

[157] TM, der keineswegs von Josua, sondern von dem „Boten JHWHs" spricht, hat hier: לֹא יִשָּׂא לְפִשְׁעֲכֶם, er wird euer Vergehen nicht vergeben; entsprechend Vulg: *non dimittet cum peccaveritis*; LXX dagegen: οὐ γὰρ μὴ ὑποστείληταί σε, „er wird auf keinen Fall vor dir zurückweichen" (WEVERS, *Exodus* interpretiert: „he will not refrain from judging you"); dem entspricht VL, falls *nihil* adverbal zu konstruieren und *subtrahet* intransitiv zu fassen ist; so NBA „egli non si ritirerà davanti a te". Oder ist im Sinn Augustins, der

nämlich keinesfalls von dir zurückziehen;[157] denn mein Name ist auf ihm." Das ist zweifelsohne auf jenen zu beziehen, dessen Name dahingehend geändert wurde, daß er Jesus genannt wurde;[158] er hat ja das Volk in das Land der Verheißung geführt.

qu. 2,92 (zu Ex 23,25-27)

92 „Und du sollst dem Herrn, deinem Gott, dienen; und ich werde dein Brot und deinen Wein[159] und dein Wasser segnen und Krankheit von euch fernhalten. Es wird keinen Zeugungsunfähigen und keine Unfruchtbare[160] in deinem Land geben. Die Zahl deiner Tage werde ich vollzählig machen. Und ich werde Schrecken schicken, daß er vor dir hergeht, und alle Völker, in deren Gebiet du einziehen wirst, werde ich wie rasend machen" etc. Wenngleich diese Verheißungen auch geistlich verstanden werden können, sind sie doch, wenn man sie gemäß dem zeitlichen Glück der Menschen deutet, charakteristisch für das Alte Testament: obgleich die Gebote, mit Ausnahme derjenigen, die etwas in allegorischem Sinn bezeichnen, sich dort offensichtlich auf die guten Sitten beziehen, sind die Verheißungen dennoch fleischlich und irdisch. Daher sagt der Mann im zweiundsiebzigsten Psalm, seine Füße seien beinahe ausgeglittten und gestürzt, als er sich gegen die Sünder ereiferte, da er die Sünder im Frieden sah (vgl. Ps 73,2-3). Er nahm nämlich wahr, daß die Frevler diejenigen Güter im Überfluß besaßen, die er seinerseits entsprechend dem Alten Bund vom Herrn Gott erwartete, dem er um diesen Lohn diente. Und er sagt, als ihn deswegen gottlose Gedanken überkommen hätten, weil er meinte, Gott kümmere sich nicht um die Angelegenheiten der Menschen, habe er seine Meinung geändert, da er nicht wagte, die Autorität der Heiligen[161] zu verwerfen, und sich daran machte zu verstehen und sagte: „Das ist eine Mühsal in meinen Augen, bis ich in das Hei-

---

diesen Passus auf Josua bezieht, zu übersetzen: „Er wird dir nämlich nichts wegnehmen"? Vgl. BAC: „pues nada te quitará".

[158] Der Name des Josua ben Nun, des Dieners und Nachfolgers Moses, lautet in der Vulg *Iosue filius Nun*, in LXX dagegen Ἰησοῦς υἱὸς Ναυη und entsprechend in VL *Iesus Naue*.

[159] LXX, gefolgt von VL, fügt den Wein hinzu

[160] TM: מְשַׁכֵּלָה וַעֲקָרָה (Fehlgeburt Erleidende und Unfruchtbare) sowie Vulg: *infecunda et sterilis* (Unfruchtbare und Geburtsunfähige) bezeichnen in Ex 23,26 mit beiden Wörtern eine Frau. LXX: οὐκ ἔσται ἄγονος οὐδὲ στεῖρα ist zweideutig, da ἄγονος mask. wie fem. sein kann. BdA weist aber darauf hin, daß das gleiche griechische Wortpaar in Dtn 7,14 ein hebräisches Wortpaar übersetzt, das einen Mann und eine Frau bezeichnet (TM: עָקָר וַעֲקָרָה, „ein Unfruchtbarer und eine Unfruchtbare"). VL jedenfalls spricht von einem Mann und einer Frau.

[161] Ps 72 (LXX, VL, Vulg; TM: 73),15 spricht vom „Geschlecht deiner Söhne".

ante me, donec introeam in sanctuarium dei et intellegam in novissima. Ibi enim praemia 15
dabuntur ad novum pertinentia testamentum, quae inpii non accipient; et poenae tunc futurae sunt inpiorum, quas nullus piorum sensurus est.

93 *Et mittam vespas ante te et eiciet Amorrhaeos et Evaeos et Chananaeos et Chettaeos a te.* Quaeritur de his vespis quid intellegendum sit. Nam et promittit hoc deus et liber Sapientiae dicit inpletum, ubi ait: *Et misit antecessores exercitus sui vespas.* Non autem legimus factum neque Moysi temporibus neque sub Iesu Nave neque sub iudicibus neque sub regibus. Ac per hoc vespae istae aculei timoris intelle- 5
gendi sunt fortasse, quibus agitabantur memoratae gentes, ut cederent filiis Israhel. Deus enim loquitur, in cuius sermone si figurate aliquid dicatur, quod ad proprietatem non sit inpletum, non inpedit historiae fidem, in qua perspicitur veritas narratoris. Sicut nec evangelistarum narratio secundum proprietatem inpeditur, si aliquid a Christo dicitur figurate. 10

94 *Si servieris diis eorum, erunt tibi offendiculum.* Hic Graecus δουλεύσης habet, non λατρεύσης. Unde intellegitur, quia et δουλεία debetur deo tamquam domino, λατρεία vero nonnisi deo tamquam deo.

95 *Et Moysi dixit: Ascende ad dominum tu et Aaron et Nadab et Abiud et septuaginta seniorum Israhel; et adorabunt a longe domino. Et accedet Moyses solus ad dominum, ipsi autem non accedent; populus autem non ascendet cum illis. Introiit autem Moyses et narravit*

93,3 Sap 12,8

---

15 dei *om.* P^1 V | **93,1** vespas] vespes P^1 | eiciet] eicient S | et³] *om.* V n T Am. μ et³…Chananaeos *om.* p | et⁴ *om.* n T Am. μ | Chananaeos *om.* N | a…2 te] apte P^2 T, at S, V (exp.) | **2** his] istis P S V N | vespis] bestiis P^1 S V | **4** Iesu] Iesum C | **7** si *om.* P^1 figurate] figura C^1 | ad *om.* C | **9** narratoris C p P S V T | **10** a] in P^1 | **94,1** diis] dis C^1 p ᵹ | δουλεύσης] duleuses C P S V N T | **2** λατρεύσης] latreuses C P S V N T | δουλεία] dulia C^2 in ras. P S V N T | **3** λατρεία] latria C P S V N T | **95,1** ad *om.* C^1 **2** domino] dominum P S V T Am. μ | solus] solum C^1 | **3** introiit] introit C ᵹ, introivit V

---

[162] TM: אַחֲרִיתָם, gefolgt von LXXA: τὰ ἔσχατα αὐτῶν und Vulg: *novissimis eorum* sprechen vom Ende bzw. Endgeschick der Frevler. LXXB und Codex Sinaiticus haben αὐτῶν nicht. Dieser Textform folgt VL. So wird das bereits durch τὰ ἔσχατα ermöglichte eschatologische Verständnis verstärkt, und Augustinus bezieht es umfassend auf das Endgericht für Fromme wie Frevler.

ligtum Gottes eintrat und das Ende[162] begriff" (Ps 73,16-17). Dort wird es nämlich Belohnungen geben, die zum Neuen Bund gehören; diese werden die Gottlosen nicht erhalten; und dann werden die Gottlosen Strafen erhalten, die kein Frommer erleiden muß.

qu. 2,93 (zu Ex 23,28).

93 „Und ich werde Wespen vor dir hersenden, und sie werden die Amoriter[163] und die Hiwiter und die Kanaanäer und die Hetiter vor dir vertreiben." Man fragt sich, was man unter diesen Wespen zu verstehen hat.[164] Sowohl verspricht dies Gott nämlich, als auch erklärt das Buch der Weisheit, daß es erfüllt wurde, wo es heißt: „Und er sandte seinem Heer Wespen voraus" (Weish 12,8). Wir lesen aber nicht, daß dies geschehen ist, weder zu Zeiten des Mose noch unter Jesus Naue (Josua), noch unter den Richtern, noch unter den Königen. Und daher sind unter diesen Wespen vielleicht die tiefen Eindrücke der Furcht zu verstehen, die die erwähnten Völker dazu antrieben, vor den Söhnen Israels zu weichen. Gott spricht nämlich. Wenn er in seiner Äußerung etwas mit übertragener Bedeutung sagt, das nach dem Wortsinn nicht eingetreten ist, so hindert dies nicht die Glaubwürdigkeit der Erzählung, in der die Wahrhaftigkeit des Erzählers deutlich zu erkennen ist. Wie auch [die Glaubwürdigkeit] der Darstellung der Evangelisten dem Wortsinn nach nicht beschädigt wird, wenn etwas über Christus in übertragener Bedeutung gesagt wird.

qu. 2,94 (zu Ex 23,33)

94 „Wenn du ihren Göttern gedient haben wirst, werden sie dir zum Fallstrick werden." Hier hat der Grieche δουλεύσῃς, nicht λατρεύσῃς. Daraus geht hervor: δουλεία gebührt Gott als dem Herrn, λατρεία aber ausschließlich Gott als Gott.[165]

qu. 2,95 (zu Ex 24,1-3)

95 „Und er sagte zu Mose: Steig hinauf zum Herrn, du und Aaron und Nadab und Abihu und die siebzig von den Ältesten Israels; und sie sollen sich von fern vor dem Herrn niederwerfen. Und Mose allein soll zum Herrn herantreten, sie selbst aber dürfen nicht herantreten; das Volk aber darf nicht mit ihnen hinaufsteigen. Mose aber trat ein und übermittelte dem Volk alle Worte und Vorschriften Gottes. Das ganze Volk aber antwortete einstimmig und sagte: Alle

---

[163] „Amoriter" fügt LXX nach dem Vorbild anderer Völkerlisten hinzu.
[164] Die Bedeutung des hebräischen Kollektivums הַצִּרְעָה (vgl. auch Dtn 7,20; Jos 24,12) ist umstritten: Hornissen, Wespen oder Panik, Schrecken, Entmutigung. Vgl. Ges[18] z. St. (mit Literatur). Die alten Übersetzungen wählen die konkrete Bedeutung Hornissen, Wespen, neuere Arbeiten, z.B. DOHMEN, *Exodus,* bevorzugen meist ‚Panik'.
[165] Vgl. *qu.* 1,61; 2,86; 3,66.

populo omnia verba dei et iustificationes. Respondit autem omnis populus uoce una dicentes: Omnia verba quae locutus est dominus faciemus et audiemus. Usque ad hunc locum scripturae iustificationes intelleguntur quae datae sunt populo ad observandum. Incipiunt autem, quantum ipsa verba scripturae indicant, unde hoc nomen iustificationum exorsum est, ab illo servo Hebraeo cui auris ad postem pertunditur. In quibus omnibus iustificationibus considerandum est, quae inde ad agendam vitam et morum bonorum conservationem duci possint. Multa quippe in eis sunt sacramenta significantia potius aliquid quam vitam nostram instruentia. Iustificationes sane Latini interpretes eas esse dixerunt, quae Graeci δικαιώματα appellant.

96 Notandum est quod iterum populus ita respondet: *Omnia verba quae locutus est dominus faciemus et audiemus,* cum videatur ordo postulare, ut diceretur: Audiemus et faciemus. Sed mirum nisi aliquis sensus hic latet. Nam si *audiemus* pro eo positum est quod est intellegemus, prius oportet verbis dei reddere faciendi servitutem, ut ad intellegentiam earum rerum, quae ipso praecipiente fiunt, merito devotionis, qua non contemtae, sed factae sunt, ipse perducat. Sed videndum est, utrum iste populus illi filio similis inveniatur qui patri iubenti dixit: *Ibo in vineam et non iit. Gentes* enim, quae dominum penitus contemserunt, postea per unius oboedientiam iustificatae, *quae non sectabantur iustitiam, adprehenderunt iustitiam.*

97 Notandum quod Moyses *aedificavit altare sub monte et duodecim lapides in duodecim tribus Israhel.* Intellegitur enim ex duodecim lapidibus altare aedificatum significasse ipsum populum esse altare dei, sicut est templum dei.

95,8 ab…pertunditur] cf. Ex 21,6   **96,7** Mt 21,30   **8** Rm 9,30   **97,3** ipsum…dei²] cf. 2 Cor 6,16

5 et audiemus *om. C¹* | **7** verba…nomen *om. N (praeter* indicant *p)* | **8** exorsum *om. N*   **9** agendam] agendum *n* | **10** vitam et] et vitam (et *exp. m. 2) P V* | possint] possit *C* (t *in ras.*) | **11** sunt *om. P¹* | sunt sacramenta] sacramenta sunt *V* | **12** δικαιώματα] diceomata *C P V N*, dikeomata *S*, diciomata *T* | **96,1** ita] ista *P¹ V* | respondet] respondit *p*   **3** aliquis] aliqui *C P T*, aliquid *n* | latet] lateat *p* | **4** oportet] oportere *S* | **6** qua] quia *p*   contemtae] contemtased *C* (sed *in ras.*) | sed¹…7 utrum] … ipse … videndum ē *p, om. n*   sed² *om. P¹* | **8** iit] ivit *T* | dominum] deum *p S V T*

Worte, die der Herr geredet hat, wollen wir tun und hören."[166] Bis zu dieser Stelle der Schrift versteht man unter den *iustificationes* (Vorschriften) diejenigen Gebote, die dem Volk gegeben wurden, damit es sie befolge. Sie beginnen aber, soweit die Worte der Schrift selbst es anzeigen, an der Stelle, an der das Wort *iustificationes* (Vorschriften) zum ersten Mal gebraucht ist, mit jenem hebräischen Sklaven, dem man das Ohr am Pfosten durchbohrt (vgl. Ex 21,6).[167] Bezüglich all dieser *iustificationes* (Vorschriften) muß man sorgfältig prüfen, welche geeignet sind, daß man daraus Anleitung zur Lebensführung und zur Bewahrung der guten Sitten ableiten kann. Viele von ihnen sind ja eher Geheimnisse, die symbolische Bedeutung haben, als daß sie uns in der Lebensführung unterrichten. Die lateinischen Übersetzer gebrauchten ja das Wort *iustificationes* (Vorschriften) für δικαιώματα der Griechen.

qu. 2,96 (zu Ex 24,3)

96 Es ist zu beachten, daß das Volk zum zweiten Mal[168] so antwortet: „Alle Worte, die der Herr geredet hat, wollen wir tun und hören", obgleich die Reihenfolge lauten zu sollen scheint: ‚wir werden hören und tun'. Aber es wäre erstaunlich, wenn sich hier nicht irgendeine Bedeutung verbärge. Denn wenn hier „wir werden hören" für ‚wir werden verstehen' gesetzt ist, so muß man zuerst die Worte Gottes gehorsam ausführen, damit er seinerseits uns dann zum Verständnis der Dinge führt, die wir auf sein Gebot hin aus Ergebenheit tun, die uns veranlaßt hat, sie nicht zu verachten, sondern auszuführen. Jedoch muß man zusehen, ob dieses Volk womöglich in Wirklichkeit jenem Sohn ähnlich erfunden wird, der zwar seinem Vater auf dessen Befehl hin sagte: „Ich werde in den Weinberg gehen, aber nicht ging" (Mt 21,29). „Die Völker" nämlich, die den Herrn gänzlich verachtet haben, wurden später durch den Gehorsam eines einzigen gerechtfertigt, sie, „die nicht nach Gerechtigkeit strebten, aber Gerechtigkeit erlangten" (Röm 9,30).

qu. 2,97 (zu Ex 24,4)

97 Es ist zu beachten, daß Mose „einen Altar am Fuß des Berges und zwölf Steine für die zwölf Stämme Israels errichtete". Das bedeutet nämlich: Der aus zwölf Steinen errichtete Altar symbolisierte, daß das Volk selbst der Altar Gottes ist, wie es auch der Tempel Gottes ist (vgl. 2Kor 6,16).

---

[166] Die Worte „und wir wollen hören" fehlen in TM, gefolgt von Vulg; LXX hat sie wohl in Angleichung an 24,7 hinzugesetzt.

[167] Tatsächlich begegnen das Wort *iustificationes* und seine hebräischen und griechischen Äquivalente zum ersten Mal in der Überschrift zu den Geboten in 21,1: „Dies sind die הַמִּשְׁפָּטִים = δικαιώματα = VL: *iustificationes* = Vulg: *iudicia*, die du ihnen vorlegen sollst."

[168] Vgl. Ex 19,8, wo wiederum nur LXX hinzusetzt: „wir werden hören". Vgl. Anm. 166.

98 *Et immolaverunt hostiam salutaris deo.* Non dixit hostiam salutarem, sed: *Hostiam salutaris,* quod Graecus habet σωτηρίου. Unde et in Psalmo, *calicem,* inquit, *salutaris accipiam,* non dixit calicem salutarem. Ubi videndum est, ne forte ille significetur, de quo dixit Symeon: *Quoniam viderunt oculi mei salutare tuum.* Hunc enim et Psalmus commendat ubi legitur: *Bene nuntiate diem ex die salvtare eius.* Quid est enim aliud, si diligentius adtendamus, quod ait: *Diem ex die,* nisi lumen ex lumine, hoc est deum ex deo, quod est unigenitus filius?

99 *Sumens autem Moyses dimidiam partem sanguinis infudit in craterem; et partem reliquam sanguinis adfudit ad altare. Et accipiens librum testamenti recitavit in aures populi.* Notandum est nunc primum sacrificasse Moysen evidenter scripturam dicere, ex quo ex Aegypto eductus est populus. Primo enim de Iothor dictum erat socero eius, quamvis cum aliqua ambiguitate, quod immolaverit deo. Et advertendum librum testamenti cum sanguine hostiae recitari, in quo libro illas iustificationes conscriptas debemus accipere. Nam decalogum legis in tabulis lapideis fuisse conscriptum postea manifestatum est.

100 *Et dixerunt: Omnia quaecumque locutus est dominus faciemus et audiemus.* Non aliter respondent ecce iam tertio.

101 *Et ascendit Moyses et Aaron et Nadab et Abiud et septuaginta seniorum Israhel et viderunt locum ubi steterat ibi deus Israhel.* Constat inter eos qui recte intellegunt

---

98,2 Ps 115,4   **4** Lc 2,30   **5** Ps 95,2   **99,4** primo...5 deo] cf. Ex 18,12   **7** decalogum...8 conscriptum] cf. Ex 24,12

98,1 deo] dei *C* | **2** σωτηρίου] soteriu *C P S V N T* | et *om. P S Am. μ* | **3** calicem *om. N* **4** dixit] dicit *n* | Symeon] Simeon *C* | quoniam] quod *V* | **5** nuntiate] nuntia *C* | ex] *m. 2 in ras. P* | **6** diem] die *P¹* | nisi *om. P¹,* quam *V* | **99,2** adfudit] infudit *P V T* | aures] aure *T* | **4** Iothor] Iethro *T V²* | **5** advertendum] avertendum *n* | **8** manifestatum] manifestum *P V T Am. μ* | **100,1** quaecumque] quae *C N* | **2** respondent] respondet *S* **101,1** et⁶...2 Israhel *om. C per homoiot.* | **2** locum *om. N* | ubi] ibi *exp. m. 2 P, om. T*

---

[169] Die Wiedergabe liturgischer termini technici in Übersetzungen ist grundsätzlich problematisch. זְבָחִים שְׁלָמִים bezeichnet eine Schlachtopferart. Die Bedeutung von

qu. 2,98 (zu Ex 24,5)

98 „Und sie brachten Gott ein Heilsopfer[169] dar." Es heißt nicht: ‚ein heilsames Opfer', sondern: „ein Opfer des Heils"; der Grieche hat dafür: σωτηρίου. Daher sagt auch der Psalmist: „Ich werde den Kelch des Heils empfangen" (Ps 116,13), er hat nicht gesagt: „den heilsamen Kelch". Hier muß man prüfen, ob nicht vielleicht jener vorausbezeichnet wird, von dem Simeon gesagt hat: „Denn meine Augen haben dein Heil geschaut" (Luk 2,30). Diesen preist nämlich auch der Psalm, wo man liest: „Verkündet recht Tag für Tag sein Heil" (Ps 96,2). Was bedeutet nämlich bei aufmerksamer Betrachtung *diem ex die* (Tag aus Tag)[170] anderes als ‚Licht vom Licht', d.h. ‚Gott von Gott', womit der eingeborene Sohn gemeint ist?

qu. 2,99 (zu Ex 24,6-7)

99 „Mose nahm aber die Hälfte des Blutes und goß sie in eine Schale; und die restliche Hälfte des Blutes goß er an den Altar. Und er nahm das Buch des Bundes und verlas es vor den Ohren des Volkes." Es ist bemerkenswert, daß die Schrift deutlich sagt, Mose habe jetzt zum ersten Mal ein Opfer dargebracht, seitdem das Volk aus Ägypten herausgeführt war. Zuerst hatte die Schrift nämlich, wenn auch mit einer gewissen Zweideutigkeit, von seinem Schwiegervater Jitro gesagt, daß er Gott ein Opfer darbrachte (vgl. Ex 18,12). Und es ist zu beachten, daß das Buch des Bundes über dem Blut des Opfers vorgelesen wird; in diesem Buch – so müssen wir annehmen – waren jene *iustificationes* (Vorschriften) aufgeschrieben. Denn später ist deutlich aufgezeigt worden, daß der Dekalog des Gesetzes auf steinernen Tafeln geschrieben wurde (vgl. Ex 24,12).

qu. 2,100 (zu Ex 24,7)

100 „Und sie sagten: Alles, was auch immer der Herr geredet hat, wollen wir tun und hören." Siehe, sie antworten auch zum dritten Mal nicht anders.[171]

qu. 2,101 (zu Ex 24,9-10)

101 „Und Mose und Aaron und Nadab und Abihu und siebzig von den Ältesten Israels stiegen hinauf und sahen den Ort, wo der Gott Israels hingetreten

---

שְׁלָמִים, das gelegentlich auch allein als Opferbezeichnung gebraucht wird, in dieser Wortverbindung und daher auch die Übersetzung dieses Ausdrucks ist bis heute umstritten. Vgl. RENDTORFF, *Leviticus* 120-129. Die Wiedergabe der LXX: ϑυσίαν σωτηρίου, entsprechend VL: *hostiam salutaris* ist als ‚Heilsopfer' oder als ‚Rettungsopfer' (SD) zu übersetzen. Vulg bringt שְׁלָמִים in Zusammenhang mit שָׁלוֹם und übersetzt: *victimas pacificas*. Infolge der LXX hält sich die Wiedergabe ‚Heilsopfer' bis heute in deutschen Gebrauchsübersetzungen.

[170] Dieses *ex* im Psalmvers kann in korrektem Deutsch nicht durch ‚aus' wiedergegeben werden. Die Auslegung des Augustinus ist hier sehr gezwungen.

[171] Vgl. Ex 19,8; 24,3. Diesmal hat auch TM: „und wir wollen hören".

nullo deum contineri loco nec aliquo velut situ corporis membra ponere, sicuti est nostri corporis, sedere, iacere, stare et si quid huius modi est. Haec enim non sunt nisi corporum, deus autem spiritus est. Quod ergo se ostendit specie corporali vel signis corporaliter expressis, non substantia eius adparet, qua est ipse quod est, sed adsumptio formarum visibilium eius omnipotentiae subiacet.

102 *Et de electis Israhel non dissonuit nec unus; et adparuerunt in loco dei et manducaverunt et biberunt.* Quis dubitet illos, quos nominatim expressit et septuaginta seniores, nunc appellatos electos Israhel? Qui procul dubio personam gerebant eorum qui electi sunt in populo dei. *Non enim omnium est fides*, et *novit dominus qui sunt eius*; *in magna autem domo sunt* alia *vasa in honorem*, alia *in contumeliam*. *Quoniam ergo quos ante praescivit, et praedestinavit; quos autem praedestinavit, illos et vocavit; quos autem vocavit, ipsos et iustificavit; quos autem iustificavit, ipsos et glorificavit*, profecto de electis Israhel non dissonuit nec unus. Significantur autem quaternario numero in Moyse et Aaron et Nadab et Abiud propter quattuor evangelia et totius orbis, qui in quattuor partes dividitur, promissionem; et septuaginta de senioribus Israhel numero scilicet septenario decuplato, qui pertinet ad significandum spi-

---

102,4 2 Th 3,2 | Nm 16,5 LXX = 2 Tm 2,19 **5** 2 Tm 2,20 | Rm 8,29-30

---

6 qua] quia *P* (i *s. l.*), qu*a *S* | **7** omnipotentiae] potentiae *C* | **102,4** omnium est] est omnium *S* | **5** quoniam…6 praedestinavit¹] quoniam ... praescivit *p*, om. *n* | **6** quos²] hos et *V* (hos *s. l.*) | quos²…praedestinavit² *om. C per homoiot.* | illos…vocavit] *in ras. m.* 2 *C* **7** et¹…ipsos² *om. C per homoiot.* | **8** significantur] sanctificatur *T* | **9** Moyse] Moysen *S¹ N* **11** numero] numeros *S* | pertinet] pertinent *P² S V*

---

[172] Diese Theophanieszene wurde früh aus theologischen Gründen korrigiert (vgl. auch die folgenden Anm. zu *qu.* 102). Während Mose etc. nach TM, gefolgt von Vulg, den Gott Israels sehen, schwächt LXX, gefolgt von VL, ab: sie sehen nur den Ort, wo er sich hingestellt hatte = stand. Dieser Ortsbezug aber erscheint Augustinus erklärungsbedürftig. EBERHART, *Beobachtungen* 300 vermutet, diese Korrektur gehe nicht erst auf LXX, sondern bereits auf deren hebräische Vorlage zurück. Auch Symmachus ändert, indem er den Terminus „Vision" (εἶδον ὁράματι) einführt „und [...] damit ebenfalls die Vorstellung der unmittelbaren *visio dei* des MT [vermeidet] [...] „Gott [ist] diesen frühjüdischen und -christlichen Texttraditionen zufolge für Menschen jeweils nicht sichtbar" (S. 302).
[173] TM spricht von den „Edlen der Israeliten": אֲצִילֵי בְּנֵי יִשְׂרָאֵל. LXX gibt korrekt wieder: τῶν ἐπιλέκτων τοῦ Ισραηλ: „Auserlesene, Hochgestellte, Elite"; VL wechselt von der soziologischen zur theologischen Qualifikation: „Auserwählte". Vulg weicht ab: *qui procul recesserant*: „die weit zurückgewichen waren".

war."[172] Unter denen, die über rechte Einsicht verfügen, steht fest, daß Gott durch keinen Ort umfaßt wird und auch nicht gleichsam seine Glieder irgendeine körperliche Haltung einnehmen läßt, wie es typisch für unseren Leib ist zu sitzen, zu liegen, zu stehen und was dergleichen ist. Das sind ausschließlich Eigenschaften von Körpern, Gott aber ist Geist. Insofern er sich daher in leiblicher Gestalt oder durch Zeichen in körperlicher Form zeigt, erscheint nicht seine Wesenheit, kraft deren er selbst ist, was er ist, sondern es liegt in seiner Allmacht, sichtbare Gestalten anzunehmen.

qu. 2,102 (zu Ex 24,10-11)

102 „Und von den Auserwählten Israels[173] wich auch nicht ein einziger ab[174], und sie erschienen am Ort Gottes[175] und aßen und tranken." Wer könnte bezweifeln, daß die namentlich Aufgezählten und die siebzig Ältesten jetzt ‚Auserwählte Israels' genannt wurden? Sie repräsentierten ohne Zweifel diejenigen, die im Volk Gottes auserwählt worden sind. „Denn der Glaube ist nicht jedermanns Sache" (2Thess 3,2), und „der Herr kennt die Seinen" (Num 16,5 LXX = 2Tim 2,19); „in einem großen Haus aber sind" die einen „Gefäße zur Ehre", die anderen „zur Unehre" (2Tim 2,20). „Weil er" daher „die, die er im voraus erkannt hat, auch vorherbestimmt hat; die aber, die er vorherbestimmt hat, auch berufen hat; die er aber berufen hat, auch gerecht gemacht hat; die er aber gerecht gemacht hat, auch verherrlicht hat" (Röm 8,29-30), ist tatsächlich „von den Erwählten Israels keiner abgewichen." Sie werden aber symbolisiert durch die Vierzahl von Mose, Aaron, Nadab und Abihu wegen der vier Evangelien und der Verheißung für den ganzen Weltkreis, der in vier Teile eingeteilt wird; und im Fall der siebzig von den Ältesten Israels durch die verzehnfachte Siebenzahl, die zur Symbolisierung des Heiligen Geistes dient. Durch den Saphir aber wird das himmlische Leben symbolisiert, vor allem weil gesagt wurde: „wie

---

[174] TM, gefolgt von Vulg, spricht von Gott: „er streckte nicht seine Hand gegen sie aus"; LXX dagegen macht die Elite Israels zum Subjekt und sagt: οὐ διεφώνησεν. Das Verb bedeutet ‚mißtönen, widerstreiten, verloren/zugrunde gehen, fehlen', hier trifft wohl eine der beiden letzten Bedeutungen zu. VL übersetzt etymologisch korrekt: ‚mißtönen, nicht übereinstimmen, abweichen'.

[175] Die Abweichung dieses Satzes von LXX+VL gegenüber TM+Vulg: „sie schauten Gott" entspricht den Änderungen in V 10 (vgl. Anm. zu *qu.* 2,101). Der in vergleichbaren Wendungen häufige (z.T. auch durch masoretische Punktation erzeugte) Wechsel von ‚sie sahen' zu ‚sie erschienen' ist andernsorts beim Verb ראה ‚sehen' leicht möglich, indem man sekundär den Konsonantenbestand unter Annahme abweichender Vokalisierung nicht als G-Stamm, sondern als N-Stamm interpretiert. Das ist hier in Ex 24,11 freilich ausgeschlossen, da hier das Verb חזה ‚sehen, schauen' vorliegt, das nur im G-Stamm bezeugt ist.

ritum sanctum. Sapphiro autem significatur vita caelestis, maxime quia dictum est: *Sicut aspectus firmamenti*. Firmamentum autem caelum appellari quis nesciat? Et forma lateris in eodem sapphiro quadraturam ipsam vel stabilitatem vel eiusdem quaternarii numeri sacramentum figurat. Quod autem manducant et bibunt in loco dei, suavitatem saturitatemque significat in illo regno aeternitatis. *Beati* enim *qui esuriunt et sitiunt iustitiam, quoniam ipsi saturabuntur*. Unde et dominus dicit venturos multos - quos utique? Nisi electos, praescitos, praedestinatos, vocatos, iustificatos, glorificatos - et recubituros *cum Abraham et Isaac et Iacob in regno caelorum*. Nam et alio loco ipse hoc promittit fidelibus suis, quod *faciat eos recumbere et transeat et ministret eis*.

103 Quid sibi vult quod Iesus Nave non commemoratus in illis quattuor subito cum Moyse adparet et cum illo ascendit in montem ad accipiendas tabulas legis; et subito rursus Iesus absconditur, id est tacetur; et Moyses accepit legem in duabus tabulis et cum eo iterum adparet? An forte significat novum testamentum nomine Iesu et absconditum esse in lege et aliquando adparere intellegentibus? Quod vero Iesus iam vocatur, cum in libro Numerorum quando id nomen acceperit scriptura testatur, cum iam prope esset, ut terram promissionis intrarent, per prolepsin, hoc est per praeoccupationem anticipat scriptura quod postea factum est. Omnia quippe ista posteaquam facta sunt scripta sunt; ac per hoc quando factum est quod modo commemoratur, nondum vocabatur Iesus, sed quando scriptum est iam hoc vocabatur.

104 *Et facies in ea cymatia aurea versatilia in circuitu*. Cymatia dixit, quae in quadratura exstant per quattuor partes, sicut mensae quadrae fieri solent. Nec quod

---

13 firmamentum…appellari] cf. Gn. litt. 2,4,7 **17** Mt 5,6 **18** electos…19 glorificatos] cf. Rm 8,2-30 **19** Mt 8,11 **20** Lc 12,37 **103,6** in…8 intrarent] cf. Nm 13,16-17

15   sacramentum figurat] figurat sacramentum *T* | **16**   suavitatem saturitatemque] suavitatemque *n* | **17**   quoniam…18 multos *om. n* | **18**   praescitos] prescribtos *C*   **19** recubituros] recubitaturos *P¹* | et² *om. C P* | Isaac…Iacob *om. n* | **20** nam *om. P¹ S V*   **21** transeat et] transiens *T z* | **103,1** Iesus] is *C*, idem Iesus *Am. μ* | **6** in *om. C*   **7** testatur] testetur *N Am. μ* | cum] quod *P S V* | **8** anticipat] anticipante *C*, anticipante *N* | **9** quippe…sunt¹ *om. n* | **10** quod modo] quomodo *P¹ V* | Iesus *om. C*   **104,2** exstant] existant *C N*

---

[176] Ex 24,10: TM: כְּמַעֲשֵׂה לִבְנַת הַסַּפִּיר „etwas wie das Werk/Gebilde von Saphirfliesen/einer Saphirplatte/eines Saphirziegels". LXX, gefolgt von VL, entscheidet sich für die

das Aussehen des Firmaments". Wer wüßte aber nicht, daß das Firmament Himmel genannt wird (vgl. *Gn. litt.* 2,4,7)? Und die Form eines Ziegelsteins[176] an ebendiesem Saphir symbolisiert das Viereck selbst oder die Festigkeit oder das Geheimnis dieser Zahl vier. Daß sie aber essen und trinken am Ort Gottes, symbolisiert die Annehmlichkeit und den Überfluß in jenem Reich der Ewigkeit. Denn „selig sind, die hungern und dürsten nach der Gerechtigkeit, denn sie werden satt werden" (Mt 5,6). Daher sagt der Herr auch, daß viele kommen werden[177] – wer wohl? Wenn nicht die Erwählten, im voraus Erkannten, Vorherbestimmten, Berufenen, Gerechtgemachten, Verherrlichten (vgl. Röm 8,29-30) – und die, die zu Tisch liegen werden „mit Abraham, Isaak und Jakob im Himmelreich" (Mt 8,11). Denn auch an einer anderen Stelle verheißt er selbst das seinen Gläubigen, daß er „sie zu Tische lagern lasse und vorübergehe und sie bediene" (Lk 12,37).

qu. 2,103 (zu Ex 24,13; 32,15-17)

103 Was soll das bedeuten, daß Josua, der unter jenen vier nicht erwähnt worden war, plötzlich in Begleitung des Mose erscheint und mit jenem auf den Berg hinaufsteigt, um die Gesetzestafeln zu empfangen; und plötzlich verschwindet Josua wieder, d.h. er wird nicht mehr erwähnt; und Mose empfing das Gesetz auf zwei Tafeln, und er taucht wieder mit ihm auf? Bezeichnet die Schrift durch den Namen Jesus[178] vielleicht, daß das Neue Testament sowohl im Gesetz verborgen ist als auch sich gelegentlich den Einsichtigen zeigt? Was aber den Umstand betrifft, daß er schon Josua genannt wird, obgleich die Schrift im Buch Numeri bezeugt, daß, als er diesen Namen empfing, schon der Einzug in das Verheißungsland kurz bevorstand (vgl. Num 13,16-17), so nimmt die Schrift durch Prolepse, d.h. durch zeitlichen Vorgriff voraus, was erst danach geschehen ist. Alle diese Ereignisse sind ja erst aufgeschrieben worden, nachdem sie geschehen waren; und so kommt es, daß er, als das geschah, was soeben erwähnt wurde, noch nicht Josua genannt wurde, aber als es aufgeschrieben wurde, schon so hieß.

qu. 2,104 (zu Ex 25,10-11)[179]

104 „Und du sollst an ihr[180] ringsherum laufende goldene Zierleisten anbringen." Die Schrift sprach von Zierleisten, die an den vier Seiten an einem viereckigen Objekt hervortreten, wie man es bei viereckigen Tischen zu machen

---

Hauptbedeutung von לִבְנַת ‚Ziegelstein': ὡσεὶ ἔργον πλίνθου σαπφείρου. Zur Deutung dieses Terminus bei Philo von Alexandrien vgl. BdA.

[177] Mt 8,11.
[178] Die lateinische Namensform für Josua ben Nun lautet: *Iesus Nave*.
[179] Ex 25,10-11 LXX = 25, 11-12 TM.
[180] An der Lade.

ait *versatilia*, mobilia debemus accipere - fixa sunt enim, sicut dixi mensas habere solitas - sed *versatilia* dixit tortilia, quae Graece vocantur στρεπτά, vel canalibus, sicut sunt columnae tortiles, aut inplicatis duabus virgulis in modum restis, sicut etiam torques fieri solent. Quod autem ait: *Et fabricabis illi quattuor anulos aureos et inpones super quattuor latera: Duos anulos in latus unum et duos anulos in latus secundum*, ad quattuor angulos occurrunt quattuor anuli singuli in singulis et per angulorum numerum fit, ut quod in duobus lateribus ponitur in omnibus quattuor ponatur. Unus enim angulus duobus lateribus communis est; alioquin non occurrit, ut bini anuli ponantur per quattuor latera, cum sint quattuor anuli; octo quippe esse debuerunt, si aliter intellegimus quam quod dixi fieri numero angulorum. Ad hoc enim anuli in angulis ponuntur, quo inducantur subportatoria vel gestatoria, quibus arca a quattuor hominibus hinc atque inde portetur.

105 Propitiatorium quid dicat superinponendum super arcam quaeri solet. Sed cum aureum fieri iubeat eiusque longitudinem et latitudinem tantam exprimat quanta et ipsius arcae dicta est, procul dubio velut tabulam auream tantae formae fieri praecipit, qua tegeretur arca, ita ut in ipso propitiatorio essent duo Cherubin, hinc atque inde alterutrum adtendentes, ita ut vultus eorum in propitiatorium essent et pinnis suis obumbrarent propitiatorium: Quod magnum est

---

3 mobilia *om. C¹* | 4 στρεπτά] strepta *C P S V n T*, strepita *p* | 6 autem *om. S* | anulos] anulus *C*, angulos *N* | 7 unum] secundum *P¹ S V* | 9 lateribus *om. C* | ponitur…10 lateribus *om. n* | 12 intellegimus] intellegitur *C ʒ* | dixi] dixit *p* | 13 quo] quod *P V* 14 vel gestatoria *om. n* | a *om. P¹ V* | portetur] portatur *C ʒ* | **105,1** propitiatorium] propiatorium *C* | quid] *ad praem. Bad.* | 2 fieri iubeat] iubeat fieri *C ʒ* | tantam] tamquam *C*, tanta *p* | 4 praecipit] praecepit *p P V T Eug. (praeter cod. σ)* | 5 ut…in] ut *p, om. n* 6 et] ut *Bad.* | pinnis] *mut. m. 2 in* pennis *C*

---

[181] Der hebräische Text ist insofern konsistent, als er vier פעמת (Füße? Ecken?) und zwei צלעים (Seiten, Flanken) unterscheidet: die Ringe sollen an den je zwei Ecken jeder der beiden Seiten der Lade angebracht werden. LXX schafft zusammen mit VL dadurch Verwirrung, daß sie beide Wörter gleich mit ‚Seite' übersetzt. Augustinus stellt die Verständlichkeit wieder her, indem er – ohne Anhalt in seinem Bibeltext – die Lösung vertritt, die auch Vulg bietet: vier Ringe, vier Ecken, zwei Seiten.
[182] Ex 25,16-20 LXX = 25,17-21TM.
[183] Der in der Auslegung höchst kontroverse Abschnitt Ex 25,17-22 entwickelt die priesterliche Konzeption des nachexilischen unberührbaren Zentrums des Allerheiligsten (nach der priesterschriftlichen Fiktion: im Begegnungszelt während der Wüstenwanderung). Vor allem Übersetzung und Funktion von כַּפֹּרֶת bleiben kontrovers. Im An-

pflegt. Und wir sollen sie auch nicht deswegen, weil sie „herumlaufend" sagt, für beweglich halten – sie sind nämlich fest montiert, wie, so sagte ich, Tische sie zu haben pflegen –, sondern „herumlaufend" nannte sie verdrehte Leisten, die auf Griechisch στρεπτά genannt werden, entweder mit Kannelüren nach Art gewundener Säulen oder mit zwei ineinander verflochtenen Ruten nach Art eines Seiles, wie man auch Halsketten zu machen pflegt. Bezüglich aber der Formulierung: „Und du sollst für sie vier goldene Ringe herstellen und sie an den vier Seiten anbringen: zwei Ringe an der einen Seite und zwei Ringe an der zweiten Seite": an den vier Ecken befinden sich vier Ringe, je ein Ring an je einer Ecke, und durch die Zahl der Ecken ergibt sich, daß, was auf zwei Seiten angebracht wird, an allen vieren angebracht wird.[181] Eine Ecke ist nämlich zwei Seiten gemeinsam; andernfalls ergibt sich nicht, daß je zwei Ringe an vier Seiten angebracht werden, da es ja nur vier Ringe sind; es hätten ja acht sein müssen, wenn wir es anders verstehen, als es sich nach meiner Erklärung bezüglich der Zahl der Ecken verhält. Die Ringe werden nämlich zu dem Zweck an den Ecken angebracht, daß man Stützstangen oder Tragstangen hindurchzieht, mit deren Hilfe vier Männer sie von hier und dort wegtragen können.

qu. 2,105 (zu Ex 25,16-20)[182]

105 Man pflegt zu fragen, warum die Schrift sagt, man solle das *propitiatorium* (den Sühneort) auf die Lade stellen.[183] Da sie aber befiehlt, es aus Gold zu fertigen, und seine Länge und Breite in der Größenordnung angibt, wie sie als die der Lade selbst genannt wurde, schreibt sie ohne Zweifel vor, es solle gleichsam eine goldene Platte von derartigem Zuschnitt hergestellt werden, daß die Lade dadurch bedeckt werde, und zwar so, daß auf dem *propitiatorium* selbst zwei Kerubin seien, die sich von der einen und der anderen Seite einander derart zuwenden, daß sich ihre Gesichter auf das *propitiatorium* richten und sie mit ihren

---

schluß an die sorgfältige und umfassende Untersuchung von JANOWSKI, *Sühne;* 277-354 kann festgestellt werden: כַּפֹּרֶת war kein Deckel (im Gegensatz zu TM und Vulg setzt LXX hier ein einziges Mal zu ἱλαστήριον hinzu: ἐπίθεμα „Deckel, Deckplatte"), bezeichnet auch kein Instrument, sondern einen goldenen Kultgegenstand, den die mit ihm verbundenen goldenen Keruben als den „Ort der Präsenz des begegnenden Gottes" (a.a.O. 346) ausweisen. Da an ihm am großen Versöhnungstag einmal im Jahr der Hohepriester für das schuldig gewordene Israel den heilschaffenden Sühneritus vollzieht (Lev 16), kann man כַּפֹּרֶת am ehesten mit ‚Sühnemal, Sühneort' wiedergegeben. Der priesterschriftliche Autor kombiniert die כַּפֹּרֶת mit der Lade, um deren Transportierbarkeit während der Wüstenwanderung zu ermöglichen. Für כַּפֹּרֶת sagt LXX ἱλαστήριον, VL und Vulg *propitiatorium*. Augustinus sucht überwiegend einen geistlichen Sinn der Details der liturgischen Vorschriften, bezieht sich aber nicht auf die christologische Deutung des ἱλαστήριον in Röm 3,25.

sacramentum. Aurum quippe significat sapientiam, arca significat secretum dei. In arca iussa sunt poni lex et manna et virga Aaron: In lege praecepta sunt, virga potestas significatur, manna gratia, quia nisi cum gratia non est potestas praecepta faciendi. Verum tamen quia lex a quovis proficiente non ex omni parte completur, propitiatorium est desuper; ad hoc enim opus est, ut propitius sit deus, et ideo desuper ponitur, quia *superexultat misericordia iudicio*. Duo vero Cherubin pinnis suis obumbrant propitiatorium, id est honorant velando, quoniam mysteria ista ibi sunt; et invicem se adtendunt, quia consonant - duo quippe ibi testamenta figurantur - et vultus eorum sunt in propitiatorium, quia misericordiam dei, in qua una spes est, valde commendant. Denique hinc se promisit locuturum deus ad Moysen de medio Cherubin desursum propitiatorii. Porro si creatura rationalis in multitudine scientiae - quoniam hanc interpretationem habent Cherubin - duobus ipsis animalibus significatur, ideo duo sunt, ut societatem caritatis commendent, ideo pinnis suis propitiatorium obumbrant, quia deo non sibi tribuunt pinnas suas, id est deum honorant virtutibus quibus praestant; et vultus eorum non sunt nisi in propitiatorium, quia cuicumque provectui ad multitudinem scientiae spes non est nisi in dei misericordia.

105,8 in¹...Aaron] cf. Ex 16,33; Nm 17,10 LXX **12** Iac 2,13 **16** hinc...17 propitiatorii] cf. Ex 25,22

---

8 et¹...Aaron *om. n* | **9** potestas significatur] potestatem significat *P S V T Bad.* | gratia¹] gratiam *P S T Bad.* | quia...gratia² *om. C per homoiot.* | **10** proficiente] perficiente *P* **12** superexultat] superexaltat *P S V T Bad. Eug. (codd. V² M T² v)* | misericordia] misericordiam *P S V¹ T Bad. Eug. (cod. v)* | vero] enim *N T Eug.* | **13** pinnis] pennis *C² P S V n T Bad. μ* | obumbrant] obumbrantes *Bad.* | **14** mysteria] ministeria *C p P Eug.* | ibi¹ *om. C N* ibi² *om. P S V T (item C iuxta z, sed errore)* | **15** figurantur] figurantu̱r *T* | quia] quoniam *Bad.* | **16** dei] domini *Bad.* | in *om. P V Bad.* | qua] quae *P V*, qua et *S* | spes *om. V* | spes est] est spes *P* (spes *s. l. m. 2) T* | denique...17 deus] *om. n* | **17** propitiatorii] propitiatorium *P¹ S V* | **18** rationalis] rationabilis *P S V* | **20** commendent] commendant *C* pinnis] pennis *C² P S V n T Bad. Am. μ* | **21** pinnas] pennas *C²* | **22** provectui] profectui *Am. μ* | **23** non] n̄ra *C* | est] erit *V Bad.*

---

¹⁸⁴ *Lex* ‚Gesetz' steht bei Augustinus zumeist nicht für die Tora, sondern für den (von Gott auf zwei Steintafeln geschriebenen) Dekalog (in *qu.* 2,80 allerdings z.B. für die Bestimmung des Bundesbuches Ex 21,22-25).

¹⁸⁵ Augustinus kombiniert entsprechend Hebr 9,4 drei Belege: (1) Ex 25,16TM spricht

Flügeln das *propitiatorium* beschatten: das ist ein großes Geheimnis. Das Gold bezeichnet ja die Weisheit, die Lade bezeichnet das Geheimnis Gottes. Die Schrift hat befohlen, das Gesetz[184] und das Manna und den Stab Aarons in die Lade zu legen (vgl. Ex 16,33; Num 17,25TM):[185] im Gesetz sind die Gebote, der Stab bezeichnet die Vollmacht, das Manna die Gnade, weil es außer mit Gnade keine Vollmacht gibt, die Gebote auszuführen. Weil jedoch das Gesetz von niemandem, der noch dabei ist, Fortschritte zu machen, in jeder Hinsicht erfüllt wird, liegt das *propitiatorium* darüber; dafür ist nämlich erforderlich, daß Gott gnädig ist; und es wird deshalb darüber gestellt, weil „die Barmherzigkeit über das Gericht triumphiert" (Jak 2,13). Die zwei Kerubin aber beschatten mit ihren Flügeln das *propitiatorium*, d.h. sie verehren es, indem sie es verhüllen, denn dort sind jene Geheimnisse; und sie wenden sich einander zu, weil sie miteinander harmonieren – dort werden ja die zwei Testamente symbolisiert –, und ihre Gesichter richten sich auf das *propitiatorium*, weil sie die Barmherzigkeit Gottes, auf die allein unsere Hoffnung gegründet ist, stark hervorheben. Schließlich hat Gott versprochen, er werde von dort her mitten aus den Kerubin von oberhalb des *propitiatorium* zu Mose sprechen (vgl. Ex 25,22). Wenn ferner die vernünftige Natur mit der Fülle an Wissen – denn so werden die Kerubin gedeutet[186] – durch eben diese beiden Lebewesen bezeichnet wird, sind es deswegen zwei, damit sie die Gemeinschaft in Liebe hervorheben, beschatten sie deswegen mit ihren Flügeln das *propitiatorium*, weil sie Gott, nicht sich selbst ihre Flügel darbieten, d.h. Gott mit den Kräften ehren, durch die sie sich auszeichnen; und sind ihre Gesichter ausschließlich auf das *propitiatorium* gerichtet, weil jegliche Hoffnung auf Voranschreiten zur Fülle des Wissens einzig auf der Barmherzigkeit Gottes gegründet ist.

qu. 2,106 (zu Ex 25,26)[187]

106 Die Bestimmung „und es sollen Ringe an den Halterungen, die zum Tragen dienen, sein, um den Tisch zu transportieren", ist dahingehend zu verste-

---

im Sgl. von הָעֵדֻת („Zeugnis" = die Steintafeln mit dem Dekalog; vgl. Ex 31,18), entsprechend Vulg: *testificationem,* Augustinus: *lex*; LXX dagegen hat Plural: τὰ μαρτύρια. (2) Ex 16,33 (Krug mit Manna soll „vor dem Herrn" aufgestellt werden). (3) Num 17,25 TM (der Stab Aarons soll „vor das Zeugnis" gebracht werden; 17,10LXX: „vor die Zeugnisse", 17,10VL:Cod.Lugd.: *coram tabernaculo testimonii*; 17,10Vulg: *in tabernaculum testimonii*).

[186] Vgl. *Gn. adv. Man.* 2,35: *Sicut illi volunt qui hebraea verba in Scripturis interpretati sunt, Cherubin latine Scientiae plenitudo esse dicitur.* „Wie jene, die die hebräischen Wörter in den Schriften übersetzt haben, festsetzen, soll ‚Cherubim' auf Lateinisch ‚Fülle des Wissens' bedeuten." Vgl. Hieronymus, *Nom. Hebr.*: *Cherubim scientia multiplicata vel quasi plures.*

[187] Ex 25,26LXX = 25,27TM.

106 Quod ait: *Erunt anuli in thecis subportatoriis ad tollendam mensam*, hoc intellegendum est, quod anuli essent velut thecae subportatoriorum; id est, quod subportatoria tamquam in thecas inducantur. *Erunt* quippe *in thecis* ita dictum est, tamquam diceretur: Erunt pro thecis.

107 Decem aulaeorum iubet fieri tabernaculum, cum sit decalogus legis. Aulaea vero significant latitudinem propter facilitatem. *Caritas quippe plenitudo legis est*, et nonnisi caritati sunt praecepta facilia. Unde ipsa dilatatio commendatur, cum dicitur: *Dilatasti gressus meos subter me, et non sunt infirmata vestigia mea.* Sed quoniam ista dilatatio per gratiam fit dei - *caritas* enim *dei diffusa est in cordibus nostris* non per nos ipsos, sed *per spiritum sanctum qui datus est nobis* - ideo hic mystice ipse numerus etiam commendatur, qui pertinet etiam ad spiritum sanctum, per quem lex possit inpleri. Dicitur enim aulaeum longitudinem habere debere in cubitis viginti octo. Iste autem numerus quia per septenarium dividendus est, significavit, cum dicit latitudinem aulaei in cubitis quattuor. Quater enim septeni fiunt viginti octo. Et est etiam iste numerus perfectus, quia sicut senarius suis partibus constat. Quod vero tam saepe dicit: *Cherubin facies ea opere textoris*, quid aliud quam in his omnibus multitudinem scientiae commendat, quod interpretatur Cherubin?

107,2 Rm 13,10   **4** Ps 17,37   **5** Rm 5,5

106,2 velut] veluti *P S V T* | quod²] quo *p P S V T Am. µ* | **107,2** facilitatem] felicitatem *P¹ V* (facilitatem *in marg.*) | **3** caritati] caritatis *z (item C iuxta z, sed errore)* | **4** subter] subtus *S T Am. µ* | **5** fit dei] dei fit *T* | **7** ipse] on se *C* | **8** habere…9 debere] debere habere *S* | **9** septenarium] septenarios *C P² N T* | **10** aulaei] aule *C*, auleae *S V¹*, aula et *n*   **11** septeni] septem *C µ*

---

[188] Die Rede ist von dem vergoldeten Tisch, der seit Luther wegen 25,30 ‚Schaubrottisch' genannt wird.
[189] Wie LXX und Vulg spricht Augustinus mit VL hier von „Zelt", obgleich TM von „Wohnung" spricht. Ex 26 präsentiert das priesterschriftliche Heiligtum, wie Gott es am Sinai zu errichten befiehlt, einerseits als אֹהֶל „Zelt" Ex 26,7-14.31-37, andererseits als מִשְׁכָּן „Wohnung" Ex 26,1-6.15-30. In dieser spannungsvollen Zweiheit entwickelt der priesterschriftliche Autor seine komplexe Vorstellung vom Heiligtum und von der Gegenwart Gottes in seinem Volk, die im Einzelnen vielstimmig interpretiert wird. Schon LXX überspielt diese Differenzierungen, indem sie ausschließlich vom „Zelt" spricht.
[190] Vgl. die Übersetzung von NBA.
[191] Augustinus drückt sich hier sehr kurz aus; er meint, wie das folgende zeigt, die Leichtigkeit in der Erfüllung des Gesetzes.

hen,[188] daß die Ringe wie Halterungen für die Tragstangen sein sollen, d.h. daß die Tragstangen gleichsam in Halterungen eingeführt werden sollen. „Sie sollen an Halterungen sein", ist ja so formuliert, als würde gesagt: ‚sollen als Halterungen dienen'.

qu. 2,107 (zu Ex 26,1-2)

107 Die Schrift befiehlt, daß das Zelt[189] aus zehn Vorhangbahnen hergestellt werden soll, da das Gesetz zehn Gebote umfaßt.[190] Die Vorhangbahnen aber bedeuten die Weite in Hinsicht auf die Leichtigkeit.[191] „Die Liebe ist" ja „die Erfüllung des Gesetzes" (Röm 13,10), und nur für die Liebe sind die Gebote leicht. Daher wird eben diese Ausweitung gepriesen, wenn es heißt: „Du hast meine Schritte unter mir weit gemacht, und meine Tritte wurden nicht entkräftet" (Ps 18,37). Aber weil diese Ausweitung durch die Gnade Gottes gewirkt wird – denn „die Liebe Gottes ist in unsere Herzen ausgegossen" nicht durch uns selbst, sondern „durch den Heiligen Geist, der uns gegeben ist" (Röm 5,5) –, deswegen wird hier mystisch auch eben diese Zahl hervorgehoben, die sich auch auf den Hl. Geist bezieht, durch den das Gesetz erfüllt werden könnte. Es heißt nämlich, eine Vorhangbahn solle die Länge von achtundzwanzig Ellen haben. Diese Zahl aber hat, da sie durch sieben teilbar ist, eine mystische Bedeutung, denn die Schrift sagt, daß die Breite der Vorhangbahnen vier Ellen betragen soll. Vier mal sieben ergeben nämlich achtundzwanzig. Und auch diese Zahl ist vollkommen, da sie wie die Zahl sechs aus ihren Teilern besteht.[192] Insofern aber die Schrift so oft sagt: „mit Kerubin sollst du sie[193] in Weberarbeit herstellen", was hebt sie durch all diese Einzelheiten anderes hervor als die Fülle an Wissen, die das Wort ‚Kerubin' bedeutet?

---

[192] Vollkommen ist eine Zahl, die die Summe ihrer Teiler ist. In der Reihe der vollkommenen Zahlen ist 6 (1+2+3) die erste, 28 (1+2+4+7+14) die zweite. Zur vollkommenen Zahl 6 vgl. *Gn. litt.* 4,2,2-3; *civ.* 11,30; zur Zahl 28 vgl. *Gn. litt.* 4,2,5.

[193] „Sie" bezieht sich auf die 10 Vorhangbahnen des Zeltes, obgleich diese fem., das Pronomen in אֹתָם jedoch m. ist (zu dieser im Hebräischen weit verbreiteten Konstruktionsweise vgl. JOÜON, *Grammaire* 457 § 149b). LXX vereindeutigt durch αὐτάς, ebenso eindeutig VL: *ea* Die Konstruktion von „Kerubim" ist schon im TM nicht ganz klar (vgl. KÖNIG, *Syntax* 371f. § 327w+y; noch rätselhafter ist das nachgestellte „Kerubim" in Ex 26,31 TM). LXX und die VL Augustins geben die Konstruktion mit präpositionslosem „Kerubin" wörtlich wieder, ohne den syntaktischen Zusammenhang zu klären. VL:Cod.Lugd. hat dagegen: *opere Cherubin textile facies eam*; Vulg läßt das schwierige „Kerubim" hier und in 26,31 weg. DOHMEN, *Exodus* 19-40 übersetzt und deutet es an beiden Stellen des TM nicht als „mit Kerubim", sondern als „als Kerubim"; das ist allerdings zwar syntaktisch leichter, aber inhaltlich schwer nachzuvollziehen.

108 *Et facies vela capillacia operire super tabernaculum; undecim vela facies ea.* Quae capillacia vela sunt, id est cilicina, undecim dicuntur esse. In peccatis quippe transgressio est. Transgressio vero undenario numero significatur, quoniam transgreditur denarium, hoc est legem. Ideo ipsa undecim per septenarium multiplicata faciunt septuaginta septem, ubi significavit dominus universam remissionem peccatorum dicens: *Non solum septies verum etiam septuagies septies*, quot generationes reperiuntur, cum Lucas a baptismo domini enumerans sursum versum ascendit et pervenit per Adam usque ad deum. Ad hoc enim fit significatio peccatorum in his velis, ut per confessionem exprimantur et per gratiam quae data est ecclesiae aboleantur, hoc est tegantur: Unde dicitur: *Beati quorum remissae sunt iniquitates et quorum tecta sunt peccata*. Deinde iubet ea vela cooperiri pellibus arietinis rubricatis. Aries autem rubricatus cui non occurrat Christus passione cruentatus? Significantur his etiam martyres sancti, quorum orationibus propitiatur deus peccatis populi sui. Ipsis denique superiaciuntur pelles hyacinthinae, ut significetur vita aeterna viriditate tamquam vigore perpetuo.

109 *Facies duos anconiscos columnae uni consistentes ex adverso*, hoc est: Unum hinc et unum inde de lateribus columnae. Anconiscos autem dicit, quod vulgo vocamus ancones, sicut sunt in columnis cellarum vinariarum, quibus incumbunt ligna quae cupas ferunt. Ducta est autem similitudo verbi a cubitis, ubi flectuntur manus, quibus incumbunt recumbentes, qui Graece ἀγκῶνες vocantur.

108,6 quot…8 deum] cf. Lc 3,23-38   **10** Ps 31,3   **11** iubet…12 rubricatis] cf. Ex 26,14
14 ipsis…hyacinthinae] cf. Ex 26,14

108,2 cilicina] cilitina *C* | **3** transgressio² *om. C¹* | **5** significavit] signavit *C* | **6** dicens…9 peccatorum] *om. C per homoiot.* | **7** enumerans] numerans *S N* | **8** deum] $\overline{xpm}$ *S*   **9** velis] vel his *p* | **11** deinde] denique *C N* | **12** Christus…13 significantur *om. N*
13 etiam *om. N* | **14** propitiatur deus] propitiaturos *n* | **109,2** de *om. C* | quod] quos *Am. μ* | **4** cubitis] cubito *C* | **5** ἀγκῶνες] ancones *C P S V N T*

---

[194] Hier spricht auch TM vom „Zelt", das „auf der Wohnung" verortet wird.
[195] Etwas ausführlicher begründet Augustinus diese Bedeutung der Zahl elf in *s.* 51,34. Vgl. auch *qu.* 2,177,5: Die elfte Plane hat keinerlei Gebrauchswert, sondern nur diese symbolische Bedeutung.

qu. 2,108 (zu Ex 26,7)

108 „Und du sollst Planen aus Haaren machen, das Zelt[194] von oben her zu bedecken; du sollst die Planen elf an der Zahl machen." Diese Planen sind aus Haaren, d.h. aus kilikischen Haardecken gemacht; es heißt, es seien elf. In den Sünden ereignet sich ja eine Übertretung. Die Übertretung wird aber durch die Zahl elf bezeichnet, da sie die Zehnzahl, d.h. das Gesetz, überschreitet.[195] So ergeben eben diese elf, multipliziert mit sieben, siebenundsiebzig an der Stelle, wo der Herr die vollständige Sündenvergebung bezeichnet hat, indem er sagt: „nicht nur siebenmal, sondern sogar siebenundsiebzigmal" (Mt 18,22); soviel Generationen findet man, wenn Lukas nach der Taufe des Herrn in der Aufzählung nach oben zu aufsteigt und durch Adam bis zu Gott gelangt (vgl. Lk 3,23-38). Zu diesem Zweck nämlich werden die Sünden durch diese Planen mystisch bezeichnet, damit sie durch das Bekenntnis ausgesprochen und durch die Gnade, die der Kirche gegeben ist, getilgt, d.h. bedeckt werden; daher heißt es: „Glücklich, deren Frevel vergeben und deren Sünden bedeckt sind" (Ps 32,1). Anschließend befiehlt die Schrift, die Planen mit rot gefärbten Widderfellen zu bedecken (vgl. Ex 26,14). Ein rot gefärbter Widder aber: Wem käme nicht der durch sein Leiden blutüberströmte Christus in den Sinn? Durch diese werden auch die heiligen Märtyrer bezeichnet, durch deren Gebete Gott den Sünden seines Volkes gnädig gestimmt wird. Auf eben diese werden endlich hyazinthenfarbige Felle gelegt (vgl. Ex 26,14), damit durch die grüne Farbe gleichsam mit immerwährender Kraft das ewige Leben bezeichnet werde.[196]

qu. 2,109 (zu Ex 26,17)

109 „Du sollst für jede Säule zwei kleine ‚Haken' *(anconiscos*[197]*)* machen, die sich jeweils einander gegenüber befinden,"[198] das heißt: einen auf der einen und einen auf der anderen Seite der Säule. Die Schrift spricht aber von ‚kleinen Haken' *(anconiscos)*, wofür wir üblicherweise ‚Haken' *(ancones)* sagen, wie sie sich an den Säulen der Weinkeller befinden, auf denen die Bretter aufliegen, die die Kufe[199] tragen. Das Wort wurde aber benutzt wegen der Ähnlichkeit mit den Ellbogengelenken, durch die die Unterarme gebeugt werden, auf die sich die zum Mahl Liegenden stützen; sie werden auf Griechisch ἀγκῶνες genannt.

---

[196] TM sagt: עֹרֹת תְּחָשִׁים. Die Etymologie ist ganz unsicher. Ges[18]: „eine nicht sicher bestimmbare Lederart". TM präzisiert an keiner Stelle seine Farbe. Vulg in Ex 26,14: *ianthinis pellibus*: „mit veilchenfarbenen/violetten Fellen"; das entspricht der Sache nach LXX, der VL folgt: δέρματα ὑακίνθινα, denn hyazinthenfarbig meint violettblau/stahlblau (GEORGES, *Handwörterbuch*). Wie kommt Augustinus auf grün?
[197] Griechischer Terminus, den die VL hier übernimmt. Vgl. *qu.* 2,177,5.
[198] Hier ist in TM von Details der „Wohnung" die Rede.
[199] Bottiche für Wein.

110 *Bases columnarum duas uni.* Bases non eas tantum videtur dicere scriptura, quibus columnae ab imo fulciuntur, sed etiam superiores, quae capitella nos dicimus. Ideo dicit: *Duas bases columnae uni in ambas partes eius.* Nam quae sunt ambae partes nisi inferior et superior?

111 Quod octo columnas et bases earum sedecim secundum supra dictam rationem a posterioribus tabernaculi scriptura dicit, cum superius sex dixerit, intellegitur adnumeratis duabus angularibus octo fieri.

112 *Et dividet vobis velamen inter medium sanctum et inter medium sanctum sanctorum:* Id est, ut inter sanctum et sanctum sanctorum sit hoc velamen, de quo nunc loquitur, in quattuor columnis extentum. De hac differentia inter sanctum et sanctum sanctorum ad Hebraeos epistula loquitur, quia ubi arca testimonii, ibi sanctum sanctorum, hoc est intus ultra velum, foris autem mensa et candelabrum et cetera quae paulo ante dixit quemadmodum fierent, sancta dicta sunt et non sancta sanctorum. Et significatur foris vetus testamentum, intus autem novum, cum sit utrumque in lectione veteris testamenti et expressum operibus et significatione figuratum. Ac per hoc in sanctis figura est figurae, quia figura est veteris testamenti; in sanctis autem sanctorum figura est ipsius veritatis, quia figura est novi testamenti. Totum quippe vetus testamentum in his rebus et celebrationibus, quae ita observanda praecipiuntur, figura est.

113 De altari quaeritur quomodo tribus cubitis altum esse voluerit, cum tanta fere sit staturae hominis altitudo. Quomodo ergo ministrabatur altari, cum gradus habere altare alio loco prohibeat? *Ne pudenda,* inquit, *tua reveles super illud.* Sed

---

111,2 superius…dixerit] cf. Ex 26,22 **3** duabus angularibus] cf. Ex 26,23 **112,3** in…extentum] cf. Ex 26,32 | de…7 sanctorum] cf. Hebr 9,1-12 **113,3** Ex 20,26

110,4 inferior…superior] superior et inferior *C z* | **111,1** sedecim…2 a *om. N* | **112,1** vobis velamen] velamen vobis *z* | sanctum¹] *et* | sanctum²] *edd.;* sancti *z (fort. recte, cf. qu. 177 l. 149)* | **2** et] *om. P¹ S*, inter add. *n* | sanctum² *om. P¹ S* | hoc *om. C* | **5** intus] *mut. m. 2 in* intra *V* | ultra] intra *C*, ultra *V* | **6** paulo ante] ante paulo *p* | **7** significatur] significavit *C*, significari *P V N T* | **9** hoc] hac *N*, ∗ac *V* | quia figura *om. n* | figura²…10 est¹ *om. T*

---

[200] Das Problem hat LXX erzeugt, die hier in V. 21 und in V. 25 hinzufügt: εἰς ἀμφότερα τὰ μέρη αὐτοῦ: „an seine beiden Seiten" bzw. „an seine beiden äußersten Enden" (diese Bedeutung von μέρη ist in der LXX gut bezeugt: BdA z.St.). TM hatte dagegen von „je zwei Sockeln unter einem Brett" gesprochen.

qu. 2,110 (zu Ex 26,21)

110 „Zwei Sockel für jede Säule." ‚Sockel' (*bases*, βάσεις) scheint die Schrift nicht nur diejenigen zu nennen, durch die die Säulen von unten gestützt werden, sondern auch die Sockel oberhalb, die wir Kapitelle nennen. Daher sagt sie: „zwei Sockel für jede Säule auf ihre beiden Seiten". Denn welche sind die ‚beiden Seiten', wenn nicht die obere und die untere?[200]

qu. 2,111 (zu Ex 26,25)

111 Die Schrift spricht von acht Säulen und ihren sechzehn Sockeln nach der oben dargelegten Berechnung auf der Rückseite des Zeltes, während sie oben von sechs gesprochen hatte (vgl. Ex 26,22). Das erklärt sich daraus, daß sich durch Hinzuzählung der Säulen an den beiden Ecken (vgl. Ex 26,23) acht ergeben.

qu. 2,112 (zu Ex 26,33)

112 „Und der Vorhang soll euch das Heilige und das Allerheiligste voneinander trennen", d.h. zwischen dem Heiligen und dem Allerheiligsten soll dieser Vorhang sein, von dem jetzt gesprochen wird, aufgehängt an den vier Säulen (vgl. Ex 26,32). Über diesen Unterschied zwischen dem Heiligen und dem Allerheiligsten führt der Brief an die Hebräer aus,[201] daß das Allerheiligste dort ist, wo die Lade des Zeugnisses steht, d.h. innerhalb, jenseits des Vorhangs, daß aber außerhalb der Tisch und der Leuchter und die übrigen Gegenstände, von denen er kurz zuvor gesagt hatte, wie sie hergestellt werden sollten, heilig und nicht allerheiligst genannt wurden (vgl. Hebr 9,1-12). Und durch den äußeren Bereich wird das Alte Testament symbolisiert, durch den inneren Bereich dagegen das Neue, da jedes der beiden im Wortlaut des Alten Testaments sowohl durch Werke ausgedrückt als auch symbolisch bezeichnet ist. Und deswegen findet sich in den heiligen Gegenständen das Symbol eines Symbols, weil es das Symbol des Alten Testaments ist; in den allerheiligsten Dingen aber ist es das Symbol der wahren Wirklichkeit selbst, denn es ist das Symbol des Neuen Testaments. Das ganze Alte Testament ist ja in diesen Gegenständen und Riten, deren Beobachtung so vorgeschrieben wird, ein Symbol.

qu. 2,113 (zu Ex 27,1-2)

113 Bezüglich des Altares fragt man, warum die Schrift wollte, daß er drei Ellen hoch sei, da das fast die Länge der menschlichen Gestalt ist. Wie also vollzog man die Riten am Altar, da die Schrift andernorts verbietet, daß der Altar Stufen habe? „Damit du", heißt es, „nicht deine Blöße über jenem aufdeckst" (Ex 20,26). Aber dort sprach die Schrift von einem Altar, der aus Erde oder Steinen gebaut werden sollte (vgl. Ex 20,24-25); dort würden die ihrerseits mitgebauten Stufen natürlich zum Korpus des Altares gehören; jetzt aber

---

[201] Vgl. Hebr 9,1-12.

illic dicebat de altari quod terra vel lapidibus construendum esset, ubi gradus ipsi coaedificati ad corpus altaris utique pertinerent; nunc vero de tabulis fieri altare praecipit, quo si adponeretur ad horam ministrationis aliquid, ubi staret minister altaris et peracto ministerio tolleretur, ad corpus altaris non utique pertineret. Item quaeritur quomodo super altare ligneum sacrificium quod inferebatur posset incendi, praesertim quia concavum fieri iubet et craticulam deponi usque ad medium eius, id est medium concavitatis eius opere factum reticulato. An quoniam dixit: *Et facies cornua in quattuor angulos; ex se ipso erunt cornua, et teges illa aeramento*, non ad sola cornua referendum est quod ait *teges illa aeramento*, sed ad omnia de quibus loquebatur de altari fabricando praecipiens?

114 *Et tu loquere omnibus sapientibus mente, quos replevi spiritu intellectus.* Αἰσθήσεως quidem Graecus habet, quem Latine sensum, non intellectum dicere solemus; sed scriptura de sensu interiore, quem intellectum vocamus, sic loqui solet, sicuti est ad Hebraeos: *Perfectorum est autem solidus cibus, eorum qui per habitum exercitatos habent sensus ad discernendum bonum et malum.* Ibi enim quod posuit *sensus*, Graecus habet αἴσθησις. Quem ergo istum spiritum nisi spiritum sanctum debemus accipere?

Et stolae quas facient: Pectoralem, humeralem et tunicam talarem et tunicam cum corymbis. Has appellatas stolas et cetera, cum superius unam stolam faciendam proposuisset, notandum est. *Tunicam* vero *cum corymbis* honestius putarunt Latini interpretes dici, quam si dicerent *cum cirris*, qui bene dispositi ornamento esse vestibus solent.

---

4 de...esset] cf. Ex 20,24-25   **9** concavum...10 eius¹] cf. Ex 27,4-5.8   **114,4** Hbr 5,14
9 superius...proposuisset] cf. Ex 28,2-3

113,4 altari] altare *S* | **5** tabulis] talibus *C T* | **6** praecipit] praecepit *P S V n* | quo] *m. 2 in ras. C*, quod *n* | ministrationis...7 et *om. C* | **12** illa² *om. T* | **114,1** replevi] replebi *C¹ N* Αἰσθήσεως] aestesos *C*, ecstaseos *p*, aestheseos *P S V T*, cetaseos *n* | **3** interiore] interiori *T* | **4** sicuti] sicut *V T* | per habitum] perfectum *n* | **6** αἴσθησις] aestesis *C*, ecstasis *p*, aesthesis *P S V*, haecstasis *N*, esthesis *T* | nisi spiritum *om. C p* | **8** facient] faciet *C P S V N T* | talarem *om. n* | et tunicam² *om. n T* | **9** stolas] esse *add. S Am.* μ
11 interpretes...qui be] interpretes ... dicerent *p*, interpre ... *n* | dici...qui

---

²⁰² Vgl. *qu.* 3,28 zu Lev 9,22.
²⁰³ Ex 27,2 TM hat als Objekt אֹתָא, d.h. der hölzerne Altar soll mit Kupfer überzogen werden. Das Problem schafft erst LXX, die als Objekt αὐτά sagt; das kann sich nur auf die Hörner des Altars beziehen.

schreibt sie vor, der Altar solle aus Brettern gefertigt werden; wenn man dort für die Stunde des Kultvollzugs irgendein Podest anbrächte, auf dem der Kultdiener stehen könnte, und es nach Ausführung des Kultaktes wieder weggenommen würde, würde es keinesfalls zum Korpus des Altares gehören.[202] Weiterhin fragt man, wie auf einem hölzernen Altar die Opfergabe, die darauf gelegt wurde, verbrannt werden konnte, besonders da die Schrift befiehlt, ihn hohl zu bauen und ein Gitter unterhalb bis zu seiner Mitte anzubringen (vgl. Ex 27,4-5.8), d.h. bis zur vergitterten Mitte seiner Höhlung. Oder ist, da die Schrift sagt: „Stelle vier Hörner an den vier Ecken her; die Hörner sollen aus einem Stück mit ihm sein, und du sollst jene mit Kupfer überziehen!", die Aufforderung: „du sollst jene mit Kupfer überziehen", nicht allein auf die Hörner, sondern auf alle Gegenstände zu beziehen, von denen die Schrift in den Vorschriften über den Altarbau sprach?[203]

qu. 2,114 (zu Ex 28,3-4)

114 „Und du sprich zu allen, die einen weisen Verstand besitzen, die ich mit dem Geist der Einsicht erfüllt habe!" Der Grieche hat zwar das Wort αἰσθήσεως, wofür wir auf Lateinisch ‚sinnliche Wahrnehmung' *(sensus)*, nicht ‚Einsicht' *(intellectus)* zu sagen pflegen; aber die Schrift pflegt über den inneren ‚Sinn' *(sensus)*, den wir ‚Einsicht' *(intellectus)* nennen, so zu sprechen wie im Brief an die Hebräer steht: „Die feste Speise ist aber für die Vollkommenen, für die, deren Sinne *(sensus)* durch Gewöhnung in der Unterscheidung von Gut und Böse geübt sind" (Hebr 5,14). Dort nämlich hat der Grieche αἴσθησις,[204] wofür der Lateiner ‚Sinn' *(sensus)* gesetzt hat. Für welchen Geist sollen wir daher diesen Geist halten, wenn nicht für den Heiligen Geist?

„Und die Gewänder, die sie anfertigen sollen: das Pektorale, das Schultertuch und die knöchellange Tunika und die Tunika [bestickt] mit Blütentrauben." Es ist zu beachten, daß hier von Gewändern etc. gesprochen wurde, während die Schrift weiter oben vorgeschrieben hat, ein einziges Gewand anzufertigen (vgl. Ex 28,2-3).[205] Die lateinischen Übersetzer hielten es aber für schicklicher, „Tunika [bestickt] mit Blütentrauben" zu sagen als „mit Fransen" zu sagen, die, gefällig verteilt, zur Verzierung von Kleidern zu dienen pflegen.[206]

---

[204] Hebr 5,14 hat allerdings: αἰσθητήρια.

[205] In Ex 28,2 spricht TM von Gewändern im Plural, während LXX, VL *(stolam)* und Vulg *(vestem)* Singular haben. In 28,3 haben TM und Vulg *(vestes)* Plural, dagegen LXX und VL *(stolam)* Singular.

[206] Ex 28,4: תַּשְׁבֵּץ Ges[18]: „etw. Durchwirktes od. Gesäumtes"; LXX: χιτῶνα κοσυμβωτὸν „Hemd mit Quasten/Troddeln/Fransen", VL:Cod.Lugd.: *tunicas cirratas* „mit Fransen versehene Untergewänder"; Vulg: *lineam strictam* „straffes leinenes Gewand".

115 *Aspidiscas* in veste sacerdotali quas dicat, utrum scutulas, quae ab scuto Latine appellantur, quia et Graeci scutum ἀσπίδα appellant? An aspidiscas propter diligenter conligandum dicit ab aspide serpente, sicut etiam muraenae appellantur? *Spithamis autem longitudo et spithamis latitudo.* Latini quidam interpretati sunt mensuram extentae palmae a fine pollicis usque ad finem digiti minimi. 5 *Et lapides sint de nominibus filiorum Israhel secundum nativitates eorum*, id est secundum ordinem quo nati sunt.

116 *Et facies super rationale fimbrias complectentes, opus catenatum de auro puro.* Quod Latini *rationale* interpretati sunt, inopia linguae fecit. Graecus enim habet λόγιον, non λογικόν. Rationale autem illud solemus appellare, quod Graeci dicunt λογικόν. Sed quoniam λόγος in Graeca lingua ambiguum est utrum verbum significet an rationem, quia utriusque rei nomen est, ubi putatum est a verbo ductum 5 λόγιον, eloquium nostri interpretati sunt; nam quod habemus: *Eloquia domini eloquia casta*, Graeci habent λόγια. Hic vero in veste sacerdotali, quod ex auro et hyacintho et purpura et cocco duplici torto et bysso duplici torta fieri praeceptum est quadratum duplex, quod esset in pectore sacerdotis et λόγιον vocaretur, incertum utrum a ratione an a verbo ductum fuerit; interpretes nostri magis a 10 ratione dictum putantes *rationale* appellaverunt.

116,6 Ps 11,7 **7** ex…9 duplex] cf. Ex 28,15-16

115,1 dicat] dicant *N* | quae] qui *p*, quia *n* | ab] a *Am. μ* | scuto] scutu *n* | **2** ἀσπίδα] aspidum *C¹*, aspida *C² P S V N T* | an] vero *add. P S Am. μ* | **3** muraenae] murene *C T*, murenae *P N*, murenęe *S*, musenae *V*, muraenulae *μ* | **4** et…latitudo *om. C* | quidam] *Bad. Am. μ ʐ*, quidem *codd.* | **5** digiti] digitis *P V* | minimi…6 et] item quod dicitur: „sumes duos lapides onychinos et sculpes in eis nomina filiorum israel; sex nomina in lapide uno et sex reliqua in altero iuxta ordinem nativitatis eorum" [Ex. 28,21], an intellegendum sit (sit *om. Am.*) ut *add. Bad. Am.* | **6** nativitates] nativitatis *C P¹* | **116,1** catenatum] catenarum *P V* **2** fecit] facit *S* | enim] autem *N* | enim habet] habet enim *P V¹* | λόγιον] logion *C P S V N T* | **3** λογικόν¹] logicon *C P S V N T* | **4** λόγος] logus *C*, logos *P S V N T* | Graeca] Grece *p* | **5** an…est¹] utriusque *p, om. n* | ductum] dictum *T Am. μ* | **6** λόγιον] logion *C P S V N T* | domini…7 eloquia *om. C* | **7** λόγια] logia *C P S V N T* | et *om. C* **8** duplici torto] duplicatorio *p* | duplici torta] duplicatorta *p* | **9** esset] est *P¹ S V* sacerdotis] sacerdotalis *T* | λόγιον] logion *C P S V N T* | **10** incertum] *T* (um *exp.*) ductum] dictum *V* | magis *om. P¹ S V*

---

[207] Während VL:Cod.Lugd. das Wort ἀσπιδίσκας (SD: „Zierscheiben", WEVERS, *Exodus*: „bosses, small shields") der LXX in Ex 28,13 (für מִשְׁבְּצֹת „[Gold]Einfassungen"

qu. 2,115 (zu Ex 28,13.14.16.9-10)

115 Bezüglich der *aspidiscae*[207] am priesterlichen Gewand, von denen die Schrift spricht: Meint sie ‚Plättchen' *(scutulae)*, deren Bezeichnung sich im Lateinischen von ‚Schild' *(scutum)* herleitet, weil die Griechen ihrerseits für Schild ἀσπίς sagen? Oder nennt sie sie *aspidiscas*, indem sie das Wort, weil sie sorgfältig verkettet werden sollen, von der Schlangenart ἀσπίς (Natter) ableitet, wie man [Halsketten] auch *muraenae* nennt?[208] „Eine Spanne soll aber die Länge betragen und eine Spanne die Breite." Einige Lateiner haben die Spanne erklärt als das Maß der gespreizten Hand vom Ende des Daumens bis zum Ende des kleinen Fingers.[209] „Und es sollen Steine mit den Namen der Söhne Israels sein nach ihren Geburten", d.h. entsprechend der Reihenfolge, in der sie geboren wurden.

qu. 2,116 (zu Ex 28,22)

116 „Und du sollst an dem *rationale*[210] zusammengeflochtene Fransen in Form von Kettchen aus reinem Gold fertigen!" Daß die Lateiner *rationale* übersetzt haben, liegt an der Armut der Sprache. Der Grieche hat nämlich λόγιον, nicht λογικόν. *Rationale* nennen wir jedoch gewöhnlich jenes, für das die Griechen λογικόν sagen. Da es in der griechischen Sprache aber zweifelhaft ist, ob λόγος *verbum* (Wort) oder *ratio* (Vernunft) bedeutet, weil es beides bezeichnet, haben die Unsrigen λόγιον dort, wo man meinte, es sei von *verbum* abgeleitet, mit *eloquium* (Ausspruch) übersetzt; denn wo wir haben: „Die Aussprüche des Herrn sind reine Aussprüche" (Ps 12,7), haben die Griechen λόγια. Hier aber, im Fall des priesterlichen Gewandes, bezüglich dessen die Vorschrift lautet, es solle aus Gold und aus violettem und purpurfarbenem und scharlachrotem gezwirntem [Stoff] und aus gezwirntem Leinen quadratisch, doppelt gefaltet gefertigt werden (vgl. Ex 28,15-16), und das auf der Brust des Priesters befestigt sein und λόγιον genannt werden sollte, ist es unklar ob es von der Bedeutung ‚Vernunft' oder ‚Wort' hergeleitet war; da unsere Übersetzer meinten, es sei eher von der Bedeutung *ratio* (Vernunft) hergeleitet, haben sie es *rationale* genannt.

---

oder „[Gold]Geflechte/Wirkereien"?) durch *zonulas* („Gürtelchen") übersetzt (Vulg: *uncinos*, „Haken"), transliteriert es Augustinus und versucht, seinen Sinn entsprechend den beiden alternativen Etymologien von ἀσπίς: „Natter" und „Schild" zu erklären. Eine Brücke zu der ihrerseits unsicheren Etymologie des hebräischen Wortes existiert nicht.

[208] *Muraena* bezeichnet einerseits die Fischart Muräne, andererseits eine Art Halskette.
[209] So Hieronymus, *Is.* 11 (zu Jes 40,12-17).
[210] TM: הַחֹשֶׁן Das Choschen (Etymologie unsicher; Aarons mit zwölf Edelsteinen besetztes Pektorale, Brusttasche, in die die Urim und Tummim gelegt werden); LXX: τὸ λογεῖον „Bühne, Ort des Redens" (LXXA: τὸ λόγιον Orakel), VL und Vulg: *rationale*.

117 *Et inpones super rationale iudicii demonstrationem et veritatem.* Quid sibi hoc velit vel in quali re vel metallo poneretur super rationale demonstratio et veritas, quoniam talia dicit fieri in veste sacerdotis, quae corporaliter fiunt, invenire difficile est. Fabulantur tamen quidam lapidem fuisse, cuius color sive ad adversa sive ad prospera mutaretur quando sacerdos intrabat in sancta, et hoc esse quod ait: *Et adferet Aaron iudicia filiorum Israhel super pectus*, ostendens videlicet in illa demonstratione et veritate quid de illis iudicaverit dominus. Quamquam possit intellegi demonstrationem et veritatem litteris inpositam super λόγιον.

118 *Et facies tunicam talarem hyacinthinam*, id est usque ad talos dependentem. *Et erit peristomium ex ea medium* - id est qua caput eiciatur; hoc est enim quod Graeci dicunt περιστόμιον - *oram habens in circuitu peristomii, opus textoris, <commissuram> contextam*, id est ne ipsa ora extrinsecus adsuatur; hoc videtur dicere *<commissuram> contextam*. Unde etiam addidit: *Ex ipsa, ut ne rumpatur*, id est ut ex se ipsa sit ipsa ora contexta cum veste.

119 *Et erit Aaron cum coeperit fungi sacerdotio, audietur vox eius, intranti in sanctum in conspectu domini et exeunti, ut non moriatur.* Intrantis et exeuntis vocem de tintinabu-

---

117,2 vel[1]...vel[2]] *eras. V (pro alt.* vel *add. s. l.* ut) | **5** sacerdos] sacerdotes *V* | intrabat] ingrederetur *in. marg. m. 2 S*, intrabunt *V* | esse] est *T* | **6** et] *exp. et add.* ut *s. l. V* | adferet] auferet *P¹*, afferret *V* | **118,1** et *om. C* | **3** Graeci dicunt] dicunt Graeci *T* | περιστόμιον] peristomium *C*, peristomion *P S V T*, perstomion *N* | oram] horam *P V¹ P* commissuram] *Am.* μ z, *om. codd. Bad.* | **4** id...5 contextam *om. C per homoiot.* | ora] hora *T* **5** ut¹] *exp. m. 2 V* | **119,1** sacerdotio] sacerdocium *C* | intranti] intrantis *S* (s *er.*) *N* **2** conspectu] conspectum *S* | domini *om. C¹* | exeunti] exeuntis *N* | intrantis] intrantis *V* exeuntis] exuntis *P*, exeuntis *V* | tintinabulis] tina *in ras. m. 2 C*, tinnabulis *S*

---

[211] Ex 28,26 LXX; 28,30 TM.
[212] TM: „Und du sollst in den Choschen des Rechtsspruchs die Urim und Tummim legen." Urim und Tummim sind Orakelinstrumente, deren Gestalt und Funktionsweise nicht bekannt sind. LXX versucht eine volksetymologisch deutende Übersetzung der Orakelinstrumentennamen (vgl. BdA und SD Erläuterungen) und erschwert so das Verständnis des ohnehin schwierigen Satzes: καὶ ἐπιθήσεις ἐπὶ τὸ λογεῖον τῆς κρίσεως τὴν δήλωσιν καὶ τὴν ἀλήθειαν „Und du sollst an dem Orakel der Rechtsentscheidung die Offenbarung und die Wahrheit befestigen" (SD). Ihr folgen darin sowohl VL (s.o.; VL:Cod.Lugd. in Ex 28,24-25: *et pones super emeritionem iudicii manifestationem et veritatem*) als auch Vulg: *pones autem in rationali iudicii doctrinam et veritatem.*

qu. 2,117 (zu Ex 28,26)[211]

117 „Und du sollst auf das *rationale* des Urteilsspruches die Veranschaulichung und die Wahrheit legen."[212] Es ist schwer herauszufinden, was das bedeuten mag oder aus welchem Material oder aus welchem Metall bestehend „die Veranschaulichung und die Wahrheit" auf das *rationale* gelegt werden soll, da die Schrift sagt, daß solche Gegenstände am Gewand des Priesters angebracht werden sollen, die materiell hergestellt werden. Einige stellen sich jedoch vor, es sei ein Stein gewesen, der seine Farbe änderte, um sei es unglückliche, sei es glückliche Umstände [anzuzeigen], wenn der Priester ins Heiligtum eintrat (vgl. Iosephus, Antiquitates 3,8,9),[213] und das bedeute die Wendung: „Und Aaron soll die Urteilssprüche über die Söhne Israels auf seiner Brust herbeibringen" und so offenbar an jener „Veranschaulichung und Wahrheit" anzeigen, was der Herr über sie entschieden hat. Gleichwohl könnte man es dahingehend verstehen, daß „die Veranschaulichung und die Wahrheit" auf das λόγιον geschrieben waren.

qu. 2,118 (zu Ex 28,27-28)[214]

118 „Und du sollst die *tunica talaris* in violetter Farbe herstellen", d.h. die bis zu den Knöcheln herabreichende Tunika.[215] „Und es soll an ihr in der Mitte ein *peristomium*[216] sein" – d.h. wo man den Kopf hindurchsteckt, das nämlich nennen die Griechen περιστόμιον ([Hals]Ausschnitt) – „mit einem Saum rings um das *peristomium*, Weberarbeit, mit verwebter Naht"[217], d.h. derart, daß der Saum selbst nicht von außen angenäht wird; das scheint *commissuram contextam* (mit verwebter Naht) zu bedeuten. Daher hat die Schrift auch hinzugefügt: „an ihm, damit er nicht einreißt", d.h. daß an ihm dieser Saum seinerseits mit dem Gewand verwebt sein soll.

qu. 2,119 (zu Ex 28,31)[218]

119 „Und es soll sein: Wenn Aaron seinen priesterlichen Dienst zu vollziehen begonnen hat, soll sein Klang[219] gehört werden, für ihn, wenn er in das Heilig-

---

[213] Josephus: Wenn die Israeliten in den Krieg ziehen wollten, leuchteten die Steine des Pektorale hell auf und kündeten so den Beistand Gottes an.
[214] Ex 28,27-28 LXX; 28,31-32 TM.
[215] TM spricht dagegen von מְעִיל הָאֵפוֹד „Efodmantel" bzw. „Obergewand des Efods".
[216] Cod.Lugd. sagt dafür: *orificium* („Öffnung"), Vulg: *capitium*.
[217] TM hat: כְּפִי תַחְרָא „wie die Öffnung eines ledernen Panzerhemdes (?)"; LXX übersetzt wohl tentativ: τὴν συμβολὴν συνυφασμένην ἐξ αὐτοῦ „mit einer Naht, die daran genäht ist" (SD);
[218] Ex 28,31 LXX; 28,35 TM.
[219] Der Klang des Glöckchens, das nach Ex 28,30LXX = 20,34 TM am Saum der Tunika Aarons angebracht werden soll.

lis dixit audiri tantumque ibi pondus observationis posuit, ut diceret: *Ne moriatur*. Testimonia ergo quaedam significari voluit in veste sacerdotali, qua utique significatur ecclesia, per haec tintinabula, ut nota sit conversatio sacerdotis, sicut apostolus dicit: *Circa omnes te ipsum bonorum operum praebens exemplum*, aut illud: *Quae audisti a me per multos testes, haec eadem commenda fidelibus et his qui idonei sunt et alios docere*. An quid aliud? Magnum tamen est, quidquid illud est. *Intranti* autem et *exeunti* pro intrantis et exeuntis locutio est. Et *vox* pro sonitu; nam tintinabulorum magis sonus quam vox est.

120 *Et facies laminam auream puram et formabis in ea deformationem signi sanctitatem domini. Et inpones illud super hyacinthum duplicem tortam, et erit super mitram; secundum aspectum mitrae erit. Et erit super frontem Aaron, et auferet Aaron peccata sanctorum quaecumque sanctificabunt filii Israhel omnis dati sanctorum eorum*. Quomodo formetur in lamina sanctitas domini non video nisi aliquibus litteris, quas quidam quattuor esse dicunt Hebraeas, quod, ut Graeci appellant, τετραγράμματον nomen dei ineffabile credunt fuisse vel esse adhuc usque. Sed quaelibet sint vel quomodolibet se habeant illae litterae, ut dixi, sanctitatem domini vel sanctificationem, si hoc magis dicendum est, quod Graecus habet ἁγίασμα, nonnisi litteris in auro formari potuisse crediderim. Ibi autem dicit sacerdotem sanctorum auferre pec-

---

119,6 Tit 2,7 **7** 2 Tm 2,2

4 qua] quia $p\,\mu$ | **6** illud] illum C | **7** audisti…me] a me audisti S | his] iis μ | **8** intranti] intrantis N | **9** exeunti] exeuntis N | pro¹…exeuntis *om.* N | et³ *om.* $P^1\,S\,V\,\mu$ **120,1** facies] facias V | ea deformationem] eadem formationem $S\,Am.\,\mu$ | signi] signis V sanctitatem] sanctitate C | **3** aspectum] inspectum $Am.$ | super] supra $S\,T\,Am.\,\mu$ **4** omnis dati] omnis datis V^1 | **6** esse dicunt] dicunt esse p | Hebraeas] Ebraeos n | quod] quo $C\,N$ | τετραγράμματον] terra grāto C (*pr.* r *exp. et* t *add. m. 2 s. l.*), tetragrammaton $P\,S\,V\,N\,T$ | **7** ineffabile] ineffabilem n | credunt…sed quae] … vel esse adhuc usque se p, *om.* n | **8** ut dixi] uti p | **9** ἁγίασμα] agiasma $C\,P\,S\,V\,T$, agias ma n

---

[220] Die Konstruktion ist schwierig. Augustinus führt unten aus (aber ohne eine Erklärung zu bieten), daß statt der zu erwartenden Genitive *intrantis et exeuntis* hier die Dative *intranti et exeunti* stehen (wörtliche Entsprechung zur LXX: εἰσιόντι [...] καὶ ἐξιόντι). So auch in *loc.* 2,123. VL Cod.Lugd. kombiniert beides auf syntaktisch undurchsichtige Weise: *audietur uox eius introeuntis in sancto in conspectu Domini, et exeunti*. Vulg: *quando ingreditur et egreditur*. In TM ist der Mantel (mit den Glöckchen) Subjekt des ersten Satzes: „Er soll auf Aaron sein" = „Aaron soll ihn tragen"; entsprechend Vulg: *vestietur ea Aaron*. Diese Auffassung ist in LXX nur schwer möglich, da die Präposition vor Aaron fehlt: καὶ ἔσται Ααρων. Dennoch deutet BdA so unter Annahme, Ααρων sei Dativ.

tum vor das Angesicht des Herrn eintritt und wenn er herauskommt,[220] damit er nicht stirbt." Die Schrift sagte, wenn er eintrat und wenn er herausging, sollte der Klang von seinen Glöckchen her gehört werden, und sie legte dort ein so großes Gewicht auf die Einhaltung [dieser Vorschrift], daß sie sagte: „damit er nicht stirbt". Die Schrift wollte somit, daß am priesterlichen Gewand, durch das ja die Kirche vorausbezeichnet wird, durch diese Glöckchen gewisse Gebote bezeichnet würden, so daß das Verhalten des Priesters bekannt wäre, wie der Apostel sagt: „Erweise in allen Dingen dich selbst als Vorbild guter Werke" (Tit 2,7), oder jener Ausspruch: „Was du von mir vor vielen Zeugen gehört hast, eben das vertraue treuen Menschen an und denjenigen, die die Fähigkeit haben, auch andere zu lehren!" (2Tim 2,2). Gibt es noch etwas anderes? Bedeutend jedenfalls ist es, was immer jenes ist. Die Wendung aber „für den Eintretenden und den Herauskommenden" steht für ‚des Eintretenden und des Herauskommenden'. Und *vox* (Stimme) [steht] für *sonitus* (Klang),[221] denn Glöckchen haben eher einen Klang als eine Stimme.

qu. 2,120 (zu Ex 28,32-34)[222]

120 „Und du sollst ein Blatt aus reinem Gold machen und auf ihm als Siegelgravour die Heiligkeit des Herrn eingravieren[223] und jenes auf ein violettes doppelt gefaltetes Tuch legen, und es soll auf dem Turban sein; entlang der Vorderseite[224] des Turbans soll es sein. Und es soll auf der Stirn Aarons sein, und Aaron soll die Verfehlungen hinsichtlich der heiligen Gaben der Söhne Israels, welche auch immer sie weihen werden, hinsichtlich jeder Darbringung ihrer heiligen Gaben wegschaffen." Ich sehe nicht, wie die ‚Heiligkeit des Herrn' auf dem Blatt eingraviert werden könnte, es sei den durch irgendwelche Buchstaben, von denen einige Leute behaupten, es seien die vier hebräischen, das Tetragrammaton, wie die Griechen es nennen, von dem sie glauben, es sei der unaussprechliche Name Gottes gewesen bzw. sei es noch bis heute. Aber welche es auch sein oder wie jene Buchstaben, wie ich sagte, auch aussehen mögen, ich möchte annehmen, daß die ‚Heiligkeit des Herrn' oder seine ‚Heiligung', wenn so eher zu formulieren ist, weil der Grieche ἁγίασμα hat, nur in Gestalt von Buchstaben aus Gold hätten eingraviert werden können. Aber dort sagt die Schrift, der Priester schaffe die Verfehlungen hinsichtlich der heiligen Gaben

---

[221] Vgl. *loc.* 2,123. Vulg: *sonitus*.

[222] Ex 28,32-34 LXX; 28,36-38 TM.

[223] Nach Ex 28,36 TM soll eine Siegelgravour mit der Inschrift קֹדֶשׁ לַיהוָה „Heiliges für JHWH" hergestellt werden. Entsprechend Vulg: *Sanctum Domino*. LXX: Ἁγίασμα κυρίου „heiliger Gegenstand/Geheiligtes des Herrn". VL versteht die griechische Wendung als *sanctitas domini*.

[224] Cod.Lugd.: *secundum faciem mithrae*.

cata. *Quaecumque sanctificabunt*, inquit, *filii Israhel omnis dati sanctorum eorum*: Quod arbitror dictum in eis sacrificiis quae offerunt pro peccatis suis, ut non sanctorum hominum intellegamus, sed sanctorum ab eo, quod sunt sancta quae offeruntur pro peccatis. Cum ergo de lamina dixisset, adiunxit atque ait: *Et auferet Aaron peccata sanctorum quaecumque sanctificabunt filii Israhel omnis dati sanctorum eorum*, id est: Sacerdos auferet quaecumque offerunt pro peccatis suis quae dicuntur et sancta, quia sanctificantur, et peccata, quia pro peccatis offeruntur; sicut multis locis hoc ipsum evidenter scriptura commemorat. Quod autem adiungit et dicit: *Et erit super frontem Aaron semper acceptum illis in conspectu domini*, ad laminam illam revertitur, in qua intellegitur frontis ornamentum, fiducia bonae vitae, quam qui vere perfecteque non significatione, sed veritate sacerdos habet, solus potest auferre peccata nec habet necessitatem offerre pro suis.

121 De Aaron et filiis Aaron cum praeciperet loquens ad Moysen, quomodo vestirentur et unguerentur, quid est quod ait: *Et inplebis manus eorum, ut sacerdotio fungantur mihi*? An forte muneribus, quae offerenda sunt deo?

122 *Et facies eis femoralia linea tegere turpitudinem coloris eorum, a lumbis usque ad femora erunt.* Cum vestis tanta cooperiat totum corpus, quid est quod ait: *Femoralia facies linea tegere turpitudinem coloris eorum*, quasi adparere posset tanta desuper

---

120,21 quam…22 suis] cf. Hebr 7,25-27

---

11 omnis dati] omnis datis V^1 | **15** sanctorum¹] eorum V | omnis dati] omnis datis V^1 | **16** id *om. n* | **17** sanctificantur] sanctificantu̱ṟ T | **18** autem *om. C* | **20** ad] et *praem.* P^1 V | in qua] advertentum si inveniri potest qui non habeat necessitatem pro suis offerre peccatis preter x̄p̄m qui solus potest omnium auferre peccata *add.* P S V T *Bad.* **122,1** coloris] corporis *Bad. Am. μ (cf. l. 2* totum corpus), coloris *codd. z tuet. Sabatier* | **2** cooperiat…corpus] totum corpus cooperiat T | **3** facies] facienda $C N$ | coloris] corporis *Bad. Am. μ (cf. l. 2* totum corpus), coloris *codd. z tuet. Sabatier*

---

[225] Ex 28,38 TM spricht davon, daß Aaron die liturgischen Verfehlungen der Israeliten „trägt" נָשָׂא אֶת־עֲוֹן, d.h. stellvertretend auf sich nimmt, wobei ihn die apotropäische goldene Blume vor deren schädlichen Auswirkungen schützt; entsprechend Vulg: *portabit*. LXX dagegen sagt in leicht variierter Perspektive, daß Aaron sie „wegnimmt, entfernt" ἐξαρεῖ (zur Bedeutung dieses Verbs in LXX vgl. BdA); entsprechend VL des Augustinus: *auferet*; Cod.Lugd.: *extollit*. Entgegen TM und LXX schafft Aaron nach Augustinus, wie er unten ausführt, aber nicht die Verfehlungen, sondern die Opfergaben, in diesem Fall die Sündopfer, beiseite. In der christologischen Anwendung unter Anspielung auf Hebr 7,25-27 spricht er allerdings dann vom Wegschaffen der Sünden.

weg.²²⁵ „Welche auch immer die Söhne Israels weihen werden", sagt sie, „hinsichtlich jeder Darbringung ihrer heiligen Gaben"; das ist meines Erachtens bezüglich derjenigen Opfer gesagt, die sie für ihre Sünden darbringen. Folglich verstehen wir [das Wort *sanctorum*] nicht von heiligen Menschen, sondern von heiligen Gaben aus dem Grund, weil die Gaben heilig sind, die für Sünden dargebracht werden. Nachdem die Schrift von dem Blatt gesprochen hatte, hat sie daher hinzugefügt und gesagt: „Und Aaron soll die Verfehlungen hinsichtlich der heiligen Gaben der Söhne Israels, welche auch immer sie weihen werden, hinsichtlich jeder Darbringung ihrer heiligen Gaben wegschaffen"; das bedeutet: Der Priester soll alle Gaben, welche auch immer sie für ihre Sünden opfern, wegschaffen; sie werden sowohl ‚heilig' genannt, da sie geweiht werden, als auch ‚Verfehlungen', weil sie für die Verfehlungen geopfert werden, wie die Schrift genau dies offenkundig an vielen Stellen darlegt. Insofern sie aber fortfährt und sagt: „Und es soll ständig an der Stirn Aarons sein als etwas, das zu ihren Gunsten Annahme findet vor dem Angesicht des Herrn", kehrt sie zu jenem Blatt zurück, das als Schmuck der Stirn verstanden wird, nämlich als Zuversicht auf ein gutes Leben. Nur der Priester, der sie tatsächlich und in vollkommenem Maß, nicht in Vorausbezeichnung, sondern in Wahrheit besitzt, kann Sünden wegschaffen und unterliegt nicht dem Zwang, für seine eigenen zu opfern (vgl. Hebr 7,25-27).

qu. 2,121 (zu Ex 28,37)²²⁶

121 Als Gott in der Rede zu Mose bezüglich Aarons und der Söhne Aarons vorschrieb, wie sie gekleidet und gesalbt werden sollten –, was bedeutet der Ausspruch: „Und du sollst ihre Hände füllen, damit sie für mich das Priesteramt versehen"?²²⁷ Vielleicht mit den Gaben, die Gott geopfert werden sollen?

qu. 2,122 (zu Ex 28,38)²²⁸

122 „Und du sollst für sie leinene Unterhosen machen, damit sie die Unschicklichkeit ihrer Farbe²²⁹ bedecken; von den Lenden bis zu den Oberschenkeln sollen sie reichen." Da ein so langes Gewand den ganzen Körper bedeckt, was bedeutet die Formulierung: „Du sollst leinene Unterhosen machen, damit sie die Unschicklichkeit ihrer Farbe bedecken", gleichsam als ob sie zum Vor-

---

²²⁶ Ex 28,37 LXX; 28,41 TM.
²²⁷ Alttestamentlicher Ausdruck für die Ordination zum Priesteramt.
²²⁸ Ex 28,38 LXX; 28,42 TM.
²²⁹ VL:Cod.Lugd. hat *sudoris* (des Schweißes). TM: בְּשַׂר עֶרְוָה (Fleisch der Scham, Schamteile): entsprechend Vulg: *carnem turpitudinis*. LXX dreht um: ἀσχημοσύνην χρωτός („Unschicklichkeit des Fleisches"). Χρώς bedeutet „Haut, Fleisch, Farbe der Haut", schließlich allgemein: „Haut" (LSL, LUST/EYNIKLEL/HAUSPIE, *Lexicon*). Indem die VL des Augustinus nur *coloris* sagt, treibt sie den Euphemismus bis zur Unverständlichkeit.

veste adhibita? Nisi quia signum esse voluit in hoc castitatis vel continentiae: Quae ideo per indumentum significatur, ut non a se ipso habita, sed data intellegatur.

123 Cum de filiis Aaron loqueretur, *et indues eos*, inquit, *tunicas et cinges eos zonis et circumdabis eis cidaras*. Quam dicat cidarim vel cidaras, quoniam non est interpretatum nec in usu modo est, ignoratur; puto tamen non esse capitis tegumen, ut nonnulli putaverunt. Neque enim diceret: *Circumdabis eis*, nisi tale aliquid esset quod non capiti, sed corpori usui esset.

124 *Et erit illis sacerdotium mihi in sempiternum*. Quomodo dicat *in sempiternum* de his significativis rebus, superius saepe diximus. Nam utique mutatum est hoc sacerdotium, ut illis esset in aeternum secundum ordinem Melchisedec, non secundum ordinem Aaron. Ibi enim et iuratio et nulla dei paenitudo, qua significetur mutatio. Iuravit enim *dominus et non paenitebit eum, tu es*, inquit, *sacerdos in aeternum secundum ordinem Melchisedec*. De ordine autem Aaron dictum est quidem *in sempiternum* vel propter tempus non praeceptum quousque observaretur vel quod res significaret aeternas; nusquam est tamen dictum de sacerdotio Aaron, quia iuravit dominus et non paenitebit eum. Et ideo dictum est in illo sacerdotio secundum ordinem Melchisedec: Non paenitebit eum, ut significaretur, quia de sacerdotio Aaron paenituit eum, id est mutavit illud.

124,1 quomodo…2 diximus] cf. *qu*. 1,31; 2,43; 2,51 **5** Ps 109,4

---

4 castitatis] caritatis *V* | **5** a] ex *P S V T* | **123,3** non *om*. *N* | tegumen] tegmen *P S V N T* | **4** neque…5 esset *om*. *N* | eis] eos *C P n* | **124,3** ut illis] ʒ, utile *C S¹*, ut ille *P V N T*, ut illud *S² Am*. μ | **4** qua] *C p*, quas *Fraipont* | significetur] significatur *C N* | **5** iuravit] iurabit *N* | inquit *om*. *N* | **6** quidem…7 in] quid enim *V* | **8** quod] quo *P¹ V T* | est tamen] tamen est *S* | **9** sacerdotio] sacerdocium *C¹* | **10** Melchisedec *om*. *C* **11** paenituit] paenitebit *P¹ S¹ V¹* | illud] illum *n*

---

[230] Genauer beschreibt Hieronymus den Zuschnitt und die Funktion der Unterhosen ohne Rückgriff auf übertragene Bedeutungen in *Ep*. 64,10.
[231] GEORGES, *Handwörterbuch* ad vocem *cidaris*: „der niedrige Turban, das Barett (von der tiara dadurch verschieden, daß diese in die Höhe stand u. oben spitz zulief), als Kopf-

schein kommen könnte trotz des darüber angelegten so langen Gewandes?[230] Es sei denn, daß die Schrift wollte, daß darin ein Zeichen der Reinheit oder der Enthaltsamkeit liege; diese wird deswegen durch das Gewand bezeichnet, damit man versteht, daß er sie nicht aus sich heraus besessen hat, sondern daß sie ihm geschenkt wurde.

qu. 2,123 (zu Ex 29,8-9)

123 Während die Schrift von den Söhnen Aarons spricht, sagt sie: „Und du sollst sie mit Tuniken bekleiden und sie mit Gürteln gürten und ihnen *cidaras*[231] umbinden." Was die Schrift *cidarim* oder *cidaras* nennt, weiß man nicht,[232] denn das Wort ist nicht übersetzt und in unserer Zeit ungebräuchlich; ich meine aber, es sei keine Kopfbedeckung, wie manche vermutet haben. Die Schrift würde nämlich nicht sagen: „du sollst ihnen umbinden", wenn es nicht etwas von der Art wäre, das nicht für den Kopf, sondern für den Körper bestimmt ist.

qu. 2,124 (zu Ex 29,9)

124 „Und jene sollen das Priestertum für mich[233] für ewig haben." In welchem Sinn die Schrift von diesen Dingen, die etwas vorausbezeichnen, sagt, sie seien „für ewig", haben wir weiter oben oft ausgeführt (vgl. *qu.* 1,31; 2,43; 2,51).[234] Denn dieses Priestertum ist tatsächlich dahingehend verändert worden, daß es für jene ‚auf ewig' nach der Ordnung des Melchisedech war, nicht nach der Ordnung des Aaron. Diesbezüglich gibt es nämlich sowohl einen Schwur als auch keinerlei göttliche Reue, durch die[235] eine Änderung angezeigt werden könnte. Die Schrift sagt nämlich: „Der Herr hat geschworen, und es wird ihn nicht reuen: Du bist Priester auf ewig nach der Ordnung des Melchisedech" (Ps 110,4). Über die Ordnung Aarons jedoch ist zwar gesagt: ‚für ewig', entweder, weil der Zeitpunkt, bis zu dem sie beobachtet werden sollte, nicht festgesetzt war, oder, weil sie ewige Dinge vorausbezeichnete; niemals hingegen wurde vom Priestertum Aarons gesagt, daß der Herr geschworen hat und es ihn nicht reuen wird. Und deswegen wurde über jenes Priestertum nach der Ordnung Melchisedechs gesagt: „es wird ihn nicht reuen", damit angezeigt wurde, daß es ihn des Priestertums Aarons gereut hat, d.h. daß er es geändert hat.

---

schmuck a) der persischen Könige, [...] b) des jüdischen Hohenpriesters." LXX: κιδάρεις.

[232] Als Augustinus *quaestiones* zum Buch Lev behandelte, war ihm inzwischen die Bedeutung dieses Wortes als eine Art Kopfbedeckung bekannt geworden bzw. konnte er sie aus dem dortigen Kontext erschließen: *qu.* 3,32 (zu Lev 10,6) und 3,81 (zu Lev 21,10). Vgl. NBA S. 699 Anm. 146.

[233] ἐμοί (VL: *mihi*) ist ein Zusatz der LXX (Vulg: *sacerdotes mei*).

[234] Vgl. weiterhin *qu.* 2,129; 2,139; 3,14; 3,16; 3,33; 5,35; 6,4.

[235] Geändert mit *C p*.

125 Quid est: *Et consummabis manus Aaron et manus filiorum eius*? An per manus potestatem significavit, ut aliquid etiam ipsi consecrare possent, potestas autem ipsa sanctificatione consummabatur, qua praecepti sunt sanctificari a Moyse?

126 *Et adduces vitulum ad ostium tabernaculi testimonii, et superinponent Aaron et filii eius manus suas super caput vituli in conspectu domini.* Ecce unde supra dictum est consummandas esse manus eorum, id est perficiendam potestatem, ut etiam ipsi sanctificarent, quod modo fit, cum ponunt manus suas super vitulum immolandum.

127 Quod *odor suavitatis domino* saepe dicitur sacrificium de victimis pecorum in scripturis sanctis, non utique deus odore fumi illius delectatur; sed tantum illud quod his significatur spiritaliter deum delectat cum spiritaliter exhibetur, quoniam ipse odor dei spiritaliter intellegitur. Non enim sicut nos odorem corporeis naribus ducit. Sicut ergo ille olefacit, sic ista significant.

128 *Et sumes pectusculum de ariete consummationis, quod est Aaron*, id est huius Aaron. Hoc enim pertinere voluit ad summum sacerdotem.

129 *Et erit Aaron et filiis eius legitimum aeternum a filiis Israhel*, cum diceret de pectusculo et brachio victimarum. More illo ergo *aeternum* dixit, quem supra saepe commemoravimus.

125,3 praecepti…Moyse] cf. Ex 28,41   **126,3** consummandas…eorum] cf. Ex 29,9   **129,2** more…3 commemoravimus] cf. qu. 1,31; 2,43; 2,51; 2,124

125,1 manus[1]] munus *C* | eius *om. C* | 2 ipsi] ipse *T* | consecrare] conservare *P S V* (consecrare *in marg.*) | 3 qua] quia *S* | **126,1** vitulum] vitellum *p (saepe)* | testimonii *om. P[1] S V* | superinponent] superinponet *C* | 4 quod] quo *V T* | **127,2** sanctis] sacris *P V* illius *om. P[1] V* | tantum] t̄a *C*, tam *P V[1]*, tam̄ *N S* | 3 deum *om. T* | deum…spiritaliter[2] *om. C[1] per homoiot.* | spiritaliter exhibetur] spiritali exhibetur *p*, *om. n* | 4 quoniam] quam *C P S[1] N* | quoniam…spiritaliter *om. T (vacat scripsit s. l.)* | quoniam…intellegitur *om. V* **129,1** filiis[1]] filii *P[1] n* | 2 ergo *V* | supra…3 saepe] saepe supra *P S V n T Am. μ* | 3 saepe *om. p*

---

[236] TM hat hier und in Ex 28,41 die gleiche Wendung „die Hand füllen = konsakrieren, weihen sc. zum Priesteramt" (es muß offen bleiben, ob damit ursprünglich die Zuweisung von Opferteilen oder die Übertragung von Amt und Vollmacht gemeint ist. Augustinus vertritt in *qu.* 121 die eine, hier in *qu.* 125 die andere These). Augustinus stößt

qu. 2,125 (zu Ex 29,9)

125 Was bedeutet: „Und du sollst die Hände Aarons und die Hände seiner Söhne vollenden"?[236] Hat die Schrift durch „Hände" die Vollmacht bezeichnet, kraft derer auch sie etwas weihen konnten, während die eigentliche Vollmacht aber durch die Heiligung vollendet wurde, mit der sie nach der Vorschrift von Mose geheiligt werden sollten (vgl. Ex 28,41)?[237]

qu. 2,126 (zu Ex 29,10)

126 „Und du sollst den Jungstier zum Eingang des Zeltes des Zeugnisses bringen, und Aaron und seine Söhne sollen vor dem Angesicht des Herrn ihre Hände auf den Kopf des Jungstieres legen." Siehe, warum oben gesagt worden ist, ihre Hände sollten vollendet werden (vgl. Ex 29,9), d.h. ihre Vollmacht sollte vollendet werden, damit auch sie selbst weihen könnten; das geschieht nun, indem sie ihre Hände auf den Opferstier legen.

qu. 2,127 (zu Ex 29,18)

127 Bezüglich der Tatsache, daß die Darbringung von Kleinvieh als Opfertieren in den Heiligen Schriften oft als „Wohlgeruch für den Herrn" bezeichnet wird: Gott erfreut sich keinesfalls am Duft jenes Rauches; sondern nur jenes [Opfer], das hierdurch geistlich bezeichnet wird, erfreut Gott, wenn es geistlich dargebracht wird, denn die Geruchswahrnehmung Gottes wird ihrerseits geistlich verstanden. Er nimmt nämlich nicht wie wir Geruch mit einer körperlichen Nase auf. Wie also jener ‚riecht', so haben jene geistliche Bedeutung.

qu. 2,128 (zu Ex 29,26)

128 „Und du sollst die Brust des Weihewidders nehmen, die[238] Aaron gehört", d.h. diesem Aaron hier. Die Schrift wollte nämlich, daß diese dem Hohenpriester zusteht.

qu. 2,129 (zu Ex 29,28)

129 „Und es soll der ewige gesetzmäßige Anteil von seiten der Israeliten für Aaron und seine Söhne sein." Das sagte die Schrift von der Brust und dem Schenkel der Opfertiere. Sie hat „ewig" in jenem Sinn gesagt, den wir oben oft dargelegt haben (vgl. *qu.* 1,31; 2,43; 2,51; 2,124).

---

dagegen hier in Ex 29,9 auf die abweichende Formulierung der LXX: τελειώσεις τὰς χεῖρας (BdA 44: LXX Spezialbedeutung: *habiliter* „ermächtigen", NETS: *validate*, SDE: „weihen", Muraoka, Lexicon: *consecrate*), von VL wörtlich übersetzt: *consummabis* „du wirst die Hände vollenden", wohl für „die Hände weihen" (Vulg dagegen: *initiaveris*).

[237] In Ex 28,41 folgt nach dem Befehl an Mose, die Hände zu füllen, וְקִדַּשְׁתָּ אֹתָם, = LXX: καὶ ἁγιάσεις αὐτούς „und du sollst sie heiligen"; VL:Cod.Lugd. und Vulg: *sanctificabis*. Augustinus versteht dies als zwei unterschiedliche, zeitlich aufeinander folgende Handlungen.

[238] In TM bezieht sich der Relativsatz auf den Widder.

Et stola sancti, quae est Aaron, erit filiis eius post eum unguere eos in ipsis et consummare manus eorum. Septem diebus vestiet se ea sacerdos qui successerit ei de filiis eius, qui intrabit in tabernaculum testimonii deservire in sanctis. Haec verba multas quaestiones habent. Nam primum hic notandum est, quomodo cum *stolam* dixerit *sancti*, postea pluraliter dicit: *Unguere eos in ipsis,* tamquam in stolis. Nam et supra multas stolas eas dixerat, quibus una constaret. Quamquam ambiguum sit, utrum *in ipsis* ab eo quod sunt ipsa genere neutro quaecumque sunt quibus illa stola completur, id est vestis sacerdotalis: Quod magis putandum est ex eo quod in consequentibus dicit: *Septem diebus vestiet se ea sacerdos qui successerit ei,* ea scilicet omnia quae commemoravit, cum vestem sacerdotalem describeret. Repetivit sane quod supra dixerat: *Consummare manus eorum*. Unde mihi quid videretur exposui. Quod vero ait: *Septem diebus vestiet se ea sacerdos,* numquid aliis diebus non vestiet? Sed illis septem continuis intellegi voluit, quibus eius sacerdotium quodam modo dedicatur, atque hebdomadis est in eius inchoatione festivitas. Successorem autem Aaron eum dicit, *qui intrat in tabernaculum testimonii deservire in sanctis,* eum scilicet significans, qui non poterat esse nisi unus, non quales erant et filii Aaron cum vivo patre suo, sed qualis successor ipsius Aaron. Quomodo ergo proprium dicit huius unius esse intrare *in tabernaculum testimonii deservire in sanctis,* cum et illa quae sunt extra velum, quo velantur sancta sanctorum, sancta appellentur et tabernaculum testimonii etiam illud vocetur, ubi sunt sancta, id est

---

13 repetivit…14 eorum] cf. Ex 29,9

---

4 erit] et erit *V* | in *om.* *P S V¹ T* | **5** ea] *C (m. 2 in ras.) p*, eas *P S V¹ n* | intrabit] intravit *P T* | **6** deservire] id̄e servire *C* (id̄e = id est), deserviret *P* | **7** sancti *om. N* | **8** tamquam] tamenquam *V¹* | in² *om. P¹ S V* | **9** quamquam am *om. p* | quamquam…eo *om. n* | in *om. T* | ipsis] ipsa *p* | **12** ea¹ *om. V* | **13** commemoravit] commeravit *V* | **14** mihi quid] quid mihi *Am. μ* | quid] quod *p* | videretur] videatur *S* | **15** diebus¹] se *add. Am. μ* | **17** dedicatur] dicatur *T* | festivitas] festivitatatis *P S* | **19** nisi *om. C¹* | **20** cum vivo] convivo *S* | **21** unius…deservire *om. P¹* | **22** velum] velcum *C* | quo *om. C* | appellentur] appellantur *C P S N T*

---

[239] Vgl. zur Bedeutung von *consummare* Anm. 236 zu *qu.* 2,125.
[240] Während TM in V. 29-30 die Gewänder und die darauf bezogenen Pronomina durchgehend pluralisch konstruiert, wählt Vulg durchgehend den Singular. LXX dagegen, gefolgt von der VL Augustins, beginnt singularisch, wechselt aber gegen Ende von 29: ἐν αὐτοῖς in den Plural und behält ihn in 30 bei, wobei sie zugleich in das Neutrum wechselt: αὐτά. VL:Cod.Lugd. schafft weitere Verwirrung durch den ungrammatischen Beginn V. 29: *stolas sancti quae est Aaron.*
[241] Vgl. *qu.* 2,114 zu Ex 28,4.

„Und das Gewand des Heiligtums, das Aaron gehört, soll nach ihm seinen Söhnen gehören, damit man sie in ihnen salbt und ihre Hände vollendet[239]. Sieben Tage lang soll sie der Priester anziehen, der ihm von seinen Söhnen nachgefolgt sein wird, der in das Zelt des Zeugnisses eintreten wird, um Dienst zu tun im Heiligtum."[240] Diese Worte werfen viele Fragen auf. Denn als erstes muß hier die Art beachtet werden, wie die Schrift, nachdem sie „das Gewand des Heiligtums" gesagt hat, danach pluralisch formuliert: „sie in ihnen zu salben", als handle es sich um ‚Gewänder' Denn auch oben hatte sie von den Gewändern im Plural gesprochen, die ein einziges Gewand bildeten.[241] Dennoch ist zweifelhaft, ob *in ipsis* (in ihnen) deswegen, weil *ipsa* (sie) dem Genus nach neutrum ist, sich auf alle die Dinge bezieht, durch die jenes Gewand, d.h. der priesterliche Ornat, vervollständigt wird: das ist deswegen mit größerer Wahrscheinlichkeit anzunehmen, weil die Schrift im folgenden sagt: „Sieben Tage lang soll sich der Priester, der ihm nachgefolgt sein wird, mit diesen *(ea)* bekleiden", natürlich mit „diesen" *(ea)* allen, welche sie erwähnt hat, als sie den priesterlichen Ornat beschrieb. Sie hat eindeutig wiederholt, was sie oben gesagt hatte: „damit man ihre Hände vollendet" (vgl. Ex 29,9): Dort habe ich dargelegt, wie ich das verstehe.[242] Bezüglich der Wendung aber: „Sieben Tage lang soll sich der Priester mit diesen bekleiden", soll er sie etwa an den anderen Tagen nicht anziehen? Aber die Schrift wollte, daß man verstehe: an jenen sieben aufeinander folgenden Tagen, an denen ihm das Priesteramt gleichsam übergeben wird, und zwar dauert die Festlichkeit aus Anlaß seines Beginns eine Woche. Den Nachfolger Aarons aber charakterisiert die Schrift als denjenigen, „der in das Zelt des Zeugnisses eintritt, um Dienst zu tun in den heiligen Bereichen"[243], wobei sie freilich denjenigen bezeichnet, der nur ein einziger sein konnte, nicht derart, wie auch die Söhne Aarons es waren, solange ihr Vater noch lebte, sondern derart, wie der Nachfolger eben dieses Aaron war. In welchem Sinn sagt die Schrift daher, es sei das ausschließliche Vorrecht dieses einen, einzutreten „in das Zelt des Zeugnisses, um Dienst zu tun in den heiligen Bereichen", da auch jene Gegenstände, die sich außerhalb des Vorhangs befinden, der das Allerheiligste verhüllt, ‚heilig' genannt werden und ‚Zelt des Zeugnisses' auch jener Bereich genannt wird, wo die heiligen Gegenstände, d.i. der

---

[242] Vgl. *qu.* 2,125 zu Ex 29,9.
[243] TM: בַּקֹּדֶשׁ, Vulg: *in sanctuario*: „im Heiligtum". LXX, gefolgt von VL, gebraucht entgegen sonstiger Übersetzungsroutine statt des Sgl. den Pl.: ἐν τοῖς ἁγίοις, *in sanctis*, um die beiden Räume des Hl. Zeltes, das Heilige und das Allerheiligste, gemeinsam zu bezeichnen (WEVERS, *Exodus*). Unter Voraussetzung dieser Erklärung wäre die Übersetzung „im Heiligen" (OCA) zu eng, „cosas santas" (BAC), „cose sante" (NBA): „heilige Dinge" zu speziell. Vielleicht ist „in den heiligen Bereichen" zutreffend.

mensa et candelabrum. Ubi cum deserviant et sequentes sacerdotes ad mensam
et candelabrum et ipsum altare, quomodo unum dicit successorem Aaron, qui
intret *in tabernaculum testimonii deservire in sanctis*? Si enim dixisset: Deservire in
sanctis sanctorum, nulla esset quaestio. Ad haec enim, ubi est arca testimonii,
solus unus intrabat summus sacerdos: Quod etiam in epistula ad Hebraeos
diligentissime commendatur. Nisi forte eo ipso quod unum dicit intrare *in tabernaculum testimonii deservire in sanctis*, non vult utique intellegi nisi in sanctis sanctorum, quia et ipsa utique sancta appellantur. Non enim omnia, quae sancta sunt,
etiam sancta sanctorum dici possunt; illa vero, quae sunt sancta sanctorum, procul dubio utique sancta sunt. Unus autem iste qui semel in anno intrabat in
sancta sanctorum, quoniam dominum Christum significabat, apertissime supra
dicta ad Hebraeos epistula commendatur. Quod autem praefiguratum est in
sancto sanctorum, ut super arcam, quae legem habebat, esset propitiatorium,
ubi dei misericordia significari intellegenda est, qua propitius fit eorum peccatis
qui legem non inplent, hoc mihi videtur etiam in ipsa veste sacerdotis significari; nam et ipsa quid aliud quam ecclesiae sacramenta significat? Quod in λογίῳ,
id est rationali in pectore sacerdotis posito iudicia constituit, in lamina vero
sanctificationem et oblationem peccatorum, tamquam rationale sit in pectore
simile arcae, in qua lex erat, et lamina illa in fronte simile propitiatorio, quod
super arcam erat, et ut utrobique servaretur quod scriptum est: *Superexultat misericordia iudicio*.

130 Quid est quod purificatum et sanctificatum altare septem diebus dicit
quod *sanctum sancti erit*? Altare non quidem dicit sanctum sanctorum, sicut est
illud quod velo separatur, ubi est arca testimonii; verum tamen et hoc altare

---

28 quod…29 commendatur] cf. Hebr 9,7   **34** apertissime…35 commendatur] cf. Hebr 9,11-12   **43** Iac 2,13

24 deserviant] serviant *n* | **27** est] enim *add. P* | **32** dici…sanctorum² *om. C per homoiot.*
33 sunt *om. P¹ S V T* | **36** sancto] sancta *P N T* | super] supra *C* | propitiatorium]
propiatorium *C* | **37** significari] significatur *P¹ S V* | intellegenda est *exp. m. 1 V* | qua] qui
a *V* | **39** sacramenta significat] significat sacramenta *S* | λογίῳ] logion *C*, logio *P S V N T*
41 oblationem] ablationem *S² N Am. μ* | **42** simile²] similis *Am. μ* | **43** arcam] arca *C*
superexultat] superexaltat *P V*, superexsaltat *S T* | **130,3** testimonii] testamenti *p*

---

[244] Vgl. *qu.* 2,117 zu Ex 28,30.
[245] Vgl. *qu.* 2,120 zu Ex 28,36-38.
[246] TM gebraucht hier wie sonst für den Superlativ den Plural: קֹדֶשׁ קָדָשִׁים („hochheilig, allerheiligst"); LXX dagegen hat nur hier im Genitiv den Sgl.: ἅγιον τοῦ ἁγίου (entspre-

Tisch und der Leuchter, sich befinden? Da dort auch die nachgeordneten Priester ihren Dienst verrichten am Tisch und am Leuchter und am Altar selbst, wieso sagt die Schrift, daß der Nachfolger des Aaron der einzige sei, der „in das Zelt des Zeugnisses eintritt, um Dienst zu tun in den heiligen Bereichen"? Wenn sie nämlich gesagt hätte: ‚um Dienst zu tun im Allerheiligsten', gäbe es kein Problem. Dorthinein nämlich, wo die Lade des Zeugnisses steht, trat als einziger allein der Hohepriester ein; das wird auch sehr sorgfältig im Brief an die Hebräer ausgeführt (vgl. Hebr 9,7). Falls die Schrift nicht vielleicht gerade dadurch, daß sie sagt, ein einziger trete ein „in das Zelt des Zeugnisses, um Dienst zu tun in den heiligen Bereichen", verstanden wissen will: ‚ausschließlich in das Allerheiligste', weil auch eben dieses natürlich ‚heilig' genannt wird. Man kann nämlich nicht alle Gegenstände, die heilig sind, auch ‚hochheilig' nennen: jene hingegen, die hochheilig sind, sind selbstverständlich zweifellos heilig. Daß aber dieser einzige, der einmal im Jahr in das Allerheiligste eintrat, den Herrn Christus vorausbezeichnete, führt sehr klar der oben erwähnte Brief an die Hebräer aus (vgl. Hebr 9,11-12). Das aber, was im Allerheiligsten vorausbezeichnet ist, daß über der Lade, die das Gesetz enthielt, das *propitiatorium* war, wo, wie man verstehen soll, Gottes Barmherzigkeit bezeichnet wird, durch die er sich den Sünden derjenigen gegenüber, die das Gesetz nicht erfüllen, gnädig stimmen läßt, das scheint mir auch durch den Ornat des Priesters selbst vorausbezeichnet zu werden, denn was bezeichnet auch er anderes als die Sakramente der Kirche? Weil er (Gott) im λογίῳ, d.h. in dem auf der Brust des Priesters befestigten *rationale*, die Urteilssprüche festgesetzt hat,[244] im Blatt hingegen die Heiligung und das Opfer für die Sünden[245], so daß das *rationale* auf der Brust gleichsam der Lade entspricht, in der das Gesetz war, und jenes Blatt an der Stirn gleichsam dem *propitiatorium*, das über der Lade war, entspricht und so durch das eine wie das andere das Wort der Schrift gewahrt wurde: „die Barmherzigkeit triumphiert über das Gericht" (Jak 2,13).

qu. 2,130 (zu Ex 29,37)

130 Was bedeutet es, daß die Schrift sagt, der an sieben Tagen gereinigte und geheiligte Altar werde „hochheilig" *(sanctum sancti)*[246] sein? Sie nennt den Altar zwar nicht ‚hochheilig' *(sanctum sanctorum)*, wie jener Bereich ‚hochheilig' ist, der

---

chend die VL des Augustinus: *sanctum sancti*), sonst ebenfalls den Pl.: ἅγιον τῶν ἁγίων. Der Unterschied kann im Deutschen kaum angemessen wiedergegeben werden. Augustinus verneint in *qu.* 2,173 einen Bedeutungsunterschied zwischen *sanctum sancti* und *sanctum sanctorum*, betont aber, daß das Allerheiligste und seine Gegenstände immer schon „hochheilig" sind, während die Gegenstände außerhalb des Allerheiligsten es erst durch Salbung werden. VL:Cod.Lugd. hat auch hier (wie natürlich Vulg) den Plural: *sanctum sanctorum*.

extra velum positum per sanctificationem septem dierum dicit potius quam per unctionem fieri sanctum sancti. Et addit: *Omnis qui tetigerit altare sanctificabitur.* 5

131 Cum de anulis loqueretur altaris incensi, quod altare non inaerari, sed inaurari iussit, *et duos anulos aureos puros facies,* inquit, *sub tortili corona eius, in duo latera facies in duobus lateribus,* quoniam Graecus habet: Εἰς τὰ δύο κλίτη ποιήσεις ἐν τοῖς δυσὶ πλευροῖς. Et κλίτη latera sunt et πλευρά latera sunt. Unde quidam Latini sic interpretati sunt: *In duas partes facies in duobus lateribus.* Non autem ait 5 Graecus μέρη, quod est partes, sed κλίτη, quod latera. Nam hoc verbum est in illo Psalmo, ubi scriptum est: *Uxor tua sicut vinea fertilis in lateribus domus tuae.* Ac per hoc tantum casus interest, quia prius accusatiuum, post vero ablatiuum posuit: *In duo latera facies, in duobus lateribus.* Quis autem sit sensus difficile est adsequi. Nisi forte, ut solet scriptura amare ellipsin, ut aliquid desit et subaudiatur, 10 etiam hic subaudiatur erunt, ut iste sit sensus: In duo latera facies, in duobus lateribus erunt, id est: Ad duo latera facies anulos, quoniam in duobus lateribus erunt.

132 *Et erunt arcus amitibus, ita ut tollatur illud in eis.* Quos anulos dixerat, arcus dicit; anulos quippe pro rotundis ansis posuit. Et quid est aliud anulus vel circulus nisi undique arcus? Ideo quidam nolentes *arcus* dicere thecas interpretati sunt, quibus amites inducerentur, dicentes: *Et erunt thecae amitibus.* Quasi Graecus hoc non posset dicere, cum etiam thecae Graecum verbum sit; dixit autem 5 ψαλίδες, qui arcus interpretantur.

131,7 Ps 127,3

4 dicit] dici P^1 *S V* | potius] positum $C P^2$ | quam *om. C P N T* | **5** qui...sanctificabitur] *om. n* | **131,2** sub...4 quidam *om. P^1* | **3** Εἰς...4 πλευροῖς] ista dyoclitepsesis entis dysi pleurys *C*, ista dyoclitepseses entes disin pleures *P T*, ista disclite pseses entes dysin pleures *S*, ista dyoclite p̄ses en tes eysin leures *V*, ista dyoclitepyesissent ys dysi pleuris *N* | **4** et¹] nam *Am. μ* | κλίτη] clite *C P S V N T* | πλευρά] pleuri *C N* pleure *P S V T* | unde] u̲n̲d̲ẹ *V* | **6** μέρη] meres *C*, merae *P V*, mere *S N*, inẹre *T* | κλίτη] clite *C P S V N*, clitae *T* quod²] id ē *T* | **9** duobus] duabus *P* | **10** subaudiatur] *exp. S V*, subauditur *N* | **11** subaudiatur] subauditur *C* | **132,1** et...amitibus *om. n* | tollatur] idolatur *n* | **2** ansis *om. C* vel circulus *om. C* | **5** non *om. C* | **6** ψαλίδες] psalides *C P S V N T* | qui] quod *Am. μ* interpretantur] interpretatur *C P S V T Am. μ*

durch den Vorhang abgetrennt wird, wo die Lade des Zeugnisses steht, aber sie sagt dennoch, daß auch dieser außerhalb des Vorhangs aufgestellte Altar eher durch die sieben Tage dauernde Weihe als durch die Salbung ‚hochheilig' *(sanctum sancti)* wird. Und sie fügt hinzu: „Jeder, der den Altar berührt hat, wird geheiligt werden."

qu. 2,131 (zu Ex 30,3-4)

131 Wo die Schrift von den Ringen des Räucheraltares, den sie nicht mit Kupfer, sondern mit Gold zu überziehen befohlen hat, spricht, sagt sie: „Und du sollst zwei Ringe aus reinem Gold unter seiner gewundenen Leiste anbringen, an beide Seiten, an beiden Seiten sollst du sie anbringen." Der Grieche sagt nämlich: εἰς τὰ δύο κλίτη ποιήσεις ἐν τοῖς δυσὶ πλευροῖς[247] Sowohl κλίτη bedeutet ‚Seiten', als auch πλευρά bedeutet ‚Seiten'. Daher haben einige Lateiner so übersetzt: „An beide Teile an beiden Seiten sollst du sie anbringen". Der Grieche sagt aber nicht μέρη, was ‚Teile' bedeutet, sondern κλίτη, was ‚Seiten' bedeutet. Denn dieses Wort steht in jenem Psalm, wo geschrieben ist: „Deine Frau ist wie ein fruchtbarer Weinstock an den Seiten deines Hauses" (Ps 128,3).[248] Und daher besteht der Unterschied nur im Kasus, weil die Schrift zuerst den Akkusativ, danach aber den Ablativ gesetzt hat: „an beide Seiten, an beiden Seiten sollst du sie anbringen." Was das aber bedeuten soll, ist schwer zu erfassen. Falls nicht vielleicht, wie ja die Schrift gewöhnlich die Ellipse liebt, so daß etwas fehlt und mitgehört wird, auch hier mitgehört wird: ‚sie sollen sein', so daß der Sinn folgender ist: ‚An beide Seiten sollst du sie anbringen, an beiden Seiten sollen sie sich befinden, d.h.: an beiden Seiten sollst du die Ringe anbringen, da sie sich an beiden Seiten befinden sollen.'

qu. 2,132 (zu Ex 30,4)

132 „Und es soll Bögen für die Stangen geben, so daß man jenen[249] mit ihnen tragen kann." Die Schrift nennt die Gegenstände, die sie ‚Ringe' genannt hatte, ‚Bögen'; sie hat die Bezeichnung ‚Ringe' natürlich für runde Griffe gewählt. Und was ist ein Ring oder ein Reif anderes als ein allseitiger Bogen? Daher haben einige, die nicht „Bögen" sagen wollten, ‚Futterale' *(thecae)* übersetzt, durch die man die Stangen stecken sollte, indem sie sagten: „Es sollen Futterale für die Stangen sein." Gleich als ob der Grieche dies nicht sagen könnte, da ja doch auch *thecae* ein griechisches Wort ist;[250] er hat aber ψαλίδες gesagt, was mit ‚Bögen' übersetzt wird.

---

[247] Zum LXX-Wortlaut von Ex 30,4 vgl. WEVERS, *Exodus*.

[248] TM hat, bezogen nicht auf den Weinstock, sondern auf die Frau: „im innersten/hintersten Winkel deines Hauses".

[249] Sc. den Rauchopferaltar.

[250] Θήκη Hülle, Schatulle.

133 *Incendet super illud incensum continuationis in conspectu domini in progenies eorum. Continuationis incensum* dicit, quod continuatim fieret, id est nullo die praetermitteretur. Cum de altari praeciperet incensi, id est in quo incensum tantum poneretur, non holocaustum, non sacrificium, non libatio, praedixerat id ipsum incensum cotidie poni debere. Nunc autem dicit: *Et depropitiabit Aaron vel exorabit super cornua eius semel in anno de sanguine purificationis delictorum <depropitiationis>. Depropitiationis* ab eo quod est depropitiatio, quae Graece dicitur ἐξιλασμός. Unde intellegendum est hoc quod semel in anno iubet fieri ad propitiandum deum super cornua altaris incensi, id est, ut de sanguine purificationis delictorum, victimarum scilicet, quae offeruntur pro delictis, semel in anno tangantur cornua altaris incensi, non pertinere ad illam adpositionem incensi, quam cotidie fieri iusserat. Illa enim fiebat aromatis, non sanguine, et cotidie, non semel in anno. Non ergo sumus intellecturi semel in anno intrare sacerdotem solere in sanctum sanctorum, sed semel in anno cum sanguine, et cotidie quidem solere intrare sine sanguine causa incensi inponendi, cum sanguine autem semel in anno, maxime quia sequitur et dicit: *Semel in anno purificabit illud; sanctum sanctorum est domino.* Non ergo semel in anno ponet illic incensum, quod cotidie fieri iussum est; sed semel in anno purificabit illud, quod cum sanguine fieri praeceptum est. Et post hoc adiungit: *Sanctum sanctorum est domino*; ac per hoc, si sanctum sanctorum non extra, sed intra velum erat, etiam illud profecto altare de quo nunc agitur, quod poni iussit contra velum, intrinsecus iussit.

133,1 incendet] incendit *m. 2 in ras. C* | **3** poneretur] ponere *C* | **6** depropitiationis] *addidi cum* ʒ | **7** depropitiationis] depropitiabit *V² T Am. μ* | ἐξιλασμός] exylasmos *C*, exilasmos *P S V N T* | **8** unde] et *add. P S V T Am. μ* | fieri *om. P¹ S V* | **10** in] et *praem. T* **12** fieri iusserat] iusserat fieri *C* ʒ | illa] ille *C* | aromatis] aromatibus *V² T Am. μ* | **14** et] ut *add. P V¹* | solere] soleret *S* | **16** purificabit] purificavit *P* | **17** ponet] ponent *p* | quod *om. p* | **18** purificabit] purificavit *p*, purificabis *T* | quod *om. P S V¹* | fieri] debere *add. P S V N T* | **19** adiungit] adiunctum est *C* | domino…20 sanctorum *om. T* | si *om. P¹ S V* **21** poni] apponi *N* | iussit¹] *exp. V, om. T*

---

²⁵¹ וְכִפֶּר, ἐξιλάσεται, VL: *depropitiabit vel exorabit;* Vulg: *deprecabitur.* Augustinus benennt hier eine Übersetzungsalternative für das eine Wort in LXX (und TM). *Exorabit* allein hat VL:Cod.Lugd. Augustinus erklärt das schwierigere *depropitiabit* bzw. *depropitiatio und* verwendet anschließend *propitio.*

qu. 2,133 (zu Ex 30,8-10)

133 „Er soll auf jenem [Rauchopferaltar] fortwährendes Rauchopfer vor dem Angesicht des Herrn entzünden ihre Generationen hindurch." Die Schrift sagt „fortwährendes Rauchopfer", weil es fortwährend geschehen, d.h. keinen Tag unterlassen werden sollte. Als sie die Vorschrift für den Rauchopferaltar erließ, d.h. für den Altar, auf dem nur ein Rauchopfer dargebracht wird, kein Brandopfer, kein Speiseopfer, kein Trankopfer, hatte sie vorgeschrieben, eben dieses Rauchopfer solle täglich dargebracht werden. Nun aber sagt sie: „Und einmal im Jahr soll Aaron an seinen Hörnern die Versöhnung vollziehen bzw. die Besänftigung[251] mit dem Blut der Reinigung von den Vergehen, der Versöhnung." „Der Versöhnung" kommt von ‚Versöhnung', auf Griechisch ἐξιλασμός. Daraus ergibt sich: Das, was nach Anordnung der Schrift, um Gott gnädig zu stimmen, einmal im Jahr an den Hörnern des Rauchopferaltares vollzogen werden soll, daß nämlich mit dem Blut zur Reinigung von den Vergehen – [dem Blut] der Opfertiere natürlich, die für die Vergehen geopfert werden – einmal im Jahr die Hörner des Rauchopferaltares berührt werden, – das bezieht sich nicht auf jene Darbringung des Rauchopfers, die die Schrift täglich zu vollziehen befohlen hatte. Jene wurde nämlich mit Wohlgerüchen, nicht mit Blut, und täglich, nicht nur einmal im Jahr vollzogen. Wir werden daher nicht denken, der Priester pflege nur einmal im Jahr in das Allerheiligste einzutreten, sondern nur einmal im Jahr mit dem Blut, und täglich jedoch pflege er ohne Blut einzutreten, um das Rauchopfer darzubringen, mit Blut aber nur einmal im Jahr; hauptsächlich, weil die Schrift fortfährt und sagt: „Einmal im Jahr soll er jenen reinigen[252], hochheilig ist er für den Herrn." Er soll daher nicht einmal im Jahr an jenem Ort das Rauchopfer darbringen, das vielmehr täglich zu vollziehen befohlen worden war; sondern einmal im Jahr soll er jenen reinigen, was der Vorschrift zufolge mit Blut geschehen soll. Und danach fügt die Schrift folgendes hinzu: „hochheilig ist er für den Herrn"; und deswegen hat die Schrift, wenn doch das Allerheiligste sich nicht außerhalb, sondern innerhalb des Vorhangs befand, selbstverständlich befohlen, daß auch jener Altar, um den es jetzt geht, den sie beim Vorhang aufzustellen befohlen hat, innerhalb des Vorhangs aufgestellt werden soll.

qu. 2,134 (zu Ex 30,12)

134 Was bedeutet die Formulierung: „Wenn du die Berechnung der Söhne Israel bei ihrer Musterung erhebst", außer daß die Schrift befiehlt, sie sollten einmal gemustert und berechnet, d.h. gezählt werden? Das ist, muß man verste-

---

[252] TM hat auch hier, wie im Satz zuvor, יְכַפֵּר, LXX dagegen: καθαριεῖ, gefolgt von VL: *purificabit*; Vulg: *placabit*. Das Verb כָּפַר bereitet offensichtlich Probleme für Übersetzung und Interpretation. Vgl. Einleitung in *qu.* 3, Exkurs: Fürbitte statt Sühne.

134 Quid est quod ait: *Si acceperis conputationem filiorum Israhel in visitatione eorum*, nisi quia iubet eos aliquando visitari et conputari, id est numerari? Quod in David propterea vindicatum intellegendum est, quia deus non iusserat.

135 Advertendum est et notandum quemadmodum ungento chrismatis omnia iussit ungi, tabernaculum scilicet et ea quae in illo erant, et deinde *erunt sancta sanctorum*. Omnia scilicet cum fuerint uncta, erunt sancta sanctorum. Quid igitur distabit iam inter illa interiora, quae velo teguntur, et cetera, si omnia cum uncta fuerint erunt sancta sanctorum, diligentius requirendum; haec tamen notanda credidimus. Ubi etiam meminerimus: Sicut de illo altari sacrificiorum, quod post unctionem appellari voluit sanctum sancti, continuo dictum est: *Omnis qui tangit illud, sanctificabitur*, ita de omnibus postea, quae illo ungento uncta dicta sunt sancta sanctorum, eadem sententia subsecuta est, ut diceretur: *Omnis qui tangit ea, sanctificabitur*. Quod duobus modis intellegi potest: Sive tangendo sanctificabitur sive sanctificabitur, ut ei liceat tangere, si tamen non licebat tangere populo tabernaculum, quando adferebant hostias vel quaecumque ab eis adlata offerebantur deo. Nam consequenter non solis sacerdotibus neque solis levitis dicendum admonet, quod ait ad Moysen: *Et filiis Israhel loqueris dicens* – utique filii Israhel totus ille populus erat; iubet autem illis dici – *oleum linitio unctionis sanctum erit hoc vobis in progenies vestras. Super carnem hominis non linietur, et secundum compositionem hanc non facietis vobis ipsis similiter; sanctum est et sanctificatio erit vobis. Quicumque fecerit similiter et quicumque dabit de eo exterae nationis, interibit de populo suo.* Iubet igitur non solis sacerdotibus, sed universo populo Israhel, ut non faciant tale ungentum in usus humanos. Hoc est enim quod ait: *Super carnem hominis non*

134,2 quod...3 iusserat] cf. 2 Rg 24   **135**,7   Ex 29,37

134,1 conputationem] cūputationem *C* | visitatione] visitationem *P S V T* | 2 iubet...et con- *om. C¹* | **135**,1 advertendum] avertendum *n* | est] etiam *add. Am. μ* | ungento] ungendo *P¹ S¹ V¹*, ung(u)ento *N T* | 4 iam *om C P² T* | 6 credidimus] credimus *P¹ S V T* | sicut] quod *praem. V² Bad. Am. μ* | 8 illo] de *praem. P S V T Am. μ* | ungento] unguentum *n* | uncta *om. n* | dicta] *om. p*, ita *n* | 9 sententia] sententiam *P et V corr.* | 10 tangendo] ungendo *P* | 11 tangere populo] populo tangere *C z* | 12 adlata] oblata *C T* 14 loqueris] loquere *P S V T* | 15 filii] filiis *P S V* | linitio] linitionis *V* | unctionis *exp. V* 16 linietur] linitur *C* | 17 ipsis] in *praem. P S V¹* | 18 dabit] *mut. in* dederit *V* | de¹] ex *S* 20 super carnem *om. n*

---

[253] Nach 2Sam (2 Rg) 24,1 hatte JHWH sehr wohl David im Zorn zu dieser Volkszählung „aufgereizt". Allerdings hat bereits die jüngere Parallele 1Chr (1Par) 21,1 JHWH durch Satan ausgetauscht.

hen, bei David deswegen bestraft worden, weil Gott es nicht befohlen hatte (vgl. 2Sam 24).[253]

qu. 2,135 (zu Ex 30,26-33)

135 Man muß beachten und festhalten, wie die Schrift befohlen hat, alles mit dem Salböl zu salben, nämlich das Zelt und die in ihm befindlichen Gegenstände, und daraufhin „werden sie hochheilig sein". Alle Gegenstände werden nämlich, wenn sie gesalbt sind, hochheilig sein. Daher muß sorgfältiger untersucht werden, welcher Unterschied nunmehr zwischen jenen Gegenständen im Innern, die der Vorhang verhüllt, und den übrigen bestehen wird, wenn alle, sobald sie gesalbt sind, ‚hochheilig' *(sancta sanctorum)* sein werden; zumindest hielten wir es für angebracht, dies anzumerken.[254] Wir werden uns hier auch in Erinnerung rufen: Wie von jenem Opferaltar, den die Schrift nach der Salbung ‚hochheilig' *(sanctum sancti)* genannt wissen wollte, unmittelbar anschließend gesagt wurde: „Jeder, der jenen berührt, wird geheiligt werden" (Ex 29,37)[255], so folgte später bezüglich aller Gegenstände, die, nachdem sie mit jenem Salböl gesalbt waren, ‚hochheilig' *(sancta sanctorum)* genannt wurden, dieselbe Feststellung, so daß es heißt: „Jeder, der sie berührt, wird geheiligt werden." Das kann man auf zwei Weisen verstehen: Entweder wird er durch die Berührung geheiligt werden, oder er wird geheiligt werden, damit es ihm erlaubt werde zu berühren, wenn es denn dem Volk nicht gestattet war, das Zelt zu berühren, wenn sie Opfertiere herführten oder Gott opferten, was immer sie herbeigebracht hatten. Denn die Schrift ermahnt folgerichtig, das, was Gott zu Mose sagt, solle nicht nur den Priestern noch nur den Leviten gesagt werden: „Und zu den Söhnen Israel sollst du sagen" – natürlich waren die Söhne Israel jenes Volk in seiner Gesamtheit; sie befiehlt aber, jenen solle gesagt werden – „Heilige Salbungssalbe soll dies für euch sein eure Generationen hindurch. Auf den Körper eines Menschen darf sie nicht aufgebracht werden, und in dieser Zusammensetzung dürft ihr für euch selbst keine auf ähnliche Weise herstellen. Heilig ist sie, und Heiligung soll sie für euch sein. Wer auch immer etwas Ähnliches hergestellt haben wird und wer immer davon jemandem aus einer fremden Nation geben wird, soll aus seinem Volk zugrunde gehen." Die Schrift verbietet demnach nicht allein den Priestern, sondern dem gesamten Volk Israel, ein derartiges Salböl für profanen Gebrauch herzustellen. Das bedeutet nämlich der Satz: „Auf den Körper eines Menschen darf es nicht aufgebracht werden." Sie verbietet also, etwas Ähnliches für den eigenen Gebrauch herzu-

---

[254] Damit suspendiert Augustinus eigentlich seine Folgerung in *qu.* 2,133, daß der Rauchopferaltar, weil „hochheilig" genannt, im Allerheiligsten stehen muß, er bleibt aber in *qu.* 2,136 dabei. In *qu.* 2,173 nimmt Augustinus die Frage wieder auf.
[255] Ex 29,37. Vgl. *qu.* 2,130 und 2,173.

linietur. Prohibet ergo simile fieri in usus suos et interitum minatur, si quisquam similiter fecerit, id est ungentum ad usus suos simile confecerit vel cuiquam hinc dederit exterae nationis. Ac per hoc quod ait: *Sanctificatio erit vobis,* cum hoc populo Israhel universo dici iubeat, non video quid intellegam, nisi quia licebat eis, quando veniebant cum suis quisque muneribus, tangere tabernaculum; et tangendo sanctificabantur propter illud oleum, quo cuncta peruncta sunt. Et hinc dictum: *Omnis qui tangit sanctificabitur,* non tamen sic quemadmodum sacerdotes, qui etiam ut sacerdotio fungerentur, ungebantur ex illo.

136 Quod praecepit quibus aromatis fiat thymiama, id est incensum, et dicit unguentario more *coctum opus unguentarii,* non ideo putare debemus unguentum fieri, id est, unde aliquid ungatur, sed, ut dictum est, thymiama vel incensum quod inponatur illi altari incensi, ubi non licebat sacrificari, et erat intus in sancto sanctorum.

137 *Et concides de illis minutum et pones contra testimonia, unde innotescam tibi inde. Sanctum sanctorum erit vobis incensum.* Ecce iterum hoc incensum, quia intus ponebatur in altari incensi quod intus erat, sanctum sanctorum dicitur; et tabernaculum testimonii proprie dicitur illud ipsum interius ubi arca erat adhibita sane differentia cum ait: *Unde innotescam tibi inde.* Sic enim dixerat primum de propitiatorio, quod utique intus est, id est intra velum super arcam.

138 Quid est quod Beselehel cum iuberet adhiberi operibus tabernaculi faciendis, dixit *eum se* replevisse *spiritu divino sapientiae et intellectus et scientiae in omni opere excogitare et architectonari* et cetera? Utrum spiritus sancti muneri etiam ista opera tribuenda sunt, quae pertinere ad opificium videntur? An et hoc significa-

---

137,5 sic…propitiatorio] cf. Ex 25,21

21 linietur] linetur *n* | **22** similiter] simile *add. P¹ S V¹* | **23** nationis] nationi *P S V T Am.* *μ* | **24** dici] die *n* | iubeat] iubet *P S V T* | **25** veniebant] veniebat *C¹ V Am. μ* tangere] tangeret *n* | **26** sanctificabantur] sanctificabuntur *C,* sanctificabatur *P¹ S V* **136,1** aromatis] aromatibus *Am. μ* | **3** ungatur] ungitur *N* | **4** sancto] sca *P S V¹ T* **137,1** concides] concedes *n* | minutum] minutatum *add. in marg. V* | testimonia] in tabernaculo testimonii *a dd. C p μ* | **2** sanctum] in sca *P¹ S* | **6** super] supra *T* | **138,1** adhiberi] adhiberet *C* | **3** architectonari] architectonarii *P*

---

[256] Nämlich von dem in Ex 30,34-35 angeordneten Räucherwerk, einer Mischung aus Weihrauch, Staktettropfen, Räucherklaue, Galbanum und Gewürzkräutern.

stellen, und droht den Untergang an für den Fall, daß jemand es auf ähnliche Weise hergestellt hat, d.h. ein ähnliches Salböl für seinen Gebrauch zubereitet, oder irgendeinem aus einem fremden Volk davon etwas gegeben hat. Und aus diesem Grund auch sehe ich nicht, wie ich den Ausspruch: „Heiligung soll es für euch sein", da die Schrift es dem Volk Israel insgesamt zu sagen befiehlt, verstehen kann, außer dahingehend, daß, wenn sie jeder mit ihren Gaben kamen, ihnen erlaubt war, das Zelt zu berühren, und sie durch die Berührung wegen jenes Öls, mit dem alles gesalbt war, geheiligt wurden. Und daher ist gesagt worden: „Jeder, der berührt, wird geheiligt werden", nicht jedoch so wie die Priester, die mit jenem auch gesalbt wurden, damit sie ihres Priesteramtes walten konnten.

qu. 2,136 (zu Ex 30,34-35)

136 Wir sollen nicht deswegen, weil die Schrift vorgeschrieben hat, aus welchen Wohlgerüchen das ϑυμίαμα, d.h. das Räucherwerk, zubereitet werden soll, und sagt, es solle nach der Weise eines Salbenbereiters „als Werk der Kochkunst eines Salbenkochers" hergestellt werden, meinen, so werde ein Salböl zubereitet, d.h. etwas, womit irgendetwas gesalbt wird, sondern, wie formuliert worden ist, das ϑυμίαμα oder Räucherwerk, das auf jenen Räucheraltar gelegt werden soll, auf dem keine Opfer dargebracht werden durften und der im Inneren des Allerheiligsten stand.

qu. 2,137 (zu Ex 30,36-37)

137 „Und du sollst eine kleine Menge von jenen Zutaten[256] fein zerstoßen und vor die Zeugnisse legen, von wo aus ich mich dir offenbaren werde. Das Räucherwerk soll euch hochheilig sein." Siehe, hier wird dieses Räucherwerk wiederum ‚hochheilig' genannt, weil es mitten auf den Räucheraltar gelegt wurde, der im Innern stand; und ‚Zelt des Zeugnisses' wird im eigentlichen Sinn eben jener Teil weiter innen genannt, wo die Lade stand, allerdings unter Hinzufügung eines Unterscheidungsmerkmals durch die Wendung: „von wo aus ich mich dir offenbaren werde". So hatte die Schrift nämlich zuerst vom *propitiatorium* gesprochen (vgl. Ex 25,22),[257] das selbstverständlich im Inneren steht, d.i. innerhalb des Vorhangs, oberhalb der Lade.

qu. 2,138 (zu Ex 31,2-3)

138 Was bedeutet es, daß Gott, als er befahl, Bezalel zur Ausstattung des Zeltes heranzuziehen, gesagt hat, er habe ihn „mit dem göttlichen Geist der Weisheit und des Verstandes und der Kenntnis, jedes Kunsthandwerk zu entwerfen und auszuführen," erfüllt usw.? Sind der Wirkung des Heiligen Geistes auch jene Werke zuzuschreiben, die zum Handwerk zu gehören scheinen? Oder ist dies bildlich in dem Sinn gesagt, daß das, was durch diese Dinge geistlich be-

---

[257] Vgl. *qu.* 2,105.

tive dictum est, ut ea pertineant ad divinum spiritum sapientiae et intellectus et
scientiae, quae his rebus significantur? Tamen etiam hic cum spiritu repletus
dicatur iste divino sapientiae et intellectus et scientiae, nondum legitur spiritus
sanctus.

139 Quid sibi vult, quod cum de sabbato observando praeciperet ait: *Testamentum aeternum in me, et filiis Israhel?* Non ait: Inter me et filios Israhel. An quia
sabbatum requiem significat et requies nobis nonnisi in illo? Nam profecto filios Israhel universum populum suum dicit, id est semen Abraham. Et est Israhel secundum carnem et secundum spiritum; nam si Israhel non esset dicendus
nisi ex genere carnis, non diceret apostolus: *Videte Israhel secundum carnem.* Ubi
profecto significat esse Israhel secundum spiritum *qui in abscondito Iudaeus est et
circumcisione cordis.* Sic ergo melius fortasse distinguitur: *Testamentum aeternum in
me*, ut deinde alius sensus sit *et filiis Israhel signum est aeternum*, id est aeternae rei
signum, quomodo *petra erat Christus*, quia petra significabat Christum. Non ergo
ita iungendum est: *Testamentum aeternum in me et filiis Israhel*, tamquam in deo et
filiis Israhel sit hoc testamentum, sed: *Testamentum aeternum in me* - quia in illo
promissa est requies aeterna - *et filiis Israhel signum est aeternum*, quia filii Israhel
acceperunt observandum signum, quo requies significatur aeterna veris Israhelitis, hoc est filiis promissionis et visuris deum facie ad faciem sicuti est.

139,6 1 Cor 10,18   **7** Rm 2,29   **10** 1 Cor 10,4   **15** filiis promissionis] cf. Gal 4,28 | visuris
...est²] cf. 1 Io 3,2

---

7   et intellectus *om.* P^1 S V | **139,1** praeciperet] praeciperit C | **2** aeternum *om.* S
3 nonnisi] non est nisi P^2 V *Am.* μ | **7** esse] se *praem. s. l.* V | esse Israhel] Israhel esse S
8 circumcisione] circumcisio P^1 S V^1, circumciso V^2 | cordis] corde V^2 | distinguitur]
distingitur C^1 χ | **9** deinde] inde P^1 S V | filiis] filii C N | est¹ *om.* S V T | aeternum *om.* S
10 petra¹] petram P^1 S | Christus] $\overline{xps}$ P^1 S | **12** sit] sic C | **13** requies] et *praem. n* | filii]
filiis *n*

---

[258] TM nennt den Sabbat in Ex 31,16 „ewigen Bund" und in einem neuen Satz in Ex
31,17 „Zeichen zwischen mir und den Söhnen Israels auf immer". Vgl. DOHMEN,
Exodus: „[16] Die Israeliten sollen den Schabbat beachten, um den Schabbat zu halten für
ihre Generationen als ewigen Bund. [17] Zwischen mir und zwischen den Israeliten ist er
ein Zeichen für immer." LXX wählt die Präposition „in" statt „zwischen" und ist syntaktisch mehrdeutig. [16] [...] διαθήκη αἰώνιος. [17]ἐν ἐμοὶ καὶ τοῖς υἱοῖς Ισραηλ σημεῖον

zeichnet wird, zum göttlichen Geist der Weisheit und des Verstandes und der Kenntnis gehört? Dennoch liest man auch hier noch nicht ‚Heiliger Geist', obgleich es heißt, jener sei erfüllt vom göttlichen Geist der Weisheit und des Verstandes und der Kenntnis.

qu. 2,139 (zu Ex 31,16-17)

139 Was bedeutet es, daß die Schrift, als sie Vorschriften über die Einhaltung des Sabbats erließ, sagte: „ein ewiger Bund in mir und den Söhnen Israel"?[258] Es heißt nicht: ‚zwischen mir und den Söhnen Israel'. Etwa weil der Sabbat Ruhe bedeutet und wir nur in jenem Ruhe finden? Denn jedenfalls nennt er sein ganzes Volk, d.i. die Nachkommenschaft Abrahams, ‚Söhne Israel'. Und es gibt ein Israel nach dem Fleisch und ein Israel nach dem Geist; denn wenn man nur Israel aus der fleischlichen Abstammung Israel nennen sollte, würde der Apostel nicht sagen: „Seht auf das Israel dem Fleische nach" (1Kor 10,18)! Dort zeigt er natürlich an, daß es ein Israel dem Geiste nach gibt, [zu dem derjenige gehört] „der Jude im Verborgenen ist und durch die Beschneidung des Herzens" (Röm 2,29). So trennt man daher vielleicht besser: „ein ewiger Bund in mir", so daß das Folgende einen anderen Sinn hat: „und für die Söhne Israel ist er ein ewiges Zeichen", d.h. Zeichen einer ewigen Sache, wie [gesagt wird]: „Der Fels war Christus" (1Kor 10,4), weil der Fels Christus bezeichnete. Man darf daher nicht so verbinden: „ein ewiger Bund in mir und in den Söhnen Israel", gleich als sei dieser Bund in Gott und in den Söhnen Israel, sondern: „ein ewiger Bund in mir" – weil in jenem die ewige Ruhe verheißen worden ist –, „und für die Söhne Israel ist er ein ewiges Zeichen", weil die Söhne Israel ein zu beobachtendes Zeichen empfangen haben, durch das die ewige Ruhe für die wahren Israeliten bezeichnet wird, d.h. für die Söhne der Verheißung (vgl. Gal 4,28) und für die, die Gott von Angesicht zu Angesicht sehen werden, wie er ist (vgl. 1Joh 3,2).[259]

ἐστιν αἰώνιον. Während BdA der Syntax des TM entsprechend übersetzt, nehmen SD und NETS mit WEVERS, *Exodus,* in LXX eine abweichende Satztrennung an, SD: „[16][...] eine ewige Verfügung (ist dies) [17] zwischen mir und den Israeliten; es ist ein ewiges Zeichen." So auch die VL des Augustinus (VL:Cod.Lugd. geht dagegen mit TM). Vulg ebenso, wenn auch eleganter: [16]*et celebrent illud in generationibus suis pactum est sempiternum* [17] *inter me et filios Israhel signumque perpetuum*". Augustinus schlägt unten eine weitere Variante vor: Satzgrenze zwischen „in mir" und „in den Söhnen Israel", aber nicht aus philologischen, sondern aus inhaltlichen Gründen.

[259] SIEBEN, *Augustinus* 163: Augustinus legt, „übrigens ziemlich künstlich, so aus, dass nicht von einem Bund zwischen Gott und den ‚Söhnen Israels' die Rede ist, sondern von einer Verheißung ewiger Ruhe auf der einen Seite und einem von den Israeliten zu beobachtenden Zeichen für diese Ruhe auf der anderen."

140 *Et dedit Moysi statim ut cessavit loqui ad eum in monte Sina duas tabulas testimonii, tabulas lapideas scriptas digito dei.* Cum tam multa locutus sit deus, duae tamen tabulae dantur Moysi lapideae, quae dicuntur tabulae testimonii futurae in arca. Nimirum omnia cetera, quae praecepit deus ex illis decem praeceptis, quae duabus tabulis conscripta sunt, pendere intelleguntur, si diligenter quaerantur et bene intellegantur, quomodo haec ipsa rursus decem praecepta ex duobus illis, dilectione scilicet dei et proximi, in quibus *tota lex pendet et prophetae.*

141 Quod iubet Aaron *inaures* demi *ab auribus uxorum atque filiarum,* unde illis faceret deos, non absurde intellegitur difficilia praecipere voluisse, ut hoc modo eos ab illa intentione revocaret; factum tamen illud ipsum difficile, ut esset aurum ad faciendum idolum, propter eos notandum putavi, qui contristantur, si quid tale propter vitam aeternam divinitus fieri vel aequo animo tolerari iubeatur.

142 Dominus indicans Moysi quid fecerit de vitulo populus, hoc est de idolo quod ex auro suo fecerant, dicit eos dixisse: *Hi dii tui, Israhel, qui eduxerunt te de terra Aegypti.* Quod eos dixisse non legitur, sed animum eorum hunc fuisse deus ostendit. Horum quippe verborum gerebant in corde sententiam, quae deum latere non poterat.

143 *Et propitiatus est dominus de malitia quam dixit facere populo suo.* Malitiam hic poenam intellegi voluit, sicuti est: *Et aestimata est malitia exitus illorum.* Secundum

---

140,7 Mt 22,40   143,2 Sap 3,2

140,1 ad eum *om.* N | Sina] Sinan C, Syna S T | testimonii…2 tabulas *om. n n* | 2 dei *om.* C tamen] tantum *Am.* μ | 3 futurae] figurae (*sed in marg.:* futurae) V | 5 sunt] sint C 7 dilectione scilicet] scilicet dilectione C z | tota] *ex* tanta V | 141,1 ab] in V *(exp.)* z, *om.* C 2 non absurde] *om. p* | non…difficilia *om.* N | praecipere] praecipi C | 3 ipsum] tamen *add.* C | 5 iubeatur] iubeantur P S T | 142,2 fecerant] fecerunt n | hi] hii P T | dii] di N

---

[260] Man liest das sehr wohl in Ex 32,4 TM und Vulg; LXX legt dort dagegen diese Worte Aaron in den Mund. In VL:Cod.Lugd. fehlt der entsprechende Satz in Ex 32,4 ganz. In *Io. ev. tr.* 3,19 freilich weist Augustinus diesen Satz als Ausspruch des Volkes aus (vgl. NBA 713 Anm. 159).
[261] Die Formulierung des TM, JHWH habe bereut וַיִּנָּ֣חֶם, wird theologisch entschärft: LXX: ἱλάσθη „wurde gnädig", VL des Augustinus: *propitiatus est*; VL:Cod.Lugd.: *propitius factus est*; Vulg: *placatusque est.*
[262] VL und Vulg (*malum quod locutus fuerat adversus populum suum*) gehen hier mit TM (Gott

qu. 2,140 (zu Ex 31,18)

140 „Und sobald er auf dem Berg Sinai zu ihm zu Ende geredet hatte, gab er Mose die zwei Tafeln des Zeugnisses, steinerne Tafeln, die der Finger Gottes beschrieben hatte." Obgleich Gott so vieles gesagt hatte, werden dennoch Mose nur zwei steinerne Tafeln gegeben, die ‚Tafeln des Zeugnisses' genannt, in die Lade gelegt werden sollten. Daß alle übrigen Vorschriften, die Gott erlassen hat, ohne Zweifel von jenen zehn Geboten abhängen, die auf die beiden Tafeln geschrieben sind, erkennt man, wenn man sie sorgfältig untersucht und richtig versteht, wie eben diese zehn Gebote ihrerseits wiederum von jenen beiden abhängen, nämlich der Liebe zu Gott und zum Nächsten, an denen „das ganze Gesetz hängt und die Propheten" (Mt 22,40).

qu. 2,141 (zu Ex 32,2)

141 Daß Aaron befiehlt, „den Ehefrauen und den Töchtern die Ohrringe von den Ohren" abzunehmen, um daraus Götter herzustellen, deutet man nicht unvernünftig dahingehend, daß er schwere Forderungen stellen wollte, um sie auf diese Weise von jenem Vorhaben abzuhalten; dennoch meinte ich, eben diese schwere Tat, Gold zu beschaffen, um ein Götzenbild herzustellen, um derentwillen hervorheben zu sollen, die sich betrüben, wenn Gott befiehlt, etwas derartiges für das ewige Leben zu tun oder gelassen zu ertragen.

qu. 2,142 (zu Ex 32,8)

142 Indem der Herr Mose anzeigt, was das Volk mit dem Kalb getrieben hat, d.i. mit dem Götzenbild, das sie aus ihrem Gold hergestellt hatten, sagt er, sie hätten gesagt: „Dies sind deine Götter, Israel, die dich aus dem Land Ägypten herausgeführt haben." Man liest nicht, daß sie das gesagt haben,[260] aber Gott zeigt, daß dies ihre Gesinnung war. Die diesen Worten entsprechende Gesinnung trugen sie ja im Herzen; sie konnte Gott nicht verborgen bleiben.

qu. 2,143 (zu Ex 32,14)

143 „Und der Herr wurde besänftigt[261] bezüglich des Unheils, das seinem Volk antun zu wollen[262] er gesagt hatte." „Unheil" wollte die Schrift hier als Strafe verstanden wissen, so wie in dem Satz: „Und der Heimgang jener wurde

---

droht an, seinem Volk Unheil anzutun), die syntaktische Deutung der LXX ist umstritten: περὶ τῆς κακίας, ἧς εἶπεν ποιῆσαι τὸν λαὸν αὐτοῦ. Nach BdA kann der Akk. τὸν λαὸν nicht den durch ποιῆσαι Betroffenen bezeichnen (dieser müßte im Dativ stehen, der auch in einigen LXX-Varianten begegnet), sondern muß Subjekt einer AcI-Konstruktion sein. So auch SD: „gegenüber dem Frevel, den – wie er sagte – sein Volk begangen habe". WEVERS, *Exodus*, behauptet dagegen, die Konstruktion sei zwar „highly unusual", aber dennoch im Sinn des TM zu verstehen; so auch MURAOKA, *Lexicon* s.v. ποιέω 2. (mit weiteren Beispielen) und NETS: „concerning the harm that he said he would do to his people".

hanc dicitur et bonum et malum a deo, non secundum malitiam qua homines mali sunt. Malus enim deus non est; sed malis ingerit mala, quia iustus est.

144 Iratus quidem Moyses videtur tabulas testimonii digito dei scriptas conlisisse atque fregisse; magno tamen mysterio figurata est iteratio testamenti, quoniam vetus fuerat abolendum et constituendum novum. Notandum sane quanta pro populo ad deum supplicatione laboraverit, qui tam severus in eos vindicando extitit. Quod autem in ignem missum vitulum fusilem contrivit et in aquam sparsit, quam populo potum dedit, quid nobis videatur significare, iam alibi scripsimus in opere contra Faustum Manichaeum.

145 *Et dederunt mihi; et misi in ignem et exiit vitulus hic.* Conpendio locutus est non dicens quod ipse formaverit, ut exiret vitulus fusilis. An excusationis causa timendo mentitus est, tamquam ipse in ignem periturum aurum proiecerit atque ipso non id agente forma vituli exierit? Quod ideo non est credendum hoc eum animo dixisse, quia nec latere Moysen posset quid esset in viro, cum quo deus loquebatur, et fratrem de mendacio non redarguit.

146 *Et cum vidisset Moyses populum, quia dissipatus est; dissipavit enim eos Aaron, ut in gaudium venirent adversariis suis.* Notandum est quemadmodum illud totum mali, quod populus fecit, ipsi Aaron tribuatur, quod eis consenserit ad faciendum

---

3 dicitur…deo] cf. Ecli 11,14   144,6 quid…7 Manichaeum] cf. *c. Faust.* 22,93

eduxerunt te] te eduxerunt *C V Am.* μ | 4 quae] qua *C*, quam *n* | 5 poterat] poterant *T* 143,2 et *om.* *P S V N T Am.* μ | aestimata] existimata *C N* | est² *om.* *p* | illorum] eorum *S* 3 et¹ *om. Am.* μ | qua] quam *n*, quia *V* | 4 ingerit] ingen̄eret *C (exp. m. 1?)* | 144,1 quidem] quidam *C* | digito] digiti *n* | 4 eos] eo *P* | 6 videatur] videtur *T* | 7 alibi *om. P¹ V* 145,1 conpendio] in *praem. T* | 3 proiecerit] progecerit *C* | 5 viro] vero *C N* 146,2 mali] malum *V*

---

²⁶³ Die dortige übertragene Auslegung wiederholt Augustinus in *en. Ps.* 34,2,15; 61,9; 88,1,24: Daß Mose das pulverisierte Kalb in Wasser auflöst und dieses Wasser den Israeliten zu Trinken gibt, bedeutet: Die idolatrischen Heiden bzw. die Übeltäter werden durch die Taufe dem Volk Gottes einverleibt.
²⁶⁴ Sc. den von den Israeliten gesammelten Goldschmuck.
²⁶⁵ Sc. Aaron.
²⁶⁶ Schon in TM ist das Verständnis des zweifach im Vers vorkommenden Verbs פרע („frei lassen, sich selbst überlassen, verwildern lassen", mittelhebräisch: „entblößen", Ges¹⁸) schwierig. Es wird hier als „verwildert/zuchtlos sein", „verwildern, zuchtlos

für ein Unheil gehalten" (Weish 3,2). Entsprechend diesem Verständnis wird sowohl Gutes als auch Übel von Gott ausgesagt (vgl. Sir 11,14), nicht entsprechend der Schlechtigkeit, durch die Menschen schlecht sind. Schlecht ist Gott nämlich nicht, sondern er fügt den Schlechten Übel zu, weil er gerecht ist.

qu. 2,144 (zu Ex 32,19)

144 Mose hat dem Anschein nach die vom Finger Gottes beschriebenen Tafeln des Zeugnisses zwar im Zorn zerstoßen und zerschmettert; jedoch ist durch die hochsymbolische Handlung die Erneuerung des Bundes vorausbezeichnet worden, da der alte aufgehoben und der neue errichtet werden mußte. Allerdings muß betont werden, mit welch intensiver Fürbitte für das Volk er sich vor Gott eingesetzt hat, er, der sich in ihrer Bestrafung als so streng erwiesen hat. Was es uns aber zu symbolisieren scheint, daß er das gegossene Kalb in das Feuer geworfen und zu Staub zerstampft und in das Wasser gestreut hat, das er dem Volk zu trinken gab, haben wir bereits andernorts im Werk gegen den Manichäer Faustus geschrieben (vgl. *c. Faust.* 22,93).[263]

qu. 2,145 (zu Ex 32,24)

145 „Und sie gaben mir, und ich warf in das Feuer,[264] und heraus kam dieses Kalb." Verkürzt hat er[265] gesprochen, ohne zu sagen, daß er selbst dazu angeleitet hatte, so daß ein gegossenes Kalb herauskam. Hat er etwa aus Angst gelogen, um sich zu entschuldigen, als hätte er persönlich gleichsam das Gold, damit es vernichtet werde, in das Feuer geworfen und es wäre jedoch die Gestalt des Kalbes herausgekommen, ohne daß er selbst etwas dazu beigetragen hätte? Daß er das in dieser Absicht gesagt hat, kann man deswegen nicht annehmen, weil es Mose, mit dem Gott sprach, nicht verborgen bleiben konnte, was im Innern des Mannes vorging, und weil er seinen Bruder nicht der Lüge beschuldigt hat.

qu. 2,146 (zu Ex 32,25)

146 „Und als Mose gesehen hatte, daß sich das Volk zerstreut hatte[266]; Aaron hatte sie nämlich zerstreut, so daß sie für ihre Feinde zum Gegenstand der Schadenfreude wurden." Es ist zu beachten, auf welche Weise jene Schandtat, die das Volk beging, insgesamt dem Aaron zugerechnet wird, weil er sich mit ihnen einverstanden erklärt hatte, das zu tun, was sie schändlicherweise verlangt

---

werden lassen" gedeutet. Während Vulg *nudatus* („entblößt") (WEVERS, *Exodus*: nach Symmachus) und *spolio* („entkleiden, plündern") gebraucht: (*populum quod esset nudatus spoliaverat enim eum Aaron propter ignominiam sordis et inter hostes nudum constituerat* „daß das Volk wegen der Schande der schmutzigen Gesinnung entblößt war – Aaron hatte es nämlich entkleidet und nackt unter die Feinde gestellt"), setzt LXX das Verb διασκεδάννυμι („zerstreuen, auflösen, zertrümmern") ein. VL hat sich für *dissipo* entschieden, das wohl mit „zerstreuen" wiederzugeben ist („zertrümmern" wäre auch möglich).

quod male petierant. Magis enim dictum est *dissipavit eos Aaron*, quoniam cessit
eis, quam dissipaverunt se ipsi, qui tantum malum flagitaverunt.

147 Cum Moyses dicit ad deum: *Precor, peccavit populus iste peccatum magnum, et fecerunt sibi deos aureos. Et nunc, si quidem remittis illis peccatum illorum, remitte; sin autem, dele me de libro tuo quem scripsisti*, securus quidem hoc dixit, ut a consequentibus ratiocinatio concludatur, id est, ut, quia deus Moysen non deleret de libro suo, populo peccatum illud remitteret. Verum tamen advertendum est quantum malum in illo peccato prospexerit Moyses, quod tanta caede crediderit expiandum, qui eos sic diligebat, ut pro eis illa verba deo funderet.

148 Merito quaeritur, cum superius populum dissipasse dictus sit Aaron, cur in ipsum vindicta nulla processerit neque cum Moyses interfici iussit omnem qui levitis euntibus ad portam et redeuntibus occurrisset armatis neque cum postea factum est quod scriptura dicit: *Et percussit dominus populum propter facturam vituli quem fecit Aaron*, maxime quia et hic hoc idem repetendo inculcatum est. Non enim dictum est: *Et percussit dominus populum propter facturam vituli*, quem fecerunt, sed: *Quem fecit Aaron*. Et tamen non est percussus Aaron; quin etiam illud quod de sacerdotio eius ante peccatum eius deus praecipiebat, inpletum est. Sed iussit et ipsum et filios ablui; et sic ordinati sunt in sacerdotio. Ita novit ille, cui parcat usque ad commutationem in melius et cui parcat ad tempus, quamvis eum praescierit in melius non mutari, et cui non parcat, ut mutetur in melius, et cui non parcat, ita ut nec mutationem eius expectet. Et totum hoc ad id redit, quod apostolus dicit exclamans: *Quam inscrutabilia sunt iudicia eius et investigabiles viae eius*.

149 *Vade, ascende hinc tu et populus tuus, quem eduxisti de terra Aegypti*. Deus iratus dicere videtur *tu et populus tuus, quem eduxisti*; alioquin dixisset: Tu et populus meus, quem eduxi de terra Aegypti. Sed illi quando idolum poposcerunt, ita

---

148,2 cum...3 armatis] cf. Ex 32,26-28   **9** iussit...ablui] cf. Ex 40,12   **13** Rm 11,33

4 quod] *ex* quam *P S* | petierant] petiverant *P S V N T* | **5** qui tantum] quam tum *V*
147,1 deum] dominum *V z* | **2** remittis] remittes *P¹ S* | remitte] remittes *p¹* | **4** ratiocinatio] raciotinacio *C* (tina *in ras. m. 2*) rationatio *V* | **5** illud *om. T* | **6** prospexerit] perspexerit *P S V T Am. μ*, perspexit *N* | caede] accede *C* (ac *exp. m. 2*) | **7** qui...funderet *om. n*
sic diligebat *om. p* | **148**,1 cur] cum *P¹ S V* | **2** in *om. C* | processerit] promiserit *n*
5 maxime...7 Aaron¹] *in marg. inf. V* | inculcatum] incultatum *T* | **7** fecerunt] fecerat *P¹*
quin] quid *P¹ S*, quit *V* | **8** ante...eius² *om. C per homoiot.* | praecipiebat] p̄ciebat *V*, praeciebat *S¹* | **9** sed *om. T* | **10** et...12 eius *om. n* | **11** et...non² *om. p* | **12** mutationem *om. p* | **149**,3 eduxi] eduxisti *P¹ S V N*

hatten. Mit größerem Nachdruck ist nämlich gesagt: „Aaron hat sie zerstreut", weil er ihnen nachgab, als daß sie, die ihrerseits eine so große Schandtat mit Nachdruck forderten, sich selbst zerstreut haben.

qu. 2,147 (zu Ex 32,31-32)

147 „Bitte, dieses Volk hat eine große Sünde begangen, und sie haben sich Götter aus Gold gemacht. Und nun, wenn du jenen wirklich ihre Sünden vergibst, so vergib; wenn aber nicht, tilge mich aus deinem Buch, das du geschrieben hast!" Als Mose dies zu Gott sagt, hat er es allerdings, wie man aus dem, was folgt, schlußfolgern kann, in Zuversicht gesagt, d.i., daß Gott dem Volk jene Sünde vergeben werde, weil er Mose nicht aus seinem Buch tilgen werde. Gleichwohl verdient Beachtung, welch schweres Übel Mose in jener Sünde erblickt hat, daß er es durch ein so großes Blutbad sühnen zu müssen meinte, er, der sie so sehr liebte, daß er zu ihren gunsten jene Worte vor Gott ausgoß.

qu. 2,148 (zu Ex 32,35)

148 Zu Recht fragt man, warum gegen Aaron keine Strafe verhängt worden ist, obgleich oben gesagt wurde, daß er das Volk zerstreut hat, sogar nicht, nachdem Gott Mose befohlen hatte, jeden zu töten, der den Leviten, die bewaffnet zum Tor vorrückten und umkehrten, entgegengekommen wäre (vgl. Ex 32,26-28), nicht einmal, als danach geschah, was die Schrift sagt: „Und der Herr schlug das Volk, weil sie das Kalb gemacht hatten, das Aaron anfertigte", vor allem deshalb, weil eben dies auch hier durch die Wiederholung eingeschärft worden ist. Es heißt nämlich nicht: ‚Und der Herr schlug das Volk wegen der Herstellung des Kalbes', das sie angefertigt hatten, sondern: „das Aaron angefertigt hatte." Und dennoch ist Aaron nicht erschlagen worden; ja, vielmehr hat sich sogar das erfüllt, was Gott bezüglich seines Priesteramtes vor seiner Versündigung vorgeschrieben hat. Er befahl aber freilich, ihn selbst und seine Söhne zu waschen (vgl. Ex 40,12); und so sind sie zu Priestern geweiht worden. So weiß jener, wen er verschont, bis er sich gebessert hat, und wen er für gewisse Zeit verschont, obgleich er vorherweiß, daß er sich nicht bessern wird, und wen er nicht verschont, damit er sich bessern kann, und wen er in der Weise nicht verschont, daß er nicht einmal seine Besserung erwartet. Und all dies läuft auf das hinaus, was der Apostel sagt, als er ausruft: „Wie unergründlich sind seine Urteile und wie unerforschlich seine Wege" (Röm 11,33)!

qu. 2,149 (zu Ex 33,1)

149 „Geh, zieh hinauf von hier, du und dein Volk, das du aus Ägypten herausgeführt hast!" Gott scheint im Zorn zu sagen: „du und dein Volk, das du herausgeführt hast"; sonst hätte er gesagt: ‚du und mein Volk, das ich aus dem Land Ägypten herausgeführt habe'. Aber jene haben folgendermaßen gesprochen, als sie ein Götzenbild forderten: „Denn Mose, dieser Mann, der uns aus dem Land Ägypten herausgeführt hat – wir wissen nicht, was ihm widerfahren ist" (Ex 32,1.23). Sie hatten gefehlt, indem sie ihre Befreiung einem Menschen

locuti sunt: *Moyses enim hic homo, qui eduxit nos de terra Aegypti, non scimus quid factum est ei.* Liberationem suam in homine constituendo defecerant. Hoc eis modo replicatur cum dicitur: *Tu et populus tuus, quem eduxisti de terra Aegypti,* quod illis est crimini, non Moysi. Non enim aliud volebat Moyses, nisi ut non in illo, sed in domino spem ponerent et domini misericordia se in gratiarum actione crederent ab illa servitute liberatos. Cuius tamen apud deum tamquam fidelissimi famuli tantum erat meritum per illius gratiam, ut ei diceret deus: *Sine me, et iratus ira conteram eos.* Quod utrum iubentis sit cum ait: *Sine me,* an quasi petentis, utrumque videtur absurdum. Nam et, si iubebat deus, inoboedienter famulus non parebat, et deum hoc a servo velut pro beneficio petere non decebat, cum praesertim posset eos etiam illo nolente conterere. Ille itaque ibi sensus in promtu est, quod his verbis significavit deus plurimum apud se prodesse illi populo, quia sic ab illo viro diligebantur, quem sic dominus diligebat, ut eo modo admoneremur, cum merita nostra nos gravant ne diligamur a deo, relevari nos apud eum illorum meritis posse quos diligit. Nam cum ab omnipotente dicitur homini: *Sine me, et conteram eos,* quid aliud dicitur quam: Contererem eos, nisi diligerentur abs te? Ita ergo dictum est *sine me,* ac si diceretur: Noli eos diligere, *et conteram eos,* quia ne id faciam dilectio tua in illos intercedit mihi. Obtemperandum autem esset domino dicenti: Noli eos diligere, si hoc iubendo dixisset et non potius admonendo et exprimendo quid illum ab eorum supplicio revocaret. Nec tamen etiam illo intercedente sine flagello disciplinae populum dereliquit. Nescio quo enim modo, ut sic eos diligeret ipse Moyses, deus illos occultius diligebat, qui manifeste voce terrebat.

150 Ubi dicit deus ad Moysen: *Vade, ascende hinc tu et populus tuus, quem eduxisti de terra Aegypti, in terram quam iuravi Abraham, Isaac et Iacob dicens: Semini vestro dabo eam,* continuo tamquam ad ipsum Moysen adhuc loquatur occulta conversione, quae Graece ἀποστροφή dicitur, iam ad ipsum populum loquitur dicens: *Et simul*

149,4 Ex 32,1.23   **10** Ex 32,10

---

4 enim] autem *P* | quid] quod *V* | **5** est] sit *P S V T Am. µ* | homine] hominem *P S V T*
7 est crimini] criminis est *T* | crimini] criminis *P S V T* | in om. *C P¹ S¹* | **8** in²] cum *T Am. µ* | actione] actionem *N* | **11** ira] iram *C P² T¹*, om. *P¹ S V* | conteram] contra *P¹ S* cum] quod *p* | **12** videtur] videatur *P et V corr.* | **13** servo] famulo *S corr.* | decebat] dicebat *C P¹ V* | **15** significavit] significat *V* | **17** gravant] gravassent *P¹ S V¹*, gravent *T* relevari] revelari *C* | **19** contererem] *pr. re m. 2 in ras. C, pr. re s. l. m. 2 P* | **20** abs] ab* *V*
21 illos] illo *T* | **22** iubendo] iubente *C* | **26** manifeste] manifesta *V¹ N T*
150,1 quem] quos *C N T* | **2** Abraham] et *add. z* | **3** conversione] conversatione *P¹*
4 quae] qua *N*, quod *V* | ἀποστροφή] apostrofe *C*, apostrophae *P T*, apostrophe *S V N*

zuschrieben. Auf diese Weise zahlt er ihnen zurück, indem er sagt: „du und dein Volk, das du aus Ägypten herausgeführt hast". Das wird jenen vorgeworfen, nicht Mose. Mose wollte nämlich nichts anderes, als daß sie nicht auf ihn, sondern auf den Herrn ihre Hoffnung setzten und unter Danksagung glaubten, sie seien durch die Barmherzigkeit des Herrn von jener Knechtschaft befreit worden. Dennoch besaß dieser gleichsam treueste Knecht bei Gott durch dessen Gnade ein so großes Verdienst, daß Gott zu ihm sagte: „Laß mich, und ich will, von Zorn entbrannt, sie vertilgen" (Ex 32,10). Ob dies, wenn er sagt: „Laß mich", das Wort eines Befehlenden oder eines gleichsam Bittenden ist – beides erscheint unsinnig. Denn einerseits leistete, wenn Gott befahl, der Diener in seinem Ungehorsam nicht Folge, andererseits ziemte es sich für Gott nicht, dies vom Knecht gleichsam als Gunstbezeichnung zu erbitten, vor allem, weil er sie auch vertilgen konnte, wenn jener es nicht wollte. Daher hat jener Ausspruch an dieser Stelle offensichtlich folgenden Sinn: Durch diese Worte gab Gott zu verstehen, daß bei ihm jenem Volk am meisten zugute kam, daß sie so sehr von jenem Mann geliebt wurden, den der Herr so sehr liebte, damit wir auf diese Weise belehrt würden, daß, wenn unsere Vergehen uns derart belasten, daß wir von Gott nicht geliebt werden, wir bei ihm durch die Verdienste jener, die er liebt, entlastet werden. Denn wenn der Allmächtige einem Menschen sagt: „Laß mich, und ich will sie vertilgen", was besagt das anderes als: ‚Ich würde sie vertilgen, wenn sie nicht von dir geliebt würden'? Daher ist: „Laß mich!" so gesagt worden, als wenn gesagt werden würde: ‚Liebe sie nicht!', „und ich will sie vertilgen", ‚denn deine Liebe zu jenen hindert mich daran, dies zu tun'. Man müßte aber dem Herrn willfahren, wenn er sagt: Liebe sie nicht!, falls er dies befehlend gesagt hätte und nicht vielmehr belehrend und verdeutlichend, was ihn davon abhielt, sie zu bestrafen. Und dennoch ließ er, obwohl jener Fürbitte leistete, das Volk nicht ohne die Geißel der Züchtigung davonkommen. Ich weiß nämlich nicht, in welcher Weise Gott, der jene offenkundig durch seine Rede in Schrecken versetzte, sie auf verborgenere Weise liebte, damit Mose seinerseits sie so sehr liebte.

qu. 2,150 (zu Ex 33,1-3)

150 An der Stelle, wo Gott zu Mose sagt: „Geh, zieh hinauf von hier, du und dein Volk, das du aus Ägypten herausgeführt hast, in das Land, das ich Abraham, Isaak und Jakob mit den Worten zugeschworen habe: Eurem Samen werde ich es geben", fährt er zwar fort, gleich als ob er noch immer zu Mose in geheimem Gespräch spräche, das im Griechischen ἀποστροφή genannt wird, spricht aber bereits zum Volk selbst mit den Worten: „Und zugleich werde ich meinen Engel vor dir hersenden, und er wird den Kanaanäer und den Amoriter und den Hetiter und den Perisiter und den Girgaschiter und den Hiwiter und den Jebusiter vertreiben und dich in das Land, wo Milch und Honig fließen, hineinführen. Ich werde nämlich nicht mit dir hinaufziehen, weil du ein hals-

mittam angelum meum ante te et eiciet Chananaeum et Amorrhaeum et Chettaeum et Phere-
zaeum et Gergesaeum et Evaeum et Iebusaeum, et introducet te in terram fluentem lac et mel.
Non enim ascendam tecum quoniam populus dura cervice es, ut non deleam te in via. Magna
sacramenti et mira profunditas, tamquam maiorem misericordiam posset angelus habere quam dominus, qui populo durae cervicis parceret, cui deus, si cum
illis esset, ipse non parceret. Et tamen etiam per angelum suum se quodam
modo ab eis absente, qui nusquam esse absens potest, inplere se dicit quod
patribus eorum iuravit, tamquam et hic ostendens hoc se ideo facere, quia illis
patribus iustis promisit, non quod isti digni essent. Quid ergo significavit nisi
forte ideo se non esse cum eis, quia dura cervice sunt, quia non eum propitium
et salubrem nisi humilitas et pietas capit? Esse autem deum cum durae cervicis
hominibus nihil est aliud quam vindicando adesse atque puniendo: Unde cum
eo modo malis non adest, parcendo facit. Quo pertinet illud quod dicitur: *Averte*
faciem tuam a peccatis meis, quia si avertit, evertit; *sicut* enim *fluit cera a facie ignis, sic*
pereant peccatores a facie dei.

151 *Et dixit Moyses ad dominum: Ecce tu mihi dicis: Deduc populum hunc; tu autem*
non demonstrasti mihi quem simul mittas mecum. Tu autem dixisti mihi: Scio te prae omni-
bus, et gratiam habes apud me. Si ergo inveni gratiam in conspectu tuo, ostende mihi temet
ipsum, manifeste videam te, ut sim inveniens gratiam ante te et ut sciam quia populus tuus est
gens haec. Quod habet Graecus γνωστῶς, hoc quidam Latini interpretati sunt
manifeste, cum scriptura non dixerit φανερῶς. Potuit ergo fortasse aptius dici: *Si*
inveni gratiam in conspectu tuo, ostende mihi temet ipsum, scienter videam te. Quibus verbis satis ostendit Moyses, quod non ita videbat deum in illa tanta familiaritate
conspectus, ut desiderabat videre, quoniam illae omnes visiones dei, quae mor-
talium praebebantur aspectibus et ex quibus fiebat sonus, quo mortalis adtinge-

---

150,17 Ps 50,11   **18** Ps 67,3

5 et² *om.* C | et³ *om.* C | et⁴ *om.* C p | **6** et² *om.* C | fluentem] fruentem C | **7** quoniam]
quia P S V T | dura cervice] durae cervicis S T | **8** maiorem misericordiam] misericordiam
maiorem *Am. μ* | **9** dominus] deus S *Am. μ* | durae…10 esset *om.* N | cui…10 parceret
om. P¹ S V *per homoiot.* | si cum] sicut C | **10** tamen] non *n* | **11** ab eis *om.* S | esse] esset
n | **13** significavit] significant S, significat V *Am. μ* | **14** quia dura] qui dura V N
15 et¹] sed P¹ S¹ V | autem *om.* C, *exp.* P² | **18** si] nisi V | avertit] advertit C N T μ
19 pereant] pereunt C N μ | **151,**2 dixisti mihi] mihi dixisti N ζ | **3** et…inveni *om.* N
4 videam] ut *praem.* V *Bad. Am. μ* | **5** γνωστῶς] genostos C, ignotos p, genostos P S V *n* T
hoc *om.* C¹ | **6** φανερῶς] faneros C p, phaneros P S V *n* T | aptius] ti *in ras. m.* 2 C, appoti-
us P¹, an potius S V | **7** scienter] ut *praem.* V *(s. l.) Bad.* | videam] ut *praem. Am. μ* | **10** et
om. S | adtingeretur…11 auditus] adtingere auditur C

starriges Volk bist, damit ich dich nicht unterwegs vernichte." Eine große und wunderbare Tiefe des Geheimnisses, gleich als ob der Engel größere Barmherzigkeit besitzen könnte als der Herr, so daß er das halsstarrige Volk verschonen würde, das Gott selbst, wenn er mit jenen wäre, nicht verschonen würde. Und dennoch sagt er, daß er, während er selbst, der niemals abwesend sein kann, auf irgendeine Weise von ihnen abwesend ist, auch durch seinen Engel erfüllt, was er ihren Vätern geschworen hat, und zeigt so gleichsam auch hier, daß er dies dewegen tue, weil er es jenen gerechten Vätern verheißen hat, nicht, weil diese würdig wären. Was also wollte er zu erkennen geben, wenn nicht vielleicht, daß er deswegen, weil sie halsstarrig sind, nicht mit ihnen sei, weil nur Demut und Frömmigkeit ihn so aufnehmen, daß er gnädig und heilbringend ist? Daß Gott aber mit halsstarrigen Menschen ist, besagt nichts anderes, als daß er tadelnd und strafend anwesend ist: Wenn er infolgedessen mit schlechten Menschen nicht auf diese Weise ist, tut er dies zu ihrer Verschonung. Darauf bezieht sich jener Ausspruch: „Wende dein Gesicht ab von meinen Sünden" (Ps 51,11), weil er, wenn er es zuwendet,[267] vernichtet, denn: „Wie Wachs angesichts des Feuers schmilzt, so sollen die Sünder vor dem Angesicht Gottes zugrunde gehen" (Ps 68,3).

qu. 2,151 (zu Ex 33,12-13)

151 „Und Mose sagte zum Herrn: Siehe, du sagst mir: Führe dieses Volk weg! Du hast mich aber nicht wissen lassen, wen du zusammen mit mir schicken willst. Du hast mir doch gesagt: Ich kenne dich besser als alle, und du hast Gnade vor mir. Wenn ich also Gnade vor deinem Angesicht gefunden habe, so zeige mir dich selbst,[268] ich möchte dich deutlich sehen, damit ich Gnade vor dir finde und erfahre, daß dieser Volksstamm dein Volk ist." Der Grieche hat γνωστῶς, das haben einige Lateiner mit *manifeste* (deutlich) übersetzt,[269] obgleich die Schrift nicht gesagt hat: φανερῶς. Man hätte daher vielleicht passender sagen können: „Wenn ich Gnade vor deinem Angesicht gefunden habe, zeige dich selbst mir, daß ich dich so sehe, daß ich dich erkenne." Durch diese Worte gibt Mose genügend deutlich zu erkennen, daß er Gott sonst nicht so in jener vertraulichen Anschauung sah, wie er ihn zu sehen begehrte, da alle jene Gottesvisionen, die den Blicken Sterblicher gewährt wurden und bei denen ein Laut entstand, der das Gehör der Sterblichen berührte, sich so der Aufnahmefähigkeit darboten, wie Gott wollte, in der Gestalt, wie Gott

---

[267] Lies: *advertit*.

[268] Hier und im folgenden weicht LXX, gefolgt von VL, von TM, gefolgt von Vulg, ab. In 33,13 bittet Mose nach TM: „Zeig mir deinen Weg!", nach LXX hingegen: ἐμφάνισόν μοι σεαυτόν· γνωστῶς ἴδω σε „Zeige dich mir, damit ich dich vollständig erkenne."

[269] VL:Cod.Lugd.

retur auditus, sic exhibebantur adsumpta, sicut deus volebat, specie qua volebat, ut non in eis ipsa ullo sensu corporis sentiretur divina natura, quae invisibilis ubique tota est et nullo continetur loco. Et quia *in duobus praeceptis*, hoc est dilectionis dei et proximi, *tota lex pendet*, ideo Moyses in utroque suum desiderium demonstrabat: In dilectione scilicet dei, ubi ait: *Si inveni gratiam in conspectu tuo,* *ostende mihi temet ipsum, manifeste videam te, ut sim inveniens gratiam in conspectu tuo*, in dilectione autem proximi, ubi ait: *Et ut sciam quia populus tuus est gens haec.*

152 Quid est quod dicit deus ad Moysen: *Quoniam scio te prae omnibus*? Numquid deus plus aliqua scit et aliqua minus? An secundum quod dicitur quibusdam in evangelio: *Non novi vos*? Secundum hanc enim scientiam, qua deus dicitur scire quae illi placent, nescire quae displicent, non quia ignorat ea, sed quia non adprobat - sicut ars recte dicitur nescire vitia, cum probet vitia - prae omnibus deus Moysen sciebat, quia deo prae omnibus Moyses placebat.

153 Notandum estne, quod prius ipse Moyses dixerat deo: *Dixisti mihi: Scio te prae omnibus*, quod illi deus, posteaquam hoc ipse deo dixit, legitur dixisse, ante autem non legitur, ut intellegamus non omnia esse scripta quae cum illo deus locutus est? Sed diligentius requirendum est in prioribus scripturae partibus, an vere ita sit.

154,1 Cum dixisset Moyses ad dominum: *Ostende mihi gloriam tuam*, respondit ei dominus: *Ego transibo ante te gloria mea et vocabo nomine domini in conspectu tuo: Et miserebor cui misertus ero et misericordiam praestabo cui misericordiam praestitero*, cum paulo ante dixisset: *Ipse antecedam te et requiem tibi dabo*. Quod Moyses sic videtur accepisse *antecedam te*, tamquam non ei populoque praesens in itinere futurus

---

151,13 Mt 22,40 **152,3** Mt 25,12 **154,1** Ex 33,18 **2** Ex 33,19 **4** Ex 33,14

11 specie...volebat² *om.* C *per homoiot.* | qua] quam N | **12** in *om.* V Bad. | **16** videam] ut praem. V (m. 2) Bad. Am. μ | **17** est...haec] gens haec est C | **152,5** adprobat] probat p cum...vitia²] *add. m. 2 in marg.* C | probet] improbet C (=C²) p, improbat P S V² Am. μ **153,1** estne] est V, estṇe T | ipse] ipso C | deo *om.* P¹ S V | **3** esse] fuisse p **154,1** cum] autem *add.* V T Bad. | **2** ei] et T | gloria] in *praem.* Bad. | **3** praestabo] praesto C¹ P¹ S V¹ | **4** antecedam] antecedante V (an *sup. exp.* en) | sic videtur] sicut detur N **5** populoque] populo q: C, populo qui P S V Bad. Am. μ, populoquae N, populo∗∗∗ T

---

[270] TM hat in 33,12.17: „Ich kenne dich mit Namen." Entsprechend Vulg: *novi te ex nomine*. LXX dagegen hat an beiden Stellen: Οἶδά σε παρὰ πάντας.
[271] Vgl. *qu.* 3,31.

wollte, so daß in ihnen nicht die göttliche Natur selbst durch irgendeine Sinneswahrnehmung erfahren wurde, die unsichtbar überall als ganze anwesend ist und durch keinen Raum eingeschlossen wird. Und da „an diesen beiden Geboten", d.i. der Gottes- und Nächstenliebe, „das ganze Gesetz hängt" (Mt 22,40), deswegen zeigte Mose sein Verlangen in beidem: nämlich in der Gottesliebe, wo er sagt: „Wenn ich also Gnade vor deinem Angesicht gefunden habe, so zeige mir dich selbst, ich möchte dich deutlich sehen, daß ich Gnade vor deinem Angesicht finde", in der Nächstenliebe aber, wo er sagt: „und daß ich erfahre, daß dieser Volksstamm dein Volk ist."

qu. 2,152 (zu Ex 33,12.17)

152 Was bedeutet das Wort Gottes zu Mose: „Denn ich kenne dich besser als alle"?[270] Kennt Gott etwa einige Dinge mehr und andere weniger? Oder [ist das zu verstehen] entsprechend dem, was zu einigen im Evangelium gesagt wird: „Ich kenne euch nicht" (Mt 25,12)? Nach dieser Kenntnis nämlich, in der, wie man sagt, Gott die Dinge kennt, die ihm gefallen, die Dinge nicht kennt, die ihm mißfallen, nicht weil er nichts von ihnen weiß, sondern weil er sie mißbilligt – wie man zu Recht von der Kunst sagt, sie kenne keine Laster, obgleich sie Laster prüft –, kannte Gott Mose besser als alle, da Mose Gott mehr als alle gefiel.

qu. 2,153 (zu Ex 33,12.17)

153 Verdient es nicht Beachtung, daß zuerst Mose seinerseits zu Gott gesagt hatte: „Du hast zu mir gesagt: Ich kenne dich besser als alle", daß man erst, nachdem er das zu Gott gesagt hatte, liest, Gott habe dies zu jenem gesagt, es zuvor aber nicht liest, damit wir daraus entnehmen, daß nicht alles aufgeschrieben worden ist, was Gott mit jenem gesprochen hat?[271] Aber man muß in den vorausgehenden Teilen der Schrift sorgfältiger untersuchen, ob sich das wirklich so verhält.

qu. 2,154,1 (zu Ex 33,14-23)

154,1 Als Mose zum Herrn gesagt hatte: „Laß mich deine Herrlichkeit sehen" (Ex 33,18), antwortete ihm der Herr: „Ich werde vor dir hinübergehen[272] in meiner Herrlichkeit und werde den Namen des Herrn vor deinem Angesicht ausrufen: Und ich werde mich erbarmen, wessen ich mich erbarmt haben werde, und ich werde Barmherzigkeit erweisen, wem ich Erbarmen erwiesen haben werde" (Ex 33,19), obgleich er kurz zuvor gesagt hatte: „Ich selbst werde dir vorausgehen und dir Ruhe verschaffen" (Ex 33,14).[273] Mose scheint die Wendung: „Ich werde dir vorausgehen" so aufgefaßt zu haben, als werde er ihm und

---

[272] Zu dieser Übersetzung und zum Thema Gottesschau vgl. die Einleitung in *qu.* 2, S. 288-293.

[273] Zum Wortlaut der VL und zu Augustins Deutung vgl. die Einleitung in *qu.* 2, S. 290f.

2440 esset, et ideo ait: *Si non tu ipse simul veneris nobiscum, ne me educas hinc* et cetera. Deus autem neque hoc ei negavit dicens: *Et hoc tibi verbum quod dixisti faciam.* Quomodo ergo, cum dixisset ei Moyses: *Ostende mihi gloriam tuam,* rursus tamquam praecessurus et non cum eis simul futurus videtur dicere: *Ego transibo ante te,* nisi quia hoc aliud est? Ille quippe intellegitur loqui et dicere: *Transibo ante te,* de quo dicit evangelium: *Cum venisset hora, ut transiret Iesus de hoc mundo ad patrem.* Qui transitus etiam pascha interpretari perhibetur. Haec itaque magna omnino prophetia est. Ipse enim ante omnes sanctos transiit ad patrem de hoc saeculo parare illis mansiones regni caelorum, quas dabit eis in resurrectione mortuorum, quoniam transiturus ante omnes *primogenitus a mortuis* factus est.

154,2 Gratiam vero suam in eo ipso valde commendat cum dicit: *Et vocabo nomine domini in conspectu tuo,* tamquam in conspectu populi Israhel, cuius Moyses cum haec audiret typum gerebat. In conspectu enim gentis ipsius ubique dispersae vocatur dominus Christus in omnibus gentibus. *Vocabo* autem dixit, non vocabor, activum verbum pro passivo ponens genere locutionis inusitato: In quo nimirum magnus sensus latet. Sic enim fortasse significare voluit se ipsum hoc facere, id est gratia sua fieri, ut vocetur dominus in omnibus gentibus.

---

7 Ex 33,17   **11** Io 13,1   **14** parare…caelorum] cf. Io 14,2   **15** Col 1,18   **16** Ex 33,19

6 ipse simul] simul ipse *T* | veneris] venires *V* | **7** hoc¹ *om. Bad.* | hoc ei] ei hoc *P S V T Am. μ* | **8** ergo *om. S* | ei *om. Eug.* | tuam *om. Bad.* | **9** non *om. Bad.* | **10** nisi…te²] *om. Bad.* | **11** ut…Iesus *om. N* | transiret Iesus] transiretis *C¹* (*corr. 2 m. in* transiret tis)   **13** transiit] transit *P¹ S¹ V Am. μ* | **17** nomine] nomen *V* | **20** verbum *om. T*

---

[274] Zum Wortlaut der VL und zu Augustins Deutung vgl. die Einleitung in *qu.* 2, S. 289f.
[275] LXX übersetzt das Verb פסח in Ex 12,23 mit παρέρχεσθαι „vorübergehen", in Ex 12,13.27 dagegen mit σκεπάζειν „schirmen, schützen". „Die Übersetzung mit παρέρχεσθαι ist aus dem Kontext (ʿabar Ex 12,23; vgl. Ex 12,12) erschlossen. Sie wird [...] von [...] der Vulgata (Ex 12,13.27 *transibo/transivit*; Ex 12,13 *transcendit,* Jes 31,5 *transiens*) übernommen" (Otto, פסח 668). Die aramäische Form für den hebräischen Namen des Festes פֶּסַח (griechische Transkription: φασεκ/φασεχ, lateinische Transkription: phase/*fasec*) lautet פַּסְחָא, in griechischer Transkription πάσχα: In der Patristik, auch noch zur Zeit des Augustinus, waren zwei konkurrierende Deutungen von Pascha verbreitet

dem Volk auf dem Weg nicht gegenwärtig sein, und sagt daher: „Wenn du nicht selbst[274] zusammen mit uns kommst, dann führe mich nicht von hier weg" (Ex 33,15) usw. Und doch hat Gott ihm auch dies nicht verweigert, da er sagte: „Auch dieses Wort, das du gesagt hast, werde ich dir erfüllen" (Ex 33,17). Wieso also hat es den Anschein, daß er, als Mose ihm gesagt hatte: „Laß mich deine Herrlichkeit sehen", wiederum sagt, als habe er die Absicht, vorauszugehen und nicht mit ihnen zusammen zu sein: „Ich werde vor dir hinübergehen", wenn nicht, weil dies etwas anderes bedeutet? Man versteht ja, daß jener spricht und sagt: „Ich werde vor dir hinübergehen", von dem das Evangelium sagt: „Als die Stunde gekommen war, daß Jesus aus dieser Welt zum Vater hinüberginge" (Joh 13,1): Dieser „Hinübergang" wird üblicherweise auch als „Pascha" verstanden.[275] Daher ist dies eine überaus bedeutende Prophetie. Er selbst ist nämlich vor allen Heiligen aus dieser Welt zum Vater hinübergegangen, um jenen Wohnungen im Himmelreich zu bereiten (vgl. Joh 14,2), die er ihnen bei der Auferstehung der Toten geben wird, weil er, insofern er vor allen hinübergehen sollte, zum „Erstgeborenen von den Toten" (Kol 1,18) geworden ist.

qu. 2,154,2

154,2 Seine Gnade aber hebt er gerade darin stark hervor, wenn er sagt: „und ich werde den Namen des Herrn vor deinem Angesicht ausrufen" (Ex 33,19), gleichsam vor dem Angesicht des Volkes Israel, als dessen Typus Mose fungierte, als er dieses hörte. Im Angesicht des eigenen überallhin verstreuten Volkes wird nämlich Christus in allen Völkern angerufen. Er sagte aber „ich werde rufen", nicht: ‚ich werde gerufen werden'; so setzt er in einer unüblichen Ausdrucksweise das aktive Verb anstelle des passiven [Verbs]: Darin verbirgt sich natürlich ein bedeutender Sinn. So wollte er nämlich vielleicht anzeigen, daß er selbst dies bewirke, d.h. daß es durch seine Gnade geschehe, daß der Herr in allen Völkern angerufen wird.

(vgl. BdA 48-51): (1) volksetymologische Verbindung mit πάσχειν, *pati, passio* (schon bei Melito von Sardes und Laktanz); (2) διαβατήρια, ὑπερβασία, διάβασις, *transitus* (seit Flavius Josephus, Philo und Klemens von Alexandrien). Augustinus verwirft die erste Auslegung (z.B. *Io. ev. tr.* 55,1) und kämpft unter etymologischem Verweis auf das Hebräische und in inhaltlicher Anknüpfung an Joh 13,1 für die Deutung *transitus, sc. a morte ad vitam, de hoc mundo ad patrem*. MOHRMANN, *Pascha* (mit zahlreichen Zitaten). Hieronymus, *Nom. Hebr., Interpretationes de Exodo: Fasec transgressus sive transcensio.* Vulg: Ex 12,11: *est enim phase id est transitus Domini*; Ex 12,27: *victima transitus Domini est quando transivit super domos filiorum Israhel in Aegypto percutiens Aegyptios et domos nostras liberans.* Vgl. auch CANTALAMESSA, *Ratio paschae*, der die Kontroverse zwischen Ambrosiaster und Hieronymus hervorhebt. HUBER, *Passa* 122-129.

154,3 Quod vero addidit: *Et miserebor cui misertus ero et misericordiam praestabo cui misericordiam praestitero*, ibi plane expressius ostendit vocationem, qua nos vocavit in suum regnum et gloriam, non pro meritis nostris, sed pro misericordia sua. Quoniam enim se gentes introducturum pollicebatur dicens: *Vocabo nomine domini in conspectu tuo*, commendavit hoc se misericorditer facere, sicut apostolus dicit: *Dico enim Christum ministrum fuisse circumcisionis propter veritatem dei ad confirmandas promissiones patrum, gentes autem super misericordia glorificare deum.* Hoc ergo praedictum est: *Miserebor cui misertus ero et misericordiam praestabo cui misericordiam praestitero*. Quibus verbis prohibuit hominem velut de propriarum virtutum meritis gloriari, *ut qui gloriatur, in domino glorietur*. Non enim ait: *Miserebor* talibus vel talibus, sed *cui misericors fuero*, ut neminem praecedentibus bonis operibus suis misericordiam tantae vocationis meruisse demonstret. Etenim *Christus pro inpiis mortuus est*.

154,4 Sed utrum hoc idem repetere voluerit, cum addidit: *Misericordiam praestabo cui misericordiam praestitero* - vel, sicut alii interpretati sunt, *cui misericors fuero* - an aliquid intersit nescio. Quod enim in Graeca lingua duobus verbis dictum est, ἐλεήσω et οἰκτειρήσω - quod unum atque idem videtur significare - non potuit Latinus diversis verbis dicere et diversis modis eandem misericordiam repetivit. Si autem diceretur: Miserebor cui misereor et miserebor cui misereor aut miserebor cui misertus ero, non satis commode dici videretur. Et tamen fortius ille ipse ibi sensus est, quod aut ipsius misericordiae suae firmitatem deus ista repetitione monstravit - sicut: Amen, amen, sicut: Fiat, fiat, sicut repetitio somnii Pharaonis pluraque similia - aut in utrisque populis, id est gentibus et Hebraeis, hoc modo deus praenuntiavit misericordiam se esse facturum. Quod apostolus ita dicit: *Sicut enim vos aliquando non credidistis deo, nunc autem mise-*

---

23 Ex 33,19 **28** Rm 15,8-9 **32** 2 Cor 10,17 **34** Rm 5,6 **47** Rm 11,30-32

23 praestabo] parabo *n* | **27** hoc se] se hoc *Bad.* | **29** misericordia] misericordiam *N Eug.* | glorificare] gloria *C* | **30** miserebor] et *praem. n (sed exp.) z* | **32** vel...33 talibus *om. V Bad.* | **34** meruisse] se *add. et exp. P* | **36** praestabo] tabo *m. 2 in ras. C* **37** cui¹...praestitero *om. C¹* | **38** in *om. P S V T Bad. Am. μ* | **39** ἐλεήσω] eleeso *C N*, eleeson *P V¹ T S*, ἐλεήσον *Bad.* | οἰκτειρήσω] eoctyreso *C*, oictoireso *P S V T*, oectyreso *N*, οἰκτίρεισον *Bad.* | **41** et] aut *C P² Bad.* | miserebor²] misereor *Bad.* | cui²...42 miserebor] *om. C P S V T Bad. Am. μ* | **42** ero] aut miserebor cui misertus ero miserebor *add. P¹ (sed exp. m. 2) S V* (misertus ero *exp.*) | **43** ibi] sibi *P¹ S* | **44** ista] ita *Bad.* | sicut² *om. C¹* **45** utrisque] utriusque *p* | id est] *om. p Eug.* | **47** ita *om. S*

qu. 2,154,3

154,3 Das, was er aber hinzugefügt hat: „Und ich werde mich erbarmen, wessen ich mich erbarmt haben werde, und ich werde Barmherzigkeit erweisen, wem ich Erbarmen erwiesen haben werde", veranschaulicht hier mit klaren Worten sehr deutlich die Berufung, mit der er uns in sein Reich und seine Herrlichkeit berufen hat, nicht für unsere Verdienste, sondern gemäß seiner Barmherzigkeit. Weil er nämlich verhieß, er werde die Heiden hineinführen, indem er sagte: „Ich werde den Namen des Herrn vor deinem Angesicht ausrufen", hat er bekräftigt, er werde dies aus Barmherzigkeit tun, wie der Apostel sagt: „Ich sage nämlich, Christus war Diener der Beschneidung um der Wahrhaftigkeit Gottes willen, um die Verheißungen an die Väter zu bestätigen, die Heiden aber verherrlichen Gott wegen seiner Barmherzigkeit" (Röm 15,8-9). Daher ist dies vorhergesagt worden: „Ich werde mich erbarmen, wessen ich mich erbarmt haben werde, und ich werde Barmherzigkeit erweisen, wem ich Erbarmen erwiesen haben werde." Mit diesen Worten verwehrte er dem Menschen, sich gleichsam der Verdienste auf Grund seiner eigenen Tugenden zu rühmen, damit „wer sich rühmt, sich im Herrn rühme" (2Kor 10,17). Er sagt nämlich nicht: „Ich werde mich" solcher oder solcher „erbarmen", sondern: „wem ich barmherzig gewesen sein werde", um zu zeigen, daß niemand sich durch seine vorausgehenden guten Werke die Barmherzigkeit einer so großen Berufung verdient hat. Denn „Christus ist für die Gottlosen gestorben" (Röm 5,6).

qu. 2,154,4

154,4 Aber ich weiß nicht, ob er genau dasselbe wiederholen wollte, als er hinzufügte: „Ich werde Barmherzigkeit erweisen, wem ich Erbarmen erwiesen haben werde" – oder, wie andere übersetzt haben: „wem ich barmherzig gewesen sein werde" –, oder ob irgendein Unterschied besteht. Was nämlich auf Griechisch mit zwei Wörtern gesagt ist: ἐλεήσω und οἰκτιρήσω – das scheint ein und dasselbe zu bedeuten –, konnte der Lateiner nicht in zwei verschiedenen Wörtern formulieren, und so wiederholte er die Idee der Barmherzigkeit auf verschiedene Weisen. Wenn man hingegen sagen würde: ‚Ich werde mich erbarmen, wessen ich mich erbarme, und ich werde mich erbarmen, wessen ich mich erbarme' oder: ‚Ich werde mich erbarmen, wessen ich mich erbarmt haben werde', schiene das hier nicht angemessen genug ausgedrückt zu werden. Und dennoch ist eben jener Sinn hier besonders nachdrücklich formuliert, weil Gott entweder die Unerschütterlichkeit eben dieser seiner Barmherzigkeit durch diese Wiederholung betont hat – wie: ‚Amen, Amen', wie: ‚Es werde, es werde', wie die Wiederholung des Traums Pharaos und zahlreiche ähnliche Beispiele – oder weil Gott auf diese Weise vorausgesagt hat, daß er an beiden Völkern, d.i. den Heiden und den Hebräern, seine Barmherzigkeit erweisen werde. Das drückt der Apostel auf folgende Weise aus: „Wie ihr nämlich einst Gott nicht geglaubt habt, jetzt aber Barmherzigkeit erlangt habt infolge des Unglaubens

ricordiam consecuti estis illorum incredulitate, sic et ipsi nunc non crediderunt in vestra misericordia, ut et ipsi misericordiam consequantur. Conclusit enim deus omnes in incredulitate, ut omnium misereatur.

154,5 Deinde post hanc suae misericordiae commendationem respondit ad illud quod ei dictum fuerat: *Ostende mihi gloriam tuam* vel, quod supra petiverat Moyses dicens: *Ostende mihi temet ipsum, manifeste videam te, non poteris*, inquit, *videre faciem meam. Non enim videbit homo faciem meam et vivet*, ostendens huic uitae, quae agitur in sensibus mortalibus corruptibilis carnis, deum sicuti est adparere non posse; id est: Sicut est, videri in illa vita potest, ubi ut vivatur, huic vitae moriendum est.

154,6 Item interposito articulo dicente scriptura: *Et ait dominus*, sequitur et loquitur: *Ecce locus penes me*. Quis enim locus non penes deum est, qui nusquam est absens? Sed ecclesiam significat dicendo: *Ecce locus penes me*, tamquam templum suum commendans, *et stabis*, inquit, *super petram* - quia *super hanc petram*, ait dominus, *aedificabo ecclesiam meam* - *statim ut transiet gloria mea*, id est: Statim ut transiet gloria mea, stabis super petram, quia post transitum Christi, id est post passionem et resurrectionem Christi, stetit populus fidelis super petram. Et *ponam te*, inquit, *in caverna petrae*: Munimen firmissimum significat. Alii autem interpretati sunt: *In specula petrae*; sed Graecus habet ὀπήν. Hoc autem foramen vel cavernam rectius interpretamur.

154,7 *Et tegam manu mea super te, donec transeam; et auferam manum meam et tunc videbis posteriora mea, facies autem mea non videbitur tibi*. Cum iam dixisset: *Stabis super*

---

52 Ex 33,18   **53** Ex 33,13 | Ex 33,20   **58** Ex 33,21   **61** Mt 16,18   **62** Ex 33,21-22   **65** Ex 33,22   **68** Ex 33,22-23

---

48 illorum] in *praem. V N Bad. Eug. (cod. T)* | non *om. V Bad.* | vestra misericordia] vestram misericordiam *N Eug. (cod. T)* | **49** consequantur *om. C¹* | in *om. N* | incredulitate] incredulitatem *N Eug. (praeter T v)* | **51** respondit] respondet *P¹ S V N Bad. Am. μ* **53** videam] ut *praem. V² Bad. Am. μ Eug. (codd. P² T v)* | **56** sicut] sicuti *S V Bad. Am. μ* est²] *eras. T* | ut] et *p* | huic] hinc *Bad.* | **60** templum...61 suum *om. C¹* | **61** stabis] stabit *Bad.* | petram¹...62 statim¹ *om. n* | quia] *om. p* | ait...62 dominus] inquit *p* | **62** id est *eras. n* | **63** stabis] stabit *C P S z Eug. (praeter v)* | id...64 Christi *om. Bad.* | **64** super] supra *T Am. μ* | petram] terram *T* | **65** caverna] cavernam *n* | **66** specula] spelunca *V T Bad.* | ὀπήν] open *C P S V n T*, hopen *p* | autem] enim *P V Bad.* | **68** manu mea] manum meam *C Bad. (item in sqq.) Eug. (cod. v)* | meam] inclusit *z (cf. l. 72)*

jener, so haben auch sie ihrerseits jetzt anläßlich der euch erwiesenen Barmherzigkeit nicht geglaubt, damit auch sie selbst Barmherzigkeit erlangten. Gott hat nämlich alle im Unglauben eingeschlossen, um sich aller zu erbarmen" (Röm 11,30-32).

qu. 2,154,5

154,5 Nachdem er alsdann seine Barmherzigkeit hervorgehoben hatte, antwortet er auf jene Bitte, die ihm vorgetragen worden war: „Zeige mir deine Herrlichkeit" (Ex 33,18), oder auf das, was Mose weiter oben erbeten hatte mit den Worten: „Zeige mir dich selbst, ich möchte dich deutlich sehen" (Ex 33,13).[276] „Du wirst", sagt er, „mein Angesicht nicht sehen können. Denn kein Mensch wird mein Angesicht sehen und am Leben bleiben" (Ex 33,20). So zeigt er, daß Gott [einem Menschen in] diesem Leben, das mit den sterblichen Sinnen des vergänglichen Fleisches gelebt wird, nicht so erscheinen kann, wie er ist; d.h. wie er ist, kann er [nur] in jenem Leben gesehen werden, das so geartet ist, daß man diesem Leben hier sterben muß, um dem dortigen zu leben.

qu. 2,154,6

154,6 Nach dem Einschub des kleinen Satzes, im Wortlaut der Schrift: „Und der Herr sagte", fährt er gleichermaßen fort und sagt: „Da, die Stelle bei mir" (Ex 33,21). Welche Stelle ist denn nicht bei Gott, der nirgends abwesend ist? Aber freilich bezeichnet er durch diesen Ausspruch: „Da, die Stelle bei mir" im voraus die Kirche und preist sie gleichsam als seinen Tempel; „und du sollst dich", sagt er, „auf den Felsen stellen" – weil der Herr sagt: „Auf diesen Felsen werde ich meine Kirche bauen" (Mt 16,18) –, „sobald meine Herrlichkeit vorüberzieht" (Ex 33,21-22), d.h. sobald meine Herrlichkeit vorüberzieht, wirst du auf dem Felsen stehen, weil nach dem Hinübergang Christi, d.i. nach dem Leiden und der Auferstehung Christi, das gläubige Volk auf Felsen stand. Und er sagt: „Ich werde dich in die Felsenhöhle[277] stellen" (Ex 33,22): das bedeutet: einen sehr sicheren Schutz. Andere aber haben übersetzt: *in specula* (auf die Felsenanhöhe); aber der Grieche hat: ὀπὴν (Öffnung, Höhle, Mulde). Das aber übersetzen wir zutreffender mit ‚Loch' oder ‚Höhle'.

qu. 2,154,7

154,7 „Und ich werde dich mit meiner Hand abschirmen, solange ich hinübergehe; und ich werde meine Hand zurückziehen, und dann wirst du meinen

---

[276] Ex 33,13 in der von TM abweichenden Fassung der LXX (vgl. oben *qu.* 2,151 mit Anm. 268).

[277] VL:Cod.Ludg. sowie VL nach Augustinus *trin.* 2,28 und *en. Ps.* 138,8: *in spelunca*; *Gn. litt.* 12,27,55 dagegen: *in specula* (auf einer Anhöhe).

petram, statim ut transiet gloria mea - ubi intellegitur post transitum suum promisis- 70
se super petram stabilitatem - quomodo accipiendum est quod ait: *Ponam te in
caverna petrae et tegam manu mea super te, donec transeam; et auferam manum, et tunc videbis posteriora mea*? Quasi iam illo in petra constituto tegat manu sua super eum et
deinde transeat, cum esse in petra non possit nisi post eius transitum. Sed recapitulatio intellegenda est rei praetermissae, quali solet uti scriptura in multis 75
locis. Postea quippe dixit quod ordine temporis prius est. Qui ordo ita se habet:
Tegam manu mea super te, donec transeam; et tunc videbis posteriora mea;
nam facies mea non videbitur tibi; et stabis super petram statim ut transiet gloria mea, et ponam te in caverna petrae. Hoc enim factum est in eis, quos tunc
significabat persona Moysi, id est Israhelitis, qui in dominum Iesum, sicut actus 80
apostolorum indicat, postea crediderunt, id est statim ut transiit eius gloria.
Nam posteaquam resurrexit a mortuis et ascendit in caelum, misso desuper
spiritu sancto cum linguis omnium gentium apostoli loquerentur, compuncti
sunt corde multi ex eis qui crucifixerant Christum. Quem ut non cognovissent
et dominum gloriae crucifixissent, *caecitas ex parte Israhel facta est*, sicut dictum 85
fuerat: *Tegam manu mea super te, donec transeam*. Unde Psalmus dicit: *Quoniam die ac
nocte gravata est super me manus tua*, diem appellans, quando Christus divina miracula faciebat, noctem, quando sicut homo moriebatur, quando et illi titubaverunt qui in die crediderant. Hoc est ergo *cum transiero, tunc videbis posteriora mea*.
Transiero de hoc mundo ad patrem; posterius in me credituri sunt quorum 90
typum geris. Tunc enim compuncti corde dixerunt: *Quid faciemus*? Et iussi sunt
ab apostolis agere paenitentiam et baptizari in nomine Iesu Christi, ut dimitterentur illis peccata eorum. Quod in Psalmo illo sequitur, cum dictum esset: *Die*

---

80 Israhelitis...81 gloria] cf. Act 2   85 dominum...crucifixissent] cf. 1 Cor 2,8 | Rm 11,25
86 Ps 31,4   90 transiero...patrem] cf. Io 16,28   91 tunc...93 eorum] cf. Act 2,37-38

---

72 caverna] cavernam *p Bad.* | manu mea] manum meam *C p Bad. Eug. (cod. v)* | manum]
meam *add. S T Eug. (cod. v)* | 73 manu sua] manus suas *N*, manum suam *Bad.*
74 transeat *om. p* | transeat...transitum *om. n* | non *om. p* | 75 quali] qualis *Bad.*
77 manu mea] manum meam *p* | 79 caverna] cavernam *p* | 80 dominum] deum *V*
Iesum] nostrum *C*, īhm xpn *p* | sicut] qui *Bad.* | actus] in actibus *Bad.* | 81 indicant]
iudicant *Bad.* | transiit] transiet *Bad.* | 82 posteaquam] postquam *Bad.* | 83 apostoli
loquerentur] loquerentur apostoli *Bad.* | 84 ut non] non ut *P¹* (ut *exp. m. 2 et add. s. l. post
et) S V Bad.* | 85 Israhel] in *praem. P T Am. μ Eug. (codd. T v)* | 86 manu mea] manum
meam *p* | 91 geris] geres *Bad.* | 93 Psalmo illo] illo Psalmo *T*

---

²⁷⁸ LXX: σοι, VL: *tibi* ist ein Zusatz zu TM (von Vulg durch Verbform in 2.sgl. elegant
formuliert: *faciem autem meam videre non poteris*).

Rücken sehen, aber mein Gesicht wird von dir[278] nicht gesehen werden." Da er schon gesagt hatte: „Du sollst dich auf den Felsen stellen, sobald meine Herrlichkeit hinübergeht" – das wird dahingehend gedeutet, daß er die Standfestigkeit auf dem Felsen für die Zeit nach seinem Hinübergang verheißen hat –, wie ist das zu verstehen, was er sagt: „Ich werde dich in die Felsenhöhle stellen, und ich werde dich mit meiner Hand abschirmen, solange ich hinübergehe; und ich werde meine Hand zurückziehen, und dann wirst du meinen Rücken sehen"? Gleichsam als ob er, nachdem jener sich bereits auf den Felsen hingestellt hatte, ihn mit seiner Hand abschirmen und daraufhin hinübergehen wollte, obgleich das Stehen auf dem Felsen erst nach seinem Hinübergang möglich war. Aber das ist als Rekapitulation einer übergangenen Sache zu verstehen, die die Schrift an vielen Stellen anzuwenden pflegt. Sie hat freilich später erzählt, was nach der zeitlichen Reihenfolge vorausgeht. Diese Reihenfolge verhält sich so: ‚Ich werde dich mit meiner Hand abschirmen, solange ich hinübergehe; und dann wirst du meinen Rücken sehen, denn mein Gesicht wird von dir nicht gesehen werden; und du sollst dich auf den Felsen stellen, sobald meine Herrlichkeit hinübergeht, und ich werde dich in eine Felshöhle stellen.' Dies hat sich nämlich an denen verwirklicht, die die Rolle des Mose damals vorausbezeichnete, d.i. an den Israeliten, die, wie die Apostelgeschichte darlegt, danach an den Herrn Jesus geglaubt haben, d.i. sobald seine Herrlichkeit hinübergegangen war (vgl. Apg 2). Denn nachdem er von den Toten auferstanden und in den Himmel aufgefahren war, als infolge der Herabsendung des Heiligen Geistes die Apostel in den Sprachen aller Völker sprachen, sind viele von denen, die Christus gekreuzigt hatten, im Herzen von Gewissensbissen gequält worden. Da sie ihn nicht erkannt und den Herrn der Herrlichkeit gekreuzigt hatten (vgl. 1Kor 2,8), „ist Verstockung über einen Teil Israels gekommen" (Röm 11,25), wie gesagt worden war: „ich werde dich mit meiner Hand abschirmen, solange ich hinübergehe." Deswegen sagt der Psalm: „Weil deine Hand tags und nachts schwer auf mir lastete" (Ps 32,4), er nennt ‚Tag' die Zeit, in der Christus göttliche Wunder wirkte, ‚Nacht' die Zeit, als er wie ein Mensch starb, als auch jene wankelmütig wurden, die am ‚Tag' geglaubt hatten. Die Wendung: „Wenn ich hinübergegangen sein werde, dann wirst du meinen Rücken sehen", bedeutet daher folgendes: Ich werde aus dieser Welt hinübergehen zum Vater (vgl. Joh 16,28), danach werden diejenigen an mich glauben, deren Typus du darstellst. Damals nämlich haben die im Herzen von Gewissensbissen Gequälten gesagt: „Was sollen wir tun?" Und ihnen wurde von den Aposteln befohlen, Buße zu tun und sich im Namen Jesu Christi taufen zu lassen, damit ihnen ihre Sünden vergeben würden (vgl. Apg 2,37-38). Nachdem in jenem Psalm weiter gesagt worden war: „Tags und nachts hat deine Hand schwer auf mir gelastet" – d.i. so daß ich nicht erkannte; „wenn sie nämlich erkannt hätten, hätten sie keinesfalls den Herrn der Herrlichkeit gekreuzigt"(1Kor 2,8) –, fährt er fort und fügt an:

ac nocte gravata est super me manus tua - id est ut non cognoscerem; *si enim cognovissent, numquam dominum gloriae crucifixissent* - sequitur et iungit: *Conversus sum in aerumnam, dum configeretur spina*, id est cum essem corde compunctus. Deinde addidit: *Peccatum meum cognovi et facinus meum non operui*. Posteaquam viderunt, quanto scelere Christum crucifixerint. Et quia receperunt consilium, ut agerent paenitentiam et in baptismo remissionem acciperent peccatorum, *dixi*, inquit, *pronuntiabo adversus me delictum meum domino, et tu remisisti inpietatem cordis mei*.

154,8 Hanc autem prophetiam potius fuisse quam locutus est dominus ad Moysen satis res ipsa indicat, quandoquidem de petra vel caverna eius et de manus eius superpositione, de visione posteriorum eius nihil postea visibili opere subsecutum legitur. Mox enim adiungit interposito articulo scriptura: *Et dixit dominus ad Moysen*, cum ipse dominus utique etiam illa, quae supra sunt, loqueretur. Atque inde contexit quid deinceps dominus dicat: *Excide tibi duas tabulas lapideas sicut et primas* et cetera.

155 Quid est quod dictum est de domino: *Et reum non purificabit*, nisi: Non eum dicet innocentem?

156 Deus in monte duas rursus lapideas tabulas conscripturo dicit Moysi inter cetera: *Coram omni populo tuo faciam gloriosa*. Nondum dignatur dicere: Coram omni populo meo. An ita dixit *populo tuo*, quomodo cuilibet homini eiusdem populi diceretur, id est: Ex quo populo es, quomodo civitati tuae dicimus, non cui dominaris vel quam constituisti, sed unde civis es? Sic enim et paulo

---

94 1 Cor 2,8   95 Ps 31,4   97 Ps 31,5   99 Ps 31,5   106 Ex 34,1

94 cognoscerem] cognoscerent *T* (nt *in ras.*) *Eug. (cod. v)* | 96 aerumnam] aerumna mea *Bad. Am. μ* | configeretur] confringeretur *C* (frin *s. l. m. 2*) *P V T Eug. (praeter opt. cod. T)* essem] esset *p* | 99 acciperent peccatorum] peccatorum acciperent *C ẓ* | dixi] dixit *C P S¹ T¹* | 100 adversus] adversum *Eug. (praeter v)* | 101 est] esset *p* | 102 satis...ipsa] res ipsa satis *T* | 103 de visione] divisione *V¹ n* | 105 sunt] dicta *praem. Am. μ* 155,1 purificabit] purificavit *P S¹n* | 2 dicet] dicit *C* | 156,3 cuilibet homini] cuilibet *p*, *om. n* | eiusdem] idem *n* | 4 id est *om. V* | 5 civis] cives *C¹ N*

„Ich bin in Drangsal geraten, während sich der Stachel einbohrte" (Ps 32,4),[279] d.h. als ich im Herzen von Gewissensbissen gequält worden war. Darauf hat er hinzugefügt: „Meine Sünde habe ich erkannt[280] und meine Schuld nicht verhüllt" (Ps 32,5). Danach hatten sie eingesehen, welch großes Verbrechen sie begangen hatten, als sie Christus kreuzigten. Und weil sie den Rat annahmen, Buße zu tun und in der Taufe die Vergebung der Sünden zu erlangen, heißt es: „Ich sagte: ich werde gegen mich mein Vergehen dem Herrn bekennen, und du hast mir die Gottlosigkeit meines Herzens vergeben" (Ps 32,5).[281]

qu. 2,154,8

154,8 Daß dies aber eher eine Prophetie war, die der Herr zu Mose gesprochen hat, zeigt der Vorgang selbst zur Genüge an, da man ja zwar von seinem Felsen oder seiner Höhle und von der Auflegung seiner Hand liest, nichts aber von der Wahrnehmung seines Rückens, daß sie danach auf sichtbare Weise gefolgt wäre. Nach der Einfügung des kleinen Satzes: „Und der Herr sagte zu Mose", obgleich der Herr seinerseits ja auch jene Worte sprach, die oben zitiert sind, schließt die Schrift nämlich alsbald an und hat das, was der Herr daraufhin sagt, damit verknüpft: „Hau dir zwei steinerne Tafeln zurecht, wie auch die ersten waren" (Ex 34,1), usw.

qu. 2,155 (zu Ex 34,7)

155 Was bedeutet der Ausspruch über den Herrn: „Und er wird den Schuldigen nicht reinigen", außer: er wird ihn nicht für schuldlos erklären?

qu. 2,156 (zu Ex 34,10)

156 Gott sagt auf dem Berg zu Mose, der sich daran machte, noch einmal zwei steinerne Tafeln zu beschreiben, unter anderem: „Vor deinem ganzen Volk werde ich glorreiche Taten verrichten." Er geruht noch nicht zu sagen: ‚vor meinem ganzen Volk'. Hat er in dem Sinn gesagt: „deinem Volk", wie man zu jedem beliebigen Menschen desselben Volkes sprechen würde, d.i. ‚von dem Volk, aus dem du stammst', wie wir von ‚deiner Stadt' sprechen, nicht als der Stadt, über die du herrschst oder die du gegründet hast, sondern deren Bürger du bist? Denn kurz danach sagt er auch folgendes: „Das ganze Volk, unter de-

---

[279] LXX+VL weichen stark von TM ab.

[280] Hier weicht Augustinus von TM (אוֹדִיעֲךָ „ich habe dich wissen lassen / vor dir bekannt") wie von LXX (ἐγνώρισα „ich habe kundgetan") ab.

[281] LXX, gefolgt von VL, setzt teilweise eine andere Vokalisierung als TM voraus. TM konstruiert אוֹדֶה „ich will bekennen" mit Präpositionalobjekt עֲלֵי פְשָׁעַי: „ich will über meine Frevel JHWH ein Bekenntnis ablegen". LXX nimmt dagegen direktes Objekt an und interpretiert infolgedessen die Präposition in ihrer in Poesie üblichen längeren Form עֲלֵי als Präposition + enklitisches Personalpronomen der 1.pers.sgl. So kommt es zu der seltsamen Wendung: „ich werde bekennen gegen mich" (κατ' ἐμοῦ).

post dicit: *Omnis populus, in quibus es.* Alio modo quid dictum est nisi populus tuus? Quod autem non dixit: In quo es, consuetudo locutionis est.

157 Quid est quod dicitur ad Moysen: *Adtende tibi, ne quando ponat testamentum his qui sedent super terram*? Non enim habet Graecus ne quando ponas, sed: *Ne quando ponat.* An forte de populo ei dicere voluit, cuius ipse ductor fuit? Sed non ipse introduxit populum in eam terram, ubi prohibet poni testamentum cum eis qui in illa habitabant. Mirum itaque locutionis genus est et adhuc inexpertum 5 vel non animadversum; si tamen locutio est ac non sensus aliquis.

158 Cum praeciperet deus loquens ad Moysen, ut data terra in potestate omnis idolatria everteretur nec adorarentur dii alieni, ait: *Dominus enim deus zelans nomen, deus zelator est,* id est: Nomen ipsum, quod dominus deus dicitur, zelans est, quia deus zelator est. Quod non humanae perturbationis vitio facit deus semper atque omni modo incommutabilis atque tranquillus; sed hoc verbo indi- 5 cat non inpune plebem suam per alienos deos fornicaturam. Ductum est enim verbum tropo metaphora a zelo maritali, quo castitatem custodit uxoris, quod nobis prodest, non deo. Quis enim tali genere fornicationis deo nocuerit? Sed sibi plurimum, ut pereat. Quod deus prohibet terrore gravissimo zelantem se appellans: Cui dicitur in Psalmo: *Perdidisti omnem qui fornicatur abs te; mihi autem ad-* 10

158,10 Ps 72,27-28

6 quid] quod T | **7** es] $\bar{e}$ C | **157,1** ponat] ponas V | **2** habet] ait p | **3** ei *om.* P^1 S V ductor] doctor P^1 S^1 V | **158,1** loquens…Moysen] ad Moysen loquens C Am. μ z potestate] potestatem S | **2** idolatria everteretur] idolatriae verteretur P^1 S^1 V (idolatria *om.*) | dii] *corr. m. 2 in* dii C, di p | alieni] alii T | zelans] zelas C | **3** zelator…est² *om.* N nomen ipsum] ipsum nomen P V T Am. μ | **6** deos] deus n | ductum] dictum p **7** quo] quod P^1 S V Am. μ | **8** prodest] prodē ∗ C (ᵀ *add. m. 2*) | **9** sibi] *ex* sub P **10** fornicatur] fornicantur P

---

²⁸² So fehlerhaft LXXA: διαϑῆ; LXXB dagegen richtig: ϑῆς (eine weitere Variante bei WEVERS, *Exodus*). In V. 15 hat LXX:A wiederum 3. statt 2.pers., diesen Vers zitiert Augustinus aber weiter unten mit der 2.pers.
²⁸³ Ex 34,14 TM: כִּי יְהוָה קַנָּא שְׁמוֹ. Die traditionelle syntaktische Analyse faßt קַנָּא nicht attributiv zu שְׁמוֹ; anders schon Vulg: *Dominus Zelotes nomen eius,* in den modernen Übersetzungen meist vereinfachend wiedergegeben: vgl. NZB: „Eifersüchtig ist der Name des HERRN", Einheitsübersetzung: „Jahwe trägt den Namen ‚der Eifersüchtige'".

nen du lebst." Was ist damit anderes gesagt als: ‚dein Volk'? Daß er aber nicht gesagt hat: ‚in dem du lebst', ist eine übliche Ausdrucksweise.

qu. 2,157 (zu Ex 34,12)

157 Was bedeutet der Befehl an Mose: „Nimm dich davor in acht, daß er/es jemals einen Bund schließt mit denen, die im Land wohnen"? Der Grieche hat nämlich nicht „daß du jemals schließt", sondern: „daß er/es jemals schließt".[282] Wollte er vielleicht zu ihm über das Volk sprechen, dessen Führer er selbst war? Aber er hat das Volk nicht persönlich in dieses Land hineingeführt, in dem er verbietet, einen Bund mit denen, die in ihm wohnten, zu schließen. Es ist daher eine verwunderliche und bislang unbekannte oder unbemerkte Ausdrucksweise; wenn anders es eine Ausdrucksweise ist und nicht eine spezielle Bedeutung hat.

qu. 2,158 (zu Ex 34,13-15)

158 Als Gott in seiner Rede zu Mose vorschrieb, nachdem das Land in die Verfügungsgewalt übergeben war, jeglichen Götzendienst auszurotten und fremde Götter nicht anzubeten, sagte er: „Denn der Herr Gott ist ein eifernder Name, er ist ein eifersüchtiger Gott",[283] d.h. der Name selbst, der ‚Herr Gott' lautet, ist eifernd, weil Gott ein Eifersüchtiger ist. Das macht der immer und in jeder Beziehung unveränderliche und ruhige Gott nicht mit dem Makel der für Menschen charakteristischen Leidenschaft; sondern durch dieses Wort verdeutlicht er, sein Volk werde nicht ungestraft mit fremden Göttern huren. Das Wort ist nämlich durch die Trope Metapher von der Eifersucht des Ehemanns genommen, mit der er die Keuschheit seiner Gemahlin bewacht; das ist nützlich für uns, nicht für Gott. Denn wer hätte Gott durch eine derartige Weise der Hurerei geschadet? Sondern in höchstem Grad sich selbst, so daß er zugrunde geht. Das verbietet Gott, indem er sich zur äußerst wirkungsvollen Abschreckung ‚eifersüchtig' nennt; von ihm wird im Psalm gesagt: „Du hast jeden vernichtet, der von dir weghurt; für mich aber ist es gut, Gott anzuhängen" (Ps 73,27-28). Schließlich fährt er fort: „[Hüte dich], daß du nicht womöglich einen

---

Wahrscheinlich liegt eine Pendenskonstruktion vor: „Denn JHWH – ‚Eifersüchtiger' ist sein Name." Man kann auch mit ANDERSEN, *Verbless Clause* 95 # 433 einen konjunktionslosen Attributsatz annehmen: „YHWH, whose name is Passionate, he is a passionate God." Diese Deutung macht LXX, gefolgt von VL, unmöglich, da sie das enklitische Personalpronomen bei „sein Name" wegläßt; so deutet sie „eifersüchtig" als Attribut zu „Name": ὁ γὰρ κύριος ὁ θεὸς ζηλωτὸν ὄνομα, θεὸς ζηλωτής ἐστιν, WEVERS, *Exodus*: „the Lord God is a jealous name, a jealous God". DOHMEN, *Exodus*, nimmt diesen Sinn sogar, kaum berechtigt, für TM an. Während Augustinus mit dem „eifersüchtigen Namen" ringt, versucht SD – mit welcher Berechtigung? – LXX einen akzeptableren Sinn abzugewinnen, indem sie ζηλωτὸν abweichend wiedergibt: „Der Herr, Gott, ein Name, *um den man eifert.*"

haerere deo bonum est. Denique sequitur: *Ne forte ponas testamentum his qui sedent super terram et fornicentur post deos eorum.*

159 Quid ait: *Non videberis in conspectu meo inanis?* Sicut indicant circumstantia, de quibus loquitur, in *conspectu suo* dixit deus in tabernaculo suo. Hoc est autem *non illi videberis inanis*. Numquam intrabis sine aliquo munere. Quod spiritaliter intellectum magnum sacramentum est. Verum haec dicebantur de umbris significationum.

160 Cum de sabbato praecepisset, quid est quod adiunxit: *Satione et messe requiesces?* Videtur enim dicere: Tempore sationis et messis. An forte ita observandam requiem sabbati praecepit, ut nec illa tempora habeant excusationem, quae agricolis valde sunt necessaria propter victum atque vitam? Iussum est ergo, ut etiam tempore sationis et messis, quando multum urget operatio, requiescatur in sabbato. Ac sic per haec tempora, quae opus plurimum flagitant, significatum est omni tempore sabbato debere cessari.

161 Quod dicit: *Non concupiscet quisquam de terra tua* et *cum ascendes videri in conspectu dei tui tria tempora anni*, hoc vult intellegi, ut securus quisque ascenderet nec de terra sua sollicitus esset deo promittente custodiam, quod nemo inde aliquid concupisceret, propter illum qui ascendit, ne suam inde timeret absentiam. Et hic satis ostendit quid supra dixerit: *Non adparebis in conspectu domini dei tui inanis.* Quia in illo loco dixit, ubi tabernaculum vel templum deus fuerat habiturus.

162 Quid est quod ait: *Non occides super fermentum sanguinem immolatorum meorum?* An illa hoc loco dicit immolata sua, quae per pascha occiduntur, et praecipit, ne tunc sit in domo fermentum, quoniam dies sunt azymorum?

163 Quid est quod ait: *Et non dormiet in mane immolatio sollemnitatis paschae*, nisi quod superius aperte praecepit, ne aliquid ex pecore, quod immolatur, carnium

---

161,5 Ex 34,20

159,1 quid] quod $V T Am. \mu$ | **2** in¹ *om.* C | deus] dominus $P V T$ | **3** illi] ibi $S Am. \mu$ **4** verum] verbum $V corr.$ | de] in $P V N T$ | **160,1** adiunxit] $C N z$, adduxit $P S$ (lege adiunxit *s. l.*) $V^1 T^1 Am. \mu$, addidit $V^2 T^2 Bad.$ | requiesces] requies $P^1 S V$ | **2** observandam] observandum $C T Bad.$ | **4** iussum] iustum $P^1 V$ | ut *om.* $P V^1 T$ | **161,1** dicit] dixit $P S V T$ | et] *exp. m. 2 V, om. Bad. incl.* z | **2** dei] domini *praem.* z | **5** inanis] inanis $C corr.$ **6** dixit] dixerit $V Bad.$ | **162,2** praecipit] praecepit $P S V N T Bad.$ | **3** ne tunc] ne cuncta $V Bad.$

Bund mit denen schließt, die im Land wohnen, und daß sie nicht hinter ihren Göttern herhuren!"

qu. 2,159 (zu Ex 34,20)

159 Was bedeutet: „Du sollst nicht mit leeren Händen vor meinem Angesicht erscheinen"? Wie die Umstände, von denen er spricht, anzeigen, hat Gott mit „vor seinem Angesicht" gemeint: in seinem Zelt. Folgendes bedeutet aber „du sollst vor jenem nicht mit leeren Händen erscheinen": du sollst niemals ohne irgendeine Gabe eintreten. Das ist, geistlich aufgefaßt, ein großes Geheimnis. Aber diese Dinge wurden von den Schatten der bezeichneten Dinge gesagt.

qu. 2,160 (zu Ex 34,21)

160 Was bedeutet das, was er, als er das Gebot des Sabbats erlassen hatte, hinzugefügt hat: „Beim Säen und beim Ernten sollst du ruhen"? Jedenfalls scheint es zu besagen: zur Zeit der Aussaat und der Ernte. Hat er vielleicht vorgeschrieben, die Sabbatruhe in der Weise zu bewahren, daß nicht einmal für jene Zeiten eine Entschuldigung gilt, die den Bauern in Rücksicht auf die Nahrung und das Leben unentbehrlich sind? Es ist folglich befohlen worden, daß man auch zur Zeit der Aussaat und der Ernte, wenn die Arbeit sehr drängt, am Sabbat ruhen soll. Und so wurde darüber hinaus durch diese Zeiträume, die am drängendsten Arbeit verlangen, verdeutlicht, daß man zu jeder Zeit am Sabbat ruhen soll.

qu. 2,161 (zu Ex 34,24)

161 Seine Worte: „Niemand wird etwas von deinem Land beanspruchen" und: „wenn du an den drei Terminen im Jahr hinaufziehst, um vor dem Angesicht deines Gottes zu erscheinen", will er dahingehend verstanden wissen, daß jeder in Sicherheit hinaufziehen könnte und nicht um sein Land besorgt sein müßte, da Gott zugunsten jenes, der hinaufzieht, damit er nicht aus diesem Grund Angst hat wegen seiner Abwesenheit, Schutz verheißt, daß niemand irgendetwas davon beanspruchen würde. Und an dieser Stelle erläutert er genügend deutlich, was er oben gesagt hat: „Du sollst nicht mit leeren Händen vor dem Angesicht des Herrn, deines Gottes, erscheinen" (Ex 34,20). Denn er hat von [dem Erscheinen an] jenem Ort gesprochen, wo Gott das Zelt oder den Tempel haben wollte.

qu. 2,162 (zu Ex 34,25)

162 Was bedeutet der Ausspruch: „Du sollst das Blut meiner Opfertiere nicht über Sauerteig schlachten"? Nennt er an dieser Stelle diejenigen ‚seine Opfertiere', die für das Pascha geschlachtet werden, und schreibt vor, daß sich zu dem Zeitpunkt kein Sauerteig im Haus befinden soll, weil es die Tage der ungesäuerten Brote sind?

qu. 2,163 (zu Ex 34,25)

163 Was bedeutet die Vorschrift: „Und das Opfertier des Paschafestes soll nicht bis zum Morgen schlafen", wenn nicht, was er weiter oben deutlich vorge-

relinquatur in mane? Sed locutio fecit obscuritatem; *dormiet* enim dixit pro manebit.

164 *Non coques agnum in lacte matris suae.* Ecce dixit iterum quod quemadmodum intellegi possit ignoro. Magna tamen est de Christo prophetia, etiam si fieri ad litteram possit, quanto magis si non potest. In sermonibus enim dei non sunt ad proprietatem operum omnia revocanda, sicut nec illud de petra et caverna eius et manus superpositione. Sed plane de fide narratoris hoc exigendum est, ut quae dicit facta esse vere facta sint et quae dicit dicta esse vere dicta sint. Quod exigitur etiam a narratoribus evangelii; cum enim Christum narrent quaedam dixisse quae in parabolis dixit, tamen haec eum dixisse non parabola, sed historica narratio est.

165 *Et erat ibi Moyses in conspectu domini quadraginta diebus et quadraginta noctibus; panem non manducavit et aquam non bibit.* Quod et ante dixerat, quando tabulas accepit, quas fregit, hoc etiam modo repetit, non recapitulando quod factum est, sed iterum factum esse commendans. Repetitio quippe legis iam quid significet diximus. Quod autem ait: *Panem non manducavit et aquam non bibit,* intellegitur ieiunavit, a parte totum, id est nomine panis omnem cibum et nomine aquae omnem potum significante scriptura.

166,1 *Et scripsit in tabulis verba testamenti, decem verba.* De Moyse dictum est quod ipse scripserit, cui etiam deus paulo ante dixerat: *Scribe tibi verba haec.* Cum vero primum legem accepit, cuius tabulas abiecit et fregit, nec ipse excidisse

---

164,4 illud…5 superpositione] cf. Ex 33,22   **165,2** quod…3 fregit] cf. Ex 24,18; 31,18; 32,19
166,2 quod…scripserit] cf. Ex 24,4 | Ex 34,27

163,3 in mane] immane *S* | **164,1** quod] vel *add. T* | **4** et…5 eius *om. p* | et…5 sed pla-] *om. n* | **5** narratoris] narrationis *P S V Bad.* | **6** facta²] factae *P* | et…sint² *om. S per homoiot.* | dicit²] dicet *C* | **7** enim *om. C P V¹ N T* | narrent] narrant *T* | **8** parabola] parala *C* | **165,7** omnem *om. V Bad.* | **166,1** tabulis] tabulas *N Euf. (codd. V M)*, tabula *Bad.* | verba¹ *om. Bad.* | verba²] haec *dubitanter add. z* | de Moyse *om. N* | **3** cuius] cui *P V* (*in marg.*: cuius)

---

[284] Das in TM gebrauchte Verb לין deckt ein breiteres Bedeutungsspektrum ab: „übernachten, die Nacht verbringen (von Menschen und Tieren), über Nacht bleiben, ruhen".
[285] Vgl. oben *qu.* 2,90 zu Ex 23,19.
[286] Zu *proprius, proprietas* in *QH* vgl. z.B.: *secundum proprietatem:* „dem Wortsinn nach" (*qu.* 2,4; 5,17); *ad proprietatem:* „dem Wortsinn nach" (*qu. 2,93); ad verborum proprietatem:* „dem eigentlichen Wortsinn nach" (*qu.* 2,90); *ad proprieatem narrationis:* „nach dem Wortsinn der

schrieben hat, daß nichts vom Fleisch des Kleinviehs, das geopfert wird, bis zum Morgen übrig bleiben soll. Aber die Ausdrucksweise hat Unverständlichkeit erzeugt; er hat nämlich „es soll schlafen" für ‚es soll übrig bleiben' gesagt.[284]

qu. 2,164 (zu Ex 34,26)

164 „Du sollst das Lamm nicht in der Milch seiner Mutter kochen!" Siehe, er hat das, von dem ich nicht weiß, wie man es verstehen könnte, zum zweiten Mal gesagt.[285] Es ist jedenfalls eine große Weissagung über Christus, auch schon, wenn das dem buchstäblichen Sinn nach ausgeführt werden könnte, umso mehr, wenn das nicht möglich ist. In den Reden Gottes muß man nämlich nicht alle Dinge dem Wortsinn[286] nach verstehen; so auch nicht jenes Wort über den Felsen und seine Höhle und das Auflegen der Hand (vgl. Ex 33,22).[287] Aber man muß entschieden von der Zuverlässigkeit des Erzählers dies fordern, daß die Ereignisse, die seiner Aussage zufolge geschehen sind, tatsächlich geschehen sind, und daß die Worte, die seiner Aussage zufolge gesprochen worden sind, tatsächlich gesprochen worden sind. Das fordert man auch von den Erzählern des Evangeliums; wenn sie nämlich erzählen, daß Christus gewisse Worte gesprochen hat, die er in Gleichnissen gesagt hat, dann ist jedenfalls die Angabe, daß er dies gesagt habe, kein Gleichnis, sondern ein historischer Bericht.

qu. 2,165 (zu Ex 34,28)

165 „Und Mose war dort vor dem Angesicht des Herrn vierzig Tage und vierzig Nächte lang; er aß kein Brot und trank kein Wasser." Was die Schrift auch zuvor gesagt hatte, als er die Tafeln empfing, die er dann zerbrach (vgl. Ex 24,18; 31,18; 32,19), das wiederholt sie auch jetzt, nicht indem sie kurz zusammenfaßt, was geschehen ist, sondern indem sie hervorhebt, daß es ein weiteres Mal geschehen ist. Was die Wiederholung des Gesetzes bedeutet, haben wir ja bereits ausgeführt.[288] Die Aussage aber: „er aß kein Brot und trank kein Wasser", versteht man dahingehend: er fastete; die Schrift bezeichnet durch einen Teil das Ganze, d.h. mit dem Wort ‚Brot' jede Art von Speise und mit dem Wort ‚Wasser' jede Art von Getränk.

qu. 2,166,1 (zu Ex 34,27-28)

166,1 „Und er schrieb auf die Tafeln die Worte des Bundes, die zehn Worte." Von Mose ist gesagt worden, daß er selbst geschrieben hat (vgl. Ex 24,4); kurz zuvor hatte Gott ihm auch gesagt: „Schreib dir diese Worte auf" (Ex 34,27). Als er aber das Gesetz zum ersten Mal empfing, dessen Tafeln er auf den Boden warf und zerbrach, ist weder gesagt worden, daß er selbst die steinernen Tafeln

---

Erzählung (*qu.* 2,177,2); *proprie*: „im eigentlichen Sinn, im Wortsinn" (*qu.* 2,60; 2,137; 5,23.24). | [287] Vgl. oben *qu.* 2,154,6.7.
[288] Vgl. *qu.* 2,144.

dictus est tabulas lapideas et modo dictum est: *Excide tibi duas tabulas lapideas*; nec ei dictum est, ut scriberet, sicut ei modo dicitur; nec eas ipse scripsisse narratur, sicut modo narrat scriptura, et dicit: *Scripsit in tabulis verba testamenti, decem verba*. Sed tunc dictum est: *Et dedit Moysi, statim ut cessavit loqui ad eum in monte Sina, duas tabulas testimonii, tabulas lapideas scriptas digito dei*; deinde paulo post: *Et conversus*, inquit, *Moyses descendit de monte et duae tabulae testimonii in manibus eius, tabulae lapideae scriptae ex utraque parte earum, hinc atque hinc erant scriptae; et tabulae opus dei erant, et scriptura scriptura dei insculpta in tabulis*. Proinde magna oritur quaestio, quomodo illae tabulae, quas erat Moyses deo utique praesciente fracturus, non hominis opus dicantur esse, sed dei, nec ab homine scriptae, sed scriptura dei, digito dei; posteriores vero tabulae tamdiu mansurae et in tabernaculo ac templo dei futurae iubente quidem deo, tamen ab homine excisae sint, ab homine scriptae. An forte in illis prioribus gratia dei significabatur, non hominis opus, qua gratia indigni facti sunt revertentes corde in Aegyptum et faciendo idolum - unde illo beneficio privati sunt, et propterea Moyses tabulas fregit - istis vero tabulis posterioribus significati sunt qui de suis operibus gloriantur - unde dicit apostolus: *Ignorantes dei iustitiam et suam volentes constituere iustitiae dei non sunt subiecti* - et ideo tabulae humano opere exsculptae et humano opere conscriptae datae sunt, quae cum ipsis manerent, ad eos significandos de suis operibus gloriaturos, non de digito dei, hoc est de spiritu dei?

166,2 Certe ergo repetitio legis novum testamentum significat - illud autem vetus significabat, unde confractum et abolitum est - maxime cum secundo lex datur, nullo terrore datur sicut illa in tanto strepitu ignium, nubium et tubarum,

---

4 Ex 34,1   **7** Ex 31,18   **8** Ex 32,15-16   **12** tabulae…fracturus] cf. Ex 32, 19   **20** Rm 10,3

6 modo narrat] narrat modo *C ʓ* | tabulis] tabula *Bad.* | **8** et *om P¹ S V Bad.* **9** tabulae…eius *om. P¹ S V per homoiot.* | **10** scriptae¹] scripturae *P¹ S*, scripturae *exp. V* | ex *om P¹ V Bad.* | earum] aurum *P¹ S¹ V¹*, auro *V² Bad.* | **11** scriptura¹…dei²] scriptura dei scriptura *C* | insculpta] *C Am. μ*, est sculpta *P* (est *eras.*) *V n*, et sculpta *p Bad. Eug.*, sculpta *S T* | **12** fracturus] facturus *C p V T¹* | **13** dicantur esse] esse dicantur *Am. μ* | sed dei] *om. N Eug.* | homine] ho *s. l. m. 2 C* | **14** scriptura dei] scriptae *Am. μ* | dei²] deo *n, om. T* | et] ac *P n Am. μ* | **15** tamen] tam *P¹ V Bad.* | ab] quam *praem. V Bad.* | **18** faciendo] facientes *P¹ S V Bad. Am. μ* | **21** exsculptae] exculptae *N*, sculptae *Eug. (praeter cod. T²*: exculptae) exsculptae…opere² *om. P¹ S V per homoiot.* | **22** conscriptae] scriptae *N Eug.* | **23** hoc…dei² *om. p* | **25** significabat] significat *n* | cum] *C N Eug.* quoniam *praem. cett. codd. edd.*

zugehauen habe, aber jetzt ist gesagt worden: „Haue dir zwei steinerne Tafeln zurecht" (Ex 34,1); noch erhielt er den Auftrag zu schreiben, wie ihm jetzt gesagt wird; noch wird erzählt, er habe sie selbst beschrieben, wie die Schrift jetzt erzählt und sagt: „Er schrieb auf die Tafeln die Worte des Bundes, die zehn Worte."[289] Sondern damals ist gesagt worden: „Und sobald er aufgehört hatte, mit Mose auf dem Berg Sinai zu reden, gab er ihm die zwei Tafeln des Zeugnisses, steinerne Tafeln, beschrieben vom Finger Gottes" (Ex 31,18); anschließend kurz darauf heißt es: „Und Mose wandte sich um und stieg vom Berg hinab mit den zwei Tafeln des Zeugnisses in seinen Händen, die steinernen Tafeln waren auf ihren beiden Seiten beschrieben, von hinten und von vorn waren sie beschrieben; und die Tafeln waren das Werk Gottes, und die Schrift, die auf den Tafeln eingemeißelt war, war die Schrift Gottes" (Ex 32,15-16). Daher erhebt sich das große Problem, wieso von jenen Tafeln, die Mose – natürlich nach dem Vorauswissen Gottes – dann zerbrochen hat (vgl. Ex 32,19), gesagt wird, sie seien nicht Menschenwerk, sondern Werk Gottes, nicht von einem Menschen beschrieben, sondern mit der Schrift Gottes, vom Finger Gottes; von den späteren Tafeln aber, die so lange fortexistieren und zwar auf Befehl Gottes im Zelt und auch im Tempel Gottes liegen sollten, daß sie dennoch von einem Menschen zugehauen, von einem Menschen beschrieben seien. Wurde vielleicht durch jene früheren die Gnade Gottes vorausbezeichnet, nicht das Werk eines Menschen, die Gnade, deren sie sich dadurch unwürdig gemacht haben, daß sie beabsichtigten, nach Ägypten zurückzukehren, und ein Götzenbild herstellten – weswegen sie dieser Wohltat beraubt wurden und Mose darum die Tafeln zerbrach –, sind dagegen durch jene späteren Tafeln vielleicht diejenigen bezeichnet, die sich ihrer Werke rühmen – weswegen der Apostel sagt: „weil sie die Gerechtigkeit Gottes verkannten und ihre eigene aufrichten wollten, haben sie sich der Gerechtigkeit Gottes nicht unterworfen" (Röm 10,3) –, und sind deswegen durch menschliche Arbeit zugehauene und durch menschliche Bemühung beschriftete Tafeln übergeben worden, die bei ihnen bleiben sollten, um sie als solche vorauszubezeichnen, die sich ihrer eigenen Werke rühmen würden, nicht des Fingers Gottes, d.i. des Geistes Gottes?

qu. 2,166,2

166,2 Sicher bezeichnet daher die Wiederholung des Gesetzes den Neuen Bund voraus – jener Alte aber bezeichnete im voraus, weshalb er gebrochen und aufgehoben worden ist –, vor allem wird das Gesetz, als es zum zweiten Mal gegeben wird, ohne jeden Schrecken derart gegeben, wie jenes unter so

---

[289] Da das Subjekt nicht genannt ist, kann man JHWH (Ausführung der Ankündigung Ex 34,1) oder Mose (Ausführung des Befehls Ex 34,27) einsetzen. Augustinus entscheidet sich hier für Mose. Vgl. Einleitung zu *qu.* 5, 286-290.

unde tremefactus populus dixit: *Non loquatur deus ad nos, ne moriamur.* Unde significatur timor esse in vetere testamento, in novo dilectio. Quomodo igitur haec solvitur quaestio, quare illae opus dei, istae opus hominis et illae conscriptae digito dei, istae scriptae ab homine? An forte ideo magis in illis prioribus vetus significatum est testamentum, quia deus ibi praecepit, sed homo non fecit? Lex enim posita est in vetere testamento, quae convinceret transgressores, quae *subintravit, ut abundaret delictum.* Non enim inplebatur timore, quae non inpletur nisi caritate. Et ideo dicitur opus dei, quia deus legem constituit, deus conscripsit, nullum opus hominis, quia homo deo non obtemperavit et eum potius reum lex fecit. In secundis autem tabulis homo per adiutorium dei tabulas facit atque conscribit, quia novi testamenti caritas legem facit. Unde dicit dominus: *Non veni legem solvere, sed inplere,* dicit autem apostolus: *Plenitudo legis caritas et fides quae per dilectionem operatur.* Factum est itaque homini facile in novo testamento, quod in vetere difficile fuit, habenti fidem, quae *per dilectionem operatur,* atque illo digito dei, hoc est spiritu dei intus eam in corde scribente, non foris in lapide. Unde dicit apostolus: *Non in tabulis lapideis, sed in tabulis cordis carnalibus, quoniam caritas dei,* qua veraciter inpletur praeceptum, *diffusa est in cordibus nostris per spiritum sanctum, qui datus est nobis.* Hoc est ergo: Primo data est lex - ubi significatur vetus testamentum, quod est opus tantummodo dei et conscriptio digiti dei - quod apostolus dicit: *Itaque lex quidem sancta et mandatum sanctum et iustum et bonum.* Lex ergo sancta et bona dei opus est, ubi homo nihil agit, quia non obtemperat, sed reatu potius premitur lege minante atque damnante; *peccatum* enim, inquit, *ut adpareat peccatum per bonum mihi operatum est mortem.* Beatus autem homo est, cum hoc mandatum sanctum et iustum et bonum est etiam opus eius, sed per gratiam dei.

167 Moyses ad filios Israhel, posteaquam de monte descendit, habens alias tabulas legis circumposito sibi velamine propter gloriam vultus eius, quam filii

---

27 Ex 20,19   32 Rm 5,20   37 Mt 5, 17   38 Rm 13,10 | Gal 5,6   42 2 Cor 3,3 | Rm 5,5
46 Rm 7,12   48 Rm 7,13   167,1 posteaquam...3 intueri] cf. Ex 34,29-35

---

27 deus...nos] ad nos deus *N ʓ* | 28 vetere] veteri *S T Bad.* | 30 vetus] et vetus *p* 32 vetere] vetera *P¹,* veteri *P² S T Bad.* | transgressores] transgressoris *C* | 36 facit] fecit *p P V* | 37 conscribit] conscripsit *P S V Bad.* | facit] fecit *p* | 38 legem *om. C* | inplere] adimplere *N* | dicit...apostolus *om. n* | caritas...fides *om. p* | et fides *om. n Eug.* | 39 facile *om. N Eug.* | 40 vetere] veteri *S T Bad.* | 41 eam] ea *N Eug.* | 44 primo] prima *P² V T* est³ *om. P S T Am. μ* | 45 digiti] digito *P¹ S V* | 47 obtemperat] obtemperatur *S* 48 damnante] clammante *Bad.* | inquit *om. Bad.* | 49 mihi...est¹] operatum est mihi *Bad.* homo *om. Bad.* | est²] factum: hoc *Bad.* | 50 sed...167,1 filios] filos *p, om. n* | 167,2 vultus] vultis *C¹* | eius *om. C*

großem Lärm der Blitze, Wolken und Trompeten gegeben wurde, weswegen das in Schrecken versetzte Volk gesagt hat: „Gott soll nicht zu uns reden, damit wir nicht sterben" (Ex 20,19). Infolgedessen wird dadurch angezeigt, daß die Furcht im Alten Bund herrscht, im Neuen die Liebe. Wie also löst sich dieses Problem, warum jene Werk Gottes, diese aber Menschenwerk und jene vom Finger Gottes aufgeschrieben, diese hingegen von einem Menschen geschrieben sind? Wurde vielleicht deswegen eher durch jene früheren [Tafeln] der Alte Bund vorausbezeichnet, weil Gott dort befohlen, der Mensch es aber nicht getan hat? Das Gesetz ist nämlich im Alten Bund gegeben worden, damit es die Übertreter überführe; „es ist zwischenhereingekommen, damit die Übertretung überhand nehme" (Röm 5,20). Das Gesetz, das nur aus Liebe erfüllt werden kann, wurde nämlich nicht aus Furcht erfüllt. Und daher wird es Werk Gottes genannt, weil Gott das Gesetz erließ, Gott es aufschrieb, es war in keiner Weise Menschenwerk, weil der Mensch Gott nicht gehorchte und das Gesetz ihn vielmehr schuldig machte. Im Fall der zweiten Tafeln aber stellt ein Mensch die Tafeln mit Gottes Hilfe her und beschriftet sie, weil die Liebe des Neuen Testaments das Gesetz ausführt. Deswegen sagt der Herr: „Ich bin nicht gekommen, das Gesetz aufzulösen, sondern es zu erfüllen" (Mt 5,17), der Apostel aber sagt: „Die Liebe ist die Erfüllung des Gesetzes" (Röm 13,10), und: „der Glaube, der durch die Liebe wirksam ist" (Gal 5,6). Was im Alten Bund schwierig zu tun war, ist daher im Neuen dem Menschen leicht gemacht worden, der den Glauben hat, der „durch die Liebe wirksam ist", und zwar sogar, indem jener Finger Gottes, d.i. der Heilige Geist, sie innerlich in das Herz schreibt, nicht äußerlich auf Stein. Daher sagt der Apostel: „Nicht auf steinerne Tafeln, sondern auf fleischerne Tafeln des Herzens" (2Kor 3,3), „denn die Liebe Gottes", durch die in Wahrheit das Gebot erfüllt wird, „ist in unsere Herzen ausgegossen durch den Heiligen Geist, der uns gegeben ist" (Röm 5,5). Das heißt also: Zuerst wurde das Gesetz gegeben – in ihm wird das Alte Testament bezeichnet, das das alleinige Werk Gottes und vom Finger Gottes geschrieben ist –, davon sagt der Apostel: „Daher ist das Gesetz unstreitig heilig, und das Gebot ist heilig und gerecht und gut" (Röm 7,12). Das heilige und gute Gesetz ist somit Werk Gottes; darin leistet der Mensch nichts, weil er nicht gehorcht, vielmehr bedrückt ihn auf Grund seiner Schuld das drohende und verurteilende Gesetz; „die Sünde" nämlich, sagt er, „hat, um als Sünde in Erscheinung zu treten, mir durch das Gute den Tod gebracht" (Röm 7,13). Selig aber ist der Mensch, wenn dieses heilige und gerechte und gute Gebot auch sein Werk ist, aber freilich durch die Gnade Gottes.

qu. 2,167 (zu Ex 35,1)

167 Nachdem Mose im Besitz der anderen Tafeln vom Berg zu den Söhnen Israel herabgestiegen war, wobei er sich eine Hülle umgelegt hatte wegen des Glanzes seines Gesichts, den die Söhne Israel nicht anschauen konnten (vgl. Ex

Israhel non poterant intueri, *haec,* inquit, *verba, quae dixit dominus facere ea.* Ambigue positum est, utrum *facere ea* ipse dominus an illi; sed utique manifestum est quod illi: Iussit quippe ille quae fierent. Sed forte ideo sic positum est, ut ex utroque accipiatur, quia et dominus facit, cum facientes adiuvat, secundum illud apostoli: *In timore et tremore vestram ipsorum salutem operamini: Deus enim est qui operatur in vobis et velle et operari pro bona voluntate.*

168 *Omnis afferens demtionem argentum et aes adtulerunt, demtionem domino.* Tamquam diceret: Omnis, qui adtulit, adtulit illud atque illud, inter cetera, quae dicebat, et argentum et aes commemorans. *Demtionem* sane interpretati sunt Latini, quod Graecus habet ἀφαίρεμα. Appellatum est autem demtio eo quod sibi demeret qui domino adferret.

169 Narrante Moyse commemoratum quod ei dixit deus de Beselehel eisdem ac totidem verbis, quod eum inpleverit *spiritu divino sapientiae et intellectus et scientiae* ad tabernaculi opera facienda, quae pertinent ad artes opificum: Unde quid nobis videretur iam diximus. Sed ideo nunc hoc idem commemorandum putavi, quia non frustra eisdem omnino verbis repetitum est, quibus antea Moysi a domino fuerat intimatum. Sane novo more hic ars architectonica perhibetur opificum ex auro et argento et quocumque metallo, cum illa dici soleat architectonica, quae pertinet ad fabricas aedificiorum.

170 *Et omnes qui sponte vellent ire ad opera, ut consummarent ea; et acceperunt a Moyse omnes demtiones.* In notitiam tantum Moyses pertulit quae dominus opera fieri praeceperit, tabernaculum scilicet cum omnibus quae in eo essent et vestes

---

7 Phil. 2,12-13 **169,1** narrante…3 scientiae] cf. Ex 31,2-3 3 unde…4 diximus] cf. *qu.* 2,138 **170,2** quae…4 sacerdotales] cf. Ex 35,10-18

4 facere] faceret *T* | facere ea] ea facere *Am. μ* | manifestum est] est manifestum *T*
8 pro *om. P¹, s. l. S V* | **168,1** afferens *codd.*, offerens *Bad.*, auferens *ᴣ cum LXX* demtionem²] demtiones *ᴣ* | 2 adtulit² *om. C* | inter] in *T* | 4 ἀφαίρεμα] aferema *C*, ferema *p*, apherema *P S V T*, afaerema *n* | appellatum] appellata *V² Bad. Am. μ* | est autem] autem est *Bad.* | 5 adferret] offeret *V Bad.* | **169,1** commemoratum] est *add. V² T Bad. Am. μ* | 2 ac…verbis] verbis ac totidem *P S V T Bad. Am. μ* | et¹ *om. p* | 3 artes] artis *C* opificum] opificium *p* | 6 architectonica] architectorica *S* | 7 soleat] solet *V Bad.* architectonica] architectorica *S* | 8 pertinet] pertinent *P et V¹ corr.* | **170,1** omnes] omnis *C* | et²] *exp. T* | 2 demtiones] *Am. μ ᴣ,* demtem aes *C¹,* demptum aes *C² P S V n T Bad.*, demetum es *p* | 3 praeceperit] praecepit *V Bad.* | vestes…4 sacerdotales] vestis (vetus *p*) sacerdotalis *C P N T*

34,29-35), sagte er: „Dies sind die Worte, die zu tun der Herr gesagt hat." Die Formulierung läßt offen, ob das Subjekt von „die zu tun" der Herr selbst ist oder jene;[290] es ist aber jedenfalls klar, daß es jene sind: hat doch jener befohlen, was geschehen sollte. Aber vielleicht ist es so formuliert worden, damit man es im doppelten Sinn annehme, weil auch der Herr sie tut, wenn er denen, die sie tun, hilft, gemäß jenem Ausspruch des Apostels: „Wirkt euer eigenes Heil mit Furcht und Zittern, denn Gott ist es, der in euch sowohl das Wollen als auch das Vollbringen nach [seinem] Wohlgefallen wirkt" (Phil 2,12-13). [291]

qu. 2,168 (zu Ex 35,24)

168 „Jeder, der eine Abgabe beibringen wollte, brachte Silber und Bronze herbei, als Abgabe für den Herrn." Gleichsam als würde die Schrift sagen: Jeder, der etwas herbeibrachte, brachte dieses und jenes, und würde sie unter dem übrigen, das sie aufzählte, auch Silber und Kupfer erwähnen. Mit *demtio* (das Wegnehmen, das Weggenommene) haben die Lateiner freilich das Wort ἀφαίρεμα übersetzt, das der Grieche hat. Es wurde aber deswegen *demtio* genannt, weil der, der dem Herrn etwas darbringen wollte, es sich selbst wegnehmen sollte.

qu. 2,169 (zu Ex 35,30-32)

169 In seiner Erzählung hat Mose das, was Gott ihm über Bezalel gesagt hat, mit denselben und ebenso vielen Worten dargelegt: daß er ihn erfüllte „mit dem göttlichen Geist der Weisheit und des Verstandes und der Kenntnis" (vgl. Ex 31,2-3), damit er die Arbeiten für das Zelt, die zu den Fertigkeiten der Handwerker gehören, durchführe: Was wir darüber denken, haben wir bereits gesagt (vgl. *qu.* 2,138). Aber ich hielt es deswegen für richtig, dieses selbe jetzt in Erinnerung zu rufen, weil es nicht grundlos mit genau denselben Worten wiederholt worden ist, mit denen es der Herr zuvor dem Mose eröffnet hatte. Allerdings wird die Kunst der Architektur an dieser Stelle auf ungewohnte Weise dargestellt als kunstvolle Arbeit der Handwerker mit Gold und Silber und beliebigem anderen Metall, während doch üblicherweise diejenige Kunstfertigkeit Architektur genannt zu wird, die sich auf die Errichtung von Gebäuden bezieht.

qu. 2,170 (zu Ex 36,2-3)

170 „Und alle, die aus eigenem Antrieb an die Werke herangehen wollten, um sie fertigzustellen; und sie nahmen von Mose alle Abgaben entgegen." Mose machte nur die Werke bekannt, die der Herr auszuführen befohlen hatte, nämlich das Zelt mit allen Gegenständen, die in ihm sein sollten, und die priesterli-

---

[290] Diese Frage ist nur auf der Basis der LXX möglich, die εἶπεν „er sagte" für TM: צִוָּה „er befahl" einsetzt.

[291] Vgl. die Darlegung über die Kooperation zwischen Mensch und Gott unter Verweis ebenfalls auf Phil 2,12-13 in *qu.* 5,15,4

sacerdotales. Commemoravit autem quosdam, quibus dixit spiritum divinitus datum, quo illa efficere possent: Et tamen multi intelleguntur sponte ad eadem opera venisse, quibus neque imperatum est nec eorum nomina commemorata sunt a domino dicta Moysi. Non ergo illi soli hoc munus divinitus habuerunt, qui nominatim commemorantur, sed fortasse praecipue atque excellentius. Laudandus est autem in his omnibus non adtractus ad opus serviliter animus, sed liberaliter sponte devotus.

171 Notandum quod illi qui *sapientes* appellantur, *effectores operum sancti*, etiam moribus tales erant, ut cum ipsi susciperent omnia, quae populus offerebat existimans necessaria, quibus illa omnia conplerentur, viderunt plus offerri quam erat necesse, et dixerunt Moysi. Atque ille per praeconem ultra populum offerre prohibuit. Poterant autem, si vellent, multa auferre, sed modestia prohibuit vel religio terruit.

172 Posteaquam descendit Moyses de monte, opera commendantur tabernaculi construendi et vestis sacerdotalis: De quibus faciendis antequam aliquid praeciperet, locutus est ad populum de sabbati observatione. Ubi non inmerito movet, cum decem verba legis acceperit in tabulis lapideis iterum, quas ipse excidit, ipse conscripsit, quare de solo sabbato, posteaquam descendit, populum admonuit. Si enim propterea decem praecepta legis superfluum fuit, ut populus iterum audiret, cur non fuit superfluum, ut de sabbato audiret, cum et hoc in eisdem praeceptis decem legatur? An et hoc simile est velamento, quo faciem obtexit, quia splendorem vultus eius filii Israhel non poterant intueri? Nam ex decem praeceptis hoc solum populo praecepit, quod figurate ibi dictum est; alia quippe ibi novem sicut praecepta sunt etiam in novo testamento observanda minime dubitamus. Illud autem unum de sabbato usque adeo figurata diei septimi observatione apud Israhelitas velatum fuit et in mysterio praeceptum fuit et quodam sacramento figurabatur, ut hodie a nobis non observetur, sed solum quod significabat intueamur. In illa autem requie ubi opera servilia iubentur

---

172,8 velamento...9 intueri] cf. Ex 34,30.33

5 quo] quod *p P¹ S¹ V Bad.* | **6** neque] nec *S* | **7** hoc *om. P* | **8** commemorantur] commerantur *C* | **10** sponte] et *praem. P V Bad. Am. μ* | **171,1** effectores] affectores *n* **3** quibus] ex *praem. P S V T Bad. Am. μ* | conplerentur] et *add. ζ* | viderunt] *C P S V¹ n T Bad. Am. μ*, viderent *V² ζ* | **4** et] *inclusit ζ* | dixerunt] *C P S V¹ n T Bad. Am. μ*, dicerent *V²*, dixerint *ζ* | **5** auferre] oferre *V corr.* | **172,2** construendi] construendi* *P*, construendis *V* | **3** ubi non] ubi *om. p*, quam *n* | **4** decem] Moyses *p* | **5** solo sabbato] sabbato solo *Am. μ* | **7** cur] et hoc *add. V* | cum] cur *S¹ V* | **9** ex] et *C T* | **11** ibi *om. P¹ S V* **13** in *om. P¹ S V* | **15** requie] requiem *n* | servilia iubentur *om. N*

chen Gewänder (vgl. Ex 35,11-19). Er hob zwar einige hervor, von denen er sagte, ihnen sei der von Gott verliehene Geist eingegeben, mit dessen Hilfe sie jene [Werke] herstellen könnten: Aber dennoch wird deutlich, daß viele aus eigenem Antrieb zu eben diesen Werken gekommen sind, denen es nicht befohlen worden war und bezüglich derer die Schrift auch nicht erwähnt hat, daß der Herr ihre Namen dem Mose vorgeschrieben habe. Folglich haben nicht nur jene diese Aufgabe von Gott erhalten, die namentlich genannt werden, sondern sie haben sie vielleicht nur auf ganz besondere und hervorragendere Art und Weise erhalten. An all diesen ist aber lobenswert, daß ihr Sinn nicht nach Sklaven Art zum Werk genötigt wurde, sondern daß er sich edel freiwillig dazu hingab.

qu. 2,171 (zu Ex 36,4-5)

171 Es verdient Beachtung, daß jene, die die Schrift „Weise" nennt, „die die Arbeiten für das Heiligtum ausgeführt haben", auch in ihrem Lebenswandel von dieser Art waren. Als sie alle Gaben entgegennahmen, die das Volk herbeibrachte, weil es sie für notwendig hielt, damit alle jene Arbeiten ausgeführt werden könnten, stellten sie fest, daß mehr dargebracht wurde, als nötig war, und teilten es Mose mit. Und so ließ jener das Volk durch einen Ausrufer davon abhalten, weiterhin Abgaben zu bringen. Wenn sie gewollt hätten, hätten sie viel für sich wegnehmen können, aber Bescheidenheit hielt sie davon ab, oder Frömmigkeit schreckte sie ab.

qu. 2,172 (zu Ex 35,1-19)

172 Nachdem Mose vom Berg herabgestiegen war, werden die zur Herstellung des Zeltes und des priesterlichen Ornats notwendigen Arbeiten genannt. Bevor er irgendetwas über ihre Herstellung vorschrieb, sprach er zum Volk über die Einhaltung des Sabbats. Hier beschäftigt die Frage zu Recht, warum er, obgleich er die zehn Worte des Gesetzes von neuem auf Steintafeln erhalten hatte, die er selbst ausgehauen, selbst beschrieben hatte, nach seinem Abstieg das Volk allein bezüglich des Sabbats ermahnte. Wenn nämlich deswegen, weil es überflüssig war, daß das Volk die zehn Gebote des Gesetzes noch einmal hörte, warum war es dann nicht überflüssig, daß es vom Sabbat hörte, da doch auch dieses Gebot unter eben diesen zehn Geboten gelesen wird? Verhält sich auch das ähnlich wie mit der Hülle, mit der er sein Gesicht bedeckte, weil die Söhne Israels den Glanz seines Gesichts nicht anzuschauen vermochten (vgl. Ex 34,30.33)? Denn von den zehn Geboten schrieb er nur dasjenige, das dort bildlich gesagt ist, dem Volk vor; bezüglich der dortigen neun übrigen Gebote zweifeln wir ja nicht im mindesten, daß sie auch im Neuen Bund so einzuhalten sind, wie sie vorgeschrieben sind. Jenes eine über den Sabbat aber blieb, da die Beobachtung des siebten Tages bildlich gemeint war, bis heute bei den Israeliten verhüllt, und es ist in symbolischer Bedeutung vorgeschrieben und mit einem gewissen geheimnisvollen Sinn bildlich erlassen worden, so daß wir es

cessare, magna est altitudo gratiae dei. Tunc enim fiunt cum requie opera bona, cum fides per dilectionem operatur, timor autem tormentum habet et in tormento quae requies? Unde *timor non est in caritate*; caritas autem *diffusa est in cordibus nostris per spiritum sanctum qui datus est nobis*. Ideo *sabbatum requies sancta domino*, dei scilicet gratiae tribuenda, non nobis velut ex nobis. Alioquin nostra opera sic erunt, ut sint humana aut peccata: Aut cum timore, non cum dilectione, et ideo servilia sine requie. Plenitudo autem sabbati erit in requie sempiterna. Non enim frustra institutum est et sabbatum sabbatorum.

173 Superius quando prius locutus est deus de tabernaculo ungendo, dixit eadem unctione sanctificari illa omnia et fieri sancta sanctorum. Altare autem holocaustomatum eadem unctione sanctificatum dixerat fieri sanctum sancti. Et hoc interesse videbatur, quod nihil eorum dixisset sanctum sanctorum, nisi quod tantum velo separabatur a sancto, id est ubi erat arca testamenti et altare incensi. Nunc autem cum eadem repeteret, dixit de tabernaculo uncto et his quae in illo essent, quod eadem unctione sanctificarentur et fierent sancta; illud autem altare holocaustomatum, de quo prius dixerat quod fieret sanctum sancti, eadem unctione nunc dixit fieri sanctum sanctorum. Unde datur intellegi tantundem valere quod dictum fuerat sanctum sancti, quantum valet quod dictum est sanctum sanctorum, ac per hoc et illa omnia uncta, id est totum tabernaculum et quaecumque in eo essent, quae prius appellaverat sancta sanctorum, tantundem valere quod nunc ait sancta nec unumquodque eorum dici tantummodo post istam unctionem sanctum sancti, verum etiam sanctum sanctorum, sicut altare holocaustomatum: Ut iam nihil intersit, quantum ad hanc appellationem adtinet, inter illa quae interius intra velum fuerant, id est ubi erat arca testimonii, et cetera foris, nisi quod illa interius ita dicebantur sancta sanctorum vel

---

17 cum...operatur] cf. Gal 5,6   18 1 Io 4,18 | Rm 5,5   173,1 quando...2 sanctorum] cf. Ex 30,26-29   2 altare...3 sancti] cf. Ex 29,37

20 non *om.* V | 23 et] *exp.* V | 173,5 a *om.* N | 7 eadem] ea P¹ S V | unctione] unctionem C | 12 appellaverat] appellaverunt C, appellaverant N | 13 sancta *om.* S unumquodque] unumquidque C V N T | 17 interius ita *om.* N

---

[292] „Großer Sabbat" ist Übersetzungsversuch für שַׁבַּת שַׁבָּתוֹן Ex 35,2. שַׁבָּתוֹן (Ges[18]: „Sabbathfeier"; HIEKE, *Levitikus* 886: „völlige Ruhe") wird, wenn alleinstehend, von LXX durch ἀνάπαυσις „Ausruhen" (Lev 23,24.39; 25,5), שַׁבַּת שַׁבָּתוֹן entsprechend häufig durch σάββατα ἀνάπαυσις (Ex 16,23; 31,15; 35,2; Lev 23,3; 25,4; so auch Vulg: *sabbatum et requies*) übersetzt. VL dagegen: *sabbatum sabbatorum*.
[293] Ex 40,8-9 LXX = 40,9-10 TM.

heute nicht einhalten, sondern allein das bedenken, was es bildlich bezeichnete. In jener Ruhe aber, in der knechtliche Arbeiten zu unterlassen befohlen wird, ist die Erhabenheit der Gnade Gottes groß. Dann nämlich geschehen in der Ruhe gute Werke, weil der Glaube durch die Liebe wirksam ist (vgl. Gal 5,6), Angst aber bringt Qual mit sich, und welche Ruhe gibt es in der Qual? Infolgedessen: „Furcht ist nicht in der Liebe" (1Joh 4,18); die Liebe aber „ist in unseren Herzen ausgegossen durch den Heiligen Geist, der uns gegeben ist" (Röm 5,5). Daher ist „der Sabbat heilige Ruhe für den Herrn"; sie ist selbstverständlich der Gnade Gottes zu verdanken, nicht uns, als käme sie aus uns. Sonst werden unsere Werke so sein, daß sie menschliche oder Sünden sind: oder aus Furcht, nicht aus Liebe, und daher knechtliche ohne Ruhe Die Fülle des Sabbats aber wird in der ewigen Ruhe sein. Nicht grundlos ist nämlich auch der ‚große Sabbat'[292] eingerichtet worden.

qu. 2,173 (zu Ex 40,8-9)[293]

173 Als früher weiter oben Gott über das zu salbende Zelt sprach, sagte er, mit derselben Salbung würden alle jene Gegenstände geheiligt und *sancta sanctorum* (hochheilig) werden (vgl. Ex 30,26-29).[294] Der durch die gleiche Salbung geheiligte Brandopferaltar aber, hatte er gesagt, werde *sanctum sancti* (hochheilig) werden (vgl. Ex 29,37).[295] Und der Unterschied schien darin zu bestehen, daß er keinen dieser Gegenstände ‚hochheilig' genannt hat, außer dem, der nur durch den Vorhang vom Heiligen abgetrennt wurde, d.h. wo die Lade des Zeugnisses und der Rauchopferaltar standen. Jetzt aber, da er dasselbe wiederholte, hat er vom gesalbten Zelt und von den Gegenständen, die darin waren, gesagt, sie würden durch die gleiche Salbung geheiligt und ‚heilig'; von jenem Brandopferaltar hingegen, von dem er zuvor gesagt hatte, er werde *sanctum sancti* (hochheilig), hat er nun gesagt, er werde auf Grund derselben Salbung *sanctum sanctorum* (hochheilig). Dadurch wird zu verstehen gegeben, daß das, was *sanctum sancti* genannt wurde, ebensoviel wert ist wie das, was *sanctum sanctorum* genannt wurde, und daß infolgedessen auch alle jene gesalbten Gegenstände, d.h. das ganze Zelt und was immer sich darin befindet, die er zuvor *sancta sanctorum* (hochheilig) genannt hatte, ebenso viel wert sind, da er sie nun *sancta* (heilig) nennt, und daß jeglicher Gegenstand von ihnen nach dieser Salbung nicht nur *sanctum sancti* genannt wird, sondern auch *sanctum sanctorum*, wie der Brandopferaltar, so daß bezüglich dieser Benennung kein Unterschied besteht zwischen jenen Gegenständen, die im Innern, innerhalb des Vorhangs waren, d.h. wo die Lade des Zeugnisses stand, und den übrigen Gegenständen außerhalb, außer

---

[294] Vgl. *qu.* 2,135.
[295] Vgl. *qu.* 2,130 mit Anm. 246 und 2,135. Die Unterscheidung *sanctum sancti* und *sanctum sanctorum* findet sich nur in LXX und VL, nicht in TM und Vulg.

sanctum sanctorum, ut etiam ante unctionem sic appellarentur, cetera vero unctione sanctificata sunt, ut hoc nomen acciperent. Quod otio discutiendum est quid ista significent.

174 Cum scriptura narraret quo modo Moyses constituerit tabernaculum, *et extendit,* inquit, *aulaea super tabernaculum,* non utique desuper tecto, sed cingens columnas, quia de columnis dixerat, quod statuerit tabernaculum.

175 Cum dixit: *Et super atrium in circuitu tabernaculi et altaris,* manifestat altare holocaustomatum ad ostium tabernaculi forinsecus fuisse, ut atrio totum ambiretur et esset altare infra atrium inter portam atrii et ostium tabernaculi.

176 Notanda est res multum mirabilis, quod nube descendente et inplente tabernaculum, quae tamen gloria domini dicitur, non poterat Moyses intrare tabernaculum, qui in monte Sina, quando legem primitus accepit, *intravit in nubem, ubi erat deus.* Procul dubio ergo aliam personam tunc figurabat, aliam nunc: Et tunc eorum qui participes fiunt intimae veritatis dei, nunc autem Iudaeorum, quibus gloria domini, quae in tabernaculo est - quod est gratia Christi - tamquam nubes opponitur non eam intellegentibus. Et ideo non intrat in tabernaculum testimonii. Et hoc credendum est semel factum, mox ut constitutum est tabernaculum, significationis huius causa vel alicuius alterius. Neque enim semper sic erat nubes super tabernaculum, ut illuc Moyses intrare non posset, quandoquidem non removebatur nubes, nisi cum eis hoc signum dabatur disiungendi, hoc est castra movendi ex eo loco ubi erant, et accedendi quo nubes ducebat per diem, flamma per noctem. Quae duo vicissim etiam super tabernaculum manebant, ubi castra posuissent, nubes per diem, flamma per noctem.

176,3 Ex 20,21   **12** nubes…13 noctem] cf. Ex 13,21; 40,30-32

---

18 ante *om. C* | **19** otio] odio *C* | **174,1** et *om. S V Bad. Am. μ (item C iuxta z, sed errore)* | **2** tecto] tectum *V² Bad. Am. μ* | **175,1** cum] item *praem. Bad.* | dixit] dicit *C S V Bad.* | **2**   ambiretur] ambigeretur *N* | **3**   esset altare] altare esset *P Bad. Am. μ* | **176,4** figurabat…5 tunc] *om. C per homoiot.* | nunc…5 qui *om. N* | **7** intrat] intrant *P S V N T μ,* intravit *Bad. Am.* | **11** nubes *om. P¹ V Bad.* | disiungendi] diiungendi *C N*

daß jene innerhalb in der Weise *sancta sanctorum* bzw. *sanctum sanctorum* genannt wurden, daß sie auch vor der Salbung so bezeichnet wurden, die anderen aber erst durch die Salbung geheiligt wurden mit der Folge, daß sie diese Bezeichnung erhielten. Was dies bedeutet, muß in Ruhe erörtert werden.

qu. 2,174 (zu Ex 40,17)[296]

174 Als die Schrift erzählte, wie Mose das Zelt errichtet hat, sagte sie: „Und er spannte die Vorhangbahnen über das Zelt", natürlich nicht über das Dach, sondern indem er die Säulen damit umhüllte, denn sie hatte gesagt, daß er das Zelt aus Säulen errichtet habe.

qu. 2,175 (zu Ex 40,27)[297]

175 Als die Schrift gesagt hat: „Und über dem Vorhof um das Zelt und den Altar herum", zeigt sie, daß der Brandopferaltar am Eingang des Zeltes außerhalb gestanden hat, dergestalt daß es ganz vom Vorhof umgeben war und der Altar weiter unten im Vorhof zwischen der Pforte zum Vorhof und dem Eingang in das Zelte stand.

qu. 2,176 (zu Ex 40,28-29)[298]

176 Beachtung verdient die sehr erstaunliche Tatsache, daß während die Wolke, die doch auch Herrlichkeit des Herrn genannt wird, herabstieg und das Zelt erfüllte, Mose das Zelt nicht betreten konnte, er, der doch auf dem Berg Sinai, als er das Gesetz zum ersten Mal empfing, „in die Wolke hineinging, wo Gott war" (Ex 20,21). Ohne Zweifel also spielte er damals eine andere Rolle als jetzt: und zwar damals die Rolle derer, die der geheimsten Wahrheit Gottes teilhaftig werden, jetzt aber die Rolle der Juden, denen sich die Herrlichkeit des Herrn, die im Zelt ist – das ist die Gnade Christi –, wie eine Wolke entgegenstellt, ohne daß sie sie verstehen. Und deswegen tritt er nicht in das Zelt des Zeugnisses ein. Und man muß annehmen, daß dies nur einmal, sogleich, als das Zelt errichtet worden ist, um dieser oder einer anderen Vorausbezeichnung willen geschehen ist. Denn die Wolke war auch nicht immer in der Weise über dem Zelt, daß Mose dorthin nicht eintreten konnte, da sich die Wolke nämlich nicht entfernte, außer wenn ihnen dieses Signal, sich zu trennen, gegeben wurde, d.i. das Lager von dem Ort, wo sie waren, wegzubewegen und dorthin zu ziehen, wohin die Wolke bei Tage, die Feuerflamme bei Nacht sie führte (vgl. Ex 13,21; 40,36-38). Diese beiden blieben auch abwechselnd über dem Zelt, wo immer sie das Lager aufgeschlagen hatten: die Wolke bei Tage, die Feuerflamme bei Nacht.[299]

---

[296] Ex 40,17 LXX = 40,19 TM.
[297] Ex 40,27 LXX = 40,33 TM.
[298] Ex 40,28-29 LXX = 40,34-35 TM.
[299] Vgl. *civ.* 10,17.

QUAESTIO 177: EXPOSITIO TABERNACULI

177,1 Quoniam liber qui Exodus dicitur in constitutione tabernaculi terminum sumit, de quo tabernaculo etiam per superiora eiusdem libri multa dicuntur, quae faciant difficultatem intellegendi, sicut solet omnis τοπογραφία, id est loci alicuius descriptio in omni historia facere, visum est mihi de toto ipso tabernaculo separatim dicere, quo intellegatur, si fieri potest, quale illud et quid fuerit interim ad proprietatem narrationis excepta et in aliud tempus dilata figurata significatione; neque enim aliquid ibi fuisse putandum est, quod iubente deo constitueretur sine alicuius magnae rei sacramento, cuius cognitio fidem formamque pietatis aedificet.

177,2 Iubet ergo deus Moysi facere tabernaculum decem aulaeorum de bysso torta et hyacintho et purpura et cocco torto Cherubin opere textoris. Αὐλαίας quas Graeci appellant, Latini aulaea perhibent, quas cortinas vulgo vocant. Non ergo decem atria fieri iussit, sicut quidam neglegenter interpretati sunt; non enim αὐλάς, sed αὐλαίας dixit. Opere ergo textili Cherubin iussit in aulaeis fieri, quorum aulaeorum longitudinem esse praecepit cubitorum viginti octo et latitudinem cubitorum quattuor; cohaerere autem invicem aulaea et coniungi inter se quinque hinc et quinque inde, ut spatium, quod eis cingeretur, hoc esset tabernaculi spatium. Quomodo autem inter se conecterentur eadem quina aulaea, ita praecepit. *Facies illis,* inquit, *ansas hyacinthinas <super> ora summa aulaei unius ex una parte in commissuram; et sic facies super ora summa ad commissuram secundam*: Id est, ubi committitur aulaeum aulaeo, tertium scilicet secundo, quod secundum iam cum primo commissum est, id est coniunctum atque conexum,

---

177,19 Ex 26,4

15 Incipit exposicio tabernaculi *C (fol. 86)*, Incipit de tabernaculo *P (fol. 83), S (p. 238), V (fol. 77)*. Explicit quaestiones Exodi. Incipit locutiones de Genesi *N (fol. 69r p, fol. 53 n [expositionem tabernaculi om. N]*, De tabernaculo *T (fol. 87) μ*, Sequitur de tabernaculo *Bad.* **177,1** terminum...2 sumit] sumit terminum *P S V T Bad. Am μ* | **2** dicuntur...3 faciant] dicuntur faciunt quae faciebant *P* (faciunt *exp. m. 2*), dicuntur faciant quae faciebant *S*, dicuntur fiant quae faciebant *V*, dicta fuerant quae faciebant *Bad.* | **3** faciant] faciebant *T* τοπογραφία] topografia *C P S V*, tropografia *T* | **4** ipso *om. P S V T* | **6** ad *om. Am. μ* proprietatem] proprietate *Am. μ* | excepta] expecta *P S¹*, expectata *S² V T Bad.*, inspecta *Am. μ* | **11** opere] opus *C* | Αὐλαίας] auleas *C P S V T (sic fere semper onmes codd.)* **13** neglegenter] neglegentes *P S*, negglegentes *T* | **19** facies] et *praem. z* | super] *z (cf. l. 20)*, *om. codd. Bad.*, in *Am. μ* | summa] inclusit *z* ut *glossema* | aulaei] auleae *P S V T Bad.* **20** et...commissuram² *om. Bad. per homoiot.* | super ora] *μ z*, superiora *C*, super *P¹ S V*, super hora *P² T* | summa] inclusit *z* ut *glossema*

QUAESTIO 177: DARLEGUNG ÜBER DAS HEILIGE ZELT

qu. 2,177,1

177,1 Da das Buch, das ‚Exodus' genannt wird, mit der Errichtung des Zeltes endet, über das auch in den vorausgehenden Kapiteln desselben Buches vieles gesagt wird, das dem Verständnis Probleme bereitet, wie jede Topographie, d.h. die Beschreibung irgendeines Ortes, es in jeder Erzählung zu tun pflegt, hielt ich es für richtig, über eben dieses Zelt im ganzen für sich zu sprechen, damit man dadurch, soweit möglich, verstehen kann, und zwar vorerst, wie jenes beschaffen und was es nach dem Wortsinn der Erzählung gewesen war, während seine symbolische Bedeutung einstweilen beiseite gelassen und auf eine spätere Gelegenheit verschoben ist; man soll daher gleichwohl nicht meinen, daß hier irgendetwas auf Befehl Gottes ohne geheime Bedeutung des Gegenstands von großer Wichtigkeit festgesetzt wurde, deren Kenntnis den Glauben und die Gestalt der Frömmigkeit auferbaut.

qu. 2,177,2 (zu Ex 26,1-6)[300]

177,2 Gott befiehlt also Mose, das Zelt aus zehn Vorhangbahnen von feinem gezwirntem Leinen und aus violettpurpurnem und rotpurpurnem und scharlachrotem Stoff mit Kerubin in Weberarbeit herzustellen. Das, was die Griechen αὐλαίας (Vorhänge, Vorhangtücher) nennen, bezeichnen die Lateiner als *aulaea* (Vorhangbahnen), wofür man gewöhnlich *cortinae* (Vorhänge) sagt. Er hat folglich nicht befohlen, zehn Vorhöfe zu bauen, wie manche nachlässigerweise übersetzt haben;[301] er hat nämlich nicht αὐλάς, sondern αὐλαίας gesagt. Er hat also befohlen, Kerubin in Weberarbeit auf den Vorhangbahnen anzubringen. Er befahl, diese Vorhangbahnen sollten achtundzwanzig Ellen lang und vier Ellen breit sein; die Vorhangbahnen sollten aber miteinander verbunden sein, und zwar sollten fünf auf der einen und fünf auf der anderen Seite so zusammengefügt werden, daß der Raum, den sie einschlossen, diesen Raum des Zeltes bildete. Er verfügte aber in folgenden Worten, wie eben diese je fünf Vorhangbahnen miteinander verknüpft werden sollten. „Du sollst für sie", sagt er, „Schleifen aus violettem Purpur am äußersten Saum der einen Vorhangbahn für die Verbindung auf der einen Seite anbringen; und ebenso sollst du verfahren am äußersten Saum für die zweite Verbindung" (Ex 26,4), d.h. [du sollst] dort [Schleifen anbringen], wo die eine Vorhangbahn mit der nächsten verbunden wird, die dritte, versteht sich, mit der zweiten, die mit der ersten bereits verbun-

---

[300] Vgl. zum Folgenden: Einleitung zu *qu.* 2, Exkurs: Das Zeltheiligtum Ex 25-31. 35-40.

[301] So z.B. VL:Cod.Lugd.: Ex 26,1: *Et facies tabernaculum decem atriorum.*

faciem contra faciem consistentia ex adverso singula, quoniam inter se iussit quina coniungi, ut ex adverso constituerentur. Utrum autem quadrum spatium his concluderetur an rotundum, nondum adparet; sed adparebit cum de columnis coeperit dicere, quibus protenduntur aulaea. Non ergo amplius quam de trium conexione dicere voluit, quae fit in duabus commissuris, secundi ad primum et tertii ad secundum, ut ex hac veluti regula cetera iungerentur. Ansas ergo praecepit fieri primo aulaeo quinquaginta ex una parte, qua illi fuerat committendum secundum, et ansas quinquaginta tertio aulaeo ex ea parte, qua secundo coniungebatur; ipsum autem secundum, id est inter utrasque ansas quinquagenas medium, circulos habere voluit quinquaginta aureos utique ex una parte, per quos coniungeretur quinquaginta ansis aulaei primi. Ac per hoc consequens erat, ut ex alia quoque parte circulos totidem haberet, per quos coniungeretur ansis aulaei tertii. Quod breviter scriptura ita dixit: *Et facies circulos quinquaginta aureos et coniunges aulaeum ad aulaeum circulis; et erit tabernaculum unum.* Circuli ergo quinquaginta aurei secundi aulaei inserebantur quinquaginta ansis hyacinthinis primi aulaei; quinquaginta circuli inserebantur et quinquaginta ansis tertii aulaei; et deinceps ita ceteri conectebantur, ut quinque complerentur atque ex adversa parte alia similiter quinque.

177,3 Deinde dicit: *Et facies vela capillacia operire super tabernaculum*, id est, quae venirent super non a parte tecti, sed supercingendo. Dicimus enim et sic aliquid superponi, non quemadmodum tectum domus, sed quemadmodum tectorium parietis tamquam super lineam fasciam. *Undecim*, inquit, *vela facies ea. Longitudo veli unius erit triginta cubitorum et quattuor cubitorum latitudo veli unius; mensura eadem*

---

28 ansas...33 primi] cf. Ex 26,5-6   35 Ex 26,6   41 Ex 26,7   44 Ex 26,7-9

24 quina] quia P^1 V, quinque S (neque *s. l.*), ea *Bad.* | 26 aulaea] aulaeae $P S T$ | 28 et *om.* $P S V$ | 30 ea] una V | 31 utrasque] utransque C | 33 aulaei] auleis P et V *corr.* 34 haberet] V^2 *edd., om.* $C P S V^1 T$ | 35 tertii] ter C | 37 inserebantur] inserebantur et ^{cat} ^{ua} T (*et om. et l.* 38) | quinquaginta^2...38 et *om.* P^1 *per homoiot.* | 38 hyacinthinis...ansis *om.* S V *per homoiot.* | 39 ceteri] cetera V | complerentur] complecterentur *Am.* μ | 42 non a] nona P, nova S | a parte] aparte V | 43 non] nondum V *Bad.* tectum...quemadmodum^2 *om.* C *per homoiot.* | 44 ea] in *praem.* S | 45 et...cubitorum^2 *om.* C^1 | latitudo] latitudine $P S^1 V^1$ | mensura] mensurae P

---

[302] Sc. die fünf Vorhangbahnen.

[303] Durch seine Erklärung vermehrt Augustinus die Schleifen und die Ringe außerordentlich. TM und LXX werden so verstanden, daß nur die beiden aus je fünf Vorhang-

den ist, d.h. zusammengefügt und verknüpft, jeweils einzeln sich gegenüberstehend, da er ja befohlen hat, je fünf so zusammenzufügen, daß sie sich gegenüberstehen. Ob aber diese einen viereckigen oder einen runden Raum umschließen, ist noch nicht ersichtlich; es wird sich aber zeigen, wenn er beginnt, von den Säulen zu sprechen, an denen die Vorhangbahnen ausgespannt werden. Er wollte also über die Verknüpfung von nicht mehr als drei [Vorhangbahnen] sprechen, die in zweifacher Verbindung geschieht: der zweiten Vorhangbahn mit der ersten und der dritten mit der zweiten, so daß sich daraus gleichsam die Regel ergibt, nach der die übrigen miteinander verbunden werden sollten. Er schrieb also vor, fünfzig Schleifen an der ersten Vorhangbahn an derjenigen Seite anzubringen, wo die zweite mit jener verbunden werden sollte, und fünfzig Schleifen an der dritten Vorhangbahn an derjenigen Seite, wo sie mit der zweiten verbunden wurde; die zweite Vorhangbahn ihrerseits aber, d.h. die mittlere zwischen den beiden Serien von je fünfzig Schleifen, sollte seinem Willen zufolge fünfzig goldene Ringe haben – natürlich auf der einen Seite –, durch die sie mit den fünfzig Schleifen der ersten Vorhangbahn verbunden werden sollte. (vgl. Ex 26,5-6). Und daraus folgte, daß sie auch auf der anderen Seite ebenso viele Ringe haben sollte, durch die sie mit den Schleifen der dritten Vorhangbahn verbunden werden sollte. Das hat die Schrift kurz folgendermaßen ausgedrückt: „Und du sollst fünfzig goldene Ringe herstellen und Vorhangbahn mit Vorhangbahn durch die Ringe verbinden, und so soll das Zelt ein Ganzes werden" (Ex 26,6). Die fünfzig goldenen Ringe der zweiten Vorhangbahn wurden somit in die fünfzig violettpurpurnen Schleifen der ersten Vorhangbahn eingeführt; fünfzig Ringe wurden auch in die fünfzig Schleifen der dritten Vorhangbahn eingeführt; und anschließend wurden die übrigen ebenso verknüpft, bis daß die fünf[302] vollzählig waren, und auf der Seite gegenüber die anderen fünf auf gleiche Weise.[303]

qu. 2,177,3 (zu Ex 26,7-11)

177,3 Anschließend sagt er: „Und du sollst Planen aus Haaren[304] machen, das Zelt oben zu bedecken" (Ex 26,7), d.h. sie solllten zu oberst kommen, nicht auf der Seite des Daches, sondern indem sie es oben umhüllten. Wir drücken uns nämlich auch so aus: Es werde etwas darauf angebracht, nicht wie das Dach eines Hauses, sondern wie der Verputz einer Wand, gleichsam über einem Streifen aus Leinen. „Elf Stück", sagte er, „sollst du von diesen Planen herstellen, die Länge einer Plane soll dreißig Ellen betragen und vier Ellen die Breite einer Plane; die elf Planen sollen dasselbe Maß haben. Und du sollst fünf Planen

---

bahnen zusammengenähten Vorhänge auf diese Weise mit Schleifen und Ringen miteinander verbunden werden.
[304] TM genauer: „Ziegen(haare)".

erit undecim velorum. Et coniunges quinque vela in se et sex vela in se. Quomodo illa aulaea voluit quina coniungi, sic ista vela quinque et sex, quia undecim erant, non decem. *Et duplicabis,* inquit, *velum sextum secundum faciem tabernaculi,* ne moveret, quia inpariliter alterutrum occurrebant sex et quinque. Deinde dicit etiam ista vela capillacia quemadmodum sibimet iungerentur. Et idem dicit, sed fortasse planius. *Et facies,* inquit, *ansas quinquaginta in ora veli unius quod contra medium est -* id est contra secundum, quia ipsum erit medium inter primum et tertium *- secundum commissuram,* id est iuncturam. *Et quinquaginta ansas facies super ora veli, quod coniunctum est ad secundum velum,* id est super oram tertii veli, quia coniungitur secundo. *Et facies circulos aereos quinquaginta et coniunges circulos de ansis; et coniunges vela et erit unum.* Circulos ergo medio velo voluit adponi, id est secundo, quibus quinquagenis <ansis> iungeretur primo et tertio. Nihil hic aliud est nisi quod circulos non aureos, sed aereos fieri nunc praecepit. Ansas autem in aulaeis hyacinthinas dixerat, in velis autem capillaciis, quoniam tacuit cuius modi essent ansae, quid nisi capillacias eas credibilius accipimus?

177,4 Quod deinde sequitur ita est ad intellegendum difficile, ut verear, ne exponendo fiat obscurius. Dicit enim: *Et subpones <quod superabit> in velis taber-*

---

48 Ex 26,9   **55** Ex 26,10-11   **58** ansas…59 dixerat] cf. Ex 26,4

47 quia] qui *P1 S¹* ,quae *V Bad. Am. µ* | quia undecim] quindecim *T* (in *in ras.*) | **49** occurrebant] incurrebant *P S V T Bad. Am. µ* | **51** quod] *Am. µ ℨ,* que *C,* quae *P S V T Bad.* **52** quia…secundum²] *om. C per homoiot.* | **54** oram] ora *C P V¹* (*cf. l. 19, 20),* horam *S V² T edd.* | quia] qua *P S V T Bad. Am. µ* | **55** secundo] secundum *C* | et²…ansis] *om. C¹ per homoiot.* | **57** ansis] *Am. µ ℨ (item S C iuxta ℨ, sed errore), om. C V P S T Bad.* | hic] ibi *P S V T Bad.* | **58** sed aereos *om. C* | **62** subpones] subponis *C,* quod superabit *add. ℨ (cf. l. 341) recte?*

---

³⁰⁵ Der folgende, ohnehin schwer verständliche Text von TM wird durch LXX und VL noch schwieriger. TM hat in Ex 26,12 das Substantiv סֶ֫רַח „Überhang" und in V 12+13 je einmal das wurzelgleiche Verb סרח, das im G-Stamm „herabhängen" und im D-Stamm, der in V 12 gelegentlich konjiziert wird, „herabhängen lassen" bedeutet. TM besagt somit: „Was aber den *Überhang* des Überschusses an den Zeltplanen betrifft, so soll die Hälfte der überschüssigen Planen auf der Rückseite *herabhängen* (bzw. „so sollst du [...] *herabhängen lassen*"). Und die eine Elle auf der einen Seite und die eine Elle auf der anderen Seite [...] soll auf den beiden Längsseiten der Wohnung *herabhängen,* um sie zu bedecken." LXX jedoch, gefolgt von VL, deutet das Substantiv סֶ֫רַח als Verb und setzt für die drei Belege der Wurzel סרח drei verschiedene Verben ein (der Reihenfolge im Text nach): (1) ὑποθήσεις; die Grundbedeutung des Verbs „darunterlegen" (weitere

untereinander zusammenfügen und sechs Planen untereinander" (Ex 26,7-9). Wie er wollte, daß jene Vorhangbahnen zu je fünf zusammengefügt werden sollten, so diese Planen zu fünf und zu sechs, da es elf waren, nicht zehn. „Und du sollst", sagt er, „die sechste Plane zur Vorderseite des Zeltes hin doppelt legen" (Ex 26,9), damit sie kein Problem bereitete, da ja die sechs und die fünf in ungleicher Zahl aufeinander trafen. Anschließend sagt er auch, wie diese aus Haaren gefertigten Planen untereinander verbunden werden sollten Und er sagt noch einmal dasselbe, aber vielleicht verständlicher. „Und du sollst", sagt er, „fünfzig Schleifen am Saum der einen Plane anbringen, die an die mittlere anstößt" – d.i. an die zweite, weil diese ihrerseits die mittlere zwischen der ersten und der dritten sein soll – „zum Zweck der Verbindung", d.i. der Zusammenfügung. „Und du sollst fünfzig Schleifen auf dem Saum der Plane anbringen, die mit der zweiten Plane zusammengefügt ist", d.i. auf dem Saum der dritten Plane, weil sie mit der zweiten zusammengefügt wird. „Und du sollst fünfzig Ringe aus Bronze herstellen und die Ringe mit den Schleifen verbinden, und du sollst die Planen zusammenfügen, und es soll ein Ganzes sein" (Ex 26,10-11). Er wollte folglich, daß die Ringe an der mittleren Plane angebracht würden, d.i. an der zweiten, damit sie durch je fünfzig Schleifen mit der ersten und der dritten zusammengefügt werde. Hier ist nichts anders, außer daß er nun vorgeschrieben hat, nicht goldene, sondern bronzene Ringe herzustellen. Bezüglich der Schleifen an den Vorhangbahnen hatte er aber vorgeschrieben, sie sollten violettpurpurn sein (vgl. Ex 26,4). Da er sich hingegen darüber ausgeschwiegen hat, aus welchem Material die Schleifen an den Planen bestehen sollten, – was werden wir als glaubhafter annehmen, außer daß sie aus Haaren gefertigt sind?

qu. 2, 177,4 (zu Ex 26,12-14)

177,4 Das, was daraufhin folgt, ist dermaßen schwierig zu verstehen, daß ich fürchte, es werde durch meine Erklärung noch unklarer. Er sagt nämlich:[305]

Bedeutungen: „jedem etwas vorlegen, anbieten") scheidet aber aus, weil die Planen nicht unter, sondern über die Vorhangbahnen gelegt werden sollen (NETS übersetzt allerdings: „You shall lay down the excess" und gibt dazu an: „perhaps *put under* or *put down*"). Daher setzt BdA hier die dem TM entsprechende Bedeutung „laisser pendre" an, SD: „du sollst herunterhängen lassen" (MURAOKA, *Lexicon* gibt leider keine Bedeutung für diese Stelle an), wohl in der Deutung: „so darauf legen, daß es herunter hängt". Dasselbe gilt für das Äquivalent der VL: *subpones* (übliche Bedeutung: „unterlegen, unten daran legen"). Daher übersetzt NBA: „lascerai pendere", BAC dagegen: „extenderás". (2) ὑποκαλύψεις. Das in LXX nur in Ex 26,12 (2x) bezeugte Verb findet sich nicht einmal in LIDELL-SCOTT. MURAOKA, *Lexicon* gibt als Bedeutung: „to let hang down to cover", entsprechend BdA, WEVERS, *Exodus*, NETS und SD; LUST/EYNIKEL/HAUSPIE, *Lexicon*: „to fold over, to drape over" (es sei Neubildung der LXX).

naculi; dimidium veli quod superaverit subteges, quod abundat de velis tabernaculi subteges post tabernaculum. Cubitum ex hoc et cubitum ex hoc ex eo quod superat velis de longitudine velorum tabernaculi erit contegens super latera tabernaculi, hinc atque hinc ut operiat. Cum sextum velum iusserit duplicari secundum faciem tabernaculi, quid dicat superare in velis dimidium veli et quid dicat: *Cubitum ex hoc et cubitum ex hoc,* cum dimidium veli quindecim cubita sint, quoniam triginta cubitorum iussit esse unum velum, quis facile intellegat? Aut si propterea superat de longitudine velorum, quia prima aulaea de bysso et cocco et purpura et hyacintho viginti octo cubitis longa esse praecepit, ista vero capillacia triginta cubitorum esse voluit, duobus cubitis superantur singula aulaea singulis velis capillaciis: Quae in summam ducta excepto undecimo, quod duplicari iussit, viginti cubita excrescunt, quibus superatur ambitus aulaeorum ambitu capillaciorum. Decem quippe velorum cubita bina, quibus longiora erant, viginti faciunt: Quorum ex utroque latere decem hinc et decem inde poterant superare, non cubitum ex hoc et cubitum ex hoc, sicut scriptura loquitur. Quapropter differenda mihi videtur huius loci expositio, donec tabernaculum columnis omnibus cum atrio, quod circumponitur, omni ex parte consistat. Fortassis enim per anticipationem aliquid dicit de his velis capillaciis, quod ad illa proficiat, de quibus nondum locutus est. Quod enim dicit: *Et facies vela capillacia operire super tabernaculum,* utrum universum taber-

---

81 Ex 26,7

---

64 cubitum²...hoc² *om. C¹* | ex³ *om. P S V,* et *T* | eo...67 hoc¹] *add. in marg. V* | **65** hinc²] itaque hinc *add. S* | cum *om. S* | **67** et²...hoc² *om. C¹* | **72** singulis] a *praem. P S V T Bad. Am. μ* | summam] summa *C* | **73** cubita] cubiti *S* | **74** superatur] superantur *S V Bad.* aulaeorum] aulearum *S T* | **81** utrum...tabernaculum² *om. C¹ per homoiot.*

Dagegen PAPE, *Handwörterbuch*: „darunter od. ein wenig bedecken, verbergen", REHKOPF, *Septuaginta-Vokabular*: „verbergen". Entsprechend schon VL:Cod.Lugd.: *abscondes*. VL des Augustinus: *subteges*; Bedeutung nach GEORGES, *Handwörterbuch*: „von unten bedecken"; das gibt keinen Sinn, da die Planen von oben darüber/darum gelegt werden sollen. LÜNEMANN, *Handwörterbuch* gibt an: „unten oder von unten bedecken, oder bloß bedecken" (entsprechend hat Vulg: *operies*, OCA: „couvriras"). Wiederum nimmt NBA an, daß auch VL den Sinn der LXX treffen wollte: „lascerai ricadere", dagegen BAC wiederum: „extenderàs". (3) ἔσται συγκαλύπτον. Hier bleiben VL:Cod.Lugd. (*erit cooperiens*), BdA („recouvrir"), SD („bedecken") bei der üblichen Verbbedeutung. VL des

„Und du sollst das, was von den Planen des Zeltes überschießen wird, herabhängen lassen; die Hälfte der Plane, die überschießen wird, sollst du herabhängen lassen, das, was von den Planen des Zeltes überschüssig ist, sollst du auf der Rückseite des Zeltes herabhängen lassen. Von dem Teil der Planen, der der Länge der Planen des Zeltes nach überschießen wird, soll eine Elle auf der einen Seite und eine Elle auf der anderen Seite über die Seiten des Zeltes herabhängen, so daß sie auf der einen und der anderen Seite bedeckt." Da er befohlen hat, die sechste Plane zur Vorderseite des Zeltes hin doppelt zu legen, wer kann leicht verstehen, was es bedeutet, daß von den Planen die Hälfte einer Plane überschießt, und was „eine Elle auf der einen Seite und eine Elle auf der anderen Seite" bedeutet, da doch die Hälfte einer Plane fünfzehn Ellen beträgt, weil er befohlen hat, eine Plane solle dreißig Ellen lang sein? Oder wenn deswegen von der Länge der Planen etwas überschießt, weil er vorgeschrieben hat, die ersten Vorhangbahnen aus feinem gezwirntem Leinen und aus scharlachrotem und rotpurpurnem und violettpurpurnem Stoff sollten achtundzwanzig Ellen lang sein, dagegen aber wollte, daß diese aus Haaren Gefertigten dreißig Ellen lang seien, dann übertreffen die einzelnen aus Haaren gefertigten Planen die einzelnen Vorhangbahnen an Länge jeweils um zwei Ellen: Wenn man sie mit Ausnahme der elften [Plane], die er doppelt zu legen befohlen hat, zusammenzählt, ergibt sich ein Überschuß von zwanzig Ellen, um die der Umfang der aus Haaren Gefertigten den Umfang der Vorhangbahnen übertrifft. Die je zwei Ellen, um die die zehn Planen länger waren, ergeben ja zwanzig: Von diesen konnten daher auf beiden Seiten zehn hier und zehn dort überschießen, nicht eine Elle hier und eine Elle dort, wie die Schrift sagt. Daher halte ich es für angebracht, die Erklärung dieser Stelle aufzuschieben, bis uns das Zelt von allen Seiten mit allen Säulen samt dem Vorhof, der darum herum angelegt wird, vor Augen steht. Vielleicht sagt er nämlich in Vorwegnahme etwas über diese aus Haaren gefertigten Planen, was [zum Verständnis] jener Dinge nützen mag, von denen er noch nicht gesprochen hat.[306] Bezüglich der Formulierung: „Und du

---

Augustinus: *erit contegens*; im Gegensatz zu den Übersetzern der LXX übernehmen Übersetzer der *quaestiones* hier nicht die übliche Bedeutung „bedecken", sondern nehmen an, daß Augustinus *subtego* und *contego* als Synonyme benutzt; NBA und hier sogar BAC: „penderà", OCA dagegen: „seront étendus". Ich folge zu (1) und (2) denen, die für LXX wie für VL Sonderbedeutungen annehmen, die in etwa TM entsprechen, auch wenn ich nicht erkennen kann, wie es dazu kommt und wie ein Leser der VL das so verstehen sollte. Als Folge sehe ich mich gezwungen, für VL und deren Leser für *subtego* und *contego* keine unterschiedlichen Bedeutungen anzusetzen. Die obige Übersetzung ist somit höchst tentativ.

[306] Vgl. *qu.* 2,177,15-17.

naculum his velis cooperiri velit cum atrio scilicet, de quo circumponendo postea loquitur, an hoc interius tabernaculum, quod decem aulaeis fieri iussit, incertum est. Sequitur ergo et dicit: *Et facies operimentum tabernaculo pelles arietum rubricatas.* Etiam hoc operimentum utrum universo tabernaculo fieri iusserit in circuitu an interiori tantum, similiter habetur incertum. Quod vero adiungit: *Et operimenta pelles hyacinthinas desuper*, hoc non in circuitu, sed a tecto velut camera accipiendum est.

177,5 *Et facies*, inquit, *columnas tabernaculo de lignis inputribilibus: Decem cubitorum columnam unam et cubiti unius et dimidii latitudinem columnae unius; duos anconiscos columnae uni consistentes ex adverso. Sic facies omnibus columnis tabernaculi.* Quare iusserit fieri hos anconiscos, de quibus antea dixi quid essent, non satis mihi adparet. Si enim ad columnas portandas fierent, quattuor ut minimum fierent; si autem, ubi serae incumberent, etiam plures fierent; nam quinas seras singulis columnis distribuit. Nisi forte in his anconiscis non aliquis usus, sed sola significatio sit, sicut in velo undecimo capillacio. Nam columna duos anconiscos velut brachia hinc atque hinc extendens figuram crucis reddit. Nunc iam videamus numerum

---

84 Ex 26,14   **89** Ex 26,15-16   **95** sola…96 capillacio] cf. *qu.* 2,109

82 cooperiri] cooperi *T* | **84** operimentum] operimento *C* | **87** camera] cameram *C* | **90** columnae…92 anconiscos *om. S* | **91** iusserit…92 fieri] fieri iusserit *T* | **92** dixi] dixit *C* | **93** minimum] minimū *sup. exp.* nimirum *S* | **94** serae incumberent] se raecumberent *V*, recumberent *Bad.*

---

[307] Ex 26,7 TM: „Und du sollst Zeltbahnen aus Ziegenhaar anfertigen für das Zelt (אֹהֶל) über der Wohnung (מִשְׁכָּן)". WEVERS, *Exodus*: LXX übersetzt, wie üblich, מִשְׁכָּן „Wohnung" durch σκηνή „Zelt"; um aber die Vorstellung eines Zeltes über einem Zelt zu vermeiden, übersetzt sie hier ungewöhnlicherweise אֹהֶל durch σκέπη „Decke, Bedeckung": „Und du sollst Ziegenhaarfelle als Bedeckung über dem Zelt anfertigen." LXXA bezeugt die itazistische Verschreibung in σκέπειν: „Und du sollst Ziegenhaarfelle anfertigen, um über dem Zelt zu bedecken." Das ergibt die obige Fassung der VL. Entsprechend auch Vulg: *facies et saga cilicina undecim ad operiendum tectum tabernaculi.*
[308] TM unterscheidet konsequent zwischen קְרָשִׁים (Bretter [Ges[18] wie schon Vulg: *tabulae*] bzw. Bohlen [RIGGENBACH, *Stiftshütte*] bzw. stufenleiterartige Gitter [PROPP, *Exodus* 411]), die miteinander verbunden die Nord-, Süd- und Westwand des Zeltheiligtums bilden, und עַמֻּדִים (Säulen; Vulg: *columnae*), die auf Abstand stehen, den Vorhof auf allen vier Seiten begrenzen sowie zwischen Heiligem und Allerheiligstem und am Eingang zum Zeltheiligtum und zum Vorhof stehen. LXX, gefolgt von VL, ignoriert ebenso

sollst Planen aus Haaren machen, das Zelt oben zu bedecken" (Ex 26,7)[307], ist nämlich unklar, ob er will, daß das ganze Zelt von diesen Planen bedeckt werde, d.h. samt dem Vorhof, von dem er später sagt, daß er darum herum angelegt werden soll, oder dieses innere Zelt, das er aus zehn Vorhangbahnen herzustellen befohlen hat. Er fährt also fort und sagt: „Und du sollst für das Zelt eine Abdeckung aus rot gefärbten Widderfellen machen" (Ex 26,14). Auch bezüglich dieser Abdeckung hält man es für ähnlich unklar, ob er befohlen hat, sie für das gesamte Zelt im Umgang herzustellen oder nur für das innere Zelt. Die Fortsetzung aber: „und darüber Abdeckungen aus violettpurpurnen Fellen", dies muß nicht [vom Zelt] im Umgang, sondern vom Dach nach Art einer Wölbung verstanden werden.

qu. 2,177,5 (zu Ex 26,15-21)

177,5 „Und du sollst", sagt er, „für das Zelt Säulen[308] aus nicht verfaulenden Holzstücken[309] herstellen: eine Säule von zehn Ellen [Länge] und die Breite einer Säule von anderthalb Ellen; für eine Säule zwei kleine Haken[310], die sich gegenüber angeordnet sind. So sollst du mit allen Säulen des Zeltes verfahren" (Ex 26,15-16) Warum er befohlen hat, diese kleinen Haken zu machen, von denen ich zuvor gesagt habe, was sie sind,[311] wird mir nicht recht deutlich. Wenn sie nämlich gemacht werden sollten, um die Säulen zu tragen, müßten mindestens vier hergestellt werden; wenn sie aber [dort angebracht werden sollten], wo die Querbalken aufruhen sollten, müßten sogar in noch größerer Anzahl hergestellt werden, denn er hat den einzelnen Säulen je fünf Querbalken zugeteilt. Falls diese kleinen Haken nicht vielleicht keinerlei Gebrauchswert, sondern nur eine vorausweisende Bedeutung besitzen, wie es sich mit der elften aus Haaren gefertigten Plane verhält (vgl. *qu.* 2,109). Denn eine Säule, die zwei kleine Haken wie Arme von der einen und der anderen Seite ausstreckt, ergibt

---

konsequent diese lexikalische Differenzierung und sagt für beide στῦλοι; während dieses Wort auch „Planke, Brett" bedeuten kann (WEVERS, *Exodus*), gilt dies nicht für VL: *columnae*. Das hat erhebliche Konsequenzen für Augustins Rekonstruktion des Zeltheiligtums. Vgl. Einleitung in *qu.* 2, S. 295-297.

[309] TM: שִׁטִּים „Akazienholz", Vulg transskribiert: *de lignis setthim*; LXX: ἐκ ξύλων ἀσήπτων „aus nicht verfaulenden Holzstücken"; VL entsprechend.

[310] TM: יָדוֹת „Hände", hier wohl „Zapfen", durch die die Bretter in ihren Sockeln befestigt werden, so daß sie aufrecht stehen können (vgl. Ex 26,19; wie sich dies zur Funktionsangabe der Zapfen in V 17 verhält, bleibt dunkel, da der dortige Ausdruck מְשֻׁלָּבֹת nicht sicher gedeutet ist). LXX: hapax: ἀγκωνίσκους „Häkchen", von VL als Fremdwort übernommen. Vulg dagegen: *incastraturae* (Georges, *Handwörterbuch*: „Ausschnitte"; BLAISE, *Dictionnaire*: „Zapfen").

[311] Vgl. oben *qu.* 2,109.

columnarum, in quibus et forma tabernaculi possit adverti, utrum quadra an rotunda sit an oblongam habeat quadraturam lateribus longioribus brevioribus frontibus sicut pleraeque basilicae construuntur; hoc enim potius hic evidenter exprimitur. Nam ita dicit: *Et facies columnas tabernaculo, viginti columnas ab latere isto, quod respicit ad aquilonem. Quadraginta bases argenteas facies viginti columnis, duas bases columnae uni in ambas partes eius. Et latus secundum contra austrum viginti columnas et quadraginta earum bases argenteas; duas bases columnae uni in ambas partes eius et duas bases columnae uni in ambas partes eius.* Repetitio non moveat, quia locutionis est, ut omnes ita intellegantur de quibus non dicit. De basibus autem iam antea diximus, cur una columna duas habeat, quia et capita hoc loco bases vocat.

177,6 Videmus igitur vicenis columnis porrecta duo latera tabernaculi aquilonis et austri. Duo sunt reliqua, orientale et occidentale, quae si totidem columnas habuissent, procul dubio quadrum esset. Quot autem habeant, de occidentali non tacetur, de orientali tacetur: Utrum quia non habuit et sola illic sine columnis extendebantur aulaea ab extrema columna unius lateris usque ad alterius alteram extremam, an aliqua causa taceantur, ut etiam tacitae intellegantur, nescio. Postea quippe ex ipsa parte orientis decem columnae commemorantur, sed atrii de quo post loquitur, quod huic tabernaculo circumponi iubet. Commemoratis ergo lateribus tabernaculi aquilonio et australi in vicenis columnis deinde sequitur et adiungit dicens: *Et retro tabernaculum per partem quae est contra mare facies sex columnas. Et duas columnas facies in angulis tabernaculi a posterioribus. Et aequales deorsum versus et in se convenientes erunt aequales de capitibus in commissuram unam. Sic facies ambobus duobus angulis; aequales sint. Et erunt octo columnae et bases*

---

101 Ex 26,18-20

99 longioribus brevioribus *om. C¹* | **101** tabernaculo] tabernaculi *S* | **102** quadraginta] et praem. *Am.* μ z | **104** et...105 eius] add. in marg. m. 1 *V* | **105** locutionis] locutiones *C¹* est *om. C¹* | **109** austri] austris *P* | et occidentale *om. C¹* | **110** quadrum] quadratum *P S V T Bad.* | esset] essent *P S¹* | quot] quod *C P S V* | habeant] *C* (n s. l.) z, habent *P S V T Bad.*, habeat *Am.* μ | **112** extendebantur] extendebatur *P S* | **113** taceantur] taceatur *P¹ S V Bad.* | intellegantur] intellegatur *P¹ S¹ V Bad.*

---

[312] TM: nach Süden („zum Negeb; nach Teman"), entsprechend Vulg: *ad austrum*. LXX dagegen: πρὸς βορρᾶν „nach Norden"; entsprechend VL: *ad aquilonem*. Da in V 20 entsprechend TM und Vulg von der nördlichen, LXX und VL von der südlichen Seite sprechen, ergibt sich sachlich kein Unterschied.

[313] Vgl. *loc.* 2,116.

die Gestalt eines Kreuzes. Nun wollen wir sogleich die Zahl der Säulen betrachten; durch sie kann man auch den Grundriß des Zeltes wahrnehmen, ob er quadratisch oder rund ist, oder ob er die Form eines länglichen Rechtecks mit längeren Längsseiten und kürzeren Querseiten hat, wie die meisten Basiliken konstruiert werden; das wird hier nämlich nahezu eindeutig ausgedrückt. Denn er formuliert so: „Und du sollst die Säulen für das Zelt herstellen, zwanzig Säulen auf derjenigen Seite, die nach Norden[312] zu liegt. Vierzig silberne Sockel sollst du für die zwanzig Säulen herstellen, zwei Sockel für eine Säule an ihre beiden Seiten. Und die zweite Seite nach Süden: zwanzig Säulen und deren vierzig silberne Sockel; zwei Sockel für eine Säule an ihre beiden Seiten und zwei Sockel für eine Säule an ihre beiden Seiten" (Ex 26,18-20). Die Wiederholung sollte nicht irritieren, denn es ist die Funktion dieser idiomatischen Ausdrucksweise, daß man das Gleiche von allen [Säulen], von denen er nicht spricht, versteht.[313] Bezüglich der Sockel aber haben wir bereits an früherer Stelle ausgeführt, warum eine Säule zwei Sockel hat, weil er an dieser Stelle auch die Kapitelle Sockel nennt.[314]

qu. 2,177,6 (zu Ex 26,22-25)

177,6 Wir sehen daher, daß die beiden Seiten des Zeltes, die nördliche und die südliche, sich über je zwanzig Säulen erstrecken. Zwei [Seiten] bleiben übrig, die östliche und die westliche; wenn sie ebenso viele Säulen gehabt hätten, wäre [das Zelt] zweifellos ein Quadrat. Wieviel sie aber haben, darüber wird bezüglich der westlichen nicht geschwiegen, bezüglich der östlichen aber geschwiegen: ob das so ist, weil sie keine hatte und nur hier die Vorhangbahnen sich ohne Säulen von der äußersten Säule der einen Seite bis zur zweiten äußersten der zweiten [Seite] ausspannte, oder ob sie aus irgendeinem Grund nicht erwähnt werden, so daß sie, auch ohne erwähnt zu werden, mitverstanden werden, weiß ich nicht.[315] Später werden freilich an eben dieser östlichen Seite zehn Säulen erwähnt, aber es sind Säulen des Vorhofes, von dem er später spricht, den er um das Zelt herum anzulegen befiehlt. Nachdem also die Seiten des Zeltes, die nördliche und die südliche, mit den jeweils zwanzig Säulen besprochen worden sind, fährt er daraufhin fort und fügt hinzu: „Und auf der Rückseite des Zeltes für die Seite, die zum Meer hin[316] ausgerichtet ist, sollst du sechs Säulen herstellen, und zwei Säulen sollst du in den Ecken des Zeltes im hinteren Bereich anfertigen. Und sie sollen nach unten hin gleich sein, und, sich untereinander entsprechend, gleich sein an den Kapitellen, damit eine einzige

---

[314] Vgl. *qu.* 2,110. TM hatte dagegen von „je zwei Sockeln unter einem Brett" gesprochen.
[315] In *qu.* 2,177,7 legt er fest, daß die östliche Seite des Zeltes keine Säulen hatte.
[316] D.h. (wie im Verständnis des TM) nach Westen.

earum argenteae sedecim: Duae bases columnae uni et duae bases columnae uni in ambas partes eius. De basibus similis ratio et similis locutio est. Latus itaque occidentis - nam hoc est ad mare - columnis octo extenditur: Sex mediis et duabus angularibus, quas aequales ad unam commissuram dicit esse debere; credo, quod angulus duo in se latera committat et sit columna angularis lateri utrique communis, ista occidentali et aquiloniae, illa occidentali et australi. Quod autem dicit etiam aequales deorsum versus, hoc utique dicit, ut ad perpendiculum librarentur, ne robustiores essent infra quam supra, sicut pleraeque columnae sunt.

177,7 Deinde dicit: *Et facies seras de lignis inputribilibus quinque uni columnae ex una parte tabernaculi et quinque seras columnae lateri tabernaculi secundo et quinque seras columnae posteriori lateri tabernaculi quod est ad mare.* Mirum si dubitari potest latus orientale columnas non habuisse in hoc interiore tabernaculo, cui postea circumponitur atrium. Singulas quasque igitur columnas omnium trium laterum habere seras quinas iubet. *Et sera,* inquit, *media inter medias columnas pertranseat ab uno latere in aliud latus.* Hoc videtur dicere, ut de columna in columnam sera perveniret et per intervallum columnarum porrigeretur a latere unius usque in latus alterius. Ac per hoc una ex his omnibus columna non erat habitura proprias quinque seras; ad quam extremam quinque perveniebant a columna sibi proxima venientes. *Et columnas,* inquit, *inaurabis auro et anulos facies aereos, in quos induces seras, et inaurabis auro seras.* Ne columnae foraminibus cavernarentur, quo intrarent serae, anulos fieri iussit, quibus ex utraque parte continerentur fines serarum. Proinde intelleguntur hi anuli fixis in ligno ansulis pependisse, ut extremas partes serarum possent capere et continere.

---

134 Ex 26,28 **139** Ex 26,29

---

121 duae¹] et *P¹ S*, et *exp. V* | bases¹ *exp. V* | uni¹ *om. S* | **123** sex] ex *P¹ S V*
126 aquiloniae] aquiloni& *P*, aquilonali& *S*, aquilonari et *V T Bad.* | **127** librarentur] libraretur *P¹ S V Bad.* | **128** pleraeque] plerique *C* | **129** quinque] cumque *C*
130 parte] parte& *P¹*, partae *V* | secundo] *om. C*, secundi *S* | **132** interiore] interiori *S*
136 in] *exp. et ad superscr. m.* 2 *P* | **140** et…seras²] *add. m.* 2 *in marg.* (auro *om.*) *C*
142 fixis] fixi *P S V T* | in] a *Bad.* | ansulis] a singulis *P S V T*

---

³¹⁷ Das ἑνὶ der LXX in τῷ ἑνὶ στύλῳ, dem in TM nichts entspricht, wird mit BDA (anders: WEVERS, *Exodus* und SD) distributiv verstanden; wie das folgende zeigt, versteht Augustinus das entsprechende *uni columnae* ebenso.
³¹⁸ Gegen TM, LXX (und Vulg) hat VL nicht goldene, sondern bronzene Ringe. Dies ist wohl (unbeabsichtigte?) Angleichung an Ex 26,11, wo von bronzenen Ringen die Rede ist.

Verbindung entsteht. Und so sollst du mit beiden [Säulen in den zwei] Ecken verfahren; sie sollen gleich sein. Und es sollen acht Säulen sein und ihre silbernen Sockel [sollen] sechzehn [sein]: je zwei Sockel für eine Säule an ihre beiden Seiten." Dieselbe Zählweise und dieselbe Ausdrucksweise findet sich bezüglich der Sockel. Die westliche Seite – denn das bedeutet: ‚zum Meer zu' – besteht folglich aus acht Säulen: aus sechs mittleren und zwei in den Ecken, die, wie er sagt, gleichförmig sein sollen, so daß eine einzige Verbindung entsteht; ich meine: Eine Ecke verbindet zwei Seiten miteinander, und die Ecksäule ist beiden Seiten gemeinsam, diese der östlichen und der nördlichen, jene der westlichen und der südlichen. Insofern er aber sagt, daß sie auch nach unten zu gleichförmig sein sollen, sagt er dies vornehmlich, damit sie schnurgerade senkrecht ausgerichtet sind, damit sie nicht unten einen größeren Umfang haben als oben, wie die meisten Säulen gestaltet sind.

qu. 2,177,7 (zu Ex 26,26-29)

177,7 Anschließend sagt er: „Und du sollst Querbalken aus nicht verfaulenden Holzstücken herstellen: fünf für jede[317] Säule auf der einen Seite des Zeltes und fünf Querbalken für [jede] Säule auf der zweiten Seite des Zeltes und fünf Querbalken für [jede] Säule auf der Rückseite des Zeltes, die zum Meer hin ausgerichtet ist." Es sollte mich wundern, wenn man bezweifeln könnte, daß die östliche Seite in diesem inneren Zelt, um das später ein Vorhof gelegt wird, keine Säulen gehabt hat. Er schreibt somit vor, daß jede beliebige Säule aller drei Seiten je fünf Querbalken haben solle. „Und der mittlere Querbalken", sagt er, „soll zwischen den Säulen in mittlerer Höhe von der einen zur anderen Seite hindurchreichen" (Ex 26,28). Das scheint zu bedeuten, daß der Querbalken von Säule zu Säule reichen und sich zwischen den Säulen hindurch von der Seite der einen [Säule] bis zur Seite der anderen [Säule] erstrecken soll. Und deswegen sollte eine von all diesen Säulen nicht eigene fünf Querbalken haben; bis zu dieser äußersten Säule reichten die fünf [Querbalken], die von der ihr am nächsten stehenden Säule kamen. „Und die Säulen", sagt er, „sollst du mit Gold überziehen, und du sollst Ringe aus Bronze[318] herstellen, in die du die Querbalken einführen sollst, und du sollst die Querbalken mit Gold überziehen" (Ex 26,29). Um zu vermeiden, daß Öffnungen in die Säulen gebohrt würden, durch die die Querbalken eingeführt würden, befahl er, Ringe herzustellen, in denen die Enden der Querbalken auf beiden Seiten befestigt werden sollten. Daraus ergibt sich das Verständnis, daß diese Ringe in Schlingen hingen, die am Holz befestigt waren, um die Enden der Balken aufnehmen und festhalten zu können.

qu. 2,177,8 (zu Ex 26,30-37)

177,8 „Und du sollst", sagt er, „das Zelt nach dem Modell anfertigen, das dir auf dem Berg gezeigt worden ist. Und du sollst einen Vorhang aus violettpurpurnem und rotpurpurnem und scharlachrotem Stoff und aus gezwirntem

3060   177,8 *Et eriges,* inquit, *tabernaculum secundum speciem quae monstrata est tibi in monte. Et facies velamen de hyacintho et purpura et cocco torto et bysso neta; opus textile facies illud Cherubin. Et superinpones illud super quattuor columnas inputribiles inauratas auro; et capita earum aurea et bases earum quattuor argenteae. Et pones velamen super columnas et induces illuc interius quam velamen est arcam testimonii; et dividet velamen vobis inter medium sancti et inter medium sancti sanctorum. Et operies de velamine arcam testimonii in sancto sanctorum.* Haec omnia manifesta sunt interius intra velamen hoc quattuor columnis inpositam fuisse arcam testimonii: Quam non sic operiri iussit velamine, ut super arcae cooperculum iaceret velamen, sed ut contra statueretur. Deinde dicit: *Et pones mensam foris extra velamen et candelabrum contra mensam in parte tabernaculi quae respicit ad austrum; et mensam pones in parte tabernaculi quae respicit ad aquilonem.* Etiam hoc planum est. Quod autem sequitur: *Et facies adductorium de hyacintho et purpura et cocco torto et bysso torta, opus variatoris. Et facies velamini quinque*
3080   *columnas et inaurabis illas auro; et capita earum aurea, et conflabis eis quinque bases aereas,* cui usui velamen hoc fiat quinque columnis extentum, post adparebit; nam hic non adparet. Vult enim illud esse velamen ostii tabernaculi, huius videlicet interioris, cui circumponitur atrium. Deinde iubet altare fieri sacrificiorum et holocaustomatum et dicit quemadmodum fiat, nondum autem dicit ubi ponatur; sed hoc quoque post adparebit.

177,9 Hinc iam de atrio loquitur usque in finem, quod circumponendum est tabernaculo illi, de quo prius constituendo locutus est. *Et facies,* inquit, *atrium,* quod dicit Graece αὐλήν, non αὐλαίαν: Quod quidam interpretes nostri non

---

144 eriges] erigis *C* | **145** opus textile] textile opus *T* | textile] textili *V* | **146** illud¹ *exp.* *V* | Cherubin] super *praem. C Bad.* | **147** earum¹] eorum *T* | **148** illuc] illud *V (sed exp.) T, om. Bad.* | quam] *exp. et s. l.* ubi *V,* ubi *Bad.* | velamen vobis] vobis velamen *Bad. Am.* μ inter medium] *exp. V* | medium...149 sancti¹ *exp. V* | **149** sancti¹] sanctum *Bad.* et¹...sancti² *om. C¹ per homoiot.* | inter medium *exp. V, om. Bad.* | sancti²] sanctum *Bad.* operies] cooperies *Bad. Am* μ | arcam] arca *C* | sancto] μ *z,* sancta *C P S V¹ T,* sanctis *V² Bad. Am.* | **151** inpositam] inpositum *C P S V¹* | arcam] arca *C* | **152** super] per *C* cooperculum] coopertulum *S* | **153** pones] ponens *C* | **154** respicit¹] respicet *C* **157** aereas] aureas *C* | **158** cui usui] cuius *C* | **159** vult] et *praem. P S* | **163** hinc] hic *P¹ V Bad.,* hinc *T* | **165** dicit] dicitur *S T Am.* μ, diceres *Bad.* | αὐλήν] alen *C,* aulen *P S V T* αὐλαίαν] auleum *C,* auleam *P S T,* aulam *V*

---

[319] Hier in Ex 26,36 ist nicht mehr von dem Vorhang die Rede, der das Allerheiligste vom Heiligen trennt, sondern von dem Vorhang im Eingangsbereich des Zeltheiligtums (LXX, gefolgt von VL, läßt diese Präzision aus). TM sagt: „Decke/Vorhang für den Eingang des Zeltes". LXX gebraucht dafür statt καταπέτασμα nur hier (hapax in LXX)

feinem Leinen machen; als Weberarbeit sollst du jenen machen mit Kerubin. Und du sollst jenen [Vorhang] auf vier Säulen aus nicht faulendem Holz, die mit Gold überzogen sind, legen; und ihre vier Kapitelle sollen aus Gold und ihre vier Sockel aus Silber sein. Und du sollst den Vorhang auf die Säulen legen, und du sollst dorthin, innerhalb des Vorhangs die Lade des Zeugnisses hineinstellen; und der Vorhang soll euch dazu dienen, in der Mitte das Heilige vom Allerheiligsten zu trennen. Und du sollst mit dem Vorhang die Lade des Zeugnisses im Allerheiligsten verdecken." All diese [Angaben] sind deutlich: [Sie besagen:] Im Innern, innerhalb dieses Vorhangs war die Lade des Zeugnisses auf vier Säulen gestellt worden; nicht so befahl er sie mit dem Vorhang zu verdecken, daß der Vorhang auf dem Deckel der Lade läge, sondern daß er [ihr] gegenüber angebracht würde. Anschließend sagt er: „Und du sollst den Tisch außen vor den Vorhang stellen und den Leuchter dem Tisch gegenüber in dem Bereich des Zeltes, der nach Süden blickt; und den Tisch sollst du in dem Bereich des Zeltes aufstellen, der nach Norden blickt." Auch das ist klar verständlich. Es folgt aber: „Und du sollst einen Zugvorhang[319] aus violettpurpurnem und rotpurpurnem und scharlachrotem gezwirntem Stoff und aus gezwirntem feinen Leinen verfertigen, als Arbeit eines Stickers mit bunten Fäden. Und du sollst für den Vorhang fünf Säulen machen und sie mit Gold überziehen; und ihre Kapitelle sollen golden sein, und du sollst für sie fünf Sockel aus Bronze gießen." Zu welchem Zweck dieser über fünf Säulen ausgespannte Vorhang dienen soll, wird sich später zeigen; denn hier zeigt es sich nicht. Er will nämlich, daß jener als Vorhang für den Eingang des Zeltes dient, nämlich des inneren Zeltes, um das der Vorhof herumgelegt wird.[320] Anschließend befiehlt er, den Altar für die Schlachtopfer und die Brandopfer herzustellen, und sagt, wie das geschehen soll, sagt aber noch nicht, wo er aufgestellt werden soll; aber auch das wird später klar werden.

qu. 2,177,9 (zu Ex 27,9-13)

177,9 Von hier an ist nunmehr bis zum Ende die Rede von dem Vorhof, der um jenes Zelt herum angelegt werden soll, von dessen Errichtung er zuvor gesprochen hat. „Und du sollst", sagt er, „den Vorhof errichten"; es heißt auf Griechisch αὐλὴν, nicht αὐλαίαν; diese Wörter haben einige unserer Übersetzer nicht unterschieden und daher sowohl dieses als auch jene *aulaea*, die die

---

[319] das seltene Wort ἐπίσπαστρον, das „ein Fischernetz, einen Türöffner oder einen Vorhang (in einem Heiligtum) bezeichnen [kann], bei dem in besonderer Weise ein Ziehen (griech. σπάω) betont ist" (SDE, 311f.) Zur außerbiblischen Verwendung dieses Terminus für die Ausstattung von Monumentaltoren vgl. BdA. Das Äquivalent der VL: *adductorium* soll wohl dasselbe bedeuten.

[320] Augustinus konnte dies aus Ex 37,5 LXX = 36,37 TM entnehmen.

discernentes et hoc et illa aulaea, quas αὐλαίας, non αὐλάς Graeci dicunt, atria interpretati sunt dicentes: *Et facies tabernaculum decem atriorum*, ubi *decem aulaeorum* dicere debuerunt. Nonnulli autem multo inperitiores ianuas interpretati sunt et αὐλάς et αὐλαίας sicut autem in lingua Latina invenimus aulaea, quas Graeci αὐλαίας vocant, ita quam illi appellant αὐλήν, nostri aulam vocaverunt. Sed iam non atrium isto nomine, sed domus regia significatur in Latina lingua, apud Graecos autem atrium. Ergo: *Et facies*, inquit, *atrium tabernaculo in latere quod respicit ad austrum et tentoria atrii ex bysso torta; longitudo sit centum cubitorum uni lateri. Columnae eorum viginti et bases earum aereae viginti et circuli earum et arcus earum argentei. Sic et lateri quod est ad aquilonem tentoria centum cubitorum longitudinis; et columnae eorum viginti et bases earum aereae viginti et circuli earum et arcus columnarum et bases inargentatae argento. Latitudo autem atrii quae est ad mare: Tentoria eius quinquaginta cubitorum; columnae eorum decem et bases earum decem. Et latitudo atrii quod est ad orientem quinquaginta cubitorum; columnae eius decem et bases earum decem.*

177,10 Hic iam videmus commemorari columnas ab oriente, cum loquitur de atrio, et eas decem decem cum basibus aereis, sicut dixit etiam de occidentalibus. Ubi difficillima oritur quaestio. Nam facile est quidem, ut accipiamus ab oriente unum ordinem columnarum ad atrium pertinentium, quo tabernaculum interius per omnes quattuor partes cingitur, quia non habebat ex ea parte columnas tabernaculum interius; ab occidente autem, ubi iam erant interioris tabernaculi columnae octo, quomodo etiam istas decem, quas exterioris atrii commemorat, accepturi sumus, ab occidente tamquam duo sint ordines columna-

---

167 Ex 26,1

---

166 aulaea] aul̩e̩a̩ *V* | αὐλαίας] auleas *C P S T*, aul̩e̩as *V* | αὐλάς] aulas *C P S*, auleas *V*, aulos *T* | **167** et *om. C P S V T* | facies] facientes *V* | **168** multo] muetum *C* **169** αὐλάς] aulas *C P S T*, aul∗as *V* | αὐλαίας] auleas *C P S V T* | aulaea] auleas *P S* **170** αὐλαίας] auleas *C B T*, aulas *P¹ S* | illi] illa *C* | αὐλήν] aulen *C P S V T* | **172** ergo *om. S* | **175** sic *om. C¹* | eorum] *Am.* μ *z (sc. tentoriorum cf. et l. 174 et 178)*, earum *codd.* | **177** eius] *inclusit z et gravius distinxit post* cubitorum | **178** et¹...179 decem¹] *ponit S post* decem *l.* 179 | earum] eorum *V Bad.* | **180** commemorari] commemorare *C P¹ T* | columnas] columna *P¹*, columna *S* | **181** et *exp. V* | decem decem] decem dicens *P V T Bad.* μ, dicens decem *S* | aereis] aereis decem *P* (decem *inser. m.* 2) *T* | **182** oritur] orietur *P¹ S V¹* quaestio nam] quaestionem *C* | **183** quo] quod *P V*, quod *Bad.* | **187** ab occidente *exp. V, om. Bad.* | ab...tamquam] tamquam ab occidente *Am.* μ

---

³²¹ So übersetzt VL:Cod.Lugd.
³²² LXX dreht den Vorhof in Ex 37,9-15 im Gegensatz zu TM und zur Ausrichtung des

Griechen αὐλαίας, nicht αὐλάς nennen, mit ‚Vorhöfe' übersetzt und so gesagt: „Und du sollst ein Zelt mit zehn Vorhöfen errichten" (Ex 26,1)[321], wo sie hätten sagen sollen: „mit zehn Vorhangbahnen". Einige bedeutend Unerfahrenere aber haben sowohl αὐλάς als auch αὐλαίας mit „Türen" übersetzt. Wie wir aber in lateinischer Sprache *aulaea* (Vorhangbahnen) für das finden, was die Griechen αὐλαίας nennen, so haben die Unsrigen *aulam* (Hof/Halle) genannt, wofür die Griechen αὐλήν gesagt haben. Aber in der lateinischen Sprache bezeichnet dieses Wort *aula* gerade nicht einen Vorhof, sondern die Residenz des Königs, bei den Griechen dagegen bedeutet αὐλή ‚Vorhof'. Er sagt folglich: „Du sollst einen Vorhof für das Zelt machen auf der Seite, die nach Süden[322] ausgerichtet ist, und die Behänge für den Vorhof aus gezwirntem feinem Leinen. Eine Seite soll hundert Ellen lang sein. Ihre Säulen [sollen] zwanzig und deren Sockel aus Bronze [sollen] zwanzig sein, und ihre Ringe und ihre Bögen aus Silber. So [sollst du] auch für die nach Norden ausgerichtete Seite Behänge von hundert Ellen Länge [machen]; und ihre Säulen [sollen] zwanzig [sein] und deren Sockel aus Bronze zwanzig und [ebenso] ihre Ringe und die Bögen der Säulen, und die Sockel [sollen] mit Silber überzogen [sein]. Die Breite des Vorhofs aber, die zum Meer ausgerichtet ist: ihre Behänge [sollen] fünfzig Ellen [lang sein]; ihre Säulen [sollen] zehn [sein] und deren Sockel: zehn. Und die Breite des Vorhofs, der nach Osten ausgerichtet ist: fünfzig Ellen; ihre Säulen [sollen] zehn sein und deren Sockel zehn."

qu. 2,177,10
177,10 Wie wir sehen, werden hier bereits die Säulen im Osten erwähnt, während er vom Vorhof spricht, und daß sie zehn sind mit zehn Sockeln aus Bronze, wie er auch von den westlichen [Säulen] gesagt hat. Hier ergibt sich ein höchst schwieriges Problem. Denn wir verstehen zwar mit Leichtigkeit, daß im Osten eine Reihe von Säulen stand, die zum Vorhof gehören, der das innere Zelt auf allen vier Seiten umschließt, da das innere Zelt auf dieser Seite keine Säulen hatte; wie aber sollen wir uns im Westen, wo bereits die acht Säulen des inneren Zeltes standen, auch noch diese zehn [Säulen], die er als dem äußeren Vorhof zugehörig benennt, erklären, gleich als gäbe es im Westen zwei Säulenreihen: acht Säulen im Innern und zehn außen? Wenn sich das so verhält, so werden auch die Seiten des äußeren Vorhofs länger sein als die des inneren Zel-

---

Zeltes in Ex 26,18-22 um 90 Grad, so daß „nach Libyen" nun entsprechend der Sichtweise in Alexandrien „nach Westen" und „zum Meer zu" „nach Norden" bedeutet. Vgl. BOGAERT, *Orientation*; WADE, *Consistency* 98-100, PROPP, *Exodus* 337. Die VL des Augustinus hat jedoch die Version der LXXA, die auch bezüglich der Ausrichtung des Vorhofes mit TM übereinstimmt. Ganz verwirrt dagegen VL:Cod.Lugd. Vgl. GROSS, *Eingang* 243-247.

rum, interiorum octo et exteriorum decem? Quod si ita est, longiora erunt etiam latera atrii exterioris quam tabernaculi interioris, ut sit, unde ab extremo in extremum alius columnarum ordo dirigatur et non incurrat in ordinem priorem ad interius tabernaculum pertinentem. Et si hoc est, consequens erit, ut vicenae illae columnae duorum laterum tabernaculi interioris, austri et aquilonis, intervallis brevioribus dirimantur quam illae vicenae, quas habet atrium exterius ex eisdem lateribus. Et quia illi exteriores ordines vicenarum columnarum, sicut scriptura loquitur, centena cubita tenent, isti interiores totidem columnarum quotlibet minus cubita teneant, quoniam hoc scriptura non expressit, consequens erit, ut octo illae columnae tabernaculi interioris in latere occidentali rariores sint quam vicenae illae eiusdem tabernaculi australes et aquiloniae, ut possit comprehendi spatium quantum sufficit decem illis aulaeis circumtendendis, quibus primitus dixit hoc tabernaculum fieri. Habent enim cubita vicena et octona, quae fiunt simul ducenta octoginta: Quorum si centena essent in lateribus duobus austri et aquilonis, ubi vicenarum columnarum ordines sunt, quadragena utique cubita tenderentur per alia duo latera orientis et occidentis et proportione occurrerent in octo columnis cubita quadraginta sicut in viginti columnis cubita centum; sed non essent longiora latera exterioris atrii, quoniam centenis cubitis definita sunt, et ideo non esset quemadmodum ille ordo decem columnarum ab angulo australi in angulum aquilonium includeret ordinem interiorum octo columnarum. Proinde ut atrio undique circumdetur interius tabernaculum, oportet illud esse etiam longitudinis brevioris. Atque ita necesse sit vicenas eius columnas in duobus lateribus, quibus in longum porrigitur, densius constitui, quam sunt atrii exterioris etiam ipsae vicenae, et rarius octo columnas tabernaculi interioris a parte occidentis quam decem ex eadem parte atrii exterioris, quoniam quidquid minus cubitorum ex illis aulaeis extenditur in columnis vicenis duorum laterum ad austrum et aquilonem conpensandum est latitudine orientalis et occidentalis lateris, ut ducenta octoginta cubita consummentur aulaeorum. Non enim sicut de velis capillaciis, ubi unum plus est, ita et de his aulaeis iussit aliquid duplicari. Quapropter si tantum breviatur longitudo tabernaculi interioris, quod ab atrio exteriore posset includi, ut in vicenis eius colum-

---

188   et *om.* C | exteriorum *om.* C¹ | 189   quam…interioris *om.* C¹ | unde *om.* C
192   interioris] interius C P S V Bad. | 193   habet] babeat P S V², habebat T
194 exteriores] exterius V | ordines *om.* C | 196   quotlibet] quodlibet C P S¹ V¹, quālibet V², quamlibet Bad. | 197   illae columnae] columnae illae V Bad. Am. μ | interioris in] in interioris P | 199 circumtendendis] Am. μ z, circumtendis C, circumtenendis P S V T Bad.
201 octoginta] et *praem.* T | 202 ubi *om.* C | columnarum *om.* C | 211 rarius] aerarium P¹ S V | columnas] columnes P¹, columnis S | 214 duorum] duo̱rum V | aquilonem] ad *praem.* S Am. μ | latitudine] latitudinem C, latine P¹ | 215   et occidentalis *om.* C

tes, so daß sich [ein Bereich] ergibt, wo von einem Ende zum anderen eine weitere Säulenreihe verläuft und nicht auf die frühere Säulenreihe zuläuft, die zum inneren Zelt gehört. Und wenn dies zutrifft, wird daraus folgen, daß jene je zwanzig Säulen der zwei Seiten des inneren Zeltes, der südlichen und der nördlichen, durch kürzere Abstände voneinander getrennt werden als jene je zwanzig [Säulen], die der äußere Vorhof an denselben Seiten hat. Und weil jene äußeren Reihen der je zwanzig Säulen, wie die Schrift sagt, je hundert Ellen einnehmen, mögen diese inneren [Reihen] mit ebenso viel Säulen soviel weniger Ellen einnehmen, wie man will, da die Schrift das nicht ausdrücklich formuliert hat; daraus wird folgen, daß jene acht Säulen des inneren Zeltes auf der westlichen Seite in weiterem Abstand angeordnet sind als jene je zwanzig südlichen und nördlichen Säulen desselben Zeltes, so daß soviel Raum umschlossen werden kann, wie genügt, um jene zehn Vorhangbahnen auszuspannen, aus denen, wie er ursprünglich sagte, dieses Zelt errichtet werden sollte. Sie sind nämlich je achtundzwanzig Ellen lang, das ergibt zusammen zweihundertundachtzig: wenn je hundert [Ellen] dieser [Vorhangbahnen] auf den beiden Seiten im Süden und im Norden ausgespannt würden, wo die Reihen der je zwanzig Säulen verlaufen, würden zumindest je vierzig Ellen an den anderen beiden Seiten im Osten und im Westen ausgespannt werden, und die vierzig Ellen würden sich in gleicher Weise auf die acht Säulen verteilen wie die hundert Ellen auf die zwanzig Säulen; aber die Seiten des äußeren Vorhofes wären nicht länger, weil sie auf je hundert Ellen begrenzt sind, und es gäbe deshalb keine Möglichkeit, wie jene Reihe der zehn Säulen von der südlichen bis zur nördlichen Ecke die Reihe der inneren acht Säulen umfassen könnte. Folglich ist das innere Zelt, damit es von allen Seiten durch den Vorhof umschlossen wird, notwendigerweise auch von kürzerer Länge. Und so mag es notwendig sein, daß seine je zwanzig Säulen an den beiden Seiten, mit denen es sich in die Länge erstreckt, enger aufgestellt werden, als die auch ihrerseits je zwanzig Säulen des äußeren Vorhofes es sind, und daß die acht Säulen des inneren Zeltes auf der westlichen Seite in weiterem Abstand aufgestellt werden als die zehn Säulen auf derselben Seite des äußeren Vorhofes, denn der Betrag an Ellen, um den von jenen Vorhangbahnen an den je zwanzig Säulen der beiden Seiten nach Süden und Norden weniger ausgespannt wird, muß durch die Breite der östlichen und westlichen Seite ausgeglichen werden, so daß insgesamt zweihundertachtzig Ellen Vorhangbahnen verbraucht werden. Denn bezüglich dieser Vorhangbahnen hat er nicht gleichermaßen befohlen, ein Stück doppelt zu legen, wie er es bezüglich der aus Haaren gefertigten Planen getan hat, wo eine überzählig ist. Wenn daher die Länge des

---

consumentur] consummantur *C P S*, consumentur *V Bad.* | **217** breviatur] prebeatur *C* **218** quod] quo *C* | exteriore] exteriori *T* | posset] possit *C* | includi] indui *S*

nis non centena cubita tendantur aulaeorum, sed verbi gratia ut minimum nonagena et sena, ut quaternis cubitis breviora sint, haec ipsa quaterna cubita, id est 220 octo cubita in duobus aliis lateribus utique tendenda sunt, orientali et occidentali; ac sic in illis octo columnis occidentalibus tabernaculi interioris non extenduntur cubita quadraginta, sed quadraginta quattuor et alia quadraginta quattuor ab oriente. Cum ergo in decem columnis exterioris atrii tenduntur cubita quinquaginta, in octo autem interioris tabernaculi tenduntur cubita quadraginta 225 quattuor, rariora inveniuntur intervalla interiorum octo columnarum quam exteriorum decem, quia, si paria essent, ita in columnis octo quadraginta cubita tenderentur, sicut quinquaginta tendebantur in decem, quoniam quod sunt proportione octo ad decem, hoc sunt quadraginta ad quinquaginta. Quinarium quippe numerum quadraginta octies habent, quinquaginta decies. 230

177,11 Nec nos moverent columnarum intervalla disparia, quod densiores in lateribus longitudinis ponerentur, ubi vicenae sunt, rariores autem in latere latitudinis, ubi octo sunt, nisi aliud existeret, quod urgeret mutare sententiam. Cum enim commemorasset longitudinem atrii ad mare habere tentoria quinquaginta cubitorum et columnas decem et bases earum decem et latitudinem atrii ad 235 orientem item quinquaginta cubitorum et columnas decem et bases decem, atque his dictis perfecta videretur forma tabernaculi cum atrio suo undique ambiente, iniecit aliud, quod ubi et quomodo intellegendum sit difficillime reperitur. *Et quindecim*, inquit, *cubitorum tentoriorum altitudo lateri sunt; columnae eorum tres et bases earum tres. Et latus secundum quindecim cubitorum tentoriorum altitudo; columnae* 240 *eorum tres et bases earum tres. Et portae atrii tegimen viginti cubitorum altitudo de hyacintho et purpura et cocco neto et bysso torta varietate acu picta; columnae earum quattuor et bases earum quattuor.* Haec ubi constituantur perfecta illa forma tabernaculi non video;

---

234 longitudinem…236 decem²] cf. Ex 27,12-13   **237** forma…238 ambiente] cf. Ex 27,9-15

---

219   nonagena] nonaginta *P T*, nonagenda *V* | **222**   illis] aliis *T* | **224**   in *om. C* exterioris] exteriori *C*, exteriis *P¹*, exterius *V¹* | atrii] item *C* | **227** ita *om. C* | **229** ad decem] adecem *C* | quinarium] quinarum *P* | **230** octies] octiens *C* | decies] deciens *C*   **237** perfecta] perfecto *C* | **238** difficillime] difficile *T* | **239** tentoriorum] tentorium *P S V¹* | **240** tentoriorum] tentorium *P S V¹ T* | **241** eorum] earum *V¹ T* | et¹ *om. V* | tegimen] tegumen *P T Am. μ* | de] ex *V* | **242** neto *om. P¹ V* | acu picta] acopicta *C*, ecopicta *P¹*, atqpicta *S* (q *s. l.*)

---

³²³ *Longitudinem atrii ad mare* „Die Längsseite des Vorhofs zum Meer hin" muß ein Flüchtigkeitsfehler Augustins für „Breitseite" sein (oder eine Verwechslung auf Grund eines Manuskripts mit den Koordinaten der alten LXX, für die „zum Meer" hin „nach Nor-

inneren Zeltes nur um soviel kürzer angesetzt wird, daß es vom äußeren Vorhof eingeschlossen werden kann, so daß an seinen je zwanzig Säulen nicht je hundert Ellen von den Vorhangbahnen ausgespannt werden, sondern z.B. wenigstens je sechsundneunzig, so daß sie natürlich um je vier Ellen kürzer sind, müssen ebendiese je vier Ellen, d.i. die acht Ellen, auf alle Fälle an den anderen beiden Seiten, der östlichen und der westlichen, ausgespannt werden; und so werden an jenen acht westlichen Säulen des inneren Zeltes nicht vierzig, sondern vierundvierzig Ellen ausgespannt und weitere vierundvierzig im Osten. Weil daher an den zehn Säulen des äußeren Vorhofs fünfzig Ellen ausgespannt werden, an den acht des inneren Zeltes hingegen vierundvierzig, ergibt sich, daß die Abstände der inneren acht Säulen größer sind als die der äußeren zehn, weil, wenn sie gleich wären, vierzig Ellen [an Vorhangbahnen] so an den acht Säulen ausgespannt würden, wie die fünfzig an den zehn ausgespannt wurden, weil sich vierzig zu fünfzig verhält wie acht zu zehn. Vierzig ist ja acht mal fünf, fünfzig aber zehn mal.

qu. 2,177,11 (zu Ex 27,14-16)

177,11 Auch würden uns die ungleichen Abstände der Säulen, dergestalt daß sie in engeren Abständen an den Längsseiten, wo sie jeweils zwanzig sind, in breiteren Abständen aber an der Breitseite, wo sie acht sind, gesetzt würden, nicht beschäftigen, wenn es nicht einen anderen Umstand gäbe, der uns drängte, die Meinung zu ändern. Als er nämlich dargelegt hatte, die Längsseite[323] des Vorhofs zum Meer zu habe Behänge von fünfzig Ellen und zehn Säulen und zehn dazugehörige Sockel und die Breitseite des Vorhofs nach Osten hin habe ebenfalls fünfzig Ellen und zehn Säulen und zehn dazugehörige Sockel (vgl. Ex 27,12-13), und auf Grund dieser Ausführungen die Anlage des Zeltes mit seinem Vorhof, der es von allen Seiten umgab (vgl. Ex 27,9-15), vollständig zu sein schien, hat er zusätzlich etwas eingefügt, bezüglich dessen es sich als höchst schwierig herausstellt zu verstehen, wo [es sich befindet] und wie es [angebracht] ist. „Und die Behänge für die Seitenwand", sagt er, „sind fünfzehn Ellen lang; ihre Säulen: drei, und deren Sockel: drei, und die zweite Seitenwand: Länge der Behänge: fünfzehn Ellen; ihre Säulen: drei, und deren Sockel: drei. Und die Bedeckung der Pforte zum Vorhof: zwanzig Ellen hoch, aus violettpurpurnem und rotpurpurnem und scharlachrotem gesponnenem Stoff und aus gezwirntem feinen Leinen in Nadelarbeit bunt bestickt; ihre Säulen: vier, und deren Sockel: vier." Wo diese Gegenstände aufgestellt werden sollen, nachdem

---

den" bedeutet? Vgl. *qu.* 2,177,9 mit Anm. 322), denn sein Bezugstext Ex 27,12 spricht von *latitudo autem atrii quae est ad mare* wie auch von *latitudo atrii quod est ad orientem* und auch für Augustinus hier sind beide die Breitseiten mit je zehn Säulen (im Gegensatz zu den beiden Längsseiten mit je zwanzig Säulen).

sed plane video eundem esse numerum columnarum decem, in tribus et tribus
et quattuor, ternis scilicet a lateribus et quattuor in medio. Ac per hoc tentoria
illa quinquaginta cubitorum non contexta erunt, ne aditus in atrio nullus sit, sed
quindenis cubitis media viginti cubita separabuntur, ut faciant portae tabernaculi tegimen, hoc est velum, quod ornamento velamentoque dependeat et teneat
spatium quattuor columnarum, quod portae atrii deputatum atque separatum
est. Ideo velamen ipsum a lateribus quindenum cubitorum divisum atque separatum etiam specie distingui voluit, ut opere acu picto quattuor illis coloribus
variaretur. Sed latera illa quindenum cubitorum hinc atque hinc ternas columnas
habentium si ad eandem lineae rectitudinem portae atrii coniungantur, non erit
spatium inter decem columnas exterioris atrii et octo interioris tabernaculi, ubi
sit altare quinque cubitorum quadrum occupans spatium et ante ipsum altare,
ubi serviatur altari, et inter ipsum et ostium tabernaculi interioris, ubi sit labrum
aeneum. Sic enim poni iussum est, unde manus et pedes sacerdotes lavent,
quando intrant tabernaculum vel quando accedunt, ut altari deserviant: Quod
nisi foris a tabernaculo in atrio intellexerimus, quomodo possunt prius lavare
manus et pedes et sic tabernaculum introire? Foris autem ab atrio non possumus altare statuere, quia et tabernaculum et altare circumdari atrio praecepit.
Restat igitur, ut illa latera quindenum cubitorum hinc atque hinc et columnarum
ternarum sic accipiamus a lateribus, ut ipsa faciant intervallum totidem cubitorum inter portam atrii et ostium tabernaculi interioris: Portam quidem patentem
viginti cubitis in quattuor columnis et habentem velum acu picto opere variatum viginti cubitorum, ostium vero tabernaculi interius, ubi ponatur velamen
illud in quinque columnis extentum: Quod utique non intra illum ordinem octo
columnarum, sed extra foris ad atrium positum intellegere debemus. Tunc enim
erit velum ostii tabernaculi, quod ostium tamquam valuis aperiebatur, ubi aulaea
inter se circulis et ansis non coniungebantur, aut, si forte intra illum ordinem
octo columnarum tabernaculi interioris, opponebatur hoc velamen in quinque

---

255 altare¹…spatium] cf. Ex 27,1   **257** sic…258 deserviant] cf. Ex 30,18-21   **261** et¹…pr-
aecepit] cf. Ex 40,6.8   **266** ostium…267 extentum] cf. Ex 26,36-37

---

244 et tribus *om. C¹* | **248** tegimen] teg∗men *P* | et] ut *P¹ S V* | **249** portae] porta ea *C*
252 variaretur] varietur *T* | columnas *om. C¹* | **253** si] *ex* sed *C corr. m.* 2
254 atrii…tabernaculi *om. C* | **257** iussum] iustum *P¹ S* | **258** ut altari] ad altare *C*
259 foris] prius *P¹ S V¹* | **268** foris ad *exp. m. 1 V* | tunc] nunc *P¹ S V*
270 coniungebantur] congebatur *C*, iungebatur *P¹*

jene Anlage des Zeltes vollendet war, sehe ich nicht: aber deutlich sehe ich, daß die Anzahl der Säulen dieselbe ist: zehn, zu drei und drei und vier, d.h. zu je drei an den Seiten und vier in der Mitte. Und deswegen werden jene Behänge von fünfzig Ellen nicht so miteinander verknüpft sein, daß es gar keinen Zugang zum Vorhof gäbe, sondern von den je fünfzehn Ellen werden in der Mitte zwanzig Ellen abgetrennt werden, damit sie die Bedeckung der Pforte zum Zelt bilden, d.h. den Vorhang, der zum Schmuck und zur Bedeckung herabhängt und den Zwischenraum der vier Säulen einnimmt, der für die Pforte zum Vorhof bestimmt und abgetrennt ist. Daher wollte er, daß der Vorhang selbst, der von den [Behängen an den] Seiten zu je fünfzehn Ellen abgeteilt und getrennt ist, sich [von ihnen] auch durch Schönheit dergestalt abhebt, daß er in Nadelarbeit in jenen vier Farben bunt gestickt wird. Aber wenn jene seitlichen Bereiche, die auf der einen und der anderen Seite jeweils fünfzehn Ellen umfassen und je drei Säulen haben, so mit der Pforte zum Vorhof verbunden werden, daß sie mit ihr eine gerade Linie bilden, wird es zwischen den zehn Säulen des äußeren Vorhofs und den acht Säulen des inneren Zeltes keinen Platz geben, wo der Altar stehen kann, der Raum für ein Viereck von fünf Ellen [Seitenlänge] einnimmt (vgl. Ex 27,1), und [kein Platz] vor eben diesem Altar, wo der Dienst am Altar verrichtet werden kann, und [kein Platz] zwischen diesem [Altar] und dem Eingang zum inneren Zelt, wo das bronzene Wasserbecken stehen soll. Die Vorschrift lautete nämlich, es so aufzustellen, daß die Priester dort Hände und Füße waschen könnten, wenn sie das Zelt betreten oder wenn sie herantreten, um den Dienst am Altar zu verrichten (vgl. Ex 30,18-21): Wenn wir das nicht dahingehend verstanden hätten, daß es außerhalb des Zeltes im Vorhof [aufgestellt wird], wie können sie zuvor Hände und Füße waschen und so das Zelt betreten? Außerhalb des Vorhofs können wir aber den Altar nicht ansetzen, weil er vorgeschrieben hat, den Vorhof um das Zelt und den Altar herum anzulegen (vgl. Ex 40,6.8). Es bleibt daher nur die Annahme, daß jene seitlichen Bereiche von je fünfzehn Ellen auf beiden Seiten und mit den je drei Säulen dergestalt auf den Seiten angeordnet sind, daß sie ihrerseits einen Zwischenraum von gleich vielen Ellen zwischen der Pforte zum Vorhof und dem Eingang in das innere Zelt bilden: nämlich zwischen der Pforte, die zwanzig Ellen mit vier Säulen offensteht und einen in Näharbeit bunt gestickten Vorhang von zwanzig Ellen besitzt, andererseits dem Eingang in das innere Zelt, wo jener Vorhang angebracht wird, der sich zwischen den fünf Säulen ausbreitet (vgl. Ex 26,36-37): Diesen müssen wir uns natürlich nicht innerhalb jener Reihe der acht Säulen, sondern außerhalb zum Vorhof zu angebracht vorstellen. Dann wird nämlich der Vorhang des Zelteingangs – dieser Eingang öffnete sich wie mit Türflügeln – dort sein, wo die Vorhangbahnen nicht miteinander durch Ringe und Schleifen verbunden wurden, oder dieser Vorhang wurde, falls er womöglich innerhalb jener Reihe von acht Säulen des inneren Zeltes [angebracht wur-

columnis ostio tabernaculi, ut quando aperiebatur interiora non nudarentur, ne a prospicientibus viderentur. Quod tamen velamen, sive interius ab illo ordine columnarum sive exterius poneretur - quod non satis elucet - procul dubio distabat moderato intervallo ab eodem ordine columnarum, ne quinque columnae ad quattuor columnas densius constipatae intercluderent potius aditum quam velarent.

177,12 Secundum istum itaque modum et secundum hanc formam tabernaculi nihil iam opus est vicenas illas columnas laterum interioris tabernaculi ad austrum et aquilonem constituere densiores et rariores illas octo facere quae ab occidente fuerant. Decem quippe illae atrii exterioris ab eadem parte occidentis non longum ordinem faciunt columnarum, quo includantur octo interiores, sed ternis ab utroque latere constitutis et quattuor in porta spatium concludunt, ubi et altare sit holocaustomatum intra portam atrii ante ostium tabernaculi et labrum inter ostium tabernaculi et altare et intervallum necessarium ministerio inter altare et portam atrii. Et sic illud totum spatium atrii concluditur columnis decem, tribus ab aquilone et tribus ab austro et quattuor ab occidente, tamquam si π Graecam litteram facias. Et sic adiungebatur idem spatium longiori ordini columnarum tabernaculi interioris, tamquam si ad litteram memoratam ex ea parte, qua non habet, adiungas litterae productionem quae iota dicitur, ut eius parte, quae in medio est, ab eo latere concludatur et restent hinc atque inde ex ipso iota reliquae partes. Poterant ergo numerari decem columnae in illo longo ordine partis occidentalis tabernaculi interioris, sed cum illis octo adderentur duae, quae fuerant ultimae in ordinibus laterum atrii aquilonis et austri. Nam et illae decem quae proprie ad atrium pertinerent a parte occidentis, unde intrabatur ad tabernaculum, ternas habebant in lateribus et quattuor in fronte, ubi porta erat, atque ita spatium usui sacrificiorum necessarium intra atrium ante tabernaculum amplectebatur. In ternis autem columnis, quae fuerant a lateribus, tentoria erant de bysso quindenorum cubitorum; in quattuor autem, ubi porta erat, velum erat viginti cubitorum acu picto opere variatum.

---

272 ne] neque *P S V* | 274 quod *eras. T* | 275 moderato] moderacio *C* 277 quam...278 istum *om. C* | 278 hanc formam] haec forma *P* | 282 interiores] interioris *C* | 283 in porta] inpartam *P*, in portam *S T¹*, impar *V T²* | 287 ab aquilone] ad aquilone *S* | 288 π] pi Π *C V²* | facias] facies *C* | 289 ad *om. C P S V* | 291 concludatur] concluditur *C¹* | ex] ab *P V*, ab ex *T* | 293 sed cum] secundum *S* | adderentur] adtenderentur *P*, attenderentur *S V¹ T* | 294 nam] *ex* iam *m. 2 P* | et² *om. C* | 295 unde] et *add. P S V T Bad. Am. μ* | 296 ubi...297 erat *exp. m. 1 V* | 298 amplectebatur] amplectebantur *V² Am. μ* | 299 porta] postea *P¹ S V* (*in marg.* porta)

de], an den fünf Säulen gegenüber dem Zelteingang angebracht, so daß die Gegenstände im Inneren, wenn er sich öffnete, nicht entblößt wurden, so daß sie von Hinschauenden nicht erblickt werden konnten. Jedenfalls befand sich dieser Vorhang, ob er nun innerhalb oder außerhalb jener Reihe von acht Säulen angebracht wurde – das geht nicht genügend klar hervor – zweifellos in mäßigem Abstand von eben dieser Säulenreihe, damit die fünf Säulen nicht zu dicht an die vier Säulen herangerückt wären und so den Zugang eher versperrten als verhüllten.

qu. 2,177,12

177,12 Entsprechend dieser Gestaltung und entsprechend dieser Anlage des Zeltes besteht daher keine Notwendigkeit mehr, jene je zwanzig Säulen der Seitenwände des inneren Zeltes nach Süden und Norden enger zu stellen und jene acht, die im Westen angebracht worden waren, weiter auseinander zu rücken. Jene zehn [Säulen] des äußeren Vorhofs bilden ja auf derselben westlichen Seite nicht eine lange Säulenreihe, die die acht inneren [Säulen] einschlösse, sondern zusammen mit den je drei auf beiden Seiten aufgestellten Säulen umschließen auch die vier in der Pforte den Platz, wo sowohl der Brandopferaltar diesseits der Pforte zum Vorhof vor dem Zelteingang als auch das Wasserbecken zwischen dem Zelteingang und dem Altar als auch der für den liturgischen Dienst zwischen Altar und Pforte zum Vorhof nötige Zwischenraum anzusetzen ist. Und so wird jener ganze Platz des Vorhofes von zehn Säulen eingeschlossen, dreien im Norden und dreien im Süden und vieren im Westen, gleichsam als ob man den griechischen Buchstaben π bildete. Und so wurde eben dieser Platz mit der längeren Säulenreihe des inneren Zeltes verbunden, wie wenn man dem erwähnten Buchstaben an der Seite, wo er offen ist, den Längsstrich des Buchstabens, der Iota genannt wird, in der Weise hinzufügte, daß sein mittlerer Teil auf dieser Seite den Abschluß bildete und auf beiden Seiten die restlichen Teile eben dieses Iota übrig blieben. Man konnte folglich in jener langen Reihe der Westseite des inneren Zeltes zehn Säulen zählen, aber nur, wenn jenen acht die zwei hinzugerechnet wurden, die als die äußersten in den Reihen der nördlichen und der südlichen Seite des Vorhofs aufgestellt worden waren. Denn zugleich hatten jene zehn [Säulen], die im eigentlichen Sinn auf der Westseite, wo man in das Zelt eintrat, zum Vorhof gehörten, je drei in den Seitenabschnitten und vier auf der Vorderseite, wo die Pforte war, und umschlossen so den für die Durchführung der Opfer notwendigen Raum innerhalb des Vorhofs vor dem Zelt. An den je drei Säulen, die in den Seitenabschnitten aufgestellt worden waren, waren aber Behänge aus feinem Leinen von je fünfzehn Ellen, an den vier [Säulen] hingegen, wo die Pforte war, war der in Nadelarbeit bunt gestickte Vorhang von zwanzig Ellen aufgehängt.

177,13 Nec moveat quod ait scriptura: *Quindecim cubitorum tentoriorum altitudo lateri uni; columnae eorum tres et bases earum tres. Et latus secundum quindecim cubitorum tentoriorum altitudo; columnae eorum tres et bases earum tres. Et portae atrii tegumen viginti cubitorum altitudo.* Altitudinem quippe eandem dicit, quae fuerat longitudo tentoriorum. Eadem quippe altitudo est cum texuntur, quae longitudo est cum tenduntur. Quod ne suspicari videamur, alio loco id ipsum scriptura commemorans ait: *Et fecerunt atrium quod est ad austrum; tentoria atrii de bysso torta centum per centum,* id est centum cubita tentoriorum per centum cubita spatii quod tenebant viginti columnae. Deinde sequitur: *Et columnae eorum viginti et bases earum viginti aereae. Et latus quod est ad aquilonem centum per centum; et columnae eorum viginti et bases earum viginti aereae. Et latus quod est ad mare aulaea quinquaginta cubitorum; columnae eorum decem et bases earum decem*: Eadem dicit aulaea quae tentoria. *Et latus quod est ad orientem quinquaginta cubitorum tentoria.* Post haec redit ad posteriora tabernaculi, ut ostendat quemadmodum illae decem columnae spatium de quo loquebatur atrii complectebantur. *Quindecim cubitorum,* inquit, *quod est a dorso.* Dorsum appellat, quia posteriora tabernaculi erant, id est a parte occidentis. *Et columnae,* inquit, *eorum tres et bases earum tres. Et a dorso secundo hinc et hinc secundum portam atrii aulaea quindecim cubitorum; columnae eorum tres et bases earum tres.* Manifestum est certe eadem duo dorsa dici hoc loco, cum commemorantur omnia quemadmodum facta sint, quae latera dicebantur, quando praecipiebatur, ut fierent: Latera

---

301 Ex 27,14-16 **307** Ex 37,7 **309** Ex 37,8-10 **312** Ex 37,11 **315** Ex 37,12 **316** Ex 37,13

---

301 quod ait] quodam *V* (*in marg.* quod dicit), quod dicit *Bad.* | ait] at *P* (i *s. l. m. 2*) tentoriorum] tentorium *P S V¹ T* | **302** lateri uni] laterum *C, om. P¹ S V Bad.* | eorum] eius *C P² T* | et²…303 tres¹ *om. P¹ V Bad. per homoiot.* | **303** tentoriorum] tentorium *S* tegumen] tegimen *P V Bad.,* tegmen *T* | **306** ne] nec *P* | **308** id…centum³ *om. C per homoiot.* | **309** deinde] denique *C V* | **310** est *om. Am. μ* | eorum] earum *C P V¹ T* **312** eorum] earum *P V¹ T* | earum] eorum *S* | eadem] eandem *C* | tentoria] tentoriǫ *C* **313** haec *om. V* | **316** inquit *om. S* | **317** et²…318 tres² *om. S* | portam] partam *P¹,* partem *V T Bad.* | **318** columnae] et *praem. C T Bad.*

---

[324] Zu Beginn von *qu.* 2,177,13 zitiert Augustinus aus dem Herstellungs*befehl* für die Seite des Vorhofs mit seiner Eingangspforte: Ex 27,14-15: לַכָּתֵף„(Behänge) für die (eine) Seite [...] für die zweite Seite". LXX sagt für כָּתֵף („Schulter, Seite") κλίτος („Abschüssigkeit" [PAPE, *Handwörterbuch*], „Seite"): τῷ κλίτει τῷ ἑνί [...] τὸ κλίτος τὸ δεύτερον (entsprechend gebrauchen VL und Vulg: *latus*). Anschließend wechselt Augustinus aber zum Herstellungs*bericht,* der seinem Beweisziel günstiger ist. TM Ex 38,14-15 behält dieselbe Terminologie bei: לַכָּתֵף הַשֵּׁנִית [...] אֶל־הַכָּתֵף (entsprechend Vulg: *unum latus [...] in parte altera*). LXX aber wählt für כָּתֵף nun die Übersetzung νῶτος

qu. 2,177,13 (zu Ex. 37,7-16 LXX, 38,9-18 TM)

177,13 Keine Probleme muß auch das, was die Schrift sagt, bereiten: „Fünfzehn Ellen [beträgt] die Höhe der Behänge auf einer Seite; ihre Säulen: drei, und deren Sockel: drei. Und die zweite Seite: Höhe der Behänge von fünfzehn Ellen; ihre Säulen: drei, und deren Sockel: drei. Und die Bedeckung der Pforte zum Vorhof: Höhe von zwanzig Ellen" (Ex 27,14-16) Sie gibt ja dieselbe Höhe an, die die Länge der Behänge gewesen war. Die Höhe, wenn sie gewebt werden, ist ja identisch mit der Länge, wenn sie ausgespannt werden. Damit nicht der Eindruck entsteht, daß wir uns das nur einbilden, führt die Schrift genau das an anderer Stelle aus: „Und sie stellten den Vorhof nach Süden zu her: die Behänge des Vorhofs aus gezwirntem Leinen: hundert auf hundert" (Ex 38,9), d.h. hundert Ellen Behänge für die hundert Ellen des Raumes, den die zwanzig Säulen einnahmen. Dann fährt sie fort: „Und ihre Säulen: zwanzig, und deren Sockel: zwanzig aus Bronze. Und die Seite nach Norden zu: hundert auf hundert; und ihre Säulen: zwanzig, und deren Sockel: zwanzig aus Bronze. Und die Seite zum Meer zu: Vorhangbahnen von fünfzig Ellen; ihre Säulen: zehn, und deren Sockel: zehn" (Ex 38,10-12): Dieselben nennt sie hier ‚Vorhangbahnen', die sie zuvor ‚Behänge' genannt hat. „Und die Seite nach Osten: Behänge von fünfzig Ellen" (Ex 38,13). Danach kehrt sie zu der Rückseite des Zeltes zurück, um zu zeigen, wie jene zehn Säulen den Raum des Vorhofs, von dem sie sprach, umschlossen. „[Behänge] von fünfzehn Ellen", sagt sie, „[für die Seite] auf der Rückseite" (Ex 38,14). ‚Rückseite' nennt sie sie, weil es die hinteren Abschnitte des Zeltes waren, d.h. auf der westlichen Seite.[324] „Und ihre Säulen", sagt sie: „drei, und deren Sockel: drei, und auf der zweiten Rückseite auf der einen und der anderen Seite zur Pforte des Vorhofs zu: Vorhangbahnen von fünfzehn Ellen; ihre Säulen: drei, und deren Sockel: drei" (Ex 38,14-15). Es ist offensichtlich, daß sicherlich an dieser Stelle, wo dargestellt wird, wie alles gemacht worden ist, dieselben ‚zwei Rückseiten' genannt werden, die als ‚Seiten' bezeichnet wurden, als vorgeschrieben wurde, daß sie gemacht werden sollten, ‚Seiten', versteht sich, weil sie, auf der einen und auf der anderen Seite miteinander ver-

---

(‚Rücken, Schulter, Flanke, Seite', vgl. Einleitung in *qu.* 2, S. 299f. mit Anm. 104): LXX Ex 37,12-13: ἱστία πεντεκαίδεκα πήχεων τὸ κατὰ νώτου [...] καὶ ἐπὶ τοῦ νώτου τοῦ δευτέρου „Behänge von fünfzehn Ellen auf der (einen) Seite [...] und auf der anderen Seite" (so auch SD). VL jedoch entscheidet sich für die vermeintlich wörtliche Übersetzung von νῶτος: *a dorso [...] a dorso secundo* „auf der Rückseite [...] auf der zweiten Rückseite" (so auch NETS: „to the rear [...] on the second rear part"). Daraus gewinnt Augustinus das Argument, daß zwar in Ex 37,11 LXX von dem östlichen Vorhof, in 37,12 dagegen, wenn auch ohne explizite Angabe der Himmelsrichtung, vom westlichen Vorhof die Rede ist.

scilicet, quia hinc atque inde coniuncta portae occidentalis atrii spatium concludebant, dorsa vero, quod a tergo tabernaculi erant haec pars atrii, id est a parte occidentali. Sequitur autem et dicit: *Omnia aulaea atrii de bysso torta. Et bases columnarum aereae et ansae earum argenteae et capita earum inargentata argento et columnae inargentatae argento, omnes columnae atrii.* Deinde adiungit quod nondum isto loco commemoraverat: *Et velamen portae atrii opus variatoris de hyacintho et purpura et cocco neto et bysso torta viginti cubitorum longitudinem et altitudinem.* Ecce ubi adparet eandem dictam superius altitudinem, quae aulaeorum extentorum fuerat longitudo. Denique addit: *Et latitudinem quinque cubitorum.* Tot enim cubitis latitudinis erigebantur tentoria exterioris atrii sicut interioris cubitis quattuor. Sic autem et superius dixerat: *Longitudo autem atrii centum per centum et latitudo quinquaginta per quinquaginta et altitudo quinque cubitorum ex bysso torta.* Hanc altitudinem dicens quam postea latitudinem dixit, quoniam quae iacentium latitudo est, eadem erectorum altitudo. Sicut, quod paulo ante commemoravi, quae cum texuntur altitudo est, eadem cum tenduntur longitudo est.

177,14 Nunc iam quod distuleram videamus, quomodo ex hac forma universi tabernaculi, quam sicut potui ante oculos conlocavi, difficultas illa solvatur de capillaciis velis. Quae fortasse ideo erat abstrusior, quia per anticipationem ibi aliquid dictum est, quod proficeret operi, de quo postea fuerat locuturus, cum atrium tabernaculo circumponendum describeret. Nunc itaque verba ipsa videamus. *Et subpones*, inquit, *quod superabit in velis tabernaculi; dimidium veli quod superabit subteges, quod abundat in velis tabernaculi subteges post tabernaculum.* Hoc totum, quod dictum est, unum sensum habet quia dimidium veli quod superaverit, hoc est id quod abundaverit de velis tabernaculi, subtegendum est post tabernaculum.

---

323 Ex 37,14-15   326 Ex 37,16   331 Ex 27,18   341 Ex 26,12

321 coniuncta] coniunctae *P S V T Bad.* | 322 erant] erat *Am. μ* | 324 et³…325 argento om. *P¹ S V Bad. per homoiot.* | 325 isto om. *P S*, istic *V² Bad.* | loco om. *P¹ S V Bad.* 326 velamen portae] *z*, vela memoratae *C*, vela memorati *P S V T Bad. Am. μ* 327 altitudinem] *C z*, latitudinem *P S V T Bad. Am. μ* | 328 quae] quē *C* | 329 addit] addidit *V Bad.* | 330 exterioris] extentoriis *P¹ V* | 332 ex] & *S* | altitudinem] latitudinem *P S V T Bad. Am. μ* | 333 latitudinem] altitudinem *P S V T Bad. Am. μ* | erectorum] et rectorum *S V*, et tectorum *Bad.* | 334 altitudo¹] latitudo *C* | quod] *exp. V*, om. *Bad.* 335 est om. *C P S V* | 337 illa] illas *C* | 339 proficeret] profecerit *S V Bad.* | 341 superabit¹] *Am. μ z*, superavit *C P S V T Bad.* | tabernaculi] tabernaculis *P¹ S V¹* | superabit²] *Am. μ z*, superaverit *C*, superavit *P S V T Bad.* | 343 id] ad *C*

---

[325] TM ist schwer verständlich: TM Ex 38,18: „zwanzig Ellen lang und die Höhe in der

bunden, den Raum für die westliche Pforte zum Vorhof einschlossen, ‚Rückseiten' aber, weil dieser Teil des Vorhofs sich auf der Rückseite des Zeltes, d.h. an der westlichen Seite, befand. Die Schrift fährt aber fort und sagt: „Alle Vorhangbahnen des Vorhofes: aus gezwirntem feinem Leinen, und die Sockel der Säulen: aus Bronze, und ihre Schleifen: silbern, und ihre Kapitelle: mit Silber überzogen, und die Säulen: mit Silber überzogen, alle Säulen des Vorhofs" (Ex 38,16-17). Dann fügt die Schrift hinzu, was sie an jener Stelle noch nicht erwähnt hatte: „Und den Vorhang der Pforte zum Vorhof: Buntstickerarbeit aus violettpurpurnem und rotpurpurnem und scharlachrotem gesponnenem Stoff und aus gezwirntem feinen Leinen, zwanzig Ellen lang und hoch" (Ex 38,18). Siehe, hier wird deutlich, daß die weiter oben angegebene Höhe identisch ist mit der Länge, die die ausgebreiteten Vorhangbahnen hatten. Schließlich fügt sie hinzu: „und fünf Ellen breit".[325] Denn so viel Ellen breit wurden die Behänge des äußeren Vorhofs aufgerichtet wie die des inneren vier Ellen breit. So hatte die Schrift aber auch weiter oben gesagt: „Die Länge des Vorhofs aber: hundert zu hundert und die Breite: fünfzig zu fünfzig und die Höhe: fünf Ellen aus gezwirntem feinen Leinen" (Ex 27,18). So bezeichnet sie als Höhe, was sie später Breite genannt hat, da die Breite der liegenden [Vorhangbahnen] mit der Höhe der aufgerichteten identisch ist. Wie, was ich vor kurzem ausgeführt habe, die Höhe [der Vorhangbahnen], wenn sie gewebt werden, identisch ist mit ihrer Länge, wenn sie ausgespannt werden.

qu. 2,177,14 (zu Ex 26,8-12)

177,14 Nun wollen wir endlich, was ich aufgeschoben hatte, zusehen, wie von der Anlage des gesamten Zeltes her, die ich nach Kräften vor Augen gestellt habe, jenes Problem mit den aus Haaren gefertigten Planen gelöst werden kann. Das war vielleicht deswegen nahezu unlösbar, weil dort etwas durch Antizipation gesagt worden ist, was für ein Werk nützlich sein sollte, über das die Schrift erst später sprechen wollte, als sie den Vorhof beschrieb, der um das Zelt herum angelegt werden sollte. Nun wollen wir daher die Worte selbst betrachten. „Und du sollst", heißt es, „das, was von den Planen des Zeltes überschießen wird, herabhängen lassen; die Hälfte der Plane, die überschießen wird, sollst du herunterhängen lassen, was darüber hinausreicht von den Planen des Zeltes, sollst du auf der Rückseite des Zeltes herabhängen lassen" (Ex 26,12). Dies, was gesagt worden ist, hat insgesamt den einen Sinn, daß man die Hälfte der Plane, die hinausgeragt ist, das heißt: das, was von den Planen des Zeltes

---

Breite fünf Ellen" LXX Ex 37,16: „zwanzig Ellen die Länge und die Höhe und die Breite fünf Ellen". VL vereindeutigt die in LXX mehrdeutige Satztrennung (WEVERS, *Exodus*), allerdings im Gegensatz zu TM (Vulg läßt die Breite weg): „zwanzig Ellen lang und hoch und fünf Ellen breit".

Quomodo ergo superet, id est abundet et restet dimidium veli, ex illa serie conexorum velorum oportet inquirere, quoniam quinque in se et sex in se conecti voluit, sicut superius loquens dixerat, sextum velum a facie tabernaculi duplicandum, id est ab oriente. Totiens enim posteriora tabernaculi a parte occidentis esse significavit, id est ad mare. Quid igitur facies tabernaculi nisi pars illa intellegenda est, quae est ad orientem? Pars ergo illa, qua vela quinque conexa sunt, habet cubita centum quinquaginta, hoc est quinquies tricena - tricenorum enim cubitorum erant singula, sicut ea deus fieri iusserat - illa vero pars in qua erant non quinque, sed sex vela sibimet similiter nexa, cubita habebat centum octoginta, id est sexies tricena; ac per hoc duplicato ex eis uno velo, sicut iussum est, secundum faciem tabernaculi minuebantur in ea duplicatione cubita quindecim: Quibus detractis centum sexaginta quinque remanebant. Et ideo post centum quinquaginta cubita, quibus illi parti quinque velorum etiam ista pars sex velorum aequabatur, superabant atque abundabant cubita quindecim. Illinc enim erant a parte quinque velorum cubita centum quinquaginta; hinc autem a parte sex velorum duplicato uno velo secundum faciem tabernaculi erant cubita centum sexaginta quinque. Plus ergo habebat pars ista cubita quindecim. Hoc dicit dimidium veli, quod iubet subtegi post tabernaculum, ut, quia illud a facie duplicatum est, hoc dimidium redundans a posteriore parte tabernaculi non duplicaretur, sed subtegeretur, id est omnia ipsa quindecim cubita subtermissa tegerentur, ac sic et ipsa illi longitudini detraherentur, sicut illa itidem quindecim a facie tabernaculi unius veli duplicatione detracta sunt, eoque modo centum quinquaginta cubitis quinque velorum occurrerent ex alia parte centum quinquaginta cubita sex velorum: Triginta scilicet cubitis de centum octoginta detractis a facie tabernaculi velo duplicato et a posterioribus tabernaculi dimidio velo subtecto.

177,15 Iam illud quod sequitur aliud est et aliam quaestionem infert, propter quam maxime huius loci expositionem differendam putavi, ut prius et formam constituendi tabernaculi et de atrio circumponendo quod scriptum est videre-

---

346 quinque...348 oriente] cf. Ex 26,9

---

345 et *om.* C | 347 loquens] loquitur C P S V¹ T | 348 duplicandum...tabernaculi *om.* C *per homoiot.* | occidentis] occidentalis P² T | 349 significavit] significabit C | quid] quod P¹ S | 350 conexa] conexasa C | 351 habet *om.* C | tricena] trigenta C | 353 nexa] connexa *Am.* μ | habebat] habebant C S V¹, habebunt P T | 359 illinc] illic P¹ V | hinc hin c V | 361 habebat] habebant C | 363 facie] faciae P¹, pace C | redundans] redundas C posteriore] posteriora C | 365 illi] illa V | longitudini] longitudine C | illa] lla *s. l. m.* 2 C 366 detracta] detractata C P T¹ | 368 de centum] decenti C¹, ducentum S | 372 formam] forma C P S V T Bad.

überschüssig war, auf der Rückseite des Zeltes herabhängen lassen soll. Wieso also die Hälfte der Plane überschießt, d.i. darüber hinausreicht und übrig bleibt, muß man an jener Reihe untereinander verbundener Planen untersuchen, da die Schrift wollte, daß, wie sie weiter oben ausgeführt hatte, fünf miteinander und sechs miteinander verbunden, die sechste Plane an der Vorderseite des Zeltes, d.h. im Osten, doppelt gelegt werden sollte (vgl. Ex 26,9). Ebenso oft zeigte sie nämlich an, daß die Rückseite des Zeltes sich auf der Westseite, d.i. zum Meer zu, befindet. Welchen Teil soll man folglich als die Vorderseite des Zeltes verstehen, wenn nicht jenen Teilbereich, der nach Osten ausgerichtet ist? Jener Teilbereich, in dem fünf Planen miteinander verbunden sind, hat folglich einhundertundfünfzig Ellen, d.i. fünfmal dreißig – dreißig Ellen [lang] war jede einzelne, wie Gott sie herzustellen befohlen hatte –, jener Teilbereich aber, in dem nicht fünf, sondern sechs [Planen] auf gleiche Weise miteinander verbunden waren, hatte hundertundachtzig Ellen, d.i. sechsmal dreißig, und deshalb wurden sie dadurch, daß befehlsgemäß eine von diesen Planen an der Vorderseite des Zeltes doppelt gelegt worden war, durch diese Doppellegung um fünfzehn Ellen vermindert: nach deren Abzug blieben hundertundfünfundsechzig [Ellen] übrig. Und nach den hundertundfünfzig Ellen, in denen dieser Teil der sechs Planen ja mit jenem Teil der fünf Planen übereinstimmte, hingen deshalb fünfzehn Ellen herunter und waren überschüssig. Dort nämlich waren auf der Seite der fünf Planen hundertfünfzig Ellen, hier dagegen auf der Seite der sechs Planen waren es, nachdem eine Plane zum Eingang des Zeltes hin doppelt gelegt worden war, hundertundfünfundsechzig Ellen. Diese Seite hatte folglich fünfzehn Ellen mehr. Den Teil, den die Schrift auf der Rückseite des Zeltes herabhängen zu lassen befiehlt, nennt sie ‚Hälfte der Plane', so daß, weil jene [Plane] an der Vorderseite doppelt gelegt ist, diese Hälfte, die auf der Rückseite des Zeltes herausragt, nicht doppelt gelegt, sondern herabhängen gelassen wurde, d.i. eben diese fünfzehn Ellen insgesamt herunterhängend ausgespannt wurden und so auch ihrerseits von jener Länge abgezogen wurden, wie jene ebenfalls fünfzehn [Ellen] auf der Vorderseite des Zeltes durch die Doppellegung einer Plane abgezogen worden sind. Und auf diese Weise entsprachen den hundertfünfzig Ellen der fünf Planen auf der anderen Seite hundertfünfzig Ellen der sechs Planen: nachdem, versteht sich, dreißig Ellen von den hundertundachtzig dadurch abgezogen worden waren, daß man eine Plane an der Vorderseite des Zeltes doppelt gelegt und eine halbe Plane auf der Rückseite des Zeltes herabhängen lassen hatte.

qu. 2,177,15 (zu Ex 26,13)

177,15 Das, was nunmehr folgt, ist etwas anderes und wirft ein anderes Problem auf. Vor allem deswegen hielt ich es für angebracht, die Erklärung dieser Stelle aufzuschieben, damit wir zuvor sowohl die Anlage des zu errichtenden Zeltes als auch das, was über den Vorhof, der darum herum errichtet werden

mus. Sequitur ergo: *Cubitum ex hoc et cubitum ex hoc ex eo quod superat velis de longitudine velorum tabernaculi erit contegens super latera tabernaculi, hinc atque hinc ut operiat.* Aliud est quod superabit una pars sex velorum aliam partem quinque velorum propter ampliorem velorum numerum, unde iam diximus; aliud quod superabit de longitudine velorum, unde nunc dictum est. Ita enim non pars parti comparatur et altera alteram superare invenitur: Illa scilicet, quae vela sex habet, illam, quae vela quinque habet. Quae ambae ut sibimet aequarentur, a facie tabernaculi facta est unius veli duplicatio, a tergo dimidii subtectio; sed ipsa vela capillacia comparata aulaeis, ex quibus decem iussit fieri interius tabernaculum quattuor coloribus textis, longiora reperiuntur cubitis binis. Ea enim erant aulaea singula cubitorum viginti octo, ista triginta. Ideo hic non ait: Ex eo quod superat de velis, sed: *Ex eo quod superat velis de longitudine velorum.* Quid est ergo: *Cubitum ex hoc et cubitum ex hoc erit contegens super latera tabernaculi*, nisi quia illa longitudo in qua binis cubitis vela capillacia longiora sunt aulaeis singulis singula non tota in unam partem cogenda est, id est ut quidquid superat, ad posteriora tabernaculi colligatur, sed distribuatur ex aequo tantumque eius ad priora tabernaculi quantum ad posteriora tribuatur: Id est, quoniam duo cubita in singulis velis eandem quae superat longitudinem faciunt, ut cubitum inde auferat pars ista et cubitum illa; ita de singulis cubitis suis habebit pars ista cubita decem et illa de suis singulis decem, quoniam decem vela binis cubitis longiora viginti cubitorum longitudinem faciunt, qua videntur superare serie sua seriem aulaeorum?

177,16 Deinceps videndum est haec viginti cubita, quae superant de longitudine velorum, cui spatio cingendo proficiant. Si enim velis capillaciis interius tabernaculum circumtegitur, ita superant, ut quid ex eis cooperiatur non sit omnino. Unde restat etiam ipsa subtegi et subtegendo detrahi, quod scriptura non dicit. Aulaea quippe decem, quae habent cubita vicena et octona, quibus

---

374 et...hoc² *om. C P S V Bad., eras. T* | ex eo *exp. V, om. Bad.* | longitudine] longitudinem *C* | **375**   erit] *ex* egit *P S V* | super] ad super *C P S*, et *V¹ T²*, at *T¹*, et super *Bad.* **376** quod] non *add. T* | sex] ex *P S V (exp.), om. Bad.* | velorum¹ *exp. V* | **377** superabit] superavit *P¹ S V Bad.* | **378** longitudine longitudinē *C* | non] *ex* nunc *S* | **379** altera] alter *P¹ S V¹* | alteram] alterum *V¹* | illa illā *C* | **382** decem *om. C¹* | **384** hic] hinc *P S V¹* non] nunc *Bad.* | **385** de¹...superat] *om. P¹ V Bad.* | de¹...velis² *om. S* | velis¹] de *praem. C* velis²] *om. T* | longitudine] longitudinem *C* | est *om. C* | cubitum] cubito *C* | **386** cubitum] cubito *C* | **387** sunt] sint *P V¹ T¹* | singula *exp. V* | **388** ad posteriora] a posteriore *S* | **389** eius *exp. V* | **392** habebit] habebat *V*, habeat *Bad.* | **394** sua] sue *C* **396** longitudine] longitudinem *C* | **398** sit] sint *P S*

sollte, geschrieben ist, zur Kenntnis nähmen. Die Schrift fährt also fort: „Von dem Teil der Planen, der der Länge der Planen des Zeltes nach überschießt, soll eine Elle auf der einen Seite und eine Elle auf der anderen Seite über die Seiten des Zeltes herabhängen, so daß sie auf der einen und der anderen Seite bedeckt." Eines ist es, daß die eine Seite mit den sechs Planen über die andere Seite mit den fünf Planen wegen der größeren Zahl an Planen überschießen wird, worüber wir schon gesprochen haben; etwas anderes ist es, daß etwas der Länge der Planen nach überschießen wird, worüber soeben gesprochen worden ist. Auf diese Weise wird nämlich nicht die eine Seite mit der anderen Seite verglichen und festgestellt, daß die eine über die andere überschießt: jene nämlich, die sechs Planen hat, über jene, die fünf Planen hat. Damit diese beiden miteinander übereinstimmen, wurde an der Vorderfront des Zeltes eine Plane doppelt gelegt, ließ man auf der Rückseite die Hälfte [einer Plane] herabhängen; aber was die aus Haaren hergestellten Planen ihrerseits betrifft, so findet man, daß sie im Vergleich mit den zehn aus vier Farben gewebten Vorhangbahnen, aus denen er befohlen hat, das innere Zelt herzustellen, je zwei Ellen länger sind. Diese Vorhangbahnen waren nämlich jeweils achtundzwanzig Ellen, diese [aus Haaren hergestellten Planen] dagegen dreißig Ellen lang. Daher heißt es hier nicht: ‚von dem, was von den Planen überschießt', sondern: „von dem Teil der Planen, der der Länge der Planen nach überschießt." Was bedeutet folglich: „eine Elle soll auf der einen Seite und eine Elle auf der anderen Seite über die Seiten des Zeltes herabhängen", wenn nicht folgendes: Jene Länge von je zwei Ellen, um die die einzelnen aus Haaren gefertigten Planen jeweils länger sind als die einzelnen Vorhangbahnen, soll nicht insgesamt auf die eine Seite zusammengezogen werden, d.i., so daß alles, was überschießt, auf der Rückseite des Zeltes versammelt würde, sondern sie soll zu gleichen Teilen verteilt und gleich viel von ihr der Vorderseite des Zeltes wie der Rückseite zugeteilt werden: d.i., weil die zwei Ellen an den einzelnen Planen die gleiche überschießende Länge in der Weise ergeben, daß diese Seite eine Elle hier und jene [Seite] eine Elle [dort] wegnimmt. So wird diese Seite von ihren einzelnen Ellen zehn Ellen und jene von ihren einzelnen Ellen zehn Ellen haben, da die zehn um je zwei Ellen längeren Planen eine Länge von zwanzig Ellen ergeben, um die sie in ihrer Reihe über die Reihe der Vorhangbahnen hinauszuragen scheinen.

qu. 2,177,16

177,16 Als nächstes ist zu prüfen, welchen Raum zu umschließen diese zwanzig Ellen dienen, die der Länge der Planen nach überschießen. Falls die aus Haaren gefertigten Planen nämlich das innere Zelt ringsum bedecken, sind sie derart überschüssig, daß überhaupt kein Raum existiert, der von ihnen bedeckt werden könnte. Daher bleibt nur, daß man auch sie ihrerseits herabhängen läßt und sie, weil sie herabhängen, abgezogen werden; das sagt die Schrift jedoch nicht. Die zehn Vorhangbahnen, die je achtundzwanzig Ellen haben, durch die

interius tenditur tabernaculum, circumplectuntur spatium quantum possunt circumplecti cubita ducenta octoginta: Unde latera illa longiora, australe et aquilonium, habentia vicenas columnas auferunt ex his cubitis centena cubita; restant octoginta, quae duobus reliquis lateribus brevioribus, orientali, quod non habet ordinem columnarum, et occidentali, ubi erant columnae octo, quadragena distribuantur. Proinde in capillaciis velis, quoniam detractis triginta cubitis trecenta restabant, si trecentis cubitis capillaciorum velorum ducenta octoginta cooperiantur aulaeorum, ita supererunt viginti, ut non sit quod ex eis tegatur. Proinde duo illa cubita, quae singula capillacia plus habent, ex quibus summa viginti cubitorum collecta est, sic distribuenda sunt: *Cubitum ex hoc et cubitum ex hoc*, id est, ne omnia in unam partem cogantur, ut proficiant operiendis lateribus tabernaculi, sed exterioris atrii, id est omnia illa trecenta cubita velorum capillaciorum extrinsecus tabernaculum cingant. Adiunctis quippe lateribus atrii exterioris centenum cubitorum, id est austri et aquilonis, quinquagena cubita supersunt orientis et occidentis, quae omnia fiunt trecenta, quibus cooperiendis capillaciorum trecentena sufficiunt. Hoc est quod ait: *Cubitum ex hoc et cubitum ex hoc*, id est: Distributio duorum cubitorum, quibus unumquodque velum capillacium longius est, hoc est *ex eo quod superat velis de longitudine velorum erit contegens super latera tabernaculi*, illa scilicet exteriora, quae ad atrium pertinent, *hinc atque hinc ut operiat*, nec illa ipsius atrii, quae centenis cubitis et vicenis columnis tenduntur; ipsa enim non sunt facta longiora quam illa interioris tabernaculi quae decem aulaeis tenduntur et vicenas etiam ipsa columnas habent. Nam sicut interioris tabernaculi duo latera ab aquilone et austro centenis cubitis porriguntur, ita et exterioris atrii. Non ergo ad ipsa exteriora totidem columnarum latera tegenda capillaciorum velorum proficit longitudo, qua longitudinem superant aulaeorum. Tantum enim dant exterioribus lateribus, quantum et interioribus darent, id est cubita centena, quae fiunt ducenta. Sed quia lateribus orientis et occidentis sufficerent latera quadragena, si tantummodo interius tabernaculum velis

---

402 circumplecti] complecti *T* | australe] australem *C P²* | **403** habentia] habent** *V*, habent *Bad.* | auferunt] auferuntur *P¹ S V Bad.* | cubitis] cubita *S* | centena] ducenta *Bad.* **406** distribuantur] dr̩itribuantur *V* | in] de *Bad.* | velis *Am. μ z, om. cett.* | **410** cubitum¹] cubita *C* | et…411 hoc] *om. C per homoiot.* | **412** illa *om. V Bad.* | **414** centenum] centum *P V* | austri] australi *S* | quinquagena] quinquaginta *V Bad.* | **416** trecentena] trecenta *P S V T Bad.* | cubitum¹] cubito *C* | cubitum²] cubito *C* | **419** pertinent] pertinet *C* **422** ipsa] ipse *C*, ipsas *P¹ S V¹*, ipsi *T* | **425** qua] quam *S* | **428** interius] interioribus *C*

das innere Zelt ausgespannt wird, umschließen ja einen so großen Raum, wie zweihundertundachtzig Ellen umschließen können: Daher beanspruchen jene längeren Seiten, die südliche und die nördliche, die je zwanzig Säulen haben, von diesen Ellen je hundert Ellen, es bleiben achtzig Ellen übrig, die zu je vierzig [Ellen] den beiden übrigen kürzeren Seiten zugeteilt werden, der östlichen, die keine Säulenreihe hat, und der westlichen, wo acht Säulen standen. Daher werden von den aus Haaren gefertigten Planen, da nach Abzug der dreißig Ellen dreihundert übrig blieben, falls die dreihundert Ellen der aus Haaren gefertigten Planen die zweihundertundachtzig [Ellen] der Vorhangbahnen bedecken, zwanzig [Ellen] auf solche Weise überschüssig sein, daß es nichts gibt, was von ihnen bedeckt werden könnte. Folglich müssen jene zwei Ellen, die die aus Haaren gefertigten Planen jeweils zusätzlich haben, aus denen sich die Summe von zwanzig Ellen ergibt, folgendermaßen verteilt werden: „eine Elle auf der einen Seite und eine Elle auf der anderen Seite", d.i. sie sollen nicht insgesamt auf einer Seite versammelt werden, so daß sie dazu dienten, die Seiten des Zeltes zu bedecken, sondern [die Seiten] des äußeren Vorhofs, das bedeutet, daß alle jene dreihundert Ellen der aus Haaren gefertigten Planen das Zelt von außen umschließen sollen. Wenn man die Seiten des äußeren Vorhofs von je hundert Ellen, d.i. des südlichen und des nördlichen [Teils des] Vorhofes, hinzugefügt hat, sind ja die je fünfzig [Ellen] des östlichen und des westlichen [Teils des Vorhofes] übrig. Sie ergeben insgesamt dreihundert [Ellen]; zu deren Bedeckung genügen die dreihundert [Ellen] der aus Haaren gefertigten Planen. Folgendes bedeutet die Formulierung: „eine Elle auf der einen Seite und eine Elle auf der anderen Seite", nämlich: die zwei Ellen, um die jede aus Haaren gefertigte Plane länger ist, werden folgendermaßen verteilt: „von dem Teil der Planen, der der Länge der Planen nach überschießt, soll [eine Elle auf der einen und eine Elle auf der anderen Seite] über die Seiten des Zeltes herabhängen", über jene äußeren [Seiten] natürlich, die zum Vorhof gehören, „so daß sie auf der einen und der anderen Seite bedeckt", aber nicht jene [Seiten] dieses Vorhofs, die mit je hundert Ellen und je zwanzig Säulen ausgespannt werden; sie sind nämlich ihrerseits nicht länger gemacht als jene des inneren Zeltes, die mit zehn Vorhangbahnen ausgespannt werden und auch ihrerseits je zwanzig Säulen haben. Denn wie die zwei Seiten des inneren Zeltes im Norden und im Süden sich auf je hundert Ellen ausbreiten, so auch die [Seiten] des äußeren Vorhofs. Die Länge, um die die aus Haaren gefertigten Planen die Länge der Vorhangbahnen übertreffen, dient daher nicht dazu, diese äußeren Seiten mit ebenso viel Säulen zu bedecken. Sie ergeben nämlich für die äußeren Seitenwände ebensoviel, wie sie für die inneren ergeben würden, d.i. je hundert Ellen, die zweihundert ergeben. Weil aber für die Seiten im Osten und im Westen Seiten [von] je vierzig [Ellen] genügen würden, wenn nur das innere Zelt durch die aus Haaren gefertigten Planen umschlossen würde, hat nach Hinzufügung der Sei-

capillaciis cingeretur, additis autem lateribus atrii crevit tabernaculi latitudo, ut tegendis lateribus orientali et occidentali iam non quadragena, sed quinquagena 430 cubita sint necessaria, ad ea tegenda proficere potuit capillaciorum velorum longitudo amplior quam aulaeorum, ut non ambo cubita, quibus binis longiora sunt, ex una parte inpenderentur, sed: *Cubitum ex hoc et cubitum ex hoc*, ac sic haberet ex ipsa superabundantia latus orientale cubita decem et occidentale alia decem. Viginti enim sunt bina decem, quia veli undecimi cubita triginta duplica- 435 tione et subtectione ab hoc ambitu detrahuntur.

177,17 Sed quoniam id quod Latine interpretatum est: *Cubitum ex hoc et cubitum ex hoc ex eo quod superat velis de longitudine velorum tabernaculi erit contegens super latera tabernaculi,* Graecus habet πλάγια, quae Latini nonnulli non latera sed obliqua interpretati sunt, merito movet quia, etsi nihil hic videatur obliquum, ubi 440 omnes anguli quattuor laterum recti sunt, πλάγια tamen dici latera illa non possunt, quorum unum est in facie, alterum retro, id est orientale et occidentale, sed πλάγια dici possunt a dextro et sinistro, id est aquilonium et australe: Cum ergo non sint ea πλάγια, quae habent cubita quinquagena, quibus lateribus tegendis proficere potuisse diximus superantem longitudinem capillaciorum velo- 445 rum, quomodo erit verum: *Cubitum ex hoc et cubitum ex hoc ex eo quod superat velis de*

---

437 Ex 26,13

---

433 cubitum¹] cubito C^1 | cubitum²] cubito C^1 | 435 sunt] fiunt $P S V T$ Bad. Am. μ veli] vel $P^1 S V$ | undecimi] undecim S | 436 detrahuntur] trahuntur $P^1 S V$ | 437 cubitum¹] cubito C | cubitum²] cubito C | 439 πλάγια] plagia $C P S V T$ et sic in sqq. 440 hic om. C | 443 sinistro] a praem. Am. μ | 444 quinquagena] quinquaginta V 446 cubitum¹] cubito C | cubitum²] cubito C

---

[326] Ex 26,1.7.13: TM nennt sowohl die kostbaren Stoffbahnen über dem Zeltheiligtum (Ex 26,1) als auch die aus (Ziegen)haaren gefertigten Decken (Ex 26,7) יְרִיעָה, während LXX terminologisch differenziert: die Stoffbahnen über dem Zeltheiligtum nennt sie αὐλαίαι (entsprechend Vulg: *cortina*, VL: *aulaea* „Vorhangbahnen"), die Decken aus Ziegenhaaren hingegen δέρρεις (entsprechend Vulg: *saga*, VL: *vela* „Planen"). Andererseits differenziert TM zwischen der „Wohnung" הַמִּשְׁכָּן als dem aus Brettern errichteten Teil des Zeltheiligtums (Ex 26,1), für die die Stoffbahnen gefertigt werden, und dem „Zelt über der Wohnung" אֹהֶל עַל־הַמִּשְׁכָּן (Ex 26,7), während LXX für beides σκηνή „Zelt" (entsprechend VL und Vulg: *tabernaculum*) sagt (vgl. auch qu. 2,177,4 Anm. 307). In Ex 26,13 stiftet LXX weitere terminologische Verwirrung (BdA). TM: „Die eine Elle auf der einen Seite und die eine Elle auf der anderen Seite an dem Überschuß an der Länge

ten des Vorhofes die Breite des Zeltes jedoch so stark zugenommen, daß zur Bedeckung der östlichen und der westlichen Seite nicht mehr je vierzig, sondern je fünfzig Ellen nötig sind; zu ihrer Bedeckung konnte die Länge der aus Haaren gefertigten Planen, die größer ist als die der Vorhangbahnen, in der Weise dienen, daß nicht die je zwei Ellen, um die sie länger sind, zusammen auf einer Seite herabhängen, sondern: „eine Elle auf der einen Seite und eine Elle auf der anderen Seite", und so würde von eben diesem Überschuß die östliche Seite zehn und die westliche andere zehn erhalten. Es sind nämlich zwanzig, zweimal zehn, da die dreißig Ellen der elften Plane, weil sie doppelt gelegt ist und herabhängt, von diesem Umfang abgezogen werden.

qu. 2,177,17

177,17 Aber da für das, was man auf Lateinisch übersetzt hat: „Von dem Teil der Planen, der der Länge der Planen des Zeltes nach überschüssig ist, soll eine Elle auf der einen Seite und eine Elle auf der anderen Seite über die Seiten [πλάγια] des Zeltes herabhängen" (Ex 26,13), der Grieche πλάγια (Seiten, Flanken) hat,[326] was einige Lateiner nicht mit *latera* (Seiten), sondern mit *obliqua* (Schrägen)" übersetzt haben, erhebt sich zu Recht ein Problem, weil, obgleich hier nichts schräg zu sein scheint, wo alle Winkel der vier Seiten rechte Winkel sind, zwar jene Seiten nicht πλάγια genannt werden können, deren eine sich an der Vorderfront, die andere an der Rückseite befindet, d.i. die östliche und die westliche, aber doch [die Seiten] rechts und links πλάγια genannt werden können, das heißt die nördliche und die südliche: wenn daher diejenigen Seiten, die je fünfzig Ellen haben, zu deren Bedeckung, wie wir sagten, die überschüssige Länge der aus Haaren gefertigten Planen dienen konnte, nicht πλάγια sind, wie

---

der Bahnen des Zeltes soll an den beiden Seiten der Wohnung überhängen, um sie zu bedecken" (NOTH, *Mose*). LXX sagt, wie üblich, „Zelt" für „Wohnung": τὰ πλάγια τῆς σκηνῆς, behält aber zugleich die Bezeichnung „Zelt" bei für den אֹהֶל, der nach TM über der Wohnung errichtet ist: „Eine Elle von hier und eine Elle von dort von dem, was von den Planen der Länge der Planen des Zeltes nach überschießt, soll von hier und von dort die Seiten des Zeltes bedecken, um zu verhüllen." Augustinus treibt diese lexikalische Unschärfe noch weiter und bedient sich dafür der biblischen Sinnnuancen von πλάγια. Dieses Wort bedeutet „Seiten" und wird von LXX in Ex 26,13 auch so eingesetzt. Aber das Adjektiv πλάγιος bedeutet „quer, schief, schräg" (PAPE, *Handwörterbuch*; REHKOPF, *Septuaginta-Vokabular*; BdA zu Lev 26,21). So entscheidet sich Augustinus für die Bedeutung *obliqua* „Schräge" statt „Seiten". Da er schräge Linien nicht beim Zeltheiligtum selbst, sondern nur im Eingangsbereich des Vorhofes annehmen kann, bezeichnet nun in dem Satz: „soll eine Elle auf der einen Seite und eine Elle auf der anderen Seite über die Seiten [πλάγια, Schrägen] des Zeltes herabhängen" das Wort *tabernaculum* hier de facto den Vorhof bzw. das Zeltheiligtum samt seinem Vorhof.

longitudine velorum tabernaculi erit contegens super latera tabernaculi? Sed nimirum de illis lateribus tegendis loquitur, quae etiam dorsa appellat quindenorum cubitorum columnarumque ternarum, quae cum porta atrii habente cubita viginti et columnas quattuor quinquaginta conplent cubita et columnas decem. Haec latera ex istis suis finibus in medium posuerunt atrii portam, ex illis autem ostium tabernaculi; inter portam atrii et ostium tabernaculi spatium iacet, quantum cubita illa concludunt viginti a porta et dextra laevaque quindena. In eo spatio est altare holocaustomatum intra portam atrii ante ostium tabernaculi; et inter altare et ostium tabernaculi labrum aereum, ubi sacerdotes manus et pedes lavabant. Diligenter autem mensuris examinatis fortasse in istis lateribus ternarum columnarum, quae πλάγια Graece dicta sunt, nonnulla etiam obliquitas invenitur, ut non frustra quidam interpretes nostri obliqua interpretarentur, quae in Graeco πλάγια repererunt. Non enim vela capillacia quindenis cubitis suis possunt tegere quindena cubita tentoriorum in illis lateribus, nisi posterioribus partibus tabernaculi, antequam ad illa latera deflectantur, non amplius quam dena cubita inpenderint. Ac sic ex linea recta posterioris tabernaculi, id est a parte occidentis - quae linea cum habuisset octo columnas pertinentes ad interius tabernaculum, decem habere coepit additis lateribus atrii exterioris, et cum habuisset cubita quadraginta ad octo columnas pertinentia, quinquaginta habere coepit in columnis decem - ex hac ergo linea cum tecta fuerint velis capillaciis dena cubita ab utroque angulo venientia, restabunt in medio triginta non tecta velis capillaciis, sed illis tantummodo aulaeis, in quorum triginta cubitorum medio, per quotlibet cubita tenderentur, erat ostium tabernaculi. Proinde illa latera ternarum columnarum et quindenorum cubitorum, si ex illis finibus suis, quibus iungebantur portae atrii, patebant inter se cubitis viginti, quia tantum habebat porta quae illa latera dirimebat, ex aliis autem finibus, quibus haerebant posteriori illi lineae tabernaculi, de qua locuti sumus, habebant inter se cubita triginta, procul dubio erant obliqua, quoniam plus inter se patebant ex hac par-

---

447 longitudine] longitudinem *C* | 448 lateribus] latribus *S* | 451 in *om. C* | medium] medio *S Am. μ* | 452 iacet] iacit *C* | 454 holocaustomatum...ostium *om. P¹ S V Bad.* 455 et¹] atque *P S V* | lavabant] lavabat *C¹* | 461 deflectantur] deplectantur *P¹*, deplectentur *S¹* | 462 ac sic *exp. V* | 466 tecta] tecti *C P V T* | 467 dena cubita] deni cubiti *P S V T* | dena...468 capillaciis *om. C¹, add. m. 2 in marg. inf.* (deni cubiti *et* venientes *scripsit*) | venientia] venientes *P S V T* | 469 quotlibet] quodlibet *C P S¹ V¹* 470 ternarum *om. V* | columnarum *om. S¹* | et *om. C* | finibus] funibus *S* 471 iungebantur] sibi *praem. P S T* | cubitis] cubiti *C* | 472 habebat] habebant *T* | porta] portae *P² T* | dirimebat] dirimebant *C P T* | quibus *om. P¹ S V*

wird zutreffen: „Von dem Teil der Planen, der der Länge der Planen des Zeltes nach überschüssig ist, soll eine Elle auf der einen Seite und eine Elle auf der anderen Seite über die Seiten [πλάγια] des Zeltes herabhängen?" Aber die Schrift spricht natürlich von jenen Seiten, die bedeckt werden sollen, die sie auch ‚Rückseiten' nennt,[327] mit je fünfzehn Ellen und je drei Säulen, die zusammen mit der Pforte zum Vorhof, die zwanzig Ellen und vier Säulen hat, fünfzig Ellen und zehn Säulen voll machen. Was diese Seiten betrifft: An ihren Enden auf der einen Seite setzten sie in die Mitte die Pforte zum Vorhof, an ihren Enden auf der anderen Seite aber [setzten sie in die Mitte] den Zelteingang; zwischen der Pforte zum Vorhof und dem Zelteingang liegt ein Raum von der Größe, wie sie jene zwanzig Ellen bei der Pforte [zum Vorhof] und die je fünfzehn [Ellen] rechts und links einschließen. In eben diesem Raum diesseits der Pforte zum Vorhof vor dem Zelteingang steht der Brandopferaltar; und zwischen dem Altar und dem Zelteingang das bronzene Becken, wo die Priester Hände und Füße wuschen. Bei sorgfältiger Überprüfung der Maße findet sich vielleicht bei jenen Seiten mit je drei Säulen, die auf Griechisch πλάγια genannt sind, auch eine gewisse Schräge, so daß einige unserer Übersetzer nicht grundlos das Wort πλάγια, das sie beim Griechen vorfanden, mit *obliqua* (Schrägen) übersetzt haben. Die aus Haaren gefertigten Planen können nämlich mit ihren je fünfzehn Ellen nicht die je fünfzehn Ellen der Behänge an jenen Seiten bedecken, außer wenn sie, bevor sie sich auf jenen Seiten ausrichten, in den hinteren Bereichen des Zeltes nicht mehr als je zehn Ellen herabhängen. Und so werden aus der geraden Reihe der Rückseite des Zeltes, d.h. des westlichen Teils – während diese Reihe zunächst acht Säulen umfaßte, die zum inneren Zelt gehörten, umfaßte sie nun zehn durch Hinzufügung der Seiten des äußeren Vorhofes, und während sie zunächst vierzig Ellen umfaßte, die zu den acht Säulen gehörten, umfaßte sie nun fünfzig [Ellen] mit den zehn Säulen –, da also von dieser Reihe durch die aus Haaren gefertigten Planen je zehn Ellen, die von beiden Ecken her kommen, bedeckt gewesen sind, werden in der Mitte dreißig [Ellen] übrig bleiben, die nicht durch die aus Haaren gefertigten Planen bedeckt sind, sondern lediglich durch jene Vorhangbahnen, in deren Mitte von dreißig Ellen, durch wieviel Ellen auch immer sie ausgespannt wurden, der Zelteingang war. Wenn daher jene Seiten mit je drei Säulen und je fünfzehn Ellen an jenen Enden, durch die sie mit der Pforte zum Vorhof verbunden wurden, einen Abstand von zwanzig Ellen zwischen sich frei ließen, weil die Pforte, die jene Seiten trennte, soviel Ellen hatte, an den anderen Enden hingegen, durch die sie mit jener rückseitigen Reihe des Zeltes verbunden waren, von der wir bereits

---

[327] Vgl. Ex 27,14-15; TM: Ex 38,14-15; LXX: Ex 37,12-13 und dazu *qu.* 2,177,13 Anm. 324.

te, ubi habebant media cubita triginta, quam ex illa parte, ubi habebant media 475
cubita viginti. Ita illa decem cubita capillaciorum velorum, quod erat dimidium
abundantis longitudinis, quae proficiebant posteriori parti tabernaculi, hoc est
occidentali, sicut alia decem proficiebant priori parti, id est orientali, quinis cubitis conplebant tecturam laterum illorum, quae Graece πλάγια dicta sunt, inde
quinque et hinc quinque. Quae si defuissent, dena cubita tegerentur in eisdem 480
lateribus et quina nuda essent. Itaque, quantum mihi videtur, melius intellegitur
hinc esse dictum: *Cubitum ex hoc et cubitum ex hoc ex eo quod superat velis de longitudine velorum tabernaculi*, non quia erant, cum hinc et inde quina essent, sed quia ex
illa longitudine redundabant, in qua binis cubitis erant aulaeis capillacia longiora,
ex quibus duobus cubitis uniuscuiusque veli cubitum profecerat parti orientali: 485
Restabat utique alterum cubitum parti occidentali, ut *cubitum ex hoc et cubitum ex*
hoc esset contegens super πλάγια tabernaculi. Unde dictum est: *Hinc atque hinc ut*
operiat, quia non operiebat totum, si eadem quina cubita defuissent.

177,18 Nunc iam quoniam satis disputatum est, quomodo illa omnia intellegenda sint, quae in tabernaculi constitutione videbantur obscura, breviter, si 490
possumus, enitamur ostendere quid sit eadem disputatione confectum. Ab occidente igitur intrabatur et prima erat ingrediendi porta atrii, quae patebat viginti
cubitis et habebat quattuor columnas, quibus dependebat velum viginti cubitis
extentum, erectum autem cubitis quinque, quattuor illis saepe commemoratis
coloribus acu picto opere variato. Hac porta ingrediens excipiebatur atrio, cuius 495
latera dextra laevaque quindenis cubitis et ternis columnis porrigebantur introrsus, ut in medium ponerent ostium tabernaculi interioris in ea parte quo perveniebant, sicut in medio ponebant portam atrii ab ea parte unde incipiebant.
Hoc itaque atrium latius erat quam longius. Nam longitudo eius erat a porta
ipsius usque ad ostium tabernaculi interioris in cubitis ferme quindecim; latitu- 500
do autem circa portam in cubitis viginti, circa ostium vero in cubitis triginta.
Unde obliqua illa latera fuisse intelleguntur, quae dextra laevaque in columnis

---

477 proficiebant] proficiebat *S* | 478 occidentali] occidentalis *P S* | 482 cubitum¹] cubito *C* | cubitum²] cubitu *C* | 483 quia¹] qui *S* | quina] quine *C* | 484 redundabant] redunda-bunt *S* | 485 orientali] orientale *C* | 486 ut *om. C* | cubitum²] cubitu *C* | et...487 hoc *om. P¹ S V Bad. Am. μ* | cubitum³] cubito *C* | 487 πλάγια] latera *ex* plagra *m. 2 V* 490 sint] sunt *V Bad.* | 492 intrabatur] trahebatur *P¹ S V*, trahebantur *Bad.* | 494 erec-tum] et rectum *P¹*, et erectum *S* | 497 medium] medio *P S V T Bad. Am. μ* | 499 nam] non *P¹ S* | 501 in¹ *om. P¹ S V* | 502 fuisse] fuissent *C*

---

[328] Vgl. die Skizze von Herrn Dipl. theol. Jakob Kempendorf: Einleitung *qu.* 2, Exkurs: Das Zeltheiligtum Ex. 25-31. 35-40, S. 296.

gesprochen haben, [einen Abstand von] dreißig Ellen zwischen sich hatten, waren sie zweifellos schräg, da sie auf der Seite, wo sie dreißig Ellen in der Mitte hatten, einen größeren Zwischenraum zwischen sich freiließen als auf jener Seite, wo sie zwanzig Ellen in der Mitte hatten. Jene zehn Ellen der aus Haaren gefertigten Planen – das war die Hälfte der überschüssigen Länge –, die dem hinteren, d.i. dem westlichen Teil des Zeltes zugute kamen, wie die anderen zehn Ellen dem vorderen, d.i. dem östlichen Teil zugute kamen, vervollständigten so mit je fünf Ellen die Bedeckung jener Seiten, die auf Griechisch πλάγια genannt wurden, fünf auf der einen und fünf auf der anderen Seite. Wenn sie gefehlt hätten, würden auf denselben Seiten nur je zehn Ellen bedeckt werden und je fünf unbedeckt bleiben. Und so versteht man meines Erachtens besser, daß aus diesem Grund gesagt worden ist: „eine Elle auf der einen Seite und eine Elle auf der anderen Seite von dem Teil der Planen, der der Länge der Planen des Zeltes nach überschüssig ist", nicht weil sie [zehn Planen] waren, da es auf der einen und der anderen Seite je fünf [Ellen] waren, sondern weil sie um jene Länge von je zwei Ellen überschüssig waren, um die die aus Haaren gefertigten Planen jeweils länger waren als die Vorhangbahnen; von diesen zwei Ellen jeder Plane war eine Elle der östlichen Hälfte zugute gekommen: Natürlich blieb die andere Elle für die westliche Hälfte übrig, so daß „eine Elle auf der einen Seite und eine Elle auf der anderen Seite" die πλάγια des Zeltes bedeckte. Daher heißt es: „so daß sie auf der einen und der anderen Seite bedeckte", weil es sie nicht ganz bedecken würde, wenn jene je fünf Ellen gefehlt hätten.

qu. 2,177,18

177,18 Da nun schon genügend erörtert worden ist, wie alle jene Einzelheiten zu verstehen sind, die bezüglich der Errichtung des Zeltes unklar zu sein schienen, wollen wir uns bemühen, kurz, wenn wir es vermögen, zu zeigen, was durch eben diese Erörterung geleistet wurde.[328] Von Westen also trat man ein, und es gab eine erste Pforte zum Eintritt in den Vorhof, die zwanzig Ellen breit war und vier Säulen hatte, von denen ein zwanzig Ellen in die Breite ausgespannter, aber fünf Ellen in die Höhe gezogener Vorhang herabhing, in jenen häufig genannten vier Farben in Nadelarbeit bunt bestickt. Wer durch diese Pforte eintrat, wurde durch den Vorhof empfangen, dessen rechte und linke Seiten sich im Innern mit je fünfzehn Ellen und je drei Säulen dergestalt erstreckten, daß sie den Eingang zum inneren Zelt in dem Bereich, zu dem sie hinreichten, in die Mitte platzierten, wie sie die Pforte zum Vorhof in dem Bereich, von dem sie ausgingen, in der Mitte platzierten. Dieser Vorhof war daher breiter als lang. Denn seine Länge betrug von der Pforte desselben bis zum Eingang in das innere Zelt ungefähr fünfzehn Ellen; seine Breite um die Pforte herum betrug hingegen zwanzig Ellen, um den Eingang herum aber dreißig Ellen. Daraus entnimmt man, daß jene rechten und linken Seiten, die je

ternis et quindenis cubitis erant. In hoc atrio erat altare sacrificiorum quadratum, quinque scilicet cubitis longum et totidem latum. Inter portam et altare spatium erat, ubi versabantur qui sacrificia inponebant altari; introrsus vero inter altare et ostium tabernaculi locus erat cineris ante altare et deinde labrum aeneum, ubi manus et pedes sacerdotes lavabant vel altari in atrio servituri vel tabernaculum interius ingressuri. Tentoria porro huius atrii in lateribus ternarum columnarum byssina erant extenta cubitis quindenis, erecta cubitis quinis.

177,19 Ab hoc ergo atrio intrabatur ostium tabernaculi, cum transisses altare et labrum aeneum. Intrabatur autem apertis aulaeis, quibus decem, quinque hinc et quinque inde, ex adverso sibimet constitutis totum ipsum interius tabernaculum cingebatur. Quod ostium ingresso occurrebat velum, quod ad ostium fuerat oppositum, in quinque columnis extentum, variatum illis quattuor coloribus: Quod velum cum faciendum praeciperet, *adductorium* vocavit, credo quod curreret ducendo et reducendo, cum operiret atque aperiret ingressum. Transito isto velo excipiebat pars tabernaculi media inter hoc velum et illud alterum interius, quod columnis quattuor fuerat inpositum, ex illis quattuor coloribus factum, et separabat inter sancta quae forinsecus erant et sancta sanctorum interius posita. In hoc itaque medio spatio inter ista duo vela mensa erat aurea, quae habebat panes propositionis in parte aquilonis et contra eam candelabrum aureum septem lucernarum in parte austri. Huc usque secundis sacerdotibus licebat intrare.

177,20 Interius autem, id est in sancto sanctorum ultra velum quattuor columnarum, arca erat testimonii deaurata, in qua erant tabulae lapideae legis et virga Aaron et urna aurea cum manna et propitiatorium desuper aureum, ubi stabant duo Cherubin alis obumbrantes propitiatorium et intuentes invicem et ipsum. Ante arcam vero, id est inter arcam et velum, positum erat altare incensi, quod aliquando aureum dicit scriptura, aliquando deauratum, aureum utique

---

515 Ex 26,36

506 ante altare *om.* P V T Bad. Am. | **507** aeneum] aereum P S V Bad. | **510** transisses] transisset V | **511** quinque...512 inde] quinque hinc inde T | **513** quod¹] quo C P S V T Bad. | ostium¹] ostio C T Bad., ostio vero P V, hostio vero S | **515** quod²] quo C **516** isto...517 velo] velo isto T | **519** inter] *exp.* V | **522** huc] hoc C P¹ S | **523** sancto] scm C (*sed* m *in ras. m. 2*) P S¹ V T Bad. | ultra] intra P S V, intrare Bad. | **526** obumbrantes] obumbrantis C | **528** deauratum] auratum P¹ S V

drei Säulen und je fünfzehn Ellen hatten, schräg waren. In diesem Vorhof stand der viereckige Schlachtopferaltar, wie man weiß, fünf Ellen lang und ebenso breit. Zwischen der Pforte und dem Altar war ein freier Raum, wo diejenigen sich aufhielten, die die Opfer auf den Altar legten; innen aber zwischen Altar und Zelteingang war der Ort für die Asche vor dem Altar und fernerhin das bronzene Becken, wo die Priester Hände und Füße wuschen, sei es, daß sie vor dem Altar im Vorhof Dienst taten, sei es, daß sie das innere Zelt betreten wollten. Ferner waren die Behänge dieses Vorhofs an den Seiten mit je drei Säulen aus feinem Leinen, je fünfzehn Ellen breit, je fünf Ellen hoch.

qu. 2,177,19

177,19 Von diesem Vorhof betrat man folglich den Zelteingang, wenn man am Altar und am bronzenen Becken vorbeigegangen war. Man trat aber ein durch die geöffneten zehn Vorhangbahnen, die – fünf auf der einen und fünf auf der anderen Seite – sich gegenüber angeordnet waren und das gesamte innere Zelt seinerseits umhüllten. War man durch diesen Eingang eingetreten, bot sich der Vorhang dar, der sich dem Eingang gegenüber befand, auf fünf Säulen ausgespannt, mit jenen vier Farben gefärbt war: Als die Schrift vorschrieb, diesen Vorhang herzustellen, nannte sie ihn *adductorium* (Zugvorhang) (Ex 26,36), ich meine, weil er sich durch Hin- und Herziehen bewegte, wenn er den Eingang verschloß oder öffnete. Hatte man diesen Vorhang durchschritten, schloß sich der mittlere Bereich des Zeltes zwischen diesem Vorhang und jenem zweiten [Vorhang] weiter innen an, der auf vier Säulen aufgehängt, aus jenen vier Farben gefertigt worden war und das Heilige, das außerhalb lag, vom Allerheiligsten trennte, das innerhalb lag.[329] In diesem mittleren Raum zwischen diesen zwei Vorhängen befand sich folglich im nördlichen Bereich der goldene Tisch, der die Schaubrote trug, und ihm gegenüber im südlichen Bereich der goldene siebenarmigen Leuchter. Bis hierher durften die Priester des zweiten Rangs eintreten.

qu. 2,177,20

177,20 Im Innersten aber, d.i. im Allerheiligsten jenseits des vierfarbigen Vorhangs, stand die vergoldete Lade des Zeugnisses, in der die Steintafeln des Gesetzes und der Stab Aarons und der goldene Krug mit dem Manna lagen, und darüber das goldene *propitiatorium*, wo die beiden Kerubin standen, die mit ihren Flügeln das *propitiatorium* beschatteten und sich gegenseitig und dieses selbst anschauten. Vor der Lade aber, d.i. zwischen Lade und Vorhang, war der Räucheraltar aufgestellt, den die Schrift bisweilen golden, bisweilen vergoldet

---

[329] Wegen des Plurals könnten auch die heiligen und die allerheiligsten Gegenstände gemeint sein, aber, wie die in *qu.* 2,177,20 folgenden Ausführungen über den Versöhnungstag zeigen, verwendet Augustinus hier *sanctum sanctorum* und *sancta sanctorum* in gleicher Bedeutung.

appellans quod erat inauratum. Ad haec sancta sanctorum nisi summo sacerdoti non licebat intrare cotidie propter inferendum incensum, semel autem in anno cum sanguine ad purificandum altare et, si quando forte exigebat necessitas pro peccato sacerdotis aut universae synagogae, sicut in Levitico scriptum est. Sic intrabatur tabernaculum ab occidente, id est a porta atrii usque ad latus orientale introrsus ubi erat arca testimonii.

177,21 Hoc autem interius tabernaculum, quod incipiebat non a porta atrii sed ab ostio, quod appellabatur ostium tabernaculi, et finiebatur in longum latere orientis, ubi erat arca testimonii, decem aulaeis concludebatur, quorum erant singula viginti octo cubitorum, quinque hinc et quinque inde sibimet conexa ansulis et circulis et ex adverso sibimet constituta, et columnis vicenis in lateribus longioribus aquilonis atque austri et columnis octo a latere occidentis, a latere autem orientis nullis columnis, sed solis aulaeis. Quae aulaea decem erigebantur in cubitis quattuor et per totum circuitum tendebantur in cubitis ducentis octoginta: Quorum centena in lateribus erant longioribus austri et aquilonis per vicenas columnas, quadragena vero cubita in reliquis duobus lateribus brevioribus: Uno occidentis per columnas octo, altero orientis, ubi columnae non erant, sed sola tendebantur aulaea de solis duabus angularibus columnis, mediis autem nullis; et erant haec aulaea decem de quattuor coloribus texta. Hoc ergo interius tabernaculum circumdabatur atrio ab austro viginti columnis et ab aquilone viginti. Quae duo atrii latera aequalem habebant longitudinem cum lateribus interioris tabernaculi, quia et ipsa vicenis columnis porrigebantur in cubitis totidem, id est centenis. A latere autem orientis atrium concludebatur columnis decem, cubitis quinquaginta: Qui ordo columnarum rectus erat et incurrebat in illas duas angulares interioris tabernaculi, quas solas orientis pars habebat; proinde cum ipsis conplebantur decem. A latere autem occidentis habebat quidem atrium decem columnas, non tamen recto ordine, sed, sicut iam ostendimus, tamquam triporticum quattuor a porta et ternas a lateribus.

177,22 Universum autem atrium in circuitu tabernaculi tentoriis byssinis cingebatur, quae erigebantur cubitis quinque. His superveniebant vela capillacia

---

532 sicut...est] cf. Lev 16

529 quod] quia *S Am.* μ | 533 atrii] austri *P¹ V Bad.*, australi *S* | 536 ostio] ostii *T* 538 singula] in *praem. V (sed exp.)* | 539 et² *om. P S V* | 541 solis *om. C* | 543 erant] erat *C* | 546 tendebantur] tendebatur *P S¹* | duabus] duobus *V* | mediis] medi *C* | 547 et *om. C* | haec] hae∗ *S* | aulaea] auleae *P S T¹* | 550 interioris] interioribus *C* | 551 orientis] orientes *V* | 556 ternas] ternis *C P S V* | 557 tentoriis] tectoriis *C* | 558 cingebatur] cingebantur *P*

nennt, wobei sie ihn natürlich golden nennt, weil er vergoldet war. In dieses Allerheiligste durfte ausschließlich der Hohepriester täglich eintreten, um das Räucherwerk hinzulegen, einmal im Jahr aber mit dem Blut, um den Altar zu reinigen, und gelegentlich, wenn es vielleicht die Notwendigkeit erforderte, für die Sünde des Priesters oder der gesamten Gemeinde [ein Opfer darzubringen], wie es im Buch Levitikus geschrieben steht (vgl. Lev 16). So betrat man das Zelt von Westen her, d.i. von der Pforte des Vorhofs bis zur östlichen Seite im Innern, wo die Lade des Zeugnisses stand.

qu. 2,177,21

177,21 Dieses innere Zelt aber, das nicht bei der Pforte des Vorhofs, sondern beim Eingang, der Zelteingang genannt wurde, begann und der Längserstreckung nach an der östlichen Seite endete, wo die Lade des Zeugnisses stand, wurde von zehn Vorhangbahnen umschlossen, die jede achtundzwanzig Ellen maßen, wobei fünf auf der einen und fünf auf der anderen Seite durch Schleifen und Ringe miteinander verbunden und sich gegenüber angeordnet waren, und von je zwanzig Säulen auf den Längsseiten im Norden und im Süden und von acht Säulen auf der westlichen Seite, auf der östlichen Seite aber von keinen Säulen, sondern nur von den Vorhangbahnen. Diese zehn Vorhangbahnen erstreckten sich vier Ellen in die Höhe und umspannten den ganzen Umfang mit zweihundertundachtzig Ellen: je hundert von ihnen waren auf den Längsseiten im Süden und im Norden über je zwanzig Säulen [ausgespannt], je vierzig Ellen waren hingegen auf den übrigen beiden Schmalseiten [ausgespannt]: auf der einen Seite im Westen waren sie über acht Säulen [ausgespannt], auf der anderen im Osten, wo keine Säulen standen, waren die Vorhangbahnen hingegen einzig von den beiden Ecksäulen, aber nicht von mittleren Säulen ausgespannt; und diese zehn Vorhangbahnen waren aus vier Farben gewebt. Dieses innere Zelt umgab also ein Vorhof, im Süden mit zwanzig Säulen und im Norden mit zwanzig. Diese beiden Seiten des Vorhofs hatten die gleiche Länge wie die Seiten des inneren Zeltes, weil sich diese ihrerseits auch über je zwanzig Säulen mit gleichviel, d.i. je hundert Ellen erstreckten. Auf der östlichen Seite wurde der Vorhof hingegen von zehn Säulen mit fünfzig Ellen abgeschlossen; diese Säulenreihe war gerade und traf auf jene zwei Ecksäulen des inneren Zeltes, die der östliche Teil als einzige hatte; folglich ergab sich mit ihnen die volle Zehnzahl. Auf der westlichen Seite hatte der Vorhof jedoch zwar zehn Säulen, aber nicht in gerader Reihe, sondern, wie wir bereits gezeigt haben, als gleichsam dreigeteilten Portikus vier [Säulen] an der Pforte und je drei an den Seiten.

qu. 2,177,22

177,22 Der ganze Vorhof um das Zelt herum aber wurde durch Behänge aus feinem Leinen umschlossen, die sich fünf Ellen in die Höhe erstreckten. Darüber wurden die aus Haaren gefertigten elf Planen gelegt, auf der einen Seite fünf miteinander verbundene, auf der anderen Seite sechs. Die fünf verbunde-

undecim, ex una parte quinque sibimet conexa, ex alia sex. In conexione ergo quinque velorum cubita erant centum quinquaginta; ex alia vero parte in conexione sex velorum cubita erant centum octoginta, quoniam vela singula tricenorum fuerunt cubitorum. Sed ut alia pars alteri coaequaretur, duplicatum est unum velum a facie tabernaculi, id est ab oriente, et subtectum est dimidium velum a parte posteriore, id est ab occidente. Atque ita subtracta sunt cubita triginta, quanta erat veli unius longitudo, et remanserunt centum quinquaginta, quot etiam ex parte altera fuerunt. Circuitus itaque velorum capillaciorum, quo cingebatur atrium tabernaculi, trecentis cubitis tendebatur, sicut circuitus decem aulaeorum interioris tabernaculi cubitis ducentis octoginta. Aulaea quippe singula habebant cubita vicena et octona in longitudinem, capillacia vero vela tricenis cubitis longa erant. Quapropter ex ambitu aulaeorum interioris tabernaculi, qui erat in cubitis ducentis octoginta, centena cubita in lateribus longioribus erant austri et aquilonis et quadragena in duobus brevioribus orientis et occidentis; ex ambitu autem capillaciorum velorum, quo atrium exterius tegebatur, quia ambitus erat in cubitis trecentis, centena erant in lateribus longioribus austri et aquilonis, quoniam aequalia erant lateribus tabernaculi interioris, quinquagena autem in duabus reliquis partibus orientis et occidentis. Ac per hoc duo illa cubita, quibus longius erat aulaeo velum capillacium, non lateribus austri et aquilonis, quae paria erant atrii exterioris et tabernaculi interioris, sed lateribus orientis et occidentis proficiebant. In eis enim lateribus creverat tabernaculi latitudo circumposito extrinsecus atrio. Sed quinquaginta cubita velorum capillaciorum a parte orientis per decem columnarum rectum ordinem tendebantur eisque proficiebat unum cubitum ex duobus illis, quibus eorundem velorum maior fuerat longitudo; alia vero cubita quinquaginta, quae occidentali lateri debebantur, quibus alterum ex duobus illis cubitum proficiebat, non tendebantur per columnarum ordinem rectum. Ibi enim erat illa tamquam triporticus, quae concludebat spatium atrii, ubi esset altare sacrificiorum, quattuor columnis a porta et a lateribus ternis. Ac per hoc non poterant etiam portam cingere illa cubita quinquaginta, sed usque ad cooperienda obliqua illa latera tendebantur, quae in columnis ternis et quindenis cubitis erant. Erigebantur autem capillacia

---

559 ex²] *om. C,* et *P S V* | **561** erant *om. S* | **562** fuerunt] fuerant *P V T* | est *om. P¹ S V* **565** quanta] quantum *C* | **566** quot] quod *C,* quo *P¹,* que *V¹,* quanta *V² T Bad.* **568** aulaea] aulaee *P S* | **569** octona] octogena *P¹ V²,* octena *V¹ Bad.* | longitudinem] longitudine *P S V T Bad. Am. μ* | **570** ambitu] ambitum *P corr.* | **574** trecentis] tricentis *P S V T* | **576** duabus *om. P¹ V* | **577** aulaeo] auleum *C,* aleo *S* | **578** paria] pari *C* **581** columnarum] quid ē ergo *praem. T* | rectum ordinem] *Am. μ z (cf. l. 585),* recto ordine *C P S V T Bad.* | **582** proficiebat] proficiebant *P* | **583** cubita] *om. P¹ V Bad.* , latere *Am. μ*

nen Planen hatten folglich hundertundfünfzig Ellen; auf der anderen Seite indessen hatten die sechs verbundenen Planen hundertundachtzig Ellen, weil das Maß der einzelnen Planen jeweils dreißg Ellen betrug. Aber um den einen Teil dem anderen anzugleichen, wurde eine Plane an der Vorderseite des Zeltes, d.i. im Osten, doppelt gelegt, und einen halben Vorhang ließ man im hinteren Teil, d.i. im Westen, herabhängen. Und auf diese Weise wurden dreißig Ellen, soviel wie ein Vorhang lang war, abgezogen, und es blieben hundertundfünfzig übrig, soviel wie auch auf der anderen Seite vorhanden waren. Die aus Haaren gefertigten Planen, die den Vorhof des Zeltes umschlossen, hatten einen Umfang von dreihundert Ellen, wie die zehn Vorhangbahnen des inneren Zeltes einen Umfang von zweihundertundachtzig hatten. Die einzelnen Vorhangbahnen hatten ja jeweils eine Länge von achtundzwanzig Ellen, die aus Haaren gefertigten Planen waren dagegen je dreißig Ellen lang. Daher waren von der gesamten Ausdehnung der Vorhangbahnen des inneren Zeltes, die sich auf zweihundertundachtzig Ellen belief, je hundert Ellen an den Längsseiten im Süden und Norden und je vierzig an den beiden Schmalseiten im Osten und Westen [verwendet]; vom gesamten Umfang der aus Haaren gefertigten Planen aber, die den äußeren Vorhof bedeckten, waren, weil der Umfang dreihundert Ellen umfaßte, je hundert an den Längsseiten im Süden und im Norden, weil sie gleich lang waren wie die Seiten des inneren Zeltes, dagegen je fünfzig an den restlichen Seiten im Osten und im Westen [angebracht]. Und deswegen kamen jene zwei Ellen, um die die aus Haaren gefertigte Plane länger war als die Vorhangbahn, nicht den Seiten im Süden und im Norden, die beim äußeren Vorhof und beim inneren Zelt gleich waren, zugute, sondern den Seiten im Osten und im Westen. Auf diesen Seiten war nämlich das Zelt dadurch breiter geworden, daß man den äußeren Vorhof darum gelegt hatte. Aber die fünfzig Ellen der aus Haaren gefertigten Planen auf der Ostseite wurden über die gerade Reihe der zehn Säulen ausgespannt, und ihnen kam eine von jenen zwei Ellen zugute, um die eben diese Planen länger waren; die anderen fünfzig Ellen hingegen, die für die Westseite bestimmt waren, denen die zweite von jenen zwei Ellen zugute kam, wurden nicht über eine gerade Säulenreihe ausgespannt. Dort nämlich befand sich der gleichsam dreigeteilte Portikus, der mit den vier Säulen bei der Pforte und den je drei an den Seiten den Platz des Vorhofs abschloß, wo sich der Schlachtopferaltar befand. Und deswegen konnten jene fünfzig Ellen auch nicht die Pforte einschließen, sondern sie erstreckten sich soweit, daß sie jene schrägen Seiten bedeckten, die von je drei Säulen und je fünfzehn Ellen gebildet wurden. Die aus Haaren gefertigten Planen waren aber vier Ellen hoch, und sie

---

586 concludebat] conducebat *C* | 587 a² *om. P S V T* | a²...ternis] ternis a lateribus *Am. μ*
588 illa latera] latera illa *S* | 589 ternis *om. T* | cubitis *om. C*

vela cubitis quattuor eisque tegebantur atrii tentoria byssina, quorum erat erec- 590
tio in cubitis quinque.

177,23 Pelles vero rubricatae super capillacia vela veniebant. Desuper autem,
id est a parte tecti vice camerae tabernaculum pellibus hyacinthinis tegebatur:
Utrum cum atrio et spatium illud interius, non adparet; sed credibilius est atrii
spatia quae inter exteriores et interiores columnas erant, caelum apertum habu- 595
isse, maxime illud occidentis, ubi erat altare sacrificiorum.

---

595 exteriores…interiores] exterioris et interioris C | habuisse] se *add. m. 2 S* | **596** Expliciunt questiones exodi P *(fol. 96)*, V *(fol. 89)*, T *(fol. 95)*

bedeckten die aus feinem Leinen gefertigten Behänge des Vorhofes, die fünf Ellen lang waren.

qu. 2,177,23

177,23 Die rot gefärbten Felle wurden hingegen auf die aus Haaren gefertigten Planen gelegt. Darüber aber, d.i. an der Stelle des Daches, wurde nach Art einer Wölbung das Zelt mit violettpurpurnen Fellen bedeckt: ob sie mit dem Vorhof auch jenen inneren Raum [bedeckten], wird nicht klar; aber es ist glaubhafter, daß die Zwischenbereiche des Vorhofs zwischen den äußeren und den inneren Säulen offenen Himmel hatten, vor allem jener [Raum] im Westen, wo der Altar für die Schlachtopfer stand.